D1435530

Œuvres Romanesques

Denis Diderot

Œuvres romanesques

Éditions Garnier Frères
19, Rue des Plantes, Paris

Édition Henri Bénac
revue pour l'établissement du texte,
l'introduction et les notes
par
Lucette Perol
Maître-assistant à l'Université de Clermont II

Édition illustrée

INTRODUCTION

Regrouper les œuvres romanesques de Diderot, même en y adjoignant Le Neveu de Rameau *qui n'est pas un roman — mais les rééditions ont leurs exigences —, c'est se poser la question : pourquoi et comment, au XVIII⁰ siècle, un philosophe devient-il romancier ? Diderot se considère avant tout comme « philosophe ». Sa carrière d'écrivain ne permet pas de douter de sa vocation. Pourtant la création romanesque intervient à plusieurs étapes de cette carrière. En 1748, c'est la publication des* Bijoux indiscrets; *en 1760, la rédaction de* La Religieuse *pour sa plus grande part; en 1770-72, quelques contes; en 1771-74, l'essentiel de* Jacques le Fataliste. *Mieux encore : aucune de ces œuvres n'est jamais considérée comme achevée, même* Les Bijoux, *la seule avec* Les Deux Amis de Bourbonne *à avoir été publiée du vivant de l'auteur. Il les reprend et les augmente toutes, dans une sorte de création continue, et en particulier dans les dernières années de sa vie.*

Nous qui venons deux siècles après sa mort, nous pouvons penser connaître la totalité de ses écrits. Nous avons aussi la chance de bénéficier de tous les travaux qui, depuis 1950 et l'inventaire du Fonds Vandeul, ont renouvelé la lecture de l'ensemble de l'œuvre et donné lieu en particulier à des éditions critiques auxquelles nous devons des textes rigoureusement établis et des renseignements précieux sur l'histoire, souvent compliquée, de leur élaboration. L'importance quantitative des œuvres de fiction et la place éminente qu'elles tiennent dans l'histoire du roman donneraient envie de distinguer de Diderot philosophe un Diderot romancier.

Mais « que répliquer à celui qui vous dit : Quelle que soit la somme des éléments dont je suis composé, je suis un;

or une cause une n'a qu'un effet; j'ai toujours été une cause une » (Jacques le Fataliste, *p. 698*). *Puisque c'est Diderot qui le veut, il faut donc se demander à la fois ce qui fait l'unité de l'œuvre romanesque à travers des romans aussi différents que* Les Bijoux, La Religieuse *et* Jacques *et ce qui fait l'unité de Diderot philosophe et romancier. La seconde question commande la première, et toutes deux ne peuvent trouver quelques éléments de réponse qu'à condition de suivre, dans l'ordre où il mena ses découvertes et ses réflexions, le philosophe aux prises avec le roman.*

**
* **

Pour ses débuts dans la fiction, Diderot ne cherche qu'à couler son inspiration dans un moule existant et ne s'interroge pas sur la définition du roman dans son ensemble. Il publie sans nom d'auteur, en 1748, Les Bijoux indiscrets. *La féerie érotico-orientale est à la mode et se vend bien. Crébillon le fils a ouvert la voie en 1734 avec* Tanzaï et Néadarné. *Diderot le cite dès l'introduction de son roman et à plusieurs reprises ensuite jusqu'à l'avant-dernier chapitre qui est presque en entier de l'ordre du pastiche. La veine libertine de la littérature française ou italienne se trouve plus d'une fois évoquée. Les années 1740 semblent avoir été particulièrement productives en matière de romans de ce type. Diderot tient à situer le sien parmi eux. Son chapitre premier s'ouvre sur des considérations historiques et géographiques de fantaisie qui sont autant de références à des prédécesseurs immédiats que la postérité n'a guère retenus.*

On ne saurait dire que Diderot fasse preuve dans Les Bijoux *d'une recherche bien personnelle. Toutefois ce roman a ceci de particulier pour un roman libertin, qu'il tourne autour d'un personnage central animé non par l'érotisme mais par la curiosité, par le désir d'étendre sa connaissance au-delà des limites du possible, à des aspects de la vie des autres qui dans des conditions normales ne peuvent que lui échapper. Si c'est la démarche d'un libertin, c'est celle d'un libertin philosophe. Et pourtant il ne s'agissait, dira plus tard Diderot, que de pourvoir aux besoins d'argent d'une maîtresse exigeante. Ce désaveu, qui pouvait être de circonstance, montre en tout cas que Diderot à ses débuts s'est essayé au roman*

sans que cela corresponde à une exigence de sa pensée, et en faisant
sien le mépris de la critique littéraire du temps pour le genre
romanesque. C'est à la lumière de l'ensemble de son œuvre que l'on
peut voir combien il y exprime pourtant déjà des aspects importants
de sa pensée.

Il faut tout d'abord remarquer que cet ouvrage constitue, dans la
carrière de Diderot, si l'on exclut les traductions-adaptations, le
premier écrit quantitativement important et structuré, ce que
n'étaient pas les Pensées philosophiques et la Promenade
du Sceptique. La structure, certes, est lâche et ouverte s'il en
est : celle du roman à épisodes. Mais c'est la première utilisation
des possibilités du genre pour mêler les thèmes et les tons et pour
présenter quelques-uns de ces cas hors du commun qui animeront
les romans ultérieurs. La variété des personnages permet d'introduire, à la faveur de la fantaisie et de l'exotisme, des éléments de
satire sociale et politique. Les traits d'ironie contre les bramines
illustrent et prolongent l'anticléricalisme des Pensées philosophiques. Les propos des « bijoux » sortant de leur long silence
peuvent tout remettre en cause : une fois brisée une convention,
un anticonformisme en engendre d'autres. Sur un autre plan,
donner la parole à la nature, dire les choses comme elles sont,
c'est aussi la base d'une esthétique. On le voit bien dans l' « Entretien sur les lettres » (II-5) où sont annoncés tous les thèmes
principaux que développeront en matière littéraire les ouvrages
qui suivront.

Mais surtout, l'idée qui fournit au roman son titre et sa trame,
celle qu'a suggérée le fabliau Du chevalier qui fist les cons
parler, marque peut-être, si l'on ne s'arrête pas à son exploitation
libertine, la découverte par Diderot et la première mise en œuvre
métaphorique de la proposition qui deviendra la base de sa philosophie matérialiste et de son esthétique : il n'y a pas de dualisme
âme-corps, la « voix » de l'âme est au mieux l'élaboration de celle
du corps, au pire et plus fréquemment sa falsification. Le philosophe en quête de la vérité sur la nature humaine doit donc se détourner des spéculations métaphysiques pour approfondir les lois du
déterminisme physiologique. Diderot le fera dans Le Rêve de
d'Alembert. Mirzoza déguisée en philosophe (I-26) ouvre la
voie. Si le philosophe se donne pour tâche d'étudier la société pour

l'établir sur des bases plus saines, il lui faut aller au-delà de
« cette fastidieuse uniformité que notre éducation, nos
conventions de société, nos bienséances d'usage ont introduite » *et pour cela, tâcher de rendre à chacun* « une portion de
son individualité naturelle » (Le Neveu de Rameau). *Les
femmes constitueront alors un sujet d'étude privilégié et d'une
richesse insoupçonnée, car c'est sur elles que le mensonge social et le
mensonge sexuel pèsent du poids le plus écrasant. La parole de l'une
d'elles suffira pour qu'éclate la distorsion entre nature et société
— voyez* La Religieuse. *Si le philosophe se donne pour mission de
réconcilier la société avec la nature, il ne lui sera plus possible
d'ignorer le rôle fondamental de la sexualité à la charnière de
l'individuel et du social, mais le sujet sera si neuf qu'il pourra être
abordé seulement dans le cadre du conte sans prétention et sans
conclusion — Ceci n'est pas un conte, Mme de la Carlière —
ou de l'utopie comme* Le Supplément au Voyage de Bougainville. *On sera alors bien loin du libertinage apparemment superficiel
des* Bijoux. *Il y aura eu dans l'intervalle la réflexion de toute une
vie. Mais l'idée plaisante fournie par le fabliau, l'entraînement
d'un genre en vogue en 1748, n'auront pas seulement apporté à
leur auteur quelque argent pour ses plaisirs. Ce premier essai
romanesque aura été fécond pour sa pensée sinon encore pour
l'écriture, et c'est une sorte d'hommage ou de réparation que lui
fait Diderot dans les années 1770 en rédigeant trois chapitres
supplémentaires où le pastiche de soi-même est si bien réussi que
Naigeon, premier éditeur des* Œuvres complètes, *pourra les
insérer dans le cours de l'ouvrage sans qu'il y paraisse.*

*
* *

Après la publication des Bijoux *en 1748, les années passent
dans la vie de Diderot, amenant le séjour au donjon de Vincennes
pour la* Lettre sur les aveugles *et surtout l'énorme tâche du
maître d'œuvre de l'*Encyclopédie. *Diderot trouve le temps
cependant d'ébaucher une carrière d'auteur dramatique. Mais
s'il se montre capable de penser une réforme du théâtre d'où sortira
le drame avec ses variantes multiples que deux siècles n'épuiseront
pas, il ne sait pas illustrer lui-même ce genre nouveau par des*

*œuvres dont la valeur soit à la mesure de l'entreprise, et le rendez-vous qu'il attend du théâtre avec le grand public sera un rendez-vous manqué. Le paradoxe, c'est que dans le même temps en France, une réforme du roman est à l'œuvre, et Diderot qui lui apportera une contribution décisive n'y prend pas garde pour l'instant. Elle consiste pourtant à édifier sur les ruines du roman héroïque, genre narratif noble homologue de la tragédie, un genre nouveau qui cherche sa définition à travers des tentatives diverses et qui, comme le drame au théâtre, aboutira à donner la parole à des couches nouvelles de la société en montrant des réalités plus humbles exprimées seulement jusque-là dans le burlesque. L'intérêt de Diderot est ailleurs : à l'*Encyclopédie *qui connaît en *1759* son année la plus sombre, suivie en *1760* de la polémique autour de la comédie* Les Philosophes. *Il faudra une impulsion née d'une plaisanterie pour que sans l'avoir voulu, sans le savoir même au départ, Diderot se retrouve en *1760* écrivant un roman, qui deviendra* La Religieuse.*

Au départ il s'agit simplement pour Diderot, Grimm et Mme d'Épinay, de faire revenir à Paris un ami dont la compagnie leur manque, le Marquis de Croismare, en lui envoyant des lettres qu'est censée écrire une religieuse naguère en procès contre son ordre pour la révocation de ses vœux et qui selon eux se serait maintenant évadée de son couvent. Que le tour ait été ou non aussi réussi que ses auteurs le prétendent, peu importe. Mais comme cela consiste à donner au Marquis une correspondante imaginaire, et à émailler les lettres de détails cohérents, la plaisanterie fait franchir à Diderot le pas décisif de la création romanesque : l'élaboration du personnage. De plus, si les conjurés veulent utiliser l'intérêt pris par le Marquis au procès de la vraie religieuse, Marguerite Delamarre, désormais rentrée à tout jamais dans son couvent, il faut que la religieuse fictive ne soit ni tout à fait la même, ni tout à fait une autre. Il suffira que Diderot soit entraîné par la logique de la mystification... ou le démon de l'écriture, à rédiger au nom de la jeune fille des confidences plus détaillées, pour qu'il se trouve engagé dans la rédaction d'un roman d'un tout autre type que celui dont il avait l'expérience avec les Bijoux indiscrets. *Plus de personnages ni de situations de fantaisie. Au centre de son travail se trouve maintenant le problème majeur du roman, du*

XVIIIᵉ siècle jusqu'à nos jours : l'articulation de la fiction sur
le monde réel. Si à l'automne de 1760 il lit en anglais les romans
de Richardson et prend brusquement sa place dans les discussions
qui les concernent, alors que les traductions de Prévost l'avaient
laissé sans réaction, c'est qu'il y trouve des réponses aux questions
qui sont maintenant les siennes. Le roman est réhabilité à ses yeux,
comme il l'écrit l'année suivante au début de L'Éloge de Richardson : « Par un roman, on a entendu jusqu'à ce jour un tissu
d'événements chimériques et frivoles, dont la lecture était
dangereuse pour le goût et pour les mœurs. Je voudrais
bien qu'on trouvât un autre nom pour les ouvrages de
Richardson, qui élèvent l'esprit, qui touchent l'âme, qui
respirent partout l'amour du bien, et qu'on appelle aussi
des romans. »

L'aptitude du roman à transmettre le message du moraliste,
Diderot la définit en des termes dont on ne sait trop s'ils s'appliquent
aux œuvres de Richardson ou à son propre travail en cours : « Une
maxime est une règle abstraite et générale de conduite
dont on nous laisse l'application à faire. Elle n'imprime
par elle-même aucune image sensible dans notre esprit :
mais celui qui agit, on le voit, on se met à sa place ou à ses
côtés, on se passionne pour ou contre lui; on s'unit à son
rôle s'il est vertueux; on s'en écarte avec indignation s'il
est injuste et vicieux. » Voilà donc justifiée pour le philosophe
l'activité de romancier. C'est un fait que, dès que le personnage
de fiction de la jeune religieuse a pris assez de consistance pour
s'imposer à son auteur en faisant oublier la plaisanterie qui lui
avait donné naissance, Diderot a vu quel parti il en pourrait tirer
pour présenter des observations déjà élaborées sur la vie monacale,
quel enrichissement le personnage en recevrait et combien les thèmes
de réflexion gagneraient en retour à être étudiés tels qu'un cas concret les
présente, entremêlés et interdépendants. Cette insertion ne va pas
de soi et ce serait un jeu de relever dans La Religieuse les cas
d'imperfection des raccords. Mais il est plus intéressant de noter
la continuité d'une idée maîtresse. Le fil directeur implicite des
Bijoux, donner la parole à la nature, mène au thème central de
La Religieuse, l'étude de la voix de la nature étouffée et des
dépravations qui en découlent, mysticisme, sadisme, aberrations

sexuelles. D'un roman à l'autre, le philosophe reste fidèle à lui-même.

Le roman, forme d'expression dont il est en train de découvrir la fécondité, apporte à sa pensée d'autres enrichissements. Le personnage de fiction apporte avec lui non seulement la complexité de la vie, mais aussi la possibilité de faire entendre une voix autre, qui loin d'affaiblir le message philosophique, le débarrasse de son dogmatisme et situe par là-même à un autre niveau la réflexion et la communication avec le lecteur. Un des aspects les plus remarquables de La Religieuse *est le respect dont Diderot entoure la foi sans défaillance qu'il prête à Suzanne, la sympathie au sens étymologique du terme, qui lui permet, à lui, athée, d'imaginer une très belle méditation sur la Passion, ce qui n'enlève rien à la vigueur avec laquelle il dénonce non seulement les perversions du sentiment religieux, mais la nocivité de la religion elle-même qui prétend s'opposer à la nature. Les mécomptes des dernières années lui ont montré qu'il ne suffisait pas d'avoir raison pour convaincre et de prêcher pour être suivi. Le roman tel qu'il le découvre, ne l'empêche pas de chercher à convaincre et lui offre en plus de quoi persuader.*

Il lui offre aussi, au-delà de cette mission que s'assigne le courant des Lumières de mener le combat idéologique pour un plus grand bonheur de l'humanité, la possibilité d'élargir sa recherche en matière de morale et de psychologie. Si pour le bien général il est souhaitable aux yeux du philosophe que la vertu apparaisse comme procurant le bonheur, s'il reste personnellement convaincu qu'elle en est en dernier ressort le meilleur moyen d'accès, comment font ceux qui se réalisent dans la voie du vice ou du crime, et auxquels il ne peut refuser, s'ils atteignent à la grandeur, une admiration d'ordre esthétique ? Où nos actes prennent-ils leur source et quelles sont ces forces de désir qui font parfois si bon marché des déterminations intellectuelles et morales ? Qu'en est-il de la liberté ? Diderot écrivant dans l'exaltation La Religieuse *est sous le charme de Suzanne et de ses perfections. Mais on sent dans le même temps la fascination qu'exercent sur lui, aussi bien que la supérieure mystique, la supérieure sadique et la supérieure lesbienne. Il condamne sans ambiguïté le comportement des deux dernières, mais sans jamais oublier que toutes sont des victimes, et la forte*

analyse qu'il fait de la passion qui les habite fait de ces person-
nages des réussites romanesques qui s'imposent au lecteur. Le
roman permet à Diderot de dépasser largement l'étroitesse morali-
satrice de ses pièces de théâtre et de réaliser un objet esthétique
avec ce qu'il condamne moralement ou idéologiquement.

    Tout à cette découverte qui est d'importance, Diderot ne s'inter-
roge pas encore sur la crédibilité du roman, sur ce qui fera recevoir
pour vrais des personnages et des événements issus de son imagina-
tion. Il lui suffit d'éprouver lui-même l'illusion réaliste à propos
de La Religieuse, *et il répand complaisamment l'anecdote qui*
le montre répondant à l'ami qui le surprend en larmes : « Je me
désole d'un conte que je me fais. » *N'a-t-il pas pu voir*
d'ailleurs comment les romans de Richardson s'insèrent dans la
réalité pour ceux qui les ont lus ? Pour que le lecteur prenne le
change, il suffit d'appliquer la recette du réalisme richardsonien :
« Sachez que c'est à cette multitude de petites choses que
tient l'illusion : il y a bien de la difficulté à les imaginer;
il y en a bien encore à les rendre. Le geste est quelquefois
aussi sublime que le mot; et puis ce sont toutes ces vérités
de détail qui préparent l'âme aux impressions fortes des
grands événements. » *Pour Diderot le souci de la vraisemblance*
n'est pour le moment que d'ordre quantitatif : « Je vous entends
vous, Monsieur le Marquis et la plupart de ceux qui liront
ces mémoires, "des horreurs si multipliées, si variées, si
continues! Une suite d'atrocités si recherchées dans des
âmes religieuses! Cela n'est pas vraisemblable", diront-ils,
dites-vous, et j'en conviens; mais cela est vrai. Et puisse
le ciel que j'atteste me juger dans toute sa rigueur, et me
condamner aux feux éternels, si j'ai permis à la calomnie
de ternir une de mes lignes de son ombre la plus légère »
(p. 307). Diderot justifiera ainsi plus tard sa rédaction de 1760
en prêtant à Suzanne la naïveté de croire que le serment de vérité
suffit pour être cru en matière de roman. La nécessité de la vrai-
semblance temporelle ne lui échappe pas, mais il l'écarte : les
saisons passent, les fêtes religieuses se succèdent et Suzanne
ne vieillit pas. La vraisemblance psychologique ? Les expériences
les plus étonnantes glissent sur elle sans entamer son innocence, et
son ignorance se reconstitue imperturbablement. A l'occasion,

elle se décrit telle qu'on pourrait la voir, telle qu'il faut qu'on l'imagine, sans que l'auteur se demande comment elle peut se voir ainsi. Elle raconte ses malheurs comme si elle en était encore l'héroïne, alors qu'elle en est la narratrice et que ce recul, aussi réduit soit-il dans le temps — et il ne l'est pas — imposerait à un roman autobiographique parfaitement cohérent le jeu de miroirs qui fait la spécificité du genre. Diderot, tout à la découverte du vertige de la narration, ne pense pas encore à cela. L'émotion que chaque épisode doit susciter chez son lecteur, il se sait gré de l'éprouver lui-même. On est encore loin du détachement dont le Paradoxe *sur le* Comédien *exposera la nécessité au théâtre tout au moins.*

*Si Diderot ne se préoccupe pas encore du fonctionnement de l'illusion réaliste, c'est peut-être que sa relation à son lecteur est un problème qu'il écarte. Le roman de Suzanne Simonin écrit dans l'enthousiasme à l'automne 1760, il ne le publiera pas. Le public actuel et futur auquel il s'adresse, c'est celui de l'*Encyclopédie. *Mais s'il devait y avoir un jour des lecteurs pour* La Religieuse, *ils devraient ressembler au Marquis de Croismare. C'est pour lui que Suzanne entreprend le récit de sa vie, car c'est de lui qu'elle attend le salut. Ce sont ses réactions qu'elle suppute et qu'elle s'efforce de contrôler. Tout absent qu'il soit, à peine rappelé de temps à autre par une formule qui semble de politesse, c'est lui qui commande le ton du récit, le choix des détails, leur disposition, en un mot l'écriture. Faut-il voir dans cet intérêt porté au destinataire une simple conséquence, féconde pour la recherche ultérieure de l'écrivain, des conditions de la mystification initiale ? Les racines sont sans doute plus profondes. Ce personnage incarnant le public existe dans l'œuvre de Diderot avant Croismare. Quel rôle jouait dans* Les Bijoux indiscrets *le Sultan Mangogul, sinon tourner sa bague et représenter dans le roman ceux pour qui les bijoux parlent, les lecteurs ? Plus tard, la préoccupation du destinataire s'exprimera clairement, et ce que Diderot fait avec Croismare sans le dire, il le fera dans* Ceci n'est pas un conte *en le disant:* « Lorsqu'on fait un conte, c'est à quelqu'un qui l'écoute... Voilà pourquoi j'ai introduit dans le récit qu'on va lire... un personnage qui fasse à peu près le rôle du lecteur... » *La réflexion sur la fiction prendra alors dans le roman ou le conte* une place rivale de celle de la fiction elle-même. Toute cette évolution se situe dans l'œuvre de Diderot entre la rédaction des *Mémoires de Suzanne* en *1760* et la publication en *1780*.

Lorsque Diderot accepte en *1780* de livrer son roman au public restreint de la Correspondance littéraire, *il n'est plus le romancier de 1760*. L'idée de joindre au récit fictif la correspondance réelle qui lui a donné naissance, en un mot de joindre au roman l'histoire du roman, nous apparaît maintenant géniale et très moderne. Les lecteurs de cette revue connaissent depuis dix ans par Grimm, s'ils en ont gardé le souvenir, les pièces de cette mystification. Diderot doit donc assurer la cohésion entre son texte et les lettres déjà publiées. La révision des mémoires de Suzanne entraîne alors celle des lettres des conjurés et du Marquis pour une publication ultérieure, sous forme de « préface du précédent ouvrage ». Cette explication suffirait... si l'adjonction des lettres n'avait pour effet de détruire le pouvoir d'émotion que, vingt ans plus tôt, Diderot a tant travaillé à créer. Il y a là une volonté consciente qui s'explique par les recherches menées dans l'intervalle avec les Contes et Jacques le Fataliste. *Précisément*, La Religieuse *succède à* Jacques *dans les livraisons de la* Correspondance littéraire. Diderot ne peut plus écrire comme en *1760*. Ce regard sur soi-même qui intègre la durée et l'évolution que l'on a faite, regard qu'il n'avait pas su donner à son héroïne, il le porte maintenant sur son propre ouvrage. Il ne confond plus la vie de Suzanne et l'objet littéraire qu'est un roman. Il n'achèvera pas le récit de la religieuse : la vie ne connaît pas le mot « fin ». La fin d'un roman est de l'ordre de l'écriture : c'est à la « préface du précédent ouvrage » qu'il reviendra de boucler non pas l'histoire de la vingtaine d'années que vécut Suzanne, mais celle des quelques mois pendant lesquels exista par l'écriture un personnage qui fut nommé Suzanne Simonin.

* *

L'activité de Diderot romancier ne s'interrompt pas pendant les vingt ans où il laisse dormir le manuscrit inachevé de La Reli-

gieuse. *La période qui va de 1770 au voyage en Russie de 1773-74
est au contraire une grande période créatrice dans ce domaine
sans qu'il s'y consacre exclusivement.* C'est celle des Contes et
de Jacques le Fataliste. *Diderot en a terminé depuis quelques
années avec l'*Encyclopédie. *Il faudra bien un jour qu'il se rende
en Russie à l'invitation de Catherine, mais rien ne presse. L'important dans cette période est de l'ordre de la vie privée. A la suite de
la mort du père en 1759, la liquidation de la succession l'a ramené
à deux reprises à Langres. Les pourparlers en vue du mariage
d'Angélique qui aura lieu en 1772 orientent aussi son activité
en dehors du monde parisien — ou européen — mais socialement
et intellectuellement circonscrit, des échanges philosophiques.
Toutes ces circonstances et aussi l'approche de la vieillesse avec son
besoin de retour aux sources, le font renouer avec sa famille, dont
il vit de plus près les tensions, et avec la région langroise. Il était
possible à Paris, et sans doute tentant pour le bourgeois qu'il était,
de ne pas voir que la population française, pour parler le langage
des historiens de notre temps, était composée à 85 % de gens appartenant aux classes inférieures, et que la pénétration des Lumières
y était bien réduite. Le mérite du philosophe, et la chance qu'a
Diderot d'être né sociable, bienveillant et curieux font que revenu
en province, il est à l'écoute d'une réalité nouvelle. Dans la mentalité
populaire, où il a ses propres racines, il retrouve, mêlées à la masse
de superstitions qu'il a consacré sa vie à combattre, d'authentiques
valeurs de civilisation auxquelles il faut ouvrir la possibilité de
s'exprimer. Cela donnera la sève incomparable de* Jacques le
Fataliste *et, dès 1770, le mot de la fin des* Deux Amis de
Bourbonne : « Félix était un gueux qui n'avait rien; Olivier
était un autre gueux qui n'avait rien : dites-en autant du
charbonnier, de la charbonnière et des autres personnages
de ce conte; et concluez qu'en général il ne peut guère
y avoir d'amitiés entières et solides qu'entre des hommes
qui n'ont rien. De là (...) la matière d'un petit paragraphe
de plus pour la première édition du livre *de l'Esprit*. »

*Les préoccupations de sa vie privée marquent aussi son activité
d'écrivain. Le temps est venu de marier Angélique. Sa réflexion
sur la condition féminine s'est approfondie et diversifiée. Il donne
à la* Correspondance littéraire *en 1772 un compte rendu de*

l'essai de Thomas Sur le caractère, les mœurs et l'esprit des femmes dans les différents siècles. *Réécrivant selon son habitude un ouvrage qui ne le satisfait pas, il dit dans un esprit qui nous paraît très actuel et tranche sur celui de ses contemporains, l'erreur de la société traduisant en infériorité la différence des femmes et il insiste sur la richesse de leur nature en ressources inemployées que leur condition condamne à la perversion. Ce ne sont pas des réflexions trouvant leur source et leur aboutissement dans l'univers des idées, mais des préoccupations réelles fondées sur son affection pour sa fille et le souci qu'il a de son bonheur dans le cadre d'une société défavorable aux femmes. La réflexion sur les problèmes féminins a partie liée chez Diderot avec la création romanesque.* Les Bijoux indiscrets *leur étaient consacrés, même si cette étrange parole qui leur était donnée n'était pas utilisée pour faire sur leur condition des révélations ou des remises en cause.* La Religieuse *criait la protestation contre l'aliénation et ce n'était pas par hasard si la personne humaine s'y incarnait dans une jeune fille : l'ensemble des problèmes traités dépassait en ampleur ceux du seul sexe féminin mais ce choix en portait tous les aspects à leur paroxysme. A ce stade nouveau de sa réflexion, il s'agit pour lui d'isoler pour y voir clair un sujet difficile sur lequel il n'a pas d'avance de réponse. Il choisit de s'en tenir à des textes brefs, au plus près des anecdotes vécues dont il est friand et qu'il échange avec* Grimm *ou* Sophie Volland. *Il y mêle l'imaginaire aux noms propres et aux petits faits réels comme il l'explique dans le « bout de poétique » qui termine les* Deux Amis de Bourbonne, *et cela donne* Ceci n'est pas un conte *et* Madame de la Carlière.

Mais ce qui nous intéresse surtout dans cette réalisation qui reste isolée dans son œuvre et qu'il complétera par une utopie, Le Supplément au voyage de Bougainville, *c'est la façon dont il conjugue la démarche de recherche qui se refuse la facilité de sérier des questions que la réalité mêle — physiologie, sociologie, morale — avec une technique de la narration qui à chaque moment provoque le lecteur et l'oblige à coopérer. Dans les deux cas, la conclusion reste ouverte. L'auteur n'a rien démontré. Il a malmené le lecteur qui attendait de lui une réponse et le laisse dans l'inconfort : la conclusion est-elle celle qui paraît être donnée, ou précisément*

*l'appréciation contraire ? et d'ailleurs s'agit-il d'un « conte »
comme il est dit, ou du contraire d'un conte au sens où l'entend
Diderot, c'est-à-dire de la représentation du réel ? Mais qu'est-ce
qu'un conte ? Diderot n'en fait-il pas un genre bien plus complexe
que la définition du « conte historique » à la fin des* Deux Amis
*ne semble l'indiquer ? En tout cas, la pratique de l'écrivain est
passée à un nouveau stade, en particulier avec* Ceci n'est pas un
conte : *la réflexion sur la vie ne demande plus seulement à la
narration un moyen de s'exprimer. Elle ne peut plus se passer
de la réflexion sur l'écriture. Ce que le conte a ébauché, le roman
va le réaliser à une plus vaste échelle dans* Jacques le Fataliste.

* *
*

On ne saurait préciser les dates de la composition de Jacques le
Fataliste, *entre 1765 et la mort de l'auteur en 1784, période
pendant laquelle des fragments furent rédigés à des dates diverses,
puis réunis, enrichis constamment, ce qui fait de cet ouvrage la
somme romanesque des vingt dernières années du philosophe.
Beaucoup de ces morceaux sont de la même veine que les contes.
Mme de la Pommeraye est une autre Mme de la Carlière et l'hôtesse
du Grand Cerf prend place dans la même lignée de fortes personnalités féminines non seulement par ce qu'elle dit mais par ce
qu'elle suggère ou refuse de dire. La paysanne compatissante,
Jeanne à la cruche d'huile cassée, tout comme dans un autre registre
Bigre ou Dame Suzon et Jacques lui-même, sont du même terroir
que les contrebandiers de Bourbonne. Les épisodes paraissent en
feuilleton dans la* Correspondance littéraire, *avec des interruptions, des insertions ultérieures, et le texte final porte toutes les
marques extérieures du décousu. La critique s'y est longtemps
laissé prendre. La convergence profonde des éléments de cette
« rapsodie » n'en est que plus fortement célébrée maintenant.
Nous y reconnaissons, pour notre étonnement et notre plaisir,
des axes d'intérêt qui rencontrent nos goûts les plus actuels. Le
discours du philosophe sur la liberté court sous un récit à plusieurs
niveaux où se fondent la savoureuse spontanéité de la narration
populaire et la recherche savante d'un écrivain assez maître de la*

*forme romanesque pour en remettre en cause toutes les ressources
et les mettre en œuvre d'un même mouvement.*

Jacques le Fataliste *permet de faire le bilan de la carrière
parcourue par un philosophe-romancier dans la fidélité à soi-même.
Diderot ne renie rien des écrits où depuis les* Pensées philosophiques *(1746) jusqu'au* Commentaire de la « Lettre sur
l'Homme » d'Hemsterhuis *(1774) il affirme une vision détermi-
niste et matérialiste du monde. Le « fatalisme » de Jacques en
est la traduction au plan idéologique, dans des termes qui tiennent
compte des conditions réelles dans lesquelles se livre le combat
philosophique, car les mentalités sont marquées de croyances ances-
trales, le langage est modelé par les systèmes de pensée admis,
dont le plus hardi est sans doute le déisme. Cette adaptation est
une exigence du roman. Diderot en a déjà mesuré la fécondité
pour une pensée qui refuse le dogmatisme. Liée à cette exigence,
une possibilité : exprimer ce qui dans ces mentalités constitue une
richesse ethnologique. Le lecteur sent confusément que le plaisir
auquel Diderot le convie n'est pas seulement celui des joutes de
l'esprit et de la parole, mais le bien-être profond de qui retrouve
ses racines. Ce dernier roman présente et fait envier l'équilibre
d'un auteur vieillissant qui réalise l'unité de sa personnalité en
réconciliant en lui sans compromis l'enfance et son environnement
langrois avec les combats d'idées de la maturité dans l'ambiance
parisienne. Il livre aussi une vision du monde qui n'est pas sans
hardiesse quand on pense à la qualité princière des abonnés de la*
Correspondance littéraire : *le dernier mot reste à un Jacques,
réunissant sous son vaste chapeau l'apport des Lumières qui lui vient
de son capitaine, à la force qu'il tient du peuple à la longue patience
d'où il est issu, alors que le Maître, un « automate » qui ne saurait
que devenir sans sa montre et sa tabatière, est déjà sur la touche.
Dans le monde romanesque de Diderot comme dans la réalité
historique, l'initiative a changé de camp : des* Bijoux indiscrets,
*où le meneur de jeu est un prince qui s'ennuie, à la verve roturière
de* Jacques le Fataliste *que de chemin parcouru !*

La distance n'est pas moins grande en ce qui concerne le compor-
tement de l'auteur à l'égard du roman. Il avait commencé avec les
Bijoux *par la simple application de recettes éprouvées. Avec*
La Religieuse, *sous le patronage de Richardson, il avait découvert*

*le réalisme romanesque et pris conscience des possibilités du genre
et du pouvoir du romancier sur son lecteur, tout en laissant ce pouvoir
inemployé puisqu'il ne publiait pas son ouvrage. Il était en quelque
sorte l'auteur-lecteur de son roman.* Jacques le Fataliste *n'est
pas non plus écrit en vue de la publication. L'image qu'a Diderot
de son public est toujours à la fois très proche et très lointaine :
quelques amis et la postérité. Mais il accepte depuis plus de dix ans
de donner à Grimm puis à Meister pour la* Correspondance
littéraire *des écrits brefs sur des sujets divers, et il rédige pour
cette revue, régulièrement,* Les Salons. *Qu'il ait ou non en vue
cette destination en composant les épisodes de* Jacques le Fataliste,
*cette diffusion limitée de son œuvre personnelle dès son vivant
actualise pour lui les questions liées à la réception de l'œuvre
littéraire. Il ne s'agit plus, comme en 1760, de se laisser emporter
par sa propre création. Diderot est maintenant l'auteur du*
Paradoxe sur le Comédien. *Parallèlement, avec* Jacques, *il
vit le paradoxe du narrateur. « Je me désole d'un conte que je
me fais » est une formule périmée dans presque tous ses termes.
Faire un conte, oui, mais en n'oubliant jamais que c'est un conte.
« Se faire un conte » et « s'en désoler », non. Il faut se regarder
le faire, et redoubler ainsi son plaisir, tout en réfléchissant aux
moyens de désoler ou non à son gré le lecteur. Mieux encore : lui
donner à voir et à juger cette réflexion. De là ce jeu de cache-cache
de l'auteur déléguant sa fonction de narrateur à* Jacques, *la lui
reprenant pour l'exercer ou pour la déléguer à d'autres, et à la fin
du roman s'éloignant de son récit pour n'en être plus que l'éditeur
et donner son opinion sur les manuscrits qui sont censés le terminer
de diverses manières. Tout au long de l'ouvrage, c'est une joyeuse
dénonciation de tous les poncifs romanesques. Non seulement le
genre picaresque, choisi lui-même pour ses bases parodiques,
charrie des parodies de détail : une oraison funèbre, un roman
sentimental, un trop long portrait. Mais la convention majeure
du roman, le contrat implicite par lequel le romancier s'engage
à fournir au lecteur un récit cohérent où tout détail doit être considéré*
a priori *comme ayant une fonction ou un sens, cette convention est
refusée dès les premières lignes. Où veut en venir Diderot ? Il le dit
peut-être lorsqu'il souligne une des fausses pistes sur lesquelles il a
engagé son lecteur : « Il est bien évident que je ne fais point*

un roman, puisque je néglige ce qu'un romancier ne manquerait pas d'employer. Celui qui prendrait ce que j'écris
pour la vérité serait peut-être moins dans l'erreur que
celui qui le prendrait pour une fable. » *Le réalisme romanesque,
en prétendant reproduire la vie, créait un monde clos et transparent,
donc parfaitement artificiel. Le philosophe, après y avoir sacrifié,
ne peut plus s'en satisfaire. Qu'est-ce que « la vérité » ? C'est
la question que se pose le romancier à ce niveau de maîtrise du genre
qu'il a atteint dans* Jacques le Fataliste, *c'est aussi la question
qui a commandé toutes les recherches du philosophe, et en dernier
lieu dans* Jacques, *la réflexion sur la liberté. Vérité du roman ?
Vérité de la vie ? Les deux questions ne sont plus séparables pour
Diderot. C'est sans doute le sens de l'hommage qu'il rend au cours
de son ouvrage à quelques maîtres de l'écriture : Rabelais, Montaigne,
Molière et Cervantès.*

**⁎
⁎ ⁎**

*Le Neveu de Rameau ne s'inscrit pas, et pour cause, dans cette
évolution de Diderot s'essayant au roman, puis le découvrant,
puis le rénovant par une fondamentale remise en cause. Le Neveu
de Rameau n'est pas un ouvrage de fiction. Diderot ne lui a jamais
donné d'autre nom que celui de « Satire » qui, pris à son sens
latin de « mélange » convient tout à fait à ce dialogue où se mêlent
les thèmes et les tons. Les personnages sont bien réels : un énergumène rencontré au café et dont d'autres témoignages corroborent le
portrait qu'il en fait, et... lui-même. La conversation à bâtons
rompus n'a certainement pas eu lieu en ces termes, mais elle a
sans doute eu lieu. Les sujets que Diderot y insère sont de l'actualité
immédiate : la cabale antiphilosophique dont il vient d'être la
principale victime, le petit monde du théâtre où il a connu des
déceptions, les séquelles de la querelle des Bouffons à l'occasion
de laquelle se sont rassemblés ses adversaires. Aucune action,
presque tout est dialogue. Seules y échappent les narrations/
descriptions des pantomimes de Jean-François Rameau inspiré.*

*Pourtant quel lecteur pourrait penser avoir affaire à la simple
relation, même un peu enrichie, d'une conversation de café, au plus
près des souvenirs de celui qui la rapporte ? La part de la création
s'impose comme une évidence. Aucun autre écrit ne donne comme*

celui-ci l'impression de connaître Diderot au plus intime de sa
personnalité et de ses inquiétudes. Le mystère qui entoura l'ouvrage
après la mort de l'auteur et les circonstances de sa découverte
ajoutent bien sûr à son prestige, mais Diderot lui avait déjà
réservé un sort unique dans toute son œuvre en l'enfermant dans un
secret sans faille que les considérations tactiques ne suffisent pas
à expliquer.

Pour n'être pas de l'ordre du roman, l'élaboration de cette satire
n'en met pas moins en œuvre une expérience de l'écriture à laquelle
les romans ne sont pas étrangers. La rédaction du premier noyau
du dialogue en 1761 fait suite, à quelques mois de distance, à celle
de La Religieuse. Diderot reprend, retouche et augmente Le
Neveu jusqu'à sa mort, et en particulier pendant la période où
il écrit Jacques le Fataliste. C'est l'absence de toute osmose
entre les romans et la satire qui aurait de quoi nous étonner. La
rencontre au Café de La Régence a fourni à Diderot un personnage
comme il aime en présenter dans ses romans : un « original »
dont le « caractère tranche avec celui des autres ». Dans
Jacques le Fataliste, Gousse lui ressemblera par plusieurs traits,
le Père Hudson et le chevalier de Saint-Ouin seront comme lui
« conséquents » dans leur immoralisme. L'histoire du renégat
d'Avignon qu'il présente comme exemplaire pourrait s'insérer
dans Jacques qui en contient d'autres de même type et elle rayonne
comme le chef-d'œuvre du mal, au-delà du dialogue qui l'intègre,
sur toute l'œuvre de Diderot. De Jean-François Rameau, que nous
pouvons connaître par des témoignages, à d'autres personnages
que nous déclarons peut-être fictifs par simple ignorance de leur
modèle réel, ou qui s'en éloignent par une élaboration plus visible,
il n'y a pas de différence de nature : ce qui rend inoubliables la
silhouette « hétéroclite » de Jean-François et ses propos provo-
cants est de l'ordre de la création littéraire.

Si Diderot a déployé autour de l'interlocuteur réel d'un dialogue
philosophique les moyens littéraires expérimentés quelques mois
auparavant dans une œuvre d'imagination, c'est qu'il trouvait réuni
en lui ce qu'il se donne avec un ou plusieurs personnages de roman,
et à ce titre, Rameau éclaire le projet romanesque de Diderot.
Cet « original », c'est d'abord un sujet d'expérience morale portant en arrière-plan un problème de société. Cet individu séduisant

*et inquiétant à la fois qui expose un art de vivre cohérent à l'opposé
de la morale admise en l'assortissant d'un* « Comme vous
autres, messieurs... » *à la manière du Bridoye de Rabelais, c'est
tout le contraire d'un* « prédicateur » *comme Diderot rêvait
quelques années auparavant d'en mettre sur le théâtre. Mais* « il
secoue, il agite, il fait approuver ou blâmer, il fait sortir la
vérité ». *Et surtout, il ne dissocie pas les choix moraux de la
réalité sociale dans laquelle ils s'inscrivent. Mieux, en s'exhibant
avec ses aptitudes et ses rancœurs, génie tué dans l'œuf et condamné au
simulacre, réduit à appliquer son invention aux formes les plus
payantes de la* « pantomime des gueux » *il met en lumière la
réalité profonde, au-delà de l'image optimiste qu'en veulent donner
les Lumières, de la société fondée sur l'argent qui est en train de
chercher à supplanter celle qui est fondée sur la naissance. Jean-
François Rameau, c'est aussi un langage, un* « diable de ramage
saugrenu moitié des gens du monde et des lettres moitié de
la halle » *qui autorise Diderot à se dispenser de toute auto-censure
et à mêler ou fondre, comme il le fera avec le personnage inventé de
Jacques, culture savante et culture populaire, avec le brio qui est le
sien lorsqu'il marche sur les traces de Rabelais.*

*Les dialogues philosophiques abondent dans l'œuvre de Diderot
car ils sont pour lui le moyen privilégié non seulement de l'expression,
mais de la recherche et de la mise au point de la pensée. Si le* Neveu
de Rameau *tient parmi eux une place unique, il le doit encore à
une attitude d'auteur certainement liée — cause ou conséquence ? —
à la longue cohabitation de cette satire avec des romans en chantier.
Les personnages n'y sont pas deux, mais trois. Il n'est que d'analyser
le vocabulaire et les images du narrateur et de* « moi » *pour
mesurer combien ils sont irréductibles l'un à l'autre.* « Moi »,
c'est « Monsieur le Philosophe », *l'anti-Rameau en matière de
morale, un peu trop conformiste et guindé pour que l'on n'y voie
pas un regard sur soi qui prend la distance de l'humour, voire de la
critique. Les interventions d'un narrateur sont rendues indispen-
sables par les pantomimes de Jean-François, ce langage qui s'ajoute
à la parole ou plus souvent s'y substitue pour exprimer tout ce
qu'elle ne saurait dire. Ce narrateur ne s'identifie pas à Diderot-
personnage. Il présente les deux interlocuteurs, arbitre entre eux
à l'occasion, introduit avec les figurants, joueurs d'échecs ou passants,*

d'autres regards qui soulignent la valeur esthétique de la perfor-
mance de Rameau. Mais sa fonction est plus complexe encore
lorsqu'il rend compte des pantomimes. Il doit donner à voir des
gestes qui se déploient dans le vide et n'ont de sens que par leur
pouvoir de suggestion et leur valeur de symbole. Il ne peut que
décrire l'effet produit sur lui-même en tâchant de faire partager
ses pensées et ses diverses émotions. Spectateur fictif d'un spectacle
d'illusion, il est le représentant du lecteur dans le texte. La
réflexion menée dans les années 1770 par Diderot romancier sur les
rapports auteur-narrateur-personnage-lecteur doit peut-être beau-
coup aux gesticulations d'un pilier de café qui n'avait même pas
de nom en propre puisque tout le monde ne l'appelait que « le
neveu de Rameau ».

*
* *

Comment et pourquoi au XVIIIe siècle un philosophe devient-il
romancier ? La question était bien ambitieuse. Comment Diderot
dans et par son activité de philosophe est devenu romancier, la
lecture des Bijoux et de La Religieuse permet d'en suivre les
étapes. Le passage de la pratique du roman à la théorie du roman
incluse dans sa pratique, c'est l'aboutissement de la carrière de
Diderot philosophe-romancier dans Jacques le Fataliste. C'est
aussi un apport au roman qui va bien au-delà de son siècle et dont
le nôtre, qui le redécouvre, n'a peut-être pas fini d'exploiter les
suggestions.

Lucette Perol.

CHRONOLOGIE

1713. — 5 Octobre : *Naissance à Langres de Denis Diderot, baptisé le lendemain à Saint-Pierre-et-Saint-Paul, fils du maître coutelier Didier (1685-3 juin 1759) et d'Angélique Vigneron (1677-17 octobre 1748).*

1715. — 27 Janvier : *Naissance de Denise Diderot, la « sœurette » du philosophe.*

1720. — 3 Avril : *Naissance d'Angélique Diderot qui devint ursuline et mourut folle vers 1748.*

1722. — 21 Mars : *Naissance de Didier-Pierre Diderot, le futur chanoine.*

1723-1728. — *Diderot est élève aux Jésuites de sa ville natale.*

1726. — 22 Août : *Diderot reçoit la tonsure, en vue d'une succession au canonicat de son oncle Didier Vigneron.*

1728. — 26 Avril : *Mort du chanoine Vigneron.*

1728-1732. — *Diderot part pour Paris. Fut-il élève à Louis-le-Grand, au collège d'Harcourt ? Suivit-il les cours de philosophie de Rivard, au collège de Beauvais ?*

1732. — 2 Septembre : *Diderot reçu maître ès arts de l'Université de Paris.*

1732-1735 : Étudiant à la Faculté de Théologie de la même Université.

1736. — 23 Mai : *Le père de Diderot, alerté sur la vie de bohème de son fils, refuse de payer ses dettes, récuse l'aide de son compatriote Foucou, coutelier à Paris, fait surveiller le jeune homme par un parent, frère Ange, vice-procureur des Carmes du Luxembourg.*

1740. — *Diderot, qui habite rue de l'Observance, se lie avec son voisin, le graveur allemand J.-G. Wille.*

1741. — *Diderot écrit une* Épître *en vers à Baculard d'Arnaud qui paraîtra dans le premier volume du* Perroquet *(Francfort, 1742). Il fait la connaissance d'Antoinette Champion, née le 22 février 1710, qui habite avec sa mère rue Boutebrie, près Saint-Séverin.*

4 SEPTEMBRE : *Le Langrois La Salette, de passage à Paris, fait l'éloge du jeune Diderot et rend compte de ses intentions d'entrer au séminaire de Saint-Sulpice le 1er janvier prochain.*

1742. — 25 MAI : L'Histoire de Grèce, *traduite de l'anglais de Temple Stanyan, est approuvée par le censeur Maunoir. De nombreuses lettres à Nanette Champion conduisent vers la fin de l'année à une promesse de mariage.*

AOÛT (?) : *Rencontre de Jean-Jacques Rousseau.*

17 DÉCEMBRE : *Diderot, arrivé à Langres, essaie d'obtenir une pension de son père, corrige les épreuves de son livre sans oser parler de Nanette.*

1743. — 14 JANVIER : *Diderot essaie d'obtenir le consentement paternel. Il est interné dans un monastère.*

FÉVRIER : *Diderot s'est évadé et rentre misérable à Paris.*

AVRIL : L'Histoire de Grèce *paraît chez Briasson.*

26 OCTOBRE : *Signature du contrat chez Me Mouette.*

6 NOVEMBRE : *Mariage de Diderot, à minuit, en l'église Saint-Pierre-aux-Bœufs. Installation des époux rue Saint-Victor.*

1744. — 23 AVRIL : *Privilège pour la traduction du* Dictionnaire de médecine *de Robert James par MM. Diderot, Eidous et Toussaint.*

13 AOÛT : *Naissance d'une petite fille, Angélique, qui devait mourir le 29 septembre. Nouveau logement rue Traversière dans le faubourg Saint-Antoine.*

1745. — *Diderot publie sa traduction de l'*Essai sur le mérite et la vertu *de Shaftesbury. Le* Journal des Savants *n'en rendra compte qu'en avril 1746. Une aventurière des* *lettres, Mme de Puisieux, née Madeleine d'Arsant, devient sa maîtresse.*

1746. — 21 JANVIER : *Privilège de l'*Encyclopédie.

AVRIL : *Diderot rédige ses* Pensées philosophiques *qui sont publiées en juin par Laurent Durand et condamnées le 7 juillet par le Parlement de Paris. Les Diderot habitent rue Mouffetard.*

22 MAI : *Naissance de François Diderot. Il mourra le 30 juin 1750.*

27 JUIN : *Diderot et d'Alembert signent le traité de l'*Encyclopédie, *confiée à l'abbé Gua de Malves.*

1747. — 20 JUIN : *Le lieutenant Perrault dénonce à Berryer l'irréligion du « misérable Diderot », dénonciation confirmée par le curé de Saint-Médard Hardy de Lévaré, deux jours plus tard.*

16 OCTOBRE : *Diderot et d'Alembert acceptent la direction de l'*Encyclopédie. *Diderot rédige la* Promenade du sceptique *et les* Bijoux indiscrets.

1748. — JANVIER : Les Bijoux indiscrets *paraissent anonymement chez Durand. Diderot aurait vendu son manuscrit 1 200 livres.*

30 AVRIL : *Nouveau privilège de l'*Encyclopédie.

26 MAI : *Enregistrement des* Mémoires sur différents sujets de mathématiques *qui paraissent un mois plus tard chez Durand.*

13 AOÛT : *Diderot emprunte à la Bibliothèque royale le* Recueil des figures et pièces des métiers à bas.

DÉCEMBRE : *La* Lettre au chirurgien Morand sur les troubles de la médecine et de la chirurgie *paraît en brochure.*

1749. — JANVIER : *Publication des* Conseils à une amie de Mme de Puisieux : *la collaboration de Diderot est probable.*

9 JUIN : *La* Lettre sur les aveugles *est parue : Diderot l'a déjà envoyée à Voltaire.*

11 JUIN : *Diderot explique à Voltaire les sentiments de Saunderson.*

24 JUILLET : *Diderot, qui loge maintenant rue de l'Estra-*

*pade, est arrêté chez lui par le commissaire Rochebrune
et conduit à Vincennes.*

10 AOÛT : *Diderot implore l'indulgence du chancelier d'Agues-
seau et du lieutenant général Berryer.*

21 AOÛT : *Diderot signe un engagement écrit de soumission.*

3 NOVEMBRE : *Diderot est remis en liberté.*

1750. — OCTOBRE : *Le prospectus de l'*Encyclopédie *se
répand.*

29 OCTOBRE : *Naissance de Denis-Laurent Diderot qui
mourra fin décembre.*

NOVEMBRE : *Rousseau publie le* Discours sur les sciences
et les arts.

1751. — JANVIER : *Polémique avec le père Berthier sur le
Prospectus de l'*Encyclopédie.

18 FÉVRIER : *Mise en vente de la* Lettre sur les Sourds
et Muets.

4 MARS : *Diderot et d'Alembert sont nommés membres de
l'Académie de Berlin.*

28 JUIN : *Le premier volume de l'*Encyclopédie *paraît.*

SEPTEMBRE : *Diderot entre en relations avec le chevalier de
Jaucourt.*

18 NOVEMBRE : *Soutenance de la thèse de l'abbé de Prades.
La Sorbonne ne la condamne que le 31 décembre. Le mande-
ment de l'archevêque de Paris paraîtra le 31 janvier suivant.*

1752. — 22 JANVIER : *Le tome II de l'*Encyclopédie *paraît.*

7 FÉVRIER : *Suppression des deux volumes de l'*Encyclopédie.

JUILLET : *Publication de l'*Apologie de l'abbé de Prades :
Diderot a rédigé l'éloquente troisième partie.

AOÛT : *Mme Diderot se rend à Langres et se réconcilie avec
son beau-père.*

1753. — FÉVRIER : *Diderot sollicite Mme de Pompadour
pour le Langrois Caroillon.*

MARS : *Diderot donne un supplément au* Petit Prophète de
Bœmischbroda *de son ami Grimm.*

2 SEPTEMBRE : *Naissance de Marie-Angélique Diderot, le
seul enfant qui survivra, baptisée le lendemain à Saint-
Étienne-du-Mont.*

NOVEMBRE : *Publication du tome III de l'*Encyclopédie. *A peu près en même temps paraît* De l'interprétation de la nature *dont une nouvelle édition augmentée sera donnée en janvier suivant. Participation à la Querelle des Bouffons.*

1754. — 14 OCTOBRE : *Publication du tome IV de l'*Encyclopédie.

OCTOBRE-DÉCEMBRE : *Séjour de Diderot à Langres, premier séjour, semble-t-il, depuis son mariage. Il fait déjà figure de célébrité locale.*

20 DÉCEMBRE : *Nouveau traité, plus avantageux, de Diderot avec ses libraires : outre 2 500 livres par volume, il recevra 20 000 livres lorsque le dernier tome sera paru. Sa famille s'est installée rue Taranne.*

1755. — 10 FÉVRIER : *Diderot assiste seul, parmi les gens de lettres, à l'enterrement de Montesquieu.*

AVRIL : *Diderot publie* l'Histoire et le Secret de la peinture en cire.

1er JUILLET : *Première lettre à* Mlle *Volland (perdue).*

DÉBUT NOVEMBRE : *On distribue le tome V de l'*Encyclopédie.

1756. — 12 AVRIL : *Diderot rend visite à Rousseau à l'Ermitage.*

1er MAI : *Le tome VI de l'*Encyclopédie *vient de paraître.*

29 JUIN : *Lettre à Landois sur le déterminisme et le fondement de la morale.*

AOÛT-SEPTEMBRE : *Séjour de trois semaines à Massy, chez Le Breton.*

10 OCTOBRE : *Le tome VII de l'*Encyclopédie *paraît. Diderot est malade.*

NOVEMBRE : *Diderot rencontre* Mme *d'Épinay chez M. de Gauffecourt.*

1757. — FÉVRIER : *Le Fils naturel* paraît, suivi des Entretiens avec Dorval.

10 MARS : *Début des « affaires » de l'Ermitage qui devaient mener à la brouille de Diderot et de Rousseau.*

20 OCTOBRE : *Le départ de* Mme *d'Épinay pour Genève consomme la rupture des deux amis. Leur dernier entretien sera du début de décembre.*

15 Novembre : *Le tome VII de l'*Encyclopédie *est paru, à peu près en même temps que les* Petites Lettres *sur les grands philosophes de Palissot.*

1758. — 19 Février : *Diderot, dans une lettre à Voltaire, déclare qu'il ne renoncera pas à l'*Encyclopédie.

Début Novembre : *Publication du* Père de famille, *suivi du* Discours sur la poésie dramatique.

1759. — 23 Janvier : *Nouvelle condamnation de l'*Encyclopédie *par le Parlement de Paris.*

8 Mars : *Le privilège de l'*Encyclopédie *est révoqué par le conseil du roi.*

11 Mai : *Première lettre connue de Diderot à Sophie Volland.*

3 Juin : *Mort du père de Diderot.*

25 Juillet-16 Août : *Voyage et séjour à Langres. Partage fait de l'héritage, Diderot peut compter sur 1 200 livres de rente.*

Septembre : *Diderot au Grandval rédige son premier* Salon, *destiné comme les suivants à la* Correspondance littéraire.

1760. — Février : *La mystification du marquis de Croismare déclenche la rédaction de* la Religieuse.

2 Mai : *Première représentation des* Philosophes *de Palissot.*

Septembre : *Séjour à la Chevrette, chez Mme d'Épinay. Puis en octobre séjour au Grandval chez le baron d'Holbach.*

29 Décembre : *Lettre sur la tolérance à l'abbé Diderot.*

1761. — 18 Février : *Succès modéré de la première représentation à Paris du* Père de famille.

Septembre : *La révision des derniers tomes de l'*Encyclopédie *s'achève. Rédaction du* Salon de 1761.

1762. — 6 Août : *Le Parlement de Paris supprime l'ordre des Jésuites.* « Me voilà délivré d'un grand nombre d'ennemis puissants », *déclare Diderot. Publication en volume de l'*Éloge de Richardson.

27 Septembre : *Le comte Schouvalov, chambellan de Catherine II, propose à Diderot d'achever en Russie l'édition de l'*Encyclopédie. *Sa lettre datée du 20 août a été transmise par Voltaire. Diderot refuse.*

11 Novembre : *Diderot annonce une* Addition *aux* Pensées philosophiques. *Première ébauche du* Neveu de Rameau.

1763. — 26 Mars : *Diderot fait la connaissance de John Wilkes, chez le baron d'Holbach.*

10 Août : *Lettre à M. de Sartine* Sur le Commerce de la librairie.

Septembre : *Troisième* Salon *de Diderot.*

Octobre : *Diderot est présenté à David Hume qui va résider trois ans à Paris.*

1764. — 12 Novembre : *Diderot, qui vient de découvrir que Le Breton a mutilé les dix derniers volumes sous presse de l'*Encyclopédie, *accepte malgré tout de terminer l'ouvrage.*

1765. — 6 Avril : *Rousseau refuse une tentative de réconciliation de Diderot, ménagée par d'Escherny.*

27 Avril : *Diderot demande l'autorisation royale d'accepter la vente de sa bibliothèque à Catherine II, autorisation accordée le 1ᵉʳ mai. Il reçoit 15 000 livres et une pension annuelle de cent pistoles.*

18 Août : *Diderot pense que l'*Encyclopédie *sera terminée dans une semaine.*

21 Août : *Première lettre à Mˡˡᵉ Jodin.*

Septembre : *Rédaction du quatrième* Salon *qui sera suivi de l'*Essai sur la peinture.

Novembre : *Première lettre à Falconet sur le sentiment de l'immortalité.*

Décembre : *Fin de l'impression des derniers volumes de l'*Encyclopédie.

1766. — Janvier : *Les dix derniers volumes de l'*Encyclopédie *sont livrés aux souscripteurs étrangers.*

16 Avril : *Diderot recommande Falconet à Catherine II. Le sculpteur quittera la France le 12 septembre.*

29 Novembre : *Diderot remercie Betzki des nouvelles bontés de Catherine : cinquante années d'avance de pension.*

1767. — 10 Janvier : *Diderot est nommé membre de l'Académie des Arts de Saint-Pétersbourg.*

Juillet : *Diderot semble converti à la physiocratie par l'ouvrage de Lemercier de la Rivière,* l'Ordre naturel et essentiel des sociétés politiques. *Il recommande l'auteur à Catherine II.*

SEPTEMBRE : *Diderot rédige le cinquième* Salon, *mais il ne sera terminé que l'année suivante en novembre.*

1768. — 2 AVRIL : *Diderot félicite John Wilkes de son élection en* Middlesex.

SEPTEMBRE : *Rédaction de la* Mystification *dont fut victime Mlle d'Ornet, ancienne maîtresse de Galitzine.*

13 DÉCEMBRE : *Mort de Damilaville, après une longue maladie.*

1769. — 1er FÉVRIER : *Les* Regrets sur ma vieille robe de chambre *paraissent dans la* Correspondance littéraire.

6 MARS : *Diderot acquiert pour Catherine II cinq tableaux lors de la vente Gaignat.*

18 MAI : *Grimm part pour l'Allemagne, laissant le fardeau de la* Correspondance littéraire *à Diderot et Mme d'Épinay.*

13 JUIN : *Galiani confie à Diderot le manuscrit de ses* Dialogues sur les blés *et quitte Paris pour l'Italie le lendemain.*

JUILLET : *Diderot semble fort épris de Mme de Maux.*

9 AOÛT : *Reprise à succès du* Père de famille *à la Comédie-Française.*

2 SEPTEMBRE : *Diderot achève la rédaction du* Rêve de d'Alembert, *puis il entreprend le sixième* Salon.

19 NOVEMBRE : *Article sur* Garrick ou les Acteurs anglais *qui sera le germe du* Paradoxe sur le comédien.

FIN DÉCEMBRE : *Les* Dialogues sur les blés *paraissent.*

1770. — JANVIER : *Le procès de Luneau de Boisgermain contre les libraires de l'*Encyclopédie *s'envenime.*

2 AOÛT-26 SEPTEMBRE : *Voyage de Diderot à Langres et à Bourbonne. Il en rédigera les incidents sous forme de* Lettre. *A Langres, il prépare le mariage de sa fille avec Caroillon de Vandeul. A Bourbonne il se fait le chevalier servant de Mme de Maux et de sa fille, Mme de Prunevaux. De ce voyage date l'idée de l'*Entretien d'un père avec ses enfants *et des* Deux Amis de Bourbonne, *ainsi que de précieux renseignements pour l'*Apologie de l'abbé Galiani.

2 Novembre : *Rupture provisoire avec Mme de Maux.*

10 Novembre : *Diderot rédige au Grandval l'*Apologie de Galiani.

Fin Novembre : *Diderot rencontre à Paris la princesse Dashkov, amie disgraciée de Catherine II.*

1771. — 1er Mars : *L'*Entretien d'un père avec ses enfants *paraît dans la* Correspondance littéraire, *précédée d'une notice biographique de Grimm sur le père de Diderot et ses enfants.*

20 Mars : *Diderot négocie pour le compte de Catherine II l'achat de la collection du baron de Thiers.*

12 Septembre : *Diderot a terminé une première rédaction de* Jacques le Fataliste.

26 Septembre : *Échec du* Fils naturel *à la Comédie-Française. Rédaction du septième* Salon.

1772. — 4 Janvier : *Les héritiers du baron de Thiers signent le contrat de vente de la collection : le prix est de 460 000 livres.*

27 Mars : *Le morceau* Sur les femmes *est en chantier.*

Mai : *Rédaction du deuxième* Mémoire *de Diderot contre Luneau de Boisgermain. Tous ses amis l'empêchent de le publier.*

Août : *Début de collaboration avec Raynal pour l'*Histoire des deux Indes.

9 Septembre : *Mariage d'Angélique Diderot et de Caroillon de Vandeul.*

13 Septembre : *Lettre de Diderot à sa fille mariée.*

23 Septembre : Ceci n'est pas un conte *et* Madame de la Carlière *sont terminés.*

7 Octobre : *Première rédaction du* Supplément au Voyage de Bougainville.

1773. — Mars : *Départ de Grimm pour Darmstadt, après avoir confié à Meister la* Correspondance littéraire : *il doit convoyer la princesse Wilhelmine, fiancée du czarévitch Paul.*

3 Juin : *Diderot, avant de gagner La Haye, confie ses manuscrits à Naigeon. Il part le vendredi 11 juin.*

15 Juin : *Arrivée de Diderot à La Haye, où Galitzine
l'héberge à l'ambassade de Russie. Pendant trois mois il
rédige des notes sur le* Voyage de Hollande *et prépare
une* Réfutation de l'Homme d'Helvétius.

20 Août : *Départ pour l'Allemagne et la Russie. Diderot
est accompagné du jeune Narishkine. Il rencontre Jacobi
à Pempelfort le 24 août; atteint Leipzig au début de
septembre, visite la galerie de Dresde le 3 septembre, atteint
Riga le 26 et Saint-Pétersbourg le 8 octobre.*

8 Octobre-5 Mars : *Séjour à Saint-Pétersbourg.*

1774. — 5 Mars-5 Avril : *Voyage de Saint-Pétersbourg à
La Haye par Dantzig et Hambourg.*

5 Avril-15 Septembre : *Séjour studieux en Hollande. Il
travaille à la* Réfutation d'Helvétius *et au commentaire de
la* Lettre sur l'Homme et ses rapports *d'Hermsterhuis,
rédige les* Entretiens avec la Maréchale, *la* Politique des
souverains, *commence ses* Observations sur le Nakaz
et ses Éléments de physiologie.

Vendredi 21 Octobre : *Retour de Diderot à Paris.*

1775. — Avril : *Selon Meister, Diderot s'est occupé tout
l'hiver de mathématiques et d'une machine à calculer.*

Mai : *Diderot remet à Grimm le manuscrit du* Plan d'une
Université pour la Russie. *Catherine II reçoit l'*Essai
sur les études en Russie *le 29 novembre et le* Plan *le
20 janvier suivant.*

Diderot vend ses livres russes à la Bibliothèque du roi.

12 Juin : *Diderot félicite Necker pour son ouvrage :* De la
législation et du commerce des grains.

27 Juin : *Naissance de Denis-Simon Caroillon de Vandeul, petit-fils de Diderot.*

12 Juillet : *Diderot sollicite Sartine pour une soumission
de bois de marine souscrite par son gendre.*

Septembre : *Rédaction du huitième* Salon.

1776. — 13 Janvier : *Métra, dans sa* Correspondance
littéraire secrète, *donne une version courte de la* Politique
des souverains.

25 Juin : *Wilkes reçoit une lettre de Diderot qui redoute la
répression contre les « insurgents » d'Amérique.*

27 Novembre : *Diderot vient de passer six mois à la*

campagne, à Sèvres chez le joaillier Belle, et le dernier mois au Grandval. Travail considérable.

18 DÉCEMBRE : *Conseils à François Tronchin sur la tragédie* Terentia.

24 DÉCEMBRE : *La société Caroillon frères obtient le bail des forges de Clavières.*

1777. — 11 AVRIL : *Diderot à Sèvres travaille à* l'Histoire des deux Indes *depuis trois mois.*

14 AVRIL : *Diderot annonce à Marc-Michel Rey qu'il prépare la collection complète de ses ouvrages.*

12 MAI : *Promesse à Marc-Michel Rey de lui confier l'édition de ses œuvres.*

9 JUIN : *Vient de rédiger une comédie gaie, sans doute une première version de* Est-il bon, est-il méchant ? *Il a passé une année entière à la campagne, sans doute à Sèvres.*

NOVEMBRE : *Retour de Grimm à Paris, après deux ans d'absence.*

16 DÉCEMBRE : *La société Caroillon frères obtient le bail des forges du comté d'Évreux.*

23 DÉCEMBRE : *Nouveaux conseils à François Tronchin sur le théâtre tragique.*

1778. — MAI : *mort de Voltaire.*

JUILLET : *mort de Rousseau.*

30 SEPTEMBRE : *Diderot passe régulièrement trois jours de la semaine à Sèvres.*

NOVEMBRE : *Début de la publication de* Jacques le Fataliste *dans la* Correspondance littéraire.

DÉCEMBRE : *Publication de l'*Essai sur la vie de Sénèque.

1779. — 18 MAI : *Catherine II engage Grimm à verser 2 000 roubles à Diderot qui remercie le 29 juin : ces 10 000 livres doivent aider à l'établissement de ses enfants.*

31 MAI : *Diderot travaille à l'*Histoire des deux Indes *de Raynal. Il séjourne à Sèvres.*

1780. — AOÛT : *Séjour au Grandval chez d'Holbach.*

29 AOÛT : *Le maire et les échevins de Langres demandent à Diderot son buste pour orner l'Hôtel de ville.*

OCTOBRE : *Début de la publication de* La Religieuse *dans la* Correspondance littéraire.

1781. — 25 M<small>ARS</small> : Lettre apologétique de l'abbé Raynal
à M. Grimm.

30 A<small>VRIL</small> : *Le buste de Diderot par Houdon est placé à
l'Hôtel de ville de Langres sur l'armoire qui renferme
l'*Encyclopédie.

28 J<small>UILLET</small> : *Diderot, privé de son logement, n'ira plus à
Sèvres. Il lit* Jacques le Fataliste *à sa femme.*

1er A<small>OÛT</small> : *Diderot est élu membre honoraire de la Société
des Antiquaires d'Écosse. Il remercie le 7 octobre ses nou-
veaux confrères.*

S<small>EPTEMBRE</small> : *Neuvième* Salon.

1782. — *Seconde édition de l'*Essai sur les règnes de Claude
et de Néron.

J<small>UIN</small> : *Diderot, n'ayant pu voir le czarévitch Paul dans son
appartement, va l'attendre à la sortie de la messe. Publication
de l'*Essai sur les règnes de Claude et de Néron.

1783. — 12 M<small>ARS</small> : *Grimm annonce la maladie de Diderot
à l'impératrice, qui s'en inquiète le 29 avril.*

17 J<small>UILLET</small> : *Un acte de partage des bénéfices de la société
Caroillon frères fixe le profit de Vandeul à 400 000 livres.*

29 O<small>CTOBRE</small> : *Mort de d'Alembert.*

1784. — 19 F<small>ÉVRIER</small> : *Diderot, frappé d'apoplexie, se remet
lentement.*

22 F<small>ÉVRIER</small> : *Mort de Sophie Volland.*

D<small>ÉBUT</small> A<small>VRIL</small> : *Mort de la petite-fille de Diderot, Marie-
Anne dite Minette, âgée de 11 ans.*

15 J<small>UILLET</small> : *Diderot s'installe rue de Richelieu au deuxième
étage de l'hôtel de Bezons.*

31 J<small>UILLET</small> : *Mort de Diderot.*

1er A<small>OÛT</small> : *Inhumation de Diderot à l'église Saint-Roch.*

9 S<small>EPTEMBRE</small> : *Catherine II accorde 1 000 roubles à la
veuve de Diderot.*

1785. — 5 M<small>ARS</small> : *Catherine II reçoit une lettre de Mme de
Vandeul lui offrant la collection complète des manuscrits
de son père.*

5 N<small>OVEMBRE</small> : *La bibliothèque et les manuscrits de Diderot
sont arrivés à Saint-Pétersbourg.*

BIBLIOGRAPHIE

LES TEXTES

La présente édition a été établie d'après les textes suivants :

Les Bijoux indiscrets : *texte de l'édition originale, exemplaire de Ratisbonne. Pour les trois chapitres supplémentaires, copie du fonds de Leningrad pour le deuxième et le troisième. Copie du fonds Vandeul pour le premier.*

La Religieuse : *copie du fonds Vandeul, dernier texte revu par Diderot.*

Le Neveu de Rameau : *manuscrit Monval (Pierpont Morgan Library - New York).*

Jacques le Fataliste : *copie de Leningrad.*

Les Deux Amis de Bourbonne : *texte publié par Renouard dans son édition des Œuvres de Salomon Gessner (1795).*

Ceci n'est pas un conte : Correspondance littéraire, *copie de la Bibliothèque royale de Stockholm.*

Mme de la Carlière : *copie de Leningrad.*

***

Ces textes ont tous fait l'objet d'éditions critiques qui sont le principal instrument de travail pour chacun des ouvrages.

Les Bijoux indiscrets. *Texte établi par Jean Macary, Introduction et notes par Aram Vartanian dans Diderot, Œuvres complètes. Tome III, Paris, Hermann, 1978.*

La Religieuse : *Préface : Introduction de H. Dieckmann. Texte établi par H. Dieckmann et Jane Marsh Dieckmann. Notes de Georges May. Mémoires : Texte établi par Jean Parrish. Notes de Georges May. Dans Diderot, Œuvres complètes, Tome XI, Paris, Hermann, 1975.*

Le Neveu de Rameau *par Jean Fabre, Genève, Droz, 1950.
Voir aussi Desné Roland, Satires, Club des amis du livre
progressiste, 1963.*

Jacques le Fataliste et son maître *par Simone Lecointre et
Jean Le Galliot, Paris-Genève, Droz, 1977.
Jacques Proust, dans Œuvres complètes. Tome XXIII,
Paris, Hermann (à paraître).*

Quatre Contes *par Jacques Proust, Genève, Droz, 1964 (com-
prenant les trois contes de cette édition, et Mystification).*

I. Études générales

BELAVAL (Yvon), *L'Esthétique sans paradoxe de Diderot*,
Paris, Gallimard, 1950.

CHOUILLET (Jacques), *La Formation des idées esthétiques de
Diderot*, Paris, A. Colin, 1973. — *Diderot*, Paris,
S.E.D.E.S., 1977. — « État présent des études sur Dide-
rot », dans *Dix-huitième Siècle*, n° 12, 1980.

CROCKER (Lester G.), *Diderot the embattled philosopher*,
New York, The Free Press, 1954, nouv. édit. 1966.

DIECKMANN (Herbert), Inventaire du fonds Vandeul,
Genève, Droz et Lille, Giard, 1951. — *Cinq Leçons sur
Diderot*, Genève, Droz et Lille, Giard, 1959.

LEFEBVRE (Henri), *Diderot*, Paris, les Éditeurs réunis, 1949.

LUPPOL (K.), *Denis Diderot, ses idées philosophiques*, traduit
du russe par V. et Y. Feldman, Paris, Éditions sociales
internationales, 1936.

POMEAU (René), *Diderot*, Paris, Presses Universitaires de
France, 1967.

POMMIER (Jean), *Diderot avant Vincennes*, Paris, Boivin,
1939.

PROUST (Jacques), *Diderot et l'Encyclopédie*, Paris, A. Colin,
1967. — *Lectures de Diderot*, Paris, A. Colin, 1974.

THOMAS (Jean), *L'Humanisme de Diderot*, Paris, Les Belles
Lettres, 1938.

VENTURI (Franco), *Jeunesse de Diderot (de 1713 à 1753)*,
Paris, Skira, 1939.

VERNIÈRE (Paul), *Diderot, ses manuscrits et ses copistes,* Paris, Klincksieck, 1967.

WILSON (Arthur M.), *Diderot, the testing years, 1713-1759,* New York, 1957. « Reflections upon some recent Diderot discoveries », dans *Thèmes et figures du Siècle des Lumières,* Genève, Droz, 1980.

On consultera en outre :

La *Correspondance* générale de Diderot publiée par Georges Roth et Jean Varloot (Éditions de Minuit).

La série des *Diderot Studies,* publiée par Otis Fellows et Diana Guiragossian (Genève, Droz, 19 vol. parus jus- qu'en 1978).

Le numéro spécial de la revue *Europe,* janvier-février 1963.

II. Études particulières

BOOY (Jean de), « Inventaire provisoire des contributions de Diderot à la *Correspondance littéraire* », dans *Dix- huitième Siècle,* n⁰ 1, 1969.

GRIMSLEY (Ronald), « L'ambiguïté dans l'œuvre romanesque de Diderot », dans *C.A.I.E.F.,* n⁰ 13, juin 1961.

Sur *Les Bijoux indiscrets* :

VARTANIAN (Aram), « Érotisme et philosophie chez Dide- rot » dans *C.A.I.E.F.,* n⁰ 13, juin 1961.

Sur *La Religieuse* :

DIECKMANN (H.), « The *Préface-annexe* of *La Religieuse* », *Diderot Studies,* n⁰ 2. Syracuse University Press, 1952.

ELLRICH (Robert J.), « The Rhetoric of *La Religieuse* and XVIIIth century forensic Rhetoric », dans *Diderot Studies,* III, Genève, 1961.

JOLY (Raymond), « Entre *Le Père de Famille* et *Le Neveu de Rameau,* conscience morale et réalisme romanesque dans *La Religieuse* », dans *Studies on Voltaire,* vol. LXXXVIII, Genève, 1972.

MAUZI (Robert), introduction à l'édition de *La Religieuse*, Bibliothèque de Cluny, A. Colin, 1961.

MAY (Georges), *Diderot et « La Religieuse »*, Paris, Presses Universitaires de France, 1954.

PARRISH (Jean), édition de la version originale de *La Religieuse, Studies on Voltaire*, t. XXII, Genève, 1963.

POMEAU (René), « Sur la religion de *La Religieuse* », dans *Mélanges offerts à M. Pintard,* Paris, Klincksieck, 1975.

PROUST (Jacques), « Recherches nouvelles sur *La Religieuse* », *Diderot Studies,* nº 6, Genève, 1964.

VARLOOT (Jean), « *La Religieuse* et sa préface : encore un paradoxe de Diderot », dans *Studies in French XVIIIth Century presented to John Lough,* University of Durham, 1978.

MYLNE (Vivienne), *The Eighteenth century French novel,* Manchester University Press, 1965.

BOOY (J. de) et FREER (A.), « *Jacques le Fataliste* et *La Religieuse* devant la critique révolutionnaire (1796-1804) », *Studies on Voltaire,* t. XXXIII, Genève, 1965.

Sur *Le Neveu de Rameau* :

CROCKER (Lester G.), « *Le Neveu de Rameau,* une expérience morale », *Cahiers de l'Association internationale des Études françaises,* nº 13, 1961.

BALCOU (Jean), « La poésie de la satire dans *Le Neveu de Rameau* », dans *Approches des Lumières,* Paris, Klincksieck, 1974.

BARLING (Thomas), « La guerre des brochures autour des *Philosophes* de Palissot de Montenoy », dans *Modèles et moyens de la réflexion politique au XVIIIe siècle,* tome I, Publications de Lille III, 1973.

CHOUILLET (Jacques), « L'espace urbain et sa fonction textuelle dans *Le Neveu de Rameau* » dans *La Ville au XVIIIe siècle,* Aix, 1975.

DESNÉ (Roland), « *Le Neveu de Rameau* dans l'ombre et la lumière du XVIIIe siècle », *Studies on Voltaire,* t. XXV, Genève, 1963.

DIECKMANN (H.), « The relationship between Diderot's Satire I and Satire II », *Romanic Review,* t. XLIII, 1950.

DUCHET (Michèle), et LAUNAY (Michel), *Entretiens sur « Le Neveu de Rameau »*, préface de Jean Fabre, Paris, Nizet, 1967.

FELLOWS (Otis), « The Theme of Genius in Diderot's *Neveu de Rameau* », *Diderot Studies*, nº 2, 1952.

HEARTZ (Daniel), « Diderot et le théâtre lyrique. Le "nouveau style" proposé par *Le Neveu de Rameau* », dans *Revue de musicologie*, LXIV, 1978/2.

LAUFER (Roger), « Structure et signification du *Neveu de Rameau* », *Revue des sciences humaines*, 1960.

MAY (Georges), « L'Angoisse de l'échec et la genèse du *Neveu de Rameau* », *Diderot Studies*, nº 3, Genève, 1961.

MORTIER (Roland), « Diderot et le problème de l'expressivité : de la pensée au dialogue heuristique », *C.A.I.E.F.*, nº 13, 1961.

SELDEN (Milton F.), « Jean-François Rameau and Diderot's *Neveu* », *Diderot Studies*, nº 1, Syracuse University Press, 1949.

SPITZER (Léo), « The Style of Diderot », dans *Linguistics and Literary history*, Princeton, 1948.

SUMI (Yoichi), *Le Neveu de Rameau. Caprices et logique du jeu*, Tokyo, Lib. Ed. France Tosho, 1975.

WACHS (Morris), « The identity of the Renégat d'Avignon in the *Neveu de Rameau* », dans *Studies on Voltaire*, t. LXXXVII à XC, Genève, 1972.

Sur *Jacques le Fataliste* :

COHEN (Huguette), « La figure dialogique dans *Jacques le Fataliste* », dans *Studies on Voltaire*, t. CLXII, Genève, 1976.

EHRARD (Jean), « Lumières et roman, ou les paradoxes de Denis le Fataliste », dans *Au siècle des Lumières*, Paris-Moscou, 1970.

KAVANAGH (Thomas M.), « The vacant mirror, a study of mimesis through Diderot's *Jacques le Fataliste* », dans *Studies on Voltaire*, t. CIV, Genève, 1973.

LAUFER (R.), « Structure et signification de *Jacques le Fataliste* », *Revue des sciences humaines*, octobre-décembre 1963.

Loy (J.-R.), *Diderot's determined fatalist,* New York, Columbia University, 1950.

Mauzi (Robert), « La parodie romanesque dans *Jacques le Fataliste* », dans *Diderot Studies* VI, Genève, 1964.

May (Georges), « Le fatalisme et *Jacques le Fataliste* », dans *Thèmes et figures du siècle des Lumières,* Genève, Droz, 1980.

Pomeau (R.), « De *Candide* à *Jacques le Fataliste* », *Enlightenment studies in honour of Lester G. Crocker,* Oxford, 1979.

Proust (Jacques), « La bonne aventure », dans *Cahiers d'histoire des littératures romanes,* Heidelberg, 1980/1.

Pruner (F.), *Clés pour le Père Hudson,* Paris, Minard, 1966.

Roelens (Maurice), « *Jacques le Fataliste* et la critique contemporaine : le texte et le sens », dans *Dix-huitième Siècle,* V, 1973.

Vernière (P.), « Diderot et l'invention littéraire à propos de *Jacques le Fataliste* », *Revue d'histoire littéraire de la France,* avril-juin 1959.

Varloot (J.), « *Jacques le Fataliste* et la *Correspondance littéraire* », *Revue d'histoire littéraire de la France,* octobre-décembre 1965.

Sur *Les Deux Amis de Bourbonne, Ceci n'est pas un conte, Madame de La Carlière* :

Bongie (Laurence L.), « Diderot's femme savante (Mlle de la Chaux) », dans *Studies on Voltaire,* t. CLXVI, Genève, 1977.

Chartier (Pierre), « Parole et mystification. Essai d'interprétation des *Deux Amis de Bourbonne* », dans *Recherches nouvelles sur quelques écrivains des Lumières,* Genève, Droz, 1972.

Dieckmann (Herbert), « The presentation of reality in Diderot's tales », dans *Diderot Studies* III, Genève, 1961.

Proust (Jacques), « De l'"exemple" au "conte" : la correspondance de Diderot » dans *C.A.I.E.F.,* nº 27, mai 1975.

LES BIJOUX INDISCRETS

« Les dévotes, surprises de se trouver la tête en bas et les jambes
en l'air... » (voir p. 192).

Gravure anonyme du Tome II. Au Monomatapa, s.d. (1748.)

Musée National du Louvre. Cabinet des dessins.   *Cl. Archives photographiques*

LES BIJOUX INDISCRETS. Le Pacha par Fragonard.

« *Cependant Mangogul acquit en moins de dix années la réputation de grand homme.* » (Voir p. 5.)

La Religieuse. L'Abbaye de Longchamp. Gravure d'Israël Silvestre.

« *Je fus conduite à Longchamp...* » (Voir p. 256.)

LA RELIGIEUSE   *Cl. B. N.*
« *Me voilà sur le chemin de Paris avec un jeune bénédictin.* »
(Voir p. 388).
Gravure anonyme au tome II de l'édition Gueffier et
Knapen, Paris, An cinquième, (1796.)

NEVEU DE RAMEAU

Le Neveu de Rameau.
Frontispice de l'édition originale, Paris, 1821.

Musée Carnavalet.

LE NEVEU DE RAMEAU. LE CAFÉ MANOURY, par de Vaujuas.
Café littéraire du XVIIIe siècle.

Jean Baptiste Rameau,
Né a Dijon le 25 Septem.bre
1689.

JEAN PHILIPPE (dit par erreur Jean-Baptiste) RAMEAU, musicien.
Dessin de Carmontelle.

« *Moi Rameau, le neveu de celui qu'on appelle le grand Rameau, qu'on voit se promener droit et les bras en l'air au Palais-Royal, depuis que monsieur Carmontel
l'a dessiné courbé et les mains sous les basques de son habit!* » (Voir pp. 410-
411.)

JACQUES LE FATALISTE ET SON MAITRE.

« *Vous ne savez pas qui je suis.* » (Voir p. 561.)

Gravure anonyme, au tome I de l'édition Gueffier et Knapen, Paris,
An Cinquième, (1797).

DIDEROT

ŒUVRES ROMANESQUES

LES BIJOUX INDISCRETS [1]

TOME PREMIER

AU MONOMATAPA [2]

A ZIMA

Zima, profitez du moment. L'aga Narkis entretient votre
mère, et votre gouvernante guette sur un balcon le retour
de votre père : prenez, lisez, ne craignez rien. Mais quand
on surprendrait *les Bijoux indiscrets* derrière votre toilette,
pensez-vous qu'on s'en étonnât ? Non, Zima, non; on sait
que *le Sopha, le Tanzaï* et *les Confessions* [3] ont été sous votre
oreiller. Vous hésitez encore ? Apprenez donc qu'Aglaé
n'a pas dédaigné de mettre la main à l'ouvrage que vous
rougissez d'accepter. « Aglaé, dites-vous, la sage Aglaé !... »
Elle-même. Tandis que Zima s'ennuyait ou s'égarait
peut-être avec le jeune bonze Alléluia, Aglaé s'amusait
innocemment à m'instruire des aventures de Zaïde, d'Alphane, de Fanni, etc., me fournissait le peu de traits qui me
plaisent dans l'histoire de Mangogul [4], la revoyait et m'indiquait les moyens de la rendre meilleure; car si Aglaé est
une des femmes les plus vertueuses et les moins édifiantes
du Congo, c'est aussi une des moins jalouses de bel esprit
et des plus spirituelles. Zima croirait-elle à présent avoir
bonne grâce à faire la scrupuleuse ? Encore une fois, Zima,
prenez, lisez, et lisez tout : je n'en excepte pas même les
discours du *Bijou voyageur* qu'on vous interprétera, sans
qu'il en coûte à votre vertu; pourvu que l'interprète ne
soit ni votre directeur ni votre amant.

CHAPITRE PREMIER

NAISSANCE DE MANGOGUL

Hiaouf Zélès Tanzaï régnait depuis longtemps dans la grande Chéchianée; et ce prince voluptueux continuait d'en faire les délices. Acajou, roi de Minutie, avait eu le sort prédit par son père. Zulmis avait vécu. Le comte de... vivait encore. Splendide, Angola, Misapouf [5], et quelques autres potentats des Indes et de l'Asie étaient morts subitement. Les peuples, las d'obéir à des souverains imbéciles, avaient secoué le joug de leur postérité; et les descendants de ces monarques malheureux erraient inconnus et presque ignorés dans les provinces de leurs empires. Le petit-fils de l'illustre Schéerazade s'était seul affermi sur le trône; et il était obéi dans le Mogol sous le nom de Schachbaam, lorsque Mangogul naquit dans le Congo. Le trépas de plusieurs souverains fut, comme on voit, l'époque funeste de sa naissance.

Erguebzed [6] son père n'appela point les fées autour du berceau de son fils, parce qu'il avait remarqué que la plupart des princes de son temps, dont ces intelligences femelles avaient fait l'éducation, n'avaient été que des sots. Il se contenta de commander son horoscope à un certain Codindo, personnage meilleur à peindre qu'à connaître.

Codindo était chef du collège des Aruspices de Banza [7], anciennement la capitale de l'empire. Erguebzed lui faisait une grosse pension, et lui avait accordé, à lui et à ses descendants, en faveur du mérite de leur grand-oncle, qui était excellent cuisinier, un château magnifique sur les frontières du Congo. Codindo était chargé d'observer le vol des oiseaux et l'état du ciel, et d'en faire son rapport à la cour; ce dont il s'acquittait assez mal. S'il est vrai qu'on avait à Banza les meilleures pièces de théâtre et les salles de spectacles les plus laides qu'il y eût dans toute l'Afrique, en revanche, on y avait le plus beau collège du monde, et les plus mauvaises prédictions.

Codindo, informé de ce qu'on lui voulait au palais d'Erguebzed, partit fort embarrassé de sa personne; car le pauvre homme ne savait non plus lire aux astres que vous et moi: on l'attendait avec impatience. Les principaux

seigneurs de la cour s'étaient rendus dans l'appartement
de la grande sultane. Les femmes, parées magnifiquement,
environnaient le berceau de l'enfant. Les courtisans s'em-
pressaient à féliciter Erguebzed sur les grandes choses
qu'il allait sans doute apprendre de son fils. Erguebzed
était père, et il trouvait tout naturel qu'on distinguât dans
les traits informes d'un enfant ce qu'il serait un jour.
Enfin Codindo arriva. « Approchez, lui dit Erguebzed :
lorsque le ciel m'accorda le prince que vous voyez, je fis
prendre avec soin l'instant de sa naissance, et l'on a dû
vous en instruire. Parlez sincèrement à votre maître, et
annoncez-lui hardiment les destinées que le ciel réserve
à son fils.

— Très magnanime sultan, répondit Codindo, le prince,
né de parents non moins illustres qu'heureux, ne peut en
avoir que de grandes et de fortunées : mais j'en imposerais [8]
à Votre Hautesse, si je me parais devant elle d'une science
que je n'ai point. Les astres se lèvent et se couchent
pour moi comme pour les autres hommes; et je n'en suis
pas plus éclairé sur l'avenir, que le plus ignorant de vos
sujets.

— Mais, reprit le sultan, n'êtes-vous pas astrologue ?

— Magnanime prince, répondit Codindo, je n'ai point
cet honneur.

— Eh ! que diable êtes-vous donc ? lui répliqua le
vieux mais bouillant Erguebzed.

— Aruspice !

— Oh ! parbleu, je n'imaginais pas que vous en eussiez
eu la pensée. Croyez-moi, seigneur Codindo, laissez manger
en repos vos poulets, et prononcez sur le sort de mon fils,
comme vous fîtes dernièrement sur le rhume de la per-
ruche de ma femme. »

A l'instant Codindo tira de sa poche une loupe, prit
l'oreille gauche de l'enfant, frotta ses yeux, tourna et
retourna ses besicles, lorgna cette oreille, en fit autant du
côté droit, et prononça que le règne du jeune prince
serait heureux s'il était long.

« Je vous entends, reprit Erguebzed : mon fils exécutera
les plus belles choses du monde, s'il en a le temps. Mais,
morbleu, ce que je veux qu'on me dise, c'est s'il en aura
le temps. Que m'importe à moi, lorsqu'il sera mort, qu'il
eût été le plus grand prince du monde s'il eût vécu ? Je

vous appelle pour avoir l'horoscope de mon fils, et vous
me faites son oraison funèbre. »

Codindo répondit au prince qu'il était fâché de n'en
pas savoir davantage; mais qu'il suppliait Sa Hautesse de
considérer que c'en était bien assez pour le peu de temps
qu'il était devin. En effet, le moment d'auparavant qu'était
Codindo ?

CHAPITRE SECOND

ÉDUCATION DE MANGOGUL

Je passerai légèrement sur les premières années de
Mangogul. L'enfance des princes est la même que celle
des autres hommes, à cela près qu'il est donné aux princes
de dire une infinité de jolies choses avant que de savoir
parler. Aussi le fils d'Erguebzed avait à peine quatre ans,
qu'il avait fourni la matière d'un Mangogulana. Erguebzed qui était un homme de sens, et qui ne voulait pas que
l'éducation de son fils fût aussi négligée que la sienne
l'avait été, appela de bonne heure auprès de lui, et retint
à sa cour, par des pensions considérables, ce qu'il y avait
de grands hommes en tout genre dans le Congo; peintres,
philosophes, poètes, musiciens, architectes, maîtres de
danse, de mathématiques, d'histoire, maîtres en fait
d'armes, etc. Grâce aux heureuses dispositions de Mangogul, et aux leçons continuelles de ses maîtres, il n'ignora
rien de ce qu'un jeune prince a coutume d'apprendre
dans les quinze premières années de sa vie, et sut, à l'âge
de vingt ans, boire, manger et dormir aussi parfaitement
qu'aucun potentat de son âge.

Erguebzed, à qui le poids des années commençait à
faire sentir celui de la couronne, las de tenir les rênes de
l'empire, effrayé des troubles qui le menaçaient, plein de
confiance dans les qualités supérieures de Mangogul, et
pressé par des sentiments de religion, pronostics certains
de la mort prochaine, ou de l'imbécillité des grands, descendit du trône pour y placer son fils; et ce bon prince
crut devoir expier dans la retraite les crimes de l'adminis-

tration la plus juste dont il fût mémoire dans les annales du Congo.

Ce fut donc l'an du monde 1.500.000.003.200.001, de l'empire du Congo le 3.900.000.700.03, que commença le règne de Mangogul, le 1.234.500 de sa race en ligne directe. Des conférences fréquentes avec ses ministres, des guerres à soutenir, et le maniement des affaires, l'instruisirent en fort peu de temps de ce qui lui restait à savoir au sortir des mains de ses pédagogues; et c'était quelque chose.

Cependant Mangogul acquit en moins de dix années la réputation de grand homme. Il gagna des batailles, força des villes, agrandit son empire, pacifia ses provinces, répara le désordre de ses finances, fit refleurir les sciences et les arts, éleva des édifices, s'immortalisa par d'utiles établissements, raffermit et corrigea la législation, institua même des académies; et, ce que son université ne put jamais comprendre, il acheva tout cela sans savoir un seul mot de latin.

Mangogul ne fut pas moins aimable dans son sérail que grand sur le trône. Il ne s'avisa point de régler sa conduite sur les usages ridicules de son pays. Il brisa les portes du palais habité par ses femmes; il en chassa ces gardes injurieux de leur vertu; il s'en fia prudemment à elles-mêmes de leur fidélité : on entrait aussi librement dans leurs appartements que dans aucun couvent de chanoinesses de Flandres; et on y était sans doute aussi sage. Le bon sultan que ce fut ! il n'eut jamais de pareil que dans quelques romans français. Il était doux, affable, enjoué, galant, d'une figure charmante, aimant les plaisirs, fait pour eux, et renfermait dans sa tête plus d'esprit qu'il n'y en avait eu dans celle de tous ses prédécesseurs ensemble.

On juge bien qu'avec un si rare mérite, beaucoup de femmes aspirèrent à sa conquête : quelques-unes réussirent. Celles qui manquèrent son cœur, tâchèrent de s'en consoler avec les grands de sa cour. La jeune Mirzoza [9] fut du nombre des premières. Je ne m'amuserai point à détailler les qualités et les charmes de Mirzoza; l'ouvrage serait sans fin, et je veux que cette histoire en ait une.

CHAPITRE TROISIÈME

QU'ON PEUT REGARDER COMME LE PREMIER
DE CETTE HISTOIRE

Mirzoza fixait Mangogul depuis plusieurs années. Ces amants s'étaient dit et répété mille fois tout ce qu'une passion violente suggère aux personnes qui ont le plus d'esprit. Ils en étaient venus aux confidences; et ils se seraient fait un crime de se dérober la circonstance de leur vie la plus minutieuse. Ces suppositions singulières : « Si le ciel qui m'a placé sur le trône m'eût fait naître dans un état obscur, eussiez-vous daigné descendre jusqu'à moi, Mirzoza m'eût-elle couronné ?... Si Mirzoza venait à perdre le peu de charmes qu'on lui trouve, Mangogul l'aimerait-il toujours ? », ces suppositions, dis-je, qui exercent les amants ingénieux, brouillent quelquefois les amants délicats, et font mentir si souvent les amants les plus sincères, étaient usées pour eux.

La favorite, qui possédait au souverain degré le talent si nécessaire et si rare de bien narrer, avait épuisé l'histoire scandaleuse de Banza. Comme elle avait peu de tempérament [10], elle n'était pas toujours disposée à recevoir les caresses du sultan, ni le sultan toujours d'humeur à lui en proposer. Enfin il y avait des jours où Mangogul et Mirzoza avaient peu de choses à dire, presque rien à faire, et où, sans s'aimer moins, ils ne s'amusaient guère. Ces jours étaient rares; mais il y en avait, et il en vint un.

Le sultan était étendu nonchalamment sur une duchesse [11], vis-à-vis de la favorite qui faisait des nœuds sans dire mot. Le temps ne permettait pas de se promener. Mangogul n'osait proposer un piquet; il y avait près d'un quart d'heure que cette situation maussade durait, lorsque le sultan dit en bâillant à plusieurs reprises :

« Il faut avouer que Géliote [12] a chanté comme un ange...

— Et que Votre Hautesse s'ennuie à périr, ajouta la favorite.

— Non, madame, reprit Mangogul en bâillant à demi; le moment où l'on vous voit n'est jamais celui de l'ennui.

— Il ne tenait qu'à vous que cela fût galant, répliqua

Mirzoza; mais vous rêvez, vous êtes distrait, vous bâillez. Prince, qu'avez-vous ?

— Je ne sais, dit le sultan.

— Et moi je devine, continua la favorite. J'avais dix-huit ans lorsque j'eus le bonheur de vous plaire. Il y a quatre ans que vous m'aimez. Dix-huit et quatre font vingt-deux. Me voilà bien vieille. »

Mongogul sourit de ce calcul.

« Mais si je ne vaux plus rien pour le plaisir, ajouta Mirzoza, je veux vous faire voir du moins que je suis très bonne pour le conseil. La variété des amusements qui vous suivent n'a pu vous garantir du dégoût. Vous êtes dégoûté. Voilà, prince, votre maladie.

— Je ne conviens pas que vous ayez rencontré, dit Mangogul; mais en cas que cela fût, y sauriez-vous quelque remède ? »

Mirzoza répondit au sultan, après avoir rêvé un moment, que Sa Hautesse lui avait paru prendre tant de plaisir au récit qu'elle lui faisait des aventures galantes de la ville [13], qu'elle regrettait de n'en plus avoir à lui raconter, ou de n'être pas mieux instruite de celles de sa cour; qu'elle aurait essayé cet expédient, en attendant qu'elle imaginât mieux.

« Je le crois bon, dit Mangogul; mais qui sait les histoires de toutes ces folles ? et quand on les saurait, qui me les réciterait comme vous ?

— Sachons-les toujours, reprit Mirzoza. Qui que ce soit qui vous les raconte, je suis sûre que Votre Hautesse gagnera plus par le fond qu'elle ne perdra par la forme.

— J'imaginerai avec vous, si vous voulez, les aventures des femmes de ma cour, fort plaisantes, dit Mangogul; mais le fussent-elles cent fois davantage, qu'importe, s'il est impossible de les apprendre ?

— Il pourrait y avoir de la difficulté, répondit Mirzoza : mais je pense que c'est tout. Le génie Cucufa, votre parent et votre ami, a fait des choses plus fortes. Que ne le consultez-vous ?

— Ah ! joie de mon cœur, s'écria le sultan, vous êtes admirable ! Je ne doute point que le génie n'emploie tout son pouvoir en ma faveur. Je vais de ce pas m'enfermer dans mon cabinet, et l'évoquer. »

Alors Mangogul se leva, baisa la favorite sur l'œil gauche, selon la coutume du Congo, et partit.

CHAPITRE QUATRIÈME

ÉVOCATION DU GÉNIE

Le génie Cucufa est un vieil hypocondriaque, qui craignant que les embarras du monde et le commerce des
autres génies ne fissent obstacle à son salut, s'est réfugié
dans le vide, pour s'occuper tout à son aise des perfections infinies de la grande Pagode [14], se pincer, s'égratigner,
se faire des niches, s'ennuyer, enrager et crever de faim.
Là, il est couché sur une natte, le corps cousu dans un sac,
les flancs serrés d'une corde, les bras croisés sur la poitrine,
et la tête enfoncée dans un capuchon, qui ne laisse sortir
que l'extrémité de sa barbe. Il dort; mais on croirait qu'il
contemple. Il n'a pour toute compagnie qu'un hibou qui
sommeille à ses pieds, quelques rats qui rongent sa natte,
et des chauves-souris qui voltigent autour de sa tête :
on l'évoque en récitant au son d'une cloche le premier
verset de l'office nocturne des bramines; alors il relève
son capuce, frotte ses yeux, chausse ses sandales, et part.
Figurez-vous un vieux camaldule [15] porté dans les airs
par deux gros chats-huants qu'il tiendrait par les pattes :
ce fut dans cet équipage que Cucufa apparut au sultan !

« Que la bénédiction de Brama soit céans, dit-il en
s'abattant.

— *Amen*, répondit le prince.

— Que voulez-vous, mon fils ?

— Une chose fort simple, dit Mangogul; me procurer
quelques plaisirs aux dépens des femmes de ma cour.

— Eh ! mon fils, répliqua Cucufa, vous avez à vous
seul plus d'appétit que tout un couvent de bramines. Que
prétendez-vous faire ce de troupeau de folles ?

— Savoir d'elles les aventures qu'elles ont et qu'elles
ont eues; et puis c'est tout.

— Mais cela est impossible, dit le génie; vouloir que
des femmes confessent leurs aventures, cela n'a jamais été et
ne sera jamais.

— Il faut pourtant que cela soit, » ajouta le sultan.

A ces mots, le génie se grattant l'oreille et peignant
par distraction sa longue barbe avec ses doigts, se mit à
rêver : sa méditation fut courte.

« Mon fils, dit-il à Mangogul, je vous aime; vous serez satisfait. »

A l'instant, il plongea sa main droite dans une poche profonde, pratiquée sous son aisselle, au côté gauche de sa robe, et en tira avec des images, des grains bénits, de petites pagodes de plomb, des bonbons moisis, un anneau d'argent, que Mangogul prit d'abord pour une bague de saint Hubert [16].

« Vous voyez bien cet anneau, dit-il au sultan; mettez-le à votre doigt, mon fils. Toutes les femmes sur lesquelles vous en tournerez le chaton, raconteront leurs intrigues à voix haute, claire et intelligible : mais n'allez pas croire au moins que c'est par la bouche qu'elles parleront.

— Et par où donc, ventre saint-gris ! s'écria Mangogul, parleront-elles donc ?

— Par la partie la plus franche qui soit en elles, et la mieux instruite des choses que vous désirez savoir, dit Cucufa; par leurs bijoux.

— Par leurs bijoux, reprit le sultan, en s'éclatant de rire : en voilà bien d'une autre. Des bijoux parlants ! cela est d'une extravagance inouïe.

— Mon fils, dit le génie, j'ai bien fait d'autres prodiges en faveur de votre grand-père; comptez donc sur ma parole. Allez, et que Brama vous bénisse. Faites un bon usage de votre secret, et songez qu'il est des curiosités mal placées. »

Cela dit, le cafard hochant de la tête, se raffubla de son capuchon, reprit ses chats-huants par les pattes, et disparut dans les airs.

CHAPITRE CINQUIÈME

DANGEREUSE TENTATION DE MANGOGUL

A peine Mangogul fut-il en possession de l'anneau mystérieux de Cucufa, qu'il fut tenté d'en faire le premier essai sur la favorite. J'ai oublié de dire qu'outre la vertu de faire parler les bijoux des femmes sur lesquelles on tournait le chaton, il avait encore celle de rendre invisible la personne qui le portait au petit doigt. Ainsi Mangogul pouvait se transporter en un clin d'œil en cent endroits

où il n'était point attendu, et voir de ses yeux bien des
choses qui se passent ordinairement sans témoin; il n'avait
qu'à mettre sa bague, et dire : « Je veux être là; » à l'instant il y était. Le voilà donc chez Mirzoza.

Mirzoza qui n'attendait plus le sultan, s'était fait mettre
au lit. Mangogul s'approcha doucement de son oreiller, et
s'aperçut à la lueur d'une bougie de nuit, qu'elle était
assoupie. « Bon, dit-il, elle dort : changeons vite l'anneau
de doigt, reprenons notre forme, tournons le chaton sur
cette belle dormeuse, et réveillons un peu son bijou...
Mais qu'est-ce qui m'arrête ?... je tremble... se pourrait-il
que Mirzoza... non, cela n'est pas possible; Mirzoza m'est
fidèle. Éloignez-vous, soupçons injurieux, je ne veux
point, je ne dois point vous écouter. » Il dit et porta ses
doigts sur l'anneau; mais les en écartant aussi promptement que s'il eût été de feu, il s'écria en lui-même : « Que
fais-je, malheureux ! je brave les conseils de Cucufa. Pour
satisfaire une sotte curiosité, je vais m'exposer à perdre
ma maîtresse et la vie... Si son bijou s'avisait d'extrava-
guer, je ne la verrais plus, et j'en mourrais de douleur.
Et qui sait ce qu'un bijou peut avoir dans l'âme ? » L'agitation de Mangogul ne lui permettait guère de s'observer :
il prononça ces dernières paroles un peu haut, et la favorite
s'éveilla...

« Ah ! prince, lui dit-elle, moins surprise que charmée
de sa présence, vous voilà ! pourquoi ne vous a-t-on point
annoncé ? Est-ce à vous d'attendre mon réveil ? »

Mangogul répondit à la favorite, en lui communiquant
le succès de l'entrevue de Cucufa, lui montra l'anneau qu'il
en avait reçu, et ne lui cacha rien de ses propriétés.

« Ah ! quel secret diabolique vous a-t-il donné là ?
s'écria Mirzoza. Mais, prince, comptez-vous en faire quelque
usage ?

— Comment, ventrebleu ! dit le sultan, si j'en veux faire
usage ? Je commence par vous, si vous me raisonnez. »

La favorite, à ces terribles mots, pâlit, trembla, se remit
et conjura le sultan par Brama et par toutes les Pagodes
des Indes et du Congo, de ne point éprouver sur elle un
secret qui marquait peu de confiance en sa fidélité.

« Si j'ai toujours été sage, continua-t-elle, mon bijou
ne dira mot, et vous m'aurez fait une injure que je ne vous
pardonnerai jamais : s'il vient à parler, je perdrai votre

estime et votre cœur, et vous en serez au désespoir. Jusqu'à présent vous vous êtes, ce me semble, assez bien
trouvé de notre liaison; pourquoi s'exposer à la rompre ?
Prince, croyez-moi, profitez des avis du génie; il a de
l'expérience, et les avis du génie sont toujours bons à
suivre.

— C'est ce que je me disais à moi-même, lui répondit
Mangogul, quand vous vous êtes éveillée : cependant si
vous eussiez dormi deux minutes de plus, je ne sais ce
qui en serait arrivé.

— Ce qui en serait arrivé, dit Mirzoza, c'est que mon
bijou ne vous aurait rien appris, et que vous m'auriez
perdue pour toujours.

— Cela peut être, reprit Mangogul; mais à présent que
je vois tout le danger que j'ai couru, je vous jure par la
Pagode éternelle, que vous serez exceptée du nombre de
celles sur lesquelles je tournerai ma bague. »

Mirzoza prit alors un air assuré, et se mit à plaisanter
d'avance aux dépens des bijoux que le prince allait mettre
à la question.

« Le bijou de Cydalise, disait-elle, a bien des choses à
raconter; et s'il est aussi indiscret que sa maîtresse, il ne
s'en fera guère prier. Celui d'Haria n'est plus de ce monde;
et Votre Hautesse n'en apprendra que des contes de ma
grand'mère. Pour celui de Glaucé, je le crois bon à consulter : elle est coquette et jolie.

— Et c'est justement par cette raison, répliqua le sultan,
que son bijou sera muet.

— Adressez-vous donc, repartit la sultane, à celui de
Phédime; elle est galante et laide.

— Oui, continua le sultan; et si laide, qu'il faut être
aussi méchante que vous pour l'accuser d'être galante.
Phédime est sage; c'est moi qui vous le dis, et qui en sais
quelque chose.

— Sage tant qu'il vous plaira, reprit la favorite; mais
elle a de certains yeux gris qui disent le contraire.

— Ses yeux en ont menti, répondit brusquement le
sultan; vous m'impatientez avec votre Phédime : ne
dirait-on pas qu'il n'y ait que ce bijou à questionner ?

— Mais peut-on, sans offenser Votre Hautesse, ajouta
Mirzoza, lui demander quel est celui qu'elle honorera de
son choix ?

— Nous verrons tantôt, dit Mangogul, au cercle de la Manimonbanda (c'est ainsi qu'on appelle dans le Congo la grande sultane). Nous n'en manquerons pas si tôt, et lorsque nous serons ennuyés des bijoux de ma cour, nous pourrons faire un tour à Banza : peut-être trouverons-nous ceux des bourgeoises plus raisonnables que ceux des duchesses.

— Prince, dit Mirzoza, je connais un peu les premières, et je peux vous assurer qu'elles ne sont que plus circonspectes.

— Bientôt nous en saurons des nouvelles : mais je ne peux m'empêcher de rire, continua Mangogul, quand je me figure l'embarras et la surprise de ces femmes aux premiers mots de leurs bijoux; ah! ah! ah! Songez, délices de mon cœur, que je vous attendrai chez la grande sultane, et que je ne ferai point usage de mon anneau que vous n'y soyez.

— Prince, au moins, dit Mirzoza, je compte sur la parole que vous m'avez donnée. »

Mangogul sourit de ses alarmes, lui réitéra ses promesses, y joignit quelques caresses, et se retira.

CHAPITRE SIXIÈME

PREMIER ESSAI DE L'ANNEAU

ALCINE

Mangogul se rendit le premier chez la grande sultane; il y trouva toutes les femmes occupées d'un cavagnole [17] : il parcourut des yeux celles dont la réputation était faite, résolu d'essayer son anneau sur une d'elles, et il ne fut embarrassé que du choix. Il était incertain par qui commencer, lorsqu'il aperçut dans une croisée une jeune dame du palais de la Manimonbanda : elle badinait avec son époux; ce qui parut singulier au sultan, car il y avait plus de huit jours qu'ils s'étaient mariés : ils s'étaient montrés dans la même loge à l'Opéra, et dans la même calèche au petit cours ou au bois de Boulogne; ils avaient achevé leurs visites, et l'usage les dispensait de s'aimer, et même de se rencontrer[18]. « Si ce bijou, disait Mangogul en lui-même, est aussi fou que sa maîtresse, nous allons voir un monologue réjouissant. » Il en était là du sien, quand la favorite parut.

« Soyez la bienvenue, lui dit le sultan à l'oreille. J'ai jeté mon plomb[19] en vous attendant.

— Et sur qui ? lui demanda Mirzoza.

— Sur ces gens que vous voyez folâtrer dans cette croisée, lui répondit Mangogul du coin de l'œil.

— Bien débuté, » reprit la favorite.

Alcine (c'est le nom de la jeune dame) était vive et jolie. La cour du sultan n'avait guère de femmes plus aimables, et n'en avait aucune de plus galante. Un émir du sultan s'en était entêté. On ne lui laissa point ignorer ce que la chronique avait publié d'Alcine; il en fut alarmé, mais il suivit l'usage : il consulta sa maîtresse sur ce qu'il en devait penser. Alcine lui jura que ces calomnies étaient les discours de quelques fats qui se seraient tus, s'ils avaient eu des raisons de parler: qu'au reste il n'y avait rien de fait, et qu'il était le maître d'en croire tout ce qu'il jugerait à propos. Cette réponse assurée convainquit l'émir amoureux de l'innocence de sa maîtresse. Il conclut, et prit le titre d'époux d'Alcine avec toutes ses prérogatives.

Le sultan tourna sa bague sur elle. Un grand éclat de rire, qui était échappé à Alcine à propos de quelques discours saugrenus que lui tenait son époux, fut brusquement syncopé par l'opération de l'anneau; et on entendit aussitôt murmurer sous ses jupes : « Me voilà donc titré; vraiment j'en suis fort aise; il n'est rien tel que d'avoir un rang. Si l'on eût écouté mes premiers avis, on m'eût trouvé mieux qu'un émir; mais un émir vaut encore mieux que rien. »

A ces mots, toutes les femmes quittèrent le jeu, pour chercher d'où partait la voix. Ce mouvement fit un grand bruit.

« Silence, dit Mangogul; ceci mérite attention. »

On se tut, et le bijou continua : « Il faut qu'un époux soit un hôte bien important, à en juger par les précautions que l'on prend pour le recevoir. Que de préparatifs ! quelle profusion d'eau de myrte[20] ! Encore une quinzaine de ce régime, et c'était fait de moi; je disparaissais, et monsieur l'émir n'avait qu'à chercher gîte ailleurs, ou

qu'à m'embarquer pour l'île Jonquille [21]. » Ici mon auteur
dit que toutes les femmes pâlirent, se regardèrent sans mot
dire, et tinrent un sérieux qu'il attribue à la crainte que
la conversation ne s'engageât et ne devînt générale.
« Cependant, continua le bijou d'Alcine, il m'a semblé que
l'émir n'avait pas besoin qu'on y fît tant de façons; mais
je reconnais ici la prudence de ma maîtresse; elle mit les
choses au pis-aller; et je fus traité pour monsieur comme
pour son petit écuyer. »

Le bijou allait continuer ses extravagances, lorsque le
sultan, s'apercevant que cette scène étrange scandalisait la
pudique Manimonbanda, interrompit l'orateur en retournant sa bague. L'émir avait disparu aux premiers mots du
bijou de sa femme. Alcine, sans se déconcerter, simula
quelque temps un assoupissement; cependant les femmes
chuchetaient [22] qu'elle avait des vapeurs. « Eh oui, dit
un petit-maître, des vapeurs ! Cicogne les nomme hysté-
riques [23]; c'est comme qui dirait des choses qui viennent
de la région inférieure. Il a pour cela un élixir divin; c'est
un principe, principiant, principié, qui ravive... qui... je le
proposerai à madame. » On sourit de ce persiflage, et notre
cynique reprit :

« Rien n'est plus vrai, mesdames; j'en ai usé, moi qui
vous parle, pour une déperdition de substance.

— Une déperdition de substance ! Monsieur le marquis,
reprit une jeune personne, qu'est-ce que cela ?

— Madame, répondit le marquis, c'est un de ces petits
accidents fortuits qui arrivent... Eh ! mais tout le monde
connaît cela. »

Cependant l'assoupissement simulé finit. Alcine se mit
au jeu aussi intrépidement que si son bijou n'eût rien dit,
ou que s'il eût dit les plus belles choses du monde. Elle fut
même la seule qui joua sans distraction. Cette séance lui
valut des sommes considérables. Les autres ne savaient ce
qu'elles faisaient, ne reconnaissaient plus leurs figures,
oubliaient leurs numéros, négligeaient leurs avantages,
arrosaient [24] à contretemps et commettaient cent autres
bévues, dont Alcine profitait. Enfin, le jeu finit, et chacun
se retira.

Cette aventure fit grand bruit à la cour, à la ville et dans
tout le Congo. Il en courut des épigrammes : le discours
du bijou d'Alcine fut publié, revu, corrigé, augmenté et

commenté par les agréables de la cour. On chansonna l'émir; sa femme fut immortalisée. On se la montrait aux spectacles; elle était courue dans les promenades; on s'attroupait autour d'elle, et elle entendait bourdonner à ses côtés : « Oui, la voilà; c'est elle-même; son bijou a parlé pendant plus de deux heures de suite. »

Alcine soutint sa réputation nouvelle avec un sang-froid admirable. Elle écouta tous ces propos, et beaucoup d'autres, avec une tranquillité que les autres femmes n'avaient point. Elles s'attendaient à tout moment à quelque indiscrétion de la part de leurs bijoux; mais l'aventure du chapitre suivant acheva de les troubler.

Lorsque le cercle s'était séparé, Mangogul avait donné la main à la favorite, et l'avait remise dans son appartement. Il s'en manquait beaucoup qu'elle eût cet air vif et enjoué, qui ne l'abandonnait guère. Elle avait perdu considérablement au jeu, et l'effet du terrible anneau l'avait jetée dans une rêverie dont elle n'était pas encore bien revenue. Elle connaissait la curiosité du sultan, et elle ne comptait pas assez sur les promesses d'un homme moins amoureux que despotique, pour être libre de toute inquiétude.

« Qu'avez-vous, délices de mon âme ? lui dit Mangogul; je vous trouve rêveuse.

— J'ai joué, lui répondit Mirzoza, d'un guignon qui n'a point d'exemple; j'ai perdu la possibilité [25] : j'avais douze tableaux; je ne crois pas qu'ils aient marqué trois fois.

— Cela est désolant, répondit Mangogul : mais que pensez-vous de mon secret ?

— Prince, lui dit la favorite, je persiste à le tenir pour diabolique; il vous amusera sans doute; mais cet amusement aura des suites funestes. Vous allez jeter le trouble dans toutes les maisons, détromper les maris, désespérer des amants, perdre des femmes, déshonorer des filles, et faire cent autres vacarmes. Ah! prince, je vous conjure...

— Eh ! jour de Dieu, dit Mangogul, vous moralisez comme Nicole ! je voudrais bien à propos de quoi l'intérêt de votre prochain vous touche aujourd'hui si vivement. Non, madame, non; je conserverai mon anneau. Et que m'importent à moi ces maris détrompés, ces amants désespérés, ces femmes perdues, ces filles déshonorées, pourvu que je m'amuse ? Suis-je donc sultan pour rien ? A demain, madame; il faut espérer que les scènes qui suivront seront plus comiques que la première, et qu'insensiblement vous y prendrez goût.

— Je n'en crois rien, seigneur, reprit Mirzoza.

— Et moi je vous réponds que vous trouverez des bijoux plaisants, et si plaisants, que vous ne pourrez vous défendre de leur donner audience. Et où en seriez-vous donc, si je vous les députais en qualité d'ambassadeurs ? Je vous sauverai, si vous voulez, l'ennui de leurs harangues ; mais pour le récit de leurs aventures, vous l'entendrez de leur bouche ou de la mienne. C'est une chose décidée ; je n'en peux rien rabattre ; prenez sur vous de vous familiariser avec ces nouveaux discoureurs. »

A ces mots, il l'embrassa, et passa dans son cabinet, réfléchissant sur l'épreuve qu'il venait de faire, et remerciant dévotieusement le génie Cucufa.

CHAPITRE SEPTIÈME

SECOND ESSAI DE L'ANNEAU

LES AUTELS

Il y avait pour le lendemain un petit souper chez Mirzoza. Les personnes nommées s'assemblèrent de bonne heure dans son appartement. Avant le prodige de la veille, on s'y rendait par goût ; ce soir, on n'y vint que par bienséance : toutes les femmes eurent un air contraint et ne parlèrent qu'en monosyllabes ; elles étaient aux aguets, et s'attendaient à tout moment que quelque bijou se mêlerait de la conversation. Malgré la démangeaison qu'elles avaient de mettre sur le tapis la mésaventure d'Alcine, aucune n'osa prendre sur soi d'en entamer le propos ; ce n'est pas qu'on fût retenu par sa présence ; quoique comprise dans la liste du souper, elle ne parut point ; on devina qu'elle avait la migraine. Cependant, soit qu'on redoutât moins le danger, parce que de toute la journée on n'avait entendu parler que des bouches, soit qu'on feignît de s'enhardir, la conversation, qui languissait, s'anima ; les femmes les plus suspectes composèrent leur maintien, jouèrent l'assurance ; et Mirzoza demanda au courtisan Zégris, s'il n'y avait rien d'intéressant.

« Madame, répondit Zégris, on vous avait fait part du prochain mariage de l'aga Chazour avec la jeune Sibérine; je vous annonce que tout est rompu.

— A quel propos ? interrompit la favorite.

— A propos d'une voix étrange, continua Zégris, que Chazour dit avoir entendue à la toilette de sa princesse; depuis hier, la cour du sultan est pleine de gens qui vont prêtant l'oreille, dans l'espérance de surprendre, je ne sais comment, des aveux qu'assurément on n'a nulle envie de leur faire.

— Mais cela est fou, répliqua la favorite : le malheur d'Alcine, si c'en est un, n'est rien moins qu'avéré; on n'a point encore approfondi...

— Madame, interrompit Zelmaïde, je l'ai entendu très distinctement; elle a parlé sans ouvrir la bouche; les faits ont été bien articulés; et il n'était pas trop difficile de deviner d'où partait ce son extraordinaire. Je vous avoue que j'en serais morte à sa place.

— Morte ! reprit Zégris; on survit à d'autres accidents.

— Comment, s'écria Zelmaïde, en est-il un plus terrible que l'indiscrétion d'un bijou ? il n'y a donc plus de milieu. Il faut ou renoncer à la galanterie, ou se résoudre à passer pour galante.

— En effet, dit Mirzoza, l'alternative est cruelle.

— Non, madame, non, reprit une autre; vous verrez que les femmes prendront leur parti. On laissera parler les bijoux tant qu'ils voudront, et l'on ira son train sans s'embarrasser du qu'en dira-t-on. Et qu'importe, après tout, que ce soit le bijou d'une femme ou son amant qui soit indiscret ? en sait-on moins les choses ?

— Tout bien considéré, continua une troisième, si les aventures d'une femme doivent être divulguées, il vaut mieux que ce soit par son bijou que par son amant.

— L'idée est singulière, dit la favorite...

— Et vraie, reprit celle qui l'avait hasardée; car prenez garde que pour l'ordinaire un amant est mécontent, avant que de devenir indiscret, et dès lors tenté de se venger en outrant les choses : au lieu qu'un bijou parle sans passion, et n'ajoute rien à la vérité.

— Pour moi, reprit Zelmaïde, je ne suis point de cet avis; c'est moins ici l'importance des dépositions qui perd le coupable, que la force du témoignage. Un amant qui déshonore par ses discours l'autel sur lequel il a sacrifié, est une espèce d'impie qui ne mérite aucune croyance : mais si l'autel élève la voix, que répondre ?

— Que l'autel ne sait ce qu'il dit, » répliqua la seconde.

Monima rompit le silence qu'elle avait gardé jusque-là, pour dire d'un ton traîné et d'un air nonchalant : « Ah! que mon autel, puisque autel il y a, parle ou se taise, je ne crains rien de ses discours. »

Mangogul entrait à l'instant, et les dernières paroles de Monima ne lui échappèrent point. Il tourna sa bague sur elle, et l'on entendit son bijou s'écrier : « N'en croyez rien; elle ment. » Ses voisines s'entre-regardant, se demandèrent à qui appartenait le bijou qui venait de répondre.

« Ce n'est pas le mien, dit Zelmaïde.

— Ni le mien, dit une autre.

— Ni le mien, dit Monima.

— Ni le mien, » dit le sultan.

Chacune, et la favorite comme les autres, se tint sur la négative.

Le sultan profitant de cette incertitude, et s'adressant aux dames : « Vous avez donc des autels ? leur dit-il; eh bien ! comment sont-ils fêtés ? » Tout en parlant, il tourna successivement, mais avec promptitude, sa bague sur toutes les femmes, à l'exception de Mirzoza; et chaque bijou répondant à son tour, on entendit sur différents tons : « Je suis fréquenté, délabré, délaissé, parfumé, fatigué, mal servi, ennuyé, etc. » Tous dirent leur mot, mais si brusquement, qu'on n'en put faire au juste l'application. Leur jargon, tantôt sourd et tantôt glapissant, accompagné des éclats de rire de Mangogul et de ses courtisans, fit un bruit d'une espèce nouvelle. Les femmes convinrent, avec un air très sérieux, que cela était fort plaisant. « Comment, dit le sultan; mais nous sommes trop heureux que les bijoux veuillent bien parler notre langue, et faire la moitié des frais de la conversation. La société ne peut que gagner infiniment à cette duplication d'organes. Nous parlerons aussi peut-être, nous autres hommes, par ailleurs que par la bouche. Que sait-on ? ce qui s'accorde si bien avec les bijoux, pourrait être destiné à les interroger et à leur répondre : cependant mon anatomiste pense autrement. »

CHAPITRE HUITIÈME

TROISIÈME ESSAI DE L'ANNEAU

LE PETIT SOUPER

On servit, on soupa, on s'amusa d'abord aux dépens de Monima : toutes les femmes accusaient unanimement son bijou d'avoir parlé le premier; et elle aurait succombé sous cette ligue, si le sultan n'eût pris sa défense.

« Je ne prétends point, disait-il, que Monima soit moins galante que Zelmaïde, mais je crois son bijou plus discret. D'ailleurs, lorsque la bouche et le bijou d'une femme se contredisent, lequel croire ?

— Seigneur, répondit un courtisan, j'ignore ce que les bijoux diront par la suite; mais jusqu'à présent ils ne se sont expliqués que sur un chapitre qui leur est très familier. Tant qu'ils auront la prudence de ne parler que de ce qu'ils entendent, je les croirai comme des oracles.

— On pourrait, dit Mirzoza, en consulter de plus sûrs.

— Madame, reprit Mangogul, quel intérêt auraient ceux-ci de déguiser la vérité ? Il n'y aurait qu'une chimère d'honneur qui pût les y porter; mais un bijou n'a point de ces chimères : ce n'est pas là le lieu des préjugés.

— Une chimère d'honneur ! dit Mirzoza; des préjugés ! si Votre Hautesse était exposée aux mêmes inconvénients que nous, elle sentirait que ce qui intéresse la vertu n'est rien moins que chimérique. »

Toutes les dames, enhardies par la réponse de la sultane, soutinrent qu'il était superflu de les mettre à de certaines épreuves; et Mangogul qu'au moins ces épreuves étaient presque toujours dangereuses.

Ces propos conduisirent au vin de Champagne; on s'y livra, on se mit en poïnte [26]; et les bijoux s'échauffèrent : c'était l'instant où Mangogul s'était proposé de recommencer ses malices. Il tourna sa bague sur une jeune femme fort enjouée, assise assez proche de lui et placée en face de son époux; et l'on entendit s'élever de dessous la table un bruit plaintif, une voix faible et languissante qui disait :

« Ah ! que je suis harassé ! je n'en puis plus, je suis sur les dents.

— Comment, de par la Pagode Pongo Sabiam, s'écria
Husseim, le bijou de ma femme parle; et que peut-il dire ?
— Nous allons entendre, répondit le sultan...
— Prince, vous me permettrez de n'être pas du nombre
de ses auditeurs, répliqua Husseim; et s'il lui échappait
quelques sottises, Votre Hautesse pense-t-elle ?...
— Je pense que vous êtes fou, répondit le sultan, de
vous alarmer pour le caquet d'un bijou : ne sait-on pas
une bonne partie de ce qu'il pourra dire, et ne devine-t-on
pas le reste ? Asseyez-vous donc, et tâchez de vous amuser. »
Husseim s'assit, et le bijou de sa femme se mit à jaser
comme une pie.

« Aurai-je toujours ce grand flandrin de Valanto ?
s'écria-t-il, j'en ai vu qui finissaient, mais celui-ci... »

A ces mots, Husseim se leva comme un furieux, se saisit
d'un couteau, s'élança à l'autre bord de la table, et perçait
le sein de sa femme si ses voisins ne l'eussent retenu.

« Husseim, lui dit le sultan, vous faites trop de bruit;
on n'entend rien. Ne dirait-on pas que le bijou de votre
femme soit le seul qui n'ait pas le sens commun ? Et où
en seraient ces dames si leurs maris étaient de votre humeur ?
Comment, vous voilà désespéré pour une misérable petite
aventure, d'un Valanto qui ne finissait pas ! Remettez-vous
à votre place, prenez votre parti en galant homme, songez
à vous observer, et à ne pas manquer une seconde fois à
un prince qui vous admet à ses plaisirs. »

Tandis qu'Husseim, dissimulant sa rage, s'appuyait sur
le dos d'une chaise, les yeux fermés et la main appliquée
sur le front, le sultan tournait subtilement son anneau, et
le bijou continuait : « Je m'accommoderais assez du jeune
page de Valanto; mais je ne sais quand il commencera. En
attendant que l'un commence et que l'autre finisse, je
prends patience avec le bramine Egon. Il est hideux, il faut
en convenir; mais son talent est de finir et de recommencer.
Oh, qu'un bramine est un grand homme ! »

Le bijou en était à cette exclamation, lorsqu'Husseim
rougit de s'affliger pour une femme qui n'en valait pas la
peine, et se mit à rire avec le reste de la compagnie; mais
il la gardait bonne à son épouse. Le souper fini, chacun
reprit la route de son hôtel, excepté Husseim, qui conduisit
sa femme dans une maison de filles voilées, et l'y enferma.
Mangogul, instruit de sa disgrâce, la visita. Il trouva toute

la maison occupée à la consoler, mais plus encore à lui tirer le sujet de son exil.

« C'est pour une vétille, leur disait-elle, que je suis ici. Hier à souper chez le sultan, on avait fouetté [27] le champagne, sablé le tokai; on ne savait plus guère ce qu'on disait, lorsque mon bijou s'est avisé de babiller. Je ne sais quels ont été ses propos; mais mon époux en a pris de l'humeur.

— Assurément, madame, il a tort, lui répondaient les nonnains; on ne se fâche point ainsi pour des bagatelles...

— Comment, votre bijou a parlé ! Mais parle-t-il encore ? Ah ! que nous serions charmées de l'entendre ! Il ne peut s'exprimer qu'avec esprit et grâce. »

Elles furent satisfaites, car le sultan tourna son anneau sur la pauvre recluse, et son bijou les remercia de leurs politesses, leur protestant, au demeurant, que, quelque charmé qu'il fût de leur compagnie, il s'accommoderait mieux de celle d'un bramine.

Le sultan profita de l'occasion pour apprendre quelques particularités de la vie de ces filles. Sa bague interrogea le bijou d'une jeune recluse nommée Cléanthis; et le bijou prétendu virginal confessa deux jardiniers, un bramine et trois cavaliers; et raconta comme quoi, à l'aide d'une médecine et de deux saignées, elle avait évité de donner du scandale. Zéphirine avoua, par l'organe de son bijou, qu'elle devait au petit commissionnaire de la maison le titre honorable de mère. Mais une chose qui étonna le sultan, c'est que quoique ces bijoux séquestrés s'expliquassent en termes fort indécents, les vierges à qui ils appartenaient les écoutaient sans rougir; ce qui lui fit conjecturer que, si l'on manquait d'exercice dans ces retraites, on y avait en revanche beaucoup de spéculation.

Pour s'en éclaircir, il tourna son anneau sur une novice de quinze à seize ans. « Flora, répondit son bijou, a lorgné plus d'une fois à travers la grille un jeune officier. Je suis sûr qu'elle avait du goût pour lui : son petit doigt me l'a dit. » Mal en prit à Flora. Les anciennes la condamnèrent à deux mois de silence et de discipline; et ordonnèrent des prières pour que les bijoux de la communauté demeurassent muets.

CHAPITRE NEUVIÈME

ÉTAT DE L'ACADÉMIE DES SCIENCES DE BANZA

Mangogul avait à peine abandonné les recluses entre lesquelles je l'avais laissé, qu'il se répandit à Banza que toutes les filles de la congrégation du coccix de Brama parlaient par le bijou. Ce bruit, que le procédé violent d'Husseim accréditait, piqua la curiosité des savants. Le phénomène fut constaté; et les esprits forts commencèrent à chercher dans les propriétés de la matière l'explication d'un fait qu'ils avaient d'abord traité d'impossible. Le caquet des bijoux produisit une infinité d'excellents ouvrages; et ce sujet important enfla les recueils des académies de plusieurs mémoires qu'on peut regarder comme les derniers efforts de l'esprit humain.

Pour former et perpétuer celle des sciences de Banza, on avait appelé, et l'on appelait sans cesse ce qu'il y avait d'hommes éclairés dans le Congo, le Monoémugi [28], le Béléguanze et les royaumes circonvoisins. Elle embrassait, sous différents titres, toutes les personnes distinguées dans l'histoire naturelle, la physique, les mathématiques, et la plupart de celles qui promettaient de s'y distinguer un jour. Cet essaim d'abeilles infatigables travaillait sans relâche à la recherche de la vérité; et, chaque année, le public recueillait, dans un volume rempli de découvertes, les fruits de leurs travaux.

Elle était alors divisée en deux factions, l'une composée des vorticoses, et l'autre des attractionnaires. Olibri, habile géomètre et grand physicien, fonda la secte des vorticoses [29]. Circino, habile physicien et grand géomètre, fut le premier attractionnaire. Olibri et Circino se proposèrent l'un et l'autre d'expliquer la nature. Les principes d'Olibri ont au premier coup d'œil une simplicité qui séduit : ils satisfont en gros aux principaux phénomènes; mais ils se démentent dans les détails. Quant à Circino, il semble partir d'une absurdité : mais il n'y a que le premier pas qui lui coûte. Les détails minutieux qui ruinent le système d'Olibri affermissent le sien. Il suit une route obscure à l'entrée, mais qui s'éclaire à mesure qu'on avance. Celle, au contraire, d'Olibri, claire à l'entrée, va toujours en s'obscurcissant. La philosophie de celui-ci demande moins d'étude que d'intelligence. On ne peut être disciple de l'autre, sans avoir beaucoup d'intelligence et d'étude. On entre sans préparation dans l'école d'Olibri; tout le monde en a la clef. Celle de Circino n'est ouverte qu'aux premiers géomètres. Les tourbillons d'Olibri sont à la portée de tous les esprits. Les forces centrales de Circino ne sont faites que pour les algébristes du premier ordre. Il y aura donc toujours cent vorticoses contre un attractionnaire; et un attractionnaire vaudra toujours cent vorticoses. Tel était aussi l'état de l'académie des sciences de Banza, lorsqu'elle agita la matière des bijoux indiscrets.

Ce phénomène donnait peu de prise; il échappait à l'attraction : la matière subtile n'y venait guère. Le directeur avait beau sommer ceux qui avaient quelques idées de les communiquer, un silence profond régnait dans l'assemblée. Enfin le vorticose Persiflo, dont on avait des traités sur une infinité de sujets qu'il n'avait point entendus, se leva, et dit : « Le fait, messieurs, pourrait bien tenir au système du monde : je le soupçonnerais d'avoir en gros la même cause que les marées. En effet, remarquez que nous sommes aujourd'hui dans la pleine lune de l'équinoxe; mais, avant que de compter sur ma conjecture, il faut entendre ce que les bijoux diront le mois prochain. »

On haussa les épaules. On n'osa pas lui représenter qu'il raisonnait comme un bijou; mais, comme il a de la pénétration, il s'aperçut tout d'un coup qu'on le pensait.

L'attractionnaire Réciproco prit la parole, et ajouta : « Messieurs, j'ai des tables déduites d'une théorie sur la hauteur des marées dans tous les ports du royaume. Il est vrai que les observations donnent un peu le démenti à mes calculs; mais j'espère que cet inconvénient sera réparé par l'utilité qu'on en retirera si le caquet des bijoux continue de cadrer avec les phénomènes du flux et reflux. »

Un troisième se leva, s'approcha de la planche, traça sa figure et dit : « Soit un bijou A B, et... »

Ici, l'ignorance des traducteurs nous a frustrés d'une démonstration que l'auteur africain nous avait conservée sans doute. A la suite d'une lacune de deux pages ou environ, on lit : Le raisonnement de Réciproco parut démonstratif; et l'on convint, sur les essais qu'on avait de sa dialectique, qu'il parviendrait un jour à déduire que les femmes doivent parler aujourd'hui par le bijou de ce qu'elles ont entendu de tout temps par l'oreille.

Le docteur Orcotome [30], de la tribu des anatomistes, dit ensuite : « Messieurs, j'estime qu'il serait plus à propos d'abandonner un phénomène, que d'en chercher la cause dans des hypothèses en l'air. Quant à moi, je me serais tu, si je n'avais eu que des conjectures futiles à vous proposer; mais j'ai examiné, étudié, réfléchi. J'ai vu des bijoux dans le paroxysme; et je suis parvenu, à l'aide de la connaissance des parties et de l'expérience, à m'assurer que celle que nous appelons en grec le *delphus* [31], a toutes les propriétés de la trachée, et qu'il y a des sujets qui peuvent parler aussi bien par le bijou que par la bouche. Oui, messieurs, le *delphus* est un instrument à corde et à vent, mais beaucoup plus à corde qu'à vent. L'air extérieur qui s'y porte fait proprement l'office d'un archet sur les fibres tendineuses des ailes que j'appellerai rubans ou cordes vocales. C'est la douce collision de cet air et des cordes vocales qui les oblige à frémir; et c'est par leurs vibrations plus ou moins promptes qu'elles rendent différents sons. La personne modifie ces sons à discrétion, parle, et pourrait même chanter.

« Comme il n'y a que deux rubans ou cordes vocales, et qu'elles sont sensiblement de la même longueur, on me demandera sans doute comment elles suffisent pour donner la multitude des tons graves et aigus, forts et faibles, dont la voix humaine est capable. Je réponds, en suivant la comparaison de cet organe aux instruments de musique, que leur allongement et accourcissement suffit pour produire ces effets.

« Que ces parties soient capables de distension et de contraction, c'est ce qu'il est inutile de démontrer dans une assemblée de savants de votre ordre; mais qu'en conséquence de cette distension et contraction, le *delphus* puisse rendre des sons plus ou moins aigus, en un mot, toutes les inflexions de la voix et les tons du chant, c'est un fait que je me flatte de mettre hors de doute. C'est à l'expérience que j'en appellerai. Oui, messieurs, je m'engage à faire raisonner, parler, et même chanter devant vous, et *delphus* et bijoux. »

Ainsi harangua Orcotome, ne se promettant pas moins

que d'élever les bijoux au niveau des trachées d'un de ses confrères, dont la jalousie avait attaqué vainement les succès.

CHAPITRE DIXIÈME

SUITE DE LA SÉANCE ACADÉMIQUE

Il parut, aux difficultés qu'on proposa à Orcotome, en attendant ses expériences, qu'on trouvait ses idées moins solides qu'ingénieuses. « Si les bijoux ont la faculté naturelle de parler, pourquoi, lui dit-on, ont-ils tant attendu pour en faire usage ? S'il était de la bonté de Brama, à qui il a plu d'inspirer aux femmes un si violent désir de parler, de doubler en elles les organes de la parole, il est bien étrange qu'elles aient ignoré ou négligé si longtemps ce don précieux de la nature. Pourquoi le même bijou n'a-t-il parlé qu'une fois ? pourquoi n'ont-ils parlé tous que sur la même matière ? Par quel mécanisme se fait-il qu'une des bouches se tait forcément, tandis que l'autre parle ? D'ailleurs, ajoutait-on, à juger du caquet des bijoux par les circonstances dans lesquelles la plupart d'entre eux ont parlé, et par les choses qu'ils ont dites, il y a tout lieu de croire qu'il est involontaire, et que ces parties auraient continué d'être muettes, s'il eût été dans la puissance de celles qui les portaient de leur imposer silence. »

Orcotome se mit en devoir de satisfaire à ces objections, et soutint que les bijoux ont parlé de tout temps; mais si bas, que ce qu'ils disaient était quelquefois à peine entendu, même de celles à qui ils appartenaient; qu'il n'est pas étonnant qu'ils aient haussé le ton de nos jours, qu'on a poussé la liberté de la conversation au point qu'on peut, sans impudence et sans indiscrétion, s'entretenir des choses qui leur sont le plus familières; que, s'ils n'ont parlé haut qu'une fois, il ne faut pas en conclure que cette fois sera la seule; qu'il y a bien de la différence entre être muet et garder le silence; que, s'ils n'ont tous parlé que de la même matière, c'est qu'apparemment c'est la seule dont ils aient

des idées; que ceux qui n'ont point encore parlé parleront;
que s'ils se taisent, c'est qu'ils n'ont rien à dire, ou qu'ils
sont mal conformés, ou qu'ils manquent d'idées ou de
termes.

« En un mot, continua-t-il, prétendre qu'il était de la
bonté de Brama d'accorder aux femmes le moyen de satisfaire le désir violent qu'elles ont de parler, en multipliant
en elles les organes de la parole, c'est convenir que, si ce
bienfait entraînait à sa suite des inconvénients, il était de
sa sagesse de les prévenir; et c'est ce qu'il a fait, en contrai-
gnant une des bouches à garder le silence, tandis que l'autre
parle. Il n'est déjà que trop incommode pour nous que les
femmes changent d'avis d'un instant à l'autre : qu'eût-ce
donc été, si Brama leur eût laissé la facilité d'être de deux
sentiments contradictoires en même temps ? D'ailleurs, il
n'a été donné de parler que pour se faire entendre : or,
comment les femmes qui ont bien de la peine à s'entendre
avec une seule bouche, se seraient-elles entendues en parlant
avec deux ? »

Orcotome venait de répondre à beaucoup de choses; mais
il croyait avoir satisfait à tout; il se trompait. On le pressa,
et il était prêt à succomber, lorsque le physicien Cimonaze
le secourut. Alors la dispute devint tumultueuse : on
s'écarta de la question, on se perdit, on revint, on se perdit
encore, on s'aigrit, on cria, on passa des cris aux injures,
et la séance académique finit.

CHAPITRE ONZIÈME

QUATRIÈME ESSAI DE L'ANNEAU

L'ÉCHO

Tandis que le caquet des bijoux occupait l'académie, il
devint dans les cercles la nouvelle du jour, et la matière du
lendemain et de plusieurs autres jours : c'était un texte
inépuisable. Aux faits véritables on en ajoutait de faux;
tout passait : le prodige avait rendu tout croyable. On
vécut dans les conversations plus de six mois là-dessus.

Le sultan n'avait éprouvé que trois fois son anneau;

cependant on débita dans un cercle de dames qui avaient le tabouret chez la Manimonbanda, le discours du bijou d'une présidente, puis celui d'une marquise : ensuite on révéla les pieux secrets d'une dévote; enfin ceux de bien des femmes qui n'étaient pas là; et Dieu sait les propos qu'on fit tenir à leurs bijoux : les gravelures n'y furent pas épargnées; des faits on en vint aux réflexions.

« Il faut avouer, dit une des dames, que ce sortilège (car c'en est un jeté sur les bijoux) nous tient dans un état cruel. Comment! être toujours en appréhension d'entendre sortir de soi une voix impertinente!

— Mais, madame, lui répondit une autre, cette frayeur nous étonne de votre part : quand un bijou n'a rien de ridicule à dire, qu'importe qu'il se taise ou qu'il parle?

— Il importe tant, reprit la première, que je donnerais sans regret la moitié de mes pierreries pour être assurée que le mien se taira.

— En vérité, lui répliqua la seconde, il faut avoir de bonnes raisons de ménager les gens, pour acheter si cher leur discrétion.

— Je n'en ai pas de meilleures qu'une autre, repartit Céphise; cependant je ne m'en dédis pas. Vingt mille écus pour être tranquille, ce n'est pas trop; car je vous dirai franchement que je ne suis pas plus sûre de mon bijou que de ma bouche : or il m'est échappé bien des sottises en ma vie. J'entends tous les jours tant d'aventures incroyables dévoilées, attestées, détaillées par des bijoux, qu'en en retranchant les trois quarts, le reste suffirait pour déshonorer. Si le mien était seulement la moitié aussi menteur que tous ceux-là, je serais perdue. N'était-ce donc pas assez que notre conduite fût en la puissance de nos bijoux, sans que notre réputation dépendît encore de leurs discours?

— Quant à moi, répondit vivement Ismène, sans m'embarquer dans des raisonnements sans fin, je laisse aller les choses leur train. Si c'est Brama qui fait parler les bijoux, comme mon bramine me l'a prouvé, il ne souffrira point qu'ils mentent : il y aurait de l'impiété à assurer le contraire. Mon bijou peut donc parler quand et tant qu'il voudra : que dira-t-il, après tout? »

On entendit alors une voix sourde qui semblait sortir de dessous terre, et qui répondit comme par écho : « Bien des choses. » Ismène ne s'imaginant point d'où venait la

réponse, s'emporta, apostropha ses voisines, et fit durer
l'amusement du cercle. Le sultan, ravi de ce qu'elle prenait
le change, quitta son ministre, avec qui il conférait à l'écart,
s'approcha d'elle, et lui dit : « Prenez garde, madame, que
vous n'ayez admis autrefois dans votre confidence quelqu'une de ces dames, et que leurs bijoux n'aient la malice
de rappeler des histoires dont le vôtre aurait perdu le
souvenir. »

En même temps, tournant et retournant sa bague à
propos, Mangogul établit entre la dame et son bijou, un
dialogue assez singulier. Ismène, qui avait toujours assez
bien mené ses petites affaires, et qui n'avait jamais eu de
confidentes, répondit au sultan que tout l'art des médisants
serait ici superflu.

« Peut-être, répondit la voix inconnue.

— Comment ! peut-être ? reprit Ismène piquée de ce
doute injurieux. Qu'aurais-je à craindre d'eux ?...

— Tout, s'ils en savaient autant que moi.

— Et que savez-vous ?

— Bien des choses, vous dis-je.

— Bien des choses, cela annonce beaucoup, et ne signifie
rien. Pourriez-vous en détailler quelques-unes ?

— Sans doute.

— Et dans quel genre encore ? Ai-je eu des affaires de
cœur ?

— Non.

— Des intrigues ? des aventures ?

— Tout justement.

— Et avec qui, s'il vous plaît ? avec des petits-maîtres,
des militaires, des sénateurs ?

— Non.

— Des comédiens ?

— Non.

— Vous verrez que ce sera avec mes pages, mes laquais
mon directeur, ou l'aumônier de mon mari.

— Non.

— Monsieur l'imposteur, vous voilà donc à bout ?

— Pas tout à fait.

— Cependant, je ne vois plus personne avec qui l'on
puisse avoir des aventures. Est-ce avant, est-ce après mon
mariage ? répondez donc, impertinent.

— Ah ! madame, trêve d'invectives, s'il vous plaît ; ne

forcez point le meilleur de vos amis à quelques mauvais procédés.

— Parlez, mon cher; dites, dites tout; j'estime aussi peu vos services, que je crains peu votre indiscrétion : expliquez-vous, je vous le permets; je vous en somme.

— A quoi me réduisez-vous, Ismène ? ajouta le bijou, en poussant un profond soupir.

— A rendre justice à la vertu.

— Eh bien, vertueuse Ismène, ne vous souvient-il plus du jeune Osmin, du sangiac [32] Zégris, de votre maître de danse Alaziel, de votre maître de musique Almoura ?

— Ah, quelle horreur ! s'écria Ismène; j'avais une mère trop vigilante, pour m'exposer à de pareils désordres; et mon mari, s'il était ici, attesterait qu'il m'a trouvée telle qu'il me désirait.

— Eh oui, reprit le bijou, grâce au secret d'Alcine [33], votre intime.

— Cela est d'un ridicule si extravagant et si grossier, répondit Ismène, qu'on est dispensé de le repousser. Je ne sais, continua-t-elle, quel est le bijou de ces dames qui se prétend si bien instruit de mes affaires, mais il vient de raconter des choses dont le mien ignore jusqu'au premier mot.

— Madame, lui répondit Céphise, je puis vous assurer que le mien s'est contenté d'écouter. »

Les autres femmes en dirent autant, et l'on se mit au jeu, sans connaître précisément l'interlocuteur de la conversation que je viens de rapporter.

CHAPITRE DOUZIÈME

CINQUIÈME ESSAI DE L'ANNEAU

LE JEU

La plupart des femmes qui faisaient la partie de la Manimonbanda jouaient avec acharnement; et il ne fallait point avoir la sagacité de Mangogul pour s'en apercevoir. La passion du jeu est une des moins dissimulées; elle se manifeste, soit dans le gain, soit dans la perte, par des symptômes

frappants. « Mais d'où leur vient cette fureur ? se disait-il
en lui-même; comment peuvent-elles se résoudre à passer
les nuits autour d'une table de pharaon, à trembler dans
l'attente d'un as ou d'un sept ? cette frénésie altère leur
santé et leur beauté, quand elles en ont, sans compter les
désordres où je suis sûr qu'elle les précipite. »

« J'aurais bien envie, dit-il tout bas à Mirzoza, de faire
encore ici un coup de ma tête.

— Et quel est ce beau coup de tête que vous méditez?
lui demanda la favorite.

— Ce serait, lui répondit Mangogul, de tourner mon
anneau sur la plus effrénée de ces brelandières, de questionner son bijou, et de transmettre par cet organe un bon
avis à tous ces maris imbéciles qui laissent risquer à leurs
femmes l'honneur et la fortune de leur maison sur une
carte ou sur un dé.

— Je goûte fort cette idée, lui répliqua Mirzoza; mais
sachez, prince, que la Manimonbanda vient de jurer par
ses pagodes, qu'il n'y aurait plus de cercle chez elle, si elle
se trouvait encore une fois exposée à l'impudence des
Engastrimuthes [34].

— Comment avez-vous dit, délices de mon âme ? interrompit le sultan.

— J'ai dit, lui répondit la favorite, le nom que la pudique
Manimonbanda donne à toutes celles dont les bijoux savent
parler.

— Il est de l'invention de son sot de bramine, qui se
pique de savoir le grec et d'ignorer le congeois, répliqua
le sultan; cependant, n'en déplaise à la Manimonbanda et
à son chapelain, je désirerais interroger le bijou de Manille;
et il serait à propos que l'interrogatoire se fît ici pour l'édification du prochain.

— Prince, si vous m'en croyez, dit Mirzoza, vous épargnerez ce désagrément à la grande sultane : vous le pouvez
sans que votre curiosité ni la mienne y perdent. Que ne vous
transportez-vous chez Manille?

— J'irai, puisque vous le voulez, dit Mangogul.

— Mais à quelle heure ? lui demanda la sultane.

— Sur le minuit, répondit le sultan.

— A minuit, elle joue, dit la favorite.

— J'attendrai donc jusqu'à deux heures, répondit
Mangogul.

« — Prince, vous n'y pensez pas, répliqua Mirzoza; c'est la plus belle heure du jour pour les joueuses. Si Votre Hautesse m'en croit, elle prendra Manille dans son premier somme, entre sept et huit. »

Mangogul suivit le conseil de Mirzoza et visita Manille sur les sept heures. Ses femmes allaient la mettre au lit. Il jugea, à la tristesse qui régnait sur son visage, qu'elle avait joué de malheur : elle allait, venait, s'arrêtait, levait les yeux au ciel, frappait du pied, s'appuyait les poings sur les yeux et marmottait entre ses dents quelque chose que le sultan ne put entendre. Ses femmes, qui la déshabillaient, suivaient en tremblant tous ses mouvements; et si elles parvinrent à la coucher, ce ne fut pas sans en avoir essuyé des brusqueries et même pis. Voilà donc Manille au lit, n'ayant fait pour toute prière du soir que quelques imprécations contre un maudit as venu sept fois de suite en perte. Elle eut à peine les yeux fermés, que Mangogul tourna sa bague sur elle. À l'instant son bijou s'écria douloureusement : « Pour le coup, je suis repic et capot. » Le sultan sourit de ce que chez Manille tout parlait jeu, jusqu'à son bijou. « Non, continua le bijou, je ne jouerai jamais contre Abidul; il ne sait que tricher. Qu'on ne me parle plus de Darès; on risque avec lui des coups de malheur. Ismal est assez beau joueur; mais ne l'a pas qui veut. C'était un trésor que Mazulim, avant que d'avoir passé par les mains de Crissa. Je ne connais point de joueur plus capricieux que Zulmis. Rica l'est moins; mais le pauvre garçon est à sec. Que faire de Lazuli ? la plus jolie femme de Banza ne lui ferait pas jouer gros. Le mince joueur que Molli ! En vérité, la désolation s'est mise parmi les joueurs; et bientôt l'on ne saura plus avec qui faire sa partie. »

Après cette jérémiade, le bijou se jeta sur les coups singuliers dont il avait été témoin et s'épuisa sur la constance et les ressources de sa maîtresse dans les revers. « Sans moi, dit-il, Manille se serait ruinée vingt fois : tous les trésors du sultan n'auraient point acquitté les dettes que j'ai payées. En une séance au brelan, elle perdit contre un financier et un abbé plus de dix mille ducats : il ne lui restait que ses pierreries; mais il y avait trop peu de temps que son mari les avait dégagées pour oser les risquer. Cependant elle avait pris des cartes, et il lui était venu un de ces jeux séduisants que la fortune vous envoie lorsqu'elle

est sur le point de vous égorger : on la pressait de parler.
Manille regardait ses cartes, mettait la main dans sa bourse,
d'où elle était bien certaine de ne rien tirer; revenait à son
jeu, l'examinait encore et ne décidait rien.

« Madame va-t-elle enfin ? lui dit le financier.

« — Oui, va, dit-elle... va... va, mon bijou.

« — Pour combien ? reprit Turcarès.

« — Pour cent ducats, dit Manille. »

« L'abbé se retira; le bijou lui parut trop cher. Turcarès
topa : Manille perdit et paya.

« La sotte vanité de posséder un bijou titré piqua Turcarès : il s'offrit de fournir au jeu de ma maîtresse, à condition
que je servirais à ses plaisirs : ce fut aussitôt une affaire
arrangée. Mais comme Manille jouait gros et que son
financier n'était pas inépuisable, nous vîmes bientôt le fond
de ses coffres.

« Ma maîtresse avait apprêté le pharaon le plus brillant :
tout son monde était invité : on ne devait ponter qu'aux
ducats. Nous comptions sur la bourse de Turcarès; mais
le matin de ce grand jour, ce faquin nous écrivit qu'il
n'avait pas un sou et nous laissa dans le dernier des embarras : il fallait s'en tirer, et il n'y avait pas un moment à
perdre. Nous nous rabattîmes sur un vieux chef de bramines,
à qui nous vendîmes bien cher quelques complaisances qu'il
sollicitait depuis un siècle. Cette séance lui coûta deux fois
le revenu de son bénéfice.

« Cependant Turcarès revint au bout de quelques jours.
Il était désespéré, disait-il, que madame l'eût pris au
dépourvu : il comptait toujours sur ses bontés :

« Mais vous comptez mal, mon cher, lui répondit
Manille; décemment je ne peux plus vous recevoir. Quand
vous étiez en état de prêter, on savait dans le monde
pourquoi je vous souffrais; mais à présent que vous n'êtes
bon à rien, vous me perdriez d'honneur. »

« Turcarès fut piqué de ce discours, et moi aussi; car
c'était peut-être le meilleur garçon de Banza. Il sortit de
son assiette ordinaire pour faire entendre à Manille qu'elle
lui coûtait plus que trois filles d'Opéra qui l'auraient amusé
davantage.

« Ah! s'écriait-il douloureusement, que ne m'en tenais-je
à ma petite lingère! cela m'aimait comme une folle! je la
faisais si aise avec un taffetas! »

« Manille, qui ne goûtait pas les comparaisons, l'interrompit d'un ton à le faire trembler, et lui ordonna de sortir sur-le-champ. Turcarès la connaissait; et il aima mieux s'en retourner paisiblement par l'escalier que de passer par les fenêtres.

« Manille emprunta dans la suite d'un autre bramine qui venait, disait-elle, la consoler dans ses malheurs : l'homme saint succéda au financier; et nous le remboursâmes de ses consolations en même monnaie. Elle me perdit encore d'autres fois; et l'on sait que les dettes du jeu sont les seules qu'on paye dans le monde.

« S'il arrive à Manille de jouer heureusement, c'est la femme du Congo la plus régulière. A son jeu près, elle met dans sa conduite une réforme qui surprend; on ne l'entend point jurer; elle fait bonne chère, paye sa marchande de modes et ses gens, donne à ses femmes, dégage quelquefois ses nippes et caresse son danois et son époux; mais elle hasarde trente fois par mois ces heureuses dispositions et son argent sur un as de pique. Voilà la vie qu'elle a menée, qu'elle mènera; et Dieu sait combien de fois encore je serai mis en gage. »

Ici le bijou se tut, et Mangogul alla se reposer. On l'éveilla sur les cinq heures du soir; et il se rendit à l'Opéra, où il avait promis à la favorite de se trouver.

CHAPITRE TREIZIÈME

SIXIÈME ESSAI DE L'ANNEAU

DE L'OPÉRA DE BANZA

De tous les spectacles de Banza, il n'y avait que l'Opéra qui se soutînt. Utmiutsol [35] et Uremifasolasiututut, musiciens célèbres, dont l'un commençait à vieillir et l'autre ne faisait que de naître, occupaient alternativement la scène lyrique. Ces deux auteurs originaux avaient chacun leurs partisans : les ignorants et les barbons tenaient tous pour Utmiutsol; la jeunesse et les virtuoses étaient pour Uremifasolasiututut; et les gens de goût, tant jeunes que barbons, faisaient grand cas de tous les deux.

Uremifasolasiututut, disaient ces derniers, est excellent
lorsqu'il est bon; mais il dort de temps en temps : et à qui
cela n'arrive-t-il pas ? Utmiutsol est plus soutenu, plus égal :
il est rempli de beautés; cependant il n'en a point dont on
ne trouve des exemples, et même plus frappants, dans son
rival, en qui l'on remarque des traits qui lui sont propres
et qu'on ne rencontre que dans ses ouvrages. Le vieux
Utmiutsol est simple, naturel, uni, trop uni quelquefois,
et c'est sa faute. Le jeune Uremifasolasiututut est singulier,
brillant, composé, savant, trop savant quelquefois : mais
c'est peut-être la faute de son auditeur; l'un n'a qu'une
ouverture, belle à la vérité, mais répétée à la tête de toutes
ses pièces; l'autre a fait autant d'ouvertures que de pièces; et
toutes passent pour des chefs-d'œuvre. La nature conduisait
Utmiutsol dans les voies de la mélodie; l'étude et l'expérience ont découvert à Uremifasolasiututut les sources de
l'harmonie. Qui sut déclamer, et qui récitera jamais comme
l'ancien ? qui nous fera des ariettes légères, des airs voluptueux et des symphonies de caractère comme le moderne ?
Utmiutsol a seul entendu le dialogue. Avant Uremifasolasiututut, personne n'avait distingué les nuances délicates
qui séparent le tendre du voluptueux, le voluptueux du
passionné, le passionné du lascif : quelques partisans de ce
dernier prétendent même que si le dialogue d'Utmiutsol est
supérieur au sien, c'est moins à l'inégalité de leurs talents
qu'il faut s'en prendre qu'à la différence des poètes qu'ils
ont employés... « Lisez, lisez, s'écrient-ils, la scène de
Dardanus [36], et vous serez convaincus que si l'on donne
de bonnes paroles à Uremifasolasiututut, les scènes charmantes d'Utmiutsol renaîtront. » Quoi qu'il en soit, de
mon temps, toute la ville courait aux tragédies de celui-ci,
et l'on s'étouffait aux ballets de celui-là.

On donnait alors à Banza un excellent ouvrage d'Uremifasolasiututut, qu'on n'aurait jamais représenté qu'en
bonnet de nuit [37], si la sultane favorite n'eût eu la curiosité
de le voir : encore l'indisposition périodique des bijoux
favorisa-t-elle la jalousie des petits violons [38] et fit-elle
manquer l'actrice principale. Celle qui la doublait avait
la voix moins belle; mais comme elle dédommageait par
son jeu, rien n'empêcha le sultan et la favorite d'honorer
ce spectacle de leur présence.

Mirzoza était arrivée; Mangogul arrive; la toile se lève :

on commence. Tout allait à merveille; la Chevalier avait fait oublier la Le Maure [39], et l'on en était au quatrième acte, lorsque le sultan s'avisa, dans le milieu d'un chœur qui durait trop à son gré et qui avait déjà fait bâiller deux fois la favorite, de tourner sa bague sur toutes les chanteuses. On ne vit jamais sur la scène un tableau d'un comique plus singulier. Trente filles restèrent muettes tout à coup : elles ouvraient de grandes bouches et gardaient les attitudes théâtrales qu'elles avaient auparavant. Cependant leurs bijoux s'égosillaient à force de chanter, celui-ci un pont-neuf [40], celui-là un vaudeville polisson, un autre une parodie fort indécente, et tous des extravagances relatives à leurs caractères. On entendait d'un côté, *oh ! vraiment ma commère, oui ;* de l'autre, *quoi, douze fois !* ici, *qui me baise ? est-ce Blaise ?* là, *rien, père Cyprien, ne vous retient.* Tous enfin se montèrent sur un ton si haut, si baroque et si fou, qu'ils formèrent le chœur le plus extraordinaire, le plus bruyant et le plus ridicule qu'on eût entendu devant et depuis celui des... no... d... on... (Le manuscrit s'est trouvé corrompu dans cet endroit.)

Cependant l'orchestre allait toujours son train, et les ris du parterre, de l'amphithéâtre et des loges se joignirent au bruit des instruments et aux chants des bijoux pour combler la cacophonie.

Quelques-unes des actrices, craignant que leurs bijoux, las de fredonner des sottises, ne prissent le parti d'en dire, se jetèrent dans les coulisses; mais elles en furent quittes pour la peur. Mangogul, persuadé que le public n'en apprendrait rien de nouveau, retourna sa bague. Aussitôt les bijoux se turent, les ris cessèrent, le spectacle se calma, la pièce reprit et s'acheva paisiblement. La toile tomba; la sultane et le sultan disparurent; et les bijoux de nos actrices se rendirent où ils étaient attendus pour s'occuper à autre chose qu'à chanter.

Cette aventure fit grand bruit. Les hommes en riaient, les femmes s'en alarmaient, les bonzes s'en scandalisaient et la tête en tournait aux académiciens. Mais qu'en disait Orcotome ? Orcotome triomphait. Il avait annoncé dans un de ses mémoires que les bijoux chanteraient infailliblement; ils venaient de chanter, et ce phénomène, qui déroutait ses confrères, était un nouveau trait de lumière pour lui et achevait de confirmer son système.

CHAPITRE QUATORZIÈME

EXPÉRIENCES D'ORCOTOME

C'était le quinze de la lune de... qu'Orcotome avait lu son mémoire à l'académie et communiqué ses idées sur le caquet des bijoux. Comme il y annonçait de la manière la plus assurée des expériences infaillibles, répétées plusieurs fois, et toujours avec succès, le grand nombre en fut ébloui. Le public conserva quelque temps les impressions favorables qu'il avait reçues, et Orcotome passa pendant six semaines entières pour avoir fait d'assez belles découvertes.

Il n'était question, pour achever son triomphe, que de répéter en présence de l'académie les fameuses expériences qu'il avait tant prônées. L'assemblée convoquée à ce sujet fut des plus brillantes. Les ministres s'y rendirent : le sultan même ne dédaigna pas de s'y trouver; mais il garda l'invisible.

Comme Mangogul était grand faiseur de monologues, et que la futilité des conversations de son temps l'avait entiché de l'habitude du soliloque : « Il faut, disait-il en lui-même, qu'Orcotome soit un fieffé charlatan, ou le génie, mon protecteur, un grand sot. Si l'académicien, qui n'est assurément pas un sorcier, peut rendre la parole à des bijoux morts, le génie qui me protège avait grand tort de faire un pacte et de donner son âme au diable pour la communiquer à des bijoux pleins de vie. »

Mangogul s'embarrassait dans ces réflexions lorsqu'il se trouva dans le milieu de son académie. Orcotome eut, comme on voit, pour spectateurs, tout ce qu'il y avait à Banza de gens éclairés sur la matière des bijoux. Pour être content de son auditoire, il ne lui manqua que de le contenter : mais le succès de ses expériences fut des plus malheureux. Orcotome prenait un bijou, y appliquait la bouche, soufflait à perte d'haleine, le quittait, le reprenait, en essayait un autre, car il en avait apporté de tout âge, de toute grandeur, de tout état, de toute couleur; mais il avait beau souffler, on n'entendait que des sons inarticulés et fort différents de ceux qu'il promettait.

Il se fit alors un murmure qui le déconcerta pour un

moment, mais il se remit et allégua que de pareilles expériences ne se faisaient pas aisément devant un si grand nombre de personnes; et il avait raison [41].

Mangogul indigné se leva, partit, et reparut en un clin d'œil chez la sultane favorite.

« Eh bien ! prince, lui dit-elle, en l'apercevant, qui l'emporte de vous ou d'Orcotome ? car ses bijoux ont fait merveilles, il n'en faut pas douter. »

Le sultan fit quelques tours en long et en large, sans lui répondre.

« Mais, reprit la favorite, Votre Hautesse me paraît mécontente.

— Ah ! madame, répliqua le sultan, la hardiesse de cet Orcotome est incomparable. Qu'on ne m'en parle plus... Que direz-vous, races futures, lorsque vous apprendrez que le grand Mangogul faisait cent mille écus de pension à de pareilles gens, tandis que de braves officiers qui avaient arrosé de leur sang les lauriers qui lui ceignaient le front, étaient réduits à quatre cents livres de rente ?... Ah ! ventrebleu, j'enrage ! J'ai pris de l'humeur pour un mois. »

En cet endroit Mangogul se tut, et continua de se promener dans l'appartement de la favorite. Il avait la tête baissée; il allait, venait, s'arrêtait et frappait de temps en temps du pied. Il s'assit un instant, se leva brusquement, prit congé de Mirzoza, oublia de la baiser, et se retira dans son appartement.

L'auteur africain qui s'est immortalisé par l'histoire des hauts et merveilleux faits d'Erguebzed et de Mangogul, continue en ces termes :

A la mauvaise humeur de Mangogul, on crut qu'il allait bannir tous les savants de son royaume. Point du tout. Le lendemain il se leva gai, fit une course de bague dans la matinée, soupa le soir avec ses favoris et la Mirzoza sous une magnifique tente dressée dans les jardins du sérail, et ne parut jamais moins occupé d'affaires d'État.

Les esprits chagrins, les frondeurs du Congo et les nouvellistes de Banza ne manquèrent pas de reprendre cette conduite. Et que ne reprennent pas ces gens-là ? « Est-ce là, disaient-ils dans les promenades et les cafés, est-ce là gouverner un État ! avoir la lance au poing tout le jour, et passer les nuits à table !

— Ah ! si j'étais sultan », s'écriait un petit sénateur ruiné

par le jeu, séparé d'avec sa femme, et dont les enfants
avaient la plus mauvaise éducation du monde, « si j'étais
sultan, je rendrais le Congo bien autrement florissant. Je
voudrais être la terreur de mes ennemis et l'amour de mes
sujets. En moins de six mois, je remettrais en vigueur la
police, les lois, l'art militaire et la marine. J'aurais cent
vaisseaux de haut bord. Nos landes seraient bientôt défri-
chées, et nos grands chemins réparés. J'abolirais ou du
moins je diminuerais de moitié les impôts. Pour les pensions,
messieurs les beaux esprits, vous n'en tâteriez, ma foi,
que d'une dent. De bons officiers, Pongo Sabiam ! de bons
officiers, de vieux soldats, des magistrats comme nous
autres, qui consacrons nos travaux et nos veilles à rendre
aux peuples la justice : voilà les hommes sur qui je répan-
drais mes bienfaits.

— Ne vous souvient-il plus, messieurs, ajoutait d'un
ton capable un vieux politique édenté, en cheveux plats,
en pourpoint percé par le coude, et en manchettes déchirées,
de notre grand empereur Abdelmalec, de la dynastie des
Abyssins, qui régnait il y a deux mille trois cent octante et
cinq ans ? Ne vous souvient-il plus comme quoi il fit
empaler deux astronomes, pour s'être mécomptés de trois
minutes dans la prédiction d'une éclipse, et disséquer tout
vif son chirurgien et son premier médecin, pour lui avoir
ordonné de la manne [42] à contre-temps ?

— Et puis je vous demande, continuait un autre, à quoi
bon tous ces bramines oisifs, cette vermine qu'on engraisse
de notre sang ? Les richesses immenses dont ils regorgent
ne conviendraient-elles pas mieux à d'honnêtes gens comme
nous ? »

On entendait d'un autre côté : « Connaissait-on, il y a
quarante ans, la nouvelle cuisine et les liqueurs de Lorraine ?
On s'est précipité dans un luxe qui annonce la destruction
prochaine de l'empire, suite nécessaire du mépris des
Pagodes et de la dissolution des mœurs. Dans le temps
qu'on ne mangeait à la table du grand Kanoglou que des
grosses viandes, et que l'on n'y buvait que du sorbet, quel
cas aurait-on fait des découpures [43], des vernis de Martin,
et de la musique de Rameau ? Les filles d'opéra n'étaient
pas plus inhumaines que de nos jours; mais on les avait à
bien meilleur prix. Le prince, voyez-vous, gâte bien des
choses. Ah ! si j'étais sultan !

— Si tu étais sultan, répondit vivement un vieux militaire qui était échappé aux dangers de la bataille de Fontenoi, et qui avait perdu un bras à côté de son prince à la journée de Lawfelt [44], tu ferais plus de sottises encore que tu n'en débites. Eh ! mon ami, tu ne peux modérer ta langue, et tu veux régir un empire ! tu n'as pas l'esprit de gouverner ta famille, et tu te mêles de régler l'État ! Tais-toi, malheureux. Respecte les puissances de la terre, et remercie les dieux de t'avoir donné la naissance dans l'empire et sous le règne d'un prince dont la prudence éclaire ses ministres, et dont le soldat admire la valeur; qui s'est fait redouter de ses ennemis et chérir de ses peuples, et à qui l'on ne peut reprocher que la modération avec laquelle tes semblables sont traités sous son gouvernement. »

CHAPITRE QUINZIÈME

LES BRAMINES

Lorsque les savants se furent épuisés sur les bijoux, les bramines s'en emparèrent. La religion revendiqua leur caquet comme une matière de sa compétence, et ses ministres prétendirent que le doigt de Brama se manifestait dans cette œuvre.

Il y eut une assemblée générale des pontifes ; et il fut décidé qu'on chargerait les meilleures plumes de prouver en forme que l'événement était surnaturel, et qu'en attendant l'impression de leurs ouvrages, on le soutiendrait dans les thèses, dans les conversations particulières, dans la direction des âmes et dans les harangues publiques.

Mais ils convinrent unanimement que l'événement était surnaturel; cependant, comme on admettait dans le Congo deux principes, et qu'on y professait une espèce de manichéisme, ils se divisèrent entre eux sur celui des deux principes à qui l'on devait rapporter le caquet des bijoux.

Ceux qui n'étaient guère sortis de leurs cellules [45], et qui n'avaient jamais feuilleté que leurs livres, attribuèrent le prodige à Brama. « Il n'y a que lui, disaient-ils, qui puisse

interrompre l'ordre de la nature; et les temps feront voir
qu'il a, en tout ceci, des vues très profondes. »

Ceux, au contraire, qui fréquentaient les alcôves, et qu'on
surprenait plus souvent dans une ruelle qu'on ne les trouvait dans leurs cabinets, craignant que quelques bijoux
indiscrets ne dévoilassent leur hypocrisie, accusèrent de
leur caquet Cadabra, divinité malfaisante, ennemie jurée
de Brama et de ses serviteurs.

Ce dernier système souffrait de terribles objections, et
ne tendait pas si directement à la réformation des mœurs.
Ses défenseurs même ne s'en imposaient point là-dessus.
Mais il s'agissait de se mettre à couvert; et, pour en venir
à bout, la religion n'avait point de ministre qui n'eût sacrifié
cent fois les Pagodes et leurs autels.

Mangogul et Mirzoza assistaient régulièrement au service
religieux de Brama, et tout l'empire en était informé par
la gazette. Ils s'étaient rendus dans la grande mosquée,
un jour qu'on y célébrait une des solennités principales.
Le bramine chargé d'expliquer la loi monta dans la tribune
aux harangues, débita au sultan et à la favorite des phrases,
des compliments et de l'ennui, et pérora fort éloquemment
sur la manière de s'asseoir orthodoxement dans les com-
pagnies. Il en avait démontré la nécessité par des autorités
sans nombre, quand, saisi tout à coup d'un saint enthousiasme, il prononça cette tirade qui fit d'autant plus d'effet
qu'on ne s'y attendait point.

« Qu'entends-je dans tous les cercles ? Un murmure
confus, un bruit inouï vient frapper mes oreilles. Tout est
perverti, et l'usage de la parole, que la bonté de Brama avait
jusqu'à présent affecté à la langue, est, par un effet de sa
vengeance, transporté à d'autres organes. Et quels organes !
vous le savez, messieurs. Fallait-il encore un prodige pour
te réveiller de ton assoupissement, peuple ingrat ! et tes
crimes n'avaient-ils pas assez de témoins, sans que leurs
principaux instruments élevassent la voix ! Sans doute leur
mesure est comblée, puisque le courroux du ciel a cherché
des châtiments nouveaux. En vain tu t'enveloppais dans les
ténèbres; tu choisissais en vain des complices muets : les
entends-tu maintenant ? Ils ont de toutes parts déposé contre
toi, et révélé ta turpitude à l'univers. O toi qui les gou-
vernes par ta sagesse ! ô Brama ! tes jugements sont équitables. Ta loi condamne le larcin, le parjure, le mensonge

et l'adultère; elle proscrit et les noirceurs de la calomnie, et les brigues de l'ambition, et les fureurs de la haine, et les artifices de la mauvaise foi. Tes fidèles ministres n'ont cessé d'annoncer ces vérités à tes enfants, et de les menacer des châtiments que tu réservais dans ta juste colère aux prévaricateurs; mais en vain : les insensés se sont livrés à la fougue de leurs passions; ils en ont suivi le torrent; ils ont méprisé nos avis; ils ont ri de nos menaces; ils ont traité nos anathèmes de vains; leurs vices se sont accrus, fortifiés, multipliés; la voix de leur impiété est montée jusqu'à toi, et nous n'avons pu prévenir le fléau redoutable dont tu les as frappés. Après avoir longtemps imploré ta miséricorde, louons maintenant ta justice. Accablés sous tes coups, sans doute ils reviendront à toi et reconnaîtront la main qui s'est appesantie sur eux. Mais, ô prodige de dureté ! ô comble de l'aveuglement ! ils ont imputé l'effet de ta puissance au mécanisme aveugle de la nature. Ils ont dit dans leurs cœurs : Brama n'est point. Toutes les propriétés de la matière ne nous sont pas connues; et la nouvelle preuve de son existence n'en est qu'une de l'ignorance et de la crédulité de ceux qui nous l'opposent. Sur ce fondement ils ont élevé des systèmes, imaginé des hypothèses, tenté des expériences; mais du haut de sa demeure éternelle, Brama a ri de leurs vains projets. Il a confondu la science audacieuse; et les bijoux ont brisé, comme le verre, le frein impuissant qu'on opposait à leur loquacité. Qu'ils confessent donc, ces vers orgueilleux, la faiblesse de leur raison et la vanité de leurs efforts. Qu'ils cessent de nier l'existence de Brama, ou de fixer des limites à sa puissance. Brama est, il est tout-puissant; et il ne se montre pas moins clairement à nous dans ses terribles fléaux que dans ses faveurs ineffables.

« Mais qui les a attirés sur cette malheureuse contrée, ces fléaux ? Ne sont-ce pas tes injustices, homme avide et sans foi ! tes galanteries et tes folles amours, femme mondaine et sans pudeur ! tes excès et tes débordements honteux, voluptueux infâme ! ta dureté pour nos monastères, avare ! tes injustices, magistrat vendu à la faveur ! tes usures, négociant insatiable ! ta mollesse et ton irréligion, courtisan impie et efféminé !

« Et vous sur qui cette plaie s'est particulièrement répandue, femmes et filles plongées dans le désordre:

quand, renonçant aux devoirs de notre état, nous garderions
un silence profond sur vos déréglements, vous portez
avec vous une voix plus importune que la nôtre; elle vous
suit, et partout elle vous reprochera vos désirs impurs,
vos attachements équivoques, vos liaisons criminelles, tant
de soins pour plaire, tant d'artifices pour engager, tant
d'adresse pour fixer, et l'impétuosité de vos transports et
les fureurs de votre jalousie. Qu'attendez-vous donc pour
secouer le joug de Cadabra, et rentrer sous les douces lois
de Brama ? Mais revenons à notre sujet. Je vous disais
donc que les mondains s'asseyent hérétiquement pour
neuf raisons, la première, etc. »

Ce discours fit des impressions fort différentes. Mangogul
et la sultane, qui seuls avaient le secret de l'anneau, trouvèrent que le bramine avait aussi heureusement expliqué
le caquet des bijoux par le secours de la religion, qu'Orcotome par les lumières de la raison. Les femmes et les petits-
maîtres de la cour dirent que le sermon était séditieux, et
le prédicateur un visionnaire. Le reste de l'auditoire le
regarda comme un prophète, versa des larmes, se mit en
prière, se flagella même, et ne changea point de vie.

Il en fut bruit jusque dans les cafés. Un bel esprit décida
que le bramine n'avait qu'effleuré la question, et que sa
pièce n'était qu'une déclamation froide et maussade; mais
au jugement des dévotes et des illuminés, c'était le morceau
d'éloquence le plus solide qu'on eût prononcé dans les
temples depuis un siècle. Au mien, le bel esprit et les
dévotes avaient raison.

CHAPITRE SEIZIÈME

LES MUSELIÈRES

Tandis que les bramines faisaient parler Brama, prome-
naient les Pagodes, et exhortaient les peuples à la pénitence,
d'autres songeaient à tirer parti du caquet des bijoux.

Les grandes villes fourmillent de gens que la misère
rend industrieux. Ils ne volent ni ne filoutent; mais ils
sont aux filous, ce que les filous sont aux fripons. Ils
savent tout, ils font tout, ils ont des secrets pour tout;

ils vont et viennent, ils s'insinuent. On les trouve à la ville, au palais, à l'église, à la comédie, chez les courtisanes, au café, au bal, à l'opéra, dans les académies; ils sont tout ce qu'il vous plaira qu'ils soient. Sollicitez-vous une pension, ils ont l'oreille du ministre. Avez-vous un procès, ils solliciteront pour vous. Aimez-vous le jeu, ils sont croupiers; la table, ils sont chefs de loge [46]; les femmes, ils vous introduiront chez Amine ou chez Acaris. De laquelle des deux vous plaît-il d'acheter la mauvaise santé ? choisissez; lorsque vous l'aurez prise, ils se chargeront de votre guérison. Leur occupation principale est d'épier les ridicules des particuliers, et de profiter de la sottise du public. C'est de leur part qu'on distribue au coin des rues, à la porte des temples, à l'entrée des spectacles, à la sortie des promenades, des papiers par lesquels on vous avertit gratis qu'un tel, demeurant au Louvre, dans Saint-Jean, au Temple ou dans l'Abbaye, à telle enseigne, à tel étage, dupe chez lui depuis neuf heures du matin jusqu'à midi, et le reste du jour en ville.

Les bijoux commençaient à peine à parler, qu'un de ces intrigants remplit les maisons de Banza d'un petit imprimé, dont voici la forme et le contenu. On lisait, au titre, en gros caractères :

AVIS AUX DAMES

Au-dessous, en petit italique :

> *Par permission de monseigneur le grand sénéchal,*
> *et avec l'approbation de messieurs de*
> *l'Académie royale des sciences.*

Et plus bas :

« Le sieur Éolipile, de l'Académie royale de Banza, membre de la société royale de Monoémugi, de l'académie impériale de Biafara, de l'académie des curieux de Loango, de la société de Camur au Monomotapa, de l'institut d'Érecco, et des académies royales de Béléguanze et d'Angola, qui fait depuis plusieurs années des cours de babioles avec les applaudissements de la cour, de la ville et de la province, a inventé, en faveur du beau sexe, des muselières ou bâillons portatifs, qui ôtent aux bijoux l'usage de la parole, sans gêner leurs fonctions naturelles. Ils sont propres et commodes; il

en a de toute grandeur, pour tout âge et à tout prix ; et il a
eu l'honneur d'en fournir aux personnes de la première
distinction. »

Il n'est rien de tel que d'être d'un corps. Quelque ridicule
que soit un ouvrage, on le prône, et il réussit. C'est ainsi que
l'invention d'Éolipile fit fortune. On courut en foule
chez lui : les femmes galantes y allèrent dans leur équipage ;
les femmes raisonnables s'y rendirent en fiacre ; les dévotes
y envoyèrent leur confesseur ou leurs laquais : on y vit
même arriver des tourières[47]. Toutes voulaient avoir une
muselière ; et depuis la duchesse jusqu'à la bourgeoise, il
n'y eut femme qui n'eût la sienne, ou par air[48] ou pour
cause.

Les bramines, qui avaient annoncé le caquet des bijoux
comme une punition divine, et qui s'en étaient promis de
la réforme dans les mœurs et d'autres avantages, ne virent
point sans frémir une machine qui trompait la vengeance
du ciel et leurs espérances. Ils étaient à peine descendus
de leurs chaires, qu'ils y remontent, tonnent, éclatent,
font parler les oracles, et prononcent que la muselière est
une machine infernale, et qu'il n'y a point de salut pour
qui s'en servira. « Femmes mondaines, quittez vos muselières ; soumettez-vous, s'écrièrent-ils, à la volonté de
Brama. Laissez à la voix de vos bijoux réveiller celle de
vos consciences ; et ne rougissez point d'avouer des crimes
que vous n'avez point eu honte de commettre. »

Mais ils eurent beau crier, il en fut des muselières comme
il en avait été des robes sans manches, et des pelisses
piquées. Pour cette fois on les laissa s'enrhumer dans leurs
temples. On prit des bâillons, et on ne les quitta que quand
on en eut reconnu l'inutilité, ou qu'on en fut las.

CHAPITRE DIX-SEPTIÈME

LES DEUX DÉVOTES

Le sultan laissait depuis quelques jours les bijoux en
repos. Des affaires importantes, dont il était occupé, sus-
pendaient les effets de sa bague. Ce fut dans cet intervalle

que deux femmes de Banza apprêtèrent à rire à toute la ville.

Elles étaient dévotes de profession. Elles avaient conduit leurs intrigues avec toute la discrétion possible, et jouissaient d'une réputation que la malignité même de leurs semblables avait respectée. Il n'était bruit dans les mosquées que de leur vertu. Les mères les proposaient en exemple à leurs filles ; les maris à leurs femmes. Elles tenaient l'une et l'autre, pour maxime principale, que le scandale est le plus grand de tous les péchés. Cette conformité de sentiments, mais surtout la difficulté d'édifier à peu de frais un prochain clairvoyant et malin, l'avait emporté sur la différence de leurs caractères ; et elles étaient très bonnes amies.

Zélide recevait le bramine de Sophie ; c'était chez Sophie que Zélide conférait avec son directeur ; et en s'examinant un peu, l'une ne pouvait guère ignorer ce qui concernait le bijou de l'autre ; mais l'indiscrétion bizarre de ces bijoux les tenait toutes deux dans de cruelles alarmes. Elles se voyaient à la veille d'être démasquées, et de perdre cette réputation de vertu qui leur avait coûté quinze ans de dissimulation et de manège, et dont elles étaient alors fort embarrassées.

Il y avait des moments où elles auraient donné leur vie, du moins Zélide, pour être aussi décriées que la plus grande partie de leurs connaissances. « Que dira le monde ? que fera mon mari ?... Quoi ! cette femme si réservée, si modeste, si vertueuse ; cette Zélide n'est... comme les autres.. Ah ! cette idée me désespère !... Oui, je voudrais n'en avoir point, n'en avoir jamais eu, » s'écriait brusquement Zélide.

Elle était alors avec son amie, que les mêmes réflexions occupaient, mais qui n'en était pas autant agitée. Les dernières paroles de Zélide la firent sourire.

« Riez, madame, ne vous contraignez point. Éclatez, lui dit Zélide dépitée. Il y a vraiment de quoi.

— Je connais comme vous, lui répondit froidement Sophie, tout le danger qui nous menace ; mais le moyen de s'y soustraire ? car vous conviendrez, avec moi, qu'il n'y a pas d'apparence que votre souhait s'accomplisse.

— Imaginez donc un expédient, repartit Zélide.

— Oh ! reprit Sophie, je suis lasse de me creuser : je n'imagine rien... S'aller confiner dans le fond d'une province, est un parti ; mais laisser à Banza les plaisirs, et renoncer à la vie, c'est ce que je ne ferai point. Je sens que mon bijou ne s'accommodera jamais de cela.

— Que faire donc ?...

— Que faire ! Abandonner tout à la Providence, et rire, à mon exemple, du qu'en dira-t-on. J'ai tout tenté pour concilier la réputation et les plaisirs. Mais puisqu'il est dit qu'il faut renoncer à la réputation, conservons au moins les plaisirs. Nous étions uniques. Eh bien ! ma chère, nous ressemblerons à cent mille autres ; cela vous paraît-il donc si dur ?

— Oui, sans doute, répliqua Zélide ; il me paraît dur de ressembler à celles pour qui l'on avait affecté un mépris souverain. Pour éviter cette mortification, je m'enfuirais, je crois, au bout du monde.

— Partez, ma chère, continua Sophie ; pour moi, je reste... Mais à propos, je vous conseille de vous pourvoir de quelque secret, pour empêcher votre bijou de babiller en route.

— En vérité, reprit Zélide, la plaisanterie est ici de bien mauvaise grâce ; et votre intrépidité...

— Vous vous trompez, Zélide, il n'y a point d'intrépidité dans mon fait. Laisser prendre aux choses un train dont on ne peut les détourner, c'est résignation. Je vois qu'il faut être déshonorée ; eh bien ! déshonorée pour déshonorée, je m'épargnerai du moins de l'inquiétude le plus que je pourrai.

— Déshonorée ! reprit Zélide, fondant en larmes ; déshonorée ! Quel coup ! Je n'y puis résister... Ah, maudit bonze ! c'est toi qui m'as perdue. J'aimais mon époux ; j'étais née vertueuse ; je l'aimerais encore, si tu n'avais abusé de ton ministère et de ma confiance. Déshonorée ! chère Sophie... »

Elle ne put achever. Les sanglots lui coupèrent la parole ; et elle tomba sur un canapé, presque désespérée. Zélide ne reprit l'usage de la voix que pour s'écrier douloureusement : « Ah ! ma chère Sophie, j'en mourrai... Il faut que j'en meure. Non, je ne survivrai jamais à ma réputation...

— Mais, Zélide, ma chère Zélide, ne vous pressez pourtant pas de mourir : peut-être que... lui dit Sophie.

— Il n'y a peut-être qui tienne ; il faut que j'en meure...

— Mais peut-être qu'on pourrait...

— On ne pourra rien, vous dis-je... Mais parlez, ma chère, que pourrait-on ?

— Peut-être qu'on pourrait empêcher un bijou de parler.

— Ah ! Sophie, vous cherchez à me soulager par de fausses espérances; vous me trompez.

— Non, non, je ne vous trompe point; écoutez-moi seulement, au lieu de vous désespérer comme une folle. J'ai entendu parler de Frénicol, d'Éolipile, de bâillons et de muselières.

— Eh, qu'ont de commun Frénicol, Éolipile et les muselières, avec le danger qui nous menace ? Qu'a à faire ici mon bijoutier ? et qu'est-ce qu'une muselière ?

— Le voici, ma chère. Une muselière est une machine imaginée par Frénicol, approuvée par l'académie et perfectionnée par Éolipile, qui se fait toutefois les honneurs de l'invention.

— Eh bien ! cette machine imaginée par Frénicol, approuvée par l'académie et perfectionnée par ce benêt d'Éolipile ?...

— Oh ! vous êtes d'une vivacité qui passe l'imagination. Eh bien ! cette machine s'applique et rend un bijou discret, malgré qu'il en ait...

— Serait-il bien vrai, ma chère ?

— On le dit.

— Il faut savoir cela, reprit Zélide, et sur-le-champ. »

Elle sonna; une de ses femmes parut; et elle envoya chercher Frénicol.

« Pourquoi pas Éolipile ? dit Sophie.

— Frénicol marque moins », répondit Zélide.

Le bijoutier ne se fit pas attendre.

« Ah ! Frénicol, vous voilà, lui dit Zélide; soyez le bienvenu. Dépêchez-vous, mon cher, de tirer deux femmes d'un embarras cruel...

— De quoi s'agit-il, mesdames ?... Vous faudrait-il quelques rares bijoux ?...

— Non; mais nous en avons deux, et nous voudrions bien...

— Vous en défaire, n'est-ce pas ? Eh bien ! mesdames, il faut les voir. Je les prendrai, ou nous ferons un échange...

— Vous n'y êtes pas, monsieur Frénicol; nous n'avons rien à troquer...

— Ah ! je vous entends; c'est quelques boucles d'oreilles que vous auriez envie de perdre, de manière que vos époux les retrouvassent chez moi...

— Point du tout. Mais, Sophie, dites-lui donc de quoi il est question !

— Frénicol, continua Sophie, nous avons besoin de deux... Quoi ! Vous n'entendez pas ? ...

— Non, madame ; comment voulez-vous que j'entende ? Vous ne me dites rien...

— C'est, répondit Sophie, que, quand une femme a de la pudeur, elle souffre à s'exprimer sur certaines choses...

— Mais, reprit Frénicol, encore faut-il qu'elle s'explique. Je suis bijoutier et non pas devin.

— Il faut pourtant que vous nous deviniez...

— Ma foi, mesdames, plus je vous envisage et moins je vous comprends. Quand on est jeunes, riches et jolies comme vous, on n'en est pas réduites à l'artifice : d'ailleurs, je vous dirai sincèrement que je n'en vends plus. J'ai laissé le commerce de ces babioles à ceux de mes confrères qui commencent. »

Nos dévotes trouvèrent l'erreur du bijoutier si ridicule, qu'elles lui firent toutes deux en même temps un éclat de rire qui le déconcerta.

« Souffrez, mesdames, leur dit-il, que je vous fasse la révérence et que je me retire. Vous pouviez vous dispenser de m'appeler d'une lieue pour plaisanter à mes dépens.

— Arrêtez, mon cher, arrêtez, lui dit Zélide en continuant de rire. Ce n'était point notre dessein. Mais, faute de nous entendre, il vous est venu des idées si burlesques...

— Il ne tient qu'à vous, mesdames, que j'en aie enfin de plus justes. De quoi s'agit-il ?

— Oh ! mons Frénicol, souffrez que je rie tout à mon aise avant que de vous répondre. »

Zélide rit à s'étouffer. Le bijoutier songeait en lui-même qu'elle avait des vapeurs ou qu'elle était folle, et prenait patience. Enfin, Zélide cessa.

« Eh bien ! lui dit-elle, il est question de nos bijoux ; des nôtres, entendez-vous, monsieur Frénicol ? Vous savez apparemment que, depuis quelque temps, il y en a plusieurs qui se sont mis à jaser comme des pies ; or, nous voudrions bien que les nôtres ne suivissent point ce mauvais exemple.

— Ah ! j'y suis maintenant ; c'est-à-dire reprit Frénicol, qu'il vous faut une muselière...

— Fort bien, vous y êtes en effet. On m'avait bien dit que monsieur Frénicol n'était pas un sot...

— Madame, vous avez bien de la bonté. Quant à ce que vous demandez, j'en ai de toutes sortes, et de ce pas je vais vous en chercher. »

Frénicol partit; cependant Zélide embrassait son amie et la remerciait de son expédient : et moi, dit l'auteur africain, j'allai me reposer en attendant qu'il revînt.

CHAPITRE DIX-HUITIÈME

RETOUR DU BIJOUTIER

Le bijoutier revint et présenta à nos dévotes deux muselières des mieux conditionnées.

« Ah ! miséricorde ! s'écria Zélide. Quelles muselières ! quelles énormes muselières sont-ce là ! et qui sont les malheureuses à qui cela servira ? Cela a une toise de long. Il faut, en vérité, mon ami, que vous ayez pris mesure sur la jument du sultan.

— Oui, dit nonchalamment Sophie, après les avoir considérées et compassées avec les doigts : vous avez raison; et il n'y a que la jument du sultan ou la vieille Rimosa à qui elles puissent convenir...

— Je vous jure, mesdames, reprit Frénicol, que c'est la grandeur ordinaire; et que Zelmaïde, Zyrphile, Amiane, Zulique et cent autres en ont pris de pareilles...

— Cela est impossible, répliqua Zélide.

— Cela est pourtant, repartit Frénicol : mais toutes ont dit comme vous; et, comme elles, si vous voulez vous détromper, vous le pouvez à l'essai...

— Monsieur Frénicol en dira tout ce qu'il voudra; mais il ne me persuadera jamais que cela me convienne, dit Zélide.

— Ni à moi, dit Sophie. Qu'il nous en montre d'autres, s'il en a. »

Frénicol, qui avait éprouvé plusieurs fois qu'on ne convertissait pas les femmes sur cet article, leur présenta des muselières de treize ans.

« Ah ! voilà ce qu'il nous faut ! s'écrièrent-elles toutes deux en même temps.

— Je le souhaite, répondit tous bas Frénicol.

— Combien les vendez-vous ? dit Zélide...

— Madame, ce n'est que dix ducats...

— Dix ducats ! vous n'y pensez pas, Frénicol...

— Madame, c'est en conscience...

— Vous nous faites payer la nouveauté...

— Je vous jure, mesdames, que c'est argent troqué...

— Il est vrai qu'elles sont joliment travaillées; mais dix ducats, c'est une somme...

— Je n'en rabattrai rien.

— Nous irons chez Éolipile.

— Vous le pouvez, mesdames : mais il y a ouvrier et ouvrier, muselières et muselières. »

Frénicol tint ferme, et Zélide en passa par là. Elle paya les deux muselières; et le bijoutier s'en retourna, bien persuadé qu'elles leur seraient trop courtes et qu'elles ne tarderaient pas à lui revenir pour le quart de ce qu'il les avait vendues. Il se trompa. Mangogul ne s'étant point trouvé à portée de tourner sa bague sur ces deux femmes, il ne prit aucune envie à leurs bijoux de parler plus haut qu'à l'ordinaire, heureusement pour elles; car Zélide, ayant essayé sa muselière, la trouva la moitié trop petite. Cependant elle ne s'en défit pas, imaginant presque autant d'inconvénient à la changer qu'à ne s'en point servir.

On a su ces circonstances d'une de ses femmes, qui les dit en confidence à son amant, qui les redit en confidence à d'autres, qui les confièrent sous le secret à tout Banza. Frénicol parla de son côté; l'aventure de nos dévotes devint publique et occupa quelque temps les médisants du Congo.

Zélide en fut inconsolable. Cette femme, plus à plaindre qu'à blâmer, prit son bramine en aversion, quitta son époux et s'enferma dans un couvent. Pour Sophie, elle leva le masque, brava les discours, mit du rouge et des mouches, se répandit dans le grand monde et eut des aventures.

CHAPITRE DIX-NEUVIÈME

SEPTIÈME ESSAI DE L'ANNEAU

LE BIJOU SUFFOQUÉ

Quoique les bourgeoises de Banza se doutassent que les bijoux de leur espèce n'auraient pas l'honneur de parler, toutes cependant se munirent de muselières. On eut à Banza sa muselière, comme on prend ici le deuil de cour.

En cet endroit, l'auteur africain remarque avec étonnement que la modicité du prix et la roture des muselières n'en firent point cesser la mode au sérail. « Pour cette fois, dit-il, l'utilité l'emporta sur le préjugé. » Une réflexion aussi commune ne valait pas la peine qu'il se répétât : mais il m'a semblé que c'était le défaut de tous les anciens auteurs du Congo, de tomber dans des redites, soit qu'il se fussent proposé de donner ainsi un air de vraisemblance et de facilité à leurs productions; soit qu'ils n'eussent pas, à beaucoup près, autant de fécondité que leurs admirateurs le supposent.

Quoi qu'il en soit, un jour, Mangogul, se promenant dans ses jardins, accompagné de toute sa cour, s'avisa de tourner sa bague sur Zélaïs. Elle était jolie et soupçonnée de plusieurs aventures; cependant son bijou ne fit que bégayer et ne proféra que quelques mots entrecoupés qui ne signifiaient rien et que les persifleurs interprétèrent comme ils voulurent... « Ouais, dit le sultan, voici un bijou qui a la parole bien malaisée. Il faut qu'il y ait ici quelque chose qui lui gêne la prononciation. » Il appliqua donc plus fortement son anneau. Le bijou fit un second effort pour s'exprimer; et, surmontant en partie l'obstacle qui lui fermait la bouche, on entendit très distinctement : « Ahi... ahi... J'ét... j'ét... j'étouffe. Je n'en puis plus... Ahi... ahi... J'étouffe. »

Zélaïs se sentit aussitôt suffoquer : son visage pâlit, sa gorge s'enfla, et elle tomba, les yeux fermés et la bouche entrouverte, entre les bras de ceux qui l'environnaient.

Partout ailleurs Zélaïs eût été promptement soulagée. Il ne s'agissait que de la débarrasser de sa muselière et de rendre à son bijou la respiration; mais le moyen de lui porter une main secourable en présence de Mangogul! « Vite,

vite, des médecins, s'écriait le sultan; Zélaïs se meurt. »

Des pages coururent au palais et revinrent, les docteurs s'avançant gravement sur leurs traces; Orcotome était à leur tête. Les uns opinèrent pour la saignée, les autres pour le kermès [49]; mais le pénétrant Orcotome fit transporter Zélaïs dans un cabinet voisin, la visita et coupa les courroies de son caveçon. Ce bijou emmuselé fut un de ceux qu'il se vanta d'avoir vu dans le paroxysme.

Cependant le gonflement était excessif, et Zélaïs eût continué de souffrir si le sultan n'eût eu pitié de son état. Il retourna sa bague; les humeurs se remirent en équilibre; Zélaïs revint, et Orcotome s'attribua le miracle de cette cure.

L'accident de Zélaïs et l'indiscrétion de son médecin décréditèrent beaucoup les muselières. Orcotome, sans égard pour les intérêts d'Éolipile, se proposa d'élever sa fortune sur les débris de la sienne; se fit annoncer pour médecin attitré des bijoux enrhumés; et l'on voit encore son affiche dans les rues détournées. Il commença par gagner de l'argent et finit par être méprisé. Le sultan s'était fait un plaisir de rabattre la présomption de l'empirique. Orcotome se vantait-il d'avoir réduit au silence quelque bijou qui n'avait jamais soufflé le mot? Mangogul avait la cruauté de le faire parler. On en vint jusqu'à remarquer que tout bijou qui s'ennuyait de se taire n'avait qu'à recevoir deux ou trois visites d'Orcotome. Bientôt on le mit, avec Éolipile, dans la classe des charlatans; et tous deux y demeureront jusqu'à ce qu'il plaise à Brama de les en tirer.

On préféra la honte à l'apoplexie. « On meurt de celle-ci, » disait-on. On renonça donc aux muselières; on laissa parler les bijoux, et personne n'en mourut.

CHAPITRE VINGTIÈME

HUITIÈME ESSAI DE L'ANNEAU

LES VAPEURS

Il y eut un temps, comme on voit, que les femmes, craignaient que leurs bijoux ne parlassent, étaient suffoquées, se mouraient : mais il en vint un autre, qu'elles se mirent au-dessus de cette frayeur, se défirent des muselières et n'eurent plus que des vapeurs.

La favorite avait, entre ses complaisantes, une fille singulière. Son humeur était charmante, quoique inégale. Elle changeait de visage dix fois par jour; mais quel que fût celui qu'elle prît, il plaisait. Unique dans sa mélancolie, ainsi que dans sa gaieté, il lui échappait, dans ses moments les plus extravagants, des propos d'un sens exquis; et il lui venait, dans les accès de sa tristesse, des extravagances très réjouissantes.

Mirzoza s'était si bien faite à Callirhoé, c'était le nom de cette jeune folle, qu'elle ne pouvait presque s'en passer. Une fois que le sultan se plaignait à la favorite de je ne sais quoi d'inquiet et de froid qu'il lui remarquait :

« Prince, lui dit-elle, embarrassée de ses reproches, sans mes trois bêtes, mon serin, ma chartreuse [50] et Callirhoé, je ne vaux rien; et vous voyez bien que la dernière me manque.

— Et pourquoi n'est-elle pas ici ? lui demanda Mangogul.

— Je ne sais, répondit Mirzoza; mais il y a quelques mois qu'elle m'annonça que, si Mazul faisait la campagne, elle ne pourrait se dispenser d'avoir des vapeurs; et Mazul partit hier...

— Passe encore pour celle-là, répliqua le sultan. Voilà ce qui s'appelle des vapeurs bien fondées. Mais vis-à-vis de quoi s'avisent d'en avoir cent autres, dont les maris sont tout jeunes et qui ne se laissent pas manquer d'amants ?

— Prince, répondit un courtisan, c'est une maladie à la mode. C'est un air à une femme que d'avoir des vapeurs. Sans amant et sans vapeurs, on n'a aucun usage du monde; et il n'y a pas une bourgeoise à Banza qui ne s'en donne. »

Mangogul sourit et se détermina sur-le-champ à visiter quelques-unes de ces vaporeuses. Il alla droit chez Salica. Il la trouva couchée, la gorge découverte, les yeux allumés, la tête échevelée, et à son chevet le petit médecin bègue et bossu Farfadi, qui lui faisait des contes. Cependant elle allongeait un bras, puis un autre, bâillait, soupirait, se portait la main sur le front et s'écriait douloureusement : « Ahi... Je n'en puis plus... Ouvrez les fenêtres... Donnez-moi de l'air... Je n'en puis plus; je me meurs... »

Mangogul prit le moment que ses femmes troublées aidaient Farfadi à alléger ses couvertures, pour tourner sa bague sur elle; et l'on entendit à l'instant : « Oh ! que

je m'ennuie de ce train ! Voilà-t-il pas que madame s'est
mis en tête d'avoir des vapeurs ! Cela durera la huitaine;
et je veux mourir si je sais à propos de quoi : car après les
efforts de Farfadi pour déraciner ce mal, il me semble
qu'il a tort de persister. »

« Bon, dit le sultan en retournant sa bague, j'entends.
Celle-ci a des vapeurs en faveur de son médecin. Voyons
ailleurs. »

Il passa de l'hôtel de Salica dans celui d'Arsinoé, qui
n'en est pas éloigné. Il entendit, dès l'entrée de son appartement, de grands éclats de rire et s'avança, comptant la
trouver en compagnie : cependant elle était seule; et Mangogul n'en fut pas trop surpris. « Une femme se donnant
des vapeurs, elle se les donne apparemment, dit-il, tristes
ou gaies, selon qu'il est à propos. »

Il tourna sa bague sur elle, et sur-le-champ son bijou
se mit à rire à gorge déployée. Il passa brusquement de ces
ris immodérés à des lamentations ridicules sur l'absence
de Narcès, à qui il conseillait en bon ami de hâter son
retour, et continua sur nouveaux frais à sangloter, pleurer,
gémir, soupirer, se désespérer, comme s'il eût enterré
tous les siens.

Le sultan se contenant à peine d'éclater d'une affliction
si bizarre, retourna sa bague et partit, laissant Arsinoé et
son bijou se lamenter tout à leur aise et concluant en lui-
même la fausseté du proverbe.

CHAPITRE VINGT ET UNIÈME

NEUVIÈME ESSAI DE L'ANNEAU

DES CHOSES PERDUES ET RETROUVÉES

Pour servir de supplément au savant Traité de Pancirolle [51]
et aux Mémoires de l'Académie des Inscriptions.

Mangogul s'en revenait dans son palais, occupé des
ridicules que les femmes se donnent, lorsqu'il se trouva,
soit distraction de sa part, soit méprise de son anneau,
sous les portiques du somptueux édifice que Thélis a décoré

des riches dépouilles de ses amants. Il profita de l'occasion
pour interroger son bijou.

Thélis était femme de l'émir Sambuco, dont les ancêtres
avaient régné dans la Guinée. Sambuco s'était acquis de la
considération dans le Congo par cinq ou six victoires
célèbres qu'il avait remportées sur les ennemis d'Erguebzed.
Non moins habile négociateur que grand capitaine, il avait
été chargé des ambassades les plus distinguées et s'en était
tiré supérieurement. Il vit Thélis au retour de Loango et
il en fut épris. Il touchait alors à la cinquantaine et Thélis
ne passait pas vingt-cinq ans. Elle avait plus d'agréments
que de beauté; les femmes disaient qu'elle était très bien
et les hommes la trouvaient adorable. De puissants partis
l'avaient recherchée; mais soit qu'elle eût déjà ses vues,
soit qu'il y eut entre elle et ses soupirants disproportion
de fortune, ils avaient tous été refusés. Sambuco la vit,
mit à ses pieds des richesses immenses, un nom, des lauriers et des titres qui ne le cédaient qu'à ceux des souverains,
et l'obtint.

Thélis fut ou parut vertueuse pendant six semaines
entières après son mariage; mais un bijou né voluptueux
se dompte rarement de lui-même, et un mari quinquagé-
naire, quelque héros qu'il soit d'ailleurs, est un insensé,
s'il se promet de vaincre cet ennemi. Quoique Thélis mît
dans sa conduite de la prudence, ses premières aventures
ne furent point ignorées. C'en fut assez dans la suite
pour lui en supposer de secrètes, et Mangogul, curieux de
ces vérités, se hâta de passer du vestibule de son palais
dans son appartement.

On était alors au milieu de l'été : il faisait une chaleur
extrême, et Thélis, après le dîner, s'était jetée sur un lit de
repos, dans un arrière-cabinet orné de glaces et de peintures. Elle dormait, et sa main était encore appuyée sur
un recueil de contes persans qui l'avaient assoupie.

Mangogul la contempla quelque temps, convint qu'elle
avait des grâces, et tourna sa bague sur elle. « Je m'en
souviens encore, comme si j'y étais, dit incontinent le bijou
de Thélis : neuf preuves d'amour en quatre heures. Ah !
quels moments ! que Zermounzaïd est un homme divin !
Ce n'est point là le vieux et glacé Sambuco. Cher Zermounzaïd, j'avais ignoré les vrais plaisirs, et le bien réel; c'est toi
qui me l'as fait connaître. »

Mangogul, qui désirait s'instruire des particularités du commerce de Thélis avec Zermounzaïd, que le bijou lui dérobait, en ne s'attachant qu'à ce qui frappe le plus un bijou, frotta quelque temps le chaton de sa bague contre sa veste, et l'appliqua sur Thélis, tout étincelant de lumière. L'effet en parvint bientôt jusqu'à son bijou, qui mieux instruit de ce qu'on lui demandait, reprit d'un ton plus historique :

« Sambuco commandait l'armée du Monoémugi, et je le suivais en campagne. Zermounzaïd servait sous lui en qualité de colonel, et le général, qui l'honorait de sa confiance, nous avait mis sous son escorte. Le zélé Zermounzaïd ne désempara pas de son poste : il lui parut trop doux, pour le céder à quelque autre ; et le danger de le perdre fut le seul qu'il craignit de toute la campagne.

« Pendant le quartier d'hiver, je reçus quelques nouveaux hôtes, Cacil, Jékia, Almamoum, Jasub, Sélim, Manzora, Néreskim, tous militaires que Zermounzaïd avait mis à la mode, mais qui ne le valaient pas. Le crédule Sambuco s'en reposait de la vertu de sa femme sur elle-même, et sur les soins de Zermounzaïd ; et tout occupé des détails immenses de la guerre, et des grandes opérations qu'il méditait pour la gloire du Congo, il n'eut jamais le moindre soupçon que Zermounzaïd le trahît, et que Thélis lui fût infidèle.

« La guerre continua ; les armées rentrèrent en campagne, et nous reprîmes nos litières. Comme elles allaient très lentement, insensiblement le corps de l'armée gagna de l'avance sur nous, et nous nous trouvâmes à l'arrière-garde. Zermounzaïd la commandait. Ce brave garçon, que la vue des plus grands périls n'avait jamais écarté du chemin de la gloire, ne put résister à celle du plaisir. Il abandonna à un subalterne le soin de veiller aux mouvements de l'ennemi qui nous harcelait, et passa dans notre litière ; mais à peine y fut-il, que nous entendîmes un bruit confus d'armes et de cris. Zermounzaïd, laissant son ouvrage à demi, veut sortir ; mais il est étendu par terre, et nous restons au pouvoir du vainqueur.

« Je commençai donc par engloutir l'honneur et les services d'un officier qui pouvait attendre de sa bravoure et de son mérite les premiers emplois de la guerre, s'il n'eût jamais connu la femme de son général. Plus de trois mille hommes périrent en cette occasion. C'est encore autant de bons sujets que nous avons ravis à l'État. »

Qu'on imagine la surprise de Mangogul à ce discours ! Il avait entendu l'oraison funèbre de Zermounzaïd, et il ne le reconnaissait point à ces traits. Erguebzed son père avait regretté cet officier : les nouvelles à la main, après avoir prodigué les derniers éloges à sa belle retraite, avaient attribué sa défaite et sa mort à la supériorité des ennemis, qui, disaient-elles, s'étaient trouvés six contre un. Tout le Congo avait plaint un homme qui avait si bien fait son devoir. Sa femme avait obtenu une pension : on avait accordé son régiment à son fils aîné, et l'on promettait un bénéfice au cadet.

Que d'horreurs ! s'écria tout bas Mangogul; un époux déshonoré, l'état trahi, des citoyens sacrifiés, ces forfaits ignorés, récompensés même comme des vertus, et tout cela à propos d'un bijou !

Le bijou de Thélis, qui s'était interrompu pour reprendre haleine, continua : « Me voilà donc abandonné à la discrétion de l'ennemi. Un régiment de dragons était prêt à fondre sur nous. Thélis en parut éplorée, et ne souhaita rien tant; mais les charmes de la proie semèrent la discorde entre les prédateurs. On tira les cimeterres et trente à quarante hommes furent massacrés en un clin d'œil. Le bruit de ce désordre parvint jusqu'à l'officier général. Il accourut, calma ces furieux, et nous mit en séquestre sous une tente, où nous n'avions pas eu le temps de nous reconnaître, qu'il vint solliciter le prix de ses services. « Malheur aux vaincus ! » s'écria Thélis en se renversant sur un lit; et toute la nuit fut employée à ressentir son infortune.

« Nous nous trouvâmes le lendemain sur le rivage du Niger. Une saïque [52] nous y attendait, et nous partîmes, ma maîtresse et moi, pour être présentées à l'empereur de Benin. Dans ce voyage de vingt-quatre heures, le capitaine du bâtiment s'offrit à Thélis, fut accepté, et je connus par expérience que le service de mer était infiniment plus vif que celui de terre. Nous vîmes l'empereur de Benin; il était jeune, ardent, voluptueux : Thélis fit encore sa conquête; mais celles de son mari l'effrayèrent. Il demanda la paix, et il ne lui en coûta, pour l'obtenir, que trois provinces et ma rançon.

« Autres temps, autres fatigues. Sambuco apprit, je ne

sais comment, la raison des malheurs de la campagne précédente ; et pendant celle-ci, il me mit en dépôt sur la frontière chez un chef de bramines, de ses amis. L'homme saint ne se défendit guère ; il succomba aux agaceries de Thélis, et en moins de six mois, j'engloutis ses revenus immenses, trois étangs et deux bois de haute futaie. »

— Miséricorde ! s'écria Mangogul, trois étangs et deux bois ! quel appétit pour un bijou !

« C'est une bagatelle, reprit celui-ci. La paix se fit, et Thélis suivit son époux en ambassade au Monomotapa. Elle jouait et perdait fort bien cent mille sequins en un jour, que je regagnais en une heure. Un ministre, dont les affaires de son maître ne remplissaient pas tous les moments, me tomba sous la dent, et je lui dévorai en trois ou quatre mois une fort belle terre, le château tout meublé, le parc, un équipage avec les petits chevaux pies. Une faveur de quatre minutes, mais bien filée, nous valait des fêtes, des présents, des pierreries, et l'aveugle ou politique Sambuco ne nous tracassait point.

« Je ne mettrai point en ligne de compte, ajouta le bijou, les marquisats, les comtés, les titres, les armoiries, etc., qui se sont éclipsés devant moi. Adressez-vous à mon secrétaire, qui vous dira ce qu'ils sont devenus. J'ai fort écorné le domaine du Biafara, et je possède une province entière du Béléguanze. Erguebzed me proposa sur la fin de ses jours... » A ces mots, Mangogul retourna sa bague, et fit taire le gouffre ; il respectait la mémoire de son père, et ne voulut rien entendre qui pût ternir dans son esprit l'éclat des grandes qualités qu'il lui reconnaissait.

De retour dans son sérail, il entretint la favorite des vaporeuses, et de l'essai de son anneau sur Thélis. « Vous admettez, lui dit-il, cette femme à votre familiarité ; mais vous ne la connaissez pas apparemment aussi bien que moi.

— Je vous entends, seigneur, répondit la sultane. Son bijou vous aura sottement conté ses aventures avec le général Micokof, l'émir Féridour, le sénateur Marsupha, et le grand bramine Ramadanutio. Eh ! qui ne sait qu'elle soutient le jeune Alamir, et que le vieux Sambuco, qui ne dit rien, en est aussi bien informé que vous !

— Vous n'y êtes pas, reprit Mangogul. Je viens de faire rendre gorge à son bijou.

— Vous avait-il enlevé quelque chose ? répondit Mirzoza.

— Non pas à moi, dit le sultan, mais bien à mes sujets, aux grands de mon empire, aux potentats mes voisins : des terres, des provinces, des châteaux, des étangs, des bois, des diamants, des équipages, avec les petits chevaux pies.

— Sans compter, seigneur, ajouta Mirzoza, la réputation et les vertus. Je ne sais quel avantage vous apportera votre bague; mais plus vous en multipliez les essais, plus mon sexe me devient odieux : celles même à qui je croyais devoir quelque considération n'en sont pas exceptées. Je suis contre elles d'une humeur à laquelle je demande à Votre Hautesse de m'abandonner pour quelques moments. »

Mangogul, qui connaissait la favorite pour ennemie de toute contrainte, lui baisa trois fois l'oreille droite, et se retira.

CHAPITRE VINGT-DEUXIÈME

ÉCHANTILLON DE LA MORALE DE MANGOGUL

Mangogul, impatient de revoir la favorite, dormit peu, se leva plus matin qu'à l'ordinaire, et parut chez elle au petit jour. Elle avait déjà sonné : on venait d'ouvrir ses rideaux; et ses femmes se disposaient à la lever. Le sultan regarda beaucoup autour d'elle, et ne lui voyant point de chien, il lui demanda la raison de cette singularité.

« C'est, lui répondit Mirzoza, que vous supposez que je suis singulière en cela, et qu'il n'en est rien.

— Je vous assure, répliqua le sultan, que je vois des chiens à toutes les femmes de ma cour, et que vous m'obligeriez de m'apprendre pourquoi elles en ont, ou pourquoi vous n'en avez point. La plupart d'entre elles en ont même plusieurs; et il n'y en a pas une qui ne prodigue au sien des caresses qu'elle semble n'accorder qu'avec peine à son amant. Par où ces bêtes méritent-elles la préférence ? qu'en fait-on ? »

Mirzoza ne savait que répondre à ces questions.

« Mais, lui disait-elle, on a un chien comme un perroquet ou un serin. Il est peut-être ridicule de s'attacher aux animaux; mais il n'est pas étrange qu'on en ait : ils amusent

quelquefois, et ne nuisent jamais. Si on leur fait des caresses,
c'est qu'elles sont sans conséquence. D'ailleurs, croyez-vous,
prince, qu'un amant se contentât d'un baiser tel qu'une
femme le donne à son gredin [53] ?

— Sans doute, je le crois, dit le sultan. Il faudrait, parbleu, qu'il fût bien difficile, s'il n'en était pas satisfait. »

Une des femmes de Mirzoza, qui avait gagné l'affection
du sultan et de la favorite par de la douceur, des talents et
du zèle, dit : « Ces animaux sont incommodes et mal-
propres ; ils tachent les habits, gâtent les meubles, arrachent
les dentelles, et font en un quart d'heure plus de dégât qu'il
n'en faudrait pour attirer la disgrâce de la femme de
chambre la plus fidèle ; cependant on les garde.

— Quoique, selon madame, ils ne soient bons qu'à cela,
ajouta le sultan.

— Prince, répondit Mirzoza, nous tenons à nos fantaisies ; et il faut que, d'avoir un gredin, c'en soit une, telle
que nous en avons beaucoup d'autres, qui ne seraient plus
des fantaisies, si l'on en pouvait rendre raison. Le règne
des singes est passé ; les perruches se soutiennent encore.
Les chiens étaient tombés ; les voilà qui se relèvent. Les
écureuils ont eu leur temps ; et il en est des animaux comme
il en a été successivement de l'italien, de l'anglais, de la
géométrie, des prétintailles et des falbalas [54].

— Mirzoza, répliqua le sultan en secouant la tête, n'a
pas là-dessus toutes les lumières possibles ; et les bijoux...

— Votre Hautesse ne va-t-elle pas s'imaginer, dit la
favorite, qu'elle apprendra du bijou d'Haria pourquoi cette
femme, qui a vu mourir son fils, une de ses filles et son
époux sans verser une larme, a pleuré pendant quinze jours
la perte de son doguin ?

— Pourquoi non ? répondit Mangogul.

— Vraiment, dit Mirzoza, si nos bijoux pouvaient
expliquer toutes nos fantaisies, ils seraient plus savants que
nous-mêmes.

— Et qui vous le dispute ? repartit le sultan. Aussi
crois-je que le bijou fait faire à une femme cent choses sans
qu'elle s'en aperçoive ; et j'ai remarqué dans plus d'une
occasion, que telle qui croyait suivre sa tête, obéissait à
son bijou. Un grand philosophe [55] plaçait l'âme, la nôtre
s'entend, dans la glande pinéale. Si j'en accordais une aux
femmes, je sais bien, moi, où je la placerais.

— Je vous dispense de m'en instruire, reprit aussitôt Mirzoza.

— Mais vous me permettrez au moins, dit Mangogul, de vous communiquer quelques idées que mon anneau m'a suggérées sur les femmes, dans la supposition qu'elles ont une âme. Les épreuves que j'ai faites de ma bague m'ont rendu grand moraliste. Je n'ai ni l'esprit de La Bruyère, ni la logique de Port-Royal, ni l'imagination de Montaigne, ni la sagesse de Charron : mais j'ai recueilli des faits qui leur manquaient peut-être.

— Parlez, prince, répondit ironiquement Mirzoza : je vous écouterai de toutes mes oreilles. Ce doit être quelque chose de curieux, que les essais de morale d'un sultan de votre âge !

— Le système d'Orcotome est extravagant, n'en déplaise au célèbre Hiragu [56] son confrère : cependant je trouve du sens dans les réponses qu'il a faites aux objections qui lui ont été proposées. Si j'accordais une âme aux femmes, je supposerais, avec lui, que les bijoux ont parlé de tout temps, bas à la vérité, et que l'effet de l'anneau du génie Cucufa se réduit à leur hausser le ton. Cela posé, rien ne serait plus facile que de vous définir toutes tant que vous êtes :

« La femme sage, par exemple, serait celle dont le bijou est muet, ou n'en est pas écouté.

« La prude, celle qui fait semblant de ne pas écouter son bijou.

« La galante, celle à qui le bijou demande beaucoup, et qui lui accorde trop.

« La voluptueuse, celle qui écoute son bijou avec complaisance.

« La courtisane, celle à qui son bijou demande à tout moment, et qui ne lui refuse rien.

« La coquette, celle dont le bijou est muet, ou n'en est point écouté; mais qui fait espérer à tous les hommes qui l'approchent, que son bijou parlera quelque jour, et qu'elle pourra ne pas faire la sourde oreille.

« Eh bien ! délices de mon âme, que pensez-vous de mes définitions ?

— Je pense, dit la favorite, que Votre Hautesse a oublié la femme tendre.

— Si je n'en ai point parlé, répondit le sultan, c'est que

je ne sais pas encore bien ce que c'est, et que d'habiles gens
prétendent que le mot tendre, pris sans aucun rapport au
bijou, est vide de sens.

— Comment ! vide de sens ? s'écria Mirzoza. Quoi ! il
n'y a point de milieu; et il faut absolument qu'une femme
soit prude, galante, coquette, voluptueuse ou libertine ?

— Délices de mon âme, dit le sultan, je suis prêt à convenir de l'inexactitude de mon énumération, et j'ajouterai
la femme tendre aux caractères précédents; mais à condition
que vous m'en donnerez une définition qui ne retombe dans
aucune des miennes.

— Très volontiers, dit Mirzoza. Je compte en venir à
bout sans sortir de votre système.

— Voyons, ajouta Mangogul.

— Eh bien ! reprit la favorite... La femme tendre est
celle...

— Courage, Mirzoza, dit Mangogul.

— Oh ! ne me troublez point, s'il vous plaît. La femme
tendre est celle... qui a aimé sans que son bijou parlât,
ou... dont le bijou n'a jamais parlé qu'en faveur du seul
homme qu'elle aimait. »

Il n'eût pas été galant au sultan de chicaner la favorite,
et de demander ce qu'elle entendait par aimer : aussi n'en
fit-il rien. La Mirzoza prit son silence pour un aveu, et
ajouta, toute fière de s'être tirée d'un pas qui lui paraissait
difficile : « Vous croyez, vous autres hommes, parce que nous
n'argumentons pas, que nous ne raisonnons point. Apprenez une bonne fois que nous trouverions aussi facilement
le faux de vos paradoxes, que vous celui de nos raisons, si
nous voulions nous en donner la peine. Si Votre Hautesse
était moins pressée de satisfaire sa curiosité sur les gredins,
je lui donnerais à mon tour un petit échantillon de ma philosophie. Mais elle n'y perdra rien; ce sera pour quelqu'un
de ces jours, qu'elle aura plus de temps à m'accorder. »

Mangogul lui répondit qu'il n'avait rien de mieux à faire
que de profiter de ses idées philosophiques; que la métaphysique d'une sultane de vingt-deux ans ne devait pas
moins être singulière que la morale d'un sultan de son âge.

Mais Mirzoza appréhendant qu'il n'y eût de la complaisance de la part de Mangogul, lui demanda quelque temps
pour se préparer, et fournit ainsi au sultan un prétexte pour
voler où son impatience pouvait l'appeler.

CHAPITRE VINGT-TROISIÈME

DIXIÈME ESSAI DE L'ANNEAU

LES GREDINS

Mangogul se transporta sur-le-champ chez Haria; et comme il parlait très volontiers seul, il disait en soi-même : « Cette femme ne se couche point sans ses quatre mâtins; et les bijoux ne savent rien de ces animaux, ou le sien m'en dira quelque chose; car, Dieu merci, on n'ignore point qu'elle aime ses chiens à l'adoration. »

Il se trouva dans l'antichambre d'Haria, sur la fin de ce monologue, et pressentit de loin que madame reposait avec sa compagnie ordinaire. C'était un petit gredin, une danoise et deux doguins. Le sultan tira sa tabatière, se précautionna de deux prises de son tabac d'Espagne, et s'approcha d'Haria. Elle dormait; mais la meute, qui avait l'oreille au guet, entendant quelque bruit, se mit à aboyer, et la réveilla. « Taisez-vous, mes enfants, leur dit-elle d'un ton si doux, qu'on ne pouvait la soupçonner de parler à ses filles; dormez, dormez, et ne troublez point mon repos ni le vôtre. »

Jadis Haria fut jeune et jolie; elle eut des amants de son rang; mais ils s'éclipsèrent plus vite encore que ses grâces. Pour se consoler de cet abandon, elle donna dans une espèce de faste bizarre, et ses laquais étaient les mieux tournés de Banza. Elle vieillit de plus en plus; les années la jetèrent dans la réforme; elle se restreignit à quatre chiens et à deux bramines et devint un modèle d'édification. En effet, la satire la plus envenimée n'avait pas là de quoi mordre, et Haria jouissait en paix, depuis plus de dix ans, d'une haute réputation de vertu, et de ces animaux. On savait même sa tendresse si décidée pour les gredins, qu'on ne soupçonnait plus les bramines de la partager.

Haria réitéra sa prière à ses bêtes, et elles eurent la complaisance d'obéir. Alors Mangogul porta la main sur son anneau, et le bijou suranné se mit à raconter la dernière de ses aventures. Il y avait si longtemps que les premières s'étaient passées, qu'il en avait presque perdu la mémoire. « Retire-toi, Médor, dit-il d'une voix enrouée; tu me

fatigues. J'aime mieux Lisette; je la trouve plus douce. »
Médor, à qui la voix du bijou était inconnue, allait toujours
son train; mais Haria se réveillant, continua. « Ote-toi donc,
petit fripon, tu m'empêches de reposer. Cela est bon quelquefois; mais trop est trop. » Médor se retira, Lisette prit
sa place, et Haria se rendormit.

Mangogul, qui avait suspendu l'effet de son anneau, le
retourna, et le très antique bijou, poussant un soupir
profond, se mit à radoter, et dit : « Ah ! que je suis fâché
de la mort de la grande levrette ! c'était bien la meilleure
petite femme, la créature la plus caressante; elle ne cessait
de m'amuser : c'était tout esprit et toute gentillesse; vous
n'êtes que des bêtes en comparaison. Ce vilain monsieur
l'a tuée... la pauvre Zinzoline; je n'y pense jamais sans avoir
la larme à l'œil... Je crus que ma maîtresse en mourrait. Elle
passa deux jours sans boire et sans manger; la cervelle lui
en tournait : jugez de sa douleur. Son directeur, ses amis,
ses gredins même ne m'approchèrent pas. Ordre à ses
femmes de refuser l'entrée de son appartement à monsieur,
sous peine d'être chassées... Ce monstre m'a ravi ma chère
Zinzoline, s'écriait-elle; qu'il ne paraisse pas; je ne veux
le voir de ma vie. »

Mangogul, curieux des circonstances de la mort de
Zinzoline, ranima la force électrique de son anneau, en le
frottant contre la basque de son habit, le dirigea sur Haria,
et le bijou reprit : « Haria, veuve de Ramadec, se coiffa de
Sindor. Ce jeune homme avait de la naissance, peu de bien;
mais un mérite qui plaît aux femmes, et qui faisait, après
les gredins, le goût dominant d'Haria. L'indigence vainquit
la répugnance de Sindor pour les années et pour les chiens
d'Haria. Vingt mille écus de rente dérobèrent à ses yeux les
rides de ma maîtresse et l'incommodité des gredins, et il
l'épousa.

« Il s'était flatté de l'emporter sur nos bêtes par ses talents
et ses complaisances, et de les disgracier dès le commencement de son règne; mais il se trompa. Au bout de quelques
mois qu'il crut avoir bien mérité de nous, il s'avisa de
remontrer à madame que ses chiens n'étaient pas au lit aussi
bonne compagnie pour lui que pour elle; qu'il était ridicule
d'en avoir plus de trois, et que c'était faire de la couche
nuptiale un chenil, que d'y en admettre plus d'un à tour de
rôle.

« — Je vous conseille, répondit Haria d'un ton cour-
roucé, de m'adresser de pareils discours ! Vraiment, il sied
bien à un misérable cadet de Gascogne, que j'ai tiré d'un
galetas qui n'était pas assez bon pour mes chiens, de faire
ici le délicat ! On parfumait apparemment vos draps, mon
petit seigneur, quand vous logiez en chambre garnie.
Sachez, une bonne fois pour toujours, que mes chiens
étaient longtemps avant vous en possession de mon lit, et
que vous pouvez sortir, ou vous résoudre à le partager
avec eux. »

« La déclaration était précise, et nos chiens restèrent
maîtres de leur poste; mais une nuit que nous reposions
tous, Sindor en se retournant, frappa malheureusement du
pied Zinzoline. La levrette, qui n'était point faite à ces
traitements, lui mordit le gras de la jambe, et madame fut
aussitôt réveillée par les cris de Sindor.

« — Qu'avez-vous donc, monsieur ? lui dit-elle; il
semble qu'on vous égorge. Rêvez-vous ?

« — Ce sont vos chiens, madame, lui répondit Sindor,
qui me dévorent, et votre levrette vient de m'emporter
un morceau de la jambe.

« — N'est-ce que cela ? dit Haria en se retournant, vous
faites bien du bruit pour rien. »

« Sindor, piqué de ce discours, sortit du lit, jurant de ne
point y remettre le pied que la meute n'en fût bannie. Il
employa des amis communs pour obtenir l'exil des chiens;
mais tous échouèrent dans cette négociation importante.
Haria leur répondit que Sindor était un freluquet qu'elle
avait tiré d'un grenier qu'il partageait avec des souris et des
rats; qu'il ne lui convenait point de faire tant le difficile;
qu'il dormait toute la nuit; qu'elle aimait ses chiens; qu'ils
l'amusaient; qu'elle avait pris goût à leurs caresses dès la
plus tendre enfance, et qu'elle était résolue de ne s'en
séparer qu'à la mort. « Encore dites-lui, continua-t-elle en
s'adressant aux médiateurs, que s'il ne se soumet humblement à mes volontés, il s'en repentira toute sa vie; que je
rétracterai la donation que je lui ai faite, et que je l'ajouterai
aux sommes que je laisse par mon testament pour la subsistance et l'entretien de mes chers enfants. »

« Entre nous, ajoutait le bijou, il fallait que Sindor fût
un grand sot d'espérer qu'on ferait pour lui ce que n'avaient
pu obtenir vingt amants, un directeur, un confesseur, avec

une kyrielle de bramines, qui tous y avaient perdu leur latin. Cependant, toutes les fois que Sindor rencontrait nos animaux, il lui prenait des impatiences qu'il avait peine à contenir. Un jour l'infortunée Zinzoline lui tomba sous la main; il la saisit par le col, et la jeta par la fenêtre : la pauvre bête mourut de sa chute. Ce fut alors qu'il se fit un beau bruit. Haria, le visage enflammé, les yeux baignés de pleurs... »

Le bijou allait reprendre ce qu'il avait déjà dit, car les bijoux tombent volontiers dans des répétitions. Mais Mangogul lui coupa la parole : son silence ne fut pas de longue durée. Lorsque le prince crut avoir dérouté ce bijou radoteur, il lui rendit la liberté de parler; et le babillard, éclatant de rire, reprit comme par réminiscence : « Mais, à propos, j'oubliais de vous raconter ce qui se passa la première nuit des noces d'Haria. J'ai bien vu des choses ridicules en ma vie; mais jamais aucune qui le fût tant. Après un grand souper, les époux sont conduits à leur appartement; tout le monde se retire, à l'exception des femmes de madame, qui la déshabillent. La voilà déshabillée; on la met au lit, et Sindor reste seul avec elle. S'apercevant que, plus alertes que lui, les gredins, les doguins, les levrettes s'emparaient de son épouse : « Permettez, madame, lui dit-il, que j'écarte un peu ces rivaux.

« — Mon cher, faites ce que vous pourrez, lui dit Haria; pour moi, je n'ai pas le courage de les chasser. Ces petits animaux me sont attachés; et il y a si longtemps que je n'ai d'autre compagnie...

« — Ils auront peut-être, reprit Sandor, la politesse de me céder aujourd'hui une place que je dois occuper.

« — Voyez, monsieur », lui répondit Haria.

« Sindor employa d'abord les voies de douceur, et supplia Zinzoline de se retirer dans un coin; mais l'animal indocile se mit à gronder. L'alarme se répandit parmi le reste de la troupe; et le doguin et les gredins aboyèrent comme si l'on eût égorgé leur maîtresse. Impatienté de ce bruit, Sindor culbute le doguin, écarte un des gredins, et saisit Médor par la patte. Médor, le fidèle Médor, abandonné de ses alliés, avait tenté de réparer cette perte par les avantages du poste. Collé sur les cuisses de sa maîtresse, les yeux enflammés, le poil hérissé, et la gueule béante, il fronçait le mufle, et présentait à l'ennemi deux rangs de

dents des plus aiguës. Sindor lui livra plus d'un assaut;
plus d'une fois Médor le repoussa, les doigts pincés et les
manchettes déchirées. L'action avait duré plus d'un quart
d'heure avec une opiniâtreté qui n'amusait qu'Haria,
lorsque Sindor recourut au stratagème contre un ennemi
qu'il désespérait de vaincre par la force. Il agaça Médor de
la main droite. Médor attentif à ce mouvement, n'aperçut
point celui de la gauche, et fut pris par le cou. Il fit pour se
dégager des efforts inouïs, mais inutiles; il fallut abandonner
le champ de bataille, et céder Haria. Sindor s'en empara,
mais non sans effusion de sang; Haria avait apparemment
résolu que la première nuit de ses noces fût sanglante. Ses
animaux firent une fort belle défense, et ne trompèrent
point son attente. »

« Voilà, dit Mangogul, un bijou qui écrirait la gazette
mieux que mon secrétaire. » Sachant alors à quoi s'en tenir
sur les gredins, il revint chez la favorite. « Apprêtez-vous,
lui dit-il du plus loin qu'il l'aperçut, à entendre les choses
du monde les plus extravagantes. C'est bien pis que les
magots de Palabria. Pourrez-vous croire que les quatre
chiens d'Haria ont été les rivaux, et les rivaux préférés de
son mari; et que la mort d'une levrette a brouillé ces gens-là,
à n'en jamais revenir ?

— Que dites-vous, reprit la favorite, de rivaux et de
chiens ? Je n'entends rien à cela. Je sais qu'Haria aime
éperdument les gredins; mais aussi je connais Sindor pour
un homme vif, qui peut-être n'aura pas eu toutes les
complaisances qu'exigent d'ordinaire les femmes à qui l'on
doit sa fortune. Du reste, quelle qu'ait été sa conduite, je
ne conçois pas qu'elle ait pu lui attirer des rivaux. Haria
est si vénérable, que je voudrais bien que Votre Hautesse
daignât s'expliquer plus intelligiblement.

— Écoutez, lui répondit Mangogul, et convenez que
les femmes ont des goûts bizarres à l'excès, pour ne rien
dire de pis. »

Il lui fit tout de suite l'histoire d'Haria, mot pour mot,
comme le bijou l'avait racontée. Mirzoza ne put s'empêcher
de rire du combat de la première nuit. Cependant reprenant
un air sérieux :

« Je ne sais, dit-elle à Mangogul, quelle indignation
s'empare de moi. Je vais prendre en aversion ces animaux
et toutes celles qui en auront, et déclarer à mes femmes que

je chasserai la première qui sera soupçonnée de nourrir un gredin.

— Eh pourquoi, lui répondit le sultan, étendre ainsi les haines ? Vous voilà bien, vous autres femmes, toujours dans les extrêmes ! Ces animaux sont bons pour la chasse, sont nécessaires dans les campagnes, et ont je ne sais combien d'autres usages, sans compter celui qu'en fait Haria.

— En vérité, dit Mirzoza, je commence à croire que Votre Hautesse aura peine à trouver une femme sage.

— Je vous l'avais bien dit, répondit Mangogul; mais ne précipitons rien : vous pourriez un jour me reprocher de tenir de votre impatience un aveu que je prétends devoir uniquement aux essais de ma bague. J'en médite qui vous étonneront. Tous les secrets ne sont pas dévoilés, et je compte arracher des choses plus importantes aux bijoux qui me restent à consulter. »

Mirzoza craignait toujours pour le sien. Le discours de Mangogul la jeta dans un trouble qu'elle ne fut pas la maîtresse de lui dérober : mais le sultan qui s'était lié par un serment, et qui avait de la religion dans le fond de l'âme, la rassura de son mieux, lui donna quelques baisers fort tendres, et se rendit à son conseil, où des affaires de conséquence l'appelaient.

CHAPITRE VINGT-QUATRIÈME

ONZIÈME ESSAI DE L'ANNEAU

LES PENSIONS

Le Congo avait été troublé par des guerres sanglantes, sous le règne de Kanoglou et d'Erguebzed, et ces deux monarques s'étaient immortalisés par les conquêtes qu'ils avaient faites sur leurs voisins. Les empereurs d'Abex et d'Angot [57] regardèrent la jeunesse de Mangogul et le commencement de son règne comme des conjonctures favorables pour reprendre les provinces qu'on leur avait enlevées. Ils déclarèrent donc la guerre au Congo, et l'attaquèrent de toutes parts. Le conseil de Mangogul était le meilleur qu'il y eût en Afrique ; et le vieux Sambuco et l'émir Mirzala, qui avaient vu les anciennes guerres, furent mis à la tête des troupes, remportèrent victoires sur victoires, et formèrent des généraux capables de les remplacer ; avantage plus important encore que leurs succès.

Grâce à l'activité du conseil et à la bonne conduite des généraux, l'ennemi qui s'était promis d'envahir l'empire, n'approcha pas de nos frontières, défendit mal les siennes, et vit ses places et ses provinces ravagées. Mais, malgré des succès si constants et si glorieux, le Congo s'affaiblissait en s'agrandissant : les fréquentes levées de troupes avaient dépeuplé les villes et les campagnes, et les finances étaient épuisées.

Les sièges et les combats avaient été fort meurtriers : le grand vizir, peu ménager du sang de ses soldats, était accusé d'avoir risqué des batailles qui ne menaient à rien. Toutes les familles étaient dans le deuil ; il n'y en avait aucune où l'on ne pleurât un père, un frère ou un ami. Le nombre des officiers tués avait été prodigieux, et ne pouvait être comparé qu'à celui de leurs veuves qui sollicitaient des pensions [58]. Les cabinets des ministres en étaient assaillis. Elles accablaient le sultan même de placets, où le mérite et les services des morts, la douleur des veuves, la triste situation des enfants, et les autres motifs touchants n'étaient pas oubliés. Rien ne paraissait plus juste que leurs demandes : mais sur quoi asseoir des pensions qui montaient à des millions ?

Les ministres, après avoir épuisé les belles paroles, et quelquefois l'humeur et les brusqueries, en étaient venus à des délibérations sur les moyens de finir cette affaire ; mais il y avait une excellente raison pour ne rien conclure. On n'avait pas un sou.

Mangogul, ennuyé des faux raisonnements de ses ministres et des lamentations des veuves, rencontra l'expédient qu'on cherchait depuis si longtemps. « Messieurs, dit-il à son conseil, il me semble qu'avant que d'accorder des pensions, il serait à propos d'examiner si elles sont légitimement dues...

— Cet examen, répondit le grand sénéchal, sera immense, et d'une discussion prodigieuse. Cependant comment résister aux cris et à la poursuite de ces femmes, dont vous êtes, seigneur, le premier excédé ?

— Cela ne sera pas aussi difficile que vous pensez, monsieur le sénéchal, répliqua le sultan; et je vous promets que demain à midi tout sera terminé selon les lois de l'équité la plus exacte. Faites-les seulement entrer à mon audience à neuf heures. »

On sortit du conseil; le sénéchal rentra dans son bureau, rêva profondément, et minuta le placard suivant, qui fut trois heures après imprimé, publié à son de trompe, et affiché dans tous les carrefours de Banza.

DE PAR LE SULTAN
ET MONSEIGNEUR LE GRAND SÉNÉCHAL

« Nous, Bec d'Oison, grand sénéchal du Congo, vizir du premier banc, porte-queue de la grande Manimon-banda, chef et surintendant des balayeurs du divan, savoir faisons que demain, à neuf heures du matin, le magnanime sultan donnera audience aux veuves des officiers tués à son service, pour, sur le vu de leurs demandes, ordonner ce que de raison. En notre *sénéchalerie*, le douze de la lune de Régeb, l'an 147.200.000.009. »

Toutes les désolées du Congo, et il y en avait beaucoup, ne manquèrent pas de lire l'affiche, ou de l'envoyer lire par leurs laquais, et moins encore de se trouver à l'heure marquée dans l'antichambre de la salle du trône... « Pour éviter le tumulte, qu'on ne fasse entrer, dit le sultan, que six de ces dames à la fois. Quand nous les aurons écoutées, on leur ouvrira la porte du fond qui donne sur mes cours extérieures. Vous, messieurs, soyez attentifs, et prononcez sur leurs demandes. »

Cela dit, il fit signe au premier huissier audiencier; et les six qui se trouvèrent les plus voisines de la porte furent introduites. Elles entrèrent en long habit de deuil, et saluèrent profondément Sa Hautesse. Mangogul s'adressa à la plus jeune et à la plus jolie. Elle se nommait Isec. « Madame, lui dit-il, y a-t-il longtemps que vous avez perdu votre mari ?

— Il y a trois mois, seigneur, répondit Isec en pleurant. Il était lieutenant général au service de Votre Hautesse.

Il a été tué à la dernière bataille; et six enfants sont tout ce qui me reste de lui...

« — De lui ? » interrompit une voix qui, pour venir d'Isec, n'avait pas tout à fait le même son que la sienne. « Madame sait mieux qu'elle ne dit. Ils ont tous été commencés et terminés par un jeune bramine qui la venait consoler, tandis que monsieur était en campagne. »

On devine aisément d'où partait la voix indiscrète qui prononça cette réponse. La pauvre Isec, décontenancée, pâlit, chancela, se pâma.

« Madame est sujette aux vapeurs, dit tranquillement Mangogul; qu'on la transporte dans un appartement du sérail, et qu'on la secoure. » Puis s'adressant tout de suite à Phénice :

« Madame, lui demanda-t-il, votre mari n'était-il pas pacha ?

— Oui, seigneur, répondit Phénice, d'une voix tremblante.

— Et comment l'avez-vous perdu ?...

— Seigneur, il est mort dans son lit, épuisé des fatigues de la dernière campagne...

« — Des fatigues de la dernière campagne ! » reprit le bijou de Phénice. « Allez, madame, votre mari a rapporté du camp une santé ferme et vigoureuse; et il en jouirait encore, si deux ou trois baladins... Vous m'entendez; et songez à vous. »

— Écrivez, dit le sultan, que Phénice demande une pension pour les bons services qu'elle a rendus à l'État et à son époux. »

Une troisième fut interrogée sur l'âge et le nom de son mari, qu'on disait mort à l'armée, de la petite vérole...

« — De la petite vérole ! dit le bijou; en voilà bien d'une autre ! Dites, madame, de deux bons coups de cimeterre qu'il a reçus du sangiac [59] Cavagli, parce qu'il trouvait mauvais que l'on dît que son fils aîné ressemblait au sangiac comme deux gouttes d'eau, et madame sait aussi bien que moi, ajouta le bijou, que jamais ressemblance ne fut mieux fondée. »

La quatrième allait parler sans que Mangogul l'interrogeât, lorsqu'on entendit par bas son bijou s'écrier que depuis dix ans que la guerre durait, elle avait assez bien employé son temps; que deux pages et un grand coquin de laquais avaient suppléé à son mari, et qu'elle destinait sans doute la pension qu'elle sollicitait, à l'entretien d'un acteur de l'Opéra-Comique. »

Une cinquième s'avança avec intrépidité, et demanda d'un ton assuré la récompense des services de feu monsieur son époux, aga des janissaires, qui avait laissé la vie sous les murs de Matatras. Le sultan tourna sa bague sur elle, mais inutilement. Son bijou fut muet. « Il faut avouer, dit l'auteur africain qui l'avait vue, qu'elle était si laide, qu'on eût été fort étonné que son bijou eût quelque chose à dire. »

Mangogul en était à la sixième; et voici les propres mots de son bijou :

« — Vraiment, madame a bonne grâce, dit-il en parlant de celle dont le bijou avait obstinément gardé le silence, de solliciter des pensions, tandis qu'elle vit de la poule [60]; qu'elle tient chez elle un brelan qui lui donne plus de trois mille sequins par an; qu'on y fait de petits soupers aux dépens des joueurs, et qu'elle a reçu six cents sequins d'Osman, pour m'attirer à un de ces soupers, où le traître d'Osman... »

« — On fera droit sur vos demandes, mesdames, leur dit le sultan; vous pouvez sortir à présent. »

Puis, adressant la parole à ses conseillers, il leur demanda s'ils ne trouveraient pas ridicule d'accorder des pensions à une foule de petits bâtards de bramines et d'autres, et à des femmes qui s'étaient occupées à déshonorer de braves gens qui étaient allés chercher de la gloire à son service, aux dépens de leur vie.

Le sénéchal se leva, répondit, pérora, résuma et opina obscurément, à son ordinaire. Tandis qu'il parlait, Isec, revenue de son évanouissement, et furieuse de son aventure, mais qui, n'attendant point de pension, eût été désespérée qu'une autre en obtînt une, ce qui serait arrivé selon toute apparence, rentra dans l'antichambre, glissa dans l'oreille à deux ou trois de ses amies qu'on ne les avait rassemblées que pour entendre à l'aise jaser leurs bijoux; qu'elle-même, dans la salle d'audience, en avait ouï un débiter des horreurs; qu'elle se garderait bien de le nommer; mais qu'il faudrait être folle pour s'exposer au même danger.

Cet avis passa de main en main, et dispersa la foule des

veuves. Lorsque l'huissier ouvrit la porte pour la seconde fois, il ne s'en trouva plus.

« Eh bien ! sénéchal, me croirez-vous une autre fois ? dit Mangogul instruit de la désertion, à ce bonhomme, en lui frappant sur l'épaule. Je vous avais promis de vous délivrer de toutes ces pleureuses; et vous en voilà quitte. Elles étaient pourtant très assidues à vous faire leur cour, malgré vos quatre-vingt-quinze ans sonnés. Mais quelques préten- tions que vous y puissiez avoir, car je connais la facilité que vous aviez d'en former vis-à-vis de ces dames, je compte que vous me saurez gré de leur évasion. Elles vous donnaient plus d'embarras que de plaisir. »

L'auteur africain nous apprend que la mémoire de cet essai s'est conservée dans le Congo, et que c'est par cette raison que le gouvernement y est si réservé à accorder des pensions; mais ce ne fut pas le seul bon effet de l'anneau de Cucufa, comme on va voir dans le chapitre suivant.

CHAPITRE VINGT-CINQUIÈME

DOUZIÈME ESSAI DE L'ANNEAU

QUESTION DE DROIT

Le viol était sévèrement puni dans le Congo : or, il en arriva un très célèbre sous le règne de Mangogul. Ce prince, à son avènement à la couronne, avait juré, comme tous ses précédesseurs, de ne point accorder de pardon pour ce crime; mais quelque sévères que soient les lois, elles n'arrêtent guère ceux qu'un grand intérêt pousse à les enfreindre. Le coupable était condamné à perdre la partie de lui-même par laquelle il avait péché, opération cruelle dont il périssait ordinairement; celui qui la faisait y prenant moins de précaution que Petit [61].

Kersael, jeune homme de naissance, languissait depuis six mois au fond d'un cachot, dans l'attente de ce supplice. Fatmé, femme jeune et jolie, était sa Lucrèce et son accusa- trice. Ils avaient été fort bien ensemble; personne ne l'igno- rait : l'indulgent époux de Fatmé n'y trouvait point à

redire. Ainsi le public aurait eu mauvaise grâce de se
mêler de leurs affaires.

Après deux ans d'un commerce tranquille, soit inconstance, soit dégoût, Kersael s'attacha à une danseuse de
l'Opéra de Banza, et négligea Fatmé, sans toutefois rompre
ouvertement avec elle. Il voulait que sa retraite fût décente,
ce qui l'obligeait à fréquenter encore dans la maison.
Fatmé, furieuse de cet abandon, médita sa vengeance, et
profita de ce reste d'assiduités pour perdre son infidèle.

Un jour que le commode époux les avait laissés seuls,
et que Kersael, ayant déceint son cimeterre, tâchait d'assoupir les soupçons de Fatmé par ces protestations qui ne
coûtent rien aux amants, mais qui ne surprennent jamais
la crédulité d'une femme alarmée, celle-ci, les yeux égarés,
et mettant en cinq ou six coups de main le désordre dans
sa parure, poussa des cris effrayants, et appela à son secours
son époux et ses domestiques qui accoururent, et devinrent les témoins de l'offense que Fatmé disait avoir reçue
de Kersael, en montrant le cimeterre, « que l'infâme a levé
dix fois sur ma tête, ajouta-t-elle, pour me soumettre à ses
désirs. »

Le jeune homme, interdit de la noirceur de l'accusation,
n'eut ni la force de répondre, ni celle de s'enfuir. On le
saisit, et il fut conduit en prison, et abandonné aux poursuites de la justice du Cadilesker [62].

Les lois ordonnaient que Fatmé serait visitée; elle le fut
donc, et le rapport des matrones se trouva très défavorable
à l'accusé. Elles avaient un protocole pour constater l'état
d'une femme violée, et toutes les conditions requises con-
coururent contre Kersael. Les juges l'interrogèrent :
Fatmé lui fut confrontée; on entendit les témoins. Il avait
beau protester de son innocence, nier le fait, et démontrer
par le commerce qu'il avait entretenu plus de deux ans
avec son accusatrice que ce n'était pas une femme qu'on
violât; la circonstance du cimeterre, la solitude du tête-à-
tête, les cris de Fatmé, l'embarras de Kersael à la vue de
l'époux et des domestiques, toutes ces choses formaient,
selon les juges, des présomptions violentes. De son côté,
Fatmé, loin d'avouer des faveurs accordées, ne convenait
pas même d'avoir donné des lueurs d'espérance, et soutenait que l'attachement opiniâtre à son devoir, dont elle ne
s'était jamais relâchée, avait sans doute poussé Kersael

à lui arracher de force ce qu'il avait désespéré d'obtenir par séduction. Le procès-verbal des duègnes était encore une pièce terrible; il ne fallait que le parcourir et le comparer avec les dispositions du code criminel, pour y lire la condamnation du malheureux Kersael. Il n'attendait son salut ni de ses défenses, ni du crédit de sa famille; et les magistrats avaient fixé le jugement définitif de son procès au treize de la lune de Régeb. On l'avait même annoncé au peuple, à son de trompe, selon la coutume.

Cet événement fut le sujet des conversations, et partagea longtemps les esprits. Quelques vieilles bégueules, qui n'avaient jamais eu à redouter le viol, allaient criant que l'attentat de Kersael était énorme; que si l'on n'en faisait un exemple sévère, l'innocence ne serait plus en sûreté, et qu'une honnête femme risquerait d'être insultée jusqu'au pied des autels. » Puis elles citaient des occasions où de petits audacieux avaient osé attaquer la vertu de plusieurs dames respectables; les détails ne laissaient aucun doute que les dames respectables dont elles parlaient, c'étaient elles-mêmes; et tous ces propos se tenaient avec des bramines moins innocents que Kersael, et par des dévotes aussi sages que Fatmé, par forme d'entretiens édifiants.

Les petits-maîtres, au contraire, et même quelques petites-maîtresses, avançaient que le viol était une chimère : qu'on ne se rendait jamais que par capitulation, et que, pour peu qu'une place fût défendue, il était de toute impossibilité de l'emporter de vive force. Les exemples venaient à l'appui des raisonnements; les femmes en connaissaient, les petits-maîtres en créaient; et l'on ne finissait point de citer des femmes qui n'avaient point été violées. « Le pauvre Kersael ! disait-on, de quoi diable s'est-il avisé, d'en vouloir à la petite Bimbreloque (c'était le nom de la danseuse); que ne s'en tenait-il à Fatmé ? Ils étaient au mieux; et l'époux les laissait aller leur chemin, que c'était une bénédiction... Les sorcières de matrones ont mal mis leurs lunettes, ajoutait-on, et n'y ont vu goutte; car qui est-ce qui voit clair là ? Et puis messieurs les sénateurs vont le priver de sa joie, pour avoir enfoncé une porte ouverte. Le pauvre garçon en mourra; cela n'est pas douteux. Et voyez, après cela, à quoi les femmes mécontentes ne seront pas autorisées...

— Si cette exécution a lieu, interrompait un autre, je me fais Fri-Maçon [63]. »

Mirzoza, naturellement compatissante, représenta à Mangogul qui plaisantait, lui, de l'état futur de Kersael, que si les lois parlaient contre Kersael, le bon sens déposait contre Fatmé.

« Il est inouï, d'ailleurs, ajoutait-elle, que, dans un gouvernement sage, on s'arrête tellement à la lettre des lois, que la simple allégation d'une accusatrice suffise pour mettre en péril la vie d'un citoyen. La réalité d'un viol ne saurait être trop bien constatée; et vous conviendrez, seigneur, que ce fait est du moins autant de la compétence de votre anneau que de vos sénateurs. Il serait assez singulier que les matrones en sussent sur cet article plus que les bijoux mêmes. Jusqu'à présent, seigneur, la bague de Votre Hautesse n'a presque servi qu'à satisfaire votre curiosité. Le génie de qui vous la tenez ne se serait-il point proposé de fin plus importante ? Si vous l'employiez à la découverte de la vérité et au bonheur de vos sujets, croyez-vous que Cucufa s'en offensât ? Essayez. Vous avez en main un moyen infaillible de tirer de Fatmé l'aveu de son crime, ou la preuve de son innocence.

— Vous avez raison, reprit Mangogul, et vous allez être satisfaite. »

Le sultan partit sur-le-champ : il n'y avait pas de temps à perdre; car c'était le 12 au soir de la lune de Régeb, et le sénat devait prononcer le 13. Fatmé venait de se mettre au lit; ses rideaux étaient entrouverts. Une bougie de nuit jetait sur son visage une lueur sombre. Elle parut belle au sultan, malgré l'agitation violente qui la défigurait. La compassion et la haine, la douleur et la vengeance, l'audace et la honte se peignaient dans ses yeux, à mesure qu'elles se succédaient dans son cœur. Elle poussait de profonds soupirs, versait des larmes, les essuyait, en répandait de nouvelles, restait quelques moments la tête abattue et les yeux baissés, les relevait brusquement, et lançait vers le ciel des regards furieux. Cependant, que faisait Mangogul ? il se parlait à lui-même, et se disait tout bas : « Voilà tous les symptômes du désespoir. Son ancienne tendresse pour Kersael s'est réveillée dans toute sa violence. Elle a perdu de vue l'offense qu'on lui a faite, et elle n'envisage plus que le supplice réservé à son amant. » En achevant ces

mots, il tourna sur Fatmé le fatal anneau; et son bijou
s'écria vivement :

« Encore douze heures ! et nous serons vengés. Il périra,
le traître, l'ingrat; et son sang versé... » Fatmé effrayée du
mouvement extraordinaire qui se passait en elle, et frappée
de la voix sourde de son bijou, y porta les deux mains,
et se mit en devoir de lui couper la parole. Mais l'anneau
puissant continuait d'agir, et l'indocile bijou repoussant tout
obstacle, ajouta : « Oui, nous serons vengés. O toi qui
m'as trahi, malheureux Kersael, meurs; et toi qu'il m'a
préférée, Bimbreloque, désespère-toi... Encore douze
heures ! Ah ! que ce temps va me paraître long. Hâtez-
vous, doux moments, où je verrai le traître, l'ingrat Kersael sous le fer des bourreaux, son sang couler... Ah ! malheureux, qu'ai-je dit ?... Je verrais, sans frémir, périr l'objet
que j'ai le plus aimé. Je verrais le couteau funeste levé...
Ah ! loin de moi cette cruelle idée... Il me hait, il est vrai;
il m'a quitté pour Bimbreloque; mais peut-être qu'un
jour... Que dis-je, peut-être ? l'amour le ramènera sans
doute sous ma loi. Cette petite Bimbreloque est une fantaisie qui lui passera; il faut qu'il reconnaisse tôt ou tard
l'injustice de sa préférence, et le ridicule de son nouveau
choix. Console-toi, Fatmé, tu reverras ton Kersael. Oui,
tu le reverras. Lève-toi promptement; cours, vole détourner l'affreux péril qui le menace. Ne trembles-tu point
d'arriver trop tard ?... Mais où courrai-je, lâche que je
suis ? Les mépris de Kersael ne m'annoncent-ils pas qu'il
m'a quitté sans retour! Bimbreloque le possède; et c'est
pour elle que je le conservais! Ah! qu'il périsse plutôt
de mille morts! S'il ne vit plus pour moi, que m'importe
qu'il meure ?... Oui, je le sens, mon courroux est juste.
L'ingrat Kersael a mérité toute ma haine. Je ne me repens
plus de rien. J'avais tout fait pour le conserver, je ferai
tout pour le perdre. Cependant un jour plus tard, et ma
vengeance était trompée. Mais son mauvais génie me l'a
livré, au moment même qu'il m'échappait. Il est tombé
dans le piège que je lui préparais. Je le tiens. Le rendez-vous
où je sus t'attirer, était le dernier que tu me destinais :
mais tu n'en perdras pas si tôt la mémoire... Avec quelle
adresse tu sus l'amener où tu le voulais ! Fatmé, que ton
désordre fut bien préparé ! Tes cris, ta douleur, tes larmes,
ton embarras, tout, jusqu'à ton silence, a proscrit Kersael.

Rien ne peut le soustraire au destin qui l'attend. Kersael est mort... Tu pleures, malheureuse. Il en aimait une autre, que t'importe qu'il vive ? »

Mangogul fut pénétré d'horreur à ce discours; il retourna sa bague; et tandis que Fatmé reprenait ses esprits, il revola chez la sultane.

« Eh bien ! Seigneur, lui dit-elle, qu'avez-vous entendu ? Kersael est-il toujours coupable, et la chaste Fatmé...

— Dispensez-moi, je vous prie, répondit le sultan, de vous répéter les forfaits que je viens d'entendre ! Qu'une femme irritée est à craindre ! Qui croirait qu'un corps formé par les grâces renfermât quelquefois un cœur pétri par les furies ? Mais le soleil ne se couchera pas demain sur mes États, qu'ils ne soient purgés d'un monstre plus dangereux que ceux qui naissent dans mes déserts. »

Le sultan fit appeler aussitôt le grand sénéchal, et lui ordonna de saisir Fatmé, de transférer Kersael dans un des appartements du sérail, et d'annoncer au sénat que Sa Hautesse se réservait la connaissance de son affaire. Ses ordres furent exécutés dans la nuit même.

Le lendemain, au point du jour, le sultan, accompagné du sénéchal et d'un effendi, se rendit à l'appartement de Mirzoza, et y fit amener Fatmé. Cette infortunée se précipita aux pieds de Mangogul, avoua son crime avec toutes ses circonstances, et conjura Mirzoza de s'intéresser pour elle. Dans ces entrefaites on introduisit Kersael. Il n'attendait que la mort; il parut néanmoins avec cette assurance que l'innocence seule peut donner. Quelques mauvais plaisants dirent qu'il eût été plus consterné, si ce qu'il était menacé de perdre en eût valu la peine. Les femmes furent curieuses de savoir ce qui en était. Il se prosterna respectueusement devant Sa Hautesse. Mangogul lui fit signe de se relever; et lui tendant la main :

« Vous êtes innocent, lui dit-il; soyez libre. Rendez grâces à Brama de votre salut. Pour vous dédommager des maux que vous avez soufferts, je vous accorde deux mille sequins de pension sur mon trésor, et la première commanderie vacante dans l'ordre du Crocodile. »

Plus on répandait de grâces sur Kersael, plus Fatmé craignait le supplice. Le grand sénéchal opinait à la mort par la loi *si fœmina ff. de vi C. calumniatrix.* Le sultan inclinait pour la prison perpétuelle. Mirzoza, trouvant trop de rigueur dans l'un de ces jugements, et trop d'indulgence dans l'autre, condamna le bijou de Fatmé au cadenas. L'instrument florentin [64] lui fut appliqué publiquement, et sur l'échafaud même dressé pour l'exécution de Kersael. Elle passa de là dans une maison de force, avec les matrones qui avaient décidé dans cette affaire avec tant d'intelligence.

CHAPITRE VINGT-SIXIÈME

MÉTAPHYSIQUE DE MIRZOZA

LES AMES

Tandis que Mangogul interrogeait les bijoux d'Haria, des veuves et de Fatmé, Mirzoza avait eu tout le temps de préparer sa leçon de philosophie. Une soirée que la Manimonbanda faisait ses dévotions, qu'il n'y avait ni tables de jeu, ni cercle chez elle, et que la favorite était presque sûre de la visite du sultan, elle prit deux jupons noirs, en mit un à l'ordinaire, et l'autre sur ses épaules, passa ses deux bras par les fentes, se coiffa de la perruque du sénéchal de Mangogul et du bonnet carré de son chapelain, et se crut habillée en philosophe, lorsqu'elle se fut déguisée en chauve-souris.

Sous cet équipage, elle se promenait en long et en large dans ses appartements, comme un professeur du Collège royal qui attend des auditeurs. Elle affectait jusqu'à la physionomie sombre et réfléchie d'un savant qui médite. Mirzoza ne conserva pas longtemps ce sérieux forcé. Le sultan entra avec quelques-uns de ses courtisans, et fit une révérence profonde au nouveau philosophe, dont la gravité déconcerta celle de son auditoire, et fut à son tour déconcertée par les éclats de rire qu'elle avait excités.

« Madame, lui dit Mangogul, n'aviez-vous pas assez d'avantage du côté de l'esprit et de la figure, sans emprunter celui de la robe? Vos paroles auraient eu, sans elle, tout le poids que vous leur eussiez désiré.

— Il me paraît, seigneur, répondit Mirzoza, que vous

ne la respectez guère, cette robe, et qu'un disciple doit plus d'égards à ce qui fait au moins la moitié du mérite de son maître.

— Je m'aperçois, répliqua le sultan, que vous avez déjà l'esprit et le ton de votre nouvel état. Je ne fais à présent nul doute que votre capacité ne réponde à la dignité de votre ajustement; et j'en attends la preuve avec impatience...

— Vous serez satisfait dans la minute, » répondit Mirzoza en s'asseyant au milieu d'un grand canapé.

Le sultan et les courtisans se placèrent autour d'elle; et elle commença :

« Les philosophes du Monoémugi, qui ont présidé à l'éducation de Votre Hautesse, ne l'ont-ils jamais entretenue de la nature de l'âme ?

— Oh ! très souvent, répondit Mangogul; mais tous leurs systèmes n'ont abouti qu'à m'en donner des notions incertaines; et sans un sentiment intérieur qui semble me suggérer que c'est une substance différente de la matière, ou j'en aurais nié l'existence, ou je l'aurais confondue avec le corps. Entreprendriez-vous de nous débrouiller ce chaos ?

— Je n'ai garde, reprit Mirzoza; et j'avoue que je ne suis pas plus avancée de ce côté-là que vos pédagogues. La seule différence qu'il y ait entre eux et moi, c'est que je suppose l'existence d'une substance différente de la matière, et qu'ils la tiennent pour démontrée. Mais cette substance, si elle existe, doit être nichée quelque part. Ne vous ont-ils pas encore débité là-dessus bien des extravagances ?

— Non, dit Mangogul; tous convenaient assez généralement qu'elle réside dans la tête; et cette opinion m'a paru vraisemblable. C'est la tête qui pense, imagine, réfléchit, juge, dispose, ordonne; et l'on dit tous les jours d'un homme qui ne pense pas, qu'il n'a point de cervelle, ou qu'il manque de tête.

— Voilà donc, reprit la sultane, où se réduisent vos longues études et toute votre philosophie, à supposer un fait et à l'appuyer sur des expressions populaires. Prince, que diriez-vous de votre premier géographe, si, présentant à Votre Hautesse la carte de ses États, il avait mis l'orient à l'occident, ou le nord au midi?

— C'est une erreur trop grossière, répondit Mangogul; et jamais géographe n'en a commis une pareille.

— Cela peut être, continua la favorite; et en ce cas vos philosophes ont été plus maladroits que le géographe le plus maladroit ne peut l'être. Ils n'avaient point un vaste empire à lever, il ne s'agissait point de fixer les limites des quatre parties du monde; il n'était question que de descendre en eux-mêmes, et d'y marquer le vrai lieu de leur âme. Cependant ils ont mis l'est à l'ouest, ou le sud au nord. Ils ont prononcé que l'âme est dans la tête, tandis que la plupart des hommes meurent sans qu'elle ait habité ce séjour, et que sa première résidence est dans les pieds.

— Dans les pieds ! interrompit le sultan; voilà bien l'idée la plus creuse que j'aie jamais entendue.

— Oui, dans les pieds, reprit Mirzoza; et ce sentiment, qui vous paraît si fou, n'a besoin que d'être approfondi pour devenir sensé, au contraire de tous ceux que vous admettez comme vrais et qu'on reconnaît pour faux en les approfondissant. Votre Hautesse convenait avec moi, tout à l'heure, que l'existence de notre âme n'était fondée que sur le témoignage intérieur qu'elle s'en rendait à elle-même; et je vais lui démontrer que toutes les preuves imaginables de sentiment concourent à fixer l'âme dans le lieu que je lui assigne.

— C'est où nous vous attendons, dit Mangogul.

— Je ne demande point de grâce, continua-t-elle; et je vous invite tous à me proposer vos difficultés.

« Je vous disais donc que l'âme fait sa première résidence dans les pieds; que c'est là qu'elle commence à exister, et que c'est par les pieds qu'elle s'avance dans le corps. C'est à l'expérience que j'en appellerai de ce fait; et je vais peut-être jeter les premiers fondements d'une métaphysique expérimentale.

« Nous avons tous éprouvé dans l'enfance que l'âme assoupie reste des mois entiers dans un état d'engourdissement. Alors les yeux s'ouvrent sans voir, la bouche sans parler, et les oreilles sans entendre. C'est ailleurs que l'âme cherche à se détendre et à se réveiller; c'est dans d'autres membres qu'elle exerce ses premières fonctions; c'est avec ses pieds qu'un enfant annonce sa formation. Son corps, sa tête et ses bras sont immobiles dans le sein de la mère; mais ses pieds s'allongent, se replient et manifestent son existence et ses besoins peut-être. Est-il sur le point de naître, que deviendraient la tête, le corps .et les bras ? ils ne sortiraient jamais de leur prison, s'ils n'étaient aidés par les pieds : ce sont ici les pieds qui jouent le rôle principal, et qui chassent devant eux le reste du corps. Tel est l'ordre de la nature; et lorsque quelque membre veut se mêler de commander, et que la tête, par exemple, prend la place des pieds, alors tout s'exécute de travers; et Dieu sait ce qui en arrive quelquefois à la mère et à l'enfant.

« L'enfant est-il né, c'est encore dans les pieds que se font les principaux mouvements. On est contraint de les assujettir, et ce n'est jamais sans quelque indocilité de leur part. La tête est un bloc dont on fait tout ce qu'on veut; mais les pieds sentent, secouent le joug et semblent jaloux de la liberté qu'on leur ôte.

« L'enfant est-il en état de se soutenir, les pieds font mille efforts pour se mouvoir; ils mettent tout en action; ils commandent aux autres membres; et les mains obéissantes vont s'appuyer contre les murs, et se portent en avant pour prévenir les chutes et faciliter l'action des pieds.

« Où se tournent toutes les pensées d'un enfant, et quels sont ses plaisirs, lorsque affermi sur ses jambes, ses pieds ont acquis l'habitude de se mouvoir ? C'est de les exercer, d'aller, de venir, de courir, de sauter, de bondir. Cette turbulence nous plaît, c'est pour nous une marque d'esprit; et nous augurons qu'un enfant ne sera qu'un stupide, lorsque nous le voyons indolent et morne. Voulez-vous contrister un enfant de quatre ans,. asseyez-le pour un quart d'heure, ou tenez-le emprisonné entre quatre chaises : l'humeur et le dépit le saisiront; aussi ne sont-ce pas seulement ses jambes que vous privez d'exercice, c'est son âme que vous tenez captive.

« L'âme reste dans les pieds jusqu'à l'âge de deux ou trois ans; elle habite les jambes à quatre; elle gagne les genoux et les cuisses à quinze. Alors on aime la danse, les armes, les courses, et les autres violents exercices du corps. C'est la passion dominante de tous les jeunes gens, et c'est la fureur de quelques-uns. Quoi ! l'âme ne résiderait pas dans les lieux où elle se manifeste presque uniquement, et où elle éprouve ses sensations les plus agréables ?

Mais si sa résidence varie dans l'enfance et dans la jeunesse, pourquoi ne varierait-elle pas pendant toute la vie ? »

Mirzoza avait prononcé cette tirade avec une rapidité qui l'avait essoufflée. Sélim [65], un des favoris du sultan, profita du moment qu'elle reprenait haleine, et lui dit : « Madame, je vais user de la liberté que vous avez accordée de vous proposer ses difficultés. Votre système est ingénieux, et vous l'avez présenté avec autant de grâce que de netteté ; mais je n'en suis pas séduit au point de le croire démontré. Il me semble qu'on pourrait vous dire que dans l'enfance même c'est la tête qui commande aux pieds, et que c'est de là que partent les esprits, qui, se répandant par le moyen des nerfs dans tous les autres membres, les arrêtent ou les meuvent au gré de l'âme assise sur la glande pinéale, ainsi qu'on voit émaner de la Sublime Porte les ordres de Sa Hautesse qui font agir tous ses sujets.

— Sans doute, répliqua Mirzoza ; mais on me dirait une chose assez obscure, à laquelle je ne répondrais que par un fait d'expérience. On n'a dans l'enfance aucune certitude que la tête pense, et vous-même, seigneur, qui l'avez si bonne, et qui, dans vos plus tendres années, passiez pour un prodige de raison, vous souvient-il d'avoir pensé pour lors ? Mais vous pourriez bien assurer que, quand vous gambadiez comme un petit démon, jusqu'à désespérer vos gouvernantes, c'était alors les pieds qui gouvernaient la tête.

— Cela ne conclut rien, dit le sultan. Sélim était vif, et mille enfants le sont de même. Ils ne réfléchissent point ; mais ils pensent : le temps s'écoule, la mémoire des choses s'efface, et ils ne se souviennent plus d'avoir pensé.

— Mais par où pensaient-ils ? répliqua Mirzoza ; car c'est là le point de la question.

— Par la tête, répondit Sélim.

— Et toujours cette tête où l'on ne voit goutte, répliqua la sultane. Laissez là votre lanterne sourde, dans laquelle vous supposez une lumière qui n'apparaît qu'à celui qui la porte ; écoutez mon expérience, et convenez de la vérité de mon hypothèse. Il est si constant que l'âme commence par les pieds son progrès dans le corps, qu'il y a des hommes et des femmes en qui elle n'a jamais remonté plus haut. Seigneur, vous avez admiré mille fois la légèreté de

Nini et le vol de Saligo; répondez-moi donc sincèrement :
croyez-vous que ces créatures aient l'âme ailleurs que dans
les jambes ? Et n'avez-vous pas remarqué que dans Volucer
et Zélindor, la tête est soumise aux pieds ? La tentation
continuelle d'un danseur, c'est de se considérer les jambes.
Dans tous ses pas, l'œil attentif suit la trace du pied, et la
tête s'incline respectueusement devant les pieds, ainsi que
devant Sa Hautesse, ses invincibles pachas.

— Je conviens de l'observation, dit Sélim; mais je nie
qu'elle soit générale.

— Aussi ne prétends-je pas, répliqua Mirzoza, que l'âme
se fixe toujours dans les pieds : elle s'avance, elle voyage,
elle quitte une partie, elle y revient pour la quitter encore;
mais je soutiens que les autres membres sont toujours
subordonnés à celui qu'elle habite. Cela varie selon l'âge,
le tempérament, les conjonctures, et de là naissent la
différence des goûts, la diversité des inclinations, et celle
des caractères. N'admirez-vous pas la fécondité de mon
principe ? et la multitude des phénomènes auxquels il
s'étend ne prouve-t-elle pas sa certitude ?

— Madame, lui répondit Sélim, si vous en faisiez
l'application à quelques-uns, nous en recevrions peut-être
un degré de conviction que nous attendons encore.

— Très volontiers, répliqua Mirzoza, qui commençait
à sentir ses avantages : vous allez être satisfait; suivez
seulement le fil de mes idées. Je ne me pique pas d'argu-
menter. Je parle sentiment : c'est notre philosophie à nous
autres femmes; et vous l'entendez presque aussi bien que
nous. Il est assez vraisemblable, ajouta-t-elle, que jusqu'à
huit ou dix ans l'âme occupe les pieds et les jambes; mais
alors, ou même un peu plus tard, elle abandonne ce logis,
ou de son propre mouvement, ou par force. Par force,
quand un précepteur emploie des machines pour la chasser
de son pays natal, et la conduire dans le cerveau, où elle
se métamorphose communément en mémoire et presque
jamais en jugement; c'est le sort des enfants de collège.
Pareillement, s'il arrive qu'une gouvernante imbécile se
travaille à former une jeune personne, lui farcisse l'esprit
de connaissances, et néglige le cœur et les mœurs, l'âme
vole rapidement vers la tête, s'arrête sur la langue, ou se
fixe dans les yeux, et son élève n'est qu'une babillarde
ennuyeuse, ou qu'une coquette. Ainsi, la femme volup-

tueuse est celle dont l'âme occupe le bijou, et ne s'en écarte jamais.

« La femme galante, celle dont l'âme est tantôt dans le bijou, et tantôt dans les yeux.

« La femme tendre, celle dont l'âme est habituellement dans le cœur; mais quelquefois aussi dans le bijou.

« La femme vertueuse, celle dont l'âme est tantôt dans la tête, tantôt dans le cœur; mais jamais ailleurs.

« Si l'âme se fixe dans le cœur, elle formera les caractères sensibles, compatissants, vrais, généreux. Si, quittant le cœur pour n'y plus revenir, elle se relègue dans la tête, alors elle constituera ceux que nous traitons d'hommes durs, ingrats, fourbes et cruels.

« La classe de ceux en qui l'âme ne visite la tête que comme une maison de campagne où son séjour n'est pas long, est très nombreuse. Elle est composée des petits-maîtres, des coquettes, des musiciens, des poètes, des romanciers, des courtisans et de tout ce qu'on appelle les jolies femmes. Écoutez raisonner ces êtres, et vous reconnaîtrez sur-le-champ des âmes vagabondes, qui se ressentent des différents climats qu'elles habitent.

— S'il est ainsi, dit Sélim, la nature a fait bien des inutilités. Nos sages tiennent toutefois pour constant qu'elle n'a rien produit en vain.

— Laissons là vos sages et leurs grands mots, répondit Mirzoza, et quant à la nature, ne la considérons qu'avec les yeux de l'expérience, et nous en apprendrons qu'elle a placé l'âme dans le corps de l'homme, comme dans un vaste palais, dont elle n'occupe pas toujours le plus bel appartement. La tête et le cœur lui sont principalement destinés, comme le centre des vertus et le séjour de la vérité; mais le plus souvent elle s'arrête en chemin, et préfère un galetas, un lieu suspect, une misérable auberge, où elle s'endort dans une ivresse perpétuelle. Ah ! s'il m'était donné seulement pour vingt-quatre heures d'arranger le monde à ma fantaisie, je vous divertirais par un spectacle bien étrange : en un moment j'ôterais à chaque âme les parties de sa demeure qui lui sont superflues, et vous verriez chaque personne caractérisée par celle qui lui resterait. Ainsi les danseurs seraient réduits à deux pieds, ou à deux jambes tout au plus; les chanteurs à un gosier; la plupart des femmes à un bijou; les héros et les spadassins à une main armée; certains savants à un crâne sans cervelle; il ne resterait à une joueuse que deux bouts de mains qui agiteraient sans cesse des cartes; à un glouton, que deux mâchoires toujours en mouvement; à une coquette, que deux yeux; à un débauché, que le seul instrument de ses passions; les ignorants et les paresseux seraient réduits à rien [66].

— Pour peu que vous laissassiez de mains aux femmes, interrompit le sultan, ceux que vous réduiriez au seul instrument de leurs passions, seraient courus. Ce serait une chasse plaisante à voir; et si l'on était partout ailleurs aussi avide de ces oiseaux que dans le Congo, bientôt l'espèce en serait éteinte.

— Mais les personnes tendres et sensibles, les amants constants et fidèles, de quoi les composeriez-vous? demanda Sélim à la favorite.

— D'un cœur, répondit Mirzoza; et je sais bien, ajouta-t-elle en regardant tendrement Mangogul, quel est celui à qui le mien chercherait à s'unir. »

Le sultan ne put résister à ce discours; il s'élança de son fauteuil vers la favorite : ses courtisans disparurent, et la chaire du nouveau philosophe devint le théâtre de leurs plaisirs; il lui témoigna à plusieurs reprises qu'il n'était pas moins enchanté de ses sentiments que de ses discours; et l'équipage philosophique en fut mis en désordre. Mirzoza rendit à ses femmes les jupons noirs, renvoya au lord sénéchal son énorme perruque, et à M. l'abbé son bonnet carré, avec assurance qu'il serait sur la feuille à la nomination prochaine. A quoi ne fût-il point parvenu, s'il eût été bel esprit? Une place à l'Académie était la moindre récompense qu'il pouvait espérer; mais malheureusement il ne savait que deux ou trois cents mots, et n'avait jamais pu parvenir à en composer deux ritournelles.

CHAPITRE VINGT-SEPTIÈME
SUITE DE LA CONVERSATION PRÉCÉDENTE

Mangogul était le seul qui eût écouté la leçon de philosophie de Mirzoza sans l'avoir interrompue. Comme il contredisait assez volontiers, elle en fut étonnée.

« Le sultan admettrait-il mon système d'un bout à
l'autre ? se disait-elle à elle-même. Non, il n'y a pas de
vraisemblance à cela. L'aurait-il trouvé trop mauvais pour
daigner le combattre ? Cela pourrait être. Mes idées ne
sont pas les plus justes qu'on ait eues jusqu'à présent ;
d'accord : mais aussi ce ne sont pas les plus fausses ; et
je pense qu'on a quelquefois imaginé plus mal. »

Pour sortir de ce doute, la favorite se détermina à questionner Mangogul.

« Eh bien ! prince, lui dit-elle, que pensez-vous de mon
système ?

— Il est admirable, lui répondit le sultan ; je n'y trouve
qu'un seul défaut.

— Et quel est ce défaut ? lui demanda la favorite.

— C'est, dit Mangogul, qu'il est faux de toute fausseté.
Il faudrait, en suivant vos idées, que nous eussions tous
des âmes ; or, voyez donc, délices de mon cœur, qu'il n'y
a pas le sens commun dans cette supposition. « J'ai une
âme : voilà un animal qui se conduit la plupart du temps
comme s'il n'en avait point ; et peut-être encore n'en a-t-il
point, lors même qu'il agit comme s'il en avait une. Mais
il a un nez fait comme le mien ; je sens que j'ai une âme
et que je pense : donc cet animal a une âme, et pense aussi
de son côté. » Il y a mille ans qu'on fait ce raisonnement,
et il y en a tout autant qu'il est impertinent.

— J'avoue, dit la favorite, qu'il n'est pas toujours
évident que les autres pensent.

— Et ajoutez, reprit Mangogul, qu'en cent occasions il
est évident qu'ils ne pensent pas.

— Mais ce serait, ce me semble, aller bien vite, reprit
Mirzoza, que d'en conclure qu'ils n'ont jamais pensé, ni
ne penseront jamais. On n'est point toujours une bête pour
l'avoir été quelquefois ; et Votre Hautesse... »

Mirzoza craignant d'offenser le sultan, s'arrêta là tout
court.

« Achevez, madame, lui dit Mangogul, je vous entends ;
et Ma Hautesse n'a-t-elle jamais fait la bête, voulez-vous
dire, n'est-ce pas ? Je vous répondrai que je l'ai faite quelquefois, et que je pardonnais même alors aux autres de
me prendre pour telle ; car vous vous doutez bien qu'ils n'y
manquaient pas, quoiqu'ils n'osassent pas me le dire...

— Ah! prince! s'écria la favorite, si les hommes refu-

saient une âme au plus grand monarque du monde, à qui
en pourraient-ils accorder une ?

— Trêve de compliments, dit Mangogul. J'ai déposé
pour un moment la couronne et le sceptre. J'ai cessé d'être
sultan pour être philosophe, et je puis entendre et dire la
vérité. Je vous ai, je crois, donné des preuves de l'un ;
et vous m'avez insinué, sans m'offenser, et tout à votre
aise, que je n'avais été quelquefois qu'une bête. Souffrez
que j'achève de remplir les devoirs de mon nouveau
caractère.

« Loin de convenir avec vous, continua-t-il, que tout ce
qui porte des pieds, des bras, des mains, des yeux et des
oreilles, comme j'en ai, possède une âme comme moi, je
vous déclare que je suis persuadé, à n'en jamais démordre,
que les trois quarts des hommes et toutes les femmes ne
sont que des automates.

— Il pourrait bien y avoir dans ce que vous dites là,
répondit la favorite, autant de vérité que de politesse.

— Oh ! dit le sultan, voilà-t-il pas que madame se
fâche ; et de quoi diable vous avisez-vous de philosopher,
si vous ne voulez pas qu'on vous parle vrai ? Est-ce dans
les écoles qu'il faut chercher la politesse ? Je vous ai laissé
vos coudées franches ; que j'aie les miennes libres, s'il vous
plaît. Je vous disais donc que vous êtes toutes des bêtes.

— Oui, prince ; et c'est ce qui vous restait à prouver,
ajouta Mirzoza.

— C'est le plus aisé, » répondit le sultan.

Alors il se mit à débiter toutes les impertinences qu'on
a dites, et redites, avec le moins d'esprit et de légèreté
qu'il est possible, contre un sexe qui possède au souverain
degré ces deux qualités. Jamais la patience de Mirzoza ne
fut mise à une plus forte épreuve ; et vous ne vous seriez
jamais tant ennuyé de votre vie, si je vous rapportais tous
les raisonnements de Mangogul. Ce prince, qui ne manquait pas de bon sens, fut ce jour-là d'une absurdité qui
ne se conçoit pas. Vous en allez juger.

« Il est si vrai, morbleu, disait-il, que la femme n'est
qu'un animal, que je gage qu'en tournant l'anneau de
Cucufa sur ma jument, je la fais parler comme une femme.

— Voilà, sans contredit, lui répondit Mirzoza, l'argument le plus fort qu'on ait fait et qu'on fera jamais contre
nous. »

Puis elle se mit à rire comme une folle. Mangogul, dépité de ce que ses ris ne finissaient point, sortit brusquement, résolu de tenter la bizarre expérience qui s'était présentée à son imagination.

CHAPITRE VINGT-HUITIÈME

TREIZIÈME ESSAI DE L'ANNEAU

LA PETITE JUMENT

Je ne suis pas grand faiseur de portraits. J'ai épargné au lecteur celui de la sultane favorite; mais je ne me résoudrai jamais à lui faire grâce de celui de la jument du sultan. Sa taille était médiocre; elle se tenait assez bien; on lui reprochait seulement de laisser un peu tomber sa tête en devant. Elle avait le poil blond, l'œil bleu, le pied petit, la jambe sèche, le jarret ferme et la croupe légère. On lui avait appris longtemps à danser; et elle faisait la révérence comme un président à la messe rouge [67]. C'était en somme une assez jolie bête; douce surtout : on la montait aisément; mais il fallait être excellent écuyer pour n'en être pas désarçonné. Elle avait appartenu au sénateur Aaron; mais un beau soir, voilà la petite quinteuse qui prend le mors aux dents, jette monsieur le rapporteur les quatre fers en l'air et s'enfuit à toutes brides dans les haras du sultan, emportant sur son dos selle, bride, harnais, housse et caparaçon de prix, qui lui allaient si bien, qu'on ne jugea pas à propos de les renvoyer.

Mangogul descendit dans ses écuries, accompagné de son premier secrétaire Ziguezague.

« Écrivez attentivement, lui dit-il, écrivez... »

A l'instant il tourna sa bague sur la jument, qui se mit à sauter, caracoler, ruer, volter en hennissant sous queue...

« A quoi pensez-vous ? dit le prince à son secrétaire : écrivez donc...

— Sultan, répondit Ziguezague, j'attends que Votre Hautesse commence...

— Ma jument, dit Mangogul, vous dictera pour cette fois; écrivez. »

Ziguezague, que cet ordre humiliait trop, à son avis,
prit la liberté de représenter au sultan qu'il se tiendrait
toujours fort honoré d'être son secrétaire, mais non celui
de sa jument...

« Écrivez, vous dis-je, lui réitéra le sultan.

— Prince, je ne puis, répliqua Ziguezague; je ne sais
point l'orthographe de ces sortes de mots...

— Écrivez toujours, dit encore le sultan...

— Je suis au désespoir de désobéir à Votre Hautesse,
ajouta Ziguezague; mais...

— Mais vous êtes un faquin, interrompit Mangogul
irrité d'un refus si déplacé; sortez de mon palais, et n'y
reparaissez point. »

Le pauvre Ziguezague disparut, instruit, par son expérience, qu'un homme de cœur ne doit point entrer chez
la plupart des grands, ou doit laisser ses sentiments à la
porte. On appela son second. C'était un Provençal franc,
honnête, mais surtout désintéressé. Il vola où il crut que
son devoir et sa fortune l'appelaient, fit un profond salut
au sultan, un plus profond à sa jument et écrivit tout ce
qu'il plut à la cavale de dicter.

On trouvera bon que je renvoie ceux qui seront curieux
de son discours aux archives du Congo. Le prince en fit
distribuer sur-le-champ des copies à tous ses interprètes
et professeurs en langues étrangères, tant anciennes que
modernes. L'un dit que c'était une scène de quelque vieille
tragédie grecque qui lui paraissait fort touchante; un autre
parvint, à force de tête, à découvrir que c'était un fragment
important de la théologie des Égyptiens; celui-ci prétendait que c'était l'exorde de l'oraison funèbre d'Annibal en
carthaginois; celui-là assura que la pièce était écrite en
chinois, et que c'était une prière fort dévote à Confucius.

Tandis que les érudits impatientaient le sultan avec leurs
savantes conjectures, il se rappela les voyages de Gulliver [68], et ne douta point qu'un homme qui avait séjourné
aussi longtemps que cet Anglais dans une île où les chevaux
ont un gouvernement, des lois, des rois, des dieux, des
prêtres, une religion, des temples et des autels, et qui
paraissait si parfaitement instruit de leurs mœurs et de leurs
coutumes, n'eût une intelligence parfaite de leur langue.
En effet Gulliver lut et interpréta tout courant le discours
de la jument malgré les fautes d'écriture dont il fourmil-

lait. C'est même la seule bonne tradition qu'on ait dans
tout le Congo. Mangogul apprit, à sa propre satisfaction
et à l'honneur de son système, que c'était un abrégé historique des amours d'un vieux pacha à trois queues [69]
avec une petite jument, qui avait été saillie par une multitude innombrable de baudets, avant lui; anecdote singulière, mais dont la vérité n'était ignorée, ni du sultan, ni
d'aucun autre, à la cour, à Banza et dans le reste de
l'empire.

CHAPITRE VINGT-NEUVIÈME

LE MEILLEUR PEUT-ÊTRE, ET LE MOINS LU
DE CETTE HISTOIRE

RÊVE DE MANGOGUL, OU VOYAGE DANS LA RÉGION
DES HYPOTHÈSES

« Ahi! dit Mangogul en bâillant et se frottant les yeux,
j'ai mal à la tête. Qu'on ne me parle jamais philosophie;
ces conversations sont malsaines. Hier, je me couchai sur
des idées creuses, et au lieu de dormir en sultan, mon cerveau a plus travaillé que ceux de mes ministres ne travaille-
ront en un an. Vous riez; mais pour vous convaincre que
je n'exagère point et me venger de la mauvaise nuit que
vos raisonnements m'ont procurée, vous allez essuyer
mon rêve tout du long.

« Je commençai à m'assoupir et mon imagination à
prendre son essor, lorsque je vis bondir à mes côtés un
animal singulier. Il avait la tête de l'aigle, les pieds du
griffon, le corps du cheval et la queue du lion. Je le saisis
malgré ses caracoles, et, m'attachant à sa crinière, je sautai
légèrement sur son dos. Aussitôt il déploya de longues
ailes qui partaient de ses flancs et je me sentis porter dans
les airs avec une vitesse incroyable.

« Notre course avait été longue, lorsque j'aperçus, dans
le vague de l'espace, un édifice suspendu comme par
enchantement. Il était vaste. Je ne dirai point qu'il péchât
par les fondements, car il ne portait sur rien. Ses colonnes,
qui n'avaient pas un demi-pied de diamètre, s'élevaient à

perte de vue et soutenaient des voûtes qu'on ne distinguait qu'à la faveur des jours dont elles étaient symétriquement percées.

« C'est à l'entrée de cet édifice que ma monture s'arrêta. Je balançai d'abord à mettre pied à terre, car je trouvais moins de hasard à voltiger sur mon hippogriffe qu'à me promener sous ce portique. Cependant, encouragé par la multitude de ceux qui l'habitaient et par une sécurité remarquable qui régnait sur tous les visages, je descends, je m'avance, je me jette dans la foule et je considère ceux qui la faisaient.

« C'étaient des vieillards, ou bouffis, ou fluets, sans embonpoint et sans force et presque tous contrefaits. L'un avait la tête trop petite, l'autre les bras trop courts. Celui-ci péchait par le corps, celui-là manquait par les jambes. La plupart n'avaient point de pieds et n'allaient qu'avec des béquilles. Un souffle les faisait tomber, et ils demeuraient à terre jusqu'à ce qu'il prît envie à quelque nouveau débarqué de les relever. Malgré tous ces défauts, ils plaisaient au premier coup d'œil. Ils avaient dans la physionomie je ne sais quoi d'intéressant et de hardi. Ils étaient presque nus, car tout leur vêtement consistait en un petit lambeau d'étoffe qui ne couvrait pas la centième partie de leur corps.

« Je continue de fendre la presse et je parviens au pied d'une tribune à laquelle une grande toile d'araignée servait de dais. Du reste, sa hardiesse répondait à celle de l'édifice. Elle me parut posée comme sur la pointe d'une aiguille et s'y soutenir en équilibre. Cent fois je tremblai pour le personnage qui l'occupait. C'était un vieillard à longue barbe, aussi sec et plus nu qu'aucun de ses disciples. Il trempait, dans une coupe pleine d'un fluide subtil, un chalumeau qu'il portait à sa bouche et soufflait des bulles à une foule de spectateurs qui l'environnaient et qui travaillaient à les porter jusqu'aux nues.

« — Où suis-je ? me dis-je à moi-même, confus de ces puérilités. Que veut dire ce souffleur avec ses bulles et tous ces enfants décrépits occupés à les faire voler ? Qui me développera ces choses ?... » Les petits échantillons d'étoffe m'avaient encore frappé, et j'avais observé que plus ils étaient grands moins ceux qui les portaient s'intéressaient aux bulles. Cette remarque singulière m'encouragea à aborder celui qui me paraîtrait le moins déshabillé.

« J'en vis un dont les épaules étaient à moitié couvertes de lambeaux si bien rapprochés que l'art dérobait aux yeux les coutures. Il allait et venait dans la foule, s'embarrassant fort peu de ce qui s'y passait. Je lui trouvai l'air affable, la bouche riante, la démarche noble, le regard doux, et j'allai droit à lui.

« — Qui êtes-vous ? où suis-je ? et qui sont tous ces gens ? lui demandai-je sans façon.

« — Je suis Platon, me répondit-il. Vous êtes dans la région des hypothèses, et ces gens-là sont des systématiques.

« — Mais par quel hasard, lui répliquai-je, le divin Platon se trouve-t-il ici ? et que fait-il parmi ces insensés ?...

« — Des recrues, me dit-il. J'ai loin de ce portique un petit sanctuaire où je conduis ceux qui reviennent des systèmes.

« — Et à quoi les occupez-vous ?

« — A connaître l'homme, à pratiquer la vertu et à sacrifier aux grâces...

« — Ces occupations sont belles; mais que signifient tous ces petits lambeaux d'étoffes par lesquels vous ressemblez mieux à des gueux qu'à des philosophes ?

« — Que me demandez-vous là, dit-il en soupirant, et quel souvenir me rappelez-vous ? Ce temple fut autrefois celui de la philosophie. Hélas ! que ces lieux sont changés ! La chaire de Socrate était dans cet endroit...

« — Quoi donc ! lui dis-je en l'interrompant, Socrate avait-il un chalumeau et soufflait-il aussi des bulles ?...

« — Non, non, me répondit Platon; ce n'est pas ainsi qu'il mérita des dieux le nom du plus sage des hommes; c'est à faire des têtes, c'est à former des cœurs, qu'il s'occupa tant qu'il vécut. Le secret s'en perdit à sa mort. Socrate mourut, et les beaux jours de la philosophie passèrent. Ces pièces d'étoffes, que ces systématiques mêmes se font honneur de porter, sont des lambeaux de son habit. Il avait à peine les yeux fermés, que ceux qui aspiraient au titre de philosophes se jetèrent sur sa robe et la déchirèrent.

« — J'entends, repris-je, et ces pièces leur ont servi d'étiquette à eux et à leur longue postérité...

« — Qui rassemblera ces morceaux, continua Platon, et nous restituera la robe de Socrate ? »

« Il en était à cette exclamation pathétique lorsque j'entrevis dans l'éloignement un enfant qui marchait vers nous à pas lents mais assurés. Il avait la tête petite, le corps menu, les bras faibles et les jambes courtes; mais tous ses membres grossissaient et s'allongeaient à mesure qu'il s'avançait. Dans le progrès de ses accroissements successifs, il m'apparut sous cent formes diverses; je le vis diriger vers le ciel un long télescope, estimer à l'aide d'un pendule la chute des corps [70], constater avec un tube rempli de mercure la pesanteur de l'air [71], et, le prisme à la main, décomposer la lumière [72]. C'était alors un énorme colosse; sa tête touchait aux cieux, ses pieds se perdaient dans l'abîme et ses bras s'étendaient de l'un à l'autre pôle. Il secouait de la main droite un flambeau dont la lumière se répandait au loin dans les airs, éclairait au fond des eaux et pénétrait dans les entrailles de la terre.

« — Quelle est, demandai-je à Platon, cette figure gigantesque qui vient à nous ?

« — Reconnaissez l'Expérience, me répondit-il; c'est elle-même. »

« A peine m'eut-il fait cette courte réponse, que je vis l'Expérience approcher et les colonnes du portique des hypothèses chanceler, ses voûtes s'affaisser et son pavé s'entr'ouvrir sous nos pieds.

« — Fuyons, me dit encore Platon; fuyons; cet édifice n'a plus qu'un moment à durer. »

« A ces mots, il part; je le suis. Le colosse arrive, frappe le portique, il s'écroule avec un bruit effroyable, et je me réveille [73]. »

— Ah ! prince, s'écria Mirzoza, c'est à faire à vous de rêver. Je serais fort aise que vous eussiez passé une bonne nuit; mais à présent que je sais votre rêve, je serais bien fâchée que vous ne l'eussiez point eu.

— Madame, lui dit Mangogul, je connais des nuits mieux employées que celle de ce rêve qui vous plaît tant; et si j'avais été le maître de mon voyage, il y a toute apparence que, n'espérant point vous trouver dans la région des hypothèses, j'aurais tourné mes pas ailleurs. Je n'aurais point actuellement le mal de tête qui m'afflige, ou du moins j'aurais lieu de m'en consoler.

— Prince, lui répondit Mirzoza, il faut espérer que ce

ne sera rien et qu'un ou deux essais de votre anneau vous
en délivreront.

— Il faut voir, » dit Mangogul.

La conversation dura quelques moments encore entre le
sultan et Mirzoza; et il ne la quitta que sur les onze heures,
pour devenir ce que l'on verra dans le chapitre suivant.

CHAPITRE TRENTIÈME

QUATORZIÈME ESSAI DE L'ANNEAU

LE BIJOU MUET

De toutes les femmes qui brillaient à la cour du sultan,
aucune n'avait plus de grâces et d'esprit que la jeune Églé,
femme du grand échanson de Sa Hautesse. Elle était de
toutes les parties de Mangogul, qui aimait la légèreté de sa
conversation; et comme s'il ne dût point y avoir de plaisirs
et d'amusements partout où Églé ne se trouvait point,
Églé était encore de toutes les parties des grands de sa
cour. Bals, spectacles, cercles, festins, petits soupers, chasses,
jeux, partout on voulait Églé; on la rencontrait partout; il
semblait que le goût des amusements la multipliât au gré
de ceux qui la désiraient. Il n'est donc pas besoin que je
dise que, s'il n'y avait aucune femme autant souhaitée
qu'Églé, il n'y en avait point d'aussi répandue.

Elle avait toujours été poursuivie d'une foule de soupirants, et l'on s'était persuadé qu'elle ne les avait pas tous
maltraités. Soit inadvertance, soit facilité de caractère, ses
simples politesses ressemblaient souvent à des attentions
marquées, et ceux qui cherchaient à lui plaire supposaient
quelquefois de la tendresse dans des regards où elle n'avait
jamais prétendu mettre plus que de l'affabilité. Ni caustique,
ni médisante, elle n'ouvrait la bouche que pour dire des
choses flatteuses, et c'était avec tant d'âme et de vivacité,
qu'en plusieurs occasions ses éloges avaient fait naître le
soupçon qu'elle avait un choix à justifier; c'est-à-dire que
ce monde dont Églé faisait l'ornement et les délices n'était
pas digne d'elle.

On croirait aisément qu'une femme en qui l'on n'avait peut-être à reprendre qu'un excès de bonté, ne devait point avoir d'ennemis. Cependant elle en eut, et de cruels. Les dévotes de Banza lui trouvèrent un air trop libre, je ne sais quoi de dissipé dans le maintien; ne virent dans sa conduite que la fureur des plaisirs du siècle; en conclurent que ses mœurs étaient au moins équivoques et le suggérèrent charitablement à qui voulut les entendre.

Les femmes de la cour ne la traitèrent pas plus favorablement. Elles suspectèrent les liaisons d'Églé, lui donnèrent des amants, l'honorèrent même de quelques grandes aventures, la mirent pour quelque chose dans d'autres; on savait des détails, on citait des témoins. « Et bon! se disait-on à l'oreille, on l'a surprise tête à tête avec Melraïm dans un des bosquets du grand parc. Églé ne manque pas d'esprit, ajouta-t-on; mais Melraïm en a trop pour s'amuser de ses discours : à dix heures du soir, dans un bosquet...

— Vous vous trompez, répondait un petit-maître; je me suis promené cent fois sur la brune avec elle, et je m'en suis assez bien trouvé. Mais a propos, savez-vous que Zulémar est assidu à sa toilette ?...

— Sans doute, nous le savons, et qu'elle ne fait de toilette que quand son mari est de service chez le sultan...

— Le pauvre Célébi, continuait une autre, sa femme l'affiche, en vérité, avec cette aigrette et ces boucles qu'elle a reçues du pacha Ismael...

— Est-il bien vrai, madame ?...

— C'est la vérité pure : je le tiens d'elle-même; mais, au nom de Brama, que ceci ne nous passe point; Églé est mon amie, et je serais bien fâchée...

— Hélas ! s'écriait douloureusement une troisième : la pauvre petite créature se perd de gaieté de cœur. C'est dommage pourtant. Mais aussi vingt intrigues à la fois; cela me paraît fort. »

Les petits-maîtres ne la ménageaient pas davantage. L'un racontait une partie de chasse où ils s'étaient égarés ensemble. Un autre dissimulait, par respect pour le sexe, les suites d'une conversation fort vive qu'il avait eue sous le masque avec elle, dans un bal où il l'avait accrochée. Celui-ci faisait l'éloge de son esprit et de ses charmes, et le terminait en montrant son portrait, qu'à l'en croire il tenait de la meilleure main. « Ce portrait, disait celui-là, est plus ressemblant que celui dont elle a fait présent à Jénaki. »

Ces discours passèrent jusqu'à son époux. Célébi aimait sa femme, mais décemment toutefois, et sans que personne en eût le moindre soupçon; il se refusa d'abord aux premiers rapports; mais on revint à la charge, et de tant de côtés, qu'il crut ses amis plus clairvoyants que lui : plus il avait accordé de liberté à Églé, plus il eut de soupçon qu'elle en avait abusé. La jalousie s'empara de son âme. Il commença par gêner sa femme. Églé souffrit d'autant plus impatiemment ce changement de procédé qu'elle se sentait innocente. Sa vivacité et les conseils de ses bonnes amies la précipitèrent dans des démarches inconsidérées qui mirent toutes les apparences contre elle et qui pensèrent lui coûter la vie. Le violent Célébi roula quelque temps dans sa tête mille projets de vengeance, et le fer, et le poison, et le lacet fatal, et se détermina pour un supplice plus lent et plus cruel, une retraite dans ses terres. C'est une mort véritable pour une femme de cour. En un mot, les ordres sont donnés; un soir Églé apprend son sort : on est insensible à ses larmes; on n'écoute plus ses raisons; et la voilà reléguée à quatre-vingts lieues de Banza, dans un vieux château, où on ne lui laisse pour toute compagnie que deux femmes et quatre eunuques noirs qui la gardent à vue.

A peine fut-elle partie, qu'elle fut innocente. Les petitsmaîtres oublièrent ses aventures, les femmes lui pardonnèrent son esprit et ses charmes, et tout le monde la plaignit. Mangogul apprit, de la bouche même de Célébi, les motifs de la terrible résolution qu'il avait prise contre sa femme, et parut seul l'approuver.

Il y avait près de six mois que la malheureuse Églé gémissait dans son exil, lorsque l'aventure de Kersael arriva. Mirzoza souhaitait qu'elle fût innocente, mais elle n'osait s'en flatter. Cependant elle dit un jour au sultan : « Prince, votre anneau, qui vient de conserver la vie à Kersael, ne pourrait-il pas finir l'exil d'Églé? Mais je n'y pense pas; il faudrait pour cela consulter son bijou; et la pauvre recluse périt d'ennui à quatre-vingts lieues d'ici...

— Vous intéressez-vous beaucoup, lui répondit Mangogul, au sort d'Églé?

— Oui, prince; surtout si elle est innocente, dit Mirzoza...

— Vous en saurez des nouvelles avant une heure d'ici,

répliqua Mangogul. Ne vous souvient-il plus des propriétés de ma bague ?... »

A ces mots, il passa dans ses jardins, tourna son anneau et se trouva en moins de quinze minutes dans le parc du château qu'habitait Églé.

Il y découvrit Églé seule accablée de douleur; elle avait la tête appuyée sur sa main; elle proférait tendrement le nom de son époux, et elle arrosait de ses larmes un gazon sur lequel elle était assise. Mangogul s'approcha d'elle en tournant son anneau, et le bijou d'Églé dit tristement : « J'aime Célébi. » Le sultan attendit la suite; mais la suite ne venant point, il s'en prit à son anneau, qu'il frotta deux ou trois fois contre son chapeau, avant que de le diriger sur Églé; mais sa peine fut inutile. Le bijou reprit : « J'aime Célébi; » et s'arrêta tout court.

« Voilà, dit le sultan, un bijou bien discret. Voyons encore et serrons-lui de plus près le bouton. » En même temps il donna à sa bague toute l'énergie qu'elle pouvait recevoir, et la tourna subitement sur Églé; mais son bijou continua d'être muet. Il garda constamment le silence, ou ne l'interrompit que pour répéter ces paroles plaintives : « J'aime Célébi, et n'en ai jamais aimé d'autres. »

Mangogul prit son parti et revint en quinze minutes chez Mirzoza.

« Quoi! prince, lui dit-elle, déjà de retour? Eh bien! qu'avez-vous appris ? Rapportez-vous matière à nos conversations ?...

— Je ne rapporte rien, lui répondit le sultan.

— Quoi ! rien ?

— Précisément rien. Je n'ai jamais entendu de bijou plus taciturne, et n'en ai pu tirer que ces mots : « J'aime Célébi; j'aime Célébi, et n'en ai jamais aimé d'autres. »

— Ah ! prince, reprit vivement Mirzoza, que me dites-vous là ? Quelle heureuse nouvelle ! Voilà donc enfin une femme sage. Souffrirez-vous qu'elle soit plus longtemps malheureuse ?

— Non, répondit Mangogul : son exil va finir, mais ne craignez-vous point que ce soit aux dépens de sa vertu ? Églé est sage; mais voyez, délices de mon cœur, ce que vous exigez de moi; que je la rappelle à ma cour, afin qu'elle continue de l'être; cependant vous serez satisfaite. »

Le sultan manda sur-le-champ Célébi, et lui dit qu'ayant

approfondi les bruits répandus sur le compte d'Églé il les
avait reconnus faux, calomnieux, et qu'il lui ordonnait de
la ramener à la cour. Célébi obéit et présenta sa femme à
Mangogul : elle voulut se jeter aux pieds de Sa Hautesse;
mais le sultan l'arrêtant :

« Madame, lui dit-il, remerciez Mirzoza. Son amitié pour
vous m'a déterminé à éclaircir la vérité des faits qu'on vous
imputait. Continuez d'embellir ma cour; mais souvenez-
vous qu'une jolie femme se fait quelquefois autant de tort
par des imprudences que par des aventures. »

Dès le lendemain Églé reparut chez la Manimonbanda,
qui l'accueillit d'un souris. Les petits-maîtres redoublèrent
auprès d'elle de fadeurs, et les femmes coururent toutes
l'embrasser, la félicitèrent et recommencèrent de la déchirer.

TOME SECOND
AU MONOMOTAPA

CHAPITRE PREMIER
MANGOGUL AVAIT-IL RAISON ?

Depuis que Mangogul avait reçu le présent fatal de
Cucufa, les ridicules et les vices du sexe étaient devenus la
matière éternelle de ses plaisanteries : il ne finissait pas; et
la favorite en fut souvent ennuyée. Mais deux effets cruels
de l'ennui sur Mirzoza, ainsi que sur bien d'autres qu'elle,
c'était de la mettre en mauvaise humeur, et de jeter de
l'aigreur dans ses propos. Alors malheur à ceux qui l'approchaient ! elle ne distinguait personne; et le sultan même
n'était pas épargné.

« Prince, lui disait-elle un jour dans un de ces moments
fâcheux, vous qui savez tant de choses, vous ignorez peut-
être la nouvelle du jour...

— Et quelle est-elle ? demanda Mangogul...

— C'est que vous apprenez par cœur, tous les matins,
trois pages de Brantôme ou d'Ouville [74] : on n'assure pas
de ces deux profonds écrivains quel est le préféré...

— On se trompe, madame, répondit Mangogul, c'est le
Crébillon qui...

— Oh ! ne vous défendez pas de cette lecture, interrompit la favorite. Les nouvelles médisances qu'on fait de
nous sont si maussades, qu'il vaut encore mieux réchauffer

les vieilles. Il y a vraiment de fort bonnes choses dans ce Brantôme; si vous joigniez à ses historiettes trois ou quatre chapitres de Bayle, vous auriez incessamment à vous seul autant d'esprit que le marquis D'... et le chevalier de Mouhi [75]. Cela répandrait dans vos entretiens une variété surprenante. Lorsque vous auriez équipé les femmes de toute pièce, vous tomberiez sur les pagodes; des pagodes, vous reviendriez sur les femmes. En vérité, il ne vous manque qu'un petit recueil d'impiétés pour être tout à fait amusant.

— Vous avez raison, madame, lui répondit Mangogul, et je m'en ferai pourvoir. Celui qui craint d'être dupe dans ce monde et dans l'autre ne peut trop se méfier de la puissance des pagodes, de la probité des hommes, et de la sagesse des femmes.

— C'est donc, à votre avis, quelque chose de bien équivoque que cette sagesse ?... reprit Mirzoza.

— Au delà de tout ce que vous imaginez, répondit Mangogul.

— Prince, repartit Mirzoza, vous m'avez donné cent fois vos ministres pour les plus honnêtes gens du Congo. J'ai tant essuyé les éloges de votre sénéchal, des gouverneurs de vos provinces, de vos secrétaires, de votre trésorier, en un mot de tous vos officiers, que je suis en état de vous les répéter mot pour mot. Il est étrange que l'objet de votre tendresse soit seul excepté de la bonne opinion que vous avez conçue de ceux qui ont l'honneur de vous approcher.

— Et qui vous a dit que cela soit ? lui répliqua le sultan. Songez donc, madame, que vous n'entrez pour rien dans les discours, vrais ou faux, que je tiens des femmes, à moins qu'il ne vous plaise de représenter le sexe en général...

— Je ne le conseillerais pas à madame, ajouta Sélim, qui était présent à cette conversation. Elle n'y pourrait gagner que des défauts.

— Je ne reçois point, répondit Mirzoza, les compliments que l'on m'adresse aux dépens de mes semblables. Quand on s'avise de me louer, je voudrais qu'il n'en coûtât rien à personne. La plupart des galanteries qu'on nous débite ressemblent aux fêtes somptueuses que Votre Hautesse reçoit de ses pachas : ce n'est jamais qu'à la charge du public.

— Laissons cela, dit Mangogul. Mais en bonne foi,
n'êtes-vous pas convaincue que la vertu des femmes du
Congo n'est qu'une chimère ? Voyez donc, délices de mon
âme, quelle est aujourd'hui l'éducation à la mode, quels
exemples les jeunes personnes reçoivent de leurs mères, et
comment on vous coiffe une jolie femme du préjugé que
de se renfermer dans son domestique, régler sa maison et
s'en tenir à son époux, c'est mener une vie lugubre, périr
d'ennui et s'enterrer toute vive. Et puis, nous sommes si
entreprenants, nous autres hommes, et une jeune enfant
sans expérience est si comblée de se voir entreprise. J'ai
prétendu que les femmes sages étaient rares, excessivement
rares; et loin de m'en dédire, j'ajouterais volontiers qu'il
est surprenant qu'elles ne le soient pas davantage. Demandez
à Sélim ce qu'il en pense.

— Prince, répondit Mirzoza, Sélim doit trop à notre
sexe pour le déchirer impitoyablement.

— Madame, dit Sélim, Sa Hautesse, à qui il n'a pas été
possible de rencontrer des cruelles, doit naturellement
penser des femmes comme elle fait; et vous, qui avez
la bonté de juger des autres par vous-même, n'en
pouvez guère avoir d'autres idées que celles que vous
défendez. J'avouerai cependant que je ne suis pas éloigné
de croire qu'il y a des femmes de jugement à qui les avantages de la vertu sont connus par expérience, et que la
réflexion a éclairées sur les suites fâcheuses du désordre;
des femmes heureusement nées, bien élevées, qui ont
appris à sentir leur devoir, qui l'aiment, et qui ne s'en
écarteront jamais.

— Et sans se perdre en raisonnements, ajouta la favorite, Églé, vive, aimable, charmante, n'est-elle pas en même
temps un modèle de sagesse ? Prince, vous n'en pouvez
douter, et tout Banza le sait de votre bouche : or, s'il y a
une femme sage, il peut y en avoir mille.

— Oh ! pour la possibilité, dit Mangogul, je ne la dispute
point.

— Mais si vous convenez qu'elles sont possibles, reprit
Mirzoza, qui vous a révélé qu'elles n'existaient pas ?

— Rien que leurs bijoux, répondit le sultan. Je conviens
toutefois que ce témoignage n'est pas de la force de votre
argument. Que je devienne taupe si vous ne l'avez pris à
quelque bramine. Faites appeler le chapelain de la Mani-

monbanda, et il vous dira que vous m'avez prouvé l'existence des femmes sages, à peu près comme on démontre
celle de Brama en Braminologie. Par hasard, n'auriez-vous
point fait un cours dans cette sublime école avant que
d'entrer au sérail ?

— Point de mauvaises plaisanteries, reprit Mirzoza. Je
ne conclus pas seulement de la possibilité; je pars d'un fait,
d'une expérience.

— Oui, continua Mangogul, d'un fait mutilé, d'une
expérience isolée, tandis que j'ai pour moi une foule d'essais
que vous connaissez bien; mais je ne veux point ajouter à
votre humeur par une plus longue contradiction.

— Il est heureux, dit Mirzoza d'un ton chagrin, qu'au
bout de deux heures vous vous lassiez de me persécuter.

— Si j'ai commis cette faute, répondit Mangogul, je vais
tâcher de la réparer. Madame, je vous abandonne tous mes
avantages passés; et si je rencontre dans la suite des épreuves
qui me restent à tenter, une seule femme vraiment et
constamment sage...

— Que ferez-vous ? interrompit vivement Mirzoza...

— Je publierai, si vous voulez, que je suis enchanté de
votre raisonnement sur la possibilité des femmes sages;
j'accréditerai votre logique de tout mon pouvoir, et je
vous donnerai mon château d'Amara, avec toutes les
porcelaines de Saxe dont il est orné, sans en excepter le
petit sapajou en émail et les autres colifichets précieux qui
me viennent du cabinet de Mme de Vérue [76].

— Prince, dit Mirzoza, je me contenterai des porcelaines,
du château et du petit sapajou.

— Soit, répondit Mangogul; Sélim nous jugera. Je ne
demande que quelque délai avant que d'interroger le bijou
d'Églé. Il faut bien laisser à l'air de la cour et à la jalousie
de son époux le temps d'opérer. »

Mirzoza accorda le mois à Mangogul; c'était la moitié
plus qu'il ne demandait; et ils se séparèrent également
remplis d'espérance. Tout Banza l'eût été de paris pour et
contre, si la promesse du sultan se fût divulguée. Mais
Sélim se tut, et Mangogul se mit clandestinement en devoir
de gagner ou de perdre. Il sortait de l'appartement de la
favorite, lorsqu'il l'entendit qui lui criait du fond de son
cabinet :

« Prince, et le petit sapajou ?

« — Et le petit sapajou », lui répondit Mangogul en s'éloignant.

Il allait de ce pas dans la petite maison d'un sénateur, où nous le suivrons.

CHAPITRE DEUXIÈME

QUINZIÈME ESSAI DE L'ANNEAU

ALPHANE

Le sultan n'ignorait pas que les jeunes seigneurs de la cour avaient tous des petites maisons [77]; mais il apprit que ces réduits étaient aussi à l'usage de quelques sénateurs. Il en fut étonné. « Que fait-on là ? se dit-il à lui-même (car il conservera dans ce volume l'habitude de parler seul, qu'il a contractée dans le premier). Il me semble qu'un homme, à qui je confie la tranquillité, la fortune, la liberté et la vie de mon peuple, ne doit point avoir de petite maison. Mais la petite maison d'un sénateur est peut-être autre chose que celle d'un petit-maître... Un magistrat devant qui l'on discute les intérêts les plus grands de mes sujets, et qui tient en ses mains l'urne fatale d'où il tirera le sort de la veuve, oublierait la dignité de son état, l'importance de son ministère; et tandis que Cochin fatigue vainement ses poumons à porter jusqu'à mes oreilles les cris de l'orphelin, il méditerait dans sa tête les sujets galants qui doivent orner les dessus de porte d'un lieu de débauches secrètes!... Cela ne peut être... Voyons pourtant. »

Il dit et part pour Alcanto. C'est là qu'est située la petite maison du sénateur Hippomanès. Il entre; il parcourt les appartements, il en examine l'ameublement. Tout lui paraît galant. La petite maison d'Agésile, le plus délicat et le plus voluptueux de ses courtisans, n'est pas mieux. Il se déterminait à sortir, ne sachant que penser; car après tout, les lits de repos, les alcôves à glaces, les sofas mollets, le cabinet de liqueurs ambrées et le reste n'étaient que des témoins muets de ce qu'il avait envie d'apprendre, lorsqu'il aperçut une grosse figure étendue sur une duchesse, et plongée dans un sommeil profond. Il tourna son anneau sur elle, et tira de son bijou les anecdotes suivantes :

« Alphane est fille d'un robin. Si sa mère eût moins vécu, je ne serais pas ici. Les biens immenses de la famille se sont éclipsés entre les mains de la vieille folle; et elle n'a presque rien laissé à quatre enfants qu'elle avait, trois garçons et une fille dont je suis le bijou. Hélas! c'est bien pour mes péchés! Que d'affronts j'ai soufferts! qu'il m'en reste encore à souffrir! On disait dans le monde que le cloître convenait assez à la fortune et à la figure de ma maîtresse; mais je sentais qu'il ne me convenait point à moi: je préférai l'art militaire à l'état monastique, et je fis mes premières campagnes sous l'émir Azalaph. Je me perfectionnai sous le grand Nangazaki; mais l'ingratitude du service m'en a détaché, et j'ai quitté l'épée pour la robe. Je vais donc appartenir à un petit faquin de sénateur tout bouffi de ses talents, de son esprit, de sa figure, de son équipage et de ses aïeux. Depuis deux heures je l'attends. Il viendra apparemment; car son intendant m'a prévenu que, quand il vient, c'est sa manie que de se faire attendre longtemps. »

Le bijou d'Alphane en était là, lorsque Hippomanès arriva. Au fracas de son équipage, aux caresses de sa familière levrette, Alphane s'éveilla. « Enfin vous voilà donc, ma reine, lui dit le petit président. On a bien de la peine à vous avoir. Parlez; comment trouvez-vous ma petite maison? elle en vaut bien une autre, n'est-ce pas? »

Alphane jouant la niaise, la timide, la désolée, comme si nous n'eussions jamais vu de petites maisons, disait son bijou, et que je ne fusse jamais entré pour rien dans ses aventures, s'écria douloureusement: « Monsieur le président, je fais pour vous une démarche étrange. Il faut que je sois entraînée par une terrible passion, pour en être aveuglée sur les dangers que je cours; car enfin, que ne dirait-on pas, si l'on me soupçonnait ici?

— Vous avez raison, lui répondit Hippomanès; votre démarche est équivoque; mais vous pouvez compter sur ma discrétion.

— Mais, reprit Alphane, je compte aussi sur votre sagesse.

— Oh! pour cela, lui dit Hippomanès en ricanant, je serai fort sage; et le moyen de n'être pas dévot comme un ange dans une petite maison? Sans mentir, vous avez là une gorge charmante...

— Finissez donc, lui répondit Alphane; déjà vous manquez à votre parole.

— Point du tout, lui répliqua le président; mais vous ne
m'avez pas répondu. Que vous semble de cet ameublement ?
Puis s'adressant à sa levrette : Viens ici, Favorite, donne la
patte, ma fille. C'est une bonne fille que Favorite... Mademoiselle voudrait-elle faire un tour de jardin ? Allons sur
ma terrasse; elle est charmante. Je suis dominé par quelques
voisins; mais peut-être qu'ils ne vous connaîtront pas...

— Monsieur le président, je ne suis pas curieuse, lui
répondit Alphane d'un ton piqué. Il me semble qu'on est
mieux ici.

— Comme il vous plaira, reprit Hippomanès. Si vous
êtes fatiguée, voilà un lit. Pour peu que le cœur vous en
dise, je vous conseille de l'essayer. La jeune Astérie, la petite
Phénice, qui s'y connaissent, m'ont assuré qu'il était bon. »

Tout en tenant ces impertinents propos à Alphane,
Hippomanès tirait sa robe par les manches, délaçait son
corset, détachait ses jupes, et dégageait ses deux gros pieds
de deux petites mules.

Lorsque Alphane fut presque nue, elle s'aperçut qu'Hippomanès la déshabillait...

« Que faites-vous là ? s'écria-t-elle toute surprise. Président, vous n'y pensez pas. Je me fâcherai tout de bon.

— Ah, ma reine ! lui répondit Hippomanès, vous
fâcher contre un homme qui vous aime comme moi, cela
serait d'une bizarrerie dont vous n'êtes pas capable.
Oserais-je vous prier de passer dans ce lit ?

— Dans ce lit ? reprit Alphane. Ah ! monsieur le président, vous abusez de ma tendresse. Que j'aille dans un lit,
moi, dans un lit !

— Eh ! non, ma reine, lui répondit Hippomanès. Ce
n'est pas cela : qui vous dit d'y aller ? Mais il faut, s'il vous
plaît, que vous vous y laissiez conduire; car vous comprenez
bien que de la taille dont vous êtes, je ne puis être d'humeur
à vous y porter... » Cependant il la prit à brasse-corps, et
faisant quelque effort... « Oh, qu'elle pèse! disait-il. Mais,
mon enfant, si tu ne t'aides pas, nous n'arriverons jamais. »

Alphane sentit qu'il disait vrai, s'aida, parvint à se faire
lever, et s'avança vers ce lit qui l'avait tant effrayée, moitié
à pied, moitié sur les bras d'Hippomanès, à qui elle balbu-
tiait en minaudant : « En vérité, il faut que je sois folle

pour être venue. Je comptais sur votre sagesse, et vous
êtes d'une extravagance inouïe...

— Point du tout, lui répondit le président, point du
tout. Vous voyez bien que je ne fais rien qui ne soit décent,
très décent. »

Je pense qu'ils se dirent encore beaucoup d'autres gentillesses; mais le sultan n'ayant pas jugé à propos de suivre
leur conversation plus longtemps, elles seront perdues
pour la postérité : c'est dommage !

CHAPITRE TROISIÈME

SEIZIÈME ESSAI DE L'ANNEAU

LES PETITS-MAITRES

Deux fois la semaine il y avait cercle chez la favorite.
Elle nommait la veille les femmes qu'elle y désirait, et le
sultan donnait la liste des hommes. On y venait fort paré.
La conversation était générale, ou se partageait. Lorsque
l'histoire galante de la cour ne fournissait pas des aventures
amusantes, on en imaginait, ou l'on s'embarquait dans
quelques mauvais contes, ce qui s'appelait continuer les
Mille et une Nuits. Les hommes avaient le privilège de dire
toutes les extravagances qui leur venaient, et les femmes
celui de faire des nœuds [78] en les écoutant. Le sultan et la
favorite étaient là confondus parmi leurs sujets; leur présence n'interdisait rien de ce qui pouvait amuser, et il était
rare qu'on s'ennuyât. Mangogul avait compris de bonne
heure que ce n'était qu'au pied du trône qu'on trouve le
plaisir, et personne n'en descendait de meilleure grâce, et
ne savait déposer plus à propos la majesté.

Tandis qu'il parcourait la petite maison du sénateur
Hippomanès, Mirzoza l'attendait dans le salon couleur de
rose, avec la jeune Zaïde, l'enjouée Léocris, la vive Sérica,
Amine et Benzaïre, femmes de deux émirs, la prude Orphise
et la grande sénéchale Vétula, mère temporelle de tous les
bramines. Il ne tarda pas à paraître. Il entra accompagné du
comte Hannetillon et du chevalier Fadaès. Alciphenor,
vieux libertin, et le jeune Marmolin son disciple, le sui-

vaient, et deux minutes après, arrivèrent le pacha Grisgrif, l'aga Fortimbek et le sélictar Patte-de-velours. C'était bien les petits-maîtres les plus déterminés de la cour. Mangogul les avait rassemblés à dessein. Rebattu du récit de leurs galants exploits, il s'était proposé de s'en instruire à n'en pouvoir douter plus longtemps. « Eh bien ! messieurs, leur dit-il, vous qui n'ignorez rien de ce qui se passe dans l'empire galant, qu'y fait-on de nouveau ? ou en sont les bijoux parlants ?...

— Seigneur, répondit Alciphenor, c'est un charivari qui va toujours en augmentant : si cela continue, bientôt on ne s'entendra plus. Mais rien n'est si réjouissant que l'indiscrétion du bijou de Zobeïde. Il a fait à son mari un dénombrement d'aventures.

— Cela est prodigieux, continua Marmolin : on compte cinq agas, vingt capitaines, une compagnie de janissaires presque entière, douze bramines; on ajoute qu'il m'a nommé; mais c'est une mauvaise plaisanterie.

— Le bon de l'affaire, reprit Grisgrif, c'est que l'époux effrayé s'est enfui en se bouchant les oreilles.

— Voilà qui est bien horrible ! dit Mirzoza.

— Oui, madame, interrompit Fortimbek, horrible, affreux, exécrable !

— Plus que tout cela, si vous voulez, reprit la favorite, de déshonorer une femme sur un ouï-dire.

— Madame, cela est à la lettre; Marmolin n'a pas ajouté un mot à la vérité, dit Patte-de-velours.

— Cela est positif, dit Grisgrif.

— Bon, ajouta Hannetillon, il en court déjà une épigramme; et l'on ne fait pas une épigramme sur rien. Mais pourquoi Marmolin serait-il à l'abri du caquet des bijoux ? Celui de Cynare s'est bien avisé de parler à son tour, et de me mêler avec des gens qui ne me vont point du tout. Mais comment obvier à cela ?

— C'est plus tôt fait de s'en consoler, dit Patte-de-velours.

— Vous avez raison, répondit Hannetillon; et tout de suite il se mit à chanter :

Mon bonheur fut si grand que j'ai peine à le croire.

— Comte, dit Mangogul, en s'adressant à Hannetillon, vous avez donc connu particulièrement Cynare ?

— Seigneur, répondit Patte-de-velours, qui en doute ?
Il l'a promenée pendant plus d'une lune; ils ont été chan-
sonnés; et cela durerait encore, s'il ne s'était enfin aperçu
qu'elle n'était point jolie, et qu'elle avait la bouche grande.

— D'accord, reprit Hannetillon; mais ce défaut était
réparé par un agrément qui n'est pas ordinaire.

— Y a-t-il longtemps de cette aventure ? demanda la
prude Orphise.

— Madame, lui répondit Hannetillon, je n'en ai pas
l'époque présente. Il faudrait recourir aux tables chronologiques de mes bonnes fortunes. On y verrait le jour et le
moment; mais c'est un gros volume dont mes gens
s'amusent dans mon antichambre.

— Attendez, dit Alciphenor; je me rappelle que c'est
précisément un an après que Grisgrif s'est brouillé avec
Mme la sénéchale. Elle a une mémoire d'ange, et elle va
vous apprendre au juste.

— Que rien n'est plus faux que votre date, répondit
gravement la sénéchale. On sait assez que les étourdis
n'ont jamais été de mon goût.

— Cependant, madame, reprit Alciphenor, vous ne
nous persuaderez jamais que Marmolin fût excessivement
sage, lorsqu'on l'introduisait dans votre appartement par
un escalier dérobé, toutes les fois que Sa Hautesse appelait
M. le sénéchal au conseil.

— Je ne vois pas de plus grande extravagance, ajouta
Patte-de-velours, que d'entrer furtivement chez une femme
à propos de rien : car on ne pensait de ses visites que ce qui
en était; et madame jouissait déjà de cette réputation de
vertu qu'elle a si bien soutenue depuis.

— Mais il y a un siècle de cela, dit Fadaès. Ce fut à peu
près dans ce temps que Zulica fit faux bond à M. le sélictar
qui était bien son serviteur, pour occuper Grisgrif qu'elle
a planté là six mois après; elle en est maintenant à Fortimbek. Je ne suis pas fâché de la petite fortune de mon ami;
je la vois, je l'admire, et le tout sans prétention.

— Zulica, dit la favorite, est pourtant fort aimable; elle
a de l'esprit, du goût, et je ne sais quoi d'intéressant dans
la physionomie, que je préférerais à des charmes.

— J'en conviens, répondit Fadaès; mais elle est maigre,
elle n'a point de gorge, et la cuisse si décharnée, que cela
fait pitié.

— Vous en savez apparemment des nouvelles, ajouta la sultane.

— Bon! madame, reprit Hannetillon, cela se devine. J'ai peu fréquenté chez Zulica, et j'en sais là-dessus autant que Fadaès.

— Je le croirais volontiers, dit la favorite.

— Mais, à propos, pourrait-on demander à Grisgrif, dit le sélictar, si c'est pour longtemps qu'il s'est emparé de Zyrphile? Voilà ce qui s'appelle une jolie femme; elle a le corps admirable.

— Eh! qui en doute? ajouta Marmolin.

— Que le sélictar est heureux! continua Fadaès.

— Je vous donne Fadaès, interrompit le sélictar, pour le galant le mieux pourvu de la cour. Je lui connais la femme du vizir, les deux plus jolies actrices de l'Opéra, et une grisette adorable qu'il a placée dans une petite maison.

— Et je donnerais, reprit Fadaès, et la femme du vizir, et les deux actrices, et la grisette, pour un regard d'une certaine femme avec laquelle le sélictar est assez bien, et qui ne se doute seulement pas que tout le monde en est instruit »; et s'avançant ensuite vers Léocris : « En vérité, madame, lui dit-il, les couleurs vous vont à ravir...

— Il y avait je ne sais combien, dit Marmolin, qu'Hannetillon balançait entre Mélisse et Fatime; ce sont deux femmes charmantes. Il était aujourd'hui pour la blonde Mélisse, demain pour la brune Fatime.

— Voilà, continua Fadaès, un homme bien embarrassé; que ne les prenait-il l'une et l'autre?

— C'est ce qu'il a fait, » dit Alciphenor.

Nos petits-maîtres étaient, comme on voit, en assez bon train pour n'en pas rester là, lorsque Zobéïde, Cynare, Zulica, Mélisse, Fatmé et Zyrphile se firent annoncer. Ce contre-temps les déconcerta pour un moment; mais ils ne tardèrent pas à se remettre, et à tomber sur d'autres femmes qu'ils n'avaient épargnées dans leurs médisances que parce qu'ils n'avaient pas eu le temps de les déchirer.

Mirzoza, impatientée de leurs discours, leur dit : « Messieurs, avec le mérite et la probité surtout qu'on est forcé de vous accorder, il n'y a pas à douter que vous n'ayez eu toutes les bonnes fortunes dont vous vous vantez. Je vous avouerai toutefois que je serais bien aise d'entendre là-dessus les bijoux de ces dames; et que je remercierais

Brama de grand cœur, s'il lui plaisait de rendre justice à la
vérité par leur bouche.

— C'est-à-dire, reprit Hannetillon, que madame dési-
rerait entendre deux fois les mêmes choses : eh bien ! nous
allons les lui répéter. »

Cependant Mangogul tournait son anneau suivant le rang
d'ancienneté ; il débuta par la sénéchale, dont le bijou toussa
trois fois, et dit d'une voix tremblante et cassée : « Je dois
au grand sénéchal les prémices de mes plaisirs ; mais il y
avait à peine six mois que je lui appartenais, qu'un jeune
bramine fit entendre à ma maîtresse qu'on ne manquait
point à son époux tant qu'on pensait à lui. Je goûtai sa
morale, et je crus pouvoir admettre, dans la suite, en sûreté
de conscience, un sénateur, puis un conseiller d'État, puis
un pontife, puis un ou deux maîtres des requêtes, puis un
musicien...

— Et Marmolin ? dit Fadaès.

— Marmolin, répondit le bijou, je ne le connais pas ; à
moins que ce ne soit ce jeune fat que ma maîtresse fit
chasser de son hôtel pour quelques insolences dont je n'ai
pas mémoire... »

Le bijou de Cynare prit la parole, et dit : « Alciphenor,
Fadaès, Grisgrif, demandez-vous ? j'étais assez bien fau-
filé [79] ; mais voilà la première fois de ma vie que j'entends
nommer ces gens-là : au reste, j'en saurai des nouvelles par
l'émir Amalek, le financier Ténélor ou le vizir Abdiram,
qui voient toute la terre, et qui sont mes amis.

— Le bijou de Cynare est discret, dit Hannetillon ; il
passe sous silence Zarafis, Ahiram, et le vieux Trébister,
et le jeune Mahmoud, qui n'est pas fait pour être oublié,
et n'accuse pas le moindre petit bramine, quoiqu'il y ait
dix à douze ans qu'il court les monastères.

— J'ai reçu quelques visites en ma vie, dit le bijou de
Mélisse, mais jamais aucune de Grisgrif et de Fortimbek,
et moins encore d'Hannetillon.

— Bijou, mon cœur, lui répondit Grisgrif, vous vous
trompez. Vous pouvez renier Fortimbek et moi tant qu'il
vous plaira, mais pour Hannetillon, il est un peu mieux
avec vous que vous n'en convenez. Il m'en a dit un mot ;
et c'est le garçon du Congo le plus vrai, qui vaut mieux
qu'aucun de ceux que vous avez connus, et qui peut encore
faire la réputation d'un bijou.

— Celle d'imposteur ne peut lui manquer, non plus qu'à son ami Fadaès, dit en sanglotant le bijou de Fatime. Qu'ai-je fait à ces monstres pour me déshonorer ? Le fils de l'empereur des Abyssins vint à la cour d'Erguebzed ; je lui plus, il me rendit des soins ; mais il eût échoué, et j'aurais continué d'être fidèle à mon époux, qui m'était cher, si le traître de Patte-de-velours et son lâche complice Fadaès n'eussent corrompu mes femmes et introduit le jeune prince dans mes bains. »

Les bijoux de Zyrphile et de Zulica, qui avaient la même cause à défendre, parlèrent tous deux en même temps ; mais avec tant de rapidité, qu'on eut toutes les peines du monde à rendre à chacun ce qui lui appartenait... Des faveurs ! s'écriait l'un... A Patte-de-velours, disait l'autre... passe pour Zinzim... Cerbélon... Bénengel... Agarias... l'esclave français Riqueli... le jeune Éthiopien Thézaca... mais pour le fade Patte-de-velours... l'insolent Fadaès... j'en jure par Brama... j'en atteste la grande pagode et le génie Cucufa... je ne les connais point... je n'ai jamais rien eu à démêler avec eux...

Zyrphile et Zulica parleraient encore, si Mangogul n'eût retourné son anneau ; mais sa bague mystérieuse cessant d'agir sur elles, leurs bijoux se turent subitement ; et un silence profond succéda au bruit qu'ils faisaient. Alors le sultan se leva, et lançant sur nos jeunes étourdis des regards furieux :

« Vous êtes bien osés, leur dit-il, de déchirer des femmes dont vous n'avez jamais eu l'honneur d'approcher, et qui vous connaissent à peine de nom. Qui vous a faits assez hardis pour mentir en ma présence ? Tremblez, malheureux ! »

A ces mots, il porta la main sur son cimeterre ; mais les femmes, effrayées, poussèrent un cri qui l'arrêta.

« J'allais, reprit Mangogul, vous donner la mort que vous avez méritée ; mais c'est aux dames à qui vous avez fait injure à décider de votre sort. Vils insectes, il va dépendre d'elles de vous écraser ou de vous laisser vivre. Parlez, mesdames, qu'ordonnez-vous ?

— Qu'ils vivent, dit Mirzoza ; et qu'ils se taisent, s'il est possible.

— Vivez, reprit le sultan ; ces dames vous le permettent ; mais si vous oubliez jamais à quelle condition, je jure par l'âme de mon père... »

Mangogul n'acheva pas son serment; il fut interrompu par un des gentilshommes de sa chambre, qui l'avertit que les comédiens étaient prêts. Ce prince s'était imposé la loi de ne jamais retarder les spectacles. « Qu'on commence », dit-il; et à l'instant il donna la main à la favorite, qu'il accompagna jusqu'à sa loge.

CHAPITRE QUATRIÈME

DIX-SEPTIÈME ESSAI DE L'ANNEAU

LA COMÉDIE

Si l'on eût connu dans le Congo le goût de la bonne déclamation, il y avait des comédiens dont on eût pu se passer. Entre trente personnes qui composaient la troupe, à peine comptait-on un grand acteur et deux actrices passables. Le génie des auteurs était obligé de se prêter à la médiocrité du grand nombre; et l'on ne pouvait se flatter qu'une pièce serait jouée avec quelque succès, si l'on n'avait eu l'attention de modeler ses caractères sur les vices des comédiens. Voilà ce qu'on entendait de mon temps par avoir l'usage du théâtre. Jadis les acteurs étaient faits pour les pièces; alors l'on faisait les pièces pour les acteurs : si vous présentiez un ouvrage, on examinait, sans contredit, si le sujet en était intéressant, l'intrigue bien nouée, les caractères soutenus, et la diction pure et coulante; mais n'y avait-il point de rôle pour Roscius et pour Amiane, il était refusé.

Le kislar Agasi, surintendant des plaisirs du sultan, avait mandé la troupe telle quelle, et l'on eut ce jour au sérail la première représentation d'une tragédie. Elle était d'un auteur moderne qu'on applaudissait depuis si longtemps, que sa pièce n'aurait été qu'un tissu d'impertinences, qu'on eût persisté dans l'habitude de l'applaudir; mais il ne s'était pas démenti. Son ouvrage était bien écrit, ses scènes amenées avec art, ses incidents adroitement ménagés; l'intérêt allait en croissant, et les passions en se développant; les actes, enchaînés naturellement et remplis, tenaient sans cesse le spectateur suspendu sur l'avenir et satisfait du passé; et l'on en était au quatrième de ce chef-d'œuvre, à une scène fort vive qui en préparait une autre plus intéressante encore, lorsque, pour se sauver du ridicule qu'il y avait à écouter les endroits touchants, Mangogul tira sa lorgnette, et jouant l'inattention, se mit à parcourir les loges : il aperçut à l'amphithéâtre une femme fort émue, mais d'une émotion peu relative à la pièce et très déplacée; son anneau fut à l'instant dirigé sur elle, et l'on entendit, au milieu d'une reconnaissance très pathétique, un bijou haletant s'adresser à l'acteur en ces termes : « Ah !... ah !... finissez donc, Orgogli;... vous m'attendrissez trop... Ah !... ah !... On n'y tient plus... »

On prêta l'oreille; on chercha des yeux l'endroit d'où partait la voix : il se répandit dans le parterre qu'un bijou venait de parler; lequel, et qu'a-t-il dit ? se demandait-on. En attendant qu'on fût instruit, on ne cessait de battre des mains et de crier : *bis, bis.* Cependant l'auteur, placé dans les coulisses, qui craignait que ce contre-temps n'interrompît la représentation de sa pièce, écumait de rage, et donnait tous les bijoux au diable. Le bruit fut grand, et dura : sans le respect qu'on devait au sultan, la pièce en demeurait à cet incident; mais Mangogul fit signe qu'on se tût; les acteurs reprirent, et l'on acheva.

Le sultan, curieux des suites d'une déclaration si publique, fit observer le bijou qui l'avait faite. Bientôt on lui apprit que le comédien devait se rendre chez Ériphile; il le prévint, grâce au pouvoir de sa bague, et se trouva dans l'appartement de cette femme, lorsque Orgogli se fit annoncer.

Ériphile était sous les armes, c'est-à-dire dans un déshabillé galant, et nonchalamment couchée sur un lit de repos. Le comédien entra d'un air tout à la fois empesé, conquérant, avantageux et fat : il agitait de la main gauche un chapeau simple à plumet blanc, et se caressait le dessous du nez avec l'extrémité des doigts de la droite, geste fort théâtral, et que les connaisseurs admiraient; sa révérence fut cavalière, et son compliment familier.

« Eh ! ma reine, s'écria-t-il d'un ton minaudier, en s'inclinant vers Ériphile, comme vous voilà ! Mais savez-vous bien qu'en négligé vous êtes adorable ?... »

Le ton de ce faquin choqua Mangogul. Ce prince était jeune, et pouvait ignorer des usages...

« Mais tu me trouves donc bien, mon cher ?... lui
répondit Ériphile.

— A ravir, vous dis-je...

— J'en suis tout à fait aise. Je voudrais bien que tu me
répétasses un peu cet endroit qui m'a si fort émue tantôt.
Cet endroit... là... Oui... c'est cela même... Que ce fripon
est séduisant !... Mais poursuis; cela me remue singulièrement... »

En prononçant ces paroles, Ériphile lançait à son héros
des regards qui disaient tout, et lui tendait une main que
l'impertinent Orgogli baisait comme par manière d'acquit.
Plus fier de son talent que de sa conquête, il déclamait
avec emphase; et sa dame, troublée, le conjurait tantôt de
continuer, tantôt de finir. Mangogul jugeant à ses mines
que son bijou se chargerait volontiers d'un rôle dans cette
répétition, aima mieux deviner le reste de la scène que
d'en être témoin. Il disparut, et se rendit chez la favorite,
qui l'attendait.

Au récit que le sultan lui fit de cette aventure :

« Prince, que dites-vous ? s'écria-t-elle; les femmes sont
donc tombées dans le dernier degré de l'avilissement ! Un
comédien ! l'esclave du public ! un baladin ! Encore, si
ces gens-là n'avaient que leur état contre eux; mais la plupart sont sans mœurs, sans sentiments; et entre eux, cet
Orgogli n'est qu'une machine. Il n'a jamais pensé; et s'il
n'eût point appris de rôles, peut-être ne parlerait-il pas...

— Délices de mon cœur, lui répondit Mangogul, vous
n'y pensez pas, avec votre lamentation. Avez-vous donc
oublié d'Haria ? la meute d'Haria ? Parbleu, un comédien vaut bien
un gredin, ce me semble [80].

— Vous avez raison, prince, lui répliqua la favorite; je
suis folle de m'intriguer pour des créatures qui n'en valent
pas la peine. Que Palabria soit idolâtre de ses magots, que
Salica fasse traiter ses vapeurs par Farfadi comme elle
l'entend, qu'Haria vive et meure au milieu de ses bêtes,
qu'Ériphile s'abandonne à tous les baladins du Congo,
que m'importe à moi ? Je ne risque à tout cela qu'un château. Je sens qu'il faut s'en détacher, et m'y voilà toute
résolue...

— Adieu donc le petit sapajou, dit Mangogul.

— Adieu le petit sapajou, répliqua Mirzoza, et la bonne
opinion que j'avais de mon sexe : je crois que je n'en

reviendrai jamais. Prince, vous me permettrez de n'admettre de femmes chez moi de plus de quinze jours.

— Il faut pourtant avoir quelqu'un, ajouta le sultan.

— Je jouirai de votre compagnie, ou je l'attendrai,
répondit la favorite; et si j'ai des instants de trop, j'en dis-
poserai en faveur de Ricaric et de Sélim, qui me sont
attachés, et dont j'aime la société. Quand je serai lasse de
l'érudition de mon lecteur, votre courtisan me réjouira des
aventures de sa jeunesse. »

CHAPITRE CINQUIÈME

ENTRETIEN SUR LES LETTRES

La favorite aimait les beaux esprits, sans se piquer d'être
bel esprit elle-même. On voyait sur sa toilette, entre les
diamants et les pompons, les romans et les pièces fugitives
du temps, et elle en jugeait à merveille. Elle passait, sans
se déplacer, d'un cavagnole et du biribi [81] à l'entretien
d'un académicien ou d'un savant, et tous avouaient que la
seule finesse du sentiment lui découvrait dans ces ouvrages
des beautés ou des défauts qui se dérobaient quelquefois
à leurs lumières. Mirzoza les étonnait par sa pénétration,
les embarrassait par ses questions, mais n'abusait jamais
des avantages que l'esprit et la beauté lui donnaient. On
n'était point fâché d'avoir tort avec elle.

Sur la fin d'un après-midi qu'elle avait passé avec Mangogul, Sélim vint, et elle fit appeler Ricaric. L'auteur
africain a réservé pour un autre endroit le caractère de
Sélim; mais il nous apprend ici que Ricaric [82] était de
l'académie congeoise; que son érudition ne l'avait point
empêché d'être homme d'esprit; qu'il s'était rendu profond
dans la connaissance des choses passées; qu'il avait un
attachement scrupuleux pour les règles anciennes qu'il
citait éternellement; que c'était une machine à principes;
et qu'on ne pouvait être partisan plus zélé des premiers
auteurs du Congo, mais surtout d'un certain Mироuflа qui
avait composé, il y avait environ trois mille quarante ans,
un poème sublime en langage cafre, sur la conquête d'une
grande forêt, d'où les Cafres avaient chassé les singes qui

l'occupaient de temps immémorial. Ricaric l'avait traduit
en congeois, et en avait donné une fort belle édition avec
des notes, des scolies, des variantes, et tous les embellisse-
ments d'une *bénédictine* [83]. On avait encore de lui deux
tragédies mauvaises dans toutes les règles, un éloge des
crocodiles, et quelques opéras.

« Je vous apporte, madame, lui répondit Ricaric en
s'inclinant, un roman qu'on donne à la marquise Tamazi,
mais où l'on reconnaît par malheur la main de Mulhazen;
la réponse de Lambadago, notre directeur, au discours du
poète Tuxigraphe que nous reçûmes hier; et le *Tamerlan*
de ce dernier.

— Cela est admirable ! dit Mangogul; les presses vont
incessamment; et si les maris du Congo faisaient aussi bien
leur devoir que les auteurs, je pourrais dans moins de dix
ans mettre seize cent mille hommes sur pied, et me promettre la conquête du Monoémugi. Nous lirons le roman
à loisir. Voyons maintenant la harangue, mais surtout ce
qui me concerne. »

Ricaric la parcourut des yeux, et tomba sur cet endroit :
« Les aïeux de notre auguste empereur se sont illustrés
sans doute. Mais Mangogul, plus grand qu'eux, a préparé
aux siècles à venir bien d'autres sujets d'admiration. Que
dis-je, d'admiration ? Parlons plus exactement; d'incrédu-
lité. Si nos ancêtres ont eu raison d'assurer que la postérité
prendrait pour des fables les merveilles du règne de Kanoglou, combien n'en avons-nous pas davantage de penser
que nos neveux refuseront d'ajouter foi aux prodiges de
sagesse et de valeur dont nous sommes témoins ! »

« Mon pauvre monsieur Lambadago, dit le sultan, vous
n'êtes qu'un phrasier. Ce que j'ai raison de croire, moi,
c'est que vos successeurs un jour éclipseront ma gloire
devant celle de mon fils, comme vous faites disparaître
celle de mon père devant la mienne; et ainsi de suite, tant
qu'il y aura des académiciens. Qu'en pensez-vous, monsieur Ricaric ?

— Prince, ce que je peux vous dire, répondit Ricaric,
c'est que le morceau que je viens de lire à Votre Hautesse
fut extrêmement goûté du public.

— Tant pis, répliqua Mangogul. Le vrai goût de l'éloquence est donc perdu dans le Congo ? Ce n'est pas ainsi
que le sublime Homilogo louait le grand Aben.

— Prince, reprit Ricaric, la véritable éloquence n'est autre chose que l'art de parler d'une manière noble, et tout ensemble agréable et persuasive.

— Ajoutez, et sensée, continua le sultan; et jugez d'après ce principe votre ami Lambadago. Avec tout le respect que je dois à l'éloquence moderne, ce n'est qu'un faux déclamateur.

— Mais, prince, repartit Ricaric, sans m'écarter de celui que je dois à Votre Hautesse, me permettra-t-elle...

— Ce que je vous permets, reprit vivement Mangogul, c'est de respecter le bon sens avant Ma Hautesse et de m'apprendre nettement si un homme éloquent peut être jamais dispensé d'en montrer.

— Non, prince, » répondit Ricaric.

Et il allait enfiler une longue tirade d'autorités et citer tous les rhéteurs de l'Afrique, des Arabies et de la Chine, pour démontrer la chose du monde la plus incontestable, lorsqu'il fut interrompu par Sélim.

« Tous vos auteurs, lui dit le courtisan, ne prouveront jamais que Lambadago ne soit un harangueur très maladroit et fort indécent. Passez-moi ces expressions, ajouta-t-il, monsieur Ricaric. Je vous honore singulièrement; mais en vérité, la prévention de confraternité mise à part, n'avouerez-vous pas avec nous, que le sultan régnant, juste, aimable, bienfaisant, grand guerrier, n'a pas besoin des échasses de vos rhéteurs pour être aussi grand que ses ancêtres; et qu'un fils qu'on élève en déprimant son père et son aïeul serait bien ridiculement vain s'il ne sentait pas qu'en l'embellissant d'une main on le défigure de l'autre ? Pour prouver que Mangogul est d'une taille aussi avantageuse qu'aucun de ses prédécesseurs, à votre avis, est-il nécessaire d'abattre la tête aux statues d'Erguebzed et de Kanoglou ?

— Monsieur Ricaric, reprit Mirzoza, Sélim a raison. Laissons à chacun ce qui lui appartient, et ne faisons pas soupçonner au public que nos éloges sont des espèces de filouteries à la mémoire de nos pères : dites cela de ma part en pleine Académie à la prochaine séance.

— Il y a trop longtemps, reprit Sélim, qu'on est monté sur ce ton pour espérer quelque fruit de cet avis.

— Je crois, monsieur, que vous vous trompez, répondit Ricaric à Sélim. L'Académie est encore le sanctuaire du

bon goût; et ses beaux jours ne nous offrent ni philosophes, ni poètes auxquels nous n'en ayons aujourd'hui
à opposer. Notre théâtre passait et peut passer encore
pour le premier théâtre de l'Afrique. Quel ouvrage que
le *Tamerlan* de Tuxigraphe ! C'est le pathétique d'Eurisopé et l'élévation d'Azophe [84]. C'est l'antiquité toute
pure.

— J'ai vu, dit la favorite, la première représentation de
Tamerlan; et j'ai trouvé, comme vous, l'ouvrage conduit,
le dialogue élégant et les convenances bien observées.

— Quelle différence, madame, interrompit Ricaric,
entre un auteur tel que Tuxigraphe, nourri de la lecture
des Anciens, et la plupart de nos modernes !

— Mais ces modernes, dit Sélim, que vous frondez ici
tout à votre aise, ne sont pas aussi méprisables que vous
le prétendez. Quoi donc, ne leur trouvez-vous pas du génie,
de l'invention, du feu, des détails, des caractères, des
tirades ? Et que m'importe à moi des règles, pourvu qu'on
me plaise ? Ce ne sont, assurément, ni les observations du
sage Almudir et du savant Abaldok, ni la poétique du
docte Facardin, que je n'ai jamais lues, qui me font admirer
les pièces d'Aboulcazem, de Mubardar, d'Albaboukre et
de tant d'autres Sarrasins ! Y a-t-il d'autre règle que
l'imitation de la nature ? et n'avons-nous pas les mêmes
yeux que ceux qui l'ont étudiée ?

— La nature, répondit Ricaric, nous offre à chaque
instant des faces différentes. Toutes sont vraies; mais
toutes ne sont pas également belles. C'est dans ces ouvrages,
dont il ne paraît pas que vous fassiez grand cas, qu'il faut
apprendre à choisir. Ce sont les recueils de leurs expériences et de celles qu'on avait faites avant eux. Quelque
esprit qu'on ait, on n'aperçoit les choses que les unes après
les autres; et un seul homme ne peut se flatter de voir,
dans le court espace de sa vie, tout ce qu'on avait découvert
dans les siècles qui l'ont précédé. Autrement il faudrait
avancer qu'une seule science pourrait devoir sa naissance,
ses progrès et toute sa perfection, à une seule tête : ce
qui est contre l'expérience.

— Monsieur Ricaric, répliqua Sélim, il ne s'ensuit autre
chose de votre raisonnement, sinon que les modernes,
jouissant des trésors amassés jusqu'à leur temps, doivent

être plus riches que les Anciens, ou si cette comparaison
vous déplaît, que, montés sur les épaules de ces colosses,
ils doivent voir plus loin qu'eux. En effet, qu'est-ce que
leur physique, leur astronomie, leur navigation, leur
mécanique, leurs calculs, en comparaison des nôtres ?
Et pourquoi notre éloquence et notre poésie n'auraient-
elles pas aussi la supériorité ?

— Sélim, répondit la sultane, Ricaric vous déduira
quelque jour les raisons de cette différence. Il vous dira
pourquoi nos tragédies sont inférieures à celles des Anciens;
pour moi, je me chargerai volontiers de vous montrer
que cela est. Je ne vous accuserai point, continua-t-elle,
de n'avoir pas lu les Anciens. Vous avez l'esprit trop orné
pour que leur théâtre vous soit inconnu. Or, mettez à part
certaines idées relatives à leurs usages, à leurs mœurs et à
leur religion, et qui ne vous choquent que parce que les
conjonctures ont changé; et convenez que leurs sujets
sont nobles, bien choisis, intéressants; que l'action se
développe comme d'elle-même; que leur dialogue est
simple et fort voisin du naturel; que les dénoûments n'y
sont pas forcés; et que l'intérêt n'y est point partagé, ni
l'action surchargée par des épisodes. Transportez-vous en
idée dans l'île d'Alindala; examinez tout ce qui s'y passe;
écoutez tout ce qui s'y dit, depuis le moment que le jeune
Ibrahim et le rusé Forfanty y sont descendus; approchez-
vous de la caverne du malheureux Polipsile [85], ne perdez
pas un mot de ses plaintes, et dites-moi si rien vous tire
de l'illusion. Citez-moi une pièce moderne qui puisse supporter le même examen et prétendre au même degré de
perfection, et je me tiens pour vaincue.

— De par Brama, s'écria le sultan en bâillant, madame
a fait une dissertation académique !

— Je n'entends point les règles, continua la favorite, et
moins encore les mots savants dans lesquels on les a
conçues; mais je sais qu'il n'y a que le vrai qui plaise et
qui touche. Je sais encore que la perfection d'un spectacle
consiste dans l'imitation si exacte d'une action, que le
spectateur, trompé sans interruption, s'imagine assister à
l'action même. Or, y a-t-il quelque chose qui ressemble à
cela dans ces tragédies que vous nous vantez ?

« En admirez-vous la conduite ? Elle est ordinairement
si compliquée, que ce serait un miracle qu'il se fût passé

tant de choses en si peu de temps. La ruine ou la conservation d'un empire, le mariage d'une princesse, la perte d'un
prince, tout cela s'exécute en un tour de main. S'agit-il
d'une conspiration, on l'ébauche au premier acte; elle est
liée, affermie au second; toutes les mesures sont prises,
tous les obstacles levés, les conspirateurs disposés au troisième; il y aura incessamment une révolte, un combat,
peut-être une bataille rangée : et vous appellerez cela
conduite, intérêt, chaleur, vraisemblance ! Je ne vous le
pardonnerais jamais, à vous qui n'ignorez pas ce qu'il en
coûte quelquefois pour mettre à fin une misérable intrigue
et combien la plus petite affaire de politique absorbe de
temps en démarches, en pourparlers et en délibérations.

— Il est vrai, madame, répondit Sélim, que nos pièces
sont un peu chargées; mais c'est un mal nécessaire; sans
le secours des épisodes, on se morfondrait.

— C'est-à-dire que, pour donner de l'âme à la représentation d'un fait, il ne faut le rendre ni tel qu'il est, ni
tel qu'il doit être. Cela est du dernier ridicule, à moins qu'il
ne soit plus absurde encore de faire jouer à des violons des
ariettes vives et des sonates de mouvement, tandis que les
esprits sont imbus qu'un prince est sur le point de perdre
sa maîtresse, son trône et la vie.

— Madame, vous avez raison, dit Mangogul; ce sont
des airs lugubres qu'il faut alors; et je vais vous en
ordonner. »

Mangogul se leva, sortit; et la conversation continua
entre Sélim, Ricaric et la favorite.

« Au moins, madame, répliqua Sélim, vous ne nierez
pas que, si les épisodes nous tirent de l'illusion, le dialogue
nous y ramène. Je ne vois personne qui l'entende comme
nos tragiques.

— Personne n'y entend donc rien, reprit Mirzoza.
L'emphase, l'esprit et le papillotage [86] qui y règnent sont
à mille lieues de la nature. C'est en vain que l'auteur
cherche à se dérober; mes yeux percent, et je l'aperçois
sans cesse derrière ses personnages. Cinna, Sertorius,
Maxime, Émilie sont à tout moment les sarbacanes [87] de
Corneille. Ce n'est pas ainsi qu'on s'entretient dans nos
anciens Sarrasins. M. Ricaric vous en traduira, si vous
voulez, quelques morceaux; et vous entendrez la pure
nature s'exprimer par leur bouche. Je dirais volontiers aux

modernes : « Messieurs, au lieu de donner à tout propos
de l'esprit à vos personnages, placez-les dans des conjonctures qui leur en donnent. »

— Après ce que madame vient de prononcer de la
conduite et du dialogue de nos drames, il n'y a pas apparence, dit Sélim, qu'elle fasse grâce aux dénoûments.

— Non, sans doute, reprit la favorite; il y en a cent
mauvais pour un bon. L'un n'est point amené; l'autre est
miraculeux. Un auteur est-il embarrassé d'un personnage
qu'il a traîné de scènes en scènes pendant cinq actes, il vous
le dépêche d'un coup de poignard : tout le monde se met
à pleurer; et moi je ris comme une folle. Et puis, a-t-on
jamais parlé comme nous déclamons ? Les princes et les
rois marchent-ils autrement qu'un homme qui marche
bien ? Ont-ils jamais gesticulé comme des possédés ou des
furieux ? Les princesses poussent-elles, en parlant, des
sifflements aigus ? On suppose que nous avons porté la
tragédie à un haut degré de perfection; et moi je tiens
presque pour démontré que, de tous les genres d'ouvrages
de littérature auxquels les Africains se sont appliqués dans
ces derniers siècles, c'est le plus imparfait [88]. »

La favorite en était là de sa sortie contre nos pièces de
théâtre, lorsque Mangogul rentra.

« Madame, lui dit-il, vous m'obligerez de continuer :
j'ai, comme vous voyez, des secrets pour abréger une
poétique, quand je la trouve longue.

— Je suppose, continua la favorite, un nouveau débarqué d'Angot, qui n'ait jamais entendu parler de spectacles, mais qui ne manque ni de sens ni d'usage; qui connaisse un peu la cour des princes, les manèges des courtisans, les jalousies des ministres et les tracasseries des
femmes, et à qui je dise en confidence : « Mon ami, il se
fait dans le sérail des mouvements terribles. Le prince,
mécontent de son fils en qui il soupçonne de la passion
pour la Manimonbanda, est homme à tirer de tous les deux
la vengeance la plus cruelle; cette aventure aura, selon
toutes les apparences, des suites fâcheuses [89]. Si vous
voulez, je vous rendrai témoin de tout ce qui se passera. »
Il accepte ma proposition, et je le mène dans une loge
grillée, d'où il voit le théâtre qu'il prend pour le palais du
sultan. Croyez-vous que, malgré tout le sérieux que j'affec-
terais, l'illusion de cet homme durât un instant ? Ne con-

viendrez-vous pas, au contraire, qu'à la démarche empesée
des acteurs, à la bizarrerie de leurs vêtements, à l'extravagance de leurs gestes, à l'emphase d'un langage singulier, rimé, cadencé, et à mille autres dissonances qui le
frapperont, il doit m'éclater au nez dès la première scène
et me déclarer ou que je me joue de lui, ou que le prince
et toute sa cour extravaguent ?

— Je vous avoue, dit Sélim, que cette supposition me
frappe : mais ne pourrait-on pas vous observer qu'on se
rend au spectacle avec la persuasion que c'est l'imitation
d'un événement et non l'événement même qu'on y verra ?

— Et cette persuasion, reprit Mirzoza, doit-elle empêcher qu'on n'y représente l'événement de la manière la
plus naturelle ?

— C'est-à-dire, madame, interrompit Mangogul, que
vous voilà à la tête des frondeurs.

— Et que, si l'on vous en croit, continua Sélim, l'empire
est menacé de la décadence du bon goût; que la barbarie va
renaître et que nous sommes sur le point de retomber dans
l'ignorance des siècles de Mamurrha et d'Orondado.

— Seigneur, ne craignez rien de semblable. Je hais les
esprits chagrins, et n'en augmenterai pas le nombre.
D'ailleurs, la gloire de Sa Hautesse m'est trop chère pour
que je pense jamais à donner atteinte à la splendeur de son
règne. Mais si l'on nous en croyait, n'est-il pas vrai, monsieur Ricaric, que les lettres brilleraient peut-être avec plus
d'éclat ?

— Comment ! dit Mangogul, auriez-vous à ce sujet
quelque mémoire à présenter à mon sénéchal ?

— Non, seigneur, répondit Ricaric; mais après avoir
remercié Votre Hautesse de la part de tous les gens de
lettres du nouvel inspecteur qu'elle leur a donné, je remon-
trerais à votre sénéchal, en toute humilité, que le choix
des savants préposés à la révision des manuscrits est une
affaire très délicate; qu'on confie ce soin à des gens qui
me paraissent fort au-dessous de cet emploi; et qu'il
résulte de là une foule de mauvais effets, comme d'estropier de bons ouvrages, d'étouffer les meilleurs esprits, qui,
n'ayant pas la liberté d'écrire à leur façon, ou n'écrivent
point du tout, ou font passer chez l'étranger des sommes
considérables avec leurs ouvrages; de donner mauvaise
opinion des matières qu'on défend d'agiter, et mille autres

inconvénients qu'il serait trop long de détailler à Votre Hautesse. Je lui conseillerais de retrancher les pensions à certaines sangsues littéraires, qui demandent sans raison et sans cesse; je parle des glossateurs, antiquaires [90], commentateurs et autres gens de cette espèce, qui seraient fort utiles s'ils faisaient bien leur métier, mais qui ont la malheureuse habitude de passer sur les choses obscures et d'éclaircir les endroits clairs. Je voudrais qu'il veillât à la suppression de presque tous les ouvrages posthumes, et qu'il ne souffrît point que la mémoire d'un grand auteur fût ternie par l'avidité d'un libraire qui recueille et publie longtemps après la mort d'un homme des ouvrages qu'il avait condamnés à l'oubli pendant sa vie.

— Et moi, continua la favorite, je lui marquerais un petit nombre d'hommes distingués, tels M. Ricaric, sur lesquels il pourrait rassembler vos bienfaits. N'est-il pas surprenant que le pauvre garçon n'ait pas un sou, tandis que le précieux chiromant [91] de la Manimonbanda touche tous les ans mille sequins sur votre trésor?

— Eh bien! madame, répondit Mangogul, j'en assigne autant à Ricaric sur ma cassette, en considération des merveilles que vous m'en apprenez.

— Monsieur Ricaric, dit la favorite, il faut aussi que je fasse quelque chose pour vous; je vous sacrifie le petit ressentiment de mon amour-propre; et j'oublie, en faveur de la récompense que Mangogul vient d'accorder à votre mérite, l'injure qu'il m'a faite.

— Pourrait-on, madame, vous demander quelle est cette injure? reprit Mangogul.

— Oui, seigneur, et vous l'apprendre. Vous nous embarquez vous-même dans un entretien sur les belles-lettres : vous débutez par un morceau sur l'éloquence moderne, qui n'est pas merveilleux; et lorsque, pour vous obliger, on se dispose à suivre le triste propos que vous avez jeté, l'ennui et les bâillements vous prennent; vous vous tourmentez sur votre fauteuil; vous changez cent fois de posture sans en trouver une bonne; las enfin de tenir la plus mauvaise contenance du monde, vous prenez brusquement votre parti; vous vous levez et vous disparaissez : et où allez-vous encore? peut-être écouter un bijou.

— Je conviens, madame, du fait; mais je n'y vois rien d'offensant. S'il arrive à un homme de s'ennuyer des belles choses et de s'amuser à entendre de mauvaises, tant pis pour lui. Cette injuste préférence n'ôte rien au mérite de ce qu'il a quitté; il en est seulement déclaré mauvais juge. Je pourrais ajouter à cela, madame, que tandis que vous vous occupiez à la conversation de Sélim, je travaillais presque aussi infructueusement à vous procurer un château. Enfin, s'il faut que je sois coupable, puisque vous l'avez prononcé, je vous annonce que vous avez été vengée sur-le-champ.

— Et comment cela ? dit la favorite.

— Le voici, répondit le sultan. Pour me dissiper un peu de la séance académique que j'avais essuyée, j'allais interroger quelque bijou.

— Eh bien! prince?

— Eh bien! je n'en ai jamais entendu de si maussade que les deux sur lesquels je suis tombé.

— J'en suis au comble de mes joies, reprit la favorite.

— Ils se sont mis à parler l'un et l'autre une langue inintelligible : j'ai très bien retenu tout ce qu'ils ont dit; mais que je meure si j'en comprends un mot. »

CHAPITRE SIXIÈME

DIX-HUITIÈME ET DIX-NEUVIÈME ESSAIS DE L'ANNEAU

SPHÉROIDE L'APLATIE [92] ET GIRGIRO L'ENTORTILLÉ. ATTRAPE QUI POURRA

« Cela est singulier, continua la favorite : jusqu'à présent j'avais imaginé que si l'on avait quelques reproches à faire aux bijoux, c'était d'avoir parlé très clairement.

— Oh ! parbleu, madame, répondit Mangogul, ces deux-ci n'en sont pas; et les entendra qui pourra.

« Vous connaissez cette petite femme toute ronde, dont la tête est enfoncée dans les épaules, à qui l'on aperçoit à peine des bras, qui a les jambes si courtes et le ventre si dévalé qu'on la prendrait pour un magot ou pour un gros embryon mal développé, qu'on a surnommée Sphéroïde l'aplatie, qui s'est mis en tête que Brama l'appelait à l'étude de la géométrie, parce qu'elle en a reçu la figure d'un globe; et qui conséquemment aurait pu se déterminer pour l'artillerie; car de la façon dont elle est tournée, elle a dû sortir du sein de la nature comme un boulet de la bouche d'un canon.

« J'ai voulu savoir des nouvelles de son bijou, et je l'ai questionné; mais ce vorticose [93] s'est expliqué en termes d'une géométrie si profonde, que je ne l'ai point entendu, et peut-être ne s'entendait-il pas lui-même. Ce n'était que lignes droites, surfaces concaves, quantités données, longueur, largeur, profondeur, solides, forces vives, forces mortes, cône, cylindre, sections coniques, courbes, courbes élastiques, courbe rentrant en elle-même, avec son point conjugué...

— Que Votre Hautesse me fasse grâce du reste ! s'écria douloureusement la favorite. Vous avez une cruelle mémoire. Cela est à périr. J'en aurai, je crois, la migraine plus de huit jours. Par hasard, l'autre serait-il aussi réjouissant ?

— Vous allez en juger, répondit Mangogul. De par l'orteil de Brama, j'ai fait un prodige; j'ai retenu son amphigouri mot pour mot, bien qu'il soit tellement dénué de sens et de clarté, que si vous m'en donniez une fine et critique exposition, vous me feriez, madame, un présent gracieux.

— Comment avez-vous dit, prince ? s'écria Mirzoza : je veux mourir si vous n'avez dérobé cette phrase à quelqu'un.

— Je ne sais comment cela s'est fait, répondit Mangogul; car ces deux bijoux sont aujourd'hui les seules personnes à qui j'aie donné audience. Le dernier sur qui j'ai tourné mon anneau, après avoir gardé le silence un moment, a dit, comme s'il se fût adressé à une assemblée :

« Messieurs,

« Je me dispenserai de chercher, au mépris de ma propre raison, un modèle de penser et de m'exprimer. Si toutefois j'avance quelque chose de neuf, ce ne sera point affectation; le sujet me l'aura fourni : si je répète ce qui aura été dit, je l'aurai pensé comme les autres.

« Que l'ironie ne vienne point tourner en ridicule ce début, et m'accuser de n'avoir rien lu, ou d'avoir lu en

pure perte; un bijou comme moi n'est fait ni pour lire,
ni pour profiter de ses lectures, ni pour pressentir une
objection, ni pour y répondre.

« Je ne me refuserai point aux réflexions et aux ornements proportionnés à mon sujet, d'autant plus qu'à cet
égard il est d'une extrême modestie, n'en permettant ni la
quantité ni l'éclat; mais j'éviterai de descendre dans ces
petits et menus détails qui sont le partage d'un orateur
stérile; je serais au désespoir d'être soupçonné de ce
défaut.

« Après vous avoir instruits, messieurs, de ce que vous
devez attendre de mes découvertes et de mon élocution,
quelques coups de pinceau suffiront pour vous esquisser
mon caractère.

« Il y a, vous le savez tous, messieurs, comme moi, deux
sortes de bijoux : des bijoux orgueilleux, et des bijoux
modestes; les premiers veulent primer et tenir partout le
haut bout; les seconds, au contraire, affectent de se prêter,
et se présentent d'un air soumis. Cette double intention
se manifeste dans les projets de l'exécution, et les détermine
les uns et les autres à agir selon le génie qui les guide.

« Je crus, par attachement aux préjugés de la première
éducation, que je m'ouvrirais une carrière plus sûre, plus
facile et plus gracieuse, si je préférais le rôle de l'humilité
à celui de l'orgueil, et je m'offris avec une pudeur enfantine
et des supplications engageantes à tous ceux que j'eus le
bonheur de rencontrer.

« Mais que les temps sont malheureux ! après dix fois
plus de *mais*, de *si* et de *comme* qu'il n'en fallait pour impatienter le plus désœuvré de tous les bijoux, on accepta
mes services. Hélas! ce ne fut pas pour longtemps : mon premier possesseur, se livrant à l'éclat flatteur d'une conquête
nouvelle, me délaissa, et je retombai dans le désœuvrement.

« Je venais de perdre un trésor, et je ne me flattai point
que la fortune m'en dédommagerait; en effet, la place
vacante fut occupée, mais non remplie, par un sexagénaire
en qui la bonne volonté manquait moins que le moyen.

« Il travailla de toutes ses forces à m'ôter la mémoire
de mon état passé. Il eut pour moi toutes ces manières
reconnues pour polies et concurrentes dans la carrière que
je suivais; mais ses efforts ne prévinrent point mes regrets.

« Si l'industrie, qui n'a jamais, dit-on, resté courte, lui fit trouver dans les trésors de la faculté naturelle quelque adoucissement à ma peine, cette compensation me parut insuffisante, en dépit de mon imagination, qui se fatiguait vainement à chercher des rapports nouveaux, et même à en supposer d'imaginaires.

« Tel est l'avantage de la primauté, qu'elle saisit l'idée et fait barrière à tout ce qui veut ensuite se présenter sous d'autres formes; et telle est, le dirai-je à notre honte? la nature ingrate des bijoux, que devant eux la bonne volonté n'est jamais réputée pour le fait.

« La remarque me paraît si naturelle, que, sans en être redevable à personne, je ne pense pas être le seul à qui elle soit venue; mais si quelqu'un avant moi en a été touché, du moins je suis, messieurs, le premier qui entreprends, par sa manifestation, d'en faire valoir le mérite à vos yeux.

« Je n'ai garde de savoir mauvais gré à ceux qui ont élevé la voix jusqu'ici, d'avoir manqué ce trait, mon amour-propre se trouvant trop satisfait de pouvoir, après un si grand nombre d'orateurs, présenter mon observation comme quelque chose de neuf [94]... »

— Ah! prince, s'écria vivement Mirzoza, il me semble que j'entends le chiromant de la Manimonbanda : adressez-vous à cet homme, et vous aurez l'interprétation fine et critique dont vous attendriez inutilement de tout autre le présent gracieux. »

L'auteur africain dit que Mangogul sourit et continua; mais je n'ai garde, ajoute-t-il, de rapporter le reste de son discours. Si ce commencement n'a pas autant amusé que les premières pages de la fée Taupe, la suite serait plus ennuyeuse que les dernières de la fée Moustache [95].

CHAPITRE SEPTIÈME

RÊVE DE MIRZOZA

Après que Mangogul eut achevé le discours académique de Girgiro l'entortillé, il fit nuit, et l'on se coucha.

Cette nuit, la favorite pouvait se promettre un sommeil profond; mais la conversation de la veille lui revint dans la

tête en dormant; et les idées qui l'avaient occupée se mêlant
avec d'autres, elle fut tracassée par un songe bizarre, qu'elle
ne manqua pas de raconter au sultan.

« J'étais, lui dit-elle, dans mon premier somme lorsque
je me suis senti transporter dans une galerie immense toute
pleine de livres : je ne vous dirai rien de ce qu'ils contenaient; ils furent alors pour moi ce qu'ils sont pour
bien d'autres qui ne dorment pas : je ne regardai pas
un seul titre; un spectacle plus frappant m'attira tout
entière.

« D'espace en espace, entre les armoires qui renfer-
maient les livres, s'élevaient des piédestaux sur lesquels
étaient posés des bustes de marbre et d'airain d'une grande
beauté : l'injure des temps les avait épargnés; à quelques
légères défectuosités près, ils étaient entiers et parfaits; ils
portaient empreintes cette noblesse et cette élégance que
l'antiquité a su donner à ses ouvrages; la plupart avaient
de longues barbes, de grands fronts comme le vôtre, et la
physionomie intéressante.

« J'étais inquiète de savoir leurs noms et de connaître
leur mérite, lorsqu'une femme [96] sortit de l'embrasure
d'une fenêtre, et m'aborda : sa taille était avantageuse, son
pas majestueux et sa démarche noble; la douceur et la
fierté se confondaient dans ses regards; et sa voix avait je
ne sais quel charme qui pénétrait; un casque, une cuirasse,
avec une jupe flottante de satin blanc, faisaient tout son
ajustement. « Je connais votre embarras, me dit-elle, et je
vais satisfaire votre curiosité. Les hommes dont les bustes
vous ont frappée furent mes favoris; ils ont consacré leurs
veilles à la perfection des beaux-arts, dont on me doit
l'invention : ils vivaient dans les pays de la terre les plus
policés, et leurs écrits, qui ont fait les délices de leurs
contemporains, font l'admiration du siècle présent. Approchez-vous, et vous apercevrez en bas-reliefs, sur les piédestaux qui soutiennent leurs bustes, quelque sujet intéressant
qui vous indiquera du moins le caractère de leurs écrits. »

« Le premier buste que je considérai était un vieillard
majestueux qui me parut aveugle [97] : il avait, selon toute
apparence, chanté des combats; car c'étaient les sujets des
côtés de son piédestal; une seule figure occupait la face
antérieure; c'était un jeune héros : il avait la main posée
sur la garde de son cimeterre, et l'on voyait un bras de

femme qui l'arrêtait par les cheveux, et qui semblait tempérer sa colère.

« On avait placé vis-à-vis de ce buste celui d'un homme [98]; c'était la modestie même : ses regards étaient tournés sur le vieillard avec une attention marquée : il avait aussi chanté la guerre et les combats; mais ce n'était pas les seuls sujets qui l'avaient occupé; car des bas-reliefs qui l'environnaient, le principal représentait d'un côté des laboureurs courbés sur leurs charrues, et travaillant à la culture des terres, et de l'autre, des bergers étendus sur l'herbe et jouant de la flûte entre leurs moutons et leurs chiens.

« Le buste placé au-dessous du vieillard, et du même côté, avait le regard effaré [99]; il semblait suivre de l'œil quelque objet qui fuyait, et l'on avait représenté au-dessous une lyre jetée au hasard, des lauriers dispersés, des chars brisés et des chevaux fougueux échappés dans une vaste plaine.

« Je vis, en face de celui-ci, un buste qui m'intéressa [100]; il me semble que je le vois encore; il avait l'air fin, le nez aquilin et pointu, le regard fixe et le ris malin. Les bas-reliefs dont on avait orné son piédestal étaient si chargés, que je ne finirais point si j'entreprenais de vous les décrire.

« Après en avoir examiné quelques autres, je me mis à interroger ma conductrice.

« Quel est celui-ci, lui demandai-je, qui porte la vérité sur les lèvres et la probité sur tout son visage?

« — Ce fut, me dit-elle, l'ami et la victime de l'une et de l'autre. Il s'occupa, tant qu'il vécut, à rendre ses concitoyens éclairés et vertueux; et ses concitoyens ingrats lui ôtèrent la vie [101].

« — Et ce buste qu'on a mis au-dessous?

« — Lequel? celui qui paraît soutenu par les Grâces qu'on a sculptées sur les faces de son piédestal?

« — Celui-là même.

« — C'est le disciple [102] et l'héritier de l'esprit et des maximes du vertueux infortuné dont je vous ai parlé.

« — Et ce gros joufflu, qu'on a couronné de pampre et de myrte, qui est-il?

« — C'est un philosophe aimable [103], qui fit son unique occupation de chanter et de goûter le plaisir. Il mourut entre les bras de la Volupté.

« — Et cet autre aveugle?

« — C'est [104]... » me dit-elle.

« Mais je n'attendis pas sa réponse : il me sembla que j'étais en pays de connaissance; et je m'approchai avec précipitation du buste qu'on lui avait placé en face [105]. Il était posé sur un trophée des différents attributs des sciences et des arts : les Amours folâtraient entre eux sur un des côtés de son piédestal. On avait groupé sur l'autre les génies de la politique, de l'histoire et de la philosophie. On voyait sur le troisième, ici deux armées rangées en bataille : l'étonnement et l'horreur régnaient sur les visages; on découvrait aussi des vestiges de l'admiration et de la pitié. Ces sentiments naissaient apparemment des objets qui s'offraient à la vue. C'était un jeune homme expirant, et à ses côtés un guerrier plus âgé qui tournait ses armes contre lui-même. Tout était dans ces figures de la dernière beauté; et le désespoir de l'une, et la langueur mortelle qui parcourait les membres de l'autre. Je m'approchai, et je lus au-dessous en lettres d'or :

. . . . Hélas ! c'était son fils [106]!

« Là on avait sculpté un soudan furieux qui enfonçait un poignard dans le sein d'une jeune personne, à la vue d'un peuple nombreux. Les uns détournaient les yeux, et les autres fondaient en larmes. On avait gravé ces mots autour de ce bas-relief :

Est-ce vous, Nérestan [107]? . . . . . .

« J'allais passer à d'autres bustes, lorsqu'un bruit soudain me fit tourner la tête. Il était occasionné par une troupe d'hommes vêtus de longues robes noires, qui se précipitaient en foule dans la galerie. Les uns portaient des encensoirs d'où s'exhalait une vapeur grossière, les autres des guirlandes d'œillets d'Inde et d'autres fleurs cueillies sans choix, et arrangées sans goût. Ils s'attroupèrent autour des bustes, et les encensèrent en chantant des hymnes en deux langues qui me sont inconnues. La fumée de leur encens s'attachait aux bustes, à qui leurs couronnes donnaient un air tout à fait ridicule. Mais les antiques reprirent bientôt leur éclat, et je vis les couronnes se faner et tomber à terre séchées. Il s'éleva entre ces espèces de barbares une querelle [108] sur ce que quelques-uns n'avaient pas, au gré des autres, fléchi le genou assez bas ; et ils étaient sur le point d'en venir aux mains, lorsque ma conductrice les dispersa d'un regard et rétablit le calme dans sa demeure.

« Ils étaient à peine éclipsés, que je vis entrer par une porte opposée une longue file de pygmées [109]. Ces petits hommes n'avaient pas deux coudées de hauteur, mais en récompense ils portaient des dents fort aiguës et des ongles fort longs. Ils se séparèrent en plusieurs bandes, et s'emparèrent des bustes. Les uns tâchaient d'égratigner les bas-reliefs, et le parquet était jonché des débris de leurs ongles ; d'autres plus insolents s'élevaient les uns sur les épaules des autres, à la hauteur des têtes, et leur donnaient des croquignoles. Mais ce qui me réjouit beaucoup, ce fut d'apercevoir que ces croquignoles, loin d'atteindre le nez du buste, revenaient sur celui du pygmée. Aussi, en les considérant de fort près, les trouvai-je presque tous camus.

« Vous voyez, me dit ma conductrice, quelle est l'audace et le châtiment de ces myrmidons. Il y a longtemps que cette guerre dure, et toujours à leur désavantage. J'en use moins sévèrement avec eux qu'avec les robes noires. L'encens de ceux-ci pourrait défigurer les bustes ; les efforts des autres finissent presque toujours par en augmenter l'éclat. Mais comme vous n'avez plus qu'une heure ou deux à demeurer ici, je vous conseille de passer à de nouveaux objets. »

« Un grand rideau s'ouvrit à l'instant, et je vis un atelier occupé par une autre sorte de pygmées : ceux-ci n'avaient ni dents ni ongles, mais en revanche ils étaient armés de rasoirs et de ciseaux. Ils tenaient entre leurs mains des têtes qui paraissaient animées, et s'occupaient à couper à l'une les cheveux, à arracher à l'autre le nez et les oreilles, à crever l'œil droit à celle-ci, l'œil gauche à celle-là, et à les disséquer presque toutes. Après cette belle opération, ils se mettaient à les considérer et à leur sourire, comme s'ils les eussent trouvées les plus jolies du monde. Les pauvres têtes avaient beau jeter les hauts cris, ils ne daignaient presque pas leur répondre. J'en entendis une qui redemandait son nez, et qui représentait qu'il ne lui était pas possible de se montrer sans cette pièce.

« Eh ! tête ma mie, lui répondait le pygmée, vous êtes

folle. Ce nez, qui fait votre regret, vous défigurait. Il était long, long... Vous n'auriez jamais fait fortune avec cela. Mais depuis qu'on vous l'a raccourci, taillé, vous êtes charmante ; et l'on vous courra [110]... »

« Le sort de ces têtes m'attendrissait, lorsque j'aperçus plus loin d'autres pygmées plus charitables qui se traînaient à terre avec des lunettes. Ils ramassaient des nez et des oreilles, et les rajustaient à quelques vieilles têtes à qui le temps les avait enlevés [111].

« Il y en avait entre eux, mais en petit nombre, qui y réussissaient ; les autres mettaient le nez à la place de l'oreille, ou l'oreille à la place du nez, et les têtes n'en étaient que plus défigurées.

« J'étais fort empressée de savoir ce que toutes ces choses signifiaient ; je le demandai à ma conductrice, et elle avait la bouche ouverte pour me répondre, lorsque je me suis réveillée en sursaut. »

— Cela est cruel, dit Mangogul ; cette femme vous aurait développé bien des mystères. Mais à son défaut je serais d'avis que nous nous adressassions à mon joueur de gobelets Bloculocus.

— Qui ? reprit la favorite, ce nigaud à qui vous avez accordé le privilège exclusif de montrer la lanterne magique dans votre cour !

— Lui-même, répondit le sultan ; il nous interprétera votre songe, ou personne.

« Qu'on appelle Bloculocus, » dit Mangogul.

CHAPITRE HUITIÈME

VINGT-UNIÈME ET VINGT-DEUXIÈME ESSAIS DE L'ANNEAU

FRICAMONE ET CALLIPIGA

L'auteur africain ne nous dit point ce que devint Mangogul, en attendant Bloculocus. Il y a toute apparence qu'il sortit, qu'il alla consulter quelques bijoux, et que, satisfait de ce qu'il en avait appris, il rentra chez la favorite, en poussant les cris de joie qui commencent ce chapitre.

« Victoire ! victoire ! s'écria-t-il. Vous triomphez, madame; et le château, les porcelaines et le petit sapajou sont à vous.

— C'est Églé, sans doute ? reprit la favorite...

— Non, madame, non, ce n'est point Églé, interrompit le sultan. C'est une autre.

— Ah ! prince, dit la favorite, ne m'enviez pas plus longtemps l'avantage de connaître ce phénix...

— Eh bien ! c'est... : qui l'aurait jamais cru ?

— C'est ?... dit la favorite.

— Fricamone, répondit Mangogul.

— Fricamone ! reprit Mirzoza : je ne vois rien d'impossible à cela. Cette femme a passé en couvent la plus grande partie de sa jeunesse; et depuis qu'elle en est sortie, elle a mené la vie la plus édifiante et la plus retirée. Aucun homme n'a mis le pied chez elle; et elle s'est rendue comme l'abbesse d'un troupeau de jeunes dévotes qu'elle forme à la perfection, et dont sa maison ne désemplit pas. Il n'y avait rien à faire là pour vous autres, ajouta la favorite en souriant et secouant la tête.

— Madame, vous avez raison, dit Mangogul. J'ai questionné son bijou : point de réponse. J'ai redoublé la vertu de ma bague en la frottant et refrottant : rien n'est venu. Il faut, me disais-je en moi-même, que ce bijou soit sourd. Et je me disposais à laisser Fricamone sur le lit de repos où je l'avais trouvée, lorsqu'elle s'est mise à parler, par la bouche, s'entend.

« Chère Acaris, s'écriait-elle, que je suis heureuse dans ces moments que je dérobe à tout ce qui m'obsède, pour me livrer à toi ! Après ceux que je passe entre tes bras, ce sont les plus doux de ma vie... Rien ne me distrait; autour de moi tout est dans le silence; mes rideaux entr'ouverts n'admettent de jour que ce qu'il en faut pour m'incliner à la tendresse et te voir. Je commande à mon imagination : elle t'évoque, et d'abord je te vois... Chère Acaris ! que tu me parais belle !... Oui, ce sont là tes yeux, c'est ton souris, c'est ta bouche... Ne me cache point cette gorge naissante. Souffre que je la baise... Je ne l'ai point assez vue... Que je la baise encore !... Ah ! laisse-moi mourir sur elle... Quelle fureur me saisit ! Acaris ! chère Acaris, où es-tu ?... Viens donc, chère Acaris... Ah ! chère et tendre amie, je te le jure, des sentiments inconnus se sont emparés de mon âme.

Elle en est remplie, elle en est étonnée, elle n'y suffit pas...
Coulez, larmes délicieuses; coulez, et soulagez l'ardeur qui
me dévore... Non, chère Acaris, non, cet Alizali, que tu
me préfères, ne t'aimera point comme moi... Mais j'entends
quelque bruit... Ah! c'est Acaris, sans doute... Viens, chère
âme, viens... »

— Fricamone ne se trompait point, continua Mangogul :
c'était Acaris, en effet. Je les ai laissées s'entretenir ensemble,
et fortement persuadé que le bijou de Fricamone [112] conti-
nuerait d'être discret, je suis accouru vous apprendre que
j'ai perdu.

— Mais, reprit la sultane, je n'entends rien à cette Fricamone. Il faut qu'elle soit folle, ou qu'elle ait de cruelles
vapeurs. Non, prince, non; j'ai plus de conscience que vous
ne m'en supposez. Je n'ai rien à objecter à cette épreuve.
Mais je sens là quelque chose qui me défend de m'en préva-
loir. Et je ne m'en prévaudrai point. Voilà qui est décidé.
Je ne voudrai jamais de votre château, ni de vos porcelaines, ou je les aurai à meilleurs titres.

— Madame, lui répondit Mangogul, je ne vous conçois
pas. Vous êtes d'une difficulté qui passe. Il faut que vous
n'ayez pas bien regardé le petit sapajou.

— Prince, je l'ai bien vu, répliqua Mirzoza. Je sais qu'il
est charmant. Mais je soupçonne cette Fricamone de n'être
pas mon fait. Si c'est votre envie qu'il m'appartienne un
jour, adressez-vous ailleurs.

— Ma foi, madame, reprit Mangogul après y avoir bien
pensé, je ne vois plus que la maîtresse de Mirolo qui puisse
vous faire gagner.

— Ah ! prince, vous rêvez, lui répondit la favorite. Je ne
connais point votre Mirolo; mais quel qu'il soit, puisqu'il
a une maîtresse, ce n'est pas pour rien.

— Vraiment vous avez raison, dit Mangogul; cependant
je gagerais bien encore que le bijou de Callipiga ne sait rien
de rien.

— Accordez-vous donc, continua la favorite. De deux
choses l'une : ou le bijou de Callipiga... Mais j'allais m'embarquer dans un raisonnement ridicule... Faites, prince, tout
ce qu'il vous plaira : consultez le bijou de Callipiga; s'il se
tait, tant pis pour Mirolo, tant mieux pour moi. »

Mangogul partit et se trouva dans un instant à côté du
sofa jonquille, brodé en argent, sur lequel Callipiga repo-

sait. Il eut à peine tourné sa bague sur elle, qu'il entendit
une voix sourde qui murmurait le discours suivant :

« Que me demandez-vous ? je ne comprends rien à vos
questions. On ne songe seulement pas à moi. Il me semble
pourtant que j'en vaux bien un autre. Mirolo passe souvent
à ma porte, il est vrai, mais. . . . .

(Il y a dans cet endroit une lacune considérable. La république
des lettres aurait certainement obligation à celui qui nous resti-
tuerait le discours du bijou de Callipiga, dont il ne nous reste
que les deux dernières lignes. Nous invitons les savants à les
méditer et à voir si cette lacune ne serait point une omission
volontaire de l'auteur, mécontent de ce qu'il avait dit, et qui ne
trouvait rien de mieux à dire.)

. . . . . . On dit que mon rival [113] aurait des autels
au-delà des Alpes. Hélas ! sans Mirolo, l'univers entier m'en
élèverait. »

Mangogul revint aussitôt au sérail et répéta à la favorite
la plainte du bijou de Callipiga, mot pour mot ; car il avait
la mémoire merveilleuse.

« Il n'y a rien là, madame, lui dit-il, qui ne vous donne
gagné ; je vous abandonne tout, et vous en remercierez
Callipiga, quand vous le jugerez à propos.

— Seigneur, lui répondit sérieusement Mirzoza, c'est à
la vertu la mieux confirmée que je veux devoir mon avantage, et non pas...

— Mais, madame, reprit le sultan, je n'en connais pas
de mieux confirmée que celle qui a vu l'ennemi de si près.

— Et moi, prince, répliqua la favorite, je m'entends
bien ; et voici Sélim et Bloculocus qui nous jugeront. »

Sélim et Bloculocus entrèrent aussitôt ; Mangogul les mit
au fait, et ils décidèrent tous deux en faveur de Mirzoza.

CHAPITRE NEUVIÈME

LES SONGES

« Seigneur, dit la favorite à Bloculocus, il faut encore que
vous me rendiez un service. Il m'est passé la nuit dernière
par la tête une foule d'extravagances. C'est un songe ; mais

Dieu sait quel songe ! et l'on m'a assuré que vous étiez le
premier homme du Congo pour déchiffrer les songes.
Dites-moi donc vite ce que signifie celui-ci ; et tout de suite
elle lui conta le sien.

— Madame, lui répondit Bloculocus, je suis assez
médiocre onéirocritique...

— Ah ! sauvez-moi, s'il vous plaît, les termes de l'art,
s'écria la favorite : laissez là la science, et parlez-moi raison.

— Madame, lui dit Bloculocus, vous allez être satisfaite :
j'ai sur les songes quelques idées singulières ; c'est à cela
seul que je dois peut-être l'honneur de vous entretenir, et
l'épithète de songe-creux : je vais vous les exposer le plus
clairement qu'il me sera possible.

— Vous n'ignorez pas, madame, continua-t-il, ce que le
gros des philosophes, avec le reste des hommes, débitent
là-dessus. Les objets, disent-ils, qui nous ont vivement
frappés le jour occupent notre âme pendant la nuit ; les
traces qu'ils ont imprimées, durant la veille, dans les fibres
de notre cerveau, subsistent ; les esprits animaux, habitués
à se porter dans certains endroits, suivent une route qui
leur est familière ; et de là naissent ces représentations
involontaires qui nous affligent ou qui nous réjouissent.
Dans ce système, il semblerait qu'un amant heureux devrait
toujours être bien servi par ses rêves ; cependant il arrive
souvent qu'une personne qui ne lui est pas inhumaine
quand il veille, le traite en dormant comme un nègre, ou
qu'au lieu de posséder une femme charmante, il ne rencontre dans ses bras qu'un petit monstre contrefait.

— Voilà précisément mon aventure de la nuit dernière,
interrompit Mangogul ; car je rêve presque toutes les
nuits ; c'est une maladie de famille : et nous rêvons tous de
père en fils, depuis le sultan Togrul qui rêvait en
743,500,000,002, et qui commença. Or donc, la nuit dernière, je vous voyais, madame, dit-il à Mirzoza. C'était
votre peau, vos bras, votre gorge, votre cou, vos épaules,
ces chairs fermes, cette taille légère, cet embonpoint incomparable, vous-même enfin ; à cela près qu'au lieu de ce
visage charmant, de cette tête adorable que je cherchais, je
me trouvai nez à nez avec le museau d'un doguin.

« Je fis un cri horrible ; Kotluk, mon chambellan, accourut et me demanda ce que j'avais : « Mirzoza, lui répondis-je
à moitié endormi, vient d'éprouver la métamorphose la

plus hideuse; elle est devenue danoise. » Kotluk ne jugea
pas à propos de me réveiller; il se retira, et je me rendormis;
mais je puis vous assurer que je vous reconnus à merveille,
vous, votre corps et la tête du chien. Bloculocus m'expli-
quera-t-il ce phénomène ?

— Je n'en désespère pas, répondit Bloculocus, pourvu
que Votre Hautesse convienne avec moi d'un principe fort
simple : c'est que tous les êtres ont une infinité de rapports
les uns avec les autres par les qualités qui leur sont communes; et que c'est un certain assemblage de qualités qui
les caractérise et qui les distingue.

— Cela est clair, répliqua Mirzoza; Ipsifile a des pieds,
des mains, une bouche, comme une femme d'esprit...

— Et Pharasmane, ajouta Mangogul, porte son épée
comme un homme de cœur.

— Si l'on n'est pas suffisamment instruit des qualités
dont l'assemblage caractérise telle ou telle espèce, ou si l'on
juge précipitamment que cet assemblage convient ou ne
convient pas à tel ou tel individu, on s'expose à prendre
du cuivre pour de l'or, un strass pour un brillant, un calcu-
lateur pour un géomètre, un phrasier pour un bel esprit,
Criton pour un honnête homme, et Phédime pour une
jolie femme, ajouta la sultane.

— Eh bien, madame, savez-vous ce que l'on pourrait
dire, reprit Bloculocus, de ceux qui portent ces jugements ?

— Qu'ils rêvent tout éveillés, répondit Mirzoza.

— Fort bien, madame, continua Bloculocus; et rien
n'est plus philosophique ni plus exact en mille rencontres
que cette expression familière : *je crois que vous rêvez ;* car
rien n'est plus commun que des hommes qui s'imaginent
raisonner, et qui ne font que rêver les yeux ouverts.

— C'est bien de ceux-là, interrompit la favorite, qu'on
peut dire, à la lettre, que toute la vie n'est qu'un songe.

— Je ne peux trop m'étonner, madame, reprit Bloculocus, de la facilité avec laquelle vous saisissez des notions
assez abstraites. Nos rêves ne sont que des jugements
précipités qui se succèdent avec une rapidité incroyable, et
qui, rapprochant des objets qui ne se tiennent que par des
qualités fort éloignées, en composent un tout bizarre.

— Oh ! que je vous entends bien, dit Mirzoza; et c'est
un ouvrage en marqueterie, dont les pièces rapportées sont
plus ou moins nombreuses, plus ou moins régulièrement

placées, selon qu'on a l'esprit plus vif, l'imagination plus
rapide et la mémoire plus fidèle : ne serait-ce pas même en
cela que consisterait la folie ? et lorsqu'un habitant des
Petites-Maisons [114] s'écrie qu'il voit des éclairs, qu'il entend
gronder le tonnerre, et que des précipices s'entr'ouvrent
sous ses pieds; ou qu'Ariadné, placée devant son miroir,
se sourit à elle-même, se trouve les yeux vifs, le teint
charmant, les dents belles et la bouche petite, ne serait-ce
pas que ces deux cervelles dérangées, trompées par des
rapports fort éloignés, regardent des objets imaginaires
comme présents et réels ?

— Vous y êtes, madame; oui, si l'on examine bien les
fous, dit Bloculocus, on sera convaincu que leur état n'est
qu'un rêve continu.

— J'ai, dit Sélim en s'adressant à Bloculocus, par devers
moi quelques faits auxquels vos idées s'appliquent à merveille : ce qui me détermine à les adopter. Je rêvai une fois
que j'entendais des hennissements, et que je voyais sortir
de la grande mosquée deux files parallèles d'animaux singuliers; ils marchaient gravement sur leurs pieds de derrière;
le capuchon, dont leurs museaux étaient affublés, percé de
deux trous, laissait sortir deux longues oreilles mobiles et
velues; et des manches fort longues leur enveloppaient les
pieds de devant. Je me tourmentai beaucoup dans le temps
pour trouver quelque sens à cette vision; mais je me rappelle
aujourd'hui que j'avais été la veille à Montmartre [115].

« Une autre fois que nous étions en campagne, commandés par le grand sultan Erguebzed en personne, et que,
harassé d'une marche forcée, je dormais dans ma tente, il
me sembla que j'avais à solliciter au divan la conclusion
d'une affaire importante; j'allai me présenter au conseil de
la régence; mais jugez combien je dus être étonné : je
trouvai la salle pleine de râteliers, d'auges, de mangeoires
et de cages à poulets; et je ne vis dans le fauteuil du grand
sénéchal qu'un bœuf qui ruminait; à la place du séraskier,
qu'un mouton de Barbarie; sur le banc du teftardar, qu'un
aigle à bec crochu et à longues serres; au lieu du kiaia et
du cadilesker, que deux gros hiboux en fourrures; et pour
vizirs, que des oies avec des queues de paon : je présentai
ma requête, et j'entendis à l'instant un tintamarre désespéré
qui me réveilla [116].

— Voilà-t-il pas un rêve bien difficile à déchiffrer ? dit

Mangogul; vous aviez alors une affaire au divan, et vous fîtes, avant que de vous y rendre, un tour à la ménagerie; mais moi, seigneur Bloculocus, vous ne me dites rien de ma tête de chien?

— Prince, répondit Bloculocus, il y a cent à parier contre un que madame avait, ou que vous aviez aperçu à quelque autre une palatine [117] de queues de martre, et que les danois vous frappèrent la première fois que vous en vîtes : il y a là dix fois plus de rapports qu'il n'en fallait pour exercer votre âme pendant la nuit; la ressemblance de la couleur vous fit substituer une crinière à une palatine, et tout de suite vous plantâtes une vilaine tête de chien à la place d'une très belle tête de femme.

— Vos idées me paraissent justes, répondit Mangogul; que ne les mettez-vous au jour? elles pourraient contribuer au progrès de la divination par les songes, science importante qu'on cultivait beaucoup il y a deux mille ans, et qu'on a trop négligée depuis. Un autre avantage de votre système, c'est qu'il ne manquerait pas de répandre des lumières sur plusieurs ouvrages tant anciens que modernes, qui ne sont qu'un tissu de rêveries, comme le *Traité des idées* de Platon [118], les *Fragments* d'Hermès-Trismégiste [119], les *Paradoxes littéraires* du père H... [120], le *Newton*, l'*Optique des couleurs*, et la *Mathématique universelle* d'un certain bramine [121]; par exemple, ne nous diriez-vous pas, monsieur le devin, ce qu'Orcotome avait vu pendant le jour quand il rêva son hypothèse? Ce que le père C... avait rêvé quand il se mit à fabriquer son orgue des couleurs? et quel avait été le songe de Cléobule, quand il composa sa tragédie?

— Avec un peu de méditation j'y parviendrais, seigneur, répondit Bloculocus; mais je réserve ces phénomènes délicats pour le temps où je donnerai au public ma traduction de Philoxène, dont je supplie Votre Hautesse de m'accorder le privilège.

— Très volontiers, dit Mangogul; mais qu'est-ce que ce Philoxène?

— Prince, reprit Bloculocus, c'est un auteur grec qui a très bien entendu la matière des songes.

— Vous savez donc le grec?...

— Moi, seigneur, point du tout.

— Ne m'avez-vous pas dit que vous traduisiez Philoxène, et qu'il avait écrit en grec?

— Oui, seigneur; mais il n'est pas nécessaire d'entendre
une langue pour la traduire, puisque l'on ne traduit que
pour des gens qui ne l'entendent point.

— Cela est merveilleux, dit le sultan; seigneur Bloco-
locus, traduisez donc le grec sans le savoir; je vous donne
ma parole que je n'en dirai mot à personne, et que je ne
vous en honorerai pas moins singulièrement. »

CHAPITRE DIXIÈME

VINGT-TROISIÈME ESSAI DE L'ANNEAU

FANNI

Il restait encore assez de jour, lorsque cette conversation
finit, ce qui détermina Mangogul à faire un essai de son
anneau avant que de se retirer dans son appartement, ne
fût-ce que pour s'endormir sur des idées plus gaies que
celles qui l'avaient occupé jusqu'alors : il se rendit aussitôt
chez Fanni; mais il ne la trouva point; il y revint après
souper; elle était encore absente : il remit donc son épreuve
au lendemain matin.

Mangogul était aujourd'hui, dit l'auteur africain dont
nous traduisons le journal, à neuf heures et demie chez
Fanni. On venait de la mettre au lit. Le sultan s'approcha
de son oreiller, la contempla quelque temps, et ne put
concevoir comment, avec si peu de charmes, elle avait couru
tant d'aventures.

Fanni est si blonde qu'elle en est fade; grande, *dégin-
gandée* [122], elle a la démarche indécente; point de traits, peu
d'agréments, un air d'intrépidité qui n'est passable qu'à
la cour; pour de l'esprit, on lui en reconnaît tout ce que
la galanterie en peut communiquer, et il faut qu'une femme
soit née bien imbécile pour n'avoir pas au moins du jargon,
après une vingtaine d'intrigues; car Fanni en était là.

Elle appartenait, en dernier ressort, à un homme fait à
son caractère. Il ne s'effarouchait guère de ses infidélités,
sans être toutefois aussi bien informé que le public, jusqu'où
elles étaient poussées. Il avait pris Fanni par caprice et il
la gardait par habitude; c'était comme un ménage arrangé.

Ils avaient passé la nuit au bal, s'étaient couchés sur les neuf heures, et s'étaient endormis sans façon. La nonchalance d'Alonzo aurait moins accommodé Fanni, sans la facilité de son humeur. Nos gens dormaient donc profondément dos à dos, lorsque le sultan tourna sa bague sur le bijou de Fanni. A l'instant il se mit à parler, sa maîtresse à ronfler, et Alonzo à s'éveiller.

Après avoir bâillé à plusieurs reprises (ce n'est pas Alonzo) « Quelle heure est-il ? que me veut-on ? dit-il, il me semble qu'il n'y a pas si longtemps que je repose ; qu'on me laisse un moment. »

Monsieur allait se rendormir ; mais ce n'était pas l'avis du sultan. « Quelle persécution ! reprit le bijou. Encore un coup, que me veut-on ? Malheur à qui a des aïeux illustres ! La sotte condition que celle d'un bijou titré ! Si quelque chose pouvait me consoler des fatigues de mon état, ce serait la bonté du seigneur à qui j'appartiens. Oh ! pour cela, c'est bien le meilleur homme du monde. Il ne nous a jamais fait la moindre tracasserie. En revanche aussi, nous avons bien usé de la liberté qu'il nous a laissée. Où en étais-je, de par Brama, si je fusse devenu le partage d'un de ces maussades qui vont sans cesse épiant ? La belle vie que nous aurions menée ! »

Ici le bijou ajouta quelques mots, que Mangogul n'entendit pas, et se mit tout de suite à esquisser, avec une rapidité surprenante, une foule d'événements héroïques, comiques, burlesques, tragi-comiques, et il en était tout essoufflé lorsqu'il continua en ces termes : « J'ai quelque mémoire, comme vous voyez ; mais je ressemble à tous les autres ; je n'ai retenu que la plus petite partie de ce que l'on m'a confié. Contentez-vous donc de ce que je viens de vous raconter ; il ne m'en revient pas davantage.

— Cela est honnête, disait Mangogul en soi-même ; cependant il insistait.

— Mais que vous êtes impatientant ! reprit bijou ; ne dirait-on pas que l'on n'ait rien de mieux à faire que de jaser ! Allons, jasons donc, puisqu'il le faut : peut-être que quand j'aurai tout dit, il me sera permis de faire autre chose.

« Fanni ma maîtresse, continua le bijou, par un esprit de retraite qui ne se conçoit pas, quitta la cour pour s'enfermer dans son hôtel de Banza. On était pour lors au commencement de l'automne, et il n'y avait personne à la ville.

Et qu'y faisait-elle donc ? me demanderez-vous. Ma foi, je
n'en sais rien; mais Fanni n'a jamais fait qu'une chose; et
si elle s'en fût occupée, j'en serais instruit. Elle était apparemment désœuvrée : oui, je m'en souviens, nous passâmes
un jour et demi à ne rien faire et à crever d'ennui.

« Je me chagrinais à périr de ce genre de vie, lorsque
Amisadar s'avisa de nous en tirer.

« Ah ! vous voilà, mon pauvre Amisadar; vraiment j'en
suis charmée. Vous me venez fort à propos.

« — Eh qui vous savait à Banza?... lui répondit Amisadar.

« — Oh ! pour cela, personne : ni toi ni d'autres ne
l'imagineront jamais. Tu ne devines donc pas ce qui m'a
réduite ici ?

« — Non; au vrai, je n'y entends rien.

« — Rien du tout ?

« — Non, rien.

« — Eh bien ! apprends, mon cher, que je voulais me
convertir.

« — Vous convertir ?

« — Eh ! oui.

« — Regardez-moi un peu; mais vous êtes aussi charmante que jamais, et je ne vois rien là qui tourne à la
conversion. C'est une plaisanterie.

« — Non, ma foi, c'est tout de bon. J'ai résolu de
renoncer au monde; il m'ennuie.

« — C'est une fantaisie qui vous passera. Que je meure
si vous êtes jamais dévote.

« — Je le serai, te dis-je; les hommes n'ont plus de
bonne foi.

« — Est-ce que Mazul vous aurait manqué ?

« — Non; il y a un siècle que je ne le vois plus.

« — C'est donc Zupholo ?

« — Encore moins; j'ai cessé de le voir, je ne sais
comment, sans y penser.

« — Ah ! j'y suis; c'est le jeune Imola ?

« — Bon ! est-ce qu'on garde ces colifichets-là ?

« — Qu'est-ce donc ?

« — Je ne sais; j'en veux à toute la terre.

« — Ah ! madame, vous n'avez pas raison; et cette
terre, à qui vous en voulez, vous fournirait encore de quoi
réparer vos pertes.

« — Amisadar, en vérité, tu crois donc qu'il y a encore de bonnes âmes échappées à la corruption du siècle, et qui savent aimer ?

« — Comment, aimer ! Est-ce que vous donneriez dans ces misères-là ? Vous voulez être aimée, vous ?

« — Eh ! pourquoi non ?

« — Mais songez donc, madame, qu'un homme qui aime prétend l'être, et l'être tout seul. Vous avez trop de jugement pour vous assujettir aux jalousies, aux caprices d'un amant tendre et fidèle. Rien n'est si fatigant que ces gens-là. Ne voir qu'eux, n'aimer qu'eux, ne rêver qu'eux; n'avoir de l'esprit, de l'enjouement, des charmes que pour eux; cela ne vous convient certainement pas. Il ferait beau voir que vous vous enfournassiez dans une belle passion, et que vous allassiez vous donner tous les travers d'une petite bourgeoise !

« — Mais il me semble, Amisadar, que tu as raison. Je crois qu'en effet il ne nous siérait pas de filer des amours. Changeons donc, puisqu'il faut changer. Aussi bien, je ne vois pas que ces femmes tendres qu'on nous propose pour modèles soient plus heureuses que les autres ?

« — Qui vous a dit cela, madame ?

« — Personne; mais cela se pressent.

« — Méfiez-vous de ces pressentiments. Une femme tendre fait son bonheur, fait le bonheur de son amant; mais ce rôle-là ne va pas à toutes les femmes.

« — Ma foi, mon cher, il ne va à personne, et toutes s'en trouvent mal. Quel avantage y aurait-il à s'attacher ?

« — Mille. Une femme qui s'attache conservera sa réputation, sera souverainement estimée de celui qu'elle aime; et vous ne sauriez croire combien l'amour doit à l'estime.

« — Je n'entends rien à ces propos : tu brouilles tout, la réputation, l'amour, l'estime, et je ne sais quoi encore. Ne dirait-on pas que l'inconstance doive déshonorer ! Comment ! je prends un homme; je m'en trouve mal : j'en prends un autre qui ne me convient pas : je change celui-ci pour un troisième qui ne me convient pas davantage; et pour avoir eu le guignon de rencontrer mal une vingtaine de fois, au lieu de me plaindre, tu veux...

« — Je veux, madame, qu'une femme qui s'est trompée dans un premier choix n'en fasse pas un second, de peur de se tromper encore, et d'aller d'erreur en erreur.

« — Ah ! quelle morale ! Il me semble, mon cher, que
tu m'en prêchais une autre tout à l'heure. Pourrait-on
savoir comment il faudrait, à votre goût, qu'une femme
fût faite ?

« — Très volontiers, madame; mais il est tard, et cela
nous mènera loin...

« — Tant mieux : je n'ai personne, et tu me feras compagnie. Voilà qui est décidé, n'est-ce pas ? Place-toi donc
sur cette duchesse, et continue; je t'entendrai plus à mon
aise. »

« Amisadar obéit, et s'assit auprès de Fanni.

« — Vous avez là, madame, lui dit-il, en se penchant
vers elle, et lui découvrant la gorge, un mantelet qui vous
enveloppe étrangement.

« — Tu as raison.

« — Eh ! pourquoi donc cacher de si belles choses ?
ajouta-t-il en les baisant.

« — Allons, finissez. Savez-vous bien que vous êtes
fou ? Vous devenez d'une effronterie qui passe. Monsieur
le moraliste, reprends un peu la conversation que tu m'as
commencée.

« — Je souhaiterais donc dans ma maîtresse, reprit
Amisadar, de la figure, de l'esprit, des sentiments, de la
décence surtout. Je voudrais qu'elle approuvât mes soins,
qu'elle ne me conduisît pas par des mines; qu'elle m'apprît
une bonne fois si je lui plais; qu'elle m'instruisît elle-même
des moyens de lui plaire davantage; qu'elle ne me célât
point les progrès que je ferais dans son cœur; qu'elle
n'écoutât que moi, n'eût des yeux que pour moi, ne pensât,
ne rêvât que moi, n'aimât que moi, ne fût occupée que de
moi, ne fît rien qui ne tendît à m'en convaincre; et que,
cédant un jour à mes transports, je visse clairement que je
dois tout à mon amour et au sien. Quel triomphe, madame !
et qu'un homme est heureux de posséder une telle femme !

« — Mais, mon pauvre Amisadar, tu extravagues, rien
n'est plus vrai. Voilà le portrait d'une femme comme il n'y
en a point.

« — Je vous fais excuses, madame, il s'en trouve. J'avoue
qu'elles sont rares; j'ai cependant eu le bonheur d'en rencontrer une. Hélas! si la mort ne me l'eût ravie, car ce n'est
jamais que la mort qui vous enlève ces femmes-là, peut-être
à présent serais-je entre ses bras.

« — Mais comment te conduisais-tu donc avec elle ?

« — J'aimais éperdument; je ne manquais aucune occasion de donner des preuves de ma tendresse. J'avais la douce satisfaction de voir qu'elles étaient bien reçues. J'étais fidèle jusqu'au scrupule. On me l'était de même. Le plus ou le moins d'amour était le seul sujet de nos différends. C'est dans ces petits démêlés que nous nous développions. Nous n'étions jamais si tendres qu'après l'examen de nos cœurs. Nos caresses succédaient toujours plus vives à nos explications. Qu'il y avait alors d'amour et de vérité dans nos regards ! Je lisais dans ses yeux, elle lisait dans les miens, que nous brûlions d'une ardeur égale et mutuelle !

« — Et où cela vous menait-il ?

« — A des plaisirs inconnus à tous les mortels moins amoureux et moins vrais que nous.

« — Vous jouissiez ?

« — Oui, je jouissais, mais d'un bien dont je faisais un cas infini. Si l'estime n'enivre pas, elle ajoute du moins beaucoup à l'ivresse. Nous nous montrions à cœur ouvert; et vous ne sauriez croire combien la passion y gagnait. Plus j'examinais, plus j'apercevais de qualités, plus j'étais transporté. Je passais à ses genoux la moitié de ma vie; je regrettais le reste. Je faisais son bonheur, elle comblait le mien. Je la voyais toujours avec plaisir, et je la quittais toujours avec peine. C'est ainsi que nous vivions; jugez à présent, madame, si les femmes tendres sont si fort à plaindre.

« — Non, elles ne le sont pas, si ce que vous me dites est vrai; mais j'ai peine à le croire. On n'aime point comme cela. Je conçois même qu'une passion telle que vous l'avez éprouvée, doit faire payer les plaisirs qu'elle donne, par de grandes inquiétudes.

« — J'en avais, madame, mais je les chérissais. Je ressentais des mouvements de jalousie. La moindre altération, que je remarquais sur le visage de ma maîtresse, portait l'alarme au fond de mon âme.

« — Quelle extravagance ! Tout bien calculé, je conclus qu'il vaut encore mieux aimer comme on aime à présent; en prendre à son aise; tenir tant qu'on s'amuse; quitter dès qu'on s'ennuie, ou que la fantaisie parle pour un autre. L'inconstance offre une variété de plaisirs inconnus à vous autres transis.

« — J'avoue que cette façon convient assez à des petites-maîtresses, à des libertines; mais un homme tendre et délicat ne s'en accommode point. Elle peut tout au plus l'amuser, quand il a le cœur libre, et qu'il veut faire des comparaisons. En un mot, une femme galante ne serait point du tout mon fait.

« — Tu as raison, mon cher Amisadar; tu penses à ravir. Mais aimes-tu quelque chose à présent?

« — Non, madame, si ce n'est vous; mais je n'ose vous le dire...

« — Ah! mon cher, ose : tu peux dire, » lui répliqua Fanni, en le regardant fixement.

« Amisadar entendit cette réponse à merveille, s'avança sur le canapé, se mit à badiner avec un ruban qui descendait sur la gorge de Fanni; et on le laissa faire. Sa main, qui ne trouvait aucun obstacle, se glissait. On continuait de le charger de regards, qu'il ne mésinterprétait point. Je m'apercevais bien, moi, dit le bijou, qu'il avait raison. Il prit un baiser sur cette gorge qu'il avait tant louée. On le pressait de finir, mais d'un ton à s'offenser s'il obéissait. Aussi n'en fit-il rien. Il baisait les mains, revenait à la gorge, passait à la bouche; rien ne lui résistait. Insensiblement la jambe de Fanni se trouva sur les cuisses d'Amisadar. Il y porta la main : elle était fine. Amisadar ne manqua pas de le remarquer. On écouta son éloge d'un air distrait. A la faveur de cette inattention, la main d'Amisadar fit des progrès : elle parvint assez rapidement aux genoux. L'inattention dura, et Amisadar travaillait à s'arranger, lorsque Fanni revint à elle. Elle accusa le petit philosophe de manquer de respect; mais il fut à son tour si distrait, qu'il n'entendit rien, ou qu'il ne répondit aux reproches qu'on lui faisait, qu'en achevant son bonheur.

« Qu'il me parut charmant! dans la multitude de ceux qui l'ont précédé et suivi, aucun ne fut tant à mon gré. Je ne puis en parler sans tressaillir. Mais souffrez que je reprenne haleine : il me semble qu'il y a bien assez longtemps que je parle, pour quelqu'un qui s'en acquitte pour la première fois. »

Alonzo ne perdit pas un mot du bijou de Fanni; et il n'était pas moins pressé que Mangogul d'apprendre le reste de l'aventure; ils n'eurent le temps ni l'un ni l'autre de s'impatienter, et le bijou historien reprit en ces termes :

« Autant que j'ai pu comprendre à force de réflexions, c'est qu'Amisadar partit au bout de quelques jours pour la campagne, qu'on lui demanda raison de son séjour à la ville, et qu'il raconta son aventure avec ma maîtresse. Car quelqu'un de sa connaissance et de celle d'Amisadar, passant devant notre hôtel, demanda, par hasard ou par soupçon, si madame y était, se fit annoncer, et monta.

« Ah ! madame, qui vous croirait à Banza ? Et depuis quand y êtes-vous ?

« — Depuis un siècle, mon cher; depuis quinze jours que j'ai renoncé à la société.

« — Pourrait-on vous demander, madame, par quelle raison ?

« — Hélas ! c'est qu'elle me fatiguait. Les femmes sont dans le monde d'un libertinage si étrange, qu'il n'y a plus moyen d'y tenir. Il faudrait ou faire comme elles, ou passer pour une bégueule; et franchement, l'un et l'autre me paraît fort.

« — Mais, madame, vous voilà tout à fait édifiante. Est-ce que les discours du bramine Brelibibi vous auraient convertie ?

« — Non; c'est une bouffée de philosophie, une quinte de dévotion. Cela m'a pris subitement; et il n'a pas tenu à ce pauvre Amisadar que je ne sois à présent dans la haute réforme.

« — Madame l'a donc vu depuis peu ?

« — Oui, une fois ou deux...

« — Et vous n'avez vu que lui ?

« — Ah ! pour cela, non. C'est le seul être pensant, raisonnant. agissant, qui soit entré ici depuis l'éternité de ma retraite.

« — Cela est singulier.

« — Et qu'y a-t-il donc de singulier là dedans ?...

« — Rien qu'une aventure qu'il a eue ces jours passés avec une dame de Banza, seule comme vous, dévote comme vous, retirée du monde comme vous. Mais je vais vous en faire le conte : cela vous amusera peut-être ?

« — Sans doute, reprit Fanni; » et tout de suite l'ami d'Amisadar se mit à lui raconter son aventure, mot pour mot, comme moi, dit le bijou; et quand il en fut où j'en suis...

« — Eh bien ! madame, qu'en pensez-vous ? lui dit-il;
Amisadar n'est-il pas fortuné ?

« — Mais, lui répondit Fanni, Amisadar est peut-être
un menteur; croyez-vous qu'il y ait des femmes assez osées
pour s'abandonner sans pudeur ?...

« — Mais considérez, madame, lui répliqua Marsupha,
qu'Amisadar n'a nommé personne, et qu'il n'est pas vraisemblable qu'il nous en ait imposé.

« — J'entrevois ce que c'est, reprit Fanni : Amisadar a
de l'esprit; il est bien fait : il aura donné à cette pauvre
recluse des idées de volupté qui l'auront entraînée. Oui,
cela est vrai. Ces gens-là sont dangereux pour qui les écoute;
et entre eux Amisadar est unique...

« — Quoi donc, madame, interrompit Marsupha, Amisadar serait-il le seul homme qui sût persuader, et ne ren-
drez-vous point justice à d'autres qui méritent autant que
lui un peu de part dans votre estime ?

« — Et de qui parlez-vous, s'il vous plaît ?

« — De moi, madame, qui vous trouve charmante, et...

« — C'est pour plaisanter, je crois. Envisagez-moi donc,
Marsupha. Je n'ai ni rouge ni mouches. Le battant-l'œil [123]
ne me va point. Je suis à faire peur...

« — Vous vous trompez, madame : ce déshabillé
vous sied à ravir. Il vous donne un air si touchant, si
tendre !... »

« A ces propos galants Marsupha en ajouta d'autres. Je
me mis insensiblement de la conversation; et quand Marsupha eut fini avec moi, il reprit avec ma maîtresse :

« Sérieusement, Amisadar a tenté votre conversion ?
c'est un homme admirable pour les conversions ! Pourriez-
vous me communiquer un échantillon de sa morale ? Je
gagerais bien qu'elle diffère peu de la mienne.

« — Nous avons traité certains points de galanterie à
fond. Nous avons analysé la différence de la femme tendre
et de la femme galante. Il en est, lui, pour les femmes
tendres.

« — Et vous aussi sans doute ?...

« — Point du tout, mon cher. Je me suis épuisée à lui
démontrer que nous étions toutes les unes comme les
autres, et que nous agissions par les mêmes principes. Il
n'est pas de cet avis. Il établit des distinctions à l'infini,
mais qui n'existent, je crois, que dans son imagination.

Il s'est fait je ne sais quelle créature idéale, une chimère de femme, un être de raison coiffé.

« — Madame, lui répondit Marsupha, je connais Amisadar. C'est un garçon qui a du sens qui a fréquenté les femmes. S'il vous dit qu'il y en avait...

« — Oh ! qu'il y en ait ou qu'il n'y en ait pas, je ne m'accommoderais point de leurs façons, interrompit Fanni.

« — Je le crois, lui répondit Marsupha : aussi vous avez pris une sorte de conduite plus conforme à votre naissance et à votre mérite. Il faut abandonner ces bégueules à des philosophes; elles sécheraient sur pied à la cour... »

Le bijou de Fanni se tut en cet endroit. Une des qualités principales de ces orateurs, c'était de s'arrêter à propos. Ils parlaient, comme s'ils n'eussent fait autre chose de leur vie; d'où quelques auteurs avaient conclu que c'étaient de pures machines. Et voici comment ils raisonnent. Ici l'auteur africain rapporte tout au long l'argument métaphysique de Cartésiens contre l'âme des bêtes, qu'il applique avec toute la sagacité possible au caquet des bijoux. En un mot, son avis est que les bijoux parlaient comme les oiseaux chantent; c'est-à-dire, si parfaitement sans avoir appris, qu'ils étaient sifflés [124] sans doute par quelque intelligence supérieure.

Et de son prince, qu'en fait-il ? me demandez-vous. Il l'envoie dîner chez la favorite, du moins c'est là que nous le trouverons dans le chapitre suivant.

CHAPITRE ONZIÈME

HISTOIRE DES VOYAGES DE SÉLIM

Mangogul, qui ne songeait qu'à varier ses plaisirs, et multiplier les essais de son anneau, après avoir questionné les bijoux les plus intéressants de sa cour, fut curieux d'entendre quelques bijoux de la ville; mais comme il augurait assez mal de ce qu'il en pourrait apprendre, il eût fort désiré les consulter à son aise, et s'épargner la peine de les aller chercher.

Comment les faire venir ? c'est ce qui l'embarrassait.

« Vous voilà bien en peine à propos de rien, lui dit Mirzoza. Vous n'avez, seigneur, qu'à donner un bal, et je vous promets ce soir plus de ces harangueurs, que vous n'en voudrez écouter.

— Joie de mon cœur ! vous avez raison, lui répondit Mangogul; votre expédient est même d'autant meilleur, que nous n'aurons, à coup sûr, que ceux dont nous aurons besoin.

Sur-le-champ, ordre au Kislar-Agasi, et au trésorier des plaisirs, de préparer la fête, et de ne distribuer que quatre mille billets. On savait apparemment là, mieux qu'ailleurs, la place que pouvaient occuper six mille personnes.

En attendant l'heure du bal, Sélim, Mangogul et la favorite se mirent à parler nouvelles.

« Madame sait-elle, dit Sélim à la favorite, que le pauvre Codindo est mort ?

— En voilà le premier mot : et de quoi est-il mort ? demanda la favorite.

— Hélas ! madame, lui répondit Sélim, c'est une victime de l'attraction. Il s'était entêté, dès sa jeunesse, de ce système, et la cervelle lui en a tourné sur ses vieux jours.

— Et comment cela ? dit la favorite.

— Il avait trouvé, continua Sélim, selon les méthodes d'Halley [125] et de Circino, deux célèbres astronomes du Monoémugi, qu'une certaine comète qui a tant fait de bruit sur la fin du règne de Kanoglou, devait reparaître avant-hier; et dans la crainte qu'elle ne doublât le pas, et qu'il n'eût pas le bonheur de l'apercevoir le premier, il prit le parti de passer la nuit sur son donjon, et il avait encore hier, à neuf heures du matin, l'œil collé à la lunette. Son fils, qui craignait qu'il ne fût incommodé d'une si longue séance, s'approcha de lui sur les huit heures, le tira par la manche et l'appela plusieurs fois :

« Mon père, mon père »; point de réponse : « Mon père, mon père », réitéra le petit Codindo.

« — Elle va passer, répondit Codindo; elle passera. Oh ! parbleu, je la verrai !

« — Mais, vous n'y pensez pas, mon père, il fait un brouillard effroyable...

« — Je veux la voir; je la verrai, te dis-je.

« Le jeune homme, convaincu par ces réponses, que son malheureux père brouillait, se mit à crier au secours. On vint, on envoya chercher Farfadi, et j'étais chez lui, car il est mon médecin, lorsque le domestique de Codindo est arrivé...

« Vite, vite, monsieur, dépêchez-vous; le vieux Codindo, mon maître.

« — Eh bien ! qu'y a-t-il, Champagne ? Qu'est-il arrivé à ton maître ?

« — Monsieur, il est devenu fou.

« — Ton maître est fou ?...

« — Eh ! oui, monsieur. Il crie qu'il veut voir des bêtes, qu'il verra des bêtes; qu'il en viendra. Monsieur l'apothicaire y est déjà, et l'on vous attend. Venez vite.

« — Manie ! disait Farfadi en mettant sa robe et cherchant son bonnet carré; manie, accès terrible de manie ! Puis s'adressant au domestique : Champagne, lui demandait-il, ton maître ne voit-il pas des papillons ? n'arrache-t-il pas les petits flocons de sa couverture ?

« — Eh! non, monsieur, lui répondait Champagne. Le pauvre homme est au haut de son observatoire, où sa femme, ses filles et son fils le tiennent à quatre. Venez vite, vous trouverez votre bonnet carré demain. »

« La maladie de Codindo me parut plaisante : Farfadi monta dans mon carrosse, et nous allâmes ensemble à l'observatoire. Nous entendîmes, du bas de l'escalier, Codindo qui criait comme un furieux : « Je veux voir la comète; je la verrai; retirez-vous, coquins ! »

« Apparemment que sa famille, n'ayant pu le déterminer à descendre dans son appartement, avait fait monter son lit au haut de son donjon; car nous le trouvâmes couché. On avait appelé l'apothicaire du quartier, et le bramine de la paroisse, qui lui cornait aux oreilles, lorsque nous arrivâmes :

« Mon frère, mon cher frère, il y va de votre salut; vous ne pouvez, en sûreté de conscience, attendre une comète à l'heure qu'il est; vous vous damnez...

« — C'est mon affaire, lui disait Codindo...

« — Que répondrez-vous à Brama devant qui vous allez paraître ? reprenait le bramine.

« — Monsieur le curé, lui répliquait Codindo sans quitter l'œil de la lunette, je lui répondrai que c'est votre métier de m'exhorter pour mon argent, et celui de monsieur l'apothicaire que voilà, de me vanter son eau tiède;

que monsieur le médecin fait son devoir de me tâter le pouls, et de n'y rien connaître, et moi le mien d'attendre la comète. »

« On eut beau le tourmenter, on n'en tira pas davantage : il continua d'observer avec un courage héroïque, et il est mort dans sa gouttière, la main gauche sur l'œil du même côté, la droite posée sur le tuyau du télescope, et l'œil droit appliqué au verre oculaire, entre son fils, qui lui criait qu'il avait commis une erreur de calcul, son apothicaire qui lui proposait un remède, son médecin qui prononçait, en hochant de la tête, qu'il n'y avait plus rien à faire, et son curé, qui lui disait : « Mon frère, faites un acte de contrition, et recommandez-vous à Brama... »

— Voilà, dit Mangogul, ce qui s'appelle mourir au lit d'honneur.

— Laissons, ajouta la favorite, reposer en paix le pauvre Codindo, et passons à quelque objet plus agréable. »

Puis, s'adressant à Sélim :

« Seigneur, lui dit-elle, à votre âge, galant comme vous êtes, dans une cour où régnaient les plaisirs, avec l'esprit, les talents et la bonne mine que vous avez, il n'est pas étonnant que les bijoux vous aient préconisé. Je les soupçonne même de n'avoir pas accusé tout ce qu'ils savent sur votre compte. Je ne vous demande pas le supplément; vous pourriez avoir de bonnes raisons pour le refuser. Mais après toutes les aventures dont vous ont honoré ces messieurs, vous devez connaître les femmes; et c'est une de ces choses sans conséquence dont vous pouvez convenir.

— Ce compliment, madame, lui répondit Sélim, eût flatté mon amour-propre à l'âge de vingt ans : mais j'ai de l'expérience; et une de mes premières réflexions, c'est que plus on pratique en ce genre, et moins on acquiert de lumières. Moi, connaître les femmes! passe pour les avoir beaucoup étudiées.

— Eh bien ! qu'en pensez-vous ? lui demanda la favorite.

— Madame, répondit Sélim, quoi que leurs bijoux en aient publié, je les tiens toutes pour très respectables.

— En vérité, mon cher, lui dit le sultan, vous mériteriez d'être bijou; vous n'auriez pas besoin de muselière.

— Sélim, ajouta la sultane, laissez là le ton satirique, et parlez-nous vrai.

— Madame, lui répondit le courtisan, je pourrais mêler à mon récit des traits désagréables; ne m'imposez pas la loi d'offenser un sexe qui m'a toujours assez bien traité, et que je révère par...

— Eh! toujours de la vénération! Je ne connais rien de si caustique que ces gens doucereux, quand ils s'y mettent, interrompit Mirzoza; et, s'imaginant que c'était par égard pour elle que Sélim se défendait : Que ma présence ne vous en impose point, ajouta-t-elle : nous cherchons à nous amuser; et je m'engage, parole d'honneur, à m'appliquer tout ce que vous direz d'obligeant de mon sexe, et de laisser le reste aux autres femmes. Vous avez donc beaucoup étudié les femmes? Eh bien! faites-nous le récit du cours de vos études : il a été des plus brillants, à en juger par les succès connus; et il est à présumer qu'ils ne sont pas démentis par ceux qu'on ignore. »

Le vieux courtisan céda à ses instances, et commença de la sorte :

« Les bijoux ont beaucoup parlé de moi, j'en conviens; mais ils n'ont pas tout dit. Ceux qui pouvaient compléter mon histoire ou ne sont plus, ou ne sont point dans nos climats, et ceux qui l'ont commencée n'ont qu'effleuré la matière. J'ai observé jusqu'à présent le secret inviolable que je leur avais promis, quoique je fusse plus fait qu'eux pour parler; mais puisqu'ils ont rompu le silence, il semble qu'ils m'ont dispensé de le garder.

« Né avec un tempérament de feu, je connus à peine ce que c'était qu'une belle femme, que je l'aimai. J'eus des gouvernantes que je détestai; mais, en récompense, je me plus beaucoup avec les femmes de chambre de ma mère. Elles étaient pour la plupart jeunes et jolies : elles s'entretenaient, se déshabillaient, s'habillaient devant moi sans précaution, m'exhortaient même à prendre des libertés avec elles; et mon esprit, naturellement porté à la galanterie, mettait tout à profit. Je passai à l'âge de cinq ou six ans entre les mains des hommes avec ces lumières; et Dieu sait combien elles s'étendirent, lorsqu'on me mit sous les yeux les anciens auteurs, et que mes maîtres m'interprétèrent certains endroits, dont peut-être ils ne pénétraient point eux-mêmes le sens. Les pages de mon père m'apprirent quelques gentillesses de collège; et la lecture de l'*Aloysia*[126], qu'ils me prêtèrent, me donna toutes

les envies du monde de me perfectionner. J'avais alors
quatorze ans.

« Je jetai les yeux autour de moi, cherchant entre les
femmes qui fréquentaient dans la maison celle à qui je
m'adresserais; mais toutes me parurent également propres
à me défaire d'une innocence qui m'embarrassait. Un commencement de liaison, et plus encore le courage que je me
sentais d'attaquer une personne de mon âge, et qui me
manquait vis-à-vis des autres, me décidèrent pour une de
mes cousines. Émilie, c'était son nom, était jeune, et moi
aussi : je la trouvai jolie, et je lui plus : elle n'était pas
difficile; et j'étais entreprenant : j'avais envie d'apprendre,
et elle n'était pas moins curieuse de savoir, Nous nous
faisions souvent des questions très ingénues et très fortes :
un jour elle trompa la vigilance de ses gouvernantes, et
nous nous instruisîmes. Ah! que la nature est un grand
maître ! elle nous mit bientôt au fait du plaisir, et nous
nous abandonnâmes à son impulsion, sans aucun pressentiment sur les suites : ce n'était pas le moyen de les prévenir. Émilie eut des indispositions qu'elle cacha d'autant
moins, qu'elle n'en soupçonnait pas la cause. Sa mère la
questionna, lui tira l'aveu de notre commerce, et mon père
en fut instruit. Il m'en fit des réprimandes mêlées d'un air
de satisfaction; et sur-le-champ il fut décidé que je voya-
gerais. Je partis avec un gouverneur chargé de veiller
attentivement sur ma conduite, et de ne la point gêner;
et cinq mois après j'appris, par la gazette, qu'Émilie était
morte de la petite-vérole; et par une lettre de mon père,
que la tendresse qu'elle avait eue pour moi lui coûtait la
vie. Le premier fruit de mes amours sert avec distinction
dans les troupes du sultan : je l'ai toujours soutenu par
mon crédit; et il ne me connaît encore que pour son protecteur.

« Nous étions à Tunis, lorsque je reçus la nouvelle de
sa naissance et de la mort de sa mère : j'en fus vivement
touché; et j'en aurais été, je crois, inconsolable, sans
l'intrigue que j'avais liée avec la femme d'un corsaire, qui
ne me laissait pas le temps de me désespérer : la Tunisienne
était intrépide; j'étais fou : et tous les jours, à l'aide d'une
échelle de corde qu'elle me jetait, je passais de notre hôtel
sur sa terrasse, de là dans un cabinet où elle me perfec-
tionnait; car Émilie ne m'avait qu'ébauché. Son époux

revint de course précisément dans le temps que mon gouverneur, qui avait ses instructions, me pressait à passer en
Europe ; je m'embarquai sur un vaisseau qui partait pour
Lisbonne ; mais ce ne fut pas sans avoir fait et réitéré des
adieux fort tendres à Elvire, dont je reçus le diamant que
vous voyez.

« Le bâtiment que nous montions était chargé de marchandises ; mais la femme du capitaine était la plus précieuse à mon gré : elle avait à peine vingt ans : son mari
en était jaloux comme un tigre, et ce n'était pas tout à fait
sans raison. Nous ne tardâmes pas à nous entendre tous :
Dona Velina conçut tout d'un coup qu'elle me plaisait,
moi que je ne lui étais pas indifférent, et son époux qu'il
nous gênait ; le marin résolut aussitôt de ne pas désem-
parer que nous ne fussions au port de Lisbonne ; je lisais
dans les yeux de sa chère épouse combien elle enrageait
des assiduités de son mari ; les miens lui disposaient les
mêmes choses, et l'époux nous comprenait à merveille.
Nous passâmes deux jours entiers dans une soif de plaisir
inconcevable ; et nous en serions morts à coup sûr, si le
ciel ne s'en fût mêlé ; mais il aide toujours les âmes en peine.
A peine avions-nous passé le détroit de Gibraltar, qu'il
s'éleva une tempête furieuse. Je ne manquerais pas, madame,
de faire siffler les vents à vos oreilles, gronder la foudre
sur votre tête, d'enflammer le ciel d'éclairs, de soulever
les flots jusqu'aux nues, et de vous décrire la tempête la
plus effrayante que vous ayez jamais rencontrée dans
aucun roman, si je ne vous faisais une histoire ; je vous dirai
seulement que le capitaine fut forcé, par les cris des matelots, de quitter sa chambre, et de s'exposer à un danger par
la crainte d'un autre : il sortit avec mon gouverneur, et
je me précipitai sans hésiter entre les bras de ma belle Por-
tugaise, oubliant tout à fait qu'il y eût une mer, des orages,
des tempêtes ; que nous étions portés sur un frêle vaisseau,
et m'abandonnant sans réserve à l'élément perfide. Notre
course fut prompte ; et vous jugez bien, madame, que, par
le temps qu'il faisait, je vis du pays en peu d'heures :
nous relâchâmes à Cadix, où je laissai à la signora une
promesse de la rejoindre à Lisbonne, s'il plaisait à mon
mentor, dont le dessein était d'aller droit à Madrid.

« Les Espagnoles sont plus étroitement resserrées et
plus amoureuses que nos femmes : l'amour se traite là par

des espèces d'ambassadrices qui ont ordre d'examiner les
étrangers, de leur faire des propositions, de les conduire,
de les ramener, et les dames se chargent du soin de les
rendre heureux. Je ne passai point par ce cérémonial, grâce
à la conjoncture. Une grande révolution venait de placer
sur le trône de ce royaume un prince du sang de France;
son arrivée et son couronnement donnèrent lieu à des
fêtes à la cour, où je parus alors : je fus accosté dans un
bal; on me proposa un rendez-vous pour le lendemain;
je l'acceptai, et je me rendis dans une petite maison, où je
ne trouvai qu'un homme masqué, le nez enveloppé dans
un manteau, qui me rendit un billet par lequel dona Oropeza remettait la partie au jour suivant, à pareille heure.
Je revins, et l'on m'introduisit dans un appartement assez
somptueusement meublé, et éclairé par des bougies : ma
déesse ne se fit point attendre; elle entra sur mes pas, et se
précipita dans mes bras sans dire mot, et sans quitter son
masque. Était-elle laide? était-elle jolie? c'est ce que
j'ignorais; je m'aperçus seulement, sur le canapé où elle
m'entraîna, qu'elle était jeune, bien faite, qu'elle aimait
le plaisir : lorsqu'elle se crut satisfaite de mes éloges, elle
se démasqua, et me montra l'original du portrait que vous
voyez dans cette tabatière. »

Sélim ouvrit et présenta en même temps à la favorite
une boîte d'or d'un travail exquis, et enrichie de pierreries.

« Le présent est galant ! dit Mangogul.

— Ce que j'en estime le plus, ajouta la favorite, c'est le
portrait. Quels yeux ! quelle bouche ! quelle gorge ! mais
tout cela n'est-il point flatté ?

— Si peu, madame, répondit Sélim, qu'Oropeza m'aurait peut-être fixé à Madrid, si son époux, informé de notre
commerce, ne l'eût troublé par ses menaces. J'aimais
Oropeza, mais j'aimais encore mieux la vie; ce n'était pas
non plus l'avis de mon gouverneur, que je m'exposasse à
être poignardé du mari, pour jouir quelques mois de plus
de la femme : j'écrivis donc à la belle Espagnole une lettre
d'adieux fort touchants, que je tirai de quelque roman du
pays, et je partis pour la France.

« Le monarque qui régnait alors en France était grand-
père du roi d'Espagne, et sa cour passait avec raison pour
la plus magnifique, la plus polie et la plus galante de
l'Europe : j'y parus comme un phénomène.

« — Un jeune seigneur du Congo, disait une belle marquise; eh! mais cela doit être fort plaisant; ces hommes là valent mieux que les nôtres. Le Congo, je crois, n'est pas loin de Maroc. »

« On arrangeait des soupers dont je devais être. Pour peu que mon discours fût sensé, on le trouvait délié, admirable; on se récriait, parce qu'on m'avait d'abord fait l'honneur de soupçonner que je n'avais pas le sens commun.

« — Il est charmant, reprenait avec vivacité une autre femme de cour : quel meurtre de laisser retourner une jolie figure comme celle-là dans un vilain pays où les femmes sont gardées à vue par des hommes qui ne le sont plus ! Est-il vrai, monsieur ? on dit qu'ils n'ont rien : cela est bien déparant pour un homme... »

« — Mais, ajoutait une autre, il faut fixer ici ce grand garçon-là; il a de la naissance : quand on ne le ferait que chevalier de Malte; je m'engage, si l'on veut; à lui procurer de l'emploi; et la duchesse Victoria, mon amie de tous les temps, parlera en sa faveur au roi, s'il le faut. »

« J'eus bientôt des preuves non suspectes de leur bienveillance; et je mis la marquise en état de prononcer sur le mérite des habitants de Maroc et du Congo; j'éprouvai que l'emploi que la duchesse et son amie m'avaient promis était difficile à remplir, et je m'en défis. C'est dans ce séjour que j'appris à former de belles passions de vingt-quatre heures; je circulai pendant six mois dans un tourbillon, où le commencement d'une aventure n'attendait point la fin d'une autre : on n'en voulait qu'à la jouissance; tardait-elle à venir, ou était-elle obtenue, on volait à de nouveaux plaisirs.

— Que me dites-vous là, Sélim ? interrompit la favorite; la décence est donc inconnue dans ces contrées ?

— Pardonnez-moi, madame, répondit le vieux courtisan; on n'a que ce mot à la bouche : mais les Françaises ne sont pas plus esclaves de la chose que leurs voisines.

— Et quelles voisines ? demanda Mirzoza.

— Les Anglaises, repartit Sélim, femmes froides et dédaigneuses en apparence, mais emportées, voluptueuses et vindicatives, moins spirituelles et plus raisonnables que les Françaises : celles-ci aiment le jargon des sentiments; celles-là préfèrent l'expression du plaisir. Mais à Londres comme à Paris, on s'aime, on se quitte, on renoue pour se quitter encore. De la fille d'un lord Bishop [127] (ce sont des espèces de bramines, mais qui ne gardent point le célibat), je passai à la femme d'un chevalier baronnet : tandis qu'il s'échauffait dans le parlement à soutenir les intérêts de la nation contre les entreprises de la cour, nous avions dans sa maison, sa femme et moi, bien d'autres débats; mais le parlement finit, et madame fut contrainte de suivre son chevalier dans sa gentilhommière : je me rabattis sur la femme d'un colonel dont le régiment était en garnison sur les côtes; j'appartins ensuite à la femme du lord-maire. Ah ! quelle femme ! je n'aurais jamais revu le Congo, si la prudence de mon gouverneur, qui me voyait dépérir, ne m'eût tiré de cette galère. Il supposa des lettres de ma famille qui me redemandait avec empressement, et nous nous embarquâmes pour la Hollande; notre dessein était de traverser l'Allemagne et de nous rendre en Italie, où nous comptions sur des occasions fréquentes de repasser en Afrique.

« Nous ne vîmes la Hollande qu'en poste : notre séjour ne fut guère plus long en Allemagne; toutes les femmes de condition y ressemblent à des citadelles importantes qu'il faut assiéger dans les formes : on en vient à bout; mais les approches demandent tant de mesures, ce sont tant de *si* et de *mais*, quand il s'agit de régler les articles de la capitulation, que ces conquêtes m'ennuyèrent bientôt.

« Je me souviendrai toute ma vie du propos d'une Allemande de la première qualité, sur le point de m'accorder ce qu'elle n'avait pas refusé à beaucoup d'autres.

« — Ah ! s'écria-t-elle douloureusement, que dirait le grand Alziki mon père, s'il savait que je m'abandonne à un petit Congo comme vous ?

« — Rien, madame, lui répliquai-je : tant de grandeur m'épouvante, et je me retire : » ce fut sagement fait à moi; et si j'avais compromis son altesse avec ma médiocrité, j'aurais pu m'en ressouvenir : Brama, qui protège les saines contrées que nous habitons, m'inspira sans doute dans cet instant critique.

« Les Italiennes, que nous pratiquâmes ensuite, ne se montent point si haut. C'est avec elles que j'appris les modes du plaisir. Il y a, dans ces raffinements, du caprice et de la bizarrerie; mais vous me le pardonnerez, mesdames, il en faut quelquefois pour vous plaire. J'ai apporté de

Florence, de Venise et de Rome plusieurs recettes joyeuses, inconnues jusqu'à moi dans nos contrées barbares. J'en renvoie toute la gloire aux Italiennes qui me les communiquèrent.

« Je passai quatre ans ou environ en Europe, et je rentrai par l'Égypte dans cet empire, formé comme vous voyez, et muni des rares découvertes de l'Italie, que je divulguai sur-le-champ. »

Ici l'auteur africain dit que Sélim s'étant aperçu que les lieux communs qu'il venait de débiter à la favorite sur les aventures qu'il avait eues en Europe, et sur les caractères des femmes des contrées qu'il avait parcourues, avaient profondément assoupi Mangogul, craignit de le réveiller, s'approcha de la favorite, et continua d'une voix plus basse.

« Madame, lui dit-il, si je n'appréhendais de vous avoir fatiguée par un récit qui n'a peut-être été que trop long, je vous raconterais l'aventure par laquelle je débutai en arrivant à Paris : je ne sais comment elle m'est échappée.

— Dites, mon cher, lui répondit la favorite; je vais redoubler d'attention, et vous dédommager, autant qu'il est en moi, de celle du sultan qui dort.

— Nous avions pris à Madrid, continua Sélim, des recommandations pour quelques seigneurs de la cour de France, et nous nous trouvâmes, tout en débarquant, assez bien faufilés. On était alors dans la belle saison, et nous allions nous promener le soir au Palais-Royal, mon gouverneur et moi. Nous y fûmes un jour abordés par quelques petits-maîtres, qui nous montrèrent les plus jolies femmes, et nous firent leur histoire vraie ou fausse, ne s'oubliant point dans tout cela, comme vous pensez bien. Le jardin était déjà peuplé d'un grand nombre de femmes; mais il en vint sur les huit heures un renfort considérable. A la quantité de leurs pierreries, à la magnificence de leurs ajustements, et à la foule de leurs poursuivants, je les pris au moins pour des duchesses. J'en dis ma pensée à un des jeunes seigneurs de la compagnie, et il me répondit qu'il s'apercevait bien que j'étais connaisseur, et que, si je voulais, j'aurais le plaisir de souper le soir même avec quelques-unes des plus aimables. J'acceptai son offre, et à l'instant il glissa le mot à l'oreille de deux ou trois de ses amis, qui s'éparpillèrent dans la promenade, et revinrent en moins d'un quart d'heure nous rendre compte de leur négocia-

tion. « Messieurs, nous dirent-ils, on vous attendra ce soir
à souper chez la duchesse Astérie. » Ceux qui n'étaient pas
de la partie se récrièrent sur notre bonne fortune : on
fit encore quelques tours : on se sépara, et nous montâmes
en carrosse pour en aller jouir.

« Nous descendîmes à une petite porte, au pied d'un
escalier fort étroit, d'où nous grimpâmes à un second, dont
je trouvai les appartements plus vastes et mieux meublés
qu'ils ne me paraîtraient à présent. On me présenta à la
maîtresse du logis, à qui je fis une révérence des plus profondes, que j'accompagnai d'un compliment si respectueux,
qu'elle en fut presque déconcertée. On servit, et on me
plaça à côté d'une petite personne charmante, qui se mit
à jouer la duchesse tout au mieux. En vérité, je ne sais
comment j'osai en tomber amoureux : cela m'arriva cependant.

— Vous avez donc aimé une fois dans votre vie ?
interrompit la favorite.

— Eh ! oui, madame, lui répondit Sélim, comme on
aime à dix-huit ans, avec une extrême impatience de conclure une affaire entamée. Je ne dormis point de la nuit,
et dès la pointe du jour, je me mis à composer à ma belle
inconnue la lettre du monde la plus galante. Je l'envoyai,
on me répondit, et j'obtins un rendez-vous. Ni le ton de
la réponse, ni la facilité de la dame, ne me détrompèrent
point, et je courus à l'endroit marqué, fortement persuadé
que j'allais posséder la femme ou la fille d'un premier
ministre. Ma déesse m'attendait sur un grand canapé :
je me précipitai à ses genoux; je lui pris la main, et la lui
baisant avec la tendresse la plus vive, je me félicitai sur la
faveur qu'elle daignait m'accorder. « Est-il bien vrai, lui
dis-je, que vous permettez à Sélim de vous aimer et de
vous le dire, et qu'il peut, sans vous offenser, se flatter du
plus doux espoir ? » En achevant ces mots, je pris un
baiser sur sa gorge; et comme elle était renversée, je me
préparais assez vivement à soutenir ce début, lorsqu'elle
m'arrêta, et me dit :

« — Tiens, mon ami, tu es joli garçon; tu as de l'esprit;
tu parles comme un ange; mais il me faut quatre louis.

« — Comment dites-vous ? interrompis-je...

« — Je te dis, reprit-elle, qu'il n'y a rien à faire, si tu
n'as pas tes quatre louis...

« — Quoi ! mademoiselle, lui répondis-je tout étonné, vous ne valez que cela ? c'était bien la peine d'arriver du Congo pour si peu de chose. »

« Et sur-le-champ, je me rajuste, je me précipite dans l'escalier, et je pars.

« Je commençai, madame, comme vous voyez, à prendre des actrices pour des princesses.

— J'en suis du dernier étonnement, reprit Mirzoza; car enfin la différence est si grande !

— Je ne doute point, reprit Sélim, qu'il ne leur ait échappé cent impertinences; mais que voulez-vous ? un étranger, un jeune homme n'y regarde pas de si près. On m'avait fait dans le Congo tant de mauvais contes sur la liberté des Européennes... »

Sélim en était là, lorsque Mangogul se réveilla.

« Je crois, Dieu me damne, dit-il en bâillant et se frottant les yeux, qu'il est encore à Paris. Pourrait-on vous demander, beau conteur, quand vous espérez être de retour à Banza, et si j'ai longtemps encore à dormir ? Car il est bon, l'ami, que vous sachiez qu'il n'est pas possible d'entamer en ma présence un voyage, que les bâillements ne me prennent. C'est une mauvaise habitude que j'ai contractée en lisant Tavernier [128] et les autres.

— Prince, lui répondit Sélim, il y a plus d'une heure que je suis de retour à Banza.

— Je vous en félicite, reprit le sultan; puis s'adressant à la sultane : Madame, lui dit-il, voilà l'heure du bal; nous partirons, si la fatigue du voyage vous le permet.

— Prince, lui répondit Mirzoza, me voilà prête. »

Mangogul et Sélim avaient déjà leurs dominos; la favorite prit le sien; le sultan lui donna la main, et ils se rendirent dans la salle de bal, où ils se séparèrent, pour se disperser dans la foule. Sélim les y suivit, et moi aussi, dit l'auteur africain, quoique j'eusse plus envie de dormir que de voir danser...

CHAPITRE DOUZIÈME

VINGT-QUATRIÈME ET VINGT-CINQUIÈME ESSAIS DE L'ANNEAU

BAL MASQUÉ, ET SUITE DU BAL MASQUÉ

Les bijoux les plus extravagants de Banza ne manquèrent pas d'accourir où le plaisir les appelait. Il en vint en carrosse bourgeois; il en vint par les voitures publiques, et même quelques-uns à pied. Je ne finirais point, dit l'auteur africain dont j'ai l'honneur d'être le *caudataire*, si j'entrais dans le détail des niches que leur fit Mangogul. Il donna plus d'exercice à sa bague dans cette nuit seule, qu'elle n'en avait eu depuis qu'il la tenait du génie. Il la tournait, tantôt sur l'une, tantôt sur l'autre, souvent sur une vingtaine à la fois : c'était alors qu'il se faisait un beau bruit; l'un s'écriait d'une voix aigre : Violons, *le Carillon de Dunkerque* [129], s'il vous plaît; l'autre, d'une voix rauque : Et moi je veux *les Sautriots;* et moi *les Tricolets*, disait un troisième, et une multitude à la fois, des contredanses usées, comme *la Bourrée, les Quatre Faces, la Calotine, la Chaîne, le Pistolet, la Mariée, le Pistolet, le Pistolet.* Tous ces cris étaient lardés d'un million d'extravagances. L'on entendait d'un côté : *Peste soit du nigaud ! Il faut l'envoyer à l'école ;* de l'autre : *Je m'en retournerai donc sans étrenner ?* Ici : *Qui payera mon carrosse ?* là : *Il m'est échappé ; mais je chercherai tant, qu'il se retrouvera ;* ailleurs : *A demain ; mais vingt louis au moins ; sans cela, rien de fait ;* et partout des propos qui décelaient des désirs ou des exploits.

Dans ce tumulte, une petite bourgeoise, jeune et jolie, démêla Mangogul, le poursuivit, l'agaça, et parvint à déterminer son anneau sur elle. On entendit à l'instant son bijou s'écrier : « Où courez-vous ? Arrêtez, beau masque; ne soyez point insensible à l'ardeur d'un bijou qui brûle pour vous. » Le sultan, choqué de cette déclaration téméraire, résolut de punir celle qui l'avait hasardée. Il disparut, et chercha parmi ses gardes quelqu'un qui fût à peu près de sa taille, lui céda son masque et son domino, et l'abandonna aux poursuites de la petite bourgeoise, qui, toujours trompée par les apparences, continua à dire mille folies à celui qu'elle prenait pour Mangogul.

Le faux sultan ne fut pas bête; c'était un homme qui savait parler par signes; il en fit un qui attira la belle dans un endroit écarté, où elle se prit, pendant plus d'une heure, pour la sultane favorite, et Dieu sait les projets qui lui roulèrent dans la tête; mais l'enchantement dura peu. Lorsqu'elle eut accablé le prétendu sultan de caresses, elle le pria de se démasquer; il le fit, et montra une physionomie armée de deux grands crocs [130], qui n'appartenaient point du tout à Mangogul.

« Ah ! fi, s'écria la petite bourgeoise : Fi...

— Eh ! mon petit tame, lui répondit le Suisse, qu'avoir vous ? Moi l'y croire vous avoir rentu d'assez bons services pour que vous l'y être pas fâchée de me connaître. »

Mais sa déesse ne s'amusa point à lui répondre, s'échappa brusquement de ses mains, et se perdit dans la foule.

Ceux d'entre les bijoux qui n'aspirèrent pas à de si grands honneurs, ne laissèrent pas que de rencontrer le plaisir, et tous reprirent la route de Banza, fort satisfaits de leur voyage.

L'on sortait du bal lorsque Mangogul entendit deux de ses principaux officiers qui se parlaient avec vivacité. « C'est ma maîtresse, disait l'un : je suis en possession depuis un an, et vous êtes le premier qui vous soyez avisé de courir sur mes brisées. A propos de quoi me troubler ? Nassès, mon ami, adressez-vous ailleurs : vous trouverez cent femmes aimables qui se tiendront pour trop heureuses de vous avoir.

— J'aime Amine, répondit Nassès; je ne vois qu'elle qui me plaise. Elle m'a donné des espérances, et vous trouverez bon que je les suive.

— Des espérances ! reprit Alibeg.

— Oui, des espérances...

— Morbleu ! cela n'est point...

— Je vous dis, monsieur, que cela est, et que vous me ferez raison sur l'heure du démenti que vous me donnez. »

A l'instant ils descendirent le grand perron; ils avaient déjà le cimeterre tiré, et ils allaient finir leur démêlé d'une façon tragique, lorsque le sultan les arrêta, leur défendit de se battre avant que d'avoir consulté leur Hélène.

Ils obéirent et se rendirent chez Amine, où Mangogul les suivit de près. « Je suis excédée du bal, leur dit-elle; les yeux me tombent. Vous êtes de cruelles gens, de venir

au moment que j'allais me mettre au lit : mais vous avez
tous deux un air bien singulier. Pourrait-on savoir ce qui
vous amène ?...

— C'est une bagatelle, lui répondit Alibeg : monsieur se
vante, et même assez hautement, ajouta-t-il en montrant
son ami, que vous lui donnez des espérances. Madame,
qu'en est-il.... »

Amine ouvrait la bouche; mais le sultan tournant sa
bague dans le même instant, elle se tut, et son bijou répondit
pour elle... « Il me semble que Nassès se trompe : non, ce
n'est pas à lui que madame en veut. N'a-t-il pas un grand
laquais qui vaut mieux que lui ? Oh ! que ces hommes sont
sots de croire que des dignités, des honneurs, des titres,
des noms, des mots vides de sens, en imposent à des bijoux !
Chacun a sa philosophie, et la nôtre consiste principalement
à distinguer le mérite de la personne, le vrai mérite, de celui
qui n'est qu'imaginaire. N'en déplaise à M. de Claville [131],
il en sait là-dessus moins que nous, et vous allez en avoir
la preuve.

« Vous connaissez tous deux, continua le bijou, la marquise Bibicosa. Vous savez ses amours avec Cléandor, et sa
disgrâce, et la haute dévotion qu'elle professe aujourd'hui.
Amine est bonne amie; elle a conservé les liaisons qu'elle
avait avec Bibicosa, et n'a point cessé de fréquenter dans
sa maison, où l'on rencontre des bramines de toute espèce.
Un d'entre eux pressait un jour ma maîtresse de parler pour
lui à Bibicosa.

« Eh ! que voulez-vous que je lui demande ? lui répondit
Amine. C'est une femme noyée [132], qui ne peut rien pour
elle-même. Vraiment elle vous saurait bon gré de la traiter
encore comme une personne de conséquence. Allez, mon
ami, le prince Cléandor et Mangogul ne feront jamais rien
pour elle; et vous vous morfondriez dans les antichambres...

« — Mais, répondit le bramine, madame, il ne s'agit
que d'une bagatelle, qui dépend directement de la marquise.
Voici ce que c'est. Elle a fait construire un petit minaret
dans son hôtel; c'est sans doute pour la Sala [133], ce qui
suppose un iman; et c'est cette place que je demande...

« — Que dites-vous! reprit Amine. Un iman! vous
n'y pensez pas; il ne faut à la marquise qu'un marabout
qu'elle appellera de temps à autre lorsqu'il pleut, ou qu'on
veut avoir fait la Sala, avant que de se mettre au lit : mais

un iman logé, vêtu, nourri dans son hôtel, avec des appoin-
tements ! cela ne va point à Bibicosa. Je connais ses affaires.
La pauvre femme n'a pas six mille sequins de revenu ; et
vous prétendez qu'elle en donnera deux mille à un iman ?
Voilà-t-il pas qui est bien imaginé !...

« — De par Brama, j'en suis fâché, répliqua l'homme
saint ; car voyez-vous, si j'avais été son iman, je n'aurais
pas tardé à lui devenir plus nécessaire : et quand on est là,
il vous pleut de l'argent et des pensions. Tel que vous me
voyez, je suis du Monomotapa, et je fais très bien mon
devoir...

« — Eh ! mais, lui répondit Amine d'une voix entrecoupée, votre affaire n'est pourtant pas impossible. C'est
dommage que le mérite dont vous parlez ne se présume pas...

« — On ne risque rien à s'employer pour les gens de
mon pays, reprit l'homme du Monomotapa ; voyez
plutôt... »

· « Il donna sur-le-champ à Amine la preuve complète d'un
mérite si surprenant, que de ce moment vous perdîtes, à ses
yeux, la moitié de ce qu'elle vous prisait. Ah ! vivent les
gens du Monomotapa ! »

Alibeg et Nassès avaient la physionomie allongée, et se
regardaient sans mot dire ; mais, revenus de leur étonnement, ils s'embrassèrent ; et jetant sur Amine un regard
méprisant, ils coururent se prosterner aux pieds du sultan,
et le remercier de les avoir détrompés de cette femme, et
de leur avoir conservé la vie et l'amitié réciproque. Ils
arrivèrent dans le moment que Mangogul, de retour chez
la favorite, lui faisait l'histoire d'Amine. Mirzoza en rit, et
n'en estima pas davantage les femmes de cour et les bramines.

CHAPITRE TREIZIÈME

SÉLIM A BANZA

Mangogul alla se reposer au sortir du bal ; et la favorite,
qui ne se sentait aucune disposition au sommeil, fit appeler
Sélim, et le pressa de lui continuer son histoire amoureuse.
Sélim obéit, et reprit en ces termes :

« Madame, la galanterie ne remplissait pas tout mon temps : je dérobais au plaisir des instants que je donnais à des occupations sérieuses ; et les intrigues dans lesquelles je m'embarquai, ne m'empêchèrent point d'apprendre les fortifications, le manège, les armes, la musique et la danse ; d'observer les usages et les arts des Européens, et d'étudier leur politique et leur milice. De retour dans le Congo, on me présenta à l'empereur aïeul du sultan, qui m'accorda un poste honorable dans ses troupes. Je parus à la cour, et bientôt je fus de toutes les parties du prince Erguebzed, et par conséquent intéressé dans les aventures des jolies femmes. J'en connus de toute nation, de tout âge, de toute condition ; et j'en trouvai peu de cruelles, soit que mon rang les éblouît, soit qu'elles aimassent mon jargon, ou que ma figure les prévînt. J'avais alors deux qualités avec lesquelles on va vite en amour, de l'audace et de la présomption.

« Je pratiquai d'abord des femmes de qualité. Je les prenais le soir au cercle ou au jeu chez la Manimonbanda ; je passais la nuit avec elles ; et nous nous méconnaissions presque le lendemain. Une des occupations de ces dames, c'est de se procurer des amants, de les enlever même à leurs meilleures amies, et l'autre de s'en défaire. Dans la crainte de se trouver au dépourvu, tandis qu'elles filent une intrigue, elles en lorgnent deux ou trois autres. Elles possèdent je ne sais combien de petites finesses pour attirer celui qu'elles ont en vue et cent tracasseries en réserve pour se débarrasser de celui qu'elles ont. Cela a toujours été et cela sera toujours. Je ne nommerai personne ; mais je connus ce qu'il y avait de femmes à la cour d'Erguebzed en réputation de jeunesse et de beauté ; et tous ces engagements furent formés, rompus, renoués, oubliés en moins de six mois.

« Dégoûté de ce monde, je me jetai dans ses antipodes : je vis des bourgeoises que je trouvai dissimulées, fières de leur beauté, toutes grimpées sur le ton de l'honneur et presque toujours obsédées par des maris sauvages et brutaux ou certains pieds-plats de cousins qui faisaient à jours entiers les passionnés auprès de leurs cousines et qui me déplaisaient grandement : on ne pouvait les tenir seules un moment ; ces animaux survenaient perpétuellement, dérangeaient un rendez-vous et se fourraient à tout propos dans la conversation. Malgré ces obstacles, j'amenai cinq ou six de ces bégueules au point où je les voulais avant

que de les planter là. Ce qui me réjouissait dans leur commerce, c'est qu'elles se piquaient de sentiments, qu'il fallait
s'en piquer aussi, et qu'elles en parlaient à mourir de rire :
et puis elles exigeaient des attentions, des petits soins; à
les entendre, on leur manquait à tout moment; elles
prêchaient un amour si correct, qu'il fallut bien y renoncer.
Mais le pis, c'est qu'elles avaient incessamment votre nom
à la bouche et que quelquefois on était contraint de se
montrer avec elles et d'encourir tout le ridicule d'une
aventure bourgeoise; je me sauvai un beau jour des magasins et de la rue Saint-Denis [134] pour n'y revenir de ma vie.

« On avait alors la fureur des petites maisons [135] : j'en
louai une dans le faubourg oriental et j'y plaçai successivement quelques-unes de ces filles qu'on voit, qu'on ne voit
plus; à qui l'on parle, à qui l'on ne dit mot, et qu'on renvoie
quand on en est las : j'y rassemblais des amis et des actrices
de l'Opéra; on y faisait de petits soupers, que le prince
Erguebzed a quelquefois honorés de sa présence. Ah !
madame, j'avais des vins délicieux, des liqueurs exquises et
le meilleur cuisinier du Congo.

« Mais rien ne m'a tant amusé qu'une entreprise que j'exécutai dans une province éloignée de la capitale, où mon
régiment était en quartier : je partis de Banza pour en faire
la revue; c'était la seule affaire qui m'éloignait de la ville;
et mon voyage eût été court, sans le projet extravagant
auquel je me livrai. Il y avait à Baruthi un monastère peuplé
des plus rares beautés; j'étais jeune et sans barbe, et je
méditai de m'y introduire à titre de veuve qui cherchait
un asile contre les dangers du siècle. On me fait un habit
de femme; je m'en ajuste et je vais me présenter à la grille
de nos recluses; on m'accueillit affectueusement; on me
consola de la perte de mon époux; on convint de ma
pension, et j'entrai.

« L'appartement qu'on me donna communiquait au
dortoir des novices; elles étaient en grand nombre, jeunes
pour la plupart et d'une fraîcheur surprenante : je les prévins
de politesses et je fus bientôt leur amie. En moins de huit
jours, on me mit au fait de tous les intérêts de la petite
république; on me peignit les caractères, on m'instruisit
des anecdotes; je reçus des confidences de toutes couleurs,
et je m'aperçus que nous ne manions pas mieux la médisance et la calomnie, nous autres profanes. J'observai la

règle avec sévérité; j'attrapai les airs patelins et les tons
doucereux et l'on se disait à l'oreille que la communauté
serait bien heureuse si j'y prenais l'habit.

« Je ne crus pas plus tôt ma réputation faite dans la
maison, que je m'attachai à une jeune vierge qui venait de
prendre le premier voile : c'était une brune adorable; elle
m'appelait sa maman, je l'appelais mon petit ange; elle me
donnait des baisers innocents, et je lui en rendais de fort
tendres. Jeunesse est curieuse; Zirziphile me mettait à tout
propos sur le mariage et sur les plaisirs des époux; elle m'en
demandait des nouvelles; j'aiguisais habilement sa curiosité;
et de questions en questions, je la conduisis jusqu'à la
pratique des leçons que je lui donnais. Ce ne fut pas la
seule novice que j'instruisis; et quelques jeunes nonnains
vinrent aussi s'édifier dans ma cellule. Je ménageais les
moments, les rendez-vous, les heures, si à propos que personne ne se croisait : enfin, madame, que vous dirai-je ?
la pieuse veuve se fit une postérité nombreuse; mais lorsque
le scandale dont on avait gémi tout bas eut éclaté et que le
conseil des discrètes, assemblé, eut appelé le médecin de
la maison, je méditai ma retraite. Une nuit donc, que toute
la maison dormait, j'escaladai les murs du jardin et je
disparus : je me rendis aux eaux de Piombino, où le médecin
avait envoyé la moitié du couvent et où j'achevai, sous
l'habit de cavalier, l'ouvrage que j'avais commencé sous
celui de veuve. Voilà, madame, un fait dont tout l'empire
a mémoire et dont vous seule connaissez l'auteur.

« Le reste de ma jeunesse, ajouta Sélim, s'est consumé à
de pareils amusements, toujours des femmes, de toute
espèce, rarement du mystère, beaucoup de serments et
point de sincérité.

— Mais, à ce compte, lui dit la favorite, vous n'avez
donc jamais aimé ?

— Bon ! répondit Sélim, je pensais bien alors à l'amour !
je n'en voulais qu'au plaisir et qu'à celles qui m'en promettaient.

— Mais a-t-on du plaisir sans aimer ? interrompit la
favorite. Qu'est-ce que cela, quand le cœur ne dit rien ?

— Eh ! madame, répliqua Sélim, est-ce le cœur qui
parle, à dix-huit ou vingt ans ?

— Mais enfin, de toutes ces expériences, quel est le
résultat ? qu'avez-vous prononcé sur les femmes ?

— Qu'elles sont la plupart sans caractère, dit Sélim; que trois choses les meuvent puissamment : l'intérêt, le plaisir et la vanité; qu'il n'y en a peut-être aucune qui ne soit dominée par une de ces passions, et que celles qui les réunissent toutes trois sont des monstres.

— Passe encore pour le plaisir, dit Mangogul, qui entrait à l'instant; quoiqu'on ne puisse guère compter sur ces femmes, il faut les excuser : quand le tempérament est monté à un certain degré, c'est un cheval fougueux qui emporte son cavalier à travers champs; et presque toutes les femmes sont à califourchon sur cet animal-là.

— C'est peut-être par cette raison, dit Sélim, que la duchesse Ménéga appelle le chevalier Kaidar son grand écuyer.

— Mais serait-il possible, dit la sultane à Sélim, que vous n'ayez pas eu la moindre aventure de cœur ? Ne serez-vous sincère que pour déshonorer un sexe qui faisait vos plaisirs, si vous en faisiez les délices ? Quoi ! dans un si grand nombre de femmes, pas une qui voulût être aimée, qui méritât de l'être ! Cela ne se comprend pas.

— Ah ! madame, répondit Sélim, je sens, à la facilité avec laquelle je vous obéis, que les années n'ont point affaibli sur mon cœur l'empire d'une femme aimable : oui, madame, j'ai aimé comme un autre. Vous voulez tout savoir, je vais tout dire; et vous jugerez si je me suis acquitté du rôle d'amant dans les formes.

— Y a-t-il des voyages dans cette partie de votre histoire ? demanda le sultan.

— Non, prince, répondit Sélim.

— Tant mieux, reprit Mangogul; car je ne me sens aucune envie de dormir.

— Pour moi, reprit la favorite, Sélim me permettra bien de reposer un moment.

— Qu'il aille se coucher aussi, dit le sultan; et pendant que vous dormirez je questionnerai Cypria.

— Mais, prince, lui répondit Mirzoza, Votre Hautesse n'y pense pas; ce bijou vous enfilera dans des voyages qui ne finiront point. »

L'auteur africain nous apprend ici que le sultan, frappé de l'observation de Mirzoza, se précautionna d'un anti-somnifère des plus violents : il ajoute que le médecin de Mangogul, qui était bien son ami, lui en avait communiqué

la recette et qu'il en avait fait la préface de son ouvrage;
mais il ne nous reste de cette préface que les trois dernières
lignes que je vais rapporter ici.

Prenez de . . . .
De. . . . .
De. . . . .
De *Marianne* et du *Paysan*, par... quatre pages.
Des *Égarements du cœur*, une feuille.
Des *Confessions* [136], vingt-cinq lignes et demie.

CHAPITRE QUATORZIÈME

VINGT-SIXIÈME ESSAI DE L'ANNEAU

LE BIJOU VOYAGEUR

Tandis que la favorite et Sélim se reposaient des fatigues
de la veille, Mangogul parcourait avec étonnement les
magnifiques appartements de Cypria. Cette femme avait fait,
avec son bijou, une fortune à comparer à celle d'un fermier
général. Après avoir traversé une longue enfilade de pièces
plus richement décorées les unes que les autres, il arriva
dans la salle de compagnie, où, au centre d'un cercle
nombreux, il reconnut la maîtresse du logis à une énorme
quantité de pierreries qui la défiguraient; et son époux, à
la bonhomie peinte sur son visage. Deux abbés, un bel
esprit, et trois académiciens de Banza occupaient les côtés
du fauteuil de Cypria; et sur le fond de la salle voltigeaient
deux petits maîtres avec un jeune magistrat rempli d'airs,
soufflant sur ses manchettes, sans cesse rajustant sa perruque,
visitant sa bouche et se félicitant dans les glaces de ce que
son rouge allait bien : excepté ces trois papillons, le reste
de la compagnie était dans une vénération profonde pour la
respectable momie qui, indécemment étalée, bâillait, parlait
en bâillant, jugeait tout, jugeait mal de tout, et n'était
jamais contredite.

« Comment, disait en soi-même Mangogul qui n'avait
parlé seul depuis longtemps, et qui s'en mourait, comment
est-elle parvenue à déshonorer un homme de bonne maison

avec un esprit si gauche et une figure comme celle-là ? »

Cypria voulait qu'on la prît pour blonde; sa peau petit jaune, bigarrée de rouge, imitait assez bien une tulipe panachée; elle avait les yeux gros, la vue basse, la taille courte, le nez effilé, la bouche plate, le tour du visage coupé, les joues creuses, le front étroit, point de gorge, la main sèche et le bras décharné : c'était avec ces attraits qu'elle avait ensorcelé son mari. Le sultan tourna sa bague sur elle, et l'on entendit glapir aussitôt. L'assemblée s'y trompa, et crut que Cypria parlait par la bouche, et qu'elle allait juger. Mais son bijou débuta par ces mots :

« Histoire de mes voyages.

« Je naquis à Maroc en 17.000.000.012, et je dansais sur le théâtre de l'Opéra, lorsque Méhémet Tripathoud, qui m'entretenait, fut nommé chef de l'ambassade que notre puissant empereur envoya au monarque de la France; je le suivis dans ce voyage : les charmes des femmes françaises m'enlevèrent bientôt mon amant; et sans délai j'usai de représailles. Les courtisans, avides de nouveautés, voulurent essayer de la Maroquine; car c'est ainsi qu'on nommait ma maîtresse; elle les traita fort humainement; et son affabilité lui valut, en six mois de temps, vingt mille écus en bijoux, autant en argent, avec un petit hôtel tout meublé. Mais le Français est volage, et je cessai bientôt d'être à la mode : je ne m'amusai point à courir les provinces; il faut aux grands talents de vastes théâtres; je laissai partir Tripathoud, et je me destinai pour la capitale d'un autre royaume.

« A wealthy lord [137], travelling through France, dragg'd me to London. Ay, that was a man indeed! He water'd me six times a day, and as often o'nights. His prick like a comet's tail shot flaming darts : I never felt such quick and thrilling thrusts. It was not possible for mortal prowess to hold out long, at this rate; so he drooped by degrees, and I received his soul distilled through his Tarse. He gave me fifty thousand guineas. This noble lord was succeeded by a couple of privateer-commanders lately return'd from cruising : being intimate friends, they fuck'd me, as they had sail'd, in company, endeavouring who should show most vigour and serve the readiest fire. Whilst the one was riding at anchor, I towed the other by his Tarse and prepared him for a fresh tire. Upon a modest computation, I reckon'd in about eight days time

I received a hundred and eighty shot. But I soon grew tired with keeping so strict an account, for there was no end of their broad-sides. I got twelve thousand pounds from them for my share of the prizes they had taken. The winter quarter being over, they were forced to put to sea again, and would fain have engaged me as a tender, but I had made a prior contract with a German count.

« Duxit me Viennam in Austriâ patriam suam, ubi venereâ voluptate, quantâ maximâ poteram, ingurgitatus sum, per menses tres integros ejus splendide nimis epulatus hospes. Illi, rugosi et contracti Lotharingo more colei, et eo usque longa, crassaque mentula, ut dimidiam nondum acciperem, quamvis iterato coïtu fractus rictus mihi misere pateret. Immanem ast usu frequenti vagina tandem admisit laxe gladium, novasque excogitavimus artes, quibus futu- tionum quotidianarum vinceremus fastidium. Modo me resupinum agitabat; modo ipsum, eques adhærescens ingui- nibus, motu quasi tolutario versabam. Sæpe turgentem spumantemque admovit ori priapum, simulque appressis ad labia labiis, fellatrice me linguâ perfricuit. Etsi Veneri nunquam indulgebat posticæ, a tergo me tamen adorsus, cruribus altero sublato, altero depresso, inter femora subibat, voluptaria quærens per impedimenta transire. Amatoria Sanchesii præcepta calluit ad unguem, et festivas Aretini tabulas sic expressit, ut nemo melius. His a me laudibus acceptis, multis florenorum millibus mea solvit obsequia, et Romam secessi.

« Quella città è il tempio di Venere, ed il soggiorno delle delizie. Tutta via mi dispiaceva, che le natiche leggiadre fossero là ancora più festeggiate delle più belle potte; quello che provai il terzo giorno del mio arrivo in quel paese. Una cortigiana illustre si offerisce à farmi guadagnare mila scudi, s'io voleva passar la sera con esso lei in una vigna. Accettai l'invito; salimmo in una carozza, e giungemmo in un luogo da lei ben conosciuto nel quale due cavalieri colle braghesse rosse si fecero incontro à noi, e ci condussero in un boschetto spesso e folto, dove cavatosi subito le vesti, vedemmo i più furiosi cazzi che risaltaro mai. Ognuno chiavo la sua. Il trastullo poi si prese a quadrille, dopo per farsi guattare in bocca, poscia nelle tette; alla perfine, uno de chiavatori impadronissi del mio rivale, mentre l'altro mi lavorava. L'istesso fu fatto alla conduttrice mia; e cio tutto dolcemente condito di bacci alla fiorentina. E quando i campioni nostri ebbero posto fine alla battaglia, facemmo la fricarella per risvegliar il gusto à quei benedetti signori i quali ci paganoro con generosità. In più volte simili guadagnai con loro sessanta mila scudi; e due altre volte tanto, con coloro che mi procurava la cortigiana. Mi ricordo di uno che visitava mi spesso e che sborrava sempre due volte senza cavarlo; e d'un altro il quale usciva da me pian piano, per entrare soltimente nel mio vicino; e per questo bastava fare sù è giù le natiche. Ecco una uzanza curiosa che si pratica in Italia. »

Le bijou de Cypria continua son histoire sur un ton moitié congeois et moitié espagnol. Il ne savait pas apparemment assez cette dernière langue pour l'employer seule : on n'apprend une langue, dit l'auteur africain, qui se pendrait plutôt que de manquer une réflexion commune, qu'en la parlant beaucoup; et le bijou de Cypria n'eut presque pas le temps de parler à Madrid.

« Je me sauvai d'Italie, dit-il, malgré quelques désirs secrets qui me rappelaient en arrière, influxo malo del clima ! y tuve luego la resolucion de ir me a una tierra, donde pudiesse gozar mis fueros sin partir los con un usurpador. Je fis le voyage de Castille la Vieille, où l'on sut le réduire à ses simples fonctions : mais cela ne suffit pas à ma vengeance. Le imponse la tarea de batter el compas en los bayles che celebrava de dia y de noche; et il s'en acquitta si bien, que nous nous réconciliâmes. Nous parûmes à la cour de Madrid en bonne intelligence. Al entrar de la ciudad, je liai con un papo venerabile por sus canas : heúreusement pour moi; car il eut compassion de ma jeunesse, et me communiqua un secret, le fruit de soixante années d'expérience, para guardar me del mal de que merecieron los Franceses ser padrinos, por haver sido sus primeros pregodes. Avec cette recette, et le goût de la propreté que je tentai vainement d'introduire en Espagne, je me préservai de tout accident à Madrid, où ma vanité seule fut mortifiée. Ma maîtresse a, comme vous voyez, le pied fort petit. Esta prenda es el incentivo mas poderoso de una imaginacion castellana. Un petit pied sert de passeport à Madrid à la fille que tiene la mas dilatada sima entre las piernas. Je me déterminai à quitter une contrée où je devais la plupart de mes triomphes à un mérite étranger;

y me arrime a un definidor muy virtuoso que passava a las
Indias. Je vis, sous les ailes de sa révérence, la terre de
promission, ce pays où l'heureux Frayle porte, sans scandale,
de l'or dans sa bourse, un poignard à sa ceinture, et sa
maîtresse en croupe. Que la vie que j'y passai fut délicieuse !
quelles nuits ! dieux, quelles nuits ! Hay de mi ! al recor-
darme de tantos gustos me meo... Algo mas... Ya, ya...
Pierdo el sentido... Me muero...

« Après un an de séjour à Madrid et aux Indes, je m'embarquai pour Constantinople. Je ne goûtai point les usages
d'un peuple chez qui les bijoux sont barricadés ; et je sortis
promptement d'une contrée où je risquais ma liberté. Je
pratiquai pourtant assez les musulmans, pour m'apercevoir
qu'ils se sont bien policés par le commerce des Européens ;
et je leur trouvai la légèreté du Français, l'ardeur de
l'Anglais, la force de l'Allemand, la longanimité de l'Espagnol, et d'assez fortes teintures des raffinements italiens :
en un mot, un aga vaut, à lui seul, un cardinal, quatre ducs,
un lord, trois grands d'Espagne, et deux princes allemands.

« De Constantinople, j'ai passé, messieurs, comme vous
savez, à la cour du grand Erguebzed, où j'ai formé nos
seigneurs les plus aimables ; et quand je n'ai plus été bon
à rien, je me suis jeté sur cette figure-là, dit le bijou, en
indiquant, par un geste qui lui était familier, l'époux de
Cypria. La belle chute ! »

L'auteur africain finit ce chapitre par un avertissement
aux dames qui pourraient être tentées de se faire traduire
les endroits où le bijou de Cypria s'est exprimé dans des
langues étrangères.

« J'aurais manqué, dit-il, au devoir de l'historien, en
les supprimant ; et au respect que j'ai pour le sexe, en les
conservant dans mon ouvrage, sans prévenir les dames
vertueuses, que le bijou de Cypria s'était excessivement gâté
le ton dans ses voyages ; et que ses récits sont infiniment
plus libres qu'aucune des lectures clandestines qu'elles
aient jamais faites. »

CHAPITRE QUINZIÈME

CYDALISE

Mangogul revint chez la favorite, où Sélim l'avait devancé.

« Eh bien ! prince, lui dit Mirzoza, les voyages de Cypria vous ont-ils fait du bien ?

— Ni bien ni mal, répondit le sultan ; je ne les ai point entendus.

— Et pourquoi donc ? reprit la favorite.

— C'est, dit le sultan, que son bijou parle, comme une polyglotte, toutes sortes de langues, excepté la mienne. C'est un assez impertinent conteur, mais ce serait un excellent interprète.

— Quoi ! reprit Mirzoza, vous n'avez rien compris du tout dans ses récits ?

— Qu'une chose, madame, répondit Mangogul ; c'est que les voyages sont plus funestes encore pour la pudeur des femmes, que pour la religion des hommes ; et qu'il y a peu de mérite à savoir plusieurs langues. On peut posséder le latin, le grec, l'italien, l'anglais et le congeois dans la perfection, et n'avoir non plus d'esprit qu'un bijou. C'est votre avis, madame ? Et celui de Sélim ? Qu'il commence donc son aventure, mais surtout plus de voyages. Ils me fatiguent à mourir. »

Sélim promit au sultan que la scène serait en un seul endroit, et dit :

« J'avais environ trente ans ; je venais de perdre mon père ; je m'étais marié, pour ne pas laisser tomber la maison, et je vivais avec ma femme comme il convient ; des égards, des attentions, de la politesse, des manières peu familières, mais fort honnêtes. Le prince Erguebzed était monté sur le trône : j'avais sa bienveillance longtemps avant son règne. Il me l'a continuée jusqu'à sa mort, et j'ai tâché de justifier cette marque de distinction par mon zèle et ma fidélité. La place d'inspecteur général de ses troupes vint à vaquer, je l'obtins ; et ce poste m'obligea à de fréquents voyages sur la frontière.

— De fréquents voyages ! s'écria le sultan. Il n'en faut qu'un pour m'endormir jusqu'à demain. Avisez-y.

— Prince, continua Sélim, ce fut dans une de ces tournées que je connus la femme d'un colonel de spahis, nommé Ostaluk, brave homme, bon officier, mais mari peu commode, jaloux comme un tigre, et qui avait en sa personne de quoi justifier cette rage; car il était affreusement laid.

« Il avait épousé depuis peu Cydalise, jeune, vive, jolie; de ces femmes rares, pour lesquelles on sent, dès la première entrevue, quelque chose de plus que de la politesse, dont on se sépare à regret, et qui vous reviennent cent fois dans l'idée jusqu'à ce qu'on les revoie.

« Cydalise pensait avec justesse, s'exprimait avec grâce; sa conversation attachait; et si l'on ne se lassait point de la voir, on se lassait encore moins de l'entendre. Avec ces qualités, elle avait droit de faire des impressions fortes sur tous les cœurs, et je m'en aperçus. Je l'estimais beaucoup; je pris bientôt un sentiment plus tendre, et tous mes procédés eurent incessamment la vraie couleur d'une belle passion. La facilité de mes premiers triomphes m'avait un peu gâté : lorsque j'attaquai Cydalise, je m'imaginai qu'elle tiendrait peu, et que, très honorée de la poursuite de monsieur l'inspecteur général, elle ne ferait qu'une défense convenable. Qu'on juge donc de la surprise où me jeta la réponse qu'elle fit à ma déclaration.

« — Seigneur, me dit-elle, quand j'aurais la présomption de croire que vous êtes touché de quelque appas qu'on me trouve, je serais une folle d'écouter sérieusement des discours avec lesquels vous en avez trompé mille autres avant que de me les adresser. Sans l'estime, qu'est-ce que l'amour ? peu de chose; et vous ne me connaissez pas assez pour m'estimer. Quelque esprit, quelque pénétration qu'on ait, on n'a point en deux jours assez approfondi le caractère d'une femme pour lui rendre des soins mérités. Monsieur l'inspecteur général cherche un amusement, il a raison; et Cydalise aussi, de n'amuser personne. »

« J'eus beau lui jurer que je ressentais la passion la plus vraie, que mon bonheur était entre ses mains, et que son indifférence allait empoisonner le reste de ma vie.

« — Jargon, me dit-elle, pur jargon ! Ou ne pensez plus à moi, ou ne me croyez pas assez étourdie pour donner dans des protestations usées. Ce que vous venez de me dire là, tout le monde le dit sans le penser, et tout le monde l'écoute sans le croire. »

« Si je n'avais eu que du goût pour Cydalise, ses rigueurs m'auraient mortifié; mais je l'aimais, elles m'affligèrent. Je partis pour la cour, son image m'y suivit; et l'absence, loin d'amortir la passion que j'avais conçue pour elle, ne fit que l'augmenter.

« Cydalise m'occupait au point que je méditai cent fois de lui sacrifier les emplois et le rang qui m'attachaient à la cour; mais l'incertitude du succès m'arrêta toujours.

« Dans l'impossibilité de voler où je l'avais laissée, je formai le projet de l'attirer où j'étais. Je profitai de la confiance dont Erguebzed m'honorait : je lui vantai le mérite et la valeur d'Ostaluk. Il fut nommé lieutenant des spahis de la garde, place qui le fixait à côté du prince; et Ostaluk parut à la cour, et avec lui Cydalise, qui devint aussitôt la beauté du jour.

— Vous avez bien fait, dit le sultan, de garder vos emplois, et d'appeler votre Cydalise à la cour; car je vous jure, par Brama, que je vous laissais partir seul pour sa province.

— Elle fut lorgnée, considérée, obsédée, mais inutilement, continua Sélim. Je jouis seul du privilège de la voir tous les jours. Plus je la pratiquai, plus je découvris en elle de grâces et de qualités, et plus j'en devins éperdu. J'imaginai que peut-être la mémoire toute récente de mes nombreuses aventures me nuisait dans son esprit : pour l'effacer et la convaincre de la sincérité de mon amour, je me bannis de la société, et je ne vis de femmes que celles que le hasard m'offrait chez elle. Il me parut que cette conduite l'avait touchée, et qu'elle se relâchait un peu de son ancienne sévérité. Je redoublai d'attentions; je demandai de l'amour, et l'on m'accorda de l'estime. Cydalise commença à me traiter avec distinction; j'eus part dans sa confiance : elle me consultait souvent sur les affaires de sa maison; mais elle ne me disait pas un mot de celles de son cœur. Si je lui parlais sentiments, elle me répondait des maximes, et j'étais désolé. Cet état pénible avait duré longtemps, lorsque je résolus d'en sortir, et de savoir une bonne fois pour toutes à quoi m'en tenir.

— Comment vous y prîtes-vous ? demanda Mirzoza.

— Madame, vous l'allez savoir », répondit Mangogul. Et Sélim continua :

« Je vous ai dit, madame, que je voyais Cydalise tous

les jours : d'abord je la vis moins souvent; mes visites
devinrent encore plus rares, enfin, je ne la vis presque plus.
S'il m'arrivait de l'entretenir tête à tête quelquefois par
hasard, je lui parlais aussi peu d'amour que si je n'en eusse
jamais ressenti la moindre étincelle. Ce changement l'étonna,
elle me soupçonna de quelque engagement secret; et un
jour que je lui faisais l'histoire galante de la cour :

« Sélim, me dit-elle d'un air distrait, vous ne m'apprenez
rien de vous-même; vous racontez à ravir les bonnes fortunes d'autrui, mais vous êtes fort discret sur les vôtres.

« — Madame, lui répondis-je, c'est qu'apparemment je
n'en ai point, ou je que crois qu'il est à propos de les taire.

« — Oh ! oui, m'interrompit-elle, c'est fort à propos
que vous me célez aujourd'hui des choses que toute la terre
saura demain.

« — A la bonne heure, madame, lui répliquai-je; mais
personne au moins ne les tiendra de moi.

« — En vérité, reprit-elle, vous êtes merveilleux avec
vos réserves; et qui est-ce qui ignore que vous en voulez à
la blonde Misis, à la petite Zibeline, à la brune Séphéra ?

« — A qui vous voudrez encore, madame, ajoutai-je
froidement.

« — Vraiment, reprit-elle, je croirais volontiers que ce
ne sont pas les seules : depuis deux mois qu'on ne vous voit
que par grâce, vous n'êtes pas resté dans l'inaction; et l'on
va vite avec ces dames-là.

« — Moi, rester dans l'inaction ! lui répondis-je; j'en
serais au désespoir. Mon cœur est fait pour aimer, et même
un peu pour l'être; et je vous avouerai même qu'il l'est;
mais ne m'en demandez pas davantage, peut-être en ai-je
déjà trop dit.

« — Sélim, reprit-elle sérieusement, je n'ai point de
secret pour vous, et vous n'en aurez point pour moi, s'il
vous plaît. Où en êtes-vous ?

« — Presque à la fin du roman.

« — Et avec qui ? demanda-t-elle avec empressement.

« — Vous connaissez Martéza ?

« — Oui, sans doute; c'est une femme fort aimable.

« — Eh bien ! après avoir tout tenté vainement pour
vous plaire, je me suis retourné de ce côté-là. On me désirait
depuis plus de six mois, deux entrevues m'ont aplani les
approches; une troisième achèvera mon bonheur, et ce soir

Martéza m'attend à souper. Elle est d'un commerce amusant, légère, un peu caustique; mais du reste, c'est la meilleure créature du monde. On fait mieux ses petites affaires avec ces folles-là, qu'avec des collets montés, qui...

« — Mais, seigneur, interrompit Cydalise, la vue baissée, en vous faisant compliment sur votre choix, pourrait-on vous observer que Martéza n'est pas neuve, et qu'avant vous elle a compté des amants ?...

« — Qu'importe, madame ? repris-je; si Martéza m'aime sincèrement, je me regarderai comme le premier. Mais l'heure de mon rendez-vous approche, permettez...

« — Encore un mot, seigneur. Est-il bien vrai que Martéza vous aime ?

« — Je le crois.

« — Et vous l'aimez ? ajouta Cydalise.

« — Madame, lui répondis-je, vous m'avez jeté vous-même dans les bras de Martéza; c'est vous en dire assez. »

« J'allais sortir; mais Cydalise me tira par mon doliman, et se retourna brusquement.

« Madame me veut-elle quelque chose ? a-t-elle quelque ordre à me donner ?

« — Non, monsieur; comment, vous voilà ? Je vous croyais déjà bien loin.

« — Madame, je vais doubler le pas.

« — Sélim...

« — Cydalise...

« — Vous partez donc ?

« — Oui, madame.

« — Ah ! Sélim, à qui me sacrifiez-vous ? L'estime de Cydalise ne valait-elle pas mieux que les faveurs d'une Martéza ?

« — Sans doute, madame, lui répliquai-je, si je n'avais eu pour vous que de l'estime. Mais je vous aimais...

« — Il n'en est rien, s'écria-t-elle avec transport; si vous m'aviez aimée, vous auriez démêlé mes véritables sentiments; vous auriez pressenti, vous vous seriez flatté qu'à la fin votre persévérance l'emporterait sur ma fierté : mais vous vous êtes lassé; vous m'avez délaissée, et peut-être au moment... »

« A ce mot, Cydalise s'interrompit, un soupir lui échappa, et ses yeux s'humectèrent.

« Parlez, madame, lui dis-je, achevez. Si, malgré les

rigueurs dont vous m'avez accablé, ma tendresse durait encore, vous pourriez...

« — Je ne peux rien; vous ne m'aimez plus, et Martéza vous attend.

« — Si Martéza m'était indifférente; si Cydalise m'était plus chère que jamais, que feriez-vous ?

« — Une folie de m'expliquer sur des suppositions.

« — Cydalise, de grâce, répondez-moi comme si je ne supposais rien. Si Cydalise était toujours la femme du monde la plus aimable à mes yeux, et si je n'avais jamais eu le moindre dessein sur Martéza, encore une fois, que feriez-vous ?

« — Ce que j'ai toujours fait, ingrat, me répondit enfin Cydalise. Je vous aimerais...

« — Et Sélim vous adore », lui dis-je en me jetant à ses genoux, et baisant ses mains que j'arrosais de larmes de joie. »

« Cydalise fut interdite; ce changement inespéré la troubla; je profitai de son désordre, et notre réconciliation fut scellée par des marques de tendresse auxquelles elle n'était pas en état de se refuser.

— Et qu'en disait le bon Ostaluk ? interrompit Mangogul. Sans doute qu'il permit à sa chère moitié de traiter généreusement un homme à qui il devait une lieutenance des spahis.

— Prince, reprit Sélim, Ostaluk se piqua de gratitude tant qu'on ne m'écouta point; mais sitôt que je fus heureux, il devint incommode, farouche, insoutenable pour moi, et brutal pour sa femme. Non content de nous troubler en personne, il nous fit observer; nous fûmes trahis; et Ostaluk, sûr de son prétendu déshonneur, eut l'audace de m'appeler en duel. Nous nous battîmes dans le grand parc du sérail; je le blessai de deux coups, et le contraignis à me devoir la vie. Pendant qu'il guérissait de ses blessures, je ne quittai pas un moment sa femme; mais le premier usage qu'il fit de sa santé, fut de nous séparer et de maltraiter Cydalise. Elle me peignit toute la tristesse de sa situation; je lui proposai de l'enlever; elle y consentit; et notre jaloux de retour de la chasse où il avait accompagné le sultan, fut très étonné de se trouver veuf. Ostaluk, sans s'exhaler en plaintes inutiles contre l'auteur du rapt, médita sur-le-champ sa vengeance.

« J'avais caché Cydalise dans une maison de campagne, à deux lieues de Banza ; et de deux nuits l'une, je me dérobais de la ville pour aller à Cisare. Cependant Ostaluk mit à prix la tête de son infidèle, corrompit mes domestiques à prix d'argent, et fut introduit dans mon parc. Ce soir j'y prenais le frais avec Cydalise : nous nous étions enfoncés dans une allée sombre ; et j'allais lui prodiguer mes plus tendres caresses, lorsqu'une main invisible lui perça le sein d'un poignard à mes yeux. C'était celle du cruel Ostaluk. Le même sort me menaçait ; mais je prévins Ostaluk ; je tirai ma dague, et Cydalise fut vengée. Je me précipitai sur cette jeune femme : son cœur palpitait encore ; je me hâtais de la transporter à la maison, mais elle expira avant que d'y arriver, la bouche collée sur la mienne.

« Lorsque je sentis les membres de Cydalise se refroidir entre mes bras, je poussai les cris les plus aigus ; mes gens accoururent, et m'arrachèrent de ces lieux pleins d'horreur. Je revins à Banza, et je me renfermai dans mon palais, désespéré de la mort de Cydalise, et m'accablant des plus cruels reproches. J'aimais vraiment Cydalise ; j'en étais fortement aimé ; et j'eus tout le temps de concevoir la grandeur de la perte que j'avais faite, et de la pleurer.

— Mais enfin, reprit la favorite, vous vous consolâtes ?

— Hélas ! madame, répondit Sélim, longtemps je crus que je ne m'en consolerais jamais ; et j'appris seulement qu'il n'y a point de douleurs éternelles.

— Qu'on ne me parle plus des hommes, dit Mirzoza ; les voilà tous. C'est-à-dire, seigneur Sélim, que cette pauvre Cydalise, dont l'histoire vient de nous attendrir, et que vous avez tant regrettée, fut bien sotte de compter sur vos serments ; et que, tandis que Brama la châtie peut-être rigoureusement de sa crédulité, vous passez assez doucement vos instants entre les bras d'une autre.

— Eh ! madame, reprit le sultan, apaisez-vous. Sélim aime encore. Cydalise sera vengée.

— Seigneur, répondit Sélim, Votre Hautesse pourrait être mal informée : n'ai-je pas dû comprendre pour toute ma vie, par mon aventure avec Cydalise, qu'un amour véritable nuisait trop au bonheur ?

— Sans doute, interrompit Mirzoza ; et malgré vos réflexions, je gage qu'à l'heure qu'il est, vous en aimez une autre plus ardemment encore...

— Pour plus ardemment, reprit Sélim, je n'oserais
l'assurer : depuis cinq ans je suis attaché, mais attaché de
cœur, à une femme charmante : ce n'est pas sans peine que
je m'en suis fait écouter; car on avait toujours été d'une
vertu !...

— De la vertu ! s'écria le sultan; courage, mon ami, je
suis enchanté quand on m'entretient de la vertu d'une
femme de cour.

— Sélim, dit la favorite, continuez-nous votre histoire.

— Et croyez toujours en bon musulman dans la fidélité
de votre maîtresse, ajouta le sultan.

— Ah! prince, reprit Sélim avec vivacité, Fulvia m'est
fidèle.

— Fidèle ou non, reprit Mangogul, qu'importe à votre
bonheur ? vous le croyez, cela suffit.

— C'est donc Fulvia que vous aimez à présent ? dit la
favorite.

— Oui, madame, répondit Sélim.

— Tant pis, mon cher, ajouta Mangogul : je n'ai point
du tout de foi en elle; elle est perpétuellement obsédée de
bramines, et ce sont de terribles gens que ces bramines; et
puis je lui trouve de petits yeux à la chinoise, avec un nez
retroussé, et l'air tout à fait tourné du côté du plaisir :
entre nous, qu'en est-il ?

— Prince, répondit Sélim, je crois qu'elle ne le hait pas.

— Eh bien ! répliqua le sultan, tout cède à cet attrait;
c'est ce que vous devez savoir mieux que moi, ou vous n'êtes...

— Vous vous trompez, reprit la favorite; on peut avoir
tout l'esprit du monde, et ne point savoir cela : je gage...

— Toujours des gageures, interrompit Mangogul; cela
m'impatiente : ces femmes sont incorrigibles : eh ! madame, gagnez votre château, et vous gagerez ensuite.

— Madame, dit Sélim à la favorite, Fulvia ne pourrait-
elle pas vous être bonne à quelque chose ?

— Et comme quoi ? demanda Mirzoza.

— Je me suis aperçu, répondit le courtisan, que les
bijoux n'ont presque jamais parlé qu'en présence de Sa
Hautesse; et je me suis imaginé que le génie Cucufa, qui a
opéré tant de choses surprenantes en faveur de Kanoglou,
grand-père du sultan, pourrait bien avoir accordé à son
petit-fils le don de les faire parler. Mais le bijou de Fulvia
n'a point encore ouvert la bouche, que je sache; n'y aurait-

il pas moyen de l'interroger, de vous procurer le château, et de me convaincre de la fidélité de ma maîtresse?

— Sans doute, reprit le sultan; qu'en pensez-vous, madame?

— Oh! je ne me mêle point d'une affaire si scabreuse : Sélim est trop de mes amis pour l'exposer, à l'appât d'un château, à perdre le bonheur de sa vie.

— Mais vous n'y pensez pas, reprit le sultan; Fulvia est sage, Sélim en mettrait la main au feu; il l'a dit, il n'est pas homme à s'en dédire.

— Non, prince, répondit Sélim; et si Votre Hautesse me donne rendez-vous chez Fulvia, j'y serai certainement le premier.

— Prenez garde à ce que vous proposez, reprit la favorite; Sélim, mon pauvre Sélim, vous allez bien vite; et tout aimable que vous soyez...

— Rassurez-vous, madame; puisque le sort en est jeté, j'entendrai Fulvia; le pis qui puisse en arriver, c'est de perdre une infidèle.

— Et de mourir de regret de l'avoir perdue, ajouta la sultane.

— Quel conte ! dit Mangogul; vous croyez donc que Sélim est devenu bien imbécile? Il a perdu la tendre Cydalise, et le voilà tout plein de vie; et vous prétendez que, s'il venait à reconnaître Fulvia pour une infidèle, il en mourrait? Je vous le garantis éternel, s'il n'est jamais assommé que de ce coup-là. Sélim, à demain chez Fulvia, entendez-vous ? on vous dira mon heure. »

Sélim s'inclina, Mangogul sortit; la favorite continua de représenter au vieux courtisan qu'il jouait gros jeu; Sélim la remercia des marques de sa bienveillance, et tous se retirèrent dans l'attente du grand événement.

CHAPITRE SEIZIÈME

VINGT-SEPTIÈME ESSAI DE L'ANNEAU

FULVIA

L'auteur africain, qui avait promis quelque part le caractère de Sélim, s'est avisé de le placer ici; j'estime trop les ouvrages de l'antiquité pour assurer qu'il eût été

mieux ailleurs. Il y a, dit-il, quelques hommes à qui leur
mérite ouvre toutes les portes, qui, par les grâces de leur
figure et la légèreté de leur esprit, sont dans leur jeunesse
la coqueluche de bien des femmes, et dont la vieillesse est
respectée, parce qu'ayant su concilier leurs devoirs avec
leurs plaisirs, ils ont illustré le milieu de leur vie par des
services rendus à l'État : en un mot, des hommes qui font
en tout temps les délices des sociétés. Tel était Sélim :
quoiqu'il eût atteint soixante ans, et qu'il fût entré de
bonne heure dans la carrière des plaisirs, une constitution
robuste et des ménagements l'avaient préservé de la
caducité. Un air noble, des manières aisées, un jargon
séduisant, une grande connaissance du monde fondée sur
une longue expérience, l'habitude de traiter avec le sexe,
le faisaient considérer à la cour comme l'homme auquel
tout le monde eût aimé ressembler; mais qu'on eût imité
sans succès, faute de tenir de la nature les talents et le
génie qui l'avaient distingué.

Je demande à présent, continue l'auteur africain, si cet
homme avait raison de s'inquiéter sur le compte de sa
maîtresse, et de passer la nuit comme un fou ? car le fait
est que mille réflexions lui roulèrent dans la tête, et que
plus il aimait Fulvia, plus il craignait de la trouver infidèle.
« Dans quel labyrinthe me suis-je engagé ! se disait-il à
lui-même; et à quel propos ? Que m'en reviendra-t-il, si
la favorite gagne un château ? et quel sort pour moi si elle
le perd ?... Mais pourquoi le perdrait-elle ? Ne suis-je pas
certain de la tendresse de Fulvia ?... Ah ! je l'occupe tout
entière, et si son bijou parle, ce ne sera que de moi... Mais
si le traître !... non, non, je l'aurais pressenti; j'aurais
remarqué des inégalités; depuis cinq ans on se serait démenti...
Cependant l'épreuve est périlleuse... mais il n'est plus
temps de reculer; j'ai porté le vase à ma bouche : il faut
achever, dussé-je répandre toute la liqueur... Peut-être
aussi que l'oracle me sera favorable... Hélas ! qu'en puis-je
attendre ? Pourquoi d'autres auraient-ils attaqué sans
succès une vertu dont j'ai triomphé ?... Ah ! chère Fulvia,
je t'offense par ces soupçons, et j'oublie ce qu'il m'en a
coûté pour te vaincre : un rayon d'espoir me luit, et je me
flatte que ton bijou s'obstinera à garder le silence... »

Sélim était dans cette agitation de pensée, lorsqu'on lui
rendit, de la part du sultan, un billet qui ne contenait que

ces mots : *Ce soir, à onze heures et demie précises, vous serez où vous savez.* Sélim prit la plume, et écrivit en tremblant : *Prince, j'obéirai.*

Sélim passa le reste du jour, comme la nuit qui l'avait précédé, flottant entre l'espérance et la crainte. Rien n'est plus vrai que les amants ont de l'instinct; si leur maîtresse est infidèle, ils sont saisis d'un frémissement assez semblable à celui que les animaux éprouvent à l'approche du mauvais temps : l'amant soupçonneux est un chat à qui l'oreille démange dans un temps nébuleux : les animaux et les amants ont encore ceci de commun, que les animaux domestiques perdent cet instinct, et qu'il s'émousse dans les amants lorsqu'ils sont devenus époux.

Les heures parurent bien lentes à Sélim; il regarda cent fois à sa pendule : enfin, le moment fatal arriva, et le courtisan se rendit chez sa maîtresse : il était tard; mais comme on l'introduisait à toute heure, l'appartement de Fulvia lui fut ouvert...

« Je ne vous attendais plus, lui dit-elle, et je me suis mise au lit avec une migraine que je dois aux impatiences où vous me jetez...

— Madame, lui répondit Sélim, des devoirs de bienséance, et même des affaires, m'ont comme enchaîné chez le sultan; et depuis que je me suis séparé de vous, je n'ai pas disposé d'un moment.

— Et moi, répliqua Fulvia, j'en ai été d'une humeur affreuse. Comment, deux jours entiers sans vous apercevoir !...

— Vous savez, reprit Sélim, à quoi je suis obligé par mon rang, et quelque assurée que paraisse la faveur des grands...

— Comment, interrompit Fulvia, le sultan vous aurait-il marqué de la froideur ? aurait-on oublié vos services ? Sélim, vous êtes distrait; vous ne me répondez pas... Ah ! si vous m'aimez, qu'importe à votre bonheur le bon ou le mauvais accueil du prince ? Ce n'est pas dans ses yeux, c'est dans les miens, c'est entre mes bras que vous le chercherez. »

Sélim écoutait attentivement ce discours, examinait le visage de sa maîtresse, et cherchait dans ses mouvements ce caractère de vérité auquel on ne se trompe point, et qu'il est impossible de bien simuler : quand je dis impossible, c'est à nous autres hommes; car Fulvia se composait si parfaitement, que Sélim commençait à se reprocher de l'avoir soupçonnée. Lorsque Mangogul arriva, Fulvia se tut aussitôt; Sélim frémit, et le bijou dit : « Madame a beau faire des pèlerinages à toutes les Pagodes du Congo, elle n'aura point d'enfants, et pour cause que je sais bien, moi qui suis son bijou... »

A ce début, Sélim se couvrit d'une pâleur mortelle; il voulut se lever, mais ses genoux tremblants se dérobèrent sous lui, et il retomba dans son fauteuil. Le sultan, invisible, s'approcha, et lui dit à l'oreille :

— En avez-vous assez ?...

— Ah ! prince, s'écria douloureusement Sélim, pourquoi n'ai-je pas écouté les avis de Mirzoza et les pressentiments de mon cœur ? Mon bonheur vient de s'éclipser; j'ai tout perdu : je me meurs si son bijou se tait; s'il parle, je suis mort. Qu'il parle pourtant. Je m'attends à des lumières affreuses; mais je les redoute moins que je ne hais l'état perplexe où je suis. »

Cependant le premier mouvement de Fulvia avait été de porter la main sur son bijou et de lui fermer la bouche : ce qu'il avait dit jusque-là supportait une interprétation favorable; mais elle appréhendait pour le reste. Lorsqu'elle commençait à se rassurer sur le silence qu'il gardait, le sultan, pressé par Sélim, tourna sa bague : Fulvia fut contrainte d'écarter les doigts, et le bijou continua :

« Je ne prendrai jamais, on me fatigue trop. Les visites trop assidues de tant de saints personnages nuiront toujours à mes intentions, et madame n'aura point d'enfants. Si je n'étais fêté que par Sélim, je deviendrais peut-être fécond; mais je mène une vie de forçat. Aujourd'hui c'est l'un, demain c'est l'autre, et toujours à la rame. Le dernier homme que voit Fulvia, c'est toujours celui qu'elle croit destiné par le ciel à perpétuer sa race. Personne n'est à l'abri de cette fantaisie. La condition fatigante, que celle du bijou d'une femme titrée qui n'a point d'héritiers ! Depuis dix ans je suis abandonné à des gens qui n'étaient pas faits seulement pour lever l'œil sur moi. »

Mangogul crut en cet endroit que Sélim en avait assez entendu pour être guéri de sa perplexité : il lui fit grâce du reste, retourna sa bague, et sortit, abandonnant Fulvia aux reproches de son amant.

D'abord le malheureux Sélim avait été pétrifié; mais la fureur lui rendant les forces et la parole, il lança un regard méprisant sur son infidèle, et lui dit :

« Ingrate, perfide, si je vous aimais encore, je me vengerais; mais indigne de ma tendresse, vous l'êtes aussi de mon courroux. Un homme comme moi ! Sélim compromis avec un tas de faquins...

— En vérité, l'interrompit brusquement Fulvia du ton d'une courtisane démasquée, vous avez bonne grâce de vous formaliser d'une bagatelle; au lieu de me savoir gré de vous avoir dérobé des choses dont la connaissance vous eût désespéré dans le temps, vous prenez feu, vous vous emportez comme si l'on vous avait offensé. Et quelle raison, monsieur, auriez-vous de vous préférer à Séton, à Rikel, à Molli, à Tachmas, aux cavaliers les plus aimables de la cour, à qui l'on ne se donne seulement pas la peine de déguiser les passades qu'on leur fait ? Un homme comme vous, Sélim, est un homme épuisé, caduc, hors d'état depuis une éternité de fixer seul une jolie femme qui n'est pas une sotte. Convenez donc que votre présomption est déplacée, et votre courroux impertinent. Au reste, vous pouvez, si vous êtes mécontent, laisser le champ libre à d'autres qui l'occuperont mieux que vous.

— Aussi fais-je, et de très grand cœur, » répliqua Sélim outré d'indignation; et il sortit, bien résolu de ne point revoir cette femme.

Il entra dans son hôtel, et s'y renferma quelques jours, moins chagrin, dans le fond, de la perte qu'il avait faite que de sa longue erreur. Ce n'était pas son cœur, c'était sa vanité qui souffrait. Il redoutait les reproches de la favorite et les plaisanteries du sultan, et il évitait l'une et l'autre.

Il s'était presque déterminé à renoncer à la cour, à s'enfoncer dans la solitude et à achever en philosophe une vie dont il avait perdu la plus grande partie sous l'habit d'un courtisan, lorsque Mirzoza, qui devinait ses pensées, entreprit de le consoler, le manda au sérail et lui tint ce discours : « Eh bien ! mon pauvre Sélim, vous m'abandonnez donc ? Ce n'est pas Fulvia, c'est moi que vous punissez de ses infidélités. Nous sommes tous fâchés de votre aventure : nous convenons qu'elle est chagrinante; mais si vous faites quelque cas de la protection du sultan et de mon estime, vous continuerez d'animer notre société, et vous oublierez cette Fulvia, qui ne fut jamais digne d'un homme tel que vous.

— Madame, lui répondit Sélim, l'âge m'avertit qu'il est temps de me retirer. J'ai vu suffisamment le monde; je me serais vanté il y a quatre jours de le connaître; mais le trait de Fulvia me confond. Les femmes sont indéfinissables, et toutes me seraient odieuses, si vous n'étiez comprise dans un sexe dont vous avez tous les charmes. Fasse Brama que vous n'en preniez jamais les travers ! Adieu, madame; je vais dans la solitude m'occuper de réflexions utiles. Le souvenir des bontés dont vous et le sultan m'avez honoré, m'y suivra; et si mon cœur y forme encore quelques vœux, ce sera pour votre bonheur et sa gloire.

— Sélim, lui répondit la favorite, vous prenez conseil du dépit. Vous craignez un ridicule que vous éviterez moins en vous éloignant de la cour, qu'en y demeurant. Ayez de la philosophie tant qu'il vous plaira; mais ce n'est pas ici le moment d'en faire usage : on ne verra dans votre retraite qu'humeur et que chagrin. Vous n'êtes point fait pour vous confiner dans un désert; et le sultan... »

L'arrivée de Mangogul interrompit la favorite; elle lui communiqua le dessein de Sélim.

« Il est donc fou ! dit le prince : est-ce que les mauvais procédés de cette petite Fulvia lui ont tourné la tête ? »

Puis s'adressant à Sélim : « Il n'en sera pas ainsi, notre ami; vous demeurerez, continua-t-il : j'ai besoin de vos conseils, et madame, de votre société. Le bien de mon empire et la satisfaction de Mirzoza l'exigent; et cela sera. »

Sélim, touché des sentiments de Mangogul et de la favorite, s'inclina respectueusement, demeura à la cour, et fut aimé, chéri, recherché et distingué, par sa faveur auprès du sultan et de Mirzoza.

CHAPITRE DIX-SEPTIÈME

ÉVÉNEMENTS PRODIGIEUX DU RÈGNE DE KANOGLOU, GRAND-PÈRE DE MANGOGUL

La favorite était fort jeune. Née sur la fin du règne d'Erguebzed elle n'avait presque aucune idée de la cour de Kanoglou. Un mot échappé par hasard lui avait donné de la curiosité pour les prodiges que le génie Cucufa avait opérés en faveur de ce bon prince; et personne ne pouvait l'en instruire plus fidèlement que Sélim : il en avait été témoin, y avait eu part, et possédait à fond l'histoire de ces temps. Un jour qu'il était seul avec elle, Mirzoza le mit sur ce chapitre, et lui demanda si le règne de Kanoglou, dont on faisait tant de bruit, avait vu des merveilles plus étonnantes que celles qui fixaient aujourd'hui l'attention du Congo.

« Je ne suis point intéressé, madame, lui répondit Sélim, à préférer le vieux temps à celui du prince régnant. Il se passe de grandes choses; mais ce n'est peut-être que l'essai de celles qui continueront d'illustrer Mangogul; et ma carrière est trop avancée pour que je puisse me flatter de les voir.

— Vous vous trompez, lui répondit Mirzoza; vous avez acquis et vous conservez l'épithète d'éternel. Mais dites-moi ce que vous avez vu.

— Madame, continua Sélim, le règne de Kanoglou a été long, et nos poètes l'ont surnommé l'âge d'or. Ce titre lui convient à plusieurs égards. Il a été signalé par des succès et des victoires; mais les avantages ont été mêlés de revers, qui montrent que cet or était quelquefois de mauvais aloi. La cour, qui donne le ton au reste de l'empire, était fort galante. Le sultan avait des maîtresses; les seigneurs se piquèrent de l'imiter; et le peuple prit insensiblement le même air. La magnificence dans les habits, les meubles, les équipages, fut excessive. On fit un art de la délicatesse dans les repas. On jouait gros jeu; on s'endettait, on ne payait point, et l'on dépensait tant qu'on avait de l'argent et du crédit. On publia contre le luxe de très belles ordonnances qui ne furent point exécutées. On prit des villes, on conquit des provinces, on commença des palais et l'on épuisa l'empire d'hommes et d'argent. Les peuples chantaient victoire et se mouraient de faim. Les grands avaient des châteaux superbes et des jardins délicieux, et leurs terres étaient en friche. Cent vaisseaux de haut bord nous avaient rendus les maîtres de la mer et la terreur de nos voisins; mais une bonne tête calcula juste ce qu'il en coûtait à l'État pour l'entretien de ces carcasses; et malgré les représentations des autres ministres, il fut ordonné qu'on en ferait un feu de joie. Le trésor royal

était un grand coffre vide, que cette misérable économie
ne remplit point; et l'or et l'argent devinrent si rares, que
les fabriques de monnaies furent un beau matin converties
en moulins à papier. Pour comble de bonheur, Kanoglou
se laissa persuader par des fanatiques, qu'il était de la dernière importance que tous ses sujets lui ressemblassent, et
qu'ils eussent les yeux bleus, le nez camard, et la moustache rouge comme lui, et il en chassa du Congo plus de
deux millions qui n'avaient point cet uniforme, ou qui
refusèrent de le contrefaire [138].

« Voilà, madame, cet âge d'or; voilà ce bon vieux temps
que vous entendez regretter tous les jours; mais laissez dire
les radoteurs et croyez que nous avons nos Turenne et
nos Colbert; que le présent, à tout prendre, vaut mieux que
le passé; et que, si les peuples sont plus heureux sous
Mangogul qu'ils ne l'étaient sous Kanoglou, le règne de Sa
Hautesse est plus illustre que celui de son aïeul, la félicité
des sujets étant l'exacte mesure de la grandeur des princes.
Mais revenons aux singularités de celui de Kanoglou.

« Je commencerai par l'origine des pantins.

— Sélim, je vous en dispense : je sais cet événement par
cœur, lui dit la favorite; passez à d'autres choses.

— Madame, lui demanda le courtisan, pourrait-on vous
demander d'où vous le tenez ?

— Mais, répondit Mirzoza, cela est écrit.

— Oui, madame, répliqua Sélim, et par des gens qui n'y
ont rien entendu. J'entre en mauvaise humeur quand je
vois de petits particuliers obscurs, qui n'ont jamais approché
des princes qu'à la faveur d'une entrée dans la capitale,
ou de quelque autre cérémonie publique, se mêler d'en
faire l'histoire.

« Madame, continua Sélim, nous avions passé la nuit
à un bal masqué dans les grands salons du sérail, lorsque
le génie Cucufa, protecteur déclaré de la famille régnante,
nous apparut, et nous ordonna d'aller coucher et de dormir
vingt-quatre heures de suite : on obéit; et, ce terme expiré,
le sérail se trouva transformé en une vaste et magnifique
galerie de pantins; on voyait, à l'un des bouts, Kanoglou sur
son trône; une longue ficelle usée lui descendait entre les
jambes; une vieille fée décrépite [139] l'agitait sans cesse, et
d'un coup de poignet mettait en mouvement une multitude

innombrable de pantins subalternes, auxquels répondaient
des fils imperceptibles et déliés qui partaient des doigts et
des orteils de Kanoglou : elle tirait, et à l'instant le sénéchal dressait et scellait des édits ruineux, ou prononçait à
la louange de la fée un éloge que son secrétaire lui soufflait;
le ministre de la guerre envoyait à l'armée des allumettes;
le surintendant des finances bâtissait des maisons et laissait
mourir de faim les soldats; ainsi des autres pantins.

« Si quelques pantins exécutaient leurs mouvements de
mauvaise grâce, ne levaient pas assez les bras, ne fléchis-
saient pas assez les jambes, la fée rompait leurs attaches
d'un coup d'arrière-main, et ils devenaient paralytiques.
Je me souviendrai toujours de deux émirs très vaillants
qu'elle prit en guignon, et qui demeurèrent perclus des
bras pendant toute leur vie [140].

« Les fils qui se distribuaient de toutes les parties du
corps de Kanoglou, allaient se rendre à des distances
immenses, et faisaient remuer ou se reposer, du fond du
Congo jusque sur les confins du Monoémugi, des armées
de pantins : d'un coup de ficelle une ville s'assiégeait, on
ouvrait la tranchée, l'on battait en brèche, l'ennemi se
préparait à capituler; mais il survenait un second coup de
ficelle, et le feu de l'artillerie se ralentissait, les attaques
ne se conduisaient plus avec la même vigueur, on arrivait
au secours de la place, la division s'allumait entre nos
généraux; nous étions attaqués, surpris et battus à plate
couture.

« Ces mauvaises nouvelles n'attristaient jamais Kanoglou; il ne les apprenait que quand ses sujets les avaient
oubliées; et la fée ne les lui laissait annoncer que par des
pantins qui portaient tous un fil à l'extrémité de la langue,
et qui ne disaient que ce qu'il lui plaisait, sous peine de
devenir muets.

« Une autre fois nous fûmes tous charmés, nous autres
jeunes fous, d'une aventure qui scandalisa amèrement les
dévots : les femmes se mirent à faire des culbutes, et à
marcher la tête en bas, les pieds en l'air et les mains dans
leurs mules.

« Cela dérouta d'abord toutes les connaissances, et il
fallut étudier les nouvelles physionomies; on en négligea
beaucoup, qu'on cessa de trouver aimables lorsqu'elles se
montrèrent; et d'autres, dont on n'avait jamais rien dit,

gagnèrent infiniment à se faire connaître. Les jupons et
les robes tombant sur les yeux, on risquait à s'égarer ou
à faire de faux pas ; c'est pourquoi on raccourcit les uns, et
l'on ouvrit les autres : telle est l'origine des jupons courts
et des robes ouvertes. Quand les femmes se retournèrent
sur leurs pieds, elles conservèrent cette partie de leur
habillement comme elle était ; et si l'on considère bien les
jupons de nos dames, on s'apercevra facilement qu'ils
n'ont point été faits pour être portés comme on les porte
aujourd'hui.

« Toute mode qui n'aura qu'un but passera promptement ; pour durer, il faut qu'elle soit au moins à deux fins.
On trouva dans le même temps le secret de soutenir la
gorge en dessus, et l'on s'en sert aujourd'hui pour la soutenir en dessous.

« Les dévotes, surprises de se trouver la tête en bas et
les jambes en l'air, se couvrirent d'abord avec leurs mains ;
mais cette attention leur faisait perdre l'équilibre et trébu-
cher lourdement. De l'avis des bramines, elles nouèrent
dans la suite leurs jupons sur leurs jambes avec de petits
rubans noirs ; les femmes du monde trouvèrent cet expédient ridicule, et publièrent que cela gênait la respiration
et donnait des vapeurs ; ce prodige eut des suites heureuses ;
il occasionna beaucoup de mariages, ou de ce qui y ressemble, et une foule de conversions ; toutes celles qui
avaient les fesses laides se jetèrent à corps perdu dans la
dévotion et prirent des petits rubans noirs : quatre missions de bramines n'en auraient pas tant fait.

« Nous sortions à peine de cette épreuve que nous en
subîmes une autre moins générale, mais non moins ins-
tructive. Les jeunes filles, depuis l'âge de treize ans jusqu'à
dix-huit, dix-neuf, vingt et par delà, se levèrent un beau
matin le doigt du milieu pris, devinez où, madame ? dit
Sélim à la favorite. Ce n'était ni dans la bouche, ni dans
l'oreille, ni à la turque : on soupçonna leur maladie, et l'on
courut au remède. C'est depuis ce temps que nous sommes
dans l'usage de marier des enfants à qui l'on devrait donner
des poupées.

« Autre bénédiction : la cour de Kanoglou abondait en
petits-maîtres ; et j'avais l'honneur d'en être. Un jour que
je les entretenais des jeunes seigneurs français, je m'aperçus
que nos épaules s'élevaient et devenaient plus hautes

que nos têtes; mais ce ne fut pas tout : sur-le-champ nous nous mîmes à pirouetter sur un talon.

— Et qu'y avait-il de rare en cela ? demanda la favorite.

— Rien, madame, lui répondit Sélim, sinon que la première métamorphose est l'origine des gros dos, si fort à la mode dans votre enfance; et la seconde, celle des persifleurs, dont le règne n'est pas encore passé. On commençait alors, comme aujourd'hui, à quelqu'un un discours, qu'on allait en pirouettant continuer à un autre et finir à un troisième, pour qui il devenait moitié obscur, moitié impertinent.

« Une autre fois, nous nous trouvâmes tous la vue basse; Il fallut recourir à Bion[141] : le coquin nous fit des lorgnettes, qu'il nous vendait dix sequins, et dont nous continuâmes de nous servir, même après que nous eûmes recouvré la vue. De là viennent, madame, les lorgnettes d'opéra.

« Je ne sais ce que les femmes galantes firent, à peu près dans ce temps, au génie Cucufa; mais il se vengea d'elles cruellement. A la fin d'une année, dont elles avaient passé les nuits au bal, à table et au jeu, et les jours dans leurs équipages ou entre les bras de leurs amants, elles furent tout étonnées de se trouver laides : l'une était noire comme une taupe, l'autre couperosée, celle-ci pâle et maigre, celle-là jaunâtre et ridée : il fallut pallier ce funeste enchantement; et nos chimistes découvrirent le blanc, le rouge, les pommades, les eaux, les mouchoirs de Vénus, le lait virginal, les mouches et mille autres secrets dont elles usèrent pour cesser d'être laides et devenir hideuses. Cucufa les tenait sous cette malédiction, lorsque Erguebzed, qui aimait les belles personnes, intercéda pour elles : le génie fit ce qu'il put; mais le charme avait été si puissant, qu'il ne put le lever qu'imparfaitement; et les femmes de cour restèrent telles que vous les voyez encore.

— En fut-il de même des autres ? demanda Mirzoza.

— Non, madame, répondit Sélim; ils durèrent les uns plus, les autres moins : les épaules hautes s'affaissèrent peu à peu; on se redressa; et de crainte de passer pour gros dos, on porta la tête au vent, et l'on minauda; on continua de pirouetter, et l'on pirouette encore aujourd'hui; entamez une conversation sérieuse ou sensée en présence d'un jeune seigneur du bel air, et, zeste, vous le verrez s'écarter

de vous en faisant le moulinet, pour aller marmotter une
parodie à quelqu'un qui lui demande des nouvelles de la
guerre ou de sa santé, ou lui chucheter à l'oreille qu'il a
soupé la veille avec la Rabon; que c'est une fille adorable;
qu'il paraît un roman nouveau; qu'il en a lu quelques
pages, que c'est du beau, mais du grand beau : et puis,
zeste, des pirouettes vers une femme à qui il demande si
elle a vu le nouvel opéra, et à qui il répond que la Dangeville [142] a fait à ravir. »

Mirzoza trouva ces ridicules assez plaisants, et demanda
à Sélim s'il les avait eus.

« Comment ! madame, reprit le vieux courtisan, était-il
permis de ne les pas avoir, sans passer pour un homme de
l'autre monde ? Je fis le gros dos, je me redressai, je minau-
dai, je lorgnai, je pirouettai, je persiflai comme un autre;
et tous les efforts de mon jugement se réduisirent à prendre
ces travers des premiers, et à n'être pas des derniers à
m'en défaire. »

Sélim en était là, lorsque Mangogul parut.

L'auteur africain ne nous apprend ni ce qu'il était
devenu, ni ce qui l'avait occupé pendant le chapitre précédent : apparemment qu'il est permis aux princes du Congo
de faire des actions indifférentes, de dire quelquefois des
misères et de ressembler aux autres hommes, dont grande
partie de la vie se consume à des riens, ou à des choses
qui ne méritent pas d'être sues.

CHAPITRE DIX-HUITIÈME

VINGT-HUITIÈME ESSAI DE L'ANNEAU

OLYMPIA

« Madame, réjouissez-vous, dit Mangogul en entrant
chez la favorite. Je vous apporte une nouvelle agréable.
Les bijoux sont de petits fous qui ne savent ce qu'ils
disent. La bague de Cucufa peut les faire parler, mais non
leur arracher la vérité.

— Et comment Votre Hautesse les a-t-elle surpris en
mensonge ? demanda la favorite.

— Vous l'allez savoir, répondit le sultan. Sélim vous avait promis toutes ses aventures ; et vous ne doutez point qu'il ne vous ait tenu parole. Eh bien ! je viens de consulter un bijou qui l'accuse d'une méchanceté qu'il ne vous a pas confessée, qu'assurément il n'a point eue, et qui même n'est pas de son caractère. Tyranniser une jolie femme, la mettre à contribution sous peine d'exécution militaire, reconnaissez-vous là Sélim ?

— Eh ! pourquoi non, seigneur ? répliqua la favorite. Il n'y a point de malice dont Sélim n'ait été capable ; et s'il a tu l'aventure que vous avez découverte, c'est peut-être qu'il s'est réconcilié avec ce bijou, qu'ils sont bien ensemble, et qu'il a cru pouvoir me dérober une peccadille, sans manquer à sa promesse.

— La fausseté perpétuelle de vos conjectures, lui répondit Mangogul, aurait dû vous guérir de la maladie d'en faire. Ce n'est point du tout ce que vous imaginez ; c'est une extravagance de la première jeunesse de Sélim. Il s'agit d'une de ces femmes dont on tire parti dans la minute, et qu'on ne conserve point.

— Madame, dit Sélim à la favorite, j'ai beau m'examiner, je ne me rappelle plus rien, et je me sens à présent la conscience tout à fait pure.

— Olympia, dit Mangogul...

— Ah ! prince, interrompit Sélim, je sais ce que c'est : cette historiette est si vieille, qu'il n'est pas étonnant qu'elle me soit échappée.

— Olympia, reprit Mangogul, femme du premier caissier du Hasna, s'était coiffée d'un jeune officier, capitaine dans le régiment de Sélim. Un matin, son amant vint tout éperdu lui annoncer les ordres donnés à tous les militaires de partir, et de joindre leurs corps. Mon aïeul Kanoglou avait résolu cette année d'ouvrir la campagne de bonne heure, et un projet admirable qu'il avait formé n'échoua que par la publicité des ordres. Les politiques en frondèrent, les femmes en maudirent : chacun avait ses raisons. Je vous ai dit celles d'Olympia. Cette femme prit le parti de voir Sélim, et d'empêcher, s'il était possible, le départ de Gabalis : c'était le nom de son amant. Sélim passait déjà pour un homme dangereux. Olympia crut qu'il convenait de se faire escorter ; et deux de ses amies, femmes aussi jolies qu'elle, s'offrirent à l'accompagner. Sélim était dans son hôtel lorsqu'elles arrivèrent. Il reçut Olympia, car elle parut seule, avec cette politesse aisée que vous lui connaissez, et s'informa de ce qui lui attirait une si belle visite.

« — Monsieur, lui dit Olympia, je m'intéresse pour Gabalis, il a des affaires importantes qui rendent sa présence nécessaire à Banza, et je viens vous demander un congé de semestre.

« — Un congé de semestre, madame ? Vous n'y pensez pas, lui répondit Sélim; les ordres du sultan sont précis : je suis au désespoir de ne pouvoir me faire auprès de vous un mérite d'une grâce qui me perdrait infailliblement. » Nouvelles instances de la part d'Olympia : nouveaux refus de la part de Sélim.

« — Le vizir m'a promis que je serais compris dans la promotion prochaine. Pouvez-vous exiger, madame, que je me noie pour vous obliger ?

« — Eh non, monsieur, vous ne vous noierez point, et vous m'obligerez.

« — Madame, cela n'est pas possible; mais si vous voyiez le vizir.

« — Ah ! monsieur, à qui me renvoyez-vous là ? Cet homme n'a jamais rien fait pour les dames.

« — J'ai beau rêver, car je serais comblé de vous rendre service, et je n'y vois plus qu'un moyen.

« — Et quel est-il ? demanda vivement Olympia.

« — Votre dessein, répondit Sélim, serait de rendre Gabalis heureux pour six mois; mais, madame, ne pourriez-vous pas disposer d'un quart d'heure des plaisirs que vous lui destinez ? »

« Olympia le comprit à merveille, rougit, bégaya, et finit par se récrier sur la dureté de la proposition.

« — N'en parlons plus, madame, reprit le colonel d'un air froid, Gabalis partira; il faut que le service du prince se fasse. J'aurais pu prendre sur moi quelque chose, mais vous ne vous prêtez à rien. Au moins, madame, si Gabalis part, c'est vous qui le voulez.

« — Moi ! s'écria vivement Olympia; ah, monsieur ! expédiez promptement sa patente, et qu'il reste. » Les préliminaires essentiels du traité furent ratifiés sur un sofa, et la dame croyait pour le coup tenir Gabalis, lorsque le traître que vous voyez, s'avisa, comme par réminiscence, de lui demander ce que c'était que les deux dames qui l'avaient accompagnée, et qu'elle avait laissées dans l'appartement voisin.

« — Ce sont deux de mes intimes, répondit Olympia.

« — Et de Gabalis aussi, ajouta Sélim; il n'en faut pas douter. Cela supposé, je ne crois pas qu'elles refusent d'acquitter chacune un tiers des droits du traité. Oui, cela me paraît juste; je vous laisse, madame, le soin de les y disposer.

« — En vérité, monsieur, lui répondit Olympia, vous êtes étrange. Je vous proteste que ces dames n'ont nulle prétention à Gabalis; mais pour les tirer et sortir moi-même d'embarras, si vous me trouvez bonne, je tâcherai d'acquitter la lettre de change que vous tirez sur elles. » Sélim accepta l'offre. Olympia fit honneur à sa parole; et voilà, madame, ce que Sélim aurait dû vous apprendre.

— Je lui pardonne, dit la favorite; Olympia n'était pas assez bonne à connaître, pour que je lui fasse un procès de l'avoir oubliée. Je ne sais où vous allez déterrer ces femmes-là : en vérité, prince, vous avez toute la conduite d'un homme qui n'a nulle envie de perdre un château.

— Madame, il me semble que vous avez bien changé d'avis depuis quelques jours, lui répondit Mangogul : faites-moi la grâce de vous rappeler quel est le premier essai de ma bague que je vous proposai; et vous verrez qu'il n'a pas dépendu de moi de perdre plus tôt.

— Oui, reprit la sultane, je sais que vous m'avez juré que je serais exceptée du nombre des bijoux parlants, et que depuis ce temps vous ne vous êtes adressé qu'à des femmes décriées; à une Aminte, une Zobéide, une Thélis, une Zulique, dont la réputation était presque décidée.

— Je conviens, dit Mangogul, qu'il eût été ridicule de compter sur ces bijoux : mais, faute d'autres, il a bien fallu s'en tenir à ceux-là. Je vous l'ai déjà dit, et je vous le répète, la bonne compagnie en fait de bijoux est plus rare que vous ne pensez; et si vous ne vous déterminez à gagner vous-même...

— Moi, interrompit vivement Mirzoza, je n'aurai jamais de château de ma vie, si, pour en avoir un, il faut en venir là. Un bijou parlant ! fi donc ! cela est d'une indécence... Prince, en un mot, vous savez mes raisons; et c'est très sérieusement que je vous réitère mes menaces.

— Mais, ou ne vous plaignez plus de mes essais, ou du

moins indiquez-nous à qui vous prétendez que nous ayons recours; car je suis désespéré que cela ne finisse point. Des bijoux libertins, et puis quoi encore, des bijoux libertins, et toujours des bijoux libertins.

— J'ai grande confiance, répondit Mirzoza, dans le bijou d'Églé; et j'attends avec impatience la fin des quinze jours que vous m'avez demandés.

— Madame, reprit Mangogul, ils expirèrent hier; et tandis que Sélim vous faisait des contes de la vieille cour, j'apprenais du bijou d'Églé, que, grâce à la mauvaise humeur de Célébi, et aux assiduités d'Almanzor, sa maîtresse ne vous est bonne à rien.

— Ah ! prince, que me dites-vous là ? s'écria la favorite.

— C'est un fait, reprit le sultan : je vous régalerai de cette histoire une autre fois; mais en attendant, cherchez une autre corde à votre arc.

— Églé, la vertueuse Églé, s'est enfin démentie ! disait la favorite surprise; en vérité, je n'en reviens pas.

— Vous voilà toute désorientée, reprit Mangogul, et vous ne savez plus où donner de la tête.

— Ce n'est pas cela, répondit la favorite; mais je vous avoue que je comptais beaucoup sur Églé.

— Il n'y faut plus penser, ajouta Mangogul; dites-nous seulement si c'était la seule femme sage que vous connussiez ?

— Non, prince; il y en a cent autres, et des femmes aimables que je vais vous nommer, repartit Mirzoza. Je vous réponds comme de moi-même, de... de... »

Mirzoza s'arrêta tout court, sans avoir articulé le nom d'une seule. Sélim ne put s'empêcher de sourire, et le sultan d'éclater de l'embarras de la favorite, qui connaissait tant de femmes sages, et qui ne s'en rappelait aucune.

Mirzoza piquée se tourna du côté de Sélim, et lui dit : « Mais, Sélim, aidez-moi donc, vous qui vous y connaissez. Prince, ajouta-t-elle en portant la parole au sultan, adressez-vous à... Qui dirai-je ? Sélim, aidez-moi donc.

— A Mirzoza, continua Sélim.

— Vous me faites très mal votre cour, reprit la favorite. Je ne crains pas l'épreuve; mais je l'ai en aversion. Nommez-en vite une autre, si vous voulez que je vous pardonne.

— On pourrait, dit Sélim, voir si Zaïde a trouvé la

réalité de l'amant idéal qu'elle s'est figuré, et auquel elle comparait jadis tous ceux qui lui faisaient la cour.

— Zaïde ? reprit Mangogul; je vous avoue que cette femme est assez propre à me faire perdre.

— C'est, ajouta la favorite, peut-être la seule dont la prude Arsinoé et le fat Jonéki aient épargné la réputation.

— Cela est fort, dit Mangogul; mais l'essai de ma bague vaut encore mieux. Allons droit à son bijou :

Cet oracle est plus sûr que celui de Calchas [143]

— Comment! ajouta la favorite en riant, vous possédez votre Racine comme un acteur. »

CHAPITRE DIX-NEUVIÈME

VINGT-NEUVIÈME ESSAI DE L'ANNEAU

ZULEÏMAN ET ZAÏDE

Mangogul, sans répondre à la plaisanterie de la favorite, sortit sur-le-champ, et se rendit chez Zaïde. Il la trouva retirée dans un cabinet, vis-à-vis d'une petite table sur laquelle il aperçut des lettres, un portrait, quelques baga- telles éparses qui venaient d'un amant chéri, comme il était facile de le présumer au cas qu'elle en faisait. Elle écrivait; des larmes lui coulaient des yeux et mouillaient son papier. Elle baisait avec transport le portrait, ouvrait les lettres, écrivait quelques mots, revenait au portrait, se précipitait sur les bagatelles dont j'ai parlé, et les pressait contre son sein.

Le sultan fut dans un étonnement incroyable; il n'avait jamais vu de femmes tendres que la favorite et Zaïde. Il se croyait aimé de Mirzoza; mais Zaïde n'aimait-elle pas davantage Zuleïman ? Et ces deux amants n'étaient-ils point les seuls vrais amants du Congo ?

Les larmes que Zaïde versait en écrivant n'étaient point des larmes de tristesse. L'amour les lui faisait répandre. Et dans ce moment un sentiment délicieux qui naissait de la certitude de posséder le cœur de Zuleïman, était le seul qui l'affectât. « Cher Zuleïman, s'écriait-elle, que je t'aime !

que tu m'es cher ! que tu m'occupes agréablement ! Dans
les instants où Zaïde n'a point le bonheur de te voir, elle
t'écrit du moins combien elle est à toi : loin de Zuleïman,
son amour est l'unique entretien qui lui plaise. »

Zaïde en était là de sa tendre méditation, lorsque Mangogul dirigea son anneau sur elle. A l'instant il entendit
son bijou soupirer, et répéter les premiers mots du monologue de sa maîtresse : « Cher Zuleïman, que je t'aime !
que tu m'es cher ! que tu m'occupes agréablement ! » Le
cœur et le bijou de Zaïde étaient trop bien d'accord pour
varier dans leurs discours. Zaïde fut d'abord surprise;
mais elle était si sûre que son bijou ne dirait rien que
Zuleïman ne pût entendre avec plaisir qu'elle désira sa
présence.

Mangogul réitéra son essai, et le bijou de Zaïde répéta
d'une voix douce et tendre : « Zuleïman, cher Zuleïman,
que je t'aime ! que tu m'es cher ! »

« Zuleïman, s'écria le sultan, est le mortel le plus fortuné de mon empire. Quittons ces lieux où l'image d'un
bonheur plus grand que le mien se présente à mes yeux
et m'afflige. » Il sortit aussitôt, et porta chez la favorite
un air inquiet et rêveur.

« Prince, qu'avez-vous ? lui demanda-t-elle; vous ne
me dites rien de Zaïde...

— Zaïde, madame, répondit Mangogul, est une femme
adorable ! Elle aime comme on n'a jamais aimé.

— Tant pis pour elle, repartit Mirzoza.

— Que dites-vous ?... reprit le sultan.

— Je dis, répondit la favorite, que Kermadès est un
des maussades personnages du Congo; que l'intérêt et
l'autorité des parents ont fait ce mariage-là, et que jamais
époux n'ont été plus dépareillés que Kermadès et Zaïde.

— Eh ! madame, reprit Mangogul, ce n'est pas son
époux qu'elle aime...

— Et qui donc ? demanda Mirzoza.

— C'est Zuleïman, répondit Mangogul.

— Adieu donc les porcelaines et le petit sapajou, ajouta
la sultane.

— Ah ! disait tout bas Mangogul, cette Zaïde m'a
frappé; elle me suit; elle m'obsède; il faut absolument
que je la revoie. »

Mirzoza l'interrompit par quelques questions auxquelles

il répondit des monosyllabes. Il refusa un piquet qu'elle lui proposa, se plaignit d'un mal de tête qu'il n'avait point, se retira dans son appartement, se coucha sans souper, ce qui ne lui était arrivé de sa vie, et ne dormit point. Les charmes et la tendresse de Zaïde, les qualités et le bonheur de Zuleïman le tourmentèrent toute la nuit.

On pense bien qu'il n'eut aujourd'hui rien à faire de plus pressé que de retourner chez Zaïde : il sortit de son palais sans avoir fait demander des nouvelles de Mirzoza; il y manquait pour la première fois. Il trouva Zaïde dans le cabinet de la veille. Zuleïman y était avec elle. Il tenait les mains de sa maîtresse dans les siennes, et il avait les yeux fixés sur les siens : Zaïde, penchée sur ses genoux, lançait à Zuleïman des regards animés de la passion la plus vive. Ils gardèrent quelque temps cette situation; mais cédant au même instant à la violence de leurs désirs, ils se précipitèrent entre les bras l'un de l'autre, et se serrèrent fortement. Le silence profond qui, jusqu'alors, avait régné autour d'eux, fut troublé par leurs soupirs, le bruit de leurs baisers, et quelques mots inarticulés qui leur échappaient... « Vous m'aimez !... — Je vous adore !... — M'aimerez-vous toujours ?... — Ah ! le dernier soupir de ma vie sera pour Zaïde... »

Mangogul, accablé de tristesse, se renversa dans un fauteuil, et se mit la main sur les yeux. Il craignit de voir des choses qu'on imagine bien, et qui ne furent point... Après un silence de quelques moments : « Ah ! cher et tendre amant, que ne vous ai-je toujours éprouvé tel que vous êtes à présent ! dit Zaïde, je ne vous en aimerais pas moins, et je n'aurais aucun reproche à me faire... Mais tu pleures, cher Zuleïman. Viens, cher et tendre amant, viens, que j'essuie tes larmes... Zuleïman, vous baissez les yeux : qu'avez-vous ? Regardez-moi donc... Viens, cher ami, viens, que je te console : colle tes lèvres sur ma bouche; inspire-moi ton âme; reçois la mienne : suspends... Ah ! non... non... » Zaïde acheva son discours par un soupir violent, et se tut.

L'auteur africain nous apprend que cette scène frappa vivement Mangogul; qu'il fonda quelques espérances sur l'insuffisance de Zuleïman, et qu'il y eut des propositions secrètes portées de sa part à Zaïde qui les rejeta, et ne s'en fit point un mérite auprès de son amant.

CHAPITRE VINGTIÈME

L'AMOUR PLATONIQUE

« Mais cette Zaïde est-elle donc unique ? Mirzoza ne lui cède en rien pour les charmes, et j'ai mille preuves de sa tendresse : je veux être aimé, je le suis ; et qui m'a dit que Zuleïman l'est plus que moi ? J'étais un fou d'envier le bonheur d'un autre. Non, personne sous le ciel n'est plus heureux que Mangogul. »

Ce fut ainsi que commencèrent les remontrances que le sultan se fit à lui-même. L'auteur a supprimé le reste ; il se contente de nous avertir que le prince y eut plus d'égard qu'à celles que lui présentaient ses ministres, et que Zaïde ne lui revint plus dans l'esprit.

Une de ces soirées qu'il était fort satisfait de sa maîtresse ou de lui-même, il proposa d'appeler Sélim, et de s'égarer un peu dans les bosquets du jardin du sérail. C'étaient des cabinets de verdure, où, sans témoins, l'on pouvait tout dire et faire bien des choses. En s'y acheminant, Mangogul jeta la conversation sur les raisons qu'on a d'aimer. Mirzoza, montée sur les grands principes, et entêtée d'idées de vertu qui ne convenaient assurément, ni à son rang, ni à sa figure, ni à son âge, soutenait que très souvent on aimait pour aimer, et que des liaisons commencées par le rapport des caractères, soutenues par l'estime, et cimentées par la confiance, duraient très longtemps et très constamment, sans qu'un amant prétendît à des faveurs, ni qu'une femme fût tentée d'en accorder.

« Voilà, madame, répondit le sultan, comme les romans vous ont gâtée. Vous avez vu là des héros respectueux et des princesses vertueuses jusqu'à la sottise ; et vous n'avez pas pensé que ces êtres n'ont jamais existé que dans la tête des auteurs. Si vous demandiez à Sélim, qui sait mieux que personne le catéchisme de Cythère, qu'est-ce que l'amour ? je gagerais bien qu'il vous répondrait que l'amour n'est autre chose que...

— Gageriez-vous, interrompit la sultane, que la délicatesse des sentiments est une chimère, et que, sans l'espoir de jouir, il n'y aurait pas un grain d'amour dans le monde ? En vérité, il faudrait que vous eussiez bien mauvaise opinion du cœur humain.

— Aussi fais-je, reprit Mangogul; nos vertus ne sont pas plus désintéressées que nos vices. Le brave poursuit la gloire en s'exposant à des dangers; le lâche aime le repos et la vie; et l'amant veut jouir. »

Sélim, se rangeant de l'avis du sultan, ajouta que, si deux choses arrivaient, l'amour serait banni de la société pour n'y plus reparaître.

« Et quelles sont ces deux choses ? demanda la favorite.

— C'est, répondit Mangogul, si vous et moi, madame, et tous les autres, venions à perdre ce que Tanzaï et Néadarné retrouvèrent en rêvant.

— Quoi ! vous croyez, interrompit Mirzoza, que sans ces misères-là, il n'y aurait ni estime, ni confiance entre deux personnes de différent sexe ? Une femme avec des talents, de l'esprit et des grâces ne toucherait plus ? Un homme avec une figure aimable, un beau génie, un caractère excellent, ne serait pas écouté ?

— Non, madame, reprit Mangogul; car que dirait-il, s'il vous plaît ?

— Mais tout plein de jolies choses qu'on aurait, ce me semble, toujours bien du plaisir à entendre, répondit la favorite.

— Remarquez, madame, dit Sélim, que ces choses se disent tous les jours sans amour. Non, madame, non; j'ai des preuves complètes que, sans un corps bien organisé, point d'amour. Agénor, le plus beau garçon du Congo, et l'esprit le plus délicat de la cour, si j'étais femme, aurait beau m'étaler sa belle jambe, tourner sur moi ses grands yeux bleus, me prodiguer les louanges les plus fines, et se faire valoir par tous ses avantages, je ne lui dirais qu'un mot; et, s'il ne répondait ponctuellement à ce mot, j'aurais pour lui toute l'estime possible; mais je ne l'aimerais point.

— Cela est positif, ajouta le sultan; et ce mot mystérieux, vous conviendrez de sa justesse et de son utilité, quand on aime. Vous devriez bien, pour votre instruction, vous faire répéter la conversation d'un bel esprit de Banza avec un maître d'école; vous comprendriez tout d'un coup comment le bel esprit, qui soutenait votre thèse, convint à la fin qu'il avait tort, et que son adversaire raisonnait

comme un bijou. Mais Sélim vous dira cela; c'est de lui
que je le tiens. »

La favorite imagina qu'un conte que Mangogul ne lui
faisait pas, devait être fort graveleux; et elle entra dans
un des cabinets sans le demander à Sélim : heureusement
pour lui; car avec tout l'esprit qu'il avait, il eût mal satisfait la curiosité de la favorite, ou fort alarmé sa pudeur.
Mais pour lui donner le change, et éloigner encore davantage l'histoire du maître d'école, il lui raconta celle qui
suit :

« Madame, lui dit le courtisan, dans une vaste contrée,
voisine des sources du Nil, vivait un jeune garçon, beau
comme l'amour. Il n'avait pas dix-huit ans, que toutes les
filles s'entredisputèrent son cœur, et qu'il n'y avait guère
de femmes qui ne l'eussent accepté pour amant. Né avec
un cœur tendre, il aima sitôt qu'il fut en état d'aimer.

« Un jour qu'il assistait dans le temple au culte public
de la grande Pagode, et que, selon le cérémonial usité, il
était en train de lui faire les dix-sept génuflexions pres-
crites par la loi, la beauté dont il était épris vint à passer,
et lui lança un coup d'œil accompagné d'un souris, qui
le jetèrent dans une telle distraction, qu'il perdit l'équilibre, donna du nez en terre, scandalisa tous les assistants
par sa chute, oublia le nombre des génuflexions et n'en
fit que seize.

« La grande Pagode, irritée de l'offense et du scandale,
le punit cruellement. Hilas, c'était son nom, le pauvre
Hilas se trouva tout à coup enflammé de désirs les plus
violents, et privé, comme sur la main, du moyen de les
satisfaire. Surpris autant qu'attristé d'une perte si grande,
il interrogea la Pagode.

« — Tu ne te retrouveras, lui répondit-elle en éter-
nuant, qu'entre les bras d'une femme qui, connaissant ton
malheur, ne t'en aimera pas moins. »

« La présomption est assez volontiers compagne de la
jeunesse et de la beauté. Hilas s'imagina que son esprit et
les grâces de sa personne lui gagneraient bientôt un cœur
délicat, qui, content de ce qui lui restait, l'aimerait pour
lui-même et ne tarderait pas à lui restituer ce qu'il avait
perdu.

« Il s'adressa d'abord à celle qui avait été la cause innocente de son infortune. C'était une jeune personne vive,

voluptueuse et coquette. Hilas l'adorait; il en obtint un
rendez-vous, où, d'agaceries en agaceries, on le conduisit
jusqu'où le pauvre garçon ne put jamais aller : il eut beau
se tourmenter et chercher entre les bras de sa maîtresse
l'accomplissement de l'oracle, rien ne parut. Quand on
fut ennuyé d'attendre, on se rajusta promptement et l'on
s'éloigna de lui. Le pis de l'aventure, c'est que la petite
folle la confia à une de ses amies, qui, par discrétion, ne la
conta qu'à trois ou quatre des siennes, qui en firent un
secret à tant d'autres, qu'Hilas, deux jours auparavant la
coqueluche de toutes les femmes, en fut méprisé, montré
au doigt, et regardé comme un monstre.

« Le malheureux Hilas, décrié dans sa patrie, prit le
parti de voyager et de chercher au loin le remède à son
mal. Il se rendit incognito et sans suite à la cour de l'empereur des Abyssins. On s'y coiffa d'abord du jeune étranger : ce fut à qui l'aurait; mais le prudent Hilas évita des
engagements où il craignait d'autant plus de ne pas trouver
son compte, qu'il était plus certain que les femmes qui le
poursuivaient ne trouveraient point le leur avec lui. Mais
admirez la pénétration du sexe ! un garçon si jeune, si
sage et si beau, disait-on, cela est prodigieux; et peu s'en
fallut qu'à travers tant de qualités réunies, on ne devinât
son défaut; et que, de crainte de lui accorder tout ce qu'un
homme accompli peut avoir, on ne lui refusât tout juste
la seule chose qui lui manquait.

« Après avoir étudié quelque temps la carte du pays,
Hilas s'attacha à une jeune femme qui avait passé, je ne
sais par quel caprice, de la fine galanterie à la haute dévotion. Il s'insinua peu à peu dans sa confiance, épousa ses
idées, copia ses pratiques, lui donna la main dans les
temples, et s'entretint si souvent avec elle sur la vanité
des plaisirs de ce monde, qu'insensiblement il lui en rappela le goût avec le souvenir. Il y avait plus d'un mois
qu'il fréquentait les mosquées, assistait aux sermons, et
visitait les malades, lorsqu'il se mit en devoir de guérir,
mais ce fut inutilement. Sa dévote, pour connaître tout ce
qui se passait au ciel, n'en savait pas moins comme on
doit être fait sur terre; et le pauvre garçon perdit en un
moment tout le fruit de ses bonnes œuvres. Si quelque
chose le consola, ce fut le secret inviolable qu'on lui garda.
Un mot eût rendu son mal incurable, mais ce mot ne fut

point dit; et Hilas se lia avec quelques autres femmes
pieuses, qu'il prit les unes après les autres, pour le spéci-
fique ordonné par l'oracle, et qui ne le désenchantèrent
point, parce qu'elles ne l'aimèrent que pour ce qu'il n'avait
plus. L'habitude qu'elles avaient à spiritualiser les objets
ne lui servit de rien. Elles voulaient du sentiment, mais
c'est celui que le plaisir fait naître.

« — Vous ne m'aimez donc pas ?... » leur disait tristement Hilas.

« — Eh ! ne savez-vous pas, monsieur, lui répondait-
on, qu'il faut connaître avant que d'aimer ? et vous avoue-
rez que, disgracié comme vous êtes, vous n'êtes point
aimable quand on vous connaît.

« — Hélas ! disait-il en s'en allant, ce pur amour, dont
on parle tant, n'existe nulle part; cette délicatesse de sentiments, dont tous les hommes et toutes les femmes se
piquent, n'est qu'une chimère. L'oracle m'éconduit, et
j'en ai pour la vie. »

« Chemin faisant, il rencontra de ces femmes qui ne
veulent avoir avec vous qu'un commerce de cœur, et qui
haïssent un téméraire comme un *crapaud*. On lui recommanda si sérieusement de ne rien mêler de terrestre et de
grossier dans ses vues, qu'il en espéra beaucoup pour sa
guérison. Il y allait de bonne foi; et il était tout étonné,
aux tendres propos dont elles s'enfilaient avec lui, de
demeurer tel qu'il était. « Il faut, disait-il en lui-même,
que je guérisse peut-être autrement qu'en parlant; » et il
attendait une occasion de se placer selon les intentions de
l'oracle. Elle vint. Une jeune platonicienne qui aimait
éperdument la promenade, l'entraîna dans un bois écarté;
ils étaient loin de tout importun, lorsqu'elle se sentit éva-
nouir. Hilas se précipita sur elle, ne négligea rien pour la
soulager, mais tous ses efforts furent inutiles; la belle évanouie s'en aperçut aussi bien que lui.

« — Ah ! monsieur, lui dit-elle en se débarrassant
d'entre ses bras, quel homme êtes-vous ? il ne m'arrivera
plus de m'embarquer ainsi dans des lieux écartés, où l'on
se trouve mal, et où l'on périrait cent fois faute de secours. »

« D'autres connurent son état, l'en plaignirent, lui
jurèrent que la tendresse qu'elles avaient conçue pour lui
n'en serait point altérée, et ne le revirent plus.

« Le malheureux Hilas fit bien des mécontentes, avec

la plus belle figure du monde et les sentiments les plus délicats.

— Mais c'était un benêt, interrompit le sultan. Que ne s'adressait-il à quelques-unes des vestales dont nos monastères sont pleins ? On se serait affolé de lui, et il aurait infailliblement guéri au travers d'une grille.

— Seigneur, reprit Sélim, la chronique assure qu'il tenta cette voie, et qu'il éprouva qu'on ne veut aimer nulle part en pure perte.

— En ce cas, ajouta le sultan, je désespère de sa maladie.

— Il en désespéra comme Votre Hautesse, continua Sélim ; et las de tenter des essais qui n'aboutissaient à rien, il s'enfonça dans une solitude, sur la parole d'une multitude infinie de femmes, qui lui avaient déclaré nettement qu'il était inutile dans la société.

« Il y avait déjà plusieurs jours qu'il errait dans son désert, lorsqu'il entendit quelques soupirs qui partaient d'un endroit écarté. Il prêta l'oreille ; les soupirs recommencèrent ; il s'approcha, et vit une jeune fille, belle comme les astres, la tête appuyée sur sa main, les yeux baignés de larmes et le reste du corps dans une attitude triste et pensive.

« — Que cherchez-vous ici, mademoiselle ? lui dit-il ; et ces déserts sont-ils faits pour vous ?...

« — Oui, répondit-elle tristement ; on s'y afflige du moins tout à son aise.

« — Et de quoi vous affligez-vous ?...

« — Hélas !...

« — Parlez, mademoiselle ; qu'avez-vous ?...

« — Rien...

« — Comment, rien ?...

« — Non, rien du tout ; et c'est là mon chagrin : il y a deux ans que j'eus le malheur d'offenser une Pagode qui m'ôta tout. Il y avait si peu de chose à faire, qu'elle ne donna pas en cela une grande marque de sa puissance. Depuis ce temps, tous les hommes me fuient et me fuiront, a dit la Pagode, jusqu'à ce qu'il s'en rencontre un qui, connaissant mon malheur, s'attache à moi, et m'aime telle que je suis.

« — Qu'entends-je ? s'écria Hilas. Ce malheureux que vous voyez à vos genoux n'a rien non plus ; et c'est aussi sa maladie. Il eut, il y a quelque temps, le malheur d'offenser une Pagode qui lui ôta ce qu'il avait ; et, sans vanité, c'était quelque chose. Depuis ce temps toutes les femmes le fuient et le fuieront, a dit la Pagode, jusqu'à ce qu'il s'en rencontre une qui, connaissant son malheur, s'attache à lui, et l'aime tel qu'il est.

« — Serait-il bien possible ? demanda la jeune fille.

« — Ce que vous m'avez dit est-il vrai ?... demanda Hilas.

« — Voyez, répondit la jeune fille.

« — Voyez, répondit Hilas. »

« Ils s'assurèrent l'un et l'autre, à n'en pouvoir douter, qu'ils étaient deux objets du courroux céleste. Le malheur qui leur était commun les unit. Iphis, c'est le nom de la jeune fille, était faite pour Hilas; Hilas était fait pour elle. Ils s'aimèrent platoniquement, comme vous imaginez bien; car ils ne pouvaient guère s'aimer autrement; mais à l'instant l'enchantement cessa; ils en poussèrent chacun un cri de joie, et l'amour platonique disparut.

« Pendant plusieurs mois qu'ils séjournèrent ensemble dans le désert, ils eurent tout le temps de s'assurer de leur changement; lorsqu'ils en sortirent, Iphis était parfaitement guérie; pour Hilas, l'auteur dit qu'il était menacé d'une rechute. »

CHAPITRE VINGT ET UNIÈME

TRENTIÈME ET DERNIER ESSAI DE L'ANNEAU

MIRZOZA

Tandis que Mangogul s'entretenait dans ses jardins avec la favorite et Sélim, on vint lui annoncer la mort de Sulamek [144]. Sulamek avait commencé par être maître de danse du sultan, contre les intentions d'Erguebzed; mais quelques intrigantes, à qui il avait appris à faire des sauts périlleux, le poussèrent de toutes leurs forces, et se remuèrent tant, qu'il fut préféré à Marcel et à d'autres, dont il n'était pas digne d'être le prévôt. Il avait un esprit de minutie, le jargon de la cour, le don de conter agréablement et celui d'amuser les enfants; mais il n'entendait rien à la haute danse. Lorsque la place du grand vizir vint à vaquer, il parvint, à force de révérences, à sup-

planter le grand sénéchal, danseur infatigable, mais homme
roide et qui pliait de mauvaise grâce. Son ministère ne fut
point signalé par des événements glorieux à la nation. Ses
ennemis, et qui en manque ? le vrai mérite en a bien, l'accusaient de jouer mal du violon, et de n'avoir aucune
intelligence de la chorégraphie; de s'être laissé duper par
les pantomimes du prêtre Jean, et épouvanter par un ours
du Monoémugi qui dansait un jour devant lui; d'avoir
donné des millions à l'empereur du Tombut pour l'empêcher de danser dans un temps où il avait la goutte, et
dépensé tous les ans plus de cinq cent mille sequins en
colophane, et davantage à persécuter tous les ménétriers
qui jouaient d'autres menuets que les siens; en un mot,
d'avoir dormi pendant quinze ans au son de la vielle d'un
gros habitant de Guinée qui s'accompagnait de son instrument en baragouinant quelques chansons du Congo.

Il est vrai qu'il avait amené la mode des tilleuls de
Hollande, etc...

Mangogul avait le cœur excellent; il regretta Sulamek,
et lui ordonna un catafalque avec une oraison funèbre,
dont l'orateur Brrrouboubou [145] fut chargé.

Le jour marqué pour la cérémonie, les chefs des bramines, le corps du divan et les sultanes, menées par leurs
eunuques, se rendirent dans la grande mosquée. Brrrouboubou montra pendant deux heures de suite, avec une
rapidité surprenante, que Sulamek était parvenu par des
talents supérieurs; fit préfaces sur préfaces [146]; n'oublia ni
Mangogul, ni ses exploits sous l'administration de Sulamek; et il s'épuisait en exclamations, lorsque Mirzoza, à
qui le mensonge donnait des vapeurs, en eut une attaque
qui la rendit léthargique.

Ses officiers et ses femmes s'empressèrent à la secourir;
on la remit dans son palanquin; et elle fut aussitôt transportée au sérail. Mangogul, averti du danger, accourut :
on appela toute la pharmacie. Le garus [147], les gouttes du
général La Motte, celles d'Angleterre [148], furent essayés,
mais sans aucun succès. Le sultan, désolé, tantôt pleurant
sur Mirzoza, tantôt jurant contre Orcotome, perdit enfin
toute espérance, ou du moins n'en eut plus qu'en son anneau.

« Si je vous ai perdue, délices de mon âme, s'écria-t-il,
votre bijou doit, ainsi que votre bouche, garder un silence
éternel. »

A l'instant il commande qu'on sorte; on obéit; et le voilà seul vis-à-vis de la favorite : il tourne sa bague sur elle; mais le bijou de Mirzoza, qui s'était ennuyé au sermon, comme il arrive tous les jours à d'autres, et qui se sentait apparemment de la léthargie, ne murmura d'abord que quelques mots confus et mal articulés. Le sultan réitéra l'opération; et le bijou, s'expliquant très distinctement, dit :

« Loin de vous, Mangogul, qu'allais-je devenir ?... fidèle jusque dans la nuit du tombeau, je vous aurais cherché; et si l'amour et la constance ont quelque récompense chez les morts, cher prince, je vous aurais trouvé... Hélas ! sans vous, le palais délicieux qu'habite Brama, et qu'il a promis à ses fidèles croyants, n'eût été pour moi qu'une demeure ingrate. »

Mangogul, transporté de joie, ne s'aperçut pas que la favorite sortait insensiblement de sa léthargie; et que, s'il tardait à retourner sa bague, elle entendrait les dernières paroles de son bijou : ce qui arriva.

« Ah ! prince, lui dit-elle, que sont devenus vos serments ? Vous avez donc éclairci vos injustes soupçons ? Rien ne vous a retenu, ni l'état où j'étais, ni l'injure que vous me faisiez, ni la parole que vous m'aviez donnée ?

— Ah ! madame, lui répondit le sultan, n'imputez point à une honteuse curiosité une impatience que le désespoir de vous avoir perdue m'a seul suggérée : je n'ai point fait sur vous l'essai de mon anneau; mais j'ai cru pouvoir, sans manquer à mes promesses, user d'une ressource qui vous rend à mes vœux, et qui vous assure à mon cœur à jamais.

— Prince, dit la favorite, je vous crois; mais que l'anneau soit remis au génie, et que son fatal présent ne trouble plus ni votre cour ni votre empire. »

A l'instant, Mangogul se mit en oraison, et Cucufa apparut :

« Génie tout-puissant, lui dit Mangogul, reprenez votre anneau, et continuez-moi votre protection.

— Prince, lui répondit le génie, partagez vos jours entre l'amour et la gloire; Mirzoza vous assurera le premier de ces avantages; et je vous promets le second. »

A ces mots, le spectre encapuchonné serra la queue de ses hiboux, et partit en pirouettant, comme il était venu.

ADDITIONS AUX BIJOUX INDISCRETS [149]

LE RÊVE DE MANGOGUL

Ce fut au milieu du caquet des bijoux qu'il s'éleva un autre trouble dans l'empire; ce trouble fut causé par l'usage du penum [150], ou du petit morceau de drap qu'on appliquait aux moribonds. L'ancien rite ordonnait de le placer sur la bouche. Des réformateurs prétendirent qu'il fallait le mettre au derrière. Les esprits s'étaient échauffés. On était sur le point d'en venir aux mains, lorsque le sultan, auquel les deux partis en avaient appelé, permit en sa présence, un colloque entre les plus savants de leurs chefs. L'affaire fut profondément discutée. On ·llégua la tradition, les livres sacrés et leurs commentateurs. Il y avait de grandes raisons et de puissantes autorités des deux côtés. Mangogul, perplexe, renvoya l'affaire à huitaine. Ce terme expiré, les sectaires et leurs antagonistes reparurent à son audience.

LE SULTAN

Pontifes, et vous prêtres, asseyez-vous, leur dit-il. Pénétré de l'importance du point de discipline qui vous divise, depuis la conférence qui s'est tenue au pied de notre trône, nous n'avons cessé d'implorer les lumières d'en haut. La nuit dernière, à l'heure à laquelle Brama se plaît à se communiquer aux hommes qu'il chérit, nous avons eu une vision; il nous a semblé entendre l'entretien de deux graves personnages, dont l'un croyait avoir deux nez au milieu du visage, et l'autre deux trous au cul; et voici ce qu'ils se disaient. Ce fut le personnage aux deux nez qui parla le premier.

« Porter à tout moment la main à son derrière, voilà un tic bien ridicule...

— Il est vrai...

— Ne pourriez-vous pas vous en défaire?...

— Pas plus que vous de vos deux nez...

— Mais mes deux nez sont réels; je les vois, je les touche; et plus je les vois et les touche et plus je suis convaincu que je les ai, au lieu que depuis dix ans que vous vous tâtez et que vous vous trouvez le cul comme un autre, vous auriez dû vous guérir de votre folie...

— Ma folie! Allez, l'homme aux deux nez; c'est vous qui êtes fou.

— Point de querelle. Passons, passons : je vous ai dit comment mes deux nez m'étaient venus. Racontez-moi l'histoire de vos deux trous, si vous vous en souvenez...

— Si je m'en souviens! cela ne s'oublie pas. C'était le trente et un du mois, entre une heure et deux du matin.

— Eh bien?

— Permettez, s'il vous plaît. Je crains; non. Si je sais un peu d'arithmétique, il n'y a précisément que ce qu'il faut.

— Cela est bien étrange! cette nuit donc?...

— Cette nuit, j'entendis une voix qui ne m'était pas inconnue, et qui criait : *A moi! à moi!* Je regarde, et je vois une jeune créature effarée, échevelée, qui s'avançait à toutes jambes de mon côté. Elle était poursuivie par un vieillard violent et bourru. A juger du personnage par son accoutrement, et par l'outil dont il était armé, c'était un menuisier. Il était en culotte et en chemise. Il avait les manches de sa chemise retroussées jusqu'aux coudes, le bras nerveux, le teint basané, le front ridé, le menton barbu, les joues boursouflées, l'œil étincelant, la poitrine velue et la tête couverte d'un bonnet pointu.

— Je le vois.

— La femme qu'il était sur le point d'atteindre, continuait de crier : *A moi! à moi!* et le menuisier disait en la poursuivant : « Tu as beau fuir. Je te tiens; il ne sera pas dit que tu sois la seule qui n'en ait point. De par tous les diables, tu en auras un comme les autres. » A l'instant, la malheureuse fait un faux pas, et tombe à plat sur le ventre, s'efforçant de crier : *A moi! à moi!* et le menuisier ajoutant : « Crie, crie tant que tu voudras; tu en auras un, grand ou petit; c'est moi qui t'en réponds. » A l'instant il lui relève les cotillons, et lui met le derrière à l'air. Ce derrière, blanc comme la neige, gras, ramassé, arrondi, joufflu, potelé, ressemblait comme deux gouttes d'eau à celui de la femme du souverain pontife. »

LE PONTIFE

De ma femme!

Pourquoi pas ?

« Le personnage aux deux trous ajouta : C'était elle en effet, car je me la remis. Le vieux menuisier lui pose un de ses pieds sur les reins, se baisse, passe ses deux mains au-bas de ses fesses, à l'endroit où les jambes et les cuisses se fléchissent, lui repousse les deux genoux sous le ventre, et lui relève le cul; mais si bien que je pouvais le reconnaître à mon aise, reconnaissance qui ne me déplaisait pas, quoique de dessous les cotillons il sortît une voix défaillante qui criait : *A moi ! à moi !* Vous me croyez une âme dure, un cœur impitoyable, mais il ne faut pas se faire meilleur qu'on n'est; et j'avoue, à ma honte, que dans ce moment, je me sentis plus de curiosité que de commisération, et que je songeai moins à secourir qu'à contempler. »

Ici le grand pontife interrompit encore le sultan, et lui dit : « Serais-je par hasard un des deux interlocuteurs de cet entretien ?...

— Pourquoi pas ?

— L'homme aux deux nez ?

— Pourquoi pas ?

— Et moi, ajouta le chef des novateurs, l'homme aux deux trous ?

— Pourquoi pas ? »

« Le scélérat de menuisier avait repris son outil qu'il avait mis à terre. C'était un vilebrequin. Il en passe la mèche dans sa bouche, afin de l'humecter; il s'en applique forte-ment le manche contre le creux de l'estomac, et se penchant sur l'infortunée qui criait toujours : *A moi ! à moi !* il se dispose à lui percer un trou où il devait y en avoir deux, et où il n'y en avait point. »

Ce n'est pas ma femme.

Le menuisier interrompant tout à coup son opération, et se ravisant, dit : « La belle besogne que j'allais faire ! Mais aussi c'est sa faute : Pourquoi ne pas se prêter de bonne grâce ? Madame, un petit moment de patience. » Il remet à terre son vilebrequin; il tire de sa poche un ruban

couleur de rose pâle; avec le pouce de sa main gauche, il
en fixe un bout à la pointe du coccyx, et pliant le reste en
gouttière, en le pressant entre les deux fesses avec le tran-
chant de son autre main, il le conduit circulairement jusqu'à
la naissance du bas-ventre de la dame, qui, tout en criant :
A moi ! à moi ! s'agitait, se débattait, se démenait de droite
et de gauche, et dérangeait le ruban et les mesures du
menuisier, qui disait : « Madame, il n'est pas encore temps
de crier; je ne vous fais point de mal. Je ne saurais y procéder avec plus de ménagement. Si vous n'y prenez garde,
la besogne ira tout de travers; mais vous n'aurez à vous en
prendre qu'à vous-même. Il faut accorder à chaque chose
son terrain. Il y a certaines proportions à garder. Cela
est plus important que vous ne pensez. Dans un moment
il n'y aura plus de remède; et vous en serez au désespoir. »

LE PONTIFE

Et vous entendiez tout cela, seigneur ?

LE SULTAN

Comme je vous entends.

LE PONTIFE

Et la femme ?

LE SULTAN

Il me sembla, ajoute l'interlocuteur, qu'elle était à demi
persuadée; et je présumai, à la distance de ses talons,
qu'elle commençait à se résigner. Je ne sais trop ce qu'elle
disait au menuisier; mais le menuisier lui répondait :
« Ah! c'est de la raison que cela; qu'on a de peine à résoudre les femmes! » Ses mesures prises un peu plus tranquillement, maître Anofore étendant son ruban couleur
de rose pâle sur un petit pied-de-roi [151], et tenant un crayon,
dit à la dame : « Comment le voulez-vous?

« — Je n'entends pas.

« — Est-ce dans la proportion antique, ou dans la
proportion moderne?... »

LE PONTIFE

O profondeur des décrets d'en haut! combien cela
serait fou, si cela n'était pas révélé! Soumettons nos enten-
dements, et adorons.

LE SULTAN

Je ne me rappelle plus la réponse de la dame; mais le menuisier répliqua : « En vérité, elle extravague; cela ne ressemblera à rien. On dira : Qui est l'âne qui a percé ce cul-là... »

LA DAME

« Trêve de verbiage, maître Anofore, faites-le comme je vous dis...

ANOFORE

« Faites-le comme je vous dis! Madame, mais chacun a son honneur à garder...

LA DAME

« Je le veux ainsi, et là, vous dis-je. Je le veux, je le veux...

« Le menuisier riait à gorge déployée; et moi donc, croyez-vous que j'étais sérieux? Cependant Anofore trace ses lignes sur le ruban, le remet en place, et s'écrie : « Madame, cela ne se peut pas; cela n'a pas le sens commun. Quiconque verra ce cul-là, pour peu qu'il soit connaisseur, se moquera de vous et de moi. On sait bien qu'il faut de là là, un intervalle; mais on ne l'a jamais pratiqué de cette étendue. Trop est trop. Vous le voulez?... »

LA DAME

« Oui, je le veux, et finissons... »

« A l'instant maître Anofore prend son crayon, marque sur les fesses de la dame des lignes correspondantes à celles qu'il avait tirées sur le ruban; il forme son trait carré [152], en haussant les épaules, et murmurant tout bas : « Quelle mine cela aura! mais c'est sa fantaisie. » Il ressaisit son vilebrequin, et dit : « Madame le veut là?

« — Oui, là; allez donc...

« — Allons, madame.

« — Qu'y a-t-il encore?

« — Ce qu'il y a? c'est que cela ne se peut.

« — Et pourquoi, s'il vous plaît?

« — Pourquoi? c'est que vous tremblez, et que vous serrez les fesses; c'est que j'ai perdu de vue mon trait carré, et que je percerai ou trop haut ou trop bas. Allons, madame, un peu de courage.

« — Cela vous est facile à dire; montrez-moi votre
mèche; miséricorde!

« — Je vous jure que c'est la plus petite de ma boutique. Tandis que nous parlons j'en aurais déjà percé une
demi-douzaine. Allons, madame, desserrez; fort bien;
encore un peu; à merveille; encore, encore. » Cependant
je voyais le menuisier narquois approcher tout doucement
son vilebrequin. Il allait... lorsqu'une fureur mêlée de pitié
s'empare de moi. Je me débats; je veux courir au secours
de la patiente : mais je me sens garrotté par les deux bras,
et dans l'impossibilité de remuer. Je crie au menuisier :
« Infâme, coquin, arrête. » Mon cri est accompagné d'un
si violent effort, que les liens qui m'attachaient en sont
rompus. Je m'élance sur le menuisier : je le saisis à la
gorge. Le menuisier me dit : « Qui es-tu? à qui en veux-
tu? est-ce que tu ne vois pas qu'elle n'a point de cul?
Connais-moi; je suis le grand Anofore [153]; c'est moi qui
fais des culs à ceux qui n'en ont point. Il faut que je lui
en fasse un, c'est la volonté de celui qui m'envoie; et
après moi, il en viendra un autre plus puissant que moi;
il n'aura pas un vilebrequin; il aura une gouge [154], et il
achèvera avec sa gouge de restituer ce qui lui manque.
Retire-toi, profane; ou par mon vilebrequin, ou par la
gouge de mon successeur, je te...

« A moi?

« — A toi, oui, à toi... » A l'instant, de sa main gauche
il fait bruire l'air de son instrument.

Et l'homme aux deux trous, que vous avez entendu
jusqu'ici, dit à l'homme aux deux nez : « Qu'avez-vous?
vous vous éloignez.

— Je crains qu'en gesticulant, vous ne me cassiez
un de mes nez. Continuez.

— Je ne sais plus où j'en étais.

— Vous en étiez à l'instrument dont le menuisier faisait
bruire l'air...

— Il m'applique sur les épaules un coup de revers de
son bras droit, mais un coup si furieux, que j'en suis
renversé sur le ventre; et voilà ma chemise troussée, un
autre derrière à l'air; et le redoutable Anofore qui me
menace de la pointe de son outil; et me dit : « Demande
grâce, maroufle; demande grâce, ou je t'en fais deux... »
Aussitôt je sentis le froid de la mèche du vilebrequin.

L'horreur me saisit; je m'éveille; et depuis, je me crois deux trous au cul. »

Ces deux interlocuteurs, ajouta le sultan, se mirent alors à se moquer l'un de l'autre. « Ah, ah, ah, il a deux trous au cul!

— Ah, ah, ah, c'est l'étui de tes deux nez! »

Puis se tournant gravement vers l'assemblée, il dit : « Et vous, pontifes, et vous ministres des autels, vous riez aussi! et quoi de plus commun que de se croire deux nez au visage, et de se moquer de celui qui se croit deux trous au cul? »

Puis, après un moment de silence, reprenant un air serein, et s'adressant aux chefs de la secte, il leur demanda ce qu'ils pensaient de sa vision.

« Par Brama, répondirent-ils, c'est une des plus profondes que le ciel ait départies à aucun prophète.

— Y comprenez-vous quelque chose?

— Non, seigneur.

— Que pensez-vous de ces deux interlocuteurs?

— Que ce sont deux fous.

— Et s'il leur venait en fantaisie de se faire chefs de parti, et que la secte des deux trous au cul se mît à persécuter la secte aux deux nez?... »

Le pontife et les prêtres baissèrent la vue; et Mangogul dit : « Je veux que mes sujets vivent et meurent à leur mode. Je veux que le penum leur soit appliqué ou sur la bouche, ou au derrière, comme il plaira à chacun d'eux; et qu'on ne me fatigue plus de ces impertinences. »

Les prêtres se retirèrent; et au synode qui se tint quelques mois après, il fut déclaré que la vision de Mangogul serait insérée dans le recueil des livres canoniques, qu'elle ne dépara pas [155].

DES VOYAGEURS

Ce fut dans ces circonstances, qu'après une longue absence, des dépenses considérables, et des travaux inouïs, reparurent à la cour les voyageurs que Mangogul avait envoyés dans les contrées les plus éloignées pour en recueillir la sagesse; il tenait à la main leur journal, et faisait à chaque ligne un éclat de rire.

« Que lisez-vous donc de si plaisant? lui demanda Mirzoza.

— Si ceux-là, lui répondit Mangogul, sont aussi men-
teurs que les autres, du moins ils sont plus gais. Asseyez-
vous sur ce sofa, et je vais vous régaler d'un usage des
thermomètres dont vous n'avez pas la moindre idée.

« Je vous promis hier, me dit Cyclophile, un spectacle
amusant...

MIRZOZA

Et qui est ce Cyclophile ?

MANGOGUL

C'est un insulaire...

MIRZOZA

Et de quelle île ?...

MANGOGUL

Qu'importe ?...

MIRZOZA

Et à qui s'adresse-t-il ?...

MANGOGUL

A un de mes voyageurs...

MIRZOZA

Vos voyageurs sont donc enfin revenus ?...

MANGOGUL

Assurément; et vous l'ignorez ?

MIRZOZA

Je l'ignorais...

MANGOGUL

Ah çà, arrangeons-nous, ma reine; vous êtes quelquefois
un peu bégueule. Je vous laisse la maîtresse de vous en
aller lorsque ma lecture vous scandalisera.

MIRZOZA

Et si je m'en allais d'abord ?

MANGOGUL

Comme il vous plaira. »

Je ne sais si Mirzoza resta ou s'en alla; mais Mangogul, reprenant le discours de Cyclophile, lut ce qui suit :

« Ce spectacle amusant, c'est celui de nos temples, et de ce qui s'y passe. La propagation de l'espèce est un objet sur lequel la politique et la religion fixent ici leur attention; et la manière dont on s'en occupe ne sera pas indigne de la vôtre [156]. Nous avons ici des cocus : n'est-ce pas ainsi qu'on appelle dans votre langue ceux dont les femmes se laissent caresser par d'autres ? Nous avons donc ici des cocus, autant et plus qu'ailleurs, quoique nous ayons pris des précautions infinies pour que les mariages soient bien assortis.

— Vous avez donc, répondis-je, le secret qu'on ignore ou qu'on néglige parmi nous, de bien assortir les époux ?

— Vous n'y êtes pas, reprit Cyclophile; nos insulaires sont conformés de manière à rendre tous les mariages heureux, si l'on y suivait à la lettre les lois écrites.

— Je ne vous entends pas bien, lui répliquai-je; car dans notre monde rien de plus conforme aux lois qu'un mariage; et rien n'est souvent plus contraire au bonheur et à la raison.

— Eh bien! interrompit Cyclophile, je vais m'expliquer. Quoi! depuis quinze jours que vous habitez parmi nous, vous ignorez encore que les bijoux mâles et les bijoux féminins sont ici de différentes figures ? à quoi donc avez-vous employé votre temps ? Ces bijoux sont de toute éternité destinés à s'agencer les uns avec les autres; un bijou féminin en écrou est prédestiné à un bijou mâle fait en vis. Entendez-vous ?

— J'entends, lui dis-je; cette conformité de figures peut avoir son usage jusqu'à un certain point; mais je ne la crois pas suffisante pour assurer la fidélité conjugale.

— Que désirez-vous de plus ?

— Je désirerais que, dans une contrée où tout se règle par des lois géométriques, on eût eu quelque égard au rapport de chaleur entre les conjoints. Quoi! vous voulez qu'une brune de dix-huit ans, vive comme un petit démon, s'en tienne strictement à un vieillard sexagénaire et glacé! Cela ne sera pas, ce vieillard eût-il son bijou masculin en vis sans fin...

— Vous avez de la pénétration, me dit Cyclophile. Sachez donc que nous y avons pourvu...

— Et comment cela ?...

— Par une longue suite d'observations sur des cocus bien constatés...

— Et à quoi vous ont mené ces observations ?

— A déterminer le rapport nécessaire de chaleur entre deux époux...

— Et ces rapports connus ?

— Ces rapports connus, on gradua des thermomètres applicables aux hommes et aux femmes. Leur figure n'est pas la même ; la base des thermomètres féminins ressemble à un bijou masculin d'environ huit pouces de long sur un pouce et demi de diamètre ; et celle des thermomètres masculins, à la partie supérieure d'un flacon qui aurait précisément en concavité les mêmes dimensions. Les voilà, me dit-il en m'introduisant dans le temple, ces ingénieuses machines dont vous verrez tout à l'heure l'effet ; car le concours du peuple et la présence des sacrificateurs m'annoncent le moment des expériences sacrées. »

Nous perçâmes la foule avec peine, et nous arrivâmes dans le sanctuaire, où il n'y avait pour autels que deux lits de damas sans rideaux. Les prêtres et les prêtresses étaient debout autour, en silence, et tenant des thermomètres dont on leur avait confié la garde, comme celle du feu sacré aux vestales. Au son des hautbois et des musettes, s'approchèrent deux couples d'amants conduits par leurs parents. Ils étaient nus ; et je vis qu'une des filles avait le bijou circulaire, et son amant le bijou cylindrique.

« Ce n'est pas là merveille, dis-je à Cyclophile.

— Regardez les deux autres », me répondit-il.

J'y portai la vue. Le jeune homme avait un bijou parallélépipède, et la fille un bijou carré.

« Soyez attentif à l'opération sainte », ajouta Cyclophile.

Alors deux prêtres étendirent une des filles sur l'autel ; un troisième lui appliqua le thermomètre sacré ; et le grand pontife observait attentivement le degré où la liqueur monta en six minutes. Dans le même temps, le jeune homme avait été étendu sur l'autre lit par deux prêtresses ; et une troisième lui avait adapté le thermomètre. Le grand prêtre ayant observé ici l'ascension de la liqueur dans le même temps donné, il prononça sur la validité du mariage, et renvoya les époux se conjoindre à la maison paternelle. Le bijou féminin carré et le bijou masculin parallélépipède furent examinés avec la même rigueur, éprouvés avec la même précision; mais le grand prêtre, attentif à la progression des liqueurs, ayant reconnu quelques degrés de moins dans le garçon que dans la fille, selon le rapport marqué par le rituel (car il y avait des limites), monta en chaire, et déclara les parties inhabiles à se conjoindre. Défense à elles de s'unir, sous les peines portées par les lois ecclésiastiques et civiles contre les incestueux. L'inceste dans cette île n'était donc pas une chose tout à fait vide de sens. Il y avait aussi un véritable péché contre nature; c'était l'approche de deux bijoux de différents sexes, dont les figures ne pouvaient s'insérer ou se circonscrire.

Il se présenta un nouveau mariage. C'était une fille à bijou terminé par une figure régulière de côtés impairs, et un jeune homme à bijou pyramidal, en sorte que la base de la pyramide pouvait s'inscrire dans le polygone de la fille. On leur fit l'essai du thermomètre, et l'excès ou le défaut s'étant trouvé peu considérable dans le rapport des hauteurs des fluides, le pontife prononça qu'il y avait cas de dispense, et l'accorda. On en faisait autant pour un bijou féminin à plusieurs côtés impairs, recherché par un bijou masculin et prismatique, lorsque les ascensions de liqueur étaient à peu près égales.

Pour peu qu'on ait de géométrie, l'on conçoit aisément que ce qui concernait la mesure des surfaces et des solides était poussé dans l'île à un point de perfection très élevé, et que tout ce qu'on avait écrit sur les figures isopérimètres y était très essentiel; au lieu que parmi nous ces découvertes attendent encore leur usage. Les filles et les garçons à bijoux circulaires et cylindriques y passaient pour heureusement nés, parce que de toutes les figures, le cercle est celui qui renferme le plus d'espace sur un même contour.

Cependant les sacrificateurs attendaient pratique. Le chef me démêla dans la foule, et me fit signe d'approcher. J'obéis. « O étranger! me dit-il, tu as été témoin de nos augustes mystères; et tu vois comment parmi nous la religion a des liaisons intimes avec le bien de la société. Si ton séjour y était plus long, il se présenterait sans doute

des cas plus rares et plus singuliers; mais peut-être des
raisons pressantes te rappellent dans ta patrie. Va, et apprends notre sagesse à tes concitoyens. »

Je m'inclinai profondément; et il continua en ces termes :

« S'il arrive que le thermomètre sacré soit d'une dimen-
sion à ne pouvoir être appliqué à une jeune fille, cas extra-
dinaire, quoique j'en aie vu cinq exemples depuis douze
ans, alors un de mes acolytes la dispose au sacrement; et
cependant tout le peuple est en prière. Tu dois entrevoir,
sans que je m'explique, les qualités essentielles pour l'entrée
dans le sacerdoce, et la raison des ordinations.

« Plus souvent le thermomètre ne peut s'appliquer au
garçon, parce que son bijou indolent ne se prête pas à
l'opération. Alors toutes les grandes filles de l'île peuvent
s'approcher et s'occuper de la résurrection du mort. Cela
s'appelle faire ses dévotions. On dit d'une fille zélée pour
cet exercice, qu'elle est pieuse; elle édifie. Tant il est vrai,
ajouta-t-il en me regardant fixement, ô étranger! que tout
est opinion et préjugé! On appelle crime chez toi, ce que
nous regardons ici comme un acte agréable à la Divinité.
On augurerait mal parmi nous, d'une fille qui aurait atteint
sa treizième année sans avoir encore approché des autels;
et ses parents lui en feraient de justes et fortes réprimandes.

« Si une fille tardive ou mal conformée s'offre au thermomètre sans faire monter la liqueur, elle peut se cloîtrer.
Mais il arrive dans notre île, aussi souvent qu'ailleurs,
qu'elle s'en repent; et que, si le thermomètre lui était
appliqué, elle ferait monter la liqueur aussi haut et aussi
rapidement qu'aucune femme du monde. Aussi plusieurs
en sont-elles mortes de désespoir. Il s'ensuivait mille autres
abus et scandales que j'ai retranchés. Pour illustrer mon
pontificat, j'ai publié un diplôme qui fixe le temps, l'âge
et le nombre de fois qu'une fille sera thermométrisée
avant que de prononcer ses vœux, et notamment la veille
et le jour marqué pour sa profession. Je rencontre nombre
de femmes qui me remercient de la sagesse de mes règle-
ments, et dont en conséquence les bijoux me sont dévoués;
mais ce sont des menus droits que j'abandonne à mon
clergé.

« Une fille qui fait monter la liqueur à une hauteur et
avec une célérité dont aucun homme ne peut approcher,
est constituée courtisane, état très respectable et très

honoré dans notre île; car il est bon que tu saches que
chaque grand seigneur y a sa courtisane, comme chaque
femme de qualité y a un géomètre. Ce sont deux modes
également sages, quoique la dernière commence à passer.

« Si un jeune homme usé, mal né, ou maléficié, laisse
la liqueur du thermomètre immobile, il est condamné au
célibat. Un autre, au contraire, qui en fera monter la liqueur
à un degré dont aucune femme ne peut approcher, est
obligé de se faire moine, comme qui dirait carme ou cordelier. C'est la ressource de quelques vieilles dévotes à qui
les secours séculiers viennent à manquer.

« Ah! combien, s'écria-t-il ensuite en levant ses yeux
et ses mains au ciel, l'Église a perdu de son ancienne
splendeur! »

Il allait continuer, lorsque son aumônier l'interrompant,
lui dit : « Monseigneur, votre Grande Sacrificature ne
s'aperçoit pas que l'office est fini, et que votre éloquence
refroidira le dîner auquel vous êtes attendu. » Le prélat
s'arrêta, me fit baiser son anneau; nous sortîmes du temple
avec le reste du peuple; et Cyclophile, reprenant la suite
de son discours, me dit :

« Le grand pontife ne vous a pas tout révélé; il ne vous
a point parlé ni des accidents arrivés dans l'île, ni des
occupations de nos femmes savantes. Ces objets sont
pourtant dignes de votre curiosité.

— Vous pouvez apparemment la satisfaire, lui répliquai-je. Eh bien! quels sont ces accidents et ces occupations? Concernent-ils encore les mariages et les bijoux?

— Justement, répliqua-t-il. Il y a environ trente-cinq
ans qu'on s'aperçut dans l'île d'une disette de bijoux masculins cylindriques. Tous les bijoux féminins circulaires
s'en plaignirent, et présentèrent au conseil d'État des
mémoires et des requêtes, tendant à ce que l'on pourvût
à leurs besoins. Le conseil, toujours guidé par des vues
supérieures, ne répondit rien pendant un mois. Les cris
des bijoux devinrent semblables à ceux d'un peuple affamé
qui demande du pain. Les sénateurs nommèrent donc des
députés pour constater le fait, et en rapporter à la compagnie. Cela dura encore plus d'un mois. Les cris redoublèrent; et l'on touchait au moment d'une sédition, lorsqu'un bijoutier, homme industrieux, se présenta à l'académie.
On fit des essais qui réussirent; et sur l'attestation des

commissaires, et d'après la permission du lieutenant de
police, il fut gratifié par le conseil d'un brevet portant
privilège exclusif de pourvoir, pendant le cours de vingt
années consécutives, aux besoins des bijoux circulaires.

« Le second accident fut une disette totale de bijoux féminins polygonaux. On invita tous les artistes à s'occuper
de cette calamité. On proposa des prix. Il y eut une multitude de machines inventées, entre lesquelles le prix fut
partagé.

« Vous avez vu, ajouta Cyclophile, les différentes figures
de nos bijoux féminins. Ils gardent constamment celles
qu'ils ont apportées en naissant. En est-il de même parmi
vous ?

— Non, lui répondis-je. Un bijou féminin européen,
asiatique ou africain, a une figure variable à l'infini, *cujus-
libet figuræ capax, nullius tenax* [157].

— Nous ne nous sommes donc pas trompés, reprit-il,
dans l'explication que donnèrent nos physiciens sur un
phénomène en ce genre. Il y a environ vingt ans qu'une
jeune brune fort aimable parut dans l'île. Personne n'entendait sa langue; mais lorsqu'elle eut appris la nôtre, elle
ne voulut jamais dire quelle était sa patrie. Cependant les
grâces de sa figure et les agréments de son esprit enchan-
tèrent la plupart de nos jeunes seigneurs. Quelques-uns
des plus riches lui proposèrent de l'épouser; et elle se
détermina en faveur du sénateur Colibri. Le jour pris, on
les conduisit au temple, selon l'usage. La jeune étrangère,
étendue sur l'autel, présenta aux yeux des spectateurs
surpris un bijou qui n'avait aucune figure déterminée, et
le thermomètre appliqué, la liqueur monta tout à coup
à quatre-vingt-dix degrés. Le grand sacrificateur prononça
sur-le-champ que ce bijou reléguait la propriétaire dans
la classe des courtisanes, et défense fut faite à l'amoureux
Colibri de l'épouser. Dans l'impossibilité de l'avoir pour
femme, il en fit sa maîtresse. Un jour qu'elle en était supérieurement satisfaite, elle lui avoua qu'elle était née dans
la capitale de votre empire : ce qui n'a pas peu contribué
à nous donner une grande idée de vos femmes. »

Le sultan en était là, lorsque Mirzoza rentra.

« Votre pudeur, toujours déplacée, lui dit Mangogul,
vous a privée de la plus délicieuse lecture. Je voudrais
bien que vous me disiez à quoi sert cette hypocrisie qui

vous est commune à toutes, sages ou libertines. Sont-ce
les choses qui vous effarouchent? Non; car vous les savez.
Sont-ce les mots? en vérité, cela n'en vaut pas la peine.
S'il est ridicule de rougir de l'action, ne l'est-il pas infini-
niment davantage de rougir de l'expression? J'aime à la
folie les insulaires dont il est question dans ce précieux
journal; ils appellent tout par leur nom; la langue en est
plus simple, et la notion des choses honnêtes ou malhonnêtes beaucoup mieux déterminée...

MIRZOZA

Là, les femmes sont-elles vêtues?...

MANGOGUL

Assurément; mais ce n'est point par décence, c'est par
coquetterie : elles se couvrent pour irriter le désir et la
curiosité...

MIRZOZA

Et cela vous paraît tout à fait conforme aux bonnes
mœurs?

MANGOGUL

Assurément...

MIRZOZA

Je m'en doutais.

MANGOGUL

Oh! vous vous doutez toujours de tout! »
En s'entretenant ainsi, il feuilletait négligemment son
journal, et disait : « Il y a là-dedans des usages tout à fait
singuliers. Tenez, voilà un chapitre sur la conformation
des habitants. Il n'y a rien que votre excellente pruderie ne
puisse entendre. En voici un autre sur la toilette des femmes,
qui est tout à fait de votre ressort, et dont peut-être vous
pourrez tirer parti. Vous ne me répondez pas! Vous vous
méfiez toujours de moi.
— Ai-je si grand tort?
— Il faudra que je vous mette entre les mains de Cyclophile, et qu'il vous conduise parmi ses insulaires. Je vous
jure que vous en reviendrez infiniment parfaite.

— Il me semble que je le suis assez.

— Il vous semble! cependant je ne saurais presque dire un mot sans vous donner des distractions. Cependant vous en vaudriez beaucoup mieux, et j'en serais beaucoup plus à mon aise, si je pouvais toujours parler, et si vous pouviez toujours m'écouter.

— Et que vous importe que je vous écoute?

— Mais après tout, vous avez raison. Ah çà, à ce soir, à demain, ou à un autre jour, le chapitre de la figure de nos insulaires, et celui de la toilette de leurs femmes. »

DE LA FIGURE DES INSULAIRES, ET DE LA TOILETTE DES FEMMES

C'était après dîner; Mirzoza faisait des nœuds, et Mangogul, étalé sur un sofa, les yeux à demi fermés, établissait doucement sa digestion. Il avait passé une bonne heure dans le silence et le repos, lorsqu'il dit à la favorite : « Madame se sentirait-elle disposée à m'écouter?

— C'est selon.

— Mais, après tout, comme vous me l'avez dit avec autant de jugement que de politesse, que m'importe que vous m'écoutiez ou non? » Mirzoza sourit, et Mangogul dit : « Qu'on m'apporte le journal de mes voyageurs, et surtout qu'on ne déplace pas les marques que j'y ai faites, ou par ma barbe... »

On lui présente le journal; il l'ouvre et lit : « Les insulaires n'étaient point faits comme ailleurs. Chacun avait apporté en naissant des signes de sa vocation : aussi en général on y était ce qu'on devait être. Ceux que la nature avait destinés à la géométrie avaient les doigts allongés en compas; mon hôte était de ce nombre. Un sujet propre à l'astronomie avait les yeux en colimaçon; à la géographie, la tête en globe; à la musique ou acoustique, les oreilles en cornet; à l'arpentage, les jambes en jalons; à l'hydraulique... » Ici le sultan s'arrêta; et Mirzoza lui dit : « Eh bien! à l'hydraulique?... » Mangogul lui répondit : « C'est vous qui le demandez; le bijou en ajoutoir [158], et pissait en jet d'eau; à la chimie, le nez en alambic; à l'anatomie, l'index en scalpel; aux mécaniques, les bras en lime ou en scie, etc. »

Mirzoza ajouta : « Il n'en était pas chez ce peuple comme parmi nous, où tels qui, n'ayant reçu de Brama que des bras nerveux, semblaient être appelés à la charrue, tiennent le timon de votre État, siègent dans vos tribunaux, ou président dans votre académie; où tel, qui ne voit non plus qu'une taupe, passe sa vie à faire des observations, c'est-à-dire à une profession qui demande des yeux de lynx. »

Le sultan continua de lire. « Entre les habitants on en remarquait dont les doigts visaient au compas, la tête au globe, les yeux au télescope, les oreilles au cornet; ces hommes-ci, dis-je à mon hôte, sont apparemment vos virtuoses, de ces hommes universels qui portent sur eux l'affiche de tous les talents. »

Mirzoza interrompit le sultan, et dit : « Je sais la réponse de l'hôte...

MANGOGUL

Et quelle est-elle?

MIRZOZA

Il répondit que ces gens, que la nature semble avoir destinés à tout, n'étaient bons à rien.

MANGOGUL

Par Brama, c'est cela; en vérité, sultane, vous avez bien de l'esprit. Mon voyageur ajoute que cette conformation des insulaires donnait au peuple entier un certain air automate; quand ils marchent, on dirait qu'ils arpentent; quand ils gesticulent, ils ont l'air de décrire des figures; quand ils chantent, ils déclament avec emphase.

MIRZOZA

En ce cas, leur musique doit être mauvaise.

MANGOGUL

Et pourquoi cela, s'il vous plaît?

MIRZOZA

C'est qu'elle doit être au-dessous de la déclamation. »

MANGOGUL

« A peine eus-je fait quelques tours dans la grande allée de leur jardin public, que je devins le sujet de l'entretien et l'objet de la curiosité. C'est un tombé de la lune, disait

l'un; vous vous trompez, disait l'autre, il vient de Saturne.
Je le crois habitant de Mercure, disait un troisième. Un
quatrième s'approcha de moi, et me dit : « Étranger,
pourrait-on vous demander d'où vous êtes ?

« — Je suis du Congo, lui répondis-je.

« — Et où est le Congo ? »

« J'allais satisfaire à sa question, lorsqu'il s'éleva un bruit
de mille voix d'hommes et de femmes qui répétaient :
« C'est un Congo, c'est un Congo. » Assourdi de ce tintamarre, je mis mes mains sur mes oreilles, et je me hâtai
de sortir du jardin. Cependant on avait arrêté mon hôte,
pour savoir de lui si un Congo était un animal ou un homme.
Les jours suivants, sa porte fut obsédée d'une foule d'habitants qui demandaient à voir le Congo. Je me montrai;
je parlai; et ils s'éloignèrent tous avec un mépris marqué
par des huées, en s'écriant : *Fi donc, c'est un homme.* »

Ici Mirzoza se mit à rire aux éclats. Puis elle ajouta :
« Et la toilette ? »

Mangogul lui dit : « Madame se rappellerait-elle un
certain brame noir, fort original, moitié sensé, moitié
fou [159] ?

— Oui, je me le rappelle. C'était un bon homme qui
mettait de l'esprit à tout, et que les autres brames noirs,
ses confrères, firent mourir de chagrin.

— Fort bien. Il n'est pas que vous n'ayez entendu parler,
ou peut-être même que vous n'ayez vu un certain clavecin
où il avait diapasonné les couleurs selon l'échelle des
sons, et sur lequel il prétendait exécuter pour les yeux
une sonate, un allegro, un presto, un adagio, un cantabile,
aussi agréables que ces pièces bien faites le sont pour les
oreilles.

— J'ai fait mieux : un jour je lui proposai de me traduire
dans un menuet de couleurs, un menuet de sons; et il
s'en tira fort bien.

— Et cela vous amusa beaucoup ?

— Beaucoup; car j'étais alors une enfant.

— Eh bien! mes voyageurs ont retrouvé la même
machine chez leurs insulaires, mais appliquée à son véritable usage.

— J'entends; à la toilette.

— Il est vrai; mais comment cela ?

— Comment ? le voici. Une pièce de notre ajustement

étant donnée, il ne s'agit que de frapper un certain nombre de touches du clavecin pour trouver les harmoniques de cette pièce, et déterminer les couleurs différentes des autres.

— Vous êtes insupportable! On ne saurait vous rien apprendre; vous devinez tout.

— Je crois même qu'il y a dans cette espèce de musique des dissonances à préparer et à sauver.

— Vous l'avez dit.

— Je crois en conséquence que le talent d'une femme de chambre suppose autant de génie et d'expérience, autant de profondeur et d'études que dans un maître de chapelle.

— Et ce qui s'ensuit de là, le savez-vous?

— Non.

— C'est qu'il ne me reste plus qu'à fermer mon journal, et qu'à prendre mon sorbet. Sultane, votre sagacité me donne de l'humeur.

— C'est-à-dire que vous m'aimeriez un peu bête.

— Pourquoi non? cela nous rapprocherait, et nous nous en amuserions davantage. Il faut une terrible passion pour tenir contre une humiliation qui ne finit point. Je changerai; prenez-y garde.

— Seigneur, ayez pour moi la complaisance de reprendre votre journal, et d'en continuer la lecture.

— Très volontiers. C'est donc mon voyageur qui va parler. »

« Un jour, au sortir de table, mon hôte se jeta sur un sofa où il ne tarda pas à s'endormir, et j'accompagnai les dames dans leur appartement. Après avoir traversé plusieurs pièces, nous entrâmes dans un cabinet, grand et bien éclairé, au milieu duquel il y avait un clavecin. Madame s'assit, promena ses doigts sur le clavier, les yeux attachés sur l'intérieur de la caisse, et dit d'un air satisfait :

« Je le crois d'accord. »

« Et moi, je me disais tout bas : « Je crois qu'elle rêve »; car je n'avais point entendu de son...

« Madame est musicienne, et sans doute elle accompagne?

« — Non.

« — Qu'est-ce donc que cet instrument?

« — Vous l'allez voir. » Puis, se tournant vers ses filles : « Sonnez, dit-elle à l'aînée, pour mes femmes. »

« Il en vint trois, auxquelles elle tint à peu près ce discours :

« Mesdemoiselles, je suis très mécontente de vous. Il y a plus de six mois que ni mes filles ni moi n'avons été mises avec goût. Cependant vous me dépensez un argent immense. Je vous ai donné les meilleurs maîtres; et il semble que vous n'ayez pas encore les premiers principes de l'harmonie. Je veux aujourd'hui que ma fontange [160] soit verte et or. Trouvez-moi le reste. »

« La plus jeune pressa les touches, et fit sortir un rayon blanc, un jaune, un cramoisi, un vert, d'une main; et de l'autre, un bleu et un violet.

« Ce n'est pas cela, dit la maîtresse d'un ton impatient; adoucissez-moi ces nuances. »

« La femme de chambre toucha de nouveau, blanc, citron, bleu turc, ponceau, couleur de rose, aurore et noir.

« Encore pis! dit la maîtresse. Cela est à excéder. Faites le dessus [161]. »

« La femme de chambre obéit; et il en résulta : blanc, orangé, bleu pâle, couleur de chair, soufre et gris.

« La maîtresse s'écria :

« On n'y saurait plus tenir.

« — Si madame voulait faire attention, dit une des deux autres femmes, qu'avec son grand panier et ses petites mules...

« — Mais oui, cela pourrait aller... »

« Ensuite la dame passa dans un arrière-cabinet pour s'habiller dans cette modulation. Cependant l'aînée de ses filles priait la suivante de lui jouer un ajustement de fantaisie, ajoutant :

« Je suis priée d'un bal; et je me voudrais leste, singulière et brillante. Je suis lasse des couleurs pleines [162].

« — Rien n'est plus aisé », dit la suivante; et elle toucha gris de perle, avec un clair-obscur qui ne ressemblait à rien; et dit : « Voyez, mademoiselle, comme cela fera bien avec votre coiffure de la Chine, votre mantelet de plumes de paon, votre jupon céladon [163] et or, vos bas cannelle, et vos souliers de jais; surtout si vous vous coiffez en brun, avec votre aigrette de rubis.

« — Tu veux trop, ma chère, répliqua la jeune fille. Viens toi-même exécuter tes idées. »

« Le tour de la cadette arriva; la suivante qui restait lui dit :

« Votre grande sœur va au bal; mais vous, n'allez-vous pas au temple?...

« — Précisément, et c'est par cette raison que je veux que tu me touches quelque chose de fort coquet.

« — Eh bien! répondit la suivante, prenez votre robe de gaze couleur de feu, et je vais chercher le reste de l'accompagnement. Je n'y suis pas... m'y voici... non... c'est cela... oui, c'est cela; vous serez à ravir... Voyez, mademoiselle : jaune, vert, noir, couleur de feu, azur, blanc et bleu; cela fera à merveille avec vos boucles d'oreille de topaze de Bohême, une nuance de rouge, deux assassins [164] trois croissants et sept mouches... »

« Ensuite elles sortirent, en me faisant une profonde révérence. Seul, je me disais : « Elles sont aussi folles ici que chez nous. Ce clavecin épargne pourtant bien de la peine. »

Mirzoza, interrompant la lecture, dit au sultan : « Votre voyageur aurait bien dû nous apporter un œuvre au moins d'ajustements notés, avec la basse chiffrée.

LE SULTAN

C'est ce qu'il a fait.

MIRZOZA

Et qui est-ce qui nous jouera cela?

LE SULTAN

Mais quelqu'un des disciples du brame noir; celui entre les mains duquel son instrument oculaire est resté. Mais en avez-vous assez?

MIRZOZA

Y en a-t-il encore beaucoup?...

LE SULTAN

Non; encore quelques pages, et vous en serez quitte...

MIRZOZA

Lisez-les.

« J'en étais là, dit Mangogul, lorsque la porte du cabinet où la mère était entrée, s'ouvrit, et m'offrit une figure si

étrangement défigurée, que je ne la reconnus pas. Sa coiffure pyramidale et ses mules en échasse l'avaient agrandie
d'un pied et demi; elle avait avec cela une palatine [165]
blanche, un mantelet orange, une robe de velours ras bleu
pâle, un jupon couleur de chair, des bas soufre, et des mules
petit-gris; mais ce qui me frappa surtout, ce fut un panier
pentagone, à angles saillants et rentrants, dont chacun portait une toise de projection. Vous eussiez dit que c'était
un donjon ambulant, flanqué de cinq bastions. L'aînée des
filles parut ensuite.

« Miséricorde! s'écria la mère, qui est-ce qui vous a
ajustée de la sorte? Retirez-vous! vous me faites horreur.
Si l'heure du bal n'était pas si proche, je vous ferais déshabiller. J'espère du moins que vous vous masquerez. »
Puis, s'adressant à la cadette : « Pour cela », dit-elle, en la
parcourant de la tête aux pieds, « voilà qui est raisonnable
et décent. »

« Cependant monsieur, qui avait aussi fait sa toilette
après sa médianoche, se montra avec un chapeau couleur
de feuille morte, sous lequel s'étendait une longue perruque
en volutes, un habit de drap à double broche [166], avec des
parements en carré long, d'un pied et demi chacun; cinq
boutons par devant, quatre poches, mais point de plis ni
de paniers [167]; une culotte et des bas chamois, des souliers
de maroquin vert; le tout tenant ensemble, et formant
un pantalon. »

Ici Mangogul s'arrêta et dit à Mirzoza, qui se tenait les
côtés : « Ces insulaires vous paraissent ridicules... »

Mirzoza, lui coupant la parole, ajouta : « Je vous dispense du reste; pour cette fois, sultan, vous avez raison; que
ce soit, je vous prie, sans tirer à conséquence. Si vous vous
avisez de devenir raisonnable, tout est perdu. Il est sûr que
nous paraîtrions aussi bizarres à ces insulaires, qu'il nous
le paraissent; et qu'en fait de modes, ce sont les fous qui
donnent la loi aux sages, les courtisanes qui la donnent aux
honnêtes femmes, et qu'on n'a rien de mieux à faire que de
la suivre. Nous rions en voyant les portraits de nos aïeux,
sans penser que nos neveux riront en voyant les nôtres.

MANGOGUL

J'ai donc eu une fois en ma vie le sens commun!...

MIRZOZA

Je vous le pardonne; mais n'y retournez pas...

MANGOGUL

Avec toute votre sagacité, l'harmonie, la mélodie et le clavecin oculaire...

MIRZOZA

Arrêtez, je vais continuer... donnèrent lieu à un schisme qui divisa les hommes, les femmes et tous les citoyens. Il y eut une insurrection d'école contre école, de maître contre maître; on disputa, on s'injuria, on se haït.

— Fort bien; mais ce n'est pas tout.

— Aussi, n'ai-je pas tout dit.

— Achevez.

— Ainsi qu'il est arrivé dernièrement à Banza, dans la querelle sur les sons, où les sourds se montrèrent les plus entêtés disputeurs, dans la contrée de vos voyageurs, ceux qui crièrent le plus longtemps et le plus haut sur les couleurs, ce furent les aveugles... »

A cet endroit, le sultan désespéré prit les cahiers de ses voyageurs, et les mit en pièces.

« Et que faites-vous là ?

— Je me débarrasse d'un ouvrage inutile.

— Pour moi, peut-être; mais pour vous ?

— Tout ce qui n'ajoute rien à votre bonheur m'est indifférent.

— Je vous suis donc bien chère ?

— Voilà une question à détacher de toutes les femmes. Non, elles ne sentent rien; elles croient que tout leur est dû; quoi qu'on fasse pour elles, on n'en a jamais fait assez. Un moment de contrariété efface une année de services. Je m'en vais.

— Non, vous restez; allons, approchez-vous, et baisez-moi... »

Le sultan l'embrassa, et dit :

« N'est-il pas vrai que nous ne sommes que des marion-nettes ?

— Oui, quelquefois. »

LA RELIGIEUSE [1]

La réponse de M. le marquis de Croismare [2], s'il m'en fait une, me fournira les premières lignes de ce récit. Avant que de lui écrire, j'ai voulu le connaître. C'est un homme du monde, il s'est illustré au service; il est âgé, il a été marié; il a une fille et deux fils qu'il aime et dont il est chéri. Il a de la naissance, des lumières, de l'esprit, de la gaieté, du goût pour les beaux-arts, et surtout de l'originalité. On m'a fait l'éloge de sa sensibilité, de son honneur et de sa probité; et j'ai jugé par le vif intérêt qu'il a pris à mon affaire, et par tout ce qu'on m'en a dit que je ne m'étais point compromise en m'adressant à lui : mais il n'est pas à présumer qu'il se détermine à changer mon sort sans savoir qui je suis, et c'est ce motif qui me résout à vaincre mon amour-propre et ma répugnance, en entreprenant ces mémoires, où je peins une partie de mes malheurs, sans talent et sans art, avec la naïveté d'un enfant de mon âge [3] et la franchise de mon caractère. Comme mon protecteur pourrait exiger, ou que peut-être la fantaisie me prendrait de les achever dans un temps où des faits éloignés auraient cessé d'être présents à ma mémoire, j'ai pensé que l'abrégé qui les termine, et la profonde impression qui m'en restera tant que je vivrai, suffiraient pour me les rappeler avec exactitude.

Mon père était avocat [4]. Il avait épousé ma mère dans un âge assez avancé : il en eut trois filles. Il avait plus de fortune qu'il n'en fallait pour les établir solidement; mais pour cela il fallait au moins que sa tendresse fût également partagée; et il s'en manque bien que j'en puisse faire cet éloge. Certainement je valais mieux que mes sœurs par les agréments de l'esprit et de la figure, le caractère et les talents; et il semblait que mes parents en fussent affligés. Ce que la nature et l'application m'avaient accordé d'avantages sur elles devenant pour moi une source de chagrins, afin d'être aimée, chérie, fêtée, excusée toujours comme elles l'étaient, dès mes plus jeunes ans j'ai désiré de leur ressembler. S'il arrivait qu'on dît à ma mère : « Vous avez des enfants charmants... » jamais cela ne s'entendait de moi. J'étais quelquefois bien vengée de cette injustice; mais les louanges que j'avais reçues me coûtaient si cher quand nous étions seuls, que j'aurais autant aimé de l'indifférence ou même des injures; plus les étrangers m'avaient marqué de prédilection, plus on avait d'humeur lorsqu'ils étaient sortis. O combien j'ai pleuré de fois de n'être pas née laide, bête, sotte, orgueilleuse; en un mot, avec tous les travers qui leur réussissaient auprès de nos parents ! Je me suis demandé d'où venait cette bizarrerie, dans un père, une mère d'ailleurs honnêtes, justes et pieux. Vous l'avouerai-je, monsieur ? Quelques discours échappés à mon père dans sa colère, car il était violent; quelques circonstances rassemblées à différents intervalles, des mots de voisins, des propos de valets, m'en ont fait soupçonner une raison qui les excuserait un peu. Peut-être mon père avait-il quelque incertitude sur ma naissance; peut-être rappelais-je à ma mère une faute qu'elle avait commise, et l'ingratitude d'un homme qu'elle avait trop écouté; que sais-je ? Mais quand ces soupçons seraient mal fondés [5], que risquerais-je à vous les confier ? Vous brûlerez cet écrit, et je vous promets de brûler vos réponses.

Comme nous étions venues au monde à peu de distance les unes des autres, nous devînmes grandes toutes les trois ensemble. Il se présenta des partis. Ma sœur aînée fut recherchée par un jeune homme charmant; bientôt je m'aperçus qu'il me distinguait, et je devinai qu'elle ne serait incessamment que le prétexte de ses assiduités. Je pressentis tout ce que ses attentions pourraient m'attirer de chagrins, et j'en avertis ma mère. C'est peut-être la seule chose que j'aie faite en ma vie qui lui ait été agréable, et voici comment j'en fus récompensée. Quatre jours après, ou du moins à peu de jours, on me dit qu'on avait arrêté ma place dans un couvent; et dès le lendemain j'y fus conduite. J'étais si mal à la maison, que cet événement ne m'affligea point; et j'allai à Sainte-Marie [6], c'est mon premier couvent, avec beaucoup de gaieté. Cependant l'amant de ma sœur ne me voyant plus, m'oublia, et devint son époux. Il s'appelle M. K...; il est notaire, et demeure à Corbeil, où il fait un assez mauvais ménage. Ma seconde sœur fut accordée à un M. Bauchon, marchand de soieries à Paris, rue Quincampoix, et vit bien avec lui.

Mes deux sœurs établies, je crus qu'on penserait à moi, et que je ne tarderais pas à sortir du couvent. J'avais alors seize ans et demi. On avait fait des dots considérables à mes sœurs, je me promettais un sort égal au leur : et ma tête s'était remplie de projets séduisants, lorsqu'on me fit demander au parloir. C'était le père Séraphin, directeur de ma mère; il avait été aussi le mien; ainsi il n'eut pas d'embarras à m'expliquer le motif de sa visite : il s'agissait de m'engager à prendre l'habit. Je me récriai sur cette étrange proposition; et je lui déclarai nettement que je ne me sentais aucun goût pour l'état religieux. « Tant pis, me dit-il, car vos parents se sont dépouillés pour vos sœurs, et je ne vois plus ce qu'ils pourraient pour vous dans la situation étroite où ils se sont réduits. Réfléchissez-y, mademoiselle; il faut ou entrer pour toujours dans cette maison, ou s'en aller dans quelque couvent de province où l'on vous recevra pour une modique pension, et d'où vous ne sortirez qu'à la mort de vos parents, qui peut se faire attendre longtemps... » Je me plaignis avec amertume, et je versai un torrent de larmes. La supérieure était prévenue; elle m'attendait au retour du parloir. J'étais dans un désordre qui ne se peut expliquer. Elle me dit : « Et qu'avez-vous, ma chère enfant ? (Elle savait mieux que moi ce que j'avais.) Comme vous voilà ! Mais on n'a jamais vu un désespoir pareil au vôtre, vous me faites trembler. Est-ce que vous avez perdu monsieur votre père ou madame votre mère ? » Je pensai lui répondre, en me jetant entre ses bras. « Eh ! plût à Dieu !... » je me contentai de m'écrier : « Hélas ! je n'ai ni père ni mère; je suis une malheureuse qu'on déteste et qu'on veut enterrer ici toute vive. » Elle laissa passer le torrent; elle attendit le moment de la tranquillité. Je lui expliquai plus clairement ce qu'on venait de m'annoncer. Elle parut avoir pitié de moi; elle me plaignit; elle m'encouragea à ne point embrasser un état pour lequel je n'avais aucun goût; elle me promit de prier, de remontrer, de

solliciter. Oh ! monsieur, combien ces supérieures de
couvent sont artificieuses; vous n'en avez point d'idée.
Elle écrivit en effet. Elle n'ignorait pas les réponses qu'on
lui ferait; elle me les communiqua; et ce n'est qu'après bien
du temps que j'ai appris à douter de sa bonne foi. Cependant
le terme qu'on avait mis à ma résolution arriva, elle vint
m'en instruire avec la tristesse la mieux étudiée. D'abord
elle demeura sans parler, ensuite elle me jeta quelques mots
de commisération, d'après lesquels je compris le reste. Ce
fut encore une scène de désespoir; je n'en aurai guère
d'autres à vous peindre. Savoir se contenir est leur grand
art. Ensuite elle me dit, en vérité je crois que ce fut en
pleurant : « Eh bien ! mon enfant, vous allez donc nous
quitter ! chère enfant, nous ne nous reverrons plus !... »
Et d'autres propos que je n'entendis pas. J'étais renversée
sur une chaise; ou je gardais le silence, ou je sanglotais, ou
j'étais immobile, ou je me levais, ou j'allais tantôt m'appuyer
contre les murs, tantôt exhaler ma douleur sur son sein.
Voilà ce qui s'était passé lorsqu'elle ajouta : « Mais que ne
faites-vous une chose ? Écoutez, et n'allez pas dire au
moins que je vous en ai donné le conseil; je compte sur
une discrétion inviolable de votre part : car, pour toute
chose au monde, je ne voudrais pas qu'on eût un reproche
à me faire. Qu'est-ce qu'on demande de vous ? Que vous
preniez le voile ? Eh bien ! que ne le prenez-vous ? A quoi
cela vous engage-t-il ? A rien, à demeurer encore deux ans
avec nous [7]. On ne sait ni qui meurt ni qui vit; deux ans,
c'est du temps, il peut arriver bien des choses en deux
ans... » Elle joignit à ces propos insidieux tant de caresses,
tant de protestations d'amitié, tant de faussetés douces :
« je savais où j'étais, je ne savais où l'on me mènerait »,
et je me laissai persuader. Elle écrivit donc à mon père;
sa lettre était très bien, oh! pour cela on ne peut mieux :
ma peine, ma douleur, mes réclamations n'y étaient point
dissimulées; je vous assure qu'une fille plus fine que moi
y aurait été trompée; cependant on finissait par donner
mon consentement. Avec quelle célérité tout fut préparé!
Le jour fut pris, mes habits faits, le moment de la cérémonie
arrivé, sans que j'aperçoive aujourd'hui le moindre intervalle entre ces choses.

 J'oubliais de vous dire que je vis mon père et ma mère,
que je n'épargnai rien pour les toucher, et que je les trouvai

inflexibles. Ce fut un M. l'abbé Blin, docteur de Sorbonne, qui m'exhorta, et M. l'évêque d'Alep [8] qui me donna l'habit. Cette cérémonie n'est pas gaie par elle-même; ce jour-là elle fut des plus tristes. Quoique les religieuses s'empressassent autour de moi pour me soutenir, vingt fois je sentis mes genoux se dérober, et je me vis prête à tomber sur les marches de l'autel. Je n'entendais rien, je ne voyais rien, j'étais stupide; on me menait, et j'allais; on m'interrogeait, et l'on répondait pour moi. Cependant cette cruelle cérémonie prit fin; tout le monde se retira, et je restai au milieu du troupeau auquel on venait de m'associer. Mes compagnes m'ont entourée; elles m'embrassent, et se disent : « Mais voyez donc, ma sœur, comme elle est belle ! comme ce voile noir relève la blancheur de son teint ! comme ce bandeau lui sied ! comme il lui arrondit le visage ! comme il étend ses joues ! comme cet habit fait valoir sa taille et ses bras !... » Je les écoutais à peine; j'étais désolée; cependant, il faut que j'en convienne, quand je fus seule dans ma cellule, je me ressouvins de leurs flatteries; je ne pus m'empêcher de les vérifier à mon petit miroir; et il me sembla qu'elles n'étaient pas tout à fait déplacées. Il y a des honneurs attachés à ce jour; on les exagéra pour moi : mais j'y fus peu sensible; et l'on affecta de croire le contraire et de me le dire, quoiqu'il fût clair qu'il n'en était rien. Le soir, au sortir de la prière, la supérieure se rendit dans ma cellule. « En vérité, me dit-elle après m'avoir un peu considérée, je ne sais pourquoi vous avez tant de répugnance pour cet habit; il vous fait à merveille, et vous êtes charmante; sœur Suzanne est une très belle religieuse, on vous en aimera davantage. Çà, voyons un peu, marchez. Vous ne vous tenez pas assez droite; il ne faut pas être courbée comme cela... » Elle me composa la tête, les pieds, les mains, la taille, les bras; ce fut presque une leçon de Marcel [9] sur les grâces monastiques : car chaque état a les siennes. Ensuite elle s'assit, et me dit : « C'est bien; mais à présent parlons un peu sérieusement. Voilà donc deux ans de gagnés; vos parents peuvent changer de résolution; vous-même, vous voudrez peut-être rester ici quand ils voudront vous en tirer; cela ne serait point du tout impossible. — Madame, ne le croyez pas. — Vous avez été longtemps parmi nous, mais vous ne connaissez pas encore notre vie; elle a ses peines sans doute, mais elle a aussi ses dou-

ceurs... » Vous vous doutez bien tout ce qu'elle put ajouter du monde et du cloître, cela est écrit partout, et partout
de la même manière; car, grâce à Dieu, on m'a fait lire
le nombreux fatras de ce que les religieux ont débité de
leur état, qu'ils connaissent bien et qu'ils détestent, contre
le monde qu'ils aiment, qu'ils déchirent et qu'ils ne
connaissent pas.

Je ne vous ferai pas le détail de mon noviciat; si l'on
observait toute son austérité, on n'y résisterait pas; mais
c'est le temps le plus doux de la vie monastique. Une mère
des novices est la sœur la plus indulgente qu'on a pu trouver.
Son étude est de vous dérober toutes les épines de l'état;
c'est un cours de séduction la plus subtile et la mieux
apprêtée. C'est elle qui épaissit les ténèbres qui vous envi-
ronnent, qui vous berce, qui vous endort, qui vous en
impose, qui vous fascine; la nôtre s'attacha à moi particulièrement. Je ne pense pas qu'il y ait aucune âme, jeune
et sans expérience, à l'épreuve de cet art funeste. Le monde
a ses précipices; mais je n'imagine pas qu'on y arrive par
une pente aussi facile. Si j'avais éternué deux fois de suite,
j'étais dispensée de l'office, du travail, de la prière; je me
couchais de meilleure heure, je me levais plus tard; la règle
cessait pour moi. Imaginez, monsieur, qu'il y avait des
jours où je soupirais après l'instant de me sacrifier. Il ne se
passe pas une histoire fâcheuse dans le monde qu'on ne
vous en parle; on arrange les vraies, on en fait de fausses,
et puis ce sont des louanges sans fin et des actions de grâces
à Dieu qui nous met à couvert de ces humiliantes aventures.
Cependant il approchait, ce temps que j'avais quelquefois
hâté par mes désirs. Alors je devins rêveuse, je sentis mes
répugnances se réveiller et s'accroître. Je les allais confier
à la supérieure, ou à notre mère des novices. Ces femmes se
vengent bien de l'ennui que vous leur portez : car il ne
faut pas croire qu'elles s'amusent du rôle hypocrite qu'elles
jouent, et des sottises qu'elles sont forcées de vous répéter;
cela devient à la fin si usé et si maussade pour elles; mais
elles s'y déterminent, et cela pour un millier d'écus qu'il en
revient à leur maison. Voilà l'objet important pour lequel
elles mentent toute leur vie, et préparent à de jeunes innocentes un désespoir de quarante, de cinquante années, et
peut-être un malheur éternel; car il est sûr, monsieur, que,
sur cent religieuses qui meurent avant cinquante ans, il y

en a cent tout juste de damnées, sans compter celles qui
deviennent folles, stupides ou furieuses en attendant.

Il arriva un jour qu'il s'en échappa une de ces dernières
de la cellule où on la tenait renfermée. Je la vis [10]. Voilà
l'époque de mon bonheur ou de mon malheur, selon,
monsieur, la manière dont vous en userez avec moi. Je n'ai
jamais rien vu de si hideux. Elle était échevelée et presque
sans vêtement; elle traînait des chaînes de fer; ses yeux
étaient égarés; elle s'arrachait les cheveux; elle se frappait
la poitrine avec les poings, elle courait, elle hurlait; elle se
chargeait elle-même, et les autres, des plus terribles imprécations; elle cherchait une fenêtre pour se précipiter. La
frayeur me saisit, je tremblai de tous mes membres, je vis
mon sort dans celui de cette infortunée, et sur-le-champ il
fut décidé, dans mon cœur, que je mourrais mille fois plutôt
que de m'y exposer. On pressentit l'effet que cet événement
pourrait faire sur mon esprit; on crut devoir le prévenir.
On me dit de cette religieuse je ne sais combien de mensonges ridicules qui se contredisaient : qu'elle avait déjà
l'esprit dérangé quand on l'avait reçue; qu'elle avait eu un
grand effroi dans un temps critique; qu'elle était devenue
sujette à des visions; qu'elle se croyait en commerce avec
les anges; qu'elle avait fait des lectures pernicieuses qui lui
avaient gâté l'esprit; qu'elle avait entendu des novateurs
d'une morale outrée [11], qui l'avaient si fort épouvantée des
jugements de Dieu, que sa tête en avait été renversée;
qu'elle ne voyait plus que des démons, l'enfer et des
gouffres de feu; qu'elles étaient bien malheureuses; qu'il
était inouï qu'il y eût jamais eu un pareil sujet dans la
maison; que sais-je quoi encore? Cela ne prit point auprès
de moi. A tout moment ma religieuse folle me revenait à
l'esprit, et je me renouvelais le serment de ne faire aucun
vœu.

Le voici pourtant arrivé ce moment où il s'agissait de
montrer si je savais me tenir parole. Un matin, après l'office,
je vis entrer la supérieure chez moi. Elle tenait une lettre.
Son visage était celui de la tristesse et de l'abattement; les
bras lui tombaient; il semblait que sa main n'eût pas la
force de soulever cette lettre; elle me regardait; des larmes
semblaient rouler dans ses yeux; elle se taisait et moi aussi :
elle attendait que je parlasse la première; j'en fus tentée,
mais je me retins. Elle me demanda comment je me portais;

que l'office avait été bien long aujourd'hui; que j'avais un
peu toussé; que je lui paraissais indisposée. À tout cela je
répondis : « Non, ma chère mère. » Elle tenait toujours
sa lettre d'une main pendante; au milieu de ces questions,
elle la posa sur ses genoux, et sa main la cachait en partie;
enfin, après avoir tourné autour de quelques questions sur
mon père, sur ma mère, voyant que je ne lui demandais
point ce que c'était que ce papier, elle me dit : « Voilà une
lettre... »

A ce mot je sentis mon cœur se troubler, et j'ajoutai d'une
voix entrecoupée et avec des lèvres tremblantes : « Elle est
de ma mère ?

— Vous l'avez dit; tenez, lisez... »

Je me remis un peu, je pris la lettre, je la lus d'abord
avec assez de fermeté; mais à mesure que j'avançais, la
frayeur, l'indignation, la colère, le dépit, différentes passions
se succédant en moi, j'avais différentes voix, je prenais
différents visages et je faisais différents mouvements. Quelquefois je tenais à peine ce papier, ou je le tenais comme si
j'eusse voulu le déchirer, ou je le serrais violemment comme
si j'avais été tentée de le froisser et de le jeter loin de
moi.

« Eh bien ! mon enfant, que répondrons-nous à cela ?

— Madame, vous le savez.

— Mais non, je ne le sais pas. Les temps sont malheureux,
votre famille a souffert des pertes; les affaires de vos sœurs
sont dérangées; elles ont l'une et l'autre beaucoup d'enfants,
on s'est épuisé pour elles en les mariant; on se ruine pour
les soutenir. Il est impossible qu'on vous fasse un certain
sort; vous avez pris l'habit; on s'est constitué en dépenses;
par cette démarche vous avez donné des espérances; le
bruit de votre profession prochaine s'est répandu dans le
monde. Au reste, comptez toujours sur tous mes secours.
Je n'ai jamais attiré personne en religion, c'est un état où
Dieu nous appelle, et il est très dangereux de mêler sa voix
à la sienne. Je n'entreprendrai point de parler à votre cœur,
si la grâce ne lui dit rien; jusqu'à présent je n'ai point à me
reprocher le malheur d'une autre; voudrais-je commencer
par vous, mon enfant, qui m'êtes si chère ? Je n'ai point
oublié que c'est à ma persuasion que vous avez fait les
premières démarches; et je ne souffrirai point qu'on en
abuse pour vous engager au delà de votre volonté. Voyons

donc ensemble, concertons-nous. Voulez-vous faire profession ?

— Non, madame.

— Vous ne vous sentez aucun goût pour l'état religieux ?

— Non, madame.

— Vous n'obéirez point à vos parents ?

— Non, madame.

— Que voulez-vous donc devenir ?

— Tout, excepté religieuse. Je ne le veux pas être, je ne le serai pas.

— Eh bien! vous ne le serez pas; mais, arrangeons une réponse à votre mère... »

Nous convînmes de quelques idées. Elle écrivit, et me montra sa lettre qui me parut encore très bien. Cependant on me dépêcha le directeur de la maison; on m'envoya le docteur qui m'avait prêchée à ma prise d'habit; on me recommanda à la mère des novices; je vis M. l'évêque d'Alep; j'eus des lances à rompre avec des femmes pieuses qui se mêlèrent de mon affaire sans que je les connusse; c'étaient des conférences continuelles avec des moines et des prêtres; mon père vint, mes sœurs m'écrivirent; ma mère parut la dernière : je résistai à tout. Cependant le jour fut pris pour ma profession; on ne négligea rien pour obtenir mon consentement; mais quand on vit qu'il était inutile de le solliciter, on prit le parti de s'en passer.

De ce moment, je fus renfermée dans ma cellule; on m'imposa le silence; je fus séparée de tout le monde, abandonnée à moi-même ; et je vis clairement qu'on était résolu à disposer de moi sans moi. Je ne voulais point m'engager; c'était un point résolu : et toutes les terreurs vraies ou fausses qu'on me jetait sans cesse, ne m'ébranlaient pas. Cependant j'étais dans un état déplorable; je ne savais point ce qu'il pouvait durer; et s'il venait à cesser, je savais encore moins ce qui pouvait m'arriver. Au milieu de ces incertitudes, je pris un parti dont vous jugerez, monsieur, comme il vous plaira; je ne voyais plus personne, ni la supérieure, ni la mère des novices, ni mes compagnes; je fis avertir la première, et je feignis de me rapprocher de la volonté de mes parents; mais mon dessein était de finir cette persécution avec éclat, et de protester publiquement contre la violence qu'on méditait : je dis donc qu'on était maître de mon sort, qu'on en pouvait

disposer comme on voudrait; qu'on exigeait que je fisse
profession, et que je la ferais. Voilà la joie répandue dans
toute la maison, les caresses revenues avec toutes les flatteries et toute la séduction. « Dieu avait parlé à mon cœur;
personne n'était plus faite pour l'état de perfection que
moi. Il était impossible que cela ne fût pas, on s'y était
toujours attendu. On ne remplit pas ses devoirs avec tant
d'édification et de constance, quand on n'y est pas vraiment destinée. La mère des novices n'avait jamais vu dans
aucune de ses élèves de vocation mieux caractérisée; elle
était toute surprise du travers que j'avais pris, mais elle
avait toujours bien dit à notre mère supérieure qu'il fallait
tenir bon, et que cela passerait; que les meilleures religieuses avaient eu de ces moments-là; que c'étaient des
suggestions du mauvais esprit qui redoublait ses efforts
lorsqu'il était sur le point de perdre sa proie; que j'allais
lui échapper; qu'il n'y aurait plus que des roses pour moi;
que les obligations de la vie religieuse me paraîtraient
d'autant plus supportables, que je me les étais plus fortement exagérées; que cet appesantissement subit du joug
était une grâce du Ciel, qui se servait de ce moyen pour
l'alléger... » Il me paraissait assez singulier que la même
chose vînt de Dieu ou du diable, selon qu'il leur plaisait
de l'envisager. Il y a beaucoup de circonstances pareilles
dans la religion; et ceux qui m'ont consolée, m'ont souvent dit de mes pensées, les uns que c'étaient autant d'ins-
tigations de Satan, et les autres, autant d'inspirations de
Dieu. Le même mal vient, ou de Dieu qui nous éprouve,
ou du diable qui nous tente.

Je me conduisis avec discrétion; je crus pouvoir me
répondre de moi. Je vis mon père; il me parla froidement;
je vis ma mère; elle m'embrassa; je reçus des lettres de
congratulation de mes sœurs et de beaucoup d'autres. Je
sus que ce serait un M. Sornin, vicaire de Saint-Roch, qui
ferait le sermon, et M. Thierry, chancelier de l'Université [12] qui recevrait mes vœux. Tout alla bien jusqu'à la
veille du grand jour, excepté qu'ayant appris que la cérémonie serait clandestine, qu'il y aurait très peu de monde,
et que la porte de l'église ne serait ouverte qu'aux parents,
j'appelai par la tourière [13] toutes les personnes de notre
voisinage, mes amis, mes amies; j'eus la permission d'écrire
à quelques-unes de mes connaissances. Tout ce concours

auquel on ne s'attendait guère se présenta; il fallut le
laisser entrer; et l'assemblée fut telle à peu près qu'il la
fallait pour mon projet. Oh, monsieur ! quelle nuit que
celle qui précéda ! Je ne me couchai point; j'étais assise
sur mon lit; j'appelais Dieu à mon secours; j'élevais mes
mains au ciel, je le prenais à témoin de la violence qu'on
me faisait; je me représentais mon rôle au pied des autels,
une jeune fille protestant à haute voix contre une action
à laquelle elle paraît avoir consenti, le scandale des assistants, le désespoir des religieuses, la fureur de mes parents.
« O Dieu ! que vais-je devenir ?... » En prononçant ces
mots il me prit une défaillance générale, je tombai évanouie sur mon traversin; un frisson dans lequel mes genoux
se battaient et mes dents se frappaient avec bruit, succéda
à cette défaillance; à ce frisson une chaleur terrible : mon
esprit se troubla. Je ne me souviens ni de m'être déshabillée, ni d'être sortie de ma cellule; cependant on me
trouva nue en chemise, étendue par terre à la porte de la
supérieure, sans mouvement et presque sans vie. J'ai
appris ces choses depuis. On m'avait rapportée dans ma
cellule; et le matin mon lit fut environné de la supérieure,
de la mère des novices, et de celles qu'on appelle les assis-
tantes [14]. J'étais fort abattue; on me fit quelques questions;
on vit par mes réponses que je n'avais aucune connaissance
de ce qui s'était passé; et l'on ne m'en parla pas. On me
demanda comment je me portais, si je persistais dans ma
sainte résolution, et si je me sentais en état de supporter
la fatigue du jour. Je répondis que oui; et contre leur
attente rien ne fut dérangé.

On avait tout disposé dès la veille. On sonna les cloches
pour apprendre à tout le monde qu'on allait faire une
malheureuse. Le cœur me battit encore. On vint me parer;
ce jour est un jour de toilette; à présent que je me rappelle
toutes ces cérémonies, il me semble qu'elles auraient quelque
chose de solennel et de bien touchant pour une jeune
innocente que son penchant n'entraînerait point ailleurs.
On me conduisit à l'église; on célébra la sainte messe :
le bon vicaire, qui me soupçonnait une résignation que
je n'avais point, me fit un long sermon où il n'y avait
pas un mot qui ne fût à contre-sens; c'était quelque chose
de bien ridicule que tout ce qu'il me disait de mon bonheur, de la grâce, de mon courage, de mon zèle, de ma

ferveur et de tous les beaux sentiments qu'il me supposait.
Ce contraste et de son éloge et de la démarche que j'allais
faire me troubla; j'eus des moments d'incertitude, mais
qui durèrent peu. Je n'en sentis que mieux que je manquais de tout ce qu'il fallait avoir pour être une bonne
religieuse. Cependant le moment terrible arriva. Lorsqu'il
fallut entrer dans le lieu où je devais prononcer le vœu de
mon engagement, je ne me trouvai plus de jambes; deux de
mes compagnes me prirent sous les bras; j'avais la tête
renversée sur une d'elles, et je me traînais. Je ne sais ce
qui se passait dans l'âme des assistants, mais ils voyaient
une jeune victime mourante qu'on portait à l'autel, et il
s'échappait de toutes parts des soupirs et des sanglots, au
milieu desquels je suis bien sûre que ceux de mon père et
de ma mère ne se firent point entendre. Tout le monde
était debout; il y avait de jeunes personnes montées sur
des chaises, et attachées aux barreaux de la grille; et il se
faisait un profond silence, lorsque celui qui présidait à ma
profession me dit : « Marie-Suzanne Simonin, promettez-
vous de dire la vérité ?

— Je le promets.

— Est-ce de votre plein gré et de votre libre volonté
que vous êtes ici ? »

Je répondis, « non »; mais celles qui m'accompagnaient
répondirent pour moi, « oui. »

« Marie-Suzanne Simonin, promettez-vous à Dieu chasteté, pauvreté et obéissance ? »

J'hésitai un moment; le prêtre attendit; et je répondis :
« Non, monsieur. »

Il recommença :

« Marie-Suzanne Simonin, promettez-vous à Dieu chasteté, pauvreté et obéissance ? »

Je lui répondis d'une voix plus ferme :

« Non, monsieur, non. »

Il s'arrêta et me dit : « Mon enfant, remettez-vous, et
écoutez-moi.

— Monseigneur, lui dis-je, vous me demandez si je
promets à Dieu chasteté, pauvreté et obéissance; je vous
ai bien entendu, et je vous réponds que non... »

Et me tournant ensuite vers les assistants, entre lesquels
il s'était élevé un assez grand murmure, je fis signe que
je voulais parler; le murmure cessa et je dis :

« Messieurs, et vous surtout mon père et ma mère, je vous prends tous à témoin... »

A ces mots une des sœurs laissa tomber le voile de la grille, et je vis qu'il était inutile de continuer. Les religieuses m'entourèrent, m'accablèrent de reproches; je les écoutai sans mot dire. On me conduisit dans ma cellule, où l'on m'enferma sous la clef.

Là, seule, livrée à mes réflexions, je commençai à rassurer mon âme; je revins sur ma démarche, et je ne m'en repentis point. Je vis qu'après l'éclat que j'avais fait, il était impossible que je restasse ici longtemps, et que peut-être on n'oserait pas me remettre en couvent. Je ne savais ce qu'on ferait de moi; mais je ne voyais rien de pis que d'être religieuse malgré soi. Je demeurai assez longtemps sans entendre parler de qui que ce fût. Celles qui m'apportaient à manger entraient, mettaient mon dîner à terre et s'en allaient en silence. Au bout d'un mois on me donna des habits de séculière; je quittai ceux de la maison; la supérieure vint et me dit de la suivre. Je la suivis jusqu'à la porte conventuelle; là je montai dans une voiture où je trouvai ma mère seule qui m'attendait; je m'assis sur le devant; et le carrosse partit. Nous restâmes l'une vis-à-vis de l'autre quelque temps sans mot dire; j'avais les yeux baissés, je n'osais la regarder. Je ne sais ce qui se passait dans mon âme; mais tout à coup je me jetai à ses pieds, et je penchai ma tête sur ses genoux; je ne lui parlais pas, mais je sanglotais et j'étouffais. Elle me repoussa durement. Je ne me relevai pas; le sang me vint au nez; je saisis une de ses mains malgré qu'elle en eût; et l'arrosant de mes larmes et de mon sang qui coulait, appuyant ma bouche sur cette main, je la baisais et je lui disais : « Vous êtes toujours ma mère, je suis toujours votre enfant... » Et elle me répondit (en me poussant encore plus rudement, et en arrachant sa main d'entre les miennes) : « Relevez-vous, malheureuse, relevez-vous. » Je lui obéis, je me rassis, et je tirai ma coiffe sur mon visage. Elle avait mis tant d'autorité et de fermeté dans le son de sa voix, que je crus devoir me dérober à ses yeux. Mes larmes et le sang qui coulait de mon nez se mêlaient ensemble, descendaient le long de mes bras, et j'en étais toute couverte sans que je m'en aperçusse. A quelques mots qu'elle dit, je conçus que sa robe et son

linge en avaient été tachés, et que cela lui déplaisait. Nous
arrivâmes à la maison, où l'on me conduisit tout de suite
à une petite chambre qu'on m'avait préparée. Je me jetai
encore à ses genoux sur l'escalier; je la retins par son
vêtement; mais tout ce que j'en obtins, ce fut de se retourner de mon côté et de me regarder avec un mouvement
d'indignation de la tête, de la bouche et des yeux, que
vous concevez mieux que je ne puis vous le rendre.

J'entrai dans ma nouvelle prison, où je passai six mois,
sollicitant tous les jours inutilement la grâce de lui parler,
de voir mon père ou de leur écrire. On m'apportait à
manger, on me servait; une domestique m'accompagnait
à la messe les jours de fête, et me renfermait. Je lisais, je
travaillais, je pleurais, je chantais quelquefois; et c'est
ainsi que mes journées se passaient. Un sentiment secret
me soutenait, c'est que j'étais libre, et que mon sort,
quelque dur qu'il fût, pouvait changer. Mais il était décidé
que je serais religieuse, et je le fus.

Tant d'inhumanité, tant d'opiniâtreté de la part de mes
parents, ont achevé de me confirmer ce que je soupçonnais
de ma naissance; je n'ai jamais pu trouver d'autres moyens
de les excuser. Ma mère craignait apparemment que je ne
revinsse un jour sur le partage des biens; que je ne rede-
mandasse ma légitime [15], et que je n'associasse un enfant
naturel à des enfants légitimes. Mais ce qui n'était qu'une
conjecture va se tourner en certitude.

Tandis que j'étais enfermée à la maison, je faisais peu
d'exercices extérieurs de religion; cependant on m'envoyait
à confesse la veille des grandes fêtes. Je vous ai dit que
j'avais le même directeur que ma mère; je lui parlai, je lui
exposai toute la dureté de la conduite qu'on avait tenue
avec moi depuis environ trois ans. Il la savait. Je me
plaignis de ma mère surtout avec amertume et ressentiment. Ce prêtre était entré tard dans l'état religieux; il
avait de l'humanité; il m'écouta tranquillement, et me dit :

« Mon enfant, plaignez votre mère, plaignez-la plus
encore que vous ne la blâmez. Elle a l'âme bonne; soyez
sûre que c'est malgré elle qu'elle en use ainsi.

— Malgré elle, monsieur ! Et qu'est-ce qui peut l'y
contraindre ! Ne m'a-t-elle pas mise au monde ? Et quelle
différence y a-t-il entre mes sœurs et moi ?

— Beaucoup.

« — Beaucoup ! je n'entends rien à votre réponse... »

J'allais entrer dans la comparaison de mes sœurs et de moi, lorsqu'il m'arrêta et me dit :

« Allez, allez, l'inhumanité n'est pas le vice de vos parents; tâchez de prendre votre sort en patience, et de vous en faire du moins un mérite devant Dieu. Je verrai votre mère, et soyez sûre que j'emploierai pour vous servir tout ce que je puis avoir d'ascendant sur son esprit... »

Ce *beaucoup*, qu'il m'avait répondu, fut un trait de lumière pour moi; je ne doutai plus de la vérité de ce que j'avais pensé sur ma naissance.

Le samedi suivant, vers les cinq heures et demie du soir, à la chute du jour, la servante qui m'était attachée monta, et me dit : « Madame votre mère ordonne que vous vous habilliez... » Une heure après : « Madame veut que vous descendiez avec moi... » Je trouvai à la porte un carrosse où nous montâmes, la domestique et moi; et j'appris que nous allions aux Feuillants[16], chez le père Séraphin. Il nous attendait; il était seul. La domestique s'éloigna; et moi, j'entrai dans le parloir. Je m'assis inquiète et curieuse de ce qu'il avait à me dire. Voici comme il me parla :

« Mademoiselle, l'énigme de la conduite sévère de vos parents va s'expliquer pour vous; j'en ai obtenu la permission de madame votre mère. Vous êtes sage; vous avez de l'esprit, de la fermeté; vous êtes dans un âge où l'on pourrait vous confier un secret, même qui ne vous concernerait point. Il y a longtemps que j'ai exhorté pour la première fois madame votre mère à vous révéler celui que vous allez apprendre; elle n'a jamais pu s'y résoudre : il est dur pour une mère d'avouer une faute grave à son enfant : vous connaissez son caractère; il ne va guère avec la sorte d'humiliation d'un certain aveu. Elle a cru pouvoir sans cette ressource vous amener à ses desseins; elle s'est trompée; elle en est fâchée : elle revient aujourd'hui à mon conseil; et c'est elle qui m'a chargé de vous annoncer que vous n'étiez pas la fille de M. Simonin. »

Je lui répondis sur-le-champ : « Je m'en étais doutée.

— Voyez à présent, mademoiselle, considérez, pesez, jugez si madame votre mère peut sans le consentement, même avec le consentement de monsieur votre père, vous

unir à des enfants dont vous n'êtes point la sœur; si elle
peut avouer à monsieur votre père un fait sur lequel il n'a
déjà que trop de soupçons.

— Mais, monsieur, qui est mon père ?

— Mademoiselle, c'est ce qu'on ne m'a pas confié. Il
n'est que trop certain, mademoiselle, ajouta-t-il, qu'on a
prodigieusement avantagé vos sœurs, et qu'on a pris
toutes les précautions imaginables, par les contrats de
mariage, par le dénaturer des biens, par les stipulations,
par les fidéicommis [17] et autres moyens, de réduire à rien
votre légitime, dans le cas que vous pussiez un jour vous
adresser aux lois pour la redemander. Si vous perdez
vos parents, vous trouverez peu de chose; vous refusez
un couvent, peut-être regretterez-vous de n'y pas être.

— Cela ne se peut, monsieur; je ne demande rien.

— Vous ne savez pas ce que c'est que la peine, le
travail, l'indigence.

— Je connais du moins le prix de la liberté, et le poids
d'un état auquel on n'est point appelée.

— Je vous ai dit ce que j'avais à vous dire; c'est à vous,
mademoiselle, à faire vos réflexions... »

Ensuite il se leva.

« Mais, monsieur, encore une question.

— Tant qu'il vous plaira.

— Mes sœurs savent-elles ce que vous m'avez appris ?

— Non, mademoiselle.

— Comment ont-elles donc pu se résoudre à dépouiller
leur sœur ? car c'est ce qu'elles me croient.

— Ah! mademoiselle, l'intérêt ! l'intérêt ! elles n'auraient
point obtenu les partis considérables qu'elles ont trouvés.
Chacun songe à soi dans ce monde; et je ne vous conseille
pas de compter sur elles si vous venez à perdre vos parents;
soyez sûre qu'on vous disputera, jusqu'à une obole, la petite
portion que vous aurez à partager avec elles. Elles ont
beaucoup d'enfants; ce prétexte sera trop honnête pour
vous réduire à la mendicité. Et puis elles ne peuvent plus
rien; ce sont les maris qui font tout : si elles avaient quelques
sentiments de commisération, les secours qu'elles vous
donneraient à l'insu de leurs maris deviendraient une source
de divisions domestiques. Je ne vois que de ces choses-là,
ou des enfants abandonnés, ou des enfants même légitimes,
secourus aux dépens de la paix domestique. Et puis, made-

moiselle, le pain qu'on reçoit est bien dur. Si vous m'en croyez, vous vous réconcilierez avec vos parents; vous ferez ce que votre mère doit attendre de vous; vous entrerez en religion; on vous fera une petite pension avec laquelle vous passerez des jours, sinon heureux, du moins supportables. Au reste, je ne vous célerai pas que l'abandon apparent de votre mère, son opiniâtreté à vous renfermer, et quelques autres circonstances qui ne me reviennent plus, mais que j'ai sues dans le temps, ont produit exactement sur votre père le même effet que sur vous : votre naissance lui était suspecte; elle ne le lui est plus; et sans être dans la confidence, il ne doute point que vous ne lui apparteniez comme enfant, que par la loi qui les attribue à celui qui porte le titre d'époux. Allez, mademoiselle, vous êtes bonne et sage; pensez à ce que vous venez d'apprendre. »

Je me levai, je me mis à pleurer. Je vis qu'il était lui-même attendri; il leva doucement les yeux au ciel, et me reconduisit. Je repris la domestique qui m'avait accompagnée; nous remontâmes en voiture, et nous rentrâmes à la maison.

Il était tard. Je rêvai une partie de la nuit à ce qu'on venait de me révéler; j'y rêvai encore le lendemain. Je n'avais point de père; le scrupule m'avait ôté ma mère; des précautions prises, pour que je ne pusse prétendre aux droits de ma naissance légale; une captivité domestique fort dure; nulle espérance, nulle ressource. Peut-être que, si l'on se fût expliqué plus tôt avec moi, après l'établissement de mes sœurs, on m'eût gardée à la maison qui ne laissait pas que d'être fréquentée, il se serait trouvé quelqu'un à qui mon caractère, mon esprit, ma figure et mes talents auraient paru une dot suffisante; la chose n'était pas encore impossible, mais l'éclat que j'avais fait en couvent la rendait plus difficile : on ne conçoit guère comment une fille de dix-sept à dix-huit ans a pu se porter à cette extrémité, sans une fermeté peu commune; les hommes louent beaucoup cette qualité, mais il me semble qu'ils s'en passent volontiers dans celles dont ils se proposent de faire leurs épouses. C'était pourtant une ressource à tenter avant que de songer à un autre parti; je pris celui de m'en ouvrir à ma mère; et je lui fis demander un entretien qui me fut accordé.

C'était dans l'hiver. Elle était assise dans un fauteuil devant le feu; elle avait le visage sévère, le regard fixe et les

traits immobiles; je m'approchai d'elle, je me jetai à ses
pieds et je lui demandai pardon de tous les torts que j'avais.

« C'est, me répondit-elle, par ce que vous m'allez dire
que vous le mériterez. Levez-vous; votre père est absent,
vous avez tout le temps de vous expliquer. Vous avez vu
le père Séraphin, vous savez enfin qui vous êtes, et ce que
vous pouvez attendre de moi, si votre projet n'est pas de
me punir toute ma vie d'une faute que je n'ai déjà que trop
expiée. Eh bien ! mademoiselle, que me voulez-vous ?
Qu'avez-vous résolu ?

— Maman, lui répondis-je, je sais que je n'ai rien, et que
je ne dois prétendre à rien. Je suis bien éloignée d'ajouter
à vos peines, de quelque nature qu'elles soient; peut-être
m'auriez-vous trouvée plus soumise à vos volontés, si
vous m'eussiez instruite plus tôt de quelques circonstances
qu'il était difficile que je soupçonnasse : mais enfin je sais,
je me connais, et il ne me reste qu'à me conduire en conséquence de mon état. Je ne suis plus surprise des distinctions
qu'on a mises entre mes sœurs et moi; j'en reconnais la
justice, j'y souscris; mais je suis toujours votre enfant; vous
m'avez portée dans votre sein; et j'espère que vous ne
l'oublierez pas.

— Malheur à moi, ajouta-t-elle vivement, si je ne vous
avouais pas autant qu'il est en mon pouvoir !

— Eh bien ! maman, lui dis-je, rendez-moi vos bontés;
rendez-moi votre présence; rendez-moi la tendresse de
celui qui se croit mon père.

— Peu s'en faut, ajouta-t-elle, qu'il ne soit aussi certain
de votre naissance que vous et moi. Je ne vous vois jamais
à côté de lui, sans entendre ses reproches; il me les adresse,
par la dureté dont il en use avec vous; n'espérez point de
lui les sentiments d'un père tendre. Et puis, vous l'avouerai-je, vous me rappelez une trahison, une ingratitude si
odieuse de la part d'un autre, que je n'en puis supporter
l'idée; cet homme se montre sans cesse entre vous et moi;
il me repousse, et la haine que je lui dois se répand sur vous.

— Quoi ! lui dis-je, ne puis-je espérer que vous me
traitiez, vous et M. Simonin, comme une étrangère, une
inconnue que vous auriez accueillie par humanité ?

— Nous ne le pouvons ni l'un ni l'autre. Ma fille,
n'empoisonnez pas ma vie plus longtemps. Si vous n'aviez
point de sœurs, je sais ce que j'aurais à faire : mais vous

en avez deux; et elles ont l'une et l'autre une famille nombreuse. Il y a longtemps que la passion qui me soutenait s'est éteinte; la conscience a repris ses droits.

— Mais celui à qui je dois la vie...

— Il n'est plus; il est mort sans se ressouvenir de vous; et c'est le moindre de ses forfaits... »

En cet endroit sa figure s'altéra, ses yeux s'allumèrent, l'indignation s'empara de son visage; elle voulait parler, mais elle n'articulait plus; le tremblement de ses lèvres l'en empêchait. Elle était assise; elle pencha sa tête sur ses mains, pour me dérober les mouvements violents qui se passaient en elle. Elle demeura quelque temps dans cet état, puis elle se leva, fit quelques tours dans la chambre sans mot dire; elle contraignait ses larmes qui coulaient avec peine, et elle disait :

« Le monstre ! il n'a pas dépendu de lui qu'il ne vous ait étouffée dans mon sein par toutes les peines qu'il m'a causées; mais Dieu nous a conservées l'une et l'autre, pour que la mère expiât sa faute par l'enfant. Ma fille, vous n'avez rien, vous n'aurez jamais rien. Le peu que je puis faire pour vous, je le dérobe à vos sœurs; voilà les suites d'une faiblesse. Cependant j'espère n'avoir rien à me reprocher en mourant; j'aurai gagné votre dot par mon économie. Je n'abuse point de la facilité de mon époux; mais je mets tous les jours à part ce que j'obtiens de temps en temps de sa libéralité. J'ai vendu ce que j'avais de bijoux; et j'ai obtenu de lui de disposer à mon gré du prix qui m'en est revenu. J'aimais le jeu, je ne joue plus; j'aimais les spectacles, je m'en suis privée; j'aimais la compagnie, je vis retirée; j'aimais le faste, j'y ai renoncé. Si vous entrez en religion, comme c'est ma volonté et celle de M. Simonin, votre dot sera le fruit de ce que je prends sur moi tous les jours.

— Mais, maman, lui dis-je, il vient encore ici quelques gens de bien; peut-être s'en trouvera-t-il un qui, satisfait de ma personne, n'exigera pas même les épargnes que vous avez destinées à mon établissement.

— Il n'y faut plus penser, votre éclat vous a perdue.

— Le mal est-il sans ressource ?

— Sans ressource.

— Mais, si je ne trouve point un époux, est-il nécessaire que je m'enferme dans un couvent ?

— A moins que vous ne veuillez perpétuer ma douleur
et mes remords, jusqu'à ce que j'aie les yeux fermés. Il faut
que j'y vienne; vos sœurs, dans ce moment terrible, seront
autour de mon lit : voyez si je pourrai vous voir au milieu
d'elles; quel serait l'effet de votre présence dans ces derniers
moments ! Ma fille, car vous l'êtes malgré moi, vos sœurs
ont obtenu des lois un nom que vous tenez du crime,
n'affligez pas une mère qui expire; laissez-la descendre
paisiblement au tombeau : qu'elle puisse se dire à elle-même,
lorsqu'elle sera sur le point de paraître devant le grand juge,
qu'elle a réparé sa faute autant qu'il était en elle, qu'elle
puisse se flatter qu'après sa mort vous ne porterez point le
trouble dans la maison, et que vous ne revendiquerez pas
des droits que vous n'avez point.

— Maman, lui dis-je, soyez tranquille là-dessus; faites
venir un homme de loi; qu'il dresse un acte de renonciation;
et je souscrirai à tout ce qu'il vous plaira.

— Cela ne se peut : un enfant ne se déshérite pas lui-
même; c'est le châtiment d'un père et d'une mère justement
irrités. S'il plaisait à Dieu de m'appeler demain, demain il
faudrait que j'en vinsse à cette extrémité, et que je m'ou-
vrisse à mon mari, afin de prendre de concert les mêmes
mesures. Ne m'exposez point à une indiscrétion qui me
rendrait odieuse à ses yeux, et qui entraînerait des suites
qui vous déshonoreraient. Si vous me survivez, vous resterez sans nom, sans fortune et sans état; malheureuse !
dites-moi ce que vous deviendrez : quelles idées voulez-
vous que j'emporte en mourant ? Il faudra donc que je dise
à votre père... Que lui dirai-je ? Que vous n'êtes pas son
enfant !... Ma fille, s'il ne fallait que se jeter à vos pieds
pour obtenir de vous... Mais vous ne sentez rien; vous
avez l'âme inflexible de votre père... »

En ce moment, M. Simonin entra; il vit le désordre de
sa femme; il l'aimait; il était violent; il s'arrêta tout court,
et tournant sur moi des regards terribles, il me dit :

« Sortez ! »

S'il eût été mon père, je ne lui aurais pas obéi, mais il ne
l'était pas.

Il ajouta, en parlant au domestique qui m'éclairait :

« Dites-lui qu'elle ne reparaisse plus. »

Je me renfermai dans ma petite prison. Je rêvai [18] à ce que
ma mère m'avait dit; je me jetai à genoux, je priai Dieu qu'il

m'inspirât; je priai longtemps; je demeurai le visage collé
contre terre; on n'invoque presque jamais la voix du ciel,
que quand on ne sait à quoi se résoudre; et il est rare
qu'alors elle ne nous conseille pas d'obéir. Ce fut le parti
que je pris. « On veut que je sois religieuse; peut-être est-ce
aussi la volonté de Dieu. Eh bien ! je le serai, puisqu'il faut
que je sois malheureuse, qu'importe où je le sois !... » Je
recommandai à celle qui me servait de m'avertir quand mon
père serait sorti. Dès le lendemain je sollicitai un entretien
avec ma mère; elle me fit répondre qu'elle avait promis le
contraire à M. Simonin, mais que je pouvais lui écrire avec
un crayon qu'on me donna. J'écrivis donc sur un bout de
papier (ce fatal papier s'est retrouvé, et l'on ne s'en est que
trop bien servi contre moi) :

« Maman, je suis fâchée de toutes les peines que je vous
ai causées; je vous en demande pardon : mon dessein est
de les finir. Ordonnez de moi tout ce qu'il vous plaira; si
c'est votre volonté que j'entre en religion, je souhaite que
ce soit aussi celle de Dieu... »

La servante prit cet écrit, et le porta à ma mère. Elle
remonta un moment après, et elle me dit avec transport :

« Mademoiselle, puisqu'il ne fallait qu'un mot pour
faire le bonheur de votre père, de votre mère et le vôtre,
pourquoi l'avoir différé si longtemps ? Monsieur et madame
ont un visage que je ne leur ai jamais vu depuis que je suis
ici : ils se querellaient sans cesse à votre sujet; Dieu merci,
je ne verrai plus cela... »

Tandis qu'elle me parlait, je pensais que je venais de signer
mon arrêt de mort, et ce pressentiment, monsieur, se véri-
fiera, si vous m'abandonnez.

Quelques jours se passèrent, sans que j'entendisse parler
de rien; mais un matin, sur les neuf heures, ma porte
s'ouvrit brusquement; c'était M. Simonin qui entrait en
robe de chambre et en bonnet de nuit. Depuis que je savais
qu'il n'était pas mon père, sa présence ne me causait que de
l'effroi. Je me levai, je lui fis la révérence. Il me sembla que
j'avais deux cœurs : je ne pouvais penser à ma mère sans
m'attendrir, sans avoir envie de pleurer; il n'en était pas
ainsi de M. Simonin. Il est sûr qu'un père inspire une sorte
de sentiments qu'on n'a pour personne au monde que lui :
on ne sait pas cela, sans s'être trouvé comme moi vis-à-vis
d'un homme qui a porté longtemps, et qui vient de perdre

cet auguste caractère; les autres l'ignoreront toujours. Si je
passais de sa présence à celle de ma mère, il me semblait
que j'étais une autre. Il me dit :

« Suzanne, reconnaissez-vous ce billet ?

— Oui, monsieur.

— L'avez-vous écrit librement ?

— Je ne saurais dire qu'oui.

— Etes-vous du moins résolue à exécuter ce qu'il
promet ?

— Je le suis.

— N'avez-vous de prédilection pour aucun couvent ?

— Non, ils me sont indifférents.

— Il suffit. »

Voilà ce que je répondis; mais malheureusement cela ne
fut point écrit. Pendant une quinzaine d'une entière ignorance de ce qui se passait, il me parut qu'on s'était adressé
à différentes maisons religieuses, et que le scandale de ma
première démarche avait empêché qu'on ne me reçût postulante. On fut moins difficile à Longchamp [19]; et cela, sans
doute, parce qu'on insinua que j'étais musicienne, et que
j'avais de la voix. On m'exagéra bien les difficultés qu'on
avait eues, et la grâce qu'on me faisait de m'accepter dans
cette maison : on m'engagea même à écrire à la supérieure.
Je ne sentais pas les suites de ce témoignage écrit qu'on
exigeait : on craignait apparemment qu'un jour je ne
revinsse contre mes vœux; on voulait avoir une attestation
de ma propre main qu'ils avaient été libres. Sans ce motif,
comment cette lettre, qui devait rester entre les mains de
la supérieure, aurait-elle passé dans la suite entre les mains
de mes beaux-frères ? Mais fermons vite les yeux là-dessus :
ils me montrent M. Simonin comme je ne veux pas le voir :
il n'est plus.

Je fus conduite à Longchamp; ce fut ma mère qui
m'accompagna. Je ne demandai point à dire adieu à
M. Simonin; j'avoue que la pensée ne m'en vint qu'en
chemin. On m'attendait; j'étais annoncée, et par mon
histoire et par mes talents : on ne me dit rien de l'une; mais
on fut très pressé de voir si l'acquisition qu'on faisait en
valait la peine. Lorsqu'on se fut entretenu de beaucoup de
choses indifférentes, car après ce qui m'était arrivé, vous
pensez bien qu'on ne parla ni de Dieu, ni de vocation, ni

des dangers du monde, ni de la douceur de la vie religieuse,
et qu'on ne hasarda pas un mot des pieuses fadaises dont
on remplit ces premiers moments, la supérieure dit :
« Mademoiselle, vous savez la musique, vous chantez; nous
avons un clavecin; si vous vouliez, nous irions dans notre
parloir... » J'avais l'âme serrée, mais ce n'était pas le
moment de marquer de la répugnance; ma mère passa, je
la suivis; la supérieure ferma la marche avec quelques religieuses que la curiosité avait attirées. C'était le soir; on
m'apporta des bougies; je m'assis, je me mis au clavecin; je
préludai longtemps, cherchant un morceau de musique
dans ma tête, que j'en ai pleine, et n'en trouvant point;
cependant la supérieure me pressa, et je chantai sans y
entendre finesse, par habitude, parce que le morceau m'était
familier : *Tristes apprêts, pâles flambeaux, jour plus affreux
que les ténèbres,* ... [20]. Je ne sais ce que cela produisit; mais
on ne m'écouta pas longtemps : on m'interrompit par des
éloges, que je fus bien surprise d'avoir mérités si promptement et à si peu de frais. Ma mère me remit entre les mains
de la supérieure, me donna sa main à baiser, et s'en retourna.

Me voilà donc dans une autre maison religieuse, et
postulante [21], et avec toutes les apparences de postuler de
mon plein gré. Mais vous, monsieur, qui connaissez jusqu'à
ce moment tout ce qui s'est passé, qu'en pensez-vous ? La
plupart de ces choses ne furent point alléguées, lorsque je
voulus revenir contre mes vœux; les unes, parce que
c'étaient des vérités destituées de preuves; les autres, parce
qu'elles m'auraient rendue odieuse sans me servir; on
n'aurait vu en moi qu'un enfant dénaturé, qui flétrissait la
mémoire de ses parents pour obtenir sa liberté. On avait la
preuve de ce qui était *contre* moi; ce qui était *pour* ne pouvait
ni s'alléguer ni se prouver. Je ne voulus pas même qu'on
insinuât aux juges le soupçon de ma naissance; quelques
personnes, étrangères aux lois, me conseillèrent de mettre
en cause le directeur de ma mère et le mien; cela ne se
pouvait; et quand la chose aurait été possible, je ne l'aurais
pas soufferte. Mais à propos, de peur que je ne l'oublie, et
que l'envie de me servir ne vous empêche d'en faire la
réflexion, sauf votre meilleur avis, je crois qu'il faut taire
que je sais la musique et que je touche du clavecin : il n'en
faudrait pas davantage pour me déceler; l'ostentation de

ces talents ne va point avec l'obscurité et la sécurité que je
cherche; celles de mon état ne savent point ces choses, et
il faut que je les ignore. Si je suis contrainte de m'expatrier,
j'en ferai ma ressource. M'expatrier ! mais dites-moi pourquoi cette idée m'épouvante ? C'est que je ne sais où aller;
c'est que je suis jeune et sans expérience; c'est que je crains
la misère, les hommes et le vice; c'est que j'ai toujours vécu
renfermée, et que si j'étais hors de Paris je me croirais perdue
dans le monde. Tout cela n'est peut-être pas vrai; mais
c'est ce que je sens. Monsieur, que je ne sache pas où aller,
ni que devenir, cela dépend de vous.

Les supérieures à Longchamp, ainsi que dans la plupart
des maisons religieuses, changent de trois ans en trois
ans. C'était une madame de Moni qui entrait en charge,
lorsque je fus conduite dans la maison; je ne puis vous en
dire trop de bien; c'est pourtant sa bonté qui m'a perdue.
C'était une femme de sens, qui connaissait le cœur humain;
elle avait de l'indulgence, quoique personne n'en eût moins
besoin; nous étions toutes ses enfants. Elle ne voyait
jamais que les fautes qu'elle ne pouvait s'empêcher d'apercevoir, ou dont l'importance ne lui permettait pas de
fermer les yeux. J'en parle sans intérêt; j'ai fait mon devoir
avec exactitude; et elle me rendrait la justice que je n'en
commis aucune dont elle eût à me punir ou qu'elle eût à
me pardonner. Si elle avait de la prédilection, elle lui était
inspirée par le mérite; après cela je ne sais s'il me convient
de vous dire qu'elle m'aima tendrement et que je ne fus
pas des dernières entre ses favorites. Je sais que c'est un
grand éloge que je me donne, plus grand que vous ne
pouvez l'imaginer, ne l'ayant point connue. Le nom de
favorites est celui que les autres donnent par envie aux
bien-aimées de la supérieure. Si j'avais quelque défaut à
reprocher à madame de Moni, c'est que son goût pour la
vertu, la piété, la franchise, la douceur, les talents, l'honnêteté, l'entraînait ouvertement; et qu'elle n'ignorait pas
que celles qui n'y pouvaient prétendre, n'en étaient que
plus humiliées. Elle avait aussi le don, qui est peut-être
plus commun en couvent que dans le monde, de discerner
promptement les esprits. Il était rare qu'une religieuse qui
ne lui plaisait pas d'abord, lui plût jamais. Elle ne tarda
pas à me prendre en gré; et j'eus tout d'abord la dernière
confiance en elle. Malheur à celles dont elle ne l'attirait

pas sans effort ! il fallait qu'elles fussent mauvaises, sans
ressource, et qu'elles se l'avouassent. Elle m'entretint de
mon aventure à Sainte-Marie; je la lui racontai sans dégui-
sement comme à vous; je lui dis tout ce que je viens de
vous écrire; et ce qui regardait ma naissance et ce qui
tenait à mes peines, rien ne fut oublié. Elle me plaignit,
me consola, me fit espérer un avenir plus doux.

Cependant, le temps du postulat se passa; celui de
prendre l'habit arriva, et je le pris. Je fis mon noviciat
sans dégoût; je passe rapidement sur ces deux années,
parce qu'elles n'eurent rien de triste pour moi que le
sentiment secret que je m'avançais pas à pas vers l'entrée
d'un état pour lequel je n'étais point faite. Quelquefois il
se renouvelait avec force; mais aussitôt je recourais à ma
bonne supérieure, qui m'embrassait, qui développait mon
âme, qui m'exposait fortement ses raisons, et qui finissait
toujours par me dire : « Et les autres états n'ont-ils pas
aussi leurs épines ? On ne sent que les siennes. Allons,
mon enfant, mettons-nous à genoux, et prions... »

Alors elle se prosternait, elle priait haut, mais avec tant
d'onction, d'éloquence, de douceur, d'élévation et de
force, qu'on eût dit que l'esprit de Dieu l'inspirait. Ses
pensées, ses expressions, ses images pénétraient jusqu'au
fond du cœur; d'abord on l'écoutait; peu à peu on était
entraîné, on s'unissait à elle; l'âme tressaillait, et l'on partageait ses transports. Son dessein n'était pas de séduire;
mais certainement c'est ce qu'elle faisait : on sortait de
chez elle avec un cœur ardent, la joie et l'extase étaient
peintes sur le visage; on versait des larmes si douces !
c'était une impression qu'elle prenait elle-même, qu'elle
gardait longtemps, et qu'on conservait. Ce n'est pas à ma
seule expérience que je m'en rapporte, c'est à celle de
toutes les religieuses. Quelques-unes m'ont dit qu'elles
sentaient naître en elles le besoin d'être consolées comme
celui d'un très grand plaisir; et je crois qu'il ne m'a manqué
qu'un peu plus d'habitude, pour en venir là.

J'éprouvai cependant, à l'approche de ma profession,
une mélancolie si profonde, qu'elle mit ma bonne supérieure à de terribles épreuves; son talent l'abandonna,
elle me l'avoua elle-même. « Je ne sais, me dit-elle, ce
qui se passe en moi; il me semble, quand vous venez,
que Dieu se retire et que son esprit se taise; c'est inutile-

ment que je m'excite, que je cherche des idées, que je
veux exalter mon âme; je me trouve une femme ordinaire
et bornée; je crains de parler... » « Ah ! chère mère, lui
dis-je, quel pressentiment ! Si c'était Dieu qui vous rendît
muette !... »

Un jour que je me sentais plus incertaine et plus abattue
que jamais, j'allai dans sa cellule; ma présence l'interdit
d'abord : elle lut apparemment dans mes yeux, dans toute
ma personne, que le sentiment profond que je portais en
moi était au-dessus de ses forces; et elle ne voulait pas
lutter sans la certitude d'être victorieuse. Cependant elle
m'entreprit, elle s'échauffa peu à peu; à mesure que ma
douleur tombait, son enthousiasme croissait : elle se jeta
subitement à genoux, je l'imitai. Je crus que j'allais partager son transport, je le souhaitais; elle prononça quelques
mots, puis tout à coup elle se tut. J'attendis inutilement :
elle ne parla plus, elle se releva, elle fondait en larmes,
elle me prit par la main, et me serrant entre ses bras :
« Ah ! chère enfant, me dit-elle, quel effet cruel vous avez
opéré sur moi ! Voilà qui est fait, l'esprit s'est retiré, je le
sens : allez, que Dieu vous parle lui-même, puisqu'il ne
lui plaît pas de se faire entendre par ma bouche... »

En effet, je ne sais ce qui s'était passé en elle, si je lui
avais inspiré une méfiance de ses forces qui ne s'est plus
dissipée, si je l'avais rendue timide, ou si j'avais vraiment
rompu son commerce avec le Ciel; mais le talent de consoler ne lui revint plus. La veille de ma profession, j'allai
la voir; elle était d'une mélancolie égale à la mienne. Je
me mis à pleurer, elle aussi; je me jetai à ses pieds, elle
me bénit, me releva, m'embrassa, et me renvoya en me
disant : « Je suis lassée de vivre, je souhaite de mourir,
j'ai demandé à Dieu de ne point voir ce jour, mais ce
n'est pas sa volonté. Allez, je parlerai à votre mère, je
passerai la nuit en prière, priez aussi; mais couchez-vous,
je vous l'ordonne.

— Permettez, lui répondis-je, que je m'unisse à vous.

— Je vous le permets depuis neuf heures et demie jusqu'à onze, pas davantage. A neuf heures et demie je commencerai à prier et vous aussi; mais à onze vous me
laisserez prier seule, et vous reposerez. Allez, chère
enfant, je veillerai devant Dieu le reste de la nuit. »

Elle voulut prier, mais elle ne le put pas. Je dormais;

et cependant cette sainte femme allait dans les corridors frappait à chaque porte, éveillait les religieuses et les faisait descendre sans bruit dans l'église. Toutes s'y rendirent; et lorsqu'elles y furent, elle les invita à s'adresser au Ciel pour moi. Cette prière se fit d'abord en silence; ensuite elle éteignit les lumières; toutes récitèrent ensemble le *Miserere*, excepté la supérieure qui, prosternée au pied des autels, se macérait cruellement en disant : « O Dieu ! si c'est par quelque faute que j'ai commise que vous vous êtes retiré de moi, accordez-m'en le pardon. Je ne demande pas que vous me rendiez le don que vous m'avez ôté, mais que vous vous adressiez vous-même à cette innocente qui dort [22] tandis que je vous invoque ici pour elle. Mon Dieu, parlez-lui, parlez à ses parents, et pardonnez-moi. »

Le lendemain elle entra de bonne heure dans ma cellule; je ne l'entendis point; je n'étais pas encore éveillée. Elle s'assit à côté de mon lit; elle avait posé légèrement une de ses mains sur mon front; elle me regardait : l'inquiétude, le trouble et la douleur se succédaient sur son visage; et c'est ainsi qu'elle m'apparut, lorsque j'ouvris les yeux. Elle ne me parla point de ce qui s'était passé pendant la nuit; elle me demanda seulement si je m'étais couchée de bonne heure; je lui répondis :

« A l'heure que vous m'avez ordonnée.

— Si j'avais reposé.

— Profondément.

— Je m'y attendais... Comment je me trouvais.

— Fort bien. Et vous, chère mère ?

— Hélas ! me dit-elle, je n'ai vu aucune personne entrer en religion sans inquiétude; mais je n'ai éprouvé sur aucune autant de trouble que sur vous. Je voudrais bien que vous fussiez heureuse.

— Si vous m'aimez toujours, je le serai.

— Ah ! s'il ne tenait qu'à cela ! N'avez-vous pensé à rien pendant la nuit ?

— Non.

— Vous n'avez fait aucun rêve ?

— Aucun.

— Qu'est-ce qui se passe à présent dans votre âme ?

— Je suis stupide; j'obéis à mon sort sans répugnance et sans goût; je sens que la nécessité m'entraîne, et je me

laisse aller. Ah ! ma chère mère, je ne sens rien de cette
douce joie, de ce tressaillement, de cette mélancolie, de
cette douce inquiétude que j'ai quelquefois remarquée
dans celles qui se trouvaient au moment où je suis. Je
suis imbécile, je ne saurais même pleurer. On le veut, il
le faut, est la seule idée qui me vienne... Mais vous ne
me dites rien.

— Je ne suis pas venue pour vous entretenir, mais pour
vous voir et pour vous écouter. J'attends votre mère;
tâchez de ne pas m'émouvoir; laissez les sentiments s'accu-
muler dans mon âme; quand elle en sera pleine, je vous
quitterai. Il faut que je me taise : je me connais; je n'ai
qu'un jet, mais il est violent, et ce n'est pas avec vous
qu'il doit s'exhaler. Reposez-vous encore un moment,
que je vous voie; dites-moi seulement quelques mots, et
laissez-moi prendre ici ce que je viens y chercher. J'irai,
et Dieu fera le reste... »

Je me tus, je me penchai sur mon oreiller, je lui tendis
une de mes mains qu'elle prit. Elle paraissait méditer et
méditer profondément; elle avait les yeux fermés avec
effort; quelquefois elle les ouvrait, les portait en haut, et
les ramenait sur moi; elle s'agitait; son âme se remplissait
de tumulte, se composait et se ragitait ensuite. En vérité,
cette femme était née pour être prophétesse, elle en avait
le visage et le caractère. Elle avait été belle; mais l'âge,
en affaissant ses traits et y pratiquant de grands plis, avait
encore ajouté de la dignité à sa physionomie. Elle avait
les yeux petits, mais ils semblaient ou regarder en elle-
même, ou traverser les objets voisins, et démêler au delà,
à une grande distance, toujours dans le passé ou dans
l'avenir. Elle me serrait quelquefois la main avec force.
Elle me demanda brusquement quelle heure il était.

« Il est bientôt six heures.

— Adieu, je m'en vais. On va venir vous habiller; je
n'y veux pas être, cela me distrairait. Je n'ai plus qu'un
souci, c'est de garder de la modération dans les premiers
moments. »

Elle était à peine sortie que la mère des novices et mes
compagnes entrèrent; on m'ôta les habits de religion, et
l'on me revêtit des habits du monde; c'est un usage que
vous connaissez. Je n'entendis rien de ce qu'on disait
autour de moi; j'étais presque réduite à l'état d'automate;

je ne m'aperçus de rien; j'avais seulement par intervalles comme de petits mouvements convulsifs. On me disait ce qu'il fallait faire; on était souvent obligé de me le répéter, car je n'entendais pas de la première fois, et je le faisais; ce n'était pas que je pensasse à autre chose, c'est que j'étais absorbée; j'avais la tête lasse comme quand on s'est excédé de réflexions. Cependant la supérieure s'entretenait avec ma mère. Je n'ai jamais su ce qui s'était passé dans cette entrevue qui dura longtemps; on m'a dit seulement que, quand elles se séparèrent, ma mère était si troublée, qu'elle ne pouvait retrouver la porte par laquelle elle était entrée, et que la supérieure était sortie les mains fermées et appuyées contre le front.

Cependant les cloches sonnèrent; je descendis. L'assemblée était peu nombreuse. Je fus prêchée bien ou mal, je n'entendis rien : on disposa de moi pendant toute cette matinée qui a été nulle dans ma vie, car je n'en ai jamais connu la durée; je ne sais ni ce que j'ai fait, ni ce que j'ai dit. On m'a sans doute interrogée, j'ai sans doute répondu; j'ai prononcé des vœux, mais je n'en ai nulle mémoire, et je me suis trouvée religieuse aussi innocemment que je fus faite chrétienne; je n'ai pas plus compris à toute la cérémonie de ma profession qu'à celle de mon baptême, avec cette différence que l'une confère la grâce et que l'autre la suppose. Eh bien ! monsieur, quoique je n'aie pas réclamé à Longchamp, comme j'avais fait à Sainte-Marie, me croyez-vous plus engagée ? J'en appelle à votre jugement; j'en appelle au jugement de Dieu. J'étais dans un état d'abattement si profond, que, quelques jours après, lorsqu'on m'annonça que j'étais de chœur, je ne sus ce qu'on voulait dire. Je demandai s'il était bien vrai que j'eusse fait profession; je voulus voir la signature de mes vœux : il fallut joindre à ces preuves le témoignage de toute la communauté, celui de quelques étrangers qu'on avait appelés à la cérémonie. M'adressant plusieurs fois à la supérieure, je lui disais : « Cela est donc bien vrai ?... » et je m'attendais toujours qu'elle m'allait répondre : « Non, mon enfant; on vous trompe... » Son assurance réitérée ne me convainquait pas, ne pouvant concevoir que dans l'intervalle d'un jour entier, aussi tumultueux, aussi varié, si plein de circonstances singulières et frappantes, je ne m'en rappelasse aucune, pas même le visage ni de celles qui

m'avaient servie, ni celui du prêtre qui m'avait prêchée,
ni de celui qui avait reçu mes vœux; le changement de
l'habit religieux en habit du monde est la seule chose dont
je me ressouvienne; depuis cet instant j'ai été ce qu'on
appelle physiquement aliénée. Il a fallu des mois entiers
pour me tirer de cet état; et c'est à la longueur de cette
espèce de convalescence que j'attribue l'oubli profond
de ce qui s'est passé : c'est comme ceux qui ont souffert
une longue maladie, qui ont parlé avec jugement, qui ont
reçu les sacrements, et qui, rendus à la santé, n'en ont
aucune mémoire. J'en ai vu plusieurs exemples dans la
maison; et je me suis dit à moi-même : « Voilà apparemment ce qui m'est arrivé le jour que j'ai fait profession. »
Mais il reste à savoir si ces actions sont de l'homme, et
s'il y est, quoiqu'il paraisse y être.

Je fis dans la même année trois pertes intéressantes :
celle de mon père, ou plutôt de celui qui passait pour tel;
il était âgé, il avait beaucoup travaillé; il s'éteignit ; celle
de ma supérieure, et celle de ma mère.

Cette digne religieuse sentit de loin son heure approcher; elle se condamna au silence; elle fit porter sa bière
dans sa chambre; elle avait perdu le sommeil, et elle passait
les jours et les nuits à méditer et à écrire : elle a laissé
quinze méditations qui me semblent à moi de la plus
grande beauté; j'en ai une copie. Si quelque jour vous
étiez curieux de voir les idées que cet instant suggère, je
vous les communiquerais; elles sont intitulées : *Les derniers
instants de la Sœur de Moni.*

A l'approche de sa mort, elle se fit habiller, elle était
étendue sur son lit : on lui administra les derniers sacrements; elle tenait un Christ entre ses bras. C'était la nuit;
la lueur des flambeaux éclairait cette scène lugubre. Nous
l'entourions, nous fondions en larmes, sa cellule reten-
tissait de cris, lorsque tout à coup ses yeux brillèrent; elle
se releva brusquement, elle parla; sa voix était presque
aussi forte que dans l'état de santé; le don qu'elle avait
perdu lui revint : elle nous reprocha des larmes qui semblaient lui envier un bonheur éternel. « Mes enfants, votre
douleur vous en impose [23]. C'est là, c'est là, disait-elle en
montrant le ciel, que je vous servirai; mes yeux s'abaisse-
ront sans cesse sur cette maison; j'intercéderai pour vous,

et je serai exaucée. Approchez toutes, que je vous embrasse,
venez recevoir ma bénédiction et mes adieux... » C'est
en prononçant ces dernières paroles que trépassa cette
femme rare, qui a laissé après elle des regrets qui ne finiront
point.

Ma mère mourut au retour d'un petit voyage qu'elle
fit, sur la fin de l'automne, chez une de ses filles. Elle eut
du chagrin, sa santé avait été fort affaiblie. Je n'ai jamais
su ni le nom de mon père, ni l'histoire de ma naissance.
Celui qui avait été son directeur et le mien, me remit de
sa part un petit paquet; c'étaient cinquante louis avec un
billet, enveloppés et cousus dans un morceau de linge. Il
y avait dans ce billet :

« Mon enfant, c'est peu de chose; mais ma conscience
ne me permet pas de disposer d'une plus grande somme;
c'est le reste de ce que j'ai pu économiser sur les petits
présents de M. Simonin. Vivez saintement, c'est le mieux,
même pour votre bonheur dans ce monde. Priez pour
moi; votre naissance est la seule faute importante que j'aie
commise; aidez-moi à l'expier; et que Dieu me pardonne
de vous avoir mise au monde, en considération des bonnes
œuvres que vous ferez. Surtout ne troublez point la famille;
et quoique le choix de l'état que vous avez embrassé n'ait
pas été aussi volontaire que je l'aurais désiré, craignez
d'en changer. Que n'ai-je été renfermée dans un couvent
pendant toute ma vie ! je ne serais pas si troublée de la
pensée qu'il faut dans un moment subir le redoutable
jugement. Songez, mon enfant, que le sort de votre mère,
dans l'autre monde, dépend beaucoup de la conduite
que vous tiendrez dans celui-ci : Dieu, qui voit tout,
m'appliquera, dans sa justice, tout le bien et tout le mal
que vous ferez. Adieu, Suzanne; ne demandez rien à
vos sœurs; elle ne sont pas en état de vous secourir;
n'espérez rien de votre père, il m'a précédée, il a vu le
grand jour, il m'attend; ma présence sera moins terrible
pour lui que la sienne pour moi. Adieu, encore une fois.
Ah ! malheureuse mère ! Ah ! malheureuse enfant ! Vos
sœurs sont arrivées; je ne suis pas contente d'elles : elles
prennent, elles emportent, elles ont, sous les yeux d'une
mère qui se meurt, des querelles d'intérêt qui m'affligent.
Quand elles s'approchent de mon lit, je me retourne de

l'autre côté : que verrais-je en elles ? deux créatures en qui
l'indigence a éteint le sentiment de la nature. Elles sou-
pirent après le peu que je laisse; elles font au médecin et
à la garde des questions indécentes, qui marquent avec
quelle impatience elles attendent le moment où je m'en
irai, et qui les saisira de tout ce qui m'environne. Elles
ont soupçonné, je ne sais comment, que je pouvais avoir
quelque argent caché entre mes matelas; il n'y a rien
qu'elles n'aient mis en œuvre pour me faire lever, et elles
y ont réussi; mais heureusement mon dépositaire était
venu la veille, et je lui avais remis ce petit paquet avec
cette lettre [24] qu'il a écrite sous ma dictée. Brûlez la lettre;
et quand vous saurez que je ne suis plus, ce qui sera bientôt,
vous ferez dire une messe pour moi, et vous y renouvel-
lerez vos vœux; car je désire toujours que vous demeuriez
en religion : l'idée de vous imaginer dans le monde sans
secours, sans appui, jeune, achèverait de troubler mes derniers instants. »

Mon père mourut le 5 janvier, ma supérieure sur la fin
du même mois, et ma mère la seconde fête de Noël.

Ce fut la sœur Sainte-Christine qui succéda à la mère de
Moni. Ah! monsieur! quelle différence de l'une à l'autre!
Je vous ai dit quelle femme c'était que la première. Celle-
ci avait le caractère petit, une tête étroite et brouillée de
superstitions; elle donnait dans les opinions nouvelles [25];
elle conférait avec des sulpiciens, des jésuites. Elle prit en
aversion toutes les favorites de celle qui l'avait précédée :
en un moment la maison fut pleine de troubles, de haines,
de médisances, d'accusations, de calomnie et de persécutions : il fallut s'expliquer sur des questions de théologie
où nous n'entendions rien, souscrire à des formules, se plier
à des pratiques singulières. La mère de Moni n'approuvait
point ces exercices de pénitence qui se font sur le corps;
elle ne s'était macérée que deux fois en sa vie : une fois la
veille de ma profession, une autre fois dans une pareille
circonstance. Elle disait de ces pénitences, qu'elles ne corri-
geaient d'aucun défaut, et qu'elles ne servaient qu'à donner
de l'orgueil. Elle voulait que ses religieuses se portassent
bien, et qu'elles eussent le corps sain et l'esprit serein. La
première chose, lorsqu'elle entra en charge, ce fut de se
faire apporter tous les cilices avec les disciplines, et de

défendre d'altérer les aliments avec de la cendre, de coucher sur la dure, et de se pourvoir d'aucun de ces instruments. La seconde, au contraire, renvoya à chaque religieuse son cilice et sa discipline, et fit retirer l'Ancien et le Nouveau Testament. Les favorites du règne antérieur ne sont jamais les favorites du règne qui suit. Je fus indifférente, pour ne rien dire de pis, à la supérieure actuelle, par la raison que la précédente m'avait chérie; mais je ne tardai pas à empirer mon sort par des actions que vous appellerez ou imprudence, ou fermeté, selon le coup d'œil sous lequel vous les considérerez.

La première, ce fut de m'abandonner à toute la douleur que je ressentais de la perte de notre première supérieure; d'en faire l'éloge en toute circonstance; d'occasionner entre elle et celle qui nous gouvernait des comparaisons qui n'étaient pas favorables à celle-ci; de peindre l'état de la maison sous les années passées; de rappeler au souvenir la paix dont nous jouissions, l'indulgence qu'on avait pour nous, la nourriture tant spirituelle que temporelle qu'on nous administrait alors, et d'exalter les mœurs, les sentiments, le caractère de la sœur de Moni. La seconde, ce fut de jeter au feu le cilice, et de me défaire de ma discipline; de prêcher mes amies là-dessus, et d'en engager quelques-unes à suivre mon exemple; la troisième, de me pourvoir d'un Ancien et d'un Nouveau Testament; la quatrième, de rejeter tout parti, de m'en tenir au titre de chrétienne, sans accepter le nom de janséniste ou de moliniste; la cinquième, de me renfermer rigoureusement dans la règle de la maison, sans vouloir rien faire ni en delà ni en deçà; conséquemment, de ne me prêter à aucune action surérogatoire, celles d'obligation ne me paraissant déjà que trop dures; de ne monter à l'orgue que les jours de fête; de ne chanter que quand je serais de chœur; de ne plus souffrir qu'on abusât de ma complaisance et de mes talents, et qu'on me mît à tout et à tous les jours. Je lus les Constitutions, je les relus, je les savais par cœur; si l'on m'ordonnait quelque chose, ou qui n'y fût pas exprimé clairement, ou qui n'y fût pas, ou qui m'y parût contraire, je m'y refusais fermement; je prenais le livre, et je disais : « Voilà les engagements que j'ai pris, et je n'en ai point pris d'autres. »

Mes discours en entraînèrent quelques-unes. L'autorité des maîtresses se trouva très bornée; elles ne pouvaient plus

disposer de nous comme de leurs esclaves. Il ne se passait
presque aucun jour sans quelque scène d'éclat. Dans les
cas incertains, mes compagnes me consultaient : et j'étais
toujours pour la règle contre le despotisme. J'eus bientôt
l'air, et peut-être un peu le jeu d'une factieuse. Les grands
vicaires [26] de M. l'archevêque étaient sans cesse appelés;
je comparaissais, je me défendais, je défendais mes compagnes; et il n'est pas arrivé une seule fois qu'on m'ait
condamnée, tant j'avais d'attention à mettre la raison de
mon côté : il était impossible de m'attaquer du côté de
mes devoirs, je les remplissais avec scrupule. Quant aux
petites grâces qu'une supérieure est toujours libre d'accorder
ou de refuser, je n'en demandais point. Je ne paraissais point
au parloir; et les visites, ne connaissant personne, je n'en
recevais point. Mais j'avais brûlé mon cilice et jeté là ma
discipline; j'avais conseillé la même chose à d'autres; je ne
voulais entendre parler jansénisme et molinisme, ni en bien,
ni en mal. Quand on me demandait si j'étais soumise à la
Constitution [27], je répondais que je l'étais à l'Église; si
j'acceptais la Bulle... que j'acceptais l'Évangile. On visita
ma cellule; on y découvrit l'Ancien et le Nouveau Testament. Je m'étais échappée en propos indiscrets sur l'intimité suspecte de quelques-unes des favorites; la supérieure
avait des tête-à-tête longs et fréquents avec un jeune
ecclésiastique, et j'en avais démêlé la raison et le prétexte.
Je n'omis rien de ce qui pouvait me faire craindre, haïr,
me perdre; et j'en vins à bout. On ne se plaignit plus de
moi aux supérieurs, mais on s'occupa à me rendre la vie
dure. On défendit aux autres religieuses de m'approcher;
et bientôt je me trouvai seule; j'avais des amies en petit
nombre : on se douta qu'elles chercheraient à se dédommager à la dérobée de la contrainte qu'on leur imposait, et
que, ne pouvant s'entretenir le jour avec moi, elles me
visiteraient la nuit ou à des heures défendues; on nous
épia : l'on me surprit, tantôt avec l'une, tantôt avec une
autre; l'on fit de cette imprudence tout ce qu'on voulut, et
j'en fus châtiée de la manière la plus inhumaine; on me
condamna des semaines entières à passer l'office à genoux,
séparée du reste, au milieu du chœur; à vivre de pain et
d'eau; à demeurer enfermée dans ma cellule; à satisfaire
aux fonctions les plus viles de la maison. Celles qu'on
appelait mes complices n'étaient guère mieux traitées.

Quand on ne pouvait me trouver en faute, on m'en supposait; on me donnait à la fois des ordres incompatibles, et
l'on me punissait d'y avoir manqué; on avançait les heures
des offices, des repas; on dérangeait à mon insu toute la
conduite claustrale, et avec l'attention la plus grande, je me
trouvais coupable tous les jours, et j'étais tous les jours
punie. J'ai du courage; mais il n'en est point qui tienne
contre l'abandon, la solitude et la persécution. Les choses
en vinrent au point que l'on se fit un jeu de me tourmenter;
c'était l'amusement de cinquante personnes liguées. Il
m'est impossible d'entrer dans tout le petit détail de ces
méchancetés; on m'empêchait de dormir, de veiller, de
prier. Un jour on me volait quelques parties de mon vêtement; une autre fois c'étaient mes clefs ou mon bréviaire;
ma serrure se trouvait embarrassée; ou l'on m'empêchait
de bien faire, ou l'on dérangeait les choses que j'avais
bien faites; on me supposait des discours et des actions;
on me rendait responsable de tout, et ma vie était une
suite continuelle de délits réels ou simulés, et de châtiments.

Ma santé ne tint point à des épreuves si longues et si
dures; je tombai dans l'abattement, le chagrin et la mélancolie. J'allais dans les commencements chercher de la force
au pied des autels, et j'y en trouvais quelquefois. Je flottais
entre la résignation et le désespoir, tantôt me soumettant
à toute la rigueur de mon sort, tantôt pensant à m'en
affranchir par des moyens violents. Il y avait au fond du
jardin un puits profond; combien de fois j'y suis allée!
combien j'y ai regardé de fois! Il y avait à côté un banc
de pierre; combien de fois je m'y suis assise, la tête appuyée
sur les bords de ce puits! Combien de fois, dans le
tumulte de mes idées, me suis-je levée brusquement et
résolue à finir mes peines! Qu'est-ce qui m'a retenue?
Pourquoi préférais-je alors de pleurer, de crier à haute
voix, de fouler mon voile aux pieds, de m'arracher
les cheveux, et de me déchirer le visage avec les ongles?
Si c'était Dieu qui m'empêchait de me perdre, pourquoi ne pas arrêter aussi tous ces autres mouvements?

Je vais vous dire une chose qui vous paraîtra fort
étrange peut-être, et qui n'en est pas moins vraie, c'est
que je ne doute point que mes visites fréquentes vers ce
puits n'aient été remarquées, et que mes cruelles ennemies

ne se soient flattées qu'un jour j'accomplirais un dessein
qui bouillait au fond de mon cœur. Quand j'allais de ce
côté, on affectait de s'en éloigner et de regarder ailleurs.
Plusieurs fois j'ai trouvé la porte du jardin ouverte à des
heures où elle devait être fermée, singulièrement les jours
où l'on avait multiplié sur moi les chagrins; l'on avait
poussé à bout la violence de mon caractère, et l'on me
croyait l'esprit aliéné. Mais aussitôt que je crus avoir
deviné que ce moyen de sortir de la vie était pour ainsi
dire offert à mon désespoir, qu'on me conduisait à ce
puits par la main, et que je le trouverais toujours prêt à
me recevoir, je ne m'en souciai plus; mon esprit se tourna
vers d'autres côtés; je me tenais dans les corridors et
mesurais la hauteur des fenêtres; le soir, en me déshabillant, j'essayais, sans y penser, la force de mes jarretières;
un autre jour, je refusais le manger; je descendais au réfectoire, et je restais le dos appuyé contre la muraille, les
mains pendantes à mes côtés, les yeux fermés, et je ne
touchais pas aux mets qu'on avait servis devant moi; je
m'oubliais si parfaitement dans cet état, que toutes les
religieuses étaient sorties, et que je restais. On affectait
alors de se retirer sans bruit, et l'on me laissait là; puis on
me punissait d'avoir manqué aux exercices. Que vous
dirai-je ? on me dégoûta de presque tous les moyens de
m'ôter la vie, parce qu'il me sembla que, loin de s'y opposer, on me les présentait. Nous ne voulons pas, apparemment, qu'on nous pousse hors de ce monde, et peut-être
n'y serais-je plus, si elles avaient fait semblant de m'y
retenir. Quand on s'ôte la vie, peut-être cherche-t-on à
désespérer les autres, et la garde-t-on quand on croit les
satisfaire; ce sont des mouvements qui se passent bien
subtilement en nous. En vérité, s'il est possible que je
me rappelle mon état, quand j'étais à côté du puits, il me
semble que je criais au dedans de moi à ces malheureuses
qui s'éloignaient pour favoriser un forfait : « Faites un
pas de mon côté, montrez-moi le moindre désir de me
sauver, accourez pour me retenir, et soyez sûres que vous
arriverez trop tard. » En vérité, je ne vivais que parce
qu'elles souhaitaient ma mort. L'acharnement à tourmenter
et à perdre se lasse dans le monde; il ne se lasse point
dans les cloîtres.

J'en étais là lorsque, revenant sur ma vie passée, je son-geai à faire résilier mes vœux. J'y rêvai d'abord légère-ment. Seule, abandonnée, sans appui, comment réussir dans un projet si difficile, même avec tous les secours qui me manquaient ? Cependant cette idée me tranquillisa ; mon esprit se rassit ; je fus plus à moi ; j'évitai des peines, et je supportai plus patiemment celles qui me venaient. On remarqua ce changement, et l'on en fut étonné ; la méchan-ceté s'arrêta tout court, comme un ennemi lâche qui vous poursuit et à qui l'on fait face au moment où il ne s'y attend pas. Une question, monsieur, que j'aurais à vous faire, c'est pourquoi, à travers toutes les idées funestes qui passent par la tête d'une religieuse désespérée, celle de mettre le feu à la maison ne lui vient point. Je ne l'ai point eue, ni d'autres non plus, quoique ce soit la chose la plus facile à exécuter : il ne s'agit, un jour de grand vent, que de porter un flambeau dans un grenier, dans un bûcher, dans un corridor. Il n'y a point de couvents de brûlés ; et cependant dans ces événements les portes s'ouvrent, et sauve qui peut. Ne serait-ce pas qu'on craint le péril pour soi et pour celles qu'on aime, et qu'on dédaigne un secours qui nous est commun avec celles qu'on hait ? Cette der-nière idée est bien subtile pour être vraie.

A force de s'occuper d'une chose, on en sent la justice, et même l'on en croit la possibilité ; on est bien fort quand on en est là. Ce fut pour moi l'affaire d'une quinzaine ; mon esprit va vite. De quoi s'agissait-il ? De dresser un mémoire et de le donner à consulter ; l'un et l'autre n'étaient pas sans danger. Depuis qu'il s'était fait une révolution dans ma tête, on m'observait avec plus d'attention que jamais ; on me sui-vait de l'œil ; je ne faisais pas un pas qui ne fût éclairé ; je ne disais pas un mot qu'on ne le pesât. On se rapprocha de moi, on chercha à me sonder ; on m'interrogeait, on affectait de la commisération et de l'amitié ; on revenait sur ma vie passée ; on m'accusait faiblement, on m'excu-sait ; on espérait une meilleure conduite, on me flattait d'un avenir plus doux ; cependant on entrait à tout moment dans ma cellule, le jour, la nuit, sous des prétextes ; brus-quement, sourdement, on entr'ouvrait mes rideaux, et l'on se retirait. J'avais pris l'habitude de coucher habillée ; j'en avais pris une autre, c'était celle d'écrire ma confession.

Ces jours-là, qui sont marqués, j'allais demander de l'encre
et du papier à la supérieure, qui ne m'en refusait pas.
J'attendis donc le jour de la confession, et en l'attendant
je rédigeais dans ma tête ce que j'avais à proposer; c'était
en abrégé tout ce que je viens de vous écrire; seulement
je m'expliquais sous des noms empruntés. Mais je fis trois
étourderies : la première, de dire à la supérieure que
j'aurais beaucoup de choses à écrire, et de lui demander,
sous ce prétexte, plus de papier qu'on n'en accorde; la
seconde, de m'occuper de mon mémoire, et de laisser là
ma confession; et la troisième, n'ayant point fait de confession et n'étant point préparée à cet acte de religion, de
ne demeurer au confessionnal qu'un instant. Tout cela fut
remarqué; et l'on en conclut que le papier que j'avais
demandé avait été employé autrement que je ne l'avais dit.
Mais s'il n'avait pas servi à ma confession, comme il était
évident, quel usage en avais-je fait ?

Sans savoir qu'on prendrait ces inquiétudes, je sentis
qu'il ne fallait pas qu'on trouvât chez moi un écrit de
cette importance. D'abord je pensai à le coudre dans mon
traversin ou dans mes matelas, puis à le cacher dans mes
vêtements, à l'enfouir dans le jardin, à le jeter au feu. Vous
ne sauriez croire combien je fus pressée de l'écrire, et combien j'en fus embarrassée quand il fut écrit. D'abord je le
cachetai, ensuite je le serrai dans mon sein, et j'allai à
l'office qui sonnait. J'étais dans une inquiétude qui se
décelait à mes mouvements. J'étais assise à côté d'une
jeune religieuse qui m'aimait; quelquefois je l'avais vue
me regarder en pitié et verser des larmes : elle ne me parlait point, mais certainement elle souffrait. Au risque de
tout ce qui pourrait en arriver, je résolus de lui confier
mon papier; dans un moment d'oraison où toutes les religieuses se mettent à genoux, s'inclinent, et sont comme
plongées dans leurs stalles, je tirai doucement le papier de
mon sein, et je le lui tendis derrière moi; elle le prit, et le
serra dans le sien. Ce service fut le plus important de ceux
qu'elle m'avait rendus; mais j'en avais reçu beaucoup
d'autres : elle s'était occupée pendant des mois entiers à
lever, sans se compromettre, tous les petits obstacles qu'on
apportait à mes devoirs pour avoir droit de me châtier;
elle venait frapper à ma porte quand il était heure de sortir;
elle rarrangeait ce qu'on dérangeait; elle allait sonner ou

répondre quand il le fallait; elle se trouvait partout où je devais être. J'ignorais tout cela.

Je fis bien de prendre ce parti. Lorsque nous sortîmes du chœur, la supérieure me dit : « Sœur Suzanne, suivez-moi... » Je la suivis, puis s'arrêtant dans le corridor à une autre porte, « voilà, me dit-elle, votre cellule; c'est la sœur Saint-Jérôme qui occupera la vôtre... » J'entrai, et elle avec moi. Nous étions toutes deux assises sans parler, lorsqu'une religieuse parut avec des habits qu'elle posa sur une chaise; et la supérieure me dit : « Sœur Suzanne, déshabillez-vous, et prenez ce vêtement... » J'obéis en sa présence; cependant elle était attentive à tous mes mouvements. La sœur qui avait apporté les habits, était à la porte; elle rentra, emporta ceux que j'avais quittés, sortit; et la supérieure la suivit. On ne me dit point la raison de ces procédés; et je ne la demandai point. Cependant on avait cherché partout dans ma cellule; on avait décousu l'oreiller et les matelas; on avait déplacé tout ce qui pouvait l'être ou l'avoir été; on marcha sur mes traces; on alla au confessionnal, à l'église, dans le jardin, au puits, vers le banc de pierre; je vis une partie de ces recherches; je soupçonnai le reste. On ne trouva rien; mais on n'en resta pas moins convaincu qu'il y avait quelque chose. On continua de m'épier pendant plusieurs jours : on allait où j'étais allée; on regardait partout, mais inutilement. Enfin la supérieure crut qu'il n'était possible de savoir la vérité que par moi. Elle entra un jour dans ma cellule, et elle me dit :

« Sœur Suzanne, vous avez des défauts; mais vous n'avez pas celui de mentir; dites-moi donc la vérité : qu'avez-vous fait de tout le papier que je vous ai donné ?

— Madame, je vous l'ai dit.

— Cela ne se peut, car vous m'en avez demandé beaucoup, et vous n'avez été qu'un moment au confessionnal.

— Il est vrai.

— Qu'en avez-vous donc fait ?

— Ce que je vous ai dit.

— Eh bien ! jurez-moi, par la sainte obéissance que vous avez vouée à Dieu, que cela est; et malgré les apparences, je vous croirai.

— Madame, il ne vous est pas permis d'exiger un serment pour une chose si légère; et il ne m'est pas permis de le faire. Je ne saurais jurer.

— Vous me trompez, sœur Suzanne, et vous ne savez pas à quoi vous vous exposez. Qu'avez-vous fait du papier que je vous ai donné ?

— Je vous l'ai dit.

— Où est-il ?

— Je ne l'ai plus.

— Qu'en avez-vous fait ?

— Ce que l'on fait de ces sortes d'écrits, qui sont inutiles après qu'on s'en est servi.

— Jurez-moi, par la sainte obéissance, qu'il a été tout employé à écrire votre confession, et que vous ne l'avez plus.

— Madame, je vous le répète, cette seconde chose n'étant pas plus importante que la première, je ne saurais jurer.

— Jurez, me dit-elle, ou...

— Je ne jurerai point.

— Vous ne jurerez point ?

— Non, madame.

— Vous êtes donc coupable ?

— Et de quoi puis-je être coupable ?

— De tout; il n'y a rien dont vous ne soyez capable. Vous avez affecté de louer celle qui m'a précédée, pour me rabaisser; de mépriser les usages qu'elle avait proscrits, les lois qu'elle avait abolies et que j'ai cru devoir rétablir; de soulever toute la communauté; d'enfreindre les règles; de diviser les esprits; de manquer à tous vos devoirs; de me forcer à vous punir et à punir celles que vous avez séduites, la chose qui me coûte le plus. J'aurais pu sévir contre vous par les voies les plus dures; je vous ai ménagée : j'ai cru que vous reconnaîtriez vos torts, que vous reprendriez l'esprit de votre état, et que vous reviendriez à moi; vous ne l'avez pas fait. Il se passe quelque chose dans votre esprit qui n'est pas bien; vous avez des projets; l'intérêt de la maison exige que je les connaisse, et je les connaîtrai; c'est moi qui vous en réponds. Sœur Suzanne, dites-moi la vérité.

— Je vous l'ai dite.

— Je vais sortir; craignez mon retour... je m'assieds; je vous donne encore un moment pour vous déterminer... Vos papiers, s'ils existent...

— Je ne les ai plus.

— Ou le serment qu'ils ne contenaient que votre confession.

— Je ne saurais le faire... »

Elle demeura un moment en silence, puis elle sortit et rentra avec quatre de ses favorites; elles avaient l'air égaré et furieux. Je me jetai à leurs pieds, j'implorai leur miséricorde. Elles criaient toutes ensemble : « Point de miséricorde, madame; ne vous laissez pas toucher : qu'elle donne ses papiers, ou qu'elle aille en paix [28]... » J'embrassais les genoux tantôt de l'une, tantôt de l'autre; je leur disais, en les nommant par leurs noms : « Sœur Sainte-Agnès, sœur Sainte-Julie, que vous ai-je fait? Pourquoi irritez-vous ma supérieure contre moi? Est-ce ainsi que j'en ai usé? Combien de fois n'ai-je pas supplié pour vous? vous ne vous en souvenez plus. Vous étiez en faute, et je n'y suis pas. »

La supérieure, immobile, me regardait et me disait : « Donne tes papiers, malheureuse, ou révèle ce qu'ils contenaient.

— Madame, lui disaient-elles, ne les lui demandez plus, vous êtes trop bonne; vous ne la connaissez pas; c'est une âme indocile, dont on ne peut venir à bout que par des moyens extrêmes : c'est elle qui vous y porte; tant pis pour elle. Ordonnez que nous la déshabillions et qu'elle entre dans le lieu destiné à ses pareilles.

— Ma chère mère, lui disais-je, je n'ai rien fait qui puisse offenser ni Dieu, ni les hommes, je vous le jure.

— Ce n'est pas là le serment que je veux.

— Elle aura écrit contre vous, contre nous, quelque mémoire au grand vicaire, à l'archevêque; Dieu sait comme elle aura peint l'intérieur de la maison; on croit aisément le mal. Madame, il faut disposer de cette créature, si vous ne voulez pas qu'elle dispose de nous. »

La supérieure ajouta : « Sœur Suzanne, voyez... »

Je me levai brusquement, et je lui dis : « Madame, j'ai tout vu; je sens que je me perds; mais un moment plus tôt ou plus tard ne vaut pas la peine d'y penser. Faites de moi ce qu'il vous plaira; écoutez leur fureur, consommez votre injustice... »

Et à l'instant je leur tendis les bras. Ses compagnes s'en saisirent. On m'arracha mon voile; on me dépouilla sans pudeur. On trouva sur mon sein un petit portrait de mon

ancienne supérieure; on s'en saisit : je suppliai qu'on me
permît de le baiser encore une fois; on me refusa. On me
jeta une chemise, on m'ôta mes bas, l'on me couvrit d'un
sac, et l'on me conduisit, la tête et les pieds nus, à travers
les corridors. Je criais, j'appelais à mon secours; mais on
avait sonné la cloche pour avertir que personne ne parût.
J'invoquais le ciel, j'étais à terre, et l'on me traînait. Quand
j'arrivai au bas des escaliers, j'avais les pieds ensanglantés
et les jambes meurtries; j'étais dans un état à toucher des
âmes de bronze. Cependant l'on ouvrit avec de grosses
clefs la porte d'un petit lieu souterrain, obscur, où l'on
me jeta sur une natte que l'humidité avait à demi pourrie.
Là, je trouvai un morceau de pain noir et une cruche d'eau
avec quelques vaisseaux [29] nécessaires et grossiers. La
natte roulée par un bout formait un oreiller; il y avait, sur
un bloc de pierre, une tête de mort, avec un crucifix de
bois. Mon premier mouvement fut de me détruire; je
portai mes mains à ma gorge; je déchirai mon vêtement
avec mes dents; je poussai des cris affreux; je hurlais comme
une bête féroce; je me frappai la tête contre les murs; je
me mis toute en sang; je cherchai à me détruire jusqu'à
ce que les forces me manquassent, ce qui ne tarda pas.
C'est là que j'ai passé trois jours; je m'y croyais pour toute
ma vie. Tous les matins une de mes exécutrices venait, et
me disait :

« Obéissez à notre supérieure, et vous sortirez d'ici.
— Je n'ai rien fait, je ne sais ce qu'on me demande.
Ah ! sœur Saint-Clément, il est un Dieu... »

Le troisième jour, sur les neuf heures du soir, on ouvrit
la porte; c'étaient les mêmes religieuses qui m'avaient
conduite. Après l'éloge des bontés de notre supérieure,
elles m'annoncèrent qu'elle me faisait grâce, et qu'on
allait me mettre en liberté.

« Il est trop tard, leur dis-je, laissez-moi ici, je veux y
mourir. »

Cependant elles m'avaient relevée, et elles m'entraînaient; on me conduisit dans ma cellule, où je trouvai
la supérieure.

« J'ai consulté Dieu sur votre sort et il a touché mon
cœur : il veut que j'aie pitié de vous : et je lui obéis. Mettez-
vous à genoux, et demandez-lui pardon. »

Je me mis à genoux, et je dis :

« Mon Dieu, je vous demande pardon des fautes que
j'ai faites, comme vous le demandâtes sur la croix pour
moi.

— Quel orgueil ! s'écrièrent-elles; elle se compare à
Jésus-Christ, et elle nous compare aux Juifs qui l'ont
crucifié.

— Ne me considérez pas, leur dis-je, mais considérez-
vous, et jugez.

— Ce n'est pas tout, me dit la supérieure, jurez-moi,
par la sainte obéissance, que vous ne parlerez jamais de
ce qui s'est passé.

— Ce que vous avez fait est donc bien mal, puisque vous
exigez de moi par serment que j'en garderai le silence.
Personne n'en saura jamais rien que votre conscience,
je vous le jure.

— Vous le jurez ?

— Oui, je vous le jure. »

Cela fait, elles me dépouillèrent des vêtements qu'elles
m'avaient donnés, et me laissèrent me rhabiller des miens.

J'avais pris de l'humidité; j'étais dans une circonstance
critique; j'avais tout le corps meurtri; depuis plusieurs
jours je n'avais pris que quelques gouttes d'eau avec un
peu de pain. Je crus que cette persécution serait la dernière
que j'aurais à souffrir. C'est l'effet momentané de ces
secousses violentes qui montrent combien la nature a de
force dans les jeunes personnes. Je revins en très peu de
temps; et je trouvai, quand je reparus, toute la communauté persuadée que j'avais été malade. Je repris les exercices de la maison et ma place à l'église. Je n'avais pas
oublié mon papier, ni la jeune sœur à qui je l'avais confié;
j'étais sûre qu'elle n'avait point abusé de ce dépôt, mais
qu'elle ne l'avait pas gardé sans inquiétude. Quelques
jours après ma sortie de prison, au chœur, au moment
même où je le lui avais donné, c'est-à-dire lorsque nous
nous mettons à genoux et qu'inclinées les unes vers les
autres nous disparaissons dans nos stalles, je me sentis
tirer doucement par ma robe; je tendis la main, et l'on me
donna un billet qui ne contenait que ces mots : « Combien
vous m'avez inquiétée ! Et ce cruel papier, que faut-il
que j'en fasse ?... » Après avoir lu celui-ci, je le roulai dans
mes mains, et je l'avalai. Tout cela se passait au commen-

cement du carême. Le temps approchait où la curiosité
d'entendre appelle à Longchamp la bonne et la mauvaise
compagnie de Paris. J'avais la voix très belle; j'en avais
peu perdu. C'est dans les maisons religieuses qu'on est
attentif aux plus petits intérêts; on eut quelques ménagements pour moi; je jouis d'un peu plus de liberté; les
sœurs que j'instruisais au chant purent approcher de moi
sans conséquence; celle à qui j'avais confié mon mémoire
en était une. Dans les heures de récréation que nous passions au jardin, je la prenais à l'écart, je la faisais chanter;
et pendant qu'elle chantait, voici ce que je lui dis :

« Vous connaissez beaucoup de monde, moi je ne connais personne. Je ne voudrais pas que vous vous compro-
missiez; j'aimerais mieux mourir ici que de vous exposer
au soupçon de m'avoir servie; mon amie, vous seriez
perdue, je le sais, cela ne me sauverait pas; et quand votre
perte me sauverait, je ne voudrais point de mon salut à ce
prix.

— Laissons cela, me dit-elle; de quoi s'agit-il ?

— Il s'agit de faire passer sûrement cette consultation
à quelque habile avocat, sans qu'il sache de quelle maison
elle vient, et d'en obtenir une réponse que vous me rendrez
à l'église ou ailleurs.

— A propos, me dit-elle, qu'avez-vous fait de mon billet ?

— Soyez tranquille, je l'ai avalé.

— Soyez tranquille vous-même, je penserai à votre
affaire. »

Vous remarquerez, monsieur, que je chantais tandis
qu'elle me parlait, qu'elle chantait tandis que je lui répondais, et que notre conversation était entrecoupée de traits
de chant. Cette jeune personne, monsieur, est encore
dans la maison; son bonheur est entre vos mains; si l'on
venait à découvrir ce qu'elle a fait pour moi, il n'y a sorte
de tourments auxquels elle ne fût exposée. Je ne voudrais
pas lui avoir ouvert la porte d'un cachot; j'aimerais mieux
y rentrer. Brûlez donc ces lettres monsieur; si vous en
séparez l'intérêt que vous voulez bien prendre à mon sort,
elles ne contiennent rien qui vaille la peine d'être conservé.

Voilà ce que je vous disais alors : mais, hélas! elle n'est
plus et je reste seule [30]...

Elle ne tarda pas à me tenir parole, et à m'en informer
à notre manière accoutumée. La semaine sainte arriva;

le concours à nos Ténèbres [31] fut nombreux. Je chantai
assez bien pour exciter avec tumulte ces scandaleux applaudissements que l'on donne à vos comédiens dans leurs
salles de spectacle, et qui ne devraient jamais être entendus
dans les temples du Seigneur, surtout pendant les jours
solennels et lugubres où l'on célèbre la mémoire de son
fils attaché sur la croix pour l'expiation des crimes du
genre humain. Mes jeunes élèves étaient bien préparées;
quelques-unes avaient de la voix; presque toutes de l'expression et du goût; et il me parut que le public les avait
entendues avec plaisir, et que la communauté était satisfaite du succès de mes soins.

Vous savez, monsieur, que le jeudi l'on transporte le
Saint-Sacrement de son tabernacle dans un reposoir particulier, où il reste jusqu'au vendredi matin. Cet intervalle
est rempli par les adorations successives des religieuses,
qui se rendent au reposoir les unes après les autres, ou
deux à deux. Il y a un tableau qui indique à chacune son
heure d'adoration; que je fus contente d'y lire : La sœur
Sainte-Suzanne et la sœur Sainte-Ursule, depuis deux heures
du matin jusqu'à trois ! Je me rendis au reposoir à l'heure
marquée; ma compagne y était. Nous nous plaçâmes l'une
à côté de l'autre sur les marches de l'autel; nous nous pros-
ternâmes ensemble, nous adorâmes Dieu pendant une
demi-heure. Au bout de ce temps, ma jeune amie me tendit
la main et me la serra en disant :

« Nous n'aurons peut-être jamais l'occasion de nous
entretenir aussi longtemps et aussi librement; Dieu connaît la contrainte où nous vivons, et il nous pardonnera
si nous partageons un temps que nous lui devons tout
entier. Je n'ai pas lu votre mémoire; mais il n'est pas
difficile de deviner ce qu'il contient; j'en aurai incessamment
la réponse. Mais si cette réponse vous autorise à poursuivre la résiliation de vos vœux, ne voyez-vous pas qu'il
faudra nécessairement que vous confériez avec des gens
de loi ?

— Il est vrai.

— Que vous aurez besoin de liberté ?

— Il est vrai.

— Et que si vous faites bien, vous profiterez des dispositions présentes pour vous en procurer ?

— J'y ai pensé.

— Vous le ferez donc ?

— Je verrai.

— Autre chose : si votre affaire s'entame, vous demeurerez ici abandonnée à toute la fureur de la communauté.
Avez-vous prévu les persécutions qui vous attendent ?

— Elles ne seront pas plus grandes que celles que j'ai
souffertes.

— Je n'en sais rien.

— Pardonnez-moi. D'abord on n'osera disposer de ma
liberté.

— Et pourquoi cela ?

— Parce qu'alors je serai sous la protection des lois :
il faudra me représenter [32]; je serai, pour ainsi dire, entre
le monde et le cloître; j'aurai la bouche ouverte, la liberté
de me plaindre; je vous attesterai toutes; on n'osera avoir
des torts dont je pourrais me plaindre; on n'aura garde
de rendre une affaire mauvaise. Je ne demanderais pas
mieux qu'on en usât mal avec moi; mais on ne le fera pas :
soyez sûre qu'on prendra une conduite tout opposée. On
me sollicitera, on me représentera le tort que je vais me
faire à moi-même et à la maison; et comptez qu'on n'en
viendra aux menaces que quand on aura vu que la douceur
et la séduction ne pourront rien, et qu'on s'interdira
les voies de force.

— Mais il est incroyable que vous ayez tant d'aversion
pour un état dont vous remplissez si facilement et si scru-
puleusement les devoirs.

— Je la sens là cette aversion; je l'apportai en naissant,
et elle ne me quittera pas. Je finirais par être une mauvaise
religieuse; il faut prévenir ce moment.

— Mais si par malheur vous succombez ?

— Si je succombe, je demanderai à changer de maison,
ou je mourrai dans celle-ci.

— On souffre longtemps avant que de mourir. Ah !
mon amie, votre démarche me fait frémir : je tremble
que vos vœux ne soient résiliés, et qu'ils ne le soient pas.
S'ils le sont, que deviendrez-vous ? Que ferez-vous dans
le monde ? Vous avez de la figure, de l'esprit et des talents;
mais on dit que cela ne mène à rien avec la vertu; et je
sais que vous ne vous départirez pas de cette dernière
qualité.

— Vous me rendez justice, mais vous ne la rendez pas

à la vertu; c'est sur elle seule que je compte; plus elle est rare parmi les hommes, plus elle y doit être considérée.

— On la loue, mais on ne fait rien pour elle.

— C'est elle qui m'encourage et qui me soutient dans mon projet. Quoi qu'on m'objecte, on respectera mes mœurs; on ne dira pas, du moins, comme de la plupart des autres, que je sois entraînée hors de mon état par une passion déréglée : je ne vois personne, je ne connais personne. Je demande à être libre, parce que le sacrifice de ma liberté n'a pas été volontaire[33]. Avez-vous lu mon mémoire?

— Non; j'ai ouvert le paquet que vous m'avez donné, parce qu'il était sans adresse, et que j'ai dû penser qu'il était pour moi; mais les premières lignes m'ont détrompée, et je n'ai pas été plus loin. Que vous fûtes bien inspirée de me l'avoir remis! un moment plus tard, on l'aurait trouvé sur vous... Mais l'heure qui finit notre station approche, prosternons-nous; que celles qui vont nous succéder nous trouvent dans la situation où nous devons être Demandez à Dieu qu'il vous éclaire et qu'il vous conduise; je vais unir ma prière et mes soupirs aux vôtres. »

J'avais l'âme un peu soulagée. Ma compagne priait droite; moi, je me prosternai; mon front était appuyé contre la dernière marche de l'autel, et mes bras étaient étendus sur les marches supérieures. Je ne crois pas m'être jamais adressée à Dieu avec plus de consolation et de ferveur; le cœur me palpitait avec violence; j'oubliai en un instant tout ce qui m'environnait. Je ne sais combien je restai dans cette position, ni combien j'y serais encore restée; mais je fus un spectacle bien touchant, il le faut croire, pour ma compagne et pour les deux religieuses qui survinrent. Quand je me relevai, je crus être seule; je me trompais; elles étaient toutes les trois placées derrière moi et fondant en larmes : elles n'avaient osé m'interrompre; elles attendaient que je sortisse de moi-même de l'état de transport et d'effusion où elles me voyaient. Quand je me retournai de leur côté, mon visage avait sans sans doute un caractère bien imposant, si j'en juge par l'effet qu'il produisit sur elles et par ce qu'elles ajoutèrent, que je ressemblais alors à notre ancienne supérieure, lorsqu'elle nous consolait, et que ma vue leur avait causé le même tressaillement. Si j'avais eu quelque penchant à

l'hypocrisie ou au fanatisme, et que j'eusse voulu jouer un
rôle dans la maison, je ne doute point qu'il ne m'eût réussi.
Mon âme s'allume facilement, s'exalte, se touche; et cette
bonne supérieure m'a dit cent fois en m'embrassant que
personne n'aurait aimé Dieu comme moi; que j'avais un
cœur de chair et les autres un cœur de pierre. Il est sûr
que j'éprouvais une facilité extrême à partager son extase;
et que, dans les prières qu'elle faisait à haute voix, quelquefois il m'arrivait de prendre la parole, de suivre le
fil de ses idées et de rencontrer, comme d'inspiration, une
partie de ce qu'elle aurait dit elle-même. Les autres l'écoutaient en silence ou la suivaient, moi je l'interrompais, ou
je la devançais, ou je parlais avec elle. Je conservais très
longtemps l'impression que j'avais prise; et il fallait apparemment que je lui en restituasse quelque chose; car si
l'on discernait dans les autres qu'elles avaient conversé
avec elle, on discernait en elle qu'elle avait conversé avec
moi. Mais qu'est-ce que cela signifie, quand la vocation
n'y est pas ?... Notre station finie, nous cédâmes la place à
celles qui nous succédaient; nous nous embrassâmes bien
tendrement, ma jeune compagne et moi, avant que de nous
séparer.

   La scène du reposoir fit bruit dans la maison; ajoutez à
cela le succès de nos Ténèbres du vendredi saint : je chantai,
je touchai de l'orgue, je fus applaudie. O têtes folles de
religieuses ! je n'eus presque rien à faire pour me réconcilier avec toute la communauté; on vint au-devant de
moi, la supérieure la première. Quelques personnes du
monde cherchèrent à me connaître; cela cadrait trop bien
avec mon projet pour m'y refuser. Je vis M. le premier
président, madame de Soubise, et une foule d'honnêtes
gens, des moines, des prêtres, des militaires, des magistrats, des femmes pieuses, des femmes du monde; et parmi
tout cela cette sorte d'étourdis que vous appelez des *talons
rouges*[34], et que j'eus bientôt congédiés. Je ne cultivai de
connaissances que celles qu'on ne pouvait m'objecter;
j'abandonnai le reste à celles de nos religieuses qui n'étaient
pas si difficiles.

   J'oubliais de vous dire que la première marque de bonté
qu'on me donna, ce fut de me rétablir dans ma cellule.
J'eus le courage de redemander le petit portrait de notre
ancienne supérieure; et l'on n'eut pas celui de me le refuser;

il a repris sa place sur mon cœur, il y demeurera tant que je vivrai. Tous les matins, mon premier mouvement est d'élever mon âme à Dieu, le second est de le baiser; lorsque je veux prier et que je me sens l'âme froide, je le détache de mon cou, je le place devant moi, je le regarde, et il m'inspire. C'est bien dommage que nous n'ayons pas connu les saints personnages, dont les simulacres sont exposés à notre vénération; ils feraient bien une autre impression sur nous; il ne nous laisseraient pas à leurs pieds ou devant eux aussi froids que nous y demeurons.

J'eus la réponse à mon mémoire; elle était d'un M. Manouri [35], ni favorable ni défavorable. Avant que de prononcer sur cette affaire, on demandait un grand nombre d'éclaircissements auxquels il était difficile de satisfaire sans se voir; je me nommai donc; et j'invitai M. Manouri à se rendre à Longchamp. Ces messieurs se déplacent difficilement; cependant il vint. Nous nous entretînmes très longtemps; nous convînmes d'une correspondance par laquelle il me ferait parvenir sûrement ses demandes, et je lui renverrais mes réponses. J'employai de mon côté tout le temps qu'il donnait à mon affaire, à disposer les esprits, à intéresser à mon sort et à me faire des protections. Je me nommai, je révélai ma conduite dans la première maison que j'avais habitée, ce que j'avais souffert dans la maison domestique, les peines qu'on m'avait faites en couvent, ma réclamation à Sainte-Marie, mon séjour à Longchamp, ma prise d'habit, ma profession, la cruauté avec laquelle j'avais été traitée depuis que j'avais consommé mes vœux. On me plaignit, on m'offrit du secours; je retins la bonne volonté qu'on me témoignait pour le temps où je pourrais en avoir besoin, sans m'expliquer davantage. Rien ne transpirait dans la maison; j'avais obtenu de Rome la permission de réclamer contre mes vœux; incessamment l'action allait être intentée, qu'on était là-dessus dans une sécurité profonde [36]. Je vous laisse donc à penser quelle fut la surprise de ma supérieure, lorsqu'on lui signifia, au nom de sœur Marie-Suzanne Simonin, une protestation contre ses vœux, avec la demande de quitter l'habit de religion, et de sortir du cloître pour disposer d'elle comme elle le jugerait à propos.

J'avais bien prévu que je trouverais plusieurs sortes

d'opposition; celle des lois, celle de la maison religieuse,
et celle de mes beaux-frères et sœurs alarmés : ils avaient
eu tout le bien de la famille; et libre, j'aurais eu des reprises
considérables à faire sur eux. J'écrivis à mes sœurs; je les
suppliai de n'apporter aucune opposition à ma sortie; j'en
appelai à leur conscience sur le peu de liberté de mes
vœux; je leur offris un désistement par acte authentique
de toutes mes prétentions à la succession de mon père et
de ma mère; je n'épargnai rien pour leur persuader que
ce n'était ici une démarche ni d'intérêt, ni de passion. Je
ne m'en imposai [37] point sur leurs sentiments; cet acte que
je leur proposais, fait tandis que j'étais encore engagée
en religion, devenait invalide; et il était trop incertain pour
elles que je le ratifiasse quand je serais libre : et puis leur
convenait-il d'accepter mes propositions? Laisseront-elles
une sœur sans asile et sans fortune? Jouiront-elles de son
bien? Que dira-t-on dans le monde? Si elle vient nous
demander du pain, la refuserons-nous? S'il lui prend en
fantaisie de se marier, qui sait la sorte d'homme qu'elle
épousera? Et si elle a des enfants?... Il faut contrarier de
toute notre force cette dangereuse tentative... Voilà ce
qu'elles se dirent et ce qu'elles firent.

A peine la supérieure eut-elle reçu l'acte juridique de
ma demande, qu'elle accourut dans ma cellule.

« Comment, sœur Sainte-Suzanne, me dit-elle, vous
voulez nous quitter ?

— Oui, madame.

— Et vous allez appeler de vos vœux ?

— Oui, madame.

— Ne les avez-vous pas faits librement ?

— Non, madame.

— Et qui est-ce qui vous a contrainte ?

— Tout.

— Monsieur votre père ?

— Mon père.

— Madame votre mère ?

— Elle-même.

— Et pourquoi ne pas réclamer au pied des autels ?

— J'étais si peu à moi, que je ne me rappelle pas même
d'y avoir assisté.

— Pouvez-vous parler ainsi ?

— Je dis la vérité.

— Quoi ! vous n'avez pas entendu le prêtre vous demander : Sœur Sainte-Suzanne Simonin, promettez-vous à Dieu obéissance, chasteté et pauvreté ?

— Je n'en ai pas mémoire.

— Vous n'avez pas répondu qu'oui ?

— Je n'en ai pas mémoire.

— Et vous imaginez que les hommes vous en croiront ?

— Ils m'en croiront ou non; mais le fait n'en sera pas moins vrai.

— Chère enfant, si de pareils prétextes étaient écoutés, voyez quels abus il s'ensuivrait ! Vous avez fait une dé-marche inconsidérée; vous vous êtes laissé entraîner par un sentiment de vengeance; vous avez à cœur les châti-ments que vous m'avez obligée de vous infliger; vous avez cru qu'ils suffisaient pour rompre vos vœux; vous vous êtes trompée, cela ne se peut ni devant les hommes, ni devant Dieu. Songez que le parjure est le plus grand de tous les crimes; que vous l'avez déjà commis dans votre cœur; et que vous allez le consommer.

— Je ne serai point parjure, je n'ai rien juré.

— Si l'on a eu quelques torts avec vous, n'ont-ils pas été réparés ?

— Ce ne sont point ces torts qui m'ont déterminée.

— Qu'est-ce donc ?

— Le défaut de vocation, le défaut de liberté dans mes vœux.

— Si vous n'étiez point appelée; si vous étiez contrainte, que ne me le disiez-vous quand il en était temps ?

— Et à quoi cela m'aurait-il servi ?

— Que ne montriez-vous la même fermeté que vous eûtes à Sainte-Marie ?

— Est-ce que la fermeté dépend de nous ? Je fus ferme la première fois; la seconde, j'étais imbécile.

— Que n'appeliez-vous un homme de loi ? Que ne protestiez-vous ? Vous avez eu les vingt-quatre heures pour constater votre regret.

— Savais-je rien de ces formalités ? Quand je les aurais sues, étais-je en état d'en user ? Quand j'aurais été en état d'en user, l'aurais-je pu ? Quoi ! madame, ne vous êtes-vous pas aperçue vous-même de mon aliénation ? Si je vous prends à témoin, jurerez-vous que j'étais saine d'esprit ?

— Je le jurerai !

— Eh bien ! madame, c'est vous, et non pas moi, qui serez parjure.

— Mon enfant, vous allez faire un éclat inutile. Revenez à vous, je vous en conjure par votre propre intérêt, par celui de la maison; ces sortes d'affaires ne se suivent point sans des discussions scandaleuses.

— Ce ne sera pas ma faute.

— Les gens du monde sont méchants; on fera les suppositions les plus défavorables à votre esprit, à votre cœur, à vos mœurs; on croira...

— Tout ce qu'on voudra.

— Mais parlez-moi à cœur ouvert; si vous avez quelque mécontentement secret, quel qu'il soit, il y a du remède.

— J'étais, je suis et je serai toute ma vie mécontente de mon état.

— L'esprit séducteur qui nous environne sans cesse, et qui cherche à nous perdre, aurait-il profité de la liberté trop grande qu'on vous a accordée depuis peu, pour vous inspirer quelque penchant funeste ?

— Non, madame : vous savez que je ne fais pas un serment sans peine : j'atteste Dieu que mon cœur est innocent, et qu'il n'y eut jamais aucun sentiment honteux.

— Cela ne se conçoit pas.

— Rien cependant, madame, n'est plus facile à concevoir. Chacun a son caractère, et j'ai le mien; vous aimez la vie monastique, et je la hais; vous avez reçu de Dieu les grâces de votre état, et elles me manquent toutes; vous vous seriez perdue dans le monde; et vous assurez ici votre salut; je me perdrais ici, et j'espère me sauver dans le monde; je suis et je serais une mauvaise religieuse.

— Et pourquoi ? Personne ne remplit mieux ses devoirs que vous.

— Mais c'est avec peine et à contre-cœur.

— Vous en méritez davantage.

— Personne ne peut savoir mieux que moi ce que je mérite; et je suis forcée de m'avouer qu'en me soumettant à tout, je ne mérite rien. Je suis lasse d'être une hypocrite; en faisant ce qui sauve les autres, je me déteste et je me damne. En un mot, madame, je ne connais de véritables religieuses que celles qui sont retenues ici par leur goût pour la retraite, et qui y resteraient quand elles n'auraient autour d'elles ni grilles, ni murailles qui les retînt.

Il s'en manque bien que je sois de ce nombre : mon corps
est ici, mais mon cœur n'y est pas; il est au dehors : et s'il
fallait opter entre la mort et la clôture perpétuelle, je ne
balancerais pas à mourir. Voilà mes sentiments.

— Quoi ! vous quitterez sans remords ce voile, ces
vêtements qui vous ont consacrée à Jésus-Christ ?

— Oui, madame, parce que je les ai pris sans réflexion
et sans liberté... »

Je lui répondis avec bien de la modération, car ce n'était
pas là ce que mon cœur me suggérait; il me disait : « Oh !
que ne suis-je au moment où je pourrai les déchirer et
les jeter loin de moi !... »

Cependant ma réponse l'altéra; elle pâlit, elle voulut
encore parler; mais ses lèvres tremblaient; elle ne savait
pas trop ce qu'elle avait encore à me dire. Je me promenais
à grands pas dans ma cellule, et elle s'écriait :

« O mon Dieu ! que diront nos sœurs ? O Jésus, jetez
sur elle un regard de pitié ! Sœur Sainte-Suzanne !

— Madame.

— C'est donc un parti pris ? Vous voulez nous déshonorer, nous rendre et devenir la fable publique, vous
perdre !

— Je veux sortir d'ici.

— Mais si ce n'est que la maison qui vous déplaise...

— C'est la maison, c'est mon état, c'est la religion; je
ne veux être enfermée ni ici ni ailleurs.

— Mon enfant, vous êtes possédée du démon; c'est lui
qui vous agite, qui vous fait parler, qui vous transporte;
rien n'est plus vrai : voyez dans quel état vous êtes ! »

En effet, je jetai les yeux sur moi, et je vis que ma robe
était en désordre, que ma guimpe s'était tournée presque
sens devant derrière, et que mon voile était tombé sur
mes épaules. J'étais ennuyée des propos de cette méchante
supérieure qui n'avait avec moi qu'un ton radouci et
faux; et je lui dis avec dépit :

« Non, madame, non, je ne veux plus de ce vêtement,
je n'en veux plus... »

Cependant je tâchais de rajuster mon voile; mes mains
tremblaient; et plus je m'efforçais à l'arranger, plus je le
dérangeais : impatientée, je le saisis avec violence, je
l'arrachai, je le jetai par terre, et je restai vis-à-vis de ma
supérieure, le front ceint d'un bandeau, et la tête échevelée.

Cependant elle, incertaine si elle devait rester ou sortir, allait et venait en disant :

« O Jésus ! elle est possédée; rien n'est plus vrai, elle est possédée... »

Et l'hypocrite se signait avec la croix de son rosaire.

Je ne tardai pas à revenir à moi; je sentis l'indécence de mon état et l'imprudence de mes discours; je me composai de mon mieux; je ramassai mon voile et je le remis; puis, me tournant vers elle, je lui dis :

« Madame, je ne suis ni folle, ni possédée; je suis honteuse de mes violences, et je vous en demande pardon; mais jugez par là combien la vie du cloître me convient peu, et combien il est juste que je cherche à m'en tirer, si je puis. »

Elle, sans m'écouter, répétait : « Que dira le monde ? Que diront nos sœurs ?

— Madame, lui dis-je, voulez-vous éviter un éclat; il y aurait un moyen. Je ne cours point après ma dot; je ne demande que la liberté : je ne dis point que vous m'ouvriez les portes; mais faites seulement aujourd'hui, demain, après, qu'elles soient mal gardées; et ne vous apercevez de mon évasion que le plus tard que vous pourrez...

— Malheureuse ! qu'osez-vous me proposer ?

— Un conseil qu'une bonne et sage supérieure devrait suivre avec toutes celles pour qui leur couvent est une prison; et le couvent en est une pour moi mille fois plus affreuse que celles qui renferment les malfaiteurs; il faut que j'en sorte ou que j'y périsse. Madame, lui dis-je en prenant un ton grave et un regard assuré, écoutez-moi : si les lois auxquelles je me suis adressée trompaient mon attente; et que, poussée par des mouvements d'un désespoir que je ne connais que trop... vous avez un puits... il y a des fenêtres dans la maison... partout on a des murs devant soi... on a un vêtement qu'on peut dépecer... des mains dont on peut user...

— Arrêtez, malheureuse ! vous me faites frémir. Quoi ! vous pourriez...

— Je pourrais, au défaut de tout ce qui finit brusquement les maux de la vie, repousser les aliments; on est maître de boire et de manger, ou de n'en rien faire... S'il arrivait, après ce que je viens de vous dire, que j'eusse le courage..., et vous savez que je n'en manque pas, et qu'il en faut plus quelquefois pour vivre que pour mourir..., transportez-vous au jugement de Dieu, et dites-moi laquelle de la supérieure ou de sa religieuse lui semblerait la plus coupable ?... Madame, je ne redemande ni ne redemanderai jamais rien à la maison; épargnez-moi un forfait, épargnez-vous de longs remords : concertons ensemble...

— Y pensez-vous, sœur Sainte-Suzanne ? Que je manque au premier de mes devoirs, que je donne les mains au crime, que je partage un sacrilège !

— Le vrai sacrilège, madame, c'est moi qui le commets tous les jours en profanant par le mépris les habits sacrés que je porte. Otez-les-moi, j'en suis indigne; faites chercher dans le village les haillons de la paysanne la plus pauvre; et que la clôture me soit entrouverte.

— Et où irez-vous pour être mieux ?

— Je ne sais où j'irai; mais on n'est mal qu'où Dieu ne nous veut point : et Dieu ne me veut point ici.

— Vous n'avez rien.

— Il est vrai; mais l'indigence n'est pas ce que je crains le plus.

— Craignez les désordres auxquels elle entraîne.

— Le passé me répond de l'avenir; si j'avais voulu écouter le crime, je serais libre. Mais s'il me convient de sortir de cette maison, ce sera, ou de votre consentement, ou par l'autorité des lois. Vous pouvez opter... »

Cette conversation avait duré. En me la rappelant, je rougis des choses indiscrètes et ridicules que j'avais faites et dites; mais il était trop tard. La supérieure en était encore à ses exclamations « que dira le monde ! que diront nos sœurs ! » lorsque la cloche qui nous appelait à l'office vint nous séparer. Elle me dit en me quittant :

« Sœur Sainte-Suzanne, vous allez à l'église; demandez à Dieu qu'il vous touche et qu'il vous rende l'esprit de votre état; interrogez votre conscience, et croyez ce qu'elle vous dira : il est impossible qu'elle ne vous fasse des reproches. Je vous dispense du chant. »

Nous descendîmes presque ensemble. L'office s'acheva : à la fin de l'office, lorsque toutes les sœurs étaient sur le point de se séparer, elle frappa sur son bréviaire et les arrêta.

« Mes sœurs, leur dit-elle, je vous invite à vous jeter

au pied des autels, et à implorer la miséricorde de Dieu
sur une religieuse qu'il a abandonnée, qui a perdu le goût
et l'esprit de la religion, et qui est sur le point de se porter
à une action sacrilège aux yeux de Dieu, et honteuse aux
yeux des hommes. »

Je ne saurais vous peindre la surprise générale; en un
clin d'œil, chacune, sans se remuer, eut parcouru le visage
de ses compagnes, cherchant à démêler la coupable à son
embarras. Toutes se prosternèrent et prièrent en silence.
Au bout d'un espace de temps assez considérable, la
prieure entonna à voix basse le *Veni, Creator*, et toutes
continuèrent à voix basse le *Veni, Creator*; puis, après un
second silence, la prieure frappa sur son pupitre, et l'on
sortit.

Je vous laisse à penser le murmure qui s'éleva dans la
communauté : « Qui est-ce ? Qui n'est-ce pas ? Qu'a-
t-elle fait ? Que veut-elle faire ?... » Ces soupçons ne durèrent pas longtemps. Ma demande commençait à faire
du bruit dans le monde; je recevais des visites sans fin :
les uns m'apportaient des reproches, d'autres m'apportaient des conseils; j'étais approuvée des uns, j'étais blâmée
de quelques autres. Je n'avais qu'un moyen de me justifier à
tous, c'était de les instruire de la conduite de mes parents;
et vous concevez quel ménagement j'avais à garder sur
ce point; il n'y avait que quelques personnes, qui me
restèrent sincèrement attachées, et M. Manouri, qui s'était
chargé de mon affaire, à qui je pusse m'ouvrir entièrement.
Lorsque j'étais effrayée des tourments dont j'étais menacée,
ce cachot, où j'avais été traînée une fois, se représentait
à mon imagination dans toute son horreur; je connaissais
la fureur des religieuses. Je communiquai mes craintes
à M. Manouri; et il me dit : « Il est impossible de vous
éviter toutes sortes de peines : vous en aurez, vous avez
dû vous y attendre; il faut vous armer de patience, et
vous soutenir par l'espoir qu'elles finiront. Pour ce cachot,
je vous promets que vous n'y rentrerez jamais; c'est mon
affaire... » En effet, quelques jours après il apporta un ordre
à la supérieure de me représenter[38] toutes et quantes fois
qu'elle en serait requise.

Le lendemain, après l'office, je fus encore recommandée
aux prières publiques de la communauté : l'on pria en silence,
et l'on dit à voix basse le même hymne que la veille. Même

cérémonie le troisième jour, avec cette différence que l'on
m'ordonna de me placer debout au milieu du chœur, et
que l'on récita les prières pour les agonisants, les litanies
des Saints, avec le refrain *ora pro eâ*. Le quatrième jour,
ce fut une momerie qui marquait bien le caractère bizarre
de la supérieure. A la fin de l'office, on me fit coucher dans
une bière au milieu du chœur; on plaça des chandeliers
à mes côtés, avec un bénitier; on me couvrit d'un suaire,
et l'on récita l'office des morts, après lequel chaque religieuse, en sortant, me jeta de l'eau bénite, en disant :
Requiescat in pace. Il faut entendre la langue des couvents,
pour connaître l'espèce de menace [39] contenue dans ces
derniers mots. Deux religieuses relevèrent le suaire, étei-
gnirent les cierges, et me laissèrent là, trempée jusqu'à la
peau, de l'eau dont elles m'avaient malicieusement arrosée.
Mes habits se séchèrent sur moi; je n'avais pas de quoi me
rechanger. Cette mortification fut suivie d'une autre. La
communauté s'assembla; on me regarda comme une
réprouvée, ma démarche fut traitée d'apostasie; et l'on
défendit, sous peine de désobéissance, à toutes les religieuses de me parler, de me secourir, de m'approcher, et
de toucher même aux choses qui m'auraient servi. Ces
ordres furent exécutés à la rigueur. Nos corridors sont
étroits; deux personnes ont, en quelques endroits, de la
peine à passer de front : si j'allais, et qu'une religieuse vînt
à moi, ou elle retournait sur ses pas, ou elle se collait contre
le mur, tenant son voile et son vêtement, de crainte qu'il
ne flottât contre le mien. Si l'on avait quelque chose à
recevoir de moi, je le posais à terre, et on le prenait avec
un linge; si l'on avait quelque chose à me donner, on me
le jetait. Si l'on avait eu le malheur de me toucher, l'on se
croyait souillée, et l'on allait s'en confesser et s'en faire
absoudre chez la supérieure. On a dit que la flatterie était
vile et basse; elle est encore bien cruelle et bien ingénieuse,
lorsqu'elle se propose de plaire par les mortifications qu'elle
invente. Combien de fois je me suis rappelé le mot de
ma céleste supérieure de Moni : « Entre toutes ces créatures
que vous voyez autour de moi, si dociles, si innocentes,
si douces, eh bien ! mon enfant, il n'y en a presque pas
une, non, presque pas une, dont je ne pusse faire une bête
féroce; étrange métamorphose pour laquelle la disposition
est d'autant plus grande, qu'on est entré plus jeune dans

une cellule, et que l'on connaît moins la vie sociale : ce discours vous étonne; Dieu vous préserve d'en éprouver la vérité. Sœur Suzanne, la bonne religieuse est celle qui apporte dans le cloître quelque grande faute à expier. »

Je fus privée de tous les emplois. A l'église, on laissait une stalle vide à chaque côté de celle que j'occupais. J'étais seule à une table au réfectoire; on ne m'y servait pas; j'étais obligée d'aller dans la cuisine demander ma portion; la première fois, la sœur cuisinière me cria : « N'entrez pas, éloignez-vous... »

Je lui obéis.

« Que voulez-vous ?

— A manger.

— A manger ! vous n'êtes pas digne de vivre... »

Quelquefois je m'en retournais, et je passais la journée sans rien prendre; quelquefois j'insistais; et l'on me mettait sur le seuil des mets qu'on aurait eu honte de présenter à des animaux; je les ramassais en pleurant, et je m'en allais. Arrivais-je quelquefois à la porte du chœur la dernière, je la trouvais fermée; je m'y mettais à genoux; et là j'attendais la fin de l'office : si c'était au jardin, je m'en retournais dans ma cellule. Cependant, mes forces s'affaiblissant par le peu de nourriture, la mauvaise qualité de celle que je prenais, et plus encore par la peine que j'avais à supporter tant de marques réitérées d'inhumanité, je sentis que, si je persistais à souffrir sans me plaindre, je ne verrais jamais la fin de mon procès. Je me déterminai donc à parler à la supérieure; j'étais à moitié morte de frayeur : j'allai cependant frapper doucement à sa porte. Elle ouvrit; à ma vue, elle recula plusieurs pas en arrière, en me criant :

« Apostate, éloignez-vous ! »

Je m'éloignai.

« Encore ».

Je m'éloignai encore.

« Que voulez-vous ?

— Puisque ni Dieu ni les hommes ne m'ont point condamnée à mourir, je veux, madame, que vous ordonniez qu'on me fasse vivre.

— Vivre ! me dit-elle, en me répétant le propos de la sœur cuisinière, en êtes-vous digne ?

— Il n'y a que Dieu qui le sache; mais je vous préviens que si l'on me refuse la nourriture, je serai forcée d'en

porter mes plaintes à ceux qui m'ont acceptée sous leur
protection. Je ne suis ici qu'en dépôt, jusqu'à ce que mon
sort et mon état soient décidés.

— Allez, me dit-elle, ne me souillez pas de vos regards;
j'y pourvoirai... »

Je m'en allai; et elle ferma sa porte avec violence. Elle
donna ses ordres apparemment, mais je n'en fus guère
mieux soignée; on se faisait un mérite de lui désobéir :
on me jetait les mets les plus grossiers, encore les gâtait-
on avec de la cendre et toutes sortes d'ordures.

Voilà la vie que j'ai menée tant que mon procès a duré.
Le parloir ne me fut pas tout à fait interdit; on ne pouvait
m'ôter la liberté de conférer avec mes juges ni avec mon
avocat; encore celui-ci fut-il obligé d'employer plusieurs
fois la menace pour obtenir de me voir. Alors une sœur
m'accompagnait; elle se plaignait, si je parlais bas; elle
s'impatientait, si je restais trop; elle m'interrompait, me
démentait, me contredisait, répétait à la supérieure mes
discours, les altérait, les empoisonnait, m'en supposait
même que je n'avais pas tenus; que sais-je ? On en vint
jusqu'à me voler, me dépouiller, m'ôter mes chaises, mes
couvertures et mes matelas; on ne me donnait plus de
linge blanc; mes vêtements se déchiraient; j'étais presque
sans bas et sans souliers. J'avais peine à obtenir de l'eau;
j'ai plusieurs fois été obligée d'en aller chercher moi-
même au puits, à ce puits dont je vous ai parlé. On me
cassa mes vaisseaux [40] : alors j'en étais réduite à boire l'eau
que j'avais tirée, sans en pouvoir emporter. Si je passais
sous des fenêtres, j'étais obligée de fuir, ou de m'exposer
à recevoir les immondices des cellules. Quelques sœurs
m'ont craché au visage. J'étais devenue d'une malpropreté
hideuse. Comme on craignait les plaintes que je pouvais
faire à nos directeurs, la confession me fut interdite.

Un jour de grande fête, c'était, je crois, le jour de l'Ascension, on embarrassa ma serrure; je ne pus aller à la messe;
et j'aurais peut-être manqué à tous les autres offices, sans
la visite de M. Manouri, à qui l'on dit d'abord que l'on
ne savait pas ce que j'étais devenue, qu'on ne me voyait
plus, et que je ne faisais aucune action de christianisme.
Cependant, à force de me tourmenter, j'abattis ma serrure,
et je me rendis à la porte du chœur, que je trouvai fermée,

comme il arrivait lorsque je ne venais pas des premières.
J'étais couchée à terre, la tête et le dos appuyés contre
un des murs, les bras croisés sur la poitrine, et le reste
de mon corps étendu fermait le passage; lorsque l'office
finit, et que les religieuses se présentèrent pour sortir, la
première s'arrêta tout court; les autres arrivèrent à sa suite;
la supérieure se douta de ce que c'était, et dit :

« Marchez sur elle, ce n'est qu'un cadavre. »

Quelques-unes obéirent, et me foulèrent aux pieds;
d'autres furent moins inhumaines; mais aucune n'osa me
tendre la main pour me relever. Tandis que j'étais absente,
on enleva de ma cellule mon prie-dieu, le portrait de notre
fondatrice, les autres images pieuses, le crucifix; et il ne
me resta que celui que je portais à mon rosaire, qu'on ne
me laissa pas longtemps. Je vivais donc entre quatre murailles nues, dans une chambre sans porte, sans chaise,
debout, ou sur une paillasse, sans aucun des vaisseaux [41]
les plus nécessaires, forcée de sortir la nuit pour satisfaire
aux besoins de la nature, et accusée le matin de troubler
le repos de la maison, d'errer et de devenir folle. Comme
ma cellule ne fermait plus, on entrait pendant la nuit, en
tumulte, on criait, on tirait mon lit, on cassait mes fenêtres,
on me faisait toutes sortes de terreurs. Le bruit montait
à l'étage au-dessus; descendait l'étage au-dessous; et celles
qui n'étaient pas du complot disaient qu'il se passait dans
ma chambre des choses étranges; qu'elles avaient entendu
des voix lugubres, des cris, des cliquetis de chaînes, et
que je conversais avec les revenants et les mauvais esprits;
qu'il fallait que j'eusse fait un pacte; et qu'il faudrait
incessamment déserter de mon corridor.

Il y a dans les communautés des têtes faibles; c'est même
le grand nombre : celles-là croyaient ce qu'on leur disait,
n'osaient passer devant ma porte, me voyaient dans leur
imagination troublée avec une figure hideuse, faisaient
le signe de la croix à ma rencontre, et s'enfuyaient en
criant : « Satan, éloignez-vous de moi ! Mon Dieu, venez
à mon secours !... » Une des plus jeunes était au fond du
corridor, j'allais à elle, et il n'y avait pas moyen de m'éviter;
la frayeur la plus terrible la prit. D'abord elle se tourna le
visage contre le mur, marmottant d'une voix tremblante :
« Mon Dieu ! mon Dieu ! Jésus ! Marie !... » Cependant
j'avançais; quand elle me sentit près d'elle, elle se couvre

le visage de ses deux mains de peur de me voir, s'élance
de mon côté, se précipite avec violence entre mes bras,
et s'écrie : « A moi ! à moi ! miséricorde ! je suis perdue !
Sœur Sainte-Suzanne, ne me faites point de mal; sœur
Sainte-Suzanne, ayez pitié de moi... » Et en disant ces
mots, la voilà qui tombe renversée à moitié morte sur le
carreau.

On accourt à ses cris, on l'emporte; et je ne saurais
vous dire comment cette aventure fut travestie; on en fit
l'histoire la plus criminelle : on dit que le démon de l'im-
pureté s'était emparé de moi; on me supposa des desseins,
des actions que je n'ose nommer, et des désirs bizarres
auxquels on attribua le désordre évident dans lequel la
jeune religieuse s'était trouvée. En vérité, je ne suis pas
un homme, et je ne sais ce qu'on peut imaginer d'une
femme et d'une autre femme, et moins encore d'une femme
seule; cependant comme mon lit était sans rideaux, et
qu'on entrait dans ma chambre à toute heure, que vous
dirai-je, monsieur ? Il faut qu'avec toute leur retenue
extérieure, la modestie de leurs regards, la chasteté de leur
expression, ces femmes aient le cœur bien corrompu :
elles savent du moins qu'on commet seule des actions
déshonnêtes, et moi je ne le sais pas [42]; aussi n'ai-je jamais
bien compris ce dont elles m'accusaient : et elles s'expri-
maient en des termes si obscurs, que je n'ai jamais su ce
qu'il y avait à leur répondre.

Je ne finirais point, si je voulais suivre ce détail de persécutions. Ah ! monsieur, si vous avez des enfants, apprenez
par mon sort celui que vous leur préparez, si vous souffrez
qu'ils entrent en religion sans les marques de la vocation
la plus forte et la plus décidée. Qu'on est injuste dans le
monde ! On permet à un enfant de disposer de sa liberté
à un âge où il ne lui est pas permis de disposer d'un écu.
Tuez plutôt votre fille que de l'emprisonner dans un
cloître malgré elle; oui, tuez-là. Combien j'ai désiré de
fois d'avoir été étouffée par ma mère en naissant ! elle eût
été moins cruelle. Croirez-vous bien qu'on m'ôta mon
bréviaire, et qu'on me défendit de prier Dieu ? Vous
pensez bien que je n'obéis pas. Hélas! c'était mon unique
consolation; je levais mes mains vers le ciel, je poussais des
cris, et j'osais espérer qu'ils étaient entendus du seul être
qui voyait toute ma misère. On écoutait à ma porte; et un

jour que je m'adressais à lui dans l'accablement de mon
cœur, et que je l'appelais à mon aide, on me dit :

« Vous appelez Dieu en vain, il n'y a plus de Dieu pour
vous; mourez désespérée, et soyez damnée... »

D'autres ajoutèrent : « *Amen* sur l'apostate ! *Amen* sur
elle ! »

Mais voici un trait qui vous paraîtra bien plus étrange
qu'aucun autre. Je ne sais si c'est méchanceté ou illusion;
c'est que, quoique je ne fisse rien qui marquât un esprit
dérangé, à plus forte raison un esprit obsédé de l'esprit
infernal, elles délibérèrent entre elles s'il ne fallait pas
m'exorciser; et il fut conclu, à la pluralité des voix, que
j'avais renoncé à mon chrême et à mon baptême; que le
démon résidait en moi, et qu'il m'éloignait des offices
divins. Une autre ajouta qu'à certaines prières je grinçais
des dents et que je frémissais dans l'église; qu'à l'élévation
du Saint-Sacrement je me tordais les bras. Une autre,
que je foulais le Christ aux pieds et que je ne portais plus
mon rosaire (qu'on m'avait volé); que je proférais des
blasphèmes que je n'ose vous répéter. Toutes, qu'il se
passait en moi quelque chose qui n'était pas naturel, et
qu'il fallait en donner avis au grand vicaire [43]; ce qui fut
fait.

Ce grand vicaire était un M. Hébert [44], homme d'âge et
d'expérience, brusque, mais juste, mais éclairé. On lui fit
le détail du désordre de la maison; et il est sûr qu'il était
grand, et que, si j'en étais la cause, c'était une cause bien
innocente. Vous vous doutez, sans doute, qu'on n'omit
pas dans le mémoire qui lui fut envoyé, mes courses de
nuit, mes absences du chœur, le tumulte qui se passait
chez moi, ce que l'une avait vu, ce qu'une autre avait
entendu, mon aversion pour les choses saintes, mes blasphèmes, les actions obscènes qu'on m'imputait; pour l'aventure de la jeune religieuse, on en fit tout ce qu'on voulut.
Les accusations étaient si fortes et si multipliées, qu'avec
tout son bon sens, M. Hébert ne put s'empêcher d'y
donner en partie, et de croire qu'il y avait beaucoup de
vrai. La chose lui parut assez importante, pour s'en instruire par lui-même; il fit annoncer sa visite, et vint en
effet accompagné de deux jeunes ecclésiastiques qu'on
avait attachés à sa personne, et qui le soulageaient dans
ses pénibles fonctions.

Quelques jours auparavant, la nuit, j'entendis entrer doucement dans ma chambre. Je ne dis rien, j'attendis qu'on me parlât; et l'on m'appelait d'une voix basse et tremblante :

« Sœur Sainte-Suzanne, dormez-vous ?

— Non, je ne dors pas. Qui est-ce ?

— C'est moi.

— Qui, vous ?

— Votre amie, qui se meurt de peur, et qui s'expose à se perdre, pour vous donner un conseil, peut-être inutile. Écoutez : Il y a, demain, ou après, visite du grand vicaire : vous serez accusée; préparez-vous à vous défendre. Adieu; ayez du courage, et que le Seigneur soit avec vous. »

Cela dit, elle s'éloigna avec la légèreté d'une ombre.

Vous le voyez, il y a partout, même dans les maisons religieuses, quelques âmes compatissantes que rien n'endurcit.

Cependant, mon procès se suivait avec chaleur : une foule de personnes de tout état, de tout sexe, de toutes conditions, que je ne connaissais pas, s'intéressèrent à mon sort et sollicitèrent pour moi [45]. Vous fûtes de ce nombre, et peut-être l'histoire de mon procès vous est-elle mieux connue qu'à moi; car, sur la fin, je ne pouvais plus conférer avec M. Manouri. On lui dit que j'étais malade; il se douta qu'on le trompait; il trembla qu'on ne m'eût jetée dans le cachot. Il s'adressa à l'archevêché, où l'on ne daigna pas l'écouter; on y était prévenu que j'étais folle, ou peut-être quelque chose de pis. Il se retourna du côté des juges; il insista sur l'exécution de l'ordre signifié à la supérieure de me représenter [46], morte ou vive, quand elle en serait sommée. Les juges séculiers entreprirent les juges ecclésiastiques; ceux-ci sentirent les conséquences que cet incident pouvait avoir, si on n'allait au-devant; et ce fut là ce qui accéléra apparemment la visite du grand vicaire; car ces messieurs, fatigués des tracasseries éternelles de couvent, ne se pressent pas communément de s'en mêler : ils savent, par expérience, que leur autorité est toujours éludée et compromise.

Je profitai de l'avis de mon amie, pour invoquer le secours de Dieu, rassurer mon âme et préparer ma défense. Je ne demandai au ciel que le bonheur d'être interrogée et entendue sans partialité; je l'obtins, mais vous allez

apprendre à quel prix. S'il était de mon intérêt de paraître
devant mon juge innocente et sage, il n'importait pas
moins à ma supérieure qu'on me vît méchante, obsédée
du démon, coupable et folle. Aussi, tandis que je redoublais de ferveur et de prières, on redoubla de méchancetés : on ne me donna d'aliments que ce qu'il en fallait
pour m'empêcher de mourir de faim; on m'excéda de
mortifications; on multiplia autour de moi les épouvantes;
on m'ôta tout à fait le repos de la nuit; tout ce qui peut
abattre la santé et troubler l'esprit, on le mit en œuvre;
ce fut un raffinement de cruauté dont vous n'avez pas
d'idée. Jugez du reste par ce trait.

Un jour que je sortais de ma cellule pour aller à l'église
ou ailleurs, je vis une pincette à terre, en travers dans le
corridor; je me baissai pour la ramasser, et la placer de
manière que celle qui l'avait égarée la retrouvât facilement :
la lumière m'empêcha de voir qu'elle était presque rouge;
je la saisis; mais en la laissant retomber, elle emporta avec
elle toute la peau du dedans de ma main dépouillée. On
exposait, la nuit, dans les endroits où je devais passer,
des obstacles ou à mes pieds, ou à la hauteur de ma tête;
je me suis blessée cent fois; je ne sais comment je ne me
suis pas tuée. Je n'avais pas de quoi m'éclairer, et j'étais
obligée d'aller en tremblant, les mains devant moi. On
semait des verres cassés sous mes pieds. J'étais bien résolue
de dire tout cela, et je me tins parole à peu près. Je trouvais
la porte des commodités fermée, et j'étais obligée de descendre plusieurs étages et de courir au fond du jardin
quand la porte en était ouverte; quand elle ne l'était pas...
Ah ! monsieur, les méchantes créatures que des femmes
recluses, qui sont bien sûres de seconder la haine de leur
supérieure, et qui croient servir Dieu en vous désespé-
rant ! Il était temps que l'archidiacre arrivât; il était temps
que mon procès finît.

Voici le moment le plus terrible de ma vie : car songez
bien, monsieur, que j'ignorais absolument sous quelles
couleurs on m'avait peinte aux yeux de cet ecclésiastique,
et qu'il venait avec la curiosité de voir une fille possédée
ou qui le contrefaisait. On crut qu'il n'y avait qu'une
forte terreur qui pût me montrer dans cet état; et voici
comment on s'y prit pour me la donner.

Le jour de sa visite, dès le grand matin, la supérieure entra dans ma cellule; elle était accompagnée de trois sœurs; l'une portait un bénitier, l'autre un crucifix, une troisième des cordes. La supérieure me dit, avec une voix forte et menaçante :

« Levez-vous... Mettez-vous à genoux, et recommandez votre âme à Dieu.

— Madame, lui dis-je, avant que de vous obéir, pourrais-je vous demander ce que je vais devenir, ce que vous avez décidé de moi et ce qu'il faut que je demande à Dieu ? »

Une sueur froide se répandit sur tout mon corps; je tremblais, je sentais mes genoux plier; je regardais avec effroi ses trois fatales compagnes; elles étaient debout sur une même ligne, le visage sombre, les lèvres serrées et les yeux fermés. La frayeur avait séparé chaque mot de la question que j'avais faite. Je crus, au silence qu'on gardait, que je n'avais pas été entendue; je recommençai les derniers mots de cette question, car je n'eus pas la force de la répéter tout entière; je dis donc avec une voix faible et qui s'éteignait :

« Quelle grâce faut-il que je demande à Dieu ? »

On me répondit :

« Demandez-lui pardon des péchés de toute votre vie; parlez-lui comme si vous étiez au moment de comparaître devant lui. »

A ces mots, je crus qu'elles avaient tenu conseil, et qu'elles avaient résolu de se défaire de moi. J'avais bien entendu dire que cela se pratiquait quelquefois dans les couvents de certains religieux, qu'ils jugeaient, qu'ils condamnaient à mort et qu'ils suppliciaient. Je ne croyais pas qu'on eût jamais exercé cette inhumaine juridiction dans aucun couvent de femmes; mais il y avait tant d'autres choses que je n'avais pas devinées et qui s'y passaient ! A cette idée de mort prochaine, je voulus crier; mais ma bouche était ouverte, et il n'en sortait aucun son; j'avançais vers la supérieure des bras suppliants, et mon corps défaillant se renversait en arrière; je tombai, mais ma chute ne fut pas dure. Dans ces moments de transe où la force abandonne insensiblement, les membres se dérobent s'affaissent, pour ainsi dire, les uns sur les autres; et la nature, ne pouvant se soutenir, semble chercher à défaillir mollement. Je perdis la connaissance et le sentiment;

j'entendais seulement bourdonner autour de moi des voix
confuses et lointaines; soit qu'elles parlassent, soit que les
oreilles me tintassent, je ne distinguais rien que ce tinte-
ment qui durait. Je ne sais combien je restai dans cet état,
mais j'en fus tirée par une fraîcheur subite qui me causa
une convulsion légère, et qui m'arracha un profond soupir.
J'étais traversée d'eau; elle coulait de mes vêtements à
terre; c'était celle d'un grand bénitier qu'on m'avait
répandue sur le corps. J'étais couchée sur le côté, étendue
dans cette eau, la tête appuyée contre le mur, la bouche
entrouverte et les yeux à demi morts et fermés; je cherchai
à les ouvrir et à regarder; mais il me sembla que j'étais
enveloppée d'un air épais, à travers lequel je n'entrevoyais
que des vêtements flottants, auxquels je cherchais à m'attacher sans le pouvoir. Je faisais effort du bras sur lequel je
n'étais pas soutenue; je voulais le lever, mais je le trouvais
trop pesant; mon extrême faiblesse diminua peu à peu; je
me soulevai; je m'appuyai le dos contre le mur; j'avais
les deux mains dans l'eau, la tête penchée sur la poitrine;
et je poussais une plainte inarticulée, entrecoupée et
pénible. Ces femmes me regardaient d'un air qui marquait
la nécessité, l'inflexibilité et qui m'ôtait le courage de les
implorer. La supérieure dit :

« Qu'on la mette debout. »

On me prit sous les bras, et l'on me releva. Elle ajouta :

« Puisqu'elle ne veut pas se recommander à Dieu, tant
pis pour elle; vous savez ce que vous avez à faire; achevez. »

Je crus que ces cordes qu'on avait apportées étaient
destinées à m'étrangler; je les regardai, mes yeux se rem-
plirent de larmes. Je demandai le crucifix à baiser, on me
le refusa. Je demandai les cordes à baiser, on me les présenta. Je me penchai, je pris le scapulaire de la supérieure,
et je le baisai; je dis :

« Mon Dieu, ayez pitié de moi! Mon Dieu, ayez pitié
de moi! Chères sœurs, tâchez de ne me pas faire souffrir. »

Et je présentai mon cou.

Je ne saurais vous dire ce que je devins, ni ce qu'on
me fit : il est sûr que ceux qu'on mène au supplice, et je
m'y croyais, sont morts avant que d'être exécutés. Je me
trouvai sur la paillasse qui me servait de lit, les bras liés
derrière le dos, assise, avec un grand Christ de fer sur mes
genoux...

... Monsieur le marquis, je vois d'ici tout le mal que je vous cause; mais vous avez voulu savoir si je méritais un peu la compassion que j'attends de vous...

Ce fut alors que je sentis la supériorité de la religion chrétienne sur toutes les religions du monde; quelle profonde sagesse il y avait dans ce que l'aveugle philosophie appelle la folie de la croix. Dans l'état où j'étais, de quoi m'aurait servi l'image d'un législateur heureux et comblé de gloire? Je voyais l'innocent, le flanc percé, le front couronné d'épines, les mains et les pieds percés de clous, et expirant dans les souffrances; et je me disais : « Voilà mon Dieu, et j'ose me plaindre !... » Je m'attachai à cette idée, et je sentis la consolation renaître dans mon cœur [47]; je connus la vanité de la vie, et je me trouvai trop heureuse de la perdre, avant que d'avoir eu le temps de multiplier mes fautes. Cependant je comptais mes années, je trouvais que j'avais à peine vingt ans [48], et je soupirais; j'étais trop affaiblie, trop abattue, pour que mon esprit pût s'élever au-dessus des terreurs de la mort; en pleine santé, je crois que j'aurais pu me résoudre avec plus de courage.

Cependant la supérieure et ses satellites revinrent; elles me trouvèrent plus de présence d'esprit qu'elles ne s'y attendaient et qu'elles ne m'en auraient voulu. Elles me levèrent debout; on m'attacha mon voile sur le visage; deux me prirent sous les bras; une troisième me poussait par derrière, et la supérieure m'ordonnait de marcher. J'allai sans voir où j'allais, mais croyant aller au supplice; et je disais : « Mon Dieu, ayez pitié de moi! Mon Dieu, soutenez-moi! Mon Dieu, ne m'abandonnez pas [49]! Mon Dieu, pardonnez-moi, si je vous ai offensé! »

J'arrivai dans l'église. Le grand vicaire y avait célébré la messe. La communauté y était assemblée. J'oubliais de vous dire que, quand je fus à la porte, ces trois religieuses qui me conduisaient me serraient, me poussaient avec violence, semblaient se tourmenter autour de moi, et m'entraînaient, les unes par les bras, tandis que d'autres me retenaient par derrière, comme si j'avais résisté, et que j'eusse répugné à entrer dans l'église; cependant il n'en était rien. On me conduisit vers les marches de l'autel : j'avais peine à me tenir debout; et l'on me tirait à genoux, comme si je refusais de m'y mettre; on me tenait comme si j'avais eu le dessein de fuir. On chanta le *Veni, Creator ;* on exposa le Saint-

Sacrement; on donna la bénédiction. Au moment de la bénédiction, où l'on s'incline par vénération, celles qui m'avaient saisie par les bras me courbèrent comme de force, et les autres m'appuyaient les mains sur les épaules. Je sentais ces différents mouvements; mais il m'était impossible d'en deviner la fin; enfin tout s'éclaircit.

Après la bénédiction, le grand vicaire se dépouilla de sa chasuble, se revêtit seulement de son aube et de son étole, et s'avança vers les marches de l'autel où j'étais à genoux; il était entre les deux ecclésiastiques, le dos tourné à l'autel, sur lequel le Saint-Sacrement était exposé, et le visage de mon côté. Il s'approcha de moi et me dit :

« Sœur Suzanne, levez-vous. »

Les sœurs qui me tenaient me levèrent brusquement; d'autres m'entouraient et me tenaient embrassée par le milieu du corps, comme si elles eussent craint que je m'échappasse. Il ajouta :

« Qu'on la délie. »

On ne lui obéissait pas; on feignait de voir de l'inconvénient ou même du péril à me laisser libre; mais je vous ai dit que cet homme était brusque : il répéta d'une voix ferme et dure :

« Qu'on la délie. »

On obéit.

A peine eus-je les mains libres, que je poussai une plainte douloureuse et aiguë qui le fit pâlir; et les religieuses hypocrites qui m'approchaient s'écartèrent comme effrayées.

Il se remit; les sœurs revinrent comme en tremblant; je demeurais immobile, et il me dit :

« Qu'avez-vous ? »

Je ne lui répondis qu'en lui montrant mes deux bras; la corde dont on me les avait garrottés m'était entrée presque entièrement dans les chairs; et ils étaient tout violets du sang qui ne circulait plus et qui s'était extravasé; il conçut que ma plainte venait de la douleur subite du sang qui reprenait son cours. Il dit :

« Qu'on lui lève son voile. »

On l'avait cousu en différents endroits, sans que je m'en aperçusse : et l'on apporta encore bien de l'embarras et de la violence à une chose qui n'en exigeait que parce qu'on y avait pourvu; il fallait que ce prêtre me vît obsédée, possédée ou folle; cependant à force de tirer, le fil manqua en quelques endroits, le voile ou mon habit se déchirèrent en d'autres, et l'on me vit.

J'ai la figure intéressante; la profonde douleur l'avait altérée, mais ne lui avait rien ôté de son caractère; j'ai un son de voix qui touche; on sent que mon expression est celle de la vérité. Ces qualités réunies firent une forte impression de pitié sur les jeunes acolytes de l'archidiacre; pour lui, il ignorait ces sentiments; il était juste, mais peu sensible, il était du nombre de ceux qui sont assez malheureusement nés pour pratiquer la vertu, sans en éprouver la douceur; ils font le bien par esprit d'ordre, comme ils raisonnent. Il prit le manche de son étole, et me la posant sur la tête, il me dit :

« Sœur Suzanne, croyez-vous en Dieu père, fils et Saint-Esprit ? »

Je répondis :

« J'y crois.

— Croyez-vous en notre mère sainte Église ?

— J'y crois.

— Renoncez-vous à Satan et à ses œuvres ? »

Au lieu de répondre, je fis un mouvement subit en avant, je poussai un grand cri, et le bout de son étole se sépara de ma tête. Il se troubla; ses compagnons pâlirent; entre les sœurs, les unes s'enfuirent, et les autres qui étaient dans leurs stalles, les quittèrent avec le plus grand tumulte. Il fit signe qu'on se rapaisât; cependant il me regardait; il s'attendait à quelque chose d'extraordinaire. Je le rassurai en lui disant :

« Monsieur, ce n'est rien; c'est une de ces religieuses qui m'a piquée vivement avec quelque chose de pointu; » et levant les yeux et les mains au ciel, j'ajoutai en versant un torrent de larmes :

« C'est qu'on m'a blessée au moment où vous me demandiez si je renonçais à Satan et à ses pompes, et je vois bien pourquoi... »

Toutes protestèrent par la bouche de la supérieure qu'on ne m'avait pas touchée.

L'archidiacre me remit le bas de son étole sur la tête; les religieuses allaient se rapprocher; mais il leur fit signe de s'éloigner, et il me redemanda si je renonçais à Satan et à ses œuvres; et je lui répondis fermement :

« J'y renonce, j'y renonce. »

Il se fit apporter un Christ et me le présenta à baiser; et
je le baisai sur les pieds, sur les mains et sur la plaie du
côté.

Il m'ordonna de l'adorer à voix haute; je le posai à terre,
et je dis à genoux :

« Mon Dieu, mon sauveur, vous qui êtes mort sur la
croix pour mes péchés et pour tous ceux du genre humain,
je vous adore, appliquez-moi le mérite des tourments que
vous avez soufferts; faites couler sur moi une goutte du
sang que vous avez répandu, et que je sois purifiée. Pardonnez-moi, mon Dieu, comme je pardonne à tous mes
ennemis... »

Il me dit ensuite :

« Faites un acte de foi... » et je le fis.

« Faites un acte d'amour... » et je le fis.

« Faites un acte d'espérance... » et je le fis.

« Faites un acte de charité... » et je le fis.

Je ne me souviens point en quels termes ils étaient
conçus; mais je pense qu'apparemment ils étaient pathétiques; car j'arrachai des sanglots de quelques religieuses,
les deux jeunes ecclésiastiques en versèrent des larmes, et
l'archidiacre étonné me demanda d'où j'avais tiré les prières
que je venais de réciter.

Je lui dis :

« Du fond de mon cœur; ce sont mes pensées et mes
sentiments; j'en atteste Dieu qui nous écoute partout, et qui
est présent sur cet autel. Je suis chrétienne, je suis innocente; si j'ai fait quelques fautes, Dieu seul les connaît; et
il n'y a que lui qui soit en droit de m'en demander compte
et de les punir... »

A ces mots, il jeta un regard terrible sur la supérieure.

Le reste de cette cérémonie, où la majesté de Dieu venait
d'être insultée, les choses les plus saintes profanées, et le
ministre de l'Église bafoué, s'acheva; et les religieuses se
retirèrent, excepté la supérieure et moi et les jeunes ecclésiastiques. L'archidiacre s'assit, et tirant le mémoire qu'on
lui avait présenté contre moi, il le lut à haute voix, et
m'interrogea sur les articles qu'il contenait.

« Pourquoi, me dit-il, ne vous confessez-vous point ?

— C'est qu'on m'en empêche.

— Pourquoi n'approchez-vous point des sacrements ?

— C'est qu'on m'en empêche.

— Pourquoi n'assistez-vous ni à la messe, ni aux offices divins ?

« C'est qu'on m'en empêche. »

La supérieure voulut prendre la parole; il lui dit avec son ton :

« Madame, taisez-vous... Pourquoi sortez-vous la nuit de votre cellule ?

— C'est qu'on m'a privée d'eau, de pot à l'eau et de tous les vaisseaux [50] nécessaires aux besoins de la nature.

— Pourquoi entend-on du bruit la nuit dans votre dortoir et dans votre cellule ?

— C'est qu'on s'occupe à m'ôter le repos. »

La supérieure voulut encore parler; il lui dit pour la seconde fois :

« Madame, je vous ai déjà dit de vous taire; vous répondrez quand je vous interrogerai... Qu'est-ce qu'une jeune religieuse qu'on a arrachée de vos mains, et qu'on a trouvée renversée à terre dans le corridor ?

— C'est la suite de l'horreur qu'on lui avait inspirée de moi.

— Est-elle votre amie ?

— Non, monsieur.

— N'êtes-vous jamais entrée dans sa cellule ?

— Jamais.

— Ne lui avez-vous jamais fait rien d'indécent, soit à elle, soit à d'autres ?

— Jamais.

— Pourquoi vous a-t-on liée ?

— Je l'ignore.

— Pourquoi votre cellule ne ferme-t-elle pas ?

— C'est que j'en ai brisé la serrure.

— Pourquoi l'avez-vous brisée ?

— Pour ouvrir la porte et assister à l'office le jour de l'Ascension.

— Vous vous êtes donc montrée à l'église ce jour-là ?

— Oui, monsieur... »

La supérieure dit :

« Monsieur, cela n'est pas vrai; toute la communauté... »

Je l'interrompis.

« Assurera que la porte du chœur était fermée; qu'elles m'ont trouvée prosternée à cette porte, et que vous leur avez ordonné de marcher sur moi, ce que quelques-unes

ont fait; mais je leur pardonne et à vous, madame, de
l'avoir ordonné; je ne suis pas venue pour accuser mais
pour me défendre.

— Pourquoi n'avez-vous ni rosaire, ni crucifix ?

— C'est qu'on me les a ôtés.

— Où est votre bréviaire ?

— On me l'a ôté.

— Comment priez-vous donc ?

— Je fais ma prière de cœur et d'esprit, quoiqu'on
m'ait défendu de prier.

— Qui est-ce qui vous a fait cette défense ?

— Madame... »

La supérieure allait encore parler.

« Madame, lui dit-il, est-il vrai ou faux que vous lui ayez
défendu de prier ? Dites oui ou non.

— Je croyais, et j'avais raison de croire...

— Il ne s'agit pas de cela; lui avez-vous défendu de
prier, oui ou non ?

— Je lui ai défendu, mais... »

Elle allait continuer.

« Mais, reprit l'archidiacre, mais... Sœur Suzanne, pourquoi êtes-vous nu-pieds ?

— C'est qu'on ne me fournit ni bas, ni souliers.

— Pourquoi votre linge et vos vêtements sont-ils dans
cet état de vétusté et de malpropreté ?

— C'est qu'il y a plus de trois mois qu'on me refuse du
linge, et que je suis forcée de coucher avec mes vêtements.

— Pourquoi couchez-vous avec vos vêtements ?

— C'est que je n'ai ni rideaux, ni matelas, ni couvertures,
ni draps, ni linge de nuit.

— Pourquoi n'en avez-vous point ?

— C'est qu'on me les a ôtés.

— Etes-vous nourrie ?

— Je demande à l'être.

— Vous ne l'êtes donc pas ? »

Je me tus; et il ajouta :

« Il est incroyable qu'on en ait usé avec vous si sévèrement, sans que vous ayez commis quelque faute qui l'ait
mérité.

— Ma faute est de n'être point appelée à l'état religieux,
et de revenir contre des vœux que je n'ai pas faits librement.

— C'est aux lois à décider cette affaire; et de quelque

manière qu'elles prononcent, il faut, en attendant, que vous remplissiez les devoirs de la vie religieuse.

— Personne, monsieur, n'y est plus exacte que moi.

— Il faut que vous jouissiez du sort de toutes vos compagnes.

— C'est tout ce que je demande.

— N'avez-vous à vous plaindre de personne ?

— Non, monsieur, je vous l'ai dit; je ne suis point venue pour accuser, mais pour me défendre.

— Allez.

— Monsieur, où faut-il que j'aille ?

— Dans votre cellule. »

Je fis quelques pas, puis je revins, et je me prosternai aux pieds de la supérieure et de l'archidiacre.

« Eh bien, me dit-il, qu'est-ce qu'il y a ? »

Je lui dis, en lui montrant ma tête meurtrie en plusieurs endroits, mes pieds ensanglantés, mes bras livides et sans chair, mon vêtement sale et déchiré :

« Vous voyez ! »

Je vous entends, vous, monsieur le marquis, et la plupart de ceux qui liront ces mémoires : « Des horreurs si multipliées, si variées, si continues! Une suite d'atrocités si recherchées dans des âmes religieuses! Cela n'est pas vraisemblable, » diront-ils, dites-vous. Et j'en conviens, mais cela est vrai, et puisse le ciel que j'atteste, me juger dans toute sa rigueur et me condamner aux feux éternels, si j'ai permis à la calomnie de ternir une de mes lignes de son ombre la plus légère ! Quoique j'aie longtemps éprouvé combien l'aversion d'une supérieure était un violent aiguillon à la perversité naturelle, surtout lorsque celle-ci pouvait se faire un mérite, s'applaudir et se vanter de ses forfaits, le ressentiment ne m'empêchera point d'être juste. Plus j'y réfléchis, plus je me persuade que ce qui m'arrive n'était point encore arrivé, et n'arriverait peut-être jamais. Une fois (et plût à Dieu que ce soit la première et la dernière !) il plut à la Providence, dont les voies nous sont inconnues, de rassembler sur une seule infortunée toute la masse de cruautés réparties, dans ses impénétrables décrets, sur la multitude infinie de malheureuses qui l'avaient précédée dans un cloître, et qui devaient lui succéder. J'ai souffert, j'ai beaucoup souffert; mais le sort

de mes persécutrices me paraît et m'a toujours paru plus
à plaindre que le mien. J'aimerais mieux, j'aurais mieux
aimé mourir que de quitter mon rôle, à la condition de
prendre le leur. Mes peines finiront, je l'espère de vos
bontés; la mémoire, la honte et le remords du crime leur
resteront jusqu'à l'heure dernière. Elles s'accusent déjà,
n'en doutez pas; elles s'accuseront toute leur vie; et la
terreur descendra sous la tombe avec elles. Cependant,
monsieur le marquis, ma situation présente est déplorable,
la vie m'est à charge; je suis une femme, j'ai l'esprit faible
comme celles de mon sexe; Dieu peut m'abandonner; je
ne me sens ni la force, ni le courage de supporter encore
longtemps ce que j'ai supporté. Monsieur le marquis,
craignez qu'un fatal moment ne revienne; quand vous
useriez vos yeux à pleurer sur ma destinée; quand vous
seriez déchiré de remords, je ne sortirais pas pour cela de
l'abîme où je serais tombée; il se fermerait à jamais sur
une désespérée.

« Allez, » me dit l'archidiacre.

Un des ecclésiastiques me donna la main pour me relever;
et l'archidiacre ajouta :

« Je vous ai interrogée, je vais interroger votre supérieure; et je ne sortirai point d'ici que l'ordre n'y soit
rétabli. »

Je me retirai. Je trouvai le reste de la maison en alarmes;
toutes les religieuses étaient sur le seuil de leurs cellules;
elles se parlaient d'un côté du corridor à l'autre; aussitôt
que je parus, elles se retirèrent, et il se fit un long bruit de
portes qui se fermaient les unes après les autres avec violence. Je rentrai dans ma cellule; je me mis à genoux
contre le mur, et je priai Dieu d'avoir égard à la modération
avec laquelle j'avais parlé à l'archidiacre, et de lui faire
connaître mon innocence et la vérité.

Je priais, lorsque l'archidiacre, ses deux compagnons et
la supérieure parurent dans ma cellule. Je vous ai dit que
j'étais sans tapisserie, sans chaise, sans prie-dieu, sans
rideaux, sans matelas, sans couvertures, sans draps, sans
aucun vaisseau [51], sans porte qui fermât, presque sans vitre
entière à mes fenêtres. Je me levai; et l'archidiacre s'arrêtant tout court et tournant des yeux d'indignation sur la
supérieure, lui dit :

« Eh bien ! madame ? »

Elle répondit :

« Je l'ignorais.

— Vous l'ignoriez ? vous mentez ! Avez-vous passé un jour sans entrer ici, et n'en descendiez-vous pas quand vous êtes venue ?... Sœur Suzanne, parlez : madame n'est-elle pas entrée ici d'aujourd'hui ? »

Je ne répondis rien; il n'insista pas; mais les jeunes ecclésiastiques laissant tomber leurs bras, la tête baissée et les yeux comme fixés en terre, décelaient assez leur peine et leur surprise. Ils sortirent tous; et j'entendis l'archidiacre qui disait à la supérieure dans le corridor :

« Vous êtes indigne de vos fonctions; vous mériteriez d'être déposée. J'en porterai mes plaintes à monseigneur. Que tout ce désordre soit réparé avant que je sois sorti. »

Et continuant de marcher, et branlant sa tête, il ajoutait :

« Cela est horrible. Des chrétiennes ! des religieuses ! des créatures humaines ! cela est horrible. »

Depuis ce moment je n'entendis plus parler de rien; mais j'eus du linge, d'autres vêtements, des rideaux, des draps, des couvertures, des vaisseaux, mon bréviaire, mes livres de piété, mon rosaire, mon crucifix, des vitres, en un mot, tout ce qui me rétablissait dans l'état commun des religieuses; la liberté du parloir me fut aussi rendue, mais seulement pour mes affaires.

Elles allaient mal. M. Manouri publia un premier mémoire qui fit peu de sensation; il y avait trop d'esprit, pas assez de pathétique, presque point de raisons. Il ne faut pas s'en prendre tout à fait à cet habile avocat. Je ne voulais point absolument qu'il attaquât la réputation de mes parents; je voulais qu'il ménageât l'état religieux et surtout la maison où j'étais; je ne voulais pas qu'il peignît de couleurs trop odieuses mes beaux-frères et mes sœurs. Je n'avais en ma faveur qu'une première protestation, solennelle à la vérité, mais faite dans un autre couvent, et nullement renouvelée depuis. Quand on donne des bornes si étroites à ses défenses, et qu'on a à faire à des parties qui n'en mettent aucune dans leur attaque, qui foulent aux pieds le juste et l'injuste, qui avancent et nient avec la même impudence, et qui ne rougissent ni des imputations, ni des soupçons, ni de la médisance, ni de la calomnie, il est difficile de l'emporter, surtout à des tribunaux, où l'habitude et l'ennui des affaires ne permettent presque pas qu'on examine avec quelque scrupule les plus importantes; et où les contestations de la nature de la mienne sont toujours regardées d'un œil défavorable par l'homme politique, qui craint que, sur le succès d'une religieuse réclamant contre ses vœux, une infinité d'autres ne soient engagées dans la même démarche : on sent secrètement que, si l'on souffrait que les portes de ces prisons s'abattissent en faveur d'une malheureuse, la foule s'y porterait et chercherait à les forcer. On s'occupe à nous décourager et à nous résigner toutes à notre sort par le désespoir de le changer. Il me semble pourtant que, dans un État bien gouverné, ce devrait être le contraire : entrer difficilement en religion, et en sortir facilement. Et pourquoi ne pas ajouter ce cas à tant d'autres, où le moindre défaut de formalité anéantit une procédure, même juste d'ailleurs ? Les couvents sont-ils donc si essentiels à la constitution d'un État ? Jésus-Christ a-t-il institué des moines et des religieuses ? L'Église ne peut-elle absolument s'en passer ? Quel besoin a l'époux de tant de vierges folles ? et l'espèce humaine de tant de victimes ? Ne sentira-t-on jamais la nécessité de rétrécir l'ouverture de ces gouffres, où les races futures vont se perdre ? Toutes les prières de routine qui se font là, valent-elles une obole que la commisération donne au pauvre ? Dieu qui a créé l'homme sociable, approuve-t-il qu'il se renferme ? Dieu qui l'a créé si inconstant, si fragile, peut-il autoriser la témérité de ses vœux ? Ces vœux, qui heurtent la pente générale de la nature, peuvent-ils jamais être bien observés que par quelques créatures mal organisées, en qui les germes des passions sont flétris, et qu'on rangerait à bon droit parmi les monstres, si nos lumières nous permettaient de connaître aussi facilement et aussi bien la structure intérieure de l'homme que sa forme extérieure ? Toutes ces cérémonies lugubres qu'on observe à la prise d'habit et à la profession, quand on consacre un homme ou une femme à la vie monastique et au malheur, suspendent-elles les fonctions animales ? Au contraire ne se réveillent-elles pas dans le silence, la contrainte et l'oisiveté avec une violence inconnue aux gens du monde, qu'une foule de distractions emporte ? Où est-ce qu'on voit des têtes obsédées par des spectres impurs qui les suivent et qui les

agitent ? Où est-ce qu'on voit cet ennui profond, cette
pâleur, cette maigreur, tous ces symptômes de la nature
qui languit et se consume ? Où les nuits sont-elles troublées
par des gémissements, les jours trempés de larmes versées
sans cause et précédées d'une mélancolie qu'on ne sait à
quoi attribuer ? Où est-ce que la nature, révoltée d'une
contrainte pour laquelle elle n'est point faite, brise les
obstacles qu'on lui oppose, devient furieuse, jette l'économie animale dans un désordre auquel il n'y a plus de
remède ? En quel endroit le chagrin et l'humeur ont-ils
anéanti toutes les qualités sociales ? Où est-ce qu'il n'y a
ni père, ni frère, ni sœur, ni parent, ni ami ? Où est-ce que
l'homme, ne se considérant que comme un être d'un instant et qui passe, traite les liaisons les plus douces de ce
monde, comme un voyageur les objets qu'il rencontre,
sans attachement ? Où est le séjour de la gêne, du dégoût
et des vapeurs ? Où est le lieu de la servitude et du despotisme ? Où sont les haines qui ne s'éteignent point ?
Où sont les passions couvées dans le silence ? Où est le
séjour de la cruauté et de la curiosité ? On ne sait pas
l'histoire de ces asiles, disait ensuite M. Manouri dans
son plaidoyer, on ne la sait pas. Il ajoutait dans un autre
endroit : « Faire vœu de pauvreté, c'est s'engager par
serment à être paresseux et voleur ; faire vœu de chasteté,
c'est promettre à Dieu l'infraction constante de la plus
sage et de la plus importante de ses lois ; faire vœu d'obéissance c'est renoncer à la prérogative inaliénable de l'homme,
la liberté. Si l'on observe ces vœux, on est criminel ; si on ne
les observe pas, on est parjure. La vie claustrale est d'un
fanatique ou d'un hypocrite [52]. »

Une fille demanda à ses parents la permission d'entrer
parmi nous. Son père lui dit qu'il y consentait, mais qu'il
lui donnait trois ans pour y penser. Cette loi parut dure à
la jeune personne, pleine de ferveur ; cependant il fallut
s'y soumettre. Sa vocation ne s'étant point démentie, elle
retourna à son père, et elle lui dit que les trois ans étaient
écoulés. « Voilà qui est bien, mon enfant, lui répondit-il ;
je vous ai accordé trois ans pour vous éprouver, j'espère que
vous voudrez bien m'en accorder autant pour me résoudre ». Cela parut encore beaucoup plus dur, il y eut
des larmes de répandues ; mais le père était un homme
ferme qui tint bon. Au bout de ces six années elle entra,

elle fit profession. C'était une bonne religieuse, simple, pieuse, exacte à tous ses devoirs; mais il arriva que les directeurs abusèrent de sa franchise, pour s'instruire au tribunal de la pénitence de ce qui se passait dans la maison. Nos supérieures s'en doutèrent; elle fut enfermée, privée des exercices de la religion; elle en devint folle : et comment la tête résisterait-elle aux persécutions de cinquante personnes qui s'occupent depuis le commencement du jour jusqu'à la fin à vous tourmenter ? Auparavant on avait tendu à sa mère un piège, qui marque bien l'avarice des cloîtres. On inspira à la mère de cette recluse le désir d'entrer dans la maison et de visiter la cellule de sa fille. Elle s'adressa aux grands vicaires, qui lui accordèrent la permission qu'elle sollicitait. Elle entra; elle courut à la cellule de son enfant; mais quel fut son étonnement de n'y voir que les quatre murs tout nus ! On en avait tout enlevé. On se doutait bien que cette mère tendre et sensible ne laisserait pas sa fille dans cet état; en effet, elle la remeubla, la remit en vêtements et en linge, et protesta bien aux religieuses que cette curiosité lui coûtait trop cher pour l'avoir une seconde fois; et que trois ou quatre visites par an comme celle-là ruineraient ses frères et ses sœurs... C'est là que l'ambition et le luxe se sacrifient une portion des familles pour faire à celle qui reste un sort plus avantageux; c'est la sentine où l'on jette le rebut de la société. Combien de mères comme la mienne expient un crime secret par un autre !

M. Manouri publia un second mémoire qui fit un peu plus d'effet. On sollicita vivement; j'offris encore à mes sœurs de leur laisser la possession entière et tranquille de la succession de mes parents. Il y eut un moment où mon procès prit le tour le plus favorable, et où j'espérai la liberté; je n'en fus que plus cruellement trompée; mon affaire fut plaidée à l'audience et perdue. Toute la communauté en était instruite, que je l'ignorais. C'était un mouvement, un tumulte, une joie, de petits entretiens secrets, des allées, des venues chez la supérieure, et des religieuses les unes chez les autres. J'étais toute tremblante; je ne pouvais ni rester dans ma cellule, ni en sortir; pas une amie entre les bras de qui j'allasse me jeter. O la cruelle matinée que celle du jugement d'un grand procès ! Je voulais prier,

je ne pouvais pas; je me mettais à genoux, je me recueil-
lais, je commençais une oraison, mais bientôt mon esprit
était emporté malgré moi au milieu de mes juges : je
les voyais, j'entendais les avocats, je m'adressais à eux,
j'interrompais le mien, je trouvais ma cause mal défendue.
Je ne connaissais aucun des magistrats, cependant
je m'en faisais des images de toute espèce; les unes favorables, les autres sinistres, d'autres indifférentes : j'étais
dans une agitation, dans un trouble d'idées qui ne se
conçoit pas. Le bruit fit place à un profond silence; les
religieuses ne se parlaient plus; il me parut qu'elles avaient
au chœur la voix plus brillante qu'à l'ordinaire, du moins
celles qui chantaient; les autres ne chantaient point; au
sortir de l'office elles se retirèrent en silence. Je me per-
suadais que l'attente les inquiétait autant que moi : mais
l'après-midi, le bruit et le mouvement reprirent subitement de tout côté; j'entendis des portes s'ouvrir, se refermer, des religieuses aller et venir, le murmure de personnes qui se parlent bas. Je mis l'oreille à ma serrure;
mais il me parut qu'on se taisait en passant, et qu'on marchait sur la pointe des pieds. Je pressentis que j'avais perdu
mon procès, je n'en doutai pas un instant. Je me mis à
tourner dans ma cellule sans parler; j'étouffais, je ne pouvais me plaindre, je croisais mes bras sur ma tête, je m'ap-
puyais le front tantôt contre un mur, tantôt contre l'autre;
je voulais me reposer sur mon lit, mais j'en étais empêchée
par un battement de cœur : il est sûr que j'entendais battre
mon cœur, et qu'il faisait soulever mon vêtement. J'en
étais là lorsqu'on me vint dire que l'on me demandait.
Je descendis, je n'osais avancer. Celle qui m'avait avertie
était si gaie, que je pensai que la nouvelle que l'on m'apportait ne pouvait être que fort triste : j'allai pourtant. Arrivée
à la porte du parloir, je m'arrêtai tout court, et je me jetai
dans le recoin des deux murs; je ne pouvais me soutenir;
cependant j'entrai. Il n'y avait personne; j'attendis; on
avait empêché celui qui m'avait fait appeler de paraître
avant moi; on se doutait bien que c'était un émissaire de
mon avocat; on voulait savoir ce qui se passerait entre
nous; on s'était rassemblé pour entendre. Lorsqu'il se
montra, j'étais assise, la tête penchée sur mon bras, et
appuyée contre les barreaux de la grille.

« C'est de la part de M. Manouri, me dit-il.

— C'est, lui répondis-je, pour m'apprendre que j'ai
perdu mon procès.

— Madame, je n'en sais rien; mais il m'a donné cette
lettre; il avait l'air affligé quand il m'en a chargé; et je
suis venu à toute bride, comme il me l'a recommandé.

— Donnez... »

Il me tendit la lettre, et je la pris sans me déplacer et
sans le regarder; je la posai sur mes genoux, et je demeurai
comme j'étais. Cependant cet homme me demanda :
« N'y a-t-il point de réponse ?

— Non, lui dis-je, allez. »

Il s'en alla; et je gardai la même place, ne pouvant me
remuer ni me résoudre à sortir.

Il n'est permis en couvent ni d'écrire, ni de recevoir
des lettres sans la permission de la supérieure; on lui
remet et celles qu'on reçoit, et celles qu'on écrit : il fallait
donc lui porter la mienne. Je me mis en chemin pour cela;
je crus que je n'arriverais jamais : un patient, qui sort du
cachot pour aller entendre sa condamnation, ne marche
ni plus lentement, ni plus abattu. Cependant me voilà à
sa porte. Les religieuses m'examinaient de loin; elles ne
voulaient rien perdre du spectacle de ma douleur et de
mon humiliation. Je frappai, on ouvrit. La supérieure
était avec quelques autres religieuses; je m'en aperçus
au bas de leurs robes, car je n'osai jamais lever les yeux; je
lui présentai ma lettre d'une main vacillante; elle la prit, la
lut et me la rendit. Je m'en retournai dans ma cellule; je
me jetai sur mon lit, ma lettre à côté de moi, et j'y restai
sans la lire, sans me lever pour aller dîner, sans faire aucun
mouvement jusqu'à l'heure de l'office de l'après-midi. A
trois heures et demie, la cloche m'avertit de descendre. Il y
avait déjà quelques religieuses d'arrivées; la supérieure était
à l'entrée du chœur; elle m'arrêta, m'ordonna de me mettre
à genoux en dehors; le reste de la communauté entra, et la
porte se ferma. Après l'office, elles sortirent toutes; je les
laissai passer; je me levai pour les suivre la dernière : je commençai dès ce moment à me condamner à tout ce qu'on voudrait : on venait de m'interdire l'église, je m'interdis de moi-
même le réfectoire et la récréation. J'envisageais ma condition par tous les côtés, et je ne voyais de ressource que dans
le besoin de mes talents et dans ma soumission. Je me
serais contentée de l'espèce d'oubli où l'on me laissa

durant plusieurs jours. J'eus quelques visites, mais celle
de M. Manouri fut la seule qu'on me permit de recevoir.
Je le trouvai, en entrant au parloir, précisément comme
j'étais quand je reçus son émissaire, la tête posée sur les
bras, et les bras appuyés contre la grille. Je le reconnus,
je ne lui dis rien. Il n'osait ni me regarder, ni me parler.

« Madame, me dit-il, sans se déranger, je vous ai écrit;
vous avez lu ma lettre ?

— Je l'ai reçue, mais je ne l'ai pas lue.

— Vous ignorez donc...

— Non, monsieur, je n'ignore rien, j'ai deviné mon
sort, et j'y suis résignée.

— Comment en use-t-on avec vous ?

— On ne songe pas encore à moi; mais le passé m'apprend ce que l'avenir me prépare. Je n'ai qu'une consolation, c'est que, privée de l'espérance qui me soutenait,
il est impossible que je souffre autant que j'ai déjà souffert;
je mourrai. La faute que j'ai commise n'est pas de celles
qu'on pardonne en religion. Je ne demande point à Dieu
d'amollir le cœur de celles à la discrétion desquelles il lui
plaît de m'abandonner, mais de m'accorder la force de
souffrir, de me sauver du désespoir, et de m'appeler à lui
promptement.

— Madame, me dit-il en pleurant, vous auriez été
ma propre sœur que je n'aurais pas mieux fait... »

Cet homme a le cœur sensible.

« Madame, ajouta-t-il, si je puis vous être utile à quelque
chose, disposez de moi. Je verrai le premier président,
j'en suis considéré; je verrai les grands vicaires et l'archevêque.

— Monsieur, ne voyez personne, tout est fini.

— Mais si l'on pouvait vous faire changer de maison ?

— Il y a trop d'obstacles.

— Mais quels sont donc ces obstacles ?

— Une permission difficile à obtenir, une dot nouvelle
à faire ou l'ancienne à retirer de cette maison; et puis,
que trouverai-je dans un autre couvent ? Mon cœur inflexible, des supérieures impitoyables, des religieuses qui
ne seront pas meilleures qu'ici, les mêmes devoirs, les
mêmes peines. Il vaut mieux que j'achève ici mes jours;
ils y seront plus courts.

— Mais, madame, vous avez intéressé beaucoup d'hon-

nêtes gens, la plupart sont opulents : on ne vous arrêtera
pas ici, quand vous sortirez sans rien emporter.

— Je le crois.

— Une religieuse qui sort ou qui meurt augmente le
bien-être de celles qui restent.

— Mais ces honnêtes gens, ces gens opulents ne pensent
plus à moi, et vous les trouverez bien froids lorsqu'il
s'agira de me doter à leurs dépens. Pourquoi voulez-vous
qu'il soit plus facile aux gens du monde de tirer du cloître
une religieuse sans vocation, qu'aux personnes pieuses
d'y en faire entrer une bien appelée ? Dote-t-on facilement
ces dernières ? Eh ! monsieur, tout le monde s'est retiré
depuis la perte de mon procès; je ne vois plus personne.

— Madame, chargez-moi seulement de cette affaire;
j'y serai plus heureux.

— Je ne demande rien, je n'espère rien, je ne m'oppose
à rien, le seul ressort qui me restait est brisé. Si je pouvais
seulement me promettre que Dieu me changeât, et que
les qualités de l'état religieux succédassent dans mon âme
à l'espérance de le quitter, que j'ai perdue... Mais cela
ne se peut; ce vêtement s'est attaché à ma peau, à mes os,
et ne m'en gêne que davantage. Ah ! quel sort ! être religieuse à jamais, et sentir qu'on ne sera jamais que mauvaise
religieuse ! passer toute sa vie à se frapper la tête contre
les barreaux de sa prison ! »

En cet endroit je me mis à pousser des cris; je voulais
les étouffer, mais je ne pouvais. M. Manouri, surpris de
ce mouvement, me dit :

« Madame, oserais-je vous faire une question ?

— Faites, monsieur.

— Une douleur aussi violente n'aurait-elle pas quelque
motif secret ?

— Non, monsieur. Je hais la vie solitaire, je sens là
que je la hais, je sens que je la haïrai toujours. Je ne saurais
m'assujettir à toutes les misères qui remplissent la journée d'une recluse : c'est un tissu de puérilités que je méprise;
j'y serais faite, si j'avais pu m'y faire; j'ai cherché cent
fois à m'en imposer [53], à me briser là-dessus; je ne saurais.
J'ai envié, j'ai demandé à Dieu l'heureuse imbécillité
d'esprit de mes compagnes; je ne l'ai point obtenue, il
ne me l'accordera pas. Je fais tout mal, je dis tout de
travers, le défaut de vocation perce dans toutes mes

actions, on le voit; j'insulte à tout moment à la vie monastique; on appelle orgueil mon inaptitude; on s'occupe à
m'humilier; les fautes et les punitions se multiplient à
l'infini, et les journées se passent à mesurer des yeux la
hauteur des murs.

— Madame, je ne saurais les abattre, mais je puis autre
chose.

— Monsieur, ne tentez rien.

— Il faut changer de maison, je m'en occuperai. Je
viendrai vous revoir; j'espère qu'on ne vous célera pas;
vous aurez incessamment de mes nouvelles. Soyez sûre
que, si vous y consentez, je réussirai à vous tirer d'ici.
Si l'on en usait trop sévèrement avec vous, ne me le laissez
pas ignorer. »

Il était tard quand M. Manouri s'en alla. Je retournai
dans ma cellule. L'office du soir ne tarda pas à sonner :
j'arrivai des premières; je laissai passer les religieuses, et
je me tins pour dit qu'il fallait demeurer à la porte; en
effet, la supérieure la ferma sur moi. Le soir, à souper, elle
me fit signe en entrant de m'asseoir à terre au milieu du
réfectoire; j'obéis, et l'on ne me servit que du pain et de
l'eau; j'en mangeai un peu, que j'arrosai de quelques
larmes. Le lendemain on tint conseil; toute la communauté fut appelée à mon jugement; et l'on me condamna
à être privée de récréation, à entendre pendant un mois
l'office à la porte du chœur, à manger à terre au milieu
du réfectoire, à faire amende honorable trois jours de suite,
à renouveler ma prise d'habit et mes vœux, à prendre le
cilice, à jeûner de deux jours l'un, et à me macérer après
l'office du soir tous les vendredis. J'étais à genoux, le
voile baissé, tandis que cette sentence m'était prononcée.

Dès le lendemain, la supérieure vint dans ma cellule
avec une religieuse qui portait sur son bras un cilice et
cette robe d'étoffe grossière dont on m'avait revêtue
lorsque je fus conduite dans le cachot. J'entendis ce que
cela signifiait; je me déshabillai, ou plutôt on m'arracha
mon voile, on me dépouilla; et je pris cette robe. J'avais
la tête nue, les pieds nus, mes longs cheveux tombaient
sur mes épaules; et tout mon vêtement se réduisait à ce
cilice que l'on me donna, à une chemise très dure, et à
cette longue robe qui me prenait sous le cou et qui me
descendait jusqu'aux pieds. Ce fut ainsi que je restai vêtue

pendant la journée, et que je comparus à tous les exercices.

Le soir, lorsque je fus retirée dans ma cellule, j'entendis
qu'on s'en approchait en chantant les litanies; c'était toute
la maison rangée sur deux lignes. On entra, je me présentai; on me passa une corde au cou; on me mit dans la
main une torche allumée et une discipline dans l'autre. Une
religieuse prit la corde par un bout, me tira entre les deux
lignes, et la procession prit son chemin vers un petit
oratoire intérieur consacré à sainte Marie : on était venu
en chantant à voix basse, on s'en retourna en silence.
Quand je fus arrivée à ce petit oratoire, qui était éclairé
de deux lumières, on m'ordonna de demander pardon à
Dieu et à la communauté du scandale que j'avais donné;
c'était la religieuse qui me conduisait qui me disait tout bas
ce qu'il fallait que je répétasse, et je le répétais mot à mot.
Après cela on m'ôta la corde, on me déshabilla jusqu'à la
ceinture, on prit mes cheveux qui étaient épars sur mes
épaules, on les rejeta sur un des côtés de mon cou, on me
mit dans la main droite la discipline que je portais de la main
gauche, et l'on commença le *Miserere*. Je compris ce que
l'on attendait de moi, et je l'exécutai. Le *Miserere* fini,
la supérieure me fit une courte exhortation; on éteignit
les lumières, les religieuses se retirèrent, et je me rhabillai.

Quand je fut rentrée dans ma cellule, je sentis des douleurs violentes aux pieds; j'y regardai; ils étaient tout ensanglantés des coupures de morceaux de verre que l'on avait
eu la méchanceté de répandre sur mon chemin.

Je fis amende honorable de la même manière, les deux
jours suivants; seulement le dernier, on ajouta un psaume
au *Miserere*.

Le quatrième jour, on me rendit l'habit de religieuse,
à peu près avec la même cérémonie qu'on le prend à cette
solennité quand elle est publique.

Le cinquième, je renouvelai mes vœux. J'accomplis
pendant un mois le reste de la pénitence qu'on m'avait
imposée, après quoi je rentrai à peu près dans l'ordre
commun de la communauté : je repris ma place au chœur
et au réfectoire, et je vaquai à mon tour aux différentes
fonctions de la maison. Mais quelle fut ma surprise, lorsque
je tournai les yeux sur cette jeune amie qui s'intéressait à
mon sort ! elle me parut presque aussi changée que moi;

elle était d'une maigreur à effrayer; elle avait sur son visage la pâleur de la mort, les lèvres blanches et les yeux presque éteints.

« Sœur Ursule, lui dis-je tout bas, qu'avez-vous ? — Ce que j'ai ! me répondit-elle; je vous aime, et vous me le demandez ! il était temps que votre supplice finît, j'en serais morte. »

Si, les deux derniers jours de mon amende honorable, je n'avais point eu les pieds blessés, c'était elle qui avait eu l'attention de balayer furtivement les corridors, et de rejeter à droite et à gauche les morceaux de verre. Les jours où j'étais condamnée à jeûner au pain et à l'eau, elle se privait d'une partie de sa portion qu'elle enveloppait d'un linge blanc, et qu'elle jetait dans ma cellule. On avait tiré au sort la religieuse qui me conduirait par la corde, et le sort était tombé sur elle; elle eut la fermeté d'aller trouver la supérieure, et de lui protester qu'elle se résoudrait plutôt à mourir qu'à cette infâme et cruelle fonction. Heureusement cette jeune fille était d'une famille considérée; elle jouissait d'une pension forte qu'elle employait au gré de la supérieure; et elle trouva, pour quelques livres de sucre et de café, une religieuse qui prit sa place. Je n'oserais penser que la main de Dieu se soit appesantie sur cette indigne; elle est devenue folle, et elle est enfermée; mais la supérieure vit, gouverne, tourmente et se porte bien.

Il était impossible que ma santé résistât à de si longues et de si dures épreuves; je tombai malade. Ce fut dans cette circonstance que la sœur Ursule montra bien toute l'amitié qu'elle avait pour moi; je lui dois la vie. Ce n'était pas un bien qu'elle me conservait, elle me le disait quelquefois elle-même : cependant il n'y avait sorte de services qu'elle ne me rendît les jours qu'elle était d'infirmerie; les autres jours je n'étais pas négligée, grâce à l'intérêt qu'elle prenait à moi, et aux petites récompenses qu'elle distribuait à celles qui me veillaient, selon que j'en avais été plus ou moins satisfaite. Elle avait demandé à me garder la nuit, et la supérieure le lui avait refusé, sous prétexte qu'elle était trop délicate pour suffire à cette fatigue : ce fut un véritable chagrin pour elle. Tous ses soins n'empêchèrent point les progrès du mal; je fus réduite à toute extrémité; je reçus les derniers sacrements.

Quelques moments auparavant je demandai à voir la communauté assemblée, ce qui me fut accordé. Les religieuses
entourèrent mon lit, la supérieure était au milieu d'elles ;
ma jeune amie occupait mon chevet, et me tenait une main
qu'elle arrosait de ses larmes. On présuma que j'avais
quelque chose à dire, on me souleva, et l'on me soutint
sur mon séant à l'aide de deux oreillers. Alors, m'adressant
à la supérieure, je la priai de m'accorder sa bénédiction et
l'oubli des fautes que j'avais commises ; je demandai
pardon à toutes mes compagnes du scandale que je leur
avais donné. J'avais fait apporter à côté de moi une infinité
de bagatelles, ou qui paraient ma cellule, ou qui étaient à
mon usage particulier, et je priai la supérieure de me permettre d'en disposer ; elle y consentit, et je les donnai à
celles qui lui avaient servi de satellites lorsqu'on m'avait
jetée dans le cachot. Je fis approcher la religieuse qui
m'avait conduite par la corde le jour de mon amende
honorable, et je lui dis en l'embrassant et en lui présentant
mon rosaire et mon Christ : « Chère sœur, souvenez-vous
de moi dans vos prières, et soyez sûre que je ne vous
oublierai pas devant Dieu... » Et pourquoi Dieu ne m'a-
t-il pas prise dans ce moment ? J'allais à lui sans inquiétude.
C'est un si grand bonheur ! et qui est-ce qui peut se le
promettre deux fois ? qui sait ce que je serai au dernier
moment ? il faudra pourtant que j'y vienne. Puisse Dieu
renouveler encore mes peines, et me l'accorder aussi
tranquille que je l'avais ! Je voyais les cieux ouverts, et
ils l'étaient, sans doute ; car la conscience alors ne trompe
pas, et elle me promettait une félicité éternelle.

Après avoir été administrée, je tombai dans une espèce
de léthargie ; on désespéra de moi pendant toute cette
nuit. On venait de temps en temps me tâter le pouls ; je
sentais des mains se promener sur mon visage, et j'entendais différentes voix qui disaient, comme dans le lointain :
« Il remonte... Son nez est froid... Elle n'ira pas à demain...
Le rosaire et le Christ vous resteront... » Et une autre
voix courroucée qui disait : « Éloignez-vous, éloignez-
vous ; laissez-la mourir en paix ; ne l'avez-vous pas assez
tourmentée ?... » Ce fut un moment bien doux pour moi,
lorsque je sortis de cette crise, et que je rouvris les yeux,
de me retrouver entre les bras de mon amie. Elle ne m'avait
point quittée ; elle avait passé la nuit à me secourir, à

répéter les prières des agonisants, à me faire baiser le Christ et à l'approcher de ses lèvres, après l'avoir séparé des miennes. Elle crut, en me voyant ouvrir de grands yeux et pousser un profond soupir, que c'était le dernier; et elle se mit à jeter des cris et à m'appeler son amie; à dire : « Mon Dieu, ayez pitié d'elle et de moi ! Mon Dieu, recevez son âme ! Chère amie ! quand vous serez devant Dieu, ressouvenez-vous de sœur Ursule... » Je la regardai en souriant tristement, en versant une larme et en lui serrant la main.

M. B... [54] arriva dans ce moment; c'est le médecin de la maison; cet homme est habile, à ce qu'on dit, mais il est despote, orgueilleux et dur. Il écarta mon amie avec violence; il me tâta le pouls et la peau; il était accompagné de la supérieure et de ses favorites. Il fit quelques questions monosyllabiques sur ce qui s'était passé; il répondit : « Elle s'en tirera. » Et regardant la supérieure, à qui ce mot ne plaisait pas : « Oui, madame, lui dit-il, elle s'en tirera; la peau est bonne, la fièvre est tombée, et la vie commence à poindre dans les yeux. »

A chacun de ces mots, la joie se déployait sur le visage de mon amie; et sur celui de la supérieure et de ses compagnes je ne sais quoi de chagrin que la contrainte dissimulait mal.

« Monsieur, lui dis-je, je ne demande pas à vivre.

— Tant pis, » me répondit-il; puis il ordonna quelque chose, et sortit. On dit que pendant ma léthargie, j'avais dit plusieurs fois : « Chère mère, vous m'appelez donc à vous, je vais donc vous rejoindre! je vous dirai tout. » C'était apparemment à mon ancienne supérieure que je m'adressais, je n'en doute pas. Je ne donnai son portrait à personne, je désirais de l'emporter avec moi sous la tombe.

Le pronostic de M. B... se vérifia; la fièvre diminua, des sueurs abondantes achevèrent de l'emporter; et l'on ne douta plus de ma guérison : je guéris en effet, mais j'eus une convalescence très longue. Il était dit que je souffrirais dans cette maison toutes les peines qu'il est possible d'éprouver. Il y avait eu de la malignité [55] dans ma maladie; la sœur Ursule ne m'avait presque point quittée. Lorsque je commençais à prendre des forces, les siennes se perdirent, ses digestions se dérangèrent, elle était attaquée l'après-midi de défaillances qui duraient

quelquefois un quart d'heure : dans cet état, elle était
comme morte, sa vue s'éteignait, une sueur froide lui
couvrait le front, et se ramassait en gouttes qui coulaient
le long de ses joues; ses bras, sans mouvement, pendaient
à ses côtés. On ne la soulageait un peu qu'en la délaçant
et qu'en relâchant ses vêtements. Quand elle revenait de
cet évanouissement, sa première idée était de me chercher
à ses côtés, et elle m'y trouvait toujours; quelquefois
même, lorsqu'il lui restait un peu de sentiment et de connaissance, elle promenait sa main autour d'elle sans ouvrir
les yeux. Cette action était si peu équivoque, que quelques
religieuses s'étant offertes à cette main qui tâtonnait, et
n'en étant pas reconnues, parce qu'alors elle retombait
sans mouvement, elles me disaient : « Sœur Suzanne,
c'est à vous qu'elle en veut, approchez-vous donc... » Je
me jetais à ses genoux, j'attirais sa main sur mon front,
et elle y demeurait posée jusqu'à la fin de son évanouissement; quand il était fini, elle me disait : « Eh bien ! sœur
Suzanne, c'est moi qui m'en irai, et c'est vous qui resterez;
c'est moi qui la reverrai la première, je lui parlerai de
vous, elle ne m'entendra pas sans pleurer. S'il y a des
larmes amères, il en est aussi de bien douces, et si l'on
aime là-haut, pourquoi n'y pleurerait-on pas ? » Alors
elle penchait sa tête sur mon cou; elle en répandait avec
abondance, et elle ajoutait : « Adieu, Sœur Suzanne;
adieu, mon amie; qui est-ce qui partagera vos peines
quand je n'y serai plus ? Qui est-ce qui... ? Ah ! chère
amie, que je vous plains ! Je m'en vais, je le sens, je m'en
vais. Si vous étiez heureuse, combien j'aurais de regret à
mourir ! »

Son état m'effrayait. Je parlai à la supérieure. Je voulais
qu'on la mît à l'infirmerie, qu'on la dispensât des offices
et des autres exercices pénibles de la maison, qu'on appelât
un médecin; mais on me répondait toujours que ce n'était
rien, que ces défaillances se passeraient toutes seules; et
la chère sœur Ursule ne demandait pas mieux que de
satisfaire à ses devoirs et à suivre la vie commune. Un
jour, après les matines, auxquelles elle avait assisté, elle ne
reparut point. Je pensai qu'elle était bien mal; l'office
du matin fini, je volai chez elle, je la trouvai couchée sur
son lit tout habillée; elle me dit : « Vous voilà, chère
amie ? Je me doutais que vous ne tarderiez pas à venir,

et je vous attendais. Écoutez-moi. Que j'avais d'impatience que vous vinssiez ! Ma défaillance a été si forte et si longue, que j'ai cru que j'y resterais et que je ne vous reverrais plus. Tenez, voilà la clef de mon oratoire, vous en ouvrirez l'armoire, vous enlèverez une petite planche qui sépare en deux parties le tiroir d'en bas ; vous trouverez derrière cette planche un paquet de papiers ; je n'ai jamais pu me résoudre à m'en séparer ; quelque danger que je courusse à les garder, et quelque douleur que je ressentisse à les lire ; hélas ! ils sont presque effacés de mes larmes : quand je ne serai plus, vous les brûlerez... »

Elle était si faible et si oppressée, qu'elle ne put prononcer de suite deux mots de ce discours ; elle s'arrêtait presque à chaque syllabe, et puis elle parlait si bas, que j'avais peine à l'entendre, quoique mon oreille fût presque collée sur sa bouche. Je pris la clef, je lui montrai du doigt l'oratoire, et elle me fit signe de la tête que oui ; ensuite, pressentant que j'allais la perdre, et persuadée que sa maladie était une suite ou de la mienne, ou de la peine qu'elle avait prise, ou des soins qu'elle m'avait donnés, je me mis à pleurer et à me désoler de toute ma force. Je lui baisai le front, les yeux, le visage, les mains ; je lui demandai pardon : cependant elle était comme distraite, elle ne m'entendait pas ; et une de ses mains se reposait sur mon visage et me caressait ; je crois qu'elle ne me voyait plus, peut-être même me croyait-elle sortie, car elle m'appela.

« Sœur Suzanne ? »

Je lui dis : « Me voilà.

— Quelle heure est-il ?

— Il est onze heures et demie.

— Onze heures et demie ! Allez-vous-en dîner ; allez, vous reviendrez tout de suite... »

Le dîner sonna, il fallut la quitter. Quand je fus à la porte elle me rappela ; je revins ; elle fit un effort pour me présenter ses joues ; je les baisai : elle me prit la main, elle me la tenait serrée il semblait qu'elle ne voulait pas, qu'elle ne pouvait me quitter : « Cependant il le faut, dit-elle en me lâchant, Dieu le veut ; adieu, sœur Suzanne. Donnez-moi mon crucifix... » Je le lui mis entre les mains, et je m'en allai.

On était sur le point de sortir de table. Je m'adressai à

la supérieure, je lui parlai, en présence de toutes les religieuses, du danger de la sœur Ursule, je la pressai d'en juger par elle-même. « Eh bien ! dit-elle, il faut la voir. » Elle y monta, accompagnée de quelques autres; je les suivis : elles entrèrent dans sa cellule; la pauvre sœur n'était plus; elle était étendue sur son lit, toute vêtue, la tête inclinée sur son oreiller, la bouche entrouverte, les yeux fermés, et le Christ entre ses mains. La supérieure la regarda froidement, et dit : « Elle est morte. Qui l'aurait crue si proche de sa fin? C'était une excellente fille : qu'on aille sonner pour elle, et qu'on l'ensevelisse. »

Je restai seule à son chevet. Je ne saurais vous peindre ma douleur; cependant j'enviais son sort. Je m'approchai d'elle, je lui donnai des larmes, je la baisai plusieurs fois, et je tirai le drap sur son visage, dont les traits commençaient à s'altérer; ensuite je songeai à exécuter ce qu'elle m'avait recommandé. Pour n'être point interrompue dans cette occupation, j'attendis que tout le monde fût à l'office : j'ouvris l'oratoire, j'abattis la planche et je trouvai un rouleau de papiers assez considérable que je brûlai dès le soir. Cette jeune fille avait toujours été mélancolique; et je n'ai pas mémoire de l'avoir vue sourire, excepté une fois dans sa maladie.

Me voilà donc seule dans cette maison, dans le monde; car je ne connaissais pas un être qui s'intéressât à moi. Je n'avais plus entendu parler de l'avocat Manouri; je présumais, ou qu'il avait été rebuté par les difficultés; ou que, distrait par des amusements ou par ses occupations, les offres de services qu'il m'avait faites étaient bien loin de sa mémoire, et je ne lui en savais pas très mauvais gré : j'ai le caractère porté à l'indulgence; je puis tout pardonner aux hommes, excepté l'injustice, l'ingratitude et l'inhumanité. J'excusais donc l'avocat Manouri tant que je pouvais, et tous ces gens du monde qui avaient montré tant de vivacité dans le cours de mon procès, et pour qui je n'existais plus, et vous-même, monsieur le marquis, lorsque nos supérieurs ecclésiastiques firent une visite dans la maison.

Ils entrent, ils parcourent les cellules, ils interrogent les religieuses, ils se font rendre compte de l'administration temporelle et spirituelle; et, selon l'esprit qu'ils apportent à leurs fonctions, ils réparent ou ils augmentent le désordre.

Je revis donc l'honnête et dur M. Hébert, avec ses deux jeunes et compatissants acolytes. Ils se rappelèrent apparemment l'état déplorable où j'avais autrefois comparu devant eux; leurs yeux s'humectèrent; et je remarquai sur leur visage l'attendrissement et la joie. M. Hébert s'assit, et me fit asseoir vis-à-vis de lui; ses deux compagnons se tinrent debout derrière sa chaise; leurs regards étaient attachés sur moi. M. Hébert me dit :

« Eh bien ! Suzanne, comment en use-t-on à présent avec vous ? »

Je lui répondis : « Monsieur, on m'oublie.

— Tant mieux.

— Et c'est aussi tout ce que je souhaite : mais j'aurais une grâce importante à vous demander; c'est d'appeler ici ma mère supérieure.

— Et pourquoi ?

— C'est que, s'il arrive que l'on vous fasse quelque plainte d'elle, elle ne manquera de m'en accuser.

— J'entends; mais dites-moi toujours ce que vous en savez.

— Monsieur, je vous supplie de la faire appeler, et qu'elle entende elle-même vos questions et mes réponses.

— Dites toujours.

— Monsieur, vous m'allez perdre.

— Non, ne craignez rien; de ce jour nous n'êtes plus sous son autorité; avant la fin de la semaine vous serez transférée à Sainte-Eutrope [56], près d'Arpajon. Vous avez un bon ami.

— Un bon ami, monsieur ! je ne m'en connais point.

— C'est votre avocat.

— M. Manouri ?

— Lui-même.

— Je ne croyais pas qu'il se souvînt encore de moi.

— Il a vu vos sœurs; il a vu M. l'archevêque, le premier président, toutes les personnes connues par leur piété; il vous a fait une dot dans la maison que je viens de vous nommer; et vous n'avez plus qu'un moment à rester ici. Ainsi, si vous avez connaissance de quelque désordre, vous pouvez m'en instruire sans vous compromettre; et je vous l'ordonne par la sainte obéissance.

— Je n'en connais point.

— Quoi ! on a gardé quelque mesure avec vous depuis la perte de votre procès ?

— On a cru, et l'on a dû croire que j'avais commis une faute en revenant contre mes vœux; et l'on m'en a fait demander pardon à Dieu.

— Mais ce sont les circonstances de ce pardon que je voudrais savoir... »

Et en disant ces mots il secouait la tête, il fronçait les sourcils; et je conçus qu'il ne tenait qu'à moi de renvoyer à la supérieure une partie des coups de discipline qu'elle m'avait fait donner; mais ce n'était pas mon dessein. L'archidiacre vit bien qu'il ne saurait rien de moi, et il sortit en me recommandant le secret sur ce qu'il m'avait confié de ma translation à Sainte-Eutrope d'Arpajon.

Comme le bonhomme Hébert marchait seul dans le corridor, ses deux compagnons se retournèrent, et me saluèrent d'un air très affectueux et très doux. Je ne sais qui ils sont : mais Dieu veuille leur conserver ce caractère tendre et miséricordieux qui est si rare dans leur état, et qui convient si fort aux dépositaires de la faiblesse de l'homme et aux intercesseurs de la miséricorde de Dieu. Je croyais M. Hébert occupé à consoler, à interroger ou à réprimander quelque autre religieuse, lorsqu'il rentra dans ma cellule. Il me dit :

« D'où connaissez-vous M. Manouri ?

— Par mon procès.

— Qui est-ce qui vous l'a donné ?

— C'est madame la présidente ***.

— Il a fallu que vous conférassiez souvent avec lui dans le cours de votre affaire ?

— Non, monsieur, je l'ai peu vu.

— Comment l'avez-vous instruit ?

— Par quelques mémoires écrits de ma main.

— Vous avez des copies de ces mémoires ?

— Non, monsieur.

— Qui est-ce qui lui remettait ces mémoires ?

— Madame la présidente ***.

— Et d'où la connaissiez-vous ?

— Je la connaissais par la sœur Ursule, mon amie et sa parente.

— Vous avez vu M. Manouri depuis la perte de votre procès ?

— Une fois.

— C'est bien peu. Il ne vous a point écrit ?

— Non, monsieur.

— Vous ne lui avez point écrit ?

— Non, monsieur.

— Il vous apprendra sans doute ce qu'il a fait pour vous. Je vous ordonne de ne le point voir au parloir; et s'il vous écrit, soit directement, soit indirectement, de m'envoyer sa lettre sans l'ouvrir; entendez-vous, sans l'ouvrir.

— Oui, monsieur; et je vous obéirai... »

Soit que la méfiance de M. Hébert me regardât, ou mon bienfaiteur, j'en fus blessée.

M. Manouri vint à Longchamp dans la soirée même : je tins parole à l'archidiacre; je refusai de lui parler. Le lendemain il m'écrivit par son émissaire; je reçus sa lettre et je l'envoyai, sans l'ouvrir, à M. Hébert. C'était le mardi, autant qu'il m'en souvient. J'attendais toujours avec impatience l'effet de la promesse de l'archidiacre et des mouvements de M. Manouri. Le mercredi, le jeudi, le vendredi se passèrent sans que j'entendisse parler de rien. Combien ces journées me parurent longues ! Je tremblais qu'il ne fût survenu quelque obstacle qui eût tout dérangé. Je ne recouvrais pas ma liberté, mais je changeais de prison; et c'est quelque chose. Un premier événement heureux fait germer en nous l'espérance d'un second; et c'est peut-être là l'origine du proverbe qu'*un bonheur ne vient point sans un autre.*

Je connaissais les compagnes que je quittais, et je n'avais pas de peine à supposer que je gagnerais quelque chose à vivre avec d'autres prisonnières; quelles qu'elles fussent, elles ne pouvaient être ni plus méchantes, ni plus malintentionnées. Le samedi matin, sur les neuf heures, il se fit un grand mouvement dans la maison; il faut bien peu de chose pour mettre des têtes de religieuses en l'air. On allait, on venait, on se parlait bas; les portes des dortoirs s'ouvraient et se fermaient; c'est, comme vous l'avez pu voir jusqu'ici, le signal des révolutions monastiques. J'étais seule dans ma cellule; j'attendais; le cœur me battait. J'écoutais à ma porte, je regardais par ma fenêtre, je me démenais sans savoir ce que je faisais; je me disais à moi-même en tressaillant de joie : « C'est moi qu'on vient chercher ; tout à l'heure je n'y serai plus... » et je ne me trompais pas.

Deux figures inconnues se présentèrent à moi ; c'étaient une religieuse et la tourière [57] d'Arpajon : elles m'instruisirent en un mot du sujet de leur visite. Je pris tumultueusement le petit butin qui m'appartenait ; je le jetai pêle-mêle dans le tablier de la tourière, qui le mit en paquets. Je ne demandai point à voir la supérieure ; la sœur Ursule n'était plus ; je ne quittais personne. Je descends ; on m'ouvre les portes, après avoir visité ce que j'emportais ; je monte dans un carrosse, et me voilà partie.

L'archidiacre et ses deux jeunes ecclésiastiques, madame la présidente *** et M. Manouri, s'étaient rassemblés chez la supérieure, où on les avertit de ma sortie [58]. Chemin faisant, la religieuse m'entretint de la maison ; et la tourière ajoutait pour refrain à chaque phrase de l'éloge qu'on m'en faisait : « C'est la pure vérité... » Elle se félicitait du choix qu'on avait fait d'elle pour m'aller prendre, et voulait être mon amie ; en conséquence elle me confia quelques secrets, et me donna quelques conseils sur ma conduite ; ces conseils étaient apparemment à son usage ; mais ils ne pouvaient être au mien. Je ne sais si vous avez vu le couvent d'Arpajon ; c'est un bâtiment carré, dont un des côtés regarde sur le grand chemin, et l'autre sur la campagne et les jardins. Il y avait à chaque fenêtre de la première façade une, deux, ou trois religieuses ; cette seule circonstance m'en apprit, sur l'ordre qui régnait dans la maison, plus que tout ce que la religieuse et sa compagne ne m'en avaient dit. On connaissait apparemment la voiture où nous étions ; car en un clin d'œil toutes ces têtes voilées disparurent ; et j'arrivai à la porte de ma nouvelle prison. La supérieure vint au-devant de moi, les bras ouverts, m'embrassa, me prit par la main et me conduisit dans la salle de la communauté, où quelques religieuses m'avaient devancée, et où d'autres accoururent.

Cette supérieure s'appelle madame *** [59]. Je ne saurais me refuser à l'envie de vous la peindre avant que d'aller plus loin. C'est une petite femme toute ronde, cependant prompte et vive dans ses mouvements : sa tête n'est jamais rassise sur ses épaules ; il y a toujours quelque chose qui cloche dans son vêtement ; sa figure est plutôt bien que

mal; ses yeux, dont l'un, c'est le droit, est plus haut et
plus grand que l'autre, sont pleins de feu et distraits :
quand elle marche, elle jette ses bras en avant et en arrière.
Veut-elle parler ? elle ouvre la bouche, avant que d'avoir
arrangé ses idées; aussi bégaye-t-elle un peu. Est-elle
assise ? elle s'agite sur son fauteuil, comme si quelque
chose l'incommodait : elle oublie toute bienséance; elle
lève sa guimpe pour se frotter la peau; elle croise ses
jambes; elle vous interroge; vous lui répondez, et elle ne
vous écoute pas; elle vous parle, et elle se perd, s'arrête
tout court, ne sait plus où elle en est, se fâche, et vous
appelle grosse bête, stupide, imbécile, si vous ne la remet-
tez sur la voie : elle est tantôt familière jusqu'à tutoyer,
tantôt impérieuse et fière jusqu'au dédain; ses moments
de dignité sont courts; elle est alternativement compatissante et dure; sa figure décomposée marque tout le
décousu de son esprit et toute l'inégalité de son caractère;
aussi l'ordre et le désordre se succédaient-ils dans la maison; il y avait des jours où tout était confondu, les pensionnaires [60] avec les novices, les novices avec les religieuses; où l'on courait dans les chambres les unes des
autres; où l'on prenait ensemble du thé, du café, du chocolat, des liqueurs; où l'office se faisait avec la célérité la
plus indécente; au milieu de ce tumulte le visage de là
supérieure change subitement, la cloche sonne; on se renferme, on se retire, le silence le plus profond suit le bruit,
les cris et le tumulte, et l'on croirait que tout est mort
subitement. Une religieuse alors manque-t-elle à la moindre
chose ? elle la fait venir dans sa cellule, la traite avec
dureté, lui ordonne de se déshabiller et de se donner vingt
coups de discipline; la religieuse obéit, se déshabille,
prend sa discipline, et se macère; mais à peine s'est-elle
donné quelques coups, que la supérieure, devenue compatissante, lui arrache l'instrument de pénitence, se met à
pleurer, dit qu'elle est bien malheureuse d'avoir à punir,
lui baise le front, les yeux, la bouche, les épaules; la caresse,
la loue. « Mais, qu'elle a la peau blanche et douce ! le bel
embonpoint ! le beau cou ! le beau chignon !... Sœur
Sainte-Augustine, mais tu es folle d'être honteuse; laisse
tomber ce linge; je suis femme, et ta supérieure. Oh ! la
belle gorge ! qu'elle est ferme ! et je souffrirais que cela
fût déchiré par des pointes ? Non, non, il n'en sera rien... »

Elle la baise encore, la relève, la rhabille elle-même, lui
dit les choses les plus douces, la dispense des offices, et la
renvoie dans sa cellule. On est très mal avec ces femmes-là;
on ne sait jamais ce qui leur plaira ou déplaira, ce qu'il
faut éviter ou faire; il n'y a rien de réglé; ou l'on est servi
à profusion, ou l'on meurt de faim; l'économie de la
maison s'embarrasse, les remontrances sont ou mal prises
ou négligées; on est toujours trop près ou trop loin des
supérieures de ce caractère; il n'y a ni vraie distance, ni
mesure; on passe de la disgrâce à la faveur, et de la faveur
à la disgrâce, sans qu'on sache pourquoi. Voulez-vous
que je vous donne, dans une petite chose, un exemple
général de son administration? Dix fois dans l'année, elle
courait de cellule en cellule, et faisait jeter par les fenêtres
toutes les bouteilles de liqueur qu'elle y trouvait, et quatre
jours après, elle-même en renvoyait à la plupart de ses
religieuses. Voilà celle à qui j'avais fait le vœu solennel
d'obéissance; car nous portons nos vœux d'une maison
dans une autre.

   J'entrai avec elle; elle me conduisait en me tenant embrassée par le milieu du corps. On servit une collation de fruits,
de massepains et de confitures. Le grave archidiacre commença mon éloge, qu'elle interrompit par : « On a eu tort,
on a eu tort, je le sais... » Le grave archidiacre voulut
continuer; et la supérieure l'interrompit par : « Comment
s'en sont-elles défaites? C'est la modestie et la douceur
même, on dit qu'elle est remplie de talents... » Le grave
archidiacre voulut reprendre ses derniers mots; la supérieure l'interrompit encore, en me disant bas à l'oreille :
« Je vous aime à la folie; et quand ces pédants-là seront
sortis, je ferai venir nos sœurs, et vous nous chanterez un
petit air, n'est-ce pas?... » Il me prit une envie de rire. Le
grave M. Hébert fut un peu déconcerté; ses deux jeunes
compagnons souriaient de son embarras et du mien.
Cependant M. Hébert revint à son caractère et à ses manières
accoutumées, lui ordonna brusquement de s'asseoir, et lui
imposa silence. Elle s'assit; mais elle n'était pas à son aise;
elle se tourmentait à sa place, elle se grattait la tête, elle
rajustait son vêtement où il n'était pas dérangé; elle bâillait;
et cependant l'archidiacre pérorait sensément sur la maison
que j'avais quittée, sur les désagréments que j'y avais éprouvés, sur celle où j'entrais, sur les obligations que j'avais

aux personnes qui m'avaient servie. En cet endroit je
regardai M. Manouri, il baissa les yeux. Alors la conversation devint plus générale; le silence pénible imposé à la
supérieure cessa. Je m'approchai de M. Manouri, je le
remerciai des services qu'il m'avait rendus; je tremblais,
je balbutiais, je ne savais quelle reconnaissance lui promettre. Mon trouble, mon embarras, mon attendrissement,
car j'étais vraiment touchée, un mélange de larmes et de
joie, toute mon action lui parla beaucoup mieux que je
n'aurais pu faire. Sa réponse ne fut pas plus arrangée que
mon discours; il fut aussi troublé que moi. Je ne sais ce
qu'il me disait; mais j'entendais, qu'il serait trop récompensé s'il avait adouci la rigueur de mon sort; qu'il se
ressouviendrait de ce qu'il avait fait, avec plus de plaisir
encore que moi; qu'il était bien fâché que les occupations
qui l'attachaient au Palais de Paris, ne lui permissent pas
de visiter souvent le cloître d'Arpajon; mais qu'il espérait
de monsieur l'archidiacre et de madame la supérieure la
permission de s'informer de ma santé et de ma situation.

L'archidiacre n'entendit pas cela; mais la supérieure
répondit : « Monsieur, tant que vous voudrez; elle fera
tout ce qui lui plaira; nous tâcherons de réparer ici les
chagrins qu'on lui a donnés... » Et puis tout bas à moi :
« Mon enfant, tu as donc bien souffert ? Mais comment
ces créatures de Longchamp ont-elles eu le courage de te
maltraiter ? J'ai connu ta supérieure; nous avons été pensionnaires ensemble à Port-Royal [61], c'était la bête noire
des autres. Nous aurons le temps de nous voir; tu me
raconteras tout cela... » Et en disant ces mots, elle prenait
une de mes mains qu'elle me frappait de petits coups avec
la sienne. Les jeunes ecclésiastiques me firent aussi leur
compliment. Il était tard; M. Manouri prit congé de nous;
l'archidiacre et ses compagnons allèrent chez M. ***,
seigneur d'Arpajon, où ils étaient invités, et je restai seule
avec la supérieure; mais ce ne fut pas pour longtemps :
toutes les religieuses, toutes les novices, toutes les pensionnaires accoururent pêle-mêle : en un instant je me vis
entourée d'une centaine de personnes. Je ne savais à qui
entendre ni à qui répondre; c'étaient des figures de toute
espèce et des propos de toutes couleurs; cependant je dis-
cernai qu'on n'était mécontente ni de mes réponses ni de
ma personne.

Quand cette conférence importune eut duré quelque
temps, et que la première curiosité eut été satisfaite, la foule
diminua ; la supérieure écarta le reste, et elle vint elle-même
m'installer dans ma cellule. Elle m'en fit les honneurs à sa
mode ; elle me montrait l'oratoire, et disait : « C'est là que
ma petite amie priera Dieu ; je veux qu'on lui mette un
coussin sur ce marchepied, afin que ses petits genoux ne
soient pas blessés. Il n'y a point d'eau bénite dans ce bénitier ; cette sœur Dorothée oublie toujours quelque chose.
Essayez ce fauteuil ; voyez s'il vous sera commode... »

Et tout en parlant ainsi, elle m'assit, me pencha la tête
sur le dossier, et me baisa le front. Cependant elle alla à
la fenêtre, pour s'assurer que les châssis se levaient et se
baissaient facilement : à mon lit, et elle en tira et retira les
rideaux, pour voir s'ils fermaient bien. Elle examina les
couvertures : « Elles sont bonnes. » Elle prit le traversin,
et le faisant bouffer, elle disait : « Chère tête sera fort bien
là-dessus ; ces draps ne sont pas fins, mais ce sont ceux de
la communauté ; ces matelas sont bons... » Cela fait, elle
vient à moi, m'embrasse, et me quitte. Pendant cette scène
je disais en moi-même : « O la folle créature ! » Et je
m'attendis à de bons et de mauvais jours.

Je m'arrangeai dans ma cellule ; j'assistai à l'office du
soir, au souper, à la récréation qui suivit. Quelques religieuses s'approchèrent de moi, d'autres s'en éloignèrent ;
celles-là comptaient sur ma protection auprès de la supérieure ; celles-ci étaient déjà alarmées de la prédilection
qu'elle m'avait accordée. Ces premiers moments se passèrent en éloges réciproques, en questions sur la maison
que j'avais quittée, en essais de mon caractère, de mes
inclinations, de mes goûts, de mon esprit : on vous tâte
partout ; c'est une suite de petites embûches qu'on vous
tend, et d'où l'on tire les conséquences les plus justes. Par
exemple, on jette un mot de médisance, et l'on vous
regarde ; on entame une histoire, et l'on attend que vous en
redemandiez la suite, ou que vous la laissiez ; si vous dites
un mot ordinaire, on le trouve charmant, quoiqu'on sache
bien qu'il n'en est rien ; on vous loue ou l'on vous blâme
à dessein ; on cherche à démêler vos pensées les plus secrètes ;
on vous interroge sur vos lectures ; on vous offre des livres
sacrés et profanes ; on remarque votre choix ; on vous invite
à de légères infractions de la règle ; on vous fait des confi-

dences, on vous jette des mots sur les travers de la supérieure : tout se recueille et se redit; on vous quitte, on vous
reprend; on sonde vos sentiments sur les mœurs, sur la
piété, sur le monde, sur la religion, sur la vie monastique,
sur tout. Il résulte de ces expériences réitérées une épithète
qui vous caractérise, et qu'on attache en surnom à celui
que vous portez; ainsi je fus appelée Sainte-Suzanne la
réservée.

Le premier soir, j'eus la visite de la supérieure; elle vint
à mon déshabiller; ce fut elle qui m'ôta mon voile et ma
guimpe, et qui me coiffa de nuit : ce fut elle qui me déshabilla. Elle me tint cent propos doux, et me fit mille caresses
qui m'embarrassèrent un peu, je ne sais pas pourquoi, car
je n'y entendais rien ni elle non plus; à présent même que
j'y réfléchis, qu'aurions-nous pu y entendre ? Cependant
j'en parlai à mon directeur, qui traita cette familiarité, qui
me paraissait innocente et qui me le paraît encore [62], d'un
ton fort sérieux, et me défendit gravement de m'y prêter
davantage. Elle me baisa le cou, les épaules, les bras; elle
loua mon embonpoint et ma taille, et me mit au lit; elle
releva mes couvertures d'un et d'autre côté, me baisa les
yeux, tira mes rideaux et s'en alla. J'oubliais de vous dire
qu'elle supposa que j'étais fatiguée, et qu'elle me permit
de rester au lit tant que je voudrais.

J'usai de sa permission; c'est, je crois, la seule bonne
nuit que j'aie passée dans le cloître; et si [63], je n'en suis
presque jamais sortie. Le lendemain, sur les neuf heures,
j'entendis frapper doucement à ma porte; j'étais encore
couchée; je répondis, on entra; c'était une religieuse qui
me dit, d'assez mauvaise humeur, qu'il était tard et que la
mère supérieure me demandait. Je me levai, je m'habillai
à la hâte, et j'allai.

« Bonjour, mon enfant, me dit-elle; avez-vous bien
passé la nuit ? Voilà du café qui vous attend depuis une
heure; je crois qu'il sera bon; dépêchez-vous de le prendre,
et puis après nous causerons... »

Et tout en disant cela elle étendait un mouchoir sur la
table, en déployait un autre sur moi, versait le café, et le
sucrait. Les autres religieuses en faisaient autant les unes
chez les autres. Tandis que je déjeunais, elle m'entretint de
mes compagnes, me les peignit selon son aversion ou son
goût, me fit mille amitiés, mille questions sur la maison que

j'avais quittée, sur mes parents, sur les désagréments que
j'avais eus, loua, blâma à sa fantaisie, n'entendit jamais ma
réponse jusqu'au bout. Je ne la contredis point; elle fut
contente de mon esprit, de mon jugement et de ma discrétion. Cependant il vint une religieuse, puis une autre, puis
une troisième, puis une quatrième, une cinquième; on
parla des oiseaux de la mère celle-ci, des tics de la sœur
celle-là, de tous les petits ridicules des absentes; on se mit
en gaieté. Il y avait une épinette dans un coin de la cellule,
j'y posai les doigts par distraction; car, nouvelle arrivée
dans la maison, et ne connaissant point celles dont on
plaisantait, cela ne m'amusait guère; et quand j'aurais été
plus au fait, cela ne m'aurait pas amusée davantage. Il faut
trop d'esprit pour bien plaisanter; et puis, qui est-ce qui
n'a point un ridicule ? Tandis que l'on riait, je faisais des
accords; peu à peu j'attirai l'attention. La supérieure vint à
moi, et me frappant un petit coup sur l'épaule : « Allons,
Sainte-Suzanne, me dit-elle, amuse-nous; joue d'abord, et
puis après tu chanteras [64]. » Je fis ce qu'elle me disait, j'exécutai quelques pièces que j'avais dans les doigts; je préludai
de fantaisie; et puis je chantai quelques versets des psaumes
de Mondonville [65].

    « Voilà qui est fort bien, me dit la supérieure; mais nous
avons de la sainteté à l'église tant qu'il nous plaît : nous
sommes seules; celles-ci sont mes amies, et elles seront
aussi les tiennes; chante-nous quelque chose de plus gai. »

    Quelques-unes des religieuses dirent : « Mais elle ne
sait peut-être que cela; elle est fatiguée de son voyage; il
faut la ménager; en voilà bien assez pour une fois.

    — Non, non, dit la supérieure, elle s'accompagne à
merveille, elle a la plus belle voix du monde (et en effet
je ne l'ai pas laide; cependant plus de justesse, de douceur
et de flexibilité que de force et d'étendue), je ne la tiendrai
quitte qu'elle ne nous ait dit autre chose. »

    J'étais un peu offensée du propos des religieuses; je
répondis à la supérieure que cela n'amusait plus ces sœurs.

    « Mais cela m'amuse encore, moi. »

    Je me doutais de cette réponse. Je chantai donc une
chansonnette assez délicate; et toutes battirent des mains,
me louèrent, m'embrassèrent, me caressèrent, m'en demandèrent une seconde; petites minauderies fausses, dictées
par la réponse de la supérieure; il n'y en avait presque pas

une là qui ne m'eût ôté ma voix et rompu les doigts, si elle l'avait pu. Celles qui n'avaient peut-être entendu de musique de leur vie, s'avisèrent de jeter sur mon chant des mots aussi ridicules que déplaisants, qui ne prirent point auprès de la supérieure.

« Taisez-vous, leur dit-elle, elle joue et chante comme un ange, et je veux qu'elle vienne ici tous les jours; j'ai su un peu de clavecin autrefois, et je veux qu'elle m'y remette.

— Ah ! madame, lui dis-je, quand on a su autrefois, on n'a pas tout oublié...

— Très volontiers, cède-moi ta place... »

Elle préluda, elle joua des choses folles, bizarres, décousues comme ses idées; mais je vis, à travers tous les défauts de son exécution, qu'elle avait la main infiniment plus légère que moi. Je le lui dis, car j'aime à louer, et j'ai rarement perdu l'occasion de le faire avec vérité; cela est si doux ! Les religieuses s'éclipsèrent les unes après les autres, et je restai presque seule avec la supérieure à parler musique. Elle était assise; j'étais debout; elle me prenait les mains, et elle me disait en les serrant : « Mais outre qu'elle joue bien, c'est qu'elle a les plus jolis doigts du monde; voyez donc, sœur Thérèse... » Sœur Thérèse baissait les yeux, rougissait et bégayait; cependant, que j'eusse les doigts jolis ou non, que la supérieure eût tort ou raison de l'observer, qu'est-ce que cela faisait à cette sœur ? La supérieure m'embrassait par le milieu du corps; et elle trouvait que j'avais la plus jolie taille. Elle m'avait tirée à elle; elle me fit asseoir sur ses genoux; elle me relevait la tête avec les mains, et m'invitait à la regarder; elle louait mes yeux, ma bouche, mes joues, mon teint : je ne répondais rien, j'avais les yeux baissés, et je me laissais aller à toutes ces caresses comme une idiote. Sœur Thérèse était distraite, inquiète, se promenait à droite et à gauche, touchait à tout sans avoir besoin de rien, ne savait que faire de sa personne, regardait par la fenêtre, croyait avoir entendu frapper à la porte; et la supérieure lui dit : « Sainte-Thérèse, tu peux t'en aller si tu t'ennuies.

— Madame, je ne m'ennuie pas.

— C'est que j'ai mille choses à demander à cette enfant.

— Je le crois.

— Je veux savoir toute son histoire; comment réparerai-je les peines qu'on lui a faites, si je les ignore ? Je veux

qu'elle me les raconte sans rien omettre; je suis sûre que
j'en aurai le cœur déchiré, et que j'en pleurerai; mais
n'importe : Sainte-Suzanne, quand est-ce que je saurai tout ?

— Madame, quand vous l'ordonnerez.

— Je t'en prierais tout à l'heure, si nous en avions le
temps. Quelle heure est-il ?... »

Sœur Thérèse répondit : « Madame, il est cinq heures, et
les vêpres vont sonner.

— Qu'elle commence toujours.

— Mais, madame, vous m'aviez promis un moment de
consolation avant vêpres. J'ai des pensées qui m'inquiètent;
je voudrais bien ouvrir mon cœur à maman. Si je vais à
l'office sans cela, je ne pourrai prier, je serai distraite.

— Non, non, dit la supérieure, tu es folle avec tes idées.
Je gage que je sais ce que c'est; nous en parlerons demain.

— Ah! chère mère, dit sœur Thérèse, en se jetant aux
pieds de la supérieure et fondant en larmes, que ce soit
tout à l'heure.

— Madame, dis-je à la supérieure, en me levant de sur
ses genoux où j'étais restée, accordez à ma sœur ce qu'elle
vous demande; ne laissez pas durer sa peine; je vais me
retirer; j'aurai toujours le temps de satisfaire l'intérêt que
vous voulez bien prendre à moi; et quand vous aurez
entendu ma sœur Thérèse, elle ne souffrira plus... »

Je fis un mouvement vers la porte pour sortir; la supérieure me retenait d'une main; sœur Thérèse, à genoux,
s'était emparée de l'autre, la baisait et pleurait; et la supérieure lui disait :

« En vérité, Sainte-Thérèse, tu es bien incommode avec
tes inquiétudes; je te l'ai déjà dit, cela me déplaît, cela me
gêne; je ne veux pas être gênée.

— Je le sais, mais je ne suis pas maîtresse de mes sentiments, je voudrais et je ne saurais... »

Cependant je m'étais retirée, et j'avais laissé avec la
supérieure la jeune sœur. Je ne pus m'empêcher de la
regarder à l'église; il lui restait de l'abattement et de la
tristesse; nos yeux se rencontrèrent plusieurs fois; et il me
sembla qu'elle avait de la peine à soutenir mon regard.
Pour la supérieure, elle s'était assoupie dans sa stalle.

L'office fut dépêché en un clin d'œil : le chœur n'était
pas, à ce qu'il me parut, l'endroit de la maison où l'on se
plaisait le plus. On en sortit avec la vitesse et le babil d'une

troupe d'oiseaux qui s'échapperaient d'une volière; et les
sœurs se répandaient les unes chez les autres, en courant,
en riant, en parlant; la supérieure se renferma dans sa
cellule, et la sœur Thérèse s'arrêta sur la porte de la sienne,
m'épiant comme si elle eût été curieuse de savoir ce que
je deviendrais. Je rentrai chez moi, et la porte de la cellule
de la sœur Thérèse ne se referma que quelque temps après,
et se referma doucement. Il me vint en idée que cette jeune
fille était jalouse de moi, et qu'elle craignait que je ne lui
ravisse la place qu'elle occupait dans les bonnes grâces et
l'intimité de la supérieure. Je l'observai plusieurs jours de
suite; et lorsque je me crus suffisamment assurée de mon
soupçon par ses petites colères, ses puériles alarmes, sa
persévérance à me suivre à la piste, à m'examiner, à se
trouver entre la supérieure et moi, à briser nos entretiens,
à déprimer mes qualités, à faire sortir mes défauts; plus
encore à sa pâleur, à sa douleur, à ses pleurs, au dérange-
ment de sa santé, et même de son esprit, je l'allai trouver
et je lui dis : « Chère amie, qu'avez-vous ? »
Elle ne me répondit pas; ma visite la surprit et l'embarrassa; elle ne savait ni que dire, ni que faire.
« Vous ne me rendez pas assez de justice; parlez-moi
vrai, vous craignez que je n'abuse du goût que notre mère
a pris pour moi; que je ne vous éloigne de son cœur.
Rassurez-vous; cela n'est pas dans mon caractère : si j'étais
jamais assez heureuse pour obtenir quelque empire sur son
esprit...
— Vous aurez tout celui qu'il vous plaira; elle vous
aime; elle fait aujourd'hui pour vous précisément ce qu'elle
a fait pour moi dans les commencements.
— Eh bien ! soyez sûre que je ne me servirai de la
confiance qu'elle m'accordera, que pour vous rendre plus
chérie.
— Et cela dépendra-t-il de vous ?
— Et pourquoi cela n'en dépendrait-il pas ? »
Au lieu de me répondre, elle se jeta à mon cou, et elle me
dit en soupirant : « Ce n'est pas votre faute, je le sais bien,
je me le dis à tout moment; mais promettez-moi...
— Que voulez-vous que je vous promette ?
— Que...
— Achevez; je ferai tout ce qui dépendra de moi. »
Elle hésita, se couvrit les yeux de ses mains, et me dit

d'une voix si basse qu'à peine je l'entendais : « Que vous
la verrez le moins souvent que vous pourrez... »

Cette demande me parut si étrange, que je ne pus m'empêcher de lui répondre : « Et que vous importe que je voie
souvent ou rarement notre supérieure ? Je ne suis point
fâchée que vous la voyiez sans cesse, moi. Vous ne devez
pas être plus fâchée que j'en fasse autant; ne suffit-il pas
que je vous proteste que je ne vous nuirai auprès d'elle,
ni à vous, ni à personne ? »

Elle ne me répondit que par ces mots qu'elle prononça
d'une manière douloureuse, en se séparant de moi, et en
se jetant sur son lit : « Je suis perdue ! »

— Perdue ! Et pourquoi ? Mais il faut que vous me
croyiez la plus méchante créature qui soit au monde !

Nous en étions là lorsque la supérieure entra. Elle avait
passé à ma cellule; elle ne m'y avait point trouvée; elle avait
parcouru presque toute la maison inutilement; il ne lui vint
pas en pensée que j'étais chez Sainte-Thérèse. Lorsqu'elle
l'eut appris par celles qu'elle avait envoyées à ma découverte, elle accourut [66]. Elle avait un peu de trouble dans
le regard et sur son visage; mais toute sa personne était si
rarement ensemble ! Sainte-Thérèse était en silence, assise
sur son lit, moi debout. Je lui dis : « Ma chère mère, je vous
demande pardon d'être venue ici sans votre permission.

— Il est vrai, me répondit-elle, qu'il eût été mieux de la
demander.

— Mais cette chère sœur m'a fait compassion; j'ai vu
qu'elle était en peine.

— Et de quoi ?

— Vous le dirai-je ? Et pourquoi ne vous le dirais-je
pas ? C'est une délicatesse qui fait tant d'honneur à son
âme, et qui marque si vivement son attachement pour vous.
Les témoignages de bonté que vous m'avez donnés, ont
alarmé sa tendresse; elle a craint que je n'obtinsse dans votre
cœur la préférence sur elle; ce sentiment de jalousie, si
honnête d'ailleurs, si naturel et si flatteur pour vous, chère
mère, était, à ce qu'il m'a semblé, devenu cruel pour ma
sœur, et je la rassurais. »

La supérieure, après m'avoir écoutée, prit un air sévère
et imposant, et lui dit :

« Sœur Thérèse, je vous ai aimée, et je vous aime encore;
je n'ai point à me plaindre de vous, et vous n'aurez point à

vous plaindre de moi; mais je ne saurais souffrir ces prétentions exclusives. Défaites-vous-en, si vous craignez
d'éteindre ce qui me reste d'attachement pour vous, et si
vous vous rappelez le sort de la sœur Agathe... » Puis, se
tournant vers moi, elle me dit : « C'est cette grande brune
que vous voyez au chœur vis-à-vis de moi. » (Car je me
répandais si peu; il y avait si peu de temps que j'étais dans la
maison; j'étais si nouvelle, que je ne savais pas encore tous
les noms de mes compagnes.) Elle ajouta : « Je l'aimais,
lorsque sœur Thérèse entra ici, et que je commençai à la
chérir. Elle eut les mêmes inquiétudes; elle fit les mêmes
folies : je l'en avertis; elle ne se corrigea point, et je fus
obligée d'en venir à des voies sévères qui ont duré trop
longtemps, et qui sont très contraires à mon caractère; car
elles vous diront toutes que je suis bonne, et que je ne punis
jamais qu'à contre-cœur... »

Puis s'adressant à Sainte-Thérèse, elle ajouta : « Mon
enfant, je ne veux point être gênée, je vous l'ai déjà dit;
vous me connaissez; ne me faites point sortir de mon
caractère... » Ensuite elle me dit, en s'appuyant d'une main
sur mon épaule : « Venez, Sainte-Suzanne; reconduisez-
moi. »

Nous sortîmes. Sainte-Thérèse voulut nous suivre; mais
la supérieure détournant la tête négligemment par-dessus
mon épaule, lui dit d'un ton de despotisme : « Rentrez
dans votre cellule, et n'en sortez pas que je ne vous le
permette... » Elle obéit, ferma sa porte avec violence, et
s'échappa en quelques discours qui firent frémir la supérieure; je ne sais pourquoi, car ils n'avaient pas de sens;
je vis sa colère, et je lui dis : « Chère mère, si vous avez
quelque bonté pour moi, pardonnez à ma sœur Thérèse;
elle a la tête perdue, elle ne sait ce qu'elle dit, elle ne sait
ce qu'elle fait.

— Que je lui pardonne ! Je le veux bien; mais que me
donnerez-vous ?

— Ah ! chère mère, serais-je assez heureuse pour avoir
quelque chose qui vous plût et qui vous apaisât ? »

Elle baissa les yeux, rougit et soupira; en vérité, c'était
comme un amant. Elle me dit ensuite, en se rejetant nonchalamment sur moi et comme si elle eût défailli : « Approchez
votre front, que je le baise... » Je me penchai, et elle me
baisa le front. Depuis ce temps, sitôt qu'une religieuse avait

fait quelque faute, j'intercédais pour elle, et j'étais sûre
d'obtenir sa grâce par quelque faveur innocente; c'était
toujours un baiser ou sur le front ou sur le cou, ou sur les
yeux, ou sur les joues, ou sur la bouche, ou sur les mains,
ou sur la gorge, ou sur les bras, mais plus souvent sur la
bouche; elle trouvait que j'avais l'haleine pure, les dents
blanches, et les lèvres fraîches et vermeilles.

En vérité je serais bien belle, si je méritais la plus petite
partie des éloges qu'elle me donnait : si c'était mon front,
il était blanc, uni et d'une forme charmante; si c'étaient
mes yeux, ils étaient brillants; si c'étaient mes joues, elles
étaient vermeilles et douces; si c'étaient mes mains, elles
étaient petites et potelées; si c'était ma gorge, elle était
d'une fermeté de pierre et d'une forme admirable; si
c'étaient mes bras, il était impossible de les avoir mieux
tournés et plus ronds; si c'était mon cou, aucune des sœurs
ne l'avait mieux fait et d'une beauté plus exquise et plus
rare : que sais-je tout ce qu'elle me disait ! Il y avait bien
quelque chose de vrai dans ses louanges; j'en rabattais
beaucoup, mais non pas tout. Quelquefois, en me regardant
de la tête aux pieds, avec un air de complaisance que je n'ai
jamais vu à aucune autre femme, elle me disait : « Non,
c'est le plus grand bonheur que Dieu l'ait appelée dans la
retraite; avec cette figure-là, dans le monde, elle aurait
damné autant d'hommes qu'elle en aurait vu, et elle se
serait damnée avec eux. Dieu fait bien tout ce qu'il fait. »

Cependant nous nous avancions vers sa cellule; je me
disposais à la quitter; mais elle me prit par la main et elle
me dit : « Il est trop tard pour commencer votre histoire de
Sainte-Marie et de Longchamp; mais entrez, vous me
donnerez une petite leçon de clavecin. »

Je la suivis. En un moment elle eut ouvert le clavecin,
préparé un livre, approché une chaise; car elle était vive.
Je m'assis. Elle pensa que je pourrais avoir froid; elle
détacha de dessus les chaises un coussin qu'elle posa devant
moi, se baissa et me prit les deux pieds, qu'elle mit dessus;
ensuite elle alla se placer derrière la chaise et s'appuyer sur
le dossier. Je fis d'abord des accords, ensuite je jouai quelques pièces de Couperin, de Rameau, de Scarlatti : cependant
elle avait levé un coin de mon linge de cou, sa main était
placée sur mon épaule nue, et l'extrémité de ses doigts
posée sur ma gorge. Elle soupirait; elle paraissait oppressée,

son haleine s'embarrasser; la main qu'elle tenait sur mon épaule d'abord la pressait fortement, puis elle ne la pressait plus du tout, comme si elle eût été sans force et sans vie; et sa tête tombait sur la mienne. En vérité cette folle-là était d'une sensibilité incroyable, et avait le goût le plus vif pour la musique; je n'ai jamais connu personne sur qui elle eût produit des effets aussi singuliers [67].

Nous nous amusions ainsi d'une manière aussi simple que douce, lorsque tout à coup la porte s'ouvrit avec violence; j'en eus frayeur, et la supérieure aussi : c'était cette extravagante de Sainte-Thérèse : son vêtement était en désordre, ses yeux étaient troublés; elle nous parcourait l'une et l'autre avec l'attention la plus bizarre; les lèvres lui tremblaient, elle ne pouvait parler. Cependant elle revint à elle, et se jeta aux pieds de la supérieure; je joignis ma prière à la sienne, et j'obtins encore son pardon; mais la supérieure lui protesta, de la manière la plus ferme, que ce serait le dernier, du moins pour des fautes de cette nature, et nous sortîmes toutes deux ensemble.

En retournant dans nos cellules, je lui dis : « Chère sœur, prenez garde, vous indisposerez notre mère; je ne vous abandonnerai pas; mais vous userez mon crédit auprès d'elle; et je serai désespérée de ne pouvoir plus rien ni pour vous ni pour aucune autre. Mais quelles sont vos idées ? »

Point de réponse.

« Que craignez-vous de moi ? »

Point de réponse.

« Est-ce que notre mère ne peut pas nous aimer également toutes deux ?

— Non, non, me répondit-elle avec violence, cela ne se peut; bientôt je lui répugnerai, et j'en mourrai de douleur. Ah ! pourquoi êtes-vous venue ici ? vous n'y serez pas heureuse longtemps, j'en suis sûre; et je serai malheureuse pour toujours.

— Mais, lui dis-je, c'est un grand malheur, je le sais, que d'avoir perdu la bienveillance de sa supérieure; mais j'en connais un plus grand, c'est de l'avoir mérité : vous n'avez rien à vous reprocher ?

— Ah! plût à Dieu!

— Si vous vous accusez en vous-même de quelque faute, il faut la réparer; et le moyen le plus sûr, c'est d'en supporter patiemment la peine.

— Je ne saurais; je ne saurais; et puis, est-ce à elle à m'en punir !

— A elle, sœur Thérèse, à elle ! Est-ce qu'on parle ainsi d'une supérieure ? Cela n'est pas bien; vous vous oubliez. Je suis sûre que cette faute est plus grave qu'aucune de celles que vous vous reprochez.

— Ah ! plût à Dieu ! me dit-elle encore, plût à Dieu !... » et nous nous séparâmes; elle pour aller se désoler dans sa cellule, moi pour aller rêver dans la mienne à la bizarrerie des têtes de femmes.

Voilà l'effet de la retraite [68]. L'homme est né pour la société; séparez-le, isolez-le, ses idées se désuniront, son caractère se tournera, mille affections ridicules s'élèveront dans son cœur; des pensées extravagantes germeront dans son esprit, comme les ronces dans une terre sauvage. Placez un homme dans une forêt, il y deviendra féroce; dans un cloître, où l'idée de nécessité se joint à celle de servitude, c'est pis encore. On sort d'une forêt, on ne sort plus d'un cloître; on est libre dans la forêt, on est esclave dans le cloître. Il faut peut-être plus de force d'âme encore pour résister à la solitude qu'à la misère; la misère avilit, la retraite déprave. Vaut-il mieux vivre dans l'abjection que dans la folie ? C'est ce que je n'oserais décider; mais il faut éviter l'une et l'autre.

Je voyais croître de jour en jour la tendresse que la supérieure avait conçue pour moi. J'étais sans cesse dans sa cellule, ou elle était dans la mienne; pour la moindre indisposition, elle m'ordonnait l'infirmerie, elle me dispensait des offices, elle m'envoyait coucher de bonne heure, ou m'interdisait l'oraison du matin. Au chœur, au réfectoire, à la récréation, elle trouvait moyen de me donner des marques d'amitié; au chœur s'il se rencontrait un verset qui contînt quelque sentiment affectueux et tendre, elle le chantait en me l'adressant, ou elle me regardait s'il était chanté par une autre; au réfectoire, elle m'envoyait toujours quelque chose de ce qu'on lui servait d'exquis; à la récréation, elle m'embrassait par le milieu du corps, elle me disait les choses les plus douces et les plus obligeantes; on ne lui faisait aucun présent que je ne le partageasse : chocolat, sucre, café, liqueurs, tabac, linge, mouchoirs, quoi que ce fût; elle avait déparé sa cellule d'estampes, d'ustensiles, de meubles et d'une infinité de choses agréables ou commodes, pour en orner la mienne; je ne pouvais presque pas m'en absenter un moment, qu'à mon retour je ne me trouvasse enrichie de quelques dons. J'allais l'en remercier chez elle, et elle en ressentait une joie qui ne se peut exprimer; elle m'embrassait, me caressait, me prenait sur ses genoux, m'entretenait des choses les plus secrètes de la maison, et se promettait, si je l'aimais, une vie mille fois plus heureuse que celle qu'elle aurait passée dans le monde. Après cela elle s'arrêtait, me regardait avec des yeux attendris, et me disait : « Sœur Suzanne, m'aimez-vous ?

— Et comment ferais-je pour ne pas vous aimer ? Il faudrait que j'eusse l'âme bien ingrate.

— Cela est vrai.

— Vous avez tant de bonté.

— Dites de goût pour vous... »

Et en prononçant ces mots, elle baissait les yeux; la main dont elle me tenait embrassée me serrait plus fortement; celle qu'elle avait appuyée sur mon genou pressait davantage; elle m'attirait sur elle; mon visage se trouvait placé sur le sien, elle soupirait, elle se renversait sur sa chaise, elle tremblait; on eût dit qu'elle avait à me confier quelque chose qu'elle n'osait, elle versait des larmes, et puis elle me disait : « Ah! sœur Suzanne, vous ne m'aimez pas!

— Je ne vous aime pas, chère mère!

— Non.

— Et dites-moi ce qu'il faut que je fasse pour vous le prouver.

— Il faudrait que vous le devinassiez.

— Je cherche, je ne devine rien. »

Cependant elle avait levé son linge de cou, et elle avait mis une de mes mains sur sa gorge; elle se taisait, je me taisais aussi; elle paraissait goûter le plus grand plaisir. Elle m'invitait à lui baiser le front, les joues, les yeux et la bouche; et je lui obéissais : je ne crois pas qu'il y eût du mal à cela; cependant son plaisir s'accroissait; et comme je ne demandais pas mieux que d'ajouter à son bonheur d'une manière aussi innocente, je lui baisais encore le front, les joues, les yeux et la bouche. La main qu'elle avait posée sur mon genou se promenait sur tous mes vêtements, depuis l'extrémité de mes pieds jusqu'à ma ceinture, me pressant tantôt dans un endroit, tantôt en un autre; elle m'exhortait en bégayant, et d'une voix altérée et basse, à redoubler mes caresses; je les redoublais; enfin il vint un moment, je ne sais si ce fut de plaisir ou de peine, où elle devint pâle comme la mort; ses yeux se fermèrent, tout son corps s'étendit avec violence, ses lèvres se fermèrent d'abord, elles étaient humectées comme d'une mousse légère; puis sa bouche s'entrouvrit, et elle me parut mourir en poussant un grand soupir. Je me levai brusquement; je crus qu'elle se trouvait mal; je voulais sortir, appeler. Elle entrouvrit faiblement les yeux, et me dit d'une voix éteinte : « Innocente! ce n'est rien; qu'allez-vous faire? arrêtez... » Je la regardais avec de grands yeux hébétés, incertaine si je resterais ou si je sortirais. Elle rouvrit encore les yeux; elle ne pouvait plus parler du tout; elle me fit signe d'approcher et de me replacer sur ses genoux. Je ne sais ce qui se passait en moi; je craignais, je tremblais, le cœur me palpitait, j'avais de la peine à respirer, je me sentais troublée, oppressée, agitée, j'avais peur; il me semblait que les forces m'abandonnaient et que j'allais défaillir; cependant je ne saurais dire que ce fût de la peine que je ressentisse. J'allai près d'elle; elle me fit signe encore de la main de m'asseoir sur ses genoux; je m'assis; elle était comme morte, et moi comme si j'allais mourir. Nous demeurâmes assez longtemps l'une et l'autre dans cet état singulier. Si quelque religieuse fût survenue, en vérité elle eût été bien effrayée; elle aurait imaginé, ou que nous nous étions trouvées mal, ou que nous nous étions endormies. Cependant cette bonne supérieure, car il est impossible d'être si sensible et de n'être pas bonne, me parut revenir à elle. Elle était toujours renversée sur sa chaise; ses yeux étaient toujours fermés, mais son visage s'était animé des plus belles couleurs : elle prenait une de mes mains qu'elle baisait, et moi je lui disais : « Ah ! chère mère, vous m'avez bien fait peur... » Elle sourit doucement, sans ouvrir les yeux. « Mais est-ce que vous n'avez pas souffert ?

— Non.

— Je l'ai cru.

— L'innocente ! ah ! la chère innocente ! qu'elle me plaît ! »

En disant ces mots, elle se releva, se remit sur sa chaise, me prit à brasse-corps et me baisa sur les joues avec beaucoup de force, puis elle me dit : « Quel âge avez-vous ?

— Je n'ai pas encore dix-neuf ans [69].

—— Cela ne se conçoit pas.

— Chère mère, rien n'est plus vrai.

— Je veux savoir toute votre vie; vous me la direz ?

— Oui, chère mère.

— Toute ?

— Toute.

— Mais on pourrait venir; allons nous mettre au clavecin : vous me donnerez leçon. »

Nous y allâmes; mais je ne sais comment cela se fit; les mains me tremblaient, le papier ne me montrait qu'un amas confus de notes; je ne pus jamais jouer. Je le lui dis, elle se mit à rire, elle prit ma place, mais ce fut pis encore; à peine pouvait-elle soutenir ses bras.

« Mon enfant, me dit-elle, je vois que tu n'es guère en état de me montrer ni moi d'apprendre; je suis un peu fatiguée, il faut que je me repose, adieu. Demain, sans plus tarder, je veux savoir tout ce qui s'est passé dans cette chère petite âme-là; adieu... »

Les autres fois, quand je sortais, elle m'accompagnait jusqu'à sa porte, elle me suivait des yeux tout le long du corridor jusqu'à la mienne; elle me jetait un baiser avec les mains, et ne rentrait chez elle que quand j'étais rentrée chez moi; cette fois-ci, à peine se leva-t-elle; ce fut tout ce qu'elle put faire que de gagner le fauteuil qui était à côté de son lit; elle s'assit, pencha la tête sur son oreiller, me jeta le baiser avec les mains; ses yeux se fermèrent, et je m'en allai.

Ma cellule était presque vis-à-vis la cellule de Sainte-Thérèse; la sienne était ouverte; elle m'attendait, elle m'arrêta et me dit :

« Ah ! Sainte-Suzanne, vous venez de chez notre mère ?

— Oui, lui dis-je.

— Vous y êtes demeurée longtemps ?

— Autant qu'elle l'a voulu.

— Ce n'est pas là ce que vous m'aviez promis.

— Je ne vous ai rien promis.

— Oseriez-vous bien me dire ce que vous y avez fait ?... »

Quoique ma conscience ne me reprochât rien, je vous avouerai cependant, monsieur le marquis, que sa question me troubla; elle s'en aperçut, elle insista, et je lui répondis :

« Chère sœur, peut-être ne m'en croiriez-vous pas; mais

vous en croirez peut-être notre chère mère, et je la prierai
de vous en instruire.

— Ma chère Sainte-Suzanne, me dit-elle avec vivacité,
gardez-vous-en bien; vous ne voulez pas me rendre malheureuse; elle ne me le pardonnerait jamais; vous ne la connaissez pas : elle est capable de passer de la plus grande
sensibilité jusqu'à la férocité; je ne sais pas ce que je deviendrais. Promettez-moi de ne lui rien dire.

— Vous le voulez ?

— Je vous le demande à genoux. Je suis désespérée, je
vois bien qu'il faut se résoudre; je me résoudrai. Promettez-
moi de ne lui rien dire... »

Je la relevai, je lui donnai ma parole; elle y compta et
elle eut raison; et nous nous renfermâmes, elle dans sa
cellule, moi dans la mienne.

Rentrée chez moi, je me trouvai rêveuse; je voulus prier,
et je ne le pus pas; je cherchai à m'occuper; je commençai
un ouvrage que je quittai pour un autre, que je quittai
pour un autre encore; mes mains s'arrêtaient d'elles-mêmes,
et j'étais comme imbécile; jamais je n'avais rien éprouvé
de pareil. Mes yeux se fermèrent d'eux-mêmes; je fis un
petit sommeil, quoique je ne dorme jamais de jour. Réveillée,
je m'interrogeai sur ce qui s'était passé entre la supérieure
et moi, je m'examinai; je crus entrevoir en m'examinant
encore... mais c'était des idées si vagues, si folles, si ridicules, que je les rejetai loin de moi. Le résultat de mes
réflexions, c'est que c'était peut-être une maladie à laquelle
elle était sujette; puis il m'en vint une autre, c'est que
peut-être cette maladie se gagnait, que Sainte-Thérèse
l'avait prise, et que je la prendrais aussi.

Le lendemain, après l'office du matin, notre supérieure
me dit : « Sainte-Suzanne, c'est aujourd'hui que j'espère
savoir tout ce qui vous est arrivé; venez... »

J'allai. Elle me fit asseoir dans son fauteuil à côté de
son lit, et elle se mit sur une chaise un peu plus basse; je
la dominais un peu, parce que je suis plus grande, et que
j'étais plus élevée. Elle était si proche de moi, que mes
deux genoux étaient entrelacés dans les siens, et elle était
accoudée sur son lit. Après un petit moment de silence,
je lui dis :

« Quoique je sois bien jeune, j'ai bien eu de la peine;
il y aura bientôt vingt ans que je suis au monde, et vingt

ans que je souffre. Je ne sais si je pourrai vous dire tout, et si vous aurez le cœur de l'entendre; peines chez mes parents, peines au couvent de Sainte-Marie; peines au couvent de Longchamp, peines partout; chère mère, par où voulez-vous que je commence ?

— Par les premières.

— Mais, lui dis-je, chère mère, cela sera bien long et bien triste, et je ne voudrais pas vous attrister si long-temps.

— Ne crains rien; j'aime à pleurer : c'est un état déli-cieux pour une âme tendre, que celui de verser des larmes. Tu dois aimer à pleurer aussi; tu essuieras mes larmes, j'essuierai les tiennes, et peut-être nous serons heureuses au milieu du récit de tes souffrances; qui sait jusqu'où l'attendrissement peut nous mener ?... » Et en prononçant ces derniers mots, elle me regarda de bas en haut avec des yeux déjà humides; elle me prit les deux mains; elle s'ap-procha de moi plus près encore, en sorte qu'elle me touchait et que je la touchais.

« Raconte, mon enfant, dit-elle; j'attends, je me sens les dispositions les plus pressantes à m'attendrir; je ne pense pas avoir eu de ma vie un jour plus compatissant et plus affectueux... »

Je commençai donc mon récit à peu près comme je viens de vous l'écrire. Je ne saurais vous dire l'effet qu'il pro-duisit sur elle, les soupirs qu'elle poussa, les pleurs qu'elle versa, les marques d'indignation qu'elle donna contre mes cruels parents, contre les filles affreuses de Sainte-Marie, contre celles de Longchamp; je serais bien fâchée qu'il leur arrivât la plus petite partie des maux qu'elle leur souhaita; je ne voudrais pas avoir arraché un cheveu de la tête de mon plus cruel ennemi. De temps en temps elle m'inter-rompait, elle se levait, elle se promenait, puis elle se ras-seyait à sa place; d'autres fois elle levait les yeux et les mains au ciel, et puis elle se cachait la tête entre mes genoux. Quand je lui parlai de ma scène du cachot, de celle de mon exorcisme, de mon amende honorable, elle poussa presque des cris; quand je fus à la fin, je me tus, et elle resta pendant quelque temps le corps penché sur son lit, le visage caché dans sa couverture et les bras étendus au-dessus de sa tête; et moi, je lui disais : « Chère mère, je vous demande pardon de toute la peine que je vous ai causée, je vous en avais préve-

nue, mais c'est vous qui l'avez voulu... » Et elle ne me répondait que par ces mots :

   « Les méchantes créatures! les horribles créatures! Il
n'y a que dans les couvents où l'humanité puisse s'éteindre
à ce point. Lorsque la haine vient à s'unir à la mauvaise
humeur habituelle, on ne sait plus où les choses seront
portées. Heureusement je suis douce; j'aime toutes mes
religieuses; elles ont pris, les unes plus, les autres plus ou
moins de mon caractère et elles s'aiment entre elles. Mais
comment comment cette faible santé a-t-elle pu résister à tant de
tourments ? Comment tous ces petits membres n'ont-
ils pas été brisés ? Comment toute cette machine délicate
n'a-t-elle pas été détruite ? Comment l'éclat de ces yeux
ne s'est-il pas éteint dans les larmes ? Les cruelles ! serrer
ces bras avec des cordes !... » Et elle me prenait les bras,
et elle les baisait. « Noyer de larmes ces yeux !... » Et elle
les baisait. « Arracher la plainte et le gémissement de cette
bouche !... » Et elle la baisait. « Condamner ce visage
charmant et serein à se couvrir sans cesse des nuages de la
tristesse !... » Et elle le baisait. « Faner les roses de ces
joues !... » Et elle les flattait de la main et les baisait.
« Déparer cette tête ! arracher ces cheveux ! charger ce
front de souci !... » Et elle baisait ma tête, mon front, mes
cheveux... « Oser entourer ce cou d'une corde, et déchirer
ces épaules avec des pointes aiguës !... » Et elle écartait
mon linge de cou et de tête; elle entr'ouvrait le haut de
ma robe; mes cheveux tombaient épars sur mes épaules
découvertes; ma poitrine était à demi nue, et ses baisers se
répandaient sur mon cou, sur mes épaules découvertes et
sur ma poitrine à demi nue.

   Je m'aperçus alors, au tremblement qui la saisissait, au
trouble de son discours, à l'égarement de ses yeux et de ses
mains, à son genou qui se pressait entre les miens, à l'ardeur
dont elle me serrait et à la violence dont ses bras m'enla-
çaient, que sa maladie ne tarderait pas à la prendre. Je ne sais
ce qui se passait en moi; mais j'étais saisie d'une frayeur,
d'un tremblement et d'une défaillance qui me vérifiaient
le soupçon que j'avais eu que son mal était contagieux.

   Je lui dis : « Chère mère, voyez dans quel désordre vous
m'avez mise ! si l'on venait...

   — Reste, reste, me dit-elle d'une voix oppressée; on ne
viendra pas... »

Cependant je faisais effort pour me lever et m'arracher d'elle, et je lui disais : « Chère mère, prenez garde, voilà votre mal qui va vous prendre. Souffrez que je m'éloigne... »

Je voulais m'éloigner; je le voulais, cela est sûr; mais je ne le pouvais pas. Je ne me sentais aucune force, mes genoux se dérobaient sous moi. Elle était assise, j'étais debout, elle m'attirait, je craignis de tomber sur elle et de la blesser; je m'assis sur le bord de son lit et je lui dis :

« Chère mère, je ne sais ce que j'ai, je me trouve mal.

— Et moi aussi, me dit-elle; mais repose-toi un moment, cela passera, ce ne sera rien... »

En effet, ma supérieure reprit du calme, et moi aussi. Nous étions l'une et l'autre abattues; moi, la tête penchée sur son oreiller; elle, la tête posée sur un de mes genoux, le front placé sur une de mes mains. Nous restâmes quelques moments dans cet état; je ne sais ce qu'elle pensait; pour moi, je ne pensais à rien, je ne le pouvais, j'étais d'une faiblesse qui m'occupait tout entière. Nous gardions le silence, lorsque la supérieure le rompit la première; elle me dit : « Suzanne, il m'a paru par ce que vous m'avez dit de votre première supérieure qu'elle vous était fort chère.

— Beaucoup.

— Elle ne vous aimait pas mieux que moi, mais elle était mieux aimée de vous... Vous ne me répondez pas ?

— J'étais malheureuse, elle adoucissait mes peines.

— Mais d'où vient votre répugnance pour la vie religieuse ? Suzanne, vous ne m'avez pas tout dit.

— Pardonnez-moi, madame.

— Quoi ! il n'est pas possible, aimable comme vous l'êtes, car, mon enfant, vous l'êtes beaucoup, vous ne savez pas combien, que personne ne vous l'ait dit.

— On me l'a dit.

— Et celui qui vous le disait ne vous déplaisait pas ?

— Non.

— Et vous vous êtes pris de goût pour lui ?

— Point du tout.

— Quoi ! votre cœur n'a jamais rien senti ?

— Rien.

— Quoi ! ce n'est pas une passion, ou secrète ou désapprouvée de vos parents, qui vous a donné de l'aversion pour le couvent ? Confiez-moi cela; je suis indulgente.

— Je n'ai, chère mère, rien à vous confier là-dessus.

— Mais, encore une fois, d'où vient votre répugnance pour la vie religieuse ?

— De la vie même. J'en hais les devoirs, les occupations, la retraite, la contrainte ; il me semble que je suis appelée à autre chose.

— Mais à quoi cela vous semble-t-il ?

— A l'ennui qui m'accable ; je m'ennuie.

— Ici même ?

— Oui, chère mère ; ici même, malgré toute la bonté que vous avez pour moi.

— Mais, est-ce que vous éprouvez en vous-même des mouvements, des désirs ?

— Aucun.

— Je le crois ; vous me paraissez d'un caractère tranquille.

— Assez.

— Froid, même.

— Je ne sais.

— Vous ne connaissez pas le monde ?

— Je le connais peu.

— Quel attrait peut-il donc avoir pour vous ?

— Cela ne m'est pas bien expliqué ; mais il faut pourtant qu'il en ait.

— Est-ce la liberté que vous regrettez ?

— C'est cela, et peut-être beaucoup d'autres choses.

— Et ces autres choses, quelles sont-elles ? Mon amie, parlez-moi à cœur ouvert ; voudriez-vous être mariée ?

— Je l'aimerais mieux que d'être ce que je suis ; cela est certain.

— Pourquoi cette préférence ?

— Je l'ignore.

— Vous l'ignorez ? Mais, dites-moi, quelle impression fait sur vous la présence d'un homme ?

— Aucune ; s'il a de l'esprit et qu'il parle bien, je l'écoute avec plaisir ; s'il est d'une belle figure, je le remarque.

— Et votre cœur est tranquille ?

— Jusqu'à présent, il est resté sans émotion.

— Quoi ! lorsqu'ils ont attaché leurs regards animés sur les vôtres vous n'avez pas ressenti...

— Quelquefois de l'embarras ; ils me faisaient baisser les yeux.

— Et sans aucun trouble ?

— Aucun.

— Et vos sens ne vous disaient rien ?

— Je ne sais ce que c'est que le langage des sens.

— Ils en ont un, cependant.

— Cela se peut.

— Et vous ne le connaissez pas ?

— Point du tout.

— Quoi ! vous... C'est un langage bien doux ; et voudriez-vous le connaître ?

— Non, chère mère ; à quoi cela me servirait-il ?

— A dissiper votre ennui.

— A l'augmenter, peut-être. Et puis, que signifie ce langage des sens, sans objet ?

— Quand on parle, c'est toujours à quelqu'un ; cela vaut mieux sans doute que de s'entretenir seule, quoique ce ne soit pas tout a fait sans plaisir.

— Je n'entends rien à cela.

— Si tu voulais, chère enfant, je te deviendrais plus claire.

— Non, chère mère, non. Je ne sais rien ; et j'aime mieux ne rien savoir, que d'acquérir des connaissances qui me rendraient peut-être plus à plaindre que je ne le suis. Je n'ai point de désirs, et je n'en veux point chercher que je ne pourrais satisfaire.

— Et pourquoi ne le pourrais-tu pas ?

— Et comment le pourrais-je ?

— Comme moi.

— Comme vous ! Mais il n'y a personne dans cette maison.

— J'y suis, chère amie ; vous y êtes.

— Eh bien ! que vous suis-je ? que m'êtes-vous ?

— Qu'elle est innocente !

— Oh ! il est vrai, chère mère, que je le suis beaucoup, et que j'aimerais mieux mourir que de cesser de l'être. »

Je ne sais ce que ces derniers mots pouvaient avoir de fâcheux pour elle, mais ils la firent tout à coup changer de visage ; elle devint sérieuse, embarrassée ; sa main, qu'elle avait posée sur un de mes genoux, cessa d'abord de le presser, et puis se retira ; elle tenait ses yeux baissés.

Je lui dis : « Ma chère mère, qu'est-ce qui m'est arrivé ? Est-ce qu'il me serait échappé quelque chose qui vous aurait offensée ? Pardonnez-moi. J'use de la liberté que vous m'avez accordée ; je n'étudie rien de ce que j'ai à vous dire; et puis, quand je m'étudierais, je ne dirais pas autrement, peut-être plus mal. Les choses dont nous nous entretenons me sont si étrangères ! Pardonnez-moi... »

En disant ces derniers mots, je jetai mes deux bras autour de son cou, et je posai ma tête sur son épaule. Elle jeta les deux siens autour de moi, et me serra fort tendrement. Nous demeurâmes ainsi quelques instants; ensuite, reprenant sa tendresse et sa sérénité, elle me dit : « Suzanne, dormez-vous bien ?

— Fort bien, lui dis-je, surtout depuis quelque temps.

— Vous endormez-vous tout de suite ?

— Assez communément.

— Mais quand vous ne vous endormez pas tout de suite, à quoi pensez-vous ?

— A ma vie passée, à celle qui me reste; ou je prie Dieu, ou je pleure; que sais-je ?

— Et le matin, quand vous vous éveillez de bonne heure ?

— Je me lève.

— Tout de suite ?

— Tout de suite.

— Vous n'aimez pas à rêver ?

— Non.

— A vous reposer sur votre oreiller ?

— Non.

— A jouir de la douce chaleur du lit ?

— Non.

— Jamais... »

Elle s'arrêta à ce mot, et elle eut raison; ce qu'elle avait à me demander n'était pas bien, et peut-être ferai-je beaucoup plus mal de le dire, mais j'ai résolu de ne rien céler. « ... Jamais vous n'avez été tentée de regarder, avec complaisance, combien vous êtes belle ?

— Non, chère mère. Je ne sais pas si je suis si belle que vous dites; et puis, quand je le serais, c'est pour les autres qu'on est belle, et non pour soi.

— Jamais vous n'avez pensé à promener vos mains sur cette gorge, sur ces cuisses, sur ce ventre, sur ces chairs si fermes, si douces et si blanches?

— Oh! pour cela, non; il y a du péché à cela; et si cela m'était arrivé, je ne sais comment j'aurais fait pour l'avouer à confesse... »

Je ne sais ce que nous dîmes encore, lorsqu'on vint l'avertir qu'on la demandait au parloir. Il me parut que cette visite lui causait du dépit, et qu'elle aurait mieux aimé continuer de causer avec moi, quoique ce que nous disions ne valût guère la peine d'être regretté; cependant nous nous séparâmes.

Jamais la communauté n'avait été plus heureuse que depuis que j'y étais entrée. La supérieure paraissait avoir perdu l'inégalité de son caractère; on disait que je l'avais fixée. Elle donna même en ma faveur plusieurs jours de récréation, et ce qu'on appelle des fêtes; ces jours on est un peu mieux servi qu'à l'ordinaire; les offices sont plus courts, et tout le temps qui les sépare est accordé à la récréation. Mais ce temps heureux devait passer pour les autres et pour moi.

La scène que je viens de peindre fut suivie d'un grand nombre d'autres semblables que je néglige. Voici la suite de la précédente.

L'inquiétude commençait à s'emparer de la supérieure; elle perdait sa gaieté, son embonpoint, son repos. La nuit suivante, lorsque tout le monde dormait et que la maison était dans le silence, elle se leva; après avoir erré quelque temps dans les corridors, elle vint à ma cellule. J'ai le sommeil léger, je crus la reconnaître. Elle s'arrêta. En s'appuyant le front apparemment contre ma porte, elle fit assez de bruit pour me réveiller, si j'avais dormi. Je gardai le silence; il me sembla que j'entendais une voix qui se plaignait, quelqu'un qui soupirait : j'eus d'abord un léger frisson, ensuite je me déterminai à dire *Ave*. Au lieu de me répondre, on s'éloignait à pas léger. On revint quelque temps après; les plaintes et les soupirs recommencèrent; je dis encore *Ave*, et l'on s'éloigna pour la seconde fois. Je me rassurai, je m'endormis. Pendant que je dormais, on entra, on s'assit à côté de mon lit; mes rideaux étaient entrouverts; on tenait une petite bougie dont la lumière m'éclairait le visage, et celle qui la portait me regardait dormir; ce fut du moins ce que j'en jugeai à son attitude, lorsque j'ouvris les yeux; et cette personne, c'était la supérieure.

Je me levai subitement; elle vit ma frayeur; elle me dit : « Suzanne, rassurez-vous; c'est moi... » Je me remis la tête sur mon oreiller, et je lui dis : « Chère mère, que

faites-vous ici à l'heure qu'il est ? Qu'est-ce qui peut vous
avoir amenée ? Pourquoi ne dormez-vous pas ?

— Je ne saurais dormir, me répondit-elle; je ne dormirai
de longtemps. Ce sont des songes fâcheux qui me tour-
mentent; à peine ai-je les yeux fermés, que les peines que
vous avez souffertes se retracent à mon imagination; je
vous vois entre les mains de ces inhumaines, je vois vos
cheveux épars sur votre visage, je vous vois les pieds
ensanglantés, la torche au poing, la corde au cou; je crois
qu'elles vont disposer de votre vie; je frissonne, je tremble;
une sueur froide se répand sur tout mon corps; je veux
aller à votre secours; je pousse des cris, je m'éveille, et
c'est inutilement que j'attends que le sommeil revienne.
Voilà ce qui m'est arrivé cette nuit; j'ai craint que le ciel
ne m'annonçât quelque malheur arrivé à mon amie; je
me suis levée, je me suis approchée de votre porte, j'ai
écouté; il m'a semblé que vous ne dormiez pas; vous avez
parlé, je me suis retirée; je suis revenue, vous avez encore
parlé, et je me suis encore éloignée; je suis revenue une
troisième fois; et lorsque j'ai cru que vous dormiez, je
suis entrée. Il y a déjà quelque temps que je suis à côté de
vous, et que je crains de vous éveiller : j'ai balancé
d'abord si je tirerais vos rideaux; je voulais m'en aller,
crainte de troubler votre repos; mais je n'ai pu résister
au désir de voir si ma chère Suzanne se portait bien; je
vous ai regardée : que vous êtes belle à voir, même quand
vous dormez !

— Ma chère mère, que vous êtes bonne !

— J'ai pris du froid; mais je sais que je n'ai rien à
craindre de fâcheux pour mon enfant, et je crois que je
dormirai. Donnez-moi votre main. »

Je la lui donnai.

« Que son pouls est tranquille ! qu'il est égal ! rien ne
l'émeut.

— J'ai le sommeil assez paisible.

— Que vous êtes heureuse !

— Chère mère, vous continuerez de vous refroidir.

— Vous avez raison; adieu, belle amie, adieu, je m'en
vais. »

Cependant elle ne s'en allait point, elle continuait à
me regarder; deux larmes coulaient de ses yeux. « Chère
mère, lui dis-je, qu'avez-vous ? vous pleurez; que je suis

fâchée de vous avoir entretenue de mes peines !... » A l'instant elle ferma ma porte, elle éteignit sa bougie, et elle se précipita sur moi. Elle me tenait embrassée; elle était couchée sur ma couverture à côté de moi; son visage était collé sur le mien, ses larmes mouillaient mes joues; elle soupirait, et elle me disait d'une voix plaintive et entrecoupée : « Chère amie, ayez pitié de moi !

— Chère mère, lui dis-je, qu'avez-vous ? Est-ce que vous vous trouvez mal ? Que faut-il que je fasse ?

— Je tremble, me dit-elle, je frissonne; un froid mortel s'est répandu sur moi.

— Voulez-vous que je me lève et que je vous cède mon lit ?

— Non, me dit-elle, il ne serait pas nécessaire que vous vous levassiez; écartez seulement un peu la couverture, que je m'approche de vous; que je me réchauffe, et que je guérisse.

— Chère mère, lui dis-je, mais cela est défendu. Que dirait-on si on le savait ? J'ai vu mettre en pénitence des religieuses, pour des choses beaucoup moins graves. Il arriva dans le couvent de Sainte-Marie à une religieuse d'aller la nuit dans la cellule d'une autre, c'était sa bonne amie, et je ne saurais vous dire tout le mal qu'on en pensait. Le directeur m'a demandé quelquefois si l'on ne m'avait jamais proposé de venir dormir à côté de moi, et il m'a sérieusement recommandé de ne le pas souffrir. Je lui ai même parlé des caresses que vous me faisiez; je les trouve très innocentes, mais lui, il n'en pense pas ainsi; je ne sais comment j'ai oublié ses conseils; je m'étais bien proposé de vous en parler.

— Chère amie, me dit-elle, tout dort autour de nous, personne n'en saura rien. C'est moi qui récompense ou qui punis; et quoi qu'en dise le directeur, je ne vois pas quel mal il y a à une amie, à recevoir à côté d'elle une amie que l'inquiétude a saisie, qui s'est éveillée, et qui est venue, pendant la nuit et malgré la rigueur de la saison, voir si sa bien-aimée n'était dans aucun péril. Suzanne, n'avez-vous jamais partagé le même lit chez vos parents avec une de vos sœurs ?

— Non, jamais.

— Si l'occasion s'en était présentée, ne l'auriez-vous pas fait sans scrupule ? Si votre sœur, alarmée et transie

de froid, était venue vous demander place à côté de vous,
l'auriez-vous refusée ?

— Je crois que non.

— Et ne suis-je pas votre chère mère ?

— Oui, vous l'êtes; mais cela est défendu.

— Chère amie, c'est moi qui le défends aux autres, et
qui vous le permets et vous le demande. Que je me réchauffe
un moment, et je m'en irai. Donnez-moi votre main... »
Je la lui donnai. « Tenez, me dit-elle, tâtez, voyez; je
tremble, je frissonne, je suis comme un marbre... » et cela
était vrai. « Oh ! la chère mère, lui dis-je, elle en sera
malade. Mais attendez, je vais m'éloigner sur le bord, et
vous vous mettrez dans l'endroit chaud. » Je me rangeai
de côté, je levai la couverture, et elle se mit à ma place.
Oh ! qu'elle était mal ! Elle avait un tremblement général
dans tous les membres; elle voulait me parler, elle voulait
s'approcher de moi; elle ne pouvait articuler, elle ne pouvait se remuer. Elle me disait à voix basse : « Suzanne,
mon amie, rapprochez-vous un peu... » Elle étendit ses
bras; je lui tournais le dos; elle me prit doucement, elle
me tira vers elle, elle passa son bras droit sous mon corps
et l'autre dessus, et elle me dit : « Je suis glacée; j'ai si
froid que je crains de vous toucher, de peur de vous faire
mal.

— Chère mère, ne craignez rien. »

Aussitôt elle mit une de ses mains sur ma poitrine et
l'autre autour de ma ceinture; ses pieds étaient posés sous
les miens, et je les pressais pour les réchauffer; et la chère
mère me disait : « Ah ! chère amie, voyez comme mes
pieds se sont promptement réchauffés, parce qu'il n'y a
rien qui les sépare des vôtres.

— Mais, lui dis-je, qui empêche que vous ne vous
réchauffiez partout de la même manière ?

— Rien, si vous voulez. »

Je m'étais retournée, elle avait écarté son linge, et
j'allais écarter le mien, lorsque tout à coup on frappa deux
coups violents à la porte. Effrayée, je me jette sur-le-champ
hors du lit d'un côté, et la supérieure de l'autre; nous écou-
tons, et nous entendons quelqu'un qui regagnait, sur la
pointe du pied, la cellule voisine. « Ah ! lui dis-je, c'est
ma sœur Sainte-Thérèse; elle vous aura vue passer dans
le corridor, et entrer chez moi; elle nous aura écoutées,

elle aura surpris nos discours; que dira-t-elle ?... » J'étais
plus morte que vive. « Oui, c'est elle, me dit la supérieure
d'un ton irrité; c'est elle, je n'en doute pas; mais j'espère
qu'elle se ressouviendra longtemps de sa témérité.

— Ah ! chère mère, lui dis-je, ne lui faites point de
mal.

— Suzanne, me dit-elle, adieu, bonsoir : recouchez-
vous, dormez bien, je vous dispense de l'oraison. Je vais
chez cette étourdie. Donnez-moi votre main... »

Je la lui tendis d'un bord du lit à l'autre; elle releva la
manche qui me couvrait le bras, elle le baisa en soupirant
sur toute sa longueur, depuis l'extrémité des doigts jusqu'à l'épaule; et elle sortit en protestant que la téméraire
qui avait osé la troubler s'en ressouviendrait. Aussitôt je
m'avançai promptement à l'autre bord de ma couche vers
la porte, et j'écoutai : elle entra chez sœur Thérèse. Je
fus tentée de me lever et d'aller m'interposer entre la sœur
Sainte-Thérèse et la supérieure, s'il arrivait que la scène
devînt violente; mais j'étais si troublée et si mal à mon aise,
que j'aimai mieux rester dans mon lit; mais je n'y dormis
pas. Je pensai que j'allais devenir l'entretien de la maison;
que cette aventure, qui n'avait rien en soi que de bien simple,
serait racontée avec les circonstances les plus défavorables;
qu'il en serait ici pis encore qu'à Longchamp, où je fus
accusée de je ne sais quoi; que notre faute parviendrait à la
connaissance des supérieurs, que notre mère serait déposée;
et que nous serions l'une et l'autre sévèrement punies.
Cependant j'avais l'oreille au guet, j'attendais avec impatience que notre mère sortît de chez sœur Thérèse; cette
affaire fut difficile à accommoder apparemment, car elle y
passa presque la nuit. Que je la plaignais! elle était en chemise, toute nue, et transie de colère et de froid.

Le matin, j'avais bien envie de profiter de la permission qu'elle m'avait donnée, et de demeurer couchée;
cependant il me vint en esprit qu'il n'en fallait rien faire.
Je m'habillai bien vite, et je me trouvai la première au
chœur, où la supérieure et Sainte-Thérèse ne parurent point,
ce qui me fit grand plaisir; premièrement, parce que j'aurais
eu de la peine à soutenir la présence de cette sœur sans
embarras; secondement, c'est que, puisqu'on lui avait
permis de s'absenter de l'office, elle avait apparemment
obtenu un pardon qu'on ne lui aurait accordé qu'à des

conditions qui devaient me tranquilliser. J'avais deviné.

A peine l'office fut-il achevé, que la supérieure m'envoya
chercher. J'allai la voir : elle était encore au lit, elle avait
l'air abattu; elle me dit : « J'ai souffert; je n'ai point dormi;
Sainte-Thérèse est folle; si cela lui arrive encore, je l'en-
fermerai.

— Ah ! chère mère lui dis-je, ne l'enfermez jamais.

— Cela dépendra de sa conduite : elle m'a promis
qu'elle serait meilleure; et j'y compte. Et vous, chère
Suzanne, comment vous portez-vous ?

— Bien, chère mère.

— Avez-vous un peu reposé ?

— Fort peu.

— On m'a dit que vous aviez été au chœur; pourquoi
n'êtes-vous pas restée sur votre traversin ?

— J'y aurais été mal; et puis j'ai pensé qu'il valait
mieux...

— Non, il n'y avait point d'inconvénient. Mais je me
sens quelque envie de sommeiller; je vous conseille d'en
aller faire autant chez vous, à moins que vous n'aimiez
mieux accepter une place à côté de moi.

— Chère mère, je vous suis infiniment obligée; j'ai
l'habitude de coucher seule, et je ne saurais dormir avec
une autre.

— Allez donc. Je ne descendrai point au réfectoire à
dîner; on me servira ici : peut-être ne me lèverai-je pas du
reste de la journée. Vous viendrez avec quelques autres
que j'ai fait avertir.

— Et sœur Sainte-Thérèse en sera-t-elle ? lui demandai-je.

— Non, me répondit-elle.

— Je n'en suis pas fâchée.

— Et pourquoi ?

— Je ne sais, il me semble que je crains de la rencontrer.

— Rassurez-vous, mon enfant; je te réponds qu'elle
a plus de frayeur de toi que tu n'en dois avoir d'elle. »

Je la quittai, j'allai me reposer. L'après-midi, je me rendis
chez la supérieure, où je trouvai une assemblée assez
nombreuse des religieuses les plus jeunes et les plus jolies
de la maison; les autres avaient fait leur visite et s'étaient
retirées. Vous qui vous connaissez en peinture, je vous

assure, monsieur le marquis, que c'était un assez agréable
tableau à voir. Imaginez un atelier de dix à douze personnes,
dont la plus jeune pouvait avoir quinze ans, et la plus
âgée n'en avait pas vingt-trois; une supérieure qui touchait
à la quarantaine, blanche, fraîche, pleine d'embonpoint [70],
à moitié levée sur son lit, avec deux mentons qu'elle
portait d'assez bonne grâce, des bras ronds comme s'ils
avaient été tournés, des doigts en fuseau, et tout parsemés
de fossettes; des yeux noirs, grands, vifs et tendres, presque
jamais entièrement ouverts, à demi fermés, comme si
celle qui les possédait eût éprouvé quelque fatigue à les
ouvrir; des lèvres vermeilles comme la rose, des dents
blanches comme le lait, les plus belles joues, une tête
fort agréable, enfoncée dans un oreiller profond et mollet;
les bras étendus mollement à ses côtés, avec de petits
coussins sous les coudes pour les soutenir. J'étais assise
sur le bord de son lit, et je ne faisais rien; une autre dans
un fauteuil, avec un petit métier à broder sur ses genoux;
d'autres, vers les fenêtres, faisaient de la dentelle; il y
en avait à terre assises sur les coussins qu'on avait ôtés
des chaises, qui cousaient, qui brodaient, qui parfilaient
ou qui filaient au petit rouet. Les unes étaient blondes,
d'autres brunes; aucune ne se ressemblait, quoiqu'elles
fussent toutes belles. Leurs caractères étaient aussi variés
que leurs physionomies; celles-ci étaient sereines, celles-
là gaies, d'autres sérieuses, mélancoliques ou tristes. Toutes
travaillaient, excepté moi, comme je vous l'ai dit. Il n'était
pas difficile de discerner les amies des indifférentes et des
ennemies; les amies s'étaient placées, ou l'une à côté de
l'autre, ou en face; et tout en faisant leur ouvrage, elles
causaient, elles se conseillaient, elles se regardaient furtivement, elles se pressaient les doigts, sous prétexte de se
donner une épingle, une aiguille, des ciseaux. La supérieure
les parcourait des yeux; elle reprochait à l'une son application, à l'autre son oisiveté, à celle-ci son indifférence, à
celle-là sa tristesse; elle se faisait apporter l'ouvrage, elle
louait ou blâmait; elle raccommodait à l'une son ajustement
de tête... « Ce voile est trop avancé... Ce linge prend trop
du visage, on ne vous voit pas assez les joues... Voilà
des plis qui font mal... » Elle distribuait à chacune, ou de
petits reproches, ou de petites caresses.

Tandis qu'on était occupé, j'entendis frapper doucement

à la porte, j'y allai. La supérieure me dit : « Sainte-Suzanne,
vous reviendrez.

— Oui, chère mère.

— N'y manquez pas, car j'ai quelque chose d'important
à vous communiquer.

— Je vais rentrer... »

C'était cette pauvre Sainte-Thérèse. Elle demeura un
petit moment sans parler, et moi aussi; ensuite je lui dis :
« Chère sœur, est-ce à moi que vous en voulez ?

— Oui.

— A quoi puis-je vous servir ?

— Je vais vous le dire. J'ai encouru la disgrâce de notre
chère mère; je croyais qu'elle m'avait pardonné, et j'avais
quelque raison de le penser; cependant vous êtes toutes
assemblées chez elle, je n'y suis pas, et j'ai ordre de demeurer
chez moi.

— Est-ce que vous voudriez entrer ?

— Oui.

— Est-ce que vous souhaiteriez que j'en sollicitasse la
permission ?

— Oui.

— Attendez, chère amie, j'y vais.

— Sincèrement, vous lui parlerez pour moi ?

— Sans doute; et pourquoi ne vous le promettrais-je
pas, et pourquoi ne le ferais-je pas après vous l'avoir
promis ?

— Ah ! me dit-elle, en me regardant tendrement, je lui
pardonne, je lui pardonne le goût qu'elle a pour vous;
c'est que vous possédez tous les charmes, la plus belle
âme et le plus beau corps. »

J'étais enchantée d'avoir ce petit service à lui rendre.
Je rentrai. Une autre avait pris ma place en mon absence
sur le bord du lit de la supérieure, était penchée vers elle,
le coude appuyé entre ses deux cuisses, et lui montrait
son ouvrage; la supérieure, les yeux presque fermés, lui
disait oui et non, sans presque la regarder; et j'étais debout
à côté d'elle sans qu'elle s'en aperçût. Cependant elle ne
tarda pas à revenir de sa légère distraction. Celle qui s'était
emparée de ma place, me la rendit; je me rassis; ensuite
me penchant doucement vers la supérieure, qui s'était un
peu relevée sur ses oreillers, je me tus, mais je la regardai
comme si j'avais une grâce à lui demander. « Eh bien,

me dit-elle, qu'est-ce qu'il y a ? parlez, que voulez-vous ?
est-ce qu'il est en moi de vous refuser quelque chose ?

— La sœur Sainte-Thérèse...

— J'entends. J'en suis très mécontente; mais Sainte-
Suzanne intercède pour elle, et je lui pardonne; allez lui
dire qu'elle peut entrer. »

J'y courus. La pauvre petite sœur attendait à la porte;
je lui dis d'avancer : elle le fit en tremblant, elle avait les
yeux baissés; elle tenait un long morceau de mousseline
attaché sur un patron qui lui échappa des mains au premier
pas; je le ramassai; je la pris par un bras et la conduisis à
la supérieure. Elle se jeta à genoux; elle saisit une de ses
mains, qu'elle baisa en poussant quelques soupirs, et en
versant une larme; puis elle s'empara d'une des miennes,
qu'elle joignit à celle de la supérieure, et les baisa l'une et
l'autre. La supérieure lui fit signe de se lever et de se placer
où elle voudrait; elle obéit. On servit une collation. La
supérieure se leva; elle ne s'assit point avec nous, mais elle
se promenait autour de la table, posant sa main sur la tête
de l'une, la renversant doucement en arrière et lui baisant
le front, levant le linge de cou à une autre, plaçant sa main
dessus, et demeurant appuyée sur le dos de son fauteuil;
passant à une troisième, en laissant aller sur elle une de
ses mains, ou la plaçant sur sa bouche; goûtant du bout
des lèvres aux choses qu'on avait servies, et les distribuant
à celle-ci, à celle-là. Après avoir circulé ainsi un moment,
elle s'arrêta en face de moi, me regardant avec des yeux
très affectueux et très tendres; cependant les autres les
avaient baissés, comme si elles eussent craint de la contraindre ou de la distraire, mais surtout la sœur Sainte-
Thérèse. La collation faite, je me mis au clavecin; et
j'accompagnai deux sœurs qui chantèrent sans méthode,
avec du goût, de la justesse et de la voix. Je chantai aussi,
et je m'accompagnai. La supérieure était assise au pied du
clavecin, et paraissait goûter le plus grand plaisir à m'entendre et à me voir; les autres écoutaient debout sans rien
faire, ou s'étaient remises à l'ouvrage. Cette soirée fut
délicieuse. Cela fait, toutes se retirèrent.

Je m'en allais avec les autres; mais la supérieure m'arrêta : « Quelle heure est-il ? me dit-elle.

— Tout à l'heure six heures.

— Quelques-unes de nos discrètes [71] vont entrer. J'ai

réfléchi sur ce que vous m'avez dit de votre sortie de
Longchamp; je leur ai communiqué mes idées; elles les
ont approuvées, et nous avons une proposition à vous
faire. Il est impossible que nous ne réussissions pas; et si
nous réussissons, cela fera un petit bien à la maison et
quelque douceur pour vous... »

A six heures, les discrètes entrèrent; la discrétion des
maisons religieuses est toujours bien décrépite et bien
vieille. Je me levai, elles s'assirent; et la supérieure me
dit : « Sœur Sainte-Suzanne, ne m'avez-vous pas appris
que vous deviez à la bienfaisance de M. Manouri la dot
qu'on vous a faite ici ?

— Oui, chère mère.

— Je ne me suis donc pas trompée, et les sœurs de
Longchamp sont restées en possession de la dot que vous
leur avez payée en entrant chez elles ?

— Oui, chère mère.

— Elles ne vous en ont rien rendu ?

— Non, chère mère.

— Elles ne vous en font point de pension ?

— Non, chère mère.

— Cela n'est pas juste; c'est ce que j'ai communiqué à
nos discrètes; et elles pensent, comme moi, que vous êtes
en droit de demander contre elles, ou que cette dot vous
soit restituée au profit de notre maison, ou qu'elles vous
en fassent la rente. Ce que vous tenez de l'intérêt que
M. Manouri a pris à votre sort, n'a rien de commun avec
ce que les sœurs de Longchamp vous doivent; ce n'est
point à leur acquit qu'il a fourni votre dot.

— Je ne le crois pas; mais pour s'en assurer, le plus
court c'est de lui écrire.

— Sans doute; mais au cas que sa réponse soit telle que
nous la désirons, voici les propositions que nous avons à
vous faire : nous entreprendrons le procès en votre nom
contre la maison de Longchamp; la nôtre fera les frais, qui
ne seront pas considérables, parce qu'il y a bien de l'apparence que M. Manouri ne refusera pas de se charger de
cette affaire; et si nous gagnons, la maison partagera avec
vous moitié par moitié le fonds ou la rente. Qu'en
pensez-vous, chère sœur ? vous ne répondez pas, vous
rêvez.

— Je rêve que ces sœurs de Longchamp m'ont fait

beaucoup de mal, et que je serais au désespoir qu'elles imaginassent que je me venge.

— Il ne s'agit pas de se venger; il s'agit de redemander ce qui vous est dû.

— Se donner encore une fois en spectacle !

— C'est le plus petit inconvénient; il ne sera presque pas question de vous. Et puis notre communauté est pauvre, et celle de Longchamp est riche. Vous serez notre bienfaitrice, du moins tant que vous vivrez; nous n'avons pas besoin de ce motif pour nous intéresser à votre conservation; nous vous aimons toutes... » Et toutes les discrètes à la fois : « Et qui est-ce qui ne l'aimerait pas ? elle est parfaite.

— Je puis cesser d'être d'un moment à l'autre, une autre supérieure n'aurait pas peut-être pour vous les mêmes sentiments que moi : oh! non, sûrement, elle ne les aurait pas. Vous pouvez avoir de petites indispositions, de petits besoins; il est fort doux de posséder un petit argent dont on puisse disposer pour se soulager soi-même ou pour obliger les autres.

— Chères mères, leur dis-je, ces considérations ne sont pas à négliger, puisque vous avez la bonté de les faire; il y en a d'autres qui me touchent davantage; mais il n'y a point de répugnance que je ne sois prête à vous sacrifier. La seule grâce que j'aie à vous demander, chère mère, c'est de ne rien commencer sans en avoir conféré en ma présence avec M. Manouri.

— Rien n'est plus convenable. Voulez-vous lui écrire vous-même ?

— Chère mère, comme il vous plaira.

— Écrivez-lui; et pour ne pas revenir deux fois là-dessus, car je n'aime pas ces sortes d'affaires, elles m'ennuient à périr, écrivez à l'instant. »

On me donna une plume, de l'encre et du papier, et sur-le-champ je priai M. Manouri de vouloir bien se transporter à Arpajon aussitôt que ses occupations le lui permettraient; que j'avais besoin encore de ses secours et de son conseil dans une affaire de quelque importance, etc. Le concile assemblé lut cette lettre, l'approuva, et elle fut envoyée.

M. Manouri vint quelques jours après. La supérieure lui exposa ce dont il s'agissait; il ne balança pas un moment

à être de son avis; on traita mes scrupules de ridiculités;
il fut conclu que les religieuses de Longchamp seraient
assignées dès le lendemain. Elles le furent; et voilà que,
malgré que j'en aie, mon nom reparaît dans des mémoires,
des factum, à l'audience, et cela avec des détails, des suppositions, des mensonges et toutes les noirceurs qui peuvent rendre une créature défavorable à ses juges et odieuse
aux yeux du public. Mais, monsieur le marquis, est-ce qu'il
est permis aux avocats de calomnier tant qu'il leur plaît ?
Est-ce qu'il n'y a point de justice contre eux ? Si j'avais pu
prévoir toutes les amertumes que cette affaire entraînerait, je vous proteste que je n'aurais jamais consenti à ce
qu'elle s'entamât. On eut l'attention d'envoyer à plusieurs
religieuses de notre maison les pièces qu'on publia contre
moi. A tout moment, elles venaient me demander les
détails d'événements horribles qui n'avaient pas l'ombre
de la vérité. Plus je montrais d'ignorance, plus on me
croyait coupable; parce que je n'expliquais rien, que je
n'avouais rien, que je niais tout, on croyait que tout était
vrai; on souriait, on me disait des mots entortillés, mais
très offensants; on haussait les épaules à mon innocence.
Je pleurais, j'étais désolée.

Mais une peine ne vient jamais seule. Le temps d'aller à
confesse arriva. Je m'étais déjà accusée des premières
caresses que ma supérieure m'avait faites; le directeur
m'avait très expressément défendu de m'y prêter davantage; mais le moyen de se refuser à des choses qui font
grand plaisir à une autre dont on dépend entièrement, et
auxquelles on n'entend soi-même aucun mal ?

Ce directeur devant jouer un grand rôle dans le reste de
mes mémoires, je crois qu'il est à propos que vous le
connaissiez.

C'est un cordelier; il s'appelle le P. Lemoine [72]; il n'a pas
plus de quarante-cinq ans. C'est une des plus belles physionomies qu'on puisse voir; elle est douce, sereine, ouverte, riante, agréable quand il n'y pense pas; mais quand
il y pense, son front se ride, ses sourcils se froncent, ses
yeux se baissent, et son maintien devient austère. Je ne
connais pas deux hommes plus différents que le P. Lemoine
à l'autel et le P. Lemoine au parloir et le P. Lemoine au parloir seul ou en compagnie. Au reste, toutes les personnes

religieuses en sont-là; et moi-même je me suis surprise plusieurs fois sur le point d'aller à la grille, arrêtée tout court,
rajustant mon voile, mon bandeau, composant mon visage,
mes yeux, ma bouche, mes mains, mes bras, ma contenance,
ma démarche, et me faisant un maintien et une modestie
d'emprunt qui duraient plus ou moins, selon les personnes
avec lesquelles j'avais à parler. Le P. Lemoine est grand,
bien fait, gai, très aimable quand il s'oublie; il parle à merveille; il a dans sa maison la réputation d'un grand théolo-
gien, et dans le monde celle d'un grand prédicateur; il
converse à ravir. C'est un homme très instruit d'une
infinité de connaissances étrangères à son état : il a la plus
belle voix, il sait la musique, l'histoire et les langues; il est
docteur de Sorbonne. Quoiqu'il soit jeune, il a passé par
les dignités principales de son ordre. Je le crois sans
intrigue et sans ambition; il est aimé de ses confrères. Il
avait sollicité la supériorité de la maison d'Étampes, comme
un poste tranquille où il pourrait se livrer sans distraction
à quelques études qu'il avait commencées; et on la lui avait
accordée. C'est une grande affaire pour une maison de religieuses que le choix d'un confesseur : il faut être dirigée par
un homme important et de marque. On fit tout pour avoir
le P. Lemoine, et on l'eut, du moins par extraordinaire.

On lui envoyait la voiture de la maison la veille des
grandes fêtes, et il venait. Il fallait voir le mouvement que
son attente produisait dans toute la communauté; comme
on était joyeuse, comme on se renfermait, comme on travaillait à son examen, comme on se préparait à l'occuper
le plus longtemps qu'il serait possible.

C'était la veille de la Pentecôte. Il était attendu. J'étais
inquiète, la supérieure s'en aperçut, elle m'en parla. Je ne
lui cachai point la raison de mon souci; elle m'en parut
plus alarmée encore que moi, quoiqu'elle fît tout pour me
le celer. Elle traita le P. Lemoine d'homme ridicule, se
moqua de mes scrupules, me demanda si le P. Lemoine en
savait plus sur l'innocence de ses sentiments et des miens
que notre conscience, et si la mienne me reprochait quelque
chose. Je lui répondis que non. « Eh bien ! me dit-elle, je
suis votre supérieure, vous me devez l'obéissance, et je
vous ordonne de ne lui point parler de ces sottises. Il est
inutile que vous alliez à confesse, si vous n'avez que des
bagatelles à lui dire. »

Cependant le P. Lemoine arriva; et je me disposais à la confession, tandis que de plus pressées s'en étaient emparées. Mon tour approchait, lorsque la supérieure vint à moi, me tira à l'écart, et me dit : « Sainte-Suzanne, j'ai pensé à ce que vous m'avez dit; retournez-vous-en dans votre cellule, je ne veux pas que vous alliez à confesse aujourd'hui.

— Et pourquoi, lui répondis-je, chère mère ? C'est demain un grand jour, c'est jour de communion générale : que voulez-vous qu'on pense, si je suis la seule qui n'approche point de la sainte table ?

— N'importe, on dira tout ce qu'on voudra, mais vous n'irez point à confesse.

— Chère mère, lui dis-je, s'il est vrai que vous m'aimiez, ne me donnez point cette mortification, je vous le demande en grâce.

— Non, non, cela ne se peut; vous me feriez quelque tracasserie avec cet homme-là, et je n'en veux point avoir.

— Non, chère mère, je ne vous en ferai point !

— Promettez-moi donc... Cela est inutile, vous viendrez demain matin dans ma chambre, vous vous accuserez à moi : vous n'avez commis aucune faute, dont je ne puisse vous réconcilier et vous absoudre; et vous communierez avec les autres. Allez. »

Je me retirai donc, et j'étais dans ma cellule, triste, inquiète, rêveuse, ne sachant quel parti prendre, si j'irais au P. Lemoine malgré ma supérieure, si je m'en tiendrais à son absolution le lendemain, et si je ferais mes dévotions avec le reste de la maison, ou si je m'éloignerais des sacrements, quoi qu'on en pût dire. Lorsqu'elle rentra, elle s'était confessée, et le P. Lemoine lui avait demandé pourquoi il ne m'avait point aperçue, si j'étais malade; je ne sais ce qu'elle lui avait répondu, mais la fin de cela, c'est qu'il m'attendait au confessionnal. « Allez-y donc, me dit-elle, puisqu'il le faut, mais assurez-moi que vous vous tairez. » J'hésitais, elle insistait. « Eh ! folle, me disait-elle, quel mal veux-tu qu'il y ait à taire ce qu'il n'y a point eu de mal à faire ?

— Et quel mal y a-t-il à le dire ? lui répondis-je.

— Aucun, mais il y a de l'inconvénient. Qui sait l'importance que cet homme peut y mettre ? Assurez-moi donc... » Je balançai encore; mais enfin je m'engageai à ne rien dire, s'il ne me questionnait pas, et j'allai.

Je me confessai, et je me tus; mais le directeur m'interrogea, et je ne dissimulai rien. Il me fit mille demandes singulières, auxquelles je ne comprends rien encore à présent que je me les rappelle [73]. Il me traita avec indulgence; mais il s'exprima sur la supérieure dans des termes qui me firent frémir; il l'appela indigne, libertine, mauvaise religieuse, femme pernicieuse, âme corrompue; et m'enjoignit, sous peine de péché mortel, de ne me trouver jamais seule avec elle, et de ne souffrir aucune de ses caresses.

« Mais, mon père, lui dis-je, c'est ma supérieure; elle peut entrer chez moi, m'appeler chez elle quand il lui plaît.

— Je le sais, je le sais, et j'en suis désolé. Chère enfant, me dit-il, loué soit Dieu qui vous a préservée jusqu'à présent ! Sans oser m'expliquer avec vous plus clairement, dans la crainte de devenir moi-même le complice de votre indigne supérieure, et de faner, par le souffle empoisonné qui sortirait malgré moi de mes lèvres, une fleur délicate, qu'on ne garde fraîche et sans tache jusqu'à l'âge où vous êtes, que par une protection spéciale de la Providence, je vous ordonne de fuir votre supérieure, de repousser loin de vous ses caresses, de ne jamais entrer seule chez elle, de lui fermer votre porte, surtout la nuit; de sortir de votre lit, si elle entre chez vous malgré vous; d'aller dans le corridor, d'appeler s'il le faut, de descendre toute nue jusqu'au pied des autels, de remplir la maison de vos cris, et de faire tout ce que l'amour de Dieu, la crainte du crime, la sainteté de votre état et l'intérêt de votre salut vous inspireraient, si Satan en personne se présentait à vous et vous poursuivait. Oui, mon enfant, Satan; c'est sous cet aspect que je suis contraint de vous montrer votre supérieure; elle est enfoncée dans l'abîme du crime, elle cherche à vous y plonger; et vous y seriez déjà peut-être avec elle, si votre innocence même ne l'avait remplie de terreur, et ne l'avait arrêtée. » Puis levant les yeux au ciel, il s'écria : « Mon Dieu ! continuez de protéger cette enfant... Dites avec moi : *Satana, vade retro, apage, Satana*. Si cette malheureuse vous interroge, dites-lui tout, répétez-lui mon discours; dites-lui qu'il vaudrait mieux qu'elle ne fût pas née, ou qu'elle se précipitât seule aux enfers par une mort violente.

— Mais, mon père, lui répliquai-je, vous l'avez entendue elle-même tout à l'heure. »

Il ne me répondit rien; mais poussant un soupir profond, il porta ses bras contre une des parois du confessionnal, et appuya sa tête dessus comme un homme pénétré de douleur : il demeura quelque temps dans cet état. Je ne savais que penser; les genoux me tremblaient; j'étais dans un trouble, un désordre qui ne se conçoit pas. Tel serait un voyageur qui marcherait dans les ténèbres entre des précipices qu'il ne verrait pas, et qui serait frappé de tout côté par des voix souterraines qui lui crieraient : « C'est fait de toi ! » Me regardant ensuite avec un air tranquille, mais attendri, il me dit : « Avez-vous de la santé ?

— Oui, mon père.

— Ne seriez-vous pas trop incommodée d'une nuit que vous passeriez sans dormir ?

— Non, mon père.

— Eh bien ! me dit-il, vous ne vous coucherez point celle-ci; aussitôt après votre collation vous irez dans l'église, vous vous prosternerez au pied des autels, vous y passerez la nuit en prières. Vous ne savez pas le danger que vous avez couru : vous remercierez Dieu de vous en avoir garantie; et demain vous approcherez de la sainte table avec toutes les religieuses. Je ne vous donne pour pénitence que de tenir loin de vous votre supérieure, et que de repousser ses caresses empoisonnées. Allez; je vais de mon côté unir mes prières aux vôtres. Combien vous m'allez causer d'inquiétudes ! Je sens toutes les suites du conseil que je vous donne; mais je vous le dois, et je me le dois à moi-même. Dieu est le maître; et nous n'avons qu'une loi. »

Je ne me rappelle, monsieur, que très imparfaitement tout ce qu'il me dit. A présent que je compare son discours tel que je viens de vous le rapporter, avec l'impression terrible qu'il me fit, je n'y trouve pas de comparaison; mais cela vient de ce qu'il est brisé, décousu; qu'il y manque beaucoup de choses que je n'ai pas retenues, parce que je n'y attachais aucune idée distincte, et que je ne voyais et ne vois encore aucune importance à des choses sur lesquelles il se récriait avec le plus de violence. Par exemple, qu'est-ce qu'il trouvait de si étrange dans la scène du clavecin ? N'y a-t-il pas des personnes sur lesquelles la

musique fait la plus violente impression? On m'a dit à
moi-même que certains airs, certaines modulations changeaient entièrement ma physionomie : alors j'étais tout à
fait hors de moi, je ne savais presque ce que je devenais;
je ne crois pas que j'en fusse moins innocente. Pourquoi
n'en eût-il pas été de même de ma supérieure, qui était
certainement, malgré toutes ses folies et ses inégalités, une
des femmes les plus sensibles qu'il y eût au monde? Elle
ne pouvait entendre un récit un peu touchant sans fondre
en larmes; quand je lui racontai mon histoire, je la mis
dans un état à faire pitié. Que ne lui faisait-il un crime
aussi de sa commisération? Et la scène de la nuit, dont il
attendait l'issue avec une frayeur mortelle... Certainement
cet homme est trop sévère.

Quoi qu'il en soit, j'exécutai ponctuellement ce qu'il
m'avait prescrit, et dont il avait sans doute prévu la suite
immédiate. Tout au sortir du confessionnal, j'allai me
prosterner au pied des autels; j'avais la tête troublée
d'effroi; j'y demeurai jusqu'à souper. La supérieure,
inquiète, de ce que j'étais devenue, m'avait fait appeler;
on lui avait répondu que j'étais en prière. Elle s'était
montrée plusieurs fois à la porte du chœur; mais j'avais
fait semblant de ne la point apercevoir. L'heure du souper
sonna; je me rendis au réfectoire; je soupai à la hâte; et
le souper fini, je revins aussitôt à l'église; je ne parus point
à la récréation du soir; à l'heure de se retirer et de se coucher
je ne remontai point. La supérieure n'ignorait pas ce que
j'étais devenue. La nuit était fort avancée; tout était en
silence dans la maison, lorsqu'elle descendit auprès de
moi. L'image sous laquelle le directeur me l'avait montrée,
se retraça à mon imagination; le tremblement me prit,
je n'osai la regarder, je crus que je la verrais avec un visage
hideux, et tout enveloppée de flammes, et je disais au
dedans de moi : « *Satana, vade retro, apage, Satana.* Mon Dieu,
conservez-moi, éloignez de moi ce démon. »

Elle se mit à genoux, et après avoir prié quelque temps,
elle me dit : « Sainte-Suzanne, que faites-vous ici?

— Madame, vous le voyez.

— Savez-vous l'heure qu'il est?

— Oui, madame.

— Pourquoi n'êtes-vous pas rentrée chez vous à l'heure
de la retraite?

— C'est que je me disposais à célébrer demain le grand
jour.

— Votre dessein était donc de passer ici la nuit ?

— Oui, madame.

— Et qui est-ce qui vous l'a permis ?

— Le directeur me l'a ordonné.

— Le directeur n'a rien à ordonner contre la règle de
la maison; et moi, je vous ordonne de vous aller
coucher.

— Madame, c'est la pénitence qu'il m'a imposée.

— Vous la remplacerez par d'autres œuvres.

— Cela n'est pas à mon choix.

— Allons, me dit-elle, mon enfant, venez. La fraîcheur
de l'église pendant la nuit vous incommodera; vous
prierez dans votre cellule. »

Après cela, elle voulut me prendre par la main; mais je
m'éloignai avec vitesse. « Vous me fuyez, me dit-elle.

— Oui, madame, je vous fuis. »

Rassurée par la sainteté du lieu, par la présence de la
Divinité, par l'innocence de mon cœur, j'osai lever les
yeux sur elle; mais à peine l'eus-je aperçue, que je poussai
un grand cri et que je me mis à courir dans le chœur comme
une insensée, en criant : « Loin de moi, Satan !... »

Elle ne me suivait point, elle restait à sa place, et elle
me disait, en tendant doucement ses deux bras vers moi,
et de la voix la plus touchante et la plus douce : « Qu'avez-
vous ? D'où vient cet effroi ? Arrêtez. Je ne suis point
Satan, je suis votre supérieure et votre amie. »

Je m'arrêtai, je retournai encore la tête vers elle, et je
vis que j'avais été effrayée par une apparence bizarre que
mon imagination avait réalisée; c'est qu'elle était placée,
par rapport à la lampe de l'église, de manière qu'il n'y
avait que son visage et que l'extrémité de ses mains qui
fussent éclairées, et que le reste était dans l'ombre, ce
qui lui donnait un aspect singulier. Un peu revenue à
moi, je me jetai dans une stalle. Elle s'approcha, elle allait
s'asseoir dans la stalle voisine, lorsque je me levai et me
plaçai dans la stalle au-dessous. Je voyageai ainsi de stalle
en stalle, et elle aussi jusqu'à la dernière : là, je m'arrêtai,
et je la conjurai de laisser du moins une place vide entre
elle et moi.

« Je le veux bien », me dit-elle.

Nous nous assîmes toutes deux; une stalle nous séparait; alors la supérieure prenant la parole, me dit : « Pourrait-on savoir de vous, Sainte-Suzanne, d'où vient l'effroi que ma présence vous cause ?

— Chère mère, lui dis-je, pardonnez-moi, ce n'est pas moi, c'est le P. Lemoine. Il m'a représenté la tendresse que vous avez pour moi, les caresses que vous me faites, et auxquelles je vous avoue que je n'entends aucun mal, sous les couleurs les plus affreuses. Il m'a ordonné de vous fuir, de ne plus entrer chez vous, seule; de sortir de ma cellule, si vous y veniez; il vous a peinte à mon esprit comme le démon. Que sais-je ce qu'il ne m'a pas dit là-dessus.

— Vous lui avez donc parlé ?

— Non, chère mère; mais je n'ai pu me dispenser de lui répondre.

— Me voilà donc bien horrible à vos yeux ?

— Non, chère mère, je ne saurais m'empêcher de vous aimer, de sentir tout le prix de vos bontés, de vous prier de me les continuer; mais j'obéirai à mon directeur.

— Vous ne viendrez donc plus me voir ?

— Non, chère mère.

— Vous ne me recevrez plus chez vous ?

— Non, chère mère.

— Vous repousserez mes caresses ?

— Il m'en coûtera beaucoup, car je suis née caressante, et j'aime à être caressée; mais il le faudra; je l'ai promis à mon directeur, et j'en ai fait le serment au pied des autels. Si je pouvais vous rendre la manière dont il s'explique ! C'est un homme pieux, c'est un homme éclairé; quel intérêt a-t-il à me montrer du péril où il n'y en a point ? A éloigner le cœur d'une religieuse du cœur de sa supérieure ? Mais peut-être reconnaît-il, dans des actions très innocentes de votre part et de la mienne, un germe de corruption secrète qu'il croit tout développé en vous, et qu'il craint que vous ne développiez en moi. Je ne vous cacherai pas qu'en revenant sur les impressions que j'ai quelquefois ressenties... D'où vient, chère mère, qu'au sortir d'auprès de vous, en rentrant chez moi, j'étais agitée, rêveuse ? D'où vient que je ne pouvais ni prier, ni m'occuper ? D'où vient une espèce d'ennui que je n'avais jamais éprouvé ? Pourquoi, moi qui n'ai jamais dormi le jour, me sentais-je aller au sommeil ? Je croyais que c'était en

vous une maladie contagieuse, dont l'effet commençait
à s'opérer en moi. Le P. Lemoine voit cela bien autrement.

— Et comment voit-il cela?

— Il y voit toutes les noirceurs du crime, votre perte
consommée, la mienne projetée. Que sais-je?

— Allez, me dit-elle, votre P. Lemoine est un visionnaire; ce n'est pas la première algarade de cette nature
qu'il m'ait causée. Il suffit que je m'attache à quelqu'une
d'une amitié tendre, pour qu'il s'occupe à lui tourner la
cervelle; peu s'en est fallu qu'il n'ait rendu folle cette
pauvre Sainte-Thérèse. Cela commence à m'ennuyer, et
je me déferai de cet homme-là; aussi bien il demeure à
dix lieues d'ici; c'est un embarras que de le faire venir;
on ne l'a pas quand on veut : mais nous parlerons de cela
plus à l'aise. Vous ne voulez donc pas remonter?

— Non, chère mère, je vous demande en grâce de me
permettre de passer ici la nuit. Si je manquais à ce devoir,
demain je n'oserais approcher des sacrements avec le reste
de la communauté. Mais vous, chère mère, communierez-
vous?

— Sans doute.

— Mais le P. Lemoine ne vous a donc rien dit?

— Non.

— Mais comment cela s'est-il fait?

— C'est qu'il n'a point été dans le cas de me parler. On
ne va à confesse que pour s'accuser de ses péchés; et je
n'en vois point à aimer bien tendrement une enfant aussi
aimable que Sainte-Suzanne. S'il y avait quelque faute,
ce serait de rassembler sur elle seule un sentiment qui
devrait se répandre également sur toutes celles qui composent la communauté; mais cela ne dépend pas de moi;
je ne saurais m'empêcher de distinguer le mérite où il
est, et de m'y porter d'un goût de préférence. J'en demande
pardon à Dieu; et je ne conçois pas comment votre
P. Lemoine voit ma damnation scellée dans une partialité
si naturelle, et dont il est si difficile de se garantir. Je tâche
de faire le bonheur de toutes; mais il y en a que j'estime
et que j'aime plus que d'autres, parce qu'elles sont plus
aimables et plus estimables. Voilà tout mon crime avec
vous; Sainte-Suzanne, le trouvez-vous bien grand?

— Non, chère mère.

— Allons, chère enfant, faisons encore chacune une petite prière, et retirons-nous. »

Je la suppliai derechef de permettre que je passasse la nuit dans l'église; elle y consentit, à condition que cela n'arriverait plus, et elle se retira.

Je revins sur ce qu'elle m'avait dit; je demandai à Dieu de m'éclairer; je réfléchis et je conclus, tout bien considéré, que quoique des personnes fussent d'un même sexe, il pouvait y avoir du moins de l'indécence dans la manière dont elles se témoignaient leur amitié; que le P. Lemoine, homme austère, avait peut-être outré les choses, mais que le conseil d'éviter l'extrême familiarité de ma supérieure, par beaucoup de réserve, était bon à suivre, et je me le promis. .

Le matin, lorsque les religieuses vinrent au chœur, elles me trouvèrent à ma place; elles approchèrent toutes de la sainte table, et la supérieure à leur tête, ce qui acheva de me persuader son innocence, sans me détacher du parti que j'avais pris. Et puis il s'en manquait beaucoup que je sentisse pour elle tout l'attrait qu'elle éprouvait pour moi. Je ne pouvais m'empêcher de la comparer à ma première supérieure : quelle différence ! ce n'était ni la même piété, ni la même gravité, ni la même dignité, ni la même ferveur, ni le même esprit, ni le même goût de l'ordre.

Il arriva dans l'intervalle de peu de jours deux grands événements : l'un, c'est que je gagnai mon procès contre les religieuses de Longchamp; elles furent condamnées à payer à la maison de Sainte-Eutrope, où j'étais, une pension proportionnée à ma dot; l'autre, c'est le changement de directeur. Ce fut la supérieure qui m'apprit elle-même ce dernier.

Cependant je n'allais plus chez elle qu'accompagnée, et elle ne venait plus seule chez moi. Elle me cherchait toujours, mais je l'évitais; elle s'en apercevait, et m'en faisait des reproches. Je ne sais ce qui se passait dans cette âme, mais il fallait que ce fût quelque chose d'extraordinaire. Elle se levait la nuit et se promenait dans les corridors, surtout dans le mien; je l'entendais passer et repasser; s'arrêter à ma porte, se plaindre, soupirer; je tremblais, et je me renfonçais dans mon lit. Le jour, si j'étais à la promenade, dans la salle du travail, ou dans la chambre de récréation, de manière que je ne pusse l'apercevoir, elle passait des heures entières à me considérer; elle épiait toutes mes démarches : si je descendais, je la trouvais au bas des degrés; elle m'attendait au haut quand je remontais. Un jour elle m'arrêta, elle se mit à me regarder sans mot dire; des pleurs coulèrent abondamment de ses yeux, puis tout à coup se jetant à terre et me serrant un genou entre ses deux mains, elle me dit : « Sœur cruelle, demande-moi ma vie, je te la donnerai, mais ne m'évite pas; je ne saurais plus vivre sans toi... » Son état me fit pitié, ses yeux étaient éteints; elle avait perdu son embonpoint et ses couleurs. C'était ma supérieure, elle était à mes pieds, la tête appuyée contre mon genou qu'elle tenait embrassé; je lui tendis les mains, elles les prit avec ardeur, elle les baisait, et puis elle me regardait et puis elle les baisait encore et me regardait encore; je la relevai. Elle chancelait, elle avait peine à marcher; je la reconduisis à sa cellule. Quand sa porte fut ouverte, elle me prit par la main, et me tira doucement pour me faire entrer, mais sans me parler et sans me regarder.

« Non, lui dis-je, chère mère, non, je me le suis promis; c'est le mieux pour vous et pour moi; j'occupe trop de place dans votre âme, c'est autant de perdu pour Dieu à qui vous la devez tout entière.

— Est-ce à vous à me le reprocher ?... »

Je tâchais, en lui parlant, à dégager ma main de la sienne.

« Vous ne voulez donc pas entrer ? me dit-elle.

— Non, chère mère, non.

— Vous ne le voulez pas, Sainte-Suzanne ? vous ne savez pas ce qui peut en arriver, non, vous ne le savez pas : vous me ferez mourir... »

Ces derniers mots m'inspirèrent un sentiment tout contraire à celui qu'elle se proposait; je retirai ma main avec vivacité, et je m'enfuis. Elle se retourna, me regarda aller quelques pas, puis, rentrant dans sa cellule dont la porte demeura ouverte, elle se mit à pousser les plaintes les plus aiguës. Je les entendis; elles me pénétrèrent. Je fus un moment incertaine si je continuerais de m'éloigner ou si je retournerais; cependant je ne sais par quel mouvement d'aversion je m'éloignai, mais ce ne fut pas sans souffrir de l'état où je la laissais; je suis naturellement compatissante. Je me renfermai chez moi, je m'y trouvai mal à mon aise; je ne savais à quoi m'occuper; je fis quelques tours en long et en large, distraite et troublée; je sortis, je rentrai; enfin j'allai frapper à la porte de Sainte-Thérèse, ma voisine. Elle était en conversation intime avec une autre jeune religieuse de ses amies; je lui dis : « Chère sœur, je suis fâchée de vous interrompre, mais je vous prie de m'écouter un moment, j'aurais un mot à vous dire... » Elle me suivit chez moi, et je lui dis : « Je ne sais ce qu'a notre mère supérieure, elle est désolée; si vous alliez la trouver, peut-être la consoleriez-vous... » Elle ne me répondit pas; elle laissa son amie chez elle, ferma sa porte, et courut chez notre supérieure.

Cependant le mal de cette femme empira de jour en jour; elle devint mélancolique et sérieuse; la gaieté, qui depuis mon arrivée dans la maison n'avait point cessé, disparut tout à coup; tout rentra dans l'ordre le plus austère; les offices se firent avec la dignité convenable; les étrangers furent presque entièrement exclus du parloir; défense aux religieuses de fréquenter les unes chez les autres; les exercices reprirent avec l'exactitude la plus scrupuleuse; plus d'assemblée chez la supérieure, plus de collation; les fautes les plus légères furent sévèrement punies; on s'adressait encore à moi quelquefois pour obtenir grâce, mais je refusais absolument de la demander. La cause de cette révolution ne fut ignorée de personne; les anciennes n'en étaient pas fâchées, les jeunes s'en désespéraient; elles me regardaient de mauvais œil; pour moi, tranquille sur ma conduite, je négligeais leur humeur et leurs reproches.

Cette supérieure, que je ne pouvais ni soulager ni m'empêcher de plaindre, passa successivement de la mélancolie à la piété, et de la piété au délire. Je ne la suivrai point dans le cours de ces différents progrès, cela me jetterait dans un détail qui n'aurait point de fin; je vous dirai seulement que, dans son premier état, tantôt elle me cherchait, tantôt elle m'évitait; nous traitait quelquefois, les autres et moi, avec sa douceur accoutumée; quelquefois aussi elle passait subitement à la rigueur la plus outrée; elle nous appelait et nous renvoyait; donnait récréation et révoquait ses ordres un moment après; nous faisait appeler au chœur; et lorsque tout était en mouvement pour lui obéir, un second coup de cloche renfermait la communauté. Il est difficile d'imaginer le trouble de la vie que l'on menait; la journée se passait à sortir de chez soi et à y rentrer, à prendre son bréviaire et à le quitter, à monter et à descendre, à baisser son voile et à le relever. La nuit était presque aussi interrompue que le jour.

Quelques religieuses s'adressèrent à moi, et tâchèrent de me faire entendre qu'avec un peu plus de complaisance et d'égards pour la supérieure, tout reviendrait à l'ordre, elles auraient dû dire au désordre accoutumé : je leur répondais tristement : « Je vous plains; mais dites-moi clairement ce qu'il faut que je fasse... » Les unes s'en retournaient en baissant la tête et sans me répondre; d'autres me donnaient des conseils qu'il m'était impossible d'arranger avec ceux de notre directeur; je parle de celui qu'on avait révoqué, car pour son successeur, nous ne l'avions pas encore vu.

La supérieure ne sortait plus de nuit, elle passait des semaines entières sans se montrer ni à l'office, ni au chœur, ni au réfectoire, ni à la récréation; elle demeurait renfermée dans sa chambre; elle errait dans les corridors ou elle descendait à l'église; elle allait frapper aux portes des religieuses et elle leur disait d'une voix plaintive : « Sœur une telle, priez pour moi; sœur une telle, priez pour moi... » Le bruit se répandit qu'elle se disposait à une confession générale.

Un jour que je descendis la première à l'église, je vis un papier attaché au voile de la grille, je m'en approchai et je lus : « Chères sœurs, vous êtes invitées à prier pour une religieuse qui s'est égarée de ses devoirs et qui veut retourner à Dieu... » Je fus tentée de l'arracher, cependant je le laissai. Quelques jours après, c'en était un autre, sur lequel on avait écrit : « Chères sœurs, vous êtes invitées à implorer la miséricorde de Dieu sur une religieuse qui a reconnu ses égarements; ils sont grands... » Un autre jour, c'était une autre invitation qui disait : « Chères sœurs, vous êtes priées de demander à Dieu d'éloigner le désespoir d'une religieuse qui a perdu toute confiance dans la miséricorde divine... »

Toutes ces invitations où se peignaient les cruelles vicissitudes de cette âme en peine m'attristaient profondément. Il m'arriva une fois de demeurer comme un terme [74] vis-à-vis un de ces placards; je m'étais demandé à moi-même qu'est-ce que c'était que ces égarements qu'elle se reprochait; d'où venaient les transes de cette femme; quels crimes elle pouvait avoir à se reprocher; je revenais sur les exclamations du directeur, je me rappelais ses expressions, j'y cherchais un sens, je n'y en trouvais point et je demeurais comme absorbée. Quelques religieuses qui me regardaient causaient entre elles; et si je ne me suis point trompée, elles me regardaient comme incessamment menacée des mêmes terreurs.

Cette pauvre supérieure ne se montrait que son voile baissé; elle ne se mêlait plus des affaires de la maison; elle ne parlait à personne; elle avait de fréquentes conférences avec le nouveau directeur qu'on nous avait donné. C'était un jeune bénédictin. Je ne sais s'il lui avait imposé toutes les mortifications qu'elle pratiquait; elle jeûnait trois jours de la semaine; elle se macérait; elle entendait l'office dans les stalles inférieures. Il fallait passer devant sa porte pour aller à l'église; là, nous la trouvions prosternée, le visage contre terre, et elle ne se relevait que quand il n'y avait plus personne. Les nuits, elle y descendait en chemise et nu-pieds; si Sainte-Thérèse ou moi nous la rencontrions par hasard, elle se retournait et se collait le visage contre le mur. Un jour que je sortais de ma cellule, je la trouvai prosternée, les bras étendus et la face contre terre; je m'arrêtai et elle me dit : « Avancez, marchez, foulez-moi aux pieds; je ne mérite pas un autre traitement. »

Pendant des mois entiers que cette maladie dura, le reste de la communauté eut le temps de pâtir et de me prendre en aversion. Je ne reviendrai pas sur les désagréments d'une religieuse qu'on hait dans sa maison, vous en devez être instruit à présent. Je sentis peu à peu renaître le dégoût de mon état. Je portai ce dégoût et mes peines dans le sein du nouveau directeur; il s'appelle dom Morel [75]; c'est un homme d'un caractère ardent; il touche à la quarantaine. Il parut m'écouter avec attention et avec intérêt; il désira connaître les événements de ma vie; il me fit entrer dans les détails les plus minutieux sur ma famille, sur mes penchants, mon caractère, les maisons où j'avais été, celle où j'étais, sur ce qui s'était passé entre ma supérieure et moi. Je ne lui cachai rien. Il ne me parut pas mettre à la conduite de la supérieure avec moi la même importance

que le P. Lemoine; à peine daigna-t-il me jeter là-dessus
quelques mots; il regarda cette affaire comme finie; la
chose qui le touchait le plus, c'étaient mes dispositions
secrètes sur la vie religieuse. A mesure que je m'ouvrais,
sa confiance faisait les mêmes progrès; si je me confessais
à lui, il se confiait à moi; ce qu'il me disait de ses peines avait
la plus parfaite conformité avec les miennes; il était entré
en religion malgré lui; il supportait son état avec mon
dégoût, et il n'était guère moins à plaindre que moi.

« Mais, chère sœur, ajouta-t-il, que faire à cela ? Il n'y a
plus qu'une ressource, c'est de rendre notre condition la
moins fâcheuse qu'il sera possible. » Et puis il me donnait les
mêmes conseils qu'il suivait; ils étaient sages. « Avec cela,
ajoutait-il, on n'évite pas les chagrins, on se résout seulement
à les supporter. Les personnes religieuses ne sont heureuses
qu'autant qu'elles se font un mérite devant Dieu de leurs
croix; alors elles s'en réjouissent, elles vont au-devant
des mortifications; plus elles sont amères et fréquentes,
plus elles s'en félicitent; c'est un échange qu'elles ont fait
de leur bonheur présent contre un bonheur à venir; elles
s'assurent celui-ci par le sacrifice volontaire de celui-là. Quand
elles ont bien souffert, elles disent : *Amplius, Domine* ; Seigneur, encore davantage... et c'est une prière que Dieu
ne manque guère d'exaucer. Mais si leurs peines sont
faites pour vous et pour moi comme pour elles, nous ne
pouvons pas nous en promettre la même récompense,
nous n'avons pas la seule chose qui leur donnerait de la
valeur, la résignation : cela est triste. Hélas ! comment
vous inspirerai-je la vertu qui vous manque et que je n'ai
pas ? Cependant sans cela nous nous exposons à être perdus
dans l'autre vie, après avoir été bien malheureux dans celle-
ci. Au sein des pénitences nous nous damnons presque
aussi sûrement que les gens du monde au milieu des plaisirs; nous nous privons, ils jouissent; et après cette vie les
mêmes supplices nous attendent. Que la condition d'un
religieux, d'une religieuse qui n'est point appelée, est
fâcheuse ! c'est la nôtre, pourtant; et nous ne pouvons la
changer. On nous a chargés de chaînes pesantes, que nous
sommes condamnés à secouer sans cesse, sans aucun espoir
de les rompre; tâchons, chère sœur, de les traîner. Allez,
je reviendrai vous voir. »

Il revint quelques jours après; je le vis au parloir, je

l'examinai de plus près. Il acheva de me confier de sa vie, moi de la mienne, une infinité de circonstances qui formaient entre lui et moi autant de points de contact et de ressemblance; il avait presque subi les mêmes persécutions domestiques et religieuses, Je ne m'apercevais pas que la peinture de ses dégoûts était peu propre à dissiper les miens; cependant cet effet se produisait en moi, et je crois que la peinture de mes dégoûts produisait le même effet en lui. C'est ainsi que la ressemblance des caractères se joignant à celle des événements, plus nous nous revoyions, plus nous nous plaisions l'un à l'autre; l'histoire de ses moments, c'était l'histoire des miens; l'histoire de ses sentiments, c'était l'histoire des miens; l'histoire de son âme, c'était l'histoire de la mienne.

Lorsque nous nous étions bien entretenus de nous, nous parlions aussi des autres, et surtout de la supérieure. Sa qualité de directeur le rendait très réservé; cependant j'aperçus à travers ses discours que la disposition actuelle de cette femme ne durerait pas; qu'elle luttait contre elle-même, mais en vain; et qu'il arriverait de deux choses l'une, ou qu'elle reviendrait incessamment à ses premiers penchants, ou qu'elle perdrait la tête. J'avais la plus forte curiosité d'en savoir davantage; il aurait bien pu m'éclairer sur des questions que je m'étais faites et auxquelles je n'avais jamais pu me répondre; mais je n'osais l'interroger; je me hasardai seulement à lui demander s'il connaissait le P. Lemoine.

« Oui, me dit-il, je le connais; c'est un homme de mérite, il en a beaucoup.

— Nous avons cessé de l'avoir d'un moment à l'autre.

— Il est vrai.

— Ne pourriez-vous point me dire comment cela s'est fait?

— Je serais fâché que cela transpirât.

— Vous pouvez compter sur ma discrétion.

— On a, je crois, écrit contre lui à l'archevêché.

— Et qu'a-t-on pu dire?

— Qu'il demeurait trop loin de la maison; qu'on ne l'avait pas quand on voulait; qu'il était d'une morale trop austère; qu'on avait quelque raison de le soupçonner des sentiments des novateurs [76]; qu'il semait la division dans la maison, et qu'il éloignait l'esprit des religieuses de leur supérieure.

— Et d'où savez-vous cela?

— De lui-même.

— Vous le voyez donc ?

— Oui, je le vois ; il m'a parlé de vous quelquefois.

— Qu'est-ce qu'il vous en a dit ?

— Que vous étiez bien à plaindre ; qu'il ne concevait
pas comment vous aviez résisté à toutes les peines que
vous aviez souffertes ; que, quoiqu'il n'ait eu l'occasion,
de vous entretenir qu'une fois ou deux, il ne croyait pas que
vous pussiez jamais vous accommoder de la vie religieuse ;
qu'il avait dans l'esprit... »

Là, il s'arrêta tout court ; et moi j'ajoutai : « Qu'avait-il
dans l'esprit ? »

Dom Morel me répondit : « Ceci est une affaire de
confiance trop particulière pour qu'il me soit libre
d'achever... »

Je n'insistai pas, j'ajoutai seulement : « Il est vrai que le
c'est le P. Lemoine qui m'a inspiré de l'éloignement pour
ma supérieure.

— Il a bien fait.

— Et pourquoi ?

— Ma sœur, me répondit-il en prenant un air grave,
tenez-vous-en à ses conseils, et tâchez d'en ignorer la
raison tant que vous vivrez.

— Mais il me semble que si je connaissais le péril, je
serais d'autant plus attentive à l'éviter.

— Peut-être aussi serait-ce le contraire.

— Il faut que vous ayez bien mauvaise opinion de moi.

— J'ai de vos mœurs et de votre innocence l'opinion
que j'en dois avoir ; mais croyez qu'il y a des lumières
funestes que vous ne pourriez acquérir sans y perdre. C'est
votre innocence même qui en a imposé à votre supérieure ;
plus instruite, elle vous aurait moins respectée.

— Je ne vous entends pas.

— Tant mieux.

— Mais que la familiarité et les caresses d'une femme
peuvent-elles avoir de dangereux pour une autre femme ? »

Point de réponse de la part de dom Morel.

« Ne suis-je pas la même que j'étais en entrant ici ? »

Point de réponse de la part de dom Morel.

« N'aurais-je pas continué d'être la même ? Où est donc
le mal de s'aimer, de se le dire, de se le témoigner ? cela
est si doux !

— Il est vrai, dit dom Morel en levant les yeux sur moi, qu'il avait toujours tenus baissés tandis que je parlais.

— Et cela est-il donc si commun dans les maisons religieuses ? Ma pauvre supérieure ! dans quel état elle est tombée !

— Il est fâcheux, et je crains bien qu'il n'empire. Elle n'était pas faite pour son état ; et voilà ce qui en arrive tôt ou tard. Quand on s'oppose au penchant général de la nature, cette contrainte la détourne à des affections déréglées, qui sont d'autant plus violentes, qu'elles sont moins fondées ; c'est une espèce de folie.

— Elle est folle ?

— Oui, elle l'est, et le deviendra davantage.

— Et vous croyez que c'est là le sort qui attend ceux qui sont engagés dans un état auquel ils n'étaient point appelés ?

— Non, pas tous : il y en a qui meurent auparavant ; il y en a dont le caractère flexible se prête à la longue ; il y en a que des espérances vagues soutiennent quelque temps.

— Et quelles espérances pour une religieuse ?

— Quelles ? d'abord celle de faire résilier ses vœux.

— Et quand on n'a plus celle-là ?

— Celle qu'on trouvera les portes ouvertes, un jour ; que les hommes reviendront de l'extravagance d'enfermer dans des sépulcres de jeunes créatures toutes vivantes, et que les couvents seront abolis ; que le feu prendra à la maison ; que les murs de la clôture tomberont ; que quelqu'un les secourra. Toutes ces suppositions roulent par la tête ; on s'en entretient ; on regarde, en se promenant dans le jardin, sans y penser, si les murs sont bien hauts ; si l'on est dans sa cellule, on saisit les barreaux de sa grille, et on les ébranle doucement, de distraction ; si l'on a la rue sous ses fenêtres, on y regarde ; si l'on entend passer quelqu'un, le cœur palpite, on soupire sourdement après un libérateur ; s'il s'élève quelque tumulte dont le bruit pénètre jusque dans la maison, on espère ; on compte sur une maladie, qui nous approchera d'un homme, ou qui nous enverra aux eaux.

— Il est vrai, il est vrai, m'écriai-je ; vous lisez au fond de mon cœur ; je me suis fait, je me fais sans cesse encore ces illusions.

— Et lorsqu'on vient à les perdre en y réfléchissant, car ces vapeurs salutaires, que le cœur envoie vers la raison, en sont par intervalles dissipées, alors on voit toute la profondeur de sa misère; on se déteste soi-même; on déteste les autres; on pleure, on gémit, on crie, on sent les approches du désespoir. Alors les unes courent se jeter aux genoux de leur supérieure, et vont y chercher de la consolation; d'autres se prosternent ou dans leur cellule ou au pied des autels, et appellent le Ciel à leur secours; d'autres déchirent leurs vêtements et s'arrachent les cheveux; d'autres cherchent un puits profond, des fenêtres bien hautes, un lacet, et le trouvent quelquefois; d'autres, après s'être tourmentées longtemps, tombent dans une espèce d'abrutissement et restent imbéciles; d'autres, qui ont des organes faibles et délicats, se consument de langueur; il y en a en qui l'organisation se dérange, l'imagination se trouble et qui deviennent furieuses. Les plus heureuses sont celles en qui les illusions consolantes renaissent et les bercent presque jusqu'au tombeau; leur vie se passe dans les alternatives de l'erreur et du désespoir.

— Et les plus malheureuses, ajoutai-je, apparemment, en poussant un profond soupir, celles qui éprouvent successivement tous ces états... Ah ! mon père, que je suis fâchée de vous avoir entendu !

— Et pourquoi ?

— Je ne me connaissais pas; je me connais; mes illusions dureront moins. Dans les moments... »

J'allais continuer, lorsqu'une autre religieuse entra, et puis une autre, et puis une troisième, et puis quatre, cinq, six, je ne sais combien. La conversation devint générale; les unes regardaient le directeur; d'autres l'écoutaient en silence et les yeux baissés; plusieurs l'interrogeaient à la fois; toutes se récriaient sur la sagesse de ses réponses; cependant je m'étais retirée dans un angle où je m'abandonnais à une rêverie profonde. Au milieu de ces entretiens où chacune cherchait à se faire valoir et à fixer la préférence de l'homme saint par son côté avantageux, on entendit arriver quelqu'un à pas lents, s'arrêter par intervalles et pousser des soupirs; on écouta; l'on dit à voix basse : « C'est elle, c'est notre supérieure; » ensuite l'on se tut et puis l'on s'assit en rond. Ce l'était en effet : elle entra; son voile lui tombait jusqu'à la ceinture; ses bras étaient croisés sur sa poitrine et sa tête penchée. Je fus la première qu'elle aperçut; à l'instant elle dégagea de dessous son voile une de ses mains dont elle se couvrit les yeux, et se détournant un peu de côté, de l'autre main elle nous fit signe à toutes de sortir; nous sortîmes en silence, et elle demeura seule avec dom Morel.

Je prévois, monsieur le marquis, que vous allez prendre mauvaise opinion de moi; mais puisque je n'ai point eu honte de ce que j'ai fait, pourquoi rougirais-je de l'avouer? Et puis comment supprimer dans ce récit un événement qui n'a pas laissé que d'avoir des suites? Disons donc que j'ai un tour d'esprit bien singulier; lorsque les choses peuvent exciter votre estime ou accroître votre commisération, j'écris bien ou mal, mais avec une vitesse et une facilité incroyables; mon âme est gaie, l'expression me vient sans peine, mes larmes coulent avec douceur, il me semble que vous êtes présent, que je vous vois et que vous m'écoutez. Si je suis forcée au contraire de me montrer à vos yeux sous un aspect défavorable, je pense avec difficulté, l'expression se refuse, la plume va mal, le caractère même de mon écriture s'en ressent, et je ne continue que parce que je me flatte secrètement que vous ne lirez pas ces endroits. En voici un:

Lorsque toutes nos sœurs furent retirées... — « Eh bien! que fîtes-vous? » — Vous ne devinez pas? Non, vous êtes trop honnête pour cela. Je descendis sur la pointe du pied, et je vins me placer doucement à la porte du parloir, et écouter ce qui se disait là. Cela est fort mal, direz-vous... Oh! pour cela oui, cela est fort mal: je me le dis à moi-même; et mon trouble, les précautions que je pris pour n'être pas aperçue, les fois que je m'arrêtai, la voix de ma conscience qui me pressait à chaque pas de m'en retourner, ne me permettaient pas d'en douter; cependant la curiosité fut la plus forte, et j'allai. Mais s'il est mal d'avoir été surprendre les discours de deux personnes qui se croyaient seules, n'est-il pas plus mal encore de vous les rendre? Voilà encore un de ces endroits que j'écris, parce que je me flatte que vous ne le lirez pas; cependant cela n'est pas vrai, mais il faut que je me le persuade.

Le premier mot que j'entendis après un assez long silence me fit frémir; ce fut:

« Mon père, je suis damnée [77]... »

Je me rassurai. J'écoutais; le voile qui jusqu'alors m'avait dérobé le péril que j'avais couru se déchirait lorsqu'on m'appela; il fallut aller, j'allai donc; mais, hélas ! je n'en avais que trop entendu. Quelle femme, monsieur le marquis, quelle abominable femme !...

Ici les Mémoires de la sœur Suzanne sont interrompus; ce qui suit ne sont plus que les réclames [78] de ce qu'elle se promettait apparemment d'employer dans le reste de son récit. Il paraît que sa supérieure devint folle, et que c'est à son état malheureux qu'il faut rapporter les fragments que je vais transcrire.

Après cette confession, nous eûmes quelques jours de sérénité. La joie rentre dans la communauté, et l'on m'en fait des compliments que je rejette avec indignation.

Elle ne me fuyait plus; elle me regardait; mais ma présence ne me paraissait plus la troubler. Je m'occupais à lui dérober l'horreur qu'elle m'inspirait, depuis que par une heureuse ou fatale curiosité j'avais appris à la mieux connaître.

Bientôt elle devient silencieuse; elle ne dit plus que oui ou non; elle se promène seule; elle se refuse les aliments; son sang s'allume, la fièvre la prend et le délire succède à la fièvre.

Seule dans son lit, elle me voit, elle me parle, elle m'invite à m'approcher, elle m'adresse les propos les plus tendres. Si elle entend marcher autour de sa chambre, elle s'écrie : « C'est elle qui passe; c'est son pas, je le reconnais. Qu'on l'appelle... Non, non, qu'on la laisse. »

Une chose singulière, c'est qu'il ne lui arrivait jamais de se tromper, et de prendre une autre pour moi.

Elle riait aux éclats; le moment d'après elle fondait en larmes. Nos sœurs l'entouraient en silence, et quelques-unes pleuraient avec elle.

Elle disait tout à coup : « Je n'ai point été à l'église, je n'ai point prié Dieu... Je veux sortir de ce lit, je veux m'habiller; qu'on m'habille... » Si l'on s'y opposait, elle ajoutait : « Donnez-moi du moins mon bréviaire... » On le lui donnait; elle l'ouvrait, elle en tournait les feuillets avec le doigt, et elle continuait de les tourner lors même qu'il n'y en avait plus; cependant elle avait les yeux égarés.

Une nuit, elle descendit seule à l'église; quelques-unes de nos sœurs la suivirent; elle se prosterna sur les marches de l'autel, elle se mit à gémir, à soupirer, à prier tout haut;

elle sortit, elle rentra; elle dit : « Qu'on l'aille chercher, c'est une âme si pure! c'est une créature si innocente! si elle joignait ses prières aux miennes... » Puis s'adressant à toute la communauté et se tournant vers des stalles qui étaient vides, elle criait : « Sortez, sortez toutes, qu'elle reste seule avec moi. Vous n'êtes pas dignes d'en approcher; si vos voix se mêlaient à la sienne, votre encens profane corromprait devant Dieu la douceur du sien. Qu'on s'éloigne, qu'on s'éloigne... » Puis elle m'exhortait à demander au ciel assistance et pardon. Elle voyait Dieu; le ciel lui paraissait se sillonner d'éclairs, s'entr'ouvrir et gronder sur sa tête; des anges en descendaient en courroux; les regards de la Divinité la faisaient trembler; elle courait de tous côtés, elle se renfonçait dans les angles obscurs de l'église, elle demandait miséricorde, elle se collait la face contre terre, elle s'y assoupissait, la fraîcheur humide du lieu l'avait saisie, on la transportait dans sa cellule comme morte.

Cette terrible scène de la nuit, elle l'ignorait le lendemain. Elle disait : « Où sont nos sœurs ? je ne vois plus personne, je suis restée seule dans cette maison; elles m'ont toutes abandonnée, et Sainte-Thérèse aussi; elles ont bien fait. Puisque Sainte-Suzanne n'y est plus, je puis sortir, je ne la rencontrerai pas... Ah ! si je la rencontrais ! mais elle n'y est plus, n'est-ce pas ? n'est-ce pas qu'elle n'y est plus ?... Heureuse la maison qui la possède ! Elle dira tout à sa nouvelle supérieure; que pensera-t-elle de moi ?... Est-ce que Sainte-Thérèse est morte ? j'ai entendu sonner en mort toute la nuit... La pauvre fille ! elle est perdue à jamais; et c'est moi ! c'est moi ! Un jour, je lui serai confrontée; que lui dirai-je ? que lui répondrai-je ?... Malheur à elle ! Malheur à moi ! »

Dans un autre moment, elle disait : « Nos sœurs sont-elles revenues ? Dites-leur que je suis bien malade... Soulevez mon oreiller... Délacez-moi... Je sens là quelque chose qui m'oppresse... La tête me brûle, ôtez-moi mes coiffes... Je veux me laver... Apportez-moi de l'eau; versez, versez encore [79]... Elles sont blanches; mais la souillure de l'âme est restée... Je voudrais être morte; je voudrais n'être point née, je ne l'aurais point vue. »

Un matin, on la trouva pieds nus, en chemise, échevelée, hurlant, écumant et courant autour de sa cellule, les mains

posées sur ses oreilles, les yeux fermés et le corps pressé
contre la muraille... « Éloignez-vous de ce gouffre; entendez-vous ces cris ? Ce sont les enfers; il s'élève de cet
abîme profond des feux que je vois; du milieu des feux
j'entends des voix confuses qui m'appellent... Mon Dieu,
ayez pitié de moi !... Allez vite; sonnez, assemblez la
communauté; dites qu'on prie pour moi, je prierai aussi...
Mais à peine fait-il jour, nos sœurs dorment... Je n'ai pas
fermé l'œil de la nuit; je voudrais dormir, et je ne saurais. »
  Une de nos sœurs lui disait : « Madame, vous avez
quelque peine; confiez-la-moi, cela vous soulagera peut-
être.
  — Sœur Agathe, écoutez, approchez-vous de moi...
plus près... plus près encore... il ne faut pas qu'on nous
entende. Je vais tout révéler, tout ; mais gardez-moi le
secret... Vous l'avez vue ?
  — Qui, madame ?
  — N'est-il pas vrai que personne n'a la même douceur ?
Comme elle marche ! Quelle décence ! quelle noblesse !
quelle modestie !... Allez à elle; dites-lui... Eh ! non, ne
dites rien; n'allez pas... Vous n'en pourriez approcher;
les anges du ciel la gardent, ils veillent autour d'elle; je les
ai vus, vous les verriez, vous en seriez effrayée comme
moi. Restez... Si vous alliez, que lui diriez-vous ? Inventez
quelque chose dont elle ne rougisse pas...
  — Mais, madame, si vous consultiez notre directeur.
  — Oui, mais oui... Non, non, je sais ce qu'il me dira;
je l'ai tant entendu... De quoi l'entretiendrais-je ?... Si je
pouvais perdre la mémoire !... Si je pouvais rentrer dans le
néant, ou renaître !... N'appelez point le directeur. J'aimerais mieux qu'on me lût la passion de Notre-Seigneur
Jésus-Christ. Lisez... Je commence à respirer... Il ne faut
qu'une goutte de ce sang pour me purifier... Voyez, il
s'élance en bouillonnant de son côté... Inclinez cette plaie
sacrée sur ma tête... Son sang coule sur moi, et ne s'y
attache pas... Je suis perdue !... Éloignez ce Christ... Rap-
portez-le-moi... »
  On le lui rapportait; elle le serrait entre ses bras, elle
le baisait partout, et puis elle ajoutait : « Ce sont ses yeux,
c'est sa bouche; quand la reverrai-je ? Sœur Agathe, dites-
lui que je l'aime; peignez-lui bien mon état; dites-lui que
je meurs. »

Elle fut saignée : on lui donna les bains; mais son mal semblait s'accroître par les remèdes. Je n'ose vous décrire toutes les actions indécentes qu'elle fit, vous répéter tous les discours malhonnêtes qui lui échappèrent dans son délire. A tout moment elle portait la main à son front, comme pour en écarter des idées importunes, des images, que sais-je quelles images ! Elle se renfonçait la tête dans son lit, elle se couvrait le visage de ses draps. « C'est le tentateur, disait-elle, c'est lui ! Quelle forme bizarre il a prise ! Prenez de l'eau bénite; jetez de l'eau bénite sur moi... Cessez, cessez; il n'y est plus. »

On ne tarda pas à la séquestrer; mais sa prison ne fut pas si bien gardée, qu'elle ne réussît un jour à s'en échapper. Elle avait déchiré ses vêtements, elle parcourait les corridors toute nue, seulement deux bouts de corde rompue pendaient de ses deux bras; elle criait : « Je suis votre supérieure, vous en avez toutes fait le serment; qu'on m'obéisse. Vous m'avez emprisonnée, malheureuses! voilà donc la récompense de mes bontés! vous m'offensez, parce que je suis trop bonne; je ne le serai plus... Au feu!... au meurtre!... au voleur!... à mon secours!... A moi, sœur Thérèse... A moi, sœur Suzanne... » Cependant on l'avait saisie, et on la reconduisait dans sa prison; et elle disait : « Vous avez raison, vous avez raison; je suis devenue folle, je le sens. »

Quelquefois elle paraissait obsédée du spectacle de différents supplices; elle voyait des femmes la corde au cou ou les mains liées sur le dos; elle en voyait avec des torches à la main; elle se joignait à celles qui faisaient amende honorable; elle se croyait conduite à la mort; elle disait au bourreau : « J'ai mérité mon sort, je l'ai mérité; encore si ce tourment était le dernier; mais une éternité ! une éternité de feux !... »

Je ne dis rien ici qui ne soit vrai; et tout ce que j'aurais encore à dire de vrai ne me revient pas, ou je rougirais d'en souiller ces papiers.

Après avoir vécu plusieurs mois dans cet état déplorable, elle mourut. Quelle mort, monsieur le marquis ! je l'ai vue, je l'ai vue la terrible image du désespoir et du crime à sa dernière heure; elle se croyait entourée d'esprits infernaux; ils attendaient son âme pour s'en saisir; elle

disait d'une voix étouffée : « Les voilà ! les voilà !... »
et leur opposant de droite et de gauche un Christ qu'elle
tenait à la main, elle hurlait, elle criait : « Mon Dieu !...
mon Dieu !... » La sœur Thérèse la suivit de près; et nous
eûmes une autre supérieure, âgée et pleine d'humeur et
de superstition.

On m'accuse d'avoir ensorcelé sa devancière; elle le croit,
et mes chagrins se renouvellent. Le nouveau directeur [80] est
également persécuté de ses supérieurs, et me persuade de
me sauver de la maison.

Ma fuite est projetée. Je me rends dans le jardin entre
onze heures et minuit. On me jette des cordes, je les
attache autour de moi; elles se cassent, et je tombe; j'ai
les jambes dépouillées, et une violente contusion aux reins.
Une seconde, une troisième tentative m'élèvent au haut du
mur; je descends. Quelle est ma surprise ! au lieu d'une
chaise de poste dans laquelle j'espérais d'être reçue, je
trouve un mauvais carrosse public. Me voilà sur le chemin
de Paris avec un jeune bénédictin. Je ne tardai pas à
m'apercevoir, au ton indécent qu'il prenait et aux libertés
qu'il se permettait, qu'on ne tenait avec moi aucune des
conditions que j'avais stipulées; alors je regrettai ma
cellule, et je sentis toute l'horreur de ma situation.

C'est ici que je peindrai ma scène dans le fiacre. Quelle
scène ! Quel homme ! Je crie; le cocher vient à mon
secours. Rixe violente entre le fiacre et le moine.

J'arrive à Paris. La voiture arrête dans une petite rue,
à une porte étroite qui s'ouvrait dans une allée obscure et
malpropre. La maîtresse du logis vient au-devant de moi,
et m'installe à l'étage le plus élevé, dans une petite chambre
où je trouve à peu près les meubles nécessaires. Je reçois
des visites de la femme qui occupait le premier. « Vous
êtes jeune, vous devez vous ennuyer, mademoiselle. Descendez chez moi, vous y trouverez bonne compagnie en
hommes et en femmes, pas toutes aussi aimables, mais
presque aussi jeunes [81] que vous. On cause, on joue, on
chante, on danse; nous réunissons toutes les sortes d'amusements. Si vous tournez la tête à tous nos cavaliers, je

vous jure que nos dames n'en seront ni jalouses ni fâchées. Venez, mademoiselle... » Celle qui me parlait ainsi était d'un certain âge, elle avait le regard tendre, la voix douce, et le propos très insinuant.

Je passe une quinzaine dans cette maison, exposée à toutes les instances de mon perfide ravisseur, et à toutes les scènes tumultueuses d'un lieu suspect, épiant à chaque instant l'occasion de m'échapper.

Un jour enfin je la trouvai; la nuit était avancée : si j'eusse été voisine de mon couvent, j'y retournais. Je cours sans savoir où je vais. Je suis arrêtée par des hommes; la frayeur me saisit. Je tombe évanouie de fatigue sur le seuil de la boutique d'un chandelier; on me secourt; en revenant à moi, je me trouve étendue sur un grabat, environnée de plusieurs personnes. On me demanda qui j'étais; je ne sais ce que je répondis. On me donna la servante de la maison pour me conduire; je prends son bras; nous marchons. Nous avions déjà fait beaucoup de chemin, lorsque cette fille me dit : « Mademoiselle, vous savez apparemment où nous allons ?

— Non, mon enfant; à l'hôpital [82], je crois.

— A l'hôpital ? est-ce que vous seriez hors de maison [83] ?

— Hélas! oui.

— Qu'avez-vous donc fait pour avoir été chassée à l'heure qu'il est! Mais nous voilà à la porte de Sainte-Catherine [84]; voyons si nous pourrions nous faire ouvrir; en tout cas, ne craignez rien, vous ne resterez pas dans la rue, vous coucherez avec moi. »

Je reviens chez le chandelier. Effroi de la servante, lorsqu'elle voit mes jambes dépouillées de leur peau par la chute que j'avais faite en sortant du couvent. J'y passe la nuit. Le lendemain au soir je retourne à Sainte-Catherine; j'y demeure trois jours, au bout desquels on m'annonce qu'il faut, ou me rendre à l'hôpital général, ou prendre la première condition qui s'offrira.

Danger que je courus à Sainte-Catherine, de la part des hommes et des femmes; car c'est là, à ce qu'on m'a dit depuis, que les libertins et les matrones de la ville vont se

pourvoir. L'attente de la misère ne donna aucune force aux
séductions grossières auxquelles j'y fus exposée. Je vends
mes hardes, et j'en choisis de plus conformes à mon état.

J'entre au service d'une blanchisseuse, chez laquelle je
suis actuellement. Je reçois le linge et je le repasse; ma
journée est pénible; je suis mal nourrie, mal logée, mal
couchée, mais en revanche traitée avec humanité. Le mari
est cocher de place; sa femme est un peu brusque, mais
bonne du reste [85]. Je serais assez contente de mon sort, si
je pouvais espérer d'en jouir paisiblement.

J'ai appris que la police s'était saisie de mon ravisseur,
et l'avait remis entre les mains de ses supérieurs. Le pauvre
homme! il est plus à plaindre que moi; son attentat a fait
bruit; et vous ne savez pas la cruauté avec laquelle les
religieux punissent les fautes d'éclat : un cachot sera sa
demeure pour le reste de sa vie; et c'est aussi le séjour qui
m'attend si je suis reprise; mais il y vivra plus longtemps
que moi.

La douleur de ma chute se fait sentir; mes jambes sont
enflées, et je ne saurais faire un pas : je travaille assise, car
j'aurais peine à me tenir debout. Cependant j'appréhende
le moment de ma guérison : alors quel prétexte aurai-je
pour ne point sortir ? et à quel péril ne m'exposerai-je pas
en me montrant ? Mais heureusement j'ai encore du temps
devant moi. Mes parents, qui ne peuvent douter que je
ne sois à Paris, font sûrement toutes les perquisitions
imaginables. J'avais résolu d'appeler M. Manouri dans
mon grenier, de prendre et de suivre ses conseils, mais il
n'était plus.

Je vis dans des alarmes continuelles, au moindre bruit
que j'entends dans la maison, sur l'escalier, dans la rue,
la frayeur me saisit, je tremble comme la feuille, mes
genoux me refusent le soutien, et l'ouvrage me tombe des
mains. Je passe presque toutes les nuits sans fermer l'œil;
si je dors, c'est d'un sommeil interrompu; je parle, j'appelle,
je crie; je ne conçois pas comment ceux qui m'entourent
ne m'ont pas encore devinée.

Il paraît que mon évasion est publique; je m'y attendais.
Une de mes camarades m'en parlait hier, y ajoutant des

circonstances odieuses, et les réflexions les plus propres à
désoler. Par bonheur elle étendait sur des cordes le linge
mouillé, le dos tourné à la lampe; et mon trouble n'en
pouvait être aperçu : cependant ma maîtresse ayant
remarqué que je pleurais, m'a dit : « Marie, qu'avez-vous ?
— Rien, lui ai-je répondu. — Quoi donc, a-t-elle ajouté,
est-ce que vous seriez assez bête pour vous apitoyer sur
une mauvaise religieuse sans mœurs, sans religion, et qui
s'amourache d'un vilain moine avec lequel elle se sauve
de son couvent ? Il faudrait que vous eussiez bien de la
compassion de reste. Elle n'avait qu'à boire, manger, prier
Dieu et dormir; elle était bien où elle était, que ne s'y
tenait-elle ? Si elle avait été seulement trois ou quatre fois
à la rivière par le temps qu'il fait, cela l'aurait raccommodée
avec son état... » A cela j'ai répondu qu'on ne connaissait
bien que ses peines; j'aurais mieux fait de me taire, car elle
n'aurait pas ajouté : « Allez, c'est une coquine que Dieu
punira... » A ce propos, je me suis penchée sur ma table;
et j'y suis restée jusqu'à ce que ma maîtresse m'ait dit :
« Mais, Marie, à quoi rêvez-vous donc ? Tandis que vous
dormez là, l'ouvrage n'avance pas. »

Je n'ai jamais eu l'esprit du cloître, et il y paraît assez à
ma démarche; mais je me suis accoutumée en religion à
certaines pratiques que je répète machinalement; par
exemple, une cloche vient-elle à sonner ? ou je fais le signe
de la croix, ou je m'agenouille. Frappe-t-on à la porte ?
je dis *Ave*. M'interroge-t-on ? C'est toujours une réponse
qui finit par oui ou non, chère mère, ou ma sœur. S'il
survient un étranger, mes bras vont se croiser sur ma
poitrine, et au lieu de faire la révérence, je m'incline [86].
Mes compagnes se mettent à rire, et croient que je m'amuse
à contrefaire la religieuse; mais il est impossible que leur
erreur dure; mes étourderies me décèleront, et je serai
perdue.

Monsieur, hâtez-vous de me secourir. Vous me direz,
sans doute : Enseignez-moi ce que je puis faire pour vous.
Le voici; mon ambition n'est pas grande. Il me faudrait
une place de femme de chambre ou de femme de charge,
ou même de simple domestique, pourvu que je vécusse
ignorée dans une campagne, au fond d'une province, chez

d'honnêtes gens qui ne reçussent pas un grand monde.
Les gages n'y feront rien; de la sécurité, du repos, du pain
et de l'eau. Soyez très assuré qu'on sera satisfait de mon
service. J'ai appris dans la maison de mon père à travailler;
et au couvent, à obéir; je suis jeune, j'ai le caractère très
doux; quand mes jambes seront guéries, j'aurai plus de
force qu'il n'en faut pour suffire à l'occupation. Je sais
coudre, filer, broder et blanchir; quand j'étais dans le
monde, je raccommodais moi-même mes dentelles, et j'y
serai bientôt remise; je ne suis maladroite à rien, et je saurai
m'abaisser à tout. J'ai de la voix, je sais la musique, et je
touche assez bien du clavecin pour amuser quelque mère
qui en aurait le goût; et j'en pourrais même donner leçon
à ses enfants; mais je craindrais d'être trahie par ces marques
d'une éducation recherchée. S'il fallait apprendre à coiffer,
j'ai du goût, je prendrais un maître, et je ne tarderais pas
à me procurer ce petit talent. Monsieur, une condition
supportable, s'il se peut, ou une condition telle quelle,
c'est tout ce qu'il me faut; et je ne souhaite rien au delà.
Vous pouvez répondre de mes mœurs; malgré les apparences, j'en ai; j'ai même de la piété. Ah ! monsieur, tous mes
maux seraient finis, et je n'aurais plus rien à craindre des
hommes, si Dieu ne m'avait arrêtée; ce puits profond,
situé au bout du jardin de la maison, combien je l'ai visité
de fois ! Si je ne m'y suis pas précipitée, c'est qu'on m'en
laissait l'entière liberté. J'ignore quel est le destin qui
m'est réservé; mais s'il faut que je rentre un jour dans un
couvent, quel qu'il soit, je ne réponds de rien; il y a des
puits partout. Monsieur, ayez pitié de moi, et ne vous
préparez pas à vous-même de longs regrets [87].

P. S. — Je suis accablée de fatigues, la terreur m'environne, et le repos me fuit. Ces mémoires, que j'écrivais à
la hâte, je viens de les relire à tête reposée, et je me suis
aperçue que sans en avoir le moindre projet, je m'étais
montrée à chaque ligne aussi malheureuse à la vérité que
je l'étais, mais beaucoup plus aimable que je ne le suis.
Serait-ce que nous croyons les hommes moins sensibles à
la peinture de nos peines qu'à l'image de nos charmes ?
et nous promettrions-nous encore plus de facilité à les
séduire qu'à les toucher ? Je les connais trop peu, et je ne

me suis pas assez étudiée pour savoir cela. Cependant si le marquis, à qui l'on accorde le tact le plus délicat, venait à se persuader que ce n'est pas à sa bienfaisance, mais à son vice que je m'adresse, que penserait-il de moi ? Cette réflexion m'inquiète. En vérité, il aurait bien tort de m'imputer personnellement un instinct propre à tout mon sexe. Je suis une femme, peut-être un peu coquette, que sais-je ? Mais c'est naturellement et sans artifice.

* *Le texte qui suit fait partie du roman et doit être lu à la suite* (Note de l'éditeur).

PRÉFACE DU PRÉCÉDENT OUVRAGE

TIRÉE DE LA CORRESPONDANCE LITTÉRAIRE DE M. GRIMM, ANNÉE 1760 [88]

Ce charmant marquis [89] nous avait quittés au commencement de l'année 1759 pour aller dans ses terres en Normandie, près de Caen [90]. Il nous avait promis de ne s'y arrêter que le temps nécessaire pour mettre ses affaires en ordre; mais son séjour s'y prolongea insensiblement; il y avait réuni ses enfants; il aimait beaucoup son curé; il s'était livré à la passion du jardinage; et comme il fallait à une imagination aussi vive que la sienne des objets d'attachement réels ou imaginaires, il s'était tout à coup jeté dans la plus grande dévotion. Malgré cela, il nous aimait toujours tendrement; mais vraisemblablement nous ne l'aurions jamais revu à Paris, s'il n'avait pas successivement perdu ses deux fils. Cet événement nous l'a rendu depuis environ quatre ans, après une absence de plus de huit années; sa dévotion s'est évaporée comme tout s'évapore à Paris, et il est aujourd'hui plus aimable que jamais.

Comme sa perte nous était infiniment sensible, nous délibérâmes en 1760, après l'avoir supportée pendant plus de quinze mois, sur les moyens de l'engager à revenir à Paris. L'auteur des mémoires qui précèdent se rappela que, quelque temps avant son départ, on avait parlé dans le monde, avec beaucoup d'intérêt, d'une jeune religieuse de Longchamp qui réclamait juridiquement contre ses vœux, auxquels elle avait été forcée par ses parents [91]. Cette pauvre recluse intéressa tellement notre marquis, que, sans l'avoir vue, sans savoir son nom [92], sans même s'assurer de la vérité des faits, il alla solliciter en sa faveur tous les conseillers de grand'chambre du parlement de Paris. Malgré cette inter-

cession généreuse, je ne sais par quel malheur, la sœur
Suzanne Simonin perdit son procès, et ses vœux furent
jugés valables.

M. Diderot résolut de faire revivre cette aventure à
notre profit. Il supposa que la religieuse en question avait eu
le bonheur de se sauver de son couvent; et en conséquence
il écrivit en son nom à M. de Croismare pour lui demander
secours et protection. Nous ne désespérions pas de le voir
arriver en toute diligence au secours de sa religieuse; ou,
s'il devinait la scélératesse au premier coup d'œil et que notre
projet manquât, nous étions sûrs qu'il nous en resterait
du moins une ample matière à plaisanter. Cette insigne
fourberie prit toute une autre tournure, comme vous allez
voir par la correspondance que je vais mettre sous vos yeux,
entre M. Diderot ou la prétendue religieuse et le loyal et
charmant marquis de Croismare, qui ne se douta pas un
instant d'une noirceur que nous avons eue longtemps
sur notre conscience.

Nous passions alors nos soupers à lire, au milieu des
éclats de rire, des lettres qui devaient faire pleurer notre
bon marquis; et nous y lisions, avec ces mêmes éclats de
rire, les réponses honnêtes que ce digne et généreux ami
lui faisait. Cependant, dès que nous nous aperçûmes que le
sort de notre infortunée commençait à trop intéresser son
tendre bienfaiteur, M. Diderot prit le parti de la faire mourir, préférant de causer quelque chagrin au marquis au
danger évident de le tourmenter plus cruellement peut-être
en la laissant vivre plus longtemps. Depuis son retour à
Paris, nous lui avons avoué ce complot d'iniquité; il en a ri,
comme vous pouvez penser; et le malheur de la pauvre
religieuse n'a fait que resserrer les liens de l'amitié entre
ceux qui lui ont survécu. Cependant il n'en a jamais parlé
à M. Diderot. Une circonstance qui n'est pas la moins
singulière, c'est que tandis que cette mystification échauffait
la tête de notre ami en Normandie, celle de M. Diderot
s'échauffait de son côté. Celui-ci, persuadé que le marquis ne
donnerait pas un asile dans sa maison à une jeune personne
sans la connaître, se mit à écrire en détail l'histoire de notre
religieuse. Un jour qu'il était tout entier à ce travail,
M. d'Alainville [93], un de nos amis communs, lui rendit
visite et le trouva plongé dans la douleur et le visage inondé
de larmes. « Qu'avez-vous donc? lui dit M. d'Alainville;

comme vous voilà ! — Ce que j'ai ? lui répondit M. Diderot,
je me désole d'un conte que je me fais. » Il est certain que
s'il eût achevé cette histoire, elle serait devenue un des
romans les plus vrais, les plus intéressants et les plus
pathétiques que nous ayons. On n'en pouvait pas lire une
page sans verser des pleurs; et cependant il n'y avait point
d'amour. Ouvrage de génie, qui présentait partout la plus
forte empreinte de l'imagination de l'auteur; ouvrage d'une
utilité publique et générale, car c'était la plus cruelle satire
qu'on eût jamais fait des cloîtres; elle était d'autant plus
dangereuse que la première partie n'en renfermait que des
éloges; sa jeune religieuse était d'une dévotion angélique
et conservait dans son cœur simple et tendre le respect le
plus sincère pour tout ce qu'on lui avait appris à respecter.
Mais ce roman n'a jamais existé que par lambeaux, et en est
resté là; il est perdu, ainsi qu'une infinité d'autres productions d'un homme rare, qui se serait immortalisé par vingt
chefs-d'œuvre, si meilleur économe de son temps, il ne
l'eût pas abandonné à mille indiscrets, que je cite tous au
jugement dernier, où ils répondront devant Dieu et devant
les hommes du délit dont ils sont coupables. Et j'ajouterai,
moi qui connais un peu M. Diderot, que ce roman il l'a
achevé et que ce sont les mémoires mêmes qu'on vient de
lire, où l'on a dû remarquer combien il importait de se
méfier des éloges de l'amitié [94].

Cette correspondance et notre repentir sont donc tout ce
qui nous reste de notre pauvre religieuse. Vous voudrez
bien vous souvenir que les lettres, signées Madin, ou
Suzanne Simonin, ont été fabriquées par cet enfant de
Bélial [95], et que les lettres du généreux protecteur de la
recluse sont véritables et ont été écrites de bonne foi, ce
qu'on eut toutes les peines du monde à persuader à M. Diderot, qui se croyait persiflé par le marquis et par ses amis [96].

BILLET

Une femme malheureuse, à laquelle M. le marquis de
Croismare s'est intéressé il y a trois ans [97], lorsqu'il demeurait à côté de l'Académie de Musique, apprend qu'il demeure
à présent à l'École militaire. Elle envoie savoir si elle pourrait encore compter sur ses bontés, maintenant qu'elle est
plus à plaindre que jamais.

Un mot de réponse, s'il lui plaît. Sa situation est pressante;
et il est de conséquence que la personne qui lui remettra
ce billet n'en soupçonne rien.

A RÉPONDU :

Qu'on se trompait et que le M. de Croismare en question
était actuellement à Caen.

Ce billet était écrit de la main d'une jeune personne dont
nous nous servîmes pendant tout le cours de cette correspondance. Un page du coin le porta à l'École militaire et
nous rapporta la réponse verbale. M. Diderot jugea cette
première démarche nécessaire par plusieurs bonnes raisons.
La religieuse avait l'air de confondre les deux cousins
ensemble et d'ignorer la véritable orthographe de leur nom;
elle apprenait par ce moyen, bien naturellement, que son
protecteur était à Caen. Il se pouvait que le gouverneur de
l'École militaire plaisantât son cousin à l'occasion de ce
billet et le lui envoyât; ce qui donnait un grand air de vérité
à notre vertueuse aventurière. Ce gouverneur très aimable
ainsi que tout ce qui porte son nom, était aussi ennuyé de
l'absence de son cousin que nous; et nous espérions le
ranger au nombre des conspirateurs. Après sa réponse,
la religieuse écrivit à Caen.

LETTRE

Monsieur, je ne sais à qui j'écris; mais, dans la détresse

où je me trouve, qui que vous soyez, c'est à vous que je
m'adresse. Si l'on ne m'a point trompée à l'École militaire
et que vous soyez le marquis généreux que je cherche,
je bénirai Dieu; si vous ne l'êtes pas, je ne sais ce que je
ferai. Mais je me rassure sur le nom que vous portez;
j'espère que vous secourrez une infortunée, que vous, monsieur, ou un autre M. de Croismare, qui n'est pas celui de
l'École militaire, avez appuyée de votre sollicitation dans
une tentative inutile qu'elle fit, il y a deux ans [98], pour se
tirer d'une prison perpétuelle, à laquelle la dureté de ses
parents l'avait condamnée. Le désespoir vient de me porter
à une seconde démarche dont vous aurez sans doute entendu
parler; je me suis sauvée de mon couvent. Je ne pouvais plus
supporter mes peines; et il n'y avait que cette voie, ou
un plus grand forfait encore, pour me procurer une liberté
que j'avais espérée de l'équité des lois.

Monsieur, si vous avez été autrefois mon protecteur,
que ma situation présente vous touche et qu'elle réveille
dans votre cœur quelques sentiments de pitié! Peut-être
trouverez-vous de l'indiscrétion à avoir recours à un
inconnu dans une circonstance pareille à la mienne. Hélas!
monsieur, si vous saviez l'abandon où je suis réduite,
si vous aviez quelque idée de l'inhumanité dont on punit
les fautes d'éclat dans les maisons religieuses, vous m'ex-
cuseriez! Mais vous avez l'âme sensible, et vous craindrez
de vous rappeler un jour une créature innocente jetée,
pour le reste de sa vie, dans le fond d'un cachot. Secourez-
moi, monsieur, secourez-moi [99]! C'est une bonne œuvre
dont vous vous souviendrez avec satisfaction tant que vous
vivrez, et que Dieu récompensera dans ce monde ou dans
l'autre. Surtout, monsieur, songez que je vis dans une
alarme perpétuelle et que je vais compter les moments.
Mes parents [100] ne peuvent douter que je ne sois à Paris;
ils font sûrement toutes sortes de perquisitions pour me
découvrir; ne leur laissez pas le temps de me trouver.
Jusqu'à présent j'ai subsisté de mon travail et des secours
d'une digne femme que j'avais pour amie et à laquelle vous
pouvez adresser votre réponse. Elle s'appelle Mme Madin [101].
Elle demeure à Versailles. Cette bonne amie me fournira
tout ce qu'il me faudra pour mon voyage; et quand je serai
placée, je n'aurai plus besoin de rien, et ne lui serai plus à
charge. Monsieur, ma conduite justifiera la protection que

vous m'aurez accordée. Quelle que soit la réponse que
vous me ferez, je ne me plaindrai que de mon sort.

Voici l'adresse de Mme Madin : *A madame Madin,
au pavillon de Bourgogne, rue d'Anjou, à Versailles.*

Vous aurez la bonté de mettre deux enveloppes, avec
son adresse sur la première et une croix sur la seconde.

Mon Dieu, que je désire d'avoir votre réponse! Je suis
dans des transes continuelles.

Votre très humble et très obéissante servante,

Signé : SUZANNE SIMONIN [102].

Cette lettre se trouve plus étendue à la fin du roman où
M. Diderot l'inséra, lorsque, après un oubli de vingt et
un ans [103], cette ébauche informe lui étant tombée entre les
mains, il se détermina à la retoucher. Nous avions besoin
d'une adresse pour recevoir les réponses, et nous choisîmes
une certaine Mme Madin, femme d'un ancien officier d'infanterie, qui vivait réellement à Versailles. Elle ne savait
rien de notre coquinerie, ni des lettres que nous lui fîmes
écrire à elle-même par la suite, et pour lesquelles nous nous
servîmes de l'écriture d'une autre jeune personne. Mme Madin était seulement prévenue qu'il fallait recevoir et me
remettre toutes les lettres timbrées *Caen*. Le hasard voulut
que M. de Croismare, après son retour à Paris, et environ
huit ans après notre péché trouvât Mme Madin un matin
chez une femme de nos amies qui avait été du complot [104].
Ce fut un vrai coup de théâtre; M. de Croismare se proposait
de prendre mille informations sur une infortunée qui
l'avait tant intéressé, et dont Mme Madin ignorait jusqu'à
l'existence. Ce fut aussi le moment de notre confession
générale et celui de notre absolution [105].

RÉPONSE

DE M. LE MARQUIS DE CROISMARE

Mademoiselle, votre lettre est parvenue à la personne
même que vous réclamiez. Vous ne vous êtes point trompée
sur ses sentiments; et vous pouvez partir aussitôt pour
Caen, si une place à côté d'une jeune demoiselle vous
convient.

Que la dame votre amie me mande qu'elle m'envoie une femme de chambre telle que je puis la désirer, avec tel éloge qu'il lui plaira de vos qualités, sans entrer dans aucun autre détail d'état. Qu'elle me marque aussi le nom que vous aurez choisi, la voiture par laquelle vous arriverez, et le jour, s'il se peut, de votre départ. Si vous preniez la voiture du carrosse de Caen, vous vous y rendriez le lundi de grand matin, pour arriver ici le vendredi ; il loge à Paris, rue Saint-Denis, *au Grand Cerf*. S'il ne se trouvait personne pour vous recevoir à votre arrivée à Caen, vous vous adresseriez de ma part, en attendant, chez M. Gassion, vis-à-vis la place Royale. Comme l'incognito est d'une extrême nécessité de part et d'autre, que la dame votre amie me renvoie cette lettre, à laquelle, quoique non signée, vous pouvez ajouter foi entière. Gardez-en seulement le cachet, qui servira à vous faire connaître, à Caen, à la personne à qui vous vous adresserez.

Suivez, mademoiselle, exactement et diligemment ce que cette lettre vous prescrit ; et pour agir avec prudence, ne vous chargez ni de papiers ni de lettres, ou d'autre chose qui puisse donner occasion de vous reconnaître : il sera facile de faire venir tout cela dans un autre temps. Comptez avec une confiance parfaite sur les bonnes intentions de votre serviteur.

> *A..., proche Caen, ce mercredi*
> *6 février 1760.*

Cette lettre était adressée à Mme Madin. Il y avait sur l'autre enveloppe une croix, suivant la convention. Le cachet représentait un Amour tenant d'une main un flambeau, et de l'autre deux cœurs, avec une devise qu'on n'a pu lire, parce que le cachet avait souffert à l'ouverture de la lettre. Il était naturel qu'une jeune religieuse à qui l'amour était étranger en prît l'image pour celle de son ange gardien.

RÉPONSE

DE LA RELIGIEUSE A M. LE MARQUIS DE CROISMARE

Monsieur, j'ai reçu votre lettre. Je crois que j'ai été fort mal, fort mal. Je suis bien faible. Si Dieu me retire à

lui, je prierai sans cesse pour votre salut; si j'en reviens,
je ferai tout ce que vous m'ordonnerez. Mon cher monsieur!
Digne homme! Je n'oublierai jamais votre bonté.

Ma digne amie doit arriver de Versailles; elle vous dira
tout.

Ce saint jour de dimanche en février.

Je garderai le cachet avec soin. C'est un saint ange que
j'y trouve imprimé; c'est vous, c'est mon ange gardien.

M. Diderot n'ayant pu se rendre à l'assemblée des bandits,
cette réponse fut envoyée sans son attache. Il ne la trouva
pas de son gré; il prétendit qu'elle découvrirait notre trahison. Il se trompa, et il eut tort, je crois, de ne pas trouver
cette réponse bonne. Cependant, pour le satisfaire, on
coucha sur les registres du commun conseil de la fourberie
la réponse qui suit, et qui ne fut point envoyée. Au reste,
cette maladie nous était indispensable pour différer le
départ pour Caen.

EXTRAIT DES REGISTRES

Voilà la lettre qui a été envoyée, et voici celle que
sœur Suzanne aurait dû écrire :

Monsieur, je vous remercie de vos bontés. Il ne faut plus
penser à rien, tout va finir pour moi. Je serai dans un
moment devant le Dieu de miséricorde; c'est là que je me
souviendrai de vous. Ils délibèrent s'ils me saigneront
une troisième fois; ils ordonneront tout ce qu'il leur plaira.
Adieu, mon cher monsieur. J'espère que le séjour où je
vais sera plus heureux; nous nous y verrons.

LETTRE

DE MADAME MADIN A M. LE MARQUIS DE CROISMARE

Je suis à côté de son lit, et elle me presse de vous écrire.
Elle a été à toute extrémité, et mon état, qui m'attache à
Versailles, ne m'a point permis de venir plus tôt à son
secours. Je savais qu'elle était fort mal et abandonnée de
tout le monde, et je ne pouvais quitter. Vous pensez bien,

monsieur, qu'elle avait beaucoup souffert. Elle avait fait
une chute qu'elle cachait. Elle a été attaquée tout d'un
coup d'une fièvre ardente qu'on n'a pu abattre qu'à force
de saignées. Je la crois hors de danger. Ce qui m'inquiète
à présent est la crainte que sa convalescence ne soit longue,
et qu'elle ne puisse partir avant un mois ou six semaines.
Elle est déjà si faible, et le sera bien davantage. Tâchez donc,
monsieur, de gagner du temps, et travaillons de concert à
sauver la créature la plus malheureuse et la plus intéressante
qu'il y ait au monde. Je ne saurais vous dire tout l'effet de
votre billet sur elle; elle a beaucoup pleuré, elle a écrit
l'adresse de M. Gassion derrière une *Sainte Suzanne* de son
diurnal [106], et puis elle a voulu vous répondre malgré
sa faiblesse. Elle sortait d'une crise; je ne sais ce qu'elle
vous aura dit, car sa pauvre tête n'y était guère. Pardon,
monsieur, je vous écris à la hâte. Elle me fait pitié; je voudrais ne la point quitter, mais il m'est impossible de rester
ici plusieurs jours de suite. Voilà la lettre que vous lui avez
écrite. J'en fais partir une autre, telle à peu près que vous
la demandez. Je n'y parle point des talents agréables;
ils ne sont pas de l'état qu'elle va prendre, et il faut, ce me
semble, qu'elle y renonce absolument si elle veut être
ignorée. Du reste, tout ce que je vous dis d'elle est vrai :
non, monsieur, il n'y a point de mère qui ne fût comblée
de l'avoir pour enfant. Mon premier soin, comme vous
pouvez penser, a été de la mettre à couvert, et c'est une
affaire faite. Je ne me résoudrai à la laisser aller que quand
sa santé sera tout à fait rétablie; mais ce ne peut être avant
un mois ou six semaines, comme j'ai eu l'honneur de vous
dire; encore faut-il qu'il ne survienne point d'accident.
Elle garde le cachet de votre lettre; il est dans ses Heures [107]
et sous son chevet [108]. Je n'ai osé lui dire que ce n'était
pas le vôtre; je l'avais brisé en ouvrant votre réponse,
et je l'avais remplacé par le mien : dans l'état fâcheux où
elle était, je ne devais pas risquer de lui remettre votre
lettre sans l'avoir lue. J'ose vous demander pour elle un
mot qui la soutienne dans ses espérances; ce sont les seules
qu'elle ait et je ne répondrais pas de sa vie, si elles venaient
à lui manquer. Si vous aviez la bonté de me faire à part
un petit détail de la maison où elle entrera, je m'en servirais
pour la tranquilliser. Ne craignez rien pour vos lettres,
elles vous seront toutes renvoyées aussi exactement que

la première; et reposez-vous sur l'intérêt que j'ai moi-même
à ne rien faire d'inconsidéré. Nous nous conformerons à
tout, à moins que vous ne changiez vos dispositions.
Adieu, monsieur. La chère infortunée prie Dieu pour vous
à tous les instants où sa tête le lui permet.

J'attends, monsieur, votre réponse, toujours au pavillon
de Bourgogne, rue d'Anjou, à Versailles.

Ce 16 février 1760.

LETTRE OSTENSIBLE

DE MADAME MADIN, TELLE QUE M. LE MARQUIS
DE CROISMARE L'AVAIT DEMANDÉE

Monsieur, la personne que je vous propose s'appellera
Suzanne Simonin. Je l'aime comme si c'était mon enfant :
cependant vous pouvez prendre à la lettre ce que je vais
vous en dire, parce qu'il n'est pas dans mon caractère
d'exagérer. Elle est orpheline de père et de mère; elle est
bien née, et son éducation n'a pas été négligée. Elle s'entend à tous les petits ouvrages qu'on apprend quand on est
adroite et qu'on aime à s'occuper; elle parle peu, mais
assez bien; elle écrit naturellement. Si la personne à qui
vous la destinez voulait se faire lire, elle lit à merveille.
Elle n'est ni grande ni petite. Sa taille est fort bien; pour sa
physionomie, je n'en ai guère vu de plus intéressante.
On la trouvera peut-être un peu jeune, car je lui crois
à peine dix-sept ans accomplis [109]; mais si l'expérience de
l'âge lui manque, elle est remplacée de reste par celle du
malheur. Elle a beaucoup de retenue et un jugement peu
commun. Je réponds de l'innocence de ses mœurs. Elle
est pieuse, mais point bigote. Elle a l'esprit naïf, une gaieté
douce, jamais d'humeur. J'ai deux filles [110]; si des circonstances particulières n'empêchaient pas Mlle Simonin de
se fixer à Paris, je ne leur chercherais pas d'autre gouvernante; je n'espère pas rencontrer aussi bien. Je la connais
depuis son enfance, et elle a toujours vécu sous mes yeux.
Elle partira d'ici bien nippée [111]. Je me chargerai des petits
frais de son voyage et même de ceux de son retour, s'il
arrive qu'on me la renvoie : c'est la moindre chose que je
puisse faire pour elle. Elle n'est jamais sortie de Paris,

elle ne sait où elle va, elle se croit perdue ; j'ai toute la peine du monde à la rassurer. Un mot de vous, monsieur, sur la personne à laquelle elle doit appartenir, la maison qu'elle habitera, et les devoirs qu'elle aura à remplir, fera plus sur son esprit que tous mes discours. Ne serait-ce point trop exiger de votre complaisance que de vous le demander ? Toute sa crainte est de ne pas réussir : la pauvre enfant ne se connaît guère.

J'ai l'honneur d'être, avec tous les sentiments que vous méritez, monsieur, votre très humble et très obéissante servante.

Signé : MOREAU-MADIN

A Paris, ce 16 février 1760.

LETTRE

DE M. LE MARQUIS DE CROISMARE A MADAME MADIN

Madame, j'ai reçu il y a deux jours deux mots de lettre, qui m'apprennent l'indisposition de Mlle Simonin. Son malheureux sort me fait gémir ; sa santé m'inquiète. Puis-je vous demander la consolation d'être instruit de son état, du parti qu'elle compte prendre, en un mot la réponse à la lettre que je lui ai écrite ? J'ose espérer le tout de votre complaisance et de l'intérêt que vous y prenez.

Votre très humble et très obéissant, etc.

A Caen, ce 19 février 1760.

AUTRE LETTRE

DE M. LE MARQUIS DE CROISMARE A MADAME MADIN

J'étais, madame, dans l'impatience, et heureusement votre lettre a suspendu mon inquiétude sur l'état de Mlle Simonin, que vous m'assurez hors de danger, et à couvert des recherches. Je lui écris ; et vous pouvez encore la rassurer sur la continuation de mes sentiments. Sa lettre m'avait frappé ; et dans l'embarras où je l'ai vue, j'ai cru ne pouvoir mieux faire que de me l'attacher en la mettant auprès de ma fille, qui malheureusement n'a plus de mère.

Voilà, madame, la maison que je lui destine. Je suis sûr de moi-même, et de pouvoir lui adoucir ses peines sans manquer au secret, ce qui serait peut-être plus difficile en d'autres mains. Je ne pourrai m'empêcher de gémir et sur son état et sur ce que ma fortune ne me permettra pas d'en agir comme je le désirerais; mais que faire quand on est soumis aux lois de la nécessité? Je demeure à deux lieues de la ville, dans une campagne assez agréable, où je vis fort retiré avec ma fille et mon fils aîné, qui est un garçon plein de sentiments et de religion, à qui cependant je laisserai ignorer ce qui peut la regarder. Pour les domestiques, ce sont gens attachés à moi depuis longtemps; de sorte que tout est dans un état fort tranquille et fort uni. J'ajouterai encore que ce parti que je lui propose ne sera que son pis-aller : si elle trouvait quelque chose de mieux, je n'entends point la contraindre par un engagement; mais qu'elle soit certaine qu'elle trouvera toujours en moi une ressource assurée. Ainsi qu'elle rétablisse sa santé sans inquiétude; je l'attendrai et serai bien aise cependant d'avoir souvent de ses nouvelles.

J'ai l'honneur d'être, madame, etc.

A Caen, ce 21 février 1760.

LETTRE

DE M. LE MARQUIS DE CROISMARE A SŒUR SUZANNE (SUR L'ENVELOPPE ÉTAIT UNE CROIX)

Personne n'est, mademoiselle, plus sensible que je le suis à l'état où vous vous trouvez. Je ne puis que m'intéresser de plus en plus à vous procurer quelque consolation dans le sort malheureux qui vous poursuit. Tranquillisez-vous, reprenez vos forces, et comptez toujours avec une entière confiance sur mes sentiments. Rien ne doit plus vous occuper que le rétablissement de votre santé et le soin de demeurer ignorée. S'il m'était possible de rendre votre sort plus doux, je le ferais; mais votre situation me contraint, et je ne pourrai que gémir sur la dure nécessité. La personne à laquelle je vous destine m'est des plus chères, et c'est à moi principalement que vous aurez à répondre.

Ainsi, autant qu'il me sera possible, j'aurai soin d'adoucir les petites peines inséparables de l'état que vous prenez. Vous me devrez votre confiance, je me reposerai entièrement sur vos soins; cette assurance doit vous tranquilliser et vous prouver ma manière de penser et l'attachement sincère avec lequel je suis, mademoiselle, votre, etc.

A Caen, ce 21 février 1760.

J'écris à Mme Madin, qui pourra vous en dire davantage.

LETTRE

DE MADAME MADIN A M. LE MARQUIS DE CROISMARE

Monsieur, la guérison de notre chère malade est assurée; plus de fièvre, plus de mal de tête, tout annonce la convalescence la plus prompte et la meilleure santé. Les lèvres sont encore un peu pâles; mais les yeux reprennent de l'éclat. La couleur commence à reparaître sur les joues; les chairs ont de la fraîcheur et ne tarderont pas à reprendre leur fermeté; tout va bien depuis qu'elle a l'esprit tranquille. C'est à présent, monsieur, qu'elle sent le prix de votre bienveillance; et rien n'est plus touchant que la manière dont elle s'en exprime. Je voudrais bien pouvoir vous peindre ce qui se passa entre elle et moi lorsque je lui portai vos dernières lettres. Elle les prit; les mains lui tremblaient, elle respirait à peine en les lisant; à chaque ligne elle s'arrêtait; et, après avoir fini, elle me dit, en se jetant à mon cou, et en pleurant à chaudes larmes : « Eh bien! madame Madin, Dieu ne m'a donc pas abandonnée, il veut donc enfin que je sois heureuse! Oui, c'est Dieu qui m'a inspiré de m'adresser à ce cher monsieur : quel autre au monde eût pris pitié de moi? Remercions le ciel de ces premières grâces, afin qu'il nous en accorde d'autres... » Et puis elle s'assit sur son lit, et elle se mit à prier; ensuite, revenant sur quelques endroits de vos lettres, elle dit : « C'est sa fille qu'il me confie. Ah! maman, elle lui ressemblera; elle sera douce, bienfaisante et sensible comme lui... » Après s'être arrêtée, elle dit avec un peu de souci : « Elle n'a plus sa mère! Je regrette de n'avoir pas l'expérience qu'il me faudrait. Je ne

sais rien, mais je ferai de mon mieux; je me rapellerai le soir
et le matin ce que je dois à son père, il faut que la reconnaissance supplée à bien des choses. Serai-je encore longtemps
malade? Quand est-ce qu'on me permettra de manger?
Je ne me sens plus de ma chute, plus du tout... » Je vous
fais ce petit détail, monsieur, parce que j'espère qu'il vous
plaira. Il y avait dans son discours et dans son action
tant d'innocence et de zèle, que j'en étais hors de moi.
Je ne sais ce que je n'aurais pas donné pour que vous l'eussiez vue et entendue. Non, monsieur, ou je ne me connais
à rien, ou vous aurez une créature unique, et qui fera la
bénédiction de votre maison. Ce que vous avez eu la bonté
de m'apprendre de vous, de mademoiselle votre fille, de
monsieur votre fils, de votre situation, s'arrange parfaitement avec ses vœux.

Elle persiste dans les premières propositions qu'elle vous
a faites. Elle ne demande que la nourriture et le vêtement,
et vous pouvez la prendre au mot si cela vous convient;
quoique je ne sois pas riche, le reste sera mon affaire.
J'aime cette enfant, je l'ai adoptée dans mon cœur; et le peu
que j'aurai fait pour elle de mon vivant lui sera continué
après ma mort. Je ne vous dissimulerai pas que ces mots
d'*être son pis-aller et de la laisser libre d'accepter mieux si
l'occasion s'en présente*, lui ont fait de la peine; je n'ai pas été
fâchée de lui trouver cette délicatesse. Je ne négligerai pas
de vous instruire des progrès de sa convalescence; mais
j'ai un grand projet dans lequel je ne désespérerais pas de
réussir pendant qu'elle se rétablira, si vous pouviez m'adresser à un de vos amis : vous devez en avoir beaucoup ici.
Il me faudrait un homme sage, discret, adroit, pas trop
considérable, qui approchât, par lui ou par ses amis, de
quelques grands que je lui nommerais, et qui eût accès
à la Cour sans en être. De la manière dont la chose est
arrangée dans mon esprit, il ne serait pas mis dans la confidence; il nous servirait sans savoir en quoi : quand ma
tentative serait infructueuse, nous en tirerions au moins
l'avantage de persuader qu'elle est en pays étranger. Si
vous pouviez m'adresser à quelqu'un, je vous prie de me le
nommer, et de me dire sa demeure, et ensuite de lui écrire
que Mme Madin, que vous connaissez depuis longtemps,
doit venir lui demander un service, et que vous le priez de
s'intéresser à elle, si la chose est faisable. Si vous n'avez

personne, il faut s'en consoler; mais voyez, monsieur. Au reste, je vous prie de compter sur l'intérêt que je prends à notre infortunée, et sur quelque prudence que je tiens de l'expérience. La joie que votre dernière lettre lui a causée, lui a donné un petit mouvement dans le pouls; mais ce ne sera rien.

J'ai l'honneur d'être, avec les sentiments les plus respectueux, monsieur, votre, etc.

Signé : MOREAU-MADIN
À Paris, ce 3 mars 1760.

L'idée de Mme Madin de se faire adresser à un des amis du généreux protecteur, était une suggestion de Satan, au moyen de laquelle ses suppôts espéraient inspirer adroitement à leur ami de Normandie de s'adresser à moi [112] et à me mettre dans la confidence de toute cette affaire; ce qui réussit parfaitement, comme vous verrez par la suite de cette correspondance.

LETTRE

DE SŒUR SUZANNE A M. LE MARQUIS DE CROISMARE

Monsieur, maman Madin m'a remis les deux réponses dont vous m'avez honorée, et m'a fait part aussi de la lettre que vous lui avez écrite [113]. J'accepte, j'accepte. C'est cent fois mieux que je ne mérite; oui, cent fois, mille fois mieux. J'ai si peu de monde, si peu d'expérience, et je sens si bien tout ce qu'il me faudrait pour répondre dignement à votre confiance; mais j'espère tout de votre indulgence, de mon zèle et de ma reconnaissance. Ma place me fera, et maman Madin dit que cela vaut mieux que si j'étais faite à ma place. Mon Dieu! que je suis pressée d'être guérie, d'aller me jeter aux pieds de mon bienfaiteur, et de le servir auprès de sa chère fille en tout ce qui dépendra de moi! On me dit que ce ne sera guère avant un mois. Un mois, c'est bien du temps! Mon cher monsieur, conservez-moi votre bienveillance. Je ne me sens pas de joie; mais ils ne veulent pas que j'écrive, ils m'empêchent de lire, ils me tiennent; ils me noient de tisane, ils me font mourir de faim, et tout cela pour mon bien. Dieu soit loué! C'est pourtant bien malgré moi que je leur obéis.

Je suis, avec un cœur reconnaissant, monsieur, votre très humble et très soumise servante.

Signé : SUZANNE SIMONIN
A Paris, ce 3 mars 1760.

LETTRE

DE M. LE MARQUIS DE CROISMARE A MADAME MADIN

Quelques incommodités que je ressens depuis plusieurs jours m'ont empêché, madame, de vous faire réponse plus tôt, et de vous marquer le plaisir que j'ai d'apprendre la convalescence de Mlle Simonin. J'ose espérer qu'incessamment vous aurez la bonté de m'instruire de son parfait rétablissement, que je souhaite avec ardeur. Mais je suis mortifié de ne pouvoir contribuer à l'exécution du projet que vous méditez en sa faveur; sans le connaître, je ne puis le trouver que très bon par la prudence dont vous êtes capable et par l'intérêt que vous y prenez. Je n'ai été que très peu répandu à Paris, et parmi un petit nombre de personnes aussi peu répandues que moi; et les connaissances telles que vous les désireriez ne sont pas faciles à trouver. Continuez, je vous en supplie, à me donner des nouvelles de Mlle Simonin, dont les intérêts me seront toujours chers.

J'ai l'honneur d'être, etc.

Ce 13 mars 1760.

RÉPONSE

DE MADAME MADIN A M. LE MARQUIS DE CROISMARE

Monsieur, j'ai fait une faute, peut-être, de ne me pas expliquer sur le projet que j'avais, mais j'étais si pressée d'aller en avant! Voici donc ce qui m'avait passé par la tête. D'abord il faut que vous sachiez que le cardinal de ***[114] protégeait la famille. Ils perdirent tous beaucoup à sa mort, surtout ma Suzanne, qui lui avait été présentée dans sa première jeunesse. Le vieux cardinal aimait les jolis enfants; les grâces de celle-ci l'avaient frappé; et il s'était chargé de son sort.

Mais quand il ne fut plus, on disposa d'elle comme vous savez, et les protecteurs crurent s'acquitter envers la cadette en mariant les aînées. J'avais donc pensé que, si l'on avait eu quelque accès auprès de Mme la marquise de T*** qu'on dit sinon compatissante, du moins fort active (mais qu'importe par qui le bien se fasse), qui s'est mise en quatre dans le procès de mon enfant, et qu'on lui eût peint la triste situation d'une jeune personne exposée à toutes les suites de la misère, dans un pays étranger et lointain, nous eussions pu arracher par ce moyen une petite pension aux deux beaux-frères, qui ont emporté tout le bien de la maison, et qui ne songent guère à nous secourir. En vérité, monsieur, cela vaut bien la peine que nous revenions tous les deux là-dessus : voyez. Avec cette petite pension, ce que je viens de lui assurer, et ce qu'elle tiendrait de vos bontés, elle serait bien pour le présent, point mal pour l'avenir, et je la verrais partir avec moins de regret. Mais je ne connais Mme la marquise de T***, ni le secrétaire du défunt cardinal qu'on dit homme de lettres, ni personne qui l'approche; et ce fut l'enfant qui me suggéra de m'adresser à vous. Au reste, je ne saurais vous dire que sa convalescence aille comme je le désirerais. Elle s'était blessée au-dessus des reins, comme je crois vous l'avoir dit; la douleur de cette chute, qui s'était dissipée, s'est fait ressentir; c'est un point qui revient et qui se passe. Il est accompagné d'un léger frisson en dedans, mais au pouls il n'y a pas la moindre fièvre; le médecin hoche de la tête, et n'a pas un air qui me plaise. Elle ira dimanche prochain à la messe; et je viens de lui envoyer une grande capote qui l'enveloppera jusqu'au bout du nez, et sous laquelle elle pourra, je crois, passer une demi-heure sans péril dans une petite église borgne du quartier. Elle soupire après le moment de son départ, et je suis sûre qu'elle ne demandera rien à Dieu avec plus de ferveur que d'achever sa guérison, et de lui conserver les bontés de son bienfaiteur. Si elle se trouvait en état de partir entre Pâques et Quasimodo, je ne manquerais pas de vous en prévenir. Au reste, monsieur, son absence ne m'empêcherait pas d'agir, si je découvrais parmi mes

connaissances quelqu'un qui pût quelque chose auprès de
Mme de T*** et du médecin A*** qui a beaucoup d'autorité
sur son esprit.

Je suis, avec une reconnaissance sans bornes pour elle
et pour moi, monsieur, votre très humble, etc.

Signé : MOREAU-MADIN
A Versailles, ce 25 mars 1760.

P.S. — Je lui ai défendu de vous écrire, de crainte de
vous importuner; il n'y a que cette considération qui
puisse la retenir.

RÉPONSE

DE M. LE MARQUIS DE CROISMARE A MADAME MADIN

Madame, votre projet pour Mlle Simonin paraît très
louable, et me plaît d'autant plus, que je souhaiterais
ardemment de la voir, dans son infortune, assurée d'un
état un peu passable. Je ne désespère pas de trouver quelque
ami qui puisse agir auprès de Mme de T*** ou du médecin
A*** ou du secrétaire du feu cardinal, mais cela demande
du temps et des précautions, tant pour éviter d'éventer
le secret, que pour m'assurer de la discrétion des personnes
auxquelles je pense que je pourrais m'adresser. Je ne perdrai
point cela de vue. En attendant, si Mlle Simonin persiste
dans ses mêmes sentiments, et si sa santé est assez rétablie,
rien ne doit l'empêcher de partir; elle me trouvera toujours
dans les mêmes dispositions que je lui ai marquées, et dans
le même zèle à lui adoucir, s'il se peut, l'amertume de son
sort. La situation de mes affaires et les malheurs du temps
m'obligent de me tenir fort retiré à la campagne avec mes
enfants, pour raison d'économie; ainsi nous y vivons avec
beaucoup de simplicité. C'est pourquoi Mlle Simonin
pourra se dispenser de faire de la dépense en habillements
ni si propres ni si chers; le commun peut suffire en ce pays.
C'est dans cette campagne et dans cet état uni et simple
qu'elle me trouvera, et où je souhaite qu'elle puisse goûter
quelque douceur et quelque agrément, malgré les précautions gênantes que je serai obligé d'observer à son égard.

Vous aurez la bonté, madame, de m'instruire de son départ; et de peur qu'elle n'eût égaré l'adresse que je lui avais envoyée, c'est chez M. Gassion, vis-à-vis la place Royale, à Caen. Cependant si je suis instruit à temps du jour de son arrivée, elle trouvera quelqu'un pour la conduire ici sans s'arrêter.

J'ai l'honneur d'être, madame, votre très humble, etc.

Ce 31 mars 1760.

LETTRE

DE MADAME MADIN A M. LE MARQUIS DE CROISMARE

Si elle persiste dans ses sentiments, monsieur! En pouvez-vous douter? Qu'a-t-elle de mieux à faire que d'aller passer des jours heureux et tranquilles auprès d'un homme de bien, et dans une famille honnête? N'est-elle pas trop heureuse que vous vous soyez ressouvenu d'elle? Et où donnerait-elle de la tête si l'asile que vous avez eu la générosité de lui offrir venait à lui manquer? C'est elle-même, monsieur, qui parle ainsi; et je ne fais que vous répéter ses discours. Elle voulut encore aller à la messe le jour de Pâques; c'était bien contre mon avis, et cela lui réussit fort mal. Elle en revint avec de la fièvre; et depuis ce malheureux jour elle ne s'est pas bien portée. Monsieur, je ne vous l'enverrai point qu'elle ne soit en bonne santé. Elle sent à présent de la chaleur au-dessus des reins, à l'endroit où elle s'est blessée dans sa chute; je viens d'y regarder et je n'y vois rien du tout. Mais son médecin me dit avant-hier, comme nous en descendions ensemble, qu'il craignait qu'il n'y eût un commencement de pulsation, qu'il fallait attendre ce que cela deviendrait. Cependant elle ne manque point d'appétit, elle dort, l'embonpoint se soutient.

Je lui trouve seulement, par intervalles, un peu plus de couleur aux joues et plus de vivacité dans les yeux qu'elle n'en a naturellement. Et puis ce sont des impatiences qui me désespèrent. Elle se lève, elle essaye de marcher; mais pour peu qu'elle penche du côté malade, c'est un cri aigu à percer le cœur. Malgré cela, j'espère, et j'ai profité du temps pour arranger son petit trousseau.

C'est une robe de calmande [115] d'Angleterre, qu'elle pourra porter simple jusqu'à la fin des chaleurs, et qu'elle doublera pour son hiver, avec une autre de coton bleu qu'elle porte actuellement.

Quinze chemises garnies de maris [116], les uns en batiste, les autres en mousseline. Vers la mi-juin, je lui enverrai de quoi en faire six autres, d'une pièce de toile qu'on me blanchit à Senlis.

Plusieurs jupons blancs, dont deux de moi, de basin, garnis en mousseline.

Deux justes [117] pareils, que j'avais fait faire pour la plus jeune de mes filles, et qui se sont trouvés lui aller à merveille. Cela lui fera des habillements de toilette pour l'été.

Quelques corsets, tabliers et mouchoirs de cou.

Deux douzaines de mouchoirs de poche.

Plusieurs cornettes de nuit.

Six dormeuses [118] de jour festonnées, avec huit paires de manchettes à un rang, et trois à deux rangs.

Six paires de bas de coton fin.

C'est tout ce que j'ai pu faire de mieux. Je lui portai cela le lendemain des fêtes, et je ne saurais vous dire avec quelle sensibilité elle le reçut. Elle regardait une chose, en essayait une autre, me prenait les mains et me les baisait. Mais elle ne put jamais retenir ses larmes, quand elle vit les justes de ma fille. « Hé! lui dis-je, de quoi pleurez-vous? Est-ce que vous ne l'[119] avez pas toujours été? — Il est vrai », me répondit-elle; puis elle ajouta : « A présent que j'espère être heureuse, il me semble que j'aurais de la peine à mourir. Maman, est-ce que cette chaleur des côtés ne se dissipera point? Si l'on y mettait quelque chose? » Je suis charmée, monsieur, que vous ne désapprouviez point mon projet, et que vous voyiez jour à le faire réussir. J'abandonne tout à votre prudence; mais je crois devoir vous avertir que Mme la marquise de T*** part pour la campagne, que M. A*** est inaccessible et revêche, que le secrétaire, tout fier du titre d'académicien qu'il a obtenu après vingt ans de sollicitations, s'en retourne en Bretagne, et que dans trois ou quatre mois d'ici nous serons oubliés. Tout passe si vite d'intérêt dans ce pays! on ne parle déjà plus guère de nous, bientôt on n'en parlera plus du tout.

Ne craignez pas qu'elle égare l'adresse que vous lui avez envoyée. Elle n'ouvre pas une fois ses Heures, sans la regarder; elle oublierait plutôt son nom de Simonin que celui de M. Gassion.

Je lui demandai si elle ne voulait pas vous écrire, elle me répondit qu'elle vous avait commencé une longue lettre qui contiendrait tout ce qu'elle ne pourrait guère se dispenser de vous dire, si Dieu lui faisait la grâce de guérir et de vous voir; mais qu'elle avait le pressentiment qu'elle ne vous verrait jamais. « Cela dure trop, maman, ajouta-t-elle, je ne profiterai ni de vos bontés ni des siennes : ou M. le marquis changera de sentiment, ou je n'en reviendrai pas. — Quelle folie! lui dis-je. Savez-vous bien que, si vous vous entretenez dans ces idées tristes, ce que vous craignez vous arrivera? » Elle dit : Que la volonté de Dieu soit faite. Je la priai de me montrer ce qu'elle avait écrit; j'en fus effrayée, c'est un volume, c'est un gros volume. « Voilà, lui dis-je, en colère, ce qui vous tue. » Elle me répondit : « Que voulez-vous que je fasse? Ou je m'afflige, ou je m'ennuie. — Et quand avez-vous pu griffonner tout cela? — Un peu dans un temps, un peu dans un autre. Que je vive ou que je meure, je veux qu'on sache tout ce que j'ai souffert... » Je lui ai défendu de continuer. Son médecin en a fait autant[120]. Je vous prie, monsieur, de joindre votre autorité à mes prières; elle vous regarde comme son cher maître, et il est sûr qu'elle vous obéira. Cependant comme je conçois que les heures sont bien longues pour elle, et qu'il faut qu'elle s'occupe, ne fût-ce que pour l'empêcher d'écrire davantage, de rêver et de se chagriner, je lui ai fait porter un tambour[121], et je lui ai proposé de commencer une veste pour vous. Cela lui a plu extrêmement, et elle s'est mise tout de suite à l'ouvrage. Dieu veuille qu'elle n'ait pas le temps de l'achever ici! Un mot, s'il vous plaît, qui lui défende d'écrire et de trop travailler. J'avais résolu de retourner ce soir à Versailles; mais j'ai de l'inquiétude : ce commencement de pulsation me chiffonne, et je veux être demain auprès d'elle lorsque son médecin reviendra. J'ai malheureusement quelque foi aux pressentiments des malades; ils se sentent. Quand je perdis M. Madin[122], tous les médecins m'assuraient qu'il en reviendrait; il disait, lui, qu'il n'en reviendrait pas; et le pauvre homme ne disait que trop vrai. Je resterai, et j'aurai l'honneur de vous écrire. S'il fallait que je la perdisse, je crois que je ne m'en consolerais jamais. Vous

seriez trop heureux, vous, monsieur, de ne l'avoir point
vue. C'est à présent que les misérables qui l'ont déterminée
à s'enfuir sentent la perte qu'elles ont faite; mais il est trop
tard.

J'ai l'honneur d'être, avec des sentiments de respect et
de reconnaissance pour elle et pour moi, monsieur, votre
très humble, etc.

Signé : MOREAU-MADIN
A Paris, ce 13 avril 1760.

RÉPONSE

DE M. LE MARQUIS DE CROISMARE A MADAME MADIN

Je partage, madame, avec une vraie sensibilité, votre
inquiétude sur la maladie de Mlle Simonin. Son état infortuné m'avait toujours infiniment touché; mais le détail
que vous avez eu la bonté de me faire de ses qualités et
de ses sentiments, me prévient tellement en sa faveur,
qu'il me serait impossible de n'y pas prendre le plus vif
intérêt. Ainsi, loin que je puisse changer de sentiments
à son égard, chargez-vous, je vous prie, de lui répéter ceux
que je vous ai marqués par mes lettres, et qui ne souffriront
aucune altération. J'ai cru qu'il était prudent de ne lui point
écrire, afin de lui ôter toute occasion de faire une réponse.
Il n'est pas douteux que tout genre d'occupation lui est
préjudiciable dans son état d'infirmité; et si j'avais quelque
pouvoir sur elle, je m'en servirais pour le lui interdire.
Je ne puis mieux m'adresser qu'à vous-même, madame,
pour lui faire connaître ce que je pense à cet égard. Ce n'est
pas que je ne fusse charmé de recevoir de ses nouvelles
par elle-même; mais je ne pourrais approuver en elle une
action de pure bienséance, qui pût contribuer au retar-
dement de sa guérison. L'intérêt que vous y prenez,
madame, me dispense de vous prier encore une fois sur
ce point. Soyez toujours persuadée de ma sincère affection
pour elle et de l'estime particulière, et de la considération
véritable avec laquelle j'ai l'honneur d'être, madame,
votre très humble, etc.

Ce 25 avril 1760.

P.S. — Incessamment j'écrirai à un de mes amis, à qui vous pourrez vous adresser pour Mme de T***. Il se nomme M. G. [123], secrétaire des commandements de M. le duc d'Orléans, et demeure rue Neuve-de-Luxembourg, près la rue Saint-Honoré, à Paris. Je lui donnerai avis que vous prendrez la peine de passer chez lui, et lui marquerai que je vous ai d'extrêmes obligations, et que je ne désire rien tant que de vous en marquer ma reconnaissance. Il ne dîne pas ordinairement chez lui.

LETTRE

DE MADAME MADIN A M. LE MARQUIS DE CROISMARE

Monsieur, combien j'ai souffert depuis que je n'ai eu l'honneur de vous écrire! Je n'ai jamais pu prendre sur moi de vous faire part de ma peine, et j'espère que vous me saurez gré de n'avoir pas mis votre âme sensible à une épreuve aussi cruelle. Vous savez combien elle m'était chère. Imaginez, monsieur, que je l'aurai vue près de quinze jours de suite pencher vers sa fin, au milieu des douleurs les plus aiguës. Enfin, Dieu a pris, je crois, pitié d'elle et de moi. La pauvre malheureuse est encore, mais ce ne peut être pour longtemps. Ses forces sont épuisées : à la vérité ses douleurs sont tombées, mais le médecin dit que c'est tant pis; elle ne parle presque plus, ses yeux ont peine à s'ouvrir. Il ne lui reste que sa patience, qui ne l'a point abandonnée. Si celle-là n'est pas sauvée, que deviendrons-nous? L'espoir que j'avais de sa guérison a disparu tout à coup. Il s'était formé un abcès au côté, qui faisait un progrès sourd depuis sa chute. Elle n'a pas voulu souffrir qu'on l'ouvrît à temps, et quand elle a pu s'y résoudre, il était trop tard. Elle sent arriver son dernier moment; elle m'éloigne; et je vous avoue vue je ne suis pas en état de soutenir ce spectacle.

Elle fut administrée hier entre dix et onze heures du soir. Ce fut elle qui le demanda. Après cette triste cérémonie, je restai seule à côté de son lit. Elle m'entendit soupirer, elle chercha ma main, je la lui donnai; elle la prit, la porta contre ses lèvres, et m'attirant vers elle, elle me dit, si bas que j'avais peine à l'entendre : « Maman, encore une grâce.

— Laquelle, mon enfant ?

— Me bénir, et vous en aller. »

Elle ajouta : « Monsieur le marquis... ne manquez pas de le remercier... »

Ces paroles auront été ses dernières. J'ai donné des ordres, et je me suis retirée chez une amie, où j'attends de moment en moment. Il est une heure après minuit. Peut-être avons-nous à présent une amie au ciel.

Je suis avec respect, monsieur, votre très humble, etc.

Signé : MOREAU-MADIN.

La lettre précédente est du 7 mai; mais elle n'était point datée.

LETTRE

DE MADAME MADIN A M. LE MARQUIS DE CROISMARE

La chère enfant n'est plus; ses peines sont finies; et les nôtres ont peut-être encore longtemps à durer. Elle a passé de ce monde dans celui où nous sommes tous attendus, mercredi dernier, entre trois et quatre heures du matin. Comme sa vie avait été innocente, ses derniers moments ont été tranquilles, malgré tout ce qu'on a fait pour les troubler. Permettez que je vous remercie du tendre intérêt que vous avez pris à son sort; c'est le seul devoir qui me reste à lui rendre. Voilà toutes les lettres dont vous nous avez honorées. J'avais gardé les unes, et j'ai trouvé les autres parmi des papiers qu'elle m'a remis quelques jours avant sa mort; c'est, à ce qu'elle m'a dit, l'histoire de sa vie chez ses parents et dans les trois maisons religieuses où elle a demeuré, et ce qui s'est passé après sa sortie[124]. Il n'y a pas d'apparence que je les lise sitôt, je ne saurais rien voir de ce qui lui appartenait, rien même de ce que mon amitié lui avait destiné, sans ressentir une douleur profonde.

Si je suis jamais assez heureuse, monsieur, pour vous être utile, je serai très flattée de votre souvenir.

Je suis, avec les sentiments de respect et de reconnaissance qu'on doit aux hommes miséricordieux et bienfaisants, monsieur, votre, etc.

Signé : MOREAU-MADIN
Ce 10 mai 1760.

LETTRE

DE M. LE MARQUIS DE CROISMARE A MADAME MADIN

Je sais, madame, ce qu'il en coûte à un cœur sensible et bienfaisant de perdre l'objet de son attachement, et l'heureuse occasion de lui dispenser des faveurs si dignement acquises, et par l'infortune, et par les aimables qualités, telles qu'ont été celles de la chère demoiselle qui cause aujourd'hui vos regrets. Je les partage, madame, avec la plus tendre sensibilité. Vous l'avez connue, et c'est ce qui vous rend sa séparation si difficile à supporter. Sans avoir eu cet avantage, ses malheurs m'avaient vivement touché, et je goûtais par avance le plaisir de pouvoir contribuer à la tranquillité de ses jours. Si le ciel en a ordonné autrement, et voulu me priver de cette satisfaction tant désirée, je dois l'en bénir, mais je ne puis y être insensible. Vous avez du moins la consolation d'en avoir agi à son égard avec les sentiments les plus nobles et la conduite la plus généreuse. Je les ai admirés, et mon ambition eût été de vous imiter. Il ne me reste plus que le désir ardent d'avoir l'honneur de vous connaître [125], et de vous exprimer de vive voix combien j'ai été enchanté de votre grandeur d'âme, et avec quelle considération respectueuse j'ai l'honneur d'être, madame, votre très humble, etc.

Ce 18 mai 1760.

Tout ce qui a rapport à la mémoire de notre infortunée m'est devenu extrêmement cher. Ne serait-ce point exiger de vous un trop grand sacrifice, que celui de me communiquer les mémoires et les notes qu'elle a faits de ses différents malheurs ? Je vous demande cette grâce, madame, avec d'autant plus de confiance, que vous m'aviez annoncé

que je pouvais y avoir quelque droit. Je serai fidèle à vous
les renvoyer, ainsi que toutes vos lettres, par la première
occasion, si vous le jugez à propos. Vous auriez la bonté
de me les adresser par le carrosse de voiture de Caen,
qui loge *au Grand Cerf*, rue Saint-Denis, à Paris, et part
tous les lundis.

Ainsi finit l'histoire de l'aimable et infortunée sœur
Suzanne Saulier[126] (dite Simonin dans son histoire et
dans cette correspondance). Il est bien triste que les mémoires de sa vie n'aient pas été mis au net; ils auraient formé
une lecture intéressante. Après tout, M. le marquis de
Croismare doit savoir gré à la perfidie de ses amis de lui
avoir fourni l'occasion de secourir l'infortune avec une
noblesse, un intérêt, une simplicité vraiment dignes de lui :
le rôle qu'il joue dans cette correspondance n'est pas le
moins touchant du roman.

On nous blâmera, peut-être, d'avoir inhumainement
hâté la fin de sœur Suzanne, mais ce parti était devenu
nécessaire à cause des avis que nous reçûmes du château de
Lasson, qu'on y meublait un appartement pour recevoir
Mlle de Croismare, que son père allait retirer du couvent[127],
où elle avait été depuis la mort de sa mère. Ces avis ajoutaient qu'on attendait de Paris une femme de chambre,
qui devait en même temps jouer le rôle de gouvernante
auprès de la jeune personne, et que M. de Croismare s'occupait à pourvoir d'ailleurs la bonne qui avait été jusqu'alors
auprès de sa fille. Ces avis ne nous laissèrent pas le choix
sur le parti qui nous restait à prendre; et ni la jeunesse, ni
la beauté, ni l'innocence de sœur Suzanne, ni son âme douce,
sensible et tendre, capable de toucher les cœurs les moins
enclins à la compassion, ne purent la sauver d'une mort
inévitable. Mais comme nous avions tous pris les sentiments de Mme Madin pour cette intéressante créature,
les regrets que nous causa sa mort ne furent guère moins
vifs que ceux de son respectable protecteur.

S'il se trouve quelques contradictions légères entre ce
récit et les mémoires, c'est que la plupart des lettres sont
postérieures au roman, et l'on conviendra que s'il y eut
jamais une préface utile, c'est celle qu'on vient de lire, et
que c'est peut-être la seule dont il fallait renvoyer la lecture
à la fin de l'ouvrage.

QUESTION AUX GENS DE LETTRES [128]

M. Diderot, après avoir passé des matinées à composer des lettres bien écrites, bien pensées, bien pathétiques, bien romanesques, employait des journées à les gâter en supprimant, sur les conseils de sa femme et de ses associés en scélératesse, tout ce qu'elles avaient de saillant, d'exagéré, de contraire à l'extrême simplicité et à la dernière vraisemblance; en sorte que si l'on eût ramassé dans la rue les premières, on eût dit : « Cela est beau, fort beau... » et que si l'on eût ramassé les dernières, on eût dit : « Cela est bien vrai... » Quelles sont les bonnes? Sont-ce celles qui auraient peut-être obtenu l'admiration? Ou celles qui devaient certainement produire l'illusion?

QUESTIONS AND CONTROVERSIES

LE NEVEU DE RAMEAU

SATIRE SECONDE [1]

> Vertumnis quotquot sunt natus iniquis
> (*Horat.*, Lib. II. Satyr. VII) [2]

Qu'il fasse beau, qu'il fasse laid, c'est mon habitude
d'aller sur les cinq heures du soir me promener au Palais
Royal. C'est moi qu'on voit toujours seul, rêvant sur le
banc d'Argenson [3]. Je m'entretiens avec moi-même de
politique, d'amour, de goût ou de philosophie. J'abandonne mon esprit à tout son libertinage. Je le laisse maître
de suivre la première idée sage ou folle qui se présente,
comme on voit, dans l'allée de Foy, nos jeunes dissolus
marcher sur les pas d'une courtisane à l'air éventé, au
visage riant, à l'œil vif, au nez retroussé, quitter celle-ci
pour une autre, les attaquant toutes et ne s'attachant à
aucune. Mes pensées ce sont mes catins. Si le temps est
trop froid, ou trop pluvieux, je me réfugie au café de la
Régence [4]; là, je m'amuse à voir jouer aux échecs. Paris
est l'endroit du monde, et le café de la Régence est l'endroit
de Paris où l'on joue le mieux à ce jeu. C'est chez Rey que
font assaut Legal le profond, Philidor [5] le subtil, le solide
Mayot; qu'on voit les coups les plus surprenants et qu'on
entend les plus mauvais propos; car si l'on peut être homme
d'esprit et grand joueur d'échecs comme Legal, on peut
être aussi un grand joueur d'échecs et un sot comme
Foubert et Mayot.

Un après-dîner [6], j'étais là, regardant beaucoup, parlant
peu, et écoutant le moins que je pouvais, lorsque je fus
abordé par un des plus bizarres personnages de ce pays
où Dieu n'en a pas laissé manquer. C'est un composé de
hauteur et de bassesse, de bon sens et de déraison. Il
faut que les notions de l'honnête et du déshonnête soient
bien étrangement brouillées dans sa tête, car il montre ce
que la nature lui a donné de bonnes qualités sans ostentation, et ce qu'il en a reçu de mauvaises, sans pudeur.
Au reste, il est doué d'une organisation forte, d'une chaleur
d'imagination singulière, et d'une vigueur de poumons
peu commune. Si vous le rencontrez jamais et que son
originalité ne vous arrête [7] pas, ou vous mettrez vos doigts
dans vos oreilles, ou vous vous enfuirez. Dieux, quels
terribles poumons ! Rien ne dissemble plus de lui que
lui-même. Quelquefois, il est maigre et hâve comme un
malade au dernier degré de la consomption; on compterait
ses dents à travers ses joues. On dirait qu'il a passé plusieurs
jours sans manger, ou qu'il sort de la Trappe. Le mois
suivant, il est gras et replet, comme s'il n'avait pas quitté
la table d'un financier, ou qu'il eût été renfermé dans un
couvent de Bernardins. Aujourd'hui, en linge sale, en
culotte déchirée, couvert de lambeaux, presque sans souliers, il va la tête basse, il se dérobe, on serait tenté de
l'appeler pour lui donner l'aumône. Demain, poudré,
chaussé, frisé, bien vêtu, il marche la tête haute, il se montre,
et vous le prendriez au peu près pour un honnête homme [8].
Il vit au jour la journée. Triste ou gai, selon les circonstances. Son premier soin, le matin, quand il est levé, est
de savoir où il dînera; après dîner, il pense où il ira souper.
La nuit amène aussi son inquiétude. Ou il regagne, à pied,
un petit grenier qu'il habite, à moins que l'hôtesse ennuyée
d'attendre son loyer, ne lui en ait redemandé la clef; ou il
se rabat dans une taverne du faubourg où il attend le
jour entre un morceau de pain et un pot de bière. Quand
il n'a pas six sols dans sa poche, ce qui lui arrive quelquefois, il a recours soit à un fiacre de ses amis, soit au
cocher d'un grand seigneur qui lui donne un lit sur de la
paille, à côté de ses chevaux. Le matin, il a encore une
partie de son matelas dans ses cheveux. Si la saison est
douce, il arpente toute la nuit le Cours [9] ou les Champs-
Élysées. Il reparaît avec le jour, à la ville, habillé de la

veille pour le lendemain, et du lendemain quelquefois pour le reste de la semaine. Je n'estime pas ces originaux-là. D'autres en font leurs connaissances familières, même leurs amis. Ils m'arrêtent une fois l'an, quand je les rencontre, parce que leur caractère tranche avec celui des autres, et qu'ils rompent cette fastidieuse uniformité que notre éducation, nos conventions de société, nos bienséances d'usage, ont introduite. S'il en paraît un dans une compagnie, c'est un grain de levain qui fermente et qui restitue à chacun une portion de son individualité [10] naturelle. Il secoue, il agite, il fait approuver ou blâmer; il fait sortir la vérité; il fait connaître les gens de bien; il démasque les coquins; c'est alors que l'homme de bon sens écoute, et démêle son monde.

Je connaissais celui-ci de longue main. Il fréquentait dans une maison dont son talent lui avait ouvert la porte. Il y avait une fille unique. Il jurait au père et à la mère qu'il épouserait leur fille. Ceux-ci haussaient les épaules, lui riaient au nez, lui disaient qu'il était fou, et je vis le moment que la chose était faite. Il m'empruntait quelques écus que je lui donnais. Il s'était introduit, je ne sais comment, dans quelques maisons honnêtes où il avait son couvert, mais à la condition qu'il ne parlerait pas sans en avoir obtenu la permission. Il se taisait et mangeait de rage. Il était excellent à voir dans cette contrainte. S'il lui prenait envie de manquer au traité, et qu'il ouvrît la bouche, au premier mot tous les convives s'écriaient : ô Rameau ! Alors la fureur étincelait dans ses yeux et il se remettait à manger avec plus de rage. Vous étiez curieux de savoir le nom de l'homme et vous le savez [11]. C'est le neveu de ce musicien célèbre [12] qui nous a délivrés du plain-chant de Lulli que nous psalmodions depuis plus de cent ans, qui a tant écrit de visions inintelligibles et de vérités apocalyptiques sur la théorie de la musique, où ni lui ni personne n'entendit jamais rien, et de qui nous avons un certain nombre d'opéras où il y a de l'harmonie, des bouts de chants, des idées décousues, du fracas, des vols, des triomphes, des lances, des gloires, des murmures, des victoires à perte d'haleine, des airs de danse qui dureront éternellement et qui, après avoir enterré le Florentin [13], sera enterré par les virtuoses italiens, ce qu'il pressentait et le rendait sombre, triste, hargneux; car personne

n'a autant d'humeur, pas même une jolie femme qui se
lève avec un bouton sur le nez, qu'un auteur menacé de
survivre à sa réputation; témoins Marivaux et Crébillon [14]
le fils.

Il m'aborde... « Ah ! ah ! vous voilà, monsieur le philosophe; et que faites-vous ici parmi ce tas de fainéants ?
Est-ce que vous perdez aussi votre temps à pousser le
bois ? (C'est ainsi qu'on appelle par mépris jouer aux
échecs ou aux dames.)

MOI

Non, mais quand je n'ai rien de mieux à faire, je m'amuse
à regarder un instant ceux qui le poussent bien.

LUI

En ce cas, vous vous amusez rarement; excepté Legal
et Philidor, le reste n'y entend rien.

MOI

Et monsieur de Bissy [15] donc ?

LUI

Celui-là est en joueur d'échecs ce que mademoiselle
Clairon [16] est en acteur. Ils savent de ces jeux, l'un et
l'autre, tout ce qu'on en peut apprendre.

MOI

Vous êtes difficile; et je· vois que vous ne faites grâce
qu'aux hommes sublimes.

LUI

Oui, aux échecs, aux dames, en poésie, en éloquence, en
musique et autres fadaises comme cela. A quoi bon la
médiocrité dans ces genres ?

MOI

A peu de chose, j'en conviens. Mais c'est qu'il faut qu'il
y ait un grand nombre d'hommes qui s'y appliquent pour
faire sortir l'homme de génie. Il est un dans la multitude.
Mais laissons cela. Il y a une éternité que je ne vous ai vu.
Je ne pense guère à vous quand je ne vous vois pas. Mais
vous me plaisez toujours à revoir. Qu'avez-vous fait ?

LUI

Ce que vous, moi et tous les autres font : du bien, du
mal; et rien. Et puis j'ai eu faim, et j'ai mangé, quand

l'occasion s'en est présentée; après avoir mangé, j'ai eu soif, et j'ai bu quelquefois. Cependant la barbe me venait, et quand elle a été venue, je l'ai fait raser.

MOI

Vous avez mal fait. C'est la seule chose qui vous manque pour être un sage.

LUI

Oui da. J'ai le front grand et ridé, l'œil ardent, le nez saillant, les joues larges, le sourcil noir et fourni, la bouche bien fendue, la lèvre rebordée et la face carrée. Si ce vaste menton était couvert d'une longue barbe, savez-vous que cela figurerait très bien en bronze ou en marbre?

MOI

A côté d'un César, d'un Marc-Aurèle, d'un Socrate.

LUI

Non. Je serais mieux entre Diogène et Phryné. Je suis effronté comme l'un, et je fréquente volontiers chez les autres [17].

MOI

Vous portez-vous toujours bien?

LUI

Oui, ordinairement; mais pas merveilleusement aujourd'hui.

MOI

Comment? vous voilà avec un ventre de Silène et un visage...

LUI

Un visage qu'on prendrait pour son antagoniste. C'est que l'humeur qui fait sécher mon cher oncle engraisse apparemment son cher neveu.

MOI

A propos de cet oncle, le voyez-vous quelquefois?

LUI

Oui, passer dans la rue.

MOI

Est-ce qu'il ne vous fait aucun bien?

LUI

S'il en fait à quelqu'un, c'est sans s'en douter. C'est un philosophe [18] dans son espèce. Il ne pense qu'à lui; le reste de l'univers lui est comme d'un clou à soufflet. Sa fille et sa femme n'ont qu'à mourir quand elles voudront, pourvu que les cloches de la paroisse qu'on sonnera pour elles continuent de résonner la douzième et la dix-septième, tout sera bien. Cela est heureux pour lui. Et c'est ce que je prise particulièrement dans les gens de génie. Ils ne sont bons qu'à une chose; passé cela, rien; ils ne savent ce que c'est d'être citoyens, pères, mères, frères, parents, amis. Entre nous, il faut leur ressembler de tout point, mais ne pas désirer que la graine en soit commune. Il faut des hommes; mais pour des hommes de génie, point. Non, ma foi, il n'en faut point. Ce sont eux qui changent la face du globe; et dans les plus petites choses, la sottise est si commune et si puissante qu'on ne la réforme pas sans charivari. Il s'établit partie de ce qu'ils ont imaginé, partie reste comme il était; de là deux évangiles, un habit d'arlequin. La sagesse du moine de Rabelais [19] est la vraie sagesse pour son repos et pour celui des autres : faire son devoir tellement quellement, toujours dire du bien de monsieur le prieur et laisser aller le monde à sa fantaisie. Il va bien, puisque la multitude en est contente. Si je savais l'histoire, je vous montrerais que le mal est toujours venu ici-bas par quelque homme de génie. Mais je ne sais pas l'histoire, parce que je ne sais rien. Le diable m'emporte si j'ai jamais rien appris, et si, pour n'avoir rien appris, je m'en trouve plus mal. J'étais un jour à la table d'un ministre du roi de France [20], qui a de l'esprit comme quatre; eh bien, il nous démontra clair comme un et un font deux, que rien n'était plus utile aux peuples que le mensonge, rien de plus nuisible que la vérité. Je ne me rappelle pas bien ses preuves, mais il s'ensuivait évidemment que les gens de génie sont détestables, et que si un enfant apportait en naissant, sur son front, la caractéristique de ce dangereux présent de la nature, il faudrait ou l'étouffer, ou le jeter au cagnard [21].

MOI

Cependant ces personnages-là, si ennemis du génie, prétendent tous en avoir.

LUI

Je crois bien qu'ils le pensent au dedans d'eux-mêmes, mais je ne crois pas qu'ils osassent l'avouer.

MOI

C'est par modestie. Vous conçûtes donc là une terrible haine contre le génie ?

LUI

A n'en jamais revenir.

MOI

Mais j'ai vu un temps que vous vous désespériez de n'être qu'un homme commun. Vous ne serez jamais heureux si le pour et le contre vous afflige également. Il faudrait prendre son parti, et y demeurer attaché. Tout en convenant avec vous que les hommes de génie sont communément singuliers, ou, comme dit le proverbe, qu'il n'y a point de grands esprits sans un grain de folie, on n'en reviendra [22] pas. On méprisera les siècles qui n'en auront pas produit. Ils feront l'honneur des peuples chez lesquels ils auront existé; tôt ou tard on leur élève des statues, et on les regarde comme les bienfaiteurs du genre humain. N'en déplaise au ministre sublime que vous m'avez cité, je crois que si le mensonge peut servir un moment, il est nécessairement nuisible à la longue, et qu'au contraire la vérité sert nécessairement à la longue, bien qu'il puisse arriver qu'elle nuise dans le moment. D'où je serais tenté de conclure que l'homme de génie qui décrie une erreur générale, ou qui accrédite une grande vérité, est toujours un être digne de notre vénération. Il peut arriver que cet être soit la victime du préjugé et des lois; mais il y a deux sortes de lois, les unes d'une équité, d'une généralité absolues, d'autres bizarres, qui ne doivent leur sanction qu'à l'aveuglement ou la nécessité des circonstances. Celles-ci ne couvrent le coupable qui les enfreint, que d'une ignominie passagère, ignominie que le temps reverse sur les juges et sur les nations, pour y rester à jamais. De Socrate ou du magistrat qui lui fit boire la ciguë, quel est aujourd'hui le déshonoré ?

LUI

Le voilà bien avancé ! en a-t-il été moins condamné ? en a-t-il moins été mis à mort ? en a-t-il moins été un citoyen

turbulent? par le mépris d'une mauvaise loi, en a-t-il
moins encouragé les fous au mépris des bonnes [23]? en a-t-il
moins été un particulier audacieux et bizarre? Vous
n'étiez pas éloigné tout à l'heure d'un aveu peu favorable
aux hommes de génie.

MOI

Écoutez-moi, cher homme. Une société ne devrait point
avoir de mauvaises lois, et si elle n'en avait que de bonnes,
elle ne serait jamais dans le cas de persécuter un homme
de génie. Je ne vous ai pas dit que le génie fût indivisible-
ment attaché à la méchanceté, ni la méchanceté au génie.
Un sot sera plus souvent un méchant qu'un homme d'esprit. Quand un homme de génie serait communément
d'un commerce dur, difficile, épineux, insupportable,
quand même ce serait un méchant, qu'en concluriez-vous?

LUI

Qu'il est bon à noyer.

MOI

Doucement, cher homme. Çà, dites-moi, je ne prendrai
pas votre oncle pour exemple, c'est un homme dur, c'est
un brutal; il est sans humanité, il est avare, il est mauvais
père, mauvais époux, mauvais oncle; mais il n'est pas assez
décidé que ce soit un homme de génie, qu'il ait poussé son
art fort loin, et qu'il soit question de ses ouvrages dans dix
ans. Mais Racine? celui-là certes avait du génie, et ne
passait pas pour un trop bon homme [24]. Mais de Voltaire!...

LUI

Ne me pressez pas, car je suis conséquent.

MOI

Lequel des deux préféreriez-vous? ou qu'il eût été un
bon homme, identifié avec son comptoir, comme Briasson, ou avec son aune, comme Barbier [25], faisant régulièrement tous les ans un enfant légitime à sa femme, bon
mari, bon père, bon oncle, bon voisin, honnête commerçant,
mais rien de plus; ou qu'il eût été fourbe, traître, ambitieux,
envieux, méchant, mais auteur d'*Andromaque*, de *Britan-
nicus*, d'*Iphigénie*, de *Phèdre*, d'*Athalie*?

LUI

Pour lui, ma foi, peut-être que de ces deux hommes, il
eût mieux valu qu'il eût été le premier.

MOI

Cela est même infiniment plus vrai que vous ne le sentez.

LUI

Oh ! vous voilà, vous autres ! Si nous disons quelque
chose de bien, c'est comme des fous ou des inspirés, par
hasard. Il n'y a que vous autres qui vous entendiez. Oui,
monsieur le philosophe, je m'entends, et je m'entends ainsi
que vous vous entendez.

MOI

Voyons; eh bien, pourquoi pour lui ?

LUI

C'est que toutes ces belles choses-là qu'il a faites ne lui
ont pas rendu vingt mille francs, et que s'il eût été un bon
marchand en soie de la rue Saint-Denis ou Saint-Honoré,
un bon épicier en gros, un apothicaire bien achalandé, il
eût amassé une fortune immense, et qu'en l'amassant il n'y
aurait eu sorte de plaisirs dont il n'eût joui; qu'il aurait
donné de temps en temps la pistole à un pauvre diable de
bouffon comme moi qui l'aurait fait rire, qui lui aurait
procuré dans l'occasion une jeune fille qui l'aurait désen-
nuyé de l'éternelle cohabitation avec sa femme; que nous
aurions fait d'excellents repas chez lui, joué gros jeu, bu
d'excellents vins, d'excellentes liqueurs, d'excellents cafés,
fait des parties de campagne; et vous voyez que je m'entendais. Vous riez. Mais laissez-moi dire : il eût été mieux
pour ses entours.

MOI

Sans contredit; pourvu qu'il n'eût pas employé d'une
façon déshonnête l'opulence qu'il aurait acquise par un
commerce légitime; qu'il eût éloigné de sa maison tous
ces joueurs, tous ces parasites, tous ces fades complaisants,
tous ces fainéants, tous ces pervers inutiles, et qu'il eût
fait assommer à coups de bâtons, par ses garçons de boutique, l'homme officieux qui soulage, par la variété, les
maris du dégoût d'une cohabitation habituelle avec leurs
femmes.

Assommer, monsieur, assommer! On n'assomme personne dans une ville bien policée. C'est un état [26] honnête. Beaucoup de gens, même titrés, s'en mêlent. Et à quoi diable voulez-vous donc qu'on emploie son argent, si ce n'est à avoir bonne table, bonne compagnie, bons vins, belles femmes, plaisirs de toutes les couleurs, amusements de toutes les espèces? J'aimerais autant être gueux que de posséder une grande fortune sans aucune de ces jouissances. Mais revenons à Racine. Cet homme n'a été bon que pour des inconnus et que pour le temps où il n'était plus.

MOI

D'accord. Mais pesez le mal et le bien. Dans mille ans d'ici, il fera verser des larmes; il sera l'admiration des hommes dans toutes les contrées de la terre. Il inspirera l'humanité, la commisération, la tendresse; on demandera qui il était, de quel pays, et on l'enviera à la France. Il a fait souffrir quelques êtres qui ne sont plus, auxquels nous ne prenons presque aucun intérêt; nous n'avons rien à redouter ni de ses vices, ni de ses défauts. Il eût été mieux sans doute qu'il eût reçu de la nature les vertus d'un homme de bien avec les talents d'un grand homme. C'est un arbre qui a fait sécher quelques arbres plantés dans son voisinage, qui a étouffé les plantes qui croissaient à ses pieds; mais il a porté sa cime jusque dans la nue; ses branches se sont étendues au loin; il a prêté son ombre à ceux qui venaient, qui viennent et qui viendront se reposer autour de son tronc majestueux; il a produit des fruits d'un goût exquis et qui se renouvellent sans cesse [27]. Il serait à souhaiter que De Voltaire eût encore la douceur de Duclos [28], l'ingénuité de l'abbé Trublet, la droiture de l'abbé d'Olivet; mais puisque cela ne se peut, regardons la chose du côté vraiment intéressant; oublions pour un moment le point que nous occupons dans l'espace et dans la durée, et étendons notre vue sur les siècles à venir, les régions les plus éloignées et les peuples à naître. Songeons au bien de notre espèce. Si nous ne sommes pas assez généreux, pardonnons au moins à la nature d'avoir été plus sage que nous. Si vous jetez de l'eau froide sur la tête de Greuze [29], vous éteindrez peut-être son talent avec sa vanité. Si vous rendez De Voltaire moins sensible à la critique, il ne saura

plus descendre dans l'âme de Mérope; il ne vous touchera
plus.

LUI

Mais si la nature était aussi puissante que sage, pourquoi
ne les a-t-elle pas faits aussi bons qu'elle les a faits grands ?

MOI

Mais ne voyez-vous pas qu'avec un pareil raisonnement
vous renversez l'ordre général, et que si tout ici-bas était
excellent, il n'y aurait rien d'excellent ?

LUI

Vous avez raison. Le point important est que vous et
moi nous soyons, et que nous soyons vous et moi. Que
tout aille d'ailleurs comme il pourra. Le meilleur ordre des
choses, à mon avis, est celui où je devais être, et foin
du plus parfait des mondes, si je n'en suis pas. J'aime mieux
être, et même être impertinent raisonneur, que de n'être pas.

MOI

Il n'y a personne qui ne pense comme vous, et qui ne
fasse le procès à l'ordre qui est, sans s'apercevoir qu'il
renonce à sa propre existence.

LUI

Il est vrai.

MOI

Acceptons donc les choses comme elles sont. Voyons ce
qu'elles nous coûtent et ce qu'elles nous rendent, et laissons
là le tout que nous ne connaissons pas assez pour le louer
ou le blâmer, et qui n'est peut-être ni bien ni mal, s'il est
nécessaire, comme beaucoup d'honnêtes gens l'imaginent [30].

LUI

Je n'entends pas grand'chose à tout ce que vous me
débitez là. C'est apparemment de la philosophie; je vous
préviens que je ne m'en mêle pas. Tout ce que je sais, c'est
que je voudrais bien être un autre, au hasard d'être un
homme de génie, un grand homme. Oui, il faut que j'en
convienne, il y a là quelque chose qui me le dit. Je n'en
ai jamais entendu louer un seul que son éloge ne m'ait fait
secrètement enrager. Je suis envieux. Lorsque j'apprends
de leur vie privée quelque trait qui les dégrade, je l'écoute

avec plaisir; cela nous rapproche; j'en supporte plus aisément ma médiocrité. Je me dis : Certes, tu n'aurais jamais
fait *Mahomet*, mais ni l'éloge du Maupeou [31]. J'ai donc
été, je suis donc fâché d'être médiocre. Oui, oui, je suis
médiocre et fâché. Je n'ai jamais entendu jouer l'ouverture
des *Indes galantes* [32], jamais entendu chanter *Profonds
abîmes du Ténare ; Nuit, éternelle nuit* [33], sans me dire avec
douleur : Voilà ce que tu ne feras jamais. J'étais donc jaloux
de mon oncle; et s'il y avait eu, à sa mort [34], quelques
belles pièces de clavecin dans son portefeuille, je n'aurais
pas balancé à rester moi et à être lui.

MOI

S'il n'y a que cela qui vous chagrine, cela n'en vaut pas
trop la peine.

LUI

Ce n'est rien, ce sont des moments qui passent.
(Puis il se remettait à chanter l'ouverture des *Indes
galantes* et l'air *Profonds abîmes*, et il ajoutait :)
Le quelque chose qui est là et qui me parle me dit :
Rameau, tu voudrais bien avoir fait ces deux morceaux-là;
si tu avais fait ces deux morceaux-là, tu en ferais bien deux
autres; et quand tu en aurais fait un certain nombre, on
te jouerait, on te chanterait partout; quand tu marcherais,
tu aurais la tête droite, la conscience te rendrait témoignage à toi-même de ton propre mérite, les autres te dési-
gneraient du doigt. On dirait : C'est lui qui a fait les jolies
gavottes (et il chantait les gavottes; puis, avec l'air d'un
homme touché, qui nage dans la joie et qui en a les yeux
humides, il ajoutait en se frottant les mains :) Tu aurais
une bonne maison (et il en mesurait l'étendue avec ses
bras), un bon lit (et il s'y étendait nonchalamment), de
bons vins (qu'il goûtait en faisant claquer sa langue contre
son palais), un bon équipage (et il levait le pied pour y
monter), de jolies femmes (à qui il prenait déjà la gorge et
qu'il regardait voluptueusement); cent faquins me viendraient encenser tous les jours (et il croyait les voir autour
de lui : il voyait Palissot [35], Poincinet, les Frérons père
et fils, La Porte; il les entendait, il se rengorgeait, les
approuvait, leur souriait, les dédaignait, les méprisait, les
chassait, les rappelait; puis il continuait :) Et c'est ainsi que

l'on te dirait le matin que tu es un grand homme; tu lirais
dans l'histoire des *Trois Siècles* [36] que tu es un grand
homme; tu serais convaincu le soir que tu es un grand
homme; et le grand homme, Rameau le neveu, s'endor-
mirait au doux murmure de l'éloge qui retentirait dans
son oreille; même en dormant, il aurait l'air satisfait : sa
poitrine se dilaterait, s'élèverait, s'abaisserait avec aisance,
il ronflerait comme un grand homme; et en parlant ainsi,
il se laissait aller mollement sur une banquette; il fermait
les yeux, et il imitait le sommeil heureux qu'il imaginait.
Après avoir goûté quelques instants la douceur de ce repos,
il se réveillait, étendait ses bras, bâillait, se frottait les
yeux, et cherchait encore autour de lui ses adulateurs insipides.

MOI

Vous croyez donc que l'homme heureux a son sommeil.

LUI

Si je le crois ! Moi, pauvre hère, lorsque le soir j'ai
regagné mon grenier et que je me suis fourré dans mon
grabat, je suis ratatiné sous ma couverture, j'ai la poitrine
étroite et la respiration gênée; c'est une espèce de plainte
faible qu'on entend à peine, au lieu qu'un financier fait
retentir son appartement et étonne [37] toute sa rue. Mais
ce qui m'afflige aujourd'hui, ce n'est pas de ronfler et de
dormir mesquinement comme un misérable.

MOI

Cela est pourtant triste.

LUI

Ce qui m'est arrivé l'est bien davantage.

MOI

Qu'est-ce donc ?

LUI

Vous avez toujours pris quelque intérêt à moi, parce que
je suis un bon diable, que vous méprisez dans le fond, mais
qui vous amuse.

MOI

C'est la vérité.

LUI

Et je vais vous le dire.

Avant que de commencer, il pousse un profond soupir
et porte ses deux mains à son front. Ensuite, il reprend un
air tranquille et me dit :

Vous savez que je suis un ignorant, un sot, un fou, un
impertinent, un paresseux, ce que nos Bourguignons
appellent un fieffé truand, un escroc, un gourmand...

MOI

Quel panégyrique !

LUI

Il est vrai de tout point. Il n'y en a pas un mot à rabattre;
point de contestation là-dessus, s'il vous plaît. Personne
ne me connaît mieux que moi, et je ne dis pas tout.

MOI

Je ne veux point vous fâcher, et je conviendrai de tout.

LUI

Eh bien, je vivais avec des gens qui m'avaient pris en
gré, précisément parce que j'étais doué, à un rare degré,
de toutes ces qualités.

MOI

Cela est singulier. Jusqu'à présent j'avais cru ou qu'on
se les cachait à soi-même ou qu'on se les pardonnait, et
qu'on les méprisait dans les autres.

LUI

Se les cacher, est-ce qu'on le peut? Soyez sûr que,
quand Palissot [38] est seul et qu'il revient sur lui-même, il se
dit bien d'autres choses. Soyez sûr qu'en tête-à-tête avec
son collègue, ils s'avouent franchement qu'ils ne sont
que deux insignes maroufles. Les mépriser dans les autres!
mes gens étaient plus équitables, et leur caractère me
réussissait merveilleusement auprès d'eux. J'étais comme
un coq en pâte. On me fêtait. On ne me perdait pas un
moment sans me regretter. J'étais leur petit Rameau, leur
joli Rameau, leur Rameau le fou, l'impertinent, l'ignorant,
le paresseux, le gourmand, le bouffon, la grosse bête.
Il n'y avait pas une de ces épithètes familières qui ne me
valût un sourire, une caresse, un petit coup sur l'épaule,
un soufflet, un coup de pied, à table, un bon morceau
qu'on me jetait sur mon assiette; hors de table, une liberté
que je prenais sans conséquence, car, moi, je suis sans
conséquence. On fait de moi, avec moi, devant moi tout
ce qu'on veut sans que je m'en formalise. Et les petits

présents qui me pleuvaient ! Le grand chien que je suis,
j'ai tout perdu ! J'ai tout perdu pour avoir eu le sens
commun une fois, une seule fois en ma vie. Ah ! si cela
m'arrive jamais !

MOI

De quoi s'agissait-il donc ?

LUI

C'est une sottise incomparable, incompréhensible, irré-
missible.

MOI

Quelle sottise encore ?

LUI

Rameau, Rameau, vous avait-on pris pour cela ? La
sottise d'avoir eu un peu de goût, un peu d'esprit, un peu
de raison. Rameau, mon ami, cela vous apprendra à rester
ce que Dieu vous fit, et ce que vos protecteurs vous voulaient. Aussi l'on vous a pris par les épaules, on vous a
conduit à la porte, on vous a dit : « Faquin, tirez [39], ne
reparaissez plus ; cela veut avoir du sens, de la raison, je
crois ! tirez ! Nous avons de ces qualités-là de reste. »
Vous vous en êtes allé en vous mordant les doigts ; c'est
votre langue maudite qu'il fallait mordre auparavant.
Pour ne vous en être pas avisé, vous voilà sur le pavé,
sans le sol, et ne sachant où donner de la tête. Vous étiez
nourri à bouche que veux-tu, et vous retournerez au
regrat [40] ; bien logé, et vous serez trop heureux si l'on
vous rend votre grenier ; bien couché, et la paille vous
attend entre le cocher de monsieur de Soubise [41] et l'ami
Robbé [42]. Au lieu d'un sommeil doux et tranquille comme
vous l'aviez, vous entendrez d'une oreille le hennissement
et le piétinement des chevaux, de l'autre le bruit mille fois
plus insupportable des vers secs, durs et barbares. Malheureux, mal avisé, possédé d'un million de diables !

MOI

Mais n'y aurait-il pas moyen de se rapatrier ? La faute
que vous avez commise est-elle si impardonnable ? A
votre place, j'irais retrouver mes gens. Vous leur êtes
plus nécessaire que vous ne croyez.

LUI

Oh ! je suis sûr qu'à présent qu'ils ne m'ont pas pour
les faire rire, ils s'ennuient comme des chiens.

MOI

J'irais donc les retrouver. Je ne leur laisserais pas le
temps de se passer de moi, de se tourner vers quelque
amusement honnête; car qui sait ce qui peut arriver ?

LUI

Ce n'est pas là ce que je crains; cela n'arrivera pas.

MOI

Quelque sublime que vous soyez, un autre peut vous
remplacer.

LUI

Difficilement.

MOI

D'accord. Cependant j'irais avec ce visage défait, ces
yeux égarés, ce col débraillé, ces cheveux ébouriffés, dans
l'état vraiment tragique où vous voilà. Je me jetterais aux
pieds de la divinité [43]. Je me collerais la face contre terre, et
sans me relever, je lui dirais d'une voix basse et sanglo-
tante : « Pardon, madame ! pardon ! je suis un indigne,
un infâme. Ce fut un malheureux instant; car vous savez
que je ne suis pas sujet à avoir du sens commun, et je vous
promets de n'en avoir de ma vie. »

Ce qu'il y a de plaisant, c'est que, tandis que je lui tenais
ce discours, il en exécutait la pantomime. Il s'était prosterné;
il avait collé son visage contre terre, il paraissait tenir entre
ses deux mains le bout d'une pantoufle, il pleurait, il sanglotait, il disait : « Oui, ma petite reine, oui, je le promets,
je n'en aurai de ma vie, de ma vie. » Puis se relevant brusquement, il ajouta d'un ton sérieux et réfléchi.

LUI

Oui, vous avez raison. Je crois que c'est le mieux. Elle
est bonne. Monsieur Viellard dit qu'elle est si bonne!
Moi je sais un peu qu'elle l'est. Mais cependant aller s'humilier devant une guenon! Crier miséricorde aux pieds d'une
misérable petite histrionne que les sifflets du parterre ne
cessent de poursuivre! Moi Rameau, fils de monsieur
Rameau, apothicaire de Dijon [44], qui est un homme de bien
et qui n'a jamais fléchi le genou devant qui que ce soit! Moi
Rameau, le neveu de celui qu'on appelle le grand Rameau,

qu'on voit se promener droit et les bras en l'air au Palais-Royal, depuis que monsieur Carmontel [45] l'a dessiné courbé et les mains sous les basques de son habit! Moi qui ai composé des pièces de clavecin [46] que personne ne joue, mais qui seront peut-être les seules qui passeront à la postérité qui les jouera; moi! moi enfin! j'irais!... Tenez, monsieur, cela ne se peut *(et mettant sa main droite sur sa poitrine, il ajoutait)* : je me sens là quelque chose qui s'élève et qui me dit : Rameau tu n'en feras rien. Il faut qu'il y ait une certaine dignité attachée à la nature de l'homme, que rien ne peut étouffer. Cela se réveille à propos de bottes, oui, à propos de bottes, car il y a d'autres jours où il ne m'en coûterait rien pour être vil tant qu'on voudrait; ces jours-là, pour un liard, je baiserais le cul à la petite Hus [47].

MOI

Eh ! mais, l'ami, elle est blanche, jolie, jeune, douce, potelée; et c'est un acte d'humilité auquel un plus délicat que vous pourrait quelquefois s'abaisser.

LUI

Entendons-nous; c'est qu'il y a baiser le cul au simple, et baiser le cul au figuré. Demandez au gros Bergier [48] qui baise le cul de Madame de la Marck [49] au simple et au figuré; et ma foi, le simple et le figuré me déplairaient également là.

MOI

Si l'expédient que je vous suggère ne vous convient pas, ayez donc le courage d'être gueux.

LUI

Il est dur d'être gueux, tandis qu'il y a tant de sots opulents aux dépens desquels on peut vivre. Et puis le mépris de soi; il est insupportable.

MOI

Est-ce que vous connaissez ce sentiment-là ?

LUI

Si je le connais ! Combien de fois je me suis dit : Comment, Rameau, il y a dix mille bonnes tables à Paris à quinze ou vingt couverts chacune, et de ces couverts-là il n'y en a pas un pour toi ! Il y a des bourses pleines d'or qui se versent de droite et de gauche, et il n'en tombe pas une pièce sur toi ! Mille petits beaux esprits sans talent, sans mérite; mille petites créatures sans charmes; mille plats intrigants sont bien vêtus, et tu irais tout nu! Et tu serais imbécile à ce point? Est-ce que tu ne saurais pas mentir, jurer, parjurer, promettre, tenir ou manquer comme un autre? Est-ce que tu ne saurais pas te mettre à quatre pattes comme un autre? Est-ce que tu ne saurais pas favoriser l'intrigue de madame et porter le billet doux de monsieur comme un autre? Est-ce que tu ne saurais pas encourager ce jeune homme à parler à mademoiselle et persuader à mademoiselle de l'écouter, comme un autre? Est-ce que tu ne saurais pas faire entendre à la fille d'un de nos bourgeois qu'elle est mal mise, que de belles boucles d'oreilles, un peu de rouge, des dentelles, une robe à la polonaise lui siéraient à ravir? Que ces petits pieds-là ne sont pas faits pour marcher dans la rue? Qu'il y a un beau monsieur, jeune et riche, qui a un habit galonné d'or, un superbe équipage, six grands laquais, qui l'a vue en passant, qui la trouve charmante, et que depuis ce jour-là il en a perdu le boire et le manger; qu'il n'en dort plus, et qu'il en mourra? — Mais mon papa? — — Bon, bon, votre papa ! il s'en fâchera d'abord un peu. — Et maman qui me recommande tant d'être honnête fille ? qui me dit qu'il n'y a rien dans ce monde que l'honneur ? — Vieux propos qui ne signifient rien. — Et mon confesseur ? — Vous ne le verrez plus; ou si vous persistez dans la fantaisie d'aller lui faire l'histoire de vos amusements, il vous en coûtera quelques livres de sucre et de café. — C'est un homme sévère qui m'a déjà refusé l'absolution pour la chanson, *Viens dans ma cellule* [50] — C'est que vous n'aviez rien à lui donner... Mais quand vous lui apparaîtrez en dentelles, — J'aurai donc des dentelles ? — Sans doute et de toutes les sortes... en belles boucles de diamants, — J'aurai donc de belles boucles de diamants ? — Oui. — Comme celles de cette marquise qui vient quelquefois prendre des gants dans notre boutique ? — Précisément; dans un bel équipage avec des chevaux gris pommelés, deux grands laquais, un petit nègre, et le coureur en avant; du rouge, des mouches, la queue portée. — Au bal ? — Au bal... à l'Opéra, à la Comédie... déja le cœur lui tressaillit

de joie... Tu joues avec un papier entre tes doigts... —
Qu'est cela ? — Ce n'est rien. — Il me semble que si. —
C'est un billet. — Et pour qui ? — Pour vous, si vous étiez
un peu curieuse. — Curieuse ? je le suis beaucoup, voyons...
Elle lit... Une entrevue, cela ne se peut. — En allant à la
messe. — Maman m'accompagne toujours; mais s'il venait
ici un peu matin; je me lève la première et je suis au comptoir avant qu'on soit levé. Il vient, il plaît; un beau jour à
la brune, la petite disparaît, et l'on me compte mes deux
mille écus... Et quoi ! tu possèdes ce talent-là et tu manques
de pain. N'as-tu pas de honte, malheureux ? Je me rappelais
un tas de coquins qui ne m'allaient pas à la cheville et qui
regorgeaient de richesses. J'étais en surtout de baracan [51],
et ils étaient couverts de velours; ils s'appuyaient sur la
canne à pomme d'or et en bec de corbin [52], et ils avaient
l'*Aristote* ou le *Platon* au doigt [53]. Qu'étaient-ce pourtant ?
la plupart de misérables croquenotes; aujourd'hui, ce
sont des espèces de seigneurs. Alors je me sentais du
courage, l'âme élevée, l'esprit subtil, et capable de tout.
Mais ces heureuses dispositions apparemment ne duraient
pas; car, jusqu'à présent, je n'ai pu faire un certain chemin.
Quoi qu'il en soit, voilà le texte de mes fréquents soliloques
que vous pouvez paraphraser à votre fantaisie, pourvu
que vous en concluiez que je connais le mépris de soi-même,
ou ce tourment de la conscience qui naît de l'inutilité
des dons que le ciel nous a départis; c'est le plus cruel
de tous. Il vaudrait presque autant que l'homme ne fût
pas né.

Je l'écoutais, et à mesure qu'il faisait la scène du proxénète
et de la jeune fille qu'il séduisait, l'âme agitée de deux
mouvements opposés, je ne savais si je m'abandonnerais à
l'envie de rire, ou au transport de l'indignation. Je souffrais.
Vingt fois un éclat de rire empêcha ma colère d'éclater;
vingt fois la colère qui s'élevait au fond de mon cœur
se termina par un éclat de rire. J'étais confondu de tant de
sagacité et de tant de bassesse, d'idées si justes et alternativement si fausses, d'une perversité si générale de sentiments,
d'une turpitude si complète, et d'une franchise si peu
commune. Il s'aperçut du conflit qui se passait en moi :
Qu'avez-vous ? me dit-il.

MOI

Rien.

LUI

Vous me paraissez troublé.

MOI

Je le suis aussi.

LUI

Mais enfin que me conseillez-vous ?

MOI

De changer de propos. Ah malheureux ! dans quel état
d'abjection vous êtes né ou tombé.

LUI

J'en conviens. Mais cependant que mon état ne vous
touche pas trop. Mon projet, en m'ouvrant à vous, n'était
point de vous affliger. Je me suis fait chez ces gens quelque
épargne. Songez que je n'avais besoin de rien, mais de rien
absolument, et que l'on m'accordait tant pour mes menus
plaisirs.

Alors il recommença à se frapper le front avec un de ses
poings; à se mordre la lèvre, et rouler au plafond ses yeux
égarés, ajoutant : Mais c'est une affaire faite. J'ai mis quelque
chose de côté. Le temps s'est écoulé, et c'est toujours autant
d'amassé.

MOI

Vous voulez dire de perdu ?

LUI

Non, non, d'amassé. On s'enrichit à chaque instant.
Un jour de moins à vivre ou un écu de plus, c'est tout un.
Le point important est d'aller aisément, librement, agréablement, copieusement tous les soirs à la garde-robe, *o
stercus pretiosum* [54] *!* Voilà le grand résultat de la vie dans tous
les états. Au dernier moment, tous sont également riches,
et Samuel Bernard [55] qui, à force de vols, de pillages, de
banqueroutes, laisse vingt-sept millions en or, et Rameau
qui ne laissera rien, Rameau à qui la charité fournira la
serpillière dont on l'enveloppera. Le mort n'entend pas
sonner les cloches. C'est en vain que cent prêtres s'égosil-

lent pour lui, qu'il est précédé et suivi d'une longue file
de torches ardentes, son âme ne marche pas à côté du maître
des cérémonies. Pourrir sous du marbre, pourrir sous de la
terre, c'est toujours pourrir. Avoir autour de son cercueil
les Enfants rouges et les Enfants bleus [56], ou n'avoir
personne, qu'est-ce que cela fait ? Et puis vous voyez
bien ce poignet, il était raide comme un diable. Ces dix
doigts, c'étaient autant de bâtons fichés dans un métacarpe
de bois, et ces tendons, c'étaient de vieilles cordes à boyau
plus sèches, plus raides, plus inflexibles que celles qui ont
servi à la roue d'un tourneur. Mais je vous les ai tant
tourmentées, tant brisées, tant rompues. Tu ne veux pas
aller ; et moi, mordieu, je dis que tu iras ; et cela sera.

Et tout en disant cela, de la main droite, il s'était saisi
les doigts et le poignet de la main gauche et il les renversait
en dessus, en dessous ; l'extrémité des doigts touchait au
bras ; les jointures en craquaient ; je craignais que les os
n'en demeurassent disloqués.

MOI

Prenez garde, lui dis-je, vous allez vous estropier.

LUI

Ne craignez rien, ils y sont faits ; depuis dix ans je leur
en ai bien donné d'une autre façon. Malgré qu'ils en
eussent, il a bien fallu que les bougres s'y accoutumassent
et qu'ils apprissent à se placer sur les touches et à voltiger sur les cordes. Aussi à présent cela va. Oui, cela va.

En même temps il se met dans l'attitude d'un joueur de
violon ; il fredonne de la voix un *allegro* de Locatelli [57] ; son
bras droit imite le mouvement de l'archet, sa main gauche
et ses doigts semblent se promener sur la longueur du
manche ; s'il fait un ton faux, il s'arrête, il remonte ou
baisse la corde ; il la pince de l'ongle pour s'assurer qu'elle
est juste ; il reprend le morceau où il l'a laissé ; il bat la
mesure du pied, il se démène de la tête, des pieds, des mains,
des bras, du corps. Comme vous avez vu quelquefois, au
concert spirituel [58], Ferrari ou Chiabran, ou quelque autre
virtuose dans les mêmes convulsions, m'offrant l'image
du même supplice et me causant à peu près la même peine ;

car n'est-ce pas une chose pénible à voir que le tourment
dans celui qui s'occupe à me peindre le plaisir ? Tirez entre
cet homme et moi un rideau qui me le cache, s'il faut qu'il
me montre un patient appliqué à la question. Au milieu
de ses agitations et de ses cris, s'il se présentait une tenue,
un de ces endroits harmonieux où l'archet se meut lentement sur plusieurs cordes à la fois, son visage prenait
l'air de l'extase, sa voix s'adoucissait, il s'écoutait avec
ravissement. Il est sûr que les accords résonnaient dans ses
oreilles et dans les miennes. Puis remettant son instrument
sous son bras gauche de la même main dont il le tenait, et
laissant tomber sa main droite avec son archet : Eh bien,
me disait-il, qu'en pensez-vous ?

MOI

A merveille !

LUI

Cela va, ce me semble, cela résonne à peu près comme
les autres.

Et aussitôt il s'accroupit comme un musicien qui se met
au clavecin.

Je vous demande grâce pour vous et pour moi, lui dis-je.

LUI

Non, non, puisque je vous tiens, vous m'entendrez.
Je ne veux point d'un suffrage qu'on m'accorde sans savoir
pourquoi. Vous me louerez d'un ton plus assuré, et cela me
vaudra quelque écolier.

MOI

Je suis si peu répandu, et vous allez vous fatiguer en
pure perte.

LUI

Je ne me fatigue jamais.

Comme je vis que je voudrais inutilement avoir pitié de
mon homme, car la sonate sur le violon l'avait mis tout en
eau, je pris le parti de le laisser faire. Le voilà donc assis au
clavecin, les jambes fléchies, la tête élevée vers le plafond
où l'on eût dit qu'il voyait une partition notée, chantant,
préludant, exécutant une pièce d'Alberti [59] ou de Galuppi,
je ne sais lequel des deux. Sa voix allait comme le vent et

ses doigts voltigeaient sur les touches, tantôt laissant le
dessus pour prendre la basse; tantôt quittant la partie
d'accompagnement pour revenir au dessus. Les passions se
succédaient sur son visage; on y distinguait la tendresse,
la colère, le plaisir, la douleur; on sentait les piano, les
forte, et je suis sûr qu'un plus habile que moi aurait reconnu
le morceau au mouvement, au caractère, à ses mines et à
quelques traits de chant qui lui échappaient par intervalle.
Mais, ce qu'il avait de bizarre, c'est que de temps en temps
il tâtonnait, se reprenait comme s'il eût manqué, et se
dépitait de n'avoir plus la pièce dans les doigts.

Enfin vous voyez, dit-il en se redressant, et en essuyant
les gouttes de sueur qui descendaient le long de ses joues,
que nous savons aussi placer un triton, une quinte superflue, et que l'enchaînement des dominantes nous est
familier. Ces passages enharmoniques [60], dont le cher
oncle a fait tant de train, ce n'est pas la mer à boire, nous
nous en tirons.

MOI

Vous vous êtes donné bien de la peine pour me montrer
que vous étiez fort habile; j'étais homme à vous croire sur
votre parole.

LUI

Fort habile, oh ! non; pour mon métier, je le sais à peu
près, et c'est plus qu'il ne faut. Car, dans ce pays-ci, est-ce
qu'on est obligé de savoir ce qu'on montre ?

MOI

Pas plus que de savoir ce qu'on apprend.

LUI

Cela est juste, morbleu ! et très juste ! Là, monsieur le
philosophe, la main sur la conscience, parlez net. Il y eut
un temps où vous n'étiez pas cossu comme aujourd'hui.

MOI

Je ne le suis pas encore trop.

LUI

Mais vous n'iriez plus au Luxembourg en été, vous vous
en souvenez...

MOI

Laissons cela, oui, je m'en souviens.

LUI

En redingote de peluche grise...

MOI

Oui, oui.

LUI

Éreintée par un des côtés, avec la manchette déchirée et les bas de laine noirs et recousus par derrière avec du fil blanc.

MOI

Et oui, oui, tout comme il vous plaira.

LUI

Que faisiez-vous alors dans l'allée des Soupirs ?

MOI

Une assez triste figure.

LUI

Au sortir de là, vous trottiez sur le pavé.

MOI

D'accord.

LUI

Vous donniez des leçons de mathématiques.

MOI

Sans en savoir un mot ; n'est-ce pas là que vous en vouliez venir ?

LUI

Justement.

MOI

J'apprenais en montrant aux autres, et j'ai fait quelques bons écoliers.

LUI

Cela se peut ; mais il n'en est pas de la musique comme de l'algèbre ou de la géométrie. Aujourd'hui que vous êtes un gros monsieur...

MOI

Pas si gros.

LUI

Que vous avez du foin dans vos bottes...

MOI

Très peu.

LUI

Vous donnez des maîtres à votre fille.

MOI

Pas encore. C'est sa mère qui se mêle de son éducation; car il faut avoir la paix chez soi.

LUI

La paix chez soi ? Morbleu ! on ne l'a que quand on est le serviteur ou le maître, et c'est le maître qu'il faut être. J'ai eu une femme. Dieu veuille avoir son âme; mais quand il lui arrivait quelquefois de se rebéquer [61], je m'élevais sur mes ergots, je déployais mon tonnerre, je disais comme Dieu : « Que la lumière se fasse »; et la lumière était faite. Aussi en quatre années de temps nous n'avons pas eu dix fois un mot l'un plus haut que l'autre. Quel âge a votre enfant ?

MOI

Cela ne fait rien à l'affaire.

LUI

Quel âge a votre enfant ?

MOI

Et que diable ! laissons là mon enfant et son âge, et revenons aux maîtres qu'elle aura.

LUI

Pardieu ! je ne sache rien de si têtu qu'un philosophe. En vous suppliant très humblement, ne pourrait-on savoir de monseigneur le philosophe quel âge à peu près peut avoir mademoiselle sa fille ?

MOI

Supposez-lui huit ans [62].

LUI

Huit ans ! Il y a quatre ans que cela devrait avoir les
doigts sur les touches.

MOI

Mais peut-être ne me soucié-je pas trop de faire entrer
dans le plan de son éducation une étude qui occupe si
longtemps et qui sert si peu.

LUI

Et que lui apprendrez-vous donc, s'il vous plaît ?

MOI

A raisonner juste, si je puis; chose si peu commune
parmi les hommes, et plus rare encore parmi les femmes.

LUI

Et laissez-la déraisonner tant qu'elle voudra, pourvu
qu'elle soit jolie, amusante et coquette.

MOI

Puisque la nature a été assez ingrate envers elle pour lui
donner une organisation délicate avec une âme sensible, et
l'exposer aux mêmes peines de la vie que si elle avait une
organisation forte et un cœur de bronze, je lui apprendrai,
si je puis, à les supporter avec courage.

LUI

Et laissez-la pleurer, souffrir, minauder, avoir des nerfs
agacés comme les autres, pourvu qu'elle soit jolie, amusante
et coquette. Quoi ! point de danse ?

MOI

Pas plus qu'il n'en faut pour faire une révérence, avoir
un maintien décent, se bien présenter et savoir marcher.

LUI

Point de chant ?

MOI

Pas plus qu'il n'en faut pour bien prononcer.

LUI

Point de musique ?

MOI

S'il y avait un bon maître d'harmonie, je la lui confierais

volontiers, deux heures par jour, pendant un ou deux ans, pas davantage.

LUI

Et à la place des choses essentielles que vous supprimez ?..

MOI

Je mets de la grammaire, de la fable [63], de l'histoire, de la géographie, un peu de dessin et beaucoup de morale.

LUI

Combien il me serait facile de vous prouver l'inutilité de toutes ces connaissances-là dans un monde tel que le nôtre; que dis-je, l'inutilité ! peut-être le danger ! Mais je m'en tiendrai pour ce moment à une question : ne lui faudrait-il pas un ou deux maîtres ?

MOI

Sans doute.

LUI

Ah ! nous y revoilà. Et ces maîtres, vous espérez qu'ils sauront la grammaire, la fable, l'histoire, la géographie, la morale, dont ils lui donneront des leçons ? Chansons, mon cher maître, chansons; s'ils possédaient ces choses assez pour les montrer, ils ne les montreraient pas.

MOI

Et pourquoi ?

LUI

C'est qu'ils auraient passé leur vie à les étudier. Il faut être profond dans l'art ou dans la science pour en bien posséder les éléments. Les ouvrages classiques ne peuvent être bien faits que par ceux qui ont blanchi sous le harnais. C'est le milieu et la fin qui éclaircissent les ténèbres du commencement. Demandez à votre ami, monsieur d'Alembert, le coryphée de la science mathématique, s'il serait trop bon pour en faire des éléments. Ce n'est qu'après trente à quarante ans d'exercice que mon oncle a entrevu les premières lueurs de la théorie musicale.

MOI

O fou, archifou ! m'écriai-je, comment se fait-il que dans ta mauvaise tête il se trouve des idées si justes pêle-mêle avec tant d'extravagances ?

LUI

Qui diable sait cela ? C'est le hasard qui vous les jette,
et elles demeurent. Tant y a que quand on ne sait pas tout,
on ne sait rien de bien. On ignore où une chose va, d'où une
autre vient, où celle-ci ou celle-là veulent être placées;
laquelle doit passer la première, ou sera mieux la seconde.
Montre-t-on bien sans la méthode? Et la méthode, d'où
naît-elle? Tenez, mon philosophe, j'ai dans la tête que la
physique sera toujours une pauvre science, une goutte
d'eau prise avec la pointe d'une aiguille dans le vaste
océan, un grain détaché de la chaîne des Alpes! Et les
raisons des phénomènes? En vérité, il vaudrait autant
ignorer que de savoir si peu et si mal [64]; et c'était précisément où j'en étais, lorsque je me fis maître d'accompagnement et de composition. A quoi rêvez-vous?

MOI

Je rêve que tout ce que vous venez de dire est plus
spécieux que solide. Mais laissons cela. Vous avez montré,
dites-vous, l'accompagnement et la composition ?

LUI

Oui.

MOI

Et vous n'en saviez rien du tout ?

LUI

Non, ma foi; et c'est pour cela qu'il y en avait de pires
que moi, ceux qui croyaient savoir quelque chose. Au
moins je ne gâtais ni le jugement ni les mains des enfants.
En passant de moi à un bon maître, comme ils n'avaient
rien appris, du moins ils n'avaient rien à désapprendre,
et c'était toujours autant d'argent et de temps épargnés.

MOI

Comment faisiez-vous ?

LUI

Comme ils font tous. J'arrivais, je me jetais dans une
chaise [65]. « Que le temps est mauvais! que le pavé est fatigant! » Je bavardais quelques nouvelles : « Mademoiselle
Lemierre devait faire un rôle de vestale dans l'opéra nouveau; mais elle est grosse pour la seconde fois; on ne

sait qui la doublera. Mademoiselle Arnould [66] vient de
quitter son petit comte; on dit qu'elle est en négociation
avec Bertin [67]. Le petit comte a pourtant trouvé la porcelaine de monsieur de Montamy. Il y avait, au dernier
concert des amateurs [68], une Italienne qui a chanté comme
un ange. C'est un rare corps que ce Préville, il faut le
voir dans le *Mercure galant* [69]; l'endroit de l'énigme est
impayable. Cette pauvre Dumesnil [70] ne sait plus ni ce qu'elle
dit ni ce qu'elle fait. Allons, mademoiselle, prenez votre
livre. » Tandis que mademoiselle, qui ne se presse pas,
cherche son livre qu'elle a égaré, qu'on appelle une femme
de chambre, qu'on gronde, je continue : « La Clairon est
vraiment incompréhensible. On parle d'un mariage fort
saugrenu : c'est celui de mademoiselle... comment l'appelez-
vous ? une petite créature qu'il entretenait, à qui il a fait
deux ou trois enfants, qui avait été entretenue par tant
d'autres. — Allons, Rameau, cela ne se peut; vous radotez.
— Je ne radote point. On dit même que la chose est faite.
Le bruit court que de Voltaire est mort; tant mieux. — Et
pourquoi tant mieux ? — C'est qu'il va nous donner quelque
bonne folie. C'est son usage que de mourir une quinzaine
auparavant. » Que vous dirai-je encore ? Je disais quelques
polissonneries que je rapportais des maisons où j'avais
été, car nous sommes tous grands colporteurs. Je faisais
le fou, on m'écoutait, on riait, on s'écriait : « Il est toujours
charmant. » Cependant le livre de mademoiselle s'était
enfin retrouvé sous un fauteuil où il avait été traîné, mâ-
chonné, déchiré par un jeune doguin, ou par un petit
chat. Elle se mettait à son clavecin. D'abord elle y faisait
du bruit toute seule, ensuite je m'approchais, après avoir
fait à la mère un signe d'approbation. *La mère :* « Cela
ne va pas mal; on n'aurait qu'à vouloir, mais on ne veut
pas; on aime mieux perdre son temps à jaser, à chiffonner,
à courir, à je ne sais quoi. Vous n'êtes pas sitôt parti, que
le livre est fermé pour ne le rouvrir qu'à votre retour.
Aussi vous ne la grondez jamais. » Cependant, comme
il fallait faire quelque chose, je lui prenais les mains que je lui
plaçais autrement; je me dépitais, je criais, *sol, sol, sol,*
mademoiselle, c'est un *sol. La mère :* « Mademoiselle, est-ce
que vous n'avez point d'oreille ? Moi qui ne suis pas au
clavecin, et qui ne vois pas sur votre livre, je sens qu'il
faut un *sol.* Vous donnez une peine infinie à monsieur;

je ne conçois pas sa patience; vous ne retenez rien de ce
qu'il vous dit, vous n'avancez point... » Alors je rabattais [71]
un peu les coups, et hochant de la tête, je disais : « Pardonnez-moi, madame, pardonnez-moi; cela pourrait aller
mieux si mademoiselle voulait, si elle étudiait un peu,
mais cela ne va pas mal. » *La mère :* « A votre place, je la
tiendrais un an sur la même pièce. — Oh! pour cela, elle
n'en sortira pas qu'elle ne soit au-dessus de toutes les difficultés; et cela ne sera pas si long que madame le croit.
La mère : Monsieur Rameau, vous la flattez. Vous êtes trop
bon. Voilà de sa leçon la seule chose qu'elle retiendra et
qu'elle saura bien me répéter dans l'occasion. » L'heure se
passait; mon écolière me présentait le petit cachet avec la
grâce du bras et la révérence qu'elle avait apprise du maître
à danser; je le mettais dans ma poche, pendant que la mère
disait : « Fort bien, mademoiselle; si Javillier [72] était là, il
vous applaudirait. » Je bavardais encore un moment par
bienséance; je disparaissais ensuite, et voilà ce qu'on appelait alors une leçon d'accompagnement.

MOI

Et aujourd'hui c'est donc autre chose?

LUI

Vertudieu! je le crois. J'arrive; je suis grave; je me hâte
d'ôter mon manchon [73], j'ouvre le clavecin, j'essaye les
touches. Je suis toujours pressé; si l'on me fait attendre un
moment, je crie comme si l'on me volait un écu. Dans
une heure d'ici il faut que je sois là, dans deux heures
chez madame la duchesse une telle; je suis attendu à dîner
chez une belle marquise, et au sortir de là, c'est un concert
chez monsieur le baron de Bacq, rue Neuve-des-Petits-
Champs [74].

MOI

Et cependant vous n'êtes attendu nulle part?

LUI

Il est vrai.

MOI

Et pourquoi employer toutes ces petites viles ruses-là?

LUI

Viles ! et pourquoi, s'il vous plaît ? Elles sont d'usage dans mon état; je ne m'avilis point en faisant comme tout le monde. Ce n'est pas moi qui les ai inventées, et je serais bizarre et maladroit de ne pas m'y conformer. Vraiment, je sais bien que si vous allez appliquer à cela certains principes généraux de je ne sais quelle morale qu'ils ont tous à la bouche et qu'aucun d'eux ne pratique, il se trouvera que ce qui est blanc sera noir, et que ce qui est noir sera blanc. Mais, monsieur le philosophe, il y a une conscience générale, comme il y a une grammaire générale, et puis des exceptions dans chaque langue, que vous appelez, je crois, vous autres savants, des... aidez-moi donc, des...

MOI

Idiotismes.

LUI

Tout juste. Eh bien, chaque état [75] a ses exceptions à la conscience générale, auxquelles je donnerais volontiers le nom d'idiotismes de métier.

MOI

J'entends. Fontenelle parle bien, écrit bien, quoique son style fourmille d'idiotismes français.

LUI

Et le souverain, le ministre, le financier, le magistrat, le militaire, l'homme de lettres, l'avocat, le procureur, le commerçant, le banquier, l'artisan, le maître à chanter, le maître à danser, sont de fort honnêtes gens, quoique leur conduite s'écarte en plusieurs points de la conscience générale, et soit remplie d'idiotismes moraux. Plus l'institution des choses est ancienne, plus il y a d'idiotismes; plus les temps sont malheureux, plus les idiotismes se multiplient. Tant vaut l'homme, tant vaut le métier, et réciproquement, à la fin, tant vaut le métier, tant vaut l'homme. On fait donc valoir le métier tant qu'on peut.

MOI

Ce que je conçois clairement à tout cet entortillage, c'est qu'il y a peu de métiers honnêtement exercés, ou peu d'honnêtes gens dans leurs métiers.

LUI

Bon ! il n'y en a point; mais en revanche il y a peu de
fripons hors de leur boutique; et tout irait assez bien sans
un certain nombre de gens qu'on appelle assidus, exacts,
remplissant rigoureusement leurs devoirs, stricts, ou, ce
qui revient au même, toujours dans leurs boutiques, et
faisant leur métier depuis le matin jusqu'au soir, et ne faisant
que cela. Aussi sont-ils les seuls qui deviennent opulents et
qui soient estimés.

MOI

A force d'idiotismes.

LUI

C'est cela; je vois que vous m'avez compris. Or donc
un idiotisme de presque tous les états, car il y en a de
communs à tous les pays, à tous les temps, comme il y a
des sottises communes; un idiotisme commun est de se
procurer le plus de pratiques [76] que l'on peut : une sottise
commune est de croire que le plus habile est celui qui en
a le plus. Voilà deux exceptions à la conscience générale
auxquelles il faut se plier. C'est une espèce de crédit. Ce
n'est rien en soi; mais cela vaut par l'opinion. On a dit que
bonne renommée valait mieux que ceinture dorée. Cependant qui
a bonne renommée n'a pas ceinture dorée, et je vois
qu'aujourd'hui qui a ceinture dorée ne manque guère de
renommée. Il faut, autant qu'il est possible, avoir le renom
et la ceinture. Et c'est mon objet, lorsque je me fais valoir
par ce que vous qualifiez d'adresses viles, d'indignes petites
ruses. Je donne ma leçon et je la donne bien : voilà la règle
générale. Je fais croire que j'en ai plus à donner que la
journée n'a d'heures, voilà l'idiotisme.

MOI

Et la leçon, vous la donnez bien ?

LUI

Oui, pas mal, passablement. La basse fondamentale [77]
du cher oncle a bien simplifié tout cela. Autrefois je volais
l'argent de mon écolier, oui, je le volais, cela est sûr.
Aujourd'hui je le gagne, du moins comme les autres.

MOI

Et le voliez-vous sans remords ?

Oh! sans remords! On dit que *si un voleur vole l'autre,
le diable s'en rit.* Les parents regorgeaient d'une fortune
acquise Dieu sait comment; c'étaient des gens de cour, des
financiers, de gros commerçants, des banquiers, des gens
d'affaires. Je les aidais à restituer, moi et une foule d'autres
qu'ils employaient comme moi. Dans la nature, toutes les
espèces se dévorent; toutes les conditions se dévorent dans
la société. Nous faisons justice les uns des autres sans que
la loi s'en mêle. La Deschamps [78] autrefois, aujourd'hui
la Guimard venge le prince du financier, et c'est la marchande de mode, le bijoutier, le tapissier, la lingère, l'escroc,
la femme de chambre, le cuisinier, le bourrelier qui vengent
le financier de la Deschamps. Au milieu de tout cela,
il n'y a que l'imbécile ou l'oisif qui soit lésé sans avoir
vexé personne, et c'est fort bien fait. D'où vous voyez
que ces exceptions à la conscience générale, ou ces idiotismes moraux dont on fait tant de bruit sous la dénomi-
nation de *tours du bâton* [79], ne sont rien, et qu'à tout, il n'y a
que le coup d'œil qu'il faut avoir juste.

J'admire le vôtre.

Et puis la misère. La voix de la conscience et de l'honneur
est bien faible, lorsque les boyaux crient. Suffit que si je
deviens jamais riche, il faudra bien que je restitue, et que
je suis bien résolu à restituer de toutes les manières possibles, par la table, par le jeu, par le vin, par les femmes.

Mais j'ai peur que vous ne deveniez jamais riche.

Moi, j'en ai le soupçon.

Mais s'il en arrivait autrement, que feriez-vous ?

Je ferais comme tous les gueux revêtus; je serais le plus
insolent maroufle qu'on eût encore vu. C'est alors que je
me rappellerais tout ce qu'ils m'ont fait souffrir, et je leur

rendrais bien les avanies qu'ils m'ont faites. J'aime à commander, et je commanderai. J'aime qu'on me loue, et l'on
me louera. J'aurai à mes gages toute la troupe vilmo-
rienne [80], et je leur dirai, comme on me l'a dit : « Allons,
faquins, qu'on m'amuse », et l'on m'amusera; « Qu'on me
déchire les honnêtes gens », et on les déchirera, si l'on en
trouve encore; et puis nous aurons des filles, nous nous
tutoierons quand nous serons ivres; nous nous enivrerons,
nous ferons des contes, nous aurons toutes sortes de travers
et de vices. Cela sera délicieux. Nous prouverons que
de Voltaire est sans génie; que Buffon, toujours guindé
sur des échasses, n'est qu'un déclamateur ampoulé; que
Montesquieu n'est qu'un bel esprit; nous reléguerons
d'Alembert dans ses mathématiques, nous en donnerons
sur dos et ventre à tous ces petits Catons comme vous, qui
nous méprisent par envie, dont la modestie est le manteau
de l'orgueil, et dont la sobriété est la loi du besoin. Et de
la musique ? c'est alors que nous en ferons.

MOI

Au digne emploi que vous feriez de la richesse, je vois
combien c'est grand dommage que vous soyez gueux. Vous
vivriez là d'une manière bien honorable pour l'espèce
humaine, bien utile à vos concitoyens, bien glorieuse pour
vous.

LUI

Mais je crois que vous vous moquez de moi. Monsieur
le philosophe, vous ne savez pas à qui vous vous jouez;
vous ne vous doutez pas que dans ce moment je représente
la partie la plus importante de la ville et de la cour. Nos
opulents dans tous les états ou se sont dit à eux-mêmes ou
ne se sont pas dit les mêmes choses que je vous ai confiées;
mais le fait est que la vie que je mènerais à leur place est
exactement la leur. Voilà où vous en êtes, vous autres.
Vous croyez que le même bonheur est fait pour tous.
Quelle étrange vision ! Le vôtre suppose un certain tour
d'esprit romanesque que nous n'avons pas, une âme singulière, un goût particulier. Vous décorez cette bizarrerie du
nom de vertu, vous l'appelez philosophie. Mais la vertu,
la philosophie sont-elles faites pour tout le monde ? En a
qui peut, en conserve qui peut. Imaginez l'univers sage et
philosophe; convenez qu'il serait diablement triste. Tenez,

vive la philosophie, vive la sagesse de Salomon : boire de
bon vin, se gorger de mets délicats, se rouler sur de jolies
femmes, se reposer dans des lits bien mollets. Excepté cela,
le reste n'est que vanité.

MOI

Quoi ! défendre sa patrie ?

LUI

Vanité ! Il n'y a plus de patrie : je ne vois d'un pôle à
l'autre que des tyrans et des esclaves.

MOI

Servir ses amis ?

LUI

Vanité ! Est-ce qu'on a des amis ? Quand on en aurait,
faudrait-il en faire des ingrats ? Regardez-y bien, et vous
verrez que c'est presque toujours là ce qu'on recueille des
services rendus. La reconnaissance est un fardeau, et tout
fardeau est fait pour être secoué.

MOI

Avoir un état dans la société et en remplir les devoirs ?

LUI

Vanité ! Qu'importe qu'on ait un état ou non, pourvu
qu'on soit riche, puisqu'on ne prend un état que pour le
devenir. Remplir ses devoirs, à quoi cela mène-t-il ? à la
jalousie, au trouble, à la persécution. Est-ce ainsi qu'on
s'avance ? Faire sa cour, morbleu ! faire sa cour, voir les
grands, étudier leurs goûts, se prêter à leurs fantaisies,
servir leurs vices, approuver leurs injustices : voilà le
secret.

MOI

Veiller à l'éducation de ses enfants ?

LUI

Vanité ! C'est l'affaire d'un précepteur.

MOI

Mais si ce précepteur, pénétré de vos principes, néglige
ses devoirs, qui est-ce qui en sera châtié ?

LUI

Ma foi, ce ne sera pas moi, mais peut-être un jour le mari
de ma fille ou la femme de mon fils.

MOI

Mais si l'un et l'autre se précipitent dans la débauche et
les vices ?

LUI

Cela est de leur état.

MOI

S'ils se déshonorent ?

LUI

Quoi qu'on fasse, on ne peut se déshonorer quand on
est riche.

MOI

S'ils se ruinent ?

LUI

Tant pis pour eux.

MOI

Je vois que si vous vous dispensez de veiller à la
conduite de votre femme, de vos enfants, de vos domestiques, vous pourriez aisément négliger vos affaires.

LUI

Pardonnez-moi, il est quelquefois difficile de trouver de
l'argent, et il est prudent de s'y prendre de loin.

MOI

Vous donnerez peu de soin à votre femme ?

LUI

Aucun, s'il vous plaît. Le meilleur procédé, je crois,
qu'on puisse avoir avec sa chère moitié, c'est de faire ce
qui lui convient. A votre avis, la société ne serait-elle pas
fort amusante, si chacun y était à sa chose ?

MOI

Pourquoi pas ? la soirée n'est jamais plus belle pour moi
que quand je suis content de ma matinée.

LUI

Et pour moi aussi.

MOI

Ce qui rend les gens du monde si délicats sur leurs amusements, c'est leur profonde oisiveté.

LUI

Ne croyez pas cela; ils s'agitent beaucoup.

MOI

Comme ils ne se lassent jamais, ils ne se délassent jamais.

LUI

Ne croyez pas cela; ils sont sans cesse excédés.

MOI

Le plaisir est toujours une affaire pour eux, et jamais un besoin.

LUI

Tant mieux; le besoin est toujours une peine.

MOI

Ils usent tout. Leur âme s'hébète; l'ennui s'en empare. Celui qui leur ôterait la vie au milieu de leur abondance accablante, les servirait. C'est qu'ils ne connaissent du bonheur que la partie qui s'émousse le plus vite. Je ne méprise pas les plaisirs des sens : j'ai un palais aussi, et il est flatté d'un mets délicat ou d'un vin délicieux; j'ai un cœur et des yeux, et j'aime à voir une jolie femme, j'aime à sentir sous ma main la fermeté et la rondeur de sa gorge, à presser ses lèvres des miennes, à puiser la volupté dans ses regards, et à en expirer entre ses bras; quelquefois, avec mes amis, une partie de débauche, même un peu tumultueuse, ne me déplaît pas. Mais, je ne vous le dissimulerai pas, il m'est infiniment plus doux encore d'avoir secouru le malheureux, d'avoir terminé une affaire épineuse, donné un conseil salutaire, fait une lecture agréable, une promenade avec un homme ou une femme chère à mon cœur, passé quelques heures instructives avec mes enfants, écrit une bonne page, rempli les devoirs de mon état, dit à celle que j'aime quelques choses tendres et douces qui amènent ses bras autour de mon col. Je connais telle action que je voudrais avoir faite pour tout ce que je possède. C'est un

sublime ouvrage que *Mahomet*, j'aimerais mieux avoir
réhabilité la mémoire des Calas [81]. Un homme [82] de ma
connaissance s'était réfugié à Carthagène ; c'était un cadet
de famille dans un pays où la coutume transfère tout le
bien aux aînés. Là il apprend que son aîné, enfant gâté,
après avoir dépouillé son père et sa mère trop faciles de
tout ce qu'ils possédaient, les avait expulsés de leur château
et que les bons vieillards languissaient indigents dans une
petite ville de la province. Que fait alors ce cadet qui, traité
durement par ses parents, était allé tenter la fortune au
loin ? Il leur envoie des secours ; il se hâte d'arranger ses
affaires, il revient opulent, il ramène son père et sa mère dans
leur domicile, il marie ses sœurs. Ah ! mon cher Rameau,
cet homme regardait cet intervalle comme le plus heureux
de sa vie ; c'est les larmes aux yeux qu'il m'en parlait ; et
moi, je sens, en vous faisant ce récit, mon cœur se troubler
de joie et le plaisir me couper la parole.

LUI

Vous êtes des êtres bien singuliers !

MOI

Vous êtes des êtres bien à plaindre, si vous n'imaginez
pas qu'on s'est élevé au-dessus du sort, et qu'il est impossible d'être malheureux à l'abri de deux belles actions telles
que celle-ci.

LUI

Voilà une espèce de félicité avec laquelle j'aurai de la
peine à me familiariser, car on la rencontre rarement. Mais,
à votre compte, il faudrait donc être d'honnêtes gens ?

MOI

Pour être heureux ? assurément [83].

LUI

Cependant je vois une infinité d'honnêtes gens qui ne
sont pas heureux et une infinité de gens qui sont heureux
sans être honnêtes.

MOI

Il vous semble.

LUI

Et n'est-ce pas pour avoir eu du sens commun et de la franchise un moment que je ne sais où aller souper ce soir ?

MOI

Hé non ! c'est pour n'en avoir pas toujours eu; c'est pour n'avoir pas senti de bonne heure qu'il fallait d'abord se faire une ressource indépendante de la servitude.

LUI

Indépendante ou non, celle que je me suis faite est au moins la plus aisée.

MOI

Et la moins sûre et la moins honnête.

LUI

Mais la plus conforme à mon caractère de fainéant, de sot, de vaurien.

MOI

D'accord.

LUI

Et que puisque je puis faire mon bonheur par des vices qui me sont naturels, que j'ai acquis sans travail, que je conserve sans effort, qui cadrent avec les mœurs de ma nation, qui sont du goût de ceux qui me protègent, et plus analogues à leurs petits besoins particuliers que des vertus qui les gêneraient en les accusant depuis le matin jusqu'au soir, il serait bien singulier que j'allasse me tourmenter comme une âme damnée pour me bistourner [84] et me faire autre que je ne suis, pour me donner un caractère étranger au mien, des qualités très estimables, j'y consens pour ne pas disputer, mais qui me coûteraient beaucoup à acquérir, à pratiquer, ne me mèneraient à rien, peut-être à pis que rien, par la satire continuelle des riches auprès desquels les gueux comme moi ont à chercher leur vie. On loue la vertu, mais on la hait, mais on la fuit, mais elle gèle de froid, et dans ce monde, il faut avoir les pieds chauds. Et puis cela me donnerait de l'humeur infailliblement; car pourquoi voyons-nous si fréquemment les dévots si durs, si fâcheux, si insociables ? C'est qu'ils se sont imposé une tâche qui ne leur est pas naturelle; ils souffrent, et quand

on souffre, on fait souffrir les autres. Ce n'est pas là mon
compte ni celui de mes protecteurs; il faut que je sois gai,
souple, plaisant, bouffon, drôle. La vertu se fait respecter,
et le respect est incommode; la vertu se fait admirer, et
l'admiration n'est pas amusante. J'ai affaire à des gens qui
s'ennuient, et il faut que je les fasse rire. Or c'est le ridicule
et la folie qui font rire, il faut donc que je sois ridicule et
fou; et quand la nature ne m'aurait pas fait tel, le plus
court serait de le paraître. Heureusement je n'ai pas besoin
d'être hypocrite; il y en a déjà tant de toutes les couleurs,
sans compter ceux qui le sont avec eux-mêmes. Ce chevalier
de La Morlière [85], qui retape [86] son chapeau sur son
oreille, qui porte la tête au vent, qui vous regarde le passant
par-dessus l'épaule, qui fait battre une longue épée sur sa
cuisse, qui a l'insulte toute prête pour celui qui n'en porte
point, et qui semble adresser un défi à tout venant, que
fait-il? tout ce qu'il peut pour se persuader qu'il est
homme de cœur, mais il est lâche. Offrez-lui une croqui-
gnole sur le bout du nez, et il la recevra en douceur. Voulez-vous lui faire baisser le ton? élevez-le. Montrez-lui
votre canne ou appliquez votre pied entre ses fesses, tout
étonné de se trouver un lâche, il vous demandera qui est-ce
qui vous l'a appris, d'où vous le savez. Lui-même l'ignorait
le moment précédent; une longue et habituelle singerie de
bravoure lui en avait imposé, il avait tant fait les mines
qu'il se croyait la chose. Et cette femme qui se mortifie, qui
visite les prisons, qui assiste à toutes les assemblées de
charité, qui marche les yeux baissés, qui n'oserait regarder
un homme en face, sans cesse en garde contre la séduction
de ses sens; tout cela empêche-t-il que son cœur ne brûle,
que des soupirs ne lui échappent, que son tempérament ne
s'allume, que les désirs ne l'obsèdent, et que son imagination
ne lui retrace, la nuit et le jour, les scènes du *Portier des
Chartreux*, les *Postures de l'Arétin* [87]? Alors que devient-
elle? qu'en pense sa femme de chambre lorsqu'elle se lève
en chemise et qu'elle vole au secours de sa maîtresse qui
se meurt? Justine, allez vous recoucher, ce n'est pas vous
que votre maîtresse appelle dans son délire. Et l'ami Rameau,
s'il se mettait un jour à marquer du mépris pour la fortune,
les femmes, la bonne chère, l'oisiveté, à catoniser, que
serait-il? un hypocrite. Il faut que Rameau soit ce qu'il est :
un brigand heureux avec des brigands opulents et non un

fanfaron de vertu ou même un homme vertueux, rongeant
sa croûte de pain, seul, ou à côté des gueux. Et pour le
trancher net, je ne m'accommode point de votre félicité,
ni du bonheur de quelques visionnaires comme vous.

MOI

Je vois, mon cher, que vous ignorez ce que c'est, et que
vous n'êtes pas même fait pour l'apprendre.

LUI

Tant mieux, mordieu ! tant mieux. Cela me ferait crever
de faim, d'ennui, et de remords peut-être.

MOI

D'après cela, le seul conseil que j'aie à vous donner,
c'est de rentrer bien vite dans la maison d'où vous vous
êtes imprudemment fait chasser.

LUI

Et de faire ce que vous ne désapprouvez pas au simple,
et ce qui me répugne un peu au figuré.

MOI

C'est mon avis.

LUI

Indépendamment de cette métaphore qui me déplaît dans
ce moment, et qui ne me déplaira pas dans un autre.

MOI

Quelle singularité !

LUI

Il n'y a rien de singulier à cela. Je veux bien être abject,
mais je veux que ce soit sans contrainte. Je veux bien
descendre de ma dignité... Vous riez ?

MOI

Oui, votre dignité me fait rire.

LUI

Chacun a la sienne ; je veux bien oublier la mienne, mais
à ma discrétion et non à l'ordre d'autrui. Faut-il qu'on
puisse me dire : Rampe, et que je sois obligé de ramper ?
C'est l'allure du ver, c'est mon allure ; nous la suivons l'un

et l'autre quand on nous laisse aller, mais nous nous redressons quand on nous marche sur la queue. On m'a marché sur la queue, et je me redresserai. Et puis vous n'avez pas d'idée de la pétaudière dont il s'agit. Imaginez un mélancolique [88] et maussade personnage, dévoré de vapeurs, enveloppé dans deux ou trois tours de robe de chambre, qui se déplaît à lui-même, à qui tout déplaît, qu'on fait à peine sourire en se disloquant le corps et l'esprit en cent manières diverses, qui considère froidement les grimaces plaisantes de mon visage et celles de mon jugement qui sont plus plaisantes encore; car, entre nous, ce père Noël [89], ce vilain bénédictin, si renommé pour les grimaces, malgré ses succès à la cour, n'est, sans me vanter ni lui non plus, à comparaison de moi qu'un polichinelle de bois. J'ai beau me tourmenter pour atteindre au sublime des Petites Maisons [90], rien n'y fait. Rira-t-il? ne rira-t-il pas? voilà ce que je suis forcé de me dire au milieu de mes contorsions, et vous pouvez juger combien cette incertitude nuit au talent. Mon hypocondre, la tête renfoncée dans un bonnet de nuit qui lui couvre les yeux, a l'air d'une pagode [91] immobile à laquelle on aurait attaché un fil au menton, d'où il descendrait jusque sous son fauteuil. On attend que le fil se tire, et il ne se tire point, ou s'il arrive que la mâchoire s'entr'ouvre, c'est pour articuler un mot désolant, un mot qui vous apprend que vous n'avez point été aperçu, et que toutes vos singeries sont perdues; ce mot est la réponse à une question que vous lui aurez faite il y a quatre jours; ce mot dit, le ressort mastoïde se détend, et la mâchoire se referme...

Puis il se mit à contrefaire son homme; il s'était placé dans une chaise, la tête fixe, le chapeau jusque sur ses paupières, les yeux à demi clos, les bras pendants, remuant sa mâchoire comme un automate, et disant : « Oui, vous avez raison, mademoiselle, il faut mettre de la finesse là. »

C'est que cela décide, que cela décide toujours et sans appel, le soir, le matin, à la toilette, à dîner, au café, au jeu, au théâtre, à souper, au lit, et, Dieu me le pardonne, je crois, entre les bras de sa maîtresse. Je ne suis pas à portée d'entendre ces dernières décisions-ci, mais je suis diablement las des autres. Triste, obscur, et tranché, comme le destin, tel est notre patron.

Vis-à-vis c'est une bégueule [92] qui joue l'importance, à qui l'on se résoudrait à dire qu'elle est jolie, parce qu'elle l'est encore, quoiqu'elle ait sur le visage quelques gales par-ci par-là, et qu'elle coure après le volume de madame Bouvillon [93]. J'aime les chairs quand elles sont belles; mais aussi trop est trop, et le mouvement est si essentiel à la matière [94]! *Item*, elle est plus méchante, plus fière et plus bête qu'une oie. *Item*, elle veut avoir de l'esprit. *Item*, il faut lui persuader qu'on lui en croit comme à personne. *Item*, cela ne sait rien, et cela décide aussi. *Item*, il faut applaudir à ces décisions des pieds et des mains, sauter d'aise, se transir d'admiration : « Que cela est beau, délicat, bien dit, finement vu, singulièrement senti ! où les femmes prennent-elles cela ? Sans étude, par la seule force de l'instinct, par la seule lumière naturelle : cela tient du prodige. Et puis qu'on vienne nous dire que l'expérience, l'étude, la réflexion, l'éducation y font quelque chose », et autres pareilles sottises, et pleurer de joie; dix fois dans la journée se courber, un genou fléchi en devant, l'autre jambe tirée en arrière, les bras étendus vers la déesse, chercher son désir dans ses yeux, rester suspendu à sa lèvre, attendre son ordre et partir comme un éclair. Qui est-ce qui peut s'assujettir à un rôle pareil, si ce n'est le misérable qui trouve là, deux ou trois fois la semaine, de quoi calmer la tribulation [95] de ses intestins! Que penser des autres, tels que le Palissot, le Fréron, les Poinsinets, le Baculard [96] qui ont quelque chose, et dont les bassesses ne peuvent s'excuser par le borborygme d'un estomac qui souffre?

MOI

Je ne vous aurais jamais cru si difficile.

LUI

Je ne le suis pas. Au commencement je voyais faire les autres, et je faisais comme eux, même un peu mieux, parce que je suis plus franchement impudent, meilleur comédien, plus affamé, fourni de meilleurs poumons. Je descends apparemment en droite ligne du fameux Stentor.

Et pour me donner une juste idée de la force de ce viscère, il se mit à tousser d'une violence à ébranler les vitres du café, et à suspendre l'attention des joueurs d'échecs.

MOI

Mais à quoi bon ce talent ?

LUI

Vous ne le devinez pas ?

MOI

Non, je suis un peu borné.

LUI

Supposez la dispute engagée et la victoire incertaine; je me lève, et déployant mon tonnerre, je dis : « Cela est comme mademoiselle l'assure. C'est là ce qui s'appelle juger. Je le donne en cent à tous nos beaux esprits. L'expression est de génie. » Mais il ne faut pas toujours approuver de la même manière; on serait monotone, on aurait l'air faux, on deviendrait insipide. On ne se sauve de là que par du jugement, de la fécondité; il faut savoir préparer et placer ces tons majeurs et péremptoires, saisir l'occasion et le moment. Lors, par exemple, qu'il y a partage entre les sentiments, que la dispute s'est élevée à son dernier degré de violence, qu'on ne s'entend plus, que tous parlent à la fois, il faut être placé à l'écart, dans l'angle de l'appartement le plus éloigné du champ de bataille, avoir préparé son explosion par un long silence, et tomber subitement, comme une comminge [97], au milieu des contendants. Personne n'a eu cet art comme moi. Mais où je suis surprenant, c'est dans l'opposé : j'ai des petits tons que j'accompagne d'un sourire, une variété infinie de mines approbatives; là, le nez, la bouche, le front, les yeux entrent en jeu; j'ai une souplesse de reins, une manière de contourner l'épine du dos, de hausser ou de baisser les épaules, d'étendre les doigts, d'incliner la tête, de fermer les yeux et d'être stupéfait comme si j'avais entendu descendre du ciel une voix angélique et divine. C'est là ce qui flatte. Je ne sais si vous saisissez bien toute l'énergie de cette dernière attitude-là. Je ne l'ai point inventée, mais personne ne m'a surpassé dans l'exécution. Voyez, voyez.

MOI

Il est vrai que cela est unique.

Croyez-vous qu'il y ait cervelle de femme un peu vaine qui tienne à cela ?

MOI

Non. Il faut convenir que vous avez porté le talent de faire des fous et de s'avilir aussi loin qu'il est possible.

LUI

Ils auront beau faire, tous tant qu'ils sont, ils n'en viendront jamais là; le meilleur d'entre eux, Palissot, par exemple, ne sera jamais qu'un bon écolier. Mais si ce rôle amuse d'abord, et si l'on goûte quelque plaisir à se moquer en dedans de la bêtise de ceux qu'on enivre, à la longue cela ne pique plus; et puis, après un certain nombre de découvertes, on est forcé de se répéter. L'esprit et l'art ont leurs limites; il n'y a que Dieu ou quelques génies rares pour qui la carrière s'étend à mesure qu'ils y avancent. Bouret [98] en est un peut-être : il y a de celui-ci des traits qui m'en donnent à moi, oui, à moi-même, la plus sublime idée. Le petit chien, le Livre de la Félicité, les flambeaux sur la route de Versailles sont de ces choses qui me confondent et m'humilient; ce serait capable de dégoûter du métier.

MOI

Que voulez-vous dire avec votre petit chien ?

LUI

D'où venez-vous donc? Quoi! sérieusement, vous ignorez comment cet homme rare s'y prit pour détacher de lui et attacher au garde des sceaux un petit chien qui plaisait à celui-ci?

MOI

Je l'ignore, je le confesse.

LUI

Tant mieux. C'est une des plus belles choses qu'on ait imaginées; toute l'Europe en a été émerveillée, et il n'y a pas un courtisan dont elle n'ait excité l'envie. Vous qui ne manquez pas de sagacité, voyons comment vous vous y seriez pris à sa place. Songez que Bouret était aimé de son chien; songez que le vêtement bizarre du ministre effrayait

le petit animal; songez qu'il n'avait que huit jours pour
vaincre les difficultés. Il faut connaître toutes les conditions
du problème pour bien sentir le mérite de la solution. Eh
bien !

MOI

Eh bien; il faut que je vous avoue que, dans ce genre,
les choses les plus faciles m'embarrasseraient.

LUI

Écoutez, me dit-il en me frappant un petit coup sur
l'épaule, car il est familier, écoutez et admirez. Il se fait
faire un masque qui ressemble au garde des sceaux; il
emprunte d'un valet de chambre la volumineuse simarre;
il se couvre le visage du masque; il endosse la simarre [99].
Il appelle son chien, il le caresse, il lui donne la gimblette [100];
puis tout à coup changeant de décoration [101], ce n'est plus
le garde des sceaux, c'est Bouret qui appelle son chien et
qui le fouette. En moins de deux ou trois jours de cet
exercice continué du matin au soir, le chien sait fuir Bouret
le fermier général et courir à Bouret le garde des sceaux.
Mais, je suis trop bon; vous êtes un profane qui ne méritez
pas d'être instruit des miracles qui s'opèrent à côté de vous.

MOI

Malgré cela, je vous prie, le livre, les flambeaux ?

LUI

Non, non. Adressez-vous aux pavés qui vous diront ces
choses-là, et profitez de la circonstance qui nous a rapprochés, pour apprendre des choses que personne ne sait
que moi.

MOI

Vous avez raison.

LUI

Emprunter la robe et la perruque, j'avais oublié la perruque, du garde des sceaux ! se faire un masque qui lui
ressemble ! le masque surtout me tourne la tête. Aussi cet
homme jouit-il de la plus haute considération; aussi pos-
sède-t-il des millions. Il y a des croix de Saint-Louis [102]
qui n'ont pas de pain; aussi pourquoi courir après la croix,
au hasard de se faire échiner, et ne pas se tourner vers un

état sans péril, qui ne manque jamais sa récompense ?
Voilà ce qui s'appelle aller au grand. Ces modèles-là sont
décourageants; on a pitié de soi, et l'on s'ennuie. Le
masque ! le masque ! Je donnerais un de mes doigts pour
avoir trouvé le masque.

MOI

Mais avec cet enthousiasme pour les belles choses et cette
fertilité de génie que vous possédez, est-ce que vous n'avez
rien inventé ?

LUI

Pardonnez-moi; par exemple, l'attitude admirative du
dos dont je vous ai parlé; je la regarde comme mienne,
quoiqu'elle puisse peut-être m'être contestée par des
envieux. Je crois bien qu'on l'a employée auparavant; mais
qui est-ce qui a senti combien elle était commode pour
rire en dessous de l'impertinent qu'on admirait ! J'ai plus
de cent façons d'entamer la séduction d'une jeune fille, à
côté de sa mère, sans que celle-ci s'en aperçoive, et même
de la rendre complice. A peine entrais-je dans la carrière,
que je dédaignai toutes les manières vulgaires de glisser
un billet doux; j'ai dix moyens de me le faire arracher, et
parmi ces moyens j'ose me flatter qu'il y en a de nouveaux.
Je possède surtout le talent d'encourager un jeune homme
timide; j'en ai fait réussir qui n'avaient ni esprit ni figure.
Si cela était écrit, je crois qu'on m'accorderait quelque
génie.

MOI

Vous ferait un honneur singulier [103].

LUI

Je n'en doute pas.

MOI

A votre place, je jetterais ces choses-là sur le papier. Ce
serait dommage qu'elles se perdissent.

LUI

Il est vrai, mais vous ne soupçonnez pas combien je
fais peu de cas de la méthode et des préceptes. Celui qui a
besoin d'un protocole [104] n'ira jamais loin. Les génies
lisent peu, pratiquent beaucoup, et se font d'eux-mêmes.
Voyez César, Turenne, Vauban, la marquise de Tencin [105],

son frère le cardinal, et le secrétaire de celui-ci, l'abbé Trublet. Et Bouret ? Qui est-ce qui a donné des leçons à
Bouret ? Personne, c'est la nature qui forme ces hommes
rares-là. Croyez-vous que l'histoire du chien et du masque
soit écrite quelque part ?

MOI

Mais à vos heures perdues, lorsque l'angoisse de votre
estomac vide ou la fatigue de votre estomac surchargé
éloigne le sommeil...

LUI

J'y penserai. Il vaut mieux écrire de grandes choses que
d'en exécuter de petites. Alors l'âme s'élève, l'imagination
s'échauffe, s'enflamme et s'étend, au lieu qu'elle se rétrécit
à s'étonner, auprès de la petite Hus, des applaudissements
que ce sot public s'obstine à prodiguer à cette minaudière
de Dangeville [106] qui joue si platement, qui marche presque
courbée en deux sur la scène, qui a l'affectation de regarder
sans cesse dans les yeux de celui à qui elle parle et de jouer
en dessous, et qui prend elle-même ses grimaces pour de
la finesse, son petit trotter pour de la grâce; à cette emphatique Clairon qui est plus maigre, plus apprêtée, plus
étudiée, plus empesée qu'on ne saurait dire. Cet imbécile
parterre les claque à tout rompre et ne s'aperçoit pas que
nous sommes un peloton d'agréments; il est vrai que le
peloton grossit un peu, mais qu'importe ? que nous avons
la plus belle peau, les plus beaux yeux, le plus joli bec, peu
d'entrailles à la vérité, une démarche qui n'est pas légère,
mais qui n'est pas non plus aussi gauche qu'on le dit. Pour
le sentiment, en revanche, il n'y en a aucune à qui nous ne
damions le pion.

MOI

Comment dites-vous tout cela ? est-ce ironie ou vérité ?

LUI

Le mal est que ce diable de sentiment est tout en dedans,
et qu'il n'en transpire pas une lueur au dehors. Mais moi
qui vous parle, je sais, et je sais bien qu'elle en a. Si ce n'est
pas cela précisément, c'est quelque chose comme cela. Il
faut voir, quand l'humeur nous prend, comme nous traitons les valets, comme les femmes de chambre sont souf-
fletées, comme nous menons à grands coups de pied les

Parties casuelles [107] pour peu qu'elles s'écartent du respect qui nous est dû. C'est un petit diable, vous dis-je, tout plein de sentiment et de dignité... Oh çà, vous ne savez où vous en êtes, n'est-ce pas ?

MOI

J'avoue que je ne saurais démêler si c'est de bonne foi ou méchamment que vous parlez. Je suis un bon homme; ayez la bonté d'en user avec moi plus rondement et de laisser là votre art.

LUI

Cela, c'est ce que nous débitons à la petite Hus, de la Dangeville et de la Clairon, mêlé par-ci par-là de quelques mots qui vous donnassent l'éveil. Je consens que vous me preniez pour un vaurien, mais non pour un sot, et il n'y aurait qu'un sot ou un homme perdu d'amour qui pût dire sérieusement tant d'impertinences.

MOI

Mais comment se résout-on à les dire ?

LUI

Cela ne se fait pas tout d'un coup; mais petit à petit on y vient. *Ingenii largitor venter* [108].

MOI

Il faut être pressé d'une cruelle faim.

LUI

Cela se peut. Cependant, quelque fortes qu'elles vous paraissent, croyez que ceux à qui elles s'adressent sont plutôt accoutumés à les entendre que nous à les hasarder.

MOI

Est-ce qu'il y a là quelqu'un qui ait le courage d'être de votre avis ?

LUI

Qu'appelez-vous quelqu'un ? C'est le sentiment et le langage de toute la société.

MOI

Ceux d'entre vous qui ne sont pas de grands vauriens, doivent être de grands sots.

LUI

Des sots, là ? je vous jure qu'il n'y en a qu'un, c'est celui qui nous fête pour lui en imposer [109].

MOI

Mais comment s'en laisse-t-on si grossièrement imposer ? Car enfin la supériorité des talents de la Dangeville et de la Clairon est décidée.

LUI

On avale à pleine gorgée le mensonge qui nous flatte, et l'on boit goutte à goutte une vérité qui nous est amère. Et puis nous avons l'air si pénétré, si vrai !

MOI

Il faut cependant que vous ayez péché une fois contre les principes de l'art, et qu'il vous soit échappé par mégarde quelques-unes de ces vérités amères qui blessent; car en dépit du rôle misérable, abject, vil, abominable que vous faites, je crois qu'au fond vous avez l'âme délicate.

LUI

Moi, point du tout. Que le diable m'emporte si je sais au fond ce que je suis. En général, j'ai l'esprit rond comme une boule, et le caractère franc comme l'osier; jamais faux, pour peu que j'aie intérêt d'être vrai, jamais vrai pour peu que j'aie intérêt d'être faux. Je dis les choses comme elles me viennent; sensées, tant mieux; impertinentes, on n'y prend pas garde. J'use en plein de mon franc parler. Je n'ai pensé de ma vie, ni avant que de dire, ni en disant, ni après avoir dit. Aussi je n'offense personne.

MOI

Cela vous est pourtant arrivé avec les honnêtes gens chez qui vous viviez, et qui avaient pour vous tant de bontés.

LUI

Que voulez-vous ? C'est un malheur, un mauvais
moment comme il y en a dans la vie. Point de félicité
continue; j'étais trop bien, cela ne pouvait durer. Nous
avons, comme vous savez, la compagnie la plus nombreuse
et la mieux choisie. C'est une école d'humanité, le renou-
vellement de l'antique hospitalité. Tous les poètes qui
tombent, nous les ramassons. Nous eûmes Palissot, après
sa *Zara*, Bret après le *Faux Généreux*[110]; tous les musiciens décriés, tous les auteurs qu'on ne lit point, toutes
les actrices sifflées, tous les acteurs hués, un tas de pauvres
honteux, plats parasites à la tête desquels j'ai l'honneur
d'être, brave chef d'une troupe timide. C'est moi qui les
exhorte à manger la première fois qu'ils viennent; c'est
moi qui demande à boire pour eux. Ils tiennent si peu de
place ! Quelques jeunes gens déguenillés qui ne savent où
donner de la tête, mais qui ont de la figure; d'autres scélé-
rats qui cajolent le patron et qui l'endorment, afin de
glaner après lui sur la patronne. Nous paraissons gais;
mais au fond nous avons tous de l'humeur et grand appétit.
Des loups ne sont pas plus affamés; des tigres ne sont pas
plus cruels. Nous dévorons comme des loups, lorsque la
terre a été longtemps couverte de neige; nous déchirons
comme des tigres tout ce qui réussit. Quelquefois les
cohues Bertin, Monsauge et Villemorien[111] se réunissent,
c'est alors qu'il se fait un beau bruit dans la ménagerie.
Jamais on ne vit ensemble tant de bêtes tristes, acariâtres,
malfaisantes et courroucées. On n'entend que les noms de
Buffon, de Duclos, de Montesquieu, de Rousseau, de Voltaire, de d'Alembert, de Diderot, et Dieu sait de quelles
épithètes ils sont accompagnés. Nul n'aura de l'esprit s'il
n'est aussi sot que nous. C'est là que le plan de la comédie
des *Philosophes*[112] a été conçu; la scène du colporteur,
c'est moi qui l'ai fournie, d'après la *Théologie en quenouille*.
Vous n'êtes pas épargné là plus qu'un autre.

MOI

Tant mieux ! Peut-être me fait-on plus d'honneur que je
n'en mérite. Je serais humilié si ceux qui disent du mal de
tant d'habiles et honnêtes gens s'avisaient de dire du bien
de moi.

LUI

Nous sommes beaucoup, et il faut que chacun paye son
écot. Après le sacrifice des grands animaux nous immolons
les autres.

MOI

Insulter la science et la vertu pour vivre, voilà du pain
bien cher.

LUI

Je vous l'ai déjà dit, nous sommes sans conséquence.
Nous injurions tout le monde et nous n'affligeons personne.
Nous avons quelquefois le pesant abbé d'Olivet, le gros
abbé Leblanc, l'hypocrite Batteux [113]. Le gros abbé n'est
méchant qu'avant dîner. Son café pris, il se jette dans un
fauteuil, les pieds appuyés contre la tablette de la cheminée,
et s'endort comme un vieux perroquet sur son bâton. Si
le vacarme devient violent, il bâille, il étend ses bras, il
frotte ses yeux et dit : « Eh bien, qu'est-ce, qu'est-ce ?
— Il s'agit de savoir si Piron [114] a plus d'esprit que de Voltaire. — Entendons-nous, c'est de l'esprit que vous dites ?
il ne s'agit pas de goût ? Car du goût, votre Piron ne s'en
doute pas. — Ne s'en doute pas ? — Non. » Et puis nous
voilà embarqués dans une dissertation sur le goût. Alors le
patron fait signe de la main qu'on l'écoute, car c'est surtout de goût qu'il se pique. « Le goût, dit-il... le goût est
une chose... » Ma foi, je ne sais quelle chose il disait que
c'était ; ni lui non plus.

Nous avons quelquefois l'ami Robbé [115]. Il nous régale
de ses contes cyniques, des miracles des convulsionnaires,
dont il a été le témoin oculaire, et de quelques chants de
son poème sur un sujet qu'il connaît à fond. Je hais ses
vers, mais j'aime à l'entendre réciter : il a l'air d'un énergumène. Tous s'écrient autour de lui : « Voilà ce qu'on
appelle un poète ! » Entre nous, cette poésie-là n'est qu'un
charivari de toutes sortes de bruits confus, le ramage
barbare des habitants de la tour de Babel.

Il nous vient aussi un certain niais, qui a l'air plat et
bête, mais qui a de l'esprit comme un démon et qui est plus
malin qu'un vieux singe. C'est une de ces figures qui
appellent la plaisanterie et les nasardes, et que Dieu fit
pour la correction des gens qui jugent à la mine, et à qui
leur miroir aurait dû apprendre qu'il est aussi aisé d'être

un homme d'esprit et d'avoir l'air d'un sot, que de cacher
un sot sous une physionomie spirituelle. C'est une lâcheté
bien commune que celle d'immoler un bon homme à
l'amusement des autres. On ne manque jamais de s'adresser
à celui-ci. C'est un piége que nous tendons aux nouveaux
venus, et je n'en ai presque pas vu un seul qui n'y donnât.

J'étais quelquefois surpris de la justesse des observations
de ce fou sur les hommes et sur les caractères, et je le lui
témoignai.

C'est, me répondit-il, qu'on tire parti de la mauvaise
compagnie comme du libertinage. On est dédommagé de
la perte de son innocence par celle de ses préjugés. Dans
la société des méchants, où le vice se montre à masque
levé, on apprend à les connaître; et puis j'ai un peu lu.

MOI

Qu'avez-vous lu ?

LUI

J'ai lu et je lis, et relis sans cesse Théophraste, La
Bruyère et Molière.

MOI

Ce sont d'excellents livres.

LUI

Ils sont bien meilleurs qu'on ne pense; mais qui est-ce
qui sait les lire ?

MOI

Tout le monde, selon la mesure de son esprit.

LUI

Presque personne. Pourriez-vous me dire ce qu'on y
cherche ?

MOI

L'amusement et l'instruction.

LUI

Mais quelle instruction ? car c'est là le point.

MOI

La connaissance de ses devoirs, l'amour de la vertu, la
haine du vice.

LUI

Moi j'y recueille tout ce qu'il faut faire et tout ce qu'il
ne faut pas dire. Ainsi quand je lis *l'Avare*, je me dis :
Sois avare si tu veux, mais garde-toi de parler comme
l'avare. Quand je lis *le Tartuffe*, je me dis : Sois hypocrite
si tu veux, mais ne parle pas comme l'hypocrite. Garde
des vices qui te sont utiles; mais n'en aie ni le ton, ni les
apparences qui te rendraient ridicule. Pour se garantir de
ce ton, de ces apparences, il faut les connaître; or, ces
auteurs en on fait des peintures excellentes. Je suis moi
et je reste ce que je suis, mais j'agis et je parle comme il
convient. Je ne suis pas de ces gens qui méprisent les
moralistes; il y a beaucoup à profiter, surtout en ceux qui
ont mis la morale en action. Le vice ne blesse les hommes
que par intervalle; les caractères apparents du vice les
blessent du matin au soir. Peut-être vaudrait-il mieux être
un insolent que d'en avoir la physionomie; l'insolent de
caractère n'insulte que de temps en temps, l'insolent de
physionomie insulte toujours. Au reste, n'allez pas imaginer que je sois le seul lecteur de mon espèce; je n'ai
d'autre mérite ici que d'avoir fait, par système, par justesse
d'esprit, par une vue raisonnable et vraie, ce que la plupart
des autres font par instinct. De là vient que leurs lectures
ne les rendent pas meilleurs que moi, mais qu'ils restent
ridicules en dépit d'eux; au lieu que je ne le suis que quand
je veux, et que je les laisse alors loin derrière moi : car le
même art qui m'apprend à me sauver du ridicule en certaines occasions, m'apprend aussi dans d'autres à l'attraper
supérieurement. Je me rappelle alors tout ce que les autres
ont dit, tout ce que j'ai lu, et j'y ajoute tout ce qui sort de
mon fonds qui est en ce genre d'une fécondité surprenante.

MOI

Vous avez bien fait de me révéler ces mystères; sans
quoi, je vous aurais cru en contradiction.

LUI

Je n'y suis point, car pour une fois où il faut éviter le
ridicule, heureusement il y en a cent où il faut s'en donner.
Il n'y a point de meilleur rôle auprès des grands que celui
de fou. Longtemps il y a eu le fou du roi en titre, en aucun
il n'y a eu en titre le sage du roi. Moi, je suis le fou de

Bertin et de beaucoup d'autres, le vôtre peut-être dans ce
moment, ou peut-être vous le mien : celui qui serait sage
n'aurait point de fou; celui donc qui a un fou n'est pas
sage; s'il n'est pas sage il est fou et peut être, fût-il le roi,
le fou de son fou. Au reste, souvenez-vous que dans un
sujet aussi variable que les mœurs, il n'y a d'absolument,
d'essentiellement, de généralement vrai ou faux, sinon
qu'il faut être ce que l'intérêt veut qu'on soit, bon ou
mauvais, sage ou fou, décent ou ridicule, honnête ou
vicieux. Si par hasard la vertu avait conduit à la fortune,
ou j'aurais été vertueux, ou j'aurais simulé la vertu comme
un autre. On m'a voulu ridicule et je me le suis fait; pour
vicieux, nature seule en avait fait les frais. Quand je dis
vicieux, c'est pour parler votre langue, car si nous venions
à nous expliquer, il pourrait arriver que vous appelassiez
vice ce que j'appelle vertu, et vertu ce que j'appelle
vice.

Nous avons aussi les auteurs de l'Opéra-Comique, leurs
acteurs et leurs actrices, et plus souvent leurs entrepre-
neurs Corbi, Moette, tous gens de ressource et d'un mérite
supérieur.

Et j'oubliais les grands critiques de la littérature, l'*Avant-
Coureur*, les *Petites Affiches*, l'*Année littéraire*, l'*Observateur
littéraire*, le *Censeur hebdomadaire* [116], toute la clique des
feuillistes.

MOI

L'*Année littéraire* ! l'*Observateur littéraire* ! Cela ne se
peut; ils se détestent.

LUI

Il est vrai; mais tous les gueux se réconcilient à la
gamelle. Ce maudit *Observateur littéraire*, que le diable l'eût
emporté lui et ses feuilles ! C'est ce chien de petit prêtre
avare, puant et usurier, qui est la cause de mon désastre.
Il parut sur notre horizon hier pour la première fois; il
arriva à l'heure qui nous chasse tous de nos repaires,
l'heure du dîner. Quand il fait mauvais temps, heureux
celui d'entre nous qui a la pièce de vingt-quatre sols dans
sa poche [117]. Tel s'est moqué de son confrère qui était
arrivé le matin crotté jusqu'à l'échine et mouillé jusqu'aux
os, qui, le soir, rentre chez lui dans le même état. Il y en
eut un, je ne sais plus lequel, qui eut, il y a quelques mois,

un démêlé violent avec le Savoyard qui s'est établi à
notre porte. Ils étaient en compte courant; le créancier
voulait que son débiteur se liquidât, et celui-ci n'était pas
en fonds.   On sert, on fait les honneurs de la table à
l'abbé, on le place au haut bout. J'entre; je l'aperçois.
« Comment, l'abbé, lui dis-je, vous présidez ? voilà qui
est fort bien pour aujourd'hui, mais demain vous descendrez, s'il vous plaît, d'une assiette, après-demain, d'une
autre assiette, et ainsi, d'assiette en assiette, soit à droite,
soit à gauche, jusqu'à ce que de la place que j'ai occupée
une fois avant vous, Fréron une fois après moi, Dorat
une fois après Fréron, Palissot une fois après Dorat [118],
vous deveniez stationnaire à côté de moi, pauvre plat
bougre comme vous, qui *siedo sempre come un maestoso
cazzo fra duoi coglioni* [119]. » L'abbé, qui est bon diable, et
qui prend tout bien, se mit à rire. Mademoiselle, pénétrée
de la vérité de mon observation et de la justesse de ma
comparaison, se mit à rire; tous ceux qui siégeaient à
droite et à gauche de l'abbé et qu'il avait reculés d'un
cran, se mirent à rire; tout le monde rit, excepté monsieur,
qui se fâche, et me tient des propos qui n'auraient rien
signifié, si nous avions été seuls : « Rameau, vous êtes un
impertinent. — Je le sais bien, et c'est à cette condition
que vous m'avez reçu. — Un faquin. — Comme un
autre. — Un gueux. — Est-ce que je serais ici sans cela ?
— Je vous ferai chasser. — Après dîner je m'en irai de
moi-même. — Je vous le conseille. » On dîna; je n'en
perdis pas un coup de dent. Après avoir bien mangé, bu
largement, car, après tout, il n'en aurait été ni plus ni
moins, messer Gaster est un personnage contre lequel je
n'ai jamais boudé, je pris mon parti, et je me disposais à
m'en aller. J'avais engagé ma parole en présence de tant
de monde, qu'il fallait bien la tenir. Je fus un temps considérable à rôder dans l'appartement, cherchant ma canne
et mon chapeau où ils n'étaient pas, et comptant toujours
que le patron se répandrait dans un nouveau torrent d'injures, que quelqu'un s'interposerait, et que nous finirions
par nous raccommoder à force de nous fâcher. Je tournais,
je tournais, car moi je n'avais rien sur le cœur; mais le
patron, lui, plus sombre et plus noir que l'Apollon d'Homère lorsqu'il décoche ses traits sur l'armée des Grecs [120],
son bonnet une fois plus renfoncé que de coutume, se

promenait en long et en large, le poing sous le menton.
Mademoiselle s'approche de moi : « Mais, mademoiselle,
qu'est-ce qu'il y a donc d'extraordinaire ? ai-je été différent
aujourd'hui de moi-même ? — Je veux qu'il sorte. — Je
sortirai, je ne lui ai pas manqué. — Pardonnez-moi; on
invite monsieur l'abbé, et... — C'est lui qui s'est manqué
à lui-même en invitant l'abbé, en me recevant, et avec moi
tant d'autres bélîtres [121] tels que moi... — Allons, mon petit
Rameau, il faut demander pardon à monsieur l'abbé. —
Je n'ai que faire de son pardon. — Allons, allons, tout
cela s'apaisera... » On me prend par la main, on m'entraîne
vers le fauteuil de l'abbé; j'étends les bras, je contemple
l'abbé avec une espèce d'admiration, car qui est-ce qui a
jamais demandé pardon à l'abbé ? « L'abbé, lui dis-je,
l'abbé, tout ceci est bien ridicule, n'est-il pas vrai ?... »
Et puis je me mets à rire, et l'abbé aussi. Me voilà donc
excusé de ce côté-là; mais il fallait aborder l'autre, et ce
que j'avais à lui dire était une autre paire de manches. Je
ne sais plus trop comment je tournai mon excuse : « Monsieur, voilà ce fou... — Il y a trop longtemps qu'il me fait
souffrir; je n'en veux plus entendre parler. — Il est fâché.
— Oui, je suis très fâché. — Cela ne lui arrivera plus.
— Qu'au premier faquin... » Je ne sais s'il était dans un
de ces jours d'humeur où mademoiselle craint d'en approcher et n'ose le toucher qu'avec ses mitaines de velours,
ou s'il entendit mal ce que je disais, ou si je dis mal : ce
fut pis qu'auparavant. Que diable ! est-ce qu'il ne me
connaît pas ? est-ce qu'il ne sait pas que je suis comme les
enfants, et qu'il y a des circonstances où je laisse tout
aller sous moi ? Et puis je crois, Dieu me pardonne, que
je n'aurais pas un moment de relâche. On userait un pantin
d'acier à tirer la ficelle du matin au soir et du soir au matin.
Il faut que je les désennuie, c'est la condition, mais il faut
que je m'amuse quelquefois. Au milieu de cet imbroglio
il me passa par la tête une pensée funeste, une pensée qui
me donna de la morgue, une pensée qui m'inspira de la
fierté et de l'insolence; c'est qu'on ne pouvait se passer
de moi, que j'étais un homme essentiel.

MOI

Oui, je crois que vous leur êtes très utile, mais qu'ils
vous le sont encore davantage. Vous ne retrouverez pas,

quand vous voudrez, une aussi bonne maison; mais eux,
pour un fou qui leur manque, ils en retrouveront cent.

LUI

Cent fous comme moi ! Monsieur le philosophe, ils ne
sont pas si communs. Oui, des plats fous. On est plus
difficile en sottise qu'en talent ou en vertu. Je suis rare
dans mon espèce, oui, très rare. A présent qu'ils ne m'ont
plus, que font-ils ? ils s'ennuient comme des chiens. Je
suis un sac inépuisable d'impertinences. J'avais à chaque
instant une boutade qui les faisait rire aux larmes : j'étais
pour eux les Petites-Maisons [122] tout entières.

MOI

Aussi vous aviez la table, le lit, l'habit, veste et culotte,
les souliers et la pistole par mois.

LUI

Voilà le beau côté, voilà le bénéfice; mais les charges,
vous n'en dites mot. D'abord, s'il était bruit d'une pièce
nouvelle, quelque temps qu'il fît, il fallait fureter dans
tous les greniers de Paris, jusqu'à ce que j'en eusse trouvé
l'auteur; que je me procurasse la lecture de l'ouvrage, et
que j'insinuasse adroitement qu'il y avait un rôle qui
serait supérieurement rendu par quelqu'un de ma connaissance. « Et par qui, s'il vous plaît ? — Par qui ? belle
question ! ce sont les grâces, la gentillesse, la finesse.
— Vous voulez dire mademoiselle Dangeville ? Par hasard
la connaîtriez-vous ? — Oui, un peu, mais ce n'est pas
elle. — Et qui donc ? » Je nommais tout bas. « Elle ! —
Oui, elle ,» répétais-je, un peu honteux, car j'ai quelquefois de la pudeur, et à ce nom répété il fallait voir comme
la physionomie du poète s'allongeait, et d'autres fois
comme on m'éclatait au nez. Cependant, bon gré mal gré
qu'il en eût, il fallait que j'amenasse mon homme à dîner;
et lui qui craignait de s'engager, rechignait, remerciait. Il
fallait voir comme j'étais traité quand je ne réussissais
pas dans ma négociation : j'étais un butor, un sot, un
balourd, je n'étais bon à rien; je ne valais pas le verre
d'eau qu'on me donnait à boire. C'était bien pis lorsqu'on
jouait, et qu'il fallait aller intrépidement au milieu des
huées d'un public qui juge bien, quoi qu'on en dise, faire

entendre mes claquements de mains isolés, attacher les regards sur moi, quelquefois dérober les sifflets à l'actrice, et ouïr chuchoter à côté de soi : « C'est un des valets déguisés de celui qui couche. Ce maraud-là se taira-t-il ?... » On ignore ce qui peut déterminer à cela; on croit que c'est ineptie, tandis que c'est un motif qui excuse tout.

MOI

Jusqu'à l'infraction des lois civiles.

LUI

A la fin cependant j'étais connu, et l'on disait : « Oh ! c'est Rameau. » Ma ressource était de jeter quelques mots ironiques qui sauvassent du ridicule mon applaudissement solitaire qu'on interprétait à contre-sens. Convenez qu'il faut un puissant intérêt pour braver ainsi le public assemblé, et que chacune de ces corvées valait mieux qu'un petit écu.

MOI

Que ne vous faisiez-vous prêter main-forte ?

LUI

Cela m'arrivait aussi, et je glanais un peu là-dessus. Avant que de se rendre au lieu du supplice, il fallait se charger la mémoire des endroits brillants où il importait de donner le ton. S'il m'arrivait de les oublier et de me méprendre, j'en avais le tremblement à mon retour; c'était un vacarme dont vous n'avez pas d'idée. Et puis à la maison une meute de chiens à soigner; il est vrai que je m'étais sottement imposé cette tâche; des chats dont j'avais la surintendance. J'étais trop heureux si *Micou* me favorisait d'un coup de griffe qui déchirât ma manchette ou ma main. *Criquette* est sujette à la colique; c'est moi qui lui frotte le ventre. Autrefois mademoiselle avait des vapeurs, ce sont aujourd'hui des nerfs. Je ne parle point d'autres indispositions légères dont on ne se gêne pas devant moi. Pour ceci, passe, je n'ai jamais prétendu contraindre; j'ai lu je ne sais où, qu'un prince surnommé le Grand, restait quelquefois appuyé sur le dossier de la chaise percée de sa maîtresse [123]. On en use à son aise avec ses familiers, et j'en étais ces jours-là plus que personne.

Je suis l'apôtre de la familiarité et de l'aisance; je les prêchais là d'exemple, sans qu'on s'en formalisât; il n'y
avait qu'à me laisser aller. Je vous ai ébauché le patron.
Mademoiselle commence à devenir pesante, il faut entendre
les bons contes qu'ils en font.

MOI

Vous n'êtes pas de ces gens-là ?

LUI

Pourquoi non ?

MOI

C'est qu'il est au moins indécent de donner des ridicules à ses bienfaiteurs.

LUI

Mais n'est-ce pas pis encore de s'autoriser de ses bienfaits pour avilir son protégé ?

MOI

Mais si le protégé n'était pas vil par lui-même, rien ne
donnerait au protecteur cette autorité.

LUI

Mais si les personnages n'étaient pas ridicules par eux-
mêmes, on n'en ferait pas de bons contes. Et puis est-ce
ma faute s'ils s'encanaillent ? Est-ce ma faute, lorsqu'ils se
sont encanaillés, si on les trahit, si on les bafoue ? Quand
on se résout à vivre avec des gens comme nous et qu'on
a le sens commun, il y a je ne sais combien de noirceurs
auxquelles il faut s'attendre. Quand on nous prend, ne
nous connaît-on pas pour ce que nous sommes, pour
des âmes intéressées, viles et perfides ? Si l'on nous connaît, tout est bien. Il y a un pacte tacite qu'on nous fera
du bien et que tôt ou tard nous rendrons le mal pour le
bien qu'on nous aura fait. Ce pacte ne subsiste-t-il pas
entre l'homme et son singe ou son perroquet? Brun[124]
jette les hauts cris que Palissot[125], son convive et son ami,
ait fait des couplets contre lui. Palissot a dû faire les couplets, et c'est Brun qui a tort. Poinsinet jette les hauts cris
que Palissot ait mis sur son compte les couplets qu'il
avait faits contre Brun. Palissot a dû mettre sur le compte
de Poinsinet les couplets qu'il avait faits contre Brun, et

c'est Poinsinet qui a tort. Le petit abbé Rey [126] jette les
hauts cris de ce que son ami Palissot lui a soufflé sa maîtresse auprès de laquelle il l'avait introduit : c'est qu'il ne
fallait point introduire un Palissot chez sa maîtresse, ou
se résoudre à la perdre ; Palissot a fait son devoir, et c'est
l'abbé Rey qui a tort. Le libraire David [127] jette les hauts
cris de ce que son associé Palissot a couché ou voulu
coucher avec sa femme ; la femme du libraire David jette
les hauts cris de ce que Palissot a laissé croire à qui l'a
voulu qu'il avait couché avec elle ; que Palissot ait couché
ou non avec la femme du libraire, ce qui est difficile à
décider, car la femme a dû nier ce qui était et Palissot a pu
laisser croire ce qui n'était pas, quoi qu'il en soit, Palissot
a fait son rôle et c'est David et sa femme qui ont tort.
Qu'Helvétius jette les hauts cris que Palissot le traduise
sur la scène comme un malhonnête homme, lui à qui il doit
encore l'argent qu'il lui prêta pour se faire traiter de la
mauvaise santé, se nourrir et se vêtir, a-t-il dû se promettre un autre procédé de la part d'un homme souillé
de toutes sortes d'infamies, qui par passe-temps fait abjurer
la religion à son ami [128] qui s'empare du bien de ses associés, qui n'a ni foi, ni loi, ni sentiment, qui court à la
fortune *per fas et nefas* [129], qui compte ses jours par ses
scélératesses, et qui s'est traduit lui-même sur la scène
comme un des plus dangereux coquins, impudence dont
je ne crois pas qu'il y ait eu dans le passé un premier
exemple, ni qu'il y en ait un second dans l'avenir ? Non.
Ce n'est donc pas Palissot, mais c'est Helvétius qui a tort.
Si l'on mène un jeune provincial à la ménagerie de Versailles, et qu'il s'avise par sottise de passer la main à travers les barreaux de la loge du tigre ou de la panthère,
si le jeune homme laisse son bras dans la gueule de l'animal
féroce, qui est-ce qui a tort ? Tout cela est écrit dans le
pacte tacite ; tant pis pour celui qui l'ignore ou l'oublie.
Combien je justifierais par ce pacte universel et sacré de
gens qu'on accuse de méchanceté, tandis que c'est soi
qu'on devrait accuser de sottise ! Oui, grosse comtesse [130],
c'est vous qui avez tort, lorsque vous rassemblez autour
de vous ce qu'on appelle parmi les gens de votre sorte
des espèces [131], et que ces espèces vous font des vilenies,
vous en font faire, et vous exposent au ressentiment des
honnêtes gens. Les honnêtes gens font ce qu'ils doivent,

les espèces aussi, et c'est vous qui avez tort de les accueillir. Si Bertinhus vivait doucement, paisiblement avec sa maîtresse, si par l'honnêteté de leurs caractères ils s'étaient fait des connaissances honnêtes, s'ils avaient appelé autour d'eux des hommes à talents, des gens connus dans la société par leur vertu, s'ils avaient réservé pour une petite compagnie éclairée et choisie les heures de distraction qu'ils auraient dérobées à la douceur d'être ensemble, de s'aimer, de se le dire dans le silence de la retraite, croyez-vous qu'on en eût fait ni bons ni mauvais contes ? Que leur est-il donc arrivé ? ce qu'ils méritaient. Ils ont été punis de leur imprudence, et c'est nous que la Providence avait destinés de toute éternité à faire justice des Bertins du jour, et ce sont nos pareils d'entre nos neveux qu'elle a destinés à faire justice des Monsauges [132] et des Bertins à venir. Mais tandis que nous exécutons ses justes décrets sur la sottise, vous qui nous peignez tels que nous sommes, vous exécutez ses justes décrets sur nous. Que penseriez-vous· de nous, si nous prétendions, avec des mœurs honteuses, jouir de la considération publique ? Que nous sommes des insensés. Et ceux qui s'attendent à des procédés honnêtes de la part de gens nés vicieux, de caractères vils et bas, sont-ils sages ? Tout a son vrai loyer dans ce monde. Il y a deux procureurs généraux, l'un à votre porte, qui châtie les délits contre la société; la nature est l'autre. Celle-ci connaît de tous les vices qui échappent aux lois. Vous vous livrez à la débauche des femmes, vous serez hydropique; vous êtes crapuleux, vous serez poumonique; vous ouvrez votre porte à des marauds et vous vivez avec eux, vous serez trahis, persiflés, méprisés; le plus court est de se résigner à l'équité de ces jugements, et de se dire à soi-même : c'est bien fait; de secouer ses oreilles et de s'amender, ou de rester ce qu'on est, mais aux conditions susdites.

MOI

Vous avez raison.

LUI

Au demeurant, de ces mauvais contes, moi, je n'en invente aucun; je m'en tiens au rôle de colporteur. Ils disent qu'il y a quelques jours, sur les cinq heures du matin, on entendit un vacarme enragé; toutes les sonnettes étaient en branle, c'étaient les cris interrompus et sourds d'un homme qui étouffe : « A moi, moi, je suffoque, je meurs... » Ces cris partaient de l'appartement du patron. On arrive, on le secourt. Notre grosse créature dont la tête était égarée, qui n'y était plus, qui ne voyait plus, comme il arrive dans ce moment, continuait de presser son mouvement, s'élevait sur ses deux mains, et du plus haut qu'elle pouvait, laissait retomber sur les parties casuelles un poids de deux à trois cents livres, animé de toute la vitesse que donne la fureur du plaisir. On eut beaucoup de peine à le dégager de là. Que diable de fantaisie a un petit marteau de se placer sous une lourde enclume ?

MOI

Vous êtes un polisson. Parlons d'autre chose. Depuis que nous causons, j'ai une question sur la lèvre.

LUI

Pourquoi l'avoir arrêtée là si longtemps ?

MOI

C'est que j'ai craint qu'elle ne fût indiscrète.

LUI

Après ce que je viens de vous révéler, j'ignore quel secret je puis avoir pour vous.

MOI

Vous ne doutez pas du jugement que je porte de votre caractère ?

LUI

Nullement. Je suis à vos yeux un être très abject, très méprisable, et je le suis aussi quelquefois aux miens, mais rarement. Je me félicite plus souvent de mes vices que je ne m'en blâme. Vous êtes plus constant dans votre mépris !

MOI

Il est vrai; mais pourquoi me montrer toute votre turpitude ?

LUI

D'abord, c'est que vous en connaissiez une bonne partie,

et que je voyais plus à gagner qu'à perdre à vous avouer le reste.

MOI

Comment cela, s'il vous plaît ?

LUI

S'il importe d'être sublime en quelque genre, c'est surtout en mal. On crache sur un petit filou, mais on ne peut refuser une sorte de considération à un grand criminel : son courage vous étonne, son atrocité vous fait frémir. On prise en tout l'unité de caractère [133].

MOI

Mais cette estimable unité de caractère vous ne l'avez pas encore; je vous trouve de temps en temps vacillant dans vos principes; il est incertain si vous tenez votre méchanceté de la nature ou de l'étude, et si l'étude vous a porté aussi loin qu'il est possible.

LUI

J'en conviens; mais j'y ai fait de mon mieux. N'ai-je pas eu la modestie de reconnaître des êtres plus parfaits que moi ? ne vous ai-je pas parlé de Bouret avec l'admiration la plus profonde ? Bouret [134] est le premier homme du monde dans mon esprit.

MOI

Mais immédiatement après Bouret, c'est vous ?

LUI

Non.

MOI

C'est donc Palissot ?

LUI

C'est Palissot, mais ce n'est pas Palissot seul.

MOI

Et qui peut être digne de partager le second rang avec lui ?

LUI

Le renégat d'Avignon [135].

MOI

Je n'ai jamais entendu parler de ce renégat d'Avignon, mais ce doit être un homme bien étonnant.

LUI

Aussi l'est-il.

MOI

L'histoire des grands personnages m'a toujours intéressé.

LUI

Je le crois bien. Celui-ci vivait chez un bon et honnête de ces descendants d'Abraham, promis au père des croyants en nombre égal à celui des étoiles.

MOI

Chez un juif ?

LUI

Chez un juif. Il en avait surpris d'abord la commisération, ensuite la bienveillance, enfin la confiance la plus entière; car voilà comme il en arrive toujours : nous comptons tellement sur nos bienfaits, qu'il est rare que nous cachions notre secret à celui que nous avons comblé de nos bontés; le moyen qu'il n'y ait pas des ingrats, quand nous exposons l'homme à la tentation de l'être impunément ? C'est une réflexion juste que notre juif ne fit pas. Il confia donc au renégat qu'il ne pouvait en conscience manger du cochon. Vous allez voir tout le parti qu'un esprit fécond sut tirer de cet aveu. Quelques mois se passèrent pendant lesquels notre renégat redoubla d'attachement. Quand il crut son juif bien touché, bien captivé, bien convaincu par ses soins qu'il n'avait pas un meilleur ami dans toutes les tribus d'Israël... Admirez la circonspection de cet homme ! il ne se hâte pas; il laisse mûrir la poire avant que de secouer la branche : trop d'ardeur pouvait faire échouer son projet. C'est qu'ordinairement la grandeur de caractère résulte de la balance naturelle de plusieurs qualités opposées.

MOI

Et laissez là vos réflexions, et continuez votre histoire.

LUI

Cela ne se peut. Il y a des jours où il faut que je réflé-
chisse. C'est une maladie qu'il faut abandonner à son cours.
Où en étais-je ?

MOI

A l'intimité bien établie entre le juif et le renégat.

LUI

Alors la poire était mûre... Mais vous ne m'écoutez
pas, à quoi rêvez-vous ?

MOI

Je rêve à l'inégalité de votre ton tantôt haut, tantôt bas.

LUI

Est-ce que le ton de l'homme vicieux peut être un ? Il
arrive un soir chez son bon ami, l'air effaré, la voix entrecoupée, le visage pâle comme la mort, tremblant de tous
ses membres. « Qu'avez-vous ? — Nous sommes perdus
— Perdus, et comment ? — Perdus, vous dis-je, perdus
sans ressource. — Expliquez-vous... — Un moment, que je
me remette de mon effroi. — Allons remettez-vous, » lui
dit le juif, au lieu de lui dire : « tu es un fieffé fripon, je ne
sais ce que tu as à m'apprendre, mais tu es un fieffé fripon,
tu joues la terreur. »

MOI

Et pourquoi devait-il lui parler ainsi ?

LUI

C'est qu'il était faux et qu'il avait passé la mesure;
cela est clair pour moi, et ne m'interrompez pas davantage.
« Nous sommes perdus, perdus, sans ressource ! » Est-ce
que vous ne sentez pas l'affectation de ces *perdus* répétés ?
« Un traître nous a déférés à la sainte Inquisition, vous
comme juif, moi comme renégat, comme un infâme
renégat. » Voyez comme le traître ne rougit pas de se
servir des expressions les plus odieuses. Il faut plus de
courage qu'on ne pense pour s'appeler de son nom; vous
ne savez pas ce qu'il en coûte pour en venir là.

MOI

Non, certes. Mais cet infâme renégat ?...

LUI

Est faux, mais c'est une fausseté bien adroite. Le juif
s'effraye, il s'arrache la barbe, il se roule à terre, il voit les
sbires à sa porte, il se voit affublé du san bénito [136], il voit
son auto-da-fé préparé. « Mon ami, mon tendre ami, mon
unique ami, quel parti prendre ? — Quel parti ? De se
montrer, d'affecter la plus grande sécurité, de se conduire
comme à l'ordinaire. La procédure de ce tribunal est
secrète, mais lente ; il faut user de ses délais pour tout vendre.
J'irai louer ou je ferai louer un bâtiment par un tiers, oui,
par un tiers, ce sera le mieux ; nous y déposerons votre
fortune ; car c'est à votre fortune principalement qu'ils
en veulent, et nous irons, vous et moi, chercher sous un
autre ciel la liberté de servir notre Dieu et de suivre en
sûreté la loi d'Abraham et de notre conscience. Le point
important dans la circonstance périlleuse où nous nous
trouvons est de ne point faire d'imprudence. » Fait et dit.
Le bâtiment est loué et pourvu de vivres et de matelots.
La fortune du juif est à bord ; demain à la pointe du jour,
ils mettent à la voile ; ils peuvent souper gaiement et
dormir en sûreté ; demain ils échappent à leurs persécuteurs. Pendant la nuit le renégat se lève, dépouille le juif
de son portefeuille, de sa bourse et de ses bijoux, se rend
à bord et le voilà parti. Et vous croyez que c'est là tout ?
Bon ! vous n'y êtes pas. Lorsqu'on me raconta cette
histoire, moi je devinai ce que je vous ai tu pour essayer
votre sagacité. Vous avez bien fait d'être un honnête
homme, vous n'auriez été qu'un friponneau. Jusqu'ici
le renégat n'est que cela : c'est un coquin méprisable à qui
personne ne voudrait ressembler. Le sublime de sa méchanceté, c'est d'avoir été lui-même le délateur de son bon ami
l'israélite dont la sainte Inquisition s'empara à son réveil,
et dont, quelques jours après, on fit un beau feu de joie.
Et ce fut ainsi que le renégat devint tranquille possesseur
de la fortune de ce descendant maudit de ceux qui ont
crucifié Notre-Seigneur.

MOI

Je ne sais lequel des deux me fait le plus d'horreur, ou
de la scélératesse de votre renégat, ou du ton dont vous en
parlez.

Et voilà ce que je vous disais : l'atrocité de l'action vous porte au delà du mépris et c'est la raison de ma sincérité. J'ai voulu que vous connussiez jusqu'où j'excellais dans mon art, vous arracher l'aveu que j'étais au moins original dans mon avilissement, me placer dans votre tête sur la ligne des grands vauriens et m'écrier ensuite : *Vivat Mascarillus, fourbum imperator !* Allons, gai, monsieur le philosophe, chorus : *Vivat Mascarillus, fourbum imperator* [137] !

Et là-dessus il se mit à faire un chant en fugue tout à fait singulier; tantôt la mélodie était grave et pleine de majesté, tantôt légère et folâtre; dans un instant, il imitait la basse, dans un autre, une des parties du dessus; il m'indiquait de son bras et de son col allongés les endroits des tenues, et s'exécutait, se composait à lui-même un chant de triomphe où l'on voyait qu'il s'entendait mieux en bonne musique qu'en bonnes mœurs.

Je ne savais, moi, si je devais rester ou fuir, rire ou m'indigner. Je restai dans le dessein de tourner la conversation sur quelque sujet qui chassât de mon âme l'horreur dont elle était remplie. Je commençais à supporter avec peine la présence d'un homme qui discutait une action horrible, un exécrable forfait, comme un connaisseur en peinture ou en poésie examine les beautés d'un ouvrage de goût, ou comme un moraliste ou un historien relève et fait éclater les circonstances d'une action héroïque. Je devins sombre malgré moi; il s'en aperçut et me dit :

LUI

Qu'avez-vous ? Est-ce que vous vous trouvez mal ?

MOI

Un peu; mais cela passera.

LUI

Vous avez l'air soucieux d'un homme tracassé de quelque idée fâcheuse.

MOI

C'est cela.

Après un moment de silence de sa part et de la mienne, pendant lequel il se promenait en sifflant et en chantant, pour le ramener à son talent, je lui dis :

MOI

Que faites-vous à présent ?

LUI

Rien.

MOI

Cela est très fatigant.

LUI

J'étais déjà suffisamment bête, j'ai été entendre cette musique de Duni[138] et de nos autres jeunes faiseurs, qui m'a achevé.

MOI

Vous approuvez donc ce genre ?

LUI

Sans doute.

MOI

Et vous trouvez de la beauté dans ces nouveaux chants ?

LUI

Si j'y en trouve ! pardieu, je vous en réponds. Comme cela est déclamé ! quelle vérité ! quelle expression !

MOI

Tout art d'imitation a son modèle dans la nature. Quel est le modèle du musicien quand il fait un chant ?

LUI

Pourquoi ne pas prendre la chose de plus haut ? Qu'est-ce qu'un chant ?

MOI

Je vous avouerai que cette question est au-dessus de mes forces. Voilà comme nous sommes tous : nous n'avons dans la mémoire que des mots que nous croyons entendre par l'usage fréquent et l'application même juste que nous en faisons; dans l'esprit, que des notions vagues. Quand je prononce le mot chant, je n'ai pas des notions plus

nettes que vous et la plupart de vos semblables quand ils
disent réputation, blâme, honneur, vice, vertu, pudeur,
décence, honte, ridicule.

LUI

Le chant est une imitation, par les sons, d'une échelle
inventée par l'art ou inspirée par la nature, comme il
vous plaira, ou par la voix ou par l'instrument, des bruits
physiques ou des accents de la passion; et vous voyez
qu'en changeant là dedans les choses à changer, la définition conviendrait exactement à la peinture, à l'éloquence,
à la sculpture et à la poésie [139]. Maintenant, pour en venir à
votre question, quel est le modèle du musicien ou du
chant ? C'est la déclamation, si le modèle est vivant et
pensant; c'est le bruit, si le modèle est inanimé. Il faut
considérer la déclamation comme une ligne, et le chant
comme une autre ligne, qui serpenterait sur la première.
Plus cette déclamation, type du chant, sera forte et vraie,
plus le chant qui s'y conforme la coupera en un plus grand
nombre de points; plus le chant sera vrai; et plus il sera
beau. Et c'est ce qu'ont très bien senti nos jeunes musiciens. Quand on entend : *Je suis un pauvre diable* [140], on
croit reconnaître la plainte d'un avare; s'il ne chantait pas,
c'est sur les mêmes tons qu'il parlerait à la terre, quand
il lui confie son or et qu'il lui dit : *O terre, reçois mon trésor.* Et cette petite fille qui sent palpiter son cœur, qui
rougit, qui se trouble et qui supplie monseigneur de la
laisser partir, s'exprimerait-elle autrement? Il y a dans ces
ouvrages toutes sortes de caractères, une variété infinie
de déclamation. Cela est sublime, c'est moi qui vous le
dis. Allez, allez entendre le morceau où le jeune homme qui
se sent mourir s'écrie : *Mon cœur s'en va !* Écoutez le chant,
écoutez la symphonie, et vous me direz après quelle
différence il y a entre les vraies voix d'un moribond et
le tour de ce chant. Vous verrez si la ligne de la mélodie
ne coïncide pas toute entière avec la ligne de la déclamation. Je ne vous parle pas de la mesure, qui est encore une
des conditions du chant; je m'en tiens à l'expression, et
il n'y a rien de plus évident que le passage suivant que j'ai
lu quelque part : *Musices seminarium accentus*, l'accent est
la pépinière de la mélodie. Jugez de là de quelle difficulté
et de quelle importance il est de savoir bien faire le réci-

tatif. Il n'y a point de bel air dont on ne puisse faire un
beau récitatif, et point de beau récitatif dont un habile
homme ne puisse tirer un bel air. Je ne voudrais pas assurer
que celui qui récite bien chantera bien; mais je serais
surpris que celui qui chante bien, ne sût pas bien réciter.
Et croyez tout ce que je vous dis là, car c'est le vrai.

MOI

Je ne demanderais pas mieux que de vous en croire,
si je n'étais arrêté par un petit inconvénient.

LUI

Et cet inconvénient ?

MOI

C'est que si cette musique est sublime, il faut que celle
du divin Lulli, de Campra, de Destouches, de Mouret [141],
et même, soit dit entre nous, celle du cher oncle, soit un
peu plate.

LUI, *s'approchant de mon oreille, me répondit:*

Je ne voudrais pas être entendu, car il y a ici beaucoup
de gens qui me connaissent; c'est qu'elle l'est aussi. Ce
n'est pas que je me soucie du cher oncle, puisque cher il
y a. C'est une pierre. Il me verrait tirer la langue d'un
pied qu'il ne me donnerait pas un verre d'eau; mais il
a beau faire, à l'octave, à la septième : Hon, hon; hin, hin;
tu, tu, tu, turelututu avec un charivari de diable; ceux
qui commencent à s'y connaître et qui ne prennent plus
du tintamarre pour de la musique, ne s'accommoderont
jamais de cela. On devait défendre par une ordonnance
de police à quelque personne, de quelque qualité ou condition qu'elle fût, de faire chanter le *Stabat* [142] du Pergolèse.
Ce *Stabat*, il fallait le faire brûler par la main du bourreau.
Ma foi, ces maudits bouffons avec leur *Servante Maîtresse*,
leur *Tracollo* nous en ont donné rudement dans le cul.
Autrefois un *Tancrède*, un *Issé*, une *Europe galante*, les *Indes*,
et *Castor*, les *Talents lyriques* [143], allaient à quatre, cinq,
six mois. On ne voyait point la fin des représentations
d'une *Armide*, à présent tout cela vous tombe les uns
sur les autres comme des capucins de cartes. Aussi Rebel
et Francœur [144] jettent-ils feu et flamme. Ils disent que
tout est perdu, qu'ils sont ruinés, et que si l'on tolère

plus longtemps cette canaille chantante de la foire, la
musique nationale est au diable, et que l'Académie Royale
du cul-de-sac n'a qu'à fermer boutique. Il y a bien quelque
chose de vrai là dedans. Les vieilles perruques qui viennent
là depuis trente à quarante ans, tous les vendredis, au
lieu de s'amuser comme ils ont fait par le passé, s'ennuient
et bâillent sans trop savoir pourquoi. Ils se le demandent
et ne sauraient se répondre : que ne s'adressent-ils à moi!
La prédiction de Duni s'accomplira, et du train que
cela prend, je veux mourir si dans quatre à cinq ans,
à dater du *Peintre amoureux de son modèle* [145], il y a un chat
à fesser dans le célèbre impasse. Les bonnes gens, ils ont
renoncé à leurs symphonies pour jouer des symphonies
italiennes. Ils ont cru qu'ils feraient leurs oreilles à celles-
ci, sans conséquence pour leur musique vocale, comme
si la symphonie n'était pas au chant, à un peu de libertinage près inspiré par l'étendue de l'instrument et la
mobilité des doigts, ce que le chant est à la déclamation
réelle. Comme si le violon n'était pas le singe du
chanteur, qui deviendra un jour, lorsque le difficile prendra la place du beau, le singe du violon. Le premier qui
joua Locatelli [146] fut l'apôtre de la nouvelle musique.
A d'autres, à d'autres. On nous accoutumera à l'imitation
des accents de la passion ou des phénomènes de la nature,
par le chant et la voix, par l'instrument, car voilà toute
l'étendue de l'objet de la musique, et nous conserve-
rons notre goût pour les vols, les lances, les gloires, les
triomphes, les victoires? *Va-t'en voir s'ils viennent, Jean* [147].
Ils ont imaginé qu'ils pleureraient ou riraient à des
scènes de tragédie ou de comédie musiquées, qu'on porterait à leurs oreilles les accents de la fureur, de la haine,
de la jalousie, les vraies plaintes de l'amour, les ironies,
les plaisanteries du théâtre italien ou français, et qu'ils
resteraient admirateurs de *Ragonde* et de *Platée* [148]. Je
t'en réponds, tarare ponpon, qu'ils éprouveraient sans
cesse avec quelle facilité, quelle flexibilité, quelle mollesse, l'harmonie, la prosodie, les ellipses, les inversions
de la langue italienne se prêtaient à l'art, au mouvement, à
l'expression, aux tours du chant et à la valeur mesurée
des sons, et qu'ils continueraient d'ignorer combien la
leur est raide, sourde, lourde, pesante, pédantesque et
monotone. Eh, oui, oui. Ils se sont persuadé qu'après

avoir mêlé leurs larmes aux pleurs d'une mère qui se
désole sur la mort de son fils, après avoir frémi de l'ordre
d'un tyran qui ordonne un meurtre, ils ne s'ennuieraient
pas de leur féerie, de leur insipide mythologie, de leurs
petits madrigaux doucereux qui ne marquent pas moins
le mauvais goût du poète que la misère de l'art qui s'en
accommode. Les bonnes gens ! cela n'est pas et ne peut
être. Le vrai, le bon, le beau ont leurs droits. On les conteste, mais on finit par admirer. Ce qui n'est pas marqué
à ce coin, on l'admire un temps ; mais on finit par bâiller.
Bâillez donc, messieurs, bâillez à votre aise, ne vous gênez
pas. L'empire de la nature et de ma trinité, contre laquelle
les portes de l'enfer ne prévaudront jamais, le vrai, qui
est le père et qui engendre le bon qui est le fils, d'où procède
le beau qui est le saint-esprit, s'établit tout doucement.
Le dieu étranger se place humblement sur l'autel à côté
de l'idole du pays ; peu à peu il s'y affermit ; un beau jour
il pousse du coude son camarade, et patatras, voilà l'idole
en bas. C'est comme cela qu'on dit que les jésuites ont
planté le christianisme à la Chine et aux Indes [149]. Et ces
jansénistes ont beau dire : cette méthode politique qui
marche à son but sans bruit, sans effusion de sang, sans
martyr, sans un toupet de cheveux arraché, me semble la
meilleure.

MOI

Il y a de la raison, à peu près, dans tout ce que vous
venez de dire.

LUI

De la raison ? tant mieux. Je veux que le diable m'emporte si j'y tâche [150]. Cela va comme je te pousse. Je suis
comme les musiciens de l'impasse quand mon oncle parut.
Si j'adresse [151] à la bonne heure, c'est qu'un garçon charbonnier parlera toujours mieux de son métier que toute une
académie et que tous les Duhamel [152] du monde...

Et puis le voilà qui se met à se promener, en murmurant
dans son gosier quelques-uns des airs de *l'Ile des Fous*,
du *Peintre amoureux de son Modèle*, du *Maréchal ferrant*, de
la Plaideuse [153], et de temps en temps il s'écriait, en levant
les mains et les yeux au ciel : « Si cela est beau, mordieu !
si cela est beau ! comment peut-on porter à sa tête une

paire d'oreilles et faire une pareille question ? » Il commençait à entrer en passion et à chanter tout bas. Il élevait
le ton à mesure qu'il se passionnait davantage; vinrent
ensuite les gestes, les grimaces du visage et les contorsions
du corps; et je dis : « Bon, voilà la tête qui se perd et
quelque scène nouvelle qui se prépare. » En effet, il part
d'un éclat de voix : *Je suis un pauvre misérable.... Monseigneur,
monseigneur, laissez-moi partir... O terre, reçois mon or, conserve
bien mon trésor... Mon âme, mon âme, ma vie ! O terre !...
Le voilà le petit ami, le voilà le petit ami ! Aspettare e non
venire... A Zerbina penserete... Sempre in contrasti con te si
sta* [154]... Il entassait et brouillait ensemble trente airs
italiens, français, tragiques, comiques, de toutes sortes de
caractères; tantôt avec une voix de basse-taille il descendait jusqu'aux enfers, tantôt s'égosillant et contrefaisant
le fausset, il déchirait le haut des airs, imitant de la démarche,
du maintien, du geste, les différents personnages chantants;
successivement furieux, radouci, impérieux, ricaneur. Ici
c'est une jeune fille qui pleure, et il en rend toute la minau-
derie; là, il est prêtre, il est roi, il est tyran, il menace, il
commande, il s'emporte; il est esclave, il obéit. Il s'apaise,
il se désole, il se plaint, il rit; jamais hors de ton, de mesure,
du sens des paroles et du caractère de l'air. Tous les pousse-
bois avaient quitté leurs échiquiers et s'étaient rassemblés
autour de lui. Les fenêtres du café étaient occupées en
dehors par les passants qui s'étaient arrêtés au bruit. On
faisait des éclats de rire à entrouvrir le plafond. Lui
n'apercevait rien; il continuait, saisi d'une aliénation
d'esprit, d'un enthousiasme si voisin de la folie qu'il est
incertain qu'il en revienne, s'il ne faudra pas le jeter dans
un fiacre et le mener droit aux Petites-Maisons. En chantant
un lambeau des *Lamentations* de Jomelli [155], il répétait avec
une précision, une vérité et une chaleur incroyables
les plus beaux endroits de chaque morceau; ce beau récitatif obligé [156] où le prophète peint la désolation de Jéru-
salem, il l'arrosa d'un torrent de larmes qui en arrachèrent
de tous les yeux. Tout y était, et la délicatesse du chant, et
la force de l'expression, et la douleur. Il insistait sur les
endroits où le musicien s'était particulièrement montré
comme un grand maître; s'il quittait la partie du chant,
c'était pour prendre celle des instruments qu'il laissait subitement pour revenir à la voix, entrelaçant l'une à l'autre de

manière à conserver les liaisons et l'unité du tout; s'emparant de nos âmes, et les tenant suspendues dans la situation la plus singulière que j'aie jamais éprouvée... Admirais-je? Oui, j'admirais! Etais-je touché de pitié? j'étais touché de pitié; mais une teinte de ridicule était fondue dans ces sentiments et les dénaturait.

Mais vous vous seriez échappé en éclats de rire à la manière dont il contrefaisait les différents instruments. Avec des joues renflées et bouffies, et un son rauque et sombre, il rendait les cors et les bassons; il prenait un son éclatant et nasillard pour les hautbois; précipitant sa voix avec une rapidité incroyable pour les instruments à corde dont il cherchait les sons les plus approchés; il sifflait les petites flûtes, il roucoulait les traversières; criant, chantant, se démenant comme un forcené, faisant lui seul les danseurs, les danseuses, les chanteurs, les chanteuses, tout un orchestre, tout un théâtre lyrique, et se divisant en vingt rôles divers; courant, s'arrêtant avec l'air d'un énergumène, étincelant des yeux, écumant de la bouche. Il faisait une chaleur à périr, et la sueur qui suivait les plis de son front et la longueur de ses joues, se mêlait à la poudre de ses cheveux, ruisselait et sillonnait le haut de son habit. Que ne lui vis-je pas faire? Il pleurait, il riait, il soupirait, il regardait ou attendri, ou tranquille, ou furieux; c'était une femme qui se pâme de douleur, c'était un malheureux livré à tout son désespoir; un temple qui s'élève; des oiseaux qui se taisent au soleil couchant; des eaux ou qui murmurent dans un lieu solitaire et frais, ou qui descendent en torrent du haut des montagnes; un orage, une tempête, la plainte de ceux qui vont périr, mêlée au sifflement des vents, au fracas du tonnerre; c'était la nuit avec ses ténèbres, c'était l'ombre et le silence, car le silence même se peint par des sons [157]. Sa tête était tout à fait perdue. Épuisé de fatigue, tel qu'un homme qui sort d'un profond sommeil ou d'une longue distraction, il resta immobile, stupide, étonné. Il tournait ses regards autour de lui comme un homme égaré qui cherche à reconnaître le lieu où il se trouve; il attendait le retour de ses forces et de ses esprits; il essuyait machinalement son visage. Semblable à celui qui verrait à son réveil son lit environné d'un grand nombre de personnes, dans un entier oubli ou dans une profonde ignorance de ce qu'il a fait, il s'écria dans le premier moment : « Eh bien, messieurs, qu'est-ce qu'il y a ? D'où viennent vos ris et votre surprise ? Qu'est-ce qu'il y a ? » Ensuite il ajouta : « Voilà ce qu'on doit appeler de la musique et un musicien! Cependant, messieurs, il ne faut pas mépriser certains morceaux de Lulli. Qu'on fasse mieux la scène *Ah ! j'attendrai* sans changer les paroles, j'en défie. Il ne faut pas mépriser quelques endroits de Campra, les airs de violon de mon oncle, ses gavottes, ses entrées de soldats, de prêtres, de sacrificateurs... *Pâles flambeaux, nuit plus affreuse que les ténèbres* [158]... *Dieu du Tartare, Dieu de l'oubli...* » Là il enflait sa voix, il soutenait ses sons; les voisins se mettaient aux fenêtres, nous mettions nos doigts dans nos oreilles. Il ajoutait : C'est qu'ici il faut des poumons, un grand organe, un volume d'air; mais avant peu, serviteur à l'Assomption; le carême et les Rois sont passés. Ils ne savent pas encore ce qu'il faut mettre en musique, ni par conséquent ce qui convient au musicien. La poésie lyrique est encore à naître; mais ils y viendront à force d'entendre le Pergolèse, le Saxon, Terradoglias, Traetta [159] et les autres; à force de lire le Métastase, il faudra bien qu'ils y viennent.

MOI

Quoi donc! est-ce que Quinault, La Motte, Fontenelle [160] n'y ont rien entendu ?

LUI

Non, pour le nouveau style. Il n'y a pas six vers de suite dans tous leurs charmants poèmes qu'on puisse musiquer [161]. Ce sont des sentences ingénieuses, des madrigaux légers, tendres et délicats; mais pour savoir combien cela est vide de ressource pour notre art, le plus violent de tous, sans en excepter celui de Démosthène, faites-vous réciter ces morceaux, combien ils vous paraîtront froids, languissants, monotones. C'est qu'il n'y a rien là qui puisse servir de modèle au chant. J'aimerais autant avoir à musiquer les *Maximes* de La Rochefoucauld ou les *Pensées* de Pascal. C'est au cri animal de la passion à dicter la ligne qui nous convient. Il faut que ces expressions soient pressées les unes sur les autres; il faut que la phrase soit courte, que le sens en soit coupé, suspendu; que le musicien puisse disposer du tout et de chacune de ses parties, en omettre un mot ou le répéter, y en ajouter un qui lui manque, la tourner et retourner comme un polype [162] sans la détruire; ce qui rend la poésie lyrique française beaucoup plus difficile que dans les langues à inversions, qui présentent d'elles-mêmes tous ces avantages... « *Bar-bare, cruel, plonge ton poignard dans mon sein. Me voilà prête à recevoir le coup fatal. Frappe. Ose... Ah! je languis, je meurs... Un feu secret s'allume dans mes sens... Cruel amour, que veux-tu de moi?... Laisse-moi la douce paix dont j'ai joui... Rends-moi la raison...* [163] » Il faut que les passions soient fortes; la tendresse du musicien et du poète lyrique doit être extrême. L'air est presque toujours la péroraison de la scène. Il nous faut des exclamations, des interjections, des suspensions, des interruptions, des affirmations, des négations; nous appelons, nous invoquons, nous crions, nous gémissons, nous pleurons, nous rions franchement. Point d'esprit, point d'épigrammes, point de ces jolies pensées. Cela est trop loin de la simple nature. Or n'allez pas croire que le jeu des acteurs de théâtre et leur décla-mation puissent nous servir de modèles [164]. Fi donc! il nous le faut plus énergique, moins maniéré, plus vrai. Les discours simples, les voix communes de la passion nous sont d'autant plus nécessaires que la langue sera plus monotone, aura moins d'accent. Le cri animal ou de l'homme passionné leur en donne.

Tandis qu'il me parlait ainsi, la foule qui nous environ-nait, ou n'entendant rien, ou prenant peu d'intérêt à ce qu'il disait, parce qu'en général l'enfant comme l'homme, et l'homme comme l'enfant, aime mieux s'amuser que s'instruire, s'était retirée; chacun était à son jeu; et nous étions restés seuls dans notre coin. Assis sur une banquette, la tête appuyée contre le mur, les bras pendants, les yeux à demi fermés, il me dit : Je ne sais ce que j'ai; quand je suis venu ici, j'étais frais et dispos, et me voilà roué, brisé, comme si j'avais fait dix lieues. Cela m'a pris subi-tement.

MOI

Voulez-vous vous rafraîchir ?

LUI

Volontiers. Je me sens enroué. Les forces me manquent; et je souffre un peu de la poitrine. Cela m'arrive presque tous les jours comme cela, sans que je sache pourquoi.

MOI

Que voulez-vous ?

LUI

Ce qui vous plaira ; je ne suis pas difficile ; l'indigence m'a
appris à m'accommoder de tout.

On nous sert de la bière, de la limonade. Il en remplit
un grand verre qu'il vide deux ou trois fois de suite. Puis
comme un homme ranimé, il tousse fortement, il se démène,
il reprend :

Mais à votre avis, seigneur philosophe, n'est-ce pas une
bizarrerie bien étrange qu'un étranger, un Italien, un
Duni [165], vienne nous apprendre à donner de l'accent à
notre musique, à assujettir notre chant à tous les mouvements, à toutes les mesures, à tous les intervalles, à toutes
les déclamations, sans blesser la prosodie ? Ce n'était
pourtant pas la mer à boire. Quiconque avait écouté un
gueux lui demander l'aumône dans la rue, un homme dans
le transport de la colère, une femme jalouse et furieuse, un
amant désespéré, un flatteur, oui, un flatteur, radoucissant
son ton, traînant ses syllabes d'une voix mielleuse, en un
mot une passion, n'importe laquelle, pourvu que, par son
énergie elle méritât de servir de modèle au musicien,
aurait dû s'apercevoir de deux choses : l'une que les
syllabes, longues ou brèves, n'ont aucune durée fixe, pas
même de rapport déterminé entre leurs durées ; que la
passion dispose de la prosodie presque comme il lui plaît ;
qu'elle exécute les plus grands intervalles, et que celui qui
s'écrie dans le fort de sa douleur : « Ah ! malheureux que
je suis ! » monte la syllabe d'exclamation au ton le plus
élevé et le plus aigu, et descend les autres aux tons les plus
graves et les plus bas, faisant l'octave ou même un plus
grand intervalle, et donnant à chaque son la quantité qui
convient au tour de la mélodie, sans que l'oreille soit
offensée, sans que ni la syllabe longue ni la syllabe brève
aient conservé la longueur ou la brièveté du discours tranquille. Quel chemin nous avons fait depuis le temps où
nous citions la parenthèse d'*Armide* [166] : *Le vainqueur de
Renaud (si quelqu'un le peut être)*, l'*Obéissons sans balancer*,
des *Indes galantes*, comme des prodiges de déclamation
musicale ! À présent ces prodiges-là me font hausser les

épaules de pitié. Du train dont l'art s'avance, je ne sais où
il aboutira. En attendant, buvons un coup.

Il en boit deux, trois, sans savoir ce qu'il faisait. Il allait
se noyer comme il s'était épuisé, sans s'en apercevoir, si je
n'avais déplacé la bouteille qu'il cherchait de distraction.
Alors je lui dis :

MOI

Comment se fait-il qu'avec un tact aussi fin, une si grande
sensibilité pour les beautés de l'art musical, vous soyez
aussi aveugle sur les belles choses en morale, aussi insensible aux charmes de la vertu ?

LUI

C'est apparemment qu'il y a pour les unes un sens que je
n'ai pas, une fibre qui ne m'a point été donnée, une fibre
lâche qu'on a beau pincer et qui ne vibre pas [167] ; ou peut-être
c'est que j'ai toujours vécu avec de bons musiciens et de
méchantes gens, d'où il est arrivé que mon oreille est
devenue très fine et que mon cœur est devenu sourd. Et
puis c'est qu'il y avait quelque chose de race. Le sang de
mon père et le sang de mon oncle est le même sang. Mon
sang est le même que celui de mon père. La molécule
paternelle était dure et obtuse, et cette maudite molécule
première s'est assimilé tout le reste.

MOI

Aimez-vous votre enfant ?

LUI

Si je l'aime, le petit sauvage ! j'en suis fou.

MOI

Est-ce que vous ne vous occuperez pas sérieusement
d'arrêter en lui l'effet de la maudite molécule paternelle ?

LUI

J'y travaillerais, je crois, bien inutilement. S'il est destiné
à devenir un homme de bien, je n'y nuirai pas. Mais si la
molécule voulait qu'il fût un vaurien comme son père,
les peines que j'aurais prises pour en faire un homme
honnête lui seraient très nuisibles : l'éducation croisant

sans cesse la pente de la molécule, il serait tiré comme
par deux forces contraires et marcherait tout de guingois
dans le chemin de la vie, comme j'en vois une infinité,
également gauches dans le bien et dans le mal; c'est ce que
nous appelons des espèces[168], de toutes les épithètes la
plus redoutable, parce qu'elle marque la médiocrité et le
dernier degré du mépris. Un grand vaurien est un grand
vaurien, mais n'est point une espèce. Avant que la molécule
paternelle n'eût repris le dessus et ne l'eût amené à la parfaite
abjection où j'en suis, il lui faudrait un temps infini, il
perdrait ses plus belles années. Je n'y fais rien à présent,
je le laisse venir. Je l'examine, il est déjà gourmand, patelin,
filou, paresseux, menteur. Je crains bien qu'il ne chasse
de race.

MOI

Et vous en ferez un musicien afin qu'il ne manque rien
à la ressemblance ?

LUI

Un musicien ! un musicien ! quelquefois je le regarde
en grinçant les dents et je dis : « Si tu devais jamais savoir
une note, je crois que je te tordrais le col. »

MOI

Et pourquoi cela, s'il vous plaît ?

LUI

Cela ne mène à rien.

MOI

Cela mène à tout.

LUI

Oui, quand on excelle; mais qui est-ce qui peut se promettre de son enfant qu'il excellera ? Il y a dix mille à
parier contre un qu'il ne serait qu'un misérable racleur de
cordes comme moi. Savez-vous qu'il serait peut-être plus
aisé de trouver un enfant propre à gouverner un royaume,
à faire un grand roi, qu'un grand violon !

MOI

Il me semble que les talents agréables, même médiocres,
chez un peuple sans mœurs, perdu de débauche et de luxe,
avancent rapidement un homme dans le chemin de la
fortune. Moi qui vous parle[169], j'ai entendu la conver-

sation qui suit entre une espèce de protecteur et une espèce de protégé. Celui-ci avait été adressé au premier comme à un homme obligeant qui pourrait le servir : « Monsieur, que savez-vous ? — Je sais passablement les mathématiques. — Eh bien, montrez les mathématiques; après vous être crotté dix à douze ans sur le pavé de Paris, vous aurez droit à quatre cents livres de rente. — J'ai étudié les lois et je suis versé dans le droit. — Si Puffendorf et Grotius [170] revenaient au monde, ils mourraient de faim contre une borne. — Je sais très bien l'histoire et la géographie. — S'il y avait des parents qui eussent à cœur la bonne éducation de leurs enfants, votre fortune serait faite; mais il n'y en a point. — Je suis assez bon musicien. — Eh ! que ne disiez-vous cela d'abord ? Et pour vous faire voir le parti qu'on peut tirer de ce dernier talent, j'ai une fille. Venez tous les jours, depuis sept heures et demie du soir jusqu'à neuf, vous lui donnerez leçon, et je vous donnerai vingt-cinq louis par an. Vous déjeunerez, dînerez, goûterez, souperez avec nous. Le reste de votre journée vous appartiendra, vous en disposerez à votre profit.

LUI

Et cet homme, qu'est-il devenu ?

MOI

S'il eût été sage, il eût fait fortune, la seule chose qu'il paraît que vous ayez en vue.

LUI

Sans doute. De l'or, de l'or. L'or est tout, et le reste, sans or, n'est rien. Aussi, au lieu de lui farcir la tête de belles maximes, qu'il faudrait qu'il oubliât sous peine de n'être qu'un gueux, lorsque je possède un louis, ce qui ne m'arrive pas souvent, je me plante devant lui, je tire le louis de ma poche, je le lui montre avec admiration, j'élève les yeux au ciel, je baise le louis devant lui, et pour lui faire entendre mieux encore l'importance de la pièce sacrée, je lui bégaye de la voix, je lui désigne du doigt, tout ce qu'on en peut acquérir, un beau fourreau [171], un beau toquet, un bon biscuit; ensuite je mets le louis dans ma poche, je me promène avec fierté, je relève la basque de ma veste, je frappe de la main sur mon gousset; et c'est ainsi que je lui fais concevoir que c'est du louis qui est là que naît l'assurance qu'il me voit.

MOI

On ne peut rien de mieux; mais s'il arrivait que profondément pénétré de la valeur du louis, un jour...

LUI

Je vous entends. Il faut fermer les yeux là-dessus. Il n'y a point de principe de morale qui n'ait son inconvénient. Au pis aller, c'est un mauvais quart d'heure et tout est fini.

MOI

Même d'après des vues si courageuses et si sages je persiste à croire qu'il serait bon d'en faire un musicien. Je ne connais pas de moyen d'approcher plus rapidement des grands, de servir leurs vices et de mettre à profit les siens.

LUI

Il est vrai; mais j'ai des projets d'un succès plus prompt et plus sûr. Ah ! si c'était aussi bien une fille ! Mais comme on ne fait pas ce qu'on veut, il faut prendre ce qui vient, en tirer le meilleur parti, et pour cela ne pas donner bêtement, comme la plupart des pères qui ne feraient rien de pis quand ils auraient médité le malheur de leurs enfants, l'éducation de Lacédémone à un enfant destiné à vivre à Paris. Si elle est mauvaise, c'est la faute des mœurs de ma nation et non la mienne. En répondra qui pourra; je veux que mon fils soit heureux, ou, ce qui revient au même, honoré, riche et puissant. Je connais un peu les voies les plus faciles d'arriver à ce but et je les lui enseignerai de bonne heure. Si vous me blâmez, vous autres sages, la multitude et le succès m'absoudront. Il aura de l'or, c'est moi qui vous le dis. S'il en a beaucoup, rien ne lui manquera, pas même votre estime et votre respect.

MOI

Vous pourriez vous tromper.

LUI

Ou il s'en passera, comme bien d'autres.

Il y avait dans tout cela beaucoup de ces choses qu'on pense, d'après lesquelles on se conduit; mais qu'on ne dit

pas. Voilà, en vérité, la différence la plus marquée entre
mon homme et la plupart de nos entours. Il avouait les
vices qu'il avait, que les autres ont; mais il n'était pas
hypocrite. Il n'était ni plus ni moins abominable qu'eux,
il était seulement plus franc et plus conséquent, et quelquefois profond dans sa dépravation. Je tremblais de ce
que son enfant deviendrait sous un pareil maître. Il est
certain que, d'après des idées d'institution [172] aussi strictement calquées sur nos mœurs, il devait aller loin, à moins
qu'il ne fût prématurément arrêté en chemin.

LUI

Oh! ne craignez rien me dit-il : le point important, le
point difficile auquel un bon père doit surtout s'attacher,
ce n'est pas de donner à son enfant des vices qui l'enri-
chissent, des ridicules qui le rendent précieux aux grands,
tout le monde le fait, sinon de système comme moi, mais
au moins d'exemple et de leçon; mais de lui marquer la
juste mesure, l'art d'esquiver à la honte, au déshonneur et
aux lois; ce sont des dissonances dans l'harmonie sociale
qu'il faut savoir placer, préparer et sauver. Rien de si plat
qu'une suite d'accords parfaits. Il faut quelque chose qui
pique, qui sépare le faisceau, et qui en éparpille les rayons [173].

MOI

Fort bien. Par cette comparaison vous me ramenez des
mœurs à la musique, dont je m'étais écarté malgré moi,
et je vous en remercie, car, à ne vous rien celer, je vous
aime mieux musicien que moraliste.

LUI

Je suis pourtant bien subalterne en musique, et bien
supérieur en morale.

MOI

J'en doute; mais quand cela serait, je suis un bon homme,
et vos principes ne sont pas les miens.

LUI

Tant pis pour vous. Ah ! si j'avais vos talents !

MOI

Laissons mes talents, et revenons aux vôtres.

LUI

Si je savais m'énoncer comme vous ! Mais j'ai un diable de ramage saugrenu, moitié des gens du monde et des lettres, moitié de la halle.

MOI

Je parle mal. Je ne sais que dire la vérité, et cela ne prend pas toujours, comme vous savez.

LUI

Mais ce n'est pas pour dire la vérité; au contraire, c'est pour bien dire le mensonge que j'ambitionne votre talent. Si je savais écrire, fagoter un livre, tourner une épître dédicatoire, bien enivrer un sot de son mérite, m'insinuer auprès des femmes !

MOI

Et tout cela vous le savez mille fois mieux que moi. Je ne serais pas même digne d'être votre écolier.

LUI

Combien de grandes qualités perdues, et dont vous ignorez le prix !

MOI

Je recueille tout celui que j'y mets.

LUI

Si cela était, vous n'auriez pas cet habit grossier, cette veste d'étamine, ces bas de laine, ces souliers épais et cette antique perruque.

MOI

D'accord. Il faut être bien maladroit quand on n'est pas riche, et que l'on se permet tout pour le devenir. Mais c'est qu'il y a des gens comme moi qui ne regardent pas la richesse comme la chose du monde la plus précieuse : gens bizarres.

LUI

Très bizarres. On ne naît pas avec cette tournure-là. On se la donne, car elle n'est pas dans la nature.

MOI

De l'homme ?

LUI

De l'homme. Tout ce qui vit, sans l'en excepter, cherche son bien-être aux dépens de qui il appartiendra; et je suis sûr que si je laissais venir le petit sauvage sans lui parler de rien, il voudrait être richement vêtu, splendidement nourri, chéri des hommes, aimé des femmes, et rassembler sur lui tous les bonheurs de la vie.

MOI

Si le petit sauvage était abandonné à lui-même, qu'il conservât toute son imbécillité et qu'il réunît au peu de raison de l'enfant au berceau la violence des passions de l'homme de trente ans, il tordrait le col à son père et coucherait avec sa mère [174].

LUI

Cela prouve la nécessité d'une bonne éducation; et qui est-ce qui la conteste ? et qu'est-ce qu'une bonne éducation, sinon celle qui conduit à toutes sortes de jouissances sans péril et sans inconvénient ?

MOI

Peu s'en faut que je ne sois de votre avis; mais gardons-nous de nous expliquer.

LUI

Pourquoi ?

MOI

C'est que je crains que nous ne soyons d'accord qu'en apparence, et que, si nous entrons une fois dans la discussion des périls et des inconvénients à éviter, nous ne nous entendions plus.

LUI

Et qu'est-ce que cela fait ?

MOI

Laissons cela, vous dis-je. Ce que je sais là-dessus, je ne vous l'apprendrais pas, et vous m'instruirez plus aisément de ce que j'ignore et que vous savez en musique. Cher Rameau, parlons musique, et dites-moi comment il est arrivé qu'avec la facilité de sentir, de retenir et de rendre les plus beaux endroits des grands maîtres, avec l'enthou-

siasme qu'ils vous inspirent et que vous transmettez aux
autres, vous n'ayez rien fait qui vaille.

Au lieu de me répondre, il se mit à hocher de la tête, et,
levant le doigt au ciel, il ajouta : Et l'astre ! l'astre ! Quand
la nature fit Leo [175], Vinci, Pergolèse, Duni, elle sourit.
Elle prit un air imposant et grave en formant le cher oncle
Rameau qu'on aura appelé pendant une dizaine d'années
le grand Rameau, et dont bientôt on ne parlera plus. Quand
elle fagota son neveu elle fit la grimace, et puis la grimace,
et puis la grimace encore ; et, en disant ces mots, il faisait
toutes sortes de grimaces du visage : c'était le mépris, le
dédain, l'ironie ; et il semblait pétrir entre ses doigts un
morceau de pâte, et sourire aux formes ridicules qu'il lui
donnait. Cela fait, il jeta la pagode [176] hétéroclite [177] loin de
lui et il dit : C'est ainsi qu'elle me fit et qu'elle me jeta à
côté d'autres pagodes, les unes à gros ventres ratatinés,
à cols courts, à gros yeux hors de la tête, apoplectiques ;
d'autres à cols obliques ; il y en avait de sèches, à l'œil vif,
au nez crochu ; toutes se mirent à crever de rire en me
voyant ; et moi, de mettre mes deux poings sur mes côtes
et à crever de rire en les voyant, car les sots et les fous
s'amusent les uns des autres ; ils se cherchent, ils s'attirent.
    Si en arrivant là je n'avais pas trouvé tout fait le pro-
verbe qui dit que *l'argent des sots est le patrimoine des gens
d'esprit*, on me le devrait. Je sentis que nature avait mis
ma légitime [178] dans la bourse des pagodes, et j'inventai
mille moyens de m'en ressaisir.

MOI

Je sais ces moyens, vous m'en avez parlé, et je les ai fort
admirés. Mais, entre tant de ressource, pourquoi n'avoir
pas tenté celle d'un bel ouvrage ?

LUI

Ce propos est celui d'un homme du monde à l'abbé
Le Blanc [179]. L'abbé disait : « La marquise de Pompadour
me prend sur la main, me porte jusque sur le seuil de
l'Académie, là elle retire sa main, je tombe et je me casse
les deux jambes... » L'homme du monde lui répondait :
« Eh bien, l'abbé, il faut se relever et enfoncer la porte
d'un coup de tête. » L'abbé lui répliquait : « C'est ce que

j'ai tenté; et savez-vous ce qui m'en est revenu ? une
bosse au front... »

Après cette historiette, mon homme se mit à marcher la
tête baissée, l'air pensif et abattu; il soupirait, pleurait, se
désolait, levait les mains et les yeux, se frappait la tête du
poing à se briser le front ou les doigts, et il ajoutait : « Il
me semble qu'il y a pourtant là quelque chose; mais j'ai
beau frapper, secouer, il ne sort rien. ». Puis il recommençait à secouer sa tête et à se frapper le front de plus belle,
et il disait : « Ou il n'y a personne, où l'on ne veut pas
répondre. »

Un instant après, il prenait un air fier, il relevait sa tête,
il s'appliquait la main droite sur le cœur, il marchait et
disait : « Je sens, oui, je sens. » Il contrefaisait l'homme
qui s'irrite, qui s'indigne, qui s'attendrit, qui commande,
qui supplie, et prononçait, sans préparation, des discours
de colère, de commisération, de haine, d'amour; il esquis-
sait les caractères des passions avec une finesse et une
vérité surprenantes. Puis il ajoutait : « C'est cela, je crois.
Voilà que cela vient; voilà ce que c'est que de trouver un
accoucheur qui sait irriter, précipiter les douleurs et faire
sortir l'enfant. Seul, je prends la plume, je veux écrire; je
me ronge les ongles, je m'use le front. Serviteur; bonsoir,
le dieu est absent; je m'étais persuadé que j'avais du génie;
au bout de ma ligne je lis que je suis un sot, un sot, un sot.
Mais le moyen de sentir, de s'élever, de penser, de peindre
fortement, en fréquentant avec des gens tels que ceux qu'il
faut voir pour vivre; au milieu des propos qu'on tient et
de ceux qu'on entend, et de ce commérage : « Aujourd'hui
le boulevard était charmant. Avez-vous entendu la petite
marmotte [180] ? elle joue à ravir. Monsieur un tel avait le
plus bel attelage gris pommelé qu'il soit possible d'imaginer. La belle madame celle-ci commence à passer; est-ce
qu'à l'âge de quarante-cinq ans on porte une coiffure
comme celle-là ? La jeune une telle est couverte de diamants qui ne lui coûtent guère. — Vous voulez dire qui
lui coûtent... cher ? — Mais non. — Où l'avez-vous vue ?
— A l'*Enfant d'Arlequin perdu et retrouvé* [181]. — La scène
du désespoir a été jouée comme elle ne l'avait pas encore
été. Le Polichinelle de la Foire a du gosier, mais point de

finesse, point d'âme. Madame une telle est accouchée de deux enfants à la fois; chaque père aura le sien... » Et vous croyez que cela dit, redit et entendu tous les jours, échauffe et conduit aux grandes choses ?

MOI

Non. Il vaudrait mieux se renfermer dans son grenier, boire de l'eau, manger du pain sec et se chercher soi-même.

LUI

Peut-être; mais je n'en ai pas le courage; et puis sacrifier son bonheur à un succès incertain ! Et le nom que je porte, donc ? Rameau ! s'appeler Rameau, cela est gênant. Il n'en est pas des talents comme de la noblesse qui se transmet et dont l'illustration s'accroît en passant du grand-père au père, du père au fils, du fils à son petit-fils, sans que l'aïeul impose quelque mérite à son descendant. La vieille souche se ramifie en une énorme tige de sots, mais qu'importe ? Il n'en est pas ainsi du talent. Pour n'obtenir que la renommée de son père, il faut être plus habile que lui. Il faut avoir hérité de sa fibre. La fibre m'a manqué, mais le poignet s'est dégourdi, l'archet marche, et le pot bout : si ce n'est pas de la gloire, c'est du bouillon.

MOI

A votre place, je ne me le tiendrais pas pour dit, j'essaye-rais.

LUI

Et vous croyez que je n'ai pas essayé ? Je n'avais pas quinze ans lorsque je me dis pour la première fois : Qu'as-tu, Rameau ? tu rêves. Et à quoi rêves-tu ? que tu voudrais bien avoir fait ou faire quelque chose qui excitât l'admi-ration de l'univers. Eh oui, il n'y a qu'à souffler et remuer les doigts. Il n'y a qu'à ourler le bec, et ce sera une cane [182]. Dans un âge plus avancé, j'ai répété le propos de mon enfance. Aujourd'hui je le répète encore, et je reste autour de la statue de Memnon [183].

MOI

Que voulez-vous dire avec votre statue de Memnon ?

LUI

Cela s'entend, ce me semble. Autour de la statue de Memnon il y en avait une infinité d'autres, également frappées des rayons du soleil; mais la sienne était la seule qui résonnât. Un poète, c'est de Voltaire, et puis qui encore? de Voltaire; et le troisième? de Voltaire; et le quatrième? de Voltaire. Un musicien, c'est Rinaldo da Capoua [184]; c'est Hasse; c'est Pergolèse; c'est Alberti; c'est Tartini; c'est Locatelli; c'est Terradoglias; c'est mon oncle; c'est ce petit Duni, qui n'a ni mine ni figure, mais qui sent, mordieu, qui a du chant et de l'expression. Le reste, autour de ce petit nombre de Memnons, autant de paires d'oreilles fichées au bout d'un bâton. Aussi sommes-nous gueux, si gueux, que c'est une bénédiction. Ah! monsieur le philosophe, la misère est une terrible chose. Je la vois accroupie, la bouche béante pour recevoir quelques gouttes de l'eau glacée qui s'échappe du tonneau des Danaïdes [185]. Je ne sais si elle aiguise l'esprit du philosophe, mais elle refroidit diablement la tête du poète. On ne chante pas bien sous ce tonneau. Trop heureux encore celui qui peut s'y placer! J'y étais et je n'ai pas su m'y tenir. J'avais déjà fait cette sottise une fois. J'ai voyagé en Bohême, en Allemagne, en Suisse, en Hollande, en Flandre, au diable, au vert [186].

MOI

Sous le tonneau percé?

LUI

Sous le tonneau percé; c'était un juif [187] opulent et dissipateur, qui aimait la musique et mes folies. Je musiquais comme il plaît à Dieu; je faisais le fou; je ne manquais de rien. Mon juif était un homme qui savait sa loi et qui l'observait raide comme une barre, quelquefois avec l'ami, toujours avec l'étranger. Il se fit une mauvaise affaire qu'il faut que je vous raconte, car elle est plaisante. Il y avait à Utrecht une courtisane charmante. Il fut tenté de la chrétienne; il lui dépêcha un grison [188] avec une lettre de change assez forte. La bizarre créature rejeta son offre. Le juif en fut désespéré. Le grison lui dit : « Pourquoi vous affliger ainsi? Vous voulez coucher avec une jolie femme, rien n'est plus aisé, et même de coucher avec une plus jolie que celle que vous poursuivez; c'est la mienne que je

vous céderai au même prix. » Fait et dit. Le grison garde
la lettre de change, et mon juif couche avec la femme du
grison. L'échéance de la lettre de change arrive; le juif la
laisse protester et s'inscrit en faux. Procès. Le juif disait :
« Jamais cet homme n'osera dire à quel titre il possède
ma lettre, et je ne la payerai pas. » A l'audience, il interpelle
le grison. « Cette lettre de change, de qui la tenez-vous ?
— De vous. — Est-ce pour de l'argent prêté ? — Non.
— Est-ce pour fourniture de marchandise ? — Non.
— Est-ce pour services rendus ? — Non; mais il ne s'agit
point de cela; j'en suis possesseur, vous l'avez signée, et
vous l'acquitterez. — Je ne l'ai point signée. — Je suis
donc un faussaire ? — Vous ou un autre dont vous êtes
l'agent. — Je suis un lâche, mais vous êtes un coquin;
croyez-moi, ne me poussez pas à bout, je dirai tout; je me
déshonorerai, mais je vous perdrai... » Le juif ne tint
compte de la menace, et le grison révéla toute l'affaire à
la séance qui suivit. Ils furent blâmés [189] tous les deux, et le
juif condamné à payer la lettre de change, dont la valeur
fut appliquée au soulagement des pauvres. Alors je me
séparai de lui; je revins ici. Quoi faire ? car il fallait périr
de misère ou faire quelque chose. Il me passa toutes sortes
de projets par la tête. Un jour, je partais le lendemain
pour me jeter dans une troupe de province, également
bon ou mauvais pour le théâtre ou pour l'orchestre; le
lendemain, je songeais à me faire peindre un de ces tableaux
attachés à une perche qu'on plante dans un carrefour, et
où j'aurais crié à tue-tête : « Voilà la ville où il est né;
le voilà qui prend congé de son père l'apothicaire, le voilà
qui arrive dans la capitale, cherchant la demeure de son
oncle; le voilà aux genoux de son oncle, qui le chasse;
le voilà avec un juif, etc., etc. » Le jour suivant, je me levais
bien résolu de m'associer aux chanteurs des rues; ce n'est
pas ce que j'aurais fait de plus mal; nous serions allés
concerter sous les fenêtres du cher oncle, qui en serait
crevé de rage. Je pris un autre parti.

Là il s'arrêta, passant successivement de l'attitude d'un
homme qui tient un violon, serrant des cordes à tour de
bras, à celle d'un pauvre diable exténué de fatigue, à qui
les forces manquent, dont les jambes flageolent, prêt à
expirer, si on ne lui jette un morceau de pain; il désignait

son extrême besoin par le geste d'un doigt dirigé vers sa
bouche entrouverte; puis il ajouta : Cela s'entend. On me
jetait le lopin [190]. Nous nous le disputions à trois ou quatre
affamés que nous étions; et puis pensez grandement, faites
de belles choses au milieu d'une pareille détresse.

MOI

Cela est difficile.

LUI

De cascade en cascade, j'étais tombé là. J'y étais comme
un coq en pâte. J'en suis sorti. Il faudra derechef scier le
boyau [191] et revenir au geste du doigt vers la bouche
béante. Rien de stable dans ce monde. Aujourd'hui au
sommet, demain au bas de la roue. De maudites circonstances nous mènent et nous mènent fort mal.

Puis buvant un coup qui restait au fond de la bouteille,
et s'adressant à son voisin : Monsieur, par charité, une
petite prise. Vous avez là une belle boîte. Vous n'êtes pas
musicien ?... — Non... — Tant mieux pour vous; car ce
sont de pauvres bougres bien à plaindre. Le sort a voulu
que je le fusse, moi, tandis qu'il y a, à Montmartre peut-être,
dans un moulin, un meunier, un valet de meunier, qui
n'entendra jamais que le bruit du cliquet, et qui aurait
trouvé les plus beaux chants. Rameau! au moulin, au
moulin, c'est là ta place.

MOI

A quoi que ce soit que l'homme s'applique, la Nature
l'y destinait.

LUI

Elle fait d'étranges bévues. Pour moi, je ne vois pas de
cette hauteur où tout se confond : l'homme qui émonde un
arbre avec des ciseaux, la chenille qui en ronge la feuille,
et d'où l'on ne voit que deux insectes différents, chacun à
son devoir. Perchez-vous sur l'épicycle de Mercure [192] et de
là distribuez, si cela vous convient, et à l'imitation de
Réaumur [193], lui, la classe des mouches en couturières,
arpenteuses, faucheuses, vous, l'espèce des hommes, en
hommes menuisiers, charpentiers, couvreurs, danseurs,
chanteurs, c'est votre affaire. Je ne m'en mêle pas. Je suis
dans ce monde et j'y reste. Mais s'il est dans la nature
d'avoir appétit, car c'est toujours à l'appétit que j'en

reviens, à la sensation qui m'est toujours présente, je
trouve qu'il n'est pas du bon ordre de n'avoir pas toujours
de quoi manger. Que diable d'économie ! des hommes
qui regorgent de tout tandis que d'autres, qui ont un
estomac importun comme eux, une faim renaissante
comme eux, et pas de quoi mettre sous la dent. Le pis
c'est la posture contrainte où nous tient le besoin. L'homme
nécessiteux ne marche pas comme un autre, il saute, il
rampe, il se tortille, il se traîne, il passe sa vie à prendre et
à exécuter des positions [194].

MOI

Qu'est-ce que des positions ?

LUI

Allez le demander à Noverre [195]. Le monde en offre bien
plus que son art n'en peut imiter.

MOI

Et vous voilà aussi, pour me servir de votre expression,
ou de celle de Montagne, *perché sur l'épicycle de Mercure* et
considérant les différentes pantomimes de l'espèce humaine.

LUI

Non, non, vous dis-je; je suis trop lourd pour m'élever
si haut. J'abandonne aux grues le séjour des brouillards.
Je vais terre à terre. Je regarde autour de moi, et je prends
mes positions, ou je m'amuse des positions que je vois
prendre aux autres. Je suis excellent pantomime comme
vous en allez juger.

Puis il se met à sourire, à contrefaire l'homme admirateur, l'homme suppliant, l'homme complaisant; il a le
pied droit en avant, le gauche en arrière, le dos courbé, la
tête relevée, le regard comme attaché sur d'autres yeux,
la bouche entrouverte, les bras portés vers quelque objet;
il attend un ordre, il le reçoit, il part comme un trait, il
revient, il est exécuté, il en rend compte. Il est attentif à
tout; il ramasse ce qui tombe, il place un oreiller ou un
tabouret sous des pieds; il tient une soucoupe; il approche
une chaise; il ouvre une porte; il ferme une fenêtre, il tire
des rideaux; il observe le maître et la maîtresse; il est immobile, les bras pendants, les jambes parallèles; il écoute, il

cherche à lire sur des visages et il ajoute : Voilà ma pantomime, à peu près la même que celle des flatteurs, des courtisans, des valets et des gueux.

Les folies de cet homme, les contes de l'abbé Galiani [196],
les extravagances de Rabelais, m'ont quelquefois fait rêver
profondément. Ce sont trois magasins où je me suis pourvu
de masques ridicules que je place sur le visage des plus
graves personnages, et je vois Pantalon [197] dans un prélat, un
satyre dans un président, un pourceau dans un cénobite,
une autruche dans un ministre, une oie dans son premier
commis.

MOI

Mais à votre compte, dis-je à mon homme, il y a bien
des gueux dans ce monde-ci, et je ne connais personne qui
ne sache quelques pas de votre danse.

LUI

Vous avez raison. Il n'y a dans tout un royaume qu'un
homme qui marche, c'est le souverain; tout le reste prend
des positions.

MOI

Le souverain ? Encore y a-t-il quelque chose à dire. Et
croyez-vous qu'il ne se trouve pas de temps en temps à
côté de lui un petit pied, un petit chignon, un petit nez qui
lui fasse faire un peu de la pantomime ? Quiconque a besoin
d'un autre est indigent et prend une position. Le roi prend
une position devant sa maîtresse et devant Dieu; il fait
son pas de pantomime. Le ministre fait le pas de courtisan,
de flatteur, de valet ou de gueux devant son roi. La foule
des ambitieux danse vos positions, en cent manières plus
viles les unes que les autres, devant le ministre. L'abbé de
condition [198], en rabat et en manteau long, au moins une
fois la semaine, devant le dépositaire de la feuille des bénéfices. Ma foi, ce que vous appelez la pantomime des gueux
est le grand branle [199] de la terre; chacun a sa petite Hus et
son Bertin.

LUI

Cela me console.

Mais tandis que je pariais, il contrefaisait à mourir de rire
les positions des personnages que je nommais. Par exemple,

pour le petit abbé, il tenait son chapeau sous le bras et son
bréviaire de la main gauche; de la droite il relevait la queue
de son manteau, il s'avançait la tête un peu penchée sur
l'épaule, les yeux baissés, imitant si parfaitement l'hypocrite, que je crus voir l'auteur des *Réfutations*[200] devant
l'évêque d'Orléans[201]. Aux flatteurs, aux ambitieux, il était
ventre à terre. C'était Bouret au contrôle général[202].

MOI

Cela est supérieurement exécuté lui dis-je; mais il y a
pourtant un être dispensé de la pantomime. C'est le philosophe qui n'a rien et qui ne demande rien.

LUI

Et où est cet animal-là ? S'il n'a rien, il souffre; s'il ne
sollicite rien, il n'obtiendra rien et il souffrira toujours.

MOI

Non; Diogène se moquait des besoins.

LUI

Mais il faut être vêtu.

MOI

Non, il allait tout nu.

LUI

Quelquefois il faisait froid dans Athènes.

MOI

Moins qu'ici.

LUI

On y mangeait.

MOI

Sans doute.

LUI

Aux dépens de qui ?

MOI

De la nature. A qui s'adresse le sauvage ? à la terre, aux
animaux, aux poissons, aux arbres, aux herbes, aux racines,
aux ruisseaux.

LUI

Mauvaise table.

MOI

Elle est grande.

LUI

Mais mal servie.

MOI

C'est pourtant celle qu'on dessert pour couvrir les nôtres.

LUI

Mais vous conviendrez que l'industrie de nos cuisiniers, pâtissiers, rôtisseurs, traiteurs, confiseurs, y met un peu du sien. Avec la diète austère de votre Diogène, il ne devait pas avoir des organes fort indociles.

MOI

Vous vous trompez. L'habit du cynique était, autrefois, notre habit monastique avec la même vertu. Les cyniques étaient les carmes et les cordeliers d'Athènes.

LUI

Je vous y prends. Diogène a donc aussi dansé la pantomime, si ce n'est devant Périclès, du moins devant Laïs ou Phryné ?

MOI

Vous vous trompez encore; les autres achetaient bien cher la courtisane qui se livrait à lui pour le plaisir.

LUI

Mais, s'il arrivait que la courtisane fût occupée et le cynique pressé ?

MOI

Il rentrait dans son tonneau et se passait d'elle [203].

LUI

Et vous me conseilleriez de l'imiter ?

MOI

Je veux mourir si cela ne vaudrait mieux que de ramper, de s'avilir et se prostituer.

LUI

Mais il me faut un bon lit, une bonne table, un vêtement chaud en hiver, un vêtement frais en été, du repos, de l'argent et beaucoup d'autres choses, que je préfère de devoir à la bienveillance, plutôt que de les acquérir par le travail.

MOI

C'est que vous êtes un fainéant, un gourmand, un lâche, une âme de boue.

LUI

Je crois vous l'avoir dit.

MOI

Les choses de la vie ont un prix sans doute, mais vous ignorez celui du sacrifice que vous faites pour les obtenir. Vous dansez, vous avez dansé et vous continuerez de danser la vile pantomime.

LUI

Il est vrai. Mais il m'en a peu coûté et il ne m'en coûte plus rien pour cela. Et c'est par cette raison que je ferais mal de prendre une autre allure qui me peinerait et que je ne garderais pas. Mais je vois à ce que vous me dites là que ma pauvre petite femme était une espèce de philosophe; elle avait du courage comme un lion : quelquefois nous manquions de pain et nous étions sans le sol; nous avions vendu presque toutes nos nippes. Je m'étais jeté sur les pieds de notre lit, là je me creusais à chercher quelqu'un qui me prêtât un écu que je ne lui rendrais pas. Elle, gaie comme un pinson, se mettait à son clavecin, chantait et s'accompagnait; c'était un gosier de rossignol, je regrette que vous ne l'ayez pas entendue. Quand j'étais de quelque concert je l'emmenais avec moi; chemin faisant, je lui disais : « Allons, madame, faites-vous admirer, déployez votre talent et vos charmes, enlevez, renversez. » Nous arrivions; elle chantait, elle enlevait, elle renversait. Hélas! je l'ai perdue, la pauvre petite! Outre son talent, c'est qu'elle avait une bouche à recevoir à peine le petit doigt; des dents, une rangée de perles; des yeux, des pieds, une peau, des joues, des tétons, des jambes de cerf, des cuisses et des fesses à modeler. Elle aurait eu tôt ou tard le fermier général tout au moins. C'était une démarche, une croupe, ah ! Dieu, quelle croupe ! »

Puis le voilà qui se met à contrefaire la démarche de sa femme. Il allait à petits pas, il portait sa tête au vent, il jouait de l'éventail, il se démenait de la croupe; c'était la charge de nos petites coquettes la plus plaisante et la plus ridicule.

Puis reprenant la suite de son discours, il ajoutait :

« Je la promenais partout, aux Tuileries, au Palais-Royal, aux Boulevards. Il était impossible qu'elle me demeurât. Quand elle traversait la rue, le matin, en cheveux, et en pet-en-l'air [204], vous vous seriez arrêté pour la voir, et vous l'auriez embrassée entre quatre doigts sans la serrer. Ceux qui la suivaient, qui la regardaient trotter avec ses petits pieds, et qui mesuraient cette large croupe dont ses jupons légers dessinaient la forme doublaient le pas; elle les laissait arriver, puis elle détournait prestement sur eux ses deux grands yeux noirs et brillants qui les arrêtaient tout court. C'est que l'endroit de la médaille ne déparait pas le revers. Mais, hélas ! je l'ai perdue, et mes espérances de fortune se sont toutes évanouies avec elle. Je ne l'avais prise que pour cela, je lui avais confié mes projets, et elle avait trop de sagacité pour n'en pas concevoir la certitude, et trop de jugement pour ne les pas approuver. »

Et puis le voilà qui sanglote et qui pleure en disant :

Non, non, je ne m'en consolerai jamais. Depuis j'ai pris le rabat et la calotte [205].

MOI

De douleur ?

LUI

Si vous voulez. Mais le vrai, pour avoir mon écuelle sur ma tête... Mais voyez un peu l'heure qu'il est, car il faut que j'aille à l'Opéra.

MOI

Qu'est-ce qu'on donne ?

LUI

Le Dauvergne [206]. Il y a d'assez belles choses dans sa musique, c'est dommage qu'il ne les ait pas dites le premier. Parmi ces morts, il y en a toujours quelques-uns qui désolent les vivants. Que voulez-vous ? *Quisque suos patimur manes* [207]. Mais il est cinq heures et demie [208], j'entends la cloche qui sonne les vêpres de l'abbé de Canaye [209] et les miennes. Adieu, monsieur le philosophe, n'est-il pas vrai que je suis toujours le même ?

MOI

Hélas ! oui, malheureusement.

LUI

Que j'aie ce malheur-là seulement encore une quarantaine d'années. Rira bien qui rira le dernier.

JACQUES LE FATALISTE

ET

SON MAITRE [1]

Comment s'étaient-ils rencontrés ? Par hasard, comme tout le monde. Comment s'appelaient-ils ? Que vous importe ? D'où venaient-ils ? Du lieu le plus prochain. Où allaient-ils ? Est-ce que l'on sait où l'on va ? Que disaient-ils ? Le maître ne disait rien ; et Jacques disait que son capitaine disait que tout ce qui nous arrive de bien et de mal ici-bas était écrit là-haut.

LE MAÎTRE

C'est un grand mot que cela.

JACQUES

Mon capitaine ajoutait que chaque balle qui partait d'un fusil avait son billet [2].

LE MAÎTRE

Et il avait raison...

Après une courte pause, Jacques s'écria : Que le diable emporte le cabaretier et son cabaret !

LE MAÎTRE

Pourquoi donner au diable son prochain ? Cela n'est pas chrétien.

JACQUES

C'est que, tandis que je m'enivre de son mauvais vin, j'oublie de mener nos chevaux à l'abreuvoir. Mon père s'en aperçoit ; il se fâche. Je hoche de la tête ; il prend un bâton et m'en frotte un peu durement les épaules. Un régiment passait pour aller au camp devant Fontenoy; de dépit je m'enrôle. Nous arrivons; la bataille se donne [3]...

LE MAÎTRE

Et tu reçois la balle à ton adresse.

JACQUES

Vous l'avez deviné; un coup de feu au genou; et Dieu sait les bonnes et mauvaises aventures amenées par ce coup de feu. Elles se tiennent ni plus ni moins que les chaînons d'une gourmette [4]. Sans ce coup de feu, par exemple, je crois que je n'aurais été amoureux de ma vie, ni boiteux [5].

LE MAITRE

Tu as donc été amoureux?

JACQUES

Si je l'ai été !

LE MAÎTRE

Et cela par un coup de feu ?

JACQUES

Par un coup de feu.

LE MAÎTRE

Tu ne m'en as jamais dit un mot.

JACQUES

Je le crois bien.

LE MAÎTRE

Et pourquoi cela ?

JACQUES

C'est que cela ne pouvait être dit ni plus tôt ni plus tard.

LE MAÎTRE

Et le moment d'apprendre ces amours est-il venu ?

JACQUES

Qui le sait ?

LE MAÎTRE

A tout hasard, commence toujours...

Jacques commença l'histoire de ses amours. C'était l'après-dînée : il faisait un temps lourd; son maître s'endormit. La nuit les surprit au milieu des champs; les voilà fourvoyés. Voilà le maître dans une colère terrible et tombant à grands coups de fouet sur son valet, et le pauvre diable disant à chaque coup : « Celui-là était apparemment encore écrit là-haut... »

Vous voyez, lecteur, que je suis en beau chemin, et qu'il ne tiendrait qu'à moi de vous faire attendre un an, deux ans, trois ans, le récit des amours de Jacques, en le séparant de son maître et en leur faisant courir à chacun tous les hasards qu'il me plairait. Qu'est-ce qui m'empêcherait de marier le maître et de le faire cocu? d'embarquer Jacques pour les îles [6]? d'y conduire son maître? de les ramener tous les deux en France sur le même vaisseau? Qu'il est facile de faire des contes ! Mais ils en seront quittes l'un et l'autre pour une mauvaise nuit, et vous pour ce délai.

L'aube du jour parut. Les voilà remontés sur leurs bêtes et poursuivant leur chemin. — Et où allaient-ils ? — Voilà la seconde fois que vous me faites cette question, et la seconde fois que je vous réponds : Qu'est-ce que cela vous fait ? Si j'entame le sujet de leur voyage, adieu les amours de Jacques... Ils allèrent quelque temps en silence. Lorsque chacun fut un peu remis de son chagrin, le maître dit à son valet : Eh bien, Jacques, où en étions-nous de tes amours ?

JACQUES

Nous en étions, je crois, à la déroute de l'armée ennemie. On se sauve, on est poursuivi, chacun pense à soi. Je reste sur le champ de bataille, enseveli sous le nombre des morts et des blessés, qui fut prodigieux. Le lendemain on me jeta, avec une douzaine d'autres, sur une charrette, pour être conduit à un de nos hôpitaux. Ah ! monsieur, je ne crois pas qu'il y ait de blessure plus cruelle que celle du genou.

LE MAITRE

Allons donc, Jacques, tu te moques.

JACQUES

Non, pardieu, monsieur, je ne me moque pas! Il y a là je ne sais combien d'os, de tendons et d'autres choses qu'ils appellent je ne sais comment... [7]

Une espèce de paysan qui les suivait avec une fille qu'il portait en croupe et qui les avait écoutés, prit la parole et dit : « Monsieur a raison... »

On ne savait à qui ce *monsieur* était adressé, mais il fut mal pris par Jacques et par son maître; et Jacques dit à cet interlocuteur indiscret : « De quoi te mêles-tu ?

— Je me mêle de mon métier; je suis chirurgien à votre service, et je vais vous démontrer... »

La femme qu'il portait en croupe lui disait : « Monsieur le docteur, passons notre chemin et laissons ces messieurs qui n'aiment pas qu'on leur démontre.

— Non, lui répondait le chirurgien, je veux leur démontrer, et je leur démontrerai... »

Et tout en se retournant pour démontrer, il pousse sa compagne, lui fait perdre l'équilibre et la jette à terre, un pied pris dans la basque de son habit et les cotillons renversés sur sa tête. Jacques descend, dégage le pied de cette pauvre créature et lui rabaisse ses jupons. Je ne sais s'il commença par rabaisser les jupons ou par dégager le pied; mais à juger de l'état de cette femme par ses cris, elle s'était grièvement blessée. Et le maître de Jacques disait au chirurgien : « Voilà ce que c'est que de démontrer. »

Et le chirurgien : « Voilà ce que c'est que de ne vouloir pas qu'on démontre !... »

Et Jacques à la femme tombée ou ramassée : « Consolez-vous, ma bonne, il n'y a ni de votre faute, ni de la faute de M. le docteur, ni de la mienne, ni de celle de mon maître : c'est qu'il était écrit là-haut qu'aujourd'hui, sur ce chemin, à l'heure qu'il est, M. le docteur serait un bavard, que mon maître et moi nous serions deux bourrus, que vous auriez une contusion à la tête et qu'on vous verrait le cul... »

Que cette aventure ne deviendrait-elle pas entre mes mains, s'il me prenait en fantaisie de vous désespérer ! Je donnerais de l'importance à cette femme; j'en ferais la nièce d'un curé du village voisin; j'ameuterais les paysans de ce village; je me préparerais des combats et des amours; car enfin cette paysanne était belle sous le linge. Jacques et son maître s'en étaient aperçus; l'amour n'a pas toujours attendu une occasion aussi séduisante. Pourquoi Jacques ne deviendrait-il pas amoureux une seconde fois ? pourquoi ne serait-il pas une seconde fois le rival et même le rival préféré de son maître ? — Est-ce que le cas lui était déjà

arrivé ? — Toujours des questions ! Vous ne voulez donc
pas que Jacques continue le récit de ses amours ? Une
bonne fois pour toutes, expliquez-vous; cela vous fera-t-il,
cela ne vous fera-t-il pas plaisir ? Si cela vous fera plaisir,
remettons la paysanne en croupe derrière son conducteur,
laissons-les aller et revenons à nos deux voyageurs. Cette
fois-ci ce fut Jacques qui prit la parole et qui dit à son
maître :

Voilà le train du monde; vous qui n'avez été blessé de
votre vie et qui ne savez ce que c'est qu'un coup de feu au
genou, vous me soutenez, à moi qui ai eu le genou fracassé
et qui boite depuis vingt-ans...

LE MAÎTRE

Tu pourrais avoir raison. Mais ce chirurgien impertinent
est cause que te voilà encore sur une charrette avec tes
camarades, loin de l'hôpital, loin de ta guérison et loin de
devenir amoureux.

JACQUES

Quoi qu'il vous plaise d'en penser, la douleur de mon
genou était excessive; elle s'accroissait encore par la dureté
de la voiture, par l'inégalité des chemins, et à chaque
cahot je poussais un cri aigu.

LE MAÎTRE

Parce qu'il était écrit là-haut que tu crierais ?

JACQUES

Assurément ! Je perdais tout mon sang, et j'étais un
homme mort si notre charrette, la dernière de la ligne, ne
se fût arrêtée devant une chaumière. Là, je demande à
descendre; on me met à terre. Une jeune femme [8], qui était
debout à la porte de la chaumière, rentra chez elle et en
sortit presque aussitôt avec un verre et une bouteille de vin.
J'en bus un ou deux coups à la hâte. Les charrettes qui
précédaient la nôtre défilèrent. On se disposait à me rejeter
parmi mes camarades, lorsque, m'attachant fortement aux
vêtements de cette femme et à tout ce qui était autour de
moi, je protestai que je ne remonterais pas et que, mourir
pour mourir, j'aimais mieux que ce fût à l'endroit où
j'étais qu'à deux lieues plus loin. En achevant ces mots,

je tombai en défaillance. Au sortir de cet état, je me trouvai déshabillé et couché dans un lit qui occupait un des coins de la chaumière, ayant autour de moi un paysan, le maître du lieu, sa femme, la même qui m'avait secouru, et quelques petits enfants. La femme avait trempé le coin de son tablier dans du vinaigre et m'en frottait le nez et les tempes.

LE MAÎTRE

Ah ! malheureux ! ah ! coquin !... Infâme, je te vois arriver.

JACQUES

Mon maître, je crois que vous ne voyez rien.

LE MAÎTRE

N'est-ce pas de cette femme que tu vas devenir amoureux ?

JACQUES

Et quand je serais devenu amoureux d'elle, qu'est-ce qu'il y aurait à dire ? Est-ce qu'on est maître de devenir ou de ne pas devenir amoureux ? Et quand on l'est, est-on maître d'agir comme si on ne l'était pas ? Si cela eût été écrit là-haut, tout ce que vous vous disposez à me dire, je me le serais dit; je me serais souffleté; je me serais cogné la tête contre le mur; je me serais arraché les cheveux : il n'en aurait été ni plus ni moins, et mon bienfaiteur eût été cocu.

LE MAÎTRE

Mais en raisonnant à ta façon, il n'y a point de crime qu'on ne commît sans remords.

JACQUES

Ce que vous m'objectez là m'a plus d'une fois chiffonné la cervelle [9]; mais avec tout cela, malgré que j'en aie, j'en reviens toujours au mot de mon capitaine : Tout ce qui nous arrive de bien et de mal en ce monde est écrit là-haut. Savez-vous, monsieur, quelque moyen d'effacer cette écriture ? Puis-je n'être pas moi ? Et étant moi, puis-je faire autrement que moi ? Puis-je être moi et un autre ? Et depuis que je suis au monde, y a-t-il eu un seul instant où cela n'ait été vrai ? Prêchez tant qu'il vous plaira, vos raisons seront peut-être bonnes; mais s'il est écrit en moi ou là-haut que je les trouverai mauvaises, que voulez-vous que j'y fasse ?

LE MAÎTRE

Je rêve [10] à une chose : c'est si ton bienfaiteur eût été cocu parce qu'il était écrit là-haut; ou si cela était écrit là-haut parce que tu ferais cocu ton bienfaiteur ?

JACQUES

Tous les deux étaient écrits l'un à côté de l'autre. Tout a été écrit à la fois. C'est comme un grand rouleau qui se déploie petit à petit...

Vous concevez, lecteur, jusqu'où je pourrais pousser cette conversation sur un sujet dont on a tant parlé, tant écrit depuis deux mille ans, sans en être d'un pas plus avancé. Si vous me savez peu de gré de ce que je vous dis, sachez-m'en beaucoup de ce que je ne vous dis pas.

Tandis que nos deux théologiens disputaient sans s'entendre, comme il peut arriver en théologie, la nuit s'approchait. Ils traversaient une contrée peu sûre en tout temps, et qui l'était bien moins encore alors que la mauvaise administration et la misère avaient multiplié sans fin le nombre de malfaiteurs [11]. Ils s'arrêtèrent dans la plus misérable des auberges. On leur dressa deux lits de sangle dans une chambre formée de cloisons entrouvertes de tous les côtés. Ils demandèrent à souper. On leur apporta de l'eau de mare, du pain noir et du vin tourné. L'hôte, l'hôtesse, les enfants, les valets, tout avait l'air sinistre. Ils entendaient à côté d'eux les ris immodérés et la joie tumultueuse d'une douzaine de brigands qui les avaient précédés et qui s'étaient emparés de toutes les provisions. Jacques était assez tranquille; il s'en fallait beaucoup que son maître le fût autant. Celui-ci promenait son souci en long et en large, tandis que son valet dévorait quelques morceaux de pain noir, et avalait en grimaçant quelques verres de mauvais vin. Ils en étaient là, lorsqu'ils entendirent frapper à leur porte : c'était un valet que ces insolents et dangereux voisins avaient contraint d'apporter à nos voyageurs, sur une de leurs assiettes, tous les os d'une volaille qu'ils avaient mangée. Jacques, indigné, prend les pistolets de son maître.

« Où vas-tu ?

— Laissez-moi faire.

— Où vas-tu ? te dis-je.

— Mettre à la raison cette canaille.

— Sais-tu qu'ils sont une douzaine ?

— Fussent-ils cent, le nombre n'y fait rien, s'il est écrit là-haut qu'ils ne sont pas assez.

— Que le diable t'emporte avec ton impertinent dicton !... »

Jacques s'échappe des mains de son maître, entre dans la chambre de ces coupe-jarrets, un pistolet armé dans chaque main. « Vite, qu'on se couche, leur dit-il, le premier qui remue je lui brûle la cervelle... » Jacques avait l'air et le ton si vrais, que ces coquins, qui prisaient autant la vie que d'honnêtes gens, se lèvent de table sans souffler le mot, se déshabillent et se couchent. Son maître, incertain sur la manière dont cette aventure finirait, l'attendait en tremblant. Jacques rentra chargé des dépouilles[12] de ces gens; il s'en était emparé pour qu'ils ne fussent pas tentés de se relever; il avait éteint leur lumière et fermé à double tour leur porte, dont il tenait la clef avec un de ses pistolets. « A présent, monsieur, dit-il à son maître, nous n'avons plus qu'à nous barricader en poussant nos lits contre cette porte, et à dormir paisiblement... » Et il se mit en devoir de pousser les lits, racontant froidement et succinctement à son maître le détail de son expédition.

LE MAÎTRE

Jacques, quel diable d'homme es-tu ! Tu crois donc...

JACQUES

Je ne crois ni ne décrois.

LE MAÎTRE

S'ils avaient refusé de se coucher ?

JACQUES

Cela était impossible.

LE MAÎTRE

Pourquoi ?

JACQUES

Parce qu'ils ne l'ont pas fait.

LE MAÎTRE

S'ils se relevaient ?

JACQUES

Tant pis ou tant mieux.

LE MAÎTRE

Si... si... si... et...

JACQUES

Si, si la mer bouillait, il y aurait, comme on dit, bien des poissons de cuits. Que diable, monsieur, tout à l'heure vous avez cru que je courais un grand danger, et rien n'était plus faux ; à présent vous vous croyez en grand danger, et rien peut-être n'est encore plus faux. Tous, dans cette maison, nous avons peur les uns des autres ; ce qui prouve que nous sommes tous des sots...

Et, tout en discourant ainsi, le voilà déshabillé, couché et endormi. Son maître, en mangeant à son tour un morceau de pain noir, et buvant un coup de mauvais vin, prêtait l'oreille autour de lui, regardait Jacques qui ronflait et disait : « Quel diable d'homme est-ce là !... » A l'exemple de son valet, le maître s'étendit aussi sur son grabat, mais il n'y dormit pas de même. Dès la pointe du jour, Jacques sentit une main qui le poussait ; c'était celle de son maître qui l'appelait à voix basse.

LE MAITRE

Jacques ! Jacques !

JACQUES

Qu'est-ce ?

LE MAÎTRE

Il fait jour.

JACQUES

Cela se peut.

LE MAÎTRE

Lève-toi donc.

JACQUES

Pourquoi ?

LE MAÎTRE

Pour sortir d'ici au plus vite.

JACQUES

Pourquoi ?

LE MAÎTRE

Parce que nous y sommes mal.

JACQUES

Qui le sait, et si nous serons mieux ailleurs ?

LE MAÎTRE

Jacques ?

JACQUES

Eh bien, Jacques ! Jacques ! quel diable d'homme
êtes-vous ?

LE MAÎTRE

Quel diable d'homme es-tu ! Jacques, mon ami, je
t'en prie.

Jacques se frotta les yeux, bâilla à plusieurs reprises,
étendit ses bras, se leva, s'habilla sans se presser, repoussa
les lits, sortit de la chambre, descendit, alla à l'écurie, sella
et brida les chevaux, éveilla l'hôte qui dormait encore,
paya la dépense, garda les clefs des deux chambres; et voilà
nos gens partis.

Le maître voulait s'éloigner au grand trot; Jacques voulait aller le pas, et toujours d'après son système. Lorsqu'ils
furent à une assez grande distance de leur triste gîte, le
maître, entendant quelque chose qui résonnait dans la
poche de Jacques, lui demanda ce que c'était : Jacques lui
dit que c'étaient les deux clefs des chambres.

LE MAÎTRE

Et pourquoi ne les avoir pas rendues ?

JACQUES

C'est qu'il faudra enfoncer deux portes; celle de nos
voisins pour les tirer de leur prison, la nôtre pour leur
délivrer leurs vêtements; et que cela nous donnera du temps.

LE MAÎTRE

Fort bien, Jacques ! mais pourquoi gagner du temps ?

JACQUES

Pourquoi ? Ma foi, je n'en sais rien.

LE MAÎTRE

Et si tu veux gagner du temps, pourquoi aller au petit
pas comme tu fais ?

JACQUES

C'est que, faute de savoir ce qui est écrit là-haut, on ne sait ni ce qu'on veut ni ce qu'on fait, et qu'on suit sa fantaisie qu'on appelle raison, ou sa raison qui n'est souvent qu'une dangereuse fantaisie qui tourne tantôt bien, tantôt mal. Mon capitaine croyait que la prudence est une supposition, dans laquelle l'expérience nous autorise à regarder les circonstances où nous nous trouvons comme causes de certains effets à espérer ou à craindre pour l'avenir.

LE MAÎTRE

Et tu entendais quelque chose à cela ?

JACQUES

Assurément, peu à peu je m'étais fait à sa langue. Mais, disait-il, qui peut se vanter d'avoir assez d'expérience ? Celui qui s'est flatté d'en être le mieux pourvu, n'a-t-il jamais été dupe ? Et puis, y a-t-il un homme capable d'apprécier juste les circonstances où il se trouve ? Le calcul qui se fait dans nos têtes, et celui qui est arrêté sur le registre d'en haut, sont deux calculs bien différents. Est-ce nous qui menons le destin, ou bien est-ce le destin qui nous mène ? Combien de projets sagement concertés ont manqué, et combien manqueront ! Combien de projets insensés ont réussi, et combien réussiront ! C'est ce que mon capitaine me répétait, après la prise de Berg-op-Zoom et celle du Port-Mahon[13]; et il ajoutait que la prudence ne nous assurait point un bon succès, mais qu'elle nous consolait et nous excusait d'un mauvais : aussi dormait-il la veille d'une action sous sa tente comme dans sa garnison, et allait-il au feu comme au bal. C'est bien de lui que vous vous seriez écrié : « Quel diable d'homme !... »

LE MAÎTRE

Pourrais-tu me dire ce que c'est qu'un fou, ce que c'est qu'un sage ?

JACQUES

Pourquoi pas ?... un fou... attendez... c'est un homme malheureux; et par conséquent un homme heureux est un sage.

LE MAITRE

Et qu'est-ce que c'est qu'un homme heureux ou malheureux ?

JACQUES

Pour celui-ci, il est aisé. Un homme heureux est celui dont le bonheur est écrit là-haut; et par conséquent celui dont le malheur est écrit là-haut, est un homme malheureux.

LE MAÎTRE

Et qui est-ce qui a écrit là-haut le bonheur et le malheur ?

JACQUES

Et qui est-ce qui a fait le grand rouleau où tout est écrit ? Un capitaine, ami de mon capitaine, aurait bien donné un petit écu pour le savoir; lui, n'aurait pas donné une obole, ni moi non plus; car à quoi cela me servirait-il ? En éviterais-je pour cela le trou où je dois m'aller casser le cou ?

LE MAÎTRE

Je crois que oui.

JACQUES

Moi, je crois que non; car il faudrait qu'il y eût une ligne fausse sur le grand rouleau qui contient vérité, qui ne contient que vérité, et qui contient toute vérité. Il serait écrit sur le grand rouleau : « Jacques se cassera le cou tel jour », et Jacques ne se casserait pas le cou ? Concevez-vous que cela se puisse, quel que soit l'auteur du grand rouleau ?

LE MAÎTRE

Il y a beaucoup de choses à dire là-dessus...

Comme ils en étaient là, ils entendirent à quelque distance derrière eux du bruit et des cris; ils retournèrent la tête, et virent une troupe d'hommes armés de gaules et de fourches qui s'avançaient vers eux à toutes jambes. Vous allez croire que c'étaient les gens de l'auberge, les valets et les brigands dont nous avons parlé. Vous allez croire que le matin on avait enfoncé leurs portes faute de clefs, et que ces brigands s'étaient imaginé que nos deux voyageurs avaient décampé avec leurs dépouilles. Jacques le crut, et il disait entre ses dents : « Maudites soient les clefs et la fantaisie ou la raison qui me les fit emporter ! Maudite soit la prudence ! etc., etc. » Vous allez croire que cette petite armée tombera sur Jacques et son maître, qu'il y aura une action sanglante, des coups de bâton donnés, des coups de pistolet tirés; et il ne tiendrait qu'à moi que tout cela n'arrivât; mais adieu la vérité de l'histoire, adieu le récit des amours de Jacques. Nos deux voyageurs n'étaient point suivis : j'ignore ce qui se passa dans l'auberge après leur départ. Ils continuèrent leur route, allant toujours sans savoir où ils allaient, quoiqu'ils sussent à peu près où ils voulaient aller; trompant l'ennui et la fatigue par le silence et le bavardage, comme c'est l'usage de ceux qui marchent, et quelquefois de ceux qui sont assis.

Il est bien évident que je ne fais point un roman [14], puisque je néglige ce qu'un romancier ne manquerait pas d'employer. Celui qui prendrait ce que j'écris pour la vérité, serait peut-être moins dans l'erreur que celui qui le prendrait pour une fable.

Cette fois-ci ce fut le maître qui parla le premier et qui débuta par le refrain accoutumé : Eh bien ! Jacques, l'histoire de tes amours ?

JACQUES

Je ne sais où j'en étais. J'ai été si souvent interrompu, que je ferais tout aussi bien de recommencer.

LE MAÎTRE

Non, non. Revenu de ta défaillance à la porte de la chaumière, tu te trouvas dans un lit, entouré des gens qui l'habitaient.

JACQUES

Fort bien ! La chose la plus pressée était d'avoir un chirurgien, et il n'y en avait pas à plus d'une lieue à la ronde. Le bonhomme fit monter à cheval un de ses enfants, et l'envoya au lieu le moins éloigné. Cependant la bonne femme avait fait chauffer du gros vin, déchiré une vieille chemise de son mari; et mon genou fut étuvé, couvert de compresses et enveloppé de linges. On mit quelques morceaux de sucre enlevés aux fourmis, dans une portion du vin qui avait servi à mon pansement, et je l'avalai; ensuite on m'exhorta à prendre patience. Il était tard; ces gens se mirent à table et soupèrent. Voilà le souper fini. Cependant l'enfant ne revenait pas, et point de chirurgien. Le père

prit de l'humeur. C'était un homme naturellement chagrin ;
il boudait sa femme, il ne trouvait rien à son gré. Il envoya
durement coucher ses autres enfants. Sa femme s'assit sur
un banc et prit sa quenouille. Lui, allait et venait ; et en
allant et venant, il lui cherchait querelle sur tout. « Si tu
avais été au moulin comme je te l'avais dit... » et il achevait
la phrase en hochant la tête du côté de mon lit.

« On ira demain.

— C'est aujourd'hui qu'il fallait y aller, comme je te
l'avais dit... Et ces restes de paille qui sont encore sur la
grange, qu'attends-tu pour les relever ?

— On les relèvera demain.

— Ce que nous en avons tire à sa fin ; et tu aurais beaucoup mieux fait de les relever aujourd'hui, comme je te
l'avais dit... Et ce tas d'orge qui se gâte sur le grenier, je
gage que tu n'as pas songé à le remuer.

— Les enfants l'ont fait.

— Il fallait le faire toi-même. Si tu avais été sur ton
grenier, tu n'aurais pas été à ta porte... »

Cependant il arriva un chirurgien, puis un second, puis
un troisième, avec le petit garçon de la chaumière.

LE MAITRE

Te voilà en chirurgiens comme saint Roch en chapeaux [15].

JACQUES

Le premier était absent, lorsque le petit garçon était
arrivé chez lui ; mais sa femme avait fait avertir le second,
et le troisième avait accompagné le petit garçon. « Eh !
bonsoir, compères ; vous voilà ? » dit le premier aux deux
autres... Ils avaient fait le plus de diligence possible, ils
avaient chaud, ils étaient altérés. Ils s'asseyent autour de
la table dont la nappe n'était pas encore ôtée. La femme
descend à la cave, et en remonte avec une bouteille. Le
mari grommelait entre ses dents : « Eh ! que diable faisait-
elle à sa porte ? » On boit, on parle des maladies du
canton ; on entame l'énumération de ses pratiques. Je me
plains ; on me dit : « Dans un moment nous serons à vous. »
Après cette bouteille, on en demande une seconde, à
compte sur mon traitement ; puis une troisième, une quatrième, toujours à compte sur mon traitement ; et à chaque

bouteille, le mari revenait à sa première exclamation :
« Eh ! que diable faisait-elle à sa porte ? »

Quel parti un autre n'aurait-il pas tiré de ces trois chirurgiens, de leur conversation à la quatrième bouteille, de la
multitude de leurs cures merveilleuses, de l'impatience de
Jacques, de la mauvaise humeur de l'hôte, des propos de
nos Esculapes [16] de campagne autour du genou de Jacques,
de leurs différents avis, l'un prétendant que Jacques était
mort si l'on ne se hâtait de lui couper la jambe, l'autre
qu'il fallait extraire la balle et la portion du vêtement qui
l'avait suivie, et conserver la jambe à ce pauvre diable.
Cependant on aurait vu Jacques assis sur son lit, regardant
sa jambe en pitié, et lui faisant ses derniers adieux, comme
on vit un de nos généraux entre Dufouart et Louis [17].
Le troisième chirurgien aurait gobe-mouché [18] jusqu'à ce
que la querelle se fût élevée entre eux, et que des invectives
on en fût venu aux gestes.

Je vous fais grâce de toutes ces choses, que vous trouverez dans les romans, dans la comédie ancienne et dans la
société. Lorsque j'entendis l'hôte s'écrier de sa femme :
« Que diable faisait-elle à sa porte ! » je me rappelai l'Harpa-
gon de Molière [19], lorsqu'il dit de son fils : *Qu'allait-il
faire dans cette galère ?* Et je conçus qu'il ne s'agissait pas
seulement d'être vrai, mais qu'il fallait encore être plaisant;
et que c'était la raison pour laquelle on dirait à jamais :
Qu'allait-il faire dans cette galère ? et que le mot de mon
paysan, *Que faisait-elle à sa porte ?* ne passerait pas en
proverbe.

Jacques n'en usa pas avec son maître avec la même
réserve que je garde avec vous; il n'omit pas la moindre
circonstance, au hasard de l'endormir une seconde fois.
Si ce ne fut pas le plus habile, ce fut au moins le plus vigoureux des trois chirurgiens qui resta maître du patient.

N'allez-vous pas, me direz-vous, tirer des bistouris à
nos yeux, couper des chairs, faire couler du sang, et nous
montrer une opération chirurgicale ? A votre avis, cela ne
sera-t-il pas de bon goût ?... Allons, passons encore l'opération chirurgicale; mais vous permettrez au moins, à
Jacques de dire à son maître, comme il le fit : « Ah !
monsieur, c'est une terrible affaire que de r'arranger un
genou fracassé !... » Et à son maître de lui répondre comme

auparavant : « Allons donc, Jacques, tu te moques... »
Mais ce que je ne vous laisserais pas ignorer pour tout
l'or du monde, c'est qu'à peine le maître de Jacques lui eut-
il fait cette impertinente réponse, son cheval bronche et
s'abat, que son genou va s'appuyer rudement sur un caillou
pointu, et que le voilà criant à tue-tête : « Je suis mort !
j'ai le genou cassé !... »

Quoique Jacques, la meilleure pâte d'homme qu'on
puisse imaginer, fût tendrement attaché à son maître, je
voudrais bien savoir ce qui se passa au fond de son âme,
sinon dans le premier moment, du moins lorsqu'il fut
bien assuré que cette chute n'aurait point de suite fâcheuse,
et s'il put se refuser à un léger mouvement de joie secrète
d'un accident qui apprendrait à son maître ce que c'était
qu'une blessure au genou. Une autre chose, lecteur, que je
voudrais bien que vous me dissiez, c'est si son maître
n'eût pas mieux aimé être blessé, même un peu plus grièvement, ailleurs qu'au genou, ou s'il ne fut pas plus sensible
à la honte qu'à la douleur.

Lorsque le maître fut un peu revenu de sa chute et de son
angoisse, il se remit en selle et appuya cinq ou six coups
d'éperon à son cheval, qui partit comme un éclair; autant
en fit la monture de Jacques, car il y avait entre ces deux
animaux la même intimité qu'entre leurs cavaliers; c'étaient
deux paires d'amis.

Lorsque les deux chevaux essoufflés reprirent leur pas
ordinaire, Jacques dit à son maître : Eh bien, monsieur,
qu'en pensez-vous ?

LE MAÎTRE

De quoi ?

JACQUES

De la blessure au genou.

LE MAÎTRE

Je suis de ton avis; c'est une des plus cruelles.

JACQUES

Au vôtre ?

LE MAÎTRE

Non, non, au tien, au mien, à tous les genoux du monde.

JACQUES

Mon maître, mon maître, vous n'y avez pas bien regardé; croyez que nous ne plaignons jamais que nous.

LE MAÎTRE

Quelle folie !

JACQUES

Ah ! si je savais dire comme je sais penser ! Mais il était écrit là-haut que j'aurais les choses dans ma tête, et que les mots ne me viendraient pas.

Ici Jacques s'embarrassa dans une métaphysique très subtile et peut-être très vraie. Il cherchait à faire concevoir à son maître que le mot douleur était sans idée [20], et qu'il ne commençait à signifier quelque chose qu'au moment où il rappelait à notre mémoire une sensation que nous avions éprouvée. Son maître lui demanda s'il avait déjà accouché.

— Non, lui répondit Jacques.

— Et crois-tu que ce soit une grande douleur que d'accoucher ?

— Assurément !

— Plains-tu les femmes en mal d'enfant ?

— Beaucoup.

— Tu plains donc quelquefois un autre que toi ?

— Je plains ceux ou celles qui se tordent les bras, qui s'arrachent les cheveux, qui poussent des cris, parce que je sais par expérience qu'on ne fait pas cela sans souffrir; mais pour le mal propre à la femme qui accouche, je ne le plains pas : je ne sais ce que c'est, Dieu merci ! Mais pour en revenir à une peine que nous connaissons tous deux, l'histoire de mon genou, qui est devenu le vôtre par votre chute...

LE MAÎTRE

Non, Jacques; l'histoire de tes amours qui sont devenues miennes par mes chagrins passés.

JACQUES

Me voilà pansé, un peu soulagé, le chirurgien parti, et mes hôtes retirés et couchés. Leur chambre n'était séparée de la mienne que par des planches à claire-voie sur lesquelles on avait collé du papier gris, et sur ce papier quelques images enluminées. Je ne dormais pas, et j'entendis la femme qui disait à son mari : « Laissez-moi, je n'ai pas envie de rire. Un pauvre malheureux qui se meurt à notre porte !...

— Femme, tu me diras tout cela après.

— Non, cela ne sera pas. Si vous ne finissez, je me lève. Cela ne me fera-t-il pas bien aise, lorsque j'ai le cœur gros ?

— Oh ! si tu te fais tant prier, tu en seras la dupe.

— Ce n'est pas pour se faire prier, mais c'est que vous êtes quelquefois d'un dur !... c'est que... c'est que... »

Après une assez courte pause, le mari prit la parole et dit : « Là, femme, conviens donc à présent que, par une compassion déplacée, tu nous as mis dans un embarras dont il est presque impossible de se tirer. L'année est mauvaise ; à peine pouvons-nous suffire à nos besoins et aux besoins de nos enfants. Le grain est d'une cherté [21] ! Point de vin ! Encore si l'on trouvait à travailler ; mais les riches se retranchent ; les pauvres gens ne font rien ; pour une journée qu'on emploie, on en perd quatre. Personne ne paye ce qu'il doit ; les créanciers sont d'une âpreté qui désespère : et voilà le moment que tu prends pour retirer ici un inconnu, un étranger qui y restera tant qu'il plaira à Dieu, et au chirurgien qui ne se pressera pas de le guérir ; car ces chirurgiens font durer les maladies le plus longtemps qu'ils peuvent ; qui n'a pas le sou, et qui doublera, triplera notre dépense. Là, femme, comment te déferas-tu de cet homme ? Parle donc, femme, dis-moi donc quelque raison.

— Est-ce qu'on peut parler avec vous.

— Tu dis que j'ai de l'humeur, que je gronde ; eh ! qui n'en aurait pas ? qui ne gronderait pas ? Il y avait encore un peu de vin à la cave : Dieu sait le train dont il ira ! Les chirurgiens en burent hier au soir plus que nous et nos enfants n'aurions fait dans la semaine. Et le chirurgien qui ne viendra pas pour rien, comme tu peux penser, qui le payera ?

— Oui, voilà qui est fort bien dit ; et parce qu'on est dans la misère vous me faites un enfant, comme si nous n'en avions pas déjà assez.

— Oh que non !

— Oh que si; je suis sûre que je vais être grosse !

— Voilà comme tu dis toutes les fois.

— Et cela n'a jamais manqué quand l'oreille me démange après, et j'y sens une démangeaison comme jamais.

— Ton oreille ne sait ce qu'elle dit.

— Ne me touche pas ! laisse là mon oreille ! laisse donc, l'homme; est-ce que tu es fou ? tu t'en trouveras mal.

— Non, non, cela ne m'est pas arrivé depuis le soir de la Saint-Jean.

— Tu feras si bien que... et puis dans un mois d'ici tu me bouderas comme si c'était de ma faute.

— Non, non.

— Et dans neuf mois d'ici ce sera bien pis.

— Non, non.

— C'est toi qui l'auras voulu ?

— Oui, oui.

— Tu t'en souviendras ? tu ne diras pas comme tu as dit toutes les autres fois ?

— Oui, oui... »

Et puis voilà que de non, non, en oui, oui, cet homme enragé contre sa femme d'avoir cédé à un sentiment d'humanité...

LE MAÎTRE

C'est la réflexion que je faisais.

JACQUES

Il est certain que ce mari n'était pas trop conséquent; mais il était jeune et sa femme jolie. On ne fait jamais tant d'enfants que dans les temps de misère.

LE MAÎTRE

Rien ne peuple comme les gueux.

JACQUES

Un enfant de plus n'est rien pour eux, c'est la charité qui les nourrit. Et puis c'est le seul plaisir qui ne coûte rien; on se console pendant la nuit, sans frais, des calamités du jour... Cependant les réflexions de cet homme n'en étaient pas moins justes. Tandis que je me disais cela à moi-même, je ressentis une douleur violente au genou,

et je m'écriai : « Ah! le genou! » Et le mari s'écria : « Ah!
ma femme!... » Et la femme s'écria : « Ah! mon homme!
mais... mais... cet homme qui est là!

— Eh bien! cet homme?

— Il nous aura peut-être entendus!

— Qu'il ait entendu.

— Demain, je n'oserai le regarder.

— Et pourquoi? Est-ce que tu n'es pas ma femme?
Est-ce que je ne suis pas ton mari? Est-ce qu'un mari a
une femme, est-ce qu'une femme a un mari pour rien?

— Ah! ah!

— Eh bien! qu'est-ce?

— Mon oreille!...

— Eh bien! ton oreille?

— C'est pis que jamais.

— Dors, cela se passera.

— Je ne saurais. Ah! l'oreille! ah! l'oreille!

— L'oreille, l'oreille, cela est bien aisé à dire... »

Je ne vous dirai point ce qui se passait entre eux; mais
la femme, après avoir répété l'oreille, l'oreille, plusieurs
fois de suite à voix basse et précipitée, finit par balbutier
à syllabes interrompues l'o...reil...le, et à la suite de cette
o...reil...le, je ne sais quoi, qui, joint au silence qui succéda,
me fit imaginer que son mal d'oreille s'était apaisé d'une
ou d'autre façon, il n'importe : cela me fit plaisir. Et à elle
donc!

LE MAÎTRE

Jacques, mettez la main sur la conscience, et jurez-moi
que ce n'est pas de cette femme que vous devîntes amoureux.

JACQUES

Je le jure.

LE MAÎTRE

Tant pis pour toi.

JACQUES

C'est tant pis ou tant mieux. Vous croyez apparemment
que les femmes qui ont une oreille comme la sienne écoutent
volontiers?

LE MAÎTRE

Je crois que cela est écrit là-haut.

JACQUES

Je crois qu'il est écrit à la suite qu'elles n'écoutent pas longtemps le même, et qu'elles sont tant soit peu sujettes à prêter l'oreille à un autre.

LE MAÎTRE

Cela se pourrait.

Et les voilà embarqués dans une querelle interminable sur les femmes; l'un prétendant qu'elles étaient bonnes, l'autre méchantes : et ils avaient tous deux raison; l'un sottes, l'autre pleines d'esprit : et ils avaient tous deux raison; l'un fausses, l'autre vraies : et ils avaient tous deux raison; l'un avares, l'autre libérales : et ils avaient tous deux raison; l'un belles, l'autre laides : et ils avaient tous deux raison; l'un bavardes, l'autre discrètes; l'un franches, l'autre dissimulées; l'un ignorantes, l'autre éclairées; l'un sages, l'autre libertines; l'un folles, l'autre sensées, l'un grandes, l'autre petites : et ils avaient tous deux raison.

En suivant cette dispute sur laquelle ils auraient pu faire le tour du globe sans déparler[22] un moment et sans s'accorder, ils furent accueillis par un orage qui les contraignit de s'acheminer... — Où ? — Où ? lecteur, vous êtes d'une curiosité bien incommode ! Et que diable cela vous fait-il ? Quand je vous aurai dit que c'est à Pontoise ou à Saint-Germain, à Notre-Dame de Lorette ou à Saint-Jacques de Compostelle, en serez-vous plus avancé ? Si vous insistez, je vous dirai qu'ils s'acheminèrent vers... oui; pourquoi pas ?... vers un château immense, au frontispice duquel on lisait : « Je n'appartiens à personne et j'appartiens à tout le monde. Vous y étiez avant que d'y entrer, et vous y serez encore quand vous en sortirez. » — Entrèrent-ils dans ce château ? — Non, car l'inscription était fausse, ou ils y étaient avant que d'y entrer. — Mais du moins ils en sortirent ? — Non, car l'inscription était fausse, ou ils y étaient encore quand ils en furent sortis. — Et que firent-ils là ? — Jacques disait ce qui est écrit là-haut; son maître, ce qu'ils voulurent : et ils avaient tous deux raison. — Quelle compagnie y trouvèrent-ils ? — Mêlée. — Qu'y disait-on ? — Quelques vérités, et beaucoup de mensonges. — Y avait-il des gens d'esprit ? — Où n'y en a-t-il pas ? et de maudits questionneurs qu'on fuyait comme la peste. Ce qui choqua le plus Jacques et son

maître pendant tout le temps qu'ils s'y promenèrent... —
On s'y promenait donc ? — On ne faisait que cela, quand
on n'était pas assis ou couché... Ce qui choqua le plus
Jacques et son maître, ce fut d'y trouver une vingtaine
de vauriens qui s'étaient emparés des plus somptueux
appartements, où ils se trouvaient presque toujours à
l'étroit; qui prétendaient, contre le droit commun et le
vrai sens de l'inscription, que le château leur avait été
légué en toute propriété; et qui, à l'aide d'un certain
nombre de coglions à leurs gages, l'avaient persuadé à un
grand nombre d'autres coglions à leurs gages, tout prêts
pour une petite pièce de monnaie à pendre ou assassiner
le premier qui aurait osé les contredire : cependant au
temps de Jacques et de son maître, on l'osait quelquefois.
— Impunément? — C'est selon [23].

Vous allez dire que je m'amuse, et que, ne sachant
plus que faire de mes deux voyageurs, je me jette dans l'allégorie, la ressource ordinaire des esprits stériles. Je vous
sacrifierai mon allégorie et toutes les richesses que j'en
pourrais tirer; je conviendrai de tout ce qui vous plaira,
mais à condition que vous ne me tracasserez point sur le
dernier gîte de Jacques et de son maître; soit qu'ils aient
atteint une grande ville et qu'ils aient couché chez des
filles; qu'ils aient passé la nuit chez un vieil ami qui les
fêta de son mieux; qu'ils se soient réfugiés chez des moines
mendiants, où ils furent mal logés et mal repus pour
l'amour de Dieu; qu'ils aient été accueillis dans la maison
d'un grand, où ils manquèrent de tout ce qui est nécessaire, au milieu de tout ce qui est superflu; qu'ils soient
sortis le matin d'une grande auberge, où on leur fit payer
très chèrement un mauvais souper servi dans des plats
d'argent, et une nuit passée entre des rideaux de damas et
des draps humides et repliés; qu'ils aient reçu l'hospitalité
chez un curé de village à portion congrue [24], qui courut
mettre à contribution les basses-cours de ses paroissiens,
pour avoir une omelette et une fricassée de poulets; ou
qu'ils se soient enivrés d'excellents vins, fait grande
chère et pris une indigestion bien conditionnée dans une
riche abbaye de Bernardins; car, quoique tout cela vous
paraisse également possible, Jacques n'était pas de cet
avis : il n'y avait réellement de possible que la chose qui
était écrite en haut. Ce qu'il y a de vrai, c'est que, de quelque

endroit qu'il vous plaise de les mettre en route, ils n'eurent
pas fait vingt pas que le maître dit à Jacques, après avoir
toutefois, selon son usage, pris sa prise de tabac : « Eh
bien! Jacques, et l'histoire de tes amours? »

Au lieu de répondre, Jacques s'écria : Au diable l'histoire de mes amours ! Ne voilà-t-il pas que j'ai laissé...

LE MAÎTRE

Qu'as-tu laissé ?

Au lieu de lui répondre, Jacques retournait toutes ses
poches, et se fouillait partout inutilement. Il avait laissé
la bourse de voyage sous le chevet de son lit, et il n'en
eut pas plus tôt fait l'aveu à son maître, que celui-ci s'écria :
Au diable l'histoire de tes amours ! Ne voilà-t-il pas que
ma montre est restée accrochée à la cheminée !

Jacques ne se fit pas prier; aussitôt il tourne bride, et
regagne au petit pas, car il n'était jamais pressé... — Le
château immense ? — Non, non. Entre les différents gîtes
possibles ou non possibles, dont je vous ai fait l'énumération
qui précède, choisissez celui qui convient le mieux à la
circonstance présente.

Cependant son maître allait toujours en avant : mais
voilà le maître et le valet séparés, et je ne sais auquel des
deux m'attacher de préférence. Si vous voulez suivre
Jacques, prenez-y garde; la recherche de la bourse et de
la montre pourra devenir si longue et si compliquée, que
de longtemps il ne rejoindra son maître, le seul confident
de ses amours, et adieu les amours de Jacques. Si, l'abandonnant seul à la quête de la bourse et de la montre, vous
prenez le parti de faire compagnie à son maître, vous
serez poli, mais très ennuyé; vous ne connaissez pas
encore cette espèce-là. Il a peu d'idées dans la tête; s'il lui
arrive de dire quelque chose de sensé, c'est de réminiscence ou d'inspiration. Il a des yeux comme vous et moi;
mais on ne sait la plupart du temps s'il regarde. Il ne dort
pas, il ne veille pas non plus; il se laisse exister : c'est sa
fonction habituelle. L'automate allait devant lui, se retournant de temps en temps pour voir si Jacques ne revenait
pas; il descendait de cheval et marchait à pied; il remon-
tait sur sa bête, faisait un quart de lieue, redescendait et
s'asseyait à terre, la bride de son cheval passée dans son

bras, et la tête appuyée sur ses deux mains. Quand il était
las de cette posture, il se levait et regardait au loin s'il
n'apercevrait point Jacques. Point de Jacques. Alors il
s'impatientait, et sans trop savoir s'il parlait ou non, il
disait : « Le bourreau! le chien! le coquin! où est-il?
que fait-il? Faut-il tant de temps pour reprendre une
bourse et une montre? Je te rouerai de coups; oh! cela
est certain; je te rouerai de coups. » Puis il cherchait sa
montre à son gousset, où elle n'était pas, et il achevait de
se désoler, car il ne savait que devenir sans sa montre,
sans sa tabatière et sans Jacques : c'étaient les trois grandes
ressources de sa vie, qui se passait à prendre du tabac, à
regarder l'heure qu'il était, à questionner Jacques; et
cela dans toutes les combinaisons. Privé de sa montre, il
en était donc réduit à sa tabatière, qu'il ouvrait et fermait
à chaque minute, comme je fais, moi, lorsque je m'ennuie.
Ce qui reste de tabac le soir dans ma tabatière est en raison
directe de l'amusement, ou inverse de l'ennui de ma journée. Je vous supplie, lecteur, de vous familiariser avec
cette manière de dire empruntée de la géométrie, parce
que je la trouve précise et que je m'en servirai souvent.

Eh bien! en avez-vous assez du maître; et son valet ne
venant point à nous, voulez-vous que nous allions à lui?
Le pauvre Jacques! au moment où nous en parlons, il
s'écriait douloureusement : « Il était donc écrit en haut
qu'en un même jour je serais appréhendé comme voleur
de grand chemin, sur le point d'être conduit dans une
prison, et accusé d'avoir séduit une fille! »

Comme il approchait au petit pas... du château? non, du
lieu de leur dernière couchée, il passe à côté de lui un de
ces merciers ambulants qu'on appelle porteballes [25], et qui
lui crie : « Monsieur le chevalier, jarretières, ceintures,
cordons de montre, tabatières du dernier goût, vraies
jaback [26], bagues, cachets de montre. Montre, monsieur,
une montre, une belle montre d'or, ciselée, à double boîte,
comme neuve... » Jacques lui répond : « J'en cherche
bien une, mais ce n'est pas la tienne... » et continue sa
route, toujours au petit pas. En allant, il crut voir écrit
en haut que la montre que cet homme lui avait proposée
était celle de son maître. Il revient sur ses pas, et dit au
porteballe : « L'ami, voyons votre montre à boîte d'or,
j'ai dans la fantaisie qu'elle pourrait me convenir.

— Ma foi, dit le porteballe, je n'en serais pas surpris ; elle est belle, très belle, de Julien Le Roi[27]. Il n'y a qu'un moment qu'elle m'appartient ; je l'ai acquise pour un morceau de pain, j'en ferai bon marché. J'aime les petits gains répétés ; mais on est bien malheureux par le temps qui court : de trois mois d'ici je n'aurai pas une pareille aubaine. Vous m'avez l'air d'un galant homme, et j'aimerais mieux que vous en profitassiez qu'un autre... »

Tout en causant, le mercier avait mis sa malle à terre, l'avait ouverte, et en avait tiré la montre, que Jacques reconnut sur-le-champ, sans en être étonné ; car s'il ne se pressait jamais, il s'étonnait rarement. Il regarda bien la montre : Oui, se dit-il à lui-même, c'est elle... Au porteballe : « Vous avez raison, elle est belle, très belle, et je sais qu'elle est bonne... » Puis la mettant dans son gousset, il dit au porteballe : « L'ami, grand merci !

— Comment, grand merci !

— Oui, c'est la montre de mon maître.

— Je ne connais point votre maître, cette montre est à moi, je l'ai bien achetée et bien payée... »

Et saisissant Jacques au collet, il se mit en devoir de lui reprendre la montre. Jacques s'approche de son cheval, prend un de ses pistolets, et l'appuyant sur la poitrine du porteballe : « Retire-toi, lui dit-il, ou tu es mort. » Le porteballe effrayé lâche prise. Jacques remonte sur son cheval et s'achemine au petit pas vers la ville, en disant en lui-même : « Voilà la montre recouvrée, voyons à présent à notre bourse... » Le porteballe se hâte de refermer sa malle, la remet sur ses épaules, et suit Jacques en criant : « Au voleur ! au voleur ! à l'assassin ! au secours ! à moi ! à moi !... » C'était dans la saison des récoltes : les champs étaient couverts de travailleurs. Tous laissent leurs faucilles, s'attroupent autour de cet homme, et lui demandent où est le voleur, où est l'assassin.

« Le voilà, le voilà là-bas.

— Quoi ! celui qui s'achemine au petit pas vers la porte de la ville ?

— Lui-même.

— Allez, vous êtes fou, ce n'est point là l'allure d'un voleur.

— C'en est un, c'en est un, vous dis-je, il m'a pris de force une montre d'or... »

Ces gens ne savaient à quoi s'en rapporter, des cris du
porteballe ou de la marche tranquille de Jacques. « Cependant, ajoutait le porteballe, mes enfants, je suis ruiné si
vous ne me secourez; elle vaut trente louis comme un
liard. Secourez-moi, il emporte ma montre, et s'il vient à
piquer des deux, ma montre est perdue... »
Si Jacques n'était guère à portée d'entendre ces cris, il
pouvait aisément voir l'attroupement, et n'en allait pas
plus vite. Le porteballe détermina, par l'espoir d'une récompense, les paysans à courir après Jacques. Voilà donc une
multitude d'hommes, de femmes et d'enfants allant et
criant : « Au voleur ! au voleur ! à l'assassin ! » et le porteballe les suivant d'aussi près que le fardeau dont il était
chargé le lui permettait, et criant : « Au voleur ! au voleur !
à l'assassin !...»
Ils sont entrés dans la ville, car c'est dans une ville que
Jacques et son maître avaient séjourné la veille; je me le
rappelle à l'instant. Les habitants quittent leurs maisons,
se joignent aux paysans et au porteballe, tous vont criant
à l'unisson : « Au voleur ! au voleur ! à l'assassin !... »
Tous atteignent Jacques en même temps. Le porteballe
s'élançant sur lui, Jacques lui détache un coup de botte
dont il est renversé par terre, mais n'en criant pas moins :
« Coquin, fripon, scélérat, rends-moi ma montre; tu me
la rendras, et tu n'en seras pas moins pendu... » Jacques,
gardant son sang-froid, s'adressait à la foule qui grossissait à chaque instant, et disait : « Il y a un magistrat de
police ici, qu'on me mène chez lui : là, je ferai voir que
je ne suis point un coquin, et que cet homme en pourrait
bien être un. Je lui ai pris une montre, il est vrai; mais
cette montre est celle de mon maître. Je ne suis point
inconnu dans cette ville : avant-hier au soir nous y arrivâmes mon maître et moi, et nous avons séjourné chez
M. le lieutenant général 28, son ancien ami. » Si je ne vous
ai pas dit plus tôt que Jacques et son maître avaient passé
par Conches 29, et qu'ils avaient logé chez le lieutenant
général de ce lieu, c'est que cela ne m'est pas revenu plus
tôt. « Qu'on me conduise chez M. le lieutenant général »,
disait Jacques, et en même temps, il mit pied à terre. On
le voyait au centre du cortège, lui, son cheval et le porteballe. Ils marchent, ils arrivent à la porte du lieutenant
général. Jacques, son cheval et le porteballe entrent,

Jacques et le porteballe se tenant l'un l'autre à la boutonnière. La foule reste en dehors.

Cependant, que faisait le maître de Jacques ? Il s'était assoupi au bord du grand chemin, la bride de son cheval passée dans son bras, et l'animal paissait l'herbe autour du dormeur, autant que la longueur de la bride le lui permettait.

Aussitôt que le lieutenant général aperçut Jacques, il s'écria : « Eh ! c'est toi, mon pauvre Jacques ! Qu'est-ce qui te ramène seul ici ?

— La montre de mon maître : il l'avait laissée pendue au coin de la cheminée, et je l'ai retrouvée dans la balle de cet homme; notre bourse, que j'ai oubliée sous mon chevet, et qui se retrouvera si vous l'ordonnez.

— Et que cela soit écrit là-haut... », ajouta le magistrat.

A l'instant il fit appeler ses gens : à l'instant le porteballe montrant un grand drôle de mauvaise mine, et nouvellement installé dans la maison, dit : « Voilà celui qui m'a vendu la montre. »

Le magistrat, prenant un air sévère, dit au porteballe et à son valet : « Vous mériteriez tous deux les galères, toi pour avoir vendu la montre, toi pour l'avoir achetée... » A son valet : « Rends à cet homme son argent, et mets bas ton habit sur-le-champ... » Au porteballe : « Dépêche-toi de vider le pays, si tu n'y veux pas rester accroché pour toujours [30]. Vous faites tous deux un métier qui porte malheur... Jacques, à présent il s'agit de ta bourse. » Celle qui se l'était appropriée comparut sans se faire appeler; c'était une grande fille faite au tour. « C'est moi, monsieur, qui ai la bourse, dit-elle à son maître; mais je ne l'ai point volée : c'est lui qui me l'a donnée.

— Je vous ai donné ma bourse ?

— Oui.

— Cela se peut, mais que le diable m'emporte si je m'en souviens... »

Le magistrat dit à Jacques : « Allons, Jacques, n'éclaircissons pas cela davantage.

— Monsieur...

— Elle est jolie et complaisante à ce que je vois.

— Monsieur, je vous jure...

— Combien y avait-il dans la bourse ?

— Environ neuf cent dix-sept livres.

— Ah ! Javotte ! neuf cent dix-sept livres pour une nuit, c'est beaucoup trop pour vous et pour lui. Donnez-moi la bourse... »

La grande fille donna la bourse à son maître qui en tira un écu de six francs : « Tenez, lui dit-il, en lui jetant l'écu, voilà le prix de vos services ; vous valez mieux, mais pour un autre que Jacques. Je vous en souhaite deux fois autant tous les jours, mais hors de chez moi, entendez-vous ? Et toi, Jacques, dépêche-toi de remonter sur ton cheval, et de retourner à ton maître. »

Jacques salua le magistrat et s'éloigna sans répondre, mais il disait en lui-même : « L'effrontée ! la coquine ! il était donc écrit là-haut qu'un autre coucherait avec elle, et que Jacques payerait !... Allons, Jacques, console-toi ; n'es-tu pas trop heureux d'avoir rattrapé ta bourse et la montre de ton maître, et qu'il t'en ait si peu coûté ? »

Jacques remonte sur son cheval et fend la presse qui s'était faite à l'entrée de la maison du magistrat ; mais comme il souffrait avec peine que tant de gens le prissent pour un fripon, il affecta de tirer la montre de sa poche et de regarder l'heure qu'il était ; puis il piqua des deux son cheval, qui n'y était pas fait, et qui n'en partit qu'avec plus de célérité. Son usage était de le laisser aller à sa fantaisie ; car il trouvait autant d'inconvénient à l'arrêter quand il galopait, qu'à le presser quand il marchait lentement. Nous croyons conduire le destin ; mais c'est toujours lui qui nous mène : et le destin, pour Jacques, était tout ce qui le touchait ou l'approchait, son cheval, son maître, un moine, un chien, une femme, un mulet, une corneille. Son cheval le conduisait donc à toutes jambes vers son maître, qui s'était assoupi sur le bord du chemin, la bride de son cheval passée dans son bras, comme je vous l'ai dit. Alors le cheval tenait à la bride ; mais lorsque Jacques arriva, la bride était restée à sa place, et le cheval n'y tenait plus. Un fripon s'était apparemment approché du dormeur, avait doucement coupé la bride et emmené l'animal. Au bruit du cheval de Jacques, son maître se réveilla, et son premier mot fut : « Arrive, arrive, maroufle ! je te vais... » Là, il se mit à bâiller d'une aune.

— Bâillez, bâillez, monsieur, tout à votre aise, lui dit Jacques, mais où est votre cheval ?

— Mon cheval ?

— Oui, votre cheval... »

Le maître s'apercevant aussitôt qu'on lui avait volé son cheval, se disposait à tomber sur Jacques à grands coups de bride, lorsque Jacques lui dit : « Tout doux, monsieur, je ne suis pas d'humeur aujourd'hui à me laisser assommer ; je recevrai le premier coup, mais je vous jure qu'au second je pique des deux et vous laisse là... »

Cette menace de Jacques fit tomber subitement la fureur de son maître, qui lui dit d'un ton radouci : « Et ma montre ?

— La voilà.

— Et la bourse ?

— La voilà.

— Tu as été bien longtemps.

— Pas trop pour tout ce que j'ai fait. Écoutez bien. Je suis allé, je me suis battu, j'ai ameuté tous les paysans de la campagne, j'ai ameuté tous les habitants de la ville, j'ai été pris pour voleur de grand chemin, j'ai été conduit chez le juge, j'ai subi deux interrogatoires, j'ai presque fait pendre deux hommes ; j'ai fait mettre à la porte un valet, j'ai fait chasser une servante, j'ai été convaincu d'avoir couché avec une créature que je n'ai jamais vue et que j'ai pourtant payée ; et je suis revenu.

— Et moi, en t'attendant...

— En m'attendant il était écrit là-haut que vous vous endormiriez, et qu'on vous volerait votre cheval. Eh bien ! monsieur, n'y pensons plus ! c'est un cheval perdu, et peut-être est-il écrit là-haut qu'il se retrouvera.

— Mon cheval ! mon pauvre cheval !

— Quand vous continueriez vos lamentations d'ici à demain, il n'en sera ni plus ni moins.

— Qu'allons-nous faire ?

— Je vais vous prendre en croupe, ou, si vous l'aimez mieux, nous quitterons nos bottes, nous les attacherons sur la selle de mon cheval, et nous poursuivrons notre route à pied.

— Mon cheval ! mon pauvre cheval ! »

Ils prirent le parti d'aller à pied, le maître s'écriant de temps en temps, mon cheval ! mon pauvre cheval ! et Jacques paraphrasant l'abrégé de ses aventures. Lorsqu'il en fut à l'accusation de la fille, son maître lui dit :

Vrai, Jacques, tu n'avais pas couché avec cette fille ?

JACQUES

Non, monsieur.

LE MAÎTRE

Et tu l'as payée ?

JACQUES

Assurément !

LE MAÎTRE

Je fus une fois en ma vie plus malheureux que toi.

JACQUES

Vous payâtes après avoir couché ?

LE MAÎTRE

Tu l'as dit.

JACQUES

Est-ce que vous ne me raconterez pas cela ?

LE MAÎTRE

Avant que d'entrer dans l'histoire de mes amours, il faut être sorti de l'histoire des tiennes. Eh bien ! Jacques, et tes amours, que je prendrai pour les premières et les seules de ta vie, nonobstant l'aventure de la servante du lieutenant général de Conches ; car, quand tu aurais couché avec elle, tu n'en aurais pas été l'amoureux pour cela. Tous les jours on couche avec des femmes qu'on n'aime pas, et l'on ne couche pas avec des femmes qu'on aime... Mais...

JACQUES

Eh bien ! mais !... qu'est-ce ?

LE MAÎTRE

Mon cheval !... Jacques, mon ami, ne te fâche pas ; mets-toi à la place de mon cheval, suppose que je t'aie perdu, et dis-moi si tu ne m'en estimerais pas davantage si tu m'entendais m'écrier : Mon Jacques ! mon pauvre Jacques !

Jacques sourit, et dit : J'en étais, je crois, au discours de mon hôte avec sa femme pendant la nuit qui suivit mon premier pansement. Je reposai un peu. Mon hôte et sa femme se levèrent plus tard que de coutume.

LE MAÎTRE

Je le crois.

JACQUES

A mon réveil, j'entrouvris doucement mes rideaux, et
je vis mon hôte, sa femme et le chirurgien, en conférence
secrète vers la fenêtre. Après ce que j'avais entendu pendant la nuit, il ne me fut pas difficile de deviner ce qui se
traitait là. Je toussai. Le chirurgien dit au mari : « Il est
éveillé; compère, descendez à la cave, nous boirons un
coup, cela rend la main sûre; je lèverai ensuite mon appareil,
puis nous aviserons au reste. »

La bouteille arrivée et vidée, car, en terme de l'art, boire
un coup c'est vider au moins une bouteille, le chirurgien
s'approcha de mon lit, et me dit : « Comment la nuit
a-t-elle été ?

— Pas mal.

— Votre bras... Bon, bon, le pouls n'est pas mauvais,
il n'y a presque plus de fièvre. Il faut voir à ce genou...
Allons, commère, dit-il à l'hôtesse qui était debout au pied
de mon lit derrière le rideau, aidez-nous... » L'hôtesse
appela un de ses enfants... » Ce n'est pas un enfant qu'il
nous faut ici, c'est vous, un faux mouvement nous apprê-
terait de la besogne pour un mois. Approchez. » L'hôtesse approcha, les yeux baissés... « Prenez cette jambe,
la bonne, je me charge de l'autre. Doucement, doucement... A moi, encore un peu à moi... L'ami, un petit
tour de corps à droite,... à droite, vous dis-je, et nous y
voilà... »

Je tenais le matelas des deux mains, je grinçais les dents,
la sueur me coulait le long du visage. « L'ami, cela n'est
pas doux.

— Je le sens.

— Vous y voilà. Commère, lâchez la jambe, prenez
l'oreiller; approchez la chaise, et mettez l'oreiller dessus...
Trop près... Un peu plus loin... L'ami, donnez-moi la
main, serrez-moi ferme. Commère, passez dans la ruelle,
et tenez-le par-dessous les bras... A merveille... Compère,
ne reste-t-il rien dans la bouteille ?

— Non.

— Allez prendre la place de votre femme, et qu'elle en
aille chercher une autre... Bon, bon, versez plein... Femme,

laissez votre homme où il est, et venez à côté de moi... »
L'hôtesse appela encore une fois un de ses enfants. « Eh !
mort diable, je vous l'ai déjà dit, un enfant n'est pas ce
qu'il nous faut. Mettez-vous à genoux, passez la main
sous le mollet... Commère, vous tremblez comme si vous
aviez fait un mauvais coup; allons donc, du courage...
La gauche sous le bas de la cuisse, là, au-dessus du ban-
dage... Fort bien !... » Voilà les coutures coupées, les
bandes déroulées, l'appareil levé et ma blessure à découvert. Le chirurgien tâte en dessus, en dessous, par les
côtés, et à chaque fois qu'il me touche, il dit : « L'ignorant ! l'âne ! le butor ! et cela se mêle de chirurgie ! Cette
jambe, une jambe à couper ? Elle durera autant que l'autre :
c'est moi qui vous en réponds.

— Je guérirai ?

— J'en ai bien guéri d'autres.

— Je marcherai ?

— Vous marcherez.

— Sans boiter ?

— C'est autre chose; diable, l'ami, comme vous y allez !
N'est-ce pas assez que je vous aie sauvé votre jambe ? Au
demeurant, si vous boitez, ce sera peu de chose. Aimez-
vous la danse ?

— Beaucoup.

— Si vous en marchez un peu moins bien, vous n'en
danserez que mieux... Commère, le vin chaud... Non,
l'autre d'abord : encore un petit verre, et notre pansement
n'en ira pas plus mal. »

Il boit : on apporte le vin chaud, on m'étuve, on remet
l'appareil, on m'étend dans mon lit, on m'exhorte à dormir
si je puis, on ferme les rideaux, on achève la bouteille
entamée, on en remonte une autre, et la conférence reprend
entre le chirurgien, l'hôte et l'hôtesse.

L'HÔTE

Compère, cela sera-t-il long ?

LE CHIRURGIEN

Très long... A vous [31], compère.

L'HÔTE

Mais combien ? Un mois ?

LE CHIRURGIEN

Un mois ! Mettez-en deux, trois, quatre, qui sait cela ?
La rotule est entamée, le fémur, le tibia... A vous, commère.

L'HÔTE

Quatre mois ! miséricorde ! Pourquoi le recevoir ici ?
Que diable faisait-elle à sa porte ?

LE CHIRURGIEN

A moi ; car j'ai bien travaillé.

L'HÔTESSE

Mon ami, voilà que tu recommences. Ce n'est pas ce
que tu m'avais promis cette nuit ; mais patience, tu y reviendras.

L'HÔTE

Mais, dis-moi, que faire de cet homme ? Encore si
l'année n'était pas si mauvaise !...

L'HÔTESSE

Si tu voulais, j'irais chez le curé.

L'HÔTE

Si tu y mets le pied, je te roue de coups.

LE CHIRURGIEN

Pourquoi donc, compère ? la mienne y va bien.

L'HÔTE

C'est votre affaire.

LE CHIRURGIEN

A ma filleule ; comment se porte-t-elle ?

L'HÔTESSE

Fort bien.

LE CHIRURGIEN

Allons, compère, à votre femme et à la mienne ; ce
sont deux bonnes femmes.

L'HÔTE

La vôtre est plus avisée ; elle n'aurait pas fait la sottise...

L'HOTESSE

Mais, compère, il y a les sœurs grises [32].

LE CHIRURGIEN

Ah! commère! un homme, un homme chez les sœurs grises! Et puis il y a une petite difficulté un peu plus grande que le doigt... Buvons aux sœurs, ce sont de bonnes filles.

L'HÔTESSE

Et quelle difficulté ?

LE CHIRURGIEN

Votre homme ne veut pas que vous alliez chez le curé, et ma femme ne veut pas que j'aille chez les sœurs... Mais, compère, encore un coup, cela nous avisera peut-être. Avez-vous questionné cet homme ? Il n'est peut-être pas sans ressource.

L'HÔTE

Un soldat !

LE CHIRURGIEN

Un soldat a père, mère, frères, sœurs, des parents, des amis, quelqu'un sous le ciel... Buvons encore un coup, éloignez-vous, et laissez-moi faire.

Telle fut à la lettre la conversation du chirurgien, de l'hôte et de l'hôtesse : mais quelle autre couleur n'aurais-je pas été le maître de lui donner, en introduisant un scélérat parmi ces bonnes gens ? Jacques se serait vu, ou vous auriez vu Jacques au moment d'être arraché de son lit, jeté sur un grand chemin ou dans une fondrière. — Pourquoi pas tué ? — Tué, non. J'aurais bien su appeler quelqu'un à son secours; ce quelqu'un-là aurait été un soldat de sa compagnie : mais cela aurait pué le *Cléveland* [33] à infecter. La vérité, la vérité! — La vérité, me direz-vous, est souvent froide, commune et plate; par exemple, votre dernier récit du pansement de Jacques est vrai, mais qu'y a-t-il d'intéressant ? Rien. — D'accord. — S'il faut être vrai, c'est comme Molière, Regnard, Richardson, Sedaine; la vérité a ses côtés piquants, qu'on saisit quand on a du génie. — Oui, quand on a du génie; mais quand on en manque ? — Quand on en manque, il ne faut pas écrire. Et si par malheur on ressemblait à un certain poète que j'envoyai à

Pondichéry ? — Qu'est-ce que ce poète ? — Ce poète...
Mais si vous m'interrompez, lecteur, et si je m'interromps
moi-même à tout coup, que deviendront les amours de
Jacques ? Croyez-moi, laissons là le poète... L'hôte et
l'hôtesse s'éloignèrent... — Non, non, l'histoire du poète
de Pondichéry. — Le chirurgien s'approcha du lit de
Jacques... [34] — L'histoire du poète de Pondichéry, l'histoire
du poète de Pondichéry. — Un jour il me vint un jeune
poète, comme il m'en vient tous les jours... Mais, lecteur,
quel rapport cela a-t-il avec le voyage de Jacques le Fataliste et de son maître ?... — L'histoire du poète de Pondichéry. — Après les compliments ordinaires sur mon esprit,
mon génie, mon goût, ma bienfaisance, et autres propos
dont je ne crois pas un mot, bien qu'il y ait plus de vingt ans
qu'on me les répète, et peut-être de bonne foi, le jeune
poète tire un papier de sa poche : ce sont des vers, me
dit-il. — Des vers ! — Oui, monsieur, et sur lesquels
j'espère que vous aurez la bonté de me dire votre avis. —
Aimez-vous la vérité ? — Oui, monsieur; et je vous la
demande. — Vous allez la savoir. — Quoi ! vous êtes assez
bête pour croire qu'un poète vient chercher la vérité chez
vous ? — Oui. — Et pour la lui dire ? — Assurément ! —
Sans ménagement ? — Sans doute : le ménagement le mieux
apprêté ne serait qu'une offense grossière; fidèlement inter-
prété, il signifierait, vous êtes un mauvais poète; et comme
je ne vous crois pas assez robuste pour entendre la vérité,
vous n'êtes encore qu'un plat homme. — Et la franchise
vous a toujours réussi ? — Presque toujours... Je lis les
vers de mon jeune poète, et je lui dis : Non seulement vos
vers sont mauvais, mais il m'est démontré que vous n'en
ferez jamais de bons. — Il faudra donc que j'en fasse de
mauvais; car je ne saurais m'empêcher d'en faire. — Voilà
une terrible malédiction ! Concevez-vous, monsieur, dans
quel avilissement vous allez tomber ? Ni les dieux, ni les
hommes, ni les colonnes, n'ont pardonné la médiocrité
aux poètes : c'est Horace qui l'a dit [35]. — Je le sais. —
Êtes-vous riche ? — Non. — Êtes-vous pauvre ? — Très
pauvre. — Et vous allez joindre à la pauvreté le ridicule
de mauvais poète; vous aurez perdu toute votre vie, vous
serez vieux. Vieux, pauvre et mauvais poète, ah ! monsieur,
quel rôle ! — Je le conçois, mais je suis entraîné malgré
moi... (Ici Jacques aurait dit : Mais cela est écrit là-haut.)

— Avez-vous des parents ? — J'en ai. — Quel est leur
état ? — Ils sont joailliers. — Feraient-ils quelque chose
pour vous ? — Peut-être. — Eh bien ! voyez vos parents,
proposez-leur de vous avancer une pacotille de bijoux.
Embarquez-vous pour Pondichéry; vous ferez de mauvais
vers sur la route; arrivé, vous ferez fortune. Votre fortune
faite, vous reviendrez faire ici tant de mauvais vers qu'il
vous plaira, pourvu que vous ne les fassiez pas imprimer,
car il ne faut ruiner personne... Il y avait environ douze ans
que j'avais donné ce conseil au jeune homme, lorsqu'il
m'apparut; je ne le reconnaissais pas. C'est moi, monsieur,
me dit-il, que vous avez envoyé à Pondichéry. J'y ai été,
j'ai amassé là une centaine de mille francs. Je suis revenu;
je me suis remis à faire des vers, et en voilà que je vous
apporte... Ils sont toujours mauvais ? — Toujours; mais
votre sort est arrangé, et je consens que vous continuiez
à faire de mauvais vers. — C'est bien mon projet...

Et le chirurgien s'étant approché du lit de Jacques, celui-
ci ne lui laissa pas le temps de parler. J'ai tout entendu, lui
dit-il... Puis, s'adressant à son maître, il ajouta... Il allait
ajouter, lorsque son maître l'arrêta. Il était las de marcher;
il s'assit sur le bord du chemin, la tête tournée vers un
voyageur qui s'avançait de leur côté, à pied, la bride de son
cheval, qui le suivait, passée dans son bras.

Vous allez croire, lecteur, que ce cheval est celui qu'on a
volé au maître de Jacques : et vous vous tromperez. C'est
ainsi que cela arriverait dans un roman, un peu plus tôt
ou un peu plus tard, de cette manière ou autrement; mais
ceci n'est point un roman, je vous l'ai déjà dit, je crois, et
je vous le répète encore. Le maître dit à Jacques :

Vois-tu cet homme qui vient à nous ?

JACQUES

Je le vois.

LE MAÎTRE

Son cheval me paraît bon.

JACQUES

J'ai servi dans l'infanterie, et je ne m'y connais pas.

LE MAÎTRE

Moi, j'ai commandé dans la cavalerie, et je m'y connais.

JACQUES

Après ?

LE MAÎTRE

Je voudrais que tu allasses proposer à cet homme de nous le céder, en payant s'entend.

JACQUES

Cela est bien fou, mais j'y vais. Combien y voulez-vous mettre ?

LE MAÎTRE

Jusqu'à cent écus...

Jacques, après avoir recommandé à son maître de ne pas s'endormir, va à la rencontre du voyageur, lui propose l'achat de son cheval, le paye et l'emmène. Eh bien ! Jacques, lui dit son maître, si vous avez vos pressentiments, vous voyez que j'ai aussi les miens. Ce cheval est beau; le marchand t'aura juré qu'il est sans défaut; mais en fait de chevaux tous les hommes sont maquignons.

JACQUES

Et en quoi ne le sont-ils pas ?

LE MAÎTRE

Tu le monteras et tu me céderas le tien.

JACQUES

D'accord.

Les voilà donc tous les deux à cheval, et Jacques ajoutant : Lorsque je quittai la maison, mon père, ma mère, mon parrain, m'avaient tous donné quelque chose, chacun selon leurs petits moyens; et j'avais en réserve cinq louis, dont Jean, mon aîné, m'avait fait présent lorsqu'il partit pour son malheureux voyage de Lisbonne... [36] (Ici Jacques se mit à pleurer, et son maître à lui représenter que cela était écrit là-haut.) Il est vrai, monsieur, je me le suis dit cent fois; et avec tout cela je ne saurais m'empêcher de pleurer...

Puis voilà Jacques qui sanglote et qui pleure de plus belle; et son maître qui prend sa prise de tabac, et qui regarde à sa montre l'heure qu'il est. Après avoir mis la bride de son cheval entre ses dents et essuyé ses yeux avec ses deux mains, Jacques continua :

Des cinq louis de Jean, de mon engagement, et des
présents de mes parents et amis, j'avais fait une bourse dont
je n'avais pas encore soustrait une obole. Je retrouvai ce
magot bien à point; qu'en dites-vous, mon maître ?

LE MAÎTRE

Il était impossible que tu restasses plus longtemps dans
la chaumière.

JACQUES

Même en payant.

LE MAÎTRE

Mais qu'est-ce que ton frère Jean était allé chercher à
Lisbonne ?

JACQUES

Il me semble que vous prenez à tâche de me fourvoyer.
Avec vos questions, nous aurons fait le tour du monde
avant que d'avoir atteint la fin de mes amours.

LE MAÎTRE

Qu'importe, pourvu que tu parles et que je t'écoute ? ne
sont-ce pas les deux points importants ? Tu me grondes,
lorsque tu devrais me remercier.

JACQUES

Mon frère était allé chercher le repos à Lisbonne. Jean,
mon frère, était un garçon d'esprit : c'est ce qui lui a porté
malheur; il eût été mieux pour lui qu'il eût été un sot comme
moi; mais cela était écrit là-haut. Il était écrit que le frère
quêteur des Carmes qui venait dans notre village demander
des œufs, de la laine, du chanvre, des fruits, du vin à chaque
saison, logerait chez mon père, qu'il débaucherait Jean,
mon frère, et que Jean, mon frère, prendrait l'habit de
moine.

LE MAÎTRE

Jean, ton frère, a été Carme ?

JACQUES

Oui, monsieur, et Carme déchaux [37]. Il était actif, intelligent, chicaneur; c'était l'avocat consultant du village. Il
savait lire et écrire, et, dès sa jeunesse, il s'occupait à déchif-

frer et à copier de vieux parchemins. Il passa par toutes les
fonctions de l'ordre, successivement portier, sommelier,
jardinier, sacristain, adjoint à procure [38] et banquier; du
train dont il y allait, il aurait fait notre fortune à tous. Il a
marié et bien marié deux de nos sœurs et quelques autres
filles du village. Il ne passait pas dans les rues, que les
pères, les mères et les enfants n'allassent à lui, et ne lui
criassent : « Bonjour, frère Jean; comment vous portez-
vous, frère Jean ? » Il est sûr que quand il entrait dans une
maison, la bénédiction du ciel y entrait avec lui; et que
s'il y avait une fille, deux mois après sa visite elle était
mariée. Le pauvre frère Jean ! l'ambition le perdit. Le
procureur de la maison, auquel on l'avait donné pour
adjoint, était vieux. Les moines ont dit qu'il avait formé le
projet de lui succéder après sa mort, que pour cet effet il
bouleversa tout le chartrier, qu'il brûla tous les anciens
registres, et qu'il en fit de nouveaux, en sorte qu'à la mort
du vieux procureur, le diable n'aurait vu goutte dans les
titres de la communauté. Avait-on besoin d'un papier, il
fallait perdre un mois à le chercher; encore souvent ne le
trouvait-on pas. Les Pères démêlèrent la ruse du frère Jean
et son objet : ils prirent la chose au grave, et frère Jean,
au lieu d'être procureur comme il s'en était flatté, fut réduit
au pain et à l'eau, et discipliné jusqu'à ce qu'il eût communiqué à un autre la clef de ses registres. Les moines sont impla-
cables. Quand on eut tiré de frère Jean tous les éclaircissements dont on avait besoin, on le fit porteur de charbon
dans le laboratoire où l'on distille *l'eau des Carmes*. Frère
Jean, ci-devant banquier de l'ordre et adjoint à procure,
maintenant charbonnier! Frère Jean avait du cœur, il ne
put supporter ce déchet [39] d'importance et de splendeur,
et n'attendit qu'une occasion de se soustraire à cette
humiliation.

Ce fut alors qu'il arriva dans la même maison un jeune
Père qui passait pour la merveille de l'ordre au tribunal et
dans la chaire; il s'appelait le Père Ange [40]. Il avait de beaux
yeux, un beau visage, un bras et des mains à modeler. Le
voilà qui prêche, qui prêche, qui confesse, qui confesse;
voilà les vieux directeurs quittés par leurs dévotes; voilà
ces dévotes attachées au jeune Père Ange; voilà que les
veilles de dimanches et de grandes fêtes, la boutique du
Père Ange est environnée de pénitents et de pénitentes, et

que les vieux Pères attendaient inutilement pratique dans
leurs boutiques désertes : ce qui les chagrinait beaucoup...
Mais, monsieur, si je laissais là l'histoire de frère Jean et que
je reprisse celle de mes amours, cela serait peut-être plus gai.

LE MAÎTRE

Non, non; prenons une prise de tabac, voyons l'heure
qu'il est et poursuis.

JACQUES

J'y consens, puisque vous le voulez...
Mais le cheval de Jacques fut d'un autre avis; le voilà
qui prend tout à coup le mors aux dents et qui se précipite
dans un fondrière. Jacques a beau le serrer des genoux et
lui tenir la bride courte, du plus bas de la frondrière,
l'animal têtu s'élance et se met à grimper à toutes jambes
une monticule où il s'arrête tout court et où Jacques,
tournant ses regards autour de lui, se voit entre des fourches
patibulaires.

Un autre que moi, lecteur, ne manquerait pas de garnir
ces fourches de leur gibier et de ménager à Jacques une
triste reconnaissance. Si je vous le disais, vous le croiriez
peut-être, car il y a des hasards plus singuliers, mais la chose
n'en serait pas plus vraie : ces fourches étaient vacantes.

Jacques laissa reprendre haleine à son cheval, qui de
lui-même redescendit la montagne, remonta la fondrière
et replaça Jacques à côté de son maître, qui lui dit : Ah !
mon ami, quelle frayeur tu m'as causée ! je t'ai tenu pour
mort... mais tu rêves; à quoi rêves-tu ?

JACQUES

A ce que j'ai trouvé là-haut.

LE MAÎTRE

Et qu'y as-tu donc trouvé ?

JACQUES

Des fourches patibulaires, un gibet.

LE MAÎTRE

Diable ! cela est de fâcheux augure; mais rappelle-toi
ta doctrine. Si cela est écrit là-haut, tu auras beau faire, tu
seras pendu, cher ami; et si cela n'est pas écrit là-haut, le

cheval en aura menti. Si cet animal n'est pas inspiré, il est
sujet à des lubies; il faut y prendre garde...

Après un moment de silence, Jacques se frotta le front
et secoua ses oreilles, comme on fait lorsqu'on cherche à
écarter de soi une idée fâcheuse, et reprit brusquement :

Ces vieux moines tinrent conseil entre eux et résolurent,
à quelque prix et par quelque voie que ce fût, de se défaire
d'une jeune barbe qui les humiliait. Savez-vous ce qu'ils
firent ?... Mon maître, vous ne m'écoutez pas.

LE MAÎTRE

Je t'écoute, je t'écoute : continue.

JACQUES

Ils gagnèrent le portier, qui était un vieux coquin comme
eux. Ce vieux coquin accusa le jeune Père d'avoir pris des
libertés avec une de ses dévotes dans le parloir, et assura,
par serment, qu'il l'avait vu. Peut-être cela était-il vrai,
peut-être cela était-il faux : que sait-on ? Ce qu'il y a de
plaisant, c'est que le lendemain de cette accusation, le prieur
de la maison fut assigné au nom d'un chirurgien pour être
satisfait des remèdes qu'il avait administrés et des soins
qu'il avait donnés à ce scélérat de portier dans le cours
d'une maladie galante... Mon maître, vous ne m'écoutez
pas, et je sais ce qui vous distrait, je gage que ce sont ces
fourches patibulaires.

LE MAÎTRE

Je ne saurais en disconvenir.

JACQUES

Je surprends vos yeux attachés sur mon visage; est-ce
que vous me trouvez l'air sinistre ?

LE MAÎTRE

Non, non.

JACQUES

C'est-à-dire, oui, oui. Eh bien ! si je vous fais peur, nous
n'avons qu'à nous séparer.

LE MAÎTRE

Allons donc, Jacques, vous perdez l'esprit; est-ce que vous n'êtes pas sûr de vous ?

JACQUES

Non, monsieur; et qui est-ce qui est sûr de soi ?

LE MAÎTRE

Tout homme de bien. Est-ce que Jacques, l'honnête Jacques, ne se sent pas là de l'horreur pour le crime ?... Allons, Jacques, finissons cette dispute et reprenez votre récit.

JACQUES

En conséquence de cette calomnie ou médisance du portier, on se crut autorisé à faire mille diableries, mille méchancetés à ce pauvre Père Ange dont la tête parut se déranger. Alors on appela un médecin qu'on corrompit et qui attesta que ce religieux était fou et qu'il avait besoin de respirer l'air natal. S'il n'eût été question que d'éloigner ou d'enfermer le Père Ange, c'eût été une affaire bientôt faite; mais parmi les dévotes dont il était la coqueluche, il y avait de grandes dames à ménager. On leur parlait de leur directeur avec une commisération hypocrite : « Hélas! ce pauvre Père, c'est bien dommage! c'était l'aigle de notre communauté. — Qu'est-ce qui lui est donc arrivé ? » A cette question on ne répondait qu'en poussant un profond soupir et en levant les yeux au ciel; si l'on insistait, on baissait la tête et l'on se taisait. A cette singerie l'on ajoutait quelquefois : « O Dieu ! qu'est-ce de nous !... Il a encore des moments surprenants... des éclairs de génie... Cela reviendra peut-être, mais il y a peu d'espoir... Quelle perte pour la religion !.. » Cependant les mauvais procédés redoublaient; il n'y avait rien qu'on ne tentât pour amener le Père Ange au point où le disait; et on y aurait réussi si frère Jean ne l'eût pris en pitié. Que vous dirai-je de plus ? Un soir que nous étions tous endormis, nous entendîmes frapper à notre porte : nous nous levons; nous ouvrons au Père Ange et à mon frère déguisés. Ils passèrent le jour suivant dans la maison; le lendemain, dès l'aube du jour, ils décampèrent. Ils s'en allaient les mains bien garnies; car Jean, en m'embrassant, me dit : « J'ai marié tes sœurs; si

j'étais resté dans le couvent, deux ans de plus, ce que j'y
étais, tu serais un des gros fermiers du canton : mais tout
a changé, et voilà ce que je puis faire pour toi. Adieu,
Jacques, si nous avons du bonheur, le Père et moi, tu t'en
ressentiras... » puis il me lâcha dans la main les cinq louis
dont je vous ai parlé, avec cinq autres pour la dernière des
filles du village, qu'il avait mariée et qui venait d'accoucher
d'un gros garçon qui ressemblait à frère Jean comme deux
gouttes d'eau.

LE MAÎTRE, *sa tabatière ouverte et sa montre replacée.*

Et qu'allaient-ils faire à Lisbonne ?

JACQUES

Chercher un tremblement de terre [41] qui ne pouvait se
faire sans eux; être écrasés, engloutis, brûlés; comme il
était écrit là-haut.

LE MAÎTRE

Ah ! les moines ! les moines !

JACQUES

Le meilleur ne vaut pas grand argent.

LE MAÎTRE

Je le sais mieux que toi.

JACQUES

Est-ce que vous avez passé par leurs mains ?

LE MAITRE

Une autre fois je te dirai cela [42].

JACQUES

Mais pourquoi est-ce qu'ils sont si méchants ?

LE MAÎTRE

Je crois que c'est parce qu'ils sont moines... Et puis
revenons à tes amours.

JACQUES

Non, monsieur, n'y revenons pas.

LE MAÎTRE

Est-ce que tu ne veux plus que je les sache ?

JACQUES

Je le veux toujours ; mais le destin, lui, ne le veut pas.
Est-ce que vous ne voyez pas qu'aussitôt que j'en ouvre
la bouche, le diable s'en mêle, et qu'il survient toujours
quelque incident qui me coupe la parole ? Je ne les finirai
pas, vous dis-je, cela est écrit là-haut.

LE MAÎTRE

Essaye, mon ami.

JACQUES

Mais si vous commenciez l'histoire des vôtres, peut-
être que cela romprait le sortilège et qu'ensuite les miennes
en iraient mieux. J'ai dans la tête que cela tient à cela ;
tenez, monsieur, il me semble quelquefois que le destin
me parle.

LE MAÎTRE

Et tu te trouves toujours bien de l'écouter ?

JACQUES

Mais, oui, témoin le jour qu'il me dit que votre montre
était sur le dos du porteballe...

Le maître se mit à bâiller ; en bâillant il frappait de la
main sur sa tabatière, et en frappant sur sa tabatière, il
regardait au loin, et en regardant au loin, il dit à Jacques :
Ne vois-tu pas quelque chose sur ta gauche ?

JACQUES

Oui, et je gage que c'est quelque chose qui ne voudra
pas que je continue mon histoire, ni que vous commenciez
la vôtre...

Jacques avait raison. Comme la chose qu'ils voyaient
venait à eux et qu'ils allaient à elle, ces deux marches en
sens contraire abrégèrent la distance ; et bientôt ils aper-
çurent un char drapé de noir, traîné par quatre chevaux
noirs, couverts de housses noires qui leur enveloppaient
la tête et qui descendaient jusqu'à leurs pieds ; derrière,
deux domestiques en noir ; à la suite deux autres vêtus de

noir, chacun sur un cheval noir, caparaçonné de noir;
sur le siège du char un cocher noir, le chapeau clabaud et
entouré d'un long crêpe qui pendait le long de son épaule
gauche; ce cocher avait la tête penchée, laissait flotter ses
guides et conduisait moins ses chevaux qu'ils ne le conduisaient. Voilà nos deux voyageurs arrivés au côté de
cette voiture funèbre. A l'instant, Jacques pousse un cri,
tombe de son cheval plutôt qu'il n'en descend, s'arrache
les cheveux, se roule à terre en criant : « Mon capitaine,
mon pauvre capitaine ! c'est lui, je n'en saurais douter,
voilà ses armes... » Il y avait, en effet, dans le char, un
long cercueil sous un drap mortuaire, sur le drap mortuaire une épée avec un cordon, et à côté du cercueil un
prêtre, son bréviaire à la main et psalmodiant. Le char
allait toujours, Jacques le suivait en se lamentant, le
maître suivait Jacques en jurant, et les domestiques certi-
fiaient à Jacques que ce convoi était celui de son capitaine, décédé dans la ville voisine, d'où on le transférait
à la sépulture de ses ancêtres. Depuis que ce militaire
avait été privé, par la mort d'un autre militaire, son ami,
capitaine au même régiment, de la satisfaction de se battre
au moins une fois par semaine, il en était tombé dans une
mélancolie qui l'avait éteint au bout de quelques mois.
Jacques, après avoir payé à son capitaine le tribut d'éloges,
de regrets et de larmes qu'il lui devait, fit excuse à son
maître, remonta sur son cheval, et ils allaient en silence.

Mais, pour Dieu, lecteur, me dites-vous, où allaient-
ils ?... Mais, pour Dieu, lecteur, vous répondrai-je, est-ce
qu'on sait où l'on va ? Et vous, où allez-vous ? Faut-il
que je vous rappelle l'aventure d'Ésope ? Son maître Xan-
tippe [43] lui dit un soir d'été ou d'hiver, car les Grecs se
baignaient dans toutes les saisons : « Ésope, va au bain;
s'il y a peu de monde nous nous baignerons... » Ésope
part. Chemin faisant il rencontre la patrouille d'Athènes.
« Où vas-tu ? — Où je vais ? répond Ésope, je n'en sais
rien. — Tu n'en sais rien ? marche en prison. — Eh bien !
reprit Ésope, ne l'avais-je pas bien dit que je ne savais où
j'allais ? je voulais aller au bain, et voilà que je vais en
prison... » Jacques suivait son maître comme vous le
vôtre; son maître suivait le sien comme Jacques le suivait.
— Mais, qui était le maître du maître de Jacques ? —
Bon, est-ce qu'on manque de maître dans ce monde ? Le

maître de Jacques en avait cent pour un, comme vous.
Mais parmi tant de maîtres du maître de Jacques, il fallait
qu'il n'y en eût pas un bon; car d'un jour à l'autre il en
changeait. — Il était homme. — Homme passionné
comme vous, lecteur; homme curieux comme vous, lecteur; homme questionneur comme vous, lecteur; homme
importun comme vous, lecteur. — Et pourquoi ques-
tionnait-il? — Belle question! Il questionnait pour
apprendre et pour redire, comme vous, lecteur...

Le maître dit à Jacques : Tu ne me parais pas disposé
à reprendre l'histoire de tes amours.

JACQUES

Mon pauvre capitaine ! il s'en va où nous allons tous,
et où il est bien extraordinaire qu'il ne soit pas arrivé
plus tôt. Ahi !... Ahi !...

LE MAÎTRE

Mais, Jacques, vous pleurez, je crois?... « Pleurez sans
contrainte, parce que vous pouvez pleurer sans honte; sa
mort vous affranchit des bienséances scrupuleuses qui vous
gênaient pendant sa vie. Vous n'avez plus les mêmes raisons de dissimuler votre peine que celles que vous aviez
de dissimuler votre bonheur; on ne pensera pas à tirer de
vos larmes les conséquences qu'on eût tirées de votre
joie. On pardonne au malheur. Et puis il faut dans ce
moment se montrer sensible ou ingrat, et, tout bien considéré, il vaut mieux déceler une faiblesse que se laisser
soupçonner d'un vice. Je veux que votre plainte soit libre
pour être moins douloureuse, je la veux violente pour être
moins longue. Rappelez-vous, exagérez-vous même ce
qu'il était : sa pénétration à sonder les matières les plus
profondes; sa subtilité à discuter les plus délicates; son
goût solide qui l'attachait aux plus importantes; la fécondité qu'il jetait dans les plus stériles; avec quel art il défendait les accusés : son indulgence lui donnait mille fois
plus d'esprit que l'intérêt ou l'amour-propre n'en donnait
au coupable; il n'était sévère que pour lui seul. Loin de
chercher des excuses aux fautes légères qui lui échappaient, il s'occupait avec toute la méchanceté d'un ennemi
à se les exagérer, et avec tout l'esprit d'un jaloux à rabais-

ser le prix de ses vertus par un examen rigoureux des
motifs qui peut-être l'avaient déterminé à son insu. Ne
prescrivez à vos regrets d'autre terme que celui que le
temps y mettra. Soumettons-nous à l'ordre universel
lorsque nous perdons nos amis, comme nous nous y
soumettrons lorsqu'il lui plaira de disposer de nous;
acceptons l'arrêt du sort qui les condamne, sans désespoir, comme nous l'accepterons sans résistance lorsqu'il
se prononcera contre nous. Les devoirs de la sépulture ne
sont pas les derniers devoirs des amis. La terre qui se
remue dans ce moment se raffermira sur la cendre de
votre amant; mais votre âme conservera toute sa sensibilité. »

JACQUES

Mon maître, cela est fort beau; mais à quoi diable cela
revient-il ? J'ai perdu mon capitaine, j'en suis désolé; et
vous me détachez, comme un perroquet, un lambeau de
la consolation d'un homme ou d'une femme à une autre
femme qui a perdu son amant.

LE MAÎTRE

Je crois que c'est d'une femme.

JACQUES

Moi, je crois que c'est d'un homme. Mais que ce soit
d'un homme ou d'une femme, encore une fois, à quoi
diable cela revient-il ? Est-ce que vous me prenez pour
la maîtresse de mon capitaine ? Mon capitaine, monsieur,
était un brave homme; et moi, j'ai toujours été un honnête garçon.

LE MAÎTRE

Jacques, qui est-ce qui vous le dispute ?

JACQUES

A quoi diable revient donc votre consolation d'un
homme ou d'une femme à une autre femme ? A force de
vous le demander, vous me le direz peut-être.

LE MAÎTRE

Non, Jacques, il faut que vous trouviez cela tout seul.

JACQUES

J'y rêverais le reste de ma vie, que je ne le devinerais pas; j'en aurais pour jusqu'au jugement dernier.

LE MAÎTRE

Jacques, il m'a paru que vous m'écoutiez avec attention tandis que je disais.

JACQUES

Est-ce qu'on peut la refuser au ridicule?

LE MAÎTRE

Fort bien, Jacques!

JACQUES

Peu s'en est fallu que je n'aie éclaté à l'endroit des bienséances rigoureuses qui me gênaient pendant la vie de mon capitaine, et dont j'avais été affranchi par sa mort.

LE MAÎTRE

Fort bien, Jacques! J'ai donc fait ce que je m'étais proposé. Dites-moi s'il était possible de s'y prendre mieux pour vous consoler. Vous pleuriez: si je vous avais entretenu de l'objet de votre douleur, qu'en serait-il arrivé? Que vous eussiez pleuré bien davantage, et que j'aurais achevé de vous désoler. Je vous ai donné le change, et par le ridicule de mon oraison funèbre, et par la petite querelle qui s'en est suivie. A présent convenez que la pensée de votre capitaine est aussi loin de vous que le char funèbre qui le mène à son dernier domicile. Partant, je pense que vous pouvez reprendre l'histoire de vos amours.

JACQUES

Je le pense aussi.

« Docteur, dis-je au chirurgien, demeurez-vous loin d'ici?

— A un bon quart de lieue au moins.

Êtes-vous un peu commodément logé?

— Assez commodément.

— Pourriez-vous disposer d'un lit?

— Non.

— Quoi! pas même en payant, en payant bien?

— Oh! en payant et payant bien, pardonnez-moi.
Mais, l'ami, vous ne me paraissez guère en état de payer,
et moins encore de bien payer.

— C'est mon affaire. Et serais-je un peu soigné chez
vous?

— Très bien. J'ai ma femme qui a gardé des malades
toute sa vie; j'ai une fille aînée qui fait le poil à tout venant [44],
et qui vous lève un appareil aussi bien que moi.

— Combien me prendriez-vous pour mon logement,
ma nourriture et vos soins?

Le chirurgien dit en se grattant l'oreille : Pour le
logement... la nourriture... les soins... Mais qui est-ce qui
me répondra du payement?

— Je payerai tous les jours.

— Voilà ce qui s'appelle parler, cela... »

Mais, monsieur, je crois que vous ne m'écoutez pas.

LE MAÎTRE

Non, Jacques, il était écrit là-haut que tu parlerais cette
fois, qui ne sera peut-être pas la dernière, sans être écouté.

JACQUES

Quand on n'écoute pas celui qui parle, c'est qu'on ne
pense à rien, ou qu'on pense à autre chose que ce qu'il
dit : lequel des deux faisiez-vous?

LE MAÎTRE

Le dernier. Je rêvais à ce qu'un des domestiques noirs
qui suivait le char funèbre te disait, que ton capitaine
avait été privé, par la mort de son ami, du plaisir de se
battre au moins une fois la semaine. As-tu compris quelque
chose à cela?

JACQUES

Assurément!

LE MAÎTRE

C'est pour moi une énigme que tu m'obligerais de
m'expliquer.

JACQUES

Et que diable cela vous fait-il?

LE MAÎTRE

Peu de chose; mais quand tu parleras, tu veux apparemment être écouté ?

JACQUES

Cela va sans dire.

LE MAÎTRE

Eh bien ! en conscience, je ne saurais t'en répondre,
tant que cet inintelligible propos me chiffonnera la cervelle.
Tire-moi de là, je t'en prie.

JACQUES

A la bonne heure ! mais jurez-moi, du moins, que vous
ne m'interromprez plus.

LE MAÎTRE

A tout hasard, je te le jure.

JACQUES

C'est que mon capitaine, bon homme, galant homme,
homme de mérite, un des meilleurs officiers du corps,
mais homme un peu hétéroclite [45], avait rencontré et fait
amitié avec un autre officier du même corps, bon homme
aussi, galant homme aussi, homme de mérite aussi, aussi
bon officier que lui, mais homme aussi hétéroclite que
lui...

Jacques allait entamer l'histoire de son capitaine,
lorsqu'ils entendirent une troupe nombreuse d'hommes
et de chevaux qui s'acheminaient derrière eux. C'était le
même char lugubre qui revenait sur ses pas. Il était entouré...
De gardes de la Ferme ? — Non. — De cavaliers de
maréchaussée [46] ? Peut-être. Quoi qu'il en soit, ce cortège
était précédé du prêtre en soutane et en surplis, les mains
liées derrière le dos; du cocher noir, les mains liées derrière
le dos; et des deux valets noirs, les mains liées derrière
le dos. Qui fut bien surpris ? Ce fut Jacques, qui s'écria :
« Mon capitaine, mon pauvre capitaine n'est pas mort!
Dieu soit loué!... » Ce fut Jacques. Puis Jacques tourne bride,
pique des deux, s'avance à toutes jambes au-devant du prétendu convoi. Il n'en était pas à trente pas, que les gardes de

la Ferme ou les cavaliers de maréchaussée le couchent en
joue, et lui crient : « Arrête, retourne sur tes pas, ou tu
es mort... » Jacques s'arrêta tout court et consulta un
moment le destin dans sa tête; il lui sembla que le destin
lui disait : Retourne sur tes pas : ce qu'il fit. Son maître lui
dit : Eh bien! Jacques, qu'est-ce?

LE MAÎTRE

Ma foi, je n'en sais rien.

LE MAÎTRE

Et pourquoi?

JACQUES

Je n'en sais pas davantage.

LE MAÎTRE

Tu verras que ce sont des contrebandiers qui avaient
rempli cette bière de marchandises prohibées, et qu'ils
auront été vendus à la Ferme par les coquins mêmes de
qui ils les avaient achetées.

JACQUES

Mais pourquoi ce carrosse aux armes de mon capitaine?

LE MAÎTRE

Ou c'est un enlèvement. On aura caché dans ce cercueil,
que sait-on, une femme, une fille, une religieuse; ce n'est
pas le linceul qui fait le mort.

JACQUES

Mais pourquoi ce carrosse aux armes de mon capitaine?

LE MAÎTRE

Ce sera tout ce qu'il te plaira; mais achève-moi l'histoire
de ton capitaine.

JACQUES

Vous tenez encore à cette histoire? Mais peut-être
que mon capitaine est encore vivant.

LE MAÎTRE

Qu'est-ce que cela fait à la chose?

JACQUES

Je n'aime point à parler des vivants, parce qu'on est de
temps en temps exposé à rougir du bien et du mal qu'on
en a dit; du bien qu'ils gâtent, du mal qu'ils réparent.

LE MAÎTRE

Ne sois ni fade panégyriste, ni censeur amer; dis la
chose comme elle est.

JACQUES

Cela n'est pas aisé. N'a-t-on pas son caractère, son
intérêt, son goût, ses passions, d'après quoi l'on exagère
ou l'on atténue? Dis la chose comme elle est!... Cela
n'arrive peut-être pas deux fois en un jour dans toute
une grande ville. Et celui qui vous écoute est-il mieux
disposé que celui qui parle? Non. D'où il doit arriver
que deux fois à peine en un jour, dans toute une grande
ville, on soit entendu comme on dit.

LE MAÎTRE

Que diable, Jacques, voilà des maximes à proscrire
l'usage de la langue et des oreilles, à ne rien dire, à ne rien
écouter et à ne rien croire! Cependant, dis comme toi,
je t'écouterai comme moi, et je t'en croirai comme je
pourrai [47].

JACQUES

Si l'on ne dit presque rien dans ce monde, qui soit entendu comme on le dit, il y a bien pis, c'est qu'on n'y fait
presque rien, qui soit jugé comme on l'a fait.

LE MAÎTRE

Il n'y a peut-être pas sous le ciel une autre tête qui
contienne autant de paradoxes que la tienne.

JACQUES

Et quel mal y aurait-il à cela? Un paradoxe n'est pas
toujours une fausseté.

LE MAÎTRE

Il est vrai.

JACQUES

Nous passions à Orléans, mon capitaine et moi. Il n'était bruit dans la ville que d'une aventure récemment arrivée à un citoyen appelé M. Le Pelletier, homme pénétré d'une si profonde commisération pour les malheureux, qu'après avoir réduit, par des aumônes démesurées, une fortune assez considérable au plus étroit nécessaire, il allait de porte en porte chercher dans la bourse d'autrui des secours qu'il n'était plus en état de puiser dans la sienne.

LE MAÎTRE

Et tu crois qu'il y avait deux opinions sur la conduite de cet homme-là ?

JACQUES

Non, parmi les pauvres; mais presque tous les riches, sans exception, le regardaient comme une espèce de fou; et peu s'en fallut que ses proches ne le fissent interdire comme dissipateur. Tandis que nous nous rafraîchissions dans une auberge, une foule d'oisifs s'était rassemblée autour d'une espèce d'orateur, le barbier de la rue, et lui disait : « Vous y étiez, vous; racontez-nous comment la chose s'est passée.

— Très volontiers, répondit l'orateur du coin, qui ne demandait pas mieux que de pérorer. M. Aubertot, une de mes pratiques, dont la maison fait face à l'église des Capucins, était sur sa porte; M. Le Pelletier l'aborde et lui dit : « Monsieur Aubertot, ne me donnerez-vous rien pour mes amis ? car c'est ainsi qu'il appelle les pauvres, comme vous savez.

— Non, pour aujourd'hui, monsieur Le Pelletier. »

M. Le Pelletier insiste. « Si vous saviez en faveur de qui je sollicite votre charité ! c'est une pauvre femme qui vient d'accoucher, et qui n'a pas un guenillon pour entortiller son enfant.

« — Je ne saurais.

« — C'est une jeune et belle fille qui manque d'ouvrage et de pain, et que votre libéralité sauvera peut-être du désordre.

« — Je ne saurais.

« — C'est un manœuvre qui n'avait que ses bras pour vivre, et qui vient de se fracasser une jambe en tombant de son échafaud.

« — Je ne saurais, vous dis-je.

« — Allons, monsieur Aubertot, laissez-vous toucher, et soyez sûr que jamais vous n'aurez l'occasion de faire une action plus méritoire.

« — Je ne saurais, je ne saurais.

« — Mon bon, mon miséricordieux monsieur Aubertot !..

« — Monsieur Le Pelletier, laissez-moi en repos; quand je veux donner, je ne me fais pas prier... »

« Et cela dit, M. Aubertot lui tourne le dos, passe de sa porte dans son magasin, où M. Le Pelletier le suit; il le suit de son magasin dans son arrière-boutique, de son arrière-boutique dans son appartement; là, M. Aubertot, excédé des instances de M. Le Pelletier, lui donne un soufflet... »

Alors mon capitaine se lève brusquement, et dit à l'orateur : « Et il ne le tua pas ?

— Non, monsieur; est-ce qu'on tue comme cela ?

— Un soufflet, morbleu ! un soufflet ! Et que fit-il donc ?

— Ce qu'il fit après son soufflet reçu ? il prit un air riant, et dit à M. Aubertot : « Cela c'est pour moi; mais mes pauvres ?... »

A ce mot tous les auditeurs s'écrièrent d'admiration, excepté mon capitaine qui leur disait : « Votre M. Le Pelletier, messieurs, n'est qu'un gueux, un malheureux, un lâche, un infâme, à qui cependant cette épée aurait fait prompte justice, si j'avais été là; et votre Aubertot aurait été bien heureux, s'il ne lui en avait coûté que le nez et ses deux oreilles. »

L'orateur lui répliqua : « Je vois, monsieur, que vous n'auriez pas laissé le temps à l'homme insolent de reconnaître sa faute, de se jeter aux pieds de M. Le Pelletier, et de lui présenter sa bourse.

— Non certes !

— Vous êtes un militaire, et M. Le Pelletier est un chrétien; vous n'avez pas les mêmes idées du soufflet.

— La joue de tous les hommes d'honneur est la même.

— Ce n'est pas tout à fait l'avis de l'Évangile.

— L'Évangile est dans mon cœur et dans mon fourreau, et je n'en connais pas d'autre... »

Le vôtre, mon maître, est je ne sais où; le mien est écrit là-haut; chacun apprécie l'injure et le bienfait à sa

manière; et peut-être n'en portons-nous pas le même jugement dans deux instants de notre vie.

LE MAÎTRE

Après, maudit bavard, après...

Lorsque le maître de Jacques avait pris de l'humeur,
Jacques se taisait, se mettait à rêver, et souvent ne rompait son silence que par un propos, lié dans son esprit, mais
aussi décousu dans la conversation que la lecture d'un
livre dont on aurait sauté quelques feuillets. C'est précisément ce qui lui arriva lorsqu'il dit : Mon cher maître...

LE MAÎTRE

Ah ! la parole t'est enfin revenue. Je m'en réjouis pour
tous les deux, car je commençais à m'ennuyer de ne te
pas entendre, et toi de ne pas parler. Parle donc...

JACQUES

Mon cher maître, la vie se passe en quiproquo. Il y a
les quiproquo d'amour, les quiproquo d'amitié, les quiproquo de politique, de finance, d'église, de magistrature, de commerce, de femmes, de maris...

LE MAÎTRE

Eh ! laisse là ces quiproquo, et tâche de t'apercevoir
que c'est en faire un grossier que de t'embarquer dans un
chapitre de morale, lorsqu'il s'agit d'un fait historique.
L'histoire de ton capitaine ?

Jacques allait commencer l'histoire de son capitaine,
lorsque, pour la seconde fois, son cheval, se jetant brusquement hors de la grande route à droite, l'emporte à
travers une longue plaine, à un bon quart de lieue de distance, et s'arrête tout court entre des fourches patibulaires...
Entre des fourches patibulaires ! Voilà une singulière
allure de cheval de mener son cavalier au gibet !... « Qu'est-
ce que cela signifie ? disait Jacques. Est-ce un avertissement
du destin ?

LE MAÎTRE

Mon ami, n'en doutez pas. Votre cheval est inspiré,
et le fâcheux, c'est que tous ces pronostics, inspirations,
avertissements d'en haut par rêves, par apparitions, ne

servent à rien : la chose n'en arrive pas moins. Cher ami, je vous conseille de mettre votre conscience en bon état, d'arranger vos petites affaires et de me dépêcher, le plus vite que vous pourrez, l'histoire de votre capitaine et celle de vos amours, car je serais fâché de vous perdre sans les avoir entendues. Quand vous vous soucieriez encore plus que vous ne faites, à quoi cela remédierait-il ? à rien. L'arrêt de votre destin, prononcé deux fois par votre cheval, s'accomplira. Voyez, n'avez-vous rien à restituer à personne ? Confiez-moi vos dernières volontés, et soyez sûr qu'elles seront fidèlement remplies. Si vous m'avez pris quelque chose, je vous le donne; demandez-en seulement pardon à Dieu, et pendant le temps plus ou moins court que nous avons encore à vivre ensemble, ne me volez plus.

JACQUES

J'ai beau revenir sur le passé, je n'y vois rien à démêler avec la justice des hommes. Je n'ai ni tué, ni volé, ni violé.

LE MAÎTRE

Tant pis; à tout prendre, j'aimerais mieux que le crime fût commis qu'à commettre, et pour cause.

JACQUES

Mais, monsieur, ce ne sera peut-être pas pour mon compte, mais pour le compte d'un autre, que je serai pendu.

LE MAÎTRE

Cela se peut.

JACQUES

Ce n'est peut-être qu'après ma mort que je serai pendu.

LE MAÎTRE

Cela se peut encore.

JACQUES

Je ne serai peut-être point pendu du tout.

LE MAITRE

J'en doute.

JACQUES

Il est peut-être écrit là-haut que j'assisterai seulement à la potence d'un autre ; et cet autre-là, Monsieur, qui sait qui il est ? s'il est proche, ou s'il est loin ?

LE MAÎTRE

Monsieur Jacques, soyez pendu, puisque le sort le veut, et que votre cheval le dit ; mais ne soyez pas insolent : finissez vos conjectures impertinentes, et faites-moi vite l'histoire de votre capitaine.

JACQUES

Monsieur, ne vous fâchez pas, on a quelquefois pendu de fort honnêtes gens : c'est un quiproquo de justice.

LE MAÎTRE

Ces quiproquo-là sont affligeants. Parlons d'autre chose.

Jacques, un peu rassuré par les interprétations diverses qu'il avait trouvées au pronostic du cheval, dit :

Quand j'entrai au régiment, il y avait deux officiers à peu près égaux d'âge, de naissance, de service et de mérite. Mon capitaine était l'un des deux. La seule différence qu'il y eût entre eux, c'est que l'un était riche et que l'autre ne l'était pas. Mon capitaine était le riche. Cette conformité devait produire ou la sympathie, ou l'antipathie la plus forte : elle produisit l'une et l'autre...

Ici Jacques s'arrêta, et cela lui arriva plusieurs fois dans le cours de son récit, à chaque mouvement de tête que son cheval faisait de droite et de gauche. Alors, pour continuer, il reprenait sa dernière phrase, comme s'il avait eu le hoquet.

JACQUES

... Elle produisit l'une et l'autre. Il y avait des jours où ils étaient les meilleurs amis du monde, et d'autres où ils étaient ennemis mortels. Les jours d'amitié ils se cherchaient, ils se fêtaient, ils s'embrassaient, ils se communiquaient leurs peines, leurs plaisirs, leurs besoins ; ils se consultaient sur leurs affaires les plus secrètes, sur leurs intérêts domestiques, sur leurs espérances, sur leurs craintes, sur leurs projets d'avancement. Le lendemain, se rencontraient-ils? ils se regardaient fièrement, ils s'appelaient Monsieur, ils s'adressaient des mots durs, ils mettaient l'épée à la main et se battaient. S'il arrivait que l'un des deux fût blessé, l'autre se précipitait sur son camarade, pleurait, se désespérait, l'accompagnait chez lui et s'établissait à côté de son lit jusqu'à ce qu'il fût guéri. Huit jours, quinze jours, un mois après, c'était à recommencer, et l'on voyait, d'un instant à un autre, deux braves gens... deux braves gens, deux amis sincères, exposés à périr par la main l'un de l'autre, et le mort n'aurait certainement pas été le plus à plaindre des deux. On leur avait parlé plusieurs fois de la bizarrerie de leur conduite; moi-même, à qui mon capitaine avait permis de parler, je lui disais : « Mais, monsieur, s'il vous arrivait de le tuer? » A ces mots, il se mettait à pleurer; il se couvrait les yeux de ses mains; il courait dans son appartement comme un fou. Deux heures après, ou son camarade le ramenait chez lui blessé, ou il rendait le même service à son camarade. Ni mes remontrances... ni mes remontrances, ni celles des autres n'y faisaient rien; on n'y trouva de remède qu'à les séparer. Le ministre de la guerre fut instruit d'une persévérance aussi singulière dans des extrémités aussi opposées, et mon capitaine nommé à un commandement de place, avec injonction expresse de se rendre sur-le-champ à son poste, et défense de s'en éloigner; une autre défense fixa son camarade au régiment... Je crois que ce maudit cheval me fera devenir fou... A peine les ordres du ministre furent-ils arrivés, que mon capitaine, sous prétexte d'aller remercier de la faveur qu'il venait d'obtenir, partit pour la cour, représenta qu'il était riche et que son camarade indigent avait le même droit aux grâces du roi; que le poste qu'on venait de lui accorder récompenserait les services de son ami, suppléerait à son peu de fortune, et qu'il en serait, lui, comblé de joie. Comme le ministre n'avait eu d'autre intention que de séparer ces deux hommes bizarres, et que les procédés généreux touchent toujours, il fut arrêté... Maudite bête, tiendras-tu ta tête droite?... Il fut arrêté que mon capitaine resterait au régiment, et que son camarade irait occuper le commandement de place.

A peine furent-ils séparés, qu'ils sentirent le besoin

qu'ils avaient l'un de l'autre; ils tombèrent dans une mélancolie profonde. Mon capitaine demanda un congé de semestre pour aller prendre l'air natal; mais à deux lieues de la garnison, il vend son cheval, se déguise en paysan et s'achemine vers la place que son ami commandait. Il paraît que c'était une démarche concertée entre eux. Il arrive... Va donc où tu voudras ! Y a-t-il encore là quelque gibet qu'il te plaise de visiter ?... Riez bien, monsieur; cela est en effet très plaisant... Il arrive; mais il était écrit là-haut que, quelques précautions qu'ils prendraient pour cacher la satisfaction qu'ils avaient de se revoir et ne s'aborder qu'avec les marques extérieures de la subordination d'un paysan à un commandant de place, des soldats, quelques officiers qui se rencontreraient par hasard à leur entrevue et qui seraient instruits de leur aventure, prendraient des soupçons et iraient prévenir le major de la place.

Celui-ci, homme prudent, sourit de l'avis, mais ne laissa pas d'y attacher toute l'importance qu'il méritait. Il mit des espions autour du commandant. Leur premier rapport fut que le commandant sortait peu, et que le paysan ne sortait point du tout. Il était impossible que ces deux hommes vécussent ensemble huit jours de suite, sans que leur étrange manie les reprît; ce qui ne manqua pas d'arriver.

Vous voyez, lecteur, combien je suis obligeant; il ne tiendrait qu'à moi de donner un coup de fouet aux chevaux qui traînent le carrosse drapé de noir, d'assembler, à la porte du gîte prochain, Jacques, son maître, les gardes des Fermes ou les cavaliers de maréchaussée avec le reste de leur cortège; d'interrompre l'histoire du capitaine de Jacques et de vous impatienter à mon aise; mais pour cela il faudrait mentir, et je n'aime pas le mensonge, à moins qu'il ne soit utile et forcé. Le fait est que Jacques et son maître ne revirent plus le carrosse drapé, et que Jacques, toujours inquiet de l'allure de son cheval, continua son récit :

Un jour, les espions, rapportèrent au major qu'il y avait eu une contestation fort vive entre le commandant et le paysan; qu'ensuite ils étaient sortis, le paysan marchant le premier, le commandant ne le suivant qu'à regret, et qu'ils étaient entrés chez un banquier de la ville, où ils étaient encore.

On apprit dans la suite que, n'espérant plus de se revoir, ils avaient résolu de se battre à toute outrance, et que, sensible aux devoirs de la plus tendre amitié, au moment même de la férocité la plus inouïe, mon capitaine qui était riche, comme je vous l'ai dit... J'espère, monsieur, que vous ne me condamnerez pas à finir notre voyage sur ce bizarre animal... Mon capitaine, qui était riche, avait exigé de son camarade qu'il acceptât une lettre de change de vingt-quatre mille livres, qui lui assurât de quoi vivre chez l'étranger, au cas qu'il fût tué, celui-ci protestant qu'il ne se battrait point sans ce préalable; l'autre répondant à cette offre : « Est-ce que tu crois, mon ami, que si je te tue, je te survivrai?... »

Ils sortaient de chez le banquier, et ils s'acheminaient vers les portes de la ville, lorsqu'ils se virent entourés du major et de quelques officiers. Quoique cette rencontre eût l'air d'un incident fortuit, nos deux amis, nos deux ennemis, comme il vous plaira de les appeler, ne s'y méprirent pas. Le paysan se laissa connaître pour ce qu'il était. On alla passer la nuit dans une maison écartée. Le lendemain, dès la pointe du jour, mon capitaine, après avoir embrassé plusieurs fois son camarade, s'en sépara pour ne plus le revoir. A peine fut-il arrivé dans son pays, qu'il mourut.

LE MAÎTRE

Et qui est-ce qui t'a dit qu'il était mort?

JACQUES

Et ce cercueil? et ce carrosse à ses armes? Mon pauvre capitaine est mort, je n'en doute pas.

LE MAÎTRE

Et ce prêtre les mains liées sur le dos; et ces gens les mains liées sur le dos; et ces gardes de la Ferme ou ces cavaliers de maréchaussée; et ce retour du convoi vers la ville? Ton capitaine est vivant, je n'en doute pas; mais ne sais-tu rien de son camarade?

JACQUES

L'histoire de son camarade est une belle ligne du grand rouleau ou de ce qui est écrit là-haut.

LE MAÎTRE

J'espère...

Le cheval de Jacques ne permit pas à son maître d'achever; il part comme un éclair, ne s'écartant ni à droite ni à gauche, suivant la grande route. On ne voit plus Jacques; et son maître, persuadé que le chemin aboutissait à des fourches patibulaires, se tenait les côtés de rire. Et puisque Jacques et son maître ne sont bons qu'ensemble et ne valent rien séparés non plus que Don Quichotte sans Sancho et Richardet sans Ferragus, ce que le continuateur de Cervantes [48] et l'imitateur de l'Arioste, monsignor Forti-Guerra [49], n'ont pas assez compris, lecteur, causons ensemble jusqu'à ce qu'ils se soient rejoints.

Vous allez prendre l'histoire du capitaine de Jacques pour un conte, et vous aurez tort. Je vous proteste que telle qu'il l'a racontée à son maître, tel fut le récit que j'en avais entendu faire aux Invalides, je ne sais en quelle année, le jour de la Saint-Louis, à table chez un M. de Saint-Étienne, major de l'hôtel; et l'historien qui parlait en présence de plusieurs autres officiers de la maison, qui avaient connaissance du fait, était un personnage grave qui n'avait point du tout l'air d'un badin. Je vous le répète donc pour ce moment et pour la suite : soyez circonspect si vous ne voulez pas prendre dans cet entretien de Jacques et de son maître le vrai pour le faux, le faux pour le vrai. Vous voilà bien averti, et je m'en lave les mains. — Voilà, me direz-vous, deux hommes bien extraordinaires! — Et c'est là ce qui vous met en méfiance? Premièrement, la nature est si variée, surtout dans les instincts et les caractères, qu'il n'y a rien de si bizarre dans l'imagination d'un poète dont l'expérience et l'observation ne vous offrissent le modèle dans la nature. Moi, qui vous parle, j'ai rencontré le pendant du *Médecin malgré lui*, que j'avais regardé jusque-là comme la plus folle et la plus gaie des fictions. — Quoi ! le pendant du mari à qui sa femme dit : J'ai trois enfants sur les bras; et qui lui répond : Mets-les à terre...

Ils me demandent du pain : donne-leur le fouet! — Précisément. Voici son entretien avec ma femme.

« Vous voilà, monsieur Gousse ?

— Non, madame, je ne suis pas un autre.

— D'où venez-vous ?

— D'où j'étais allé.

— Qu'avez-vous fait là ?

— J'ai raccommodé un moulin qui allait mal.

— A qui appartenait ce moulin ?

— Je n'en sais rien; je n'étais pas allé pour raccommoder le meunier.

— Vous êtes fort bien vêtu contre votre usage; pourquoi sous cet habit, qui est très propre, une chemise sale ?

— C'est que je n'en ai qu'une.

— Et pourquoi n'en avez-vous qu'une ?

— C'est que je n'ai qu'un corps à la fois.

— Mon mari n'y est pas, mais cela ne vous empêchera pas de dîner ici.

— Non, puisque je ne lui ai confié ni mon estomac ni mon appétit.

— Comment se porte votre femme ?

— Comme il lui plaît; c'est son affaire.

— Et vos enfants ?

— A merveille !

— Et celui qui a de si beaux yeux, un si bel embonpoint, une si belle peau ?

— Beaucoup mieux que les autres; il est mort.

— Leur apprenez-vous quelque chose ?

— Non, madame.

— Quoi ! ni à lire, ni à écrire, ni le catéchisme ?

— Ni à lire, ni à écrire, ni le catéchisme.

— Et pourquoi cela ?

— C'est qu'on ne m'a rien appris, et que je n'en suis pas plus ignorant. S'ils ont de l'esprit, ils feront comme moi; s'ils sont sots, ce que je leur apprendrais ne les rendrait que plus sots... [50] »

Si vous rencontrez jamais cet original, il n'est pas nécessaire de le connaître pour l'aborder. Entraînez-le dans un cabaret, dites-lui votre affaire, proposez-lui de vous suivre à vingt lieues, il vous suivra; après l'avoir employé, renvoyez-le sans un sou; il s'en retournera satisfait.

Avez-vous entendu parler d'un certain Prémontval [51]

qui donnait à Paris des leçons publiques de mathématiques ?
C'était son ami... Mais Jacques et son maître se seront peut-
être rejoints : voulez-vous que nous allions à eux, ou
rester avec moi ?... Gousse et Prémontval tenaient ensemble
l'école. Parmi les élèves qui s'y rendaient en foule, il y
avait une jeune fille appelée Mlle Pigeon, la fille de cet
habile artiste qui a construit ces deux beaux planisphères
qu'on a transportés du Jardin du Roi dans les salles de
l'Académie des Sciences. Mlle Pigeon allait là tous les
matins avec son portefeuille sous le bras et son étui de
mathématiques dans son manchon. Un des professeurs,
Prémontval, devint amoureux de son écolière, et tout à
travers les propositions sur les solides inscrits à la sphère,
il y eut un enfant de fait. Le père Pigeon n'était pas homme
à entendre patiemment la vérité de ce corollaire. La situation
des amants devient embarrassante, ils en confèrent; mais
n'ayant rien, mais rien du tout, quel pouvait être le résultat
de leurs délibérations ? Ils appellent à leur secours l'ami
Gousse. Celui-ci, sans mot dire, vend tout ce qu'il possède,
linge, habits, machines, meubles, livres; fait une somme,
jette les deux amoureux dans une chaise de poste, les
accompagne à franc étrier jusqu'aux Alpes; là, il vide sa
bourse du peu d'argent qui lui restait, le leur donne, les
embrasse, leur souhaite un bon voyage, et s'en revient à
pied demandant l'aumône jusqu'à Lyon, où il gagna, à
peindre les parois d'un cloître de moines, de quoi revenir
à Paris sans mendier. — Cela est très beau. — Assurément !
et d'après cette action héroïque vous croyez à Gousse un
grand fonds de morale ? Eh bien ! détrompez-vous, il
n'en avait non plus qu'il n'y en a dans la tête d'un brochet.
— Cela est impossible. — Cela est. Je l'avais occupé. Je
lui donne un mandat de quatre-vingts livres sur mes
commettants [52]; la somme était écrite en chiffres; que
fait-il ? Il ajoute un zéro, et se fait payer huit cents livres.
— Ah ! l'horreur ! — Il n'est pas plus malhonnête quand
il me vole, qu'honnête quand il se dépouille pour un ami;
c'est un original sans principes. Ces quatre-vingts francs
ne lui suffisaient pas, avec un trait de plume il s'en pro-
curait huit cents dont il avait besoin. Et les livres précieux
dont il me fait présent ? — Qu'est-ce que ces livres ?...
— Mais Jacques et son maître ? Mais les amours de Jacques ?
Ah ! lecteur, la patience avec laquelle vous m'écoutez

me prouve le peu d'intérêt que vous prenez à mes deux personnages, et je suis tenté de les laisser où ils sont... J'avais besoin d'un livre précieux, il me l'apporte; quelque temps après j'ai besoin d'un autre livre précieux, il me l'apporte encore; je veux les payer, il en refuse le prix. J'ai besoin d'un troisième livre précieux. « Pour celui-ci, me dit-il, vous ne l'aurez pas, vous avez parlé trop tard; mon docteur de Sorbonne est mort.

— Et qu'a de commun la mort de votre docteur de Sorbonne avec le livre que je désire ? Est-ce que vous avez pris les deux autres dans sa bibliothèque ?

— Assurément !

— Sans son aveu ?

— Eh ! qu'en avais-je besoin pour exercer une justice distributive ? Je n'ai fait que déplacer ces livres pour le mieux, en les transférant d'un endroit où ils étaient inutiles, dans un autre où l'on en ferait un bon usage... [53] » Et prononcez après cela sur l'allure des hommes! Mais c'est l'histoire de Gousse avec sa femme qui est excellente... Je vous entends; vous en avez assez, et votre avis serait que nous allassions rejoindre nos deux voyageurs. Lecteur, vous me traitez comme un automate, cela n'est pas poli; dites les amours de Jacques, ne dites pas les amours de Jacques;... je veux que vous me parliez de Gousse; j'en ai assez... Il faut sans doute que j'aille quelquefois à votre fantaisie; mais il faut que j'aille quelquefois à la mienne, sans compter que tout auditeur qui me permet de commencer un récit s'engage d'en entendre la fin.

Je vous ai dit premièrement; or, un premièrement, c'est annoncer au moins un secondement. Secondement donc... Écoutez-moi, ne m'écoutez pas, je parlerai tout seul... Le capitaine de Jacques et son camarade pouvaient être tourmentés d'une jalousie violente et secrète : c'est un sentiment que l'amitié n'éteint pas toujours. Rien de si difficile à pardonner que le mérite. N'appréhendaient-ils pas un passe-droit, qui les aurait également offensés tous deux ? Sans s'en douter, ils cherchaient d'avance à se délivrer d'un concurrent dangereux, ils se tâtaient pour l'occasion à venir. Mais comment avoir cette idée de celui qui cède si généreusement son commandement de place à son ami indigent ? Il le cède, il est vrai; mais s'il en eût été privé, peut-être l'eût-il revendiqué à la pointe de l'épée. Un passe-

droit entre les militaires, s'il n'honore pas celui qui en
profite, déshonore son rival. Mais laissons tout cela, et
disons que c'était leur coin de folie. Est-ce que chacun n'a
pas le sien ? Celui de nos deux officiers fut pendant plusieurs siècles celui de toute l'Europe; on l'appelait l'esprit
de la chevalerie. Toute cette multitude brillante, armée de
pied en cap, décorée de diverses livrées d'amour, cara-
colant sur des palefrois, la lance au poing, la visière haute
ou baissée, se regardant fièrement, se mesurant de l'œil,
se menaçant, se renversant sur la poussière, jonchant
l'espace d'un vaste tournoi des éclats d'armes brisées,
n'étaient que des amis jaloux du mérite en vogue. Ces
amis, au moment où ils tenaient leurs lances en arrêt,
chacun à l'extrémité de la carrière, et qu'ils avaient pressé
de l'aiguillon les flancs de leurs coursiers, devenaient les
plus terribles ennemis; ils fondaient les uns sur les autres
avec la même fureur qu'ils auraient portée sur un champ
de bataille. Eh bien ! nos deux officiers n'étaient que deux
paladins, nés de nos jours, avec les mœurs des anciens.
Chaque vertu et chaque vice se montre et passe de mode.
La force du corps eut son temps, l'adresse aux exercices
eut le sien. La bravoure est tantôt plus, tantôt moins considérée; plus elle est commune, moins on en est vain, moins
on en fait l'éloge. Suivez les inclinations des hommes, et
vous en remarquerez qui semblent êtes venus au monde
trop tard : ils sont d'un autre siècle. Et qui est-ce qui
empêcherait de croire que nos deux militaires avaient été
engagés dans ces combats journaliers et périlleux par le
seul désir de trouver le côté faible de son rival et d'obtenir
la supériorité sur lui ? Les duels se répètent dans la société
sous toutes sortes de formes, entre des prêtres, entre des
mag'strats, entre des littérateurs, entre des philosophes;
chaque état a sa lance et ses chevaliers, et nos assemblées
les plus respectables, les plus amusantes, ne sont que de
petits tournois où quelquefois l'on porte les livrées de
l'amour dans le fond de son cœur, sinon sur l'épaule.
Plus il y a d'assistants, plus la joute est vive; la présence
des femmes y pousse la chaleur et l'opiniâtreté à toute
outrance, et la honte d'avoir succombé devant elles ne
s'oublie guère.

Et Jacques ?... Jacques avait franchi les portes de la
ville, traversé les rues aux acclamations des enfants, et

atteint l'extrémité du faubourg opposé, où son cheval
s'élançant dans une petite porte basse, il y eut entre le
linteau de cette porte et la tête de Jacques un choc terrible
dans lequel il fallait que le linteau fût déplacé ou Jacques
renversé en arrière; ce fut, comme on pense bien, le dernier
qui arriva. Jacques tomba, la tête fendue et sans connaissance. On le ramasse, on le rappelle à la vie avec des eaux
spiritueuses; je crois même qu'il fut saigné par le maître
de la maison. — Cet homme était donc chirurgien? —
Non. Cependant son maître était arrivé et demandait de
ses nouvelles à tous ceux qu'il rencontrait. « N'auriez-vous
point aperçu un grand homme sec, monté sur un cheval
pie ?

— Il vient de passer, il allait comme si le diable l'eût
emporté; il doit être arrivé chez son maître.

— Et qui est son maître ?

— Le bourreau.

— Le bourreau !

— Oui, car ce cheval est le sien.

— Où demeure le bourreau ?

— Assez loin, mais ne vous donnez pas la peine d'y
aller, voilà ses gens qui vous rapportent apparemment
l'homme sec que vous demandez, et que nous avons pris
pour un de ses valets... »

Et qui est-ce qui parlait ainsi avec le maître de Jacques ?
c'était un aubergiste à la porte duquel il s'était arrêté;
il n'y avait pas à se tromper : il était court et gros comme
un tonneau; en chemise retroussée jusqu'aux coudes; avec
un bonnet de coton sur la tête, un tablier de cuisine autour
de lui et un grand couteau à son côté. « Vite, vite, un lit
pour ce malheureux, lui dit le maître de Jacques, un chirurgien, un médecin, un apothicaire... » Cependant on avait
déposé Jacques à ses pieds, le front couvert d'une épaisse
et énorme compresse, et les yeux fermés. « Jacques ?
Jacques ?

— Est-ce vous, mon maître ?

— Oui, c'est moi; regarde-moi donc.

— Je ne saurais.

— Qu'est-ce donc qu'il t'est arrivé ?

— Ah le cheval! le maudit cheval! je vous dirai tout
cela demain, si je ne meurs pas pendant la nuit. »

Et tandis qu'on le transportait et qu'on le montait à sa

chambre, le maître dirigeait la marche et criait : « Prenez garde, allez doucement; doucement, mordieu ! vous allez le blesser. Toi, qui le tiens par les jambes, tourne à droite; toi, qui lui tiens la tête, tourne à gauche. » Et Jacques disait à voix basse : « Il était donc écrit là-haut... »

A peine Jacques fut-il couché, qu'il s'endormit profondément. Son maître passa la nuit à son chevet, lui tâtant le pouls et humectant sans cesse sa compresse avec de l'eau vulnéraire. Jacques le surprit à son réveil dans cette fonction, et lui dit : Que faites-vous là ?

LE MAÎTRE

Je te veille. Tu es mon serviteur, quand je suis malade ou bien portant; mais je suis le tien quand tu te portes mal.

JACQUES

Je suis bien aise de savoir que vous êtes humain; ce n'est pas trop la qualité des maîtres envers leurs valets.

LE MAÎTRE

Comment va la tête ?

JACQUES

Aussi bien que la solive contre laquelle elle a lutté.

LE MAÎTRE

Prends ce drap entre tes dents et secoue fort... Qu'as-tu senti ?

JACQUES

Rien; la cruche me paraît sans fêlure.

LE MAÎTRE

Tant mieux. Tu veux te lever, je crois ?

JACQUES

Et que voulez-vous que je fasse là ?

LE MAÎTRE

Je veux que tu te reposes.

JACQUES

Mon avis, à moi, est que nous déjeunions et que nous partions.

LE MAÎTRE

Et le cheval ?

JACQUES

Je l'ai laissé chez son maître, honnête homme, galant homme, qui l'a repris pour ce qu'il nous l'a vendu.

LE MAÎTRE

Et cet honnête homme, ce galant homme, sais-tu qui il est ?

JACQUES

Non.

LE MAÎTRE

Je te le dirai quand nous serons en route.

JACQUES

Et pourquoi pas à présent ? Quel mystère y a-t-il à cela ?

LE MAÎTRE

Mystère ou non, quelle nécessité y a-t-il de te l'apprendre dans ce moment ou dans un autre ?

JACQUES

Aucune.

LE MAÎTRE

Mais il te faut un cheval.

JACQUES

L'hôte de cette auberge ne demandera peut-être pas mieux que de nous céder un des siens.

LE MAÎTRE

Dors encore un moment, et je vais voir à cela.

Le maître de Jacques descend, ordonne le déjeuner, achète un cheval, remonte et trouve Jacques habillé. Ils ont déjeuné et les voilà partis ; Jacques protestant qu'il était

malhonnête de s'en aller sans avoir fait une visite de politesse au citoyen à la porte duquel il s'était presque assommé
et qui l'avait si obligeamment secouru; son maître le
tranquillisant sur sa délicatesse par l'assurance qu'il avait
bien récompensé ses satellites [54] qui l'avaient apporté à
l'auberge; Jacques prétendant que l'argent donné aux
serviteurs ne l'acquittait pas avec leur maître; que c'était
ainsi que l'on inspirait aux hommes le regret et le dégoût
de la bienfaisance, et que l'on se donnait à soi-même un
air d'ingratitude. « Mon maître, j'entends tout ce que cet
homme dit de moi par ce que je dirais de lui, s'il était à
ma place et moi à la sienne... »

Ils sortaient de la ville lorsqu'ils rencontrèrent un homme
grand et vigoureux, le chapeau bordé sur la tête, l'habit
galonné sur toutes les tailles, allant seul si vous en exceptez
deux grands chiens qui le précédaient. Jacques ne l'eut
pas plus tôt aperçu, que descendre de cheval, s'écrier :
« c'est lui ! » et se jeter à son cou, fut l'affaire d'un instant.
L'homme aux deux chiens paraissait très embarrassé des
caresses de Jacques, le repoussait doucement, et lui disait :
« Monsieur, vous me faites trop d'honneur [55].

— Et non ! je vous dois la vie, et je ne saurais trop vous
en remercier.

— Vous ne savez pas qui je suis.

— N'êtes-vous pas le citoyen officieux qui m'a secouru,
qui m'a saigné et qui m'a pansé, lorsque mon cheval...

— Il est vrai.

— N'êtes-vous pas le citoyen honnête qui a repris ce
cheval pour le même prix qu'il me l'avait vendu ?

— Je le suis. » Et Jacques de le rembrasser sur une joue
et sur l'autre, et son maître de sourire, et les deux chiens
debout, le nez en l'air et comme émerveillés d'une scène
qu'ils voyaient pour la première fois. Jacques, après avoir
ajouté à ses démonstrations de gratitude, force révérences,
que son bienfaiteur ne lui rendait pas, et force souhaits
qu'on recevait froidement, remonte sur son cheval, et dit
à son maître : J'ai la plus profonde vénération pour cet
homme que vous devez me faire connaître.

LE MAÎTRE

Et pourquoi, Jacques, est-il si vénérable à vos yeux ?

JACQUES

C'est que n'attachant aucune importance aux services qu'il rend, il faut qu'il soit naturellement officieux et qu'il ait une longue habitude de bienfaisance.

LE MAÎTRE

Et à quoi jugez-vous cela ?

JACQUES

A l'air indifférent et froid avec lequel il a reçu mon remercîment; il ne me salue point, il ne me dit pas un mot, il semble me méconnaître, et peut-être à présent se dit-il en lui-même avec un sentiment de mépris : Il faut que la bienfaisance soit fort étrangère à ce voyageur, et que l'exercice de la justice lui soit bien pénible, puisqu'il en est si touché... Qu'est-ce qu'il y a donc de si absurde dans ce que je dis, pour vous faire rire de si bon cœur!... Quoi qu'il en soit, dites-moi le nom de cet homme, afin que je l'écrive sur mes tablettes.

LE MAÎTRE

Très volontiers; écrivez.

JACQUES

Dites.

LE MAÎTRE

Écrivez : l'homme auquel je porte la plus profonde vénération...

JACQUES

La plus profonde vénération...

LE MAÎTRE

Est...

JACQUES

Est...

LE MAÎTRE

Le bourreau de***.

JACQUES

Le bourreau !

LE MAÎTRE

Oui, oui, le bourreau.

JACQUES

Pourriez-vous me dire où est le sel de cette plaisanterie ?

LE MAÎTRE

Je ne plaisante point. Suivez les chaînons de votre gourmette. Vous avez besoin d'un cheval, le sort vous adresse
à un passant, et ce passant, c'est un bourreau. Ce cheval
vous conduit deux fois entre des fourches patibulaires ; la
troisième, il vous dépose chez un bourreau ; là vous tombez
sans vie ; de là on vous emporte, où ? dans une auberge, un
gîte, un asile commun. Jacques, savez-vous l'histoire de la
mort de Socrate [56] ?

JACQUES

Non.

LE MAÎTRE

C'était un sage d'Athènes. Il y a longtemps que le rôle
de sage est dangereux parmi les fous. Ses concitoyens le
condamnèrent à boire la ciguë. Eh bien ! Socrate fit comme
vous venez de faire ; il en usa avec le bourreau qui lui
présenta la ciguë aussi poliment que vous. Jacques, vous
êtes une espèce de philosophe, convenez-en. Je sais bien
que c'est une race d'hommes odieuse aux grands, devant
lesquels ils ne fléchissent pas le genou ; aux magistrats,
protecteurs par état des préjugés qu'ils poursuivent ; aux
prêtres, qui les voient rarement au pied de leurs autels ; aux
poètes, gens sans principes et qui regardent sottement la
philosophie comme la cognée des beaux-arts, sans compter
que ceux même d'entre eux qui se sont exercés dans
le genre odieux de la satire, n'ont été que des flatteurs ;
aux peuples, de tout temps les esclaves des tyrans qui les
oppriment, des fripons qui les trompent, et des bouffons
qui les amusent. Ainsi je connais, comme vous voyez, tout
le péril de votre profession et toute l'importance de l'aveu
que je vous demande ; mais je n'abuserai pas de votre secret.
Jacques, mon ami, vous êtes un philosophe, j'en suis fâché
pour vous ; et s'il est permis de lire dans les choses présentes
celles qui doivent arriver un jour, et si ce qui est écrit là-
haut se manifeste quelquefois aux hommes longtemps avant
l'événement, je présume que votre mort sera philosophique,
et que vous recevrez le lacet d'aussi bonne grâce que
Socrate reçut la coupe de la ciguë.

JACQUES

Mon maître, un prophète ne dirait pas mieux; mais heureusement...

LE MAÎTRE

Vous n'y croyez pas trop; ce qui achève de donner de la force à mon pressentiment.

JACQUES

Et vous, monsieur, y croyez-vous?

LE MAÎTRE

J'y crois; mais je n'y croirais pas que ce serait sans conséquence.

JACQUES

Et pourquoi?

LE MAÎTRE

C'est qu'il n'y a du danger que pour ceux qui parlent; et je me tais.

JACQUES

Et aux pressentiments?

LE MAÎTRE

J'en ris, mais j'avoue que c'est en tremblant. Il y en a qui ont un caractère si frappant! On a été bercé de ces contes-là de si bonne heure [57]! Si vos rêves s'étaient réalisés cinq ou six fois, et qu'il vous arrivât de rêver que votre ami est mort, vous iriez bien vite le matin chez lui pour savoir ce qui en est. Mais les pressentiments dont il est impossible de se défendre, ce sont surtout ceux qui se présentent au moment où la chose se passe loin de nous, et qui ont un air symbolique.

JACQUES

Vous êtes quelquefois si profond et si sublime, que je ne vous entends pas. Ne pourriez-vous pas m'éclaircir cela par un exemple?

LE MAÎTRE

Rien de plus aisé. Une femme vivait à la campagne avec son mari octogénaire et attaqué de la pierre. Le mari quitte sa femme et vient à la ville se faire opérer. La veille de l'opération il écrit à sa femme : « A l'heure où vous recevrez cette lettre, je serai sous le bistouri du frère Cosme [58]... » Tu connais ces anneaux de mariage qui se séparent en deux parties, sur chacune desquelles les noms de l'époux et de sa femme sont gravés. Eh bien ! cette femme en avait un pareil au doigt, lorsqu'elle ouvrit la lettre de son mari. A l'instant, les deux moitiés de cet anneau se séparent; celle qui portait son nom reste à son doigt; celle qui portait le nom de son mari tombe brisée sur la lettre qu'elle lisait... Dis-moi, Jacques, crois-tu qu'il y ait de tête assez forte, d'âme assez ferme, pour n'être pas plus ou moins ébranlée d'un pareil incident, et dans une circonstance pareille ? Aussi cette femme en pensa mourir. Ses transes durèrent jusqu'au jour de la poste suivante par laquelle son mari lui écrivit que l'opération s'était faite heureusement, qu'il était hors de tout danger, et qu'il se flattait de l'embrasser avant la fin du mois.

JACQUES

Et l'embrassa-t-il en effet ?

LE MAÎTRE

Oui.

JACQUES

Je vous ai fait cette question, parce que j'ai remarqué plusieurs fois que le destin était cauteleux. On lui dit au premier moment qu'il en aura menti, et il se trouve au second moment, qu'il a dit vrai. Ainsi donc, monsieur, vous me croyez dans le cas du pressentiment symbolique; et, malgré vous, vous me croyez menacé de la mort du philosophe ?

LE MAÎTRE

Je ne saurais te le dissimuler; mais pour écarter cette triste idée, ne pourrais-tu pas ?...

JACQUES

Reprendre l'histoire de mes amours ?...

Jacques reprit l'histoire de ses amours. Nous l'avions laissé, je crois, avec le chirurgien.

LE CHIRURGIEN

J'ai peur qu'il n'y ait de la besogne à votre genou pour plus d'un jour.

JACQUES

Il y en aura tout juste pour tout le temps qui est écrit là-haut, qu'importe ?

LE CHIRURGIEN

A tant par jour pour le logement, la nourriture et mes soins, cela fera une somme.

JACQUES

Docteur, il ne s'agit pas de la somme pour tout ce temps ; mais combien par jour.

LE CHIRURGIEN

Vingt-cinq sous, serait-ce trop ?

JACQUES

Beaucoup trop ; allons, docteur, je suis un pauvre diable : ainsi réduisons la chose à la moitié, et avisez le plus promptement que vous pourrez à me faire transporter chez vous.

LE CHIRURGIEN

Douze sous et demi, ce n'est guère [59]; vous mettrez bien les treize sous ?

JACQUES

Douze sous et demi, treize sous... Tope.

LE CHIRURGIEN

Et vous payerez tous les jours ?

JACQUES

C'est la condition.

LE CHIRURGIEN

C'est que j'ai une diable de femme qui n'entend pas raillerie, voyez-vous.

JACQUES

Eh ! docteur, faites-moi transporter bien vite auprès de votre diable de femme.

LE CHIRURGIEN

Un mois à treize sous par jour, c'est dix-neuf livres dix sous. Vous mettrez bien vingt francs ?

JACQUES

Vingt francs, soit.

LE CHIRURGIEN

Vous voulez être bien nourri, bien soigné, promptement guéri. Outre la nourriture, le logement et les soins, il y aura peut-être les médicaments, il y aura les linges, il y aura...

JACQUES

Après ?

LE CHIRURGIEN

Ma foi, le tout vaut bien vingt-quatre francs.

JACQUES

Va pour vingt-quatre francs; mais sans queue.

LE CHIRURGIEN

Un mois à vingt-quatre francs; deux mois, cela fera quarante-huit livres; trois mois, cela fera soixante et douze. Ah ! que la doctoresse serait contente, si vous pouviez lui avancer, en entrant, la moitié de ces soixante et douze livres !

JACQUES

J'y consens.

LE CHIRURGIEN

Elle serait bien plus contente encore...

JACQUES

Si je payais le quartier [60] ? Je le payerai.

Jacques ajouta : Le chirurgien alla retrouver mes hôtes, les prévint de notre arrangement, et un moment après, l'homme, la femme et les enfants se rassemblèrent autour de mon lit avec un air serein; ce furent des questions sans fin sur ma santé et sur mon genou, des éloges sur le chirurgien leur compère et sa femme, des souhaits à perte de vue, la plus belle affabilité, un intérêt ! un empressement à me

servir ! Cependant le chirurgien ne leur avait pas dit que
j'avais quelque argent, mais ils connaissaient l'homme; il
me prenait chez lui, et ils le savaient. Je payai ce que je
devais à ces gens; je fis aux enfants de petites largesses,
que leur père et mère ne laissèrent pas longtemps entre
leurs mains. C'était le matin. L'hôte partit pour s'en aller
aux champs, l'hôtesse prit sa hotte sur ses épaules et
s'éloigna; les enfants, attristés et mécontents d'avoir été
spoliés, disparurent, et quand il fut question de me tirer
de mon grabat, de me vêtir et de m'arranger sur mon
brancard, il ne se trouva personne que le docteur, qui se
mit à crier à tue-tête et que personne n'entendit.

LE MAÎTRE

Et Jacques, qui aime à se parler à lui-même, se disait
apparemment : Ne payez jamais d'avance, si vous ne
voulez pas être mal servi.

JACQUES

Non, mon maître; ce n'était pas le temps de moraliser,
mais bien celui de s'impatienter et de jurer. Je m'impa-
tientai, je jurai, je fis de la morale ensuite : et tandis que
je moralisais, le docteur, qui m'avait laissé seul, revint
avec deux paysans qu'il avait loués pour mon transport et
à mes frais, ce qu'il ne me laissa pas ignorer. Ces hommes
me rendirent tous les soins préliminaires à mon installation
sur l'espèce de brancard qu'on me fit avec un matelas
étendu sur des perches.

LE MAÎTRE

Dieu soit loué ! te voilà dans la maison du chirurgien,
et amoureux de la femme ou de la fille du docteur.

JACQUES

Je crois, mon maître, que vous vous trompez.

LE MAÎTRE

Et tu crois que je passerai trois mois dans la maison du
docteur avant que d'avoir entendu le premier mot de tes
amours ? Ah ! Jacques, cela ne se peut. Fais-moi grâce,
je te prie, et de la description de la maison, et du caractère

du docteur, et de l'humeur de la doctoresse, et des progrès
de ta guérison; saute, saute par-dessus tout cela. Au fait !
allons au fait ! Voilà ton genou à peu près guéri, te voilà
assez bien portant, et tu aimes.

JACQUES

J'aime donc, puisque vous êtes si pressé.

LE MAÎTRE

Et qui aimes-tu ?

JACQUES

Une grande brune de dix-huit ans, faite au tour, grands
yeux noirs, petite bouche vermeille, beaux bras, jolies
mains... Ah ! mon maître, les jolies mains !... C'est que ces
mains-là...

LE MAÎTRE

Tu crois encore les tenir.

JACQUES

C'est que vous les avez prises et tenues plus d'une fois
à la dérobée, et qu'il n'a dépendu que d'elles que vous n'en
ayez fait tout ce qu'il vous plairait.

LE MAÎTRE

Ma foi, Jacques, je ne m'attendais pas à celui-là.

JACQUES

Ni moi non plus.

LE MAÎTRE

J'ai beau rêver, je ne me rappelle ni grande brune, ni
jolies mains : tâche de t'expliquer.

JACQUES

J'y consens; mais c'est à la condition que nous revien-
drons sur nos pas et que nous rentrerons dans la maison
du chirurgien.

LE MAÎTRE

Crois-tu que cela soit écrit là-haut ?

JACQUES

C'est vous qui me l'allez apprendre; mais il est écrit ici-bas que qui *va piano va sano.*

LE MAITRE

Et que qui *va sano va lontano ;* et je voudrais bien arriver.

JACQUES

Eh bien ! qu'avez-vous résolu ?

LE MAÎTRE

Ce que tu voudras.

JACQUES

En ce cas, nous revoilà chez le chirurgien; et il était écrit là-haut que nous y reviendrions. Le docteur, sa femme et ses enfants se concertèrent si bien pour épuiser ma bourse par toutes sortes de petites rapines, qu'ils y eurent bientôt réussi. La guérison de mon genou paraissait bien avancée sans l'être, la plaie était refermée à peu de chose près, je pouvais sortir à l'aide d'une béquille, et il me restait encore dix-huit francs. Pas de gens qui aiment plus à parler que les bègues, pas de gens qui aiment plus à marcher que les boiteux. Un jour d'automne, une après-dînée qu'il faisait beau, je projetai une longue course; du village que j'habitais au village voisin, il y avait environ deux lieues.

LE MAÎTRE

Et ce village s'appelait ?

JACQUES

Si je vous le nommais, vous sauriez tout. Arrivé là, j'entrai dans un cabaret, je me reposai, je me rafraîchis. Le jour commençait à baisser, et je me disposais à regagner le gîte, lorsque, de la maison où j'étais, j'entendis une femme qui poussait les cris les plus aigus. Je sortis; on s'était attroupé autour d'elle. Elle était à terre, elle s'arrachait les cheveux; elle disait, en montrant les débris d'une grande cruche : « Je suis ruinée, je suis ruinée pour un mois; pendant ce temps qui est-ce qui nourrira mes pauvres enfants ? Cet intendant, qui a l'âme plus dure qu'une

pierre, ne me fera pas grâce d'un sou. Que je suis malheureuse! Je suis ruinée! je suis ruinée!... » Tout le monde la
plaignait; je n'entendais autour d'elle que, « la pauvre
femme! » mais personne ne mettait la main dans sa poche.
Je m'approchai brusquement et lui dis : « Ma bonne,
qu'est-ce qui vous est arrivé ? — Ce qui m'est arrivé !
est-ce que vous ne le voyez pas ? On m'avait envoyée
acheter une cruche d'huile : j'ai fait un faux pas, je suis
tombée, ma cruche s'est cassée, et voilà l'huile dont elle
était pleine... » Dans ce moment survinrent les petits
enfants de cette femme, ils étaient presque nus, et les
mauvais vêtements de leur mère montraient toute la misère
de la famille; et la mère et les enfants se mirent à crier.
Tel que vous me voyez, il en fallait dix fois moins pour me
toucher; mes entrailles s'émurent de compassion, les larmes
me vinrent aux yeux. Je demandai à cette femme, d'une
voix entrecoupée, pour combien il y avait d'huile dans sa
cruche. « Pour combien ? me répondit-elle en levant les
mains en haut. Pour neuf francs, pour plus que je ne saurais
gagner en un mois... » A l'instant, déliant ma bourse et lui
jetant deux gros écus, « tenez, ma bonne, lui dis-je, en
voilà douze... » et, sans attendre ses remerciements, je
repris le chemin du village.

LE MAÎTRE

Jacques, vous fîtes là une belle chose.

JACQUES

Je fis une sottise, ne vous en déplaise. Je ne fus pas à cent
pas du village que je me le dis; je ne fus pas à moitié
chemin que je me le dis bien mieux; arrivé chez le chirurgien, mon gousset vide, je le sentis bien autrement.

LE MAÎTRE

Tu pourrais bien avoir raison, et mon éloge être aussi
déplacé que ta commisération... Non, non, Jacques, je persiste
dans mon premier jugement, et c'est l'oubli de ton propre
besoin qui fait le principal mérite de ton action. J'en vois
les suites : tu vas être exposé à l'inhumanité de ton chirurgien et de sa femme; ils te chasseront de chez eux; mais
quand tu devrais mourir à leur porte sur un fumier, sur ce
fumier tu serais satisfait de toi.

JACQUES

Mon maître, je ne suis pas de cette force-là. Je m'acheminais cahin-caha; et, puisqu'il faut vous l'avouer, regrettant mes deux gros écus, qui n'en étaient pas moins donnés, et gâtant par mon regret l'œuvre que j'avais faite. J'étais à une égale distance des deux villages, et le jour était tout à fait tombé, lorsque trois bandits sortent d'entre les broussailles qui bordaient le chemin, se jettent sur moi, me renversent à terre, me fouillent, et sont étonnés de me trouver aussi peu d'argent que j'en avais. Ils avaient compté sur une meilleure proie; témoins de l'aumône que j'avais faite au village, ils avaient imaginé que celui qui peut se dessaisir aussi lestement d'un demi-louis devait en avoir encore une vingtaine. Dans la rage de voir leur espérance trompée et de s'être exposés à avoir les os brisés sur un échafaud pour une poignée de sous marqués [61], si je les dénonçais, s'ils étaient pris et que je les reconnusse, ils balancèrent un moment s'ils ne m'assassineraient pas. Heureusement ils entendirent du bruit; ils s'enfuirent, et j'en fus quitte pour quelques contusions que je me fis en tombant et que je reçus tandis qu'on me volait. Les bandits éloignés, je me retirai; je regagnai le village comme je pus : j'y arrivai à deux heures de nuit, pâle, défait, la douleur de mon genou fort accrue et souffrant, en différents endroits, des coups que j'avais remboursés. Le docteur... Mon maître, qu'avez-vous? Vous serrez les dents, vous vous agitez comme si vous étiez en présence d'un ennemi.

LE MAÎTRE

J'y suis, en effet; j'ai l'épée à la main; je fonds sur tes voleurs et je te venge. Dis-moi donc comment celui qui a écrit le grand rouleau a pu écrire que telle serait la récompense d'une action généreuse? Pourquoi moi, qui ne suis qu'un misérable composé de défauts, je prends ta défense, tandis que lui t'a vu tranquillement attaqué, renversé, maltraité, foulé aux pieds, lui qu'on dit être l'assemblage de toute perfection!...

JACQUES

Mon maître, paix, paix : ce que vous dites là sent le fagot en diable.

LE MAÎTRE

Qu'est-ce que tu regardes ?

JACQUES

Je regarde s'il n'y a personne autour de nous qui vous ait entendu [62]... Le docteur me tâta le pouls et me trouva de la fièvre. Je me couchai sans parler de mon aventure, rêvant sur mon grabat, ayant affaire à deux âmes... Dieu ! quelles âmes ! n'ayant pas le sou, et pas le moindre doute que le lendemain, à mon réveil, on n'exigeât le prix dont nous étions convenus par jour.

En cet endroit, le maître jeta ses bras autour du cou de son valet, en s'écriant : Mon pauvre Jacques, que vas-tu faire ? Que vas-tu devenir ? Ta position m'effraye.

JACQUES

Mon maître, rassurez-vous, me voilà.

LE MAÎTRE

Je n'y pensais pas ; j'étais à demain, à côté de toi, chez le docteur, au moment où tu t'éveilles, et où l'on vient te demander de l'argent.

JACQUES

Mon maître, on ne sait de quoi se réjouir, ni de quoi s'affliger dans la vie. Le bien amène le mal, le mal amène le bien. Nous marchons dans la nuit au-dessous de ce qui est écrit là-haut, également insensés dans nos souhaits, dans notre joie et dans notre affliction. Quand je pleure, je trouve souvent que je suis un sot.

LE MAÎTRE

Et quand tu ris ?

JACQUES

Je trouve encore que je suis un sot ; cependant, je ne puis m'empêcher ni de pleurer ni de rire : et c'est ce qui me fait enrager. J'ai cent fois essayé... Je ne fermai pas l'œil de la nuit...

LE MAÎTRE

Non, non, dis-moi ce que tu as essayé.

JACQUES

De me moquer de tout. Ah ! si j'avais pu y réussir !

LE MAÎTRE

A quoi cela t'aurait-il servi ?

JACQUES

A me délivrer de souci, à n'avoir plus besoin de rien, à me rendre parfaitement maître de moi, à me trouver aussi bien la tête contre une borne, au coin de la rue, que sur un bon oreiller. Tel je suis quelquefois; mais le diable est que cela ne dure pas, et que dur et ferme comme un rocher dans les grandes occasions, il arrive souvent qu'une petite contradiction, une bagatelle me déferre; c'est à se donner des soufflets. J'y ai renoncé; j'ai pris le parti d'être comme je suis; et j'ai vu, en y pensant un peu, que cela revenait presque au même, en ajoutant : Qu'importe comme on soit? C'est une autre résignation plus facile et plus commode [63].

LE MAÎTRE

Pour plus commode, cela est sûr.

JACQUES

Dès le matin, le chirurgien tira mes rideaux et me dit : « Allons, l'ami, votre genou; car il faut que j'aille au loin.
— Docteur, lui répondis-je d'un ton douloureux, j'ai sommeil.
— Tant mieux! c'est bon signe.
— Laissez-moi dormir, je ne me soucie pas d'être pansé.
— Il n'y a pas grand inconvénient à cela, dormez... »
Cela dit, il referme mes rideaux; et je ne dors pas. Une heure après, la doctoresse tira mes rideaux et me dit : « Allons, l'ami, prenez votre rôtie au sucre [64].
— Madame la doctoresse, lui répondis-je d'un ton douloureux, je ne me sens pas d'appétit.
— Mangez, mangez, vous n'en payerez ni plus ni moins.
— Je ne veux pas manger.
— Tant mieux ! ce sera pour mes enfants et pour moi. »
Et cela dit, elle referme mes rideaux, appelle ses enfants, et les voilà qui se mettent à dépêcher ma rôtie au sucre.

Lecteur, si je faisais ici une pause, et que je reprisse
l'histoire de l'homme à une seule chemise, parce qu'il
n'avait qu'un corps à la fois, je voudrais bien savoir ce que
vous en penseriez ? Que je me suis fourré dans une *impasse* à
la Voltaire [65], ou vulgairement dans un cul-de-sac, d'où je
ne sais comment sortir, et que je me jette dans un conte
fait à plaisir, pour gagner du temps et chercher quelque
moyen de sortir de celui que j'ai commencé. Eh bien!
lecteur, vous vous abusez de tout point. Je sais très bien
comment Jacques sera tiré de sa détresse, et ce que je vais
vous dire de Gousse, l'homme à une seule chemise à la fois,
parce qu'il n'avait qu'un corps à la fois, n'est point du tout
un conte.

C'était un jour de Pentecôte, le matin, que je reçus un
billet de Gousse, par lequel il me suppliait de le visiter
dans une prison où il était confiné. En m'habillant, je rêvais
à son aventure ; et je pensais que son tailleur, son boulanger,
son marchand de vin ou son hôte avaient obtenu et mis à
exécution contre lui une prise de corps. J'arrive, et je le
trouve faisant chambrée commune avec des autres personnages d'une figure omineuse [66]. Je lui demandai ce que
c'étaient que ces gens-là.

» Le vieux que vous voyez avec ses lunettes sur le nez,
est un homme adroit qui sait supérieurement le calcul et qui
cherche à faire cadrer les registres qu'il copie avec ses
comptes. Cela est difficile, nous en avons causé, mais je
ne doute point qu'il n'y réussisse.

— Et cet autre ?

— C'est un sot.

— Mais encore ?

— Un sot, qui avait inventé une machine à contrefaire
les billets publics, mauvaise machine, machine vicieuse
qui pèche par vingt endroits.

— Et ce troisième, qui est vêtu d'une livrée et qui joue
de la basse ?

— Il n'est ici qu'en attendant ; ce soir peut-être ou
demain matin, car son affaire n'est rien, il sera transféré
à Bicêtre [67].

— Et vous ?

— Moi ? mon affaire est moindre encore. »

Après cette réponse, il se lève, pose son bonnet sur le lit,

et à l'instant ses trois camarades de prison disparaissent.
Quand j'entrai, j'avais trouvé Gousse en robe de chambre,
assis à une petite table, traçant des figures de géométrie
et travaillant aussi tranquillement que s'il eût été chez lui.
Nous voilà seuls. « Et vous, que faites-vous ici ?

— Moi, je travaille, comme vous voyez.

— Et qui est-ce qui vous y a fait mettre ?

— Moi.

— Comment, vous ?

— Oui, moi, monsieur.

— Et comment vous y êtes-vous pris ?

— Comme je m'y serais pris avec un autre. Je me suis
fait un procès à moi-même; je l'ai gagné, et en conséquence
de la sentence que j'ai obtenue contre moi et du décret qui
s'en est suivi, j'ai été appréhendé et conduit ici.

— Êtes-vous fou ?

— Non, monsieur; je vous dis la chose telle qu'elle est.

— Ne pourriez-vous pas vous faire un autre procès à
vous-même, le gagner, et, en conséquence d'une autre
sentence et d'un autre décret, vous faire élargir ?

— Non, monsieur. »

Gousse avait une servante jolie, et qui lui servait de
moitié plus souvent que la sienne. Ce partage inégal avait
troublé la paix domestique. Quoique rien ne fût plus
difficile que de tourmenter cet homme, celui de tous qui
s'épouvantait le moins du bruit, il prit le parti de quitter
sa femme et de vivre avec sa servante. Mais toute sa fortune
consistait en meubles, en machines, en dessins, en outils
et autres effets mobiliers; et il aimait mieux laisser sa femme
toute nue que de s'en aller les mains vides; en conséquence,
voici le projet qu'il conçut. Ce fut de faire des billets à sa
servante, qui en poursuivrait le payement et obtiendrait
la saisie et la vente de ses effets, qui iraient du pont Saint-
Michel dans le logement où il se proposait de s'installer
avec elle. Il est enchanté de l'idée, il fait les billets, il s'assigne, il a deux procureurs. Le voilà courant de l'un chez
l'autre, se poursuivant lui-même avec toute la vivacité
possible, s'attaquant bien, se défendant mal; le voilà condamné à payer sous les peines portées par la loi; le voilà
s'emparant en idée de tout ce qu'il pouvait y avoir dans sa
maison; mais il n'en fut pas tout à fait ainsi. Il avait affaire
à une coquine très rusée qui, au lieu de le faire exécuter

dans ses meubles, se jeta sur sa personne, le fit prendre et
mettre en prison; en sorte que quelque bizarres que fussent
les réponses énigmatiques qu'il m'avait faites, elles n'en
étaient pas moins vraies.

Tandis que je vous faisais cette histoire, que vous prendrez pour un conte... — Et celle de l'homme à la livrée
qui raclait de la basse ? — Lecteur, je vous la promets;
d'honneur, vous ne la perdrez pas; mais permettez que je
revienne à Jacques et à son maître. Jacques et son maître
avaient atteint le gîte où ils avaient la nuit à passer. Il
était tard; la porte de la ville était fermée, et ils avaient
été obligés de s'arrêter dans le faubourg. Là, j'entends un
vacarme... — Vous entendez ! Vous n'y étiez pas; il ne
s'agit pas de vous. — Il est vrai. Eh bien ! Jacques... son
maître... On entend un vacarme effroyable. Je vois deux
hommes... — Vous ne voyez rien; il ne s'agit pas de vous,
vous n'y étiez pas. — Il est vrai. Il y avait deux hommes
à table, causant assez tranquillement à la porte de la
chambre qu'ils occupaient; une femme, les deux poings
sur les côtés, leur vomissait un torrent d'injures, et Jacques
essayait d'apaiser cette femme, qui n'écoutait non plus ses
remontrances pacifiques que les deux personnages à qui
elle s'adressait ne faisaient attention à ses invectives.
« Allons, ma bonne, lui disait Jacques, patience, remettez-
vous; voyons, de quoi s'agit-il ? Ces messieurs me semblent
d'honnêtes gens.

— Eux, d'honnêtes gens ! Ce sont des brutaux, des
gens sans pitié, sans humanité, sans aucun sentiment. Eh !
quel mal leur faisait cette pauvre Nicole pour la maltraiter
ainsi ? Elle en sera peut-être estropiée pour le reste de sa
vie.

— Le mal n'est peut-être pas aussi grand que vous le
croyez.

— Le coup a été effroyable, vous dis-je; elle en sera
estropiée.

— Il faut voir; il faut envoyer chercher le chirurgien.

— On y est allé.

— La faire mettre au lit.

— Elle y est, et pousse des cris à fendre le cœur. Ma
pauvre Nicole !... »

Au milieu de ces lamentations, on sonnait d'un
côté, et l'on criait : « Notre hôtesse ! du vin... » Elle

répondait : « On y va. » On sonnait d'un autre côté, et
l'on criait : « Notre hôtesse ! du linge. » Elle répondait :
« On y va. — Les côtelettes et le canard ! — On y va.—
Un pot à boire, un pot de chambre ! — On y va, on y va. »
Et d'un autre coin du logis un homme forcené : « Mau-
dit bavard! enragé bavard! de quoi te mêles-tu? As-tu
résolu de me faire attendre jusqu'à demain? Jacques!
Jacques! »

L'hôtesse, un peu remise de sa douleur et de sa fureur, dit
à Jacques : « Monsieur, laissez-moi, vous êtes trop bon.

— Jacques ! Jacques !

— Courez vite. Ah ! si vous saviez tous les malheurs
de cette pauvre créature !...

— Jacques ! Jacques !

— Allez donc, c'est, je crois, votre maître qui vous
appelle.

— Jacques ! Jacques ! »

C'était en effet le maître de Jacques qui s'était déshabillé
seul, qui se mourait de faim et qui s'impatientait de n'être
pas servi. Jacques monta, et un moment après Jacques,
l'hôtesse, qui avait vraiment l'air abattu : « Monsieur, dit-
elle au maître de Jacques, mille pardons; c'est qu'il y a
des choses dans la vie qu'on ne saurait digérer. Que voulez-vous ? J'ai des poulets, des pigeons, un râble de lièvre
excellent, des lapins : c'est le canton des bons lapins.
Aimeriez-vous mieux un oiseau de rivière ? » Jacques
ordonna le souper de son maître comme pour lui, selon
son usage. On servit, et tout en dévorant, le maître disait
à Jacques : Eh ! que diable faisais-tu là-bas ?

JACQUES

Peut-être un bien, peut-être un mal; qui le sait?

LE MAÎTRE

Et quel bien ou quel mal faisais-tu là-bas ?

JACQUES

J'empêchais cette femme de se faire assommer elle-
même par deux hommes qui sont là-bas et qui ont cassé
tout au moins un bras à sa servante.

LE MAÎTRE

Et peut-être ç'aurait été pour elle un bien que d'être assommée...

JACQUES

Par dix raisons meilleures les unes que les autres. Un des plus grands bonheurs qui me soient arrivés de ma vie, à moi qui vous parle...

LE MAÎTRE

C'est d'avoir été assommé ?... A boire.

JACQUES

Oui, monsieur, assommé, assommé sur le grand chemin, la nuit; en revenant du village, comme je vous le disais, après avoir fait, selon moi, la sottise, selon vous, la belle œuvre de donner mon argent.

LE MAÎTRE

Je me rappelle... A boire... Et l'origine de la querelle que tu apaisais là-bas, et du mauvais traitement fait à la fille ou à la servante de l'hôtesse ?

JACQUES

Ma foi, je l'ignore.

LE MAÎTRE

Tu ignores le fond d'une affaire, et tu t'en mêles ! Jacques, cela n'est ni selon la prudence, ni selon la justice, ni selon les principes... A boire...

JACQUES

Je ne sais ce que c'est que des principes, sinon des règles qu'on prescrit aux autres pour soi. Je pense d'une façon, et je ne saurais m'empêcher de faire d'une autre. Tous les sermons ressemblent aux préambules des édits du roi; tous les prédicateurs voudraient qu'on pratiquât leurs leçons, parce que nous nous en trouverions mieux peut-être; mais eux à coup sûr... La vertu...

LE MAÎTRE

La vertu, Jacques, c'est une bonne chose; les méchants et les bons en disent du bien... A boire...

JACQUES

Car ils y trouvent les uns et les autres leur compte.

LE MAÎTRE

Et comment fut-ce un si grand bonheur pour toi d'être assommé ?

JACQUES

Il est tard, vous avez bien soupé et moi aussi; nous sommes fatigués tous les deux; croyez-moi, couchons-nous.

LE MAÎTRE

Cela ne se peut, et l'hôtesse nous doit encore quelque chose. En attendant, reprends l'histoire de tes amours.

JACQUES

Où en étais-je ? Je vous prie, mon maître, pour cette fois-ci, et pour toutes les autres, de me remettre sur la voie.

LE MAÎTRE

Je m'en charge, et, pour entrer en ma fonction de souffleur, tu étais dans ton lit, sans argent, fort empêché de ta personne, tandis que la doctoresse et ses enfants mangeaient ta rôtie au sucre.

JACQUES

Alors on entendit un carrosse s'arrêter à la porte de la maison. Un valet entre et demande : « N'est-ce pas ici que loge un pauvre homme, un soldat qui marche avec une béquille, qui revint hier au soir du village prochain ?
— Oui, répondit la doctoresse, que lui voulez-vous ?
— Le prendre dans ce carrosse et l'emmener avec nous.
— Il est dans ce lit; tirez les rideaux et parlez-lui. »

Jacques en était là, lorsque l'hôtesse entra et leur dit : Que voulez-vous pour dessert ?

LE MAÎTRE

Ce que vous avez.

L'hôtesse, sans se donner la peine de descendre, cria de la chambre : « Nanon, apportez des fruits, des biscuits, des confitures... »

A ce mot de Nanon, Jacques dit à part lui : « Ah ! c'est sa fille qu'on a maltraitée, on se mettrait en colère à moins... »

Et le maître dit à l'hôtesse : Vous étiez bien fâchée tout à l'heure ?

L'HÔTESSE

Et qui est-ce qui ne se fâcherait pas ? La pauvre créature ne leur avait rien fait; elle était à peine entrée dans leur chambre, que je l'entends jeter des cris, mais des cris... Dieu merci ! je suis un peu rassurée; le chirurgien prétend que ce ne sera rien; elle a cependant deux énormes contusions, l'une à la tête, l'autre à l'épaule.

LE MAÎTRE

Y a-t-il longtemps que vous l'avez ?

L'HÔTESSE

Une quinzaine au plus. Elle avait été abandonnée à la poste voisine.

LE MAÎTRE

Comment, abandonnée !

L'HÔTESSE

Eh, mon Dieu, oui ! C'est qu'il y a des gens qui sont plus durs que des pierres. Elle a pensé être noyée en passant la rivière qui coule ici près; elle est arrivée ici comme par miracle, et je l'ai reçue par charité.

LE MAÎTRE

Quel âge a-t-elle ?

L'HÔTESSE

Je lui crois plus d'un an et demi...

A ce mot, Jacques part d'un éclat de rire et s'écrie : C'est une chienne !

L'HÔTESSE

La plus belle bête du monde; je ne donnerais pas ma Nicole pour dix louis. Ma pauvre Nicole!

LE MAÎTRE

Madame a le cœur bon.

L'HÔTESSE

Vous l'avez dit, je tiens à mes bêtes et à mes gens.

LE MAÎTRE

C'est fort bien fait. Et qui sont ceux qui ont si fort maltraité votre Nicole ?

L'HÔTESSE

Deux bourgeois de la ville prochaine. Ils se parlent sans cesse à l'oreille; ils s'imaginent qu'on ne sait ce qu'ils se disent, et qu'on ignore leur aventure. Il n'y a pas plus de trois heures qu'ils sont ici, et il ne me manque pas un mot de toute leur affaire. Elle est plaisante; et si vous n'étiez pas plus pressé de vous coucher que moi, je vous la raconterais tout comme leur domestique l'a dite à ma servante, qui s'est trouvée par hasard être sa payse, qui l'a redite à mon mari, qui me l'a redite. La belle-mère du plus jeune des deux a passé par ici il n'y a pas plus de trois mois; elle s'en allait assez malgré elle dans un couvent de province où elle n'a pas fait vieux os; elle y est morte; et voilà pourquoi nos deux jeunes gens sont en deuil... Mais voilà que, sans m'en apercevoir, j'enfile leur histoire. Bonsoir messieurs, et bonne nuit. Vous avez trouvé le vin bon ?

LE MAÎTRE

Très bon.

L'HÔTESSE

Vous avez été contents de votre souper ?

LE MAÎTRE

Très contents. Vos épinards étaient un peu salés.

L'HÔTESSE

J'ai quelquefois la main lourde. Vous serez bien couchés et dans des draps de lessive; ils ne servent jamais ici deux fois.

Cela dit, l'hôtesse se retira, et Jacques et son maître se mirent au lit en riant du quiproquo qui leur avait fait prendre une chienne pour la fille ou la servante de la

maison, et de la passion de l'hôtesse pour une chienne
perdue qu'elle possédait depuis quinze jours. Jacques dit
à son maître, en attachant le serre-tête à son bonnet de
nuit : « Je gagerais bien que de tout ce qui a vie dans
l'auberge, cette femme n'aime que sa Nicole. » Son maître
lui répondit : « Cela se peut, Jacques; mais dormons. »

Tandis que Jacques et son maître reposent, je vais
m'acquitter de ma promesse, par le récit de l'homme de la
prison, qui raclait de la basse, ou plutôt de son camarade,
le sieur Gousse.

« Ce troisième, me dit-il, est un intendant de grande
maison. Il était devenu amoureux d'une pâtissière de la
rue de l'Université. Le pâtissier était un bon homme qui
regardait de plus près à son four qu'à la conduite de sa
femme. Si ce n'était pas sa jalousie, c'était son assiduité
qui gênait nos deux amants. Que firent-ils pour se délivrer
de cette contrainte ? L'intendant présenta à son maître un
placet où le pâtissier était traduit comme un homme de
mauvaises mœurs, un ivrogne qui ne sortait pas de la
taverne, un brutal qui frappait sa femme, la plus honnête
et la plus malheureuse des femmes. Sur ce placet il obtint
une lettre de cachet, et cette lettre de cachet, qui disposait
de la liberté du mari, fut mise entre les mains d'un exempt,
pour être exécutée sans délai. Il arriva par hasard que cet
exempt était l'ami du pâtissier. Ils allaient de temps en
temps chez le marchand de vin; le pâtissier fournissait les
petits pâtés, l'exempt payait la bouteille. Celui-ci, muni de
la lettre de cachet, passe devant la porte du pâtissier, et
lui fait le signe convenu. Les voilà tous les deux occupés
à manger et à arroser les petits pâtés; et l'exempt demandant à son camarade comment allait son commerce ?

« Fort bien.

« — S'il n'avait aucune mauvaise affaire ?

« — Aucune.

« — S'il n'avait point d'ennemis ?

« — Il ne s'en connaissait pas.

« — Comment il vivait avec ses parents, ses voisins,
sa femme ?

« — En amitié et en paix.

« — D'où peut donc venir, ajouta l'exempt, l'ordre que
j'ai de t'arrêter ? Si je faisais mon devoir, je te mettrais la

main sur le collet, il y aurait là un carrosse tout près, et je
te conduirais au lieu prescrit par cette lettre de cachet.
Tiens, lis... »

« Le pâtissier lut et pâlit. L'exempt lui dit : « Rassure-
toi, avisons seulement ensemble à ce que nous avons de
mieux à faire pour ma sûreté et pour la tienne. Qui est-ce
qui fréquente chez toi ?

« — Personne.

« — Ta femme est coquette et jolie.

« — Je la laisse faire à sa tête.

« — Personne ne la couche-t-il en joue ?

« — Ma foi non, si ce n'est un certain intendant qui
vient quelquefois lui serrer les mains et lui débiter des
sornettes; mais c'est dans ma boutique, devant moi, en
présence de mes garçons, et je crois qu'il ne se passe rien
entre eux qui ne soit en tout bien et en tout honneur.

« — Tu es un bon homme !

« — Cela se peut; mais le mieux de tout point est de
croire sa femme honnête, et c'est ce que je fais.

« — Et cet intendant, à qui est-il ?

« — A M. de Saint-Florentin [68].

« — Et de quels bureaux crois-tu que vienne la lettre
de cachet?

« — Des bureaux de M. de Saint-Florentin, peut-être.

« — Tu l'as dit.

« — Oh ! manger ma pâtisserie, baiser ma femme et
me faire enfermer, cela est trop noir, et je ne saurais le
croire !

« — Tu es un bon homme ! Depuis quelques jours,
comment trouves-tu ta femme ?

« — Plutôt triste que gaie.

« — Et l'intendant, y a-t-il longtemps que tu ne l'as vu ?

« — Hier, je crois; oui, c'était hier.

« — N'as-tu rien remarqué ?

« — Je suis fort peu remarquant; mais il m'a semblé
qu'en se séparant ils se faisaient quelques signes de la tête,
comme quand l'un dit oui et que l'autre dit non.

« — Quelle était la tête qui disait oui ?

« — Celle de l'intendant.

« — Ils sont innocents ou ils sont complices. Écoute,
mon ami, ne rentre pas chez toi; sauve-toi en quelque lieu
de sûreté, au Temple, dans l'Abbaye [69], où tu voudras,

et cependant laisse-moi faire; surtout souviens-toi bien...

« — De ne me pas montrer et de me taire.

« — C'est cela. »

« Au même moment la maison du pâtissier est entourée d'espions. Des mouchards, sous toutes sortes de vêtements, s'adressent à la pâtissière, et lui demandent son mari : elle répond à l'un qu'il est malade, à un autre qu'il est parti pour une fête, à un troisième pour une noce. Quand il reviendra ? Elle n'en sait rien.

« Le troisième jour, sur les deux heures du matin, on vient avertir l'exempt qu'on avait vu un homme, le nez enveloppé dans un manteau, ouvrir doucement la porte de la rue et se glisser doucement dans la maison du pâtissier. Aussitôt l'exempt, accompagné d'un commissaire, d'un serrurier, d'un fiacre et de quelques archers, se transporte sur les lieux. La porte est crochetée, l'exempt et le commissaire montent à petit bruit. On frappe à la chambre de la pâtissière : point de réponse; on frappe encore : point de réponse; à la troisième fois on demande du dedans : « Qui est-ce ?

« — Ouvrez.

« — Qui est-ce ?

« — Ouvrez, c'est de la part du roi.

« — Bon ! disait l'intendant à la pâtissière avec laquelle il était couché; il n'y a point de danger : c'est l'exempt qui vient pour exécuter son ordre. Ouvrez : je me nommerai; il se retirera, et tout sera fini. »

« La pâtissière, en chemise, ouvre et se remet dans son lit.

L'EXEMPT

« Où est votre mari ?

LA PATISSIÈRE

« Il n'y est pas.

L'EXEMPT, *écartant le rideau.*

« Qui est-ce qui est donc là ?

L'INTENDANT

« C'est moi; je suis l'intendant de M. de Saint-Florentin.

L'EXEMPT

« Vous mentez, vous êtes le pâtissier, car le pâtissier
est celui qui couche avec la pâtissière. Levez-vous, habillez-
vous, et suivez-moi. »

« Il fallut obéir; on le conduisit ici. Le ministre, instruit
de la scélératesse de son intendant, a approuvé la conduite
de l'exempt, qui doit venir ce soir à la chute du jour le
prendre dans cette prison pour le transférer à Bicêtre, où,
grâce à l'économie des administrateurs, il mangera son
quarteron de mauvais pain, son once de vache, et raclera
de sa basse du matin au soir... » Si j'allais aussi mettre ma
tête sur un oreiller, en attendant le réveil de Jacques et de
son maître; qu'en pensez-vous ?

Le lendemain Jacques se leva de grand matin, mit la tête
à la fenêtre pour voir quel temps il faisait, vit qu'il faisait
un temps détestable, se recoucha, et nous laissa dormir,
son maître et moi, tant qu'il nous plut.

Jacques, son maître et les autres voyageurs qui s'étaient
arrêtés au même gîte, crurent que le ciel s'éclaircirait sur
le midi; il n'en fut rien; et la pluie de l'orage ayant gonflé
le ruisseau qui séparait le faubourg de la ville, au point
qu'il eût été dangereux de le passer, tous ceux dont la
route conduisait de ce côté prirent le parti de perdre une
journée, et d'attendre. Les uns se mirent à causer; d'autres
à aller et venir, à mettre le nez à la porte, à regarder le
ciel, et à rentrer en jurant et frappant du pied; plusieurs à
politiquer et à boire; beaucoup à jouer; le reste à fumer, à
dormir et à ne rien faire. Le maître dit à Jacques : J'espère
que Jacques va reprendre le récit de ses amours, et que le
ciel, qui veut que j'aie la satisfaction d'en entendre la fin,
nous retient ici par le mauvais temps.

JACQUES

Le ciel qui veut ! On ne sait jamais ce que le ciel veut
ou ne veut pas, et il n'en sait peut-être rien lui-même. Mon
pauvre capitaine qui n'est plus, me l'a répété cent fois; et
plus j'ai vécu, plus j'ai reconnu qu'il avait raison... [70] A vous,
mon maître.

LE MAÎTRE

J'entends. Tu en étais au carrosse et au valet, à qui la doctoresse a dit d'ouvrir ton rideau et de te parler.

JACQUES

Ce valet s'approche de mon lit, et me dit : « Allons, camarade, debout, habillez-vous et partons. » Je lui répondis d'entre les draps et la couverture dont j'avais la tête enveloppée, sans le voir, sans en être vu : « Camarade, laissez-moi dormir et partez. » Le valet me réplique qu'il a des ordres de son maître, et qu'il faut qu'il les exécute.

« Et votre maître qui ordonne d'un homme qu'il ne connaît pas, a-t-il ordonné de payer ce que je dois ici ?

— C'est une affaire faite. Dépêchez-vous, tout le monde vous attend au château, où je vous réponds que vous serez mieux qu'ici, si la suite répond à la curiosité qu'on a de vous. »

Je me laisse persuader; je me lève, je m'habille, on me prend sous les bras. J'avais fait mes adieux à la doctoresse, et j'allais monter en carrosse, lorsque cette femme, s'approchant de moi, me tire par la manche, et me prie de passer dans un coin de la chambre, qu'elle avait un mot à me dire. « Là, notre ami, ajouta-t-elle, vous n'avez point, je crois, à vous plaindre de nous; le docteur vous a sauvé une jambe, moi, je vous ai bien soigné, et j'espère qu'au château vous ne nous oublierez pas.

— Qu'y pourrais-je pour vous ?

— Demander que ce fût mon mari qui vînt vous y panser; il y a un monde là! C'est la meilleure pratique du canton; le seigneur est un homme généreux, on en est grassement payé; il ne tiendrait qu'à vous de faire notre fortune. Mon mari a bien tenté à plusieurs reprises de s'y fourrer, mais inutilement.

— Mais, madame la doctoresse, n'y a-t-il pas un chirurgien du château ?

— Assurément !

— Er si cet autre était votre mari, seriez-vous bien aise qu'on le desservît et qu'il fût expulsé ?

— Ce chirurgien est un homme à qui vous ne devez rien, et je crois que vous devez quelque chose à mon mari :

si vous allez à deux pieds comme ci-devant, c'est son
ouvrage.
— Et parce que votre mari m'a fait du bien, il faut que
je fasse du mal à un autre ? Encore si la place était
vacante... »

Jacques allait continuer, lorsque l'hôtesse entra tenant
entre ses bras Nicole emmaillottée, la baisant, la plaignant,
la caressant, lui parlant comme à son enfant : Ma pauvre
Nicole, elle n'a eu qu'un cri de toute la nuit. Et vous,
messieurs, avez-vous bien dormi ?

LE MAÎTRE

Très bien.

L'HÔTESSE

Le temps est pris de tous côtés.

JACQUES

Nous en sommes assez fâchés.

L'HÔTESSE

Ces messieurs vont-ils loin ?

JACQUES

Nous n'en savons rien.

L'HÔTESSE

Ces messieurs suivent quelqu'un ?

JACQUES

Nous ne suivons personne.

L'HÔTESSE

Ils vont, ou ils s'arrêtent, selon les affaires qu'ils ont sur
la route ?

JACQUES

Nous n'en avons aucune.

L'HÔTESSE

Ces messieurs voyagent pour leur plaisir ?

JACQUES

Ou pour leur peine.

L'HÔTESSE

Je souhaite que ce soit le premier.

JACQUES

Votre souhait n'y fera pas un zeste; ce sera selon qu'il est écrit là-haut.

L'HÔTESSE

Oh ! c'est un mariage ?

JACQUES

Peut-être qu'oui, peut-être que non.

L'HÔTESSE

Messieurs, prenez-y garde. Cet homme qui est là-bas, et qui a si rudement traité ma pauvre Nicole, en a fait un bien saugrenu... Viens, ma pauvre bête; viens que je te baise; je te promets que cela n'arrivera plus. Voyez comme elle tremble de tous ses membres !

LE MAÎTRE

Et qu'à donc de si singulier le mariage de cet homme ?
A cette question du maître de Jacques, l'hôtesse dit : « J'entends du bruit là-bas, je vais donner mes ordres, et je reviens vous conter tout cela... » Son mari, las de crier : « Ma femme, ma femme, » monte, et avec lui son compère qu'il ne voyait pas. L'hôte dit à sa femme : « Eh ! que diable faites-vous là ?... » Puis se retournant et apercevant son compère : M'apportez-vous de l'argent ?

LE COMPÈRE

Non, compère, vous savez bien que je n'en ai point.

L'HÔTE

Tu n'en as point ? Je saurai bien en faire avec ta charrue, tes chevaux, tes bœufs et ton lit. Comment, gredin !...

LE COMPÈRE

Je ne suis point un gredin.

L'HOTE

Et qui es-tu donc? Tu es dans la misère, tu ne sais où prendre de quoi ensemencer tes champs; ton propriétaire, las de te faire des avances, ne te veut plus rien donner [71]. Tu viens à moi; cette femme intercède; cette maudite bavarde, qui est la cause de toutes les sottises de ma vie, me résout à te prêter; je te prête; tu promets de me rendre; tu me manques dix fois. Oh! je te promets, moi, que je ne te manquerai pas. Sors d'ici...

Jacques et son maître se préparaient à plaider pour ce pauvre diable; mais l'hôtesse, en posant le doigt sur sa bouche, leur fit signe de se taire.

L'HÔTE

Sors d'ici.

LE COMPÈRE

Tout ce que vous dites est vrai; il l'est aussi que les huissiers sont chez moi, et que dans un moment nous serons réduits à la besace, ma fille, mon garçon et moi.

L'HÔTE

C'est le sort que tu mérites. Qu'es-tu venu faire ici ce matin? Je quitte le remplissage de mon vin, je remonte de ma cave et je ne te trouve point. Sors d'ici, te dis-je.

LE COMPÈRE

Compère, j'étais venu; j'ai craint la réception que vous me faites; je m'en suis retourné; et je m'en vais.

L'HÔTE

Tu feras bien.

LE COMPÈRE

Voilà donc ma pauvre Marguerite, qui est si sage et si jolie, qui s'en ira en condition à Paris!

L'HÔTE

En condition! à Paris! Tu en veux donc faire une malheureuse [72]?

LE COMPÈRE

Ce n'est pas moi qui le veux; c'est l'homme dur à qui je parle.

L'HÔTE

Moi, un homme dur ! Je ne le suis point : je ne le fus jamais; et tu le sais bien.

LE COMPÈRE

Je ne suis plus en état de nourrir ma fille ni mon garçon; ma fille servira, mon garçon s'engagera.

L'HÔTE

Et c'est moi qui en serais la cause ! Cela ne sera pas. Tu es un cruel homme; tant que je vivrai tu seras mon supplice. Çà, voyons ce qu'il te faut.

LE COMPÈRE

Il ne me faut rien. Je suis désolé de vous devoir, et je ne vous devrai de ma vie. Vous faites plus de mal par vos injures que de bien par vos services. Si j'avais de l'argent, je vous le jetterais au visage; mais je n'en ai point. Ma fille deviendra tout ce qu'il plaira à Dieu; mon garçon se fera tuer s'il le faut; moi, je mendierai, mais ce ne sera pas à votre porte. Plus, plus d'obligations à un vilain homme comme vous. Empochez bien l'argent de mes bœufs, de mes chevaux et de mes ustensiles : grand bien vous fasse. Vous êtes né pour faire des ingrats, et je ne veux pas l'être. Adieu.

L'HÔTE

Ma femme, il s'en va; arrête-le donc.

L'HÔTESSE

Allons, compère, avisons au moyen de vous secourir.

LE COMPÈRE

Je ne veux point de ses secours, ils sont trop chers...

L'hôte répétait tout bas à sa femme : « Ne le laisse pas aller, arrête-le donc. Sa fille à Paris ! son garçon à l'armée ! lui à la porte de la paroisse ! je ne saurais souffrir cela. »

Cependant sa femme faisait des efforts inutiles; le paysan,

qui avait de l'âme, ne voulait rien accepter et se faisait tenir à quatre. L'hôte, les larmes aux yeux, s'adressait à Jacques et à son maître, et leur disait : « Messieurs, tâchez de le fléchir... » Jacques et son maître se mêlèrent de la partie; tous à la fois conjuraient le paysan. Si j'ai jamais vu... — Si vous avez jamais vu ! Mais vous n'y étiez pas. Dites : si l'on a jamais vu. — Eh bien ! soit. Si l'on a jamais vu un homme confondu d'un refus, transporté qu'on voulût bien accepter son argent, c'était cet hôte, il embrassait sa femme, il embrassait Jacques et son maître, il criait : Qu'on aille bien vite chasser de chez lui ces exécrables huissiers.

LE COMPÈRE

Convenez aussi...

L'HÔTE

Je conviens que je gâte tout; mais, compère, que veux-tu ? Comme je suis, me voilà. Nature m'a fait l'homme le plus dur et le plus tendre; je ne sais ni accorder ni refuser.

LE COMPÈRE

Ne pourriez-vous pas être autrement ?

L'HÔTE

Je suis à l'âge où l'on ne se corrige guère; mais si les premiers qui se sont adressés à moi m'avaient rabroué comme tu as fait, peut-être en serais-je devenu meilleur. Compère, je te remercie de ta leçon, peut-être en profiterai-je... Ma femme, va vite, descends, et donne-lui ce qu'il lui faut. Que diable, marche donc, mordieu ! marche donc; tu vas !... Ma femme, je te prie de te presser un peu et de ne le pas faire attendre; tu reviendras ensuite retrouver ces messieurs avec lesquels il me semble que tu te trouves bien...

La femme et le compère descendirent; l'hôte resta encore un moment; et lorsqu'il s'en fut allé, Jacques dit à son maître : « Voilà un singulier homme ! Le ciel qui avait envoyé ce mauvais temps qui nous retient ici, parce qu'il voulait que vous entendissiez mes amours, que veut-il à présent ? »

Le maître, en s'étendant dans son fauteuil, bâillant, frappant sur sa tabatière, répondit : Jacques, nous avons plus d'un jour à vivre ensemble, à moins que...

JACQUES

C'est-à-dire que pour aujourd'hui le ciel veut que je me taise ou que ce soit l'hôtesse qui parle; c'est une bavarde qui ne demande pas mieux; qu'elle parle donc.

LE MAÎTRE

Tu prends de l'humeur.

JACQUES

C'est que j'aime à parler aussi.

LE MAÎTRE

Ton tour viendra.

JACQUES

Ou ne viendra pas.

Je vous entends, lecteur; voilà, dites-vous, le vrai dénoûment du *Bourru bienfaisant* [73]. Je le pense. J'aurais introduit dans cette pièce, si j'en avais été l'auteur, un personnage qu'on aurait pris pour épisodique, et qui ne l'aurait point été. Ce personnage se serait montré quelquefois, et sa présence aurait été motivée. La première fois il serait venu demander grâce; mais la crainte d'un mauvais accueil l'aurait fait sortir avant l'arrivée de Géronte. Pressé par l'irruption des huissiers dans sa maison, il aurait eu la seconde fois le courage d'attendre Géronte; mais celui-ci aurait refusé de le voir. Enfin, je l'aurais amené au dénoû-ment, où il aurait fait exactement le rôle du paysan avec l'aubergiste; il aurait eu, comme le paysan, une fille qu'il allait placer chez une marchande de modes, un fils qu'il allait retirer des écoles pour entrer en condition; lui, il se serait déterminé à mendier jusqu'à ce qu'il se fût ennuyé de vivre. On aurait vu le Bourru bienfaisant aux pieds de cet homme; on aurait entendu le Bourru bienfaisant gour-mandé comme il le méritait; il aurait été forcé de s'adresser à toute la famille qui l'aurait environné, pour fléchir son débiteur et le contraindre à accepter de nouveaux secours. Le Bourru bienfaisant aurait été puni; il aurait promis de se corriger : mais dans le moment même il serait revenu à son caractère, en s'impatientant contre les personnages en scène, qui se seraient fait des politesses pour rentrer dans la maison; il aurait dit brusquement : *Que le diable emporte*

les cérém... Mais il se serait arrêté tout court au milieu du
mot, et, d'un ton radouci, il aurait dit à ses nièces : « Allons,
mes nièces; donnez-moi la main et passons. » — Et pour
que ce personnage eût été lié au fond, vous en auriez fait
un protégé du neveu de Géronte ? — Fort bien ! — Et
ç'aurait été à la prière du neveu que l'oncle aurait prêté
son argent ? — À merveille ! — Et ce prêt aurait été un
grief de l'oncle contre son neveu ? — C'est cela même. —
Et le dénoûment de cette pièce agréable n'aurait pas été
une répétition générale, avec toute la famille en corps, de
ce qu'il a fait auparavant avec chacun d'eux en particulier ?
— Vous avez raison. — Et si je rencontre jamais M. Goldoni, je lui réciterai la scène de l'auberge. — Et vous ferez
bien; il est plus habile homme qu'il ne faut pour en tirer
bon parti.

L'hôtesse remonta, toujours Nicole entre ses bras, et dit :
« J'espère que vous aurez un bon dîner; le braconnier
vient d'arriver; le garde du seigneur ne tardera pas... [74] »
Et, tout en parlant ainsi, elle prenait une chaise. La voilà
assise, et son récit qui commence.

L'HÔTESSE

Il faut se méfier des valets; les maîtres n'ont point de
pires ennemis...

JACQUES

Madame vous ne savez ce que vous dites; il y en a de
bons, il y en a de mauvais, et l'on compterait peut-être plus
de bons valets que de bons maîtres.

LE MAITRE

Jacques, vous ne vous écoutez pas; et vous commettez
précisément la même indiscrétion qui vous a choqué.

JACQUES

C'est que les maîtres...

LE MAÎTRE

C'est que les valets...
Eh bien ! lecteur, à quoi tient-il que je n'élève une vio-

lente querelle entre ces trois personnages ? Que l'hôtesse
ne soit prise par les épaules, et jetée hors de la chambre par
Jacques; que Jacques ne soit pris par les épaules et chassé
par son maître; que l'un ne s'en aille d'un côté, l'autre d'un
autre; et que vous n'entendiez ni l'histoire de l'hôtesse,
ni la suite des amours de Jacques ? Rassurez-vous, je n'en
ferai rien. L'hôtesse reprit donc :

Il faut convenir que s'il y a de bien méchants hommes,
il y a de bien méchantes femmes [75].

JACQUES

Et qu'il ne faut pas aller loin pour les trouver.

L'HÔTESSE

De quoi vous mêlez-vous ? Je suis femme, il me convient
de dire des femmes tout ce qu'il me plaira; je n'ai que faire
de votre approbation.

JACQUES

Mon approbation en vaut bien une autre.

L'HÔTESSE

Vous avez là, monsieur, un valet qui fait l'entendu et
qui vous manque. J'ai des valets aussi, mais je voudrais
bien qu'ils s'avisassent !...

LE MAÎTRE

Jacques, taisez-vous, et laissez parler madame.

L'hôtesse, encouragée par ce propos du maître de Jacques,
se lève, entreprend Jacques, porte ses deux poings sur ses
deux côtés, oublie qu'elle tient Nicole, la lâche, et voilà
Nicole sur le carreau, froissée et se débattant dans son mail-
lot, aboyant à tue-tête, l'hôtesse mêlant ses cris aux aboiements de Nicole, Jacques mêlant ses éclats de rire aux
aboiements de Nicole et aux cris de l'hôtesse, et le maître de
Jacques ouvrant sa tabatière, reniflant sa prise de tabac et ne
pouvant s'empêcher de sourire. Voilà toute l'hôtellerie en
tumulte. « Nanon, Nanon, vite, vite, apportez la bouteille à
l'eau-de-vie... Ma pauvre Nicole est morte... Démaillottez-
la... Que vous êtes gauche !

— Je fais de mon mieux.

— Comme elle crie ! Otez-vous de là, laissez-moi faire...
Elle est morte !... Ris bien, grand nigaud; il y a, en effet,
de quoi rire... Ma pauvre Nicole est morte !

— Non, madame, non, je crois qu'elle en reviendra, la
voilà qui remue. »

Et Nanon, de frotter d'eau-de-vie le nez de la chienne, et
de lui en faire avaler; et l'hôtesse de se lamenter, de se
déchaîner contre les valets impertinents; et Nanon, de dire :
« Tenez, madame, elle ouvre les yeux; la voilà qui vous
regarde.

— La pauvre bête, comme cela parle ! qui n'en serait
touché ?

— Madame, caressez-là donc un peu; répondez-lui donc
quelque chose.

— Viens, ma pauvre Nicole; crie, mon enfant, crie si
cela peut te soulager. Il y a un sort pour les bêtes comme
pour les gens; il envoie le bonheur à des fainéants hargneux
braillards et gourmands, le malheur à une autre qui sera
la meilleure créature du monde.

— Madame a bien raison, il n'y a point de justice ici-
bas.

— Taisez-vous, remmaillottez-la, portez-la sous mon
oreiller, et songez qu'au moindre cri qu'elle fera, je m'en
prends à vous. Viens, pauvre bête, que je t'embrasse encore
une fois avant qu'on t'emporte. Approchez-la donc, sotte
que vous êtes... Ces chiens, cela est si bon; cela vaut mieux...

JACQUES

Que père, mère, frères, sœurs, enfants, valets, époux..

L'HÔTESSE

Mais oui, ne pensez pas rire, cela est innocent, cela vous
est fidèle, cela ne vous fait jamais de mal, au lieu que le
reste...

JACQUES

Vivent les chiens ! il n'y a rien de plus parfait sous le
ciel.

L'HÔTESSE

S'il y a quelque chose de plus parfait, du moins ce n'est
pas l'homme. Je voudrais bien que vous connussiez celui

du meunier, c'est l'amoureux de ma Nicole; il n'y en a pas
un parmi vous, tous tant que vous êtes, qu'il ne fît rougir
de honte. Il vient, dès la pointe du jour, de plus d'une
lieue; il se plante devant cette fenêtre; ce sont des soupirs,
et des soupirs à faire pitié. Quelque temps qu'il fasse, il
reste; la pluie lui tombe sur le corps; son corps s'enfonce dans
le sable; à peine lui voit-on les oreilles et le bout du nez.
En feriez-vous autant pour la femme que vous aimeriez
le plus ?

LE MAÎTRE

Cela est très galant.

JACQUES

Mais aussi où est la femme aussi digne de ces soins que
votre Nicole ?...

La passion de l'hôtesse pour les bêtes n'était pourtant
pas sa passion dominante, comme on pourrait l'imaginer;
c'était celle de parler. Plus on avait de plaisir et de patience à
l'écouter, plus on avait de mérite; aussi ne se fit-elle pas
prier pour reprendre l'histoire interrompue du mariage
singulier; elle y mit seulement pour condition que Jacques
se tairait. Le maître promit du silence pour Jacques. Jacques s'étala nonchalamment dans un coin, les yeux fermés,
son bonnet renfoncé sur ses oreilles et le dos à demi tourné
à l'hôtesse. Le maître toussa, cracha, se moucha, tira sa
montre, vit l'heure qu'il était, tira sa tabatière, frappa sur
le couvercle, prit sa prise de tabac; et l'hôtesse se mit en
devoir de goûter le plaisir délicieux de pérorer.

L'hôtesse allait débuter, lorsqu'elle entendit sa chienne
crier.

Nanon, voyez donc à cette pauvre bête... Cela me trouble,
je ne sais plus où j'en étais.

JACQUES

Vous n'avez encore rien dit.

L'HÔTESSE

Ces deux hommes avec lesquels j'étais en querelle pour
ma pauvre Nicole, lorsque vous êtes arrivé, monsieur...

JACQUES

Dites messieurs.

L'HÔTESSE

Et pourquoi ?

JACQUES

C'est qu'on nous a traités jusqu'à présent avec cette politesse, et que j'y suis fait. Mon maître m'appelle Jacques, les
autres, monsieur Jacques.

L'HÔTESSE

Je ne vous appelle ni Jacques, ni monsieur Jacques, je ne
vous parle pas... *(Madame ? — Qu'est-ce ? — La carte du
numéro cinq. — Voyez sur le coin de la cheminée.)* Ces deux
hommes sont bons gentilshommes; ils viennent de Paris
et s'en vont à la terre du plus âgé.

JACQUES

Qui sait cela ?

L'HÔTESSE

Eux, qui le disent.

JACQUES

Belle raison !...
Le maître fit un signe à l'hôtesse, sur lequel elle comprit
que Jacques avait la cervelle brouillée. L'hôtesse répondit
au signe du maître par un mouvement compatissant des
épaules, et ajouta : À son âge ! Cela est très fâcheux.

JACQUES

Très fâcheux de ne savoir jamais où l'on va.

L'HÔTESSE

Le plus âgé des deux s'appelle le marquis des Arcis.
C'était un homme de plaisir, très aimable, croyant peu à la
vertu des femmes.

JACQUES

Il avait raison.

L'HÔTESSE

Monsieur Jacques, vous m'interrompez.

JACQUES

Madame l'hôtesse du *Grand-Cerf*, je ne vous parle pas.

L'HÔTESSE

M. le marquis en trouva pourtant une assez bizarre pour
lui tenir rigueur. Elle s'appelait Mme de La Pommeraye.
C'était une veuve qui avait des mœurs, de la naissance, de
la fortune et de la hauteur. M. des Arcis rompit avec toutes
ses connaissances, s'attacha uniquement à Mme de La Pommeraye, lui fit sa cour avec la plus grande assiduité, tâcha
par tous les sacrifices imaginables de lui prouver qu'il
l'aimait, lui proposa même de l'épouser; mais cette femme
avait été si malheureuse avec un premier mari, qu'elle...
(*Madame? — Qu'est-ce? — La clef du coffre à l'avoine?
Voyez au clou, et si elle n'y est pas, voyez au coffre.*) qu'elle
aurait mieux aimé s'exposer à toutes sortes de malheurs
qu'au danger d'un second mariage.

JACQUES

Ah ! si cela avait été écrit là-haut !

L'HÔTESSE

Cette femme vivait très retirée. Le marquis était un
ancien ami de son mari; elle l'avait reçu, et elle continuait
de le recevoir. Si on lui pardonnait son goût effréné pour
la galanterie, c'était ce qu'on appelle un homme d'honneur.
La poursuite constante du marquis, secondée de ses qualités
personnelles, de sa jeunesse, de sa figure, des apparences
de la passion la plus vraie, de la solitude, du penchant à la
tendresse, en un mot, de tout ce qui nous livre à la séduction des hommes... (*Madame? — Qu'est-ce? — C'est le
courrier. — Mettez-le à la chambre verte, et servez-le à l'ordinaire.*) eut son effet, et Mme de La Pommeraye, après avoir
lutté plusieurs mois contre le marquis, contre elle-même,
exigé selon l'usage les serments les plus solennels, rendit
heureux le marquis, qui aurait joui du sort le plus doux,
s'il avait pu conserver pour sa maîtresse les sentiments
qu'il avait jurés et qu'on avait pour lui. Tenez, monsieur,
il n'y a que les femmes qui sachent aimer; les hommes n'y
entendent rien... (*Madame? — Qu'est-ce? — Le Frère-
Quêteur. — Donnez-lui douze sous pour ces messieurs qui sont
ici, six sous pour moi, et qu'il aille dans les autres chambres.*)
Au bout de quelques années, le marquis commença à
trouver la vie de Mme de La Pommeraye trop unie. Il lui

proposa de se répandre dans la société : elle y consentit; à
recevoir quelques femmes et quelques hommes : et elle y
consentit; à avoir un dîner-souper : et elle y consentit.
Peu à peu il passa un jour, deux jours sans la voir; peu à
peu il manqua au dîner-souper qu'il avait arrangé; peu à
peu il abrégea ses visites; il eut des affaires qui l'appelaient :
lorsqu'il arrivait, il disait un mot, s'étalait dans un fauteuil,
prenait une brochure, la jetait, parlait à son chien ou s'endormait. Le soir, sa santé, qui devenait misérable, voulait
qu'il se retirât de bonne heure : c'était l'avis de Tronchin [76]. « C'est un grand homme que Tronchin! Ma foi!
je ne doute pas qu'il ne tire d'affaire notre amie dont les
autres désespéraient. » Et tout en parlant ainsi, il prenait
sa canne et son chapeau et s'en allait, oubliant quelquefois
de l'embrasser. Mme de La Pommeraye... *(Madame ? —
Qu'est-ce ? — Le tonnelier. — Qu'il descende à la cave, et qu'il
visite les deux pièces du coin.)* Mme de La Pommeraye pressentit
qu'elle n'était plus aimée; il fallait s'en assurer, et voici
comment elle s'y prit... *(Madame ? — J'y vais, j'y vais.)*

L'hôtesse, fatiguée de ces interruptions, descendit, et
prit apparemment les moyens de les faire cesser.

L'HÔTESSE

Un jour, après dîner, elle dit au marquis : « Mon ami,
vous rêvez.

— Vous rêvez aussi, marquise.

— Il est vrai, et même assez tristement.

— Qu'avez-vous ?

— Rien.

— Cela n'est pas vrai. Allons, marquise, dit-il en bâillant,
racontez-moi cela; cela vous désennuiera et moi.

— Est-ce que vous vous ennuyez ?

— Non; c'est qu'il y a des jours...

— Où l'on s'ennuie.

— Vous vous trompez, mon amie; je vous jure que vous
vous trompez : c'est qu'en effet il y a des jours... On ne sait
à quoi cela tient.

— Mon ami, il y a longtemps que je suis tentée de vous
faire une confidence; mais je crains de vous affliger.

— Vous pourriez m'affliger, vous ?

— Peut-être; mais le ciel m'est témoin de mon innocence... » *(Madame ? Madame ? Madame ? — Pour qui et pour*

quoi que ce soit, je vous ai défendu de m'appeler ; appelez mon
mari. — Il est absent.) Messieurs, je vous demande pardon,
je suis à vous dans un moment.

Voilà l'hôtesse descendue, remontée et reprenant son
récit :

« Mais cela s'est fait sans mon consentement, à mon insu,
par une malédiction à laquelle toute l'espèce humaine est
apparemment assujettie, puisque moi, moi-même, je n'y ai
pas échappé.

— Ah! c'est de vous... J'avais peur... De quoi s'agit-il?

— Marquis, il s'agit... Je suis désolée; je vais vous désoler
et, tout bien considéré je crois qu'il vaut mieux que je me
taise.

— Non, mon amie, parlez; auriez-vous au fond de votre
cœur un secret pour moi ? La première de nos conventions
ne fut-elle pas que nos âmes s'ouvriraient l'une à l'autre sans
réserve ?

— Il est vrai, et voilà ce qui me pèse; c'est un reproche
qui met le comble à un beaucoup plus important que je me
fais. Est-ce que vous ne vous apercevez pas que je n'ai plus
la même gaieté ? J'ai perdu l'appétit; je ne bois et ne mange
que par raison; je ne saurais dormir. Nos sociétés les plus
intimes me déplaisent. La nuit, je m'interroge et je me dis :
Est-ce qu'il est moins aimable? Non. Est-ce que vous avez
à vous en plaindre? Non. Auriez-vous à lui reprocher
quelques liaisons suspectes? Non. Est-ce que sa tendresse
pour vous est diminuée? Non. Pourquoi, votre ami étant
le même, votre cœur est-il donc changé? car il l'est :
vous ne pouvez vous le cacher; vous ne l'attendez plus
avec la même impatience; vous n'avez plus le même plaisir
à le voir; cette inquiétude quand il tardait à revenir;
cette douce émotion au bruit de sa voiture, quand on
l'annonçait, quand il paraissait, vous ne l'éprouvez plus.

— Comment, madame!.»

Alors la marquise de La Pommeraye se couvrit les yeux,
pencha la tête et se tut un moment, après lequel elle
ajouta : « Marquis, je me suis attendue à tout votre étonnement, à toutes les choses amères que vous m'allez
dire. Marquis! épargnez-moi... Non, ne m'épargnez pas,
dites-les-moi; je les écouterai avec résignation, parce que
je les mérite. Oui, mon cher marquis, il est vrai... Oui,
je suis... Mais, n'est-ce pas un assez grand malheur que
la chose soit arrivée, sans y ajouter encore la honte, le

mépris d'être fausse, en vous le dissimulant ? Vous êtes
le même, mais votre amie est changée; votre amie vous
révère, vous estime autant et plus que jamais; mais... mais
une femme accoutumée comme elle à examiner de près ce
qui se passe dans les replis les plus secrets de son âme et à
ne s'en imposer [77] sur rien, ne peut se cacher que l'amour en
est sorti. La découverte est affreuse, mais elle n'en est pas
moins réelle. La marquise de La Pommeraye, moi, moi,
inconstante ! légère !... Marquis, entrez en fureur, cherchez
les noms les plus odieux, je me les suis donnés d'avance;
donnez-les moi, je suis prête à les accepter tous..., tous,
excepté celui de femme fausse, que vous m'épargnerez, je
l'espère, car en vérité je ne le suis pas... *(Ma femme ? —
Qu'est-ce ? — Rien.* — On n'a pas un moment de repos dans
cette maison, même les jours qu'on n'a presque point de
monde et que l'on croit n'avoir rien à faire. Qu'une femme
de mon état est à plaindre, surtout avec une bête de mari!)
Cela dit, Mme de La Pommeraye se renversa sur son fauteuil
et se mit à pleurer. Le marquis se précipita à ses genoux,
et lui dit : « Vous êtes une femme charmante, une femme
adorable, une femme comme il n'y en a point. Votre
franchise, votre honnêteté me confond et devrait me faire
mourir de honte. Ah! quelle supériorité ce moment vous
donne sur moi! Que je vous vois grande et que je me trouve
petit! c'est vous qui avez parlé la première, et c'est moi qui
fus coupable le premier. Mon amie, votre sincérité m'entraîne; je serais un monstre si elle ne m'entraînait pas, et
je vous avouerai que l'histoire de votre cœur est mot à mot
l'histoire du mien. Tout ce que vous vous êtes dit, je me le
suis dit; mais je me taisais, je souffrais, et je ne sais quand
j'aurais eu le courage de parler.

— Vrai, mon ami ?

— Rien de plus vrai; et il ne nous reste qu'à nous féliciter réciproquement d'avoir perdu en même temps le
sentiment fragile et trompeur qui nous unissait.

— En effet, quel malheur que mon amour eût duré
lorsque le vôtre aurait cessé !

— Ou que ce fût en moi qu'il eût cessé le premier.

— Vous avez raison, je le sens.

— Jamais vous ne m'avez paru aussi aimable, aussi
belle que dans ce moment; et si l'expérience du passé ne
m'avait rendu circonspect, je croirais vous aimer plus que
jamais. » Et le marquis en lui parlant ainsi lui prenait les

mains, et les lui baisait... *(Ma femme ? — Qu'est-ce ? — Le marchand de paille. — Vois sur le registre. — Et le registre ?... reste, reste, je l'ai.)* Mme de la Pommeraye renfermant en elle-même le dépit mortel dont elle était déchirée, reprit la parole et dit au marquis : « Mais, marquis, qu'allons-nous devenir ?

— Nous ne nous en sommes imposé [78] ni l'un ni l'autre; vous avez droit à toute mon estime; je ne crois pas avoir entièrement perdu le droit que j'avais à la vôtre : nous continuerons de nous voir, nous nous livrerons à la confiance de la plus tendre amitié. Nous nous serons épargné tous ces ennuis, toutes ces petites perfidies, tous ces reproches, toute cette humeur, qui accompagnent communément les passions qui finissent; nous serons uniques dans notre espèce. Vous recouvrerez toute votre liberté, vous me rendrez la mienne; nous voyagerons dans le monde; je serai le confident de vos conquêtes; je ne vous cèlerai rien des miennes, si j'en fais quelques-unes, ce dont je doute fort, car vous m'avez rendu difficile. Cela sera délicieux [79]! Vous m'aiderez de vos conseils, je ne vous refuserai pas les miens dans les circonstances périlleuses où vous croirez en avoir besoin. Qui sait ce qui peut arriver ? »

JACQUES

Personne.

LE MARQUIS

« Il est très vraisemblable que plus j'irai, plus vous gagnerez aux comparaisons, et que je vous reviendrai plus passionné, plus tendre, plus convaincu que jamais que Mme de la Pommeraye était la seule femme faite pour mon bonheur; et après ce retour, il y a tout à parier que je vous resterai jusqu'à la fin de ma vie.

— S'il arrivait qu'à votre retour vous ne me trouvassiez plus ? car enfin, marquis, on n'est pas toujours juste; et il ne serait pas impossible que je me prisse de goût, de fantaisie, de passion même pour un autre qui ne vous vaudrait pas.

— J'en serais assurément désolé; mais je n'aurais point à me plaindre; je ne m'en prendrais qu'au sort qui nous aurait séparés lorsque nous étions unis, et qui nous rapprocherait lorsque nous ne pourrions plus l'être... »

Après cette conversation, ils se mirent à moraliser sur
l'inconstance du cœur humain, sur la frivolité des serments,
sur les liens du mariage... *(Madame ? — Qu'est-ce ? — Le
coche.)* Messieurs, dit l'hôtesse, il faut que je vous quitte.
Ce soir, lorsque toutes mes affaires seront faites, je reviendrai, et je vous achèverai cette aventure, si vous en êtes
curieux... *(Madame ?... Ma femme ?... Notre hôtesse ?... —
On y va, on y va.)*

L'hôtesse partie, le maître dit à son valet : Jacques, as-tu
remarqué une chose ?

JACQUES

Quelle ?

LE MAÎTRE

C'est que cette femme raconte beaucoup mieux qu'il ne
convient à une femme d'auberge.

JACQUES

Il est vrai. Les fréquentes interruptions des gens de
maison m'ont impatienté plusieurs fois.

LE MAÎTRE

Et moi aussi.

Et vous, lecteur, parlez sans dissimulation ; car vous
voyez que nous sommes en beau train de franchise ; voulez-
vous que nous laissions là cette élégante et prolixe bavarde
d'hôtesse, et que nous reprenions les amours de Jacques ?
Pour moi je ne tiens à rien. Lorsque cette femme remontera,
Jacques le bavard ne demande pas mieux que de reprendre
son rôle, et que de lui fermer la porte au nez ; il en sera
quitte pour lui dire par le trou de la serrure : « Bonsoir,
madame ; mon maître dort ; je vais me coucher : il faut
remettre le reste à notre passage. »

« Le premier serment que se firent deux êtres de chair,
ce fut au pied d'un rocher qui tombait en poussière ; ils
attestèrent de leur constance un ciel qui n'est pas un instant
le même ; tout passait en eux et autour d'eux, et ils croyaient
leurs cœurs affranchis de vicissitudes. O enfants ! toujours enfants [80]!... » Je ne sais de qui sont ces réflexions, de
Jacques, de son maître ou de moi ; il est certain qu'elles
sont de l'un des trois, et qu'elles furent précédées et suivies
de beaucoup d'autres qui nous auraient menés, Jacques,

son maître et moi, jusqu'au souper, jusqu'après le souper, jusqu'au retour de l'hôtesse [81], si Jacques n'eût dit à son maître : Tenez, monsieur, toutes ces grandes sentences que vous venez de débiter à propos de botte, ne valent pas une vieille fable des écraignes [82] de mon village.

LE MAÎTRE

Et quelle est cette fable ?

JACQUES

C'est la fable de la Gaîne et du Coutelet. Un jour la Gaîne et le Coutelet se prirent de querelle; le Coutelet dit à la Gaîne : « Gaîne, ma mie, vous êtes une friponne, car tous les jours vous recevez de nouveaux Coutelets... La Gaîne répondit au Coutelet : Mon ami Coutelet, vous êtes un fripon, car tous les jours vous changez de Gaîne... Gaîne, ce n'est pas là ce que vous m'avez promis... Coutelet, vous m'avez trompée le premier... » Ce débat s'était élevé à table; Cil qui était assis entre la Gaîne et le Coutelet, prit la parole et leur dit : « Vous, Gaîne, et vous, Coutelet, vous fîtes bien de changer, puisque changement vous duisait; mais vous eûtes tort de vous promettre que vous ne changeriez pas. Coutelet, ne voyais-tu pas que Dieu te fit pour aller à plusieurs Gaînes, et toi, Gaîne, pour recevoir plus d'un Coutelet ? Vous regardiez comme fous certains Coutelets qui faisaient vœu de se passer à forfait de Gaînes, et comme folles certaines Gaînes qui faisaient vœu de se fermer pour tout Coutelet : et vous ne pensiez pas que vous étiez presque aussi fous lorsque vous juriez, toi, Gaîne, de t'en tenir à un seul Coutelet; toi, Coutelet, de t'en tenir à une seule Gaîne [83]. »

Si le maître n'eût dit à Jacques : Ta fable n'est pas trop morale; mais elle est gaie. Tu ne sais pas la singulière idée qui me passe par la tête. Je te marie avec notre hôtesse; et je cherche comment un mari aurait fait, lorsqu'il aime à parler, avec une femme qui ne déparle [84] pas.

JACQUES

Comme j'ai fait les douze premières années de ma vie, que j'ai passées chez mon grand-père et ma grand'mère.

LE MAÎTRE

Comment s'appelaient-ils ? Quelle était leur profession ?

JACQUES

Ils étaient brocanteurs. Mon grand-père Jason eut
plusieurs enfants. Toute la famille était sérieuse; ils se
levaient, ils s'habillaient, ils allaient à leurs affaires; ils
revenaient, ils dînaient, ils retournaient sans avoir dit un
mot. Le soir, ils se jetaient sur des chaises; la mère et les
filles filaient, cousaient, tricotaient sans mot dire; les garçons
se reposaient; le père lisait l'Ancien Testament.

LE MAÎTRE

Et toi, que faisais-tu ?

JACQUES

Je courais dans la chambre avec un bâillon.

LE MAÎTRE

Avec un bâillon !

JACQUES

Oui, avec un bâillon; et c'est à ce maudit bâillon que je
dois la rage de parler. La semaine se passait quelquefois
sans qu'on eût ouvert la bouche dans la maison des Jason.
Pendant toute sa vie, qui fut longue, ma grand-mère
n'avait dit que *chapeau à vendre*, et mon grand-père, qu'on
voyait dans les inventaires, droit, les mains sous sa redingote, n'avait dit qu'*un sou*. Il y avait des jours où il était
tenté de ne pas croire à la Bible.

LE MAÎTRE

Et pourquoi ?

JACQUES

A cause des redites, qu'il regardait comme un bavardage
indigne de l'Esprit-Saint. Il disait que les rediseurs sont des
sots, qui prennent ceux qui les écoutent pour des sots.

LE MAÎTRE

Jacques, si pour te dédommager du long silence que tu
as gardé pendant les douze années du bâillon chez ton
grand-père et pendant que l'hôtesse a parlé...

JACQUES

Je reprenais l'histoire de mes amours ?

LE MAÎTRE

Non; mais une autre sur laquelle tu m'as laissé, celle du camarade de ton capitaine.

JACQUES

Oh ! mon maître, la cruelle mémoire que vous avez !

LE MAÎTRE

Mon Jacques, mon petit Jacques...

JACQUES

De quoi riez-vous ?

LE MAÎTRE

De ce qui me fera rire plus d'une fois; c'est de te voir dans ta jeunesse chez ton grand-père avec le bâillon.

JACQUES

Ma grand'mère me l'ôtait lorsqu'il n'y avait plus personne; et lorsque mon grand-père s'en apercevait, il n'en était pas plus content; il lui disait : Continuez, et cet enfant sera le plus effréné bavard qui ait encore existé. Sa prédiction s'est accomplie.

LE MAÎTRE

Allons, mon Jacques, mon petit Jacques, l'histoire du camarade de ton capitaine.

JACQUES

Je ne m'y refuserai pas; mais vous ne la croirez point.

LE MAÎTRE

Elle est donc bien merveilleuse !

JACQUES

Non, c'est qu'elle est déjà arrivée à un autre, à un militaire français, appelé, je crois, monsieur de Guerchy.

LE MAÎTRE

Eh bien ! je dirai comme un poète français, qui avait fait une assez bonne épigramme, disait à quelqu'un qui se l'attribuait en sa présence : « Pourquoi monsieur ne l'aurait-il pas faite ? je l'ai bien faite, moi... » Pourquoi l'histoire de Jacques ne serait-elle pas arrivée au camarade de son capitaine, puisqu'elle est bien arrivée au militaire français de Guerchy ? Mais, en me la racontant, tu feras d'une pierre deux coups, tu m'apprendras l'aventure de ces deux personnages, car je l'ignore.

JACQUES

Tant mieux ! mais jurez-le-moi.

LE MAÎTRE

Je te le jure.

Lecteur, je serais bien tenté d'exiger de vous le même serment; mais je vous ferai seulement remarquer dans le caractère de Jacques une bizarrerie qu'il tenait apparemment de son grand-père Jason, le brocanteur silencieux; c'est que Jacques au rebours des bavards, quoiqu'il aimât beaucoup à dire, avait en aversion les redites. Aussi disait-il quelquefois à son maître : « Monsieur me prépare le plus triste avenir; que deviendrai-je quand je n'aurai plus rien à dire ?

— Tu recommenceras.

— Jacques, recommencer ! Le contraire est écrit là-haut; et s'il m'arrivait de recommencer, je ne pourrais m'empêcher de m'écrier : « Ah! si ton grand-père t'entendait!... » et je regretterais le bâillon.

— Tu veux dire celui qu'il te mettait ?

JACQUES

Dans le temps qu'on jouait aux jeux de hasard aux foires de Saint-Germain et de Saint-Laurent...

LE MAÎTRE

Mais c'est à Paris, et le camarade de ton capitaine était commandant d'une place frontière.

JACQUES

Pour Dieu, monsieur, laissez-moi dire... Plusieurs
officiers entrèrent dans une boutique, et y trouvèrent un
autre officier qui causait avec la maîtresse de la boutique.
L'un d'eux proposa à celui-ci de jouer au passe-dix [85];
car il faut que vous sachiez qu'après la mort de mon capitaine, son camarade, devenu riche, était aussi devenu
joueur. Lui donc, ou M. de Guerchy, accepte. Le sort
met le cornet à la main de son adversaire qui passe, passe,
passe, que cela ne finissait point. Le jeu s'était échauffé,
et l'on avait joué le tout, le tout du tout, les petites moitiés, les grandes moitiés, le grand tout, le grand tout du
tout, lorsqu'un des assistants s'avisa de dire à M. de Guerchy, ou au camarade de mon capitaine, qu'il ferait bien de
s'en tenir là et de cesser de jouer, parce que l'on en savait
plus que lui. Sur ce propos, qui n'était qu'une plaisanterie,
le camarade de mon capitaine, ou M. de Guerchy, crut
qu'il avait affaire à un filou; il mit subtilement la main à
sa poche, en tira un couteau bien pointu, et lorsque son
antagoniste porta la main sur les dés pour les placer dans le
cornet, il lui plante le couteau dans la main, et la lui cloue
sur la table, en lui disant : « Si les dés sont pipés, vous êtes
un fripon; s'ils sont bons, j'ai tort... » Les dés se trouvèrent
bons. M. de Guerchy dit : « J'en suis très fâché et j'offre
telle réparation qu'on voudra... » Ce ne fut pas le propos
du camarade de mon capitaine; il dit : « J'ai perdu mon
argent; j'ai percé la main à un galant homme : mais en
revanche j'ai recouvré le plaisir de me battre tant qu'il me
plaira... » L'officier cloué se retire et va se faire panser.
Lorsqu'il est guéri, il vient trouver l'officier cloueur et lui
demande raison; celui-ci, ou M. de Guerchy, trouve la
demande juste. L'autre, le camarade de mon capitaine,
jette les bras à son cou, et lui dit : « Je vous attendais avec
une impatience que je ne saurais vous exprimer... » Ils
vont sur le pré; le cloueur, M. de Guerchy, ou le camarade
de mon capitaine, reçoit un bon coup d'épée à travers le
corps; le cloué le relève, le fait porter chez lui et lui dit :
« Monsieur, nous nous reverrons... » M. de Guerchy ne
répondit rien; le camarade de mon capitaine lui répondit :
Monsieur, j'y compte bien. » Ils se battent une seconde, une
troisième, jusqu'à huit ou dix fois, et toujours le cloueur

reste sur la place. C'étaient tous les deux des officiers de
distinction, tous les deux gens de mérite; leur aventure
fit grand bruit; le ministère s'en mêla. L'on retint l'un à
Paris, et l'on fixa l'autre à son poste. M. de Guerchy se
soumit aux ordres de la cour; le camarade de mon capitaine
en fut désolé; et telle est la différence de deux hommes
braves par caractère, mais dont l'un est sage, et l'autre a
un grain de folie.

Jusqu'ici l'aventure de M. de Guerchy et du camarade
de mon capitaine leur est commune : c'est la même; et
voilà la raison pour laquelle je les ai nommés tous deux,
entendez-vous, mon maître ? Ici je vais les séparer et je ne
vous parlerai plus que du camarade de mon capitaine,
parce que le reste n'appartient qu'à lui. Ah ! monsieur,
c'est ici que vous allez voir combien nous sommes peu
maîtres de nos destinées, et combien il y a de choses bizarres
écrites sur le grand rouleau !

Le camarade de mon capitaine, ou le cloueur, sollicite
la permission de faire un tour dans sa province : il l'obtient.
Sa route était par Paris. Il prend place dans une voiture
publique. A trois heures du matin, cette voiture passe
devant l'Opéra; on sortait du bal. Trois ou quatre jeunes
étourdis masqués projettent d'aller déjeuner avec les voyageurs; on arrive au point du jour à la déjeunée. Qui fut
bien étonné ? Ce fut le cloué de reconnaître son cloueur.
Celui-ci lui présente la main, l'embrasse et lui témoigne
combien il est enchanté d'une aussi heureuse rencontre;
à l'instant ils passent derrière une grange, mettent l'épée
à la main, l'un en redingote, l'autre en domino; le cloueur,
ou le camarade de mon capitaine, est encore jeté sur le
carreau. Son adversaire envoie à son secours, se met
à table avec ses amis et le reste de la carrossée, boit et
mange gaiement. Les uns se disposaient à suivre leur route,
et les autres à retourner dans la capitale, en masque et sur
des chevaux de poste, lorsque l'hôtesse reparut et mit fin
au récit de Jacques.

La voilà remontée, et je vous préviens, lecteur, qu'il n'est
plus en mon pouvoir de la renvoyer. — Pourquoi donc ?
— C'est qu'elle se présente avec deux bouteilles de champagne, une dans chaque main, et qu'il est écrit là-haut que

tout orateur qui se présentera à Jacques avec cet exorde
s'en fera nécessairement écouter.

Elle entre, pose ses deux bouteilles sur la table, et dit :
« Allons, monsieur Jacques, faisons la paix... » L'hôtesse
n'était pas de la première jeunesse; c'était une femme
grande et replète, ingambe, de bonne mine, pleine d'embonpoint, la bouche un peu grande, mais de belles dents,
des joues larges, des yeux à fleur de tête, le front carré, la
plus belle peau, la physionomie ouverte, vive et gaie, une
poitrine à s'y rouler pendant deux jours, des bras un peu
forts, mais les mains superbes, des mains à peindre ou
à modeler. Jacques la prit par le milieu du corps, et
l'embrassa fortement; sa rancune n'avait jamais tenu
contre du bon vin et une belle femme; cela était écrit
là-haut de lui, de vous, lecteur, de moi et de beaucoup
d'autres. « Monsieur, dit-elle au maître, est-ce que vous
nous laisserez aller tout seuls ? Voyez, eussiez-vous encore
cent lieues à faire, vous n'en boirez pas de meilleur de toute
la route. » En parlant ainsi elle avait placé une des deux
bouteilles entre ses genoux, et elle en tirait le bouchon;
ce fut avec une adresse singulière qu'elle en couvrit le
goulot avec le pouce, sans laisser échapper une goutte de
vin. « Allons, dit-elle à Jacques; vite, vite, votre verre. »
Jacques approche son verre; l'hôtesse, en écartant son
pouce un peu de côté, donne vent à la bouteille, et voilà
le visage de Jacques tout couvert de mousse. Jacques
s'était prêté à cette espièglerie, et l'hôtesse de rire, et
Jacques et son maître de rire. On but quelques rasades les
unes sur les autres pour s'assurer de la sagesse de la bouteille,
puis l'hôtesse dit : « Dieu merci ! ils sont tous dans leurs
lits, on ne m'interrompra plus, et je puis reprendre mon
récit. » Jacques, en la regardant avec des yeux dont le vin
de Champagne avait augmenté la vivacité naturelle, lui dit
ou à son maître : Notre hôtesse a été belle comme un ange;
qu'en pensez-vous, monsieur ?

LE MAÎTRE

A été ! Pardieu, Jacques, c'est qu'elle l'est encore !

JACQUES

Monsieur, vous avez raison; c'est que je ne la compare
pas à une autre femme, mais à elle-même quand elle était
jeune.

L'HÔTESSE

Je ne vaux pas grand'chose à présent; c'est lorsqu'on m'aurait prise entre les deux premiers doigts de chaque main qu'il me fallait voir ! On se détournait de quatre lieues pour séjourner ici. Mais laissons là les bonnes et les mauvaises têtes que j'ai tournées, et revenons à Mme de La Pommeraye.

JACQUES

Si nous buvions d'abord un coup aux mauvaises têtes que vous avez tournées, ou à ma santé ?

L'HÔTESSE

Très volontiers; il y en avait qui en valaient la peine, en comptant ou sans compter la vôtre. Savez-vous que j'ai été pendant dix ans la ressource des militaires, en tout bien et tout honneur ? J'en ai obligé nombre qui auraient eu bien de la peine à faire leur campagne sans moi. Ce sont des braves gens, je n'ai à me plaindre d'aucun, ni eux de moi. Jamais de billets; ils m'ont quelquefois fait attendre; au bout de deux, de trois, de quatre ans mon argent m'est revenu...

Et puis la voilà qui se met à faire l'énumération des officiers qui lui avaient fait l'honneur de puiser dans sa bourse, et monsieur un tel, colonel du régiment de ..., et monsieur un tel, capitaine au régiment de ...; et voilà Jacques qui se met à faire un cri : Mon capitaine ! mon pauvre capitaine ! vous l'avez connu ?

L'HÔTESSE

Si je l'ai connu ? un grand homme, bien fait, un peu sec, l'air noble et sévère, le jarret bien tendu, deux petits points rouges à la tempe droite. Vous avez donc servi ?

JACQUES

Si j'ai servi !

L'HÔTESSE

Je vous en aime davantage; il doit vous rester de bonnes qualités de votre premier état. Buvons à la santé de votre capitaine.

JACQUES

S'il est encore vivant.

L'HÔTESSE

Mort ou vivant, qu'est-ce que cela fait ? Est-ce qu'un militaire n'est pas fait pour être tué ? Est-ce qu'il ne doit pas être enragé, après dix sièges et cinq ou six batailles, de mourir au milieu de cette canaille de gens noirs !... Mais revenons à notre histoire, et buvons encore un coup.

LE MAÎTRE

Ma foi, notre hôtesse, vous avez raison.

L'HÔTESSE

Ah! c'est de mon vin que vous parliez? Eh bien! vous aviez encore raison. Vous vous rappelez où nous en étions?

LE MAÎTRE

Oui, à la conclusion de la plus perfide des confidences.

L'HÔTESSE

M. le marquis des Arcis et Mme de La Pommeraye s'embrassèrent, enchantés l'un de l'autre, et se séparèrent. Plus la dame s'était contrainte en sa présence, plus sa douleur fut violente quand il fut parti. Il n'est donc que trop vrai, s'écria-t-elle, il ne m'aime plus !... Je ne vous ferai point le détail de toutes nos extravagances quand on nous délaisse, vous en seriez trop vains. Je vous ai dit que cette femme avait de la fierté; mais elle était bien autrement vindicative. Lorsque les premières fureurs furent calmées, et qu'elle jouit de toute la tranquillité de son indignation, elle songea à se venger, mais à se venger d'une manière cruelle, d'une manière à effrayer tous ceux qui seraient tentés à l'avenir de séduire et de tromper une honnête femme. Elle s'est vengée, elle s'est cruellement vengée; sa vengeance a éclaté et n'a corrigé personne; nous n'en avons pas été depuis moins vilainement séduites et trompées.

JACQUES

Bon pour les autres, mais vous !...

Hélas ! moi toute la première. Oh ! que nous sommes sottes ! Encore si ces vilains hommes gagnaient au change ! Mais laissons cela. Que fera-t-elle ? Elle n'en sait encore rien ; elle y rêvera ; elle y rêve [86].

Si tandis qu'elle y rêve...

C'est bien dit. Mais nos deux bouteilles sont vides... (*Jean. — Madame. — Deux bouteilles, de celles qui sont tout au fond, derrière les fagots. — J'entends.*) — A force d'y rêver, voici ce qui lui vint en idée. Mme de La Pommeraye avait autrefois connu une femme de province qu'un procès avait appelée à Paris, avec sa fille, jeune, belle et bien élevée. Elle avait appris que cette femme, ruinée par la perte de son procès, en avait été réduite à tenir tripot. On s'assemblait chez elle, on jouait, on soupait, et communément un ou deux des convives restaient, passaient la nuit avec madame et mademoiselle, à leur choix. Elle mit un de ses gens en quête de ces créatures. On les déterra, on les invita à faire visite à Mme de La Pommeraye, qu'elles se rappelaient à peine. Ces femmes, qui avaient pris le nom de Mme et de Mlle d'Aisnon, ne se firent pas attendre ; dès le lendemain, la mère se rendit chez Mme de La Pommeraye. Après les premiers compliments, Mme de La Pommeraye demanda à la d'Aisnon ce qu'elle avait fait, ce qu'elle faisait depuis la perte de son procès.

« Pour vous parler avec sincérité, lui répondit la d'Aisnon, je fais un métier périlleux, infâme, peu lucratif, et qui me déplaît, mais la nécessité contraint la loi. J'étais presque résolue à mettre ma fille à l'Opéra, mais elle n'a qu'une petite voix de chambre, et n'a jamais été qu'une danseuse médiocre. Je l'ai promenée, pendant et après mon procès, chez des magistrats, chez des grands, chez des prélats, chez des financiers, qui s'en sont accommodés pour un terme et qui l'ont laissée là. Ce n'est pas qu'elle ne soit belle comme un ange, qu'elle n'ait de la finesse, de la grâce ; mais aucun

esprit de libertinage, rien de ces talents propres à réveiller
la langueur d'hommes blasés. Je donne à jouer et à souper,
et le soir qui veut rester reste. Mais ce qui nous a le plus
nui, c'est qu'elle s'était entêtée d'un petit abbé de qualité,
impie, incrédule, dissolu, hypocrite, antiphilosophe, que
je ne vous nommerai pas [87]; mais c'est le dernier de ceux
qui, pour arriver à l'épiscopat, a pris la route qui est en
même temps la plus sûre et qui demande le moins de talent.
Je ne sais ce qu'il faisait entendre à ma fille, à qui il venait
lire tous les matins les feuillets de son dîner, de son souper, de sa rapsodie. Sera-t-il évêque, ne le sera-t-il pas?
Heureusement ils se sont brouillés. Ma fille lui ayant
demandé un jour s'il connaissait ceux contre lesquels il
écrivait, et l'abbé lui ayant répondu que non; s'il avait
d'autres sentiments que ceux qu'il ridiculisait, et l'abbé
lui ayant répondu que non, elle se laissa emporter à sa
vivacité, et lui représenta que son rôle était celui du plus
méchant et du plus faux des hommes. »

Mme de La Pommeraye lui demanda si elles étaient fort
connues.

« Beaucoup trop, malheureusement.

— A ce que je vois, vous ne tenez point à votre état?

— Aucunement, et ma fille me proteste tous les jours que
la condition la plus malheureuse lui paraît préférable à la
sienne; elle en est d'une mélancolie qui achève d'éloigner
d'elle...

— Si je me mettais en tête de vous faire à l'une et à
l'autre le sort le plus brillant, vous y consentiriez donc ?

— A bien moins.

— Mais il s'agit de savoir si vous pouvez me promettre
de vous conformer à la rigueur des conseils que je vous
donnerai.

— Quels qu'ils soient vous y pouvez compter.

— Et vous serez à mes ordres quand il me plaira?

— Nous les attendrons avec impatience.

— Cela me suffit; retournez-vous-en; vous ne tarderez
pas à les recevoir. En attendant, défaites-vous de vos meubles, vendez tout, ne réservez pas même vos robes, si
vous en avez de voyantes : cela ne cadrerait point à mes
vues. »

Jacques, qui commençait à s'intéresser, dit à l'hôtesse :
Et si nous buvions la santé de Mme de La Pommeraye?

L'HÔTESSE

Volontiers.

JACQUES

Et celle de Mme d'Aisnon.

L'HÔTESSE

Tope.

JACQUES

Et vous ne refuserez pas celle de Mlle d'Aisnon, qui a une jolie voix de chambre, peu de talents pour la danse, et une mélancolie qui la réduit à la triste nécessité d'accepter un nouvel amant tous les soirs.

L'HÔTESSE

Ne riez pas, c'est la plus cruelle chose. Si vous saviez le supplice quand on n'aime pas !...

JACQUES

A Mlle d'Aisnon, à cause de son supplice.

L'HÔTESSE

Allons.

JACQUES

Notre hôtesse, aimez-vous votre mari ?

L'HÔTESSE

Pas autrement.

JACQUES

Vous êtes donc bien à plaindre; car il me semble d'une belle santé.

L'HÔTESSE

Tout ce qui reluit n'est pas or.

JACQUES

A la belle santé de notre hôte.

L'HÔTESSE

Buvez tout seul.

LE MAÎTRE

Jacques, Jacques, mon ami, tu te presses beaucoup.

L'HÔTESSE

Ne craignez rien, monsieur, il est loyal; et demain il n'y paraîtra pas.

JACQUES

Puisqu'il n'y paraîtra pas demain, et que je ne fais pas ce soir bien grand cas de ma raison, mon maître, ma belle hôtesse, encore une santé, une santé qui me tient fort à cœur, c'est celle de l'abbé de Mlle d'Aisnon.

L'HOTESSE

Fi donc, monsieur Jacques; un hypocrite, un ambitieux, un ignorant, un calomniateur, un intolérant; car c'est comme cela qu'on appelle, je crois, ceux qui égorgeraient volontiers quiconque ne pense pas comme eux.

LE MAITRE

C'est que vous ne savez pas, notre hôtesse, que Jacques que voilà est une espèce de philosophe, et qu'il fait un cas infini de tous ces petits imbéciles qui se déshonorent eux-mêmes et la cause qu'ils défendent si mal. Il dit que son capitaine les appelait le contre-poison des Huet, des Nicole, des Bossuet [88]. Il n'entendait rien à cela, ni vous non plus... Votre mari est couché?

L'HÔTESSE

Il y a belle heure !

LE MAÎTRE

Et il vous laisse causer comme cela ?

L'HÔTESSE

Nos maris sont aguerris... Mme de La Pommeraye monte dans son carrosse, court les faubourgs les plus éloignés du quartier de la d'Aisnon, loue un petit appartement en maison honnête, dans le voisinage de la paroisse, le fait meubler le plus succinctement qu'il est possible, invite la d'Aisnon et sa fille à dîner, et les installe, ou le jour même, ou quelques jours après, leur laissant un précis de la conduite qu'elles ont à tenir.

JACQUES

Notre hôtesse, nous avons oublié la santé de Mme de La Pommeraye, celle du chevalier des Arcis; ah! cela n'est pas honnête.

L'HÔTESSE

Allez, allez, monsieur Jacques, la cave n'est pas vide.. Voici ce précis, ou ce que j'en ai retenu :

« Vous ne fréquenterez point les promenades publiques; car il ne faut pas qu'on vous découvre.

« Vous ne recevrez personne, pas même vos voisins et vos voisines, parce qu'il faut que vous affectiez la plus profonde retraite.

« Vous prendrez, dès demain, l'habit de dévotes, parce qu'il faut qu'on vous croie telles.

« Vous n'aurez chez vous que des livres de dévotion, parce qu'il ne faut rien autour de vous qui puisse nous trahir.

« Vous serez de la plus grande assiduité aux offices de la paroisse, jours de fêtes et jours ouvrables.

« Vous vous intriguerez pour avoir entrée au parloir de quelque couvent; le bavardage de ces recluses ne nous sera pas inutile.

« Vous ferez connaissance étroite avec le curé et les prêtres de la paroisse, parce que je puis avoir besoin de leur témoignage.

« Vous n'en recevrez d'habitude aucun.

« Vous irez à confesse et vous approcherez des sacrements au moins deux fois le mois.

« Vous reprendrez votre nom de famille, parce qu'il est honnête, et qu'on fera tôt ou tard des informations dans votre province.

« Vous ferez de temps en temps quelques petites aumônes, et vous n'en recevrez point, sous quelque prétexte que ce puisse être. Il faut qu'on ne vous croie ni pauvres ni riches.

« Vous filerez, vous coudrez, vous tricoterez, vous broderez, et vous donnerez aux dames de charité votre ouvrage à vendre.

« Vous vivrez de la plus grande sobriété; deux petites portions d'auberge; et puis c'est tout.

« Votre fille ne sortira jamais sans vous, ni vous sans

elle. De tous les moyens d'édifier à peu de frais, vous n'en négligerez aucun.

« Surtout jamais chez vous, je vous le répète, ni prêtres, ni moines, ni dévotes.

« Vous irez dans les rues les yeux baissés; à l'église, vous ne verrez que Dieu. »

« J'en conviens, cette vie est austère, mais elle ne durera pas, et je vous en promets la plus signalée récompense. Voyez, consultez-vous : si cette contrainte vous paraît au-dessus de vos forces, avouez-le moi; je n'en serai ni offensée, ni surprise. J'oubliais de vous dire qu'il serait à propos que vous vous fissiez au verbiage de la mysticité, et que l'histoire de l'Ancien et du Nouveau Testament vous devînt familière, afin qu'on vous prenne pour des dévotes d'ancienne date. Faites-vous jansénistes ou molinistes, comme il vous plaira; mais le mieux sera d'avoir l'opinion de votre curé. Ne manquez pas, à tort et à travers, dans toute occasion, de vous déchaîner contre les philosophes; criez que Voltaire est l'Antéchrist, sachez par cœur l'ouvrage de votre petit abbé, et colportez-le, s'il le faut... »

Mme de La Pommeraye ajouta : « Je ne vous verrai point chez vous; je ne suis pas digne du commerce d'aussi saintes femmes; mais n'en ayez aucune inquiétude : vous viendrez ici clandestinement quelquefois, et nous nous dédommagerons, en petit comité, de votre régime péni-tent. Mais, tout en jouant la dévotion, n'allez pas vous en empêtrer. Quant aux dépenses de votre petit ménage, c'est mon affaire. Si mon projet réussit, vous n'aurez plus besoin de moi; s'il manque sans qu'il y ait de votre faute, je suis assez riche pour vous assurer un sort honnête et meilleur que l'état que vous m'avez sacrifié. Mais surtout soumission, soumission absolue, illimitée à mes volontés, sans quoi je ne réponds de rien pour le présent, et ne m'engage à rien pour l'avenir. »

LE MAÎTRE, *en frappant sur sa tabatière et regardant*
à sa montre l'heure qu'il est.

Voilà une terrible tête de femme ! Dieu me garde d'en rencontrer une pareille.

L'HÔTESSE

Patience, patience, vous ne la connaissez pas encore.

JACQUES

En attendant, ma belle, ma charmante hôtesse, si nous disions un mot à la bouteille?

L'HÔTESSE

Monsieur Jacques, mon vin de Champagne m'embellit à vos yeux.

LE MAÎTRE

Je suis pressé depuis si longtemps de vous faire une question, peut-être indiscrète, que je n'y saurais plus tenir.

L'HÔTESSE

Faites votre question.

LE MAÎTRE

Je suis sûr que vous n'êtes pas née dans une hôtellerie.

L'HÔTESSE

Il est vrai.

LE MAÎTRE

Que vous y avez été conduite d'un état plus élevé par des circonstances extraordinaires.

L'HÔTESSE

J'en conviens.

LE MAÎTRE

Et si nous suspendions un moment l'histoire de Mme de La Pommeraye...

L'HÔTESSE

Cela ne se peut. Je raconte volontiers les aventures des autres, mais non pas les miennes. Sachez seulement que j'ai été élevée à Saint-Cyr [89], où j'ai peu lu l'Évangile et beaucoup de romans. De l'abbaye royale à l'auberge que je tiens il y a loin.

LE MAÎTRE

Il suffit; prenez que je ne vous aie rien dit.

L'HÔTESSE

Tandis que nos deux dévotes édifiaient, et que la bonne odeur de leur piété et de la sainteté de leurs mœurs se répandait à la ronde, Mme de La Pommeraye observait avec le marquis les démonstrations extérieures de l'estime, de l'amitié, de la confiance la plus parfaite. Toujours bien venu, jamais ni grondé, ni boudé, même après de longues absences, il lui racontait toutes ses petites bonnes fortunes, et elle paraissait s'en amuser franchement. Elle lui donnait ses conseils dans les occasions d'un succès difficile; elle lui jetait quelquefois des mots de mariage, mais c'était d'un ton si désintéressé, qu'on ne pouvait la soupçonner de parler pour elle. Si le marquis lui adressait quelques-uns de ces propos tendres ou galants dont on ne peut guère se dispenser avec une femme qu'on a connue, ou elle en souriait, ou elle les laissait tomber. A l'en croire, son cœur était paisible; et, ce qu'elle n'aurait jamais imaginé, elle éprouvait qu'un ami tel que lui suffisait au bonheur de la vie; et puis elle n'était plus de la première jeunesse, et ses goûts étaient bien émoussés.

« Quoi! vous n'avez rien à me confier?

— Non.

— Mais le petit comte, mon ami, qui vous pressait si vivement de mon règne?

— Je lui ai fermé ma porte, et je ne le vois plus.

— C'est d'une bizarrerie! Et pourquoi l'avoir éloigné?

— C'est qu'il ne me plaît pas.

— Ah! madame, je crois vous deviner: vous m'aimez encore.

— Cela se peut.

— Vous comptez sur un retour.

— Pourquoi non?

— Et vous vous ménagez tous les avantages d'une conduite sans reproche.

— Je le crois.

— Et si j'avais le bonheur ou le malheur de reprendre, vous vous feriez au moins un mérite du silence que vous garderiez sur mes torts.

— Vous me voyez bien délicate et bien généreuse.

— Mon amie, après ce que vous avez fait, il n'est aucune sorte d'héroïsme dont vous ne soyez capable.

— Je ne suis pas trop fâchée que vous le pensiez.

— Ma foi, je cours le plus grand danger avec vous, j'en suis sûr. »

JACQUES

Et moi aussi.

L'HÔTESSE

Il y avait environ trois mois qu'ils en étaient au même point, lorsque Mme de La Pommeraye crut qu'il était temps de mettre en jeu ses grands ressorts. Un jour d'été qu'il faisait beau, et qu'elle attendait le marquis à dîner, elle fit dire à la d'Aisnon et à sa fille de se rendre au Jardin du Roi [90]. Le marquis vint; on servit de bonne heure; on dîna : on dîna gaiement. Après dîner, Mme de La Pommeraye propose une promenade au marquis, s'il n'avait rien de plus agréable à faire. Il n'y avait ce jour-là ni Opéra, ni comédie; ce fut le marquis qui en fit la remarque; et pour se dédommager d'un spectacle amusant par un spectacle utile, le hasard voulut que ce fût lui-même qui invitât la marquise à aller voir le Cabinet du Roi. Il ne fut pas refusé, comme vous pensez bien. Voilà les chevaux mis; les voilà partis; les voilà arrivés au Jardin du Roi; et les voilà mêlés dans la foule, regardant tout, et ne voyant rien, comme les autres.

Lecteur, j'avais oublié de vous peindre le site des trois personnages dont il s'agit ici, Jacques, son maître et l'hôtesse; faute de cette attention, vous les avez entendus parler, mais vous ne les avez point vus; il vaut mieux tard que jamais. Le maître, à gauche, en bonnet de nuit, en robe de chambre, était étalé nonchalamment dans un grand fauteuil de tapisserie, son mouchoir jeté sur le bras du fauteuil, et sa tabatière à la main. L'hôtesse sur le fond, en face de la porte, proche de la table, son verre devant elle. Jacques, sans chapeau, à sa droite, les deux coudes appuyés sur la table, et la tête penchée entre deux bouteilles : deux autres étaient à terre à côté de lui.

Au sortir du Cabinet, le marquis et sa bonne amie se promenèrent dans le jardin. Ils suivaient la première allée qui est à droite en entrant, proche l'école des arbres, lorsque Mme de La Pommeraye fit un cri de surprise, en disant : « Je ne me trompe pas, je crois que ce sont elles; oui, ce sont elles-mêmes. »

Aussitôt on quitte le marquis, et l'on s'avance à la rencontre de nos deux dévotes. La d'Aisnon fille était à ravir sous ce vêtement simple, qui, n'attirant point le regard, fixe l'attention tout entière sur la personne. « Ah ! c'est vous, madame ?

— Oui, c'est moi.

— Et comment vous portez-vous, et qu'êtes-vous devenue depuis une éternité ?

— Vous savez nos malheurs ; il a fallu s'y résigner, et vivre retirées comme il convenait à notre petite fortune ; sortir du monde, quand on ne peut plus s'y montrer décemment.

— Mais moi, me délaisser, moi qui ne suis pas du monde, et qui ai toujours le bon esprit de le trouver aussi maussade qu'il l'est !

— Un des inconvénients de l'infortune, c'est la méfiance qu'elle inspire : les indigents craignent d'être importuns.

— Vous, importunes pour moi ! ce soupçon est une bonne injure.

— Madame, j'en suis tout à fait innocente, je vous ai rappelée dix fois à maman, mais elle me disait : Mme de La Pommeraye... personne, ma fille, ne pense plus à nous.

— Quelle injustice ! Asseyons-nous, nous causerons. Voilà M. le marquis des Arcis ; c'est mon ami ; et sa présence ne vous gênera pas. Comme mademoiselle est grandie ! comme elle est embellie depuis que nous ne nous sommes vues !

— Notre position a cela d'avantageux, qu'elle nous prive de tout ce qui nuit à la santé : voyez son visage, voyez ses bras ; voilà ce qu'on doit à la vie frugale et réglée, au sommeil, au travail, à la bonne conscience ; et c'est quelque chose... »

On s'assit, on s'entretint d'amitié. La d'Aisnon mère parla bien, la d'Aisnon fille parla peu. Le ton de la dévotion fut celui de l'une et de l'autre, mais avec aisance et sans pruderie. Longtemps avant la chute du jour, nos deux dévotes se levèrent. On leur représenta qu'il était encore de bonne heure ; la d'Aisnon mère dit assez haut, à l'oreille de Mme de La Pommeraye, qu'elles avaient encore un exercice de piété à remplir, et qu'il leur était impossible de rester plus longtemps. Elles étaient déjà à quelque distance, lorsque Mme de La Pommeraye se reprocha de ne leur avoir pas demandé leur demeure, et de ne leur avoir pas appris la sienne : « C'est une faute, ajouta-t-elle, que je n'aurais pas commise autrefois. » Le marquis courut pour la réparer; elles acceptèrent l'adresse de Mme de La Pommeraye, mais, quelles que furent les instances du marquis, il ne put obtenir la leur. Il n'osa pas leur offrir sa voiture, en avouant à Mme de La Pommeraye qu'il en avait été tenté.

Le marquis ne manqua pas de demander à Mme de La Pommeraye ce que c'étaient que ces deux femmes.

« Ce sont deux créatures plus heureuses que nous. Voyez la belle santé dont elles jouissent! la sérénité qui règne sur leur visage! l'innocence, la décence qui dictent leurs propos! On ne voit point cela, on n'entend point cela dans nos cercles. Nous plaignons les dévots; les dévots nous plaignent : et à tout prendre, je penche à croire qu'ils ont raison.

— Mais, marquise, est-ce que vous seriez tentée de devenir dévote?

— Pourquoi pas?

— Prenez-y garde, je ne voudrais pas que notre rupture, si c'en est une, vous menât jusque-là.

— Et vous aimeriez mieux que je rouvrisse ma porte au petit comte?

— Beaucoup mieux.

— Et vous me le conseilleriez?

— Sans balancer... »

Mme de La Pommeraye dit au marquis ce qu'elle savait du nom, de la province, du premier état et du procès des deux dévotes, en y mettant tout l'intérêt et tout le pathétique possible, puis elle ajouta : « Ce sont deux femmes d'un mérite rare, la fille surtout. Vous concevez qu'avec une figure comme la sienne on ne manque de rien ici quand on veut en faire ressource; mais elles ont préféré une honnête modicité à une aisance honteuse; ce qui leur reste est si mince, qu'en vérité je ne sais comment elles font pour subsister. Cela travaille nuit et jour. Supporter l'indigence quand on y est né, c'est ce qu'une multitude d'hommes savent faire; mais passer de l'opulence au plus étroit nécessaire, s'en contenter, y trouver la félicité, c'est ce que je ne comprends pas. Voilà à quoi sert la religion. Nos philosophes auront beau dire, la religion est une bonne chose.

— Surtout pour les malheureux.

— Et qui est-ce qui ne l'est pas plus ou moins?

— Je veux mourir si vous ne devenez dévote.

— Le grand malheur ! Cette vie est si peu de chose quand on la compare à une éternité à venir !

— Mais vous parlez déjà comme un missionnaire.

— Je parle comme une femme persuadée. Là, marquis, répondez-moi vrai ; toutes nos richesses ne seraient-elles pas de bien pauvres guenilles à nos yeux, si nous étions plus pénétrés de l'attente des biens et de la crainte des peines d'une autre vie ? Corrompre une jeune fille ou une femme attachée à son mari, avec la croyance qu'on peut mourir entre ses bras, et tomber tout à coup dans des supplices sans fin, convenez que ce serait le plus incroyable délire.

— Cela se fait pourtant tous les jours.

— C'est qu'on n'a point de foi, c'est qu'on s'étourdit.

— C'est que nos opinions religieuses ont peu d'influence sur nos mœurs. Mais, mon amie, je vous jure que vous vous acheminez à toutes jambes au confessionnal.

— C'est bien ce que je pourrais faire de mieux.

— Allez, vous êtes folle ; vous avez encore une vingtaine d'années de jolis péchés à faire : n'y manquez pas ; ensuite vous vous en repentirez, et vous irez vous en vanter aux pieds du prêtre, si cela vous convient... Mais voilà une conversation d'un tour bien sérieux ; votre imagination se noircit furieusement, et c'est l'effet de cette abominable solitude où vous êtes renfoncée. Croyez-moi, rappelez au plus tôt le petit comte, vous ne verrez plus ni diable, ni enfer, et vous serez charmante comme auparavant. Vous craignez que je ne vous le reproche si nous nous raccommodons jamais ; mais d'abord nous ne nous raccommoderons peut-être pas ; et par une appréhension bien ou mal fondée, vous vous privez du plaisir le plus doux ; en vérité, l'honneur de valoir mieux que moi ne vaut pas ce sacrifice.

— Vous dites bien vrai, aussi n'est-ce pas là ce qui me retient... »

Ils dirent encore beaucoup d'autres choses que je ne me rappelle pas.

JACQUES

Notre hôtesse, buvons un coup : cela rafraîchit la mémoire.

L'HÔTESSE

Buvons un coup... Après quelques tours d'allées, Mme de
La Pommeraye, et le marquis remontèrent en voiture.
Mme de La Pommeraye dit : « Comme cela me vieillit !
Quand cela vint à Paris, cela n'était pas plus haut qu'un
chou.

— Vous parlez de la fille de cette dame que nous avons
trouvée à la promenade ?

— Oui. C'est comme dans un jardin où les roses fanées
font place aux roses nouvelles. L'avez-vous regardée ?

— Je n'y ai pas manqué.

— Comment la trouvez-vous ?

— C'est la tête d'une vierge de Raphaël sur le corps de
sa *Galatée* [91] ; et puis une douceur dans la voix !

— Une modestie dans le regard !

— Une bienséance dans le maintien !

— Une décence dans le propos qui ne m'a frappée dans
aucune jeune fille comme dans celle-là. Voilà l'effet de
l'éducation.

— Lorsqu'il est préparé par un beau naturel. »

Le marquis déposa Mme de La Pommeraye à sa porte;
et Mme de La Pommeraye n'eut rien de plus pressé que de
témoigner à nos deux dévotes combien elle était satisfaite
de la manière dont elles avaient rempli leur rôle.

JACQUES

Si elles continuent comme elles ont débuté, monsieur le
marquis des Arcis, fussiez-vous le diable, vous ne vous en
tirerez pas.

LE MAÎTRE

Je voudrais bien savoir quel est leur projet.

JACQUES

Moi, j'en serais bien fâché : cela gâterait tout.

L'HÔTESSE

De ce jour, le marquis devint plus assidu chez Mme de
La Pommeraye, qui s'en aperçut sans lui en demander la
raison. Elle ne lui parlait jamais la première des deux
dévotes; elle attendait qu'il entamât ce texte : ce que le
marquis faisait toujours d'impatience et avec une indifférence mal simulée.

LE MARQUIS

Avez-vous vu vos amies ?

MADAME DE LA POMMERAYE

Non.

LE MARQUIS

Savez-vous que cela n'est pas trop bien ? Vous êtes riche : elles sont dans le malaise; et vous ne les invitez pas même à manger quelquefois !

MADAME DE LA POMMERAYE

Je me croyais un peu mieux connue de monsieur le marquis. L'amour autrefois me prêtait des vertus; aujourd'hui l'amitié me prête des défauts. Je les ai invitées dix fois sans avoir pu les obtenir une. Elles refusent de venir chez moi, par des idées singulières; et quand je les visite, il faut que je laisse mon carrosse à l'entrée de la rue et que j'aille en déshabillé, sans rouge et sans diamants. Il ne faut pas trop s'étonner de leur circonspection : un faux rapport suffirait pour aliéner l'esprit d'un certain nombre de personnes bienfaisantes et les priver de leurs secours. Marquis, le bien apparemment coûte beaucoup à faire.

LE MARQUIS

Surtout aux dévots.

MADAME DE LA POMMERAYE

Puisque le plus léger prétexte suffit pour les en dispenser. Si l'on savait que j'y prends intérêt, bientôt on dirait : Mme de La Pommeraye les protège : elles n'ont besoin de rien... Et voilà les charités supprimées.

LE MARQUIS

Les charités !

MADAME DE LA POMMERAYE

Oui, monsieur, les charités !

LE MARQUIS

Vous les connaissez ⁀ᵗ elles en sont aux charités ?

MADAME DE LA POMMERAYE

Encore une fois, marquis, je vois bien que vous ne m'aimez plus, et qu'une bonne partie de votre estime s'en est allée avec votre tendresse. Et qui est-ce qui vous a dit que, si ces femmes étaient dans le besoin des aumônes de la paroisse, c'était de ma faute ?

LE MARQUIS

Pardon, madame, mille pardons, j'ai tort. Mais quelle raison de se refuser à la bienveillance d'une amie ?

MADAME DE LA POMMERAYE

Ah ! marquis, nous sommes bien loin, nous autres gens du monde, de connaître les délicatesses scrupuleuses des âmes timorées. Elles ne croient pas pouvoir accepter les secours de toute personne indistinctement.

LE MARQUIS

C'est nous ôter le meilleur moyen d'expier nos folles dissipations.

MADAME DE LA POMMERAYE

Point du tout. Je suppose, par exemple, que monsieur le marquis des Arcis fût touché de compassion pour elles ; que ne fait-il passer ses secours par des mains plus dignes ?

LE MARQUIS

Et moins sûres.

MADAME DE LA POMMERAYE

Cela se peut.

LE MARQUIS

Dites-moi, si je leur envoyais une vingtaine de louis, croyez-vous qu'elles les refuseraient ?

MADAME DE LA POMMERAYE

J'en suis sûre ; et ce refus vous semblerait déplacé dans une mère qui a un enfant charmant ?

LE MARQUIS

Savez-vous que j'ai été tenté de les aller voir ?

MADAME DE LA POMMERAYE

Je le crois. Marquis, marquis, prenez garde à vous; voilà un mouvement de compassion bien subit et bien suspect.

LE MARQUIS

Quoi qu'il en soit, m'auraient-elles reçu ?

MADAME DE LA POMMERAYE

Non certes ! Avec l'éclat de votre voiture, de vos habits, de vos gens et les charmes de la jeune personne, il n'en fallait pas davantage pour apprêter au caquet des voisins, des voisines et les perdre.

LE MARQUIS

Vous me chagrinez; car, certes, ce n'était pas mon dessein. Il faut donc renoncer à les secourir et à les voir ?

MADAME DE LA POMMERAYE

Je le crois.

LE MARQUIS

Mais si je leur faisais passer mes secours par votre moyen ?

MADAME DE LA POMMERAYE

Je ne crois pas ces secours-là assez purs pour m'en charger.

LE MARQUIS

Voilà qui est cruel !

MADAME DE LA POMMERAYE

Oui, cruel : c'est le mot.

LE MARQUIS

Quelle vision ! marquise, vous vous moquez. Une jeune fille que je n'ai jamais vue qu'une fois...

MADAME DE LA POMMERAYE

Mais du petit nombre de celles qu'on n'oublie pas quand on les a vues.

LE MARQUIS

Il est vrai que ces figures-là vous suivent.

MADAME DE LA POMMERAYE

Marquis, prenez garde à vous; vous vous préparez des chagrins; et j'aime mieux avoir à vous en garantir que d'avoir à vous en consoler. N'allez pas confondre celle-ci avec celles que vous avez connues : cela ne se ressemble pas; on ne les tente pas, on ne les séduit pas, on n'en approche pas, elles n'écoutent pas, on n'en vient pas à bout. »

Après cette conversation, le marquis se rappela tout à coup qu'il avait une affaire pressée; il se leva brusquement et sortit soucieux.

Pendant un assez long intervalle de temps, le marquis ne passa presque pas un jour sans voir Mme de La Pommeraye; mais il arrivait, il s'asseyait, il gardait le silence; Mme de La Pommeraye parlait seule; le marquis, au bout d'un quart d'heure, se levait et s'en allait.

Il fit ensuite une éclipse de près d'un mois, après laquelle il reparut; mais triste, mais mélancolique, mais défait. La marquise, en le voyant, lui dit : « Comme vous voilà fait! d'où sortez-vous ? Est-ce que vous avez passé tout ce temps en petite maison [92] ?

LE MARQUIS

Ma foi, à peu près. De désespoir, je me suis précipité dans un libertinage affreux.

MADAME DE LA POMMERAYE

Comment ! de désespoir ?

LE MARQUIS

Oui, de désespoir... »

Après ce mot, il se mit à se promener en long et en large, sans mot dire; il allait aux fenêtres, il regardait le ciel, il s'arrêtait devant Mme de La Pommeraye; il allait à la porte, il appelait ses gens à qui il n'avait rien à dire; il les renvoyait; il rentrait; il revenait à Mme de La Pommeraye, qui travaillait sans l'apercevoir; il voulait parler, il n'osait; enfin Mme de La Pommeraye en eut pitié, et lui dit : « Qu'avez-vous ? On est un mois sans vous voir; vous reparaissez avec un visage de déterré et vous rôdez comme une âme en peine.

LE MARQUIS

Je n'y puis plus tenir, il faut que je vous dise tout. J'ai été vivement frappé de la fille de votre amie; j'ai tout, mais tout fait pour l'oublier; et plus j'ai fait, plus je m'en suis souvenu. Cette créature angélique m'obsède; rendez-moi un service important.

MADAME DE LA POMMERAYE

Quel ?

LE MARQUIS

Il faut absolument que je la revoie et que je vous en aie l'obligation. J'ai mis mes grisons [93] en campagne. Toute leur venue, toute leur allée est de chez elles à l'église et de l'église chez elles. Dix fois je me suis présenté à pied sur leur chemin; elles ne m'ont seulement pas aperçu; je me suis planté sur leur porte inutilement. Elles m'ont d'abord rendu libertin comme un sapajou, puis dévot comme un ange; je n'ai pas manqué la messe une fois depuis quinze jours. Ah ! mon amie, quelle figure ! qu'elle est belle !... »

Mme de La Pommeraye savait tout cela. « C'est-à-dire, répondit-elle au marquis, qu'après avoir tout mis en œuvre pour guérir, vous n'avez rien omis pour devenir fou, et que c'est ce dernier parti qui vous a réussi?

LE MARQUIS

Et réussi, je ne saurais vous exprimer à quel point. N'aurez-vous pas compassion de moi et ne vous devrai-je pas le bonheur de la revoir?

MADAME DE LA POMMERAYE

La chose est difficile, et je m'en occuperai, mais à une condition : c'est que vous laisserez ces infortunées en repos et que vous cesserez de les tourmenter. Je ne vous cèlerai point qu'elles m'ont écrit de votre persécution avec amertume, et voilà leur lettre... »

La lettre qu'on donnait à lire au marquis avait été concertée entre elles. C'était la d'Aisnon fille qui paraissait l'avoir écrite par ordre de sa mère : et l'on y avait mis, d'honnête, de doux, de touchant, d'élégance et d'esprit, tout ce qui pouvait renverser la tête du marquis. Aussi en accompagnait-il chaque mot d'une exclamation; pas une phrase qu'il ne relût; il pleurait de joie; il disait à Mme de La Pommeraye : « Convenez donc, madame, qu'on n'écrit pas mieux que cela.

MADAME DE LA POMMERAYE

J'en conviens.

LE MARQUIS

Et qu'à chaque ligne on se sent pénétré d'admiration et de respect pour des femmes de ce caractère !

MADAME DE LA POMMERAYE

Cela devrait être.

LE MARQUIS

Je vous tiendrai ma parole; mais songez, je vous en supplie, à ne pas manquer à la vôtre.

MADAME DE LA POMMERAYE

En vérité, marquis, je suis aussi folle que vous. Il faut que vous ayez conservé un terrible empire sur moi; cela m'effraye.

LE MARQUIS

Quand la verrai-je?

MADAME DE LA POMMERAYE

Je n'en sais rien. Il faut s'occuper premièrement du moyen d'arranger la chose, et d'éviter tout soupçon. Elles ne peuvent ignorer vos vues; voyez la couleur que ma complaisance aurait à leurs yeux, si elles s'imaginaient que j'agis de concert avec vous... Mais, marquis, entre nous, qu'ai-je besoin de cet embarras-là ? Que m'importe que vous aimiez, que vous n'aimiez pas ? que vous extrava-guiez ? Démêlez votre fusée vous-même. Le rôle que vous me faites faire est aussi trop singulier.

LE MARQUIS

Mon amie, si vous m'abandonnez, je suis perdu ! Je ne vous parlerai point de moi, puisque je vous offenserais; mais je vous conjurerai par ces intéressantes et dignes créatures qui vous sont si chères; vous me connaissez, épargnez-leur toutes les folies dont je suis capable. J'irai

chez elles; oui, j'irai, je vous en préviens; je forcerai leur
porte, j'entrerai malgré elles, je m'asseyerai, je ne sais ce
que je dirai, ce que je ferai; car que n'avez-vous point à
craindre de l'état violent où je suis ?... »

Vous remarquerez, messieurs, dit l'hôtesse, que depuis
le commencement de cette aventure jusqu'à ce moment,
le marquis des Arcis n'avait pas dit un mot qui ne fût un
coup de poignard dirigé au cœur de Mme de La Pommeraye.
Elle étouffait d'indignation et de rage; aussi répondit-elle
au marquis, d'une voix tremblante et entrecoupée :
Mais vous avez raison. Ah ! si j'avais été aimée comme
cela, peut-être que... Passons là-dessus... Ce n'est pas pour
vous que j'agirai, mais je me flatte du moins, monsieur le
marquis, que vous me donnerez du temps.

LE MARQUIS

Le moins, le moins que je pourrai.

JACQUES

Ah! notre hôtesse, quel diable de femme! Lucifer n'est
pas pire. J'en tremble : et il faut que je boive un coup pour
me rassurer... Est-ce qui vous me laisserez boire tout seul?

L'HÔTESSE

Moi, je n'ai pas peur... Mme de La Pommeraye disait :
Je souffre, mais je ne souffre pas seule. Cruel homme !
j'ignore quelle sera la durée de mon tourment; mais j'éter-
niserai le tien... Elle tint le marquis près d'un mois dans
l'attente de l'entrevue qu'elle avait promise, c'est-à-dire
qu'elle lui laissa tout le temps de pâtir, de se bien enivrer,
et que sous prétexte d'adoucir la longueur du délai, elle lui
permit de l'entretenir de sa passion.

LE MAÎTRE

Et de la fortifier en en parlant.

JACQUES

Quelle femme ! quel diable de femme ! Notre hôtesse,
ma frayeur redouble.

L'HOTESSE

Le marquis venait donc tous les jours causer avec Mme de La Pommeraye, qui achevait de l'irriter, de l'endurcir et de perdre le Marquis par les discours les plus artificieux. Il s'informait de la patrie, de la naissance, de la fortune et du désastre de ces femmes; il y revenait sans cesse, et ne se croyait jamais assez instruit et touché. La marquise lui faisait remarquer le progrès de ses sentiments, et lui en familiarisait le terme, sous prétexte de lui en inspirer de l'effroi. Marquis, lui disait-elle, prenez garde à vous, cela vous mènera loin; il pourrait arriver un jour que mon amitié, dont vous faites un étrange abus, ne m'excusât ni à mes yeux ni aux vôtres. Ce n'est pas que tous les jours on ne fasse de plus grandes folies. Marquis, je crains fort que vous n'obteniez cette fille qu'à des conditions qui, jusqu'à présent, n'ont pas été de votre goût.

Lorsque Mme de La Pommeraye crut le marquis bien préparé pour le succès de son dessein, elle arrangea avec les deux femmes qu'elles viendraient dîner chez elle; et avec le marquis que, pour leur donner le change, il les surprendrait en habit de campagne : ce qui fut exécuté.

On en était au second service lorsqu'on annonça le marquis. Le marquis, Mme de La Pommeraye et les deux d'Aisnon, jouèrent supérieurement l'embarras. « Madame, dit-il à Mme de La Pommeraye, j'arrive de ma terre; il est trop tard pour aller chez moi où l'on ne m'attend que ce soir, et je me suis flatté que vous ne me refuseriez pas à dîner... » Et tout en parlant, il avait pris une chaise, et s'était mis à table. On avait disposé le couvert de manière qu'il se trouvât à côté de la mère et en face de la fille. Il remercia d'un clin d'œil Mme de La Pommeraye de cette attention délicate. Après le trouble du premier instant, nos deux dévotes se rassurèrent. On causa, on fut même gai. Le marquis fut de la plus grande attention pour la mère, et de la politesse la plus réservée pour la fille. C'était un amusement secret bien plaisant pour ces trois femmes, que le scrupule du marquis à ne rien dire, à ne se rien permettre qui pût les effaroucher. Elles eurent l'inhumanité de le faire parler dévotion pendant trois heures de suite, et Mme de La Pommeraye lui disait : « Vos discours font merveilleusement l'éloge de vos parents; les premières leçons qu'on en reçoit ne s'effacent jamais. Vous entendez toutes les subtilités de l'amour divin, comme si vous n'aviez été qu'à saint François de Sales pour toute nourriture. N'auriez-vous pas été un peu quiétiste [94] ?

— Je ne m'en souviens plus... »

Il est inutile de dire que nos dévotes mirent dans la conversation tout ce qu'elles avaient de grâces, d'esprit, de séduction et de finesse. On toucha en passant le chapitre des passions, et Mlle Duquênoi (c'était son nom de famille) prétendit qu'il n'y en avait qu'une seule de dangereuse. Le marquis fut de son avis. Entre les six et sept heures, les deux femmes se retirèrent, sans qu'il fût possible de les arrêter; Mme de La Pommeraye prétendant avec Mme Duquênoi qu'il fallait aller de préférence à son devoir, sans quoi il n'y aurait presque point de journée dont la douceur ne fût altérée par le remords. Les voilà parties au grand regret du marquis, et le marquis en tête-à-tête avec Mme de La Pommeraye.

MADAME DE LA POMMERAYE

Eh bien ! marquis, ne faut-il pas que je sois bien bonne ? Trouvez-moi à Paris une autre femme qui en fasse autant.

LE MARQUIS, *en se jetant à ses genoux.*

J'en conviens; il n'y en a pas une qui vous ressemble. Votre bonté me confond : vous êtes la seule véritable amie qu'il y ait au monde.

MADAME DE LA POMMERAYE

Êtes-vous bien sûr de sentir toujours également le prix de mon procédé ?

LE MARQUIS

Je serais un monstre d'ingratitude, si j'en rabattais.

MADAME DE LA POMMERAYE

Changeons de texte. Quel est l'état de votre cœur ?

LE MARQUIS

Faut-il vous l'avouer franchement ? Il faut que j'aie cette fille-là, ou que j'en périsse.

MADAME DE LA POMMERAYE

Vous l'aurez sans doute, mais il faut savoir comme quoi.

LE MARQUIS

Nous verrons.

MADAME DE LA POMMERAYE

Marquis, marquis, je vous connais, je les connais : tout est vu.

Le marquis fut environ deux mois sans se montrer chez Mme de La Pommeraye; et voici ses démarches dans cet intervalle. Il fit connaissance avec le confesseur de la mère et de la fille. C'était un ami du petit abbé dont je vous ai parlé. Ce prêtre, après avoir mis toutes les difficultés hypocrites qu'on peut apporter à une intrigue malhonnête, et vendu le plus chèrement qu'il lui fut possible la sainteté de son ministère, se prêta à tout ce que le marquis voulut.

La première scélératesse de l'homme de Dieu, ce fut d'aliéner la bienveillance du curé, et de lui persuader que ces deux protégées de Mme de La Pommeraye obtenaient de la paroisse une aumône dont elles privaient des indigents plus à plaindre qu'elles. Son but était de les amener à ses vues par la misère.

Ensuite il travailla au tribunal de la confession à jeter la division entre la mère et la fille. Lorsqu'il entendait la mère se plaindre de sa fille, il aggravait les torts de celle-ci, et irritait le ressentiment de l'autre. Si c'était la fille qui se plaignît de sa mère, il lui insinuait que la puissance des pères et mères sur leurs enfants était limitée, et que, si la persécution de sa mère était poussée jusqu'à un certain point, il ne serait peut-être pas impossible de la soustraire à une autorité tyrannique. Puis il lui donnait pour pénitence de revenir à confesse.

Une autre fois il lui parlait de ses charmes, mais lestement : c'était un des plus dangereux présents que Dieu pût faire à une femme; de l'impression qu'en avait éprouvée un honnête homme qu'il ne nommait pas, mais qui n'était pas difficile à deviner. Il passait de là à la miséricorde infinie du ciel et à son indulgence pour des fautes que certaines circonstances nécessitaient; à la faiblesse de la nature, dont chacun trouve l'excuse en soi-même; à la violence et à la généralité de certains penchants, dont les hommes les plus saints n'étaient pas exempts. Il lui demandait ensuite si elle n'avait point de désirs, si le tempérament ne lui parlait point en rêves, si la présence des hommes ne la troublait pas. Ensuite, il agitait la question si une femme devait céder ou résister à un homme passionné, et laisser mourir et damner celui pour qui le sang de Jésus-Christ a été versé : et il n'osait la décider. Puis il poussait de profonds soupirs; il levait les yeux au ciel, il priait pour la tranquillité des âmes en peine... La jeune fille le laissait aller. Sa mère et Mme de La Pommeraye, à qui elle rendait fidèlement les propos du directeur, lui suggé- raient des confidences qui toutes tendaient à l'encourager.

JACQUES

Votre Mme de la Pommeraye est une méchante femme.

LE MAÎTRE

Jacques, c'est bientôt dit. Sa méchanceté, d'où lui vient- elle ? Du marquis des Arcis. Rends celui-ci tel qu'il avait juré et qu'il devait être, et trouve-moi quelque défaut à Mme de La Pommeraye. Quand nous serons en route, tu l'accuseras, et je me charge de la défendre. Pour ce prêtre, vil et séducteur, je te l'abandonne.

JACQUES

C'est un si méchant homme, que je crois que de cette affaire-ci je n'irai plus à confesse. Et vous, notre hôtesse ?

L'HÔTESSE

Pour moi je continuerai mes visites à mon vieux curé, qui n'est pas curieux, et qui n'entend que ce qu'on lui dit.

JACQUES

Si nous buvions à la santé de votre vieux curé ?

L'HÔTESSE

Pour cette fois-ci je vous ferai raison; car c'est un bon homme qui, les dimanches et jours de fêtes, laisse danser les filles et les garçons, et qui permet aux hommes et aux

femmes de venir chez moi, pourvu qu'ils n'en sortent pas
ivres. A mon curé !

A votre curé !

Nos femmes ne doutaient pas qu'incessamment l'homme
de Dieu ne hasardât de remettre une lettre à sa pénitente :
ce qui fut fait; mais avec quel ménagement ! Il ne savait de
qui elle était; il ne doutait point que ce ne fût de quelque
âme bienfaisante et charitable qui avait découvert leur
misère, et qui leur proposait des secours; il en remettait
assez souvent des pareilles. Au demeurant vous êtes sage,
madame votre mère est prudente, et j'exige que vous ne
l'ouvriez qu'en sa présence. Mlle Duquênoi accepta la
lettre et la remit à sa mère, qui la fit passer sur-le-champ à
Mme de La Pommeraye. Celle-ci, munie de ce papier, fit
venir le prêtre, l'accabla des reproches qu'il méritait, et
le menaça de le déférer à ses supérieurs, si elle entendait
encore parler de lui.

Après avoir fait sa leçon au prêtre, Mme de La Pommeraye appela le marquis chez elle; lui représenta combien sa
conduite était peu digne d'un galant homme; jusqu'où elle
pouvait être compromise; lui montra sa lettre, et lui protesta
que, malgré la tendre amitié qui les unissait, elle ne pouvait
se dispenser de la produire au tribunal des lois, ou de la
remettre à Mme Duquênoi, s'il arrivait quelque aventure
éclatante à sa fille. « Ah ! marquis, lui dit-elle, l'amour vous
corrompt; vous êtes mal né, puisque le faiseur de grandes
choses ne vous en inspire que d'avilissantes. Et que vous
ont fait ces pauvres femmes, pour ajouter l'ignominie à la
misère ? Faut-il que, parce que cette fille est belle, et veut
rester vertueuse, vous en deveniez le persécuteur ? Est-ce
à vous à lui faire détester un des plus beaux présents du
ciel ? Par où ai-je mérité, moi, d'être votre complice ?
Allons, marquis, jetez-vous à mes pieds, demandez-moi
pardon, et faites serment de laisser mes tristes amies en
repos. » Le marquis lui promit de ne rien entreprendre
sans son aveu; mais qu'il fallait qu'il eût cette fille à quelque
prix que ce fût.

Le marquis ne fut point du tout fidèle à sa parole. La mère était instruite; il ne balança pas à s'adresser à elle. Il avoua le crime de son projet; il offrit une somme considérable, des espérances que le temps pourrait amener; et sa lettre fut accompagnée d'un écrin de riches pierreries.

Les trois femmes tinrent conseil. La mère et la fille inclinaient à accepter; mais ce n'était pas là le compte de Mme de La Pommeraye. Elle revint sur la parole qu'on lui avait donnée; elle menaça de tout révéler; et au grand regret de nos deux dévotes, dont la jeune détacha de ses oreilles des girandoles qui lui allaient si bien, l'écrin et la lettre furent renvoyés avec une réponse pleine de fierté et d'indignation.

Mme de La Pommeraye se plaignit au marquis du peu de fond qu'il y avait à faire sur ses promesses. Le marquis s'excusa sur l'impossibilité de lui proposer une commission aussi indécente. « Marquis, marquis, lui dit Mme de La Pommeraye, je vous ai déjà prévenu, et je vous le répète : vous n'en êtes pas où vous voudriez; mais il n'est plus temps de vous prêcher, ce seraient paroles perdues : il n'y a plus de ressources. »

Le marquis avoua qu'il le pensait comme elle, et lui demanda la permission de faire une dernière tentative; c'était d'assurer des rentes considérables sur les deux têtes, de partager sa fortune avec les deux femmes, et de les rendre propriétaires à vie d'une de ses maisons à la ville, et d'une autre à la campagne. « Faites, lui dit la marquise; je n'interdis que la violence; mais croyez, mon ami, que l'honneur et la vertu, quand elle est vraie, n'ont point de prix aux yeux de ceux qui ont le bonheur de les posséder. Vos nouvelles offres ne réussiront pas mieux que les précédentes : je connais ces femmes et j'en ferais la gageure. »

Les nouvelles propositions sont faites. Autre conciliabule des trois femmes. La mère et la fille attendaient en silence la décision de Mme de La Pommeraye. Celle-ci se promena un moment sans parler. « Non, non, dit-elle, cela ne suffit pas à mon cœur ulcéré. » Et aussitôt elle prononça le refus; et aussitôt ces deux femmes fondirent en larmes, se jetèrent à ses pieds, et lui représentèrent combien il était affreux pour elles de repousser une fortune immense, qu'elles pouvaient accepter sans aucune fâcheuse

conséquence. Mme de La Pommeraye leur répondit sèche-
ment : « Est-ce que vous imaginez que ce que je fais, je le
fais pour vous ? Qui êtes-vous ? Que vous dois-je ? A
quoi tient-il que je ne vous renvoie l'une et l'autre à votre
tripot ? Si ce que l'on vous offre est trop pour vous, c'est
trop peu pour moi. Écrivez, madame, la réponse que je
vais vous dicter, et qu'elle parte sous mes yeux. » Ces femmes
s'en retournèrent encore plus effrayées qu'affligées.

JACQUES

Cette femme a le diable au corps, et que veut-elle donc ?
Quoi ! un refroidissement d'amour n'est pas assez puni
par le sacrifice de la moitié d'une grande fortune ?

LE MAÎTRE

Jacques, vous n'avez jamais été femme, encore moins
honnête femme, et vous jugez d'après votre caractère qui
n'est pas celui de Mme de La Pommeraye ! Veux-tu que
je te dise ? J'ai bien peur que le mariage du marquis des
Arcis et d'une catin ne soit écrit là-haut.

JACQUES

S'il est écrit là-haut, il se fera.

L'HÔTESSE

Le marquis ne tarda pas à reparaître chez Mme de La
Pommeraye. « Eh bien, lui dit-elle, vos nouvelles offres ?

LE MARQUIS

Faites et rejetées. J'en suis désespéré. Je voudrais arracher cette malheureuse passion de mon cœur; je voudrais
m'arracher le cœur, et je ne saurais. Marquise, regardez-
moi; ne trouvez-vous pas qu'il y a entre cette jeune fille
et moi quelques traits de ressemblance ?

MADAME DE LA POMMERAYE

Je ne vous en avais rien dit; mais je m'en étais aperçue.
Il ne s'agit pas de cela : que résolvez-vous ?

LE MARQUIS

Je ne puis me résoudre à rien. Il me prend des envies de me jeter dans une chaise de poste, et de courir tant que terre me portera; un moment après la force m'abandonne; je suis comme anéanti, ma tête s'embarrasse : je deviens stupide, et ne sais que devenir.

MADAME DE LA POMMERAYE

Je ne vous conseille pas de voyager; ce n'est pas la peine d'aller jusqu'à Villejuif pour revenir. »

Le lendemain, le marquis écrivit à la marquise qu'il partait pour sa campagne; qu'il y resterait tant qu'il pourrait, et qu'il la suppliait de le servir auprès de ses amies, si l'occasion s'en présentait; son absence fut courte : il revint avec la résolution d'épouser.

JACQUES

Ce pauvre marquis me fait pitié.

LE MAÎTRE

Pas trop à moi.

L'HÔTESSE

Il descendit à la porte de Mme de La Pommeraye. Elle était sortie. En rentrant elle trouva le marquis étendu dans un grand fauteuil, les yeux fermés, et absorbé dans la plus profonde rêverie. Ah! marquis, vous voilà? la campagne n'a pas eu de longs charmes pour vous.

— Non, lui répondit-il, je ne suis bien nulle part, et j'arrive déterminé à la plus haute sottise qu'un homme de mon état, de mon âge et de mon caractère puisse faire. Mais il vaut mieux épouser que de souffrir. J'épouse.

MADAME DE LA POMMERAYE

Marquis, l'affaire est grave, et demande de la réflexion.

LE MARQUIS

Je n'en ai fait qu'une, mais elle est solide : c'est que je ne puis jamais être plus malheureux que je le suis.

MADAME DE LA POMMERAYE

Vous pourriez vous tromper.

JACQUES

La traîtresse !

LE MARQUIS

Voici donc enfin, mon amie, une négociation dont je
puis, ce me semble, vous charger honnêtement. Voyez
la mère et la fille; interrogez la mère, sondez le cœur de
la fille, et dites-leur mon dessein.

MADAME DE LA POMMERAYE

Tout doucement, marquis. J'ai cru les connaître assez
pour ce que j'en avais à faire; mais à présent qu'il s'agit
du bonheur de mon ami, il me permettra d'y regarder
de plus près. Je m'informerai dans leur province, et je
vous promets de les suivre pas à pas pendant toute la
durée de leur séjour à Paris.

LE MARQUIS

Ces précautions me semblent assez superflues. Des
femmes dans la misère, et qui résistent aux appâts que je
leur ai tendus, ne peuvent être que les créatures les plus
rares. Avec mes offres, je serais venu à bout d'une duchesse.
D'ailleurs, ne m'avez-vous pas dit vous-même...

MADAME DE LA POMMERAYE

Oui, j'ai dit tout ce qu'il vous plaira; mais avec tout
cela permettez que je me satisfasse.

JACQUES

La chienne ! la coquine ! l'enragée ! et pourquoi aussi
s'attacher à une pareille femme ?

LE MAÎTRE

Et pourquoi aussi la séduire et s'en détacher ?

L'HÔTESSE

Pourquoi cesser de l'aimer sans rime ni raison ?

JACQUES, *en montrant le ciel du doigt.*

Ah ! mon maître !

LE MARQUIS

Pourquoi, marquise, ne vous mariez-vous pas aussi ?

MADAME DE LA POMMERAYE

A qui, s'il vous plaît ?

LE MARQUIS

Au petit comte; il a de l'esprit, de la naissance, de la fortune.

MADAME DE LA POMMERAYE

Et qui est-ce qui me répondra de sa fidélité ? C'est vous peut-être !

LE MARQUIS

Non; mais il me semble qu'on se passe aisément de la fidélité d'un mari.

MADAME DE LA POMMERAYE

D'accord; mais si le mien était infidèle je serais peut-être assez bizarre pour m'en offenser; et je suis vindicative.

LE MARQUIS

Eh bien ! vous vous vengeriez, cela s'en va sans dire. C'est que nous prendrions un hôtel commun, et que nous formerions tous quatre la plus agréable société.

MADAME DE LA POMMERAYE

Tout cela est fort beau; mais je ne me marie pas. Le seul homme que j'aurais peut-être été tentée d'épouser...

LE MARQUIS

C'est moi ?

MADAME DE LA POMMERAYE

Je puis vous l'avouer à présent sans conséquence.

LE MARQUIS

Et pourquoi ne me l'avoir pas dit ?

MADAME DE LA POMMERAYE

Par l'événement, j'ai bien fait. Celle que vous allez avoir vous convient de tout point mieux que moi.

L'HÔTESSE

Mme de La Pommeraye mit à ses informations toute l'exactitude et la célérité qu'elle voulut. Elle produisit au marquis les attestations les plus flatteuses; il y en avait de Paris, il y en avait de la province. Elle exigea du marquis encore une quinzaine, afin qu'il s'examinât derechef. Cette quinzaine lui parut éternelle; enfin la marquise fut obligée de céder à ses instances et à ses prières. La première entre-vue se fit chez ses amies; on y convient de tout, les bans se publient; le contrat se passe; le marquis fait présent à Mme de La Pommeraye d'un superbe diamant, et le mariage est consommé.

JACQUES

Quelle trame et quelle vengeance !

LE MAÎTRE

Elle est incompréhensible.

JACQUES

Délivrez-moi du souci de la première nuit des noces, et jusqu'à présent je n'y vois pas un grand mal.

LE MAÎTRE

Tais-toi, nigaud.

JACQUES

Je croyais...

L'HÔTESSE

Croyez à ce que votre maître vient de vous dire... Et en parlant ainsi elle souriait, et en souriant, elle passait sa main sur le visage de Jacques, et lui serrait le nez... Mais ce fut le lendemain...

JACQUES

Le lendemain, ne fut-ce pas comme la veille ?

L'HÔTESSE

Pas tout à fait. Le lendemain, Mme de La Pommeraye
écrivit au marquis un billet qui l'invitait à se rendre chez
elle au plus tôt, pour affaire importante. Le marquis ne se
fit pas attendre.

On le reçut avec un visage où l'indignation se peignait
dans toute sa force; le discours qu'on lui tint ne fut pas
long; le voici : « Marquis, lui dit-elle, apprenez à me connaître. Si les autres femmes s'estimaient assez pour éprouver
mon ressentiment, vos semblables seraient moins communs.
Vous aviez acquis une honnête femme que vous n'avez pas
su conserver; cette femme, c'est moi; elle s'est vengée en
vous en faisant épouser une digne de vous. Sortez de chez
moi, et allez vous-en rue Traversière, à l'hôtel de Hambourg, où l'on vous apprendra le sale métier que votre
femme et votre belle-mère ont exercé pendant dix ans, sous
le nom de d'Aisnon. »

La surprise et la consternation de ce pauvre marquis ne
peuvent se rendre. Il ne savait qu'en penser; mais son incertitude ne dura que le temps d'aller d'un bout de la ville à
l'autre. Il ne rentra point chez lui de tout le jour; il erra
dans les rues. Sa belle-mère et sa femme eurent quelque
soupçon de ce qui s'était passé. Au premier coup de
marteau, la belle-mère se sauva dans son appartement, et
s'y enferma à la clef; sa femme l'attendit seule. A l'approche
de son époux elle lut sur son visage la fureur qui le possédait. Elle se jeta à ses pieds, la face collée contre le parquet,
sans mot dire. « Retirez-vous, lui dit-il, infâme ! loin de
moi... » Elle voulut se relever; mais elle retomba sur son
visage, les bras étendus à terre entre les pieds du marquis.
« Monsieur, lui dit-elle, foulez-moi aux pieds, écrasez-moi,
car je l'ai mérité; faites de moi tout ce qu'il vous plaira;
mais épargnez ma mère...

— Retirez-vous, reprit le marquis; retirez-vous ! c'est
assez de l'infamie dont vous m'avez couvert; épargnez-moi
un crime... »

La pauvre créature resta dans l'attitude où elle était, et
ne lui répondit rien. Le marquis était assis dans un fauteuil,

sa tête enveloppée de ses bras, et le corps à demi penché
sur les pieds de son lit, hurlant par intervalles, sans la
regarder : « Retirez-vous !... » Le silence et l'immobilité de
la malheureuse le surprirent; il lui répéta d'une voix plus
forte encore : « Qu'on se retire; est-ce que vous ne m'entendez pas ?... » Ensuite il se baissa, la poussa durement, et
reconnaissant qu'elle était sans sentiment et presque sans
vie, il la prit par le milieu du corps, l'étendit sur un canapé,
attacha un moment sur elle des regards où se peignaient
alternativement la commisération et le courroux. Il sonna :
des valets entrèrent; on appela ses femmes, à qui il dit :
« Prenez votre maîtresse qui se trouve mal; portez-la dans
son appartement, et secourez-la... » Peu d'instants après il
envoya secrètement savoir de ses nouvelles. On lui dit
qu'elle était revenue de son premier évanouissement; mais
que, les défaillances se succédant rapidement, elles étaient
si fréquentes et si longues qu'on ne pouvait lui répondre
de rien. Une ou deux heures après il renvoya secrètement
savoir de son état. On lui dit qu'elle suffoquait, et qu'il lui
était survenu une espèce de hoquet qui se faisait entendre
jusque dans les cours. A la troisième fois, c'était sur le
matin, on lui rapporta qu'elle avait beaucoup pleuré, que le
hoquet s'était calmé, et qu'elle paraissait s'assoupir.

Le jour suivant, le marquis fit mettre ses chevaux à sa
chaise, et disparut pendant quinze jours, sans qu'on sût ce
qu'il était devenu. Cependant, avant que de s'éloigner, il
avait pourvu à tout ce qui était nécessaire à la mère et à la
fille, avec ordre d'obéir à madame comme à lui-même.

Pendant cet intervalle, ces deux femmes restèrent en
présence l'une de l'autre, sans presque se parler, la fille sanglotant, poussant quelquefois des cris, s'arrachant les
cheveux, se tordant les bras, sans que sa mère osât s'approcher d'elle et la consoler. L'une montrait la figure du
désespoir, l'autre la figure de l'endurcissement. La fille
vingt fois dit à sa mère : « Maman, sortons d'ici; sauvons-
nous. » Autant de fois la mère s'y opposa, et lui répondit :
« Non, ma fille, il faut rester; il faut voir ce que cela deviendra : cet homme ne nous tuera pas... » « Eh ! plût à Dieu,
lui répondait sa fille, qu'il l'eût déjà fait !... » Sa mère lui
répliquait : « Vous feriez mieux de vous taire, que de
parler comme une sotte. »

A son retour, le marquis s'enferma dans son cabinet,

et écrivit deux lettres, l'une à sa femme, l'autre à sa belle-
mère. Celle-ci partit dans la même journée, et se rendit au
couvent des Carmélites de la ville prochaine, où elle est
morte il y a quelques jours. Sa fille s'habilla, et se traîna
dans l'appartement de son mari où il lui avait apparemment
enjoint de venir. Dès la porte, elle se jeta à genoux. « Levez-
vous », lui dit le marquis...

Au lieu de se lever, elle s'avança vers lui sur ses genoux;
elle tremblait de tous ses membres : elle était échevelée;
elle avait le corps un peu penché, les bras portés de son
côté, la tête relevée, le regard attaché sur ses yeux, et le
visage inondé de pleurs. « Il me semble », lui dit-elle, un
sanglot séparant chacun de ses mots, « que votre cœur
justement irrité s'est radouci, et que peut-être avec le temps
j'obtiendrai miséricorde. Monsieur, de grâce, ne vous
hâtez point de me pardonner. Tant de filles honnêtes sont
devenues de malhonnêtes femmes, que peut-être serai-je
un exemple contraire. Je ne suis pas encore digne que vous
vous rapprochiez de moi; attendez, laissez-moi seulement
l'espoir du pardon. Tenez-moi loin de vous; vous verrez
ma conduite; vous la jugerez : trop heureuse mille fois,
trop heureuse si vous daignez quelquefois m'appeler!
Marquez-moi le recoin obscur de votre maison où vous
permettrez que j'habite; j'y resterai sans murmure. Ah! si
je pouvais m'arracher le nom et le titre qu'on m'a fait
usurper, et mourir après, à l'instant vous seriez satisfait !
Je me suis laissé conduire par faiblesse, par séduction, par
autorité, par menaces, à une action infâme; mais ne croyez
pas, monsieur, que je sois méchante : je ne le suis pas,
puisque je n'ai pas balancé à paraître devant vous quand
vous m'avez appelée, et que j'ose à présent lever les yeux
sur vous et vous parler. Ah ! si vous pouviez lire au fond
de mon cœur, et voir combien mes fautes passées sont loin
de moi; combien les mœurs de mes pareilles me sont
étrangères ! La corruption s'est posée sur moi; mais elle
ne s'y est point attachée. Je me connais, et une justice que
je me rends, c'est que par mes goûts, par mes sentiments,
par mon caractère, j'étais née digne de vous appartenir.
Ah! s'il m'eût été libre de vous voir, il n'y avait qu'un
mot à dire, et je crois que j'en aurais eu le courage. Monsieur, disposez de moi comme il vous plaira; faites entrer
vos gens; qu'ils me dépouillent, qu'ils me jettent la nuit

dans la rue : je souscris à tout. Quel que soit le sort que
vous me préparez, je m'y soumets : le fond d'une campagne, l'obscurité d'un cloître peut me dérober pour
jamais à vos yeux : parlez, et j'y vais. Votre bonheur n'est
point perdu sans ressource, et vous pourrez m'oublier...

— Levez-vous, lui dit doucement le marquis; je vous ai
pardonné : au moment même de l'injure j'ai respecté ma
femme en vous; il n'est pas sorti de ma bouche une parole
qui l'ait humiliée, ou du moins je m'en repens, et je proteste
qu'elle n'en entendra plus aucune qui l'humilie, si elle se
souvient qu'on ne peut rendre un époux malheureux sans
le devenir. Soyez honnête, soyez heureuse, et faites que je
le sois. Levez-vous, je vous en prie, ma femme, levez-vous
et embrassez-moi; madame la marquise, levez-vous, vous
n'êtes pas à votre place; madame des Arcis, levez-vous... »
    Pendant qu'il parlait ainsi, elle était restée le visage caché
dans ses mains, et la tête appuyée sur les genoux du marquis;
mais au mot de ma femme, au mot de madame des Arcis,
elle se leva brusquement, et se précipita sur le marquis, elle
le tenait embrassé, à moitié suffoquée par la douleur et par
la joie; puis elle se séparait de lui, se jetait à terre, et lui
baisait les pieds.
    « Ah ! lui disait le marquis, je vous ai pardonné; je vous
l'ai dit; et je vois que vous n'en croyez rien.
— Il faut, lui répondait-elle, que cela soit, et que je ne
le croie jamais. »
    Le marquis ajoutait : « En vérité je crois que je ne me
repens de rien; et que cette Pommeraye, au lieu de se venger,
m'aura rendu un grand service. Ma femme, allez vous
habiller, tandis qu'on s'occupera à faire vos malles. Nous
partons pour ma terre, où nous resterons jusqu'à ce que
nous puissions reparaître ici sans conséquence pour vous
et pour moi... »
    Ils passèrent presque trois ans de suite absents de la capitale.

JACQUES

Et je gagerais bien que ces trois ans s'écoulèrent comme
un jour, et que le marquis des Arcis fut un des meilleurs
maris et eut une des meilleures femmes qu'il y eût au monde.

LE MAÎTRE

Je serais de moitié; mais en vérité je ne sais pourquoi,
car je n'ai point du tout été satisfait de cette fille pendant

tout le cours des menées de la dame de Pommeraye et de sa
mère. Pas un instant de crainte, pas le moindre signe d'incertitude, pas un remords; je l'ai vue se prêter, sans
répugnance, à cette longue horreur. Tout ce qu'on a voulu
d'elle, elle n'a jamais hésité de le faire; elle va à confesse;
elle communie; elle joue la religion et ses ministres. Elle
m'a semblé aussi fausse, aussi méprisable, aussi méchante
que les deux autres... Notre hôtesse, vous narrez assez
bien; mais vous n'êtes pas encore profonde dans l'art
dramatique. Si vous vouliez que cette jeune fille intéressât,
il fallait lui donner de la franchise, et nous la montrer
victime innocente et forcée de sa mère et de La Pommeraye, il fallait que les traitements les plus cruels l'entraî-
nassent, malgré qu'elle en eût, à concourir à une suite de
forfaits continus pendant une année; il fallait préparer ainsi
le raccommodement de cette femme avec son mari. Quand
on introduit un personnage sur la scène, il faut que son
rôle soit un : or je vous demanderai, notre charmante
hôtesse, si la fille qui complote avec deux scélérates est bien
la femme suppliante que nous avons vue aux pieds de son
mari? Vous avez péché contre les règles d'Aristote,
d'Horace, de Vida, et de Le Bossu [95].

L'HÔTESSE

Je ne connais ni bossu ni droit : je vous ai dit la chose
comme elle s'est passée, sans en rien omettre, sans y rien
ajouter. Et qui sait ce qui se passait au fond du cœur de
cette jeune fille, et si, dans les moments où elle nous paraissait agir le plus lestement, elle n'en était pas secrètement
dévorée de chagrin?

JACQUES

Notre hôtesse, pour cette fois-ci, il faut que je sois de
l'avis de mon maître qui me le pardonnera, car cela m'arrive
si rarement; de son Bossu, que je ne connais point; et de ces
autres messieurs qu'il a cités, et que je ne connais pas
davantage. Si Mlle Duquênoi, ci-devant la d'Aisnon, avait
été une jolie enfant, il y aurait paru.

L'HÔTESSE

Jolie enfant ou non, tant y a que c'est une excellente
femme; que son mari est avec elle content comme un roi,
et qu'il ne la troquerait pas contre une autre.

LE MAÎTRE

Je l'en félicite : il a été plus heureux que sage.

L'HÔTESSE

Et moi, je vous souhaite une bonne nuit. Il est tard, et il faut que je sois la dernière couchée et la première levée. Quel maudit métier ! Bonsoir, messieurs, bonsoir. Je vous avais promis, je ne sais plus à propos de quoi, l'histoire d'un mariage saugrenu : et je crois vous avoir tenu parole. Monsieur Jacques, je crois que vous n'aurez pas de peine à vous endormir; car vos yeux sont plus d'à demi fermés. Bonsoir, monsieur Jacques.

LE MAÎTRE

Eh bien, notre hôtesse, il n'y a donc pas moyen de savoir vos aventures ?

L'HÔTESSE

Non.

JACQUES

Vous avez un furieux goût pour les contes !

LE MAÎTRE

Il est vrai; ils m'instruisent et m'amusent. Un bon conteur est un homme rare.

JACQUES

Et voilà tout juste pourquoi je n'aime pas les contes, à moins que je ne les fasse.

LE MAÎTRE

Tu aimes mieux parler mal que te taire.

JACQUES

Il est vrai.

LE MAÎTRE

Et moi, j'aime mieux entendre mal parler que de ne rien entendre.

JACQUES

Cela nous met tous deux fort à notre aise.

Je ne sais où l'hôtesse, Jacques et son maître avaient mis leur esprit, pour n'avoir pas trouvé une seule des choses qu'il y avait à dire en faveur de Mlle Duquênoi. Est-ce que cette fille comprit rien aux artifices de la dame de La Pommeraye, avant le dénoûment ? Est-ce qu'elle n'aurait pas mieux aimé accepter les offres que la main du marquis, et l'avoir pour amant que pour époux ? Est-ce qu'elle n'était pas continuellement sous les menaces et le despotisme de la marquise ? Peut-on la blâmer de son horrible aversion pour un état infâme ? et si l'on prend le parti de l'en estimer davantage, peut-on exiger d'elle bien de la délicatesse, bien du scrupule dans le choix des moyens de s'en tirer ?

Et vous croyez, lecteur, que l'apologie de Mme de La Pommeraye est plus difficile à faire ? Il vous aurait été peut-être plus agréable d'entendre là-dessus Jacques et son maître; mais ils avaient à parler de tant d'autres choses plus intéressantes, qu'ils auraient vraisemblablement négligé celle-ci. Permettez donc que je m'en occupe un moment. Vous entrez en fureur au nom de Mme de La Pommeraye, et vous vous écriez : « Ah ! la femme horrible ! ah ! l'hypocrite ! ah ! la scélérate !... » Point d'exclamation, point de courroux, point de partialité : raisonnons. Il se fait tous les jours des actions plus noires, sans aucun génie. Vous pouvez haïr; vous pouvez redouter Mme de La Pommeraye : mais vous ne la mépriserez pas. Sa vengeance est atroce; mais elle n'est souillée d'aucun motif d'intérêt. On ne vous a pas dit qu'elle avait jeté au nez du marquis le beau diamant dont il lui avait fait présent; mais elle le fit : je le sais par les voies les plus sûres. Il ne s'agit ni d'augmenter sa fortune, ni d'acquérir quelques titres d'honneur. Quoi ! si cette femme en avait fait autant, pour obtenir à un mari la récompense de ses services; si elle s'était prostituée à un ministre ou même à un premier commis, pour un cordon ou pour une colonelle [96]; au dépositaire de la feuille des Bénéfices, pour une riche abbaye, cela vous paraîtrait tout simple, l'usage serait pour vous : et lorsqu'elle se venge d'une perfidie, vous vous révoltez contre elle au lieu de voir que son ressentiment ne vous indigne que parce que vous êtes incapable d'en éprouver un aussi profond, ou que vous ne faites presque aucun cas de la vertu des femmes. Avez-vous un peu réfléchi sur les sacrifices que Mme de La Pommeraye avait faits au marquis ?

Je ne vous dirai pas que sa bourse lui avait été ouverte
en toute occasion, et que plusieurs années il n'avait eu
d'autre maison, d'autre table que la sienne : cela vous
ferait hocher de la tête; mais elle s'était assujettie à toutes
ses fantaisies, à tous ses goûts; pour lui plaire elle avait
renversé le plan de sa vie. Elle jouissait de la plus haute
considération dans le monde, par la pureté de ses mœurs :
et elle s'était rabaissée sur la ligne commune. On dit d'elle,
lorsqu'elle eut agréé l'hommage du marquis des Arcis :
Enfin cette merveilleuse Mme de La Pommeraye s'est donc
faite comme une d'entre nous... Elle avait remarqué autour
d'elle les souris ironiques; elle avait entendu les plaisanteries, et souvent elle en avait rougi et baissé les yeux; elle
avait avalé tout le calice de l'amertume préparé aux femmes
dont la conduite réglée a fait trop longtemps la satire des
mauvaises mœurs de celles qui les entourent; elle avait
supporté tout l'éclat scandaleux par lequel on se venge
des imprudentes bégueules qui affichent de l'honnêteté.
Elle était vaine; et elle serait morte de douleur plutôt que
de promener dans le monde, après la honte de la vertu
abandonnée, le ridicule d'une délaissée. Elle touchait au
moment où la perte d'un amant ne se répare plus. Tel était
son caractère, que cet événement la condamnait à l'ennui
et à la solitude Un homme en poignarde un autre pour
un geste, pour un démenti; et il ne sera pas permis à une
honnête femme perdue, déshonorée, trahie, de jeter le
traître entre les bras d'une courtisane ? Ah ! lecteur, vous
êtes bien léger dans vos éloges, et bien sévère dans votre
blâme. Mais, me direz-vous, c'est plus encore la manière
que la chose que je reproche à la marquise. Je ne me fais
pas à un ressentiment d'une aussi longue tenue; à un tissu
de fourberies, de mensonges, qui dure près d'un an. Ni moi
non plus, ni Jacques, ni son maître, ni l'hôtesse. Mais vous
pardonnerez tout à un premier mouvement; et je vous dirai
que, si le premier mouvement des autres est court, celui de
Mme de La Pommeraye et des femmes de son caractère est
long. Leur âme reste quelquefois toute leur vie comme au
premier moment de l'injure; et quel inconvénient, quelle injustice y a-t-il à cela? Je n'y vois que des trahisons moins communes; et j'approuverais fort une loi qui condamnerait aux
courtisanes celui qui aurait séduit et abandonné une honnête
femme : l'homme commun aux femmes communes [97].

Tandis que je disserte, le maître de Jacques ronfle comme s'il m'avait écouté; et Jacques, à qui les muscles des jambes refusaient le service, rôde dans la chambre, en chemise et pieds nus, culbute tout ce qu'il rencontre et réveille son maître qui lui dit d'entre ses rideaux : « Jacques, tu es ivre.

— Ou peu s'en faut.

— A quelle heure as-tu résolu de te coucher ?

— Tout à l'heure, monsieur; c'est qu'il y a... c'est qu'il y a...

— Qu'est-ce qu'il y a ?

— Dans cette bouteille un reste qui s'éventerait. J'ai en horreur les bouteilles en vidange; cela me reviendrait en tête, quand je serais couché; et il n'en faudrait pas davantage pour m'empêcher de fermer l'œil. Notre hôtesse est, par ma foi, une excellente femme, et son champagne un excellent vin; ce serait dommage de le laisser éventer... Le voilà bientôt à couvert... et il ne s'éventera plus... »

Et tout en balbutiant, Jacques, en chemise et pieds nus avait sablé deux ou trois rasades sans ponctuation, comme il s'exprimait, c'est-à-dire de la bouteille au verre, du verre à la bouche. Il y a deux versions sur ce qui suivit après qu'il eut éteint les lumières. Les uns prétendent qu'il se mit à tâtonner le long des murs sans pouvoir retrouver son lit, et qu'il disait : « Ma foi, il n'y est plus, ou, s'il y est, il est écrit là-haut que je ne le retrouverai pas; dans l'un et l'autre cas, il faut s'en passer »; et qu'il prit le parti de s'étendre sur des chaises. D'autres, qu'il était écrit là-haut qu'il s'embarrasserait les pieds dans les chaises, qu'il tomberait sur le carreau et qu'il y resterait. De ces deux versions, demain, après-demain, vous choisirez, à tête reposée, celle qui vous conviendra le mieux.

Nos deux voyageurs, qui s'étaient couchés tard et la tête un peu chaude de vin, dormirent la grasse matinée; Jacques à terre ou sur des chaises, selon la version que vous aurez préférée; son maître plus à son aise dans son lit. L'hôtesse monta et leur annonça que la journée ne serait pas belle; mais que, quand le temps leur permettrait de continuer leur route, ils risqueraient leur vie ou seraient arrêtés par le gonflement des eaux du ruisseau qu'ils avaient à traverser; et que plusieurs hommes de cheval, qui n'avaient pas voulu l'en croire, avaient été forcés de rebrousser chemin. Le

maître dit à Jacques : « Jacques, que ferons-nous ? »
Jacques répondit : « Nous déjeunerons d'abord avec notre
hôtesse : ce qui nous avisera. » L'hôtesse jura que c'était
sagement pensé. On servit à déjeuner. L'hôtesse ne demandait pas mieux que d'être gaie; le maître de Jacques s'y
serait prêté; mais Jacques commençait à souffrir; il mangea
de mauvaise grâce, il but peu, il se tut. Ce dernier symptôme
était surtout fâcheux : c'était la suite de la mauvaise nuit
qu'il avait passée et du mauvais lit qu'il avait eu. Il se
plaignait de douleurs dans les membres; sa voix rauque
annonçait un mal de gorge. Son maître lui conseilla de se
coucher : il n'en voulut rien faire L'hôtesse lui proposait
une soupe à l'oignon. Il demanda qu'on fît du feu dans la
chambre, car il ressentait du frisson; qu'on lui préparât de
la tisane et qu'on lui apportât une bouteille de vin blanc :
ce qui fut exécuté sur-le-champ. Voilà l'hôtesse partie et
Jacques en tête-à-tête avec son maître. Celui-ci allait à la
fenêtre, disait : « Quel diable de temps ! » regardait à sa
montre (car c'était la seule en qui il eût confiance) quelle
heure il était, prenait sa prise de tabac, recommençait la
même chose d'heure en heure, s'écriant à chaque fois :
« Quel diable de temps ! » se tournant vers Jacques et
ajoutant : « La belle occasion pour reprendre et achever
l'histoire de tes amours ! mais on parle mal d'amour et
d'autre chose quand on souffre. Vois, tâte-toi, si tu peux
continuer, continue; sinon, bois ta tisane et dors. »

Jacques prétendit que le silence lui était malsain; qu'il
était un animal jaseur; et que le principal avantage de sa
condition, celui qui le touchait le plus, c'était la liberté de
se dédommager des douze années du bâillon qu'il avait
passées chez son grand-père, à qui Dieu fasse miséricorde.

LE MAÎTRE

Parle donc, puisque cela nous fait plaisir à tous deux.
Tu en étais à je ne sais quelle proposition malhonnête de
la femme du chirurgien; il s'agissait, je crois, d'expulser
celui qui servait au château et d'y installer son mari.

JACQUES

M'y voilà; mais un moment, s'il vous plaît. Humectons.
Jacques remplit un grand gobelet de tisane, y versa un
peu de vin blanc et l'avala. C'était une recette qu'il tenait

de son capitaine et que M. Tissot, qui la tenait de Jacques, recommande dans son traité des maladies populaires [98]. Le vin blanc, disaient Jacques et M. Tissot, fait pisser, est diurétique, corrige la fadeur de la tisane et soutient le ton de l'estomac et des intestins. Son verre de tisane bu, Jacques continua :

Me voilà sorti de la maison du chirurgien, monté dans la voiture, arrivé au château et entouré de tous ceux qui l'habitaient.

LE MAÎTRE

Est-ce que tu y étais connu ?

JACQUES

Assurément ! Vous rappelleriez-vous une certaine femme à la cruche d'huile ?

LE MAÎTRE

Fort bien !

JACQUES

Cette femme était la commissionnaire de l'intendant et des domestiques. Jeanne avait prôné dans le château l'acte de commisération que j'avais exercé envers elle; ma bonne œuvre était parvenue aux oreilles du maître : on ne lui avait pas laissé ignorer les coups de pied et de poing dont elle avait été récompensée la nuit sur le grand chemin. Il avait ordonné qu'on me découvrît et qu'on me transportât chez lui. M'y voilà. On me regarde; on m'interroge, on m'admire. Jeanne m'embrassait et me remerciait. « Qu'on le loge commodément, disait le maître à ses gens, et qu'on ne le laisse manquer de rien; » au chirurgien de la maison : « Vous le visiterez avec assiduité... » Tout fut exécuté de point en point. Eh bien! mon maître, qui sait ce qui est écrit là-haut ? Qu'on dise à présent que c'est bien ou mal fait de donner son argent; que c'est un malheur d'être assommé... Sans ces deux événements, M. Desglands n'aurait jamais entendu parler de Jacques.

LE MAÎTRE

M. Desglands, seigneur de Miremont ! C'est au château de Miremont que tu es ? chez mon vieil ami, le père de M. Desforges l'intendant de la province ?

JACQUES

Tout juste. Et la jeune brune à la taille légère aux yeux noirs...

LE MAÎTRE

Est Denise, la fille de Jeanne ?

JACQUES

Elle-même.

LE MAÎTRE

Tu as raison, c'est une des plus belles et des plus honnêtes créatures qu'il y ait à vingt lieues à la ronde. Moi et la plupart de ceux qui fréquentaient le château de Desglands avaient tout mis en œuvre inutilement pour la séduire; et il n'y en avait pas un de nous qui n'eût fait de grandes sottises pour elle, à condition d'en faire une petite pour lui.

Jacques cessant ici de parler, son maître lui dit : A quoi penses-tu ? Que fais-tu ?

JACQUES

Je fais ma prière.

LE MAÎTRE

Est-ce que tu pries ?

JACQUES

Quelquefois.

LE MAÎTRE

Et que dis-tu ?

JACQUES

Je dis : « Toi qui as fait le grand rouleau, quel que tu sois, et dont le doigt a tracé toute l'écriture qui est là-haut, tu as su de tous les temps ce qu'il me fallait; que ta volonté soit faite. *Amen.* »

LE MAÎTRE

Est-ce que tu ne ferais pas tout aussi bien de te taire ?

JACQUES

Peut-être qu'oui, peut-être que non. Je prie à tout hasard; et quoi qu'il m'avînt, je ne m'en réjouirais ni ne m'en plaindrais, si je me possédais; mais c'est que je suis inconséquent et violent, que j'oublie mes principes ou les leçons de mon capitaine et que je ris et pleure comme un sot [99].

LE MAÎTRE

Est-ce que ton capitaine ne pleurait point, ne riait jamais ?

JACQUES

Rarement... Jeanne m'amena sa fille un matin; et s'adressant d'abord à moi, elle me dit : « Monsieur, vous voilà dans un beau château, où vous serez un peu mieux que chez votre chirurgien. Dans les commencements surtout, oh ! vous serez soigné à ravir; mais je connais les domestiques, il y a assez longtemps que je le suis; peu à peu leur beau zèle se ralentira. Les maîtres ne penseront plus à vous; et si votre maladie dure, vous serez oublié, mais si parfaitement oublié, que s'il vous prenait en fantaisie de mourir de faim, cela vous réussirait... » Puis se tournant vers sa fille : « Écoute, Denise, lui dit-elle, je veux que tu visites cet honnête homme-là quatre fois par jour : le matin, à l'heure du dîner, sur les cinq heures et à l'heure du souper. Je veux que tu lui obéisses comme à moi. Voilà qui est dit, et n'y manque pas. »

LE MAÎTRE

Sais-tu ce qui lui est arrivé à ce pauvre Desglands ?

JACQUES

Non, monsieur; mais si les souhaits que j'ai faits pour sa prospérité n'ont pas été remplis, ce n'est pas faute d'avoir été sincère. C'est lui qui me donna au commandeur de La Boulaye, qui périt en passant à Malte; c'est le commandeur de La Boulaye qui me donna à son frère aîné le capitaine, qui est peut-être mort à présent de la fistule; c'est ce capitaine qui me donna à son frère le plus jeune, l'avocat général de Toulouse, qui devint fou, et que la famille fit enfermer. C'est M. Pascal, avocat général de Toulouse, qui me donna au comte de Tourville, qui aima mieux laisser croître sa barbe sous un habit de capucin que d'exposer sa vie; c'est le comte de Tourville qui me donna à la marquise du Belloy, qui s'est sauvée à Londres avec un étranger; c'est la marquise du Belloy qui me donna à un de ses cousins, qui s'est ruiné avec les femmes et qui a passé aux îles; c'est ce cousin-là qui me donna à un M. Hérissant, usurier de profession, qui faisait valoir

l'argent de M. de Rusai, docteur de Sorbonne, qui me fit
entrer chez Mlle Isselin, que vous entreteniez, et qui me
plaça chez vous, à qui je devrai un morceau de pain sur
mes vieux jours, car vous me l'avez promis si je vous
restais attaché : et il n'y a pas d'apparence que nous nous
séparions. Jacques a été fait pour vous, et vous fûtes fait
pour Jacques.

LE MAÎTRE

Mais, Jacques, tu as parcouru bien des maisons en assez
peu de temps.

JACQUES

Il est vrai; on m'a renvoyé quelquefois.

LE MAÎTRE

Pourquoi ?

JACQUES

C'est que je suis né bavard, et que tous ces gens-là voulaient qu'on se tût. Ce n'était pas comme vous, qui me
remercieriez demain si je me taisais. J'avais tout juste le
vice qui vous convenait. Mais qu'est-ce donc qui est
arrivé à M. Desglands ? dites-moi cela, tandis que je m'apprê-
terai un coup de tisane.

LE MAÎTRE

Tu as demeuré dans son château et tu n'as jamais entendu
parler de son emplâtre ?

JACQUES

Non.

LE MAÎTRE

Cette aventure-là sera pour la route; l'autre est courte.
Il avait fait sa fortune au jeu. Il s'attacha à une femme que
tu auras pu voir dans son château, femme d'esprit, mais
sérieuse, taciturne, originale et dure. Cette femme lui dit
un jour : « Ou vous m'aimez mieux que le jeu, et en ce
cas donnez-moi votre parole d'honneur que vous ne
jouerez jamais; ou vous aimez mieux le jeu que moi, et en
ce cas ne me parlez plus de votre passion, et jouez tant
qu'il vous plaira... » Desglands donna sa parole d'honneur
qu'il ne jouerait plus. — Ni gros ni petit jeu ? — Ni gros
ni petit jeu. Il y avait environ dix ans qu'ils vivaient ensemble dans le château que tu connais, lorsque Desglands,

appelé à la ville par une affaire d'intérêt, eut le malheur de rencontrer chez son notaire une de ses anciennes connaissances de brelan, qui l'entraîna à dîner dans un tripot, où il perdit en une seule séance tout ce qu'il possédait. Sa maîtresse fut inflexible; elle était riche; elle fit à Desglands une pension modique et se sépara de lui pour toujours.

JACQUES

J'en suis fâché, c'était un galant homme.

LE MAITRE

Comment va la gorge?

JACQUES

Mal.

LE MAITRE

C'est que tu parles trop, et que tu ne bois pas assez.

JACQUES

C'est que je n'aime pas la tisane, et que j'aime à parler.

LE MAÎTRE

Eh bien! Jacques, te voilà chez Desglands, près de Denise, et Denise autorisée par sa mère à te faire au moins quatre visites par jour. La coquine! préférer un Jacques!

JACQUES

Un Jacques! un Jacques, monsieur, est un homme comme un autre.

LE MAÎTRE

Jacques, tu te trompes, un Jacques n'est point un homme comme un autre.

JACQUES

C'est quelquefois mieux qu'un autre.

LE MAÎTRE

Jacques, vous vous oubliez. Reprenez l'histoire de vos amours, et souvenez-vous que vous n'êtes et ne serez jamais qu'un Jacques [100].

JACQUES

Si, dans la chaumière où nous trouvâmes les coquins, Jacques n'avait pas valu un peu mieux que son maître...

LE MAÎTRE

Jacques, vous êtes un insolent : vous abusez de ma bonté. Si j'ai fait la sottise de vous tirer de votre place, je saurai bien vous y remettre. Jacques, prenez votre bouteille et votre coquemar [101], et descendez là-bas.

JACQUES

Cela vous plaît à dire, monsieur; je me trouve bien ici, et je ne descendrai pas là-bas.

LE MAÎTRE

Je te dis que tu descendras.

JACQUES

Je suis sûr que vous ne dites pas vrai. Comment, monsieur, après m'avoir accoutumé pendant dix ans à vivre de pair à compagnon...

LE MAÎTRE

Il me plaît que cela cesse.

JACQUES

Après avoir souffert toutes mes impertinences...

LE MAÎTRE

Je n'en veux plus souffrir.

JACQUES

Après m'avoir fait asseoir à table à côté de vous, m'avoir appelé votre ami...

LE MAÎTRE

Vous ne savez ce que c'est que le nom d'ami donné par un supérieur à son subalterne.

JACQUES

Quand on sait que tous vos ordres ne sont que des clous à soufflet, s'ils n'ont été ratifiés par Jacques; après avoir si bien accolé votre nom au mien, que l'un ne va jamais sans l'autre, et que tout le monde dit Jacques et son maître; tout à coup il vous plaira de les séparer! Non, monsieur, cela ne sera pas. Il est écrit là-haut que tant que Jacques vivra, que tant que son maître vivra, et même après qu'ils seront morts tous deux, on dira Jacques et son maître.

LE MAÎTRE

Et je dis, Jacques, que vous descendrez, et que vous descendrez sur-le-champ, parce que je vous l'ordonne.

JACQUES

Monsieur, commandez-moi toute autre chose, si vous voulez que je vous obéisse.

Ici le maître de Jacques se leva, prit Jacques à la boutonnière, et lui dit gravement :
« Descendez. »
Jacques lui répondit froidement :
« Je ne descends pas. »
Le maître le secouant fortement, lui dit :
« Descendez, maroufle! obéissez-moi. »
Jacques lui répliqua plus froidement encore :
« Maroufle, tant qu'il vous plaira; mais le maroufle ne descendra pas. Tenez, monsieur, ce que j'ai à la tête, comme on dit, je ne l'ai pas au talon. Vous vous échauffez inutilement, Jacques restera où il est, et ne descendra pas. »
Et puis Jacques et son maître, après s'être modérés jusqu'à ce moment, s'échappent tous les deux à la fois, et se mettent à crier à tue-tête :
« Tu descendras.
— Je ne descendrai pas.
— Tu descendras.
— Je ne descendrai pas. »
A ce bruit, l'hôtesse monta, et s'informa de ce que c'était; mais ce ne fut pas dans le premier instant qu'on lui répondit; on continua à crier : « Tu descendras. Je ne

descendrai pas. » Ensuite le maître, le cœur gros, se promenant dans la chambre, disait en grommelant : « A-t-on
jamais rien vu de pareil ? » L'hôtesse ébahie et debout :
« Eh bien ! messieurs, de quoi s'agit-il ? »

Jacques, sans s'émouvoir, à l'hôtesse : C'est mon maître
à qui la tête tourne; il est fou.

LE MAÎTRE

C'est bête que tu veux dire.

JACQUES

Tout comme il vous plaira.

LE MAÎTRE, *à l'hôtesse*

L'avez-vous entendu ?

L'HÔTESSE

Il a tort; mais la paix, la paix; parlez l'un ou l'autre, et
que je sache ce dont il s'agit.

LE MAÎTRE, *à Jacques*

Parle, maroufle.

JACQUES, *à son maître*

Parlez vous-même.

L'HÔTESSE, *à Jacques*

Allons, monsieur Jacques, parlez, votre maître vous
l'ordonne; après tout, un maître est un maître...

Jacques expliqua la chose à l'hôtesse. L'hôtesse, après
avoir entendu, leur dit : Messieurs, voulez-vous m'accepter pour arbitre ?

JACQUES ET SON MAÎTRE, *tous les deux à la fois*

Très volontiers, très volontiers, notre hôtesse.

L'HÔTESSE

Et vous vous engagez d'honneur à exécuter ma sentence ?

JACQUES ET SON MAITRE

D'honneur, d'honneur...

Alors l'hôtesse s'asseyant sur la table, et prenant le ton et le grave maintien d'un magistrat, dit :

« Ouï la déclaration de monsieur Jacques, et d'après des faits tendant à prouver que son maître est un bon, un très bon, un trop bon maître; et que Jacques n'est point un mauvais serviteur, quoiqu'un peu sujet à confondre la possession absolue et inamovible avec la concession passagère et gratuite, j'annule l'égalité qui s'est établie entre eux par laps de temps, et la recrée sur-le-champ. Jacques descendra, et quand il aura descendu, il remontera : il rentrera dans toutes les prérogatives dont il a joui jusqu'à ce jour. Son maître lui tendra la main, et lui dira d'amitié : « Bonjour, Jacques, je suis bien aise de vous revoir... » Jacques lui répondra : « Et moi, monsieur, je suis enchanté de vous retrouver... » Et je défends qu'il soit jamais question entre eux de cette affaire, et que la prérogative de maître et de serviteur soit agitée à l'avenir. Voulons que l'un ordonne et que l'autre obéisse, chacun de son mieux; et qu'il soit laissé, entre ce que l'un peut et ce que l'autre doit, la même obscurité que ci-devant [102]. »

En achevant ce prononcé, qu'elle avait pillé dans quelque ouvrage du temps, publié à l'occasion d'une querelle toute pareille, et où l'on avait entendu, de l'une des extrémités d'un royaume à l'autre [103], le maître crier à son serviteur : « Tu descendras! » et le serviteur crier de son côté : « Je ne descendrai pas ! » allons, dit-elle à Jacques, vous, donnez-moi le bras sans parlementer davantage...

Jacques s'écria douloureusement : Il était donc écrit là-haut que je descendrais !...

L'HÔTESSE, *à Jacques*

Il était écrit là-haut qu'au moment où l'on prend maître, on descendra, on montera, on avancera, on reculera, on restera et cela sans qu'il soit jamais libre aux pieds de se refuser aux ordres de la tête. Qu'on me donne le bras, et que mon ordre s'accomplisse...

Jacques donna le bras à l'hôtesse; mais à peine eurent-ils passé le seuil de la chambre, que le maître se précipita sur Jacques, et l'embrassa; quitta Jacques pour embrasser

l'hôtesse; et les embrassant l'un et l'autre, il disait : « Il
est écrit là-haut que je ne me déferai jamais de cet original-
là, et que tant que je vivrai il sera mon maître et que je
serai son serviteur... » L'hôtesse ajouta : « Et qu'à vue
de pays, vous ne vous en trouverez pas plus mal tous
deux. »

L'hôtesse, après avoir apaisé cette querelle, qu'elle prit
pour la première, et qui n'était pas la centième de la même
espèce, et réinstallé Jacques à sa place, s'en alla à ses
affaires, et le maître dit à Jacques : « A présent que nous
voilà de sang-froid et en état de juger sainement, ne con-
viendras-tu pas ?

JACQUES

Je conviendrai que quand on a donné sa parole d'honneur, il faut la tenir; et puisque nous avons promis au
juge sur notre parole d'honneur de ne pas revenir sur
cette affaire, qu'il n'en faut plus parler.

LE MAÎTRE

Tu as raison.

JACQUES

Mais sans revenir sur cette affaire, ne pourrions-nous
pas en prévenir cent autres par quelque arrangement raisonnable ?

LE MAÎTRE

J'y consens.

JACQUES

Stipulons : 1º qu'attendu qu'il est écrit là-haut que je
vous suis essentiel, et que je sens, que je sais que vous ne
pouvez pas vous passer de moi, j'abuserai de cet avantage toutes et quantes fois que l'occasion s'en présentera.

LE MAÎTRE

Mais, Jacques, on n'a jamais rien stipulé de pareil.

JACQUES

Stipulé ou non stipulé, cela s'est fait de tous les temps,
se fait aujourd'hui, et se fera tant que le monde durera.
Croyez-vous que les autres n'aient pas cherché comme
vous à se soustraire à ce décret ? Défaites-vous de cette idée,

et soumettez-vous à la loi d'un besoin dont il n'est pas en votre pouvoir de vous affranchir.

Stipulons : 2º qu'attendu qu'il est aussi impossible à Jacques de ne pas connaître son ascendant et sa force sur son maître, qu'à son maître de méconnaître sa faiblesse et de se dépouiller de son indulgence, il faut que Jacques soit insolent, et que, pour la paix, son maître ne s'en aperçoive pas. Tout cela s'est arrangé à notre insu, tout cela fut scellé là-haut au moment où la nature fit Jacques et son maître. Il fut arrêté que vous auriez le titre, et que j'aurais la chose. Si vous vouliez vous opposer à la volonté de nature, vous n'y feriez que de l'eau claire.

LE MAÎTRE

Mais, à ce compte, ton lot vaudrait mieux que le mien.

JACQUES

Qui vous le dispute ?

LE MAÎTRE

Mais, à ce compte, je n'ai qu'à prendre ta place et te mettre à la mienne.

JACQUES

Savez-vous ce qui vous en arriverait ? Vous y perdriez le titre, et vous n'auriez pas la chose. Restons comme nous sommes, nous sommes fort bien tous deux[104]; et que le reste de notre vie soit employé à faire un proverbe.

LE MAÎTRE

Quel proverbe ?

JACQUES

Jacques mène son maître. Nous serons les premiers dont on l'aura dit; mais on le répétera de mille autres qui valent mieux que vous et moi.

LE MAÎTRE

Cela me semble dur, très dur.

JACQUES

Mon maître, mon cher maître, vous allez regimber, contre un aiguillon qui n'en piquera que plus vivement. Voilà donc qui est convenu entre nous.

LE MAÎTRE

Et que fait notre consentement à une loi nécessaire ?

JACQUES

Beaucoup. Croyez-vous qu'il soit inutile de savoir une bonne fois, nettement, clairement, à quoi s'en tenir ? Toutes nos querelles ne sont venues jusqu'à présent que de ce que nous ne nous étions pas encore bien dit, vous, que vous vous appelleriez mon maître, et que c'est moi qui serais le vôtre. Mais voilà qui est entendu; et nous n'avons plus qu'à cheminer en conséquence.

LE MAÎTRE

Mais où diable as-tu appris tout cela ?

JACQUES

Dans le grand livre. Ah ! mon maître, on a beau réfléchir, méditer, étudier dans tous les livres du monde, on n'est jamais qu'un petit clerc quand on n'a pas lu dans le grand livre...

L'après-dînée, le soleil s'éclaircit. Quelques voyageurs assurèrent que le ruisseau était guéable. Jacques descendit; son maître paya l'hôtesse très largement. Voilà à la porte de l'auberge un assez grand nombre de passagers que le mauvais temps y avait retenus, se préparant à continuer leur route; parmi ces passagers, Jacques et son maître, l'homme au mariage saugrenu et son compagnon. Les piétons ont pris leurs bâtons et leurs bissacs; d'autres s'arrangent dans leurs fourgons ou leurs voitures; les cavaliers sont sur leurs chevaux, et boivent le vin de l'étrier. L'hôtesse affable tient une bouteille à la main, présente des verres, et les remplit, sans oublier le sien; on lui dit des choses obligeantes; elle y répond avec politesse et gaieté. On pique des deux, on se salue et l'on s'éloigne.

Il arriva que Jacques et son maître, le marquis des Arcis et son jeune compagnon de voyage, avaient la même route à faire. De ces quatre personnages il n'y a que ce dernier qui ne vous soit pas connu. Il avait à peine atteint l'âge de vingt-deux ou de vingt-trois ans. Il était d'une timidité qui se peignait sur son visage; il portait sa tête un peu penchée sur l'épaule gauche; il était silencieux, et n'avait presque aucun usage du monde. S'il faisait la révérence, il inclinait la partie supérieure de son corps sans remuer ses jambes; assis, il avait le tic de prendre les basques de son habit, et de les croiser sur ses cuisses; de tenir ses mains dans les fentes, et d'écouter ceux qui parlaient, les yeux presque fermés. A cette allure singulière Jacques le déchiffra; et s'approchant de l'oreille de son maître, il lui dit : « Je gage que ce jeune homme a porté l'habit de moine ?

— Et pourquoi cela, Jacques ?

— Vous verrez. »

Nos quatre voyageurs allèrent de compagnie, s'entretenant de la pluie, du beau temps, de l'hôtesse, de l'hôte, de la querelle du marquis des Arcis au sujet de Nicole. Cette chienne affamée et malpropre venait sans cesse s'essuyer à ses bas; après l'avoir inutilement chassée plusieurs fois avec sa serviette, d'impatience il lui avait détaché un assez violent coup de pied... Et voilà tout de suite la conversation tournée sur cet attachement singulier des femmes pour les animaux. Chacun en dit son avis. Le maître de Jacques, s'adressant à Jacques, lui dit : « Et toi, Jacques, qu'en penses-tu ? »

Jacques demanda à son maître s'il n'avait pas remarqué que, quelle que fût la misère des petites gens, n'ayant pas de pain pour eux, ils avaient tous des chiens; s'il n'avait pas remarqué que ces chiens, étant tous instruits à faire des tours, à marcher à deux pattes, à danser, à rapporter, à sauter pour le roi, pour la reine, à faire le mort, cette éducation les avait rendus les plus malheureuses bêtes du monde. D'où il conclut que tout homme voulait commander à un autre; et que l'animal se trouvant dans la société immédiatement au-dessous de la classe des derniers citoyens commandés par toutes les autres classes, ils prenaient un animal pour commander aussi à quelqu'un [105]. Eh bien! dit Jacques, chacun a son chien. Le ministre est le chien du roi, le premier commis est le chien du ministre, la femme est le chien du mari, ou le mari le chien de la femme; Favori est le chien de celle-ci, et Thibaud est le chien de l'homme du coin. Lorsque mon maître me fait parler quand je voudrais me taire, ce qui, à la vérité, m'arrive rarement, continua Jacques; lorsqu'il me fait taire lorsque je voudrais parler, ce qui est très difficile; lorsqu'il me demande l'histoire de mes amours et qu'il l'interrompt : que suis-je autre chose que son chien? les hommes faibles sont les chiens des hommes fermes.

LE MAÎTRE

Mais, Jacques, cet attachement pour les animaux, je ne le remarque pas seulement dans les petites gens; je connais de grandes dames entourées d'une meute de chiens, sans compter les chats, les perroquets, les oiseaux.

JACQUES

C'est leur satire et celle de ce qui les entoure. Elles n'aiment personne; personne ne les aime : et elles jettent aux chiens un sentiment dont elles ne savent que faire [106].

LE MARQUIS DES ARCIS

Aimer les animaux ou jeter son cœur aux chiens, cela est singulièrement vu.

LE MAÎTRE

Ce qu'on donne à ces animaux-là suffirait à la nourriture de deux ou trois malheureux.

JACQUES

A présent en êtes-vous surpris ?

LE MAÎTRE

Non.
Le marquis des Arcis tourna les yeux sur Jacques, sourit de ses idées; puis, s'adressant à son maître, il lui dit : Vous avez là un serviteur qui n'est pas ordinaire.

LE MAÎTRE

Un serviteur, vous avez bien de la bonté : c'est moi qui suis le sien; et peu s'en est fallu que ce matin, pas plus tard, il ne me l'ait prouvé en forme.
Tout en causant on arriva à la couchée, et l'on fit chambrée commune. Le maître de Jacques et le marquis des

Arcis soupèrent ensemble. Jacques et le jeune homme furent servis à part. Le maître ébaucha en quatre mots au marquis l'histoire de Jacques et son tour de tête fataliste. Le marquis parla du jeune homme qui le suivait. Il avait été prémontré[107]. Il était sorti de sa maison par une aventure bizarre; des amis le lui avaient recommandé; et il en avait fait son secrétaire en attendant mieux. Le maître de Jacques dit : Cela est plaisant.

LE MARQUIS DES ARCIS

Et que trouvez-vous de plaisant à cela ?

LE MAÎTRE

Je parle de Jacques. A peine sommes-nous entrés dans le logis que nous venons de quitter, que Jacques m'a dit à voix basse : « Monsieur, regardez bien ce jeune homme, je gagerais qu'il a été moine. »

LE MARQUIS

Il a rencontré juste, je ne sais sur quoi. Vous couchez-vous de bonne heure ?

LE MAÎTRE

Non, pas ordinairement; et ce soir j'en suis d'autant moins pressé que nous n'avons fait que demi-journée.

LE MARQUIS DES ARCIS

Si vous n'avez rien qui vous occupe plus utilement ou plus agréablement, je vous raconterai l'histoire de mon secrétaire; elle n'est pas commune.

LE MAÎTRE

Je l'écouterai volontiers.

Je vous entends, lecteur : vous me dites : Et les amours de Jacques ?... Croyez-vous que je n'en sois pas aussi curieux que vous ? Avez-vous oublié que Jacques aimait à parler, et surtout à parler de lui; manie générale des gens de son état; manie qui les tire de leur abjection, qui les place dans la tribune, et qui les transforme tout à coup en personnages intéressants ? Quel est, à votre avis, le

motif qui attire la populace aux exécutions publiques ?
L'inhumanité ? Vous vous trompez : le peuple n'est pas
inhumain; ce malheureux autour de l'échafaud duquel il
s'attroupe, il l'arracherait des mains de la justice s'il le
pouvait. Il va chercher en Grève une scène qu'il puisse
raconter à son retour dans le faubourg; celle-là ou une
autre, cela lui est indifférent, pourvu qu'il fasse un rôle,
qu'il rassemble ses voisins, et qu'il s'en fasse écouter.
Donnez au boulevard une fête amusante; et vous verrez
que la place des exécutions sera vide. Le peuple est avide
de spectacles, et y court, parce qu'il est amusé quand il
en jouit, et qu'il est encore amusé par le récit qu'il en fait
quand il en est revenu. Le peuple est terrible dans sa fureur;
mais elle ne dure pas. Sa misère propre l'a rendu compatissant; il détourne les yeux du spectacle d'horreur qu'il
est allé chercher; il s'attendrit, il s'en retourne en pleurant... Tout ce que je vous débite là, lecteur, je le tiens de
Jacques, je vous l'avoue, parce que je n'aime pas à me
faire honneur de l'esprit d'autrui. Jacques ne connaissait
ni le nom de vice, ni le nom de vertu; il prétendait qu'on
était heureusement ou malheureusement né [108]. Quand il
entendait prononcer les mots récompenses et châtiments,
il haussait les épaules. Selon lui la récompense était l'en-
couragement des bons; le châtiment, l'effroi des méchants.
Qu'est-ce autre chose, disait-il, s'il n'y a point de liberté,
et que notre destinée soit écrite là-haut ? Il croyait qu'un
homme s'acheminait aussi nécessairement à la gloire ou à
l'ignominie, qu'une boule qui aurait la conscience d'elle-
même suit la pente d'une montagne; et que, si l'enchaînement des causes et des effets qui forment la vie d'un homme
depuis le premier instant de sa naissance jusqu'à son dernier soupir nous était connu, nous resterions convaincus
qu'il n'a fait que ce qu'il était nécessaire de faire. Je l'ai
plusieurs fois contredit, mais sans avantage et sans fruit.
En effet, que répliquer à celui qui vous dit : Quelle que
soit la somme des éléments dont je suis composé, je suis
un; or, une cause une n'a qu'un effet; j'ai toujours été une
cause une; je n'ai jamais eu qu'un effet à produire; ma
durée n'est donc qu'une suite d'effets nécessaires. C'est
ainsi que Jacques raisonnait d'après son capitaine. La
distinction d'un monde physique et d'un monde moral
lui semblait vide de sens. Son capitaine lui avait fourré

dans la tête toutes ces opinions qu'il avait puisées, lui,
dans son Spinosa qu'il savait par cœur. D'après ce système, on pourrait s'imaginer que Jacques ne se réjouissait,
ne s'affligeait de rien; cela n'était pourtant pas vrai. Il se
conduisait à peu près comme vous et moi. Il remerciait
son bienfaiteur, pour qu'il lui fît encore du bien. Il se
mettait en colère contre l'homme injuste; et quand on
lui objectait qu'il ressemblait alors au chien qui mord la
pierre qui l'a frappé : « Nenni, disait-il, la pierre mordue
par le chien ne se corrige pas; l'homme injuste est modifié
par le bâton. » Souvent il était inconséquent comme vous
et moi, et sujet à oublier ses principes, excepté dans quelques circonstances où sa philosophie le dominait évidemment; c'était alors qu'il disait : « Il fallait que cela fût,
car cela était écrit là-haut. » Il tâchait à prévenir le mal;
il était prudent avec le plus grand mépris pour la prudence.
Lorsque l'accident était arrivé, il en revenait à son refrain;
et il était consolé. Du reste, bon homme, franc, honnête,
brave, attaché, fidèle, très têtu, encore plus bavard, et
affligé comme vous et moi d'avoir commencé l'histoire de
ses amours sans presque aucun espoir de la finir. Ainsi,
lecteur, je vous conseille de prendre votre parti; et au défaut
des amours de Jacques, de vous accommoder des aventures du secrétaire du marquis des Arcis. D'ailleurs, je le
vois, ce pauvre Jacques, le cou entortillé d'un large mouchoir; sa gourde, ci-devant pleine de bon vin, ne contenant que de la tisane; toussant, jurant contre l'hôtesse
qu'ils ont quittée, et contre son vin de Champagne, ce
qu'il ne ferait pas s'il se ressouvenait que tout est écrit
là-haut, même son rhume.

Et puis, lecteur, toujours des contes d'amour; un, deux,
trois, quatre contes d'amour que je vous ai faits; trois ou
quatre autres contes d'amour qui vous reviennent encore :
ce sont beaucoup de contes d'amour. Il est vrai d'un
autre côté que, puisqu'on écrit pour vous, il faut ou se
passer de votre applaudissement, ou vous servir à votre
goût, et que vous l'avez bien décidé pour les contes
d'amour. Toutes vos nouvelles en vers ou en prose sont
des contes d'amour; presque tous vos poèmes, élégies,
églogues, idylles, chansons, épîtres, comédies, tragédies,
opéras, sont des contes d'amour. Presque toutes vos peintures et sculptures ne sont que des contes d'amour.

Vous êtes aux contes d'amour pour toute nourriture
depuis que vous existez, et vous ne vous en lassez point.
L'on vous tient à ce régime et l'on vous y tiendra longtemps encore, hommes et femmes, grands et petits enfants,
sans que vous vous en lassiez. En vérité cela est merveilleux. Je voudrais que l'histoire du secrétaire du marquis
des Arcis fût encore un conte d'amour; mais j'ai peur
qu'il n'en soit rien, et que vous n'en soyez ennuyé. Tant
pis pour le marquis des Arcis, pour le maître de Jacques,
pour vous, lecteur, et pour moi.

Il vient un moment où presque toutes les jeunes filles
et les jeunes garçons tombent dans la mélancolie; ils sont
tourmentés d'une inquiétude vague qui se promène sur
tout, et qui ne trouve rien qui la calme. Ils cherchent la
solitude; ils pleurent; le silence des cloîtres les touche;
l'image de la paix qui semble régner dans les maisons
religieuses les séduit. Ils prennent pour la voix de Dieu
qui les appelle à lui les premiers efforts d'un tempérament
qui se développe : et c'est précisément lorsque la nature
les sollicite, qu'ils embrassent un genre de vie contraire
au vœu de la nature. L'erreur ne dure pas; l'expression de
la nature devient plus claire : on la reconnaît; et l'être
séquestré tombe dans les regrets, la langueur, les vapeurs,
la folie ou le désespoir... Tel fut le préambule du marquis
des Arcis. Dégoûté du monde à l'âge de dix-sept ans,
Richard (c'est le nom de mon secrétaire) se sauva de la
maison paternelle, et prit l'habit de prémontré.

LE MAÎTRE

De prémontré ? Je lui en sais gré. Ils sont blancs comme
des cygnes, et saint Norbert qui les fonda n'omit qu'une
chose dans ses constitutions...

LE MARQUIS DES ARCIS

D'assigner un vis-à-vis [109] à chacun de ses religieux.

LE MAITRE

Si ce n'était pas l'usage des amours d'aller tout nus,
ils se déguiseraient en prémontrés. Il règne dans cet ordre
une politique singulière. On vous permet la duchesse, la
marquise, la comtesse, la présidente, la conseillère, même

la financière, mais point la bourgeoise; quelque jolie que
soit la marchande, vous verrez rarement un prémontré
dans une boutique.

LE MARQUIS DES ARCIS

C'est ce que Richard m'avait dit. Richard aurait fait ses
vœux après ses deux ans de noviciat, si ses parents ne s'y
étaient opposés. Son père exigea qu'il rentrerait dans la
maison, et que là il lui serait permis d'éprouver sa vocation,
en observant toutes les règles de la vie monastique pendant une année : traité qui fut fidèlement rempli de part
et d'autre. L'année d'épreuve, sous les yeux de sa famille,
écoulée, Richard demanda à faire ses vœux. Son père lui
répondit : « Je vous ai accordé une année pour prendre
une dernière résolution, j'espère que vous ne m'en refuserez pas une pour la même chose; je consens seulement
que vous alliez la passer où il vous plaira. En attendant
la fin de ce second délai, l'abbé de l'ordre[110] se l'attacha.
C'est dans cet intervalle qu'il fut impliqué dans une de ces
aventures qui n'arrivent que dans les couvents. Il y avait
alors à la tête d'une des maisons de l'ordre un supérieur
d'un caractère extraordinaire : il s'appelait le père Hudson.
Le père Hudson avait la figure la plus intéressante : un
grand front, un visage ovale, un nez aquilin, de grands
yeux bleus, de belles joues larges, une belle bouche, de
belles dents, le souris le plus fin, une tête couverte d'une
forêt de cheveux blancs, qui ajoutaient la dignité à l'intérêt de sa figure; de l'esprit, des connaissances, de la
gaieté, le maintien et le propos les plus honnêtes, l'amour
de l'ordre, celui du travail; mais les passions les plus fou-
gueuses, mais le goût le plus effréné des plaisirs et des
femmes, mais le génie de l'intrigue porté au dernier point,
mais les mœurs les plus dissolues, mais le despotisme le
plus absolu dans sa maison. Lorsqu'on lui en donna
l'administration, elle était infectée d'un jansénisme ignorant; les études s'y faisaient mal, les affaires temporelles
étaient en désordre, les devoirs religieux y étaient tombés
en désuétude, les offices divins s'y célébraient avec indécence, les logements superflus y étaient occupés par des
pensionnaires dissolus. Le père Hudson convertit ou éloigna les jansénistes, présida lui-même aux études, rétablit

le temporel, remit la règle en vigueur, expulsa les pensionnaires scandaleux, introduisit dans la célébration des offices
la régularité et la bienséance, et fit de sa communauté une
des plus édifiantes. Mais cette austérité à laquelle il assu-
jettissait les autres, lui, s'en dispensait; ce joug de fer
sous lequel il tenait ses subalternes, il n'était pas assez
dupe pour le partager; aussi étaient-ils animés contre le
père Hudson d'une fureur renfermée qui n'en était que
plus violente et plus dangereuse. Chacun était son ennemi
et son espion; chacun s'occupait, en secret, à percer les
ténèbres de sa conduite; chacun tenait un état de ses
désordres cachés; chacun avait résolu de le perdre; il ne
faisait pas une démarche qui ne fût suivie; ses intrigues
étaient à peine liées, qu'elles étaient connues.

L'abbé de l'ordre avait une maison attenante au monastère. Cette maison avait deux portes, l'une qui s'ouvrait
dans la rue, l'autre dans le cloître; Hudson en avait forcé
les serrures; l'abbatiale était devenue le réduit de ses scènes
nocturnes, et le lit de l'abbé celui de ses plaisirs. C'était
par la porte de la rue, lorsque la nuit était avancée, qu'il
introduisait lui-même, dans les appartements de l'abbé,
des femmes de toutes les conditions : c'était là qu'on faisait
des soupers délicats. Hudson avait un confessionnal, et il
avait corrompu toutes celles d'entre ses pénitentes qui en
valaient la peine. Parmi ces pénitentes il y avait une petite
confiseuse qui faisait bruit dans le quartier, par sa coquetterie et ses charmes; Hudson, qui ne pouvait fréquenter
chez elle, l'enferma dans son sérail. Cette espèce de rapt
ne se fit pas sans donner des soupçons aux parents et à
l'époux. Ils lui rendirent visite. Hudson les reçut avec un
air consterné. Comme ces bonnes gens étaient en train de
lui exposer leur chagrin, la cloche sonna; c'était à six
heures du soir : Hudson leur impose silence, ôte son
chapeau, se lève, fait un grand signe de croix, et dit d'un
ton affectueux et pénétré : *Angelus Domini nuntiavit Mariæ...*
Et voilà le père de la confiseuse et ses frères honteux de
leur soupçon, qui disaient, en descendant l'escalier, à
l'époux : « Mon fils, vous êtes un sot... Mon frère, n'avez-
vous point de honte ? Un homme qui dit l'*Angelus*, un
saint ! »

Un soir, en hiver, qu'il s'en retournait à son couvent,
il fut attaqué par une de ces créatures qui sollicitent les

passants; elle lui paraît jolie : il la suit; à peine est-il entré, que le guet survient. Cette aventure en aurait perdu un autre; mais Hudson était homme de tête, et cet accident lui concilia la bienveillance et la protection du magistrat de police. Conduit en sa présence, voici comme il lui parla : « Je m'appelle Hudson, je suis le supérieur de ma maison. Quand j'y suis entré tout était en désordre; il n'y avait ni science, ni discipline, ni mœurs; le spirituel y était négligé jusqu'au scandale; le dégât du temporel menaçait la maison d'une ruine prochaine. J'ai tout rétabli; mais je suis homme, et j'ai mieux aimé m'adresser à une femme corrompue, que de m'adresser à une honnête femme. Vous pouvez à présent disposer de moi comme il vous plaira... » Le magistrat lui recommanda d'être plus circonspect à l'avenir, lui promit le secret sur cette aventure, et lui témoigna le désir de le connaître plus intimement.

Cependant les ennemis dont il était environné avaient, chacun de leur côté, envoyé au général de l'ordre des mémoires, où ce qu'ils savaient de la mauvaise conduite d'Hudson était exposé. La confrontation de ces mémoires en augmentait la force. Le général était janséniste, et conséquemment disposé à tirer vengeance de l'espèce de persécution qu'Hudson avait exercée contre les adhérents à ses opinions. Il aurait été enchanté d'étendre le reproche des mœurs corrompues d'un seul défenseur de la bulle et de la morale relâchée sur la secte entière [111]. En conséquence il remit les différents mémoires des faits et gestes d'Hudson entre les mains de deux commissaires qu'il dépêcha secrètement, avec ordre de procéder à leur vérification et de la constater juridiquement; leur enjoignant surtout de mettre à la conduite de cette affaire la plus grande circonspection, le seul moyen d'accabler subitement le coupable, et de le soustraire à la protection de la cour et du Mirepoix [112], aux yeux duquel le jansénisme était le plus grand de tous les crimes, et la soumission à la bulle *Unigenitus*, la première des vertus. Richard, mon secrétaire, fut un des deux commissaires.

Voilà ces deux hommes partis du noviciat, installés dans la maison d'Hudson, et procédant sourdement aux informations. Ils eurent bientôt recueilli une liste de plus de forfaits qu'il n'en fallait pour mettre cinquante moines dans l'*in pace*[113]. Leur séjour avait été long, mais leur menée si adroite qu'il n'en était rien transpiré. Hudson, tout fin qu'il était, touchait au moment de sa perte, qu'il n'en avait pas le moindre soupçon. Cependant le peu d'attention de ces nouveaux venus à lui faire la cour, le secret de leur voyage, leurs fréquentes conférences avec les autres religieux, leurs sorties tantôt ensemble, tantôt séparés, l'espèce de gens qu'ils visitaient et dont ils étaient visités, lui causèrent quelque inquiétude. Il les épia, il les fit épier; et bientôt l'objet de leur mission fut évident pour lui. Il ne se déconcerta point; il s'occupa profondément de la manière, non d'échapper à l'orage qui le menaçait, mais de l'attirer sur la tête des deux commissaires : et voici le parti très extraordinaire auquel il s'arrêta.

Il avait séduit une jeune fille qu'il tenait cachée dans un petit logement du faubourg Saint-Médard. Il court chez elle, et lui tient le discours suivant : « Mon enfant, tout est découvert, nous sommes perdus; avant huit jours vous serez renfermée, et j'ignore ce qu'il sera fait de moi. Point de désespoir, point de cris; remettez-vous de votre trouble. Écoutez-moi, faites ce que je vous dirai, faites-le bien, je me charge du reste. Demain je pars pour la campagne. Pendant mon absence, allez trouver deux religieux que je vais vous nommer. (Et il lui nomma les deux commissaires.) Demandez à leur parler en secret. Seule avec eux, jetez-vous à leurs genoux, implorez leur secours, implorez leur justice, implorez leur médiation auprès du général, sur l'esprit duquel vous savez qu'ils peuvent beaucoup; pleurez, sanglotez, arrachez-vous les cheveux; et en pleurant, sanglotant, vous arrachant les cheveux, racontez-leur toute notre histoire, et la racontez de la manière la plus propre à inspirer de la commisération pour vous, de l'horreur contre moi.

— Comment, monsieur, je leur dirai...

— Oui, vous leur direz qui vous êtes, à qui vous appartenez, que je vous ai séduite, séduite au tribunal de la confession, enlevée d'entre les bras de vos parents, et reléguée dans la maison où vous êtes. Dites qu'après vous avoir ravi l'honneur et précipitée dans le crime, je vous ai abandonnée à la misère; dites que vous ne savez plus que devenir.

— Mais, Père,...

— Exécutez ce que je vous prescris, et ce qui me reste

à vous prescrire, ou résolvez votre perte et la mienne. Ces deux moines ne manqueront pas de vous plaindre, de vous assurer leur assistance, et de vous demander un second rendez-vous que vous leur accorderez. Ils s'informeront de vous et de vos parents, et comme vous ne leur aurez rien dit qui ne soit vrai, vous ne pouvez leur devenir suspecte. Après cette première et leur seconde entrevue, je vous prescrirai ce que vous aurez à faire à la troisième. Songez seulement à bien jouer votre rôle. »

Tout se passa comme Hudson l'avait imaginé. Il fit un second voyage. Les deux commissaires en instruisirent la jeune fille; elle revint dans la maison. Ils lui redemandèrent le récit de sa malheureuse histoire. Tandis qu'elle racontait à l'un, l'autre prenait des notes sur ses tablettes. Ils gémirent sur son sort, l'instruisirent de la désolation de ses parents, qui n'était que trop réelle, et lui promirent sûreté pour sa personne et prompte vengeance de son séducteur; mais à la condition qu'elle signerait sa déclaration. Cette proposition parut d'abord la révolter; on insista : elle consentit. Il n'était plus question que du jour, de l'heure et de l'endroit où se dresserait cet acte, qui demandait du temps et de la commodité... « Où nous sommes, cela ne se peut; si le prieur revenait, et qu'il m'aperçût... Chez moi, je n'oserais vous le proposer... » Cette fille et les commissaires se séparèrent, s'accordant réciproquement du temps pour lever ces difficultés.

Dès le jour même, Hudson fut informé de ce qui s'était passé. Le voilà au comble de la joie; il touche au moment de son triomphe; bientôt il apprendra à ces blancs-becs-là à quel homme ils ont à faire. « Prenez la plume, dit-il à la jeune fille, et donnez-leur rendez-vous dans l'endroit que je vais vous indiquer. Ce rendez-vous leur conviendra, j'en suis sûr. La maison est honnête, et la femme qui l'occupe jouit, dans son voisinage, et parmi les autres locataires, de la meilleure réputation. »

Cette femme était cependant une de ces intrigantes secrètes qui jouent la dévotion, qui s'insinuent dans les meilleures maisons, qui ont le ton doux, affectueux, patelin, et qui surprennent la confiance des mères et des filles, pour les amener au désordre. C'était l'usage qu'Hudson faisait de celle-ci; c'était sa marcheuse. Mit-il, ne mit-il pas l'intrigante dans son secret ? c'est ce que j'ignore.

En effet, les deux envoyés du général acceptèrent le rendez-vous. Les y voilà. L'intrigante se retire. On commençait à verbaliser, lorsqu'il se fait un grand bruit dans la maison.

« Messieurs, à qui en voulez-vous ? — Nous en voulons à la dame Simion. (C'était le nom de l'intrigante). — Vous êtes à sa porte. »

On frappe violemment à la porte. « Messieurs, dit la jeune fille aux deux religieux, répondrai-je ?

— Répondez.

— Ouvrirai-je ?

— Ouvrez... »

Celui qui parlait ainsi était un commissaire avec lequel Hudson était en liaison intime; car qui ne connaissait-il pas ? Il lui avait révélé son péril et dicté son rôle. « Ah ! ah ! dit le commissaire en entrant, deux religieux en tête-à-tête avec une fille ! Elle n'est pas mal. » La jeune fille s'était si indécemment vêtue, qu'il était impossible de se méprendre à son état et à ce qu'elle pouvait avoir à démêler avec deux moines dont le plus âgé n'avait pas trente ans. Ceux-ci protestaient de leur innocence. Le commissaire ricanait en passant la main sous le menton à la jeune fille qui s'était jetée à ses pieds et qui demandait grâce. « Nous sommes en lieu honnête, disaient les moines.

— Oui, oui, en lieu honnête, disait le commissaire.

— Qu'ils étaient venus pour affaire importante.

— L'affaire importante qui conduit ici, nous la connaissons. Mademoiselle, parlez.

— Monsieur le commissaire, ce que ces messieurs vous assurent est la pure vérité. »

Cependant le commissaire verbalisait à son tour, et comme il n'y avait rien dans son procès-verbal que l'exposition pure et simple du fait, les deux moines furent obligés de signer. En descendant ils trouvèrent tous les locataires sur les paliers de leurs appartements, à la porte de la maison une populace nombreuse, un fiacre, des archers qui les mirent dans le fiacre, au bruit confus de l'invective et des huées. Ils s'étaient couvert le visage de leurs manteaux, ils se désolaient. Le commissaire perfide s'écriait : « Eh ! pourquoi, mes Pères, fréquenter ces endroits et ces créatures-là ? Cependant ce ne sera rien; j'ai ordre de la police de vous déposer entre les mains de votre supérieur, qui est

un galant homme, indulgent; il ne mettra pas à cela plus
d'importance que cela ne vaut. Je ne crois pas qu'on en
use dans vos maisons comme chez les cruels capucins. Si
vous aviez à faire à des capucins, ma foi, je vous plaindrais. »

Tandis que le commissaire leur parlait, le fiacre s'acheminait vers le couvent, la foule grossissait, l'entourait, le
précédait, et le suivait à toutes jambes. On entendait ici :
Qu'est-ce ?... Là : Ce sont des moines... Qu'ont-ils fait ?
On les a pris chez des filles... Des prémontrés chez des
filles ! Eh oui; ils courent sur les brisées des carmes et des
cordeliers... Les voilà arrivés. Le commissaire descend,
frappe à la porte, frappe encore, frappe une troisième fois;
enfin elle s'ouvre. On avertit le supérieur Hudson, qui se
fait attendre une demi-heure au moins, afin de donner au
scandale tout son éclat. Il paraît enfin. Le commissaire lui
parle à l'oreille; le commissaire a l'air d'intercéder; Hudson
de rejeter durement sa prière; enfin, celui-ci prenant un
visage sévère et un ton ferme, lui dit : « Je n'ai point de
religieux dissolus dans ma maison; ces gens-là sont deux
étrangers qui me sont inconnus, peut-être deux coquins
déguisés, dont vous pouvez faire tout ce qu'il vous plaira. »

À ces mots, la porte se ferme; le commissaire remonte
dans la voiture, et dit à nos deux pauvres diables plus morts
que vifs : « J'y ai fait tout ce que j'ai pu; je n'aurais
jamais cru le père Hudson si dur. Aussi, pourquoi diable
aller chez des filles ?

— Si celle avec laquelle vous nous avez trouvés en est
une, ce n'est point le libertinage qui nous a menés chez
elle.

— Ah ! ah ! mes Pères; et c'est à un vieux commissaire
que vous dites cela ! Qui êtes-vous ?

— Nous sommes religieux, et l'habit que nous portons
est le nôtre.

— Songez que demain il faudra que votre affaire s'éclair-
cisse; parlez-moi vrai; je puis peut-être vous servir.

— Nous vous avons dit vrai... Mais où allons-nous ?

— Au petit Châtelet.

— Au petit Châtelet ! En prison !

— J'en suis désolé. »

Ce fut en effet là que Richard et son compagnon furent
déposés; mais le dessein d'Hudson n'était pas de les y
laisser. Il était monté en chaise de poste, il était arrivé à

Versailles; il parlait au ministre[114]; il lui traduisait cette
affaire comme il lui convenait. « Voilà, monseigneur, à quoi
l'on s'expose lorsqu'on introduit la réforme dans une
maison dissolue, et qu'on en chasse les hérétiques. Un
moment plus tard, j'étais perdu, j'étais déshonoré. La
persécution n'en restera pas là; toutes les horreurs dont il
est possible de noircir un homme de bien, vous les entendrez; mais j'espère, monseigneur, que vous vous rappel-
lerez que notre général...

— Je sais, je sais, et je vous plains. Les services que vous
avez rendus à l'église et à votre ordre ne seront point
oubliés. Les élus du Seigneur ont de tous les temps été
exposés à des disgrâces : ils ont su les supporter; il faut
savoir imiter leur courage. Comptez sur les bienfaits et
la protection du roi. Les moines ! les moines ! je l'ai été,
et j'ai connu par expérience ce dont ils sont capables.

— Si le bonheur de l'Église et de l'État voulait que
votre Éminence me survécût, je persévérerais sans crainte.

— Je ne tarderai pas à vous tirer de là. Allez.

— Non, monseigneur, non, je ne m'éloignerai point sans
un ordre exprès qui délivre ces deux mauvais religieux...

— Je vois que l'honneur de la religion et de votre
habit vous touche au point d'oublier des injures personnelles; cela est tout à fait chrétien, et j'en suis édifié sans en
être surpris d'un homme tel que vous. Cette affaire n'aura
point d'éclat.

— Ah ! monseigneur, vous comblez mon âme de joie !
dans ce moment c'est tout ce que je redoutais.

— Je vais travailler à cela. »

Dès le soir même Hudson eut l'ordre d'élargissement,
et dès le lendemain Richard et son compagnon, dès la
pointe du jour, étaient à vingt lieues de Paris, sous la
conduite d'un exempt qui les remit dans la maison professe.
Il était aussi porteur d'une lettre qui enjoignait au général
de cesser de pareilles menées, et d'imposer la peine claustrale
à nos deux religieux.

Cette aventure jeta la consternation parmi les ennemis
d'Hudson; il n'y avait pas un moine dans sa maison que
son regard ne fît trembler. Quelques mois après il fut pourvu
d'une riche abbaye. Le général en conçut un dépit mortel.
Il était vieux, et il y avait tout à craindre que l'abbé Hudson
ne lui succédât. Il aimait tendrement Richard. « Mon pauvre

ami, lui dit-il un jour, que deviendrais-tu si tu tombais
sous l'autorité du scélérat Hudson ? J'en suis effrayé. Tu
n'es point engagé; si tu m'en croyais, tu quitterais l'habit...»
Richard suivit ce conseil, et revint dans la maison paternelle, qui n'était pas éloignée de l'abbaye possédée par
Hudson [115].

Hudson et Richard fréquentent les mêmes maisons, il
était impossible qu'ils ne se rencontrassent pas, et en effet
ils se rencontrèrent. Richard était un jour chez la dame
d'un château situé entre Châlons et Saint-Dizier, mais plus
près de Saint-Dizier que de Châlons, et à une portée de
fusil de l'abbaye d'Hudson. La dame lui dit : « Nous avons
ici votre ancien prieur : il est très aimable, mais, au fond,
quel homme est-ce ?

— Le meilleur des amis et le plus dangereux des
ennemis.

— Est-ce que vous ne seriez pas tenté de le voir ?

— Nullement... »

A peine Richard eut-il fait cette réponse, qu'on entendit
le bruit d'un cabriolet qui entrait dans les cours, et qu'on en
vit descendre Hudson avec une des plus belles femmes du
canton. « Vous le verrez malgré que vous en ayez, lui dit
la dame du château, car c'est lui. »

La dame du château et Richard vont au-devant de la
dame du cabriolet et de l'abbé Hudson. Les dames s'embrassent : Hudson, en s'approchant de Richard, et le reconnaissant, s'écrie : « Eh ! c'est vous, mon cher Richard ?
vous avez voulu me perdre, je vous le pardonne; pardonnez-moi votre visite au petit Châtelet, et n'y pensons plus.

— Convenez, monsieur l'abbé, que vous étiez un grand
vaurien.

— Cela se peut.

— Que, si l'on vous avait rendu justice, la visite au
Châtelet, ce n'est pas moi, que c'est vous qui l'auriez faite.

— Cela se peut... C'est, je crois, au péril que je courus
alors, que je dois mes nouvelles mœurs. Ah ! mon cher
Richard, combien cela m'a fait réfléchir, et que je suis
changé !

— Cette femme avec laquelle vous êtes venu est charmante.

— Je n'ai plus d'yeux pour ces attraits-là.

— Quelle taille !

— Cela m'est devenu bien indifférent.

— Quel embonpoint !

— On revient tôt ou tard d'un plaisir qu'on ne prend que sur le faîte d'un toit, au péril à chaque mouvement de se rompre le cou.

— Elle a les plus belles mains du monde.

— J'ai renoncé à l'usage de ces mains-là. Une tête bien faite revient à l'esprit de son état, au seul vrai bonheur.

— Et ces yeux qu'elle tourne sur vous à la dérobée; convenez que vous, qui êtes connaisseur, vous n'en avez guère attaché de plus brillants et de plus doux. Quelle grâce, quelle légèreté et quelle noblesse dans sa démarche, dans son maintien !

— Je ne pense plus à ces vanités; je lis l'Écriture, je médite les Pères.

— Et de temps en temps les perfections de cette dame, Demeure-t-elle loin du Moncetz ? Son époux est-il jeune ?... »

Hudson, impatienté de ces questions, et bien convaincu que Richard ne le prendrait pas pour un saint, lui dit brusquement : « Mon cher Richard, vous vous foutez de moi, et vous avez raison. »

Mon cher lecteur, pardonnez-moi la propriété de cette expression [116]; et convenez qu'ici comme dans une infinité de bons contes, tels, par exemple, que celui de la conversation de Piron et de feu l'abbé Vatri, le mot honnête gâterait tout. — Qu'est-ce que c'est que cette conversation de Piron et de l'abbé Vatri ? — Allez la demander à l'éditeur de ses ouvrages, qui n'a pas osé l'écrire; mais qui ne se fera pas tirer l'oreille pour vous la dire.

Nos quatre personnages se rejoignirent au château; on dîna bien, on dîna gaiement, et sur le soir on se sépara avec promesse de se revoir... Mais tandis que le marquis des Arcis causait avec le maître de Jacques, Jacques de son côté n'était pas muet avec monsieur le secrétaire Richard, qui le trouvait un franc original, ce qui arriverait plus souvent parmi les hommes, si l'éducation d'abord, ensuite le grand usage du monde, ne les usaient comme ces pièces d'argent qui, à force de circuler, perdent leur empreinte [117]. Il était tard; la pendule avertit les maîtres et les valets qu'il était l'heure de se reposer, et ils suivirent son avis [118].

Jacques, en déshabillant son maître, lui dit : Monsieur, aimez-vous les tableaux ?

LE MAÎTRE

Oui, mais en récit; car en couleur et sur la toile, quoique j'en juge aussi décidément qu'un amateur, je t'avouerai que je n'y entends rien du tout; que je serais bien embarrassé de distinguer une école d'une autre; qu'on me donnerait un Boucher pour un Rubens ou pour un Raphaël; que je prendrais une mauvaise copie pour un sublime original; que j'apprécierais mille écus une croûte de six francs; et six francs un morceau de mille écus; et que je ne me suis jamais pourvu qu'au pont Notre-Dame, chez un certain Tremblin, qui était de mon temps la ressource de la misère ou du libertinage, et la ruine du talent des jeunes élèves de Vanloo [119].

JACQUES

Et comment cela ?

LE MAÎTRE

Qu'est-ce que cela te fait ? Raconte-moi ton tableau, et sois bref, car je tombe de sommeil.

JACQUES

Placez-vous devant la fontaine des Innocents [120] ou proche la porte Saint-Denis; ce sont deux accessoires qui enrichiront la composition.

LE MAÎTRE

M'y voilà.

JACQUES

Voyez au milieu de la rue un fiacre, la soupente [121] cassée, et renversé sur le côté.

LE MAÎTRE

Je le vois.

JACQUES

Un moine et deux filles en sont sortis. Le moine s'enfuit à toutes jambes. Le cocher se hâte de descendre de son siège. Un caniche du fiacre s'est mis à la poursuite du moine, et l'a saisi par sa jaquette; le moine fait tout ses efforts pour se débarrasser du chien. Une des filles, débraillée, la gorge découverte, se tient les côtés à force de rire. L'autre fille, qui s'est fait une bosse au front, est appuyée contre la portière, et se presse la tête à deux mains. Cependant la populace s'est attroupée, les polissons accourent et poussent des cris, les marchands et les marchandes ont bordé le seuil de leurs boutiques, et d'autres spectateurs sont à leurs fenêtres.

LE MAÎTRE

Comment diable ! Jacques, ta composition est bien ordonnée, riche, plaisante, variée et pleine de mouvement. A notre retour à Paris, porte ce sujet à Fragonard; et tu verras ce qu'il en saura faire.

JACQUES

Après ce que vous m'avez confessé de vos lumières en peinture, je puis accepter votre éloge sans baisser les yeux.

LE MAÎTRE

Je gage que c'est une des aventures de l'abbé Hudson ?

JACQUES

Il est vrai.
Lecteur, tandis que ces bonnes gens dorment, j'aurais une petite question à vous proposer à discuter sur votre oreiller : c'est ce qu'aurait été l'enfant né de l'abbé Hudson et de la dame de La Pommeraye ? — Peut-être un honnête homme. — Peut-être un sublime coquin. — Vous me direz cela demain matin.
Ce matin, le voilà venu, et nos voyageurs séparés; car le marquis des Arcis ne suivait plus la même route que Jacques et son maître. — Nous allons donc reprendre la suite des amours de Jacques ? — Je l'espère; mais ce qu'il y a de bien certain, c'est que le maître sait l'heure qu'il est, qu'il a pris sa prise de tabac et qu'il a dit à Jacques : « Eh bien ! Jacques, tes amours ? »
Jacques, au lieu de répondre à cette question, disait : N'est-ce pas le diable ! Du matin au soir ils disent du mal de la vie, et ils ne peuvent se résoudre à la quitter ! Serait-ce que la vie présente n'est pas, à tout prendre, une si mauvaise chose, ou qu'ils en craignent une pire à venir ?

LE MAÎTRE

C'est l'un et l'autre. A propos, Jacques, crois-tu à la vie à venir ?

JACQUES

Je n'y crois ni décrois ; je n'y pense pas. Je jouis de mon mieux de celle qui nous a été accordée en avancement d'hoirie.

LE MAÎTRE

Pour moi, je me regarde comme en chrysalide ; et j'aime à me persuader que le papillon, ou mon âme, venant un jour à percer sa coque, s'envolera à la justice divine.

JACQUES

Votre image est charmante.

LE MAÎTRE

Elle n'est pas de moi ; je l'ai lue, je crois, dans un poète italien appelé Dante, qui a fait un ouvrage intitulé : *la Comédie de l'Enfer, du Purgatoire et du Paradis* [122].

JACQUES

Voilà un singulier sujet de comédie !

LE MAÎTRE

Il y a, pardieu, de belles choses, surtout dans son enfer. Il enferme les hérésiarques dans des tombeaux de feu, dont la flamme s'échappe et porte le ravage au loin, les ingrats, dans des niches où ils versent des larmes qui se glacent sur leurs visages ; et les paresseux, dans d'autres niches ; et il dit de ces derniers que le sang s'échappe de leurs veines, et qu'il est recueilli par des vers dédaigneux [123]... Mais à quel propos ta sortie contre notre mépris d'une vie que nous craignons de perdre ?

JACQUES

A propos de ce que le secrétaire du marquis des Arcis m'a raconté du mari de la jolie femme au cabriolet.

LE MAITRE

Elle est veuve !

JACQUES

Elle a perdu son mari[124] dans un voyage qu'elle a fait à Paris; et le diable d'homme ne voulait pas entendre parler des sacrements. Ce fut la dame du château où Richard rencontra l'abbé Hudson qu'on chargea de le réconcilier avec le béguin ?

LE MAÎTRE

Que veux-tu dire avec ton béguin ?

JACQUES

Le béguin est la coiffure qu'on met aux enfants nouveau-nés !

LE MAÎTRE

Je t'entends. Et comment s'y prit-elle pour l'embéguiner ?

JACQUES

On fit cercle autour du feu. Le médecin, après avoir tâté le pouls du malade, qu'il trouva bien bas, vint s'asseoir à côté des autres. La dame dont il s'agit s'approcha de son lit, et lui fit plusieurs questions; mais sans élever la voix plus qu'il ne fallait pour que cet homme ne perdît pas un mot de ce qu'on avait à lui faire entendre; après quoi la conversation s'engagea entre la dame, le docteur et quelques-uns des autres assistants, comme je vais vous la rendre.

LA DAME

Eh bien ! docteur, nous direz-vous des nouvelles de Mme de Parme[125] ?

LE DOCTEUR

Je sors d'une maison où l'on m'a assuré qu'elle était si mal qu'on n'en espérait plus rien.

LA DAME

Cette princesse a toujours donné des marques de piété. Aussitôt qu'elle s'est sentie en danger, elle a demandé à se confesser et à recevoir ses sacrements.

LE DOCTEUR

Le curé de Saint-Roch lui porte aujourd'hui une relique à Versailles; mais elle arrivera trop tard.

LA DAME

Madame Infante n'est pas la seule qui donne de ces exemples. M. le duc de Chevreuse, qui a été bien malade, n'a pas attendu qu'on lui proposât les sacrements, il les a appelés de lui-même : ce qui a fait grand plaisir à sa famille.

LE DOCTEUR

Il est beaucoup mieux.

UN DES ASSISTANTS

Il est certain que cela ne fait pas mourir; au contraire.

LA DAME

En vérité, dès qu'il y a du danger on devrait satisfaire à ces devoirs-là. Les malades ne conçoivent pas apparemment combien il est dur pour ceux qui les entourent, et combien cependant il est indispensable de leur en faire la proposition !

LE DOCTEUR

Je sors de chez un malade qui me dit, il y a deux jours : « Docteur, comment me trouvez-vous ?
— Monsieur, la fièvre est forte, et les redoublements fréquents.
— Mais croyez-vous qu'il en survienne un bientôt ?
— Non, je le crains seulement pour ce soir.
— Cela étant, je vais faire avertir un certain homme avec lequel j'ai une petite affaire particulière, afin de la terminer pendant que j'ai encore toute ma tête... » Il se confessa, il reçut tous ses sacrements. Je revins le soir, point de redoublement. Hier il était mieux; aujourd'hui il est hors d'affaire. J'ai vu beaucoup de fois dans le courant de ma pratique cet effet-là des sacrements.

LE MALADE, *à son domestique*

Apportez-moi mon poulet.

JACQUES

On le lui sert, il veut le couper et n'en a pas la force; on lui en dépèce l'aile en petits morceaux; il demande du pain, se jette dessus, fait des efforts pour en mâcher une bouchée, qu'il ne saurait avaler, et qu'il rend dans sa serviette; il demande du vin pur; il y mouille les bords de ses lèvres, et dit : « Je me porte bien... » Oui, mais une demi-heure après il n'était plus.

LE MAÎTRE

Cette dame s'y était pourtant bien prise... et tes amours ?

JACQUES

Et la condition que vous avez acceptée ?

LE MAÎTRE

J'entends... Tu es installé au château de Desglands, et la vieille commissionnaire Jeanne a ordonné à sa jeune fille Denise de te visiter quatre fois le jour, et de te soigner. Mais avant que d'aller en avant, dis-moi, Denise avait-elle son pucelage ?

JACQUES, *en toussant*

Je le crois.

LE MAÎTRE

Et toi ?

JACQUES

Le mien, il y avait beaux jours qu'il courait les champs.

LE MAÎTRE

Tu n'en étais donc pas à tes premières amours ?

JACQUES

Pourquoi donc ?

LE MAÎTRE

C'est qu'on aime celle à qui on le donne, comme on est aimé de celle à qui on le ravit.

JACQUES

Quelquefois oui, quelquefois non.

LE MAÎTRE

Et comment le perdis-tu ?

JACQUES

Je ne le perdis pas ; je le troquai bel et bien.

LE MAÎTRE

Dis-moi un mot de ce troc-là.

JACQUES

Ce sera le premier chapitre de saint Luc [126], une kyrielle de *genuit* à ne point finir, depuis la première jusqu'à Denise la dernière.

LE MAÎTRE

Qui crut l'avoir et qui ne l'eut point.

JACQUES

· Et avant Denise, les deux voisines de notre chaumière.

LE MAÎTRE

Qui crurent l'avoir et qui ne l'eurent point.

JACQUES

Non.

LE MAÎTRE

Manquer un pucelage à deux, cela n'est pas trop adroit.

JACQUES

Tenez, mon maître, je devine, au coin de votre lèvre droite qui se relève, et à votre narine gauche qui se crispe, qu'il vaut autant que je fasse la chose de bonne grâce, que d'en être prié ; d'autant que je sens augmenter mon mal de gorge, que la suite de mes amours sera longue, et que je n'ai guère de courage que pour un ou deux petits contes.

LE MAÎTRE

Si Jacques voulait me faire un grand plaisir...

JACQUES

Comment s'y prendrait-il ?

LE MAÎTRE

Il débuterait par la perte de son pucelage. Veux-tu que je te le dise ? J'ai toujours été friand du récit de ce grand événement.

JACQUES

Et pourquoi, s'il vous plaît ?

LE MAÎTRE

C'est que de tous ceux du même genre, c'est le seul qui soit piquant; les autres n'en sont que d'insipides et communes répétitions. De tous les jolis péchés d'une jeune pénitente, je suis sûr que le confesseur n'est attentif qu'à celui-là.

JACQUES

Mon maître, mon maître, je vois que vous avez la tête corrompue, et qu'à votre agonie le diable pourrait bien se montrer à vous sous la même forme de parenthèse qu'à Ferragus [127].

LE MAÎTRE

Cela se peut. Mais tu fus déniaisé, je gage, par quelque vieille impudique de ton village ?

JACQUES

Ne gagez pas, vous perdriez.

LE MAÎTRE

Ce fut par la servante de ton curé ?

JACQUES

Ne gagez pas, vous perdriez encore.

LE MAÎTRE

Ce fut donc par sa nièce ?

JACQUES

Sa nièce crevait d'humeur et de dévotion, deux qualités qui vont fort bien ensemble, mais qui ne me vont pas.

LE MAÎTRE

Pour cette fois, je crois que j'y suis.

JACQUES

Moi, je n'en crois rien.

LE MAÎTRE

Un jour de foire ou de marché...

JACQUES

Ce n'était ni un jour de foire, ni un jour de marché.

LE MAÎTRE

Tu allas à la ville.

JACQUES

Je n'allai point à la ville.

LE MAÎTRE

Et il était écrit là-haut que tu rencontrerais dans une taverne quelqu'une de ces créatures obligeantes; que tu t'enivrerais...

JACQUES

J'étais à jeun; et ce qui était écrit là-haut, c'est qu'à l'heure qu'il est vous vous épuiseriez en fausses conjectures; et que vous gagneriez un défaut dont vous m'avez corrigé, la fureur de deviner, et toujours de travers. Tel que vous me voyez, monsieur, j'ai été une fois baptisé.

LE MAÎTRE

Si tu te proposes d'entamer la perte de ton pucelage au sortir des fonts baptismaux, nous n'y serons pas si tôt.

JACQUES

J'eus donc un parrain et une marraine. Maître Bigre, le plus fameux charron du village, avait un fils. Bigre le père fut mon parrain, et Bigre le fils était mon ami. A l'âge de dix-huit à dix-neuf ans nous nous amourachâmes tous les deux à la fois d'une petite couturière appelée Justine. Elle ne passait pas pour autrement cruelle; mais elle jugea à propos de se signaler par un premier dédain, et son choix tomba sur moi.

LE MAÎTRE

Voilà une de ces bizarreries des femmes, auxquelles on ne comprend rien.

JACQUES

Tout le logement du charron maître Bigre, mon parrain, consistait en une boutique et une soupente. Son lit était au fond de la boutique. Bigre le fils, mon ami, couchait sur la soupente, à laquelle on grimpait par une petite échelle, placée à peu près à égale distance du lit de son père et de la porte de la boutique.

Lorsque Bigre mon parrain était bien endormi, Bigre mon ami ouvrait doucement la porte, et Justine montait à la soupente par la petite échelle Le lendemain dès la pointe du jour, avant que Bigre le père fût éveillé, Bigre le fils descendait de la soupente, rouvrait la porte, et Justine s'évadait comme elle était entrée.

LE MAÎTRE

Pour aller encore visiter quelque soupente, la sienne ou une autre.

JACQUES

Pourquoi non? Le commerce de Bigre et de Justine était assez doux; mais il fallait qu'il fût troublé : cela était écrit là-haut; il le fut donc.

LE MAÎTRE

Par le père?

JACQUES

Non.

LE MAÎTRE

Par la mère?

JACQUES

Non, elle était morte.

LE MAÎTRE

Par un rival?

JACQUES

Eh ! non, non, de par tous les diables ! non. Mon maître, il est écrit là-haut que vous en avez pour le reste de vos jours; tant que vous vivrez vous devinerez, je vous le répète, et vous devinerez de travers.

Un matin, que mon ami Bigre, plus fatigué qu'à l'ordinaire ou du travail de la veille, ou du plaisir de la nuit, reposait doucement entre les bras de Justine, voilà une voix formidable qui se fait entendre au pied du petit escalier : « Bigre ! Bigre ! maudit paresseux ! l'*Angelus* est sonné, il est près de cinq heures et demie, et te voilà encore dans ta soupente ! As-tu résolu d'y rester jusqu'à midi ? Faut-il que j'y monte et que je t'en fasse descendre plus vite que tu ne voudrais ? Bigre ! Bigre !

— Mon père ?

— Et cet essieu après lequel ce vieux bourru de fermier attend; veux-tu qu'il revienne encore ici recommencer son tapage ?

— Son essieu est prêt, et avant qu'il soit un quart d'heure il l'aura... »

Je vous laisse à juger des transes de Justine et de mon pauvre ami Bigre le fils.

LE MAÎTRE

Je suis sûr que Justine se promit bien de ne plus se retrouver sur la soupente, et qu'elle y était le soir même. Mais comment en sortira-t-elle ce matin ?

JACQUES

Si vous vous mettez en devoir de le deviner, je me tais.. Cependant Bigre le fils s'était précipité du lit, jambes nues, sa culotte à la main, et sa veste sur son bras. Tandis qu'il s'habille, Bigre le père grommelle entre ses dents : « Depuis qu'il s'est entêté de cette petite coureuse, tout va de travers. Cela finira; cela ne saurait durer; cela commence à me lasser. Encore si c'était une fille qui en valût la peine; mais une créature ! Dieu sait quelle créature ! Ah ! si la pauvre défunte, qui avait de l'honneur jusqu'au bout des ongles, voyait cela, il y a longtemps qu'elle eût bâtonné l'un, et arraché les yeux à l'autre au sortir de la grand'messe sous le porche, devant tout le monde; car rien ne l'arrêtait : mais si j'ai été trop bon jusqu'à présent, et qu'ils s'imaginent que je continuerai, ils se trompent. »

LE MAÎTRE

Et ces propos, Justine les entendait de la soupente ?

JACQUES

Je n'en doute pas. Cependant Bigre le fils s'en était allé chez le fermier, avec son essieu sur l'épaule, et Bigre le père s'était mis à l'ouvrage. Après quelques coups de doloire, son nez lui demande une prise de tabac; il cherche sa tabatière dans ses poches, au chevet de son lit; il ne la trouve point. « C'est ce coquin, dit-il, qui s'en est saisi comme de coutume; voyons s'il ne l'aura point laissée là-haut... » Et le voilà qui monte à la soupente. Un moment après il s'aperçoit que sa pipe et son couteau lui manquent; et il remonte à la soupente.

LE MAÎTRE

Et Justine ?

JACQUES

Elle avait ramassé ses vêtements à la hâte, et s'était glissée sous le lit, où elle était étendue à plat ventre, plus morte que vive.

LE MAÎTRE

Et ton ami Bigre le fils ?

JACQUES

Son essieu rendu, mis en place et payé, il était accouru chez moi, et m'avait exposé le terrible embarras où il se trouvait. Après m'en être un peu amusé, « écoute, lui dis-je, Bigre, va te promener par le village, où tu voudras, je te tirerai d'affaire. Je ne te demande qu'une chose, c'est de m'en laisser le temps... » Vous souriez, monsieur, qu'est-ce qu'il y a ?

LE MAÎTRE

Rien.

JACQUES

Mon ami Bigre sort. Je m'habille, car je n'étais pas encore levé. Je vais chez son père, qui ne m'eut pas plus tôt aperçu, que poussant un cri de surprise et de joie, il me dit : « Eh ! filleul, te voilà ! d'où sors-tu, et que viens-tu faire ici de si grand matin ?... » Mon parrain Bigre avait vraiment de l'amitié pour moi; aussi lui répondis-je avec franchise : « Il ne s'agit pas de savoir d'où je sors, mais comment je rentrerai chez nous.

— Ah ! filleul, tu deviens libertin; j'ai bien peur que Bigre et toi ne fassiez la paire. Tu as passé la nuit dehors.

— Et mon père n'entend pas raison sur ce point.

— Ton père a raison, filleul, de ne pas entendre raison là-dessus. Mais commençons par déjeuner, la bouteille nous avisera. »

LE MAÎTRE

Jacques, cet homme était dans les bons principes.

JACQUES

Je lui répondis que je n'avais ni besoin ni envie de boire ou de manger, et que je tombais de lassitude et de sommeil. Le vieux Bigre, qui de son temps n'en cédait pas à son camarade, ajouta en ricanant : « Filleul, elle était jolie, et tu t'en es donné. Écoute : Bigre est sorti; monte à la soupente, et jette-toi sur son lit... Mais un mot avant qu'il revienne. C'est ton ami; lorsque vous vous trouverez tête à tête, dis-lui que j'en suis mécontent, très mécontent. C'est une petite Justine que tu dois connaître (car quel est le garçon du village qui ne la connaisse pas?) qui me l'a débauché; tu me rendrais un vrai service, si tu le détachais de cette créature. Auparavant c'était ce qu'on appelle un joli garçon; mais depuis qu'il a fait cette malheureuse connaissance... Tu ne m'écoutes pas; tes yeux se ferment; monte, et va te reposer. »

Je monte, je me déshabille, je lève la couverture et les draps, je tâte partout, point de Justine. Cependant Bigre, mon parrain, disait : « Les enfants! les maudits enfants! n'en voilà-t-il pas encore un qui désole son père? » Justine n'étant pas dans le lit, je me doutai qu'elle était dessous. Le bouge était tout à fait aveugle. Je me baisse, je promène mes mains, je rencontre un de ses bras, je le saisis, je la tire à moi; elle sort de dessous la couchette en tremblant. Je l'embrasse, je la rassure, je lui fais signe de se coucher. Elle joint ses deux mains, elle se jette à mes pieds, elle serre mes genoux. Je n'aurais peut-être pas résisté à cette scène muette, si le jour l'eût éclairée; mais lorsque les ténèbres ne rendent pas timide, elles rendent entreprenant. D'ailleurs j'avais ses anciens mépris sur le cœur. Pour toute réponse je la poussai vers l'escalier qui conduisait à la boutique. Elle en poussa un cri de frayeur. Bigre qui l'entendit, dit : « Il rêve... » Justine s'évanouit; ses genoux se dérobent sous elle; dans son délire elle disait d'une voix étouffée : « Il va venir... il vient... je l'entends qui monte... je suis perdue!... Non, non, lui répondais-je d'une voix étouffée, remettez-vous, taisez-vous et couchez-vous... » Elle persiste dans son refus; je tiens ferme : elle se résigne : et nous voilà l'un à côté de l'autre.

LE MAÎTRE

Traître ! scélérat ! sais-tu quel crime tu vas commettre ? Tu vas violer cette fille, sinon par la force, du moins par la terreur. Poursuivi au tribunal des lois, tu en éprouverais toute la rigueur réservée aux ravisseurs.

JACQUES

Je ne sais si je la violai, mais je sais bien que je ne lui fis point de mal, et qu'elle ne m'en fit point. D'abord en détournant sa bouche de mes baisers, elle l'approcha de mon oreille et me dit tout bas : « Non, non, Jacques, non... » A ce mot, je fais semblant de sortir du lit et de m'avancer vers l'escalier. Elle me retint, et me dit encore à l'oreille : « Je ne vous aurais jamais cru si méchant; je vois qu'il ne faut attendre de vous aucune pitié; mais du moins, promettez-moi, jurez-moi...
— Quoi ?
— Que Bigre n'en saura rien. »

LE MAÎTRE

Tu promis, tu juras, et tout alla fort bien.

JACQUES

Et puis très bien encore.

LE MAÎTRE

Et puis encore très bien ?

JACQUES

C'est précisément comme si vous y aviez été. Cependant, Bigre mon ami, impatient, soucieux et las de rôder autour de la maison sans me rencontrer, rentre chez son père, qui lui dit avec humeur : « Tu as été bien longtemps pour rien... » Bigre lui répondit avec plus d'humeur encore : « Est-ce qu'il n'a pas fallu allégir par les deux bouts ce diable d'essieu qui s'est trouvé trop gros.

— Je t'en avais averti; mais tu n'en veux jamais faire qu'à ta tête.

— C'est qu'il est plus aisé d'en ôter que d'en remettre.

— Prends cette jante, et va la finir à la porte.

— Pourquoi à la porte ?

— C'est que le bruit de l'outil réveillerait Jacques ton ami.

— Jacques !...

— Oui, Jacques, il est là-haut sur la soupente, qui repose. Ah ! que les pères sont à plaindre; si ce n'est d'une chose, c'est d'une autre ! Eh bien ! te remueras-tu ? Tandis que tu restes là comme un imbécile, la tête baissée, la bouche béante, et les bras pendants, la besogne ne se fait pas... » Bigre mon ami, furieux, s'élance vers l'escalier; Bigre mon parrain le retient en lui disant : « Où vas-tu ? laisse dormir ce pauvre diable, qui est excédé de fatigue. A sa place, serais-tu bien aise qu'on troublât ton repos ? »

LE MAÎTRE

Et Justine entendait encore tout cela ?

JACQUES

Comme vous m'entendez.

LE MAÎTRE

Et que faisais-tu ?

JACQUES

Je riais.

LE MAÎTRE

Et Justine ?

JACQUES

Elle avait arraché sa cornette; elle se tirait par les cheveux; elle levait les yeux au ciel, du moins je le présume, et elle se tordait les bras.

LE MAÎTRE

Jacques, vous êtes un barbare; vous avez un cœur de bronze.

JACQUES

Non, monsieur, non, j'ai de la sensibilité; mais je la réserve pour une meilleure occasion. Les dissipateurs de cette richesse en ont tant prodigué lorsqu'il en fallait être économe, qu'ils ne s'en trouvent plus quand il faudrait en être prodigue... Cependant je m'habille, et je descends. Bigre le père me dit : « Tu avais besoin de cela, cela t'a bien fait; quand tu es venu, tu avais l'air d'un déterré; et te voilà vermeil et frais comme l'enfant qui vient de téter. Le sommeil est une bonne chose !... Bigre, descends à la cave, et apporte une bouteille, afin que nous déjeunions. A présent, filleul, tu déjeuneras volontiers ? — Très volontiers... » La bouteille est arrivée et placée sur l'établi; nous sommes debout autour. Bigre le père remplit son verre et le mien, Bigre le fils, en écartant le sien, dit d'un ton farouche : « Pour moi, je ne suis pas altéré si matin.

— Tu ne veux pas boire?

— Non.

— Ah ! je sais ce que c'est; tiens, filleul, il y a de la Justine là dedans; il aura passé chez elle, ou il ne l'aura pas trouvée, ou il l'aura surprise avec un autre; cette bouderie contre la bouteille n'est pas naturelle : c'est ce que je te dis.

MOI

Mais vous pourriez bien avoir deviné juste.

BIGRE LE FILS

Jacques, trêve de plaisanteries, placées ou déplacées, je ne les aime pas.

BIGRE LE PÈRE

Puisqu'il ne veut pas boire, il ne faut pas que cela nous en empêche. A ta santé, filleul.

MOI

A la vôtre, parrain; Bigre, mon ami, bois avec nous. Tu te chagrines trop pour peu de chose.

BIGRE LE FILS

Je vous ai déjà dit que je ne buvais pas.

MOI

Eh bien ! si ton père a rencontré, que diable, tu la
reverras, vous vous expliquerez, et tu conviendras que tu
as tort.

BIGRE LE PÈRE

Eh ! laisse-le faire; n'est-il pas juste que cette créature
le châtie de la peine qu'il me cause ? Ça, encore un coup,
et venons à ton affaire. Je conçois qu'il faut que je te mène
chez ton père; mais que veux-tu que je lui dise ?

MOI

Tout ce que vous voudrez, tout ce que vous lui avez
entendu dire cent fois lorsqu'il vous a ramené votre fils.

BIGRE LE PÈRE

Allons... »
Il sort, je le suis, nous arrivons à la porte de la maison;
je le laisse entrer seul. Curieux de la conversation de Bigre
le père et du mien, je me cache dans un recoin, derrière
une cloison, d'où je n'en perdis pas un mot.

BIGRE LE PÈRE

« Allons, compère, il faut encore lui pardonner cette fois.
— Lui pardonner, et quoi ?
— Tu fais l'ignorant.
— Je ne le fais point, je le suis.
— Tu es fâché, et tu as raison de l'être.
— Je ne suis point fâché.
— Tu l'es, te dis-je.
— Si tu veux que je le sois, je ne demande pas mieux;
mais que je sache auparavant la sottise qu'il a faite.
— D'accord, trois fois, quatre fois; mais ce n'est pas
coutume. On se trouve une bande de jeunes garçons et
de jeunes filles; on boit, on rit, on danse; les heures se
passent vite; et cependant la porte de la maison se ferme... »
Bigre, en baissant la voix, ajouta : « Ils ne nous entendent
pas; mais, de bonne foi, est-ce que nous avons été plus

sages qu'eux à leur âge? Sais-tu qui sont les mauvais
pères? Les mauvais pères ce sont ceux qui ont oublié les
fautes de leur jeunesse. Dis-moi, est-ce que nous n'avons
jamais découché?

— Et toi, Bigre, mon compère, dis-moi, est-ce que nous
n'avons jamais pris d'attachement qui déplaisait à nos
parents?

— Aussi je crie plus haut que je ne souffre. Fais de même.

— Mais Jacques n'a point découché, du moins cette
nuit, j'en suis sûr.

— Eh bien! si ce n'est pas celle-ci, c'est une autre.
Tant y a que tu n'en veux point à ton garçon?

— Non.

— Et que quand je serai parti tu ne le malmèneras pas?

— Aucunement.

— Tu m'en donnes ta parole?

— Je te la donne.

— Ta parole d'honneur?

— Ma parole d'honneur.

— Tout est dit, et je m'en retourne... »

Comme mon parrain Bigre était sur le seuil, mon père
lui frappant doucement sur l'épaule, lui disait : Bigre, mon
ami, il y a ici quelque anguille sous roche; ton garçon et
le mien sont deux futés matois; et je crains bien qu'ils ne
nous en aient donné d'une à garder [128] aujourd'hui; mais
avec le temps cela se découvrira. Adieu, compère.

LE MAÎTRE

Et quelle fut la fin de l'aventure entre Bigre ton ami et
Justine?

JACQUES

Comme elle devait être. Il se fâcha, elle se fâcha plus
fort que lui; elle pleura, il s'attendrit; elle lui jura que
j'étais le meilleur ami qu'il eût; je lui jurai qu'elle était la
plus honnête fille du village. Il nous crut, nous demanda
pardon, nous en aima et nous en estima davantage tous
deux. Et voilà le commencement, le milieu et la fin de la
perte de mon pucelage. A présent, monsieur, je voudrais
bien que vous m'apprissiez le but moral de cette impertinente histoire.

LE MAÎTRE

A mieux connaître les femmes.

JACQUES

Et vous aviez besoin de cette leçon ?

LE MAÎTRE

A mieux connaître les amis.

JACQUES

Et vous avez jamais cru qu'il y en eût un seul qui tînt rigueur à votre femme ou à votre fille, si elle s'était proposé sa défaite ?

LE MAÎTRE

A mieux connaître les pères et les enfants.

JACQUES

Allez, monsieur, ils ont été de tout temps, et seront à jamais, alternativement dupes les uns des autres.

LE MAÎTRE

Ce que tu dis là sont autant de vérités éternelles, mais sur lesquelles on ne saurait trop insister. Quel que soit le récit que tu m'as promis après celui-ci, sois sûr qu'il ne sera vide d'instruction que pour un sot; et continue.

Lecteur, il me vient un scrupule, c'est d'avoir fait honneur à Jacques ou à son maître de quelques réflexions qui vous appartiennent de droit; si cela est, vous pouvez les reprendre sans qu'ils s'en formalisent. J'ai cru m'apercevoir encore que le mot *Bigre* vous déplaisait. Je voudrais bien savoir pourquoi. C'est le vrai nom de la famille de mon charron; les extraits baptistaires, extraits mortuaires, contrats de mariage en sont signés Bigre. Les descendants de Bigre qui occupent aujourd'hui sa boutique s'appellent Bigre. Quand leurs enfants, qui sont jolis, passent dans la rue, on dit : « Voilà les petits Bigre. » Quand vous prononcez le nom de *Boule* [129], vous vous rappelez le plus grand ébéniste que vous ayez eu. On ne prononce point encore dans la contrée de Bigre, le nom de Bigre sans se rappeler le plus grand charron dont on ait mémoire. Le Bigre, dont on lit le nom à la fin de tous les livres d'offices pieux du commencement de ce siècle, fut un de ses parents. Si jamais un

arrière-neveu de Bigre se signale par quelque grande
action, le nom personnel Bigre ne sera pas moins imposant
pour vous que celui de César ou de Condé. C'est
qu'il y a Bigre et Bigre, comme Guillaume et Guillaume.
Si je dis Guillaume tout court, ce ne sera ni le conquérant de la Grande-Bretagne, ni le marchand de drap de
l'*Avocat Patelin;* le nom de Guillaume tout court ne sera
ni héroïque ni bourgeois : ainsi de Bigre. Bigre tout court
n'est ni Bigre le fameux charron, ni quelqu'un de ses plats
ancêtres ou de ses plats descendants. En bonne foi, un
nom personnel peut-il être de bon ou de mauvais goût?
Les rues sont pleines de mâtins qui s'appellent Pompée.
Défaites-vous de votre fausse délicatesse, ou j'en userai
avec vous comme milord Chatham avec les membres du
parlement; il leur dit : « Sucre, Sucre, Sucre; qu'est-ce
qu'il y a de ridicule là-dedans?... » Et moi, je vous dirai :
« Bigre, Bigre, Bigre; pourquoi ne s'appellerait-on pas
Bigre? » C'est, comme le disait un officier à son général
le grand Condé, qu'il y a un fier Bigre, comme Bigre le
charron; un bon Bigre, comme vous et moi; de plats
Bigre, comme une infinité d'autres [130].

JACQUES

C'était un jour de noces; frère Jean avait marié la fille
d'un de nos voisins. J'étais garçon de fête. On m'avait
placé à table entre les deux goguenards de la paroisse;
j'avais l'air d'un grand nigaud, quoique je ne le fusse pas
tant qu'ils le croyaient. Ils me firent quelques questions
sur la nuit de la mariée; j'y répondis assez bêtement, et
les voilà qui éclatent de rire, et les femmes de ces deux
plaisants à crier de l'autre bout : « Qu'est-ce qu'il y a
donc? vous êtes bien joyeux là-bas ? — C'est que c'est par
trop drôle, répondit un de nos maris à sa femme; je te
conterai cela ce soir. » L'autre, qui n'était pas moins
curieuse, fit la même question à son mari, qui lui fit la
même réponse. Le repas continue, et les questions et mes
balourdises, et les éclats de rire et la surprise des femmes.
Après le repas, la danse; après la danse, le coucher des
époux, le don de la jarretière, moi dans mon lit, et nos
goguenards dans les leurs, racontant à leurs femmes la
chose incompréhensible, incroyable, c'est qu'à vingt-deux
ans, grand et vigoureux comme je l'étais, assez bien de

figure, alerte et point sot, j'étais aussi neuf, mais aussi neuf qu'au sortir du ventre de ma mère, et les deux femmes de s'en émerveiller ainsi que leurs maris. Mais, dès le lendemain, Suzanne me fit signe et me dit : « Jacques, n'as-tu rien à faire ?

— Non, voisine ; qu'est-ce qu'il y a pour votre service ?

— Je voudrais... je voudrais... » et en disant je voudrais, elle me serrait la main et me regardait si singulièrement ; « je voudrais que tu prisses notre serpe et que tu vinsses dans la commune[131] m'aider à couper deux ou trois bourrées, car c'est une besogne trop forte pour moi seule.

— Très volontiers, madame Suzanne... »

Je prends la serpe, et nous allons. Chemin faisant, Suzanne se laissait tomber la tête sur mon épaule, me prenait le menton, me tirait les oreilles, me pinçait les côtés. Nous arrivons. L'endroit était en pente. Suzanne se couche à terre tout de son long à la place la plus élevée, les pieds éloignés l'un de l'autre et les bras passés par-dessus la tête. J'étais au-dessous d'elle, jouant de la serpe sur le taillis, et Suzanne repliait ses jambes, approchant ses talons de ses fesses, et ses genoux élevés rendaient ses jupons fort courts, et je jouais toujours de la serpe sur le taillis, ne regardant guère où je frappais et frappant souvent à côté. Enfin, Suzanne me dit : « Jacques, est-ce que tu ne finiras pas bientôt ? Et je lui répondis :

— Quand vous voudrez, madame Suzanne.

— Est-ce que tu ne vois pas, dit-elle à demi-voix, que je veux que tu finisses ?... » Je finis donc, je repris haleine, et je finis encore ; et Suzanne...

LE MAÎTRE

T'ôtait ton pucelage que tu n'avais pas ?

JACQUES

Il est vrai ; mais Suzanne ne s'y méprit pas, et de sourire et de me dire : « Tu en as donné d'une bonne à garder[132] à notre homme ; et tu es un fripon.

— Que voulez-vous dire, madame Suzanne ?

— Rien, rien ; tu m'entends de reste. Trompe-moi encore quelquefois de même, et je te le pardonne... » Je reliai ses bourrées, je les pris sur mon dos ; et nous revînmes, elle à sa maison, moi à la nôtre.

LE MAÎTRE

Sans faire une pause en chemin ?

JACQUES

Non.

LE MAÎTRE

Il n'y avait donc pas loin de la commune au village ?

JACQUES

Pas plus loin que du village à la commune.

LE MAÎTRE

Elle ne valait que cela ?

JACQUES

Elle valait peut-être davantage pour un autre, pour un autre jour : chaque moment a son prix.

A quelque temps de là, dame Marguerite, c'était la femme de notre autre goguenard, avait du grain à faire moudre et n'avait pas le temps d'aller au moulin; elle vint demander à mon père un de ses garçons qui y allât pour elle. Comme j'étais le plus grand, elle ne doutait pas que le choix de mon père ne tombât sur moi, ce qui ne manqua pas d'arriver. Dame Marguerite sort; je la suis; je charge le sac sur son âne et je le conduis seul au moulin. Voilà son grain moulu, et nous nous en revenions, l'âne et moi, assez tristes, car je pensais que j'en serais pour ma corvée. Je me trompais. Il y avait entre le village et le moulin un petit bois à passer; ce fut là que je trouvai dame Marguerite assise au bord de la voie. Le jour commençait à tomber. « Jacques, me dit-elle, enfin te voilà ! Sais-tu qu'il y a plus d'une mortelle heure que je t'attends ?... »

Lecteur, vous êtes aussi trop pointilleux. D'accord, la mortelle heure est des dames de la ville; et la grande heure, de dame Marguerite.

JACQUES

C'est que l'eau était basse, que le moulin allait lentement, que le meunier était ivre et que, quelque diligence que j'aie faite, je n'ai pu revenir plus tôt.

MARGUERITE

Assieds-toi là, et jasons un peu.

JACQUES

Dame Marguerite, je le veux bien...
Me voilà assis à côté d'elle pour jaser, et cependant nous gardions le silence tous deux. Je lui dis donc : Mais, dame Marguerite, vous ne me dites mot, et nous ne jasons pas.

MARGUERITE

C'est que je rêve à ce que mon mari m'a dit de toi.

JACQUES

Ne croyez rien de ce que votre mari vous a dit; c'est un gausseur.

MARGUERITE

Il m'a assuré que tu n'avais jamais été amoureux.

JACQUES

Oh ! pour cela il a dit vrai.

MARGUERITE

Quoi ! jamais de ta vie ?

JACQUES

De ma vie.

MARGUERITE

Comment ! à ton âge, tu ne saurais pas ce que c'est qu'une femme ?

JACQUES

Pardonnez-moi, dame Marguerite.

MARGUERITE

Et qu'est-ce que c'est qu'une femme ?

JACQUES

Une femme ?

MARGUERITE

Oui, une femme.

JACQUES

Une femme... attendez... C'est un homme qui a un cotillon, une cornette et de gros tétons.

LE MAÎTRE

Ah ! scélérat !

JACQUES

L'autre ne s'y était pas trompée; et je voulais que celle-ci s'y trompât. A ma réponse, dame Marguerite fit des éclats de rire qui ne finissaient point; et moi, tout ébahi, je lui demandai ce qu'elle avait tant à rire. Dame Marguerite me dit qu'elle riait de ma simplicité. « Comment! grand comme tu es, tu n'en saurais pas davantage?
— Non, dame Marguerite. »
Là-dessus dame Marguerite se tut, et moi aussi. Mais, dame Marguerite, lui dis-je encore, nous nous sommes assis pour jaser et voilà que vous ne dites mot et que nous ne jasons pas. Dame Marguerite, qu'avez-vous ? vous rêvez.

MARGUERITE

Oui, je rêve... je rêve... je rêve...
En prononçant ces je rêve, sa poitrine s'élevait, sa voix s'affaiblissait, ses membres tremblaient, ses yeux s'étaient fermés, sa bouche était entr'ouverte; elle poussa un profond soupir; elle défaillit, et je fis semblant de croire qu'elle était morte, et me mis à crier du ton de l'effroi : Dame Marguerite ! dame Marguerite ! parlez-moi donc; dame Marguerite, est-ce que vous vous trouvez mal ?

MARGUERITE

Non, mon enfant; laisse-moi un moment en repos... Je ne sais ce qui m'a prise... Cela m'est venu subitement.

LE MAÎTRE

Elle mentait.

JACQUES

Oui, elle mentait.

MARGUERITE

C'est que je rêvais.

JACQUES

Rêvez-vous comme cela la nuit à côté de votre mari ?

MARGUERITE

Quelquefois.

JACQUES

Cela doit l'effrayer.

MARGUERITE

Il y est fait...

Marguerite revint peu à peu de sa défaillance, et dit : Je rêvais qu'à la noce, il y a huit jours, notre homme et celui de la Suzanne se sont bien moqués de toi; cela m'a fait pitié, et je me suis trouvée toute je ne sais comment.

JACQUES

Vous êtes trop bonne.

MARGUERITE

Je n'aime pas qu'on se moque. Je rêvais qu'à la première occasion ils recommenceraient de plus belle, et que cela me fâcherait encore.

JACQUES

Mais il ne tiendrait qu'à vous que cela ne vous fâchât plus.

MARGUERITE

Et comment ?

JACQUES

En m'apprenant...

MARGUERITE

Et quoi ?

JACQUES

Ce que j'ignore, et ce qui faisait tant rire votre homme et celui de la Suzanne, qui ne riraient plus.

MARGUERITE

Oh ! non, non. Je sais bien que tu es un bon garçon, et que tu ne le dirais à personne; mais je n'oserais.

JACQUES

Et pourquoi ?

MARGUERITE

C'est que je n'oserais.

JACQUES

Ah! dame Marguerite, apprenez-moi, je vous en prie, je vous en aurai la plus grande obligation, apprenez-moi... En la suppliant ainsi, je lui serrais les mains et elle me les serrait aussi; je lui baisais les yeux, et elle me baisait la bouche. Cependant il faisait tout à fait nuit. Je lui dis donc : Je vois bien, dame Marguerite, que vous ne me voulez pas assez de bien pour m'apprendre; j'en suis tout à fait chagrin. Allons, levons-nous; retournons-nous-en... Dame Marguerite se tut; elle reprit une de mes mains, je ne sais où elle la conduisit, mais le fait est que je m'écriai : « Il n'y a rien ! il n'y a rien ! »

LE MAÎTRE

Scélérat ! double scélérat !

JACQUES

Le fait est qu'elle était fort déshabillée, et que je l'étais beaucoup aussi. Le fait est que j'avais toujours la main où il n'y avait rien chez elle, et qu'elle avait placé sa main où cela n'était pas tout à fait de même chez moi. Le fait est que je me trouvai sous elle et par conséquent elle sur moi. Le fait est que, ne la soulageant d'aucune fatigue, il fallait bien qu'elle la prît tout entière. Le fait est qu'elle se livrait à mon instruction de si bon cœur, qu'il vint un instant où je crus qu'elle en mourrait. Le fait est qu'aussi troublé qu'elle, et ne sachant ce que je disais, je m'écriai : « Ah ! dame Suzanne, que vous me faites aise ! »

LE MAÎTRE

Tu veux dire dame Marguerite.

JACQUES

Non, non. Le fait est que je pris un nom pour un autre; et qu'au lieu de dire dame Marguerite, je dis dame Suzon. Le fait est que j'avouai à dame Marguerite que ce qu'elle croyait m'apprendre ce jour-là, dame Suzon me l'avait appris, un peu diversement, à la vérité, il y avait trois ou quatre jours. Le fait est qu'elle me dit : « Quoi ! c'est Suzon et non pas moi ?... » Le fait est que je lui répondis : « Ce n'est ni l'une ni l'autre. » Le fait est que, tout en se moquant d'elle-même, de Suzon, des deux maris, et qu'en me disant de petites injures, je me trouvai sur elle, et par conséquent elle sous moi, et qu'en m'avouant que cela lui avait fait bien du plaisir, mais pas autant que de l'autre manière, elle se retrouva sur moi, et par conséquent moi sous elle. Le fait est qu'après quelque temps de repos et de silence, je ne me trouvai ni elle dessous, ni moi dessus, ni elle dessus, ni moi dessous; car nous étions l'un et l'autre sur le côté; qu'elle avait la tête penchée en devant et ses deux fesses collées contre mes deux cuisses. Le fait est que, si j'avais été moins savant, la bonne dame Marguerite m'aurait appris tout ce qu'on peut apprendre. Le fait est que nous eûmes bien de la peine à regagner le village. Le fait est que mon mal de gorge est fort augmenté, et qu'il n'y a pas d'apparence que je puisse parler de quinze jours [133].

LE MAÎTRE

Et tu n'as pas revu ces femmes ?

JACQUES

Pardonnez-le-moi, plus d'une fois.

LE MAÎTRE

Toutes deux ?

JACQUES

Toutes deux.

LE MAÎTRE

Elles ne se sont point brouillées ?

JACQUES

Utiles l'une à l'autre, elles s'en sont aimées davantage.

LE MAÎTRE

Les nôtres en auraient bien fait autant, mais chacune avec son chacun... Tu ris.

JACQUES

Toutes les fois que je me rappelle le petit homme criant, jurant, écumant, se débattant de la tête, des pieds, des mains, de tout le corps, et prêt à se jeter du haut du fenil en bas, au hasard de se tuer, je ne saurais m'empêcher d'en rire.

LE MAÎTRE

Et ce petit homme, qui est-il ? Le mari de la dame Suzon ?

JACQUES

Non.

LE MAÎTRE

Le mari de la dame Marguerite ?

JACQUES

Non... Toujours le même : il en a, pour tant qu'il vivra

LE MAÎTRE

Qui est-il donc ?

Jacques ne répondit point à cette question et le maître ajouta :

Dis-moi seulement qui était le petit homme.

JACQUES

Un jour un enfant, assis au pied du comptoir d'une lingère, criait de toute sa force. Une marchande importunée de ses cris, lui dit : « Mon ami, pourquoi criez-vous ?

— C'est qu'ils veulent me faire dire A.

— Et pourquoi ne voulez-vous pas dire A ?

— C'est que je n'aurai pas si tôt dit A, qu'ils voudront me faire dire B... »

C'est que je ne vous aurai pas si tôt dit le nom du petit homme, qu'il faudra que je vous dise le reste.

LE MAÎTRE

Peut-être.

JACQUES

Cela est sûr.

LE MAÎTRE

Allons, mon ami Jacques, nomme-moi le petit homme. Tu t'en meurs d'envie, n'est-ce pas ? Satisfais-toi.

JACQUES

C'était une espèce de nain, bossu, crochu[134], bègue, borgne, jaloux, paillard, amoureux et peut-être aimé de Suzon. C'était le vicaire du village.

Jacques ressemblait à l'enfant de la lingère comme deux gouttes d'eau, avec cette différence que, depuis son mal de gorge, on avait de la peine à lui faire dire A, mais une fois en train, il allait de lui-même jusqu'à la fin de l'alphabet.

JACQUES

J'étais dans la grange de Suzon, seul avec elle.

LE MAITRE

Et tu n'y étais pas pour rien?

JACQUES

Non. Lorsque le vicaire arrive, il prend de l'humeur, il gronde, il demande impérieusement à Suzon ce qu'elle fait en tête-à-tête avec le plus débauché des garçons du village, dans l'endroit le plus reculé de la chaumière.

LE MAÎTRE

Tu avais déjà de la réputation, à ce que je vois.

JACQUES

Et assez bien méritée. Il était vraiment fâché; à ce propos il en ajouta d'autres encore moins obligeants. Je me fâche de mon côté. D'injure en injure nous en venons aux mains. Je saisis une fourche, je la lui passe entre les jambes, fourchon d'ici, fourchon de là, et le lance sur le fenil, ni plus ni moins, comme une botte de paille.

LE MAÎTRE

Et ce fenil était haut?

JACQUES

De dix pieds au moins, et le petit homme n'en serait pas descendu sans se rompre le cou.

LE MAÎTRE

Après?

JACQUES

Après, j'écarte le fichu de Suzon, je lui prends la gorge, je la caresse; elle se défend comme cela. Il y avait là un bât d'âne dont la commodité nous était connue; je la pousse sur ce bât.

LE MAÎTRE

Tu relèves ses jupons ?

JACQUES

Je relève ses jupons.

LE MAÎTRE

Et le vicaire voyait cela ?

JACQUES

Comme je vous vois.

LE MAÎTRE

Et il se taisait ?

JACQUES

Non pas, s'il vous plaît. Ne se contenant plus de rage, il se mit à crier : « Au meu... meu... meurtre! au feu... feu... feu!... au vo... vo... voleur!... » Et voilà le mari que nous croyions loin qui accourt.

LE MAÎTRE

J'en suis fâché : je n'aime pas les prêtres.

JACQUES

Et vous auriez été enchanté que sous les yeux de celui-ci...

LE MAÎTRE

J'en conviens.

JACQUES

Suzon avait eu le temps de se relever; je me rajuste, me sauve, et c'est Suzon qui m'a raconté ce qui suit. Le mari qui voit le vicaire perché sur le fenil, se met à rire. Le vicaire lui disait : « Ris... ris... ris bien... so... sot... sot que tu es... » Le mari de lui obéir, de rire de plus belle, et de lui demander qui est-ce qui l'a niché là. — Le vicaire : « Met... met... mets-moi à te... te... terre. » — Le mari de rire encore, et de lui demander comment il faut qu'il s'y prenne. — Le vicaire : « Co... co... comme j'y... j'y... j'y... suis mon... mon... monté, a... a... avec la fou... fou... fourche... — Parsanguienne, vous avez raison; voyez ce que c'est que d'avoir étudié ?... » Le mari prend la fourche, la présente au vicaire; celui-ci s'enfourche comme je l'avais enfourché; le mari lui fait faire un ou deux tours de grange au bout de l'instrument de basse-cour, accompagnant cette promenade d'une espèce de chant en faux-bourdon; et le vicaire criait : « Dé... dé... descends-moi, ma... ma... maraud, me... me dé... dé... descendras... dras-tu ?... » Et le mari lui disait : A quoi tient-il, monsieur le vicaire, que je ne vous montre ainsi dans toutes les rues du village ? On n'y aurait jamais vu une aussi belle procession... » Cependant le vicaire en fut quitte pour la peur, et le mari le mit à terre. Je ne sais ce qu'il dit alors au mari, car Suzon s'était évadée; mais j'entendis : « Ma,,. ma... malheureux ! tu... tu... fra... fra... frappes un... un... prê... prê... prêtre; je... je... t'e... t'e... t'ex... co... co... communie; tu... tu... se... seras dan... dan... damné... » C'était le petit homme qui parlait : et c'était le mari qui le pourchassait à coups de fourche. J'arrive avec beaucoup d'autres; d'aussi loin que le mari m'aperçut, mettant sa fourche en arrêt : « Approche approche, » me dit-il.

LE MAÎTRE

Et Suzon ?

JACQUES

Elle s'en tira.

LE MAÎTRE

Mal ?

JACQUES

Non; les femmes s'en tirent toujours bien quand on ne les a pas surprises en flagrant délit... De quoi riez-vous ?

LE MAÎTRE

De ce qui me fera rire, comme toi, toutes les fois que je me rappellerai le petit prêtre au bout de la fourche du mari.

JACQUES

Ce fut peu de temps après cette aventure, qui vint aux oreilles de mon père et qui en rit aussi, que je m'engageai comme je vous ai dit...

Après quelques moments de silence ou de toux de la part de Jacques, disent les uns, ou après avoir encore ri, disent les autres, le maître s'adressant à Jacques, lui dit : « Et l'histoire de tes amours ? » — Jacques hocha de la tête et ne répondit pas.

Comment un homme de sens, qui a des mœurs, qui se pique de philosophie, peut-il s'amuser à débiter des contes de cette obscénité ? — Premièrement, lecteur, ce ne sont pas des contes, c'est une histoire [135], et je ne me sens pas plus coupable, et peut-être moins, quand j'écris les sottises de Jacques, que Suétone quand il nous transmet les débauches de Tibère. Cependant vous lisez Suétone, et vous ne lui faites aucun reproche. Pourquoi ne froncez-vous pas le sourcil à Catulle, à Martial, à Horace, à Juvénal, à Pétrone, à La Fontaine et à tant d'autres ? Pourquoi ne dites-vous pas au stoïcien Sénèque : Quel besoin avons-nous de la crapule de votre esclave [136] aux miroirs concaves ? Pourquoi n'avez-vous de l'indulgence que pour les morts ? Si vous réfléchissiez un peu à cette partialité, vous verriez qu'elle naît de quelque principe vicieux. Si vous êtes innocent, vous ne me lirez pas ; si vous êtes corrompu, vous me lirez sans conséquence. Et puis, si ce que je vous dis là ne vous satisfait pas, ouvrez la préface de Jean-Baptiste Rousseau [137], et vous y trouverez mon apologie. Quel est celui d'entre vous qui osât blâmer Voltaire d'avoir composé *la Pucelle* [138] ! Aucun. Vous avez donc deux balances pour les actions des hommes ? Mais dites-vous, *la Pucelle* de Voltaire est un chef-d'œuvre ! — Tant pis, puisqu'on ne l'en lira que davantage. — Et votre *Jacques* n'est qu'une insipide rapsodie de faits, les uns réels, les autres imaginés, écrits sans grâce et distribués sans ordre [139]. — Tant mieux, mon *Jacques* en sera moins lu. De quelque côté que vous vous tourniez, vous avez tort. Si mon ouvrage est bon, il vous fera plaisir ; s'il est mauvais, il ne fera point de mal. Point de livre plus innocent qu'un mauvais livre. Je m'amuse à écrire sous des noms empruntés les sottises que vous faites ; vos sottises me font rire ; mon écrit vous donne de l'humeur. Lecteur, à vous parler franchement, je trouve que le plus méchant de nous deux, ce n'est pas moi. Que je serais satisfait s'il m'était aussi facile de me garantir de vos noirceurs, qu'à vous de l'ennui ou du danger de mon ouvrage ! Vilains hypocrites, laissez-moi en repos. Foutez comme des ânes débâtés ; mais permettez que je dise foutre [140]; je vous passe l'action, passez-moi le mot. Vous prononcez hardiment, tuer, voler, trahir, et l'autre vous ne l'oseriez qu'entre les dents! Est-ce que moins vous exhalez de ces prétendues impuretés en paroles, plus il vous en reste dans la pensée? Et que vous a fait l'action génitale, si naturelle, ni nécessaire et si juste, pour en exclure le signe de vos entretiens, et pour imaginer que votre bouche, vos yeux et vos oreilles en seraient souillés? Il est bon que les expressions les moins usitées, les moins écrites, les mieux tues soient les mieux sues et les plus généralement connues; aussi cela est-il; aussi le mot *futuo* n'est-il pas moins familier que le mot pain; nul âge ne l'ignore, nul idiome n'en est privé : il a mille synonymes dans toutes les langues, il s'imprime en chacune sans être exprimé, sans voix, sans figure, et le sexe qui le fait le plus, a usage de le taire le plus [141]. Je vous entends encore, vous vous écriez : « Fi, le cynique! Fi, l'impudent! Fi, le sophiste!... » Courage, insultez bien un auteur estimable que vous avez sans cesse entre les mains, et dont je ne suis ici que le traducteur. La licence de son style m'est presque un garant de la pureté de ses mœurs; c'est Montaigne. *Lasciva est nobis pagina, vita proba* [142].

Jacques et son maître passèrent le reste de la journée sans desserrer les dents. Jacques toussait, et son maître disait : « Voilà une cruelle toux! » regardait à sa montre l'heure qu'il était sans le savoir, ouvrait sa tabatière sans s'en douter, et prenait sa prise de tabac sans le sentir; ce qui me le prouve, c'est qu'il faisait ces choses trois ou quatre fois de suite et dans le même ordre. Un moment après, Jacques toussait encore, et son maître disait : « Quelle diable de toux! Aussi tu t'en es donné du vin de l'hôtesse jusqu'au nœud de la gorge. Hier au soir, avec le secrétaire, tu ne t'es pas ménagé davantage; quand tu remontas tu chancelais, tu ne savais ce que tu disais; et aujourd'hui tu as fait dix haltes, et je gage qu'il ne reste pas une goutte de vin dans ta gourde?... » Puis il grommelait entre ses dents, regardait à sa montre, et régalait ses narines.

J'ai oublié de vous dire, lecteur, que Jacques n'allait jamais sans une gourde pleine du meilleur; elle était suspendue à l'arçon de sa selle. A chaque fois que son maître interrompait son récit par quelque question un peu longue, il détachait sa gourde, en buvait un coup à la régalade, et ne la remettait à sa place que quand son maître avait cessé de parler. J'avais encore oublié de vous dire que, dans les cas qui demandaient de la réflexion, son premier mouvement était d'interroger sa gourde. Fallait-il résoudre une question de morale, discuter un fait, préférer un chemin à un autre, entamer, suivre ou abandonner une affaire, peser les avantages et les désavantages d'une opération de politique, d'une spéculation de commerce ou de finance, la sagesse ou la folie d'une loi, le sort d'une guerre, le choix d'une auberge, dans une auberge le choix d'un appartement, dans un appartement le choix d'un lit, son premier mot était : « Interrogeons la gourde. » Son dernier mot était : « C'est l'avis de la gourde et le mien [143]. » Lorsque le destin était muet dans sa tête, il s'expliquait par sa gourde, c'était une espèce de Pythie portative, silencieuse aussitôt qu'elle était vide. A Delphes, la Pythie, ses cotillons retroussés, assise à cul nu sur le trépied, recevait son inspiration de bas en haut; Jacques, sur son cheval, la tête tournée vers le ciel, sa gourde débouchée et le goulot incliné vers sa bouche, recevait son inspiration de haut en bas. Lorsque la Pythie et Jacques prononçaient leurs oracles, ils étaient ivres tous les deux. Il prétendait que l'Esprit-Saint était descendu sur les apôtres dans une gourde; il appelait la Pentecôte la fête des gourdes [144]. Il a laissé un petit traité de toutes les sortes de divinations [145], traité profond dans lequel il donne la préférence à la divination par Bacbuc; ou par la gourde. Il s'inscrit en faux, malgré toute la vénération qu'il lui portait, contre le curé de Meudon qui interrogeait la dive Bacbuc par le choc de la panse. « J'aime Rabelais, dit-il, mais j'aime mieux la vérité que Rabelais [146]. » Il l'appelle hérétique *Engastrimute* [147]; et il prouve par cent raisons, meilleures les unes que les autres, que les vrais oracles de Bacbuc ou de la gourde ne se faisaient entendre que par le goulot. Il compte au rang des sectateurs distingués de Bacbuc, des vrais inspirés de la gourde dans ces derniers siècles, Rabelais, La Fare, Chapelle, Chaulieu, La Fontaine, Molière, Panard, Gallet, Vadé [148]. Platon et Jean-Jacques Rousseau, qui prônèrent le bon vin sans en boire, sont à son avis deux faux frères de la gourde. La gourde eut autrefois quelques sanctuaires célèbres; la Pomme-de-pin, le Temple et la Guinguette [149], sanctuaires dont il écrit l'his-

toire séparément. Il fait la peinture la plus magnifique de
l'enthousiasme, de la chaleur, du feu dont les Bacbuciens
ou Périgourdins [150] étaient et furent encore saisis de nos
jours, lorsque sur la fin du repas, les coudes appuyés sur la
table, la dive Bacbuc ou la gourde sacrée leur apparaissait,
était déposée au milieu d'eux, sifflait, jetait sa coiffe loin
d'elle, et couvrait ses adorateurs de son écume prophétique.
Son manuscrit est décoré de deux portraits, au bas desquels
on lit : *Anacréon et Rabelais, l'un parmi les anciens, l'autre parmi
les modernes, souverains pontifes de la gourde.*

Et Jacques s'est servi du terme engastrimute ?... Pourquoi pas, lecteur ? Le capitaine de Jacques était Bacbucien ;
il a pu connaître cette expression, et Jacques, qui recueillait
tout ce qu'il disait, se la rappeler ; mais la vérité, c'est que
l'*Engastrimute* est de moi, et qu'on lit sur le texte original ;
Ventriloque.

Tout cela est fort beau, ajoutez-vous ; mais les amours de
Jacques ? — Les amours de Jacques, il n'y a que Jacques
qui les sache ; et le voilà tourmenté d'un mal de gorge qui
réduit son maître à sa montre et à sa tabatière ; indigence
qui l'afflige autant que vous. — Qu'allons-nous donc
devenir ? — Ma foi, je n'en sais rien. Ce serait bien ici le
cas d'interroger la dive Bacbuc ou la gourde sacrée ; mais
son culte tombe, ses temples sont déserts. Ainsi qu'à la
naissance de notre divin Sauveur, les oracles du paganisme
cessèrent ; à la mort de Gallet, les oracles de Bacbuc furent
muets ; aussi plus de grands poèmes, plus de ces morceaux
d'une éloquence sublime ; plus de ces productions marquées
au coin de l'ivresse et du génie ; tout est raisonné, compassé,
académique et plat [151]. O dive Bacbuc ! ô gourde sacrée ! ô
divinité de Jacques ! Revenez au milieu de nous !... Il me
prend envie, lecteur, de vous entretenir de la naissance de
dive Bacbuc, des prodiges qui l'accompagnèrent et qui la
suivirent, des merveilles de son règne et des désastres de
sa retraite ; et si le mal de gorge de notre ami Jacques dure,
et que son maître s'opiniâtre à garder le silence, il faudra
bien que vous vous contentiez de cet épisode, que je tâcherai
de pousser jusqu'à ce que Jacques guérisse et reprenne
l'histoire de ses amours...

Il y a ici une lacune vraiment déplorable dans la conversation de Jacques et de son maître. Quelque jour un descendant de Nodot, du président de Brosses, de Freinshémius,

ou du père Brottier [152] la remplira peut-être; et les descendants de Jacques ou de son maître, propriétaires du manuscrit, en riront beaucoup.

Il paraît que Jacques, réduit au silence par son mal de gorge, suspendit l'histoire de ses amours; et que son maître commença l'histoire des siennes. Ce n'est ici qu'une conjecture que je donne pour ce qu'elle vaut. Après quelques lignes ponctuées qui annoncent la lacune, on lit : « Rien n'est plus triste dans ce monde que d'être un sot... » Est-ce Jacques qui profère cet apophthegme ? Est-ce son maître ? Ce serait le sujet d'une longue et épineuse dissertation. Si Jacques était assez insolent pour adresser ces mots à son maître, celui-ci était assez franc pour se les adresser à lui-même. Quoi qu'il en soit, il est évident, il est très évident que c'est le maître qui continue.

LE MAÎTRE

C'était la veille de sa fête, et je n'avais point d'argent. Le chevalier de Saint-Ouin, mon intime ami, n'était jamais embarrassé de rien. « Tu n'as point d'argent, me dit-il ?

— Non.

— Eh bien ! il n'y a qu'à en faire.

— Et tu sais comme on en fait ?

— Sans doute. » Il s'habille, nous sortons, et il me conduit à travers plusieurs rues détournées dans une petite maison obscure, où nous montons par un petit escalier sale, à un troisième, où j'entre dans un appartement assez spacieux et singulièrement meublé. Il y avait entre autres choses trois commodes de front, toutes trois de formes différentes; par derrière celle du milieu, un grand miroir à chapiteau trop haut pour le plafond, en sorte qu'un bon demi-pied de ce miroir était caché par la commode; sur ces commodes des marchandises de toute espèce; deux trictracs; autour de l'appartement, des chaises assez belles, mais pas une qui eût sa pareille; au pied d'un lit sans rideaux une superbe duchesse [153]; contre une des fenêtres une volière sans oiseaux, mais toute neuve; à l'autre fenêtre un lustre suspendu par un manche à balai, et le manche à balai portant des deux bouts sur les dossiers de deux mauvaises chaises de paille; et puis de droite et de gauche des tableaux, les uns attachés aux murs, les autres en pile.

JACQUES

Cela sent le faiseur d'affaires d'une lieue à la ronde.

LE MAÎTRE

Tu l'as deviné. Et voilà le chevalier et M. Le Brun (c'est le nom de notre brocanteur et courtier d'usure) qui se précipitent dans les bras l'un de l'autre... « Et c'est vous, monsieur le chevalier ?

— Et oui, c'est moi, mon cher Le Brun.

— Mais que devenez-vous donc ? Il y a une éternité qu'on ne vous a vu. Les temps sont bien tristes ; n'est-il pas vrai ?

— Très tristes, mon cher Le Brun. Mais il ne s'agit pas de cela ; écoutez-moi, j'aurais un mot à vous dire... »

Je m'assieds. Le chevalier et Le Brun se retirent dans un coin, et se parlent. Je ne puis te rendre de leur conversation que quelques mots que je surpris à la volée...

« Il est bon ?

— Excellent.

— Majeur ?

— Très majeur.

— C'est le fils ?

— Le fils.

— Savez-vous que nos deux dernières affaires ?...

— Parlez plus bas.

— Le père ?

— Riche.

— Vieux ?

— Et caduc. »

Le Brun à haute voix : « Tenez, monsieur le chevalier, je ne veux plus me mêler de rien, cela a toujours des suites fâcheuses. C'est votre ami, à la bonne heure ! Monsieur a tout à fait l'air d'un galant homme ; mais...

— Mon cher Le Brun !

— Je n'ai point d'argent.

— Mais vous avez des connaissances !

— Ce sont tous des gueux, des fieffés fripons. Monsieur le chevalier, n'êtes-vous point las de passer par ces mains-là ?

— Nécessité n'a point de loi.

— La nécessité qui vous presse est une plaisante nécessité, une bouillotte, une partie de la belle [154], quelque fille.

— Cher ami !...

— C'est toujours moi, je suis faible comme un enfant ; et puis vous, je ne sais pas à qui vous ne feriez pas fausser un serment. Allons, sonnez donc, afin que je sache si Fourgeot est chez lui... Non, ne sonnez pas, Fourgeot vous mènera chez Merval.

— Pourquoi pas vous ?

— Moi ! j'ai juré que cet abominable Merval ne travaillerait jamais ni pour moi ni pour mes amis. Il faudra que vous répondiez pour monsieur, qui peut-être, qui est sans doute un honnête homme ; que je réponde pour vous à Fourgeot, et que Fourgeot réponde pour moi à Merval... »

Cependant la servante était entrée en disant : « C'est chez M. Fourgeot ? »

Le Brun à sa servante : « Non, ce n'est chez personne... Monsieur le chevalier, je ne saurais absolument, je ne saurais. »

Le chevalier l'embrasse, le caresse : « Mon cher Le Brun ! mon cher ami !... » Je m'approche, je joins mes instances à celles du chevalier : « Monsieur Le Brun ! mon cher monsieur !... »

Le Brun se laisse persuader.

La servante qui souriait de cette momerie, part, et dans un clin d'œil reparaît avec un petit homme boiteux, vêtu de noir, canne à la main, bègue, le visage sec et ridé, l'œil vif. Le chevalier se tourne de son côté et lui dit : « Allons, monsieur Mathieu de Fourgeot, nous n'avons pas un moment à perdre, conduisez-nous vite... »

Fourgeot, sans avoir l'air de l'écouter, déliait une petite bourse de chamois.

Le chevalier à Fourgeot : « Vous vous moquez, cela nous regarde... » Je m'approche, je tire un petit écu que je glisse au chevalier qui le donne à la servante en lui passant la main sous le menton. Cependant Le Brun disait à Fourgeot : « Je vous le défends ; ne conduisez point là ces messieurs.

FOURGEOT

Monsieur Le Brun, pourquoi donc ?

LE BRUN

C'est un fripon, c'est un gueux.

FOURGEOT

Je sais bien que M. de Merval... mais à tout péché miséricorde; et puis, je ne connais que lui qui ait de l'argent pour le moment.

LE BRUN

Monsieur Fourgeot, faites comme il vous plaira; messieurs, je m'en lave les mains.

FOURGEOT, *à Le Brun.*

Monsieur Le Brun, est-ce que vous ne venez pas avec nous ?

LE BRUN

Moi ! Dieu m'en préserve. C'est un infâme que je ne reverrai de ma vie.

FOURGEOT

Mais, sans vous, nous ne finirons rien.

LE CHEVALIER

Il est vrai. Allons, mon cher Le Brun, il s'agit de me servir, il s'agit d'obliger un galant homme qui est dans la presse; vous ne me refuserez pas; vous viendrez.

LE BRUN

Aller chez un Merval ! moi ! moi !

LE CHEVALIER

Oui, vous, vous viendrez pour moi... »
A force de sollicitations Le Brun se laisse entraîner, et nous voilà, lui Le Brun, le chevalier, Mathieu de Fourgeot, en chemin, le chevalier frappant amicalement dans la main de Le Brun et me disant : « C'est le meilleur homme, l'homme le plus officieux, la meilleure connaissance...

LE BRUN

Je crois que M. le chevalier me ferait faire de la fausse monnaie. »
Nous voilà chez Merval.

JACQUES

Mathieu de Fourgeot...

LE MAÎTRE

Eh bien ! qu'en veux-tu dire ?

JACQUES

Mathieu de Fourgeot... Je veux dire que M. le chevalier
de Saint-Ouin connaît ces gens-là par nom et surnom :
et que c'est un gueux, d'intelligence avec toute cette
canaille-là.

LE MAÎTRE

Tu pourrais bien avoir raison... Il est impossible de
connaître un homme plus doux, plus civil, plus honnête,
plus poli, plus humain, plus compatissant, plus désintéressé que M. de Merval. Mon âge de majorité et ma solva-
bilité bien constatée, M. de Merval prit un air tout à fait
affectueux et triste et nous dit avec le ton de la componction
qu'il était au désespoir; qu'il avait été dans cette même
matinée obligé de secourir un de ses amis pressé des besoins
les plus urgents, et qu'il était tout à fait à sec. Puis s'adressant à moi, il ajouta : « Monsieur, n'ayez point de regret de
ne pas être venu plus tôt; j'aurais été affligé de vous refuser,
mais je l'aurais fait : l'amitié passe avant tout... »
Nous voilà tous bien ébahis; voilà le chevalier, Le Brun
même et Fourgeot aux genoux de Merval, et M. de Merval
qui leur disait : « Messieurs, vous me connaissez tous;
j'aime à obliger et tâche de ne pas gâter les services que je
rends en les faisant solliciter : mais, foi d'homme d'honneur,
il n'y a pas quatre louis dans la maison... »
Moi, je ressemblais, au milieu de ces gens-là, à un patient
qui a entendu sa sentence. Je disais au chevalier :
« Chevalier, allons-nous-en, puisque ces messieurs ne
peuvent rien... » Et le chevalier me tirant à l'écart : « Tu
n'y penses pas, c'est la veille de sa fête. Je l'ai prévenue, je
t'en avertis; et elle s'attend à une galanterie de ta part. Tu
la connais : ce n'est pas qu'elle soit intéressée; mais elle
est comme toutes les autres, qui n'aiment pas à être trompées
dans leur attente. Elle s'en sera peut-être déjà vantée à son
père, à sa mère, à ses tantes, à ses amies; et, après cela, n'avoir
rien à leur montrer, cela est mortifiant... » Et puis le voilà
revenu à Merval, et le pressant plus vivement encore. Merval,
après s'être bien fait tirailler, dit : « J'ai la plus sotte âme

du monde; je ne saurais voir les gens en peine. Je rêve; et il me vient une idée.

LE CHEVALIER

Et quelle idée ?

MERVAL

Pourquoi ne prendriez-vous pas des marchandises ?

LE CHEVALIER

En avez-vous ?

MERVAL

Non; mais je connais une femme qui vous en fournira; une brave femme, une honnête femme.

LE BRUN

Oui, mais qui nous fournira des guenilles, qu'elle nous vendra au poids de l'or, et dont nous ne tirerons rien.

MERVAL

Point du tout, ce seront de très belles étoffes, des bijoux en et et en argent, des soieries de toute espèce, des perles, quelques pierreries; il y aura très peu de chose à perdre sur ces effets. C'est une bonne créature à se contenter de peu, pourvu qu'elle ait ses sûretés; ce sont des marchandises d'affaires qui lui reviennent à très bon prix. Au reste, voyez-les, la vue ne vous en coûtera rien... »

Je représentai à Merval et au chevalier, que mon état n'était pas de vendre; et que, quand cet arrangement ne me répugnerait pas, ma position ne me laisserait pas le temps d'en tirer parti. Les officieux Le Brun et Mathieu de Fourgeot dirent tous à la fois : « Qu'à cela ne tienne, nous vendrons pour vous; c'est l'embarras d'une demi-journée... » Et la séance fut remise à l'après-midi chez M. de Merval, qui, me frappant doucement sur l'épaule, me disait d'un ton onctueux et pénétré : « Monsieur, je suis charmé de vous obliger; mais, croyez-moi, faites rarement de pareils emprunts; ils finissent toujours par ruiner. Ce serait un miracle, dans ce pays-ci, que vous eussiez encore à traiter une fois avec d'aussi honnêtes gens que MM. Le Brun et Mathieu de Fourgeot... »

Le Brun et Fourgeot de Mathieu, ou Mathieu de Fourgeot le remercièrent en s'inclinant, et lui disant qu'il avait bien de la bonté, qu'ils avaient tâché jusqu'à présent de faire leur petit commerce en conscience, et qu'il n'y avait pas de quoi les louer.

MERVAL

Vous vous trompez, messieurs, car qui est-ce qui a de la conscience à présent ? Demandez à M. le chevalier de Saint-Ouin, qui doit en savoir quelque chose...

Nous voilà sortis de chez Merval, qui nous demande, du haut de son escalier, s'il peut compter sur nous et faire avertir sa marchande. Nous lui répondons que oui; et nous allons tous quatre dîner dans une auberge voisine, en attendant l'heure du rendez-vous.

Ce fut Mathieu de Fourgeot qui commanda le dîner, et qui le commanda bon. Au dessert, deux marmottes [155] s'approchèrent de notre table avec leurs vielles; Le Brun les fit asseoir. On les fit boire, on les fit jaser, on les fit jouer. Tandis que mes trois convives s'amusaient à en chiffonner une, sa compagne, qui était à côté de moi, me dit tout bas : « Monsieur, vous êtes là en bien mauvaise compagnie : il n'y a pas un de ces gens-là qui n'ait son nom sur le livre rouge [156]. »

Nous quittâmes l'auberge à l'heure indiquée, et nous nous rendîmes chez le Merval. J'oubliais de te dire que ce dîner épuisa la bourse du chevalier et la mienne, et qu'en chemin Le Brun dit au chevalier, qui me le redit, que Mathieu de Fourgeot exigeait six louis pour sa commission, que c'était le moins qu'on pût lui donner; que s'il était satisfait de nous, nous aurions les marchandises à meilleur prix, et que nous retrouverions aisément cette somme sur la vente.

Nous voilà chez Merval, où sa marchande nous avait précédés avec ses marchandises. Mᶫᶫᵉ Bridoie (c'est son nom) nous accabla de politesses et de révérences, et nous étala des étoffes, des toiles, des dentelles, des bagues, des diamants, des boîtes d'or. Nous prîmes de tout. Ce furent Le Brun, Mathieu de Fourgeot et le chevalier, qui mirent le prix aux choses; et c'est Merval qui tenait la plume. Le total se monta à dix-neuf mille sept cent soixante et quinze livres, dont j'allais faire mon billet, lorsque Mᶫᶫᵉ Bridoie me dit, en faisant une révérence (car elle ne s'adressait jamais à personne sans le révérencier) : « Monsieur votre dessein est de payer vos billets à leurs échéances ?

— Assurément, lui répondis-je.

— En ce cas, me répliqua-t-elle, il vous est indifférent de me faire des billets ou des lettres de change [157]. »

Le mot de lettre de change me fit pâlir. Le chevalier s'en aperçut, et dit à Mlle Bridoie : « Des lettres de change, mademoiselle ! mais ces lettres de change courront, et l'on ne sait en quelles mains elles pourraient aller.

— Vous vous moquez, monsieur le chevalier; on sait un peu les égards dus aux personnes de votre rang... » Et puis une révérence... « On tient ces papiers-là dans son portefeuille; on ne les produit qu'à temps. Tenez, voyez... » Et puis une révérence... Elle tire son portefeuille de sa poche; elle lit une multitude de noms de tout état et de toutes conditions. Le chevalier s'était approché de moi, et me disait : « Des lettres de change ! cela est diablement sérieux ! Vois ce que tu veux faire. Cette femme me paraît honnête, et puis, avant l'échéance, tu seras en fonds ou j'y serai. »

JACQUES

Et vous signâtes les lettres de change ?

LE MAÎTRE

Il est vrai.

JACQUES

C'est l'usage des pères, lorsque leurs enfants partent pour la capitale, de leur faire un petit sermon. Ne fréquentez point mauvaise compagnie; rendez-vous agréable à vos supérieurs, par de l'exactitude à remplir vos devoirs; conservez votre religion; fuyez les filles de mauvaise vie, les chevaliers d'industrie [158], et surtout ne signez jamais des lettres de change.

LE MAÎTRE

Que veux-tu, je fis comme les autres; la première chose que j'oubliai, ce fut la leçon de mon père. Me voilà pourvu de marchandises à vendre, mais c'est de l'argent qu'il nous fallait. Il y avait quelques paires de manchettes à dentelle, très belles : le chevalier s'en saisit au prix coûtant, en me disant : « Voilà déjà une partie de tes emplettes, sur laquelle tu ne perdras rien. » Mathieu de Fourgeot prit une montre et deux boîtes d'or, dont il allait sur-le-champ m'apporter la valeur; Le Brun prit en dépôt le reste chez lui. Je mis dans ma poche une superbe garniture avec les manchettes; c'était une des fleurs du bouquet que j'avais à donner. Mathieu de Fourgeot revint en un clin d'œil avec soixante louis. De ces soixante louis, il en retint dix pour lui, et je reçus les cinquante autres. Il me dit qu'il n'avait vendu ni la montre ni les deux boîtes, mais qu'il les avait mises en gage.

JACQUES

En gage ?

LE MAÎTRE

Oui.

JACQUES

Je sais où.

LE MAÎTRE

Où ?

JACQUES

Chez la demoiselle aux révérences, la Bridoie.

LE MAÎTRE

Il est vrai. Avec la paire de manchettes et sa garniture, je pris encore une jolie bague, avec une boîte à mouches, doublée d'or. J'avais cinquante louis dans ma bourse; et nous étions le chevalier et moi, de la plus belle gaieté.

JACQUES

Voilà qui est fort bien. Il n'y a dans tout ceci qu'une chose qui m'intrigue; c'est le désintéressement du sieur Le Brun; est-ce que celui-là n'eut aucune part à la dépouille ?

LE MAÎTRE

Allons donc, Jacques, vous vous moquez; vous ne connaissez pas M. Le Brun. Je lui proposai de reconnaître ses bons offices; il se fâcha, il me répondit que je le prenais apparemment pour un Mathieu de Fourgeot; qu'il n'avait jamais tendu la main. « Voilà mon cher Le Brun, s'écria le chevalier, c'est toujours lui-même; mais nous rougirions qu'il fût plus honnête que nous... » Et à l'instant il prit parmi nos marchandises deux douzaines de mouchoirs et une pièce de mousseline, qu'il lui fit accepter pour sa femme et pour sa fille. Le Brun se mit à considérer les mouchoirs, qui lui parurent si beaux, la mousseline qu'il trouva si fine, cela lui était offert de si bonne grâce, il avait une si prochaine occasion de prendre sa revanche avec nous par la vente des effets qui restaient entre ses mains, qu'il se laissa vaincre; et nous voilà partis, et nous acheminant à toutes jambes de fiacre vers la demeure de celle que j'aimais, et à qui la garniture, les manchettes et la bague étaient destinées. Le présent réussit à merveille. On fut charmante. On essaya sur-le-champ la garniture et les manchettes; la bague semblait avoir été faite pour le doigt. On soupa, et gaiement comme tu penses bien.

JACQUES

Et vous couchâtes là.

LE MAÎTRE

Non.

JACQUES

Ce fut donc le chevalier?

LE MAÎTRE

Je le crois.

JACQUES

Du train dont on vous menait, vos cinquante louis ne durèrent pas longtemps.

LE MAÎTRE

Non. Au bout de huit jours nous nous rendîmes chez Le Brun pour voir ce que le reste de nos effets avait produit.

JACQUES

Rien, ou peu de chose. Le Brun fut triste, il se déchaîna contre Le Merval et la demoiselle aux révérences, les appela gueux, infâmes, fripons, jura derechef de n'avoir jamais rien à démêler avec eux, et vous remit sept à huit cents francs.

LE MAÎTRE

A peu près; huit cent soixante et dix livres.

JACQUES

Ainsi, si je sais un peu calculer, huit cent soixante et dix
livres de Le Brun, cinquante louis de Merval ou de Fourgeot, la garniture, les manchettes et la bague, allons, encore
cinquante louis, et voilà ce qui vous est rentré de vos
dix-neuf mille sept cent soixante et treize livres, en marchandises. Diable! cela est honnête. Merval avait raison,
on n'a pas tous les jours à traiter avec d'aussi dignes gens.

LE MAÎTRE

Tu oublies les manchettes prises au prix coûtant par le
chevalier.

JACQUES

C'est que le chevalier ne vous en a jamais parlé.

LE MAÎTRE

J'en conviens. Et les deux boîtes d'or avec la montre
mises en gage par Mathieu, tu n'en dis rien.

JACQUES

C'est que je ne sais qu'en dire.

LE MAÎTRE

Cependant l'échéance des lettres de change arriva.

JACQUES

Et vos fonds ni ceux du chevalier n'arrivèrent point.

LE MAÎTRE

Je fus obligé de me cacher. On instruisit mes parents;
un de mes oncles vint à Paris. Il présenta un mémoire à la
police contre tous ces fripons. Ce mémoire fut renvoyé à
un des commis; ce commis était un protecteur gagé de
Merval. On répondit que, l'affaire étant en justice réglée,
la police n'y pouvait rien. Le prêteur sur gages à qui
Mathieu avait confié les deux boîtes fit assigner Mathieu.
J'intervins dans ce procès. Les frais de justice furent si
énormes, qu'après la vente de la montre et des boîtes, il
s'en manquait encore cinq à six cents francs qu'il n'y
eût de quoi tout payer.

Vous ne croirez pas cela, lecteur. Et si je vous disais qu'un limonadier, décédé il y a quelque temps dans mon voisinage, laissa deux pauvres orphelins en bas âge. Le commissaire se transporte chez le défunt; on appose un scellé. On lève ce scellé, on fait un inventaire, une vente; la vente produit huit à neuf cents francs. De ces neuf cents francs, les frais de justice prélevés, il reste deux sous pour chaque orphelin; on leur met à chacun ces deux sous dans la main, et on les conduit à l'hôpital.

LE MAÎTRE

Cela fait horreur.

JACQUES

Et cela dure.

LE MAÎTRE

Mon père mourut dans ces entrefaites. J'acquittai les lettres de change, et je sortis de ma retraite, où, pour l'honneur du chevalier et de mon amie, j'avouerai qu'ils me tinrent assez fidèle compagnie.

JACQUES

Et vous voilà tout aussi féru qu'auparavant du chevalier et de votre belle; votre belle vous tenant la dragée plus haute que jamais.

LE MAÎTRE

Et pourquoi cela, Jacques?

JACQUES

Pourquoi? C'est que maître de votre personne et possesseur d'une fortune honnête, il fallait faire de vous un sot complet, un mari.

LE MAÎTRE

Ma foi, je crois que c'était leur projet; mais il ne leur réussit pas.

JACQUES

Vous êtes bien heureux, ou ils ont été bien maladroits.

LE MAÎTRE

Mais il me semble que ta voix est moins rauque, et que tu parles plus librement.

JACQUES

Cela vous semble, mais cela n'est pas.

LE MAÎTRE

Tu ne pourrais donc pas reprendre l'histoire de tes amours ?

JACQUES

Non.

LE MAÎTRE

Et ton avis est que je continue l'histoire des miennes ?

JACQUES

C'est mon avis de faire une pause, et de hausser la gourde.

LE MAÎTRE

Comment ! avec ton mal de gorge tu as fait remplir ta gourde ?

JACQUES

Oui; mais, de par tous les diables, c'est de tisane; aussi je n'ai point d'idées, je suis bête; et tant qu'il n'y aura dans la gourde que de la tisane, je serai bête.

LE MAÎTRE

Que fais-tu ?

JACQUES

Je verse la tisane à terre; je crains qu'elle ne nous porte malheur.

LE MAÎTRE

Tu es fou.

JACQUES

Sage ou fou, il n'en restera pas la valeur d'une larme dans la gourde.

Tandis que Jacques vide à terre sa gourde, son maître regarde à sa montre, ouvre sa tabatière, et se dispose à continuer l'histoire de ses amours. Et moi, lecteur, je suis tenté de lui fermer la bouche en lui montrant de loin ou un vieux militaire sur son cheval, le dos voûté, et s'ache-

minant à grands pas; ou une jeune paysanne en petit
chapeau de paille, en cotillons rouges, faisant son chemin à
pied ou sur un âne. Et pourquoi le vieux militaire ne serait-il
pas ou le capitaine de Jacques ou le camarade de son capitaine ? — Mais il est mort. — Vous le croyez ?... Pourquoi
la jeune paysanne ne serait-elle pas ou la dame Suzon, ou la
dame Marguerite, ou l'hôtesse du Grand-Cerf, ou la mère
Jeanne, ou même Denise sa fille ? Un faiseur de roman n'y
manquerait pas; mais je n'aime pas les romans, à moins que
ce ne soient ceux de Richardson [159]. Je fais l'histoire, cette
histoire intéressera ou n'intéressera pas : c'est le moindre
de mes soucis. Mon projet est d'être vrai, je l'ai rempli.
Ainsi, je ne ferai point revenir frère Jean de Lisbonne; ce
gros prieur qui vient à nous dans un cabriolet, à côté d'une
jeune et jolie femme, ce ne sera point l'abbé Hudson. —
Mais l'abbé Hudson est mort ? — Vous le croyez ? Avez-
vous assisté à ses obsèques ? — Non. — Vous ne l'avez
point vu mettre en terre ? — Non. — Il est donc mort ou
vivant, comme il me plaira. Il ne tiendrait qu'à moi d'arrêter
ce cabriolet, et d'en faire sortir avec le prieur et sa compagne
de voyage une suite d'événements en conséquence desquels
vous ne sauriez ni les amours de Jacques, ni celles de son
maître; mais je dédaigne toutes ces ressources-là, je vois
seulement qu'avec un peu d'imagination et de style, rien
de plus aisé que de filer un roman. Demeurons dans le vrai,
et en attendant que le mal de gorge de Jacques se passe,
laissons parler son maître.

LE MAÎTRE

Un matin, le chevalier m'apparut fort triste; c'était le
lendemain d'un jour que nous avions passé à la campagne,
le chevalier, son amie ou la mienne, ou peut-être de tous
les deux, le père, la mère, les tantes, les cousines et moi.
Il demanda si je n'avais commis aucune indiscrétion qui
eût éclairé les parents sur ma passion. Il m'apprit que le
père et la mère, alarmés de mes assiduités, avaient fait des
questions à leur fille; que si j'avais des vues honnêtes, rien
n'était plus simple que de les avouer; qu'on se ferait
honneur de me recevoir à ces conditions; mais que si je
ne m'expliquais pas nettement sous quinzaine, on me
prierait de cesser des visites qui se remarquaient, sur
lesquelles on tenait des propos, et qui faisaient tort à leur

fille, en écartant d'elle des partis avantageux qui pouvaient se présenter sans la crainte d'un refus.

JACQUES

Eh bien ! mon maître, Jacques a-t-il du nez ?

LE MAÎTRE

Le chevalier ajouta : « Dans quinzaine ! le terme est assez court. Vous aimez, on vous aime; dans quinze jours que ferez-vous ? » Je répondis net au chevalier que je me retirerais.

« Vous vous retirerez ! Vous n'aimez donc pas ?

— J'aime, et beaucoup; mais j'ai des parents, un nom, un état, des prétentions, et je ne me résoudrai jamais à enfouir tous ces avantages dans le magasin d'une petite bourgeoise.

— Et leur déclarerai-je cela ?

— Si vous voulez. Mais, chevalier, la subite et scrupuleuse délicatesse de ces gens-là m'étonne. Ils ont permis à leur fille d'accepter mes cadeaux; ils m'ont laissé vingt fois en tête-à-tête avec elle; elle court les bals, les assemblées, les spectacles, les promenades aux champs et à la ville, avec le premier qui a un bon équipage à lui offrir; ils dorment profondément tandis qu'on fait de la musique ou la conversation chez elle; tu fréquentes dans la maison tant qu'il te plaît; et, entre nous, chevalier, quand tu es admis dans une maison, on peut y en admettre un autre. Leur fille est notée [160]. Je ne croirai pas, je ne nierai pas tout ce qu'on en dit; mais tu conviendras que ces parents-là auraient pu s'aviser plus tôt d'être jaloux de l'honneur de leur enfant. Veux-tu que je te parle vrai ? On m'a pris pour une espèce de benêt qu'on se promettait de mener par le nez aux pieds du curé de la paroisse. Ils se sont trompés. Je trouve Mlle Agathe charmante; j'en ai la tête tournée : et il y paraît, je crois, aux effroyables dépenses que j'ai faites pour elle. Je ne refuse pas de continuer, mais encore faut-il que ce soit avec la certitude de la trouver un peu moins sévère à l'avenir.

« Mon projet n'est pas de perdre éternellement à ses genoux un temps, une fortune et des soupirs que je pourrais employer plus utilement ailleurs. Tu diras ces derniers mots

à Mlle Agathe, et tout ce qui les a précédés à ses parents...
Il faut que notre liaison cesse, ou que je sois admis sur un
nouveau pied, et que Mlle Agathe fasse de moi quelque
chose de mieux que ce qu'elle en a fait jusqu'à présent.
Lorsque vous m'introduisîtes chez elle, convenez, chevalier,
que vous m'en fîtes espérer des facilités que je n'ai point
trouvées. Chevalier, vous m'en avez un peu imposé [161].

LE CHEVALIER

Ma foi, je m'en suis imposé le premier à moi-même.
Qui diable aurait jamais imaginé qu'avec l'air leste, le
ton libre et gai de cette jeune folle, ce serait un petit dragon
de vertu?

JACQUES

Comment, diable! monsieur, cela est bien fort. Vous avez
donc été brave une fois dans votre vie?

LE MAÎTRE

Il y a des jours comme cela. J'avais sur le cœur l'aventure des usuriers, la retraite à Saint-Jean-de-Latran [162],
devant la demoiselle Bridoie, et plus que tout, les rigueurs
de Mlle Agathe. J'étais un peu las d'être lanterné.

JACQUES

Et, d'après ce courageux discours, adressé à votre cher
ami le chevalier de Saint-Ouin, que fîtes-vous?

LE MAÎTRE

Je tins parole, je cessai mes visites.

JACQUES

Bravo! Bravo! mio caro maestro!

LE MAÎTRE

Il se passa une quinzaine de jours sans que j'entendisse
parler de rien, si ce n'était par le chevalier qui m'instruisait
fidèlement des effets de mon absence dans la famille, et qui
m'encourageait à tenir ferme. Il me disait : « On commence à

s'étonner, on se regarde, on parle; on se questionne sur les sujets de mécontentement qu'on a pu te donner. La petite fille joue la dignité; elle dit avec une indifférence affectée à travers laquelle on voit aisément qu'elle est piquée : On ne voit plus ce monsieur; c'est qu'apparemment il ne veut plus qu'on le voie; à la bonne heure, c'est son affaire... Et puis elle fait une pirouette, elle se met à chantonner, elle va à la fenêtre, elle revient, mais les yeux rouges; tout le monde s'aperçoit qu'elle a pleuré.

— Qu'elle a pleuré !

— Ensuite elle s'assied; elle prend son ouvrage; elle veut travailler, mais elle ne travaille pas. On cause, elle se tait; on cherche à l'égayer, elle prend de l'humeur; on lui propose un jeu, une promenade, un spectacle : elle accepte; et lorsque tout est prêt, c'est une autre chose qui lui plaît et qui lui déplaît le moment d'après... Oh ! ne voilà-t-il pas que tu te troubles ! Je ne te dirai plus rien.

— Mais, chevalier, vous croyez donc que, si je reparaissais...

— Je crois que tu serais un sot. Il faut tenir bon, il faut avoir du courage. Si tu reviens sans être rappelé, tu es perdu. Il faut apprendre à vivre à ce petit monde-là.

— Mais si l'on ne me rappelle pas ?

— On te rappellera.

— Si l'on tarde beaucoup à me rappeler ?

— On te rappellera bientôt. Peste ! un homme comme toi ne se remplace pas aisément. Si tu reviens de toi-même, on te boudera, on te fera payer chèrement ton incartade, on t'imposera la loi qu'on voudra t'imposer; il faudra s'y soumettre; il faudra fléchir le genou. Veux-tu être le maître ou l'esclave, et l'esclave le plus malmené ? Choisis. A te parler vrai, ton procédé a été un peu leste; on n'en peut pas conclure un homme bien épris; mais ce qui est fait est fait; et s'il est possible d'en tirer bon parti, il n'y faut pas manquer.

— Elle a pleuré !

— Eh bien ! elle a pleuré. Il vaut encore mieux qu'elle pleure que toi.

— Mais si l'on ne me rappelle pas ?

— On te rappellera, te dis-je. Lorsque j'arrive, je ne parle pas plus de toi que si tu n'existais pas. On me tourne, je me laisse tourner; enfin on me demande si je t'ai vu; je

réponds indifféremment, tantôt oui, tantôt non; puis on
parle d'autre chose; mais on ne tarde pas de revenir à ton
éclipse. Le premier mot vient, ou du père, ou de la mère,
ou de la tante, ou d'Agathe, et l'on dit : Après tous les
égards que nous avons eus pour lui ! l'intérêt que nous
avons tous pris à sa dernière affaire ! les amitiés que ma
nièce lui a faites ! les politesses dont je l'ai comblé ! tant
de protestations d'attachement que nous en avons reçues !
et puis fiez-vous aux hommes !... Après cela, ouvrez votre
maison à ceux qui se présentent !... Croyez aux amis !

— Et Agathe ?

— La consternation y est, c'est moi qui t'en assure.

— Et Agathe ?

— Agathe me tire à l'écart, et me dit : Chevalier, concevez-vous quelque chose à votre ami ? Vous m'avez assurée
tant de fois que j'en étais aimée; vous le croyiez, sans doute,
et pourquoi ne l'auriez-vous pas cru ? Je le croyais bien,
moi... Et puis elle s'interrompt, sa voix s'altère, ses yeux
se mouillent... Eh bien! ne voilà-t-il pas que tu en fais
autant ? Je ne te dirai plus rien, je ne te dirai plus rien, cela
est décidé. Je vois ce que tu désires, mais il n'en sera rien,
absolument rien. Puisque tu as fait la sottise de te retirer
sans rime ni raison, je ne veux pas que tu la doubles en allant
te jeter à leur tête. Il faut tirer parti de cet incident pour
avancer tes affaires avec Mlle Agathe; il faut qu'elle voie
qu'elle ne te tient pas si bien qu'elle ne puisse te perdre,
à moins qu'elle ne s'y prenne mieux pour te garder. Après
tout ce que tu as fait, en être encore à lui baiser la main!
Mais là, chevalier, la main sur la conscience, nous sommes
amis; et tu peux, sans indiscrétion, t'expliquer avec moi;
vrai, tu n'en as jamais rien obtenu ?

— Non.

— Tu mens, tu fais le délicat.

— Je le ferais peut-être, si j'en avais raison; mais je te
jure que je n'ai pas le bonheur de mentir.

— Cela est inconcevable, car enfin tu n'es pas maladroit.
Quoi ! on n'a pas eu le moindre petit moment de faiblesse ?

— Non.

— C'est qu'il sera venu, que tu ne l'auras pas aperçu, et
que tu l'auras manqué. J'ai peur que tu n'aies été un peu
benêt; les gens honnêtes, délicats et tendres comme toi,
y sont sujets.

— Mais vous, chevalier, lui dis-je, que faites-vous là ?
— Rien.
— Vous n'avez point eu de prétentions ?
— Pardonnez-moi, s'il vous plaît, elles ont même duré assez longtemps; mais tu es venu, tu as vu et tu as vaincu. Je me suis aperçu qu'on te regardait beaucoup, et qu'on ne me regardait plus guère; je me le suis tenu pour dit. Nous sommes restés bons amis; on me confie ses petites pensées, on suit quelquefois mes conseils; et faute de mieux, j'ai accepté le rôle de subalterne auquel tu m'as réduit. »

JACQUES

Monsieur, deux choses : l'une, c'est que je n'ai jamais pu suivre mon histoire sans qu'un diable ou un autre ne m'interrompît, et que la vôtre va tout de suite. Voilà le train de la vie; l'un court à travers les ronces sans se piquer; l'autre a beau regarder où il met le pied, il trouve des ronces dans le plus beau chemin, et arrive au gîte écorché tout vif.

LE MAÎTRE

Est-ce que tu as oublié ton refrain; et le grand rouleau, et l'écriture d'en haut ?

JACQUES

L'autre chose, c'est que je persiste dans l'idée que votre chevalier de Saint-Ouin est un grand fripon; et qu'après avoir partagé votre argent avec les usuriers Le Brun, Merval, Mathieu de Fourgeot ou Fourgeot de Mathieu, la Bridoie, il cherche de vous embâter de sa maîtresse, en tout bien et tout honneur s'entend, par-devant notaire et curé, afin de partager encore avec vous votre femme... Ahi! la gorge!...

LE MAÎTRE

Sais-tu ce que tu fais là ? une chose très commune et très impertinente.

JACQUES

J'en suis bien capable.

LE MAÎTRE

Tu te plains d'avoir été interrompu, et tu interromps.

JACQUES

C'est l'effet du mauvais exemple que vous m'avez donné. Une mère veut être galante, et veut que sa fille soit sage; un père veut être dissipateur, et veut que son fils soit économe; un maître veut...

LE MAÎTRE

Interrompre son valet, l'interrompre tant qu'il lui plaît, et n'en pas être interrompu.

Lecteur, est-ce que vous ne craignez pas de voir se renouveler ici la scène de l'auberge où l'un criait : « Tu descendras »; l'autre : « Je ne descendrai pas. » A quoi tient-il que je ne vous fasse entendre : « J'interromprai; tu n'interrompras pas. » Il est certain que, pour peu que j'agace Jacques ou son maître, voilà la querelle engagée; et si je l'engage une fois, qui sait comment elle finira ? Mais la vérité est que Jacques répondit modestement à son maître : Monsieur, je ne vous interromps pas; mais je cause avec vous, comme vous m'en avez donné la permission.

LE MAÎTRE

Passe; mais ce n'est pas tout.

JACQUES

Quelle autre incongruité puis-je avoir commise ?

LE MAÎTRE

Tu vas anticipant sur le raconteur, et tu lui ôtes le plaisir qu'il s'est promis de ta surprise; en sorte qu'ayant, par une ostentation de sagacité très déplacée, deviné ce qu'il avait à te dire, il ne lui reste plus qu'à se taire, et je me tais.

JACQUES

Ah ! mon maître !

LE MAÎTRE

Que maudits soient les gens d'esprit !

JACQUES

D'accord; mais vous n'aurez pas la cruauté...

LE MAÎTRE

Conviens du moins que tu le mériterais.

JACQUES

D'accord; mais avec tout cela vous regarderez à votre montre l'heure qu'il est, vous prendrez votre prise de tabac, votre humeur cessera, et vous continuerez votre histoire.

LE MAÎTRE

Ce drôle-là fait de moi ce qu'il veut...

Quelques jours après cet entretien avec le chevalier, il reparut chez moi; il avait l'air triomphant. « Eh bien ! l'ami, me dit-il, une autre fois croirez-vous à mes almanachs ? Je vous l'avais bien dit, nous sommes les plus forts, et voici une lettre de la petite; oui, une lettre, une lettre d'elle... »

Cette lettre était fort douce; des reproches, des plaintes et cætera; et me voilà réinstallé dans la maison.

Lecteur, vous suspendez ici votre lecture; qu'est-ce qu'il y a ? Ah ! je crois vous comprendre, vous voudriez voir cette lettre. Mme Riccoboni [163] n'aurait pas manqué de vous la montrer. Et celle que Mme de La Pommeraye dicta aux deux dévotes, je suis sûr que vous l'avez regrettée. Quoiqu'elle fût tout autrement difficile à faire que celle d'Agathe, et que je ne présume pas infiniment de mon talent, je crois que je m'en serais tiré, mais elle n'aurait pas été originale; ç'aurait été comme ces sublimes harangues de Tite-Live, dans son *Histoire de Rome*, ou du cardinal Bentivoglio dans ses *Guerres de Flandre* [164]. On les lit avec plaisir, mais elles détruisent l'illusion. Un historien, qui suppose à ses personnages des discours qu'ils n'ont pas tenus, peut aussi leur supposer des actions qu'ils n'ont pas faites. Je vous supplie donc de vouloir bien vous passer de ces deux lettres, et de continuer votre lecture.

LE MAÎTRE

On me demanda raison de mon éclipse, je dis ce que je voulus; on se contenta de ce que je dis, et tout reprit son train accoutumé.

JACQUES

C'est-à-dire que vous continuâtes vos dépenses, et que vos affaires amoureuses n'en avançaient pas davantage.

LE MAÎTRE

Le chevalier m'en demandait des nouvelles, et avait l'air de s'en impatienter.

JACQUES

Et il s'en impatientait peut être très réellement.

LE MAÎTRE

Et pourquoi cela ?

JACQUES

Pourquoi ? parce qu'il...

LE MAÎTRE

Achève donc.

JACQUES

Je m'en garderai bien; il faut laisser au conteur...

LE MAÎTRE

Mes leçons te profitent, je m'en réjouis... Un jour le chevalier me proposa une promenade en tête à tête. Nous allâmes passer la journée à la campagne. Nous partîmes de bonne heure. Nous dînâmes à l'auberge; nous y soupâmes; le vin était excellent, nous en bûmes beaucoup, causant de gouvernement, de religion et de galanterie. Jamais le chevalier ne m'avait marqué tant de confiance, tant d'amitié; il m'avait raconté toutes les aventures de sa vie, avec la plus incroyable franchise, ne me célant ni le bien ni le mal. Il buvait, il m'embrassait, il pleurait de tendresse; je buvais, je l'embrassais, je pleurais à mon tour. Il n'y avait dans toute sa conduite passée qu'une seule action qu'il se reprochât; il en porterait le remords jusqu'au tombeau.

« Chevalier, confessez-vous-en à votre ami, cela vous soulagera. Eh bien ! de quoi s'agit-il ? de quelque peccadille dont votre délicatesse vous exagère la valeur ?

— Non, non, s'écriait le chevalier en penchant sa tête

sur ses deux mains, et se couvrant le visage de honte; c'est une noirceur, une noirceur impardonnable. Le croirez-vous? Moi, le chevalier de Saint-Ouin, a une fois trompé, oui, trompé son ami!

— Et comment cela s'est-il fait?

— Hélas! nous fréquentions l'un et l'autre dans la même maison, comme vous et moi. Il y avait une jeune fille comme Mlle Agathe; il en était amoureux, et moi j'en étais aimé; il se ruinait en dépenses pour elle, et c'est moi qui jouissais de ses faveurs. Je n'ai jamais eu le courage de lui en faire l'aveu; mais si nous nous retrouvons ensemble, je lui dirai tout. Cet effroyable secret que je porte au fond de mon cœur, l'accable, c'est un fardeau dont il faut absolument que je me délivre.

— Chevalier, vous ferez bien.

— Vous me le conseillez?

— Assurément, je vous le conseille.

— Et comment croyez-vous que mon ami prenne la chose?

— S'il est votre ami, s'il est juste, il trouvera votre excuse en lui-même; il sera touché de votre franchise et de votre repentir; il jettera ses bras autour de votre cou; il fera ce que je ferais à sa place.

— Vous le croyez?

— Je le crois.

— Et c'est ainsi que vous en useriez?

— Je n'en doute pas... »

A l'instant le chevalier se lève, s'avance vers moi, les larmes aux yeux, les deux bras ouverts, et me dit : « Mon ami, embrassez-moi donc.

— Quoi! chevalier, lui dis-je, c'est vous? c'est moi? c'est cette coquine d'Agathe?

— Oui, mon ami; je vous rends encore votre parole, vous êtes le maître d'en agir avec moi comme il vous plaira. Si vous pensez, comme moi, que mon offense soit sans excuse, ne m'excusez point; levez-vous, quittez-moi, ne me revoyez jamais qu'avec mépris, et abandonnez-moi à ma douleur et à ma honte. Ah! mon ami, si vous saviez tout l'empire que la petite scélérate avait pris sur mon cœur! Je suis né honnête; jugez combien j'ai dû souffrir du rôle indigne auquel je me suis abaissé. Combien de fois j'ai détourné mes yeux de dessus elle, pour les attacher sur

vous, en gémissant de sa trahison et de la mienne. Il est
inouï que vous ne vous en soyez jamais aperçu... »

Cependant j'étais immobile comme un Terme pétrifié [165];
à peine entendais-je le discours du chevalier. Je m'écriai :
« Ah! l'indigne! Ah! chevalier! vous, vous, mon ami!
— Oui, je l'étais, et je le suis encore, puisque je dispose,
pour vous tirer des liens de cette créature, d'un secret qui
est plus le sien que le mien. Ce qui me désespère, c'est que
vous n'en ayez rien obtenu qui vous dédommage de tout
ce que vous avez fait pour elle. » *(Ici Jacques se met à rire
et à siffler.)*

Mais c'est *La vérité dans le vin*, de Collé [166]... Lecteur, vous
ne savez ce que vous dites; à force de vouloir montrer de
l'esprit, vous n'êtes qu'une bête. C'est si peu la vérité dans
le vin, que tout au contraire, c'est la fausseté dans le vin.
Je vous ai dit une grossièreté, j'en suis fâché, et je vous en
demande pardon.

LE MAITRE

Ma colère tomba peu à peu. J'embrassai le chevalier;
il se remit sur sa chaise, les coudes appuyés sur la table, les
poings fermés sur ses yeux; il n'osait me regarder.

JACQUES

Il était si affligé ! et vous eûtes la bonté de le consoler ?...
(Et Jacques de siffler encore.)

LE MAÎTRE

Le parti qui me parut le meilleur, ce fut de tourner la
chose en plaisanterie. A chaque propos gai, le chevalier
confondu me disait : « Il n'y a point d'homme comme vous;
vous êtes unique; vous valez cent fois mieux que moi. Je
doute que j'eusse eu la générosité ou la force de vous
pardonner une pareille injure, et vous en plaisantez; cela
est sans exemple. Mon ami, que ferai-je jamais qui puisse
réparer ?... Ah ! non, non, cela ne se répare pas. Jamais,
jamais je n'oublierai ni mon crime ni votre indulgence; ce
sont deux traits profondément gravés là. Je me rappellerai
l'un pour me détester, l'autre pour vous admirer, pour
redoubler d'attachement pour vous.

— Allons, chevalier, vous n'y pensez pas, vous vous
surfaites votre action et la mienne. Buvons. A votre santé.

Chevalier, à la mienne donc, puisque vous ne voulez pas que ce soit à la vôtre... » Le chevalier peu à peu reprit courage. Il me raconta tous les détails de sa trahison, s'accablant lui-même des épithètes les plus dures ; il mit en pièces, et la fille, et la mère, et le père, et les tantes, et toute la famille qu'il me montra comme un ramas de canailles indignes de moi, mais bien dignes de lui ; ce sont ses propres mots.

JACQUES

Et voilà pourquoi je conseille aux femmes de ne jamais coucher avec des gens qui s'enivrent. Je ne méprise guère moins votre chevalier pour son indiscrétion en amour que pour sa perfidie en amitié. Que diable ! il n'avait qu'à... être un honnête homme, et vous parler d'abord... Mais tenez, monsieur, je persiste, c'est un gueux, c'est un fieffé gueux. Je ne sais plus comment ceci finira ; j'ai peur qu'il ne vous trompe encore en vous détrompant. Tirez-moi, tirez-vous bien vite vous-même de cette auberge et de la compagnie de cet homme-là...

Ici Jacques reprit sa gourde, oubliant qu'il n'y avait ni tisane ni vin. Son maître se mit à rire. Jacques toussa un demi-quart d'heure de suite. Son maître tira sa montre et sa tabatière, et continua son histoire que j'interromprai, si cela vous convient ; ne fût-ce que pour faire enrager Jacques, en lui prouvant qu'il n'était pas écrit là-haut, comme il le croyait, qu'il serait toujours interrompu et que son maître ne le serait jamais.

LE MAITRE, *au chevalier*.

« Après ce que vous m'en dites là, j'espère que vous ne les reverrez plus.

— Moi, les revoir !... Ce qui me désespère c'est de s'en aller sans se venger. On aura trahi, joué, bafoué, dépouillé un galant homme ; on aura abusé de la passion et de la faiblesse d'un autre galant homme, car j'ose encore me regarder comme tel, pour l'engager dans une suite d'horreurs ; on aura exposé deux amis à se haïr et peut-être à s'entr'égorger, car enfin, mon cher, convenez que, si vous eussiez découvert mon indigne menée, vous êtes brave, vous en eussiez peut-être conçu un tel ressentiment...

— Non, cela n'aurait pas été jusque-là. Et pourquoi

donc? et pour qui? pour une faute que personne ne saurait
se répondre de ne pas commettre? Est-ce ma femme? Et
quand elle la serait? Est-ce ma fille? Non, c'est une petite
gueuse; et vous croyez que pour une petite gueuse... Allons,
mon ami, laissons cela et buvons. Agathe est jeune, vive,
blanche, grasse, potelée; ce sont les chairs les plus fermes,
n'est-ce pas? et la peau la plus douce? La jouissance en
doit être délicieuse, et j'imagine que vous étiez assez heureux
entre ses bras pour ne guère penser à vos amis.

— Il est certain que si les charmes de la personne et le
plaisir pouvaient atténuer la faute, personne sous le ciel
ne serait moins coupable que moi.

— Ah ça, chevalier, je reviens sur mes pas; je retire
mon indulgence, et je veux mettre une condition à l'oubli
de votre trahison.

— Parlez, mon ami, ordonnez, dites; faut-il me jeter
par la fenêtre, me pendre, me noyer, m'enfoncer ce couteau
dans la poitrine?... »

Et à l'instant le chevalier saisit un couteau qui était sur
la table, détache son col, écarte sa chemise, et, les yeux
égarés, se place la pointe du couteau de la main droite à
la fossette de la clavicule gauche, et semble n'attendre que
mon ordre pour s'expédier à l'antique.

« Il ne s'agit pas de cela, chevalier, laissez là ce mauvais
couteau.

— Je ne le quitte pas, c'est ce que je mérite; faites signe.

— Laissez là ce mauvais couteau, vous dis-je, je ne mets
pas votre expiation à si haut prix... » Cependant la pointe
du couteau était toujours suspendue sur la fossette de la
clavicule gauche; je lui saisis la main, je lui arrachai son
couteau que je jetai loin de moi, puis approchant la bouteille
de son verre, et versant plein, je lui dis : « Buvons d'abord;
et vous saurez ensuite à quelle terrible condition j'attache
votre pardon. Agathe est donc bien succulente, bien voluptueuse?

— Ah! mon ami, que ne le savez-vous comme moi!

— Mais attends, il faut qu'on nous apporte une bouteille
de champagne, et puis tu me feras l'histoire d'une de tes
nuits. Traître charmant, ton absolution est à la fin de cette
histoire. Allons, commence : est-ce que tu ne m'entends
pas?

— Je vous entends.

« — Ma sentence te paraît-elle trop dure ?

— Non.

— Tu rêves ?

— Je rêve !

— Que t'ai-je demandé ?

— Le récit d'une de mes nuits avec Agathe.

— C'est cela. »

Cependant le chevalier me mesurait de la tête aux pieds, et se disait à lui-même : « C'est la même taille, à peu près le même âge ; et quand il y aurait quelque différence, point de lumière, l'imagination prévenue que c'est moi, elle ne soupçonnera rien...

— Mais, chevalier, à quoi penses-tu donc ? ton verre reste plein, et tu ne commences pas !

— Je pense, mon ami, j'y ai pensé, tout est dit : embrassez-moi, nous serons vengés, oui, nous le serons. C'est une scélératesse de ma part ; si elle est indigne de moi, elle ne l'est pas de la petite coquine. Vous me demandez l'histoire d'une de mes nuits ?

— Oui : est-ce trop exiger ?

— Non ; mais si, au lieu de l'histoire, je vous procurais la nuit ?

— Cela vaudrait un peu mieux. » *(Jacques se met à siffler.)*

Aussitôt le chevalier tire deux clefs de sa poche, l'une petite et l'autre grande. « La petite, me dit-il, est le passe-partout de la rue, la grande est celle de l'antichambre d'Agathe ; les voilà, elles sont toutes deux à votre service. Voici ma marche de tous les jours, depuis environ six mois ; vous y conformerez la vôtre. Ses fenêtres sont sur le devant, comme vous savez. Je me promène dans la rue tant que je les vois éclairées. Un pot de basilic mis en dehors est le signal convenu ; alors je m'approche de la porte d'entrée, je l'ouvre, j'entre, je la referme, je monte le plus doucement que je peux, je tourne par le petit corridor qui est à droite ; la première porte à gauche dans ce corridor est la sienne, comme vous savez. J'ouvre cette porte avec cette grande clef, je passe dans la petite garde-robe qui est à droite, là je trouve une petite bougie de nuit, à la lueur de laquelle je me déshabille à mon aise. Agathe laisse la porte de sa chambre entr'ouverte ; je passe, et je vais la trouver dans son lit. Comprenez-vous cela ?

— Fort bien !

— Comme nous sommes entourés, nous nous taisons.

— Et puis je crois que vous avez mieux à faire que de jaser.

— En cas d'accident, je puis sauter de son lit et me renfermer dans la garde-robe, cela n'est pourtant jamais arrivé. Notre usage ordinaire est de nous séparer sur les quatre heures du matin. Lorsque le plaisir ou le repos nous mène plus loin, nous sortons du lit ensemble; elle descend, moi je reste dans la garde-robe, je m'habille, je lis, je me repose, j'attends qu'il soit heure de paraître. Je descends, je salue, j'embrasse comme si je ne faisais que d'arriver.

— Et cette nuit-ci, vous attend-on ?

— On m'attend toutes les nuits.

— Et vous me céderiez votre place ?

— De tout mon cœur. Que vous préfériez la nuit au récit, je n'en suis pas en peine; mais ce que je désirerais, c'est que...

— Achevez; il y a peu de chose que je ne me sente le courage d'entreprendre pour vous obliger.

— C'est que vous restassiez entre ses bras jusqu'au jour; j'arriverais, je vous surprendrais.

— Oh ! non, chevalier, cela serait trop méchant.

— Trop méchant ? Je ne le suis pas tant que vous pensez. Auparavant je me déshabillerais dans la petite garde-robe.

— Allons, chevalier, vous avez le diable au corps. Et puis cela ne se peut : si vous me donnez les clefs, vous ne les aurez plus.

— Ah ! mon ami, que tu es bête !

— Mais, pas trop, ce me semble.

— Et pourquoi n'entrerions-nous pas tous les deux ensemble ? Vous iriez trouver Agathe; moi je resterais dans la garde-robe jusqu'à ce que vous me fissiez un signal dont nous conviendrions.

— Ma foi, cela est si plaisant, si fou, que peu s'en faut que je n'y consente. Mais, chevalier, tout bien considéré, j'aimerais mieux réserver cette facétie pour quelqu'une des nuits suivantes.

— Ah ! j'entends, votre projet est de nous venger plus d'une fois.

— Si vous l'agréez ?

— Tout à fait. »

JACQUES

Votre chevalier bouleverse toutes mes idées. J'imaginais...

LE MAÎTRE

Tu imaginais ?

JACQUES

Non, monsieur, vous pouvez continuer.

LE MAÎTRE

Nous bûmes, nous dîmes cent folies, et sur la nuit qui s'approchait, et sur les nuits suivantes, et sur celle où Agathe se trouverait entre le chevalier et moi. Le chevalier était redevenu d'une gaieté charmante, et le texte de notre conversation n'était pas triste. Il me prescrivait des préceptes de conduite nocturne qui n'étaient pas tous également faciles à suivre, mais après une longue suite de nuits bien employées; je pouvais soutenir l'honneur du chevalier à ma première, quelque merveilleux qu'il se prétendît, et ce furent des détails qui ne finissaient point sur les talents, perfections, commodités d'Agathe. Le chevalier ajoutait avec un art incroyable l'ivresse de la passion à celle du vin. Le moment de l'aventure ou de la vengeance nous paraissait arriver lentement; cependant nous sortîmes de table. Le chevalier paya; c'est la première fois que cela lui arrivait. Nous montâmes dans notre voiture; nous étions ivres; notre cocher et nos valets l'étaient encore plus que nous.

Lecteur, qui m'empêcherait de jeter ici le cocher, les chevaux, la voiture, les maîtres et les valets dans une fondrière? Si la fondrière vous fait peur, qui m'empêcherait de les amener sains et saufs à la ville où j'accrocherais leur voiture à une autre, dans laquelle je renfermerais d'autres jeunes gens ivres? Il y aurait des mots offensants de dits, une querelle, des épées tirées, une bagarre dans toutes les règles. Qui m'empêcherait, si vous n'aimez pas les bagarres, de substituer à ces jeunes gens Mlle Agathe, avec une de ses tantes? Mais il n'y eut rien de tout cela. Le chevalier et le maître de Jacques arrivèrent à Paris. Celui-ci prit les vêtements du chevalier. Il est minuit, ils sont sous les fenêtres d'Agathe; la lumière s'éteint; le pot de basilic est à sa place. Ils font encore un tour d'un bout à l'autre de la rue, le chevalier recordant à son ami sa leçon. Ils s'approchent de la porte, le chevalier l'ouvre, introduit le maître de Jacques, garde le passe-partout de la rue, lui donne la clef du corridor, referme la porte d'entrée, s'éloigne, et après ce petit détail fait avec laconisme, le maître de Jacques reprit la parole et dit :

« Le local m'était connu. Je monte sur la pointe des pieds, j'ouvre la porte du corridor, je la referme, j'entre dans la garde-robe, où je trouvai la petite lampe de nuit; je me déshabille; la porte de la chambre était entr'ouverte, je passe; je vais à l'alcôve, où Agathe ne dormait pas. J'ouvre les rideaux; et à l'instant je sens deux bras nus se jeter autour de moi et m'attirer; je me laisse aller, je me couche, je suis accablé de caresses, je les rends. Me voilà le mortel le plus heureux qu'il y ait au monde; je le suis encore, lorsque... »

Lorsque le maître de Jacques s'aperçut que Jacques dormait ou faisait semblant de dormir : « Tu dors, lui dit-il, tu dors, maroufle, au moment le plus intéressant de mon histoire !... » et c'est à ce moment même que Jacques attendait son maître. « Te réveilleras-tu ?

— Je ne le crois pas.

— Et pourquoi ?

— C'est que si je me réveille, mon mal de gorge pourrait bien se réveiller aussi, et que je pense qu'il vaut mieux que nous reposions tous deux... »

Et voilà Jacques qui laisse tomber sa tête en devant.

« Tu vas te rompre le cou.

— Sûrement, si cela est écrit là-haut. N'êtes-vous pas bien entre les bras de Mlle Agathe ?

— Oui.

— Ne vous y trouvez-vous pas bien ?

— Fort bien.

— Restez-y.

— Que j'y reste, cela te plaît à dire.

— Du moins jusqu'à ce que je sache l'histoire de l'emplâtre de Desglands.

LE MAÎTRE

Tu te venges, traître.

JACQUES

Et quand cela serait, mon maître, après avoir coupé l'histoire de mes amours par mille questions, par autant de fantaisies, sans le moindre murmure de ma part, ne pourrais-je pas vous supplier d'interrompre la vôtre, pour m'apprendre l'histoire de l'emplâtre de ce bon Desglands, à qui j'ai tant d'obligations, qui m'a tiré de chez le chirurgien au moment où, manquant d'argent, je ne savais plus que devenir, et chez qui j'ai fait connaissance avec Denise, Denise sans laquelle je ne vous aurais pas dit un mot de tout le voyage? Mon maître, mon cher maître, l'histoire de l'emplâtre de Desglands; vous serez si court qu'il vous plaira, et cependant l'assoupissement qui me tient, et dont je ne suis pas le maître, se dissipera, et vous pouvez compter sur toute mon attention.

LE MAITRE, *dit en haussant les épaules.*

Il y avait dans le voisinage de Desglands une veuve charmante, qui avait plusieurs qualités communes avec une célèbre courtisane [167] du siècle passé. Sage par raison, libertine par tempérament, se désolant le lendemain de la sottise de la veille, elle a passé toute sa vie en allant du plaisir au remords et du remords au plaisir, sans que l'habitude du plaisir ait étouffé le remords, sans que l'habitude du remords ait étouffé le goût du plaisir. Je l'ai connue dans ses derniers instants; elle disait qu'enfin elle échappait à deux grands ennemis. Son mari [168], indulgent pour le seul défaut qu'il eût à lui reprocher, la plaignit pendant qu'elle vécut, et la regretta longtemps après sa mort. Il prétendait qu'il eût été aussi ridicule à lui d'empêcher sa femme d'aimer, que de l'empêcher de boire. Il lui pardonnait la multitude de ses conquêtes en faveur du choix délicat qu'elle y mettait. Elle n'accepta jamais l'hommage d'un sot ou d'un méchant : ses faveurs furent toujours la récompense ou du talent ou de la probité. Dire d'un homme qu'il était ou qu'il avait été son amant, c'était assurer qu'il était homme de mérite. Comme elle connaissait sa légèreté, elle ne s'engageait point à être fidèle. « Je n'ai fait, disait-elle, qu'un faux serment en ma vie, c'est le premier. » Soit qu'on perdît le sentiment qu'on avait pris pour elle, soit qu'elle perdît celui qu'on lui avait inspiré on restait son ami. Jamais il n'y eut d'exemple plus frappant de la différence de la probité et des mœurs. On ne pouvait pas dire qu'elle eût des mœurs; et l'on avouait qu'il était difficile de trouver une plus honnête créature. Son curé la voyait rarement au pied des autels; mais en tout temps il trouvait sa bourse ouverte pour les pauvres. Elle disait plaisamment, de la religion et des lois, que c'était une paire de béquilles qu'il ne fallait pas ôter à ceux qui avaient les jambes faibles. Les femmes qui redoutaient son commerce pour leurs maris le désiraient pour leurs enfants.

JACQUES, *après avoir dit entre ses dents: Tu me le payeras ce maudit portrait, ajouta :*
Vous avez été fou de cette femme-là ?

LE MAÎTRE

Je le serais certainement devenu, si Desglands ne m'eût gagné de vitesse. Desglands en devint amoureux...

JACQUES

Monsieur, est-ce que l'histoire de son emplâtre et celle de ses amours sont si bien liées l'une à l'autre qu'on ne saurait les séparer ?

LE MAÎTRE

On peut les séparer; l'emplâtre est un incident, l'histoire est le récit de tout ce qui s'est passé pendant qu'ils s'aimaient.

JACQUES

Et s'est-il passé beaucoup de choses ?

LE MAÎTRE

Beaucoup.

JACQUES

En ce cas, si vous donnez à chacune la même étendue qu'au portrait de l'héroïne, nous n'en sortirons pas d'ici à la Pentecôte, et c'est fait de vos amours et des miennes.

LE MAÎTRE

Aussi, Jacques, pourquoi m'avez-vous dérouté ?... N'as-tu pas vu chez Desglands un petit enfant ?

JACQUES

Méchant, têtu, insolent et valétudinaire ? Oui, je l'ai vu.

LE MAÎTRE

C'est un fils naturel de Desglands et de la belle veuve.

JACQUES

Cet enfant-là lui donnera bien du chagrin. C'est un enfant unique, bonne raison pour n'être qu'un vaurien; il sait qu'il sera riche, autre bonne raison pour n'être qu'un vaurien.

LE MAÎTRE

Et comme il est valétudinaire, on ne lui apprend rien; on ne le gêne, on ne le contredit sur rien, troisième bonne raison pour n'être qu'un vaurien.

JACQUES

Une nuit le petit fou se mit à pousser des cris inhumains. Voilà toute la maison en alarmes; on accourt. Il veut que son papa se lève.

« Votre papa dort.

— N'importe, je veux qu'il se lève, je le veux, je le veux...

— Il est malade.

— N'importe, il faut qu'il se lève, je le veux, je le veux... »

On réveille Desglands; il jette sa robe de chambre sur ses épaules, il arrive.

« Eh bien ! mon petit, me voilà, que veux-tu ?

— Je veux qu'on les fasse venir.

— Qui ?

— Tous ceux qui sont dans le château. »

On les fait venir; maîtres, valets, étrangers, commensaux; Jeanne, Denise, moi avec mon genou malade, tous, excepté une vieille concierge impotente, à laquelle on avait accordé une retraite dans une chaumière à près d'un quart de lieue du château. Il veut qu'on l'aille chercher.

« Mais, mon enfant, il est minuit.

— Je le veux, je le veux.

— Vous savez qu'elle demeure bien loin.

— Je le veux, je le veux.

— Qu'elle est âgée et qu'elle ne saurait marcher.

— Je le veux, je le veux. »

Il faut que la pauvre concierge vienne; on l'apporte, car pour venir elle aurait plutôt mangé le chemin. Quand nous sommes tous rassemblés, il veut qu'on le lève et qu'on l'habille. Le voilà levé et habillé. Il veut que nous passions tous dans le grand salon et qu'on le place au milieu dans le grand fauteuil de son papa. Voilà qui est fait. Il veut que nous nous prenions tous par la main. Voilà qui est fait. Il veut que nous dansions tous en rond, et nous nous mettons tous à danser en rond. Mais c'est le reste qui est incroyable...

LE MAÎTRE

J'espère que tu me feras grâce du reste ?

JACQUES

Non, non, monsieur, vous entendrez le reste... Il croit qu'il m'aura fait impunément un portrait de la mère, long de quatre aunes...

LE MAÎTRE

Jacques, je vous gâte.

JACQUES

Tant pis pour vous.

LE MAÎTRE

Vous avez sur le cœur le long et ennuyeux portrait de la veuve; mais vous m'avez, je crois, bien rendu cet ennui par la longue et ennuyeuse histoire de la fantaisie de son enfant.

JACQUES

Si c'est votre avis, reprenez l'histoire du père; mais plus de portraits, mon maître; je hais les portraits à la mort.

LE MAÎTRE

Et pourquoi haïssez-vous les portraits ?

JACQUES

C'est qu'ils ressemblent si peu, que, si par hasard on vient à rencontrer les originaux, on ne les reconnaît pas. Racontez-moi les faits, rendez-moi fidèlement les propos, et je saurai bientôt à quel homme j'ai affaire. Un mot, un geste m'en ont quelquefois plus appris que le bavardage de toute une ville.

LE MAÎTRE

Un jour Desglands...

JACQUES

Quand vous êtes absent, j'entre quelquefois dans votre bibliothèque, je prends un livre, et c'est ordinairement un livre d'histoire.

LE MAÎTRE

Un jour Desglands...

JACQUES

Je lis du pouce tous les portraits.

LE MAÎTRE

Un jour Desglands...

JACQUES

Pardon, mon maître, la machine était montée, et il fallait qu'elle allât jusqu'à la fin.

LE MAÎTRE

Y est-elle ?

JACQUES

Elle y est.

LE MAÎTRE

Un jour Desglands invita à dîner la belle veuve avec quelques gentilshommes d'alentour. Le règne de Desglands était sur son déclin; et parmi ses convives il y en avait un vers lequel son inconstance commençait à la pencher. Ils étaient à table, Desglands et son rival placés l'un à côté de l'autre et en face de la belle veuve. Desglands employait tout ce qu'il avait d'esprit pour animer la conversation; il adressait à la veuve les propos les plus galants; mais elle, distraite, n'entendait rien, et tenait ses yeux attachés sur son rival. Desglands avait un œuf frais à la main; un mouvement convulsif, occasionné par la jalousie, le saisit, il serre les poings, et voilà l'œuf chassé de sa coque et répandu sur le visage de son voisin. Celui-ci fait un geste de la main. Desglands lui prend le poignet, l'arrête, et lui dit à l'oreille :

« Monsieur, je le tiens pour reçu... » Il se fait un profond silence; la belle veuve se trouve mal. Le repas fut triste et court. Au sortir de table, elle fit appeler Desglands et son rival dans un appartement séparé; tout ce qu'une femme peut faire décemment pour les réconcilier, elle le fit; elle supplia, elle pleura, elle s'évanouit, mais tout de bon; elle serrait les mains à Desglands, elle tournait ses yeux inondés de larmes sur l'autre. Elle disait à celui-ci : « Et vous m'aimez!... » à celui-là : « Et vous m'avez aimée...» à tous les deux : « Et vous voulez me perdre, et vous voulez me rendre la fable, l'objet de la haine et du mépris de toute la province ! Quel que soit celui des deux qui ôte la vie à son ennemi, je ne le reverrai jamais; il ne peut être ni mon ami ni mon amant; je lui voue une haine qui ne finira qu'avec ma vie... » Puis elle retombait en défaillance, et en défaillant elle disait : « Cruels, tirez vos épées et enfoncez-les dans mon sein; si en expirant je vous vois embrassés, j'expirerai sans regret !... » Desglands et son rival restaient immobiles ou la secouraient, et quelques pleurs s'échappaient de leurs yeux. Cependant il fallut se séparer. On remit la belle veuve chez elle plus morte que vive.

JACQUES

Eh bien! monsieur, qu'avais-je besoin du portrait que vous m'avez fait de cette femme? Ne saurais-je pas à présent tout ce que vous m'en avez dit?

LE MAÎTRE

Le lendemain Desglands rendit visite à sa charmante infidèle; il y trouva son rival. Qui fut bien étonné? Ce fut l'un et l'autre de voir à Desglands la joue droite couverte d'un grand rond de taffetas noir. « Qu'est-ce que cela ? lui dit la veuve.

DESGLANDS

Ce n'est rien.

SON RIVAL

Un peu de fluxion ?

DESGLANDS

Cela se passera. »

Après un instant de conversation, Desglands sortit, et en sortant, il fit à son rival un signe qui fut très bien entendu.

Celui-ci descendit, ils passèrent, l'un par un des côtés de la rue, l'autre par le côté opposé; ils se rencontrèrent derrière les jardins de la belle veuve, se battirent, et le rival de Desglands demeura étendu sur la place, grièvement, mais non mortellement blessé. Tandis qu'on l'emporte chez lui, Desglands revient chez sa veuve, il s'assied, ils s'entretiennent encore de l'accident de la veille. Elle lui demande ce que signifie cette énorme et ridicule mouche qui lui couvre la joue. Il se lève, il se regarde au miroir. « En effet, lui dit-il, je la trouve un peu trop grande... » Il prend les ciseaux de la dame, il détache son rond de taffetas, le rétrécit tout autour d'une ligne ou deux, le replace et dit à la veuve : « Comment me trouvez-vous à présent ?

— Mais d'une ligne ou deux moins ridicule qu'auparavant.

— C'est toujours quelque chose. »

Le rival de Desglands guérit. Second duel où la victoire resta à Desglands : ainsi cinq à six fois de suite; et Desglands à chaque combat rétrécissant son rond de taffetas d'une petite lisière, et remettant le reste sur sa joue.

JACQUES

Et quelle fut la fin de cette aventure? Quand on me porta au château de Desglands, il me semble qu'il n'avait plus son rond noir.

LE MAITRE

Non. La fin de cette aventure fut celle de la vie de la belle veuve. Le long chagrin qu'elle en éprouva, acheva de ruiner sa santé faible et chancelante.

JACQUES

Et Desglands ?

LE MAÎTRE

Un jour que nous nous promenions ensemble, il reçoit un billet, il l'ouvre, et dit : « C'était un très brave homme, mais je ne saurais m'affliger de sa mort... » Et à l'instant il arrache de sa joue le reste de son rond noir, presque réduit, par ses fréquentes rognures, à la grandeur d'une mouche ordinaire. Voilà l'histoire de Desglands. Jacques est-il satisfait; et puis-je espérer qu'il écoutera l'histoire de mes amours, ou qu'il reprendra l'histoire des siennes ?

JACQUES

Ni l'un, ni l'autre.

LE MAÎTRE

Et la raison ?

JACQUES

C'est qu'il fait chaud, que je suis las, que cet endroit est charmant, que nous serons à l'ombre sous ces arbres, et qu'en prenant le frais au bord de ce ruisseau nous nous reposerons.

LE MAÎTRE

J'y consens; mais ton rhume ?

JACQUES

Il est de chaleur; et les médecins disent que les contraires se guérissent par les contraires.

LE MAÎTRE

Ce qui est vrai au moral comme au physique. J'ai remarqué une chose assez singulière; c'est qu'il n'y a guère de maximes de morale dont on ne fît un aphorisme de médecine, et réciproquement peu d'aphorismes de médecine dont on ne fît une maxime de morale.

JACQUES

Cela doit être [169].

Ils descendent de cheval, ils s'étendent sur l'herbe. Jacques dit à son maître : « Veillez-vous ? dormez-vous ? Si vous veillez, je dors; si vous dormez, je veille. »

Son maître lui dit : « Dors, dors. »

— Je puis donc compter que vous veillerez ? C'est que cette fois-ci nous y pourrions perdre deux chevaux. »

Le maître tira sa montre et sa tabatière; Jacques se mit en devoir de dormir; mais à chaque instant il se réveillait en sursaut, et frappait en l'air ses deux mains l'une contre l'autre. Son maître lui dit : A qui diable en as-tu ?

JACQUES

J'en ai aux mouches et aux cousins. Je voudrais bien qu'on me dît à quoi servent ces incommodes bêtes-là ?

LE MAITRE

Et parce que tu l'ignores, tu crois qu'elles ne servent à rien ? La nature n'a rien fait d'inutile ou de superflu.

JACQUES

Je le crois; car puisqu'une chose est, il faut qu'elle soit.

LE MAÎTRE

Quand tu as ou trop de sang ou du mauvais sang, que fais-tu ? Tu appelles un chirurgien, qui t'en ôte deux ou trois palettes. Eh bien ! ces cousins, dont tu te plains, sont une nuée de petits chirurgiens ailés qui viennent avec leurs petites lancettes te piquer et te tirer du sang goutte à goutte.

JACQUES

Oui, mais à tort et à travers, sans savoir si j'en ai trop ou peu. Faites venir ici un étique, et vous verrez si les petits chirurgiens ailés ne le piqueront pas [170]. Ils songent à eux; et tout dans la nature songe à soi et ne songe qu'à soi. Que cela fasse du mal aux autres, qu'importe, pourvu qu'on s'en trouve bien ?...

Ensuite il refrappait en l'air de ses deux mains, et il disait : Au diable les petits chirurgiens ailés !

LE MAITRE

Jacques, connais-tu la fable de Garo [171] ?

JACQUES

Oui.

LE MAÎTRE

Comment la trouves-tu ?

JACQUES

Mauvaise.

LE MAÎTRE

C'est bientôt dit.

JACQUES

Et bientôt prouvé. Si au lieu de glands, le chêne avait porté des citrouilles, est-ce que cette bête de Garo se serait endormi sous un chêne ? Et s'il ne s'était pas endormi sous un chêne, qu'importait au salut de son nez qu'il en tombât des citrouilles ou des glands ? Faites lire cela à vos enfants.

LE MAÎTRE

Un philosophe de ton nom ne le veut pas [172].

JACQUES

C'est que chacun a son avis, et que Jean-Jacques n'est pas Jacques.

LE MAÎTRE

Et tant pis pour Jacques.

JACQUES

Qui sait cela avant que d'être arrivé au dernier mot de la dernière ligne de la page qu'on remplit dans le grand rouleau ?

LE MAÎTRE

A quoi penses-tu ?

JACQUES

Je pense que, tandis que vous me parliez et que je vous répondais, vous me parliez sans le vouloir, et que je vous répondais sans le vouloir.

LE MAÎTRE

Après ?

JACQUES

Après ? Et que nous étions deux vraies machines vivantes et pensantes.

LE MAÎTRE

Mais à présent que veux-tu ?

JACQUES

Ma foi, c'est encore tout de même. Il n'y a dans les deux machines qu'un ressort de plus en jeu.

LE MAÎTRE

Et ce ressort-là ?...

Je veux que le diable m'emporte si je conçois qu'il puisse jouer sans cause. Mon capitaine disait : « Posez une cause, un effet s'ensuit; d'une cause faible, un faible effet;

d'une cause momentanée, un effet d'un moment; d'une cause intermittente, un effet intermittent; d'une cause contrariée, un effet ralenti; d'une cause cessante, un effet nul. »

LE MAÎTRE

Mais il me semble que je sens au dedans de moi-même que je suis libre, comme je sens que je pense.

JACQUES

Mon capitaine disait : « Oui, à présent que vous ne voulez rien; mais veuillez vous précipiter de votre cheval ? »

LE MAÎTRE

Eh bien ! je me précipiterai.

JACQUES

Gaiement, sans répugnance, sans effort, comme lorsqu'il vous plaît d'en descendre à la porte d'une auberge ?

LE MAÎTRE

Pas tout à fait; mais qu'importe, pourvu que je me précipite, et que je prouve que je suis libre ?

JACQUES

Mon capitaine disait : « Quoi ! vous ne voyez pas que sans ma contradiction il ne vous serait jamais venu en fantaisie de vous rompre le cou ? C'est donc moi qui vous prends par le pied, et qui vous jette hors de selle. Si votre chute prouve quelque chose, ce n'est donc pas que vous soyez libre, mais que vous êtes fou. » Mon capitaine disait encore que la jouissance d'une liberté qui pourrait s'exercer sans motif serait le vrai caractère d'un maniaque.

LE MAÎTRE

Cela est trop fort pour moi; mais, en dépit de ton capitaine et de toi, je croirai que je veux quand je veux.

JACQUES

Mais si vous êtes et si vous avez toujours été le maître de vouloir, que ne voulez-vous à présent aimer une guenon;

et que n'avez-vous cessé d'aimer Agathe toutes les fois
que vous l'avez voulu ? Mon maître, on passe les trois
quarts de sa vie à vouloir, sans faire.

LE MAÎTRE

Il est vrai.

JACQUES

Et à faire sans vouloir.

LE MAÎTRE

Tu me démontreras celui-ci ?

JACQUES

Si vous y consentez.

LE MAÎTRE

J'y consens.

JACQUES

Cela se fera, et parlons d'autre chose [173]...

Après ces balivernes et quelques autres propos de la
même importance, ils se turent; et Jacques, relevant son
énorme chapeau, parapluie dans le mauvais temps, parasol
dans les temps chauds, couvre-chef en tout temps, le téné-
breux sanctuaire sous lequel une des meilleures cervelles
qui aient encore existé consultait le destin dans les grandes
occasions...; les ailes de ce chapeau relevées lui plaçaient
le visage à peu près au milieu du corps; rabattues, à peine
voyait-il à dix pas devant lui : ce qui lui avait donné l'habitude de porter le nez au vent; et c'est alors qu'on pouvait
dire de son chapeau :

> Os illi sublime dedit, cœlumque tueri
> Jussit, et erectos ad sidera tollere vultus [174].

Jacques donc, relevant son énorme chapeau et promenant ses regards au loin, aperçut un laboureur qui rouait
inutilement de coups un des deux chevaux qu'il avait
attelés à sa charrue. Ce cheval, jeune et vigoureux, s'était
couché sur le sillon, et le laboureur avait beau le secouer
par la bride, le prier, le caresser, le menacer, jurer, frapper,
l'animal restait immobile, et refusait opiniâtrément de se
relever.

Jacques, après avoir rêvé quelque temps à cette scène, dit à son maître, dont elle avait aussi fixé l'attention : Savez-vous, monsieur, ce qui se passe là ?

LE MAÎTRE

Et que veux-tu qui se passe autre chose que ce que je vois ?

JACQUES

Vous ne devinez rien ?

LE MAÎTRE

Non. Et toi, que devines-tu ?

JACQUES

Je devine que ce sot, orgueilleux, fainéant animal est un habitant de la ville, qui, fier de son premier état de cheval de selle, méprise la charrue; et pour vous dire tout, en un mot, que c'est votre cheval, le symbole de Jacques que voilà, et de tant d'autres lâches coquins comme lui, qui ont quitté les campagnes pour venir porter la livrée dans la capitale [175], et qui aimeraient mieux mendier leur pain dans les rues, ou mourir de faim, que de retourner à l'agriculture, le plus utile et le plus honorable des métiers.

Le maître se mit à rire; et Jacques, s'adressant au laboureur qui ne l'entendait pas, disait : « Pauvre diable, touche, touche tant que tu voudras : il a pris son pli, et tu useras plus d'une mèche à ton fouet, avant que d'inspirer à ce maraud-là un peu de véritable dignité et quelque goût pour le travail... » Le maître continuait de rire. Jacques, moitié d'impatience, moitié de pitié, se lève, s'avance vers le laboureur, et n'a pas fait deux cents pas que, se retournant vers son maître, il se mit à crier : « Monsieur, arrivez, arrivez; c'est votre cheval, c'est votre cheval. »

Ce l'était en effet. A peine l'animal eut-il reconnu Jacques et son maître, qu'il se releva de lui-même, secoua sa crinière, hennit, se cabra, et approcha tendrement son mufle du mufle de son camarade. Cependant Jacques, indigné, disait entre ses dents : « Gredin, vaurien, paresseux, à quoi tient-il que je ne te donne vingt coups de bottes ?... » Son maître, au contraire, le baisait, lui passait une main sur le flanc, lui frappait doucement la croupe de l'autre, et pleurant presque de joie, s'écriait : « Mon cheval, mon pauvre cheval, je te retrouve donc ! »

Le laboureur n'entendait rien à cela. « Je vois, messieurs, leur dit-il, que ce cheval vous a appartenu; mais je ne l'en possède pas moins légitimement; je l'ai acheté à la dernière foire. Si vous vouliez le reprendre pour les deux tiers de ce qu'il m'a coûté, vous me rendriez un grand service, car je n'en puis rien faire. Lorsqu'il faut le sortir de l'écurie, c'est le diable; lorsqu'il faut l'atteler, c'est pis encore; lorsqu'il est arrivé sur le champ, il se couche, et il se laisserait plutôt assommer que de donner un coup de collier ou que de souffrir un sac sur son dos. Messieurs, auriez-vous la charité de me débarrasser de ce maudit animal-là ? Il est beau, mais il n'est bon à rien qu'à piaffer sous un cavalier, et ce n'est pas là mon affaire... » On lui proposa un échange avec celui des deux autres qui lui conviendrait le mieux; il y consentit, et nos deux voyageurs revinrent au petit pas à l'endroit où ils s'étaient reposés, et d'où ils virent, avec satisfaction, le cheval qu'ils avaient cédé au laboureur se prêter sans répugnance à son nouvel état.

JACQUES

Eh bien ! monsieur ?

LE MAÎTRE

Eh bien! rien n'est plus sûr que tu es inspiré[176]; est-ce de Dieu, est-ce du diable? Je l'ignore. Jacques, mon cher ami, je crains que vous n'ayez le diable au corps.

JACQUES

Et pourquoi le diable ?

LE MAÎTRE

C'est que vous faites des prodiges, et que votre doctrine est fort suspecte.

JACQUES

Et qu'est-ce qu'il y a de commun entre la doctrine que l'on professe et les prodiges qu'on opère ?

LE MAÎTRE

Je vois que vous n'avez pas lu dom la Taste[177].

JACQUES

Et ce dom la Taste que je n'ai pas lu, que dit-il ?

LE MAÎTRE

Il dit que Dieu et le diable font également des miracles.

JACQUES

Et comment distingue-t-il les miracles de Dieu des miracles du diable ?

LE MAÎTRE

Par la doctrine. Si la doctrine est bonne, les miracles sont de Dieu; si elle est mauvaise, les miracles sont du diable.

Ici Jacques se mit à siffler, puis il ajouta :

Et qui est-ce qui m'apprendra à moi, pauvre ignorant, si la doctrine du faiseur de miracles est bonne ou mauvaise ? Allons, monsieur, remontons sur nos bêtes. Que vous importe que ce soit de par Dieu ou de par Béelzébuth que votre cheval se soit retrouvé ? En ira-t-il moins bien ?

LE MAÎTRE

Non. Cependant, Jacques, si vous étiez possédé...

JACQUES

Quel remède y aurait-il à cela ?

LE MAÎTRE

Le remède ! ce serait, en attendant l'exorcisme... ce serait de vous mettre à l'eau bénite pour toute boisson.

JACQUES

Moi, monsieur, à l'eau ! Jacques à l'eau bénite ! J'aimerais mieux que mille légions de diables me restassent dans le corps, que d'en boire une goutte, bénite ou non bénite. Est-ce que vous ne vous êtes pas encore aperçu que j'étais hydrophobe ?...

Ah! *hydrophobe ?* Jacques a dit *hydrophobe ?*... Non, lecteur, non; je confesse que le mot n'est pas de lui. Mais, avec cette sévérité de critique-là, je vous défie de lire une scène de comédie, de tragédie, un seul dialogue, quelque bien qu'il soit fait, sans surprendre le mot de l'auteur dans la bouche de son personnage. Jacques a dit : « Monsieur, est-ce que vous ne vous êtes pas encore aperçu qu'à la vue de l'eau, la rage me prend ?... » Eh bien ? en disant autrement que lui, j'ai été moins vrai, mais plus court.

Ils remontèrent sur leurs chevaux; et Jacques dit à son maître : « Vous en étiez de vos amours au moment où, après avoir été heureux deux fois, vous vous disposiez peut-être à l'être une troisième. »

LE MAÎTRE

Lorsque tout à coup la porte du corridor s'ouvre. Voilà la chambre pleine d'une foule de gens qui marchent tumultueusement; j'aperçois des lumières, j'entends des voix d'hommes et de femmes qui parlaient tous à la fois. Les rideaux sont violemment tirés; et j'aperçois le père, la mère, les tantes, les cousins, les cousines et un commissaire qui leur disait gravement : « Messieurs, mesdames, point de bruit; le délit est flagrant; monsieur est un galant homme : il n'y a qu'un moyen de réparer le mal; et monsieur aimera mieux s'y prêter de lui-même que de s'y faire contraindre par les lois... »

A chaque mot il était interrompu par le père et par la mère qui m'accablaient de reproches; par les tantes et par les cousines qui adressaient les épithètes les moins ménagées à Agathe, qui s'était enveloppé la tête dans les couvertures. J'étais stupéfait, et je ne savais que dire. Le commissaire s'adressant à moi, me dit ironiquement : « Monsieur, vous êtes fort bien; il faut cependant que vous ayez pour agréable de vous lever et de vous vêtir... » Ce que je fis, mais avec mes habits qu'on avait substitués à ceux du chevalier. On approcha une table; le commissaire se mit à verbaliser. Cependant la mère se faisait tenir à quatre pour ne pas assommer sa fille, et le père lui disait : « Doucement, ma femme, doucement; quand vous aurez assommé votre fille, il n'en sera ni plus ni moins. Tout s'arrangera pour le mieux... » Les autres personnages étaient dispersés sur des chaises, dans les différentes attitudes de la douleur, de l'indignation et de la colère. Le père, gourmandant sa femme par intervalles, lui disait :

« Voilà ce que c'est que de ne pas veiller à la conduite de
sa fille... » La mère lui répondait : « Avec cet air si bon et
si honnête, qui l'aurait cru de monsieur ?... » Les autres
gardaient le silence. Le procès-verbal dressé, on m'en fit
lecture; et comme il ne contenait que la vérité, je le signai
et je descendis avec le commissaire, qui me pria très obligeamment de monter dans une voiture qui était à la porte,
d'où l'on me conduisit avec un assez nombreux cortège
droit au For-l'Évêque [178].

JACQUES

Au For-l'Évêque! en prison!

LE MAITRE

En prison; et voilà un procès abominable. Il ne s'agissait rien moins que d'épouser Mlle Agathe; les parents
ne voulaient entendre à aucun accommodement. Dès
le matin, le chevalier m'apparut dans ma retraite. Il savait
tout. Agathe était désolée; ses parents étaient enragés;
il avait essuyé les plus cruels reproches sur la perfide
connaissance qu'il leur avait donnée; c'était lui qui était
la première cause de leur malheur et du déshonneur de
leur fille; ces pauvres gens faisaient pitié. Il avait demandé
à parler à Agathe en particulier; il ne l'avait pas obtenu
sans peine. Agathe avait pensé lui arracher les yeux, elle
l'avait appelé des noms les plus odieux. Il s'y attendait;
il avait laissé tomber ses fureurs; après quoi il avait tâché
de l'amener à quelque chose de raisonnable; mais cette
fille disait une chose à laquelle, ajoutait le chevalier, je ne
sais point de réplique : « Mon père et ma mère m'ont surprise avec votre ami; faut-il leur apprendre que, en couchant avec lui, je croyais coucher avec vous ?... » Il lui
répondait : « Mais en bonne foi croyez-vous que mon
ami puisse vous épouser ?... — Non, disait-elle, c'est vous,
indigne, c'est vous, infâme, qui devriez y être condamné. »

« Mais, dis-je au chevalier, il ne tiendrait qu'à vous de
me tirer d'affaire.

— Comment cela ?

— Comment ? en déclarant la chose comme elle est.

— J'en ai menacé Agathe; mais, certes, je n'en ferai
rien. Il est incertain que ce moyen nous servît utilement;

et il est très certain qu'il nous couvrirait d'infamie. Aussi c'est votre faute.

— Ma faute ?

— Oui, votre faute. Si vous eussiez approuvé l'espièglerie que je vous proposais. Agathe aurait été surprise entre deux hommes, et tout ceci aurait fini par une dérision. Mais cela n'est pas, et il s'agit de se tirer de ce mauvais pas.

— Mais, chevalier, pourriez-vous m'expliquer un petit incident ? C'est mon habit repris et le vôtre remis dans la garde-robe; ma foi, j'y ai beau rêver [179], et c'est un mystère qui me confond. Cela m'a rendu Agathe un peu suspecte; il m'est venu dans la tête qu'elle avait reconnu la supercherie, et qu'il y avait entre elle et ses parents je ne sais quelle connivence.

— Peut-être vous aura-t-on vu monter; ce qu'il y a de certain, c'est que vous fûtes à peine déshabillé, qu'on me renvoya mon habit et qu'on me redemanda le vôtre.

— Cela s'éclaircira avec le temps... »

Comme nous étions en train, le chevalier et moi, de nous affliger, de nous consoler, de nous accuser, de nous injurier et de nous demander pardon, le commissaire entra; le chevalier pâlit et sortit brusquement. Ce commissaire était un homme de bien, comme il en est quelques-uns, qui, relisant chez lui son procès-verbal, se rappela qu'autrefois il avait fait ses études avec un jeune homme qui portait mon nom; il lui vint en pensée que je pourrais bien être le parent ou même le fils de son ancien camarade de collège : et le fait était vrai. Sa première question fut de me demander qui était l'homme qui s'était évadé quand il était entré.

« Il ne s'est point évadé, lui dis-je, il est sorti; c'est mon intime ami, le chevalier de Saint-Ouin.

— Votre ami ! vous avez là un plaisant ami ! Savez-vous, monsieur, que c'est lui qui m'est venu avertir ? Il était accompagné du père et d'un autre parent.

— Lui !

— Lui-même.

— Êtes-vous bien sûr de votre fait ?

— Très sûr; mais comment l'avez-vous nommé ?

— Le chevalier de Saint-Ouin.

— Oh ! le chevalier de Saint-Ouin, nous y voilà. Et

savez-vous ce que c'est que votre ami, votre intime ami le chevalier de Saint-Ouin? Un escroc, un homme noté [180] par cent mauvais tours. La police ne laisse la liberté du pavé à cette espèce d'hommes-là, qu'à cause des services qu'elle en tire quelquefois. Ils sont fripons et délateurs des fripons; et on les trouve apparemment plus utiles par le mal qu'ils préviennent ou qu'ils révèlent, que nuisibles par celui qu'ils font... »

Je racontai au commissaire ma triste aventure, telle qu'elle s'était passée. Il ne la vit pas d'un œil beaucoup plus favorable; car tout ce qui pouvait m'absoudre ne pouvait ni s'alléguer ni se démontrer au tribunal des lois. Cependant il se chargea d'appeler le père et la mère, de serrer les pouces à la fille, d'éclairer le magistrat, et de ne rien négliger de ce qui servirait à ma justification; me prévenant toutefois que, si ces gens étaient bien conseillés, l'autorité y pourrait très peu de chose.

« Quoi! monsieur le commissaire, je serais forcé d'épouser?

— Épouser! cela serait bien dur, aussi ne l'appréhendé-je pas; mais il y aura des dédommagements, et dans ce cas ils sont considérables... » Mais, Jacques, je crois que tu as quelque chose à me dire.

JACQUES

Oui; je voulais vous dire que vous fûtes en effet plus malheureux que moi, qui payai et qui ne couchai pas. Au demeurant, j'aurais, je crois, entendu votre histoire tout courant [181], si Agathe avait été grosse.

LE MAÎTRE

Ne te dépars pas encore de ta conjecture; c'est que le commissaire m'apprit, quelque temps après ma détention, qu'elle était venue faire chez lui sa déclaration de grossesse.

JACQUES

Et vous voilà père d'un enfant...

LE MAÎTRE

Auquel je n'ai pas nui.

JACQUES

Mais que vous n'avez pas fait.

LE MAÎTRE

Ni la protection du magistrat, ni toutes les démarches du commissaire ne purent empêcher cette affaire de suivre le cours de la justice; mais comme la fille et ses parents étaient mal famés, je n'épousai pas entre les deux gui- chets [182]. On me condamna à une amende considérable, aux frais de gésine [183], et à pourvoir à la subsistance et à l'éducation d'un enfant provenu des faits et gestes de mon ami le chevalier de Saint-Ouin, dont il était le por- trait en miniature. Ce fut un gros garçon, dont Mlle Agathe accoucha très heureusement entre le septième et le hui- tième mois, et auquel on donna une bonne nourrice, dont j'ai payé les mois jusqu'à ce jour.

JACQUES

Quel âge peut avoir monsieur votre fils?

LE MAÎTRE

Il aura bientôt dix ans. Je l'ai laissé tout ce temps à la campagne, où le maître d'école lui a appris à lire, à écrire et à compter. Ce n'est pas loin de l'endroit où nous allons; et je profite de la circonstance pour payer à ces gens ce qui leur est dû, le retirer, et le mettre en métier.

Jacques et son maître couchèrent encore une fois en route. Ils étaient trop voisins du terme de leur voyage, pour que Jacques reprît l'histoire de ses amours; d'ail- leurs il s'en manquait beaucoup que son mal de gorge fût passé. Le lendemain ils arrivèrent... — Où? — D'hon- neur je n'en sais rien. — Et qu'avaient-ils à faire où ils allaient? — Tout ce qu'il vous plaira. Est-ce que le maître de Jacques disait ses affaires à tout le monde? Quoi qu'il en soit, elles n'exigeaient pas au delà d'une quinzaine de séjour. Se terminèrent-elles bien, se terminèrent-elles mal? C'est ce que j'ignore encore. Le mal de gorge de Jacques se dissipa, par deux remèdes qui lui étaient antipathiques, la diète et le repos.

Un matin le maître dit à son valet : « Jacques, bride et selle les chevaux et remplis ta gourde; il faut aller où tu sais. » Ce qui fut aussitôt fait que dit. Les voilà s'acheminant vers l'endroit où l'on nourrissait depuis dix ans, aux dépens du maître de Jacques, l'enfant du chevalier de Saint-Ouin. A quelque distance du gîte qu'ils venaient de quitter, le maître s'adressa à Jacques dans les mots suivants : Jacques, que dis-tu de mes amours ?

JACQUES

Qu'il y a d'étranges choses écrites là-haut. Voilà un enfant de fait, Dieu sait comment! Qui sait le rôle que ce petit bâtard fera dans le monde? Qui sait s'il n'est pas né pour le bonheur ou le bouleversement d'un empire?

LE MAÎTRE

Je te réponds que non. J'en ferai un bon tourneur ou un bon horloger. Il se mariera; il aura des enfants qui tourneront à perpétuité des bâtons de chaise dans ce monde.

JACQUES

Oui, si cela est écrit là-haut. Mais pourquoi ne sortirait-il pas un Cromwell de la boutique d'un tourneur? Celui qui fit couper la tête à son roi n'était-il pas sorti de la boutique d'un brasseur, et ne dit-on pas aujourd'hui?...

LE MAÎTRE

Laissons cela. Tu te portes bien, tu sais mes amours; en conscience tu ne peux te dispenser de reprendre l'histoire des tiennes.

JACQUES

Tout s'y oppose. Premièrement, le peu de chemin qui nous reste à faire; secondement, l'oubli de l'endroit où j'en étais; troisièmement, un diable de pressentiment que j'ai là... que cette histoire ne doit pas finir; que ce récit nous portera malheur, et que je ne l'aurai pas sitôt repris qu'il sera interrompu par une catastrophe heureuse ou malheureuse.

LE MAÎTRE

Si elle est heureuse, tant mieux !

JACQUES

D'accord; mais j'ai là... qu'elle sera malheureuse.

LE MAÎTRE

Malheureuse ! soit; mais que tu parles ou que tu te taises, arrivera-t-elle moins ?

JACQUES

Qui sait cela ?

LE MAÎTRE

Tu es né trop tard de deux ou trois siècles.

JACQUES

Non, monsieur, je suis né à temps comme tout le monde.

LE MAÎTRE

Tu aurais été un grand augure.

JACQUES

Je ne sais pas bien précisément ce que c'est qu'un augure, ni ne me soucie de le savoir.

LE MAÎTRE

C'est un des chapitres importants de ton traité de la divination [184].

JACQUES

Il est vrai; mais il y a si longtemps qu'il est écrit, que je ne m'en rappelle pas un mot. Monsieur, tenez, voilà qui en sait plus que tous les augures, oies fatidiques et poulets sacrés de la république; c'est la gourde. Interrogeons la gourde.

Jacques prit sa gourde, et la consulta longuement. Son maître tira sa montre et sa tabatière, vit l'heure qu'il était, prit sa prise de tabac, et Jacques dit : Il me semble à présent que je vois le destin moins noir. Dites-moi où j'en étais.

LE MAÎTRE

Au château de Desglands, ton genou un peu remis, et Denise chargée par sa mère de te soigner.

JACQUES

Denise fut obéissante. La blessure de mon genou était presque refermée; j'avais même pu danser en rond la nuit de l'enfant [185]; cependant j'y souffrais par intervalles des douleurs inouïes. Il vint en tête au chirurgien du château qui en savait un peu plus long que son confrère, que ces souffrances, dont le retour était si opiniâtre, ne pouvaient avoir pour cause que le séjour d'un corps étranger qui était resté dans les chairs, après l'extraction de la balle. En conséquence il arriva dans ma chambre de grand matin; il fit approcher une table de mon lit; et lorsque mes rideaux furent ouverts, je vis cette table couverte d'instruments tranchants; Denise assise à mon chevet, et pleurant à chaudes larmes; sa mère debout, les bras croisés, et assez triste; le chirurgien dépouillé de sa casaque, les manches de sa veste retroussées, et sa main droite armée d'un bistouri.

LE MAÎTRE

Tu m'effrayes.

JACQUES

Je le fus aussi. « L'ami, me dit le chirurgien, êtes-vous las de souffrir ?

— Fort las.

— Voulez-vous que cela finisse et conserver votre jambe ?

— Certainement.

— Mettez-la donc hors du lit, et que j'y travaille à mon aise. »

J'offre ma jambe. Le chirurgien met le manche du bistouri entre ses dents, passe ma jambe sous son bras gauche, l'y fixe fortement, reprend son bistouri, en introduit la pointe dans l'ouverture de ma blessure, et me fait une incision large et profonde. Je ne sourcillai pas, mais Jeanne détourna la tête, et Denise poussa un cri aigu, et se trouva mal...

Ici, Jacques fit halte à son récit, et donna une nouvelle atteinte à sa gourde. Les atteintes étaient d'autant plus fréquentes que les distances étaient courtes, ou, comme disent les géomètres, en raison inverse des distances. Il était si précis dans ses mesures, que, pleine en partant, elle était toujours exactement vide en arrivant. Messieurs des ponts et chaussées en auraient fait un excellent odo-

mètre et chaque atteinte avait communément sa raison
suffisante [186]. Celle-ci était pour faire revenir Denise de
son évanouissement, et se remettre de la douleur de l'incision que le chirurgien lui avait faite au genou. Denise
revenue, et lui réconforté, il continua.

JACQUES

Cette énorme incision mit à découvert le fond de la
blessure, d'où le chirurgien tira, avec ses pinces, une très
petite pièce du drap de ma culotte qui y était restée, et dont
le séjour causait mes douleurs et empêchait l'entière cica-
trisation de mon mal. Depuis cette opération, mon état
alla de mieux en mieux, grâce aux soins de Denise; plus
de douleurs, plus de fièvre; de l'appétit, du sommeil, des
forces. Denise me pansait avec exactitude et avec une
délicatesse infinie. Il fallait voir la circonspection et la
légèreté de main avec lesquelles elle levait mon appareil;
la crainte qu'elle avait de me faire la moindre douleur;
la manière dont elle baignait ma plaie; j'étais assis sur
le bord de mon lit; elle avait un genou en terre, ma jambe
était posée sur sa cuisse, que je pressais quelquefois un
peu : j'avais une main sur son épaule; et je la regardais
faire avec un attendrissement que je crois qu'elle partageait.
Lorsque son pansement était achevé, je lui prenais les
deux mains, je la remerciais, je ne savais que lui dire, je
ne savais comment je lui témoignerais ma reconnaissance;
elle était debout, les yeux baissés, et m'écoutait sans mot
dire. Il ne passait pas au château un seul porteballe, que
je ne lui achetasse quelque chose; une fois c'était un fichu,
une autre fois c'était quelques aunes d'indienne ou de
mousseline, une croix d'or, des bas de coton, une bague,
un collier de grenat. Quand ma petite emplette était faite,
mon embarras était de l'offrir, le sien de l'accepter. D'abord
je lui montrais la chose; si elle la trouvait bien, je lui
disais : « Denise, c'est pour vous que je l'ai achetée... » Si
elle l'acceptait, ma main tremblait en la lui présentant, et
la sienne en la recevant. Un jour, ne sachant plus que lui
donner, j'achetai des jarretières; elles étaient de soie, chamar-
rées de blanc, de rouge et de bleu, avec une devise. Le
matin, avant qu'elle arrivât, je les mis sur le dossier de
la chaise qui était à côté de mon lit. Aussitôt que Denise
les aperçut, elle dit : « Oh ! les jolies jarretières !

— C'est pour mon amoureuse, lui répondis-je.

— Vous avez donc une amoureuse, monsieur Jacques ?

— Assurément; est-ce que je ne vous l'ai pas encore dit ?

— Non. Elle est bien aimable, sans doute ?

— Très aimable.

— Et vous l'aimez bien ?

— De tout mon cœur.

— Elle vous aime de même ?

— Je n'en sais rien. Ces jarretières sont pour elle, et elle m'a promis une faveur qui me rendra fou, je crois, si elle me l'accorde.

— Et quelle est cette faveur ?

— C'est que de ces deux jarretières-là j'en attacherais une de mes mains... »

Denise rougit, se méprit à mon discours, crut que les jarretières étaient pour une autre, devint triste, fit maladresse sur maladresse, cherchait tout ce qu'il fallait pour mon pansement, l'avait sous ses yeux et ne le trouvait pas; renversa le vin qu'elle avait fait chauffer, s'approcha de mon lit pour me panser, prit ma jambe d'une main tremblante, délia mes bandes tout de travers, et quand il fallut étuver ma blessure, elle avait oublié tout ce qui était nécessaire; elle l'alla chercher, me pansa, et en me pansant je vis qu'elle pleurait.

« Denise, je crois que vous pleurez, qu'avez-vous ?

— Je n'ai rien.

— Est-ce qu'on vous a fait de la peine ?

— Oui.

— Et qui est le méchant qui vous a fait de la peine ?

— C'est vous.

— Moi ?

— Oui.

— Et comment est-ce que cela m'est arrivé ?... »

Au lieu de me répondre, elle tourna ses yeux sur les jarretières.

« Eh quoi! lui dis-je, c'est cela qui vous a fait pleurer?

— Oui.

— Eh! Denise, ne pleurez plus, c'est pour vous que je les ai achetées.

— Monsieur Jacques, dites-vous bien vrai ?

— Très vrai; si vrai, que les voilà. » Au même temps

je les lui présentai toutes deux, mais j'en retins une; à l'instant il s'échappa un souris à travers ses larmes. Je la pris par le bras, je l'approchai de mon lit, je pris un de ses pieds que je mis sur le bord; je relevai ses jupons jusqu'à son genou, où elle les tenait serrés avec ses deux mains; je baisai sa jambe, j'y attachai la jarretière que j'avais retenue; et à peine était-elle attachée, que Jeanne sa mère entra.

LE MAÎTRE

Voilà une fâcheuse visite.

JACQUES

Peut-être qu'oui, peut-être que non. Au lieu de s'apercevoir de notre trouble, elle ne vit que la jarretière que sa fille avait entre ses mains. « Voilà une jolie jarretière, dit-elle : mais où est l'autre ?

— A ma jambe, lui répondit Denise. Il m'a dit qu'il les avait achetées pour son amoureuse, et j'ai juré que c'était pour moi. N'est-il pas vrai, maman, que puisque j'en ai mis une, il faut que je garde l'autre ?

— Ah ! monsieur Jacques, Denise a raison, une jarretière ne va pas sans l'autre, et vous ne voudriez pas lui reprendre celle qu'elle a.

— Pourquoi non ?

— C'est que Denise ne le voudrait pas, ni moi non plus.

— Mais arrangeons-nous, je lui attacherai l'autre en votre présence.

— Non, non, cela ne se peut pas.

— Qu'elle me les rende donc toutes deux.

— Cela ne se peut pas non plus. »

Mais Jacques et son maître sont à l'entrée du village où ils allaient voir l'enfant et les nourriciers de l'enfant du chevalier de Saint-Ouin. Jacques se tut; son maître lui dit : « Descendons, et faisons ici une pause.

— Pourquoi ?

— Parce que, selon toute apparence, tu touches à la conclusion de tes amours.

— Pas tout à fait.

— Quand on est arrivé au genou, il y a peu de chemin à faire.

— Mon maître, Denise avait la cuisse plus longue qu'une autre.

— Descendons toujours. »

Ils descendent de cheval, Jacques le premier, et se présentant avec célérité à la botte de son maître, qui n'eut pas plus tôt posé le pied sur l'étrier que les courroies se détachent et que mon cavalier, renversé en arrière, allait s'étendre rudement par terre si son valet ne l'eût reçu entre ses bras.

LE MAÎTRE

Eh bien! Jacques, voilà comme tu me soignes! Que s'en est-il fallu que je me sois enfoncé un côté, cassé le bras, fendu la tête, peut-être tué?

JACQUES

Le grand malheur!

LE MAÎTRE

Que dis-tu, maroufle? Attends, attends, je vais t'apprendre à parler...

Et le maître, après avoir fait faire au cordon de son fouet deux tours sur son poignet, de poursuivre Jacques, et Jacques de tourner autour du cheval en éclatant de rire; et son maître de jurer, de sacrer, d'écumer de rage, et de tourner aussi autour du cheval en vomissant contre Jacques un torrent d'invectives; et cette course de durer jusqu'à ce que tous deux, traversés de sueur et épuisés de fatigue, s'arrêtèrent l'un d'un côté du cheval, l'autre de l'autre, Jacques haletant et continuant de rire; son maître haletant et lui lançant des regards de fureur. Ils commençaient à reprendre haleine, lorsque Jacques dit à son maître : Monsieur mon maître en conviendra-t-il à présent?

LE MAÎTRE

Et de quoi veux-tu que je convienne, chien, coquin, infâme, sinon que tu es le plus méchant de tous les valets, et que je suis le plus malheureux de tous les maîtres?

JACQUES

N'est-il pas évidemment démontré que nous agissons la plupart du temps sans vouloir? Là, mettez la main sur la conscience : de tout ce que vous avez dit ou fait depuis une demi-heure, en avez-vous rien voulu ? N'avez-vous pas été ma marionnette, et n'auriez-vous pas continué d'être mon polichinelle pendant un mois, si je me l'étais proposé ?

LE MAÎTRE

Quoi ! c'était un jeu ?

JACQUES

Un jeu.

LE MAÎTRE

Et tu t'attendais à la rupture des courroies ?

JACQUES

Je l'avais préparée.

LE MAÎTRE

Et ta réponse impertinente était préméditée ?

JACQUES

Préméditée.

LE MAÎTRE

Et c'était le fil d'archal que tu attachais au-dessus de ma tête pour me démener à ta fantaisie ?

JACQUES

A merveille !

LE MAÎTRE

Tu es un dangereux vaurien.

JACQUES

Dites, grâce à mon capitaine qui se fit un jour un pareil passe-temps à mes dépens, que je suis un subtil raisonneur.

LE MAÎTRE

Si pourtant je m'étais blessé ?

JACQUES

Il était écrit là-haut et dans ma prévoyance que cela n'arriverait pas.

LE MAÎTRE

Allons, asseyons-nous; nous avons besoin de repos.
Ils s'asseyent, Jacques disant : Peste soit du sot !

LE MAÎTRE

C'est de toi que tu parles apparemment.

JACQUES

Oui, de moi, qui n'ai pas réservé un coup de plus dans la gourde.

LE MAÎTRE

Ne regrette rien, je l'aurais bu, car je meurs de soif.

JACQUES

Peste soit encore du sot de n'en avoir pas réservé deux !

Le maître le suppliant, pour tromper leur lassitude et leur soif, de continuer son récit, Jacques s'y refusant, son maître boudant, Jacques le laissant bouder; enfin Jacques, après avoir protesté contre le malheur qu'il en arriverait, reprenant l'histoire de ses amours, dit :

« Un jour de fête que le seigneur du château était à la chasse... » Après ces mots il s'arrêta tout court, et dit : « Je ne saurais; il m'est impossible d'avancer; il me semble que j'aie derechef la main du destin à la gorge, et que je me la sente serrer; pour Dieu, monsieur, permettez que je me taise.

— Eh bien! tais-toi, et va demander à la première chaumière que voilà la demeure du nourricier... »

C'était à la porte plus bas; ils y vont, chacun d'eux tenant son cheval par la bride. A l'instant la porte du nourricier s'ouvre, un homme se montre; le maître de Jacques pousse un cri et porte la main à son épée [187]; l'homme en question en fait autant. Les chevaux s'effrayent du cliquetis des armes, celui de Jacques casse sa bride et s'échappe, et dans le même instant le cavalier contre lequel son maître se bat est étendu mort sur la place. Les paysans du village accourent. Le maître de Jacques se remet prestement en selle et s'éloigne à toutes jambes. On s'empare de Jacques, on lui lie les mains sur le dos, et on le conduit devant le juge du lieu, qui l'envoie en prison. L'homme tué était le chevalier de Saint-Ouin, que le hasard avait conduit précisément ce jour-là avec Agathe chez la nourrice de leur enfant. Agathe s'arrache les cheveux sur le cadavre de son amant. Le maître de Jacques est déjà si loin qu'on l'a perdu de vue. Jacques, en allant de la maison du juge à la prison, disait : « Il fallait que cela fût, cela était écrit là-haut... »

Et moi, je m'arrête, parce que je vous ai dit de ces deux personnages tout ce que j'en sais. — Et les amours de Jacques ? Jacques a dit cent fois qu'il était écrit là-haut qu'il n'en finirait pas l'histoire, et je vois que Jacques avait raison. Je vois, lecteur, que cela vous fâche ; eh bien, reprenez son récit où il l'a laissé, et continuez-le à votre fantaisie, ou bien faites une visite à Mlle Agathe, sachez le nom du village où Jacques est emprisonné ; voyez Jacques, questionnez-le : il ne se fera pas tirer l'oreille pour vous satisfaire ; cela le désennuiera. D'après des mémoires [188] que j'ai de bonnes raisons de tenir pour suspects, je pourrais peut-être suppléer ce qui manque ici ; mais à quoi bon ? on ne peut s'intéresser qu'à ce qu'on croit vrai. Cependant comme il y aurait de la témérité à prononcer sans un mûr examen sur les entretiens de Jacques le Fataliste et de son maître, ouvrage le plus important qui ait paru depuis le *Pantagruel* de maître François Rabelais, et la vie et les aventures du *Compère Mathieu* [189], je relirai ces mémoires avec toute la contention d'esprit et toute l'impartialité dont je suis capable ; et sous huitaine je vous en dirai mon jugement définitif, sauf à me rétracter lorsqu'un plus intelligent que moi me démontrera que je me suis trompé.

L'éditeur [190] ajoute : La huitaine est passée. J'ai lu les mémoires en question ; des trois paragraphes que j'y trouve de plus que dans le manuscrit dont je suis possesseur, le premier et le dernier me paraissent originaux, et celui du milieu évidemment interpolé. Voici le premier, qui suppose une seconde lacune dans l'entretien de Jacques et son maître.

Un jour de fête que le seigneur du château était à la chasse, et que le reste de ses commensaux étaient allés à la messe de la paroisse, qui en était éloignée d'un bon quart de lieue, Jacques était levé, Denise était assise à côté de lui. Ils gardaient le silence, ils avaient l'air de se bouder, et ils se boudaient en effet. Jacques avait tout mis en œuvre pour résoudre Denise à le rendre heureux, et Denise avait tenu ferme. Après ce long silence, Jacques, pleurant à chaudes larmes, lui dit d'un ton dur et amer : « C'est que vous ne m'aimez pas... » Denise, dépitée, se lève, le prend par le bras, le conduit brusquement vers le bord du lit, s'y assied, et lui dit : « Eh bien ! monsieur Jacques, je ne vous aime donc pas ? Eh bien ! monsieur Jacques, faites de la malheureuse Denise tout ce qu'il vous plaira... » Et en disant ces mots, la voilà fondant en pleurs et suffoquée par ses sanglots.

Dites-moi, lecteur, ce que vous eussiez fait à la place de Jacques ? Rien. Eh bien ! c'est ce qu'il fit. Il reconduisit Denise sur sa chaise, se jeta à ses pieds, essuya les pleurs qui coulaient de ses yeux, lui baisa les mains, la consola, la rassura, crut qu'il en était tendrement aimé, et s'en remit à sa tendresse sur le moment qu'il lui plairait de récompenser la sienne. Ce procédé toucha sensiblement Denise.

On objectera peut-être que Jacques, aux pieds de Denise, ne pouvait guère lui essuyer les yeux... à moins que la chaise ne fût fort basse. Le manuscrit ne le dit pas; mais cela est à supposer.

Voici le second paragraphe, copié de la vie de *Tristram Shandy* [191], à moins que l'entretien de Jacques le Fataliste et de son maître ne soit antérieur à cet ouvrage, et que le ministre Sterne ne soit le plagiaire, ce que je ne crois pas, mais par une estime toute particulière de M. Sterne, que je distingue de la plupart des littérateurs de sa nation, dont l'usage assez fréquent est de nous voler et de nous dire des injures.

Une autre fois, c'était le matin, Denise était venue panser Jacques. Tout dormait encore dans le château, Denise s'approcha en tremblant. Arrivée à la porte de Jacques, elle s'arrêta, incertaine si elle entrerait ou non. Elle entra en tremblant; elle demeura assez longtemps à côté du lit de Jacques sans oser ouvrir les rideaux. Elle les entr'ouvrit doucement; elle dit bonjour à Jacques en tremblant; elle s'informa de sa nuit et de sa santé en tremblant; Jacques lui dit qu'il n'avait pas fermé l'œil, qu'il avait souffert, et qu'il souffrait encore d'une démangeaison cruelle à son genou. Denise s'offrit à le soulager; elle prit une petite pièce de flanelle; Jacques mit sa jambe hors du lit, et Denise se mit à frotter avec sa flanelle au-dessous de la blessure, d'abord avec un doigt, puis avec deux, avec trois, avec quatre, avec toute la main. Jacques la regardait faire, et s'enivrait d'amour. Puis Denise se mit à frotter avec sa flanelle sur la blessure même, dont la cicatrice était encore rouge, d'abord avec un doigt, ensuite avec deux, avec trois, avec quatre, avec toute la main. Mais ce n'était pas assez d'avoir éteint la démangeaison au-dessous du genou, sur le genou, il fallait encore l'éteindre au-dessus, où elle ne se faisait sentir que plus vivement. Denise posa sa flanelle au-dessus du genou, et se mit à frotter là assez fermement, d'abord avec un doigt, avec deux, avec trois, avec quatre, avec toute la main. La passion de Jacques, qui n'avait cessé de la regarder, s'accrut à un tel point, que, n'y pouvant plus résister, il se précipita sur la main de Denise... et la baisa.

Mais ce qui ne laisse aucun doute sur le plagiat, c'est ce qui suit. Le plagiaire ajoute : « Si vous n'êtes pas satisfait de ce que je vous révèle des amours de Jacques, lecteur, faites mieux, j'y consens. De quelque manière que vous vous y preniez, je suis sûr que vous finirez comme moi. — Tu te trompes, insigne calomniateur, je ne finirai point comme toi. Denise fut sage. — Et qui est-ce qui vous dit le contraire ? Jacques se précipita sur sa main, et la baisa, sa main. C'est vous qui avez l'esprit corrompu, et qui entendez ce qu'on ne vous dit pas. — Eh bien ! il ne baisa donc que sa main ? — Certainement : Jacques avait trop de sens pour abuser de celle dont il voulait faire sa femme, et se préparer une méfiance qui aurait pu empoisonner le reste de sa vie. — Mais il est dit, dans le paragraphe qui précède, que Jacques avait mis tout en œuvre pour déterminer Denise à le rendre heureux. — C'est qu'apparemment il n'en voulait pas encore faire sa femme.

Le troisième paragraphe nous montre Jacques, notre pauvre Fataliste, les fers aux pieds et aux mains, étendu sur la paille au fond d'un cachot obscur, se rappelant tout ce qu'il avait retenu des principes de la philosophie de son capitaine, et n'étant pas éloigné de croire qu'il regretterait peut-être un jour cette demeure humide, infecte, ténébreuse, où il était nourri de pain noir et d'eau, et où il avait ses pieds et ses mains à défendre contre les attaques des souris et des rats. On nous apprend qu'au milieu de ses méditations les portes de sa prison et de son cachot sont enfoncées; qu'il est mis en liberté avec une douzaine de brigands, et qu'il se trouve enrôlé dans la troupe de Mandrin [192]. Cependant la maréchaussée, qui suivait son maître à la piste, l'avait atteint, saisi et constitué dans une autre prison. Il en était sorti par les bons offices du commissaire qui l'avait si

bien servi dans sa première aventure, et il vivait retiré
depuis deux ou trois mois dans le château de Desglands,
lorsque le hasard lui rendit un serviteur presque aussi
essentiel à son bonheur que sa montre et sa tabatière. Il
ne prenait pas une prise de tabac, il ne regardait pas une
fois l'heure qu'il était, qu'il ne dît en soupirant : « Qu'est
devenu mon pauvre Jacques!... » Une nuit le château
de Desglands est attaqué par les Mandrins; Jacques reconnaît la demeure de son bienfaiteur et de sa maîtresse; il
intercède et garantit le château du pillage. On lit ensuite
le détail pathétique de l'entrevue inopinée de Jacques, de
son maître, de Desglands, de Denise et de Jeanne.

« C'est toi, mon ami!

— C'est vous, mon cher maître!

— Comment t'es-tu trouvé parmi ces gens-là?

— Et vous, comme se fait-il que je vous rencontre
ici?

— C'est vous, Denise?

— C'est vous, monsieur Jacques? Combien vous m'avez
fait pleurer !... »

Cependant Desglands criait : « Qu'on apporte des
verres et du vin; vite, vite : c'est lui qui nous a sauvé la
vie à tous... »

Quelques jours après, le vieux concierge du château
décéda; Jacques obtient sa place et épouse Denise, avec
laquelle il s'occupe à susciter des disciples à Zénon et à
Spinosa, aimé de Desglands, chéri de son maître et adoré
de sa femme; car c'est ainsi qu'il était écrit là-haut.

On a voulu me persuader que son maître et Desglands
étaient devenus amoureux de sa femme. Je ne sais ce qui
en est, mais je suis sûr qu'il se disait le soir à lui-même :
« S'il est écrit là-haut que tu seras cocu, Jacques, tu auras
beau faire, tu le seras; s'il est écrit au contraire que tu ne
le seras pas, ils auront beau faire, tu ne le seras pas; dors
donc, mon ami... » et qu'il s'endormait.

LES DEUX AMIS

DE BOURBONNE [1]

Il y avait ici deux hommes, qu'on pourrait appeler les
Oreste et Pylade de Bourbonne. L'un se nommait Olivier,
et l'autre Félix; ils étaient nés le même jour, dans la même
maison, et des deux sœurs. Ils avaient été nourris du même
lait; car l'une des mères étant morte en couche, l'autre se
chargea des deux enfants. Ils avaient été élevés ensemble;
ils étaient toujours séparés des autres : ils s'aimaient comme
on existe, comme on vit, sans s'en douter; ils le sentaient
à tout moment, et ils ne se l'étaient peut-être jamais dit.
Olivier avait une fois sauvé la vie à Félix, qui se piquait
d'être grand nageur, et qui avait failli de se noyer : ils
ne s'en souvenaient ni l'un ni l'autre. Cent fois Félix avait
tiré Olivier des aventures fâcheuses où son caractère impé-
tueux l'avait engagé; et jamais celui-ci n'avait songé à l'en
remercier : ils s'en retournaient ensemble à la maison, sans
se parler, ou en parlant d'autre chose.

Lorsqu'on tira pour la milice [2], le premier billet fatal
étant tombé sur Félix, Olivier dit : « L'autre est pour moi. »
Ils firent leur temps de service; ils revinrent au pays :
plus chers l'un à l'autre qu'ils ne l'étaient encore auparavant,
c'est ce que je ne saurais vous assurer : car, petit frère [3],
si les bienfaits réciproques cimentent les amitiés réfléchies,
peut-être ne font-ils rien à celles que j'appellerais volontiers des amitiés animales et domestiques. A l'armée,
dans une rencontre, Olivier étant menacé d'avoir la tête
fendue d'un coup de sabre, Félix se mit machinalement
au-devant du coup, et en resta balafré : on prétend qu'il
était fier de cette blessure; pour moi, je n'en crois rien.
A Hastembeck [4], Olivier avait retiré Félix d'entre la foule
des morts, où il était demeuré. Quand on les interrogeait,

ils parlaient quelquefois des secours qu'ils avaient reçus
l'un de l'autre, jamais de ceux qu'ils avaient rendus l'un
à l'autre. Olivier disait de Félix, Félix disait d'Olivier;
mais ils ne se louaient pas. Au bout de quelque temps de
séjour au pays, ils aimèrent; et le hasard voulut que ce
fût la même fille. Il n'y eut entre eux aucune rivalité; le
premier qui s'aperçut de la passion de son ami se retira :
ce fut Félix. Olivier épousa; et Félix dégoûté de la vie
sans savoir pourquoi, se précipita dans toutes sortes de
métiers dangereux; le dernier fut de se faire contrebandier [5].

Vous n'ignorez pas, petit frère, qu'il y a quatre tribunaux
en France, Caen, Reims, Valence et Toulouse, où les contrebandiers sont jugés; et que le plus sévère des quatre,
c'est celui de Reims, où préside un nommé Coleau, l'âme
la plus féroce que la nature ait encore formée. Félix fut
pris les armes à la main, conduit devant le terrible Coleau,
et condamné à mort, comme cinq cents autres qui l'avaient
précédé. Olivier apprit le sort de Félix. Une nuit, il se
lève d'à côté de sa femme, et, sans lui rien dire, il s'en va
à Reims. Il s'adresse au juge Coleau; il se jette à ses pieds,
et lui demande la grâce de voir et d'embrasser Félix. Coleau
le regarde, se tait un moment, et lui fait signe de s'asseoir.
Olivier s'assied. Au bout d'une demi-heure, Coleau tire
sa montre et dit à Olivier : « Si tu veux voir et embrasser
ton ami vivant, dépêche-toi, il est en chemin; et si ma
montre va bien, avant qu'il soit dix minutes il sera pendu. »
Olivier, transporté de fureur, se lève, décharge sur la
nuque du cou au juge Coleau un énorme coup de bâton,
dont il l'étend presque mort; court vers la place, arrive,
crie, frappe le bourreau, frappe les gens de la justice, soulève
la populace indignée de ces exécutions. Les pierres volent;
Félix délivré s'enfuit; Olivier songe à son salut : mais un
soldat de maréchaussée lui avait percé les flancs d'un coup
de baïonnette, sans qu'il s'en fût aperçu. Il gagna la porte
de la ville, mais il ne put aller plus loin; des voituriers
charitables le jetèrent sur leur charrette, et le déposèrent
à la porte de sa maison un moment avant qu'il expirât;
il n'eut que le temps de dire à sa femme : « Femme,
approche, que je t'embrasse; je me meurs, mais le balafré
est sauvé. »

Un soir que nous allions à la promenade, selon notre
usage, nous vîmes au-devant d'une chaumière une grande

femme debout, avec quatre petits enfants à ses pieds; sa contenance triste et ferme attira notre attention, et notre attention fixa la sienne. Après un moment de silence, elle nous dit : « Voilà quatre petits enfants, je suis leur mère, et je n'ai plus de mari. » Cette manière haute de solliciter la commisération était bien faite pour nous toucher. Nous lui offrîmes nos secours, qu'elle accepta avec honnêteté : c'est à cette occasion que nous avons appris l'histoire de son mari Olivier et de Félix son ami. Nous avons parlé d'elle, et j'espère que notre recommandation ne lui aura pas été inutile. Vous voyez, petit frère, que la grandeur d'âme et les hautes qualités sont de toutes les conditions et de tous les pays; que tel meurt obscur, à qui il n'a manqué qu'un autre théâtre; et qu'il ne faut pas aller jusque chez les Iroquois [6] pour trouver deux amis.

Dans le temps que le brigand Testalunga infestait la Sicile avec sa troupe, Romano, son ami et son confident, fut pris. C'était le lieutenant de Testalunga, et son second. Le père de ce Romano fut arrêté et emprisonné pour crimes. On lui promit sa grâce et sa liberté, pourvu que Romano trahît et livrât son chef Testalunga. Le combat entre la tendresse filiale et l'amitié jurée fut violent. Mais Romano père persuada son fils de donner la préférence à l'amitié, honteux de devoir la vie à une trahison. Romano se rendit à l'avis de son père. Romano père fut mis à mort; et jamais les tortures les plus cruelles ne purent arracher de Romano fils la délation de ses complices [7].

Vous avez désiré, petit frère, de savoir ce qu'est devenu Félix; c'est une curiosité si simple, et le motif en est si louable, que nous nous sommes un peu reproché de ne l'avoir pas eue. Pour réparer cette faute, nous avons pensé d'abord à M. Papin, docteur en théologie, et curé de Sainte-Marie à Bourbonne : mais maman s'est ravisée; et nous avons donné la préférence au subdélégué [8] Aubert, qui est un bon homme, bien rond, et qui nous a envoyé le récit suivant, sur la vérité duquel vous pouvez compter :

« Le nommé Félix vit encore. Échappé des mains de la justice de Reims, il se jeta dans les forêts de la province, dont il avait appris à connaître les tours et les détours pendant qu'il faisait la contrebande, cherchant à s'approcher peu à peu de la demeure d'Olivier, dont il ignorait le sort.

« Il y avait au fond d'un bois, où vous vous êtes promenée quelquefois, un charbonnier dont la cabane servait d'asile à ces sortes de gens; c'était aussi l'entrepôt de leurs marchandises et de leurs armes : ce fut là que Félix se rendit, non sans avoir couru le danger de tomber dans les embûches de la maréchaussée, qui le suivait à la piste. Quelques-uns de ses associés y avaient porté la nouvelle de son emprisonnement à Reims; et le charbonnier et la charbonnière le croyaient justicié, lorsqu'il leur apparut.

« Je vais vous raconter la chose, comme je la tiens de la charbonnière, qui est décédée ici il n'y a pas longtemps.

« Ce furent ses enfants, en rôdant autour de la cabane, qui le virent les premiers. Tandis qu'il s'arrêtait à caresser le plus jeune, dont il était le parrain, les autres entrèrent dans la cabane en criant : Félix ! Félix ! Le père et la mère sortirent en répétant le même cri de joie; mais ce misérable était si harassé de fatigue et de besoin, qu'il n'eut pas la force de répondre, et qu'il tomba presque défaillant entre leurs bras.

« Ces bonnes gens le secoururent de ce qu'ils avaient, lui donnèrent du pain, du vin, quelques légumes : il mangea, et s'endormit.

« À son réveil, son premier mot fut : « Olivier ! Enfants, ne savez-vous rien d'Olivier ? — Non », lui répondirent-ils. Il leur raconta l'aventure de Reims; il passa la nuit et le jour suivant avec eux. Il soupirait, il prononçait le nom d'Olivier; il le croyait dans les prisons de Reims; il voulait y aller, il voulait aller mourir avec lui; et ce ne fut pas sans peine que le charbonnier et la charbonnière le détournèrent de ce dessein.

« Sur le milieu de la seconde nuit, il prit un fusil, il mit un sabre sous son bras, et s'adressant à voix basse au charbonnier... « Charbonnier !

« — Félix !

« — Prends ta cognée, et marchons.

« — Où !

« — Belle demande ! chez Olivier. »

« Ils vont; mais tout en sortant de la forêt, les voilà enveloppés d'un détachement de maréchaussée.

« Je m'en rapporte à ce que m'en a dit la charbonnière; mais il est inouï que deux hommes à pied aient pu tenir contre une vingtaine d'hommes à cheval : apparemment que ceux-ci étaient épars, et qu'ils voulaient se saisir de leur proie en vie. Quoi qu'il en soit, l'action fut très chaude; il y eut cinq chevaux d'estropiés et sept cavaliers de hachés ou sabrés. Le pauvre charbonnier resta mort sur la place d'un coup de feu à la tempe; Félix regagna la forêt; et comme il est d'une agilité incroyable, il courait d'un endroit à l'autre; en courant, il chargeait son fusil, tirait, donnait un coup de sifflet. Ces coups de sifflet, ces coups de fusil donnés, tirés à différents intervalles et de différents côtés, firent craindre aux cavaliers de maréchaussée qu'il n'y eût là une horde de contrebandiers; et ils se retirèrent en diligence.

« Lorsque Félix les vit éloignés, il revint sur-le-champ de bataille; il mit le cadavre du charbonnier sur ses épaules, et reprit le chemin de la cabane, où la charbonnière et ses enfants dormaient encore. Il s'arrête à la porte, il étend le cadavre à ses pieds, et s'assied le dos appuyé contre un arbre et le visage tourné vers l'entrée de la cabane. Voilà le spectacle qui attendait la charbonnière au sortir de sa baraque.

« Elle s'éveille, elle ne trouve point son mari à côté d'elle; elle cherche des yeux Félix, point de Félix. Elle se lève, elle sort, elle voit, elle crie, elle tombe à la renverse. Ses enfants accourent, ils voient, ils crient; ils se roulent sur leur père, ils se roulent sur leur mère. La charbonnière, rappelée à elle-même par le tumulte et les cris de ses enfants, s'arrache les cheveux, se déchire les joues. Félix immobile au pied de son arbre, les yeux fermés, la tête renversée en arrière, leur disait d'une voix éteinte : « Tuez-moi. » Il se faisait un moment de silence; ensuite la douleur et les cris reprenaient, et Félix leur redisait : « Tuez-moi; enfants, par pitié, tuez-moi. »

« Ils passèrent ainsi trois jours et trois nuits à se désoler; le quatrième, Félix dit à la charbonnière : « Femme, prends ton bissac, mets-y du pain, et suis-moi. » Après un long circuit à travers nos montagnes et nos forêts, ils arrivèrent à la maison d'Olivier, qui est située, comme vous savez, à l'extrémité du bourg, à l'endroit où la voie se partage en deux routes, dont l'une conduit en Franche-Comté et l'autre en Lorraine.

« C'est là que Félix va apprendre la mort d'Olivier et se trouver entre les veuves de deux hommes massacrés à

son sujet. Il entre et dit brusquement à la femme Olivier :
« Où est Olivier ? » Au silence de cette femme, à son vêtement, à ses pleurs, il comprit qu'Olivier n'était plus. Il
se trouva mal; il tomba et se fendit la tête contre la huche
à pétrir le pain. Les deux veuves le relevèrent; son sang
coulait sur elles; et tandis qu'elles s'occupaient à l'étancher
avec leurs tabliers, il leur disait : « Et vous êtes leurs
femmes, et vous me secourez ! » Puis il défaillait, puis il
revenait et disait en soupirant : « Que ne me laissait-il ?
Pourquoi s'en venir à Reims ? Pourquoi l'y laisser venir ?... »
Puis sa tête se perdait, il entrait en fureur, il se roulait à
terre et déchirait ses vêtements. Dans un de ces accès, il
tira son sabre, et il allait s'en frapper; mais les deux femmes
se jetèrent sur lui, crièrent au secours; les voisins accoururent : on le lia avec des cordes, et il fut saigné sept à
huit fois. Sa fureur tomba avec l'épuisement de ses forces;
et il resta comme mort pendant trois ou quatre jours, au
bout desquels la raison lui revint. Dans le premier moment,
il tourna ses yeux autour de lui, comme un homme qui sort
d'un profond sommeil, et il dit : « Où suis-je ? Femmes,
qui êtes-vous ? » La charbonnière lui répondit : « Je suis
la charbonnière... » Il reprit : « Ah ! oui, la charbonnière...
Et vous ?... » La femme Olivier se tut. Alors il se mit à
pleurer, il se tourna du côté de la muraille, et dit en sanglotant : Je suis chez Olivier... ce lit est celui d'Olivier...
et cette femme qui est là, c'était la sienne ! Ah ! »

    « Ces deux femmes en eurent tant de soin, elles lui inspi-
rèrent tant de pitié, elles le prièrent si instamment de
vivre, elles lui remontrèrent d'une manière si touchante
qu'il était leur unique ressource, qu'il se laissa persuader.

    « Pendant tout le temps qu'il resta dans cette maison,
il ne se coucha plus. Il sortait la nuit, il errait dans les
champs, il se roulait sur la terre, il appelait Olivier; une
des femmes le suivait et le ramenait au point du jour.

    « Plusieurs personnes le savaient dans la maison d'Oli-
vier; et parmi ces personnes il y en avait de malintentionnées. Les deux veuves l'avertirent du péril qu'il courait :
c'était une après-midi, il était assis sur un banc, son sabre
sur ses genoux, les coudes appuyés sur une table et ses
deux poings sur ses deux yeux. D'abord il ne répondit rien.
La femme Olivier avait un garçon de dix-sept à dix-huit ans,
la charbonnière une fille de quinze. Tout à coup il dit à la

charbonnière : « La charbonnière, va chercher ta fille et amène-la ici... » Il avait quelques fauchées de prés, il les vendit. La charbonnière revint avec sa fille, le fils d'Olivier l'épousa : Félix leur donna l'argent de ses prés, les embrassa, leur demanda pardon en pleurant; et ils allèrent s'établir dans la cabane où ils sont encore et où ils servent de père et de mère aux autres enfants. Les deux veuves demeurèrent ensemble; et les enfants d'Olivier eurent un père et deux mères.

« Il y a à peu près un an et demi que la charbonnière est morte; la femme d'Olivier la pleure encore tous les jours.

« Un soir qu'elles épiaient Félix (car il y en avait une des deux qui le gardait toujours à vue), elles le virent qui fondait en larmes; il tournait en silence ses bras vers la porte qui le séparait d'elles, et il se remettait ensuite à faire son sac. Elles ne lui dirent rien, car elles comprenaient de reste combien son départ était nécessaire. Ils soupèrent tous les trois sans parler. La nuit, il se leva; les femmes ne dormaient point : il s'avança vers la porte sur la pointe des pieds. Là, il s'arrêta, regarda vers le lit des deux femmes, essuya ses yeux de ses mains et sortit. Les deux femmes se serrèrent dans les bras l'une de l'autre et passèrent le reste de la nuit à pleurer. On ignore où il se réfugia; mais il n'y a guère eu de semaines où il ne leur ait envoyé quelque secours.

« La forêt où la fille de la charbonnière vit avec le fils d'Olivier, appartient à un M. Leclerc de Rançonnières, homme fort riche et seigneur d'un autre village de ces cantons, appelé Courcelles. Un jour que M. de Rançonnières ou de Courcelles, comme il vous plaira, faisait une chasse dans sa forêt, il arriva à la cabane du fils d'Olivier; il y entra, il se mit à jouer avec les enfants, qui sont jolis; il les questionna; la figure de la femme, qui n'est pas mal, lui revint; le ton ferme du mari, qui tient beaucoup de son père, l'intéressa; il apprit l'aventure de leurs parents, il promit de solliciter la grâce de Félix; il la sollicita et l'obtint.

« Félix passa au service de M. de Rançonnières, qui lui donna une place de garde-chasse.

« Il y avait environ deux ans qu'il vivait dans le château de Rançonnières, envoyant aux veuves une bonne partie de ses gages, lorsque l'attachement à son maître et la fierté de son caractère l'impliquèrent dans une affaire qui n'était rien dans son origine, mais qui eut les suites les plus fâcheuses.

« M. de Rançonnières avait pour voisin à Courcelles, un M. Fourmont, conseiller au présidial de Ch... 9. Les deux maisons n'étaient séparées que par une borne; cette borne gênait la porte de M. de Rançonnières et en rendait l'entrée difficile aux voitures. M. de Rançonnières la fit reculer de quelques pieds du côté de M. Fourmont; celui-ci renvoya la borne d'autant sur M. de Rançonnières; et puis voilà de la haine, des insultes, un procès entre les deux voisins. Le procès de la borne en suscita deux ou trois autres plus considérables. Les choses en étaient là, lorsqu'un soir M. de Rançonnières, revenant de la chasse, accompagné de son garde Félix, fit rencontre, sur le grand chemin, de M. Fourmont le magistrat et de son frère le militaire. Celui-ci dit à son frère : « Mon frère, si l'on coupait le visage à ce vieux bouc-là, qu'en pensez-vous? » Ce propos ne fut pas entendu de M. de Rançonnières, mais il le fut malheureusement de Félix, qui s'adressant fièrement au jeune homme, lui dit : « Mon officier, seriez-vous assez brave pour vous mettre seulement en devoir de faire ce que vous avez dit ? » Au même instant, il pose son fusil à terre et met la main sur la garde de son sabre, car il n'allait jamais sans son sabre. Le jeune militaire tire son épée, s'avance sur Félix; M. de Rançonnières accourt, s'interpose, saisit son garde. Cependant le militaire s'empare du fusil qui était à terre, tire sur Félix, le manque; celui-ci riposte d'un coup de sabre, fait tomber l'épée de la main au jeune homme, et avec l'épée la moitié du bras : et voilà un procès criminel en sus de trois ou quatre procès civils; Félix confiné dans les prisons; une procédure effrayante; et à la suite de cette procédure, un magistrat dépouillé de son état et presque déshonoré, un militaire exclu de son corps, M. de Rançonnières mort de chagrin, et Félix, dont la détention durait toujours, exposé à tout le ressentiment des Fourmont. Sa fin eût été malheureuse, si l'amour ne l'eût secouru; la fille du geôlier prit de la passion pour lui et facilita son évasion : si cela n'est pas vrai, c'est du moins l'opinion publique. Il s'en est allé en Prusse, où il sert aujourd'hui dans le régiment des gardes. On dit qu'il y est aimé de ses camarades, et même

connu du roi. Son nom de guerre est le Triste; la veuve
Olivier m'a dit qu'il continuait à la soulager.

« Voilà, madame, tout ce que j'ai pu recueillir de
l'histoire de Félix. Je joins à mon récit une lettre de M. Papin,
notre curé. Je ne sais ce qu'elle contient; mais je crains bien
que le pauvre prêtre, qui a la tête un peu étroite et le cœur assez
mal tourné, ne vous parle d'Olivier et de Félix d'après ses
préventions. Je vous conjure, madame, de vous en tenir
aux faits sur la vérité desquels vous pouvez compter, et à
la bonté de votre cœur, qui vous conseillera mieux que le
premier casuiste de Sorbonne, qui n'est pas M. Papin. »

LETTRE

DE M. PAPIN, DOCTEUR EN THÉOLOGIE, ET CURÉ
DE SAINTE-MARIE A BOURBONNE

J'ignore, madame, ce que M. le subdélégué a pu vous
conter d'Olivier et de Félix, ni quel intérêt vous pouvez
prendre à deux brigands, dont tous les pas dans ce monde
ont été trempés de sang. La Providence qui a châtié l'un,
a laissé à l'autre quelque moment de répit, dont je crains
bien qu'il ne profite pas; mais que la volonté de Dieu soit
faite! Je sais qu'il y a des gens ici (et je ne serais point
étonné que M. le subdélégué fût de ce nombre) qui parlent
de ces deux hommes comme de modèles d'une amitié rare;
mais qu'est-ce aux yeux de Dieu que la plus sublime vertu,
dénuée des sentiments de la piété, du respect dû à l'Église
et à ses ministres, et de la soumission à la loi du souverain [10]? Olivier est mort à la porte de sa maison, sans
sacrements; quand je fus appelé auprès de Félix, chez les
deux veuves, je n'en pus jamais tirer autre chose que le
nom d'Olivier; aucun signe de religion, aucune marque de
repentir. Je n'ai pas mémoire que celui-ci se soit présenté
une fois au tribunal de la pénitence. La femme Olivier
est une arrogante qui m'a manqué en plus d'une occasion;
sous prétexte qu'elle sait lire et écrire, elle se croit en état
d'élever ses enfants; et on ne les voit ni aux écoles de la
paroisse, ni à mes instructions. Que madame juge d'après
cela, si des gens de cette espèce sont bien dignes de ses
bontés ! L'Évangile ne cesse de nous recommander la commisération pour les pauvres; mais on double le mérite de

sa charité par un bon choix des misérables; et personne ne connaît mieux les vrais indigents que le pasteur commun des indigents et des riches. Si madame daignait m'honorer de sa confiance, je placerais peut-être les marques de sa bienfaisance d'une manière plus utile pour les malheureux, et plus méritoire pour elle.

Je suis avec respect, etc.

Madame de ... remercia M. le subdélégué Aubert de son attention, et envoya ses aumônes à M. Papin, avec le billet qui suit :

« Je vous suis très obligée, monsieur, de vos sages conseils. Je vous avoue que l'histoire de ces deux hommes m'avait touchée; et vous conviendrez que l'exemple d'une amitié aussi rare était bien fait pour séduire une âme honnête et sensible : mais vous m'avez éclairée, et j'ai conçu qu'il valait mieux porter ses secours à des vertus chrétiennes et malheureuses, qu'à des vertus naturelles et païennes. Je vous prie d'accepter la somme modique que je vous envoie, et de la distribuer d'après une charité mieux entendue que la mienne.

« J'ai l'honneur d'être, etc. »

On pense bien que la veuve Olivier et Félix n'eurent aucune part aux aumônes de madame de .... Félix mourut; et la pauvre femme aurait péri de misère avec ses enfants, si elle ne s'était réfugiée dans la forêt, chez son fils aîné, où elle travaille, malgré son grand âge, et subsiste comme elle peut à côté de ses enfants et de ses petits-enfants.

Et puis, il y a trois sortes de contes[11]... Il y en a bien davantage, me direz-vous... A la bonne heure; mais je distingue le conte à la manière d'Homère, de Virgile, du Tasse, et je l'appelle le conte merveilleux. La nature y est exagérée; la vérité y est hypothétique : et si le conteur a bien gardé le module qu'il a choisi, si tout répond à ce module, et dans les actions, et dans les discours, il a obtenu le degré de perfection que le genre de son ouvrage comportait, et vous n'avez rien de plus à lui demander. En entrant dans son poème, vous mettez le pied dans une terre inconnue, où rien ne se passe comme dans celle que vous habitez,

mais où tout se fait en grand comme les choses se font autour
de vous en petit. Il y a le conte plaisant à la façon de La Fontaine, de Vergier, de l'Arioste, d'Hamilton [12], où le conteur
ne se propose ni l'imitation de la nature, ni la vérité, ni
l'illusion; il s'élance dans les espaces imaginaires. Dites à
celui-ci : Soyez gai, ingénieux, varié, original, même extravagant, j'y consens; mais séduisez-moi par les détails; que
le charme de la forme me dérobe toujours l'invraisemblance
du fond : et si ce conteur fait ce que vous exigez ici, il a
tout fait. Il y a enfin le conte historique, tel qu'il est écrit
dans les Nouvelles de Scarron, de Cervantes, etc. Au diable
le conte et le conteur historiques! c'est un menteur plat
et froid... Oui, s'il ne sait pas son métier. Celui-ci se propose
de vous tromper; il est assis au coin de votre âtre; il a
pour objet la vérité rigoureuse; il veut être cru; il veut
intéresser, toucher, entraîner, émouvoir, faire frissonner la
peau et couler les larmes; effet qu'on n'obtient point sans
éloquence et sans poésie. Mais l'éloquence est une source de
mensonge, et rien de plus contraire à l'illusion que la poésie;
l'une et l'autre exagèrent, surfont, amplifient, inspirent la
méfiance : comment s'y prendra donc ce conteur-ci pour
vous tromper ? Le voici. Il parsèmera son récit de petites
circonstances si liées à la chose, de traits si simples, si
naturels, et toutefois si difficiles à imaginer, que vous serez
forcé de vous dire en vous-même : Ma foi, cela est vrai :
on n'invente pas ces choses-là. C'est ainsi qu'il sauvera
l'exagération de l'éloquence et de la poésie; que la vérité
de la nature couvrira le prestige de l'art; et qu'il satisfera à
deux conditions qui semblent contradictoires, d'être en
même temps historien et poète, véridique et menteur.

Un exemple emprunté d'un autre art rendra peut-être
plus sensible ce que je veux vous dire. Un peintre exécute
sur la toile une tête. Toutes les formes en sont fortes,
grandes et régulières; c'est l'ensemble le plus parfait et le
plus rare. J'éprouve, en le considérant, du respect, de
l'admiration, de l'effroi. J'en cherche le modèle dans la
nature, et ne l'y trouve pas; en comparaison, tout y est
faible, petit et mesquin; c'est une tête idéale; je le sens, je
me le dis. Mais que l'artiste me fasse apercevoir au front
de cette tête une cicatrice légère, une verrue à l'une de ses
tempes, une coupure imperceptible à la lèvre inférieure; et,
d'idéale qu'elle était, à l'instant la tête devient un portrait;

une marque de petite vérole au coin de l'œil ou à côté du
nez, et ce visage de femme n'est plus celui de Vénus; c'est
le portrait de quelqu'une de mes voisines [13]. Je dirai donc à
nos conteurs historiques : Vos figures sont belles, si vous
voulez; mais il y manque la verrue à la tempe, la coupure à
la lèvre, la marque de petite vérole à côté du nez, qui les
rendraient vraies; et, comme disait mon ami Caillot [14] :
« Un peu de poussière sur mes souliers, et je ne sors pas
de ma loge, je reviens de la campagne. »

> Atque ita mentitur, sic veris falsa remiscet,
> Primo ne medium, medio ne discrepet imum [15]
>
> HORAT. *De Art. poet.* v. 151.

Et puis un peu de morale après un peu de poétique, cela
va si bien! Félix était un gueux qui n'avait rien; Olivier
était un autre gueux qui n'avait rien : dites-en autant du
charbonnier, de la charbonnière, et des autres personnages
de ce conte; et concluez qu'en général il ne peut guère y
avoir d'amitiés entières et solides qu'entre des hommes qui
n'ont rien. Un homme alors est toute la fortune de son ami,
et son ami est toute la sienne. De là la vérité de l'expérience,
que le malheur resserre les liens; et la matière d'un petit
paragraphe de plus pour la première édition du livre de
l'Esprit [16].

CECI

N'EST PAS UN CONTE[1]

Lorsqu'on fait un conte, c'est à quelqu'un qui l'écoute ; et pour peu que le conte dure, il est rare que le conteur ne soit pas interrompu quelquefois par son auditeur. Voilà pourquoi j'ai introduit dans le récit qu'on va lire, et qui n'est pas un conte, ou qui est un mauvais conte, si vous vous en doutez, un personnage qui fasse à peu près le rôle du lecteur ; et je commence.

Et vous concluez de là ?

— Qu'un sujet aussi intéressant devait mettre toutes les têtes en l'air ; défrayer pendant un mois tous les cercles de la ville ; y être tourné et retourné jusqu'à l'insipidité ; fournir à mille disputes, à vingt brochures au moins, et à quelques centaines de pièces de vers pour et contre ; et qu'en dépit de toute la finesse, de toutes les connaissances, de tout l'esprit de l'auteur, puisque son ouvrage n'a excité aucune fermentation violente, il est médiocre, et très médiocre.

— Mais il me semble que nous lui devons pourtant une soirée assez agréable, et que cette lecture a amené...

— Quoi ? une litanie d'historiettes usées qu'on se décochait de part et d'autre, et qui ne disaient qu'une chose connue de toute éternité, c'est que l'homme et la femme sont deux bêtes très malfaisantes.

— Cependant l'épidémie vous a gagné, et vous avez payé votre écot tout comme un autre.

— C'est que bon gré, mal gré qu'on en ait, on se prête au ton donné ; qu'en entrant dans une société, on arrange à la porte d'un appartement jusqu'à sa physionomie sur celles qu'on voit ; qu'on contrefait le plaisant, quand on est triste ; le triste, quand on serait tenté d'être plai-

sant; qu'on ne veut être étranger à quoi que ce soit; que
le littérateur politique; que le politique métaphysique;
que le métaphysicien moralise; que le moraliste parle
finance; le financier, belles-lettres ou géométrie; que,
plutôt que d'écouter ou se taire, chacun bavarde de ce
qu'il ignore, et que tous s'ennuient par sotte vanité ou
par politesse.

— Vous avez de l'humeur.

— A mon ordinaire.

— Et je crois qu'il est à propos que je réserve mon
historiette pour un moment plus favorable.

— C'est-à-dire que vous attendrez que je n'y sois pas.

— Ce n'est pas cela.

— Ou que vous craignez que je n'aie moins d'indulgence pour vous, tête à tête, que je n'en aurais pour un
indifférent en société.

— Ce n'est pas cela.

— Ayez donc pour agréable de me dire ce que c'est.

— C'est que mon historiette ne prouve pas plus que
celles qui vous ont excédé.

— Eh! dites toujours.

— Non, non; vous en avez assez.

— Savez-vous que de toutes les manières qu'ils ont de
me faire enrager, la vôtre m'est la plus antipathique?

— Et quelle est la mienne?

— Celle d'être prié de la chose que vous mourez d'envie
de faire. Eh bien, mon ami, je vous prie, je vous supplie
de vouloir bien vous satisfaire.

— Me satisfaire!

— Commencez, pour Dieu, commencez.

— Je tâcherai d'être court.

— Cela n'en sera pas plus mal.

Ici, un peu par malice, je toussai, je crachai, je déve-
loppai lentement mon mouchoir, je me mouchai, j'ouvris
ma tabatière, je pris une prise de tabac; et j'entendais mon
homme qui disait entre ses dents : « Si l'histoire est courte,
les préliminaires sont longs... » Il me prit envie d'appeler
un domestique, sous prétexte de quelque commission;
mais je n'en fis rien, et je dis :

« Il faut avouer qu'il y a des hommes bien bons, et des
femmes bien méchantes.

— C'est ce qu'on voit tous les jours, et quelquefois sans sortir de chez soi. Après ?

— Après ? J'ai connu une Alsacienne belle, mais belle à faire accourir les vieillards, et à arrêter tout court les jeunes gens.

— Et moi aussi, je l'ai connue; elle s'appelait Mme Reymer.

— Il est vrai. Un nouveau débarqué de Nancy, appelé Tanié, en devint éperdument amoureux. Il était pauvre; c'était un de ces enfants perdus, que la dureté des parents, qui ont une famille nombreuse, chasse de la maison, et qui se jettent dans le monde sans savoir ce qu'ils deviendront, par un instinct qui leur dit qu'ils n'y auront pas un destin pire que celui qu'ils fuient. Tanié, amoureux de Mme Reymer, exalté par une passion qui soutenait son courage et ennoblissait à ses yeux toutes ses actions, se soumettait sans répugnance aux plus pénibles et aux plus viles, pour soulager la misère de son amie. Le jour, il allait travailler sur les ports; à la chute du jour, il mendiait dans les rues.

— Cela était fort beau; mais cela ne pouvait durer.

— Aussi Tanié, las de lutter contre le besoin, ou plutôt de retenir dans l'indigence une femme charmante, obsédée d'hommes opulents qui la pressaient de chasser ce gueux de Tanié...

— Ce qu'elle aurait fait quinze jours, un mois plus tard.

— Et d'accepter leurs richesses, résolut de la quitter, et d'aller tenter la fortune au loin. Il sollicite, il obtient son passage sur un vaisseau de roi. Le moment de son départ est venu. Il va prendre congé de Mme Reymer. « Mon amie, lui dit-il, je ne saurais abuser plus longtemps de votre tendresse. J'ai pris mon parti, je m'en vais. — Vous vous en allez! — Oui... — Et où allez-vous?... — Aux îles². Vous êtes digne d'un autre sort, et je ne saurais l'éloigner plus longtemps... »

— Le bon Tanié!...

« — Et que voulez-vous que je devienne?... »

— La traîtresse!...

« — Vous êtes environnée de gens qui cherchent à vous plaire. Je vous rends vos promesses; je vous rends vos serments. Voyez quel est celui de ces prétendants qui vous est

le plus agréable; acceptez-le, c'est moi qui vous en conjure... — Ah ! Tanié, c'est vous qui me proposez... »

— Je vous dispense de la pantomime de Mme Reymer.
Je la vois, je la sais...

« — En m'éloignant, la seule grâce que j'exige de
vous, c'est de ne former aucun engagement qui nous
sépare à jamais. Jurez-le-moi, ma belle amie. Quelle que
soit la contrée de la terre que j'habiterai, il faudra que j'y
sois bien malheureux s'il se passe une année sans vous
donner des preuves certaines de mon tendre attachement.
Ne pleurez pas... »

— Elles pleurent toutes quand elles veulent.

— « ... Et ne combattez pas un projet que les reproches
de mon cœur m'ont enfin inspiré, et auquel ils ne tarderaient pas à me ramener. » Et voilà Tanié parti pour Saint-
Domingue [3].

— Et parti tout à temps pour Mme Reymer et pour
lui.

— Qu'en savez-vous ?

— Je sais, tout aussi bien qu'on le peut savoir, que
quand Tanié lui conseilla de faire un choix, il était fait.

— Bon!

— Continuez votre récit.

— Tanié avait de l'esprit et une grande aptitude aux
affaires. Il ne tarda pas d'être connu. Il entra au conseil
souverain du Cap. Il s'y distingua par ses lumières et
par son équité. Il n'ambitionnait pas une grande fortune;
il ne la désirait qu'honnête et rapide. Chaque année, il en
envoyait une portion à Mme Reymer. Il revint au bout...

— De neuf à dix ans; non, je ne crois pas que son
absence ait été plus longue...

— Présenter à son amie un petit portefeuille qui renfermait le produit de ses vertus et de ses travaux...

— Et heureusement pour Tanié, ce fut un moment où
elle venait de se séparer du dernier des successeurs de Tanié.

— Du dernier?

— Oui.

— Elle en avait donc eu plusieurs?

— Assurément. Allez, allez.

— Mais je n'ai peut-être rien à vous dire que vous ne
sachiez mieux que moi.

— Qu'importe, allez toujours.

— Mme Reymer et Tanié occupaient un assez beau logement rue Sainte-Marguerite, à ma porte. Je faisais grand cas de Tanié, et je fréquentais sa maison, qui était, sinon opulente, du moins fort aisée.

— Je puis vous assurer, moi, sans avoir compté avec la Reymer, qu'elle avait mieux de quinze mille livres de rente avant le retour de Tanié.

— A qui elle dissimulait sa fortune ?

— Oui.

— Et pourquoi ?

— Parce qu'elle était avare et rapace.

— Passe pour rapace ; mais avare ! une courtisane avare !... Il y avait cinq à six ans que ces deux amants vivaient dans la meilleure intelligence.

— Grâce à l'extrême finesse de l'un et à la confiance sans bornes de l'autre.

— Oh ! il est vrai qu'il était impossible à l'ombre d'un soupçon d'entrer dans une âme aussi pure que celle de Tanié. La seule chose dont je me sois quelquefois aperçu, c'est que Mme Reymer avait bientôt oublié sa première indigence ; qu'elle était tourmentée de l'amour du faste et de la richesse ; qu'elle était humiliée qu'une aussi belle femme allât à pied.

— Que n'allait-elle en carrosse ?

— Et que l'éclat du vice lui en dérobait la bassesse. Vous riez ?... Ce fut alors que M. de Maurepas[4] forma le projet d'établir au Nord[5] une maison de commerce. Le succès de cette entreprise demandait un homme actif et intelligent. Il jeta les yeux sur Tanié, à qui il avait confié la conduite de plusieurs affaires importantes pendant son séjour au Cap, et qui s'en était toujours acquitté à la satisfaction du ministre. Tanié fut désolé de cette marque de distinction. Il était si content, si heureux à côté de sa belle amie ! Il était ou se croyait aimé.

— C'est bien dit.

— Qu'est-ce que l'or pouvait ajouter à son bonheur ? Rien. Cependant le ministre insistait. Il fallait se déterminer, il fallait s'ouvrir à Mme Reymer. J'arrivai chez lui précisément sur la fin de cette scène fâcheuse. Le pauvre Tanié fondait en larmes. « Qu'avez-vous donc, lui dis-je, mon ami ? » Il me dit en sanglotant : « C'est cette femme ! »

Mme Reymer travaillait tranquillement à un métier de
tapisserie. Tanié se leva brusquement et sortit. Je restai
seul avec son amie, qui ne me laissa pas ignorer ce qu'elle
qualifiait de la déraison de Tanié. Elle m'exagéra la modicité de son état; elle mit à son plaidoyer tout l'art dont un
esprit délié sait pallier les sophismes de l'ambition. « De
quoi s'agit-il ? D'une absence de deux ou trois ans au
plus. — C'est bien du temps pour un homme que vous
aimez et qui vous aime autant que lui. — Lui, il m'aime ?
S'il m'aimait, balancerait-il à me satisfaire ? — Mais,
madame, que ne le suivez-vous ? — Moi ! je ne vais point
là; et tout extravagant qu'il est, il ne s'est point avisé de
me le proposer. Doute-t-il de moi ? — Je n'en crois rien.
— Après l'avoir attendu pendant douze ans, il peut bien
s'en reposer deux ou trois sur ma bonne foi. Monsieur,
c'est que c'est une de ces occasions singulières qui ne se
présentent qu'une fois dans la vie; et je ne veux pas qu'il
ait un jour à se repentir et à me reprocher peut-être de
l'avoir manquée. — Tanié ne regrettera rien, tant qu'il
aura le bonheur de vous plaire. — Cela est fort honnête;
mais soyez sûr qu'il sera très content d'être riche quand
je serai vieille. Le travers des femmes est de ne jamais
penser à l'avenir; ce n'est pas le mien... » Le ministre était
à Paris. De la rue Sainte-Marguerite à son hôtel, il n'y
avait qu'un pas. Tanié y était allé, et s'était engagé. Il
rentra l'œil sec, mais l'âme serrée. « Madame, lui dit-il,
j'ai vu M. de Maurepas; il a ma parole. Je m'en irai, je
m'en irai; et vous serez satisfaite. — Ah ! mon ami !... »
Mme Reymer écarte son métier, s'élance vers Tanié, jette
ses bras autour de son cou, l'accable de caresses et de
propos doux. « Ah ! c'est pour cette fois que je vois que
je vous suis chère. » Tanié lui répondit froidement : « Vous
voulez être riche. »

    — Elle l'était, la coquine, dix fois plus qu'elle ne le
méritait...

    « — Et vous le serez. Puisque c'est l'or que vous aimez,
il faut aller vous chercher de l'or. » C'était le mardi; et le
ministre avait fixé son départ au vendredi, sans délai.
J'allai lui faire mes adieux au moment où il luttait avec
lui-même, où il tâchait de s'arracher des bras de la belle,
indigne et cruelle Reymer. C'était un désordre d'idées, un
désespoir, une agonie, dont je n'ai jamais vu un second

exemple. Ce n'était pas de la plainte; c'était un long cri. Mme Reymer était encore au lit. Il tenait une de ses mains. Il ne cessait de dire et de répéter : « Cruelle femme ! femme cruelle ! que te faut-il de plus que l'aisance dont tu jouis, et un ami, un amant tel que moi ? J'ai été lui chercher la fortune dans les contrées brûlantes de l'Amérique; elle veut que j'aille la lui chercher encore au milieu des glaces du Nord. Mon ami, je sens que cette femme est folle; je sens que je suis un insensé; mais il m'est moins affreux de mourir que de la contrister. Tu veux que je te quitte; je vais te quitter. » Il était à genoux au bord de son lit, la bouche collée sur sa main et le visage caché dans les couvertures, qui, en étouffant son murmure, ne le rendaient que plus triste et plus effrayant. La porte de la chambre s'ouvrit; il releva brusquement la tête; il vit le postillon qui venait lui annoncer que les chevaux étaient à la chaise. Il fit un cri, et recacha son visage sur les couvertures. Après un moment de silence, il se leva; il dit à son amie : « Embrassez-moi, madame; embrasse-moi encore une fois, car tu ne me reverras plus. » Son pressentiment n'était que trop vrai. Il partit. Il arriva à Pétersbourg, et, trois jours après, il fut attaqué d'une fièvre dont il mourut le quatrième.

— Je savais tout cela.

— Vous avez peut-être été un des successeurs de Tanié?

— Vous l'avez dit; et c'est avec cette belle abominable que j'ai dérangé mes affaires.

— Ce pauvre Tanié!

— Il y a des gens dans le monde qui vous diraient que c'est un sot.

— Je ne le défendrai pas; mais je souhaiterais au fond de mon cœur que leur mauvais destin les adresse à une femme aussi belle et aussi artificieuse que Mme Reymer.

— Vous êtes cruel dans vos vengeances.

— Et puis, s'il y a des femmes très méchantes et des hommes très bons, il y a aussi des femmes très bonnes et des hommes très méchants; et ce que je vais ajouter n'est pas plus un conte que ce qui précède [6].

— J'en suis convaincu.

— M. d'Hérouville...

— Celui qui vit encore? le lieutenant général des

armées du roi ? celui qui épousa cette charmante créature
appelée Lolotte [7] ?

— Lui-même.

— C'est un galant homme, ami des sciences.

— Et des savants. Il s'est longtemps occupé d'une
histoire générale de la guerre dans tous les siècles et chez
toutes les nations.

— Le projet est vaste.

— Pour le remplir, il avait appelé autour de lui quelques
jeunes gens d'un mérite distingué, tels que M. de Montucla [8], l'auteur de l'*Histoire des Mathématiques*.

— Diable ! en avait-il beaucoup de cette force-là ?

— Mais celui qui se nommait Gardeil, le héros de
l'aventure que je vais vous raconter, ne lui cédait guère
dans sa partie. Une fureur commune pour l'étude de la
langue grecque commença, entre Gardeil et moi, une
liaison que le temps, la réciprocité des conseils, le goût
de la retraite, et surtout la facilité de se voir, conduisirent
à une assez grande intimité.

— Vous demeuriez alors à l'Estrapade [9].

— Lui, rue Sainte-Hyacinthe, et son amie, Mlle de
La Chaux, place Saint-Michel. Je la nomme de son propre
nom, parce que la pauvre malheureuse n'est plus, parce
que sa vie ne peut que l'honorer dans tous les esprits
bien faits et lui mériter l'admiration, les regrets et les
larmes de ceux que la nature aura favorisés ou punis d'une
petite portion de la sensibilité de son âme.

— Mais votre voix s'entrecoupe, et je crois que vous
pleurez.

— Il me semble encore que je vois ses grands yeux
noirs, brillants et doux, et que le son de sa voix touchante
retentisse dans mon oreille et trouble mon cœur. Créature
charmante ! créature unique ! tu n'es plus ! Il y a près de
vingt ans que tu n'es plus ; et mon cœur se serre encore
à ton souvenir.

— Vous l'avez aimée ?

— Non. O La Chaux ! ô Gardeil ! Vous fûtes l'un et
l'autre deux prodiges ; vous, de la tendresse de la femme ;
vous, de l'ingratitude de l'homme. Mlle de La Chaux était
d'une famille honnête. Elle quitta ses parents pour se
jeter entre les bras de Gardeil. Gardeil n'avait rien, Mlle de
La Chaux jouissait de quelque bien ; et ce bien fut entiè-

rement sacrifié aux besoins et aux fantaisies de Gardeil.
Elle ne regretta ni sa fortune dissipée, ni son honneur
flétri. Son amant lui tenait lieu de tout.

— Ce Gardeil était donc bien séduisant, bien aimable ?

— Point du tout. Un petit homme bourru, taciturne
et caustique; le visage sec, le teint basané; en tout, une
figure mince et chétive; laid, si un homme peut l'être
avec la physionomie de l'esprit.

— Et voilà ce qui avait renversé la tête à une fille charmante ?

— Et cela vous surprend ?

— Toujours.

— Vous ?

— Moi.

— Mais vous ne vous rappelez donc plus votre aventure avec la Deschamps [10] et le profond désespoir où vous
tombâtes lorsque cette créature vous ferma sa porte ?

— Laissons cela; continuez.

— Je vous disais : « Elle est donc bien belle ? » Et vous
me répondiez tristement : « Non. — Elle a donc bien de
l'esprit ? — C'est une sotte. — Ce sont donc ses talents
qui vous entraînent ? — Elle n'en a qu'un. — Et ce rare,
ce sublime, ce merveilleux talent ? — C'est de me rendre
plus heureux entre ses bras que je ne le fus jamais entre
les bras d'aucune autre femme. »

— Mais Mlle de La Chaux ?

— L'honnête, la sensible Mlle de La Chaux se promettait
secrètement, d'instinct, à son insu, le bonheur que vous
connaissiez, et qui vous faisait dire de la Deschamps :
« Si cette malheureuse, si cette infâme s'obstine à me chasser
de chez elle, je prends un pistolet, et je me brûle la cervelle
dans son antichambre. » L'avez-vous dit, ou non ?

— Je l'ai dit; et même à présent, je ne sais pas pourquoi
je ne l'ai pas fait.

— Convenez donc.

— Je conviens de tout ce qu'il vous plaira.

— Mon ami, le plus sage d'entre nous est bien heureux
de n'avoir pas rencontré la femme belle ou laide, spirituelle ou sotte, qui l'aurait rendu fou à enfermer aux
Petites-Maisons. Plaignons beaucoup les hommes, blâmons-
les sobrement; regardons nos années passées comme
autant de moments dérobés à la méchanceté qui nous
suit; et ne pensons jamais qu'en tremblant à la violence

de certains attraits de nature, surtout pour les âmes chaudes et les imaginations ardentes. L'étincelle qui tombe fortuitement sur un baril de poudre ne produit pas un effet plus terrible. Le doigt prêt à secouer sur vous ou sur moi cette fatale étincelle est peut-être levé.

M. d'Hérouville, jaloux d'accélérer son ouvrage, excédait de fatigue ses coopérateurs. La santé de Gardeil en fut altérée. Pour alléger sa tâche, Mlle de La Chaux apprit l'hébreu; et tandis que son ami reposait, elle passait une partie de la nuit à interpréter et transcrire des lambeaux d'auteurs hébreux. Le temps de dépouiller les auteurs grecs arriva; Mlle de La Chaux se hâta de se perfectionner dans cette langue dont elle avait déjà quelque teinture : et tandis que Gardeil dormait, elle était occupée à traduire et à copier des passages de Xénophon et de Thucydide. A la connaissance du grec et de l'hébreu, elle joignit celle de l'italien et de l'anglais. Elle posséda l'anglais au point de rendre en français les premiers essais de métaphysique de M. Hume, ouvrage où la difficulté de la matière ajoutait infiniment à celle de l'idiome. Lorsque l'étude avait épuisé ses forces, elle s'amusait à graver de la musique. Lorsqu'elle craignait que l'ennui ne s'emparât de son amant, elle chantait. Je n'exagère rien, j'en atteste M. Le Camus [11], docteur en médecine, qui l'a consolée dans ses peines et secourue dans son indigence; qui lui a rendu les services les plus continus; qui l'a suivie dans le grenier où sa pauvreté l'avait reléguée, et qui lui a fermé les yeux quand elle est morte. Mais j'oublie un de ses premiers malheurs; c'est la persécution qu'elle eut à souffrir d'une famille indignée d'un attachement public et scandaleux. On employa et la vérité et le mensonge, pour disposer de sa liberté d'une manière infamante. Ses parents et les prêtres la poursuivirent de quartier en quartier, de maison en maison, et la réduisirent plusieurs années à vivre seule et cachée. Elle passait les journées à travailler pour Gardeil. Nous lui apparaissions la nuit; et à la présence de son amant, tout son chagrin, toute son inquiétude étaient évanouis.

— Quoi! jeune, pusillanime, sensible au milieu de tant de traverses!

— Elle était heureuse.

— Heureuse!

— Oui, elle ne cessa de l'être que quand Gardeil fut ingrat.

— Mais il est impossible que l'ingratitude ait été la récompense de tant de qualités rares, tant de marques de tendresse, tant de sacrifices de toute espèce.

— Vous vous trompez, Gardeil fut ingrat. Un jour, Mlle de La Chaux se trouva seule dans ce monde, sans honneur, sans fortune, sans appui. Je vous en impose [12], je lui restai pendant quelque temps. Le docteur Le Camus lui resta toujours.

— O les hommes, les hommes !

— De qui parlez-vous ?

— De Gardeil.

— Vous regardez le méchant, et vous ne voyez pas tout à côté l'homme de bien. Ce jour de douleur et de désespoir, elle accourut chez moi. C'était le matin. Elle était pâle comme la mort. Elle ne savait son sort que de la veille, et elle offrait l'image de longues souffrances. Elle ne pleurait pas; mais on voyait qu'elle avait beaucoup pleuré. Elle se jeta dans un fauteuil; elle ne parlait pas; elle ne pouvait parler; elle me tendait les bras, et en même temps elle poussait des cris. « Qu'est-ce qu'il y a, lui dis-je ? Est-ce qu'il est mort ?... — C'est pis : il ne m'aime plus; il m'abandonne... »

— Allez donc.

— Je ne saurais; je la vois, je l'entends; et mes yeux se remplissent de pleurs. « Il ne vous aime plus ?... — Non. — Il vous abandonne ! — Eh ! oui, Après tout ce que j'ai fait !... Monsieur, ma tête s'embarrasse; ayez pitié de moi; ne me quittez pas... surtout ne me quittez pas... » En prononçant ces mots, elle m'avait saisi le bras, qu'elle serrait fortement, comme s'il y avait eu près d'elle quelqu'un qui la menaçât de l'arracher et de l'entraîner... « Ne craignez rien, mademoiselle. — Je ne crains que moi. — Que faut-il faire pour vous ? — D'abord, me sauver de moi-même... Il ne m'aime plus ! je le fatigue ! je l'excède ! je l'ennuie ! Il me hait ! Il m'abandonne ! il me laisse ! il me laisse ! » A ce mot répété succéda un silence profond; et à ce silence, des éclats d'un rire convulsif plus effrayants mille fois que les accents du désespoir ou le râle de l'agonie. Ce furent ensuite des pleurs, des cris, des mots inarticulés, des regards tournés vers le ciel, des lèvres tremblantes, un torrent de douleurs qu'il fallait abandonner à son cours; ce que je fis : et je ne commençai à m'adresser à sa raison, que quand je vis son âme brisée et stupide. Alors je repris :

« Il vous hait, il vous laisse! et qui est-ce qui vous l'a dit?
— Lui. — Allons, mademoiselle, un peu d'espérance et
de courage. Ce n'est pas un monstre... — Vous ne le
connaissez pas; vous le connaîtrez. — Je ne saurais le
croire. — Vous le verrez. — Est-ce qu'il aime ailleurs?
— Non. — Ne lui avez-vous donné aucun soupçon, aucun
mécontentement? — Aucun, aucun. — Qu'est-ce donc?
— Mon inutilité. Je n'ai plus rien. Je ne lui suis plus bonne
à rien. Son ambition; il a toujours été ambitieux. La perte
de ma santé, celle de mes charmes : j'ai tant souffert et
tant fatigué; l'ennui, le dégoût. — On cesse d'être amants,
mais on reste amis. — Je suis devenue un objet insupportable; ma présence lui pèse, ma vue l'afflige et le blesse.
Si vous saviez ce qu'il m'a dit! Oui, monsieur, il m'a dit
que s'il était condamné à passer vingt-quatre heures avec
moi, il se jetterait par les fenêtres. — Mais cette aversion
n'a pas été l'ouvrage d'un moment. — Que sais-je? Il est
naturellement si dédaigneux! si indifférent! si froid! Il est
si difficile de lire au fond de ces âmes! et l'on a tant de répugnance à lire son arrêt de mort! Il me l'a prononcé, et
avec quelle dureté! — Je n'y conçois rien. — J'ai une grâce
à vous demander, et c'est pour cela que je suis venue : me
l'accorderez-vous? — Quelle qu'elle soit. — Écoutez. Il
vous respecte; vous savez tout ce qu'il me doit. Peut-être
rougira-t-il de se montrer à vous tel qu'il est. Non, je ne
crois pas qu'il en ait ni le front ni la force. Je ne suis qu'une
femme, et vous êtes un homme. Un homme tendre, honnête
et juste en impose. Vous lui en imposerez. Donnez-moi
le bras, et ne refusez pas de m'accompagner chez lui.
Je veux lui parler devant vous. Qui sait ce que ma douleur
et votre présence pourront faire sur lui? Vous m'accompa-
gnerez? — Très volontiers. »

— Je crains bien que sa douleur et votre présence n'y
fassent que de l'eau claire. Le dégoût! c'est une terrible
chose que le dégoût en amour, et d'une femme!...

— J'envoyai chercher une chaise à porteurs; car elle
n'était guère en état de marcher. Nous arrivons chez
Gardeil, à cette grande maison neuve, la seule qu'il y ait
à droite dans la rue Hyacinthe, en entrant par la place
Saint-Michel. Là, les porteurs arrêtent; ils ouvrent. J'attends.
Elle ne sort point. Je m'approche, et je vois une femme

saisie d'un tremblement universel; ses dents se frappaient comme dans le frisson de la fièvre; ses genoux se battaient l'un contre l'autre. « Un moment, monsieur, me dit-elle. Je vous demande pardon; je vous demande pardon; je ne saurais... Que vais-je faire là? Je vous aurai dérangé de vos affaires inutilement; j'en suis fâchée; je vous demande pardon... » Cependant je lui tendais le bras. Elle le prit, elle essaya de se lever; elle ne le put. « Encore un moment, monsieur, me dit-elle; je vous fais peine; vous pâtissez de mon état... » Enfin elle se rassura un peu; et en sortant de la chaise, elle ajouta tout bas : « Il faut entrer; il faut le voir. Que sait-on? j'y mourrai peut-être... » Voilà la cour traversée; nous voilà à la porte de l'appartement; nous voilà dans le cabinet de Gardeil. Il était à son bureau, en robe de chambre et en bonnet de nuit. Il me fit un salut de la main, et continua le travail qu'il avait commencé. Ensuite il vint à moi, et me dit : « Convenez, monsieur, que les femmes sont bien incommodes. Je vous fais mille excuses des extravagances de mademoiselle. » Puis s'adressant à la pauvre créature, qui était plus morte que vive : « Mademoiselle, lui dit-il, que prétendez-vous encore de moi? Il me semble qu'après la manière nette et précise dont je me suis expliqué, tout doit être fini entre nous. Je vous ai dit que je ne vous aimais plus; je vous l'ai dit seul à seul; votre dessein est apparemment que je vous le répète devant monsieur : eh bien, mademoiselle, je ne vous aime plus. L'amour est un sentiment éteint dans mon cœur pour vous; et j'ajouterai, si cela peut vous consoler, pour toute autre femme. — Mais apprenez-moi pourquoi vous ne m'aimez plus? — Je l'ignore; tout ce que je sais, c'est que j'ai commencé sans savoir pourquoi; et que je sens qu'il est impossible que cette passion revienne. C'est une gourme que j'ai jetée, et dont je me crois et me félicite d'être parfaitement guéri. — Quels sont mes torts? — Vous n'en avez aucun. — Auriez-vous quelque objection secrète à faire à ma conduite? — Pas la moindre; vous avez été la femme la plus constante, la plus tendre, la plus honnête, qu'un homme pût désirer. — Ai-je omis quelque chose qu'il fût en mon pouvoir de faire? — Rien. — Ne vous ai-je pas sacrifié mes parents? — Il est vrai. — Ma fortune? — J'en suis au désespoir. — Ma santé? — Cela se peut.

— Mon honneur, ma réputation, mon repos? — Tout ce qu'il vous plaira. — Et je te suis odieuse! — Cela est dur à dire, dur à entendre, mais puisque cela est, il faut en convenir. — Je lui suis odieuse!... Je le sens, et ne m'en estime pas davantage!... Odieuse! ah! dieux!... » A ces mots une pâleur mortelle se répandit sur son visage; ses lèvres se décolorèrent; les gouttes d'une sueur froide, qui se formaient sur ses joues, se mêlaient aux larmes qui descendaient de ses yeux; ils étaient fermés; sa tête se renversa sur le dos de son fauteuil; ses dents se serrèrent; tous ses membres tressaillaient; à ce tressaillement succéda une défaillance qui me parut l'accomplissement de l'espérance qu'elle avait conçue à la porte de cette maison. La durée de cet état acheva de m'effrayer. Je lui ôtai son mantelet; je desserrai les cordons de sa robe; je relâchai ceux de ses jupons, et je lui jetai quelques gouttes d'eau fraîche sur le visage. Ses yeux se rouvrirent à demi; il se fit entendre un murmure sourd dans sa gorge; elle voulait prononcer : Je lui suis odieuse; et elle n'articulait que les dernières syllabes du mot; puis elle poussait un cri aigu. Ses paupières s'abaissaient; et l'évanouissement reprenait. Gardeil, froidement assis dans son fauteuil, son coude appuyé sur la table et sa tête appuyée sur sa main, la regardait sans émotion, et me laissait le soin de la secourir. Je lui dis à plusieurs reprises : « Mais, monsieur, elle se meurt... il faudrait appeler. » Il me répondit en souriant et haussant les épaules : « Les femmes ne meurent pas pour si peu; cela n'est rien; cela se passera. Vous ne les connaissez pas; elles font de leur corps tout ce qu'elles veulent... — Elle se meurt, vous dis-je. » En effet, son corps était comme sans force et sans vie; il s'échappait de dessus son fauteuil, et elle serait tombée à terre de droite ou de gauche, si je ne l'avais retenue. Cependant Gardeil s'était levé brusquement; et en se promenant dans son appartement, il disait d'un ton d'impatience et d'humeur : « Je me serais bien passé de cette maussade scène; mais j'espère bien que ce sera la dernière. A qui diable en veut cette créature? Je l'ai aimée; je me battrais la tête contre le mur qu'il n'en serait ni plus ni moins. Je ne l'aime plus; elle le sait à présent, ou elle ne le saura jamais. Tout est dit... — Non, monsieur, tout n'est pas dit. Quoi! vous

croyez qu'un homme de bien n'a qu'à dépouiller une
femme de tout ce qu'elle a, et la laisser. — Que voulez-vous
que je fasse? je suis aussi gueux qu'elle. — Ce que je veux
que vous fassiez? que vous associiez votre misère à celle
où vous l'avez réduite. — Cela vous plaît à dire. Elle n'en
serait pas mieux, et j'en serais beaucoup plus mal. — En
useriez-vous ainsi avec un ami qui vous aurait tout sacrifié?
— Un ami! je n'ai pas grande foi aux amis; et cette expérience m'a appris à n'en avoir aucune aux passions. Je
suis fâché de ne l'avoir pas su plus tôt. — Et il est juste
que cette malheureuse femme soit la victime de l'erreur de
votre cœur? — Et qui vous a dit qu'un mois, un jour plus
tard, je ne l'aurais pas été, moi, tout aussi cruellement, de
l'erreur du sien? — Qui me l'a dit? tout ce qu'elle a fait pour
vous, et l'état où vous la voyez. — Ce qu'elle a fait pour
moi!... Oh! pardieu, il est acquitté de reste par la perte
de mon temps. — Ah! monsieur Gardeil, quelle comparaison de votre temps et de toutes les choses sans prix que
vous lui avez enlevées! — Je n'ai rien fait, je ne suis rien,
j'ai trente ans; il est temps ou jamais de penser à soi, et
d'apprécier toutes ces fadaises-là ce qu'elles valent... »
   Cependant la pauvre demoiselle était un peu revenue
à elle-même. A ces derniers mots, elle reprit avec vivacité:
« Qu'a-t-il dit de la perte de son temps? J'ai appris quatre
langues, pour le soulager dans ses travaux; j'ai lu mille
volumes; j'ai écrit, traduit, copié les jours et les nuits;
j'ai épuisé mes forces, usé mes yeux, brûlé mon sang;
j'ai contracté une maladie fâcheuse, dont je ne guérirai
peut-être jamais. La cause de son dégoût, il n'ose l'avouer;
mais vous allez la connaître. » A l'instant elle arrache
son fichu; elle sort un de ses bras de sa robe; elle met son
épaule à nu; et, me montrant une tache érysipélateuse:
« La raison de son changement, la voilà, me dit-elle, la
voilà; voilà l'effet des nuits que j'ai veillées. Il arrivait le
matin avec ses rouleaux de parchemin. M. d'Hérouville,
me disait-il, est très pressé de savoir ce qu'il y a là-dedans;
il faudrait que cette besogne fût faite demain; et elle
l'était... » Dans ce moment, nous entendîmes le pas de
quelqu'un qui s'avançait vers la porte; c'était un domestique qui annonçait l'arrivée de M. d'Hérouville, Gardeil
en pâlit. J'invitai Mlle de La Chaux à se rajuster et à se

retirer... « Non, dit-elle, non; je reste. Je veux démasquer l'indigne. J'attendrai M. d'Hérouville, je lui parlerai.
— Et à quoi cela servira-t-il ? — A rien, me répondit-elle;
vous avez raison. — Demain vous en seriez désolée. Lais-
sez-lui tous ses torts; c'est une vengeance digne de vous.
— Mais est-elle digne de lui ? Est-ce que vous ne voyez
pas que cet homme-là n'est... Partons, monsieur, partons
vite; car je ne puis répondre ni de ce que je ferais, ni de
ce que je dirais... » Mᴵᴵᵉ de La Chaux répara en un clin
d'œil le désordre que cette scène avait mis dans ses vêtements, s'élança comme un trait hors du cabinet de Gardeil.
Je la suivis, et j'entendis la porte qui se fermait sur nous
avec violence. Depuis, j'ai appris qu'on avait donné son
signalement au portier.

Je la conduisis chez elle, où je trouvai le docteur Le
Camus, qui nous attendait. La passion qu'il avait prise pour
cette jeune fille différait peu de celle qu'elle ressentait pour
Gardeil. Je lui fis le récit de notre visite; et tout à travers
les signes de sa colère, de sa douleur, de son indignation...

— Il n'était pas trop difficile de démêler sur son visage
que votre peu de succès ne lui déplaisait pas trop.

— Il est vrai.

— Voilà l'homme. Il n'est pas meilleur que cela.

— Cette rupture fut suivie d'une maladie violente,
pendant laquelle le bon, l'honnête, le tendre et délicat
docteur lui rendait des soins qu'il n'aurait pas eus pour la
plus grande dame de France. Il venait trois, quatre fois par
jour. Tant qu'il y eut du péril, il coucha dans sa chambre,
sur un lit de sangle. C'est un bonheur qu'une maladie dans
les grands chagrins.

— En nous rapprochant de nous, elle écarte le souvenir
des autres. Et puis c'est un prétexte pour s'affliger sans
indiscrétion et sans contrainte.

— Cette réflexion, juste d'ailleurs, n'était pas applicable
à Mᴵᴵᵉ de La Chaux.

Pendant sa convalescence, nous arrangeâmes l'emploi de
son temps. Elle avait de l'esprit, de l'imagination, du goût,
des connaissances, plus qu'il n'en fallait pour être admise à
l'Académie des Inscriptions. Elle nous avait tant et tant
entendus métaphysiquer, que les matières les plus abstraites
lui étaient devenues familières; et sa première tentative
littéraire fut la traduction des premiers ouvrages de Hume.

Je la revis; et, en vérité, elle m'avait laissé bien peu de chose à rectifier. Cette traduction fut imprimée en Hollande et bien accueillie du public [13].

Ma *Lettre sur les Sourds et Muets* parut presque en même temps [14]. Quelques objections très fines qu'elle me proposa donnèrent lieu à une addition qui lui fut dédiée. Cette Lettre n'est pas ce que j'ai fait de plus mal.

La gaieté de Mlle de La Chaux était un peu revenue. Le docteur nous donnait quelquefois à manger, et ces dîners n'étaient pas trop tristes. Depuis l'éloignement de Gardeil, la passion de Le Camus avait fait de merveilleux progrès. Un jour, à table, au dessert, qu'il s'en expliquait avec toute l'honnêteté, toute la sensibilité, toute la naïveté d'un enfant, toute la finesse d'un homme d'esprit, elle lui dit, avec une franchise qui me plut infiniment, mais qui déplaira peut-être à d'autres : « Docteur, il est impossible que l'estime que j'ai pour vous s'accroisse jamais. Je suis comblée de vos services; et je serais aussi noire que le monstre de la rue Hyacinthe, si je n'étais pas pénétrée de la plus vive reconnaissance. Votre tour d'esprit me plaît on ne saurait davantage. Vous me parlez de votre passion avec tant de délicatesse et de grâce, que je serais, je crois, fâchée que vous ne m'en parlassiez plus. La seule idée de perdre votre société ou d'être privée de votre amitié suffirait pour me rendre malheureuse. Vous êtes un homme de bien, s'il en fut jamais. Vous êtes d'une bonté et d'une douceur de caractère incomparables. Je ne crois pas qu'un cœur puisse tomber en de meilleures mains. Je prêche le mien du matin au soir en votre faveur; mais a beau prêcher qui n'a envie de bien faire. Je n'en avance pas davantage. Cependant vous souffrez; et j'en ressens une peine cruelle. Je ne connais personne qui soit plus digne que vous du bonheur que vous sollicitez, et je ne sais ce que je n'oserais pas pour vous rendre heureux. Tout le possible, sans exception. Tenez, docteur, j'irais... oui, j'irais jusqu'à coucher... jusque-là inclusivement. Voulez-vous coucher avec moi ? vous n'avez qu'à dire. Voilà tout ce que je puis faire pour votre service; mais vous voulez être aimé, et c'est ce que je ne saurais. »

Le docteur l'écoutait, lui prenait la main, la baisait, la mouillait de ses larmes; et moi, je ne savais si je devais rire ou pleurer. Mlle de La Chaux connaissait bien le docteur; et le lendemain que je lui disais : « Mais, mademoiselle, si

le docteur vous eût prise au mot? » elle me répondit :
« J'aurais tenu parole; mais cela ne pouvait arriver; mes
offres n'étaient pas de nature à pouvoir être acceptées
par un homme tel que lui... — Pourquoi non? Il me
semble qu'à la place du docteur, j'aurais espéré que le reste
viendrait après. — Oui; mais à la place du docteur,
Mlle de La Chaux ne vous aurait pas fait la même proposition. »

La traduction de Hume ne lui avait pas rendu grand
argent. Les Hollandais impriment tant qu'on veut, pourvu
qu'ils ne payent rien[15].

— Heureusement pour nous; car, avec les entraves
qu'on donne à l'esprit, s'ils s'avisent une fois de payer les
auteurs, ils attireront chez eux tout le commerce de la
librairie.

— Nous lui conseillâmes de faire un ouvrage d'agrément, auquel il y aurait plus d'honneur et plus de profit.
Elle s'en occupa pendant quatre à cinq mois, au bout
desquels elle m'apporta un petit roman historique, intitulé :
les Trois Favorites. Il y avait de la légèreté de style, de la
finesse et de l'intérêt; mais, sans qu'elle s'en fût doutée, car
elle était incapable d'aucune malice, il était parsemé d'une
multitude de traits applicables à la maîtresse du souverain,
la marquise de Pompadour; et je ne lui dissimulai pas que,
quelque sacrifice qu'elle fît, soit en adoucissant, soit en
supprimant ces endroits, il était presque impossible que
son ouvrage parût sans la compromettre, et que le chagrin
de gâter ce qui était bien ne la garantirait pas d'un autre.

Elle sentit toute la justesse de mon observation et n'en
fut que plus affligée. Le bon docteur prévenait tous ses
besoins; mais elle usait de sa bienfaisance avec d'autant plus
de réserve, qu'elle se sentait moins disposée à la sorte de
reconnaissance qu'il en pouvait espérer. D'ailleurs, le
docteur n'était pas riche alors; et il n'était pas trop fait
pour le devenir. De temps en temps, elle tirait son manuscrit
de son portefeuille; et elle me disait tristement : « Eh bien !
il n'y a donc pas moyen d'en rien faire; et il faut qu'il reste
là. » Je lui donnai un conseil singulier, ce fut d'envoyer
l'ouvrage tel qu'il était, sans adoucir, sans changer, à
Mme de Pompadour même, avec un bout de lettre qui la
mît au fait de cet envoi. Cette idée lui plut. Elle écrivit une
lettre charmante de tous points, mais surtout par un ton

de vérité auquel il était impossible de se refuser. Deux ou
trois mois s'écoulèrent sans qu'elle entendît parler de rien;
et elle tenait sa tentative pour infructueuse, lorsqu'une
croix de Saint-Louis se présenta chez elle avec une réponse
de la marquise. L'ouvrage y était loué comme il le méritait;
on remerciait du sacrifice; on convenait des applications,
on n'en était point offensée; et l'on invitait l'auteur à venir
à Versailles, où l'on trouverait une femme reconnaissante
et disposée à rendre les services qui dépendraient d'elle.
L'envoyé, en sortant de chez Mlle de La Chaux, laissa
adroitement sur sa cheminée un rouleau de cinquante louis.

Nous la pressâmes, le docteur et moi, de profiter de la
bienveillance de Mme de Pompadour; mais nous avions
affaire à une fille dont la modestie et la timidité égalaient
le mérite. Comment se présenter là avec ses haillons? Le
docteur leva tout de suite cette difficulté. Après les habits,
ce furent d'autres prétextes, et puis d'autres prétextes encore.
Le voyage de Versailles fut différé de jour en jour, jusqu'à
ce qu'il ne convenait presque plus de le faire. Il y avait déjà
du temps que nous ne lui en parlions pas, lorsque le même
émissaire revint, avec une seconde lettre remplie des
reproches les plus obligeants et une autre gratification
équivalente à la première et offerte avec le même ménagement. Cette action généreuse de Mme de Pompadour n'a
point été connue. J'en ai parlé à M. Collin, son homme
de confiance et le distributeur de ses grâces secrètes. Il
l'ignorait; et j'aime à me persuader que ce n'est pas la
seule que sa tombe recèle.

Ce fut ainsi que Mlle de La Chaux manqua deux fois
l'occasion de se tirer de la détresse.

Depuis, elle transporta sa demeure sur les extrémités de
la ville, et je la perdis tout à fait de vue. Ce que j'ai su du
reste de sa vie, c'est qu'il n'a été qu'un tissu de chagrins,
d'infirmités et de misère. Les portes de sa famille lui furent
opiniâtrément fermées. Elle sollicita inutilement l'inter-
cession de ces saints personnages qui l'avaient persécutée
avec tant de zèle.

— Cela est dans la règle.

— Le docteur ne l'abandonna point. Elle mourut sur la
paille, dans un grenier, tandis que le petit tigre de la rue
Hyacinthe, le seul amant qu'elle ait eu, exerçait la médecine
à Montpellier ou à Toulouse, et jouissait, dans la plus

grande aisance, de la réputation méritée d'habile homme, et de la réputation usurpée d'honnête homme [16].

— Mais cela est encore à peu près dans la règle. S'il y a un bon et honnête Tanié, c'est à une Reymer que la Providence l'envoie; s'il y a une bonne et honnête de La Chaux, elle deviendra le partage d'un Gardeil, afin que tout soit fait pour le mieux.

Mais on me dira peut-être que c'est aller bien vite que de prononcer définitivement sur le caractère d'un homme d'après une seule action; qu'une règle aussi sévère réduirait le nombre des gens de bien au point d'en laisser moins sur la terre que l'Évangile du chrétien n'admet d'élus dans le ciel; qu'on peut être inconstant en amour, se piquer même de peu de religion avec les femmes, sans être dépourvu d'honneur et de probité; qu'on n'est le maître ni d'arrêter une passion qui s'allume, ni d'en prolonger une qui s'éteint; qu'il y a déjà assez d'hommes dans les maisons et les rues qui méritent à juste titre le nom de coquins, sans inventer des crimes imaginaires qui les multiplieraient à l'infini. On me demandera si je n'ai jamais ni trahi, ni trompé, ni délaissé aucune femme sans sujet. Si je voulais répondre à ces questions, ma réponse ne demeurerait pas sans réplique, et ce serait une dispute à ne finir qu'au jugement dernier. Mais mettez la main sur la conscience, et dites-moi, vous, monsieur l'apologiste des trompeurs et des infidèles [17], si vous prendriez le docteur de Toulouse pour votre ami?... Vous hésitez? Tout est dit; et sur ce, je prie Dieu de tenir en sa sainte garde toute femme à qui il vous prendra fantaisie d'adresser votre hommage.

MADAME DE LA CARLIÈRE [1]

Rentrons-nous ?

— C'est de bonne heure.

— Voyez-vous ces nuées ?

— Ne craignez rien; elles disparaîtront d'elles-mêmes, et sans le secours de la moindre haleine de vent.

— Vous croyez ?

— J'en ai souvent fait l'observation en été, dans les temps chauds. La partie basse de l'atmosphère, que la pluie a dégagée de son humidité, va reprendre une portion de la vapeur épaisse qui forme le voile obscur qui vous dérobe le ciel. La masse de cette vapeur se distribuera à peu près également dans toute la masse de l'air; et, par cette exacte distribution ou combinaison, comme il vous plaira de dire, l'atmosphère deviendra transparente et lucide. C'est une opération de nos laboratoires, qui s'exécute en grand au-dessus de nos têtes. Dans quelques heures, des points azurés commenceront à percer à travers les nuages raréfiés; les nuages se raréfieront de plus en plus; les points azurés se multiplieront et s'étendront; bientôt vous ne saurez ce que sera devenu le crêpe noir qui vous effrayait; et vous serez surpris et récréé de la limpidité de l'air, de la pureté du ciel, et de la beauté du jour.

— Mais cela est vrai; car tandis que vous parliez, je regardais, et le phénomène semblait s'exécuter à vos ordres.

— Ce phénomène n'est qu'une espèce de dissolution de l'eau par l'air.

— Comme la vapeur, qui ternit la surface extérieure d'un verre que l'on remplit d'eau glacée, n'est qu'une espèce de précipitation.

— Et ces énormes ballons qui nagent ou restent suspendus dans l'atmosphère ne sont qu'une surabondance d'eau que l'air saturé ne peut dissoudre.

— Ils demeurent là comme des morceaux de sucre au fond d'une tasse de café qui n'en saurait plus prendre.

— Fort bien.

— Et vous me promettez donc à notre retour...

— Une voûte aussi étoilée que vous l'ayez jamais vue.

— Puisque nous continuons notre promenade, pourriez-vous me dire, vous qui connaissez tous ceux qui fréquentent ici, quel est ce personnage sec, long et mélancolique, qui s'est assis, qui n'a pas dit un mot, et qu'on a laissé seul dans le salon, lorsque le reste de la compagnie s'est dispersé?

— C'est un homme dont je respecte vraiment la douleur.

— Et vous le nommez?

— Le chevalier Desroches.

— Ce Desroches qui, devenu possesseur d'une fortune immense à la mort d'un père avare, s'est fait un nom par sa dissipation, ses galanteries, et la diversité de ses états?

— Lui-même.

— Ce fou qui a subi toutes sortes de métamorphoses, et qu'on a vu successivement en petit collet, en robe de palais et en uniforme?

— Oui, ce fou.

— Qu'il est changé!

— Sa vie est un tissu d'événements singuliers. C'est une des plus malheureuses victimes des caprices du sort et des jugements inconsidérés des hommes. Lorsqu'il quitta l'Église pour la magistrature, sa famille jeta les hauts cris; et tout le sot public, qui ne manque jamais de prendre le parti des pères contre les enfants, se mit à clabauder à l'unisson.

— Ce fut bien un autre vacarme, lorsqu'il se retira du tribunal pour entrer au service.

— Cependant que fit-il? un trait de vigueur dont nous nous glorifierions l'un et l'autre, et qui le qualifia la plus mauvaise tête qu'il y eût; et puis vous êtes étonné que l'effréné bavardage de ces gens-là m'importune, m'impatiente, me blesse !

— Ma foi, je vous avoue que j'ai jugé Desroches comme tout le monde.

— Et c'est ainsi que de bouche en bouche, échos ridicules les unes des autres, un galant homme est traduit pour un plat homme, un homme d'esprit pour un sot, un homme honnête pour un coquin, un homme de courage pour un insensé, et réciproquement. Non, ces impertinents jaseurs ne valent pas la peine que l'on compte leur approbation, leur improbation pour quelque chose dans la conduite de sa vie. Écoutez, morbleu ; et mourez de honte. Desroches entre conseiller au parlement très jeune : des circonstances favorables le conduisent rapidement à la grand'chambre ; il est de Tournelle² à son tour, et l'un des rapporteurs dans une affaire criminelle. D'après ses conclusions, le malfaiteur est condamné au dernier supplice. Le jour de l'exécution, il est d'usage que ceux qui ont décidé la sentence du tribunal se rendent à l'hôtel de ville, afin d'y recevoir les dernières dispositions du malheureux, s'il en a quelques-unes à faire, comme il arriva cette fois-là. C'était en hiver. Desroches et son collègue étaient assis devant le feu, lorsqu'on leur annonça l'arrivée du patient. Cet homme, que la torture avait disloqué, était étendu et porté sur un matelas. En entrant, il se relève, il tourne ses regards vers le ciel, il s'écrie : « Grand Dieu ! tes jugements sont justes. » Le voilà sur son matelas, aux pieds de Desroches. « Et c'est vous, monsieur, qui m'avez condamné ! lui dit-il en l'apostrophant d'une voix forte. Je suis coupable du crime dont on m'accuse ; oui, je le suis, je le confesse. Mais vous n'en savez rien. » Puis, reprenant toute la procédure, il démontra clair comme le jour qu'il n'y avait ni solidité dans les preuves, ni justice dans la sentence. Desroches, saisi d'un tremblement universel, se lève, déchire sur lui sa robe magistrale, et renonce pour jamais à la périlleuse fonction de prononcer sur la vie des hommes. Et voilà ce qu'ils appellent un fou ! Un homme qui se connaît, et qui craint d'avilir l'habit ecclésiastique par de mauvaises mœurs, ou de se trouver un jour souillé du sang de l'innocent.

— C'est qu'on ignore ces choses-là.

— C'est qu'il faut se taire, quand on ignore.

— Mais pour se taire, il faut se méfier.

— Et quel inconvénient à se méfier ?

— De refuser de la croyance à vingt personnes qu'on estime, en faveur d'un homme qu'on ne connaît pas.

— Hé, monsieur, je ne vous demande pas tant de garants, quand il s'agit d'assurer le bien! Mais le mal?... Laissons cela; vous m'écartez de mon récit, et me donnez de l'humeur. Cependant il fallait être quelque chose. Il acheta une compagnie.

— C'est-à-dire qu'il laissa le métier de condamner ses semblables, pour celui de les tuer sans aucune forme de procès.

— Je n'entends pas comment on plaisante en pareil cas.

— Que voulez-vous ? vous êtes triste, et je suis gai.

— C'est la suite de son histoire qu'il faut savoir, pour apprécier la valeur du caquet public.

— Je la saurais, si vous vouliez.

— Cela sera long.

— Tant mieux.

— Desroches fait la campagne de 1745, et se montre bien. Échappé aux dangers de la guerre, à deux cent mille coups de fusil, il vient se faire casser la jambe par un cheval ombrageux, à douze ou quinze lieues d'une maison de campagne, où il s'était proposé de passer son quartier d'hiver; et Dieu sait comment cet accident fut arrangé par nos agréables.

— C'est qu'il y a certains personnages dont on s'est fait une habitude de rire, et qu'on ne plaint de rien.

— Un homme qui a la jambe fracassée, cela est en effet très plaisant! Hé bien! messieurs les rieurs impertinents, riez bien; mais sachez qu'il eût peut-être mieux valu pour Desroches d'avoir été emporté par un boulet de canon, ou d'être resté sur le champ de bataille, le ventre crevé d'un coup de baïonnette. Cet accident lui arriva dans un méchant petit village, où il n'y avait d'asile supportable que le presbytère ou le château. On le transporta au château, qui appartenait à une jeune veuve appelée Mme de La Carlière, la dame du lieu.

— Qui n'a pas entendu parler de Mme de La Carlière ? Qui n'a pas entendu parler de ses complaisances sans

bornes pour un vieux mari jaloux, à qui la cupidité de
ses parents l'avait sacrifiée à l'âge de quatorze ans?

— A cet âge, où l'on prend le plus sérieux des engagements, parce qu'on mettra du rouge, et qu'on aura
de belles boucles. Mme de La Carlière fut, avec son premier
mari, de la conduite la plus réservée et la plus honnête.

— Je le crois, puisque vous me le dites.

— Elle reçut et traita le chevalier Desroches avec toutes
les attentions imaginables. Ses affaires la rappelaient à
la ville; malgré ses affaires et les pluies continuelles d'un
vilain automne, qui, en gonflant les eaux de la Marne qui
coule dans son voisinage, l'exposait à ne sortir de chez
elle qu'en bateau, elle prolongea son séjour à sa terre
jusqu'à l'entière guérison de Desroches. Le voilà guéri;
le voilà à côté de Mme de La Carlière, dans une même
voiture qui les ramène à Paris; et le chevalier, lié de reconnaissance et attaché d'un sentiment plus doux à sa jeune,
riche et belle hospitalière.

— Il est vrai que c'était une créature céleste; elle ne
parut jamais au spectacle sans faire sensation.

— Et c'est là que vous l'avez vue?...

— Il est vrai.

— Pendant la durée d'une intimité de plusieurs années,
l'amoureux chevalier, qui n'était pas indifférent à Mme de
La Carlière, lui avait proposé plusieurs fois de l'épouser;
mais la mémoire récente des peines qu'elle avait endurées
sous la tyrannie d'un premier époux, et plus encore cette
réputation de légèreté que le chevalier s'était faite par
une multitude d'aventures galantes, effrayaient Mme de La
Carlière, qui ne croyait pas à la conversion des hommes
de ce caractère. Elle était alors en procès avec les héritiers
de son mari.

— N'y eut-il pas encore des propos à l'occasion de ce
procès-là ?

— Beaucoup, et de toutes les couleurs. Je vous laisse
à penser si Desroches, qui avait conservé nombre d'amis
dans la magistrature, s'endormit sur les intérêts de Mme de
La Carlière.

— Et si nous l'en supposions reconnaissante?

— Il était sans cesse à la porte des juges.

— Le plaisant, c'est que, parfaitement guéri de sa

fracture, il ne les visitait jamais sans un brodequin à la jambe. Il prétendait que ses sollicitations, appuyées de son brodequin, en devenaient plus touchantes. Il est vrai qu'il le plaçait tantôt d'un côté, tantôt d'un autre, et qu'on en faisait quelquefois la remarque.

— Et que pour le distinguer d'un parent du même nom, on l'appela Desroches-le-Brodequin. Cependant, à l'aide du bon droit et du brodequin pathétique du chevalier, Mme de La Carlière gagna son procès.

— Et devint Mme Desroches en titre.

— Comme vous y allez ! Vous n'aimez pas les détails communs, et je vous en fais grâce. Ils étaient d'accord, ils touchaient au moment de leur union, lorsque Mme de La Carlière, après un repas d'apparat, au milieu d'un cercle nombreux, composé des deux familles et d'un certain nombre d'amis, prenant un maintien auguste et un ton solennel, s'adressa au chevalier, et lui dit :

« Monsieur Desroches, écoutez-moi. Aujourd'hui nous sommes libres l'un et l'autre; demain nous ne le serons plus; et je vais devenir maîtresse de votre bonheur ou de votre malheur; vous, du mien. J'y ai bien réfléchi. Daignez y penser aussi sérieusement. Si vous vous sentez ce même penchant à l'inconstance qui vous a dominé jusqu'à présent; si je ne suffisais pas à toute l'étendue de vos désirs, ne vous engagez pas; je vous en conjure par vous-même et par moi. Songez que moins je me crois faite pour être négligée, plus je ressentirais vivement une injure. J'ai de la vanité, et beaucoup. Je ne sais pas haïr; mais personne ne sait mieux mépriser, et je ne reviens point du mépris. Demain, au pied des autels, vous jurerez de m'appartenir, et de n'appartenir qu'à moi. Sondez-vous; interrogez votre cœur, tandis qu'il en est encore temps; songez qu'il y va de ma vie. Monsieur, on me blesse aisément; et la blessure de mon âme ne cicatrise point; elle saigne toujours. Je ne me plaindrai point, parce que la plainte, importune d'abord, finit par aigrir le mal; et parce que la pitié est un sentiment qui dégrade celui qui l'inspire. Je renfermerai ma douleur et j'en périrai. Chevalier, je vais vous abandonner ma personne et mon bien, vous résigner mes volontés et mes fantaisies; vous serez tout au monde pour moi; mais il faut que je sois tout au monde pour vous; je ne puis être satisfaite à moins. Je suis, je crois, l'unique pour vous dans ce moment; et vous l'êtes certainement pour moi; mais il est très possible que nous rencontrions, vous une femme qui soit plus aimable, moi quelqu'un qui me le paraisse. Si la supériorité de mérite, réelle ou présumée, justifiait l'inconstance, il n'y aurait plus de mœurs. J'ai des mœurs; je veux en avoir, je veux que vous en ayez. C'est par tous les sacrifices imaginables, que je prétends vous acquérir et vous acquérir sans réserve. Voilà mes droits, voilà mes titres; et je n'en rabattrai jamais rien. Je ferai tout pour que vous ne soyez pas seulement un inconstant, mais pour qu'au jugement des hommes sensés, au jugement de votre propre conscience, vous soyez le dernier des ingrats. J'accepte le même reproche, si je ne réponds pas à vos soins, à vos égards, à votre tendresse, au delà de vos espérances. J'ai appris ce dont j'étais capable, à côté d'un époux qui ne rendait les devoirs d'une femme ni faciles ni agréables. Voyez ce que vous avez à craindre de vous. Parlez-moi, chevalier, parlez-moi nettement. Ou je deviendrai votre épouse, ou je resterai votre amie; l'alternative n'est pas cruelle. Mon ami, mon tendre ami, je vous en conjure, ne m'exposez pas à détester, à fuir le père de mes enfants, et peut-être, dans un accès de désespoir, à repousser leurs innocentes caresses. Que je puisse, toute ma vie, avec un nouveau transport, vous retrouver en eux et me réjouir d'avoir été leur mère. Donnez-moi la plus grande marque de confiance qu'une femme honnête ait sollicitée d'un galant homme; refusez-moi, refusez-moi si vous croyez que je me mette à un trop haut prix. Loin d'en être offensée, je jetterai mes bras autour de votre cou; et l'amour de celles que vous avez captivées, et les fadeurs que vous leur avez débitées, ne vous auront jamais valu un baiser aussi sincère, aussi doux que celui que vous aurez obtenu de votre franchise et de ma reconnaissance ! »

— Je crois avoir entendu dans le temps une parodie bien comique de ce discours.

— Et par quelque bonne amie de Mme de La Carlière ?

— Ma foi, je me la rappelle; vous avez deviné.

— Et cela ne suffirait pas à rencogner un homme au fond d'une forêt, loin de toute cette décente canaille, pour laquelle il n'y a rien de sacré ? J'irai; cela finira par là.

Rien n'est plus sûr, j'irai. L'assemblée, qui avait commencé
par sourire, finit par verser des larmes. Desroches se
précipita aux genoux de Mme de La Carlière, se répandit
en protestations honnêtes et tendres; n'omit rien de ce
qui pouvait aggraver ou excuser sa conduite passée;
compara Mme de La Carlière aux femmes qu'il avait connues
et délaissées; tira de ce parallèle juste et flatteur des motifs
de la rassurer, de se rassurer lui-même contre un penchant
à la mode, une effervescence de jeunesse, le vice des
mœurs générales plutôt que le sien; ne dit rien qu'il ne
pensât et qu'il ne se promît de faire. Mme de La Carlière
le regardait, l'écoutait, cherchait à le pénétrer dans ses
discours, dans ses mouvements, et interprétait tout à
son avantage.

— Pourquoi non, s'il était vrai ?

— Elle lui avait abandonné une de ses mains, qu'il
baisait, qu'il pressait contre son cœur, qu'il baisait encore et
qu'il mouillait de larmes. Tout le monde partageait leur
tendresse; toutes les femmes sentaient comme Mme de La
Carlière, tous les hommes comme le chevalier.

— C'est l'effet de ce qui est honnête, de ne laisser à une
grande assemblée qu'une pensée et qu'une âme. Comme
on s'estime, comme on s'aime dans ces moments! Par
exemple, que l'humanité est belle au spectacle! Pourquoi faut-il qu'on se sépare si vite ! Les hommes sont si
bons et si heureux lorsque l'honnête réunit leurs suffrages,
les confond, les rend uns !

— Nous jouissions de ce bonheur qui nous assimilait,
lorsque Mme de La Carlière, transportée d'un mouvement
d'âme exaltée, se leva et dit à Desroches : « Chevalier, je
ne vous crois pas encore, mais tout à l'heure je vous
croirai. »

— La petite comtesse jouait sublimement cet enthousiasme de sa belle cousine.

— Elle est bien plus faite pour le jouer que pour le
sentir. « Les serments prononcés au pied des autels... »
Vous riez ?

— Ma foi, je vous en demande pardon; mais je vois
encore la petite comtesse hissée sur la pointe de ses pieds;
et j'entends son ton emphatique.

— Allez, vous êtes un scélérat, un corrompu comme
tous ces gens-là, et je me tais.

— Je vous promets de ne plus rire.

— Prenez-y garde.

— Eh bien, les serments prononcés au pied des autels...

— « Ont été suivis de tant de parjures, que je ne fais aucun compte de la promesse solennelle de demain. La présence de Dieu est moins redoutable pour nous que le jugement de nos semblables. Monsieur Desroches, approchez. Voilà ma main; donnez-moi la vôtre, et jurez-moi une fidélité, une tendresse éternelles; attestez-en les hommes qui nous entourent. Permettez que, s'il arrive que vous me donniez quelques sujets légitimes de me plaindre, je vous dénonce à ce tribunal, et vous livre à son indignation. Consentez qu'ils se rassemblent à ma voix, et qu'ils vous appellent traître, ingrat, perfide, homme faux, homme méchant. Ce sont mes amis et les vôtres. Consentez qu'au moment où je vous perdrais, il ne vous en reste aucun. Vous, mes amis, jurez-moi de le laisser seul. »

A l'instant le salon retentit de cris mêlés : Je promets! je permets! je consens! nous le jurons! Et au milieu de ce tumulte délicieux, le chevalier, qui avait jeté ses bras autour de Mme de La Carlière, la baisait sur le front, sur les yeux, sur les joues. « Mais, chevalier! »

— « Mais, madame, la cérémonie est faite; je suis votre époux, vous êtes ma femme. »

— « Au fond des bois, assurément; ici il manque une petite formalité d'usage. En attendant mieux, tenez, voilà mon portrait; faites-en ce qu'il vous plaira. N'avez-vous pas ordonné le vôtre? Si vous l'avez, donnez-le-moi... »

Desroches présenta son portrait à Mme de La Carlière, qui le mit à son bras, et qui se fit appeler, le reste de la journée, Mme Desroches.

— Je suis bien pressé de savoir ce que cela deviendra.

— Un moment de patience. Je vous ai promis d'être long; et il faut que je vous tienne parole. Mais... il est vrai... c'était dans le temps de votre grande tournée, et vous étiez alors absent du royaume.

Deux ans, deux ans entiers, Desroches et sa femme furent les époux les plus unis, les plus heureux. On crut Desroches vraiment corrigé; et il l'était en effet. Ses amis de libertinage, qui avaient entendu parler de la scène précédente et qui en avaient plaisanté, disaient que c'était réellement le prêtre qui portait malheur, et que Mme de

La Carlière avait découvert, au bout de deux mille ans,
le secret d'esquiver la malédiction du sacrement. Desroches eut un enfant de Mme de La Carlière, que j'appellerai Mme Desroches, jusqu'à ce qu'il me convienne d'en
user autrement. Elle voulut absolument le nourrir. Ce fut
un long et périlleux intervalle pour un jeune homme d'un
tempérament ardent, et peu fait à cette espèce de régime.
Tandis que Mme Desroches était à ses fonctions...

— Son mari se répandait dans la société; et il eut le
malheur de rencontrer un jour sur son chemin une de ces
femmes séduisantes, artificieuses, secrètement irritées de voir
ailleurs une concorde qu'elles ont exclue de chez elles, et
dont il semble que l'étude et la consolation soient de plonger
les autres dans la misère qu'elles éprouvent.

— C'est votre histoire, mais ce n'est pas la sienne.
Desroches, qui se connaissait, qui connaissait sa femme,
qui la respectait, qui la redoutait...

— C'est presque la même chose...

— Passait ses journées à côté d'elle. Son enfant, dont
il était fou, était presque aussi souvent entre ses bras
qu'entre ceux de la mère, dont il s'occupait, avec quelques
amis communs, à soulager la tâche honnête, mais pénible,
par la variété des amusements domestiques.

— Cela est fort beau.

— Certainement. Un de ces amis s'était engagé dans les
opérations³ du gouvernement. Le ministère lui redevait
une somme considérable, qui faisait presque toute sa fortune, et dont il sollicitait inutilement la rentrée. Il s'en
ouvrit à Desroches. Celui-ci se rappela qu'il avait été autrefois fort bien avec une femme assez puissante, par ses
liaisons, pour finir cette affaire. Il se tut. Mais, dès le
lendemain, il vit cette femme et lui parla. On fut enchantée
de retrouver et de servir un galant homme qu'on avait
tendrement aimé, et sacrifié à des vues ambitieuses. Cette
première entrevue fut suivie de plusieurs autres. Cette
femme était charmante. Elle avait des torts; et la manière
dont elle s'en expliquait n'était point équivoque. Desroches fut quelque temps incertain de ce qu'il ferait.

— Ma foi, je ne sais pas pourquoi.

— Mais, moitié goût, désœuvrement ou faiblesse, moitié
crainte qu'un misérable scrupule...

— Sur un amusement assez indifférent à sa femme...

— Ne ralentît la vivacité de la protectrice de son ami, et n'arrêtât le succès de sa négociation; il oublia un moment Mme Desroches, et s'engagea dans une intrigue que sa complice avait le plus grand intérêt de tenir secrète, et dans une correspondance nécessaire et suivie. On se voyait peu, mais on s'écrivait souvent. J'ai dit cent fois aux amants : N'écrivez point; les lettres vous perdront; tôt ou tard le hasard en détournera une de son adresse. Le hasard combine tous les cas possibles; et il ne lui faut que du temps pour amener la chance fatale.

— Aucuns ne vous ont cru ?

— Et tous se sont perdus, et Desroches, comme cent mille qui l'ont précédé, et cent mille qui le suivront. Celui-ci gardait les siennes dans un de ces petits coffrets cerclés en dessus et par les côtés de lames d'acier. A la ville, à la campagne, le coffret était sous la clef d'un secrétaire. En voyage, il était déposé dans une des malles de Desroches ou sur le devant de la voiture. Cette fois-ci il était sur le devant. Ils partent; ils arrivent. En mettant pied à terre, Desroches donne à un domestique le coffret à porter dans son appartement, où l'on n'arrivait qu'en traversant celui de sa femme. Là, l'anneau casse, le coffret tombe, le dessus se sépare du reste, et voilà une multitude de lettres éparses aux pieds de Mme Desroches. Elle en ramasse quelques-unes, et se convainc de la perfidie de son époux. Elle ne se rappela jamais cet instant sans frisson. Elle me disait qu'une sueur froide s'était échappée de toutes les parties de son corps, et qu'il lui avait semblé qu'une griffe de fer lui serrait le cœur et tiraillait ses entrailles. Que va-t-elle devenir ? Que fera-t-elle ? Elle se recueillit; elle rappela ce qui lui restait de raison et de force. Entre ces lettres, elle fit choix de quelques-unes des plus significatives; elle rajusta le fond du coffret, et ordonna au domestique de le placer dans l'appartement de son maître, sans parler de ce qui venait d'arriver, sous peine d'être chassé sur-le-champ. Elle avait promis à Desroches qu'il n'entendrait jamais une plainte de sa bouche; elle tint parole. Cependant la tristesse s'empara d'elle; elle pleurait quelquefois; elle voulait être seule, chez elle ou à la promenade; elle se faisait servir dans son appartement; elle gardait un silence continu; il ne lui échappait que quelques soupirs involontaires. L'affligé mais tranquille Desroches traitait cet état de vapeurs,

quoique les femmes qui nourrissent n'y soient pas sujettes.
En très peu de temps la santé de sa femme s'affaiblit, au
point qu'il fallut quitter la campagne et s'en revenir à la
ville. Elle obtint de son mari de faire la route dans une
voiture séparée. De retour ici, elle mit dans ses procédés
tant de réserve et d'adresse, que Desroches, qui ne s'était
point aperçu de la soustraction des lettres, ne vit dans les
légers dédains de sa femme, son indifférence, ses soupirs
échappés, ses larmes retenues, son goût pour la solitude,
que les symptômes accoutumés de l'indisposition qu'il lui
croyait. Quelquefois il lui conseillait d'interrompre la nourriture de son enfant ; c'était précisément le seul moyen
d'éloigner, tant qu'il lui plairait, un éclaircissement entre
elle et son mari. Desroches continuait donc de vivre à
côté de sa femme, dans la plus entière sécurité sur le mystère de sa conduite, lorsqu'un matin elle lui apparut grande,
noble, digne, vêtue du même habit et parée des mêmes
ajustements qu'elle avait portés dans la cérémonie domestique de la veille de son mariage. Ce qu'elle avait perdu
de fraîcheur et d'embonpoint, ce que la peine secrète dont
elle était consumée lui avait ôté de charmes, était réparé
avec avantage par la noblesse de son maintien. Desroches
écrivait à son amie lorsque sa femme entra. Le trouble
les saisit l'un et l'autre ; mais, tous les deux également
habiles et intéressés à dissimuler, ce trouble ne fit que
passer. « Oh ma femme ! s'écria Desroches en la voyant
et en chiffonnant, comme de distraction, le papier qu'il
avait écrit, que vous êtes belle ! Quels sont donc vos
projets du jour ? — Mon projet, monsieur, est de rassembler
les deux familles. Nos amis, nos parents sont invités, et
je compte sur vous. — Certainement. A quelle heure me
désirez-vous ? — A quelle heure je vous désire ? mais... à
l'heure accoutumée. — Vous avez un éventail et des
gants, est-ce que vous sortez ? — Si vous le permettez. —
Et pourrait-on savoir où vous allez ? — Chez ma mère.
— Je vous prie de lui présenter mon respect. — Votre
respect ? — Assurément. »

Mme Desroches ne rentra qu'à l'heure de se mettre à
table. Les convives étaient arrivés. On l'attendait. Aussitôt
qu'elle parut, ce fut la même exclamation que celle de son
mari. Les hommes, les femmes l'entourèrent en disant
tous à la fois : « Mais voyez donc, qu'elle est belle ! »

Les femmes rajustaient quelque chose qui s'était dérangé à sa coiffure. Les hommes, placés à distance et immobiles d'admiration, répétaient entre eux : « Non, Dieu ni la nature n'ont rien fait, n'ont rien pu faire de plus imposant, de plus grand, de plus beau, de plus noble, de plus parfait. — Mais, ma femme, lui disait Desroches, vous ne me paraissez pas sensible à l'impression que vous faites sur nous. De grâce, ne souriez pas; un souris, accompagné de tant de charmes, nous ravirait à tous le sens commun. » Mme Desroches répondit d'un léger mouvement d'indignation, détourna la tête et porta son mouchoir à ses yeux, qui commençaient à s'humecter. Les femmes, qui remarquent tout, se demandaient tout bas : « Qu'a-t-elle donc? On dirait qu'elle ait envie de pleurer. » Desroches, qui les devinait, portait la main à son front et leur faisait signe que la tête de madame était un peu dérangée.

— En effet, on m'écrivit au loin qu'il se répandait un bruit sourd que la belle Mme Desroches, ci-devant la belle Mme de La Carlière, était devenue folle.

— On servit. La gaieté se montrait sur tous les visages, excepté sur celui de Mme de La Carlière. Desroches la plaisanta légèrement sur son air de dignité. Il ne faisait pas assez de cas de sa raison ni de celle de ses amis pour craindre le danger d'un de ses souris. « Ma femme, si tu voulais sourire. » Mme de La Carlière affecta de ne pas entendre, et garda son air grave. Les femmes dirent que toutes les physionomies lui allaient si bien, qu'on pouvait lui en laisser le choix. Le repas est achevé. On rentre dans le salon. Le cercle est formé. Mme de La Carlière...

— Vous voulez dire Mme Desroches ?

— Non; il ne me plaît plus de l'appeler ainsi. Mme de La Carlière sonne; elle fait signe. On lui apporte son enfant. Elle le reçoit en tremblant. Elle découvre son sein, lui donne à téter, et le rend à la gouvernante, après l'avoir regardé tristement et mouillé d'une larme qui tomba sur le visage de l'enfant. Elle dit, en essuyant cette larme : « Ce ne sera pas la dernière. » Mais ces mots furent prononcés si bas, qu'on les entendit à peine. Ce spectacle attendrit tous les assistants, et établit dans le salon un silence profond. Ce fut alors que Mme de La Carlière se leva et, s'adressant à la compagnie, dit ce qui suit, ou l'équivalent :

« Mes parents, mes amis, vous y étiez tous le jour que j'engageai ma foi à M. Desroches, et qu'il m'engagea la sienne. Les conditions auxquelles je reçus sa main et lui donnai la mienne, vous vous les rappelez sans doute. Monsieur Desroches, parlez. Ai-je été fidèle à mes promesses ?... — Jusqu'au scrupule. — Et vous, monsieur, vous m'avez trompée, vous m'avez trahie... — Moi, madame !... — Vous, monsieur. — Qui sont les malheureux, les indignes... — Il n'y a de malheureux ici que moi, et d'indigne que vous... — Madame, ma femme... — Je ne la suis plus... — Madame ! — Monsieur, n'ajoutez pas le mensonge et l'arrogance à la perfidie. Plus vous vous défendrez, plus vous serez confus. Épargnez-vous vous-même... »

En achevant ces mots elle tira les lettres de sa poche, en présenta de côté quelques-unes à Desroches, et distribua les autres aux assistants. On les prit, mais on ne les lisait pas. « Messieurs, mesdames, disait Mme de La Carlière, lisez et jugez-nous. Vous ne sortirez point d'ici sans avoir prononcé. » Puis, s'adressant à Desroches : « Vous, monsieur, vous devez connaître l'écriture. » On hésita encore; mais, sur les instances réitérées de Mme de La Carlière, on lut. Cependant Desroches, tremblant, immobile, s'était appuyé la tête contre une glace, le dos tourné à la compagnie, qu'il n'osait regarder. Un de ses amis en eut pitié, le prit par la main, et l'entraîna hors du salon.

— Dans les détails qu'on me fit de cette scène, on me disait qu'il avait été bien plat, et sa femme honnêtement ridicule.

— L'absence de Desroches mit à l'aise. On convint de sa faute; on approuva le ressentiment de Mme de La Carlière, pourvu qu'elle ne le poussât pas trop loin. On s'attroupa autour d'elle; on la pressa, on la supplia, on la conjura. L'ami qui avait entraîné Desroches entrait et sortait, l'instruisant de ce qui se passait. Mme de La Carlière resta ferme dans une résolution dont elle ne s'était point encore expliquée. Elle ne répondait que le même mot à tout ce qu'on lui représentait. Elle disait aux femmes : « Mesdames, je ne blâme point votre indulgence. » Aux hommes : « Messieurs, cela ne se peut; la confiance est perdue, et il n'y a point de ressource. » On ramena le mari. Il était plus mort que vif. Il tomba plutôt qu'il ne se jeta aux pieds de sa femme; il y restait sans parler. Mme de La Carlière lui dit : « Monsieur, relevez-vous. » Il se releva, et elle ajouta : « Vous êtes un mauvais époux. Êtes-vous, n'êtes-vous pas un galant homme, c'est ce que je vais savoir. Je ne puis ni vous aimer ni vous estimer; c'est vous déclarer que nous ne sommes pas faits pour vivre ensemble. Je vous abandonne ma fortune. Je n'en réclame qu'une partie suffisante pour ma subsistance étroite et celle de mon enfant. Ma mère est prévenue. J'ai un logement préparé chez elle; et vous permettrez que je l'aille occuper sur-le-champ. La seule grâce que je demande et que je suis en droit d'obtenir, c'est de m'épargner un éclat qui ne changerait pas mes desseins, et dont le seul effet serait d'accélérer la cruelle sentence que vous avez prononcée contre moi. Souffrez que j'emporte mon enfant, et que j'attende à côté de ma mère qu'elle me ferme les yeux ou que je ferme les siens. Si vous avez de la peine, soyez sûr que ma douleur et le grand âge de ma mère la finiront bientôt. »

Cependant les pleurs coulaient de tous les yeux; les femmes lui tenaient les mains; les hommes s'étaient prosternés. Mais ce fut lorsque Mme de La Carlière s'avança vers la porte, tenant son enfant entre ses bras, qu'on entendit des sanglots et des cris. Le mari criait : « Ma femme ! ma femme ! écoutez-moi; vous ne savez pas. » Les hommes criaient, les femmes criaient : « Madame Desroches! madame! » Le mari criait : « Mes amis, la laisserez-vous aller? Arrêtez-la, arrêtez-la donc; qu'elle m'entende, que je lui parle. » Comme on le pressait de se jeter au-devant d'elle : « Non, disait-il, je ne saurais, je n'oserais : moi, porter une main sur elle! la toucher! je n'en suis pas digne. »

Mme de La Carlière partit. J'étais chez sa mère lorsqu'elle y arriva, brisée des efforts qu'elle s'était faits. Trois de ses domestiques l'avaient descendue de sa voiture et la portaient par la tête et par les pieds; suivait la gouvernante, pâle comme la mort, avec l'enfant endormi sur son sein. On déposa cette malheureuse femme sur un lit de repos, où elle resta longtemps sans mouvement, sous les yeux de sa vieille et respectable mère, qui ouvrait la bouche sans crier, qui s'agitait autour d'elle, qui voulait secourir sa fille, et qui ne le pouvait. Enfin la connaissance lui

revint; et ses premiers mots, en levant les paupières, furent :
« Je ne suis donc pas morte! C'est une chose bien douce
que d'être morte! Ma mère, mettez-vous là, à côté de moi,
et mourons toutes deux. Mais, si nous mourons, qui aura
soin de ce pauvre enfant? »

Alors elle prit les deux mains sèches et tremblantes de
sa mère dans une des siennes; elle posa l'autre sur son
enfant; elle se mit à répandre un torrent de larmes. Elle
sanglotait : elle voulait se plaindre; mais sa plainte et ses
sanglots étaient interrompus d'un hoquet violent. Lorsqu'elle put articuler quelques paroles, elle dit : « Serait-il
possible qu'il souffrît autant que moi ! » Cependant on
s'occupait à consoler Desroches et à lui persuader que le
ressentiment d'une faute aussi légère que la sienne ne
pourrait durer; mais qu'il fallait accorder quelques instants
à l'orgueil d'une femme fière, sensible et blessée, et que la
solennité d'une cérémonie extraordinaire engageait presque
d'honneur à une démarche violente. « C'est un peu notre
faute, » disaient les hommes... « Vraiment oui, disaient
les femmes; si nous eussions vu sa sublime momerie du
même œil que le public et la comtesse, rien de ce qui nous
désole à présent ne serait arrivé... C'est que les choses d'un
certain appareil nous en imposent et que nous nous laissons aller à une sotte admiration, lorsqu'il n'y aurait qu'à
hausser les épaules et rire... Vous verrez, vous verrez le
beau train que cette dernière scène va faire, et comme on
nous tympanisera [4] tous. »

— Entre nous, cela prêtait.

— De ce jour, Mme de La Carlière reprit son nom de
veuve et ne souffrit jamais qu'on l'appelât Mme Desroches.
Sa porte, longtemps fermée à tout le monde, le fut pour
toujours à son mari. Il écrivit, on brûla ses lettres sans les
ouvrir. Mme de La Carlière déclara à ses parents et à ses
amis qu'elle cesserait de voir le premier qui intercéderait
pour lui. Les prêtres s'en mêlèrent sans fruit. Pour les
grands, elle rejeta leur médiation avec tant de hauteur et
de fermeté, qu'elle en fut bientôt délivrée.

— Ils dirent sans doute que c'était une impertinente,
une prude renforcée.

— Et les autres le répétèrent tous d'après eux. Cependant elle était absorbée dans la mélancolie; sa santé s'était
détruite avec une rapidité inconcevable. Tant de personnes

étaient confidentes de cette séparation inattendue et du
motif singulier qui l'avait amenée, que ce fut bientôt l'entretien général. C'est ici que je vous prie de détourner vos yeux,
s'il se peut, de Mme de La Carlière, pour les fixer sur le
public, sur cette foule imbécile qui nous juge, qui dispose
de notre honneur, qui nous porte aux nues ou qui nous
traîne dans la fange, et qu'on respecte d'autant plus qu'on
a moins d'énergie et de vertu. Esclaves du public, vous
pourrez être les fils adoptifs du tyran; mais vous ne verrez
jamais le quatrième jour des Ides [5]!... Il n'y avait qu'un
avis sur la conduite de Mme de La Carlière; « c'était une
folle à enfermer... Le bel exemple à donner et à suivre !...
C'est à séparer les trois quarts des maris de leurs femmes...
Les trois quarts, dites-vous ? Est-ce qu'il y en a deux sur
cent qui soient fidèles à la rigueur ?... Mme de La Carlière
est très aimable, sans contredit; elle avait fait ses conditions,
d'accord; c'est la beauté, la vertu, l'honnêteté même.
Ajoutez que le chevalier lui doit tout. Mais aussi vouloir,
dans tout un royaume, être l'unique à qui son mari s'en
tienne strictement, la prétention est par trop ridicule. »
Et puis l'on continuait : « Si le Desroches en est si féru,
que ne s'adresse-t-il aux lois, et que ne met-il cette femme
à la raison ? » Jugez de ce qu'ils auraient dit si Desroches
ou son ami avait pu s'expliquer; mais tout les réduisait
au silence. Ces derniers propos furent très inutilement
rebattus aux oreilles du chevalier. Il eût tout mis en œuvre
pour recouvrer sa femme, excepté la violence. Cependant
Mme de La Carlière était une femme vénérée; et du centre
de ces voix qui la blâmaient, il s'en élevait quelques-unes
qui hasardaient un mot de défense; mais un mot bien
timide, bien faible, bien réservé, moins de conviction que
d'honnêteté.

— Dans les circonstances les plus équivoques, le parti
de l'honnêteté se grossit sans cesse de transfuges.

— C'est bien vu.

— Le malheur qui dure réconcilie avec tous les hommes,
et la perte des charmes d'une belle femme la réconcilie
avec toutes les autres.

— Encore mieux. En effet, lorsque la belle Mme de La
Carlière ne présenta plus que son squelette, le propos de
la commisération se mêla à celui du blâme. « S'éteindre à
la fleur de son âge, passer ainsi, et cela par la trahison d'un

homme qu'elle avait bien averti, qui devait la connaître,
et qui n'avait qu'un seul moyen d'acquitter tout ce qu'elle
avait fait pour lui; car, entre nous, lorsque ce Desroches
l'épousa, c'était un cadet de Bretagne qui n'avait que la
cape et l'épée... La pauvre Mme de La Carlière ! cela est
pourtant bien triste... Mais aussi, pourquoi ne pas retourner
avec lui ?... Ah ! pourquoi ? C'est que chacun a son caractère, et qu'il serait peut-être à souhaiter que celui-là fût
plus commun; nos seigneurs et maîtres y regarderaient à
deux fois. »

Tandis qu'on s'amusait ainsi pour et contre, en faisant
du filet ou en brodant une veste, et que la balance penchait
insensiblement en faveur de Mme de La Carlière, Desroches
était tombé dans un état déplorable d'esprit et de corps,
mais on ne le voyait pas; il s'était retiré à la campagne, où
il attendait, dans la douleur et dans l'ennui, un sentiment
de pitié qu'il avait inutilement sollicité par toutes les voies
de la soumission. De son côté, réduite au dernier degré
d'appauvrissement et de faiblesse, Mme de La Carlière fut
obligée de remettre à une mercenaire la nourriture de son
enfant. L'accident qu'elle redoutait d'un changement de
lait arriva; de jour en jour l'enfant dépérit et mourut.
Ce fut alors qu'on dit : « Savez-vous ? cette pauvre Mme de
La Carlière a perdu son enfant... Elle doit en être inconsolable... Qu'appelez-vous inconsolable ? C'est un chagrin
qui ne se conçoit pas. Je l'ai vue; cela fait pitié ! on n'y
tient pas... Et Desroches ?... Ne me parlez pas des hommes;
ce sont des tigres. Si cette femme lui était un peu chère,
est-ce qu'il serait à sa campagne ? est-ce qu'il n'aurait pas
accouru ? est-ce qu'il ne l'obséderait pas dans les rues,
dans les églises, à sa porte ? C'est qu'on se fait ouvrir
une porte quand on le veut bien; c'est qu'on y reste, qu'on
y couche, qu'on y meurt... » C'est que Desroches n'avait
omis aucune de ces choses, et qu'on l'ignorait; car le point
important n'est pas de savoir, mais de parler. On parlait
donc... « L'enfant est mort... Qui sait si ce n'aurait pas été
un monstre comme son père ?... La mère se meurt... Et
le mari que fait-il pendant ce temps-là ?... Belle question !
Le jour, il court la forêt à la suite de ses chiens, et il passe
la nuit à crapuler avec des espèces [6] comme lui... Fort
bien. »

Autre événement. Desroches avait obtenu les honneurs

de son état. Lorsqu'il épousa, Mme de La Carlière avait exigé
qu'il quittât le service, et qu'il cédât son régiment à son
frère cadet.

— Est-ce que Desroches avait un cadet ?

— Non, mais bien Mme de La Carlière.

— Eh bien ?

— Eh bien, le jeune homme est tué à la première bataille ;
et voilà qu'on s'écrie de tous côtés : « Le malheur est entré
dans cette maison avec ce Desroches ! » A les entendre, on
eût cru que le coup, dont le jeune officier avait été tué, était
parti de la main de Desroches. C'était un déchaînement,
un déraisonnement aussi général qu'inconcevable. A mesure
que les peines de Mme de La Carlière se succédaient, le
caractère de Desroches se noircissait, sa trahison s'exa-
gérait ; et, sans en être ni plus ni moins coupable, il en
devenait de jour en jour plus odieux. Vous croyez que
c'est tout ? Non, non. La mère de Mme de La Carlière avait
ses soixante-seize ans passés. Je conçois que la mort de son
petit-fils et le spectacle assidu de la douleur de sa fille
suffisaient pour abréger ses jours ; mais elle était décrépite,
mais elle était infirme. N'importe : on oublia sa vieillesse
et ses infirmités ; et Desroches fut encore responsable de sa
mort. Pour le coup, on trancha le mot ; et ce fut un misérable, dont Mme de La Carlière ne pouvait se rapprocher,
sans fouler aux pieds toute pudeur ; le meurtrier de sa mère,
de son frère, de son fils !

— Mais, d'après cette belle logique, si Mme de La Carlière fût morte, surtout après une maladie longue et douloureuse, qui eût permis à l'injustice et à la haine publiques de
faire tous leurs progrès, ils auraient dû le regarder comme
l'exécrable assassin de toute une famille.

— C'est ce qui arriva, et ce qu'ils firent.

— Bon !

— Si vous ne m'en croyez pas, adressez-vous à quelques-
uns de ceux qui sont ici ; et vous verrez comment ils s'en
expliqueront. S'il est resté seul dans le salon, c'est qu'au
moment où il s'est présenté, chacun lui a tourné le dos.

— Pourquoi donc ? On sait qu'un homme est un
coquin ; mais cela n'empêche pas qu'on ne l'accueille.

— L'affaire est un peu récente ; et tous ces gens-là sont
les parents ou les amis de la défunte. Mme de La Carlière
mourut, la seconde fête de la Pentecôte dernière, et savez-

vous où ? A Saint-Eustache, à la messe de la paroisse, au
milieu d'un peuple nombreux.

— Mais quelle folie ! On meurt dans son lit. Qui est-ce
qui s'est jamais avisé de mourir à l'église ? Cette femme avait
projeté d'être bizarre jusqu'au bout.

— Oui, bizarre ; c'est le mot. Elle se trouvait un peu
mieux. Elle s'était confessée la veille. Elle se croyait assez
de force pour aller recevoir le sacrement à l'église, au lieu
de l'appeler chez elle. On la porte dans une chaise. Elle
entend l'office, sans se plaindre et sans paraître souffrir. Le
moment de la communion arrive. Ses femmes lui donnent
le bras, et la conduisent à la sainte table. Le prêtre la communie, elle s'incline comme pour se recueillir, et elle expire.

— Elle expire !...

— Oui, elle expire bizarrement, comme vous l'avez
dit.

— Et Dieu sait le tumulte !

— Laissons cela ; on le conçoit de reste, et venons à la
suite.

— C'est que cette femme en devint cent fois plus intéressante, et son mari cent fois plus abominable.

— Cela va sans dire.

— Et ce n'est pas tout ?

— Non, le hasard voulut que Desroches se trouvât sur
le passage de Mme de La Carlière, lorsqu'on la transférait
morte de l'église dans sa maison.

— Tout semble conspirer contre ce pauvre diable.

— Il approche, il reconnaît sa femme ; il pousse des cris.
On demande qui est cet homme. Du milieu de la foule il
s'élève une voix indiscrète (c'était celle d'un prêtre de la
paroisse), qui dit : « C'est l'assassin de cette femme. »
Desroches ajoute, en se tordant les bras, en s'arrachant les
cheveux : « Oui, oui, je le suis. » A l'instant, on s'attroupe
autour de lui ; on le charge d'imprécations ; on ramasse
des pierres ; et c'était un homme assommé sur la place, si
quelques honnêtes gens ne l'avaient sauvé de la fureur de
la populace irritée.

— Et quelle avait été sa conduite pendant la maladie
de sa femme ?

— Aussi bonne qu'elle pouvait l'être. Trompé, comme
nous tous, par Mme de La Carlière, qui dérobait aux autres,
et qui peut-être se dissimulait à elle-même sa fin prochaine...

— J'entends; il n'en fut pas moins un barbare, un inhumain.

— Une bête féroce, qui avait enfoncé peu à peu un poignard dans le sein d'une femme divine, son épouse et sa bienfaitrice, et qu'il avait laissé périr sans se montrer, sans donner le moindre signe d'intérêt et de sensibilité.

— Et cela pour n'avoir pas su ce qu'on lui cachait.

— Et ce qui était ignoré de ceux mêmes qui vivaient autour d'elle.

— Et qui étaient à portée de la voir tous les jours.

— Précisément; et voilà ce que c'est que le jugement public de nos actions particulières; voilà comme une faute légère...

— Oh ! très légère.

— S'aggrave à leurs yeux par une suite d'événements qu'il était de toute impossibilité de prévoir et d'empêcher.

— Même par des circonstances tout à fait étrangères à la première origine; telles que la mort du frère de Mme de La Carlière, par la cession du régiment de Desroches.

— C'est qu'ils sont, en bien comme en mal, alternativement panégyristes ridicules ou censeurs absurdes. L'événement est toujours la mesure de leur éloge et de leur blâme. Mon ami, écoutez-les, s'ils ne vous ennuient pas; mais ne les croyez point, et ne les répétez jamais, sous peine d'appuyer une impertinence de la vôtre. A quoi pensez-vous donc ? vous rêvez.

— Je change la thèse, en supposant un procédé plus ordinaire à Mme de La Carlière. Elle trouve les lettres; elle boude. Au bout de quelques jours, l'humeur amène une explication, et l'oreiller un raccommodement, comme c'est l'usage. Malgré les excuses, les protestations et les serments renouvelés, le caractère léger de Desroches le rentraîne dans une seconde erreur. Autre bouderie, autre explication, autre raccommodement, autres serments, autres parjures, et ainsi de suite pendant une trentaine d'années, comme c'est l'usage. Cependant Desroches est un galant homme, qui s'occupe à réparer, par des égards multipliés, par une complaisance sans bornes, une assez petite injure.

— Comme il n'est pas toujours d'usage.

— Point de séparation, point d'éclat; ils vivent ensemble comme nous vivons tous; et la belle-mère, et la mère, et le

frère, et l'enfant, seraient morts, qu'on n'en aurait pas sonné
le mot.

— Ou qu'on n'en aurait parlé que pour plaindre un
infortuné poursuivi par le sort et accablé de malheurs.

— Il est vrai.

— D'où je conclus que vous n'êtes pas loin d'accorder
à cette vilaine bête, à cent mille mauvaises têtes et à autant
de mauvaises langues, tout le mépris qu'elle mérite. Mais
tôt ou tard le sens commun lui revient, et le discours de
l'avenir rectifie le bavardage du présent.

— Ainsi vous croyez qu'il y aura un moment où la
chose sera vue telle qu'elle est, Mme de La Carlière accusée
et Desroches absous ?

— Je ne pense pas même que ce moment soit éloigné;
premièrement, parce que les absents ont tort, et qu'il n'y a
pas d'absent plus absent qu'un mort; secondement, c'est
qu'on parle, on dispute; les aventures les plus usées repa-
raissent en conversation et sont pesées avec moins de
partialité : c'est qu'on verra peut-être encore dix ans ce
pauvre Desroches, comme vous l'avez vu, traînant de
maison en maison sa malheureuse existence; qu'on se
rapprochera de lui; qu'on l'interrogera; qu'on l'écoutera;
qu'il n'aura plus aucune raison de se taire; qu'on saura le
fond de son histoire; qu'on réduira sa première sottise à
rien.

— A ce qu'elle vaut.

— Et que nous sommes assez jeunes tous deux pour
entendre traiter la belle, la grande, la vertueuse, la digne
Mme de La Carlière d'inflexible et hautaine bégueule; car
ils se poussent tous les uns les autres; et comme ils n'ont
point de règles dans leurs jugements, ils n'ont pas plus de
mesure dans leur expression.

— Mais si vous aviez une fille à marier, la donneriez-vous
à Desroches ?

— Sans délibérer, parce que le hasard l'avait engagé dans
un de ces pas glissants dont ni vous, ni moi, ni personne
ne peut se promettre de se tirer; parce que l'amitié, l'honnêteté, la bienfaisance, toutes les circonstances possibles,
avaient préparé sa faute et son excuse; parce que la conduite
qu'il a tenue, depuis sa séparation volontaire d'avec sa
femme, a été irrépréhensible, et que, sans approuver les
maris infidèles, je ne prise pas autrement les femmes qui

mettent tant d'importance à cette rare qualité. Et puis j'ai
mes idées, peut-être justes, à coup sûr bizarres, sur certaines
actions, que je regarde moins comme des vices de l'homme
que comme des conséquences de nos législations absurdes,
sources de mœurs aussi absurdes qu'elles, et d'une dépravation que j'appellerais volontiers artificielle. Cela n'est
pas trop clair, mais cela s'éclaircira peut-être une autre
fois [7], et regagnons notre gîte. J'entends d'ici les cris
enroués de deux ou trois de nos vieilles brelandières qui
vous appellent; sans compter que voilà le jour qui tombe
et la nuit qui s'avance avec ce nombreux cortège d'étoiles
que je vous avais promis.

— Il est vrai.

NOTES

LES BIJOUX INDISCRETS

1. *Les Bijoux indiscrets* ont paru en 1748, en Hollande. Le roman connut un assez grand succès puisqu'il eut six éditions en quelques mois, fut traduit en anglais en 1749, réédité plusieurs fois, notamment en 1756, 1772 et 1786. Selon les *Mémoires* de Mme de Vandeul, fille de Diderot, l'ouvrage aurait été composé en quinze jours pour gagner cinquante louis afin de subvenir aux dépenses de Mme de Puisieux, maîtresse de Diderot, et pour lui prouver en même temps que dans le genre du conte licencieux où excellait Crébillon le Fils, on pouvait écrire fort vite à condition de trouver « une idée plaisante, cheville de tout le reste ». C'est du moins la version que Diderot tenait à accréditer en traitant son roman de « grande sottise » lorsque, à un moment chaud de la lutte philosophique, crise de l'*Encyclopédie* (1759) et représentation des *Philosophes* de Palissot (1760) le parti hostile aux Lumières tira argument de l'ouvrage pour appuyer la thèse de l'immoralité des philosophes. Diderot n'en rédigea pas moins dans les années 1770 les trois chapitres supplémentaires donnés en annexe que Naigeon ajouta à son édition des *Œuvres complètes* de 1798. L'idée plaisante est empruntée à un fabliau : *Du chevalier qui fit les cons parler*. De tous les fabliaux, c'est celui qui nous a été conservé par le plus grand nombre de manuscrits : sept, représentant trois versions (de 292 à 750 octosyllabes). Quatre d'entre elles ont été publiées par Jean Rychner, *Contribution à l'étude des fabliaux*, 2 vol., Genève, Droz, 1960.

2. Monomotapa : nom désignant aux XVIIe et XVIIIe siècles un vaste territoire mal défini d'Afrique australe que l'on prenait le plus souvent pour un pays imaginaire (cf. la fable de La Fontaine *Les deux amis*).

3. *Le Sopha* de Crébillon fils, 1742. *Tanzaï et Néadarné,* du même auteur, 1734. *Les Confessions du Comte de* *** de Duclos, 1741.

4. Mangogul = Louis XV. Le Congo = la France.

5. Diderot emprunte les noms qui précèdent ainsi que celui de Schachbaam aux trois romans cités note 3 et à la production romanesque érotico-orientale des années qui précèdent la composition des *Bijoux*.

6. Le règne de ce prince évoque la Régence.

7. Banza = Paris.

8. En imposer : tromper, dire une fausseté : « cet avocat impose souvent et déguise la vérité » (Furetière). Selon le dictionnaire de l'Académie (1762) il faut toujours dire « en imposer » et non pas « imposer ».

9. Mme de Pompadour (1721-1764) dont la liaison avec Louis XV s'afficha officiellement à partir de 1745.

10. Mme de Pompadour se résigna à subir les infidélités du Roi et souvent, dit-on les dirigea à son profit. Mais elle sut toujours régner sur son esprit en ne le laissant pas s'ennuyer.

11. Sorte de lit de repos à dossier arrondi, qui était alors à la mode.

12. Pierre Jéliotte, ou Jélyotte (1713-1797) qui de 1733 à 1755 créa avec beaucoup de succès tous les grands rôles à l'Opéra de Paris.

13. Louis XV aimait se faire lire, à son petit lever, la chronique scandaleuse de la ville que lui rapportaient les agents du lieutenant général de police.

14. Dieu. C'était alors la mode des petites figures orientales en porcelaine qu'on appelait *pagodes* du nom des idoles adorées dans les pagodes. Cucufa, comme les fakirs des *Contes* de Voltaire, symbolise un moine fanatique.

15. Religieux d'une communauté monastique fondée par saint Romuald à Camaldoli en 1010.

16. Une bague qui avait touché les reliques de saint Hubert passait pour guérir de la rage.

17. Jeu de hasard qu'aimait la reine Marie Leczinska (1703-1768) femme de Louis XV dont on retrouve quelques traits chez la grande sultane Manimonbanda.

18. C'est le ridicule attaché à l'amour dans le mariage, blâmé en 1735 dans *Le Préjugé à la Mode* de Nivelle de la Chaussée.

19. *Jeter son plomb sur quelqu'un ou sur quelque chose :* former un dessein qui a pour objet cette personne ou cette chose (Littré) ; image empruntée au langage de la marine, dans lequel on appelle *plomb* le plomb de sonde.

20. L'eau de myrte est un astringent.

21. L'île où réside, dans le *Tanzaï* de Crébillon le génie *Mange-Taupes*. Néadarné y est envoyée par l'oracle pour que lui soit restitué l'organe dont Alcine craint la disparition.

22. Forme archaïque de *chuchotaient,* conservée par Furetière et Richelet.

23. Cicogne ou Sicogne était un ancien garçon tanneur, devenu aide apothicaire, puis médecin, grâce à la protection de Chirac, premier médecin de Louis XV. *Hystérie* vient du grec *hustera,* utérus, parce qu'on croyait autrefois que l'hystérie avait son origine dans l'utérus.

24. Payaient ce qu'elles devaient aux autres joueurs.

25. Tout ce qu'il était possible de perdre.

26. *On se mit en pointe* = le vin échauffa les têtes.

27. *Fouetter un verre de vin :* l'avaler d'un trait (familier).

28. Le Monoémugi et le Béléguanza étaient deux territoires d'Afrique centrale connus seulement de nom au xviiie siècle en France. Dans la suite du roman, le Monoémugi désignera l'Angleterre. De nombreux savants étrangers avaient fait partie de l'Académie des Sciences dès ses débuts en 1666.

29. Les Vorticoses sont les partisans de la théorie des tourbillons (vortices) d'après laquelle Descartes (Olibri) expliquait la formation des systèmes planétaires. Les attractionnaires sont les partisans du système de Newton (Circino, nom peut-être formé sur le latin *circinus,* compas) qui découvrit le principe de l'attraction des corps célestes.

Le parallèle entre les deux systèmes était presque un développement obligé entre 1730 et 1750.

30. Ce nom qui évoque le grec *orchotomeo,* châtrer, fut donné en 1750 par La Mettrie au médecin et anatomiste Ferrein (1693-1769), membre de l'Académie des Sciences et auteur d'un système sur le mécanisme de la voix.

31. En grec, matrice.

32. Gouverneur de province turc.

33. Voir p. 13 et n. 20.

34. Ventriloques. Ce mot repris de Rabelais (*Quart Livre,* chap. lviii) est commenté dans *Jacques le Fataliste* (voir p. 744).

35. Lulli, mort en 1687 et Rameau (1683-1764) dont le premier succès à l'Opéra, *Hippolyte et Aricie* datait de 1733. La querelle entre les admirateurs des deux compositeurs durait depuis 1735.

36. *Dardanus* (1739) opéra de Rameau sur un livret de La Bruère. Le librettiste de Lulli était Quinault.

37. C'est-à-dire sans aucun bruit.

38. Francœur et Rebel qui composèrent des opéras en collaboration étaient entrés fort jeunes à l'Opéra; on les appelait pour cela les « petits violons ». Tous deux inspecteurs de l'Opéra en 1736, ils dirigèrent ce théâtre de 1751 à 1767.

39. Catherine Nicole Le Maure (1704-1783) qui chanta à l'Opéra jusqu'en 1750. Mlle Chevalier excellait, paraît-il, dans le « grand et les fureurs ».

40. Chanson populaire et triviale sur un air très connu. Le vaudeville était une chanson de circonstance sur un air facile à chanter.

41. Ferrein (voir n. 30) à l'appui de sa théorie sur le mécanisme de la voix avait tenté devant l'Académie des Sciences l'expérience de souffler dans un larynx excisé pour produire des sons analogues à ceux de la voix. L'échec de cette expérience donna lieu aux railleries de La Mettrie.

42. Purgatif.

43. C'était alors la mode de découper avec des ciseaux des figures en papier ou en vélin en suivant tous les traits de la peinture ou de la gravure. Les femmes se plaisaient beaucoup à cet amusement. — Les quatre frères Martin portèrent à la perfection, dans la première partie du xviiie siècle, l'art du laque français et l'appliquèrent au mobilier et

à la décoration. On appela « vernis Martin » tous les laques à la mode.

— Dans ce passage, Kanoglou représente Louis XIV; les sénateurs, les gens du Parlement; les bramines et les bonzes, le clergé.

44. Fontenoy (1745) et Lawfeld (1747), victoires glorieuses du Maréchal de Saxe.

45. Peut-être s'agit-il des austères jansénistes par opposition aux jésuites mondains qu'évoque le paragraphe suivant. Certaines réactions du public à la fin du chapitre rappellent d'ailleurs les miracles et les convulsionnaires jansénistes du cimetière Saint-Médard aux environs de 1730.

46. Chef de loge maçonnique. Les réunions maçonniques, alors nouvelles, avaient parfois la réputation d'être le prétexte de repas fins.

47. Allusion à un roman pornographique paru en 1745, *Histoire galante de la tourière des Carmélites*.

48. Par affectation de suivre la mode distinguée.

49. Remède utilisé pour diverses affections de poitrine.

50. Chatte d'un gris bleuâtre.

51. Gui Panciroli (1523-1599), jurisconsulte italien, auteur des *Rerum memorabilium deperditarum libri duo,* ouvrage publié en 1599, traduit en français en 1608, et qui traite des arts anciens qui se sont perdus et des découvertes des modernes.

52. Saïque : navire solidement charpenté et au grand mât très élevé dont les Turcs se servaient beaucoup dans le commerce du Levant.

53. Petit chien à longs poils.

54. Prétintailles : ornement de toilette en découpure qui se mettait sur les robes des femmes. — Falbalas : large bande d'étoffe, plissée que les femmes mettaient au bas et autour de leurs jupes. Cette mode datait de la fin du règne de Louis XIV.

55. Descartes, dans son *Traité de l'Homme* (1633) avait fait de la glande pinéale, petit corps ovale qui se trouve devant le cervelet, non pas à proprement parler le siège de l'âme, mais le centre recevant du corps et transmettant à l'âme les impressions reçues du dehors.

56. Si Orchotome était Ferrein (voir n. 30) son confrère Hiragu pourrait être selon Assézat le médecin Montagnat qui, en 1745-1746, défendit le système de Ferrein sur le mécanisme de la voix.

57. Abex et Angot : approximativement l'Érythrée et l'Éthiopie.

58. Cette guerre évoque par quelques traits la guerre de Succession d'Autriche et le tableau présenté par cette phrase avait valeur d'actualité en 1747.

59. Voir n. 32.

60. Des mises que font les gens qui jouent chez elle.

61. Jean-Louis Petit (1674-1750) chirurgien qui avait inventé un procédé de ligature pour combattre les hémorragies consécutives aux opérations.

62. Le grand juge, chez les Turcs, chargé de défendre la religion et les lois.

63. C'est l'orthographe phonétique pour le mot anglais *freemason*

qui signifie *tailleur de pierre* et qu'on traduisit par la suite par « Maçon
libre » ou « Franc-maçon ». La Franc-maçonnerie fut introduite d'Angleterre en France au début du règne de Louis XV.

64. De tels instruments, connus dès le Moyen Age, passaient pour
avoir été inventés en Italie.

65. Ce personnage, qui reviendra dans la suite du roman, évoque le
duc de Richelieu (1696-1788) familier de Louis XV.

66. Diderot connaissait sans doute *Alma, or the Progress of the Mind*
(1718) de Matthew Prior, ouvrage auquel cette idée semble empruntée.
Voir Otis Fellows, « Metaphysics and the *Bijoux Indiscrets* : Diderot's
debt to Prior », *Studies on Voltaire*, vol. LVI. Mais cette fantaisie,
destinée seulement chez l'auteur anglais à ridiculiser la métaphysique
dualiste, prend chez Diderot une coloration matérialiste qui se précisera dans la suite de son œuvre. Voir *Rêve de D'Alembert* (*Œuvres
philosophiques*, éd. Vernière, Cl. Garnier, p. 310).

67. Messe que les Parlements faisaient célébrer après les vacances,
lorsqu'ils reprenaient leurs fonctions, et à laquelle ils assistaient en
robe rouge.

68. Allusion à l'épisode des *Voyages de Gulliver* de Swift (1726)
dans lequel le héros arrive au pays des Houyhnhnns où le cheval,
qui est l'être raisonnable, tient sous sa dépendance l'homme réduit
au rang de brute.

69. Le rang des pachas est déterminé par le nombre de queues de
cheval qui forment leur étendard (Littré).

70. Allusion aux découvertes de Galilée grâce à la méthode expérimentale.

71. Allusion à Pascal.

72. Allusion à Newton.

73. L'idée du « Rêve de Mangogul » est née sans doute de la lecture des *Songes philosophiques* (1746) du Marquis d'Argens. Mais Diderot ne s'en tient pas au scepticisme à l'égard des systèmes. Sous sa
forme allégorique, ce chapitre est comme une préfiguration du *Discours préliminaire* à l'*Encyclopédie* dans lequel, en 1751, d'Alembert
retracera l'histoire des progrès de la philosophie expérimentale,
conquête du siècle des Lumières, aux dépens de l'esprit de système :
« Le goût des systèmes plus propres à flatter l'imagination qu'à éclairer la raison, est aujourd'hui presque entièrement banni des bons
ouvrages. »

74. Allusion à la curiosité de Louis XV (voir n. 13). Diderot
compare la chronique scandaleuse de la ville aux *Dames galantes* de
Brantôme et aux *Nouvelles* (1656) et *Contes* (1659) d'Antoine Le Metel
d'Ouville qui s'illustra d'autre part au théâtre dans la première moitié
du XVIIe siècle.

75. Charles de Fieux, chevalier de Mouhy (1701-1784), romancier
assez médiocre. Le marquis D*** est peut-être le marquis d'Argens (1704-1771), auteur des *Mémoires secrets de la République des
Lettres* (1744), des *Lettres juives* (1754), *chinoises* (1755), *cabalistiques*

(1769), etc., ouvrages d'une philosophie critique et sceptique.

76. Jeanne-Baptiste d'Albert de Luynes (1670-1736), comtesse de Verrue, célèbre dans la première moitié du xviiie siècle par sa vie raffinée et son goût des antiquités, des objets d'art et des livres rares.

77. Maison située ordinairement dans un quartier peu fréquenté et qui servait à des rendez-vous galants.

78. *Faire des nœuds* consistait à former au moyen d'une navette sur un cordon de fil ou de soie des ornements en forme de nœud. C'était un divertissement féminin aussi répandu, à l'époque, que celui des découpures.

79. Terme de la langue mondaine qui se disait de quelqu'un qui avait des relations.

80. L'engouement des femmes pour les comédiens avait été déjà critiqué par La Bruyère au chapitre *Des femmes*. Les comédiens s'en vantaient d'ailleurs et le fat Orgogli dont le nom évoque l'orgueil a peut-être été inspiré à Diderot par Michel Boyron, dit Baron (1653-1729) qui mit sur la scène ses succès auprès des femmes dans *L'Homme à bonnes fortunes* (1686) et que La Bruyère appelait Roscius. Le problème de la valeur humaine des comédiens sera repris dans les écrits de Diderot sur le théâtre, en particulier dans le *Paradoxe sur le Comédien*.

81. Voir n. 17. La cavagnole ne différait du biribi qu'en ce que chacun avait son tableau particulier alors qu'au biribi on misait sur un seul grand tableau.

82. Ricaric représente l'académicien érudit partisan des Anciens en face de Selim qui incarne le goût des gens du monde pour les Modernes. Mirousla = Homère.

83. Édition savante donnée par les moines bénédictins.

84. Eurisopé = Euripide. Azophe = Sophocle. Diderot connaissait le *Théâtre des Grecs* du Père Brumoy (1730), ouvrage très répandu contenant la traduction de sept pièces de Sophocle et d'Euripide. Ce livre semble même être la source principale des connaissances de Diderot concernant les Tragiques grecs (voir L. Perol, « Diderot, les Tragiques grecs et le Père Brumoy », *Studies on Voltaire*, vol. CLI-CLV). Brumoy était aussi l'auteur d'une *Histoire de Tamerlan*. Les détails rassemblés dans ce passage, ainsi que l'allusion à *Philoctète* à la page suivante, paraissent indiquer que Diderot pense à Brumoy sans qu'il y ait correspondance précise entre cet auteur et Tuxigraphe.

85. Philoctète dans la tragédie de Sophocle. Alindala serait l'île de Lemnos, Forfanty, Ulysse et Ibrahim, Néoptolème. *Philoctète* faisait partie des sept pièces traduites par Brumoy et Diderot s'y réfère à cinq reprises dans les *Entretiens sur le Fils naturel* et le *Paradoxe sur le Comédien* (*Œuvres esthétiques*, éd. Vernière, Cl. Garnier, pp. 90, 120, 158, 344, 359).

86. L'éblouissement que donne un style trop brillant, trop coloré.

87. Tuyau par lequel on transmet la voix. Au figuré, porte-parole.

88. Cette critique de la tragédie française frappa beaucoup le jeune Lessing (1729-1781) alors étudiant à l'Université de Leipzig. Dans sa

Dramaturgie (1768), il traduit une grande partie de ce chapitre, proclame l'admiration qu'il lui inspire et avoue lui avoir emprunté plusieurs arguments de son réquisitoire contre le système dramatique français. Quant à Diderot, il développera dans les *Entretiens sur le Fils naturel* (1757) et *De la poésie dramatique* (1758) la conception dramatique esquissée ici. On remarque déjà dans cette page l'exigence de naturel et de vérité qui en constituera le point de départ. On constate aussi la référence aux « Anciens », c'est-à-dire à la tragédie grecque, comme modèle de vérité et de simplicité. Le paradoxe de Diderot sera en effet de prendre appui sur ce qu'il sait des Tragiques grecs pour fonder la théorie d'un genre nouveau, le drame bourgeois.

89. Diderot pense sans doute au sujet de *Phèdre*.

90. Celui qui s'appliquait à l'étude de l'Antiquité dans les textes, les objets d'art, les monuments, les inscriptions, etc.

91. Chiromancien.

92. Sphéroïde aplatie : allusion à l'expédition de Maupertuis en Laponie (1736). Il confirma par des mesures prises au cours de ce voyage que la sphère terrestre est aplatie aux pôles.

93. Voir n. 29.

94. Tout ce discours est une parodie de la manière de Crébillon fils.

95. Allusion au *Tanzaï* de Crébillon fils. Mais Diderot choisit, pour railler le style précieux de Crébillon un passage qui était lui-même un pastiche de la « préciosité » de Marivaux.

96. Minerve.

97. Homère.

98. Virgile.

99. Pindare.

100. Horace.

101. Socrate.

102. Platon.

103. Anacréon.

104. Peut-être Milton.

105. Voltaire.

106. *Henriade*, VIII, 260.

107. *Zaïre*, V, 9.

108. La querelle des Anciens et des Modernes.

109. Les critiques.

110. Ce passage s'en prend à ceux qui mutilent les œuvres d'art en les expurgeant, ou en faisant des compilations, des morceaux choisis, etc.

111. Les scoliastes et les commentateurs.

112. Le nom de Fricamone vient évidemment du fait qu'elle était homosexuelle. Brantôme l'aurait nommée une « fricatrice », une adepte de la « friquarelle ».

113. Brantôme, au Premier Discours des *Dames galantes,* donne quelques renseignements sur les succès que remportait en Italie, aux dépens des bijoux, ledit rival qu'il appelle Arrière-Vénus.

114. L'hospice des fous.

115. A Montmartre, lieu champêtre, on voyait des chevaux et des ânes dont l'image se confond irrévérencieusement dans l'esprit de Selim, avec celle des moines encapuchonnés sortant de la cathédrale.

116. Ce passage fantaisiste annonce d'autres pages de Diderot, par exemple dans *Le Neveu de Rameau*, dans lesquelles des caractères humains ou des conditions sont symbolisés par des animaux.

117. Sorte de tour de cou en fourrure.

118. Aucun traité de Platon ne porte ce titre.

119. Les fragments d'Hermès Trismégiste : recueil fondamental des écrits « hermétiques » grecs attribué au dieu Hermès « trois fois grand ».

120. Le Père Hardouin (1646-1729), jésuite qui, à côté d'ouvrages d'une érudition incontestable, s'est illustré par quelques fantaisies. Il soutenait que Virgile n'était pas l'auteur de l'*Énéide* ni Horace celui des *Odes*.

121. Le Père Castel. Voir n. 159.

122. Mot du style familier, d'après le catalogue des « synonymes de style » dans le *Traité du style* de Mauvillon.

123. Coiffure négligée dont les côtés avancent beaucoup sur le visage et battent les yeux à la moindre agitation de l'air.

124. Siffler quelqu'un, c'est dans le langage familier l'instruire de ce qu'il doit dire ou faire dans certaine occasion.

125. Halley (1656-1742) astronome anglais qui avait prédit pour 1758 la réapparition de la comète observée par Képler en 1607. Pour Circino, voir n. 29.

126. Ouvrage érotique de Nicolas Chorier (1612-1692); c'était un dialogue écrit en latin d'une élégance raffinée que son auteur présentait comme la version latine, par le savant hollandais Meursius, d'un texte espagnol de Luisa Sigea de Tolède. Le *Joannis Meursii... de arcanis amoris et Veneris* parut en 1658.

127. Évêque.

128. Tavernier (1605-1689) voyagea en Orient et écrivit en collaboration avec Samuel Chappuzeau divers récits de voyages, notamment *Les Six Voyages de J. B. Tavernier... en Turquie, en Perse et aux Indes* (1676).

129. Air de danse qui comme les sautriots et les tricolets était passé de mode dans le beau monde.

130. Moustache recourbée en crochet.

131. Auteur d'un *Traité du vrai mérite de l'homme* « considéré dans tous les âges et dans toutes les conditions ».

132. Perdue, ruinée.

133. La Sala : « le vendredi, qui est jour de repos des Turcs, ils font sur les neuf heures du matin une oraison de plus que les autres jours et cette oraison s'appelle sala » *(Encyclopédie)*. Iman : ministre de la religion musulmane. Le marabout n'est qu'un saint homme. Autrement dit, Bibicosa demande à un dévot ce qu'il serait trop cher pour elle de demander à un chapelain.

134. La rue commerçante du Paris d'alors.

135. Voir n. 77.

136. *La Vie de Marianne* et *Le Paysan parvenu,* romans de Marivaux. *Les Égarements du Cœur et de l'Esprit* de Crébillon fils. *Les Confessions du Comte de* *** de Duclos.

137. Cet échantillon des aptitudes de Diderot à la littérature pornographique se passe de traduction et montre par comparaison ce que ne sont pas *Les Bijoux indiscrets.*

138. Allusion à la Révocation de l'Édit de Nantes (1685).

139. Mme de Maintenon.

140. Sans doute Louis-Joseph de Vendôme (1654-1712) que Mme de Maintenon haïssait et le maréchal de Catinat (1637-1712) qu'elle soupçonnait de jansénisme.

141. Opticien mort en 1733.

142. Marie-Anne Dangeville (1714-1796), une actrice réputée que mentionne souvent Diderot (voir *Neveu de Rameau,* n. 106).

143. Racine, *Iphigénie* III, 7.

144. Comme le marque Assézat, quelques traits de Sulamek rappellent le cardinal de Fleury (1653-1743). Le passage qui suit reprend métaphoriquement des critiques de la politique de Fleury qui devaient alimenter les conversations. Le cardinal était mort depuis cinq ans au moment de la publication des *Bijoux* et ses successeurs n'avaient pas continué sa politique étrangère. On reconnaît au passage l'appui fourni par les jésuites à sa nomination, sa prétendue inaptitude à faire une grande politique, sa rivalité avec le duc de Bourbon, sa faiblesse à l'égard de l'Angleterre, sa fermeté vis-à-vis des jansénistes, sa politique de rapprochement à l'égard de l'Autriche.

145. C'est Charles Frey de Neuville qui prononça en 1743 l'oraison funèbre du cardinal de Fleury.

146. Préface a ici le sens de « Préface d'honneur », mots d'honneur et de respect qu'on prononce avant de nommer quelqu'un ou quelque chose.

147. Élixir désigné du nom de son inventeur.

148. Ces deux sortes de gouttes étaient des médicaments agréables et alors fort à la mode pour faire revenir d'un évanouissement.

149. Les trois chapitres qui suivent furent rédigés plus de vingt ans après la publication du roman. Comme ils sont de la même veine que les autres, ils invitent à penser que les regrets que l'auteur exprimait d'avoir écrit cette « grande sottise » avaient surtout une fonction tactique (voir n. 1) et que l'inspiration libertine est partie intégrante de la personnalité d'écrivain de Diderot. Ils restèrent inédits pendant toute sa vie et furent publiés pour la première fois par Naigeon en 1798, insérés arbitrairement dans le tome premier comme 16e, 18e et 19e chapitres, ce qui modifie la numérotation des chapitres dans toutes les éditions des *Bijoux* qui reproduisent la présentation de Naigeon.

150. Allusion à une anecdote racontée par l'orientaliste Anquetil-Duperron. Elle est reproduite avec plus de détails dans l'*Encyclopédie* à l'article « Zend-Avesta » : « De quoi s'agissait-il entre ces sectaires

qui pensèrent à tremper toute la contrée de leur sang ? De savoir si le penon, ou la pièce de lin de neuf pouces en carré que les Parsis portent sur le nez en certains temps devait ou ne devait pas être mise sur le nez des agonisants. *Quid rides ? mutato nomine de te fabula narratur.* »

151. Environ 33 centimètres.

152. Terme de métier : tracer une perpendiculaire sur une autre ligne pour tailler la pierre ou le bois suivant un certain tracé.

153. Perceur d'anus.

154. Outil en forme de ciseau creusé en gouttière dont se servent les sculpteurs, les menuisiers, les charpentiers. Ce passage parodie la prédication de Jean-Baptiste : « Pour moi je vous baptise avec de l'eau, mais il vient, celui qui est plus puissant que moi, et je ne suis pas digne de délier la courroie de ses chaussures ; lui vous baptisera dans l'Esprit Saint et le Feu. Il tient en sa main la pelle à vanner pour nettoyer son aire et recueillir le blé dans son grenier ; quant aux balles, il les consumera au feu qui ne s'éteint pas » (Luc 3, 16-17).

155. Cf. Matthieu 7, 1-3 : « Ne jugez pas pour n'être pas jugés ; car du jugement dont vous jugez on vous jugera, et de la mesure dont vous mesurez on usera pour vous. Qu'as-tu à regarder la paille qui est dans l'œil de ton frère ? Et la poutre qui est dans ton œil à toi, tu ne la remarques pas ? » Le « rêve de Mangogul » figure aussi, bien entendu sans les détails qui le rattachent à l'intrigue des *Bijoux,* dans la *Correspondance littéraire* de Grimm (janvier 1775) sous le titre : *Le dialogue de l'homme qui avait deux nez et de l'homme qui avait deux trous au cul : le rêve du Chevalier de Boufflers,* et avec cette phrase de conclusion : « Ce rêve n'est que la parole de l'Évangile en burlesque. » Le chevalier de Boufflers (1738-1815) était connu pour ses poésies libertines. Diderot lui prête un rêve, selon le procédé littéraire du *Rêve de D'Alembert.* L'année et le lieu de publication de ce texte correspondent à ceux de l'*Entretien avec la Maréchale de **** où Diderot manifeste sur un autre plan et sur un autre ton un regain d'intérêt pour les questions religieuses. Nous avons donc là une indication approximative sur la date à laquelle aurait été composé ce morceau détaché, que Diderot aurait envisagé ensuite d'ajouter aux *Bijoux.*

156. La parenté d'inspiration entre ce chapitre et le *Supplément au Voyage de Bougainville* (1772) est évidente. Ce chapitre et le suivant pourraient donc être d'une rédaction à peine antérieure à celle du chapitre précédent.

157. Adapté à n'importe quelle forme sans s'en tenir à aucune. Formule latine qui paraît fabriquée pour la circonstance.

158. L'ajoutoir ou ajutage est un petit tube à un ou plusieurs trous qui s'adapte à l'orifice d'un tuyau pour modifier l'écoulement du fluide qui s'en échappe.

159. Il s'agit du Père Castel, jésuite (1688-1757). Voir n. 121. Il avait eu l'idée du fameux clavecin oculaire qu'il ne réalisa jamais, mais que Diderot décrit ici et dont il reparlera plusieurs fois, par exemple dans la *Lettre sur les Sourds et Muets* et le *Rêve de D'Alembert.*

160. Nœud de ruban que les femmes portaient sur leur coiffure. Cette mode datait du xviie siècle et fut lancée par Mlle de Fontange, maîtresse de Louis XIV.

161. La partie la plus haute, par opposition à la basse.

162. Unies.

163. Vert pâle.

164. Sorte de petite mouche noire que les femmes se mettaient au-dessous de l'œil. Croissant : accessoire en forme de croissant utilisé pour la coiffure des femmes au temps de Louis XV.

165. Voir n. 117.

166. On appelait ainsi un drap épais, serré et solide que l'on faisait autrefois en plaçant dans les intervalles des broches deux fils au lieu d'un.

167. Les hommes aussi portaient des baleines pour élargir leur habit ; cf. Rousseau, *La Nouvelle Héloïse,* II, 17 : « On voit Caton poudré à blanc et Brutus en panier. »

LA RELIGIEUSE

1. A l'origine de ce roman, il y eut une joyeuse plaisanterie. En janvier 1760, une « bande infernale » composée de Diderot, Grimm et Mme d'Épinay, désirant voir revenir à Paris un ami, le marquis de Croismare retiré sur ses terres de Normandie, se souvint que deux ans plus tôt il s'était intéressé au procès d'une jeune religieuse réclamant contre ses vœux qu'elle disait lui avoir été imposés par contrainte. Le marquis avait fait en sa faveur plusieurs interventions. Marguerite Delamarre n'en avait pas moins perdu son procès et elle acheva sa vie au couvent de Longchamp où l'on retrouve encore sa trace en 1790 (voir G. May, *Diderot et la Religieuse,* Paris, P.U.F., 1954). Les conjurés imaginèrent une suite moins décevante : cette jeune religieuse s'était évadée de son couvent, et désormais seule, vulnérable et réduite à la clandestinité, elle appelait au secours celui qui s'était déjà intéressé a elle. Ils écrivirent en son nom au marquis une lettre touchante, s'assu-rèrent comme boîte aux lettres pour recevoir sa réponse les services d'une Mme Madin qui ignorait tout de l'hospitalité qu'elle était censée offrir à l'ex-religieuse déjà pourvue d'un prénom, Suzanne. La corres-pondance dura du 6 février au 18 mai 1760. La mystification réussissait si bien que le 21 février le marquis offrait à Suzanne une place de gou-vernante auprès de sa fille, dans son château de Normandie. Ce n'était pas ce qu'avaient souhaité les comploteurs. A ce stade de l'anecdote, il faut distinguer l'historique des faits selon Grimm et ce qui ressort de l'échange de lettres. Simultanément, un billet réticent du marquis le 13 mars semble indiquer qu'il soupçonne une supercherie, et les « suppôts de Satan » décident de se tirer de l'impasse en faisant mourir Suzanne d'une maladie qui durera jusqu'au 7 mai. Grimm au contraire

prétend que le marquis restera dupe jusqu'en 1768 et que c'est son trop
vif apitoiement sur Suzanne qui fit prendre aux mystificateurs la décision
de mettre fin à la plaisanterie.

Dans l'intervalle, Diderot a entrepris ce qui devait d'abord n'être
qu'une lettre plus développée de Suzanne : le récit de sa vie à l'intention
de son bienfaiteur qui était en droit de tout connaître. Il semble que
l'auteur utilise pour cela des fragments déjà rédigés ou tout au moins
une documentation réunie à des moments où il envisageait de faire
sous divers aspects la critique des couvents. Le 10 mai, il en a conçu le
plan : il suffit que Suzanne ait connu dans trois couvents successifs des
aventures diverses pour que Diderot tienne le fil directeur. Mais à l'automne 1760, il n'est plus question depuis longtemps de mystifier Croismare et il travaille encore avec passion à ce qui est en train de devenir
un livre. Il ne le publie pas. Ce roman inaugure dans la carrière de Diderot la série des ouvrages écrits pour le tiroir. En 1770, Grimm en mal
de copie pour la *Correspondance littéraire* reproduit l'échange de lettres
qui constitue la mystification et déclare le roman mort-né. En 1780,
son successeur Meister obtient de Diderot qu'il publie dans la même
revue manuscrite destinée aux abonnés princiers de l'Europe des
Lumières le manuscrit qu'il détient, comme il l'a fait pour *Jacques le
Fataliste*. Diderot revoit à cette occasion ce qu'il a écrit vingt ans plus
tôt, envisage pour une future édition d'y joindre les lettres échangées
qu'il revoit aussi, même si elles ne sont pas de sa main, corrige des
incohérences, en laisse d'autres, choisit le nom définitif de son héroïne,
Suzanne Simonin. C'est *La Religieuse,* parue dans la *Correspondance
littéraire* entre octobre 1780 et mars 1783, avant d'être éditée par Buisson
en 1796 et augmentée de la « préface-annexe » par Naigeon en 1798.

En 1966, le roman fait l'objet d'une adaptation cinématographique
mise en scène par Jacques Rivette. Le film est interdit malgré l'avis
favorable de la commission de censure, ce qui suscite une campagne de
protestation et un débat à l'Assemblée nationale. Un an plus tard, l'in-
terdiction est levée sous réserve que le film soit intitulé *Suzanne Simonin, la Religieuse de Diderot.*

2. Ce début *ex abrupto* s'éclairera à la lecture de la « préface du précédent ouvrage » qui fait suite aux mémoires de Suzanne Simonin. La
version originale du roman éditée par Jean Parrish (*Studies on Voltaire,*
vol. XXII, Genève, 1963) n'en comporte que la première phrase (sans
« m' »), sans doute simple note de travail de l'auteur, et enchaîne sur
l'autobiographie de Suzanne : « Mon père était avocat... » On peut
supposer que lorsque la simple mystification fit place au projet littéraire, Diderot laissa cette phrase et lui ajouta le reste du paragraphe
dont le rôle est non seulement de piquer la curiosité du lecteur, mais de
donner dès le départ une unité à l'ensemble mémoires/préface en préparant l'insertion des premiers dans l'échange de lettres qui constitue la
seconde. Cette addition ne s'inscrit pas exactement dans la continuité du

d. Cf. n. 398.

texte de Suzanne puisque celle-ci parle du marquis à la troisième personne et non en s'adressant à lui, ce qui est l'attitude d'une mémorialiste, non d'une correspondante. L'évolution du projet de Diderot explique les ambiguïtés qui marquent la fin de ce paragraphe.

Marc-Antoine-Nicolas de Croismare fréquentait les salons de Mme d'Épinay et du baron d'Holbach quand il ne résidait pas à son château de Lasson près de Caen. Le portrait qu'en donne ce passage est conforme à ce que nous connaissons de l'homme. Il permet d'introduire dans le roman le destinataire du plaidoyer de Suzanne et de définir indirectement le type de lecteur auquel souhaite s'adresser Diderot.

3. D'après la chronologie interne du roman établie par Ph. Stewart (« A note on Chronology in *La Religieuse* », *Romance Notes*, 1970), il ne peut s'être écoulé moins de neuf ou dix ans entre la première entrée de Suzanne au couvent et son évasion après laquelle elle est censée écrire ces mémoires. Diderot a modifié plusieurs fois l'âge de son héroïne sans parvenir à une parfaite cohérence. Elle vieillit moins vite environ de moitié que ne le voudrait la chronologie du roman. En réalité l'auteur la souhaite aussi jeune que possible pour que l'innocence et le pathétique du personnage apparaissent évidents au lecteur. De plus son imagination lui fait vivre dans le présent de sa propre émotion chacun des épisodes qu'il rédige. Il ne s'agit pas de la mise en œuvre d'un projet préalablement mis au point dans tous ses détails.

4. Le père de la religieuse authentique, Marguerite Delamarre, était orfèvre. Le personnage de fiction prend dès maintenant son autonomie.

5. Suzanne est censée écrire cela après avoir reçu du père Séraphin des certitudes sur ce point (p. 249). Le roman comporte un certain nombre de contradictions internes de ce genre.

6. Couvent de la Visitation de la rue du Bac (où Marguerite Delamarre avait séjourné) et où le prix de pension était assez élevé.

7. Durée du noviciat chez les Ursulines, ordre auquel avait appartenu la sœur cadette de Diderot, Angélique, morte folle à 28 ans en 1748. Mais chez les Visitandines le noviciat est de un an.

8. Selon Jacques Proust (voir n. 25), il s'agit peut-être d'un lapsus pour Alet. L'évêque d'Alet est mentionné dans les *Nouvelles ecclésiastiques* de même qu'un père Séraphin, un chanoine Blin, plusieurs Lemoine, un M. Hébert et un Dom Morel. Diderot aimait donner des noms réels à des personnages de fiction.

9. Célèbre maître à danser.

10. Première apparition du thème de la folie. Cet épisode a sans doute été suggéré à Diderot par le sort de sa sœur cadette (voir n. 7). Mme de Vandeul écrit à Meister en 1806 : « C'est le destin de cette sœur qui a donné à mon père l'idée du roman de *La Religieuse*. » Il faut remarquer qu'avant de trouver son prénom définitif l'héroïne de Diderot s'est appelée pendant quelque temps Angélique, et que Diderot dans la vie donna ce prénom à sa première fille morte en bas-âge et à celle qui devint Mme de Vandeul.

11. Première allusion à la querelle sur la Bulle *Unigenitus* qui donna lieu dans les couvents à des persécutions contre ceux qui étaient suspects de jansénisme (voir n. 25).

12. Nom authentique de l'un des deux chanceliers de l'Université.

13. Religieuse non cloîtrée chargée des relations avec l'extérieur.

14. Religieuses qui dans certains ordres assistent la supérieure.

15. Légitime : portion inaliénable que la loi attribue aux enfants sur les biens de leur père et de leur mère (*Dict. de l'Acad.*, 1762).

16. Monastère situé entre la rue Saint-Honoré actuelle et la terrasse des Tuileries.

17. Stipulation : clause énoncée dans un contrat. Fidéicommis : legs testamentaire fait au nom d'une personne chargée de le restituer à une autre.

18. Rêver : De Furetière au *Dict. de l'Acad.* 1798 le sens est resté le même : méditer, penser profondément à quelque chose.

19. L'abbaye royale de Longchamp dans le bois de Boulogne, couvent de Clarisses où le public mondain venait assister aux concerts de la Semaine Sainte (voir p. 278). Marguerite Delamarre y avait prononcé ses vœux en 1732 et y avait été enfermée en 1758 après avoir tenté de les faire révoquer.

20. Air extrait de *Castor et Pollux* de Rameau, dont il est également question dans *Le Neveu de Rameau*.

21. Postulante : celle qui aspire à devenir novice. Suzanne a déjà été novice à Sainte-Marie, mais comme elle a changé d'ordre elle recommence au point de départ.

22. C'est pourtant elle qui raconte...

23. Voir *Bijoux indiscrets*, n. 8.

24. Et pourtant la lettre continue...

25. La supérieure a opté pour la Bulle *Unigenitus*. Cette Bulle, lancée par le pape en 1713 contre les jansénistes entraîna dans l'Église une querelle encore très vive dans les années 1750. Ce passage constitue le développement le plus important du roman concernant les effets de cette affaire dans les couvents. Les persécutions qu'imagine Diderot sont analogues à celles que rapportent les *Nouvelles ecclésiastiques* (cf. n. 8 et 11), périodique janséniste clandestin (voir J. Proust, « Recherche nouvelles sur *La Religieuse* » dans *Diderot studies*, VI, 1964). On peut penser que Diderot intègre ici à son roman une étude antérieure sur les persécutions antijansénistes. Il reste toutefois comme Voltaire relativement modéré sur l'ensemble de ce problème car le fanatisme n'était pas le fait des seuls persécuteurs. Il tient à présenter son héroïne comme refusant d'opter pour l'un ou l'autre camp (ce qui était, il est vrai, l'attitude des religieuses opposées à la Bulle). Si l'auteur reste souvent allusif, c'est que les détails qu'il donne étaient très clairs en 1760. Lors de la révision pour la publication en 1780, le problème était dépassé (suppression de la Compagnie de Jésus en 1762) et pour la raison inverse il n'était pas davantage utile de préciser. Le roman vise plus haut qu'une simple polémique.

26. Assistants de l'archevêque.

27. La Constitution = la Bulle *Unigenitus*.

28. C'est-à-dire dans un *in pace,* cachot qui tire son nom de la formule évangélique *vade in pace* que les religieuses ne font ici que traduire.

29. Récipients, vaisselle.

30. Cette phrase qui n'existe pas dans la première rédaction du roman semble destinée à corriger une incohérence. La mort de la jeune religieuse sera relatée p. 324. Elle est donc antérieure au moment où Suzanne écrit cette page. Mais s'adresse-t-elle à M. de Croismare ou à M. Manouri ? Les lignes qui précèdent n'ont de sens que si elles sont destinées au second. La phrase de rattrapage s'adresse au premier, malgré le « je reste seule » qui n'a plus, après l'évasion, le sens qu'il semble avoir ici. Il y a confusion entre le temps de l'action (mémoire pour M. Manouri) et le temps de la narration (mémoires pour M. de Croismare). Le jeu de miroir entre les deux temporalités qui fait la valeur de *Manon Lescaut* et de *La Vie de Marianne* n'est pas ce qui préoccupe Diderot, tout entier à l'émotion du moment vécu même s'il s'agit d'un récit largement différé.

31. Office des Matines et Laudes des Jeudi, Vendredi et Samedi de la Semaine Sainte qui se chante sans lumière dans le chœur. Le reposoir dont il est question un peu plus bas restait jusqu'au samedi matin et non, comme l'écrit Diderot, jusqu'au vendredi.

32. Sens juridique : faire comparaître en personne.

33. Cette caractéristique de l'héroïne qui l'éloigne du personnage de la religieuse dans la tradition romanesque et en particulier dans le roman libertin, est de la plus grande importance pour la portée du roman.

34. Les courtisans, les petits maîtres qui portaient des souliers à talons rouges.

35. Diderot modifie à peine le nom d'un ancien avocat au Parlement de Paris, Louis Mannory, qui venait de commencer en 1759 la publication de ses *Plaidoyers et Mémoires*.

36. Situation peu vraisemblable.

37. Voir *Bijoux indiscrets,* n. 8.

38. Voir n. 32.

39. Voir n. 28.

40. Voir n. 29.

41. Voir n. 29.

42. Pourtant Suzanne est censée écrire cela après son séjour au couvent de Sainte-Eutrope et la confession que fit là-bas la supérieure. L'insistance sur l'innocence de Suzanne est primordiale pour l'auteur et peut l'emporter sur le souci de corriger les invraisemblances au cours des remaniements successifs du roman.

43. L'exorcisme extraordinaire ne peut avoir lieu qu'avec la permission de l'évêque qui délègue un de ses grands vicaires pour procéder à une enquête.

44. Voir n. 8.

45. En réalité ce n'est qu'en appel que la procédure échappe à la justice ecclésiastique pour entrer dans la compétence de la justice civile.

46. Voir n. 32.

47. Cette très belle méditation prêtée à son héroïne par un auteur athée permet de ne pas se tromper sur le niveau auquel se situe la critique antireligieuse de Diderot dans ce roman (voir R. Pomeau, « Sur la religion de *La Religieuse* », dans *Mélanges Pintard,* Paris, Klincksieck, 1975).

48. Voir n. 3.

49. Les paroles de Suzanne évoquent celles du Christ au Mont des Oliviers. Plusieurs détails de cette scène sont d'ailleurs à rapprocher de ceux de la Passion.

50. Voir n. 29.

51. Voir n. 29.

52. Ce plaidoyer de M. Manouri, de Suzanne et de Diderot tout à la fois a été étudié par Ellrich Robert J. (« The rhetoric of *La Religieuse* and XVIIIth century forensic rhetoric », dans *Diderot studies III,* 1961). Selon lui, les traits d' « éloquence du barreau » ne se trouvent pas seulement dans ce passage, mais caractérisent l'ensemble du roman.

53. Voir *Bijoux indiscrets,* n. 8.

54. Bouvart, médecin de la Cour, adversaire de Bordeu, l'ami de Diderot.

55. Caractère particulièrement dangereux d'une maladie, associé ici à la contagion.

56. Diderot écrit de façon inexacte le nom du couvent de Saint-Eutrope dont il ne semble pas avoir une connaissance précise. La Congrégation de Saint-Eutrope appartenait à l'ordre des Annonciades des Dix Vertus de Notre-Dame. Elle avait été fondée au XVIe siècle pour desservir un hôpital destiné aux hydropiques et placé sous l'invocation de ce saint.

57. Voir n. 13.

58. Comment Suzanne peut-elle le savoir ? Dans la première rédaction, ces personnages sont rassemblés à Sainte-Eutrope pour attendre l'arrivée de Suzanne. Dans celle-ci, elle les y retrouvera, la présidente en moins.

59. D'après G. May (*Diderot et La Religieuse,* p. 84-97), cette supérieure est inspirée de la légende de Louise-Adélaïde, fille du Régent, qui fut abbesse de Chelles de 1719 à 1734.

60. Il s'agit des jeunes filles qui sont au couvent pour leur éducation sans se destiner forcément à y faire profession. Dans la réalité, cet établissement qui avait une fonction hospitalière n'était pas une maison d'éducation. Mais il faut remarquer que Diderot, soit ignorance soit volonté délibérée, ne fait aucune allusion au caractère particulier de ce couvent.

61. Le couvent de Port-Royal, dispersé en 1709, avait continué à exister avec des moyens réduits, ce qui rend plausible l'âge attribué

à la supérieure (la quarantaine, p. 359). Le choix du nom de Port-Royal est une nouvelle occasion pour Diderot de rappeler dans le roman la querelle du jansénisme (voir n. 25).

62. Voir n. 42 « et qui me le paraît encore » n'existe pas dans la version originale. Diderot a donc eu conscience de la difficulté et a maintenu sa rédaction en y mettant même de l'insistance.

63. Et pourtant. Locution usuelle au xvie siècle, archaïque au xviiie.

64. La description que Diderot donne de la frivolité de cette vie conventuelle n'a pas de rapport avec ce qu'était en réalité le couvent de Saint-Eutrope. Elle n'est pas un emprunt à la littérature licencieuse du temps qui va beaucoup plus loin dans ce sens. Elle correspond en revanche à des faits attestés en divers endroits, en particulier dans les *Nouvelles ecclésiastiques* concernant le couvent des Ursulines de Troyes (voir J. Proust, « Recherches nouvelles sur *La Religieuse* », *Diderot studies VI*, 1964).

65. Mondonville, compositeur français (1711-1772), directeur en 1755 du Concert spirituel.

66. Comment Suzanne le sait-elle ? Nouvelle entorse aux lois du roman à la première personne.

67. Voir n. 42 et 62.

68. Ce passage qui élargit la critique des couvents à celle de la retraite en général semble faire allusion à la brouille qui sépare depuis 1757 Diderot de Rousseau retiré à Montmorency, brouille dont le point de départ fut une phrase du *Fils naturel* de Diderot : « Il n'y a que le méchant qui soit seul » (voir Rousseau, *Confessions*, livre IX et J. Fabre, « Deux frères ennemis, Diderot et Jean-Jacques », dans *Diderot studies III*, 1961).

69. Voir n. 3.

70. Ce détail ne concorde pas avec ce qui est dit p. 353 (« elle perdait son embonpoint »), mais le souci du tableau, avoué quelques lignes plus haut par l'auteur lui-même, l'emporte sur celui de la cohérence.

71. Religieuses qui font partie du conseil de la supérieure et sont en tant que telles tenues au secret.

72. Voir n. 8.

73. Voir n. 42, 62, 67.

74. Figée comme une de ces statues romaines primitives bornant les champs (dieux termes) et dont la tête seule était éventuellement sculptée au sommet d'une colonne monolithique.

75. Voir n. 8.

76. Allusion à la querelle de la Bulle *Unigenitus* (voir n. 25).

77. Selon le témoignage de Naigeon, ce mot fut donné à Diderot par Mme d'Holbach qu'il consultait sur la manière dont il commencerait la confession de la supérieure, et Diderot n'oubliait jamais d'en faire honneur à son auteur.

78. Terme de typographie désignant le mot imprimé au bas d'une feuille et qui reproduisait le premier mot de la page suivante. Il faut ici

lui donner le sens de « notes de travail non développées ». Cet inachèvement est attribué au personnage. Mais la fin de *Jacques le Fataliste* comporte aussi un changement brusque de facture. S'agit-il ici de l'état du
travail au moment où Diderot l'abandonne en 1760 et qu'il laisse tel quel
vingt ans plus tard pour en tirer un effet conforme à la réflexion sur le
roman qu'il a élaborée dans l'intervalle ? A cet endroit, la rédaction
primitive comporte quelques lignes abondamment raturées et finale-
ment supprimées mentionnant l'arrivée de la réponse du marquis de
Croismare à la première lettre de Suzanne.

79. Souvenir de lady Macbeth. Diderot dit de ce personnage dans
la *Lettre sur les Sourds et Muets* (*Œuvres complètes,* éd. Lewinter, t. II,
p. 527) : « Quelle image du remords ! »

80. Dom Morel. Son comportement peut surprendre dans le paragraphe suivant à cause de la rapidité d'indications non développées.
Mais il ne fait que généraliser à l'ensemble des religieux des deux sexes
l'étude des effets des frustrations conventuelles.

81. Voir n. 3.

82. L'Hôpital général, aujourd'hui la Salpêtrière, était non seulement un lieu d'internement (voir *Manon Lescaut*) des indésirables, des
vagabonds et des fous, mais il accueillait aussi les indigents et les sans-
abri.

83. Suzanne est prise pour une servante chassée.

84. L'hôpital de Sainte-Catherine hébergeait les femmes et les filles
arrivant de province sans grandes ressources. La deuxième moitié du
XVIIIe siècle a connu un flux démographique et des crises agricoles qui
entraînèrent une importante migration des campagnes vers les villes
de jeunes gens des deux sexes à la recherche d'une « condition », c'est-
à-dire d'une place de laquais ou de servante. Cette population instable à
la lisière des grandes villes connaissait les problèmes que Suzanne
évoque quelques lignes plus loin.

85. Plusieurs détails de ce passage rappellent le début de *La Vie de
Marianne* de Marivaux (1731) : personnage de la blanchisseuse brusque
mais bonne, scène de fiacre, querelle de cocher. Il ne faut pas confondre
cette blanchisseuse avec Mme Madin qui apparaîtra dans la préface.

86. Voir dans *Jacques le Fataliste* le personnage de Richard.

87. Ce dernier paragraphe a été déplacé de la première lettre de
Suzanne au marquis vers cette place à la fin des « mémoires ».

88. Cette préface est un extrait remanié par Diderot du texte de
Grimm contenu dans la *Correspondance littéraire* de 1770. Mais toutes les
lettres qui suivent étant datées de 1760, on comprend l'assimilation des
dates opérée par Diderot.

Nous faisons figurer cette « préface » *à la suite* des mémoires de
Suzanne. C'est l'ordre que justifie Diderot dans les dernières lignes qui
précèdent la « question aux gens de lettres ». Mais des arguments de
poids (voir J. Varloot, « *La Religieuse* et sa préface : encore un paradoxe de Diderot », *Mélanges Lough,* University of Durham, 1978) pour-

raient justifier son insertion *avant* cette partie du roman. Le mot « préface » prendrait alors son plein sens et la justification ci-dessus une
valeur ironique. L'essentiel est dans l'intention manifestée par Diderot,
et qui ne fut pas toujours comprise de ses premiers éditeurs, de juxta-
poser les deux ensembles textuels, celui qui crée l'illusion romanesque
et celui qui la détruit, juxtaposition qui constitue dans *Jacques le Fataliste* une véritable interpénétration.

89. L'extrait utilisé par Diderot faisait suite dans la *Correspondance
littéraire* de 1770 au passage suivant :

*La Religieuse de M. de La Harpe a réveillé ma conscience endormie depuis
dix ans, en me rappelant un horrible complot dont j'ai été l'âme, de concert avec
M. Diderot, et deux ou trois autres bandits de cette trempe de nos amis intimes.
Ce n'est pas trop tôt de s'en confesser, et de tâcher, en ce saint temps de carême,
d'en obtenir la rémission avec mes autres péchés, et de noyer le tout dans le puits
perdu des miséricordes divines.*

*L'année 1760 est marquée dans les fastes des badauds en Paris is par la répu-
tation soudaine et éclatante de Ramponeau, et par la comédie des Philosophes,
jouée en vertu d'ordres supérieurs sur le théâtre de la Comédie-Française. Il ne
reste aujourd'hui de toute cette entreprise qu'un souvenir plein de mépris pour
l'auteur de cette belle rapsodie, appelé Palissot, qu'aucun de ses protecteurs ne
s'est soucié de partager ; les plus grands personnages, en favorisant en secret son
entreprise, se croyaient obligés de s'en défendre en public, comme d'une tache de
déshonneur. Tandis que ce scandale occupait tout Paris, M. Diderot, que ce
polisson d'Aristophane français avait choisi pour son Socrate, fut le seul qui ne
s'en occupait pas. Mais quelle était notre occupation ! Plût à Dieu qu'elle eût été
innocente ! L'amitié la plus tendre nous attachait depuis longtemps à M. le marquis de Croismare, ancien officier du régiment du Roi, retiré du service, et un des
plus aimables hommes de ce pays-ci. Il est à peu près de l'âge de M. de Voltaire ;
et il conserve, comme cet homme immortel, la jeunesse de l'esprit avec une grâce,
une légèreté et des agréments dont le piquant ne s'est jamais émoussé pour moi.
On peut dire qu'il est un de ces hommes aimables dont la tournure et le moule ne
se trouvent qu'en France, quoique l'amabilité ainsi que la maussaderie soient de
tous les pays de la terre. Il ne s'agit pas ici des qualités du cœur, de l'élévation
des sentiments, de la probité la plus stricte et la plus délicate, qui rendent M. de
Croismare aussi respectable pour ses amis qu'il leur est cher ; il n'est question
que de son esprit. Une imagination vive et riante, un tour de tête original, des
opinions qui ne sont arrêtées qu'à un certain point, et qu'il adopte ou qu'il proscrit alternativement, de la verve toujours modérée par la grâce, une activité
d'âme incroyable, qui, combinée avec une vie oisive et avec la multiplicité des ressources de Paris, le porte aux occupations les plus diverses et les plus disparates,
lui fait créer des besoins que personne n'a jamais imaginés avant lui, et des
moyens tout aussi étranges pour les satisfaire, et par conséquent une infinité de
jouissances qui se succèdent les unes aux autres : voilà une partie des éléments qui
constituent l'être de M. de Croismare, appelé par ses amis le charmant marquis
par excellence, comme l'abbé Galiani était pour eux le charmant abbé. M. Diderot, comparant sa bonhomie au tour piquant du marquis de Croismare, lui dit
quelquefois :* Votre plaisanterie est comme la flamme de l'esprit-de-vin,

douce et légère, qui se promène partout sur ma toison, mais sans jamais la brûler.

90. Voir n. 2.

91. Il s'agit de Marguerite Delamarre. Le nom de l'héroïne du roman se modifie au cours des remaniements successifs pour devenir Suzanne Simonin.

92. Détail peu vraisemblable mais nécessaire pour que la mystification soit plausible.

93. D'Alainville : comédien, familier du cercle du baron d'Holbach que fréquentait Diderot.

94. Phrase ajoutée par Diderot au texte de Grimm.

95. Nom que saint Paul donne à Satan.

96. « Ce qu'on eut... ses amis » : addition de Diderot au texte de Grimm.

97. Cette précision de date ne concorde pas tout à fait avec celle de la lettre suivante (deux ans).

98. Voir note précédente.

99. Ici se plaçait le paragraphe transposé ensuite par Diderot à la fin des mémoires (voir n. 87).

100. A entendre au sens étendu de « ma famille », à moins qu'il ne faille supposer que cette lettre a été rédigée avant que l'auteur ne songe à faire mourir les parents de Suzanne et qu'elle n'a pas été corrigée ensuite.

101. Michelle Moreau, épouse Madin (1714-1779), habitait effectivement Versailles. Mais dans la réalité elle était non pas veuve mais séparée de son mari et elle n'avait qu'une fille et non deux.

102. La première version du roman donnait à l'héroïne le nom de la religieuse authentique, Delamarre, avec le prénom fictif de Suzanne.

103. Phrase insérée par Diderot. L'oubli de vingt et un ans rend compte du délai qui sépare la mystification et la première rédaction du roman (1760) de la révision pour publication dans la *Correspondance littéraire* (1780-1782).

104. Sans doute Mme d'Épinay.

105. Il n'est pas évident que le marquis ait été dupe jusqu'au bout.

106. Diurnal : partie du bréviaire contenant les prières pour l'office du jour.

107. Heures : livre contenant les prières affectées aux diverses heures du jour.

108. Traversin.

109. Voir n. 3.

110. Voir n. 101.

111. Le mot n'était pas encore devenu familier au XVIIIe siècle.

112. Il s'agit de Grimm. La suite de la correspondance ne justifie pas l'optimisme de la fin de la phrase puisque le marquis se dérobe dans sa réponse du 13 mars et que c'est à ce moment que les comploteurs décident de faire mourir Suzanne. S'il est vrai que la mystification ait tenu jusque-là, le tour alambiqué de la lettre signée Madin du 3 mars a

peut-être au contraire donné l'alerte au marquis.

113. Il s'agit en réalité de deux lettres adressées à Mme Madin (19 et 21 février) et d'une lettre adressée à Suzanne (21 février).

114. Désignation transparente du cardinal de Tencin et plus loin de sa sœur la marquise de Tencin, de l'abbé Trublet, secrétaire du cardinal, et du médecin Astruc, ami de Mme de Tencin. Cette série de noms a été substituée lors de la révision de 1781 à une autre, composée de personnages moins connus, qui figure dans la correspondance de 1760. En réalité le cardinal et sa sœur étaient morts depuis plusieurs années en 1760.

115. Étoffe de laine lustrée d'un côté comme le satin.

116. Terme obscur.

117. Vêtement qui serrait le corps. Mme de Genlis (*La Marchande de modes*, sc. 2) l'oppose aux robes garnies.

118. Sorte de coiffe.

119. Ma fille.

120. Justification romanesque de l'inachèvement des mémoires de Suzanne laissant entier le problème littéraire posé par cette fin.

121. Tambour à broder.

122. Voir n. 101.

123. Grimm, dont l'entremise aurait été vraisemblable si Diderot avait maintenu la première série de noms propres (voir n. 114).

124. Cette phrase constitue un plan d'ensemble du roman. Elle permet de dater le moment où Diderot a conçu ce qui d'une simple mystification est devenu une œuvre littéraire.

125. S'il faut en croire Grimm, cette rencontre eut lieu chez Mme d'Épinay.

126. Voir n. 91.

127. Ce détail ne concorde pas avec ce que le marquis dit dans sa lettre du 21 février à Mme Madin : « Je vis fort retiré avec ma fille et mon fils aîné. »

128. Addition de la main de Diderot (1781).

LE NEVEU DE RAMEAU

1. Dans l'œuvre de Diderot, *Le Neveu de Rameau* retient tout particulièrement l'attention non seulement par sa réussite littéraire et sa richesse, mais encore par le mystère qui entoure sa genèse et par l'étrangeté de sa destinée. Il n'a jamais été publié du vivant de l'auteur. Quand a-t-il été écrit ? L'étude du texte lui-même offre des repères chronologiques par l'actualité artistique ou mondaine qu'il reflète. Cela permet de dater l'essentiel de la rédaction de 1761, mais nulle part la correspondance ne fait état de ce travail, nul brouillon ou fragment retrouvé ne nous renseigne sur les étapes de l'élaboration. Diderot s'était abstenu l'année précédente d'intervenir dans la guerre des libelles qui avait suivi la représentation des *Philosophes* de Palissot, pièce sans valeur mais qui avait eu les honneurs du Français, et dans

laquelle il était particulièrement malmené. On venait de jouer sur la même scène sa propre pièce *Le Père de famille* qui attendait depuis trois ans. Le succès n'avait pas répondu à son attente et n'avait pas effacé l'injure. Chaque événement littéraire ou artistique depuis la querelle des Bouffons (1753) devenait un épisode de la lutte idéologique, dressait face à face les mêmes contre les mêmes et ravivait les blessures des affrontements antérieurs. Une rencontre de café, celle de Jean-François Rameau, personnage pourtant sans grande envergure (voir n. 11), semble avoir suscité l'élan créateur et de ce fait fourni à Diderot l'occasion de dire leur fait à ses détracteurs (voir n. 35), et bien plus encore. Splendide vengeance qui deux siècles après tire de l'oubli les vainqueurs d'un jour, car elle va bien au-delà de l'écrit de circonstance, mais que Diderot ne publia pas et dont il ne fit confidence à personne. D'autres détails du texte révèlent des additions ultérieures, en particulier de 1772, moment important qui précède le départ pour la Russie. Diderot gardait donc à portée de la main et remaniait de temps à autre ce texte que le temps éloignait des circonstances qui l'avaient fait naître et qu'il gardait pour lui seul, sans se le laisser arracher comme d'autres œuvres par Grimm ou Meister au profit de la *Correspondance littéraire*.

Après la mort de l'auteur, la destinée de l'ouvrage est, selon le mot de Tourneux, un « roman bibliographique ». Il ne figure pas dans les *Œuvres complètes* éditées par Naigeon en 1798 bien que celui-ci en mentionne l'existence dans ce qui devait être la préface et parut vingt-trois ans plus tard. Censure de Naigeon offusqué ? Prudence politique en plein Directoire, Palissot et Fréron le fils occupant des postes en vue ? Mais Naigeon disposait-il du texte ? Mme de Vandeul en possède un exemplaire, mais Naigeon ne travaille pas en liaison avec elle. Une copie clandestine parvient à Leipzig en 1805. Goethe traduit le texte en l'édulcorant un peu, malgré le conseil de Schiller, et il l'annote. « Jamais, écrit-il, rien ne m'avait paru plus hardi et plus retenu, plus spirituel et plus osé, plus immoralement moral. » L'accueil est peu favorable en Allemagne en plein romantisme (voir R. Mortier, *Diderot en Allemagne, 1750-1850*, P.U.F., 1954), si bien que l'original français n'est pas publié et se perd. Mais en 1807 Hegel en donne dans *La Phénoménologie de l'Esprit* une analyse très importante. Hoffmann en subit l'influence. En France, on ne connaît toujours pas *Le Neveu de Rameau*.

En pleine Restauration, De Saur et Saint-Geniès, pour faire scandale, inventent un « Neveu de Rameau » à partir de la traduction de Goethe. C'est l'édition Brière (1823) qui en donne la première publication en français d'après la copie de Mme de Vandeul et cela dans une ambiance politique peu faite pour faire apprécier la liberté d'esprit de l'ouvrage. Le *Neveu* fait l'objet d'une édition nouvelle de M. Tourneux en 1884.

En 1891, événement imprévu, Monval découvre par hasard chez un bouquiniste du quai Voltaire un manuscrit du *Neveu,* tout entier de la main de Diderot, soigné, complet, sans ratures. C'est évidemment ce manuscrit, actuellement aux U.S.A. à la Pierpont Morgan Library, qui sert de base aux éditions actuelles dont la plus importante est l'édition critique donnée par Jean Fabre en 1950.

Le Neveu de Rameau est le titre traditionnel de l'ouvrage. Mais le seul titre que lui ait donné Diderot est *Satire seconde,* par référence à la *Satire première sur les Caractères et les Mots de Caractère, de Profession,* etc. dédiée par Diderot à Naigeon.

2. La citation d'Horace, « né sous l'influence maligne de tous les Vertumne réunis », Vertumne étant la divinité qui préside aux changements de saison, préfigure la présentation de J. F. Rameau. Mais Diderot parlant de lui-même disait aussi avoir « en une journée cent physionomies diverses » *(Salon de 1767).* Le choix de l'épigraphe chez Horace et dans la *Satire* II, 7, n'est pas indifférent. Cette satire est un dialogue entre Horace et son esclave Dave qui, à la faveur des Saturnales, fait entre sa propre conduite et celle de son maître une comparaison irrespectueuse non sans quelques analogies avec l'échange de propos entre « Moi » et « Lui ». Par exemple : « Tu vantes la fortune et les mœurs de la plèbe d'autrefois et, malgré cela, si quelque dieu t'y ramenait soudain, tu refuserais du coup, ou bien parce que tu ne crois pas à la supériorité morale des principes que tu proclames, ou bien parce que tu les défends sans avoir la force de les pratiquer et que tu restes embourbé avec le vain désir d'arracher ton pied de la fange (...). A coup sûr, toi qui me donnes des ordres, tu es le misérable esclave d'un autre maître et, comme une marionnette, tu es mis en mouvement par des ressorts étrangers. Qui donc est libre ? le sage, l'homme qui possède l'empire de soi-même, celui que n'épouvantent ni la gêne, ni la mort, ni les chaînes, qui est fort pour lutter contre les passions, pour mépriser les honneurs, qui fait en lui-même un tout, offrant aux choses extérieures comme la surface lisse d'une sphère » (Traduction Villeneuve, Paris, Les Belles-Lettres, 1951).

3. C'est-à-dire un banc dans l'allée d'Argenson, à l'est du jardin, du côté où se trouvait l'hôtel d'Argenson. L'allée de Foy était à l'opposé, du côté de la rue Richelieu, et tirait son nom du café de Foy. Elle était fréquentée par les « jeunes dissolus » et leurs partenaires. De la première allée on voyait l'autre. Cette mise en place a valeur de symbole, comme l'équivoque, deux lignes plus bas, du mot « libertinage ». Le sens de ce mot évolue, au cours du XVIIIe siècle, de l'acception antérieure liée à la religion et à la philosophie vers l'acception moderne liée à la morale de la sexualité.

4. Fondé en 1718. Le patron s'appelait Rey. Le café se trouvait place du Palais-Royal.

5. Philidor, de son vrai nom Danican (1726-1795), s'est illustré comme le premier joueur d'échecs de son temps et comme compositeur de musique. Diderot parle de Legal dans une lettre à Philidor du 10 avril 1782. Foubert est chirurgien rue de la Monnaie. Mayot n'est pas identifié.

6. On pouvait « dîner » jusqu'à trois heures.

7. Retienne.

8. Un homme de bonne compagnie.

9. Le Cours la Reine.

10. Néologisme qui ne se trouve que deux fois dans toute l'œuvre de Diderot, ici et au début du *Salon de 1767*. Il aurait été employé pour la première fois par Boudier de Villemert (*Andrométrie*, 1753) puis par Ch. Bonnet, naturaliste genevois dans l'*Essai analytique sur les facultés de l'âme* (1760). Il suggère une conception de l'individu comme une totalité biologique, psychologique et sociale issue de la « nature ». C'est la conception qui apparaît dans le *Discours sur l'Inégalité* de Rousseau et dans bien des articles de l'*Encyclopédie*.

11. On a longtemps cru imaginaire le personnage de J. F. Rameau à cause de ses antécédents littéraires (le parasite affamé de la comédie latine, le Panurge de Rabelais) et à cause de ses analogies biographiques avec Diderot jeune à son arrivée à Paris, ou de ses ressemblances avec d'autres personnages de l'œuvre de cet auteur (Gousse dans *Jacques le Fataliste*, Lui dans *Lui et Moi*, 1762). Mais on possède sur J. F. Rameau des renseignements et des témoignages. Il est né en 1716 à Dijon. On n'a pas retrouvé d'acte de décès. Mais il est fait mention de lui sur les registres de police : « Le sieur Rameau, neveu du sieur Rameau de l'Académie royale de musique, d'un caractère peu sociable et difficile à dompter, a insulté sur le théâtre de l'Opéra les directeurs » (1748). Il était fils d'un organiste et claveciniste, avait étudié chez les jésuites, s'était engagé dans l'armée, avait été homme d'église, précepteur de musique. Il était l'auteur d'un poème autobiographique, la *Raméide*. Il appartenait au camp des antiphilosophes et écrivit un menuet intitulé *L'Encyclopédique* en 1757. Il fut un temps, à peu près à l'époque du dialogue, « inspecteur et contrôleur des jurés maîtres à danser ».

Cazotte (*Œuvres complètes*, 1816, t. III) écrit de lui : « Ce personnage, l'homme le plus extraordinaire que j'aie connu, était né avec un talent naturel dans plus d'un genre, que le défaut d'assiette de son esprit ne lui permit jamais de cultiver. Je ne puis comparer son genre de plaisanterie qu'à celui que déploie le docteur Sterne dans son *Voyage sentimental*. Les saillies de Rameau étaient des saillies d'instinct d'un genre si piquant qu'il est nécessaire de les peindre pour pouvoir essayer de les rendre. Ce n'étaient point des bons mots : c'étaient des traits qui semblaient partir de la plus parfaite connaissance du cœur humain. Sa physionomie, qui était vraiment burlesque, ajoutait un piquant extraordinaire à ses saillies, d'autant moins attendues de sa part que d'habitude il ne faisait que déraisonner. Ce personnage né musicien autant que son oncle ne put jamais s'enfoncer dans les profondeurs de l'art; mais il était né plein de chant et avait l'étrange facilité d'en trouver impromptu de l'agréable et de l'expressif sur quelques paroles qu'on voulût lui donner; mais il eût fallu qu'un véritable artiste eût arrangé et corrigé ses phrases et composé ses partitions. Il était de figure aussi horriblement que plaisamment laid, très souvent ennuyeux parce que son génie l'inspirait rarement; mais si la verve le servait, il faisait rire jusqu'aux larmes. Il vécut pauvre, ne pouvant suivre aucune profession. »

Piron dit de J. F. Rameau dans une lettre à Cazotte du 22 octobre 1764 : « Je le vois cabrioler à contre-temps, prendre ensuite un profond sérieux encore plus mal à propos, passer de la haute-contre à la basse-taille, de la polissonnerie aux maximes; fouler aux pieds les Riches et les Grands et pleurer misère; se moquer de son oncle et se parer de son grand nom (...). C'est quand Jupiter le fit qu'il était ivre-soûl; il avait pris du poil de la bête quand ce vint à nous faire. Nous nous sentons tous un tantinet de la veille où il eut lui seul la fleur de l'ivresse (...) »

L. S. Mercier le mentionne dans son *Tableau de Paris* (1781) : « J'avais connu son neveu, moitié abbé, moitié laïque, qui vivait dans les cafés et qui réduisait à la mastication tous les prodiges de valeur, toutes les opérations du génie, enfin tout ce que l'on faisait de grand dans le monde. »

Ces traces laissées par le vrai J. F. Rameau ne diminuent pas le rôle de la création littéraire dans l'élaboration du personnage : elles permettent de le situer sur son véritable terrain en prenant en compte l'impulsion donnée à l'imagination de l'auteur par un contact humain réel qu'il enrichit ensuite de significations multiples.

12. Jean-Philippe Rameau (1683-1764); ses ouvrages théoriques sur la musique sont nombreux; ses théories révolutionnaires furent très discutées (voir n. 77) et sa musique géniale ne connut le succès à l'Opéra qu'à partir de 1733. Il fut l'objet de vives critiques de la part des admirateurs de la musique italienne lors de la querelle des Bouffons.

13. Lulli. Voir *Bijoux indiscrets,* chap. XIII, p. 33.

14. Marivaux est mort le 12 février 1763, ce qui prouve que la rédaction de ce passage est antérieure à cette date. Marivaux et Crébillon fils ont été déjà raillés par Diderot dans les *Bijoux indiscrets* (voir p. 127 et 170).

15. Claude-Henri Thyard de Bissy (1721-1810) académicien en 1750.

16. Mlle Clairon (1723-1803), la meilleure interprète de Voltaire, débuta à la Comédie-Française en 1743. Amie des philosophes, elle a été louée par Diderot dans le *Paradoxe sur le Comédien (Œuvres esthétiques*, éd. Vernière, Classiques Garnier, 1965, p. 307 sq.).

17. Chez toutes celles qui, comme Phryné, sont des courtisanes.

18. L'emploi de ce mot tout au long de l'ouvrage n'est jamais indifférent car cette notion se trouve, à l'époque de la première rédaction, au centre d'un débat idéologique (cf. le titre de la comédie de Palissot *Les Philosophes,* 1760). Le champ sémantique du mot dans le dialogue fait apparaître les divers éléments du débat qui s'ordonnent soit autour de l'image que les philosophes tiennent à donner d'eux-mêmes, soit autour de la caricature qu'en font leurs adversaires. Le mot est presque toujours employé par « lui », le plus souvent en apostrophe et ironiquement, mais il intervient comme une ponctuation

soulignant l'affleurement d'une préoccupation fondamentale de Diderot : la distance entre l'intention et la réception du message philosophique.

19. Libre interprétation de frère Jean des Entommeures.

20. Choiseul, un des protecteurs du clan antiphilosophique (voir n. 35).

21. « Vieux mot qui signifiait autrefois un lieu malpropre tel que celui où logent les chiens » (*Dictionnaire de Trévoux*, 1751) « Pasquier dit que le cagnard était un lieu sous les ponts de Paris où s'assemblaient gueux et fainéants » (Furetière).

22. Démordra.

23. Le problème du comportement du sage à l'égard des lois est traité dans l'*Entretien d'un père avec ses enfants* (1771) et repris dans la conclusion du *Supplément au Voyage de Bougainville* (1773).

24. Cf. *Lettre à Sophie Volland* (31 juillet 1762) : « S'il faut opter entre Racine méchant époux, méchant père, ami faux et poète sublime, et Racine bon père, bon époux, bon ami et plat honnête homme, je m'en tiens au premier. De Racine méchant, que reste-t-il ? Rien. De Racine homme de génie ? L'ouvrage est éternel. »

25. Briasson : l'un des libraires associée à l'*Encyclopédie*. Barbier : marchand de soie.

26. Emploi, profession.

27. Cette image est sans doute celle du cèdre d'Ézéchiel (31) reprise par Bossuet dans le *Sermon sur l'Ambition* (1662). Mais alors que chez le prophète et le prédicateur elle comporte deux volets, grandeur et chute, l'optimisme des Lumières la réduit chez Diderot à sa première moitié.

28. Duclos (1704-1772), essayiste, historien et romancier, depuis 1755 secrétaire de l'Académie française où il favorisa les philosophes. Il était célèbre par sa rudesse. L'abbé Trublet, ennemi de Voltaire, essayiste et critique, entra à l'Académie en 1761, ce qui fut un échec pour les philosophes. Il était « flagorneur et bas dans ses manières » (Diderot). Quant à d'Olivet (1682-1768), académicien depuis 1732, ses ennemis lui reprochaient sa dissimulation. Les éloges de Diderot doivent se prendre par antiphrase.

29. Diderot, admirateur des œuvres de Greuze (voir les *Salons*) écrit pourtant à son sujet à Falconet (juillet 1767) : « Il continue à s'enivrer de lui-même ; et tant mieux, il ferait peut-être moins bien sans l'énorme présomption qu'il a de son talent. »

30. A rapprocher du « spinozisme » de *Jacques le Fataliste*.

31. La réforme des Parlements par le chancelier Maupeou (1714-1792) est de 1771 ; elle fut très impopulaire, mais Voltaire, l'auteur de *Mahomet* (1742), approuva Maupeou dans divers ouvrages. Ce passage peut donc être daté.

32. Opéra-ballet de Rameau (1735).

33. Air de *Castor et Pollux* de Rameau (1737), invoqué comme exemple de musique française dans la querelle des Bouffons.

34. Rameau est mort le 12 septembre 1764. Un peu plus haut dans

le texte l'oncle Rameau était vivant. Ces incohérences chronologiques de l'ouvrage sont la trace des additions successives faites au manuscrit primitif jusqu'à la mort de l'auteur.

35. C'est la première allusion à des personnages réels, tous adversaires des philosophes, tirés de l'oubli et rassemblés pour la postérité par *le Neveu de Rameau*, au prix de quelques libertés prises avec la chronologie ou l'exactitude des rapports qu'ils entretenaient entre eux. On trouvera sur chacun d'eux dans l'édition critique de Jean Fabre (Diderot, *Le Neveu de Rameau*, nouvelle édition, Droz, 1963) des notices détaillées auxquelles le présent résumé fait de larges emprunts.

a) Le clan a des protecteurs haut placés : le parti dévot de la Cour de France, la Cour de Lorraine, la Reine, le Dauphin, Choiseul (voir p. 11), la princesse de Robecq, la comtesse de La Mark (voir p. 439 et 483).

b) Il comporte une seule forte personnalité de l'envergure des philosophes, Élie Fréron (voir J. Balcou, *Fréron contre les Philosophes*, Genève, Droz, 1975), cible préférée de Voltaire et peut-être à ce titre moins attaqué dans *Le Neveu de Rameau*. C'est un journaliste de talent, directeur-rédacteur de *L'Année littéraire* (voir p. 477), périodique lancé par la campagne de presse contre Rousseau lors de la querelle des Bouffons (1753) où les deux camps se sont définis. Il a écrit à Malesherbes (29 mars 1754) : « Je vous supplie, Monsieur, de considérer que depuis mes feuilles sur Jean-Jacques, sur Diderot et sur Duclos, je suis très mal avec cette clique et que je le serai probablement toujours, mon projet n'étant pas de me raccommoder avec des enthousiastes, des fanatiques et des gens odieux au gouvernement et à la société. » Il a blessé l'amour-propre de Diderot en ramenant *le Fils naturel* à un plagiat de Goldoni, et la rancœur de l'auteur s'étend au fils, Stanislas Fréron (né en 1754), dont le nom a sans doute été rajouté tardivement.

Le nom qui revient le plus fréquemment dans *le Neveu* est celui de Palissot (voir p. 436, 465, 482), un médiocre patronné par le clan dévot, auteur en 1755 d'une comédie, *Le Cercle ou les Originaux* qui vise surtout Rousseau et ménage Voltaire. En 1757, lorsque Moreau lance les *Mémoires pour servir à l'histoire des Cacouacs* où les philosophes sont présentés comme des tartuffes, Palissot publie les *Petites Lettres sur les grands philosophes* où il oppose les « vrais » (Locke, Condillac, Voltaire) aux Encyclopédistes, et où il insère une satire du drame bourgeois l'année du *Fils naturel*. C'est aussi l'année de l'article « Genève » de l'*Encyclopédie,* avec ses suites importantes pour l'histoire littéraire, et à un moindre niveau, du menuet de J. F. Rameau, *L'Encyclopédique*. En 1760, Palissot fait jouer la comédie *Les Philosophes* (voir p. 473), bâtie sur des références explicites ou implicites à Molière *(Femmes savantes, Tartuffe, Misanthrope)* et parsemée d'allusions qui visent principalement Diderot et Rousseau en épargnant Voltaire (d'où brouille entre Palissot et Fréron) et d'Alembert dont la défection de l'*Encyclopédie* date de l'année précédente. 1760 est marqué d'une lutte idéologique intense (cf. Barling Thomas, « La guerre des brochures autour des *Philosophes* de Palissot de Montenoy », dans *Modèles et moyens de la*

réflexion politique au XVIIIᵉ siècle, t. I, Publications de Lille III, 1973).
Diderot n'y participe pas. Mais la première rédaction du *Neveu de Rameau* que l'on peut dater de 1761 est sans doute sa contribution, qu'il a choisi de garder secrète.

c) La « ménagerie » compte quelques comparses : Poinsinet (voir p. 465), tête de Turc de tous les autres, mais cousin d'un autre Poinsinet, homme de confiance du duc d'Orléans, qui fait jouer aux Italiens en 1760 une farce. *Le Petit Philosophe*, caricature de Diderot, et en 1764 à la Comédie-Française, la comédie *Le Cercle*, parodie de Palissot supérieure à l'original (d'où sa brouille avec Palissot).

L'abbé de la Porte (voir p. 477) directeur de *L'Observateur littéraire* concurrent de *L'Année littéraire*, qui veut ne pas prendre parti entre philosophes et antiphilosophes. C'est de lui que Diderot tient l'épisode pittoresque de la rupture Hus-Bertin (*Lettre à Sophie Volland* du 13 septembre 1761).

Baculard d'Arnaud (voir p. 465). Ancien ami de Diderot dans les années 40, mais lié ensuite aux milieux anti-encyclopédistes et soupçonné sans doute à tort de bénéficier des largesses de Frédéric II.

Robbé (voir p. 437 et 474), auteur d'un poème sur la vérole, désigné ainsi par un vers de Palissot : « Ami Robbé, chantre du mal immonde », converti au mysticisme des convulsionnaires. Les témoignages concordent sur la dureté et la bizarrerie du jargon de ses vers.

L'abbé d'Olivet (voir p. 432).

Le « gros abbé Le Blanc » (voir p. 474), protégé de Mme de Pompadour, adversaire de Robbé, Palissot et autres.

L'abbé Batteux (voir p. 474), un nom dans les discussions esthétiques du temps, cité par Diderot dans l'article *Beau*, mais ami de l'abbé d'Olivet et ennemi de Voltaire.

L'abbé Trublet (voir p. 432) objet d'une épigramme de Voltaire.

Le père Noël (voir p. 464), bénédictin de Reims fabriquant des instruments d'optique, qui obtint un succès à la cour et refusa de collaborer à l'*Encyclopédie*.

d) Le clan antiphilosophique a ses mécènes parmi les fermiers généraux qui veulent attirer à leur table une société littéraire.

Bertin (voir p. 451 et 464), cousin d'un autre Bertin plusieurs fois ministre, lui-même titulaire d'une sinécure, la trésorerie des fonds particuliers du Roi (bureau des « Parties Casuelles », droits qui revenaient au Roi pour les charges de judicature et de finances quand elles changeaient de titulaire). C'est chez lui que naît, encore en 1760, une pièce de marionnettes, *Les Philosophes de Bois*. Il a pour maîtresse une actrice, Mlle Hus (voir pp. 438, 439, 465) — d'où le sobriquet Bertinhus — qui fait imposer en 1760 la comédie de Palissot à la Comédie-Française malgré la résistance de Mlle Clairon. Viellard (voir p. 438) est le héros de la poursuite dans les escaliers qui entraîne la rupture Hus-Bertin, anecdote racontée à Diderot par l'abbé de la Porte (voir ci-dessus).

Bouret (voir pp. 467 et 486), également fermier général, auxiliaire de Choiseul dans les attaques contre les Encyclopédistes, a amassé une fortune scandaleuse dans la spéculation sur le blé et le sel, est nommé Administrateur général des Postes et Directeur du personnel des Fermes grâce à la protection de Machault, Contrôleur Général, garde des Sceaux. L'histoire du petit chien (voir p. 467) est racontée dans *L'Espion anglais* (2 janvier 1774). Il marie ses trois filles à trois fermiers généraux, Villemorien (voir p. 456 et 473), Monsauge (p. 473 et 484) et un autre. Le Roi vient le voir sur sa terre de Croix-Fontaine le 30 avril 1759. Bouret fait mettre tous les vingt mètres sur la route de Versailles à Croix-Fontaine des piqueurs et des paysans munis de torches pour éclairer le carrosse du Roi et lui présente *Le Livre du Vrai Bonheur*, registre manuscrit de cinquante feuillets dont chacune des pages contenait seulement les mots « Le Roi est venu chez Bouret » et n'attendait que la date. Les gazettes de l'époque parlent abondamment de cette anecdote.

36. *Trois siècles de la littérature française* (1772) par l'abbé Sabatier de Castres aidé entre autres de Palissot, contient des notices élogieuses sur les adversaires de l'*Encyclopédie*. Voici un extrait de l'article « Diderot » : « Auteur plus prôné que savant, plus savant qu'homme d'esprit, plus homme d'esprit qu'homme de génie; écrivain incorrect, traducteur infidèle, métaphysicien hardi, moraliste dangereux, mauvais géomètre, physicien médiocre, philosophe enthousiaste, littérateur enfin qui a fait beaucoup d'ouvrages, sans qu'on puisse dire que nous ayons de lui un bon livre. »

37. Retour humoristique au sens étymologique dont le verbe s'éloigne à l'époque.

38. Voir n. 35 *b*).

39. Terme familier « dont on se sert ordinairement pour chasser un chien » (*Dict. de l'Acad.* 1762).

40. Rebut des Halles que des trafiquants revendaient aux indigents.

41. Les écuries de l'hôtel de Soubise étaient les plus vastes de Paris. Elles abritent aujourd'hui les Archives nationales.

42. Voir n. 35, *c*).

43. Voir n. 35, *d*).

44. Voir n. 11. Confusion possible entre Rameau et Piron également dijonnais.

45. Louis Carrogis, dit Carmontelle (1717-1806), auteur dramatique qui créa le genre du « proverbe », fut en même temps un peintre : il a fait un portrait du grand Rameau qui existe en deux états au Cabinet des Estampes.

46. Elles sont perdues, mais Fréron en parle dans *L'Année littéraire* t. VII, p. 40.

47. Voir n. 35, *d*).

48. Familier de D'Holbach et de Diderot qui le nomme « cette grosse citrouille de Bergier », à ne pas confondre avec son frère l'abbé Nicolas Bergier, auteur d'un *Dictionnaire théologique,* et en 1771 d'une réfutation du *Système de la Nature* de D'Holbach.

49. Voir n. 35, *a*).

50. Refrain d'une chanson appelée la *Sollicitation;* elle figure au

16e recueil du Chansonnier français (1762).

51. Surtout : vêtement que l'on mettait par-dessus les autres habits.
Bouracan ou baracan : grosse étoffe de poil ou de laine.

52. Bec de corbin (corbeau) : expression ancienne désignant une
hallebarde et étendue au XVIIIe siècle à des cannes précieuses ayant des
pommes de forme analogue.

53. « Soit des camées à l'effigie de ces philosophes, soit plus probablement des diamants classés sous ces appellations suivant le nombre
de carats » (Fabre, éd. crit. du *Neveu de Rameau,* p. 159).

54. Citation plaisante d'un dicton d'agronome « ô précieux fumier ».
L'ensemble du passage est d'inspiration rabelaisienne : cf. « Et tout
pour la tripe » (*Quart Livre,* chap. LVII).

55. Samuel Bernard (1651-1739), protestant converti, s'enrichit par
des spéculations et servit de banquier à Louis XIV qui le reçut à Marly
et à Louis XV qui le fit conseiller d'État.

56. Orphelins élevés à l'hôpital et vêtus les uns de rouge, les autres
de bleu. Ils figuraient dans les grands enterrements moyennant une
rétribution versée à leur hospice.

57. Locatelli de Bergame (1693-1764), violoniste célèbre et compositeur.

58. Le Concert spirituel se donnait au château des Tuileries lors des
grandes fêtes religieuses. Les deux Ferrari, Dominique violoniste et son
frère Louis violoncelliste, s'y firent entendre ainsi que Chiabran, violoniste piémontais.

59. Auteur de sonates, né à Bologne vers la fin du XVIIe siècle.
Galuppi (1706-1785), compositeur vénitien qui créa l'opéra-bouffe.

60. Triton, quinte superflue, dominantes, passages enharmoniques.
Ces termes de technique musicale sont définis dans le *Dictionnaire de
Musique* de J.-J. Rousseau et ont fait l'objet de discussions dans la que-
relle entre musique française et musique italienne.

61. Se rebéquer : « Se révolter ou perdre le respect contre l'autorité
d'un supérieur domestique. Il est malhonnête à un enfant de se rebéquer contre son père, à un moine contre son prieur » (Furetière).

62. Mme de Vandeul (Marie-Angélique Diderot) est née le 2 septembre 1753, ce qui donne 1761 pour la rédaction de ce passage qui
comporte d'autres indications biographiques exactes : la pauvreté, les
leçons de mathématiques, le caractère difficile de Mme Diderot à qui
est laissée pour l'instant l'éducation de sa fille.

63. De la mythologie.

64. Diderot fait reprendre par Rameau pour le contester (« plus spécieux que solide ») sans développer sa critique, le jugement pessimiste
de Pascal sur la science : « Mais les parties du monde ont toutes un tel
rapport et un tel enchaînement l'une avec l'autre que je crois impossible
de connaître l'une sans l'autre et sans le tout. » (*Pensées,* 199-72).
Montaigne avait écrit (*Apologie de Raymond Sebond*). « Cette passion
studieuse qui nous amuse à la poursuite des choses de l'acquêt desquelles nous sommes désespérés... »

65. Un fauteuil.

66. Sophie Arnould (1744-1802), la célèbre cantatrice, était entrée à l'Opéra en 1758. Le « petit comte » est son amant, le comte de Lauragais. Leur rupture en octobre 1761 est commentée par Diderot dans sa correspondance avec Sophie Volland. Le comte s'intéressait, sans beaucoup d'honnêteté scientifique, aux recherches sur la porcelaine. Montamy, autre chimiste appartenant au cercle du baron d'Holbach menait des recherches personnelles sur le même sujet et mourut en 1766 sans en avoir diffusé le résultat. C'est Diderot qui publia son manuscrit.

67. Voir n. 35, d).

68. Le Concert des amateurs qui se donnait à l'hôtel de Soubise fut organisé par souscription à partir de 1775.

69. Pierre-Louis Dubus, dit Préville (1721-1799) acteur de la Comédie-Française à partir de 1753, excellait dans tous les rôles. *Le Mercure galant* ou *La Comédie sans titre* de Boursault (1683), comédie à tiroirs qui fait défiler dans le bureau du *Mercure galant* une série de personnages grotesques, fut reprise en 1753 et Préville y jouait plusieurs rôles. La scène de l'énigme était assez grossière.

70. Tragédienne qui débuta à la Comédie-Française en 1737. « Elle monte sur les planches sans savoir ce qu'elle dira ; la moitié du temps, elle ne sait ce qu'elle dit ; mais il vient un moment sublime. » (Diderot, *Paradoxe sur le Comédien* dans Œuvres esthétiques, éd. Vernière, Cl. Garnier, 1965, p. 309). Elle prit sa retraite en 1776.

71. « On dit rabattre un coup pour dire : le détourner, le rompre en le parant. On lui porta un coup d'épée et il le rabattit » (*Dict. de l' Acad.* 1762).

72. Jacques Javillier l'Étang, danseur de l'Opéra retiré de la scène, maître à danser du Roi.

73. Jusqu'à la Révolution les hommes portaient des manchons comme les femmes.

74. Le baron de Bagge, amateur de musique hollandais, donnait des concerts chez lui, place des Victoires.

75. Voir n. 26.

76. Pratique : « se dit des personnes mêmes qui achètent habituellement chez un marchand, qui emploient habituellement un ouvrier, un artisan, un avoué, un médecin » (Littré).

77. La principale découverte technique de Rameau ; c'est un système harmonique qui consiste à prendre comme basse rationnelle la note fondamentale de chaque accord.

78. La Deschamps : danseuse figurante de l'Opéra connue pour ses dissipations. En 1760, ses créanciers la forcèrent à vendre son mobilier. La Guimard : première danseuse des ballets de la Comédie-Française puis de l'Opéra qui de 1772 à 1785 donna chez elle des fêtes splendides. « autrefois, aujourd'hui la Guimard » est une addition postérieure à la première rédaction du *Neveu*.

79. « Sans compter une infinité de petits gains malhonnêtes connus dans tous les métiers sous le nom de tours du bâton » (Diderot au général Belizky, 1765).

80. Voir n. 35, *d*).

81. A Voltaire auteur tragique (*Mahomet,* 1741) Diderot préfère Voltaire défenseur des Calas, victimes du fanatisme (1762-1763).

82. Dans la *Lettre à Sophie Volland* du 13 octobre 1760, Diderot rapporte ce récit que lui fit l'Écossais Hoop, un familier du baron d'Holbach.

83. Cf. *Entretien d'un Philosophe avec la Maréchale de **** (1774) (Diderot, *Œuvres philosophiques,* éd. Vernière, Cl. Garnier, 1964, p. 529) : « Ne pensez-vous pas qu'on peut être si heureusement né qu'on trouve un grand plaisir à faire le bien ? — Je le pense. — Qu'on peut avoir reçu une excellente éducation, qui fortifie le penchant naturel à la bienfaisance ? — Assurément. — Et que dans un âge plus avancé l'expérience nous ait convaincus qu'à tout prendre il vaut mieux, pour son bonheur dans ce monde être un honnête homme qu'un coquin ? »

84. Terme de médecine vétérinaire désignant la castration des chevaux.

85. Jacques Rochette de la Morlière (1719-1785), chef de cabale au théâtre, intrigant et plus ou moins escroc, auteur de comédies et de romans licencieux, parmi lesquels *Angola, histoire indienne.*

86. Retaper signifiait anciennement retrousser les bords de son chapeau en les serrant contre la forme.

87. Ouvrages obscènes : *Histoire de dom B**** (ogre) *portier des Chartreux écrite par lui-même* (vers 1744). Les *Postures de l'Arétin,* dont Brantôme dénonçait déjà l'immoralité, illustré par Carrache.

88. Neurasthénique. Il s'agit de Bertin (voir n. 35, *d*).

89. Voir n. 35, *c*).

90. L'hôpital des fous.

91. Voir *Bijoux indiscrets,* n. 14.

92. Mlle Hus. Voir n. 35, *d*).

93. Bourgeoise du pays manceau dans le *Roman comique* de Scarron, qui « portait d'ordinaire sur elle, bon an mal an, trente quintaux de chair sans les autres matières pesantes ou solides qui entrent dans la composition du corps humain ».

94. Diderot insère ici avec humour un principe fondamental de sa philosophie. Voir *Entretien entre d'Alembert et Diderot, Principes philosophiques sur la matière et le mouvement,* dans *Œuvres philosophiques,* éd. Vernière, Cl. Garnier, 1964, p. 259, 393 sq.

95. Tribulation : « Ce terme n'est guère usité qu'en parlant des adversités considérées par rapport à la religion » (*Dict. de l'Acad.* 1762). L'alliance de mots prêtée par Diderot à son personnage est bien dans la ligne du « diable de ramage saugrenu » de J.-F. Rameau.

96. Voir n. 35, *b*) et *c*).

97. Bombe de mortier de 500 livres employée du temps de Louis XIV et ainsi nommée par comparaison avec le comte de Comminges, aide de camp du roi au siège de Namur, qui était très gros.

98. Voir n. 35, *d*).

99. Espèce de soutane portée par certains magistrats, notamment le garde des Sceaux.

100. Petite pâtisserie ronde, dure et sèche.

101. Costume.

102. L'ordre royal et militaire de Saint-Louis fut établi par Louis XIV en 1693 pour récompenser, sans distinction de naissance, les officiers de terre et de mer professant la foi catholique.

103. Phrase difficile à comprendre sans doute à cause d'une erreur de copie.

104. Formulaire.

105. Mme de Tencin (1681-1749), célèbre par ses liaisons, ses intrigues, l'argent qu'elle fit dépenser à ses amants. Son frère Pierre (1680-1758) archevêque d'Embrun (1724), cardinal en 1739, archevêque de Lyon l'année suivante, eut pour secrétaire l'abbé Trublet (voir n. 28 et 35, *c*).

106. Actrice de la Comédie-Française où elle jouait les rôles de soubrettes. Diderot rapporte évidemment à son sujet le jugement jaloux de Mlle Hus.

107. Bertin. Voir n. 35, *d*).

108. Citation de Perse : « Le ventre donne de l'esprit. » Voir Rabelais, *Quart Livre*, chap. LVII.

109. Voir *Bijoux indiscrets,* n. 8.

110. *Zarès,* tragédie en cinq actes et en vers qui n'eut que trois représentations. Antoine Bret (1717-1792), journaliste hostile aux philosophes. Sa comédie en cinq actes et en vers, *Le Faux Généreux* (1758), n'eut que cinq représentations.

111. Voir n. 35, *d*).

112. Voir n. 35, *b*). La scène en question critique plusieurs ouvrages de Diderot. *La Théologie janséniste tombée en quenouille* du P. Bougeant (1731) mettait aussi en scène un colporteur.

113. Voir n. 35, *c*).

114. Auteur de la *Métromanie* (1738). Poète léger fort spirituel.

115. Voir n. 35, *c*).

116. Titres de la presse imprimée, dans son ensemble adversaire des Encyclopédistes. Pour *L'Année littéraire,* voir n. 35, *b*), et pour *L'Observateur littéraire,* n. 35, *c*).

117. Tarif d'une course en fiacre.

118. Poète de peu de valeur qui raillait les philosophes.

119. « Qui suis toujours assis comme un majestueux phallus entre deux... »

120. *Iliade,* I, 43-52. Diderot prête à son personnage son admiration pour Homère.

121. « Vieux mot pour désigner un fainéant qui mendie ou qui emprunte, fuyant toute espèce de travail » (L. S. Mercier).

122. Voir n. 90.

123. Il s'agit sans doute de la déformation d'une anecdote rapportée par Saint-Simon : Louis XIV suivant à pied de Marly à Compiègne la chaise à porteurs de sa maîtresse et s'appuyant à la portière lors des arrêts.

124. Lebrun-Pindare (1729-1807) célèbre par ses odes et ses épigrammes, ou peut-être son frère Lebrun de Granville, rédacteur en
1761 de *La Renommée littéraire*.

125. Voir n. 35, *b*).

126. Personnage non identifié.

127. Imprimeur libraire pour qui travailla Diderot. Il était associé
à Palissot pour la distribution des gazettes étrangères.

128. Palissot, pour mystifier Poinsinet, l'avait décidé à se faire protestant en lui faisant espérer la place de gouverneur du prince royal de
Prusse. La préface de *La Comédie des philosophes* de l'abbé Morellet
accuse Palissot « d'avoir volé ses associés au privilège des gazettes
étrangères ». Palissot s'est mis en scène lui-même dans *L'Homme dangereux,* comédie en trois actes et en vers, imprimée en 1770 et jouée en
1782 sous le titre *Le Satirique.*

129. Par tous les moyens, licites et illicites.

130. Sans doute la comtesse de La Mark qui protégeait Palissot
(voir n. 35, *a*).

131. Terme péjoratif appartenant au langage des salons.

132. Voir n. 35, *d*).

133. Cf. *Lettre à Sophie Volland* (10 août 1759) : « Un tout est beau
lorsqu'il est un; en ce sens Cromwell est beau, et Scipion aussi, et
Médée, et Arria, et César, et Brutus. »

134. Voir n. 35, *d*).

135. D'après Morris Wachs (« The identity of the Renégat d'Avignon » dans *Studies on Voltaire,* XC, 1972) ce personnage aurait été
inspiré à Diderot par le père Mecenati, chargé en 1746 par Frédéric II
d'organiser une collecte dans les pays catholiques pour édifier une église
à Berlin. Ce personnage fait l'objet l'année suivante de mises en garde
adressées de diverses sources à Frédéric et son histoire semble avoir été
suffisamment répandue en Europe pour être connue de Diderot. La
version la plus complète et la plus proche du récit de Diderot, mais elle
est datée de 1774, est celle de Carlo Antonio Pilati di Tassulo, *Voyages
en différents pays de l'Europe,* ou *Lettres écrites de l'Allemagne, de la Suisse,
de l'Italie, de Sicile et de Paris* « (Le premier fondateur de l'église catholique de Berlin) a été le plus méchant de tous les moines. Ce fut un père
Mécénate, dominicain de Rome, qui a fait tant de friponneries qu'on
pourrait en composer un livre. Voici un trait de sa vie qui pourra vous
faire juger du reste. Ayant été obligé de quitter Rome pour les crimes
qu'il y avait commis, il alla à Lisbonne où il sut se gagner l'amitié et la
confiance d'un riche négociant qui était juif. Le père Mécénate qui le
soupçonnait tel lui en arrache le secret en feignant d'être juif lui-même.
Après cette confidence, il lui persuada de vendre ses biens, d'en acheter
des diamants, en gardant une bonne quantité d'argent comptant, de
charger tout cela sur un vaisseau anglais et de passer ensemble en
Angleterre. Le négociant fit tout ce que son ami lui avait conseillé. Le
jour du départ était déjà fixé : les coffres avaient été transportés à bord
d'un vaisseau anglais; mais le moment où l'on devait s'embarquer étant

arrivé, le père Mécénate alla dénoncer son ami à l'Inquisition. Celui-ci
fut arrêté dans l'instant qu'il sortait de sa maison. Le délateur s'embar-
qua, feignant que tous les coffres appartenaient à lui seul et emporta
de cette façon les trésors du négociant qui fut brûlé la même année. »

136. Casaque jaune que l'ont faisait revêtir, pour leur supplice,
aux condamnés de l'Inquisition (voir *Candide* de Voltaire, chap. VI).

137. Molière, *L'Étourdi,* II, 8, vers 794.

138. Duni (1709-1775), compositeur italien, auteur de la musique
du *Peintre amoureux de son modèle* (1757), opéra-comique qui eut un
grand succès. Les philosophes le considérèrent pendant un temps
comme un grand nom de la musique italienne.

139. Il s'agit d'un vaste problème d'esthétique abordé par Diderot
dans plusieurs de ses œuvres (*Lettre sur les Sourds et Muets, Entretiens
sur le Fils naturel, Salons,* etc.)

140. « Je suis un pauvre diable » : air de *L'Isle des Fous,* musique de
Duni (1760). « O terre, reçois mon trésor », *id.* « Mon cœur s'en va » :
air du *Maréchal Ferrant,* musique de Philidor (1761).

141. Musiciens de l'école française : Lulli (1633-1687); Campra
(1660-1744), l'auteur de *L'Europe galante* et du *Carnaval de Venise* dont
la musique fait transition entre Lulli et Rameau; Destouches (1672-
1749), l'auteur d'*Issé* (1697); Mouret (1682-1738), musicien de la
chambre du Roi, surintendant de la musique de la duchesse du Maine,
directeur du Concert spirituel.

142. Le *Stabat mater* pour deux voix de femmes, orgue et quatuor
à cordes du compositeur italien Pergolèse (1710-1736). *La Servante-
maîtresse,* opéra-bouffe de Pergolèse joué en italien à la Comédie
italienne (1746) puis à l'Opéra (1752) et traduit en 1754. Le succès de
cette œuvre fut à l'origine de la querelle des Bouffons. *Tracollo,* opéra-
bouffe de Pergolèse.

143. *Tancrède,* opéra de Campra (1702). *Issé,* ballet héroïque de
Destouches (1697). *L'Europe galante,* opéra-ballet de Campra. *Les Indes
galantes* (1735), *Castor et Pollux* (1737), *Les Talents lyriques* ou *Les
Fêtes d'Hébé* sont des œuvres de Rameau. *Armide,* opéra de Lulli,
paroles de Quinault (1686).

144. Directeurs de l'Opéra. C'est en 1762 que l'Opéra-comique de
la Foire se fondit avec la Comédie italienne. Jusqu'en 1763, l'Opéra
resta au Palais-Royal, au fond du cul-de-sac dit la Cour Orry, que
Voltaire préférait appeler l'impasse (mot masculin à l'époque).

145. Voir n. 138.

146. Voir n. 57.

147. Refrain d'une vieille chanson.

148. *Les Amours de Ragonde* (1742), opéra de Mouret. *Platée ou
Junon jalouse* (1749), ballet-bouffe de Rameau.

149. Cf. par exemple Voltaire, *Siècle de Louis XIV,* chap. XXXIX.

150. Si je le fais exprès.

151. Si je porte au but.

152. Duhamel de Monceau (1700-1782), membre de l'Académie des

Sciences, agronome, botaniste, etc., auteur de nombreux ouvrages, entre autres un *Art du Charbonnier* (1760).

153. *La Plaideuse ou le Procès,* de Favart et Duni, joué en 1702 à la Comédie italienne. Sur les autres œuvres, voir n. 138 et 140.

154. Voir n. 140. « Le voilà, leur petit ami », air de *L'Isle des Fous.* Les trois airs italiens qui suivent sont extraits de *La Servante maîtresse* de Pergolèse.

155. Compositeur italien (1714-1774) connu pour sa musique d'église.

156. Un récitatif obligé était un récitatif accompagné par l'orchestre et dont les intervalles de repos étaient remplis par la symphonie.

157. Un passage de Rousseau (*Essai sur l'origine des langues,* chap. XVI, « Fausse analogie entre les couleurs et les sons ») permet de mesurer, en comparant le traitement par les deux auteurs d'exemples analogues, la différence qui sépare leurs conceptions respectives de l'imitation : « Le sommeil, le calme de la nuit, la solitude et le silence même entrent dans les tableaux de la musique (...). La musique agit plus intimement sur nous en excitant par un sens des affections semblables à celles qu'on peut exciter par un autre (...). Que toute la nature soit endormie, celui qui la contemple ne dort pas, et l'art du musicien consiste à substituer à l'image insensible de l'objet celle des mouvements que sa présence excite dans le cœur du contemplateur. Non seulement il agitera la mer, animera les flammes d'un incendie, fera couler les ruisseaux, tomber la pluie et grossir les torrents; mais il peindra l'horreur d'un désert affreux, rembrunira les murs d'une prison souterraine, calmera la tempête, rendra l'air tranquille et serein et répandra de l'orchestre une fraîcheur nouvelle sur les bocages. Il ne représentera pas directement ces choses, mais il excitera dans l'âme les mêmes sentiments qu'on éprouve en les voyant. »

158. « Ah! j'attendrai » dans *Roland,* tragédie lyrique, musique de Lulli (1685). « Pâles flambeaux... » dans *Castor et Pollux* de Rameau (1737). Ces deux pièces furent souvent invoquées dans la querelle des Bouffons.

159. Le Saxon est un musicien allemand, Hasse (1699-1783) qui composa des opéras en Italie et fut surnommé par les Italiens « il caro Sassone ». Terradoglias (1711-1751) est un musicien d'origine espagnole qui fit carrière en Italie. Traetta (1727-1779), un compositeur d'opéras italien. Métastase (1698-1782), poète italien, a composé de nombreux mélodrames (= drames musicaux) en vers qui inspirèrent les grands compositeurs de son temps.

160. Ces trois écrivains français ont écrit de nombreux livrets d'opéra.

161. Néologisme de Diderot.

162. Trembley avait étudié en 1740 l'hydre ou polype d'eau douce. L'image du polype tient une grande place dans la vision du *Rêve de d'Alembert* (1769). Il est intéressant de voir circuler d'une œuvre à l'autre et de la biologie à la critique musicale cette image que Diderot associe volontiers à la structure de ce qui est vivant.

163. C'est la substance de deux scènes de *Phèdre* (II, 5 et I, 3).

164. La déclamation tragique française était conventionnelle et imposée par une tradition qui la rapprochait du chant plus que de la parole. Riccoboni la juge ainsi en 1738 *(Pensées sur la déclamation)* : « Les premiers mots que l'on entend font évidemment sentir que tout est fiction, et les acteurs parlent avec des tons si extraordinaires et si éloignés de la vérité que l'on ne peut pas s'y méprendre. » Une réaction se dessine dans la deuxième moitié du siècle (voir Martine de Rougemont, « La déclamation tragique en Europe au XVIIIe siècle » dans les *Cahiers d'histoire des littératures romanes,* Heidelberg, 1979, 3/4).

165. Voir n. 138.

166. Voir n. 143.

167. Cf. *Entretien entre d'Alembert et Diderot* (*Œuvres philosophiques,* éd. Vernière, Cl. Garnier, 1964, p. 271) « ... Ce qui m'a fait quelquefois comparer les fibres de nos organes à des cordes vibrantes sensibles. La corde vibrante sensible oscille, résonne longtemps encore après qu'on l'a pincée. » Nouvel exemple (voir n. 162) de la circulation des images chez Diderot du domaine de la musique à celui de la biologie et même ici de la psychologie et de la morale.

168. Voir n. 131.

169. Le passage qui suit reproduit une conversation entre Diderot et Bemetzrieder, maître de clavecin d'Angélique, rapportée presque dans les mêmes termes dans un texte paru dans la *Correspondance littéraire* des 1er et 15 septembre 1771, texte qui présente les *Leçons de clavecin et principes d'harmonie* par Bemetzrieder réécrits par Diderot (voir Diderot, *Œuvres complètes,* éd. Lewinter, Club Français du Livre, t. IX, 1971, p. 625-626). Mais la portée de ce passage dépasse celle d'une anecdote véridique et même datée. Diderot dans les années de bohème a dû tenir à quelques détails près les propos non du sollicité mais du solliciteur. Ce paragraphe est donc marqué de l'ambivalence qui affecte plus d'un aspect des rapports entre « Lui » et « Moi ». L' « espèce de protecteur » était en 1771 chargé de recruter pour Catherine II des gens de talent, ce que confirment les mots du texte de la *Correspondance littéraire* « ce jeune homme me fut adressé comme beaucoup d'autres » et ceux du *Neveu de Rameau.* « S'il eût été sage il eût fait fortune. »

170. Grotius (1583-1645) fondateur du droit international, auteur de l'ouvrage *Du droit de la guerre et de la paix* (1625). Pufendorf (1632-1694), son continuateur : *Du droit de la nature et des gens* (1672). Ces deux ouvrages en latin traduits par Barbeyrac et constamment réédités au cours du XVIIIe siècle étaient connus de tous les gens cultivés.

171. Fourreau : robe d'enfant. Toquet : bonnet d'enfant.

172. Éducation.

173. « Un son ainsi qu'un rayon est un faisceau d'autres sons qu'on appelle des harmoniques » (Diderot, *Leçons de clavecin,* 1771).

174. Ce passage se réfère à la formule de Hobbes « le méchant est un enfant robuste ». Dans l'article « Hobbisme » de l'*Encyclopédie,*

Diderot conclut ainsi son commentaire : « Donc la définition de Hobbes est fausse ou l'homme devient bon à mesure qu'il s'instruit. » Sur un autre plan, cette phrase du *Neveu de Rameau* a des résonances modernes. L'intuition de Diderot a été systématisée par Freud.

175. Autre compositeur de l'école napolitaine. Voir n. 140, 142, 154, 159.

176. Voir *Bijoux indiscrets*, n. 14, et *Neveu* p. 464.

177. Hétéroclite : se dit figurément des personnes qui ont quelque chose d'irrégulier et de bizarre dans l'humeur, dans la conduite (*Dict. de l'Acad.*, 1762).

178. Voir *Religieuse*, n. 15.

179. Voir n. 35, *c*).

180. Dans *La Soirée des boulevards* (1758), Mme Favart jouait le rôle d'une femme qui pour surprendre les aventures galantes de son mari se déguise en Savoyarde (en marmotte).

181. *Le Fils d'Arlequin perdu et retrouvé* (1761), canevas de Goldoni, adapté au théâtre par Zanuzzi et représenté à la Comédie italienne.

182. Vieux proverbe recueilli par Oudin dans ses *Curiosités françaises* sous la forme : « Il ne reste plus que le bec à ourler et le cul à coudre et puis ce sera une cane. » Il se dit pour railler ceux qui croient que tout se fait facilement.

183. La statue de Memnon à Thèbes en Égypte avait dans l'Antiquité la réputation d'émettre des sons harmonieux au lever du soleil.

184. Compositeur italien du début du XVIIIe siècle, auteur d'une vingtaine d'opéras. Pour les autres, voir n. 159, 57, 138, 142.

185. Cf. l'article « Cyniques » de l'*Encyclopédie* : « (Diogène) remarquant un jour une souris qui ramassait les miettes qui se détachaient de son pain : « Et moi aussi, s'écria-t-il, je peux me contenter de ce qui tombe de leurs tables. » Dans *Le Neveu de Rameau*, l'allusion à la frugalité du philosophe demeure, mais la contamination de l'image contenue dans cette anecdote avec l'image mythologique du tonneau des Danaïdes élargit sa signification dans d'autres directions.

186. Déformation de l'ancienne locution « au diable vauvert ». Vauvert, château près de Gentilly qu'on prétendait hanté par les diables.

187. Diderot raconte dans le *Voyage de Hollande* une anecdote dont cet épisode semble inspiré. Mais le personnage principal n'est pas juif.

188. Un valet vêtu de gris, ne portant pas de couleurs pour accomplir des missions secrètes sans attirer l'attention.

189. « Blâmer se dit d'une peine infamante ordonnée en justice pour quelque action dont on fait faire réparation d'honneur en présence des juges et de quelques témoins mandés exprès » (Furetière).

190. « Morceau de quelque chose qui se mange, et principalement de viande » (Littré).

191. Les cordes de violon étaient en boyau.

192. Cf. Montaigne, *Essais*, II, 17 : « Ces gens qui se perchent à chevauchons sur l'épicycle de Mercure, qui voient si avant dans le

ciel, ils m'arrachent les dents... » La théorie des épicycles, dans l'astronomie de Ptolémée, prétendait expliquer les irrégularités apparentes
du mouvement des planètes. Elle n'était déjà plus admise au temps
de Montaigne et l'expression « épicycle de Mercure » était tout à fait
ironique au XVIIIe siècle.

193. Allusion aux *Mémoires pour servir à l'histoire des insectes* (1734-
1742) du naturaliste et physicien Réaumur (1683-1757).

194. Terme technique de la danse désignant les différentes manières
de poser les pieds l'un par rapport à l'autre.

195. Danseur français (1727-1810) qui voulait régénérer la danse
française et développer la pantomime. Il exposa ses idées dans ses
Lettres sur la danse et les ballets (1759).

196. L'abbé Galiani (1728-1787), diplomate, littérateur et écono-
miste italien, était secrétaire d'ambassade à Paris depuis 1759; il
plaisait par son esprit exubérant et bouffon et était fort lié avec les
philosophes. Diderot rapporte dans ses lettres à Sophie Volland
plusieurs de ses contes.

197. Personnage de vieillard ridicule de la comédie italienne.

198. L'abbé de condition, homme de bonne naissance, est plus
luxueusement vêtu d'ordinaire, mais il s'habille ainsi pour cette
démarche.

199. Danse de plusieurs personnes qui se tiennent par la main et
par laquelle on commençait tous les bals.

200. L'abbé Geuchat, auteur de l'*Analyse et Réfutation de divers
écrits modernes contre la religion* (1753-1763), adversaire des philosophes.

201. L'évêque d'Orléans fut chargé de la feuille des bénéfices de
1758 à 1788.

202. Voir n. 35, *d*).

203. Cette allusion libertine est peut-être une impertinence de Diderot à la suite de la publication et du succès de l'ouvrage de Tissot,
L'Onanisme (1760). Dans l'article « Cyniques » de l'*Encyclopédie*, il écrivait au contraire : « L'histoire scandaleuse de Laïs est démentie par
mille circonstances; et Diogène mena une vie si frugale et si laborieuse
qu'il put aisément se passer de femmes sans user d'aucune ressource
honteuse. »

204. Vêtement court et léger.

205. Les ordres mineurs.

206. Compositeur français (1715-1797), auteur d'opéras-comiques
et d'opéras.

207. Virgile, *Énéide,* VI, 743 : « Nous expions chacuns nos mânes. »

208. L'Opéra commençait à six heures comme les vêpres. La
cloche sonnait une demi-heure avant l'ouverture.

209. Étienne de Canaye (1694-1782), mélomane célèbre, ami de
d'Alembert, membre de l'Académie des Inscriptions et Belles-Lettres.

JACQUES LE FATALISTE

1. En 1765, le baron d'Holbach reçoit de Sterne, que Diderot avait rencontré chez lui en 1762, le tome VIII de *Tristram Shandy*. Un passage de cet ouvrage (voir n. 2 et 191) donne à Diderot l'idée du ton et de l'épisode initial de ce qui deviendra *Jacques le Fataliste,* sans que l'on sache avec précision à quel moment il en commence la rédaction. En septembre 1771, l'ouvrage, lu à Meister, a pris les proportions de deux heures de lecture. Il paraît dans la *Correspondance littéraire* en quinze livraisons entre novembre 1778 et juin 1780 avec des interruptions qui, comme il se doit dans un roman-feuilleton sont judicieusement placées dans le texte pour soutenir l'intérêt. Après le dernier épisode, le numéro de juillet 1780 publie quatre additions (voir n. 13, 47, 81, 118). C'est la publication de *La Religieuse* qui prendra la suite de celle de *Jacques*. Après la mort de Diderot, en 1786, nouvelle publication d'additions importantes à *Jacques le Fataliste*. Les copies ultérieures intègrent ces additions au texte primitif. L'une d'elles, envoyée à Saint-Pétersbourg après la mort de Diderot parmi ses manuscrits en exécution du contrat par lequel il avait vendu à Catherine sa bibliothèque, a été revue par Diderot lui-même. C'est le manuscrit de Leningrad sur lequel se fonde la présente édition. L'ouvrage fut édité en 1796 par Buisson et en 1798 par Naigeon. Il s'agit là de l'histoire du texte qui n'éclaire que très partiellement le projet romanesque de Diderot et montre seulement combien, comme pour les autres œuvres contenues dans ce volume, il ne cessa d'évoluer, la mort seule imposant à la réalisation le mot « fin ».

2. Nous donnons, à l'occasion de cette réplique, le début du passage de *Tristram Shandy* de Sterne (t. VIII, chap. XIX-XX) dont la lecture a été pour Diderot le point de départ de *Jacques le Fataliste*. La traduction est celle de Ch. Mauron (Club Français du Livre, 1955).

« — Le roi de Bohême, donc, la reine et leur cour, un beau soir d'été, sortirent par hasard pour une promenade.

— Fort bien, s'écria mon oncle Toby, l'expression « par hasard » est juste ici car le roi de Bohême et la reine pouvaient partir en promenade ou y renoncer ; ce sont là choses contingentes qui arrivent ou non selon la chance.

— N'en déplaise à Votre Honneur, dit Trim, le roi William pensait que tout est prédestiné dans notre existence, il disait même souvent à ses soldats que « chaque balle a son billet ».

— Un grand homme ! dit mon oncle Toby.

— Je suis convaincu pour ma part, poursuivit Trim, qu'à la bataille de Landen la balle qui me brisa le genou me fut adressée tout exprès pour m'ôter du service de Sa Majesté et me placer à celui de Votre Honneur afin que j'y sois mieux soigné dans mes vieux jours.

— Rien ne démentira cette explication, Trim, dit mon oncle.

Maître et soldat avaient un cœur également sensible à des flots soudains d'émotion ; un bref silence s'établit.

— D'ailleurs, sans cette simple balle, reprit le caporal sur un ton plus joyeux, n'en déplaise à Votre Honneur, je n'eusse jamais été amoureux.

— Tu l'as donc été une fois, Trim ? demanda mon oncle souriant.

— J'ai fait le plongeon, dit Trim, et, n'en déplaise à Votre Honneur, j'en avais par-dessus la tête.

— Dis-moi où, quand, dans quelles circonstances, je n'en ai jamais su un traître mot, dit mon oncle Toby.

. . . .

— Le nombre des blessés était prodigieux et nul n'avait le temps que de songer à son propre salut.

— Talmash, dit mon oncle Toby, ramena pourtant son infanterie avec beaucoup de prudence.

— Je fus, moi, laissé sur le terrain, dit le capotal.

— Pauvre diable! je le sais bien, dit mon oncle Toby.

— Je dus ainsi, poursuivit Trim, attendre le lendemain midi pour être échangé, puis transporté à l'hôpital sur une charrette avec treize ou quatorze autres. Il n'y a point de partie du corps, n'en déplaise à Votre Honneur, où une blessure soit plus douloureuse qu'au genou.

— L'aine exceptée, dit mon oncle Toby.

— N'en déplaise à Votre Honneur, je crois le genou plus douloureux à cause de tous les tendons et les je-ne-sais-trop-quoi qui y arrivent.

. . . .

La souffrance de ma blessure au genou était déjà atroce en elle-même, poursuivit le capotal, mais l'incommodité de la charrette et les durs cahots d'une route creusée d'ornières la rendaient pire encore, je pensais mourir à chaque pas; ajoutez à cela la perte de sang, l'absence de soins, la fièvre que je sentais grandir (Pauvre homme, dit mon oncle Toby); c'était, n'en déplaise à Votre Honneur, plus que je n'en pouvais supporter.

— Notre charrette, la dernière de la file, s'arrêta devant une maison de paysans; quand on m'eut aidé à y entrer, je confiai mes souffrances à une jeune femme qui se trouvait là; elle sortit un cordial de sa poche et m'en donna quelques gouttes sur un morceau de sucre; me voyant réconforté, elle recommença par deux fois. Ma douleur, lui dis-je, était si intolérable que, n'en déplaise à Votre Honneur, je préférais m'allonger (je tournai mon visage vers un lit au coin de la pièce) et mourir là plutôt que de continuer ma route; elle voulut alors m'aider à gagner cette couche et je m'évanouis dans ses bras. Elle avait l'âme bonne, dit Trim en essuyant une larme, comme Votre Honneur va l'apprendre par la suite.

— Je croyais l'amour joyeux, remarqua mon oncle Toby.

— N'en déplaise à Votre Honneur, c'est (quelquefois) la plus grave chose du monde.

Sur les instances de la jeune femme, poursuivit le caporal, le cha-riot de blessés partit sans moi : le premier cahot me tuerait, assurat-elle. En revenant à moi, je me retrouvai donc dans une chaumière paisible, où ne restaient que la jeune femme, le paysan et son épouse. J'étais couché en travers du lit, ma jambe blessée sur une chaise; la jeune femme, à mes côtés, d'une main me faisait respirer son mouchoir mouillé de vinaigre, de l'autre me frictionnait les tempes.

Je la pris d'abord pour la fille du paysan (car la maison n'était pas une auberge) et lui offris la petite bourse avec dix-huit florins dont mon pauvre frère Tom — Trim ici s'essuya les yeux — m'avait fait présent juste avant son départ pour Lisbonne. Je n'ai jamais conté à Votre Honneur cette pitoyable histoire (Trim s'essuya les yeux une troisième fois).

La jeune femme fit entrer dans la pièce le vieux paysan et son épouse et leur montra l'argent qui paierait, leur dit-elle, le lit et les menus soins nécessaires jusqu'au moment où je pourrais être transporté à l'hôpital. — Allons, dit-elle, en reployant la petite bourse, me voici votre banquier et comme cet emploi n'absorbera pas tout mon temps, je serai aussi votre infirmière. »

3. Fontenoy : 11 mai 1745.

4. « Chaînette à mailles serrées qui fixe le mors dans la bouche du cheval en passant sous la ganache » (Petit Robert). Le thème du cheval tiendra une grande place dans le roman et cette image, qui symbolise l'enchaînement des épisodes du roman est aussi la première expression du « spinozisme » de Jacques.

5. J. Proust (*La Bonne Aventure,* voir bibliographie) fait remarquer que la tradition populaire associe fréquemment l'un et l'autre.

6. Voir *Ceci n'est pas un conte,* n. 2.

7. Voir n. 2.

8. Voir n. 2. Mais la « jeune femme » de Sterne se scinde dans *Jacques le Fataliste* en deux personnages différents : la femme du paysan, ce qui permet de rajeunir le couple des hôtes, et Denise. Tout le roman de Diderot s'inscrit entre les épisodes où ces deux femmes interviennent. Les références précises à deux passages voisins du tome VIII de *Tristram Shandy* se trouvent donc au début et à la fin de *Jacques le Fataliste* (voir n. 191) et toute l'invention de Diderot consiste à retarder jusqu'aux dernières pages le récit des amours de Jacques qui vient immédiatement dans les propos de son homologue anglais.

9. Diderot fait exprimer par Jacques un problème fondamental de sa pensée et de son œuvre : comment concilier déterminisme et exigence morale. Dans la réplique suivante, le maître pose sur le même ton le problème de la liberté. Cette page, comme d'autres par la suite, illustre une des caractéristiques du roman qui est d'allier la tradition savante de la controverse philosophique à la tradition gaillarde du conte populaire.

10. Voir *La Religieuse,* n. 18.

11. Bien que *Jacques le Fataliste* ne soit en aucune façon un roman réaliste, quelques détails comme celui-ci corroborent ce que nous

savons de la vie en France autour de 1770.

12. Leurs vêtements. La halte dans l'auberge louche était un développement traditionnel du roman picaresque que pastiche la chevauchée de Jacques et de son maître. Le comportement de Jacques dans cet épisode interdit dès le début du roman de confondre « fatalisme » et passivité.

13. Berg-op-Zoom pris d'assaut par Lowendal (1747, Guerre de Succession d'Autriche), Port-Mahon par le duc de Richelieu (1756, Guerre de Sept Ans). Dans les deux cas le succès était inespéré. Ces épisodes sont postérieurs à Fontenoy (1745) qui semble avoir mis fin à la carrière militaire de Jacques, donc à ses relations avec son capitaine. Mais ils constituaient peut-être des références courantes. Ce passage depuis « Mon capitaine croyait » jusqu'à « quel diable d'homme » est la première des additions données en 1780 dans la *Correspondance littéraire* après la fin de la publication du roman (voir n. 47, 81, 118).

14. Les définitions du roman dans les dictionnaires du temps s'appliquent au roman héroïque : « aventures d'amour et de chevalerie » *(Dict. de l'Acad.)*, « vies illustres ou extraordinaires » *(Dict. de Trévoux)*. Mais elles retardent sur la production littéraire qui depuis *Manon Lescaut* (1731) et les romans de Marivaux donne le pas à une forme de roman issue de la nouvelle et ancrée dans la réalité contemporaine (voir F. Deloffre, *La Nouvelle en France à l'âge classique*, Paris, Didier, 1967). La recherche littéraire de Diderot qui s'avoue ici à propos du roman, comme la définition implicite du mot « conte » *(Ceci n'est pas un conte* et passim dans *Jacques le Fataliste)* concerne essentiellement les rapports du réel et de la fiction et ce qu'il faut appeler « vérité » dans une œuvre narrative. La recherche littéraire n'est donc pas étrangère à la recherche philosophique bien qu'elle garde sa spécificité.

15. Saint-Roch est souvent représenté avec trois chapeaux.

16. Esculape : dieu guérisseur, fils d'Apollon.

17. Une anecdote rapportée par la *Correspondance littéraire* de nov. 1766 fait état de la rivalité de ces deux chirurgiens au chevet du marquis de Castries grièvement blessé en 1762.

18. Néologisme formé sur « gobe-mouches » : perdre son temps à faire le niais.

19. En réalité, Géronte dans les *Fourberies de Scapin* (II, 2).

20. Dans le commentaire sur la *Lettre sur l'Homme et ses rapports* d'Hemsterhuis (Diderot, *Œuvres complètes*, éd. Lewinter, t. XI) dont la rédaction est contemporaine de celle de *Jacques le Fataliste,* en face de la phrase d'Hemsterhuis : « Cet être, en recevant l'idée d'un objet se sent passif... et par conséquent sent qu'il y a un objet, ou une cause de l'idée hors de lui... il en conclut que parmi toutes les manières d'être de cet objet se trouve aussi la manière d'être dont il a la sensation par l'idée... », Diderot écrit en marge : « Ne serait-ce pas plutôt : dont il a reçu l'idée par la sensation ? » (p. 13). Ce retournement

de la proposition commentée exprime la réaction matérialiste de Diderot en face de l'idéalisme d'Hemsterhuis qu'il traite un peu plus loin d' « amphigouri platonique » (p. 66). L'exemple de la femme qui accouche se trouve aussi dans ce commentaire (p. 74).

21. Voir n. 11. Manifestations d'une crise économique que Diderot a pu constater lors de son voyage à Langres en 1770 et qu'il a étudiée pour rédiger l'*Apologie de l'abbé Galiani*.

22. Cesser de parler. Ne s'employait que dans les phrases négatives.

23. Parodie des allégories fréquentes dans le roman héroïque du siècle précédent. Le sens de celle-ci s'éclaire si l'on remarque la série de variantes qui caractérise les copies manuscrites retrouvées de la *Correspondance littéraire* (destinée, il faut le rappeler, à une vingtaine d'abonnés princiers) et les éditions Buisson (1796), Naigeon (1798), Assézat-Tourneux (1875) qui en procèdent : « ... une vingtaine d'*audacieux* qui s'étaient emparés des plus *superbes* appartements (...) et qui, à l'aide d'un certain nombre de *vauriens* à leurs gages l'avaient persuadé à un grand nombre d'autres *vauriens* à leurs gages... »

24. Pension minimale (600 livres) que recevait un prêtre.

25. Voir n. 11.

26. On vendait à l'hôtel Jaback, rue Saint-Merri, toutes sortes de bijoux et d'articles de Paris : on les appelait des jaback et il y avait de nombreuses contrefaçons de ces articles très à la mode.

27. Horloger (1686-1759) célèbre par d'importants perfectionnements qu'il apporta à son art.

28. Lieutenant général : magistrat qui présidait le tribunal d'une sénéchaussée, d'un bailliage.

29. L'identification de cette localité est sans intérêt puisque le ton indique précisément que le propos de l'auteur est de se moquer du réalisme romanesque.

30. Le vol domestique pouvait être puni de mort au XVIIIe siècle (voir Voltaire, *Commentaire sur le Livre des délits et des peines*, 1766, chap. XVIII).

31. A votre santé.

32. On appelait ainsi les Filles de la Charité réunies en une seule communauté par saint Vincent de Paul en 1634.

33. Roman de l'abbé Prévost, 4 volumes, 1732-1739. Ce très long roman qui eut un grand succès se caractérise par l'enchaînement invraisemblable des aventures de ses personnages (voir n. 14).

34. Le passage qui commence ici et finit à « C'est bien mon projet » est une des additions publiées après la mort de Diderot. Il raconte une anecdote rapportée par la *Correspondance littéraire* de juillet 1771.

35. Horace, *Épître aux Pisons*, 372-373 : « Mediocribus esse poetis/ Non homines, non di, non concessere columnae. » (La médiocrité aux poètes, ni les hommes ni les dieux ne la leur ont jamais permise, ni non plus les colonnes (des boutiques des libraires).

36. Voir n. 2. Ce détail est emprunté à *Tristram Shandy*.

37. Les Carmes déchaussés avaient suivi l'austère réforme de sainte

Thérèse et de saint Jean de la Croix.

38. Adjoint au procureur, le religieux chargé des intérêts temporels de la communauté.

39. Déchet : perte, diminution qui se fait sur la totalité d'une substance, soit dans la qualité, soit dans la quantité *(Dict. de Trévoux)*.

40. Diderot donne à son personnage le nom d'un religieux qui avait été chargé par le coutelier de Langres de « veiller indirectement sur la conduite » à Paris du jeune Denis.

41. Le tremblement de terre de Lisbonne eut lieu le 1er novembre 1755. Voir Voltaire, *Poème sur le désastre de Lisbonne, Candide.*

42. Cette promesse reste sans suite.

43. Confusion entre le nom du maître d'Ésope, Xantus, et celui de la femme de Socrate.

44. La fonction de chirurgien était souvent exercée par les barbiers.

45. Hétéroclite : se dit figurément des personnes qui ont quelque chose d'irrégulier et de bizarre dans l'humeur, dans la conduite *(Dict. de l'Acad.,* 1762).

46. Les gardes de la Ferme (des impôts) chargés de la répression de la fraude fiscale; la maréchaussée, force du maintien de l'ordre.

47. Le passsage qui va de « Si l'on ne dit presque rien » à « Parle donc » est une des additions parues en juillet 1780 après la fin de la publication de *Jacques le Fataliste* (voir n. 13, 81, 118).

48. En 1614, entre la première et la seconde partie du *Don Quichotte,* parut une suite assez plate à la première partie sous le pseudonyme d'Alonso Fernandez de Avellaneda; elle est en général attribuée au dominicain Luis Aliaga ennemi de Cervantes, et fut traduite par Lesage en 1704 sous le titre de *Nouvelles Aventures de Don Quichotte.*

49. Fortiguerra (1674-1735) composa un poème héroï-comique, *Richardet* traduit et adapté en français par Dumourier en 1766. Ce poème reprend, en les parodiant, divers thèmes du *Roland furieux* de l'Arioste.

50. Gousse qui ressemble au Neveu de Rameau serait Louis Goussier (1722-1799) qui dessina des planches de l'*Encyclopédie* (voir G. Dulac, « Goussier, encyclopédiste et original sans principes » dans *Recherches nouvelles sur quelques écrivains des Lumières,* Genève, Droz, 1972.

51. Prémontval (1716-1764) professeur de mathématiques et sa femme née Pigeon (1724-1767), dédicataire des *Mémoires de Mathématiques* de Diderot. Prémontval publia à Berlin en 1755 un opuscule intitulé *Du hasard sous l'empire de la Providence, pour servir de préservatif contre la doctrine du fatalisme moderne.*

52. Commettant : celui qui commet à un autre le soin de ses intérêts privés ou politiques (Littré).

53. C'est un problème analogue qu'étudie sans le trancher l'*Entretien d'un père avec ses enfants* (1771). Diderot, par souci de cohésion sociale ne remet jamais en cause le droit de propriété mais n'en est pas moins sensible aux contradictions qu'il entraîne avec d'autres principes, ici celui de l'utilité sociale.

54. Satellites : *Encyclopédie :* « (Hist. mod.). Se dit d'une personne qui en accompagne une autre, soit pour veiller à sa conservation soit pour exécuter sa volonté. Ce terme ne se prend plus aujourd'hui qu'en mauvaise part. On dit les gardes d'un roi et les satellites d'un tyran. » L'emploi de ce mot que Jacques traduit par « serviteurs » n'était possible que dans le langage du maître qui connaissait le personnage.

55. « L'exécuteur est le dernier des hommes aux yeux du peuple » *(Encycl.).* Ici Diderot poussant plus loin qu'au temps de ses productions pour le théâtre (1757-1758) l'étude des « conditions » envisage dans sa complexité leur rapport avec la personnalité et montre combien la façon dont un individu se considère lui-même est influencée par le regard de la société sur la fonction qu'il exerce.

56. Voir R. Trousson, *Socrate devant Voltaire, Diderot et Rousseau,* Lettres modernes, Minard, Paris, 1967. Diderot s'identifie volontiers à Socrate, ici par l'intermédiaire de Jacques, lorsque les difficultés de l'action militante lui font voir la place du philosophe dans la société de la façon dont témoignent les lignes qui suivent dans le texte.

57. Plutôt qu'à un rapprochement avec la fortune que connut au XVIIIᵉ siècle le mysticisme philosophique, cette phrase invite à remarquer combien Diderot, sans rien renier du combat des Lumières contre les préjugés, reste sensible sur le plan humain à tout ce qui compose la mentalité populaire où la superstition tenait une grande place (voir *Lettre* à Sophie Volland du 23 sept. 1762).

58. Ce frère Cosme est le héros d'une anecdote racontée par Diderot à Sophie Volland (lettre du 30 nov. 1765).

59. C'est à peu près le salaire d'un employé de magasin à Paris (Lecointre et Le Galliot).

60. Le trimestre.

61. Le corollaire de l'insécurité (voir n. 11) était la procédure expéditive appliquée au vol de grand chemin qui était puni de mort d'après l'ordonnance de 1670 restée en vigueur pendant tout le XVIIIᵉ siècle.

62. En 1765, le chevalier de la Barre avait été condamné au supplice pour avoir été entendu proférant des blasphèmes. Le problème soulevé par le Maître (l'expression « *celui qui a écrit* le grand rouleau » n'est pas de Jacques) se rattache à la controverse, dont l'expression la plus célèbre est le *Candide* de Voltaire, autour de la théorie de Leibniz conciliant la toute-puissance de Dieu et l'existence du mal.

63. L'éthique définie ici par Jacques, non le stoïcisme rigoureux présenté comme idéal donc inaccessible, mais l'acceptation de soi courageuse et sereine qui, « en y pensant un peu », « revient presque au même », est à rapprocher de celle qui ressort des autres écrits de la vieillesse de Diderot, en particulier l'*Essai sur les règnes de Claude et de Néron.*

64. En Champagne, vin chaud sucré accompagné de tranches de pain.

65. Voltaire trouvait le mot « cul-de-sac » grossier et voulait le

remplacer par « impasse ». Diderot s'amuse de ce purisme également dans le *Neveu de Rameau* (p. 494 et n. 144).

66. Omineux : de mauvais augure, selon le *Dictionnaire de l'ancienne langue française* de Godefroy. Le mot était déjà inusité au XVIIIe siècle.

67. Lieu d'internement pour fous, vagabonds et forçats en transit.

68. M. de Saint-Florentin (1705-1777) était ministre d'État en 1761 et passait alors pour signer facilement des lettres de cachet.

69. Lieux bénéficiant du droit d'asile.

70. Jacques a déjà évoqué maintes fois le « grand rouleau » sur lequel tout est écrit « là-haut ». Exprime-t-il par là sa croyance en une force surnaturelle omnisciente ou bien, en langage populaire, son adhésion au déterminisme ? L'image maintient une équivoque que l'auteur se garde de lever, mais le ton de la présente réplique renforce la deuxième hypothèse. Voir J. Ehrard, « Lumières et roman, ou les paradoxes de Denis le Fataliste » dans *Au Siècle des Lumières,* Paris-Moscou, 1970.

71. Voir n. 21.

72. Voir *La Religieuse,* n. 84.

73. Comédie de Goldoni (1771) représentée avec succès à Paris. Le regard critique de Diderot sur une œuvre, qu'il s'agisse de théâtre ou d'arts plastiques, n'est pas celui d'un juge mais celui d'un créateur qui voit immédiatement ce qu'il ferait sur le même thème, coopère avec l'auteur ou se substitue à lui. D'où peut-être, concernant justement Goldoni, l'accusation de plagiat qui fut lancée contre Diderot par Fréron à la publication du *Fils naturel* (1757), affaire qui n'est pas oubliée au moment où il écrit ces lignes.

74. Voir n. 11.

75. Cette phrase se retrouve presque textuellement dans *Ceci n'est pas un conte* et le récit qu'elle introduit a des points communs avec *Mme de la Carlière.* L'histoire de Mme de la Pommeraye et les deux contes appartiennent à la même période créatrice de Diderot et au même centre d'intérêt, la condition féminine.

76. Célèbre médecin genevois (1709-1781) qui soigna en particulier Voltaire. Il exerça à Paris à partir de 1766.

77. Voir *Bijoux indiscrets,* n. 8.

78. *id.*

79. C'est une convention analogue entre Valmont et Mme de Merteuil qui servira de trame aux *Liaisons dangereuses* de Laclos (1782).

80. Diderot exprime ici sous la forme d'une brève méditation lyrique insérée dans un récit qui l'illustre, la contradiction qu'il cherche à résoudre au plan de l'utopie dans le *Supplément au Voyage de Bougainville* contemporain de *Jacques le Fataliste* : le code de la nature dans lequel l'attraction sexuelle est momentanée et diverse est incompatible avec le code de la société et celui de la religion qui ne la reconnaissent que sous la forme de l'amour unique et éternel.

81. Pour le passage qui commence ici et se termine à « t'en tenir à une seule gaîne », voir n. 13, 47, 118.

82. Écraignes : mot bourguignon désignant des lieux couverts dans lesquels les femmes et les filles s'assemblaient pour les veillées d'hiver, puis ces veillées elles-mêmes. Les jeunes gens allaient d'écraigne en écraigne pour essayer d'y rencontrer des filles à marier. Au XVIIIᵉ siècle, l'évêque de Châlons interdit d'y participer sous peine d'excommunication.

83. La fable de la gaine et du coutelet renoue avec le ton des *Bijoux indiscrets*. Elle évoque en particulier le deuxième des trois chapitres écrits postérieurement et dont la rédaction doit d'ailleurs être contemporaine de celle de *Jacques le Fataliste*. Les *Bijoux* s'inspiraient d'un fabliau, la fable en pastiche la langue avec des archaïsmes voulus (cil pour celui, duisait pour plaisait).

84. Voir n. 22.

85. Jeu de dés qui se joue avec trois dés et dont le coup unique consiste à dépasser dix. Le *tout,* c'est la troisième partie quand un joueur a perdu la partie et la revanche, le *tout du tout* la quatrième et dans chaque cas on joue tout l'argent précédemment perdu.

86. Voir *La Religieuse,* n. 18.

87. Il n'y a pas lieu de chercher à l'identifier. Mais la « ménagerie » mise en scène dans le *Neveu de Rameau* (voir n. 35) donne à penser que les modèles ne manquent pas.

88. Les trois ecclésiastiques ici réunis sont mentionnés ailleurs par Diderot avec l'estime que lui inspire la modération dont ils font preuve dans leurs domaines respectifs en matière de morale religieuse. Sans doute veut-il dire ici qu'ils sont pour cette raison les plus dangereux propagandistes de la religion.

89. Fondation de Mme de Maintenon pour l'éducation des jeunes filles nobles sans fortune, ce qui définit l'origine de l'hôtesse. Le personnage gardera son mystère.

90. Aujourd'hui Jardin des Plantes. Le Cabinet du Roi contenait la collection des estampes gravées par ordre de Louis XIV en 1670. (Lecointre et Le Galliot.)

91. *Galatée sur les eaux* ou *Le Triomphe de Galatée,* célèbre fresque de Raphaël au palais de la Farnesine à Rome.

92. Voir *Les Bijoux indiscrets,* n. 77.

93. Voir *Le Neveu de Rameau,* n. 188.

94. Diderot, sensible aux emprunts que fait le langage mystique au vocabulaire de l'amour humain, écrit dans *Sur les Femmes* (O. C., éd. Lewinter, X, p. 42) : « Le quiétisme est l'hypocrisie de l'homme pervers et la vraie religion de la femme tendre. »

95. L'abbé Batteux avait publié en 1771 *Les Quatre Poétiques d'Aristote, d'Horace, de Vida et de Despréaux.*

96. *Cordon :* marque de chevalerie. Chaque ordre a le sien. C'est un ruban plus ou moins large, de telle ou telle couleur *(Encyclopédie). Colonelle :* la compagnie colonelle ou la colonelle est la première compagnie d'un régiment d'infanterie *(Dict. de Trévoux).*

97. Cette « dissertation », comme les propos de l'hôtesse et d'autres

œuvres contemporaines, les *Contes* et le *Supplément,* exprime un des aspects les plus novateurs de la pensée de Diderot en son temps : la remise en cause fondamentale de la place faite à la femme par la société et l'affirmation qu'elle est un être libre dans les limites de la nécessité au même titre que les hommes.

98. *Avis au peuple sur sa santé* (1761), ouvrage en français du médecin genevois Tissot (voir *Le Neveu de Rameau,* n. 203).

99. Cette expression du fatalisme de Jacques dont le maître souligne l'inutilité et Jacques l'inconséquence est dans ses propos l'unique mention d'un « auteur » du grand rouleau. Cette « prière » intervient inopinément à un moment particulièrement heureux du récit de Jacques. Cette bouffée d'affectivité sans destinataire ne remet pas en question les « principes » de Jacques et témoigne simplement de l'humanité que Diderot confère à son personnage (voir n. 70).

100. Des jacqueries du xve siècle à Jacquou le Croquant, ce nom était employé comme nom commun pour désigner un manant.

101. Sorte de bouilloire à anse.

102. Cette scène et cette parodie de jugement symbolisent la distorsion qui existe à la fin de l'Ancien Régime entre état de droit et état de fait. L'état de droit fonde le pouvoir de la noblesse sur la « possession absolue et inamovible » et celui des roturiers sur la « concession passagère et gratuite ». L'état de fait doit prendre en compte l'évolution considérable de la bourgeoisie dont certaines couches l'emportent en pouvoir réel sur une large partie de la noblesse, ce qui entraîne une remise en cause latente de l'ensemble des structures sociales et en retour ce que l'on a appelé la « réaction nobiliaire ». La dernière phrase du jugement rendu par l'hôtesse montre que la lucidité politique de Diderot ne va pas jusqu'à des conclusions révolutionnaires.

103. La querelle entre le roi et les Parlements marquée en 1771 par le « coup d'État » de Maupeou (voir *Le Neveu de Rameau,* n. 31).

104. Cette répartition du « titre » et de la « chose » serait, à l'échelle d'un État, celle du despotisme éclairé entre le roi et le philosophe. Il faut remarquer le ton du propos, à la fois insolent si l'on pense à la qualité princière des abonnés de la *Correspondance littéraire,* et un peu désabusé. Cette solution n'est présentée que comme la moins mauvaise pour qui refuse une révolution. A son départ maintes fois différé pour la Russie, Diderot ne participe plus à l'illusion des Lumières sur le despotisme éclairé. A son retour, les *Observations sur le Nakaz* montrent qu'il a compris que l'adhésion aux Lumières et le recours aux philosophes n'étaient pour un souverain que l'alibi du despotisme. La rédaction de *Jacques le Fataliste* s'étend sur l'ensemble de cette période.

105. A rapprocher de la « pantomime des gueux » à la fin du *Neveu de Rameau.*

106. Voir *Les Bijoux indiscrets,* chap. xxiii, p. 63.

107. Ordre fondé en 1119 par saint Norbert, et dont la règle, au xviiie siècle, n'était pas très sévère.

108. Voir *Le Neveu de Rameau*, p. 460. C'est ici le développement le plus détaillé de la philosophie du roman. L'auteur, prétendant parler d'après Jacques, expose le déterminisme spinoziste prêté au capitaine et dégradé chez Jacques en un fatalisme pas toujours conséquent, car mêlé d'accès d'humeur et de traces de croyances populaires. Malgré la distance que l'auteur feint de prendre avec cet exposé, il faut remarquer que ce qu'il dit éclaire non seulement le personnage de Jacques, mais la démarche même du roman. D'ailleurs il écrivait en 1756 dans la *Lettre à Landois* (O. C., éd. Lewinter, III, p. 12) : « Regardez-y de près, et vous verrez que le mot « liberté » est un mot vide de sens; qu'il n'y a point, et qu'il ne peut y avoir d'êtres libres; que nous ne sommes que ce qui convient à l'ordre général, à l'organisation, à l'éducation et à la chaîne des événements. Voilà ce qui dispose de nous invinciblement. On ne conçoit non plus qu'un être agisse sans motif, qu'un des bras d'une balance agisse sans l'action d'un poids; et le motif nous est toujours extérieur, étranger, attaché ou par une nature ou par une cause quelconque qui n'est pas nous. Ce qui nous trompe, c'est la prodigieuse variété de nos actions, jointe à l'habitude que nous avons prise tout en naissant de confondre le volontaire avec le libre. Nous avons tant loué, tant repris, nous l'avons été tant de fois, que c'est un préjugé bien vieux que celui de croire que nous et les autres voulons, agissons librement. Mais s'il n'y a point de liberté il n'y a point d'action qui mérite la louange ou le blâme. Il n'y a ni vice, ni vertu, rien dont il faille récompenser ou châtier. »

109. Voiture à deux places. Pour éviter de crotter leur habit blanc ou pour mener à bien leurs aventures galantes ?

110. Abbé de l'ordre ou général de l'ordre : le chef de toutes les maisons et congrégations qui sont sous la même règle.

111. Voir *La Religieuse*, n. 25.

112. Boyer, évêque de Mirepoix, ministre au département des bénéfices et auxiliaire de Christophe de Beaumont dans la lutte contre les Jansénistes.

113. Voir *La Religieuse*, n. 28.

114. Voir n. 112.

115. Pour créer le personnage du Père Hudson, Diderot amalgame les caractères et les aventures de deux personnages réels, l'abbé Durier, prieur à la morale relâchée de l'abbaye de Prémontrés de Moncetz, près de Vitry-le-François, que Diderot connaissait par les dames Volland et le Frère Bruneau, supérieur de l'abbaye de Saint-Yved de Braine près de Soissons. Celui-ci, d'après F. Pruner (« Clés pour le Père Hudson », *Archives des Lettres Modernes*, 1961) fit l'objet, pour les mêmes raisons que Hudson, d'une enquête dans laquelle les commissaires, dont l'un s'appelait Richard, se firent ses complices et concurent à sa réhabilitation. On voit comment Diderot modifie les faits réels pour créer une de ces personnalités machiavéliques qui le séduisent par la façon dont elles vont jusqu'au bout de leur projet.

116. Cf. deux passages de *Tristram Shandy*, livre VII, chap. xx à xxv :

« Les chevaux de poste français sont traités peu chrétiennement et je ne sais ce qu'il adviendrait d'eux sans le secours de deux mots, *** et *** qui paraissent les soutenir autant qu'un picotin de grain; l'usage de ces mots étant gratis, mon plus fervent désir est d'en faire part au lecteur, mais voilà : leur effet est nul s'ils ne sont clairement et distinctement articulés, et si je les lâche ainsi tout à trac, Vos Excellences en riront peut-être dans leurs chambres mais, je le sais, m'en voudront au salon. En vain je tourne et retourne depuis un instant la question dans mon esprit sans découvrir le tour élégant, la modulation subtile qui me permettraient de satisfaire l'oreille que me tend le lecteur sans froisser celle qu'il garde pour lui. L'encre me brûle le bout des doigts : essaierai-je ? hélas! j'ai peur que mon papier, ensuite, ne sente le roussi. Non, je n'ose pas. Mais si vous désirez savoir comment l'abbesse des Andouillettes et une novice de son couvent vinrent à bout de cette difficulté, je vous le conterai (en accompagnant mon histoire de tous mes vœux) sans le plus léger scrupule (...).

Notre confesseur, dit l'abbesse, que cet affreux embarras rendait casuiste, tient qu'il existe seulement deux classes de péchés : les mortels et les véniels. Or un péché véniel étant déjà le moindre et le plus léger doit se réduire à rien si on le coupe en deux, soit que l'on prenne sur soi la moitié en laissant le reste, soit qu'on le partage en toute charité avec autrui. Je ne vois donc rien de mal à répéter mille fois bou, bou, bou, bou, bou, et n'aperçois aucune turpitude à énoncer gre, gre, gre, gre, gre de matines jusqu'à vêpres. Par conséquent, ma chère fille, je vais dire bou et vous direz gre. Et alternativement, comme il n'y a pas plus de mal dans fou que dans bou, vous entonnerez fou et comme dans le fa sol la ré mi ut de nos complies je répondrai tre. Ainsi fut fait. »

117. Voir au début du *Neveu de Rameau* la réflexion qui clôt le portrait du personnage.

118. De « Jacques en déshabillant son maître... » à « il est vrai », voir n. 13, 47, 81.

119. Jean-Baptiste Vanloo (1684-1745), son frère Charles (1705-1765) et son neveu Michel (1707-1771) ont professé à l'Académie de peinture. L'idée exprimée dans cette phrase se retrouve dans les *Entretiens avec Catherine II* (*Œuvres politiques*, éd. Vernière, p. 287-288).

120. Œuvre de Jean Goujon, à l'angle des rues Saint-Denis et aux Fers.

121. Assemblage de courroies qui tiennent suspendue la caisse du fiacre.

122. *La Divine Comédie, Purgatoire*, X, 124 sq. : « Ne vous apercevez-vous pas que nous sommes des chrysalides, nées pour former le papillon angélique qui vole, dépouillé, vers la justice ? »

123. *Enfer*, IX, XXXII, III. La dernière citation est assez inexacte : Il s'agit des lâches. « Aussitôt je compris et j'eus la certitude que c'était là la troupe des méchants qui déplaisent à Dieu comme à ses ennemis.

Ces misérables qui jamais ne furent vivants étaient nus et durement harcelés par des taons et par des guêpes qu'il y avait là. Elles faisaient sur leur visage ruisseler du sang qui, mêlé de larmes, était recueilli à leurs pieds par des vers immondes. »

124. Sans doute Nicolas Vallet de la Touche, parent par alliance de Mme Volland. Sa femme connaissait certainement l'abbé Durier (voir n. 115). Le château est celui de Mme Volland.

125. Madame Infante, princesse de Parme, mourut de la petite vérole cinq jours avant Nicolas Vallet de la Touche, en 1759.

126. En réalité saint Matthieu qui donne la généalogie du Christ en utilisant plusieurs dizaines de fois le terme « genuit » (= engendra).

127. Dans le *Ricciardetto* de Fortiguerra (voir n. 49), Ferragus, devenu ermite, qui a tenté de violer une religieuse, a été châtré par Renaud. Pendant son agonie, il croit voir Lucifer lui présenter « avec un rire ignoble les restes lamentables de la virilité perdue qu'il regrettait tant ».

128. Fait accroire.

129. Boulle (1642-1732) ébéniste du roi, dont le nom est resté aux meubles qu'il a confectionnés.

130. Voir n. 116. Au-delà des variations sur la forme édulcorée d'un mot malsonnant venant de « bulgare », J. Proust (« La Bonne Aventure ») voit ce patronyme « chargé de connotations particulièrement graves en Champagne ». L'hérésie du pope Bogomil, rapportée d'Orient à l'époque des croisades, avait fait de nombreux adeptes dans cette région parmi les gens modestes qui, refusant les sacrements dont le sacrement de mariage, étaient accusés des pires perversions sexuelles. Saint Louis condamna à être brûlés vifs les suspects de bougrerie. Les juifs, puis les sorciers leur succédèrent, ce qui entretint dans la mémoire populaire le souvenir de cette persécution.

131. Commune : étendue indivise appartenant à la communauté villageoise. Bourrée : fagot de menues branches.

132. Voir n. 128.

133. Le passage qui va de « Et tu n'as pas revu ces femmes ? » jusqu'à « s'adressant à Jacques lui dit » quatre pages plus loin, est une des additions publiées après la mort de Diderot.

134. Crochu : se dit d'un cheval qui a les jarrets trop rapprochés l'un de l'autre (Littré).

135. Voir n. 14.

136. L'esclave Hostius Quadra (*Questiones naturales*, I, 16) qui utilisait des miroirs grossissants dans ses ébats homosexuels.

137. J.-B. Rousseau avait dû s'exiler en 1707 pour des vers obscènes et calomnieux visant divers écrivains. Dans la préface de ses *Œuvres* (1712) il se défend contre cette accusation.

138. Ce poème héroïco-comique publié en 1762 aborde l'histoire de Jeanne d'Arc par l'aspect qu'indique le titre.

139. Voir n. 14. Rapsodie : ramas de mauvais vers, de mauvaise prose (Littré).

140. Voir n. 116. Sur le manuscrit de Leningrad qui sert de base à cette édition, une surcharge dont on ne peut affirmer qu'elle soit de Diderot (voir *Jacques le Fataliste,* édition critique Lecointre et Le Galliot, p. xv) substitue à « foutez / foutre » : « aimez / j'aime, nous aimons, vous aimez, ils aiment », et à « le mot *futuo* » : « le mot sacramentel, le mot propre ». Les copies issues de la *Correspondance littéraire* donnent du mot le début et la fin séparés par des points de suspension.

141. Depuis « vous prononcez hardiment » jusqu'à « a usage de le taire le plus », Diderot reproduit en le paraphrasant à peine un passage de Montaigne (*Essais,* III, 5). Dans la *Lettre sur les sourds et muets* (*O. C.,* éd. Lewinter, II, p. 564), il blâme, en se référant encore à Montaigne, « cette noblesse prétendue qui nous a fait exclure de notre langue un grand nombre d'expressions énergiques, (...) tant de mots que nous revoyons avec plaisir dans Amyot et dans Montaigne (...).

142. Martial, *Épigrammes* (I, 4, 8) : « Là où l'ouvrage est licencieux, la vie est chaste. »

143. A rapprocher de l'explication des « jugements subits » donnée par Diderot dans l'article « Théosophes » de l'*Encylcopédie.* Ce que le roman présente comme un développement bouffon de l'adage *in vino veritas* a en commun avec cette analyse détaillée la prise en compte d'un phénomène échappant apparemment à la démarche rationnelle et son explication excluant tout élément surnaturel.

144. Cette phrase est blasphématoire, mais non d'une façon gratuite. J. Proust (« La Bonne Aventure ») l'explique par la représentation sur les images pieuses des langues de feu au-dessus de la tête des apôtres, mais surtout par des fêtes traditionnelles et des jeux qui avaient lieu le jour de la Pentecôte dans certaines régions viticoles.

145. Sinon Jacques, du moins Rabelais au chap. xxv du *Tiers Livre,* énumération en termes savants des formes les plus fantaisistes de divination auxquelles peut recourir Panurge.

146. Cf. le mot passé en proverbe : « *Amicus Plato, magis amica veritas* ».

147. Voir *Les Bijoux indiscrets,* chap. xii et n. 34. Dans le manuscrit de Leningrad, le mot se trouve sous la forme « Engastrimeste ». Erreur de copiste ?

148. Comme les noms connus de cette énumération les autres désignent aussi de bons vivants : La Fare (1644-1713) poète galant, Chapelle ami de Molière, Chaulieu (1639-1720) libertin notoire, Panard (1694-1765) auteur de chansons satiriques, Gallet (1700-1757) chansonnier, Vadé (1719-1757) inventeur du style poissard.

149. « La Pomme de Pin » a été rendue célèbre par Villon. Les autres lieux étaient fréquentés par les personnages énumérés plus haut (voir note précédente).

150. Calembour : ceux qui « sont autour » de la gourde.

151. Voir dans l'article « Théosophes » (voir n. 143) les développements sur l'enthousiasme (*O. C.,* éd. Lewinter, XIV, p. 867) et sur

l'inspiration, le génie et la folie (p. 889).

152. Commentateurs d'auteurs latins. Pour apprécier l'ironie de Diderot, voir ce qu'il dit des commentateurs dans *Les Bijoux indiscrets*, 2ᵉ partie, chap. VII. Au cours de ces deux dernières pages, la distance de Diderot par rapport à son texte s'accroît. On peut comparer la fin de ce roman, sous ce rapport, avec celle de *La Religieuse*.

153. Lit de repos.

154. Jeux de cartes.

155. Savoyardes montreuses de marmottes. Voir *Le Neveu de Rameau*, n. 180.

156. Registre de la police. Cette note se trouve dans les copies de *Jacques le Fataliste* faites pour la *Correspondance littéraire*.

157. Il y a de l'un à l'autre la différence d'un effet personnel à un effet de commerce qui peut être endossé par plusieurs personnes, ce qui aggrave le risque de plainte en cas de non-paiement.

158. Les tricheurs professionnels des maisons de jeu.

159. Voir n. 14 et l'*Éloge de Richardson* (*Œuvres esthétiques*, éd. Vernière).

160. « On appelle un homme noté en terme de palais celui dont l'honneur et la réputation ont souffert quelque atteinte, soit par un jugement qu'on a prononcé contre lui, soit par quelque accusation ou reproche dont il ne s'est point lavé » *(Encyclopédie)*.

161. Voir *Les Bijoux indiscrets*, n. 8.

162. Église échappant à la juridiction de l'archevêque de Paris. « Faire retraite à Saint-Jean-de-Latran » signifie au figuré « se soustraire à la loi ».

163. Auteur de romans épistolaires.

164. Ouvrage traduit de l'italien en 1769.

165. Voir *La Religieuse*, n. 74.

166. *La Vérité dans le vin ou les désagréments de la galanterie* (1747) comportait une situation analogue.

167. Sans doute Ninon de Lenclos.

168. Elle était veuve...

169. Le maître vient d'illustrer un des principes spinozistes de Jacques : « La distinction d'un monde physique et d'un monde moral lui semblait vide de sens » (voir n. 108).

170. Voir n. 70. Cf. Spinoza, *Éthique*, livre I : « La nature n'a aucune fin qui lui soit d'avance assignée et (...) toutes les causes finales ne sont que des fictions humaines. »

171. La Fontaine, *Fables*, XI, 4, « Le Gland et la Citrouille ».

172. J.-J. Rousseau, *Émile*, livre II.

173. Voir n. 108. Cf. Spinoza, *Éthique*, livre II : « Il n'y a dans l'esprit aucune volonté absolue ou libre ; mais l'esprit est déterminé à vouloir ceci ou cela par une cause qui, elle aussi, est déterminée par une autre, celle-ci à son tour par une autre, et ainsi à l'infini. » Les *Commentaires* sur Hemsterhuis abondent en notations qui vont dans le même sens. Cette leçon de Jacques, illustrée d'applications, sur la différence entre

acte volontaire et acte libre montre le parti que tire Diderot pour son roman de la rencontre entre une philosophie savante et abstraite et le tour d'esprit concret d'un homme du peuple.

174. Adaptation d'Ovide, *Métamorphoses*, I, 85-86 : « Il lui donna (chez Ovide, à l'homme) un visage en haut de son corps, lui fit regarder le ciel et porter la tête dressée vers les astres. »

175. Voir *La Religieuse*, n. 84.

176. Voir n. 143.

177. Bénédictin, auteur entre 1733 et 1740 des *Lettres théologiques aux écrivains défenseurs des convulsions et autres prétendus miracles du temps*. Il soutenait que le diable peut faire aussi bien que Dieu des miracles pour induire les hommes en erreur.

178. Prison pour dettes située rue Saint-Germain-l'Auxerrois et détruite en 1780.

179. Voir *La Religieuse*, n. 18.

180. Voir n. 160.

181. J'aurais compris très vite.

182. Pour sortir de prison.

183. D'accouchement.

184. Voir p. 744.

185. Voir p. 778.

186. Expression de Leibniz ridiculisée par Voltaire dans *Candide*.

187. Réflexe aristocratique analogue à celui du capitaine de Jacques et de son ami, comme à celui de Desglands. Cette chaîne de duels qui relie entre eux les « maîtres » à travers le roman constitue une des illustrations les plus frappantes de la proposition de Spinoza (voir n. 173) sur le caractère « déterminé » des actes humains.

188. Les « mémoires » apocryphes étaient un genre à la mode au XVIIIe siècle. Ils représentaient une façon commode d'articuler réel et fiction (voir n. 14).

189. Le *Compère Mathieu* ou les *Bigarrures de l'esprit humain* de Du Laurens, roman picaresque et licencieux avec lequel *Jacques le Fataliste* présente des analogies (1766).

190. Voir n. 152.

191. *Tristram Shandy*, chap. XXII, suite du passage donné n. 2 : « Ma blessure était alors en bonne voie de guérison : à l'inflammation, disparue depuis quelques jours, avait succédé au-dessus et au-dessous du genou une démangeaison si insupportable que je n'avais pu fermer l'œil de la nuit.

— Faites voir, me dit-elle, en s'agenouillant sur le sol parallèlement à ma jambe et en posant la main sous ma blessure; il n'y faut qu'une petite friction. Couvrant ma jambe du drap, elle se mit à la frictionner sous le genou d'un index que guidait la bande de flanelle qui maintenait mon pansement; cinq ou six minutes plus tard, je perçus le frôlement du médius, qui bientôt se joignit à l'autre; cette friction circulaire se poursuivit un bon moment; l'idée me vint alors que je devais tomber amoureux. La blancheur de sa main me fit rougir; de ma vie,

n'en déplaise à Votre Honneur, je n'en verrai une aussi blanche.
— A cet endroit, intervint mon oncle Toby.

Quelque sincère que fût son désespoir, le caporal ne put s'empêcher de sourire.

— Devant le soulagement, poursuivit-il, que sa friction apportait à mon mal, la jeune Béguine passa de deux à trois doigts, puis abaissa le quatrième et finit par y employer toute la main (...).

La belle Béguine m'ayant ainsi longtemps frictionné à pleine main, je craignis pour elle une fatigue : « J'en ferais mille fois plus, s'écriat-elle, pour l'amour du Christ ! » A ces mots, elle franchit la bande de flanelle et attaqua le dessus du genou où je lui avais dit souffrir d'une égale démangeaison.

Je perçus alors les approches de l'amour. Sous cette friction répétée je le sentis se répandre et gagner tout mon corps ; plus elle frottait fort et plus loin le feu s'allumait dans mes veines, deux ou trois mouvements enfin d'une ampleur plus marquée élevèrent ma passion à son paroxysme, je lui saisis la main.

— Pour la presser, j'imagine, contre tes lèvres, dit mon oncle Toby, et faire ta déclaration.

Cette scène des amours de Trim s'acheva-t-elle exactement comme l'imaginait mon oncle Toby, rien ne le prouve. L'essence du romanesque amoureux tel que les hommes l'ont chanté depuis le commencement du monde ne s'y trouve pas moins incluse.

192. Voir *Les Deux Amis de Bourbonne*, n. 5.

LES DEUX AMIS DE BOURBONNE

1. En août 1770, Diderot rejoignit à Bourbonne-les-Bains (Haute-Marne) son amie Mme de Maux et la fille de celle-ci, Mme de Prunevaux qui faisait une cure. Naigeon venait de leur envoyer *Les Deux Amis, conte iroquois* de Saint-Lambert, nouvellement paru l'année même des *Deux Amis* de Beaumarchais et d'un roman de Sellier de Moranville, *Les Deux Amis*. Pour mystifier Naigeon qui se flattait, écrit Grimm, de « reconnaître entre mille une ligne échappée à la plume de notre philosophe » et pour faire la critique du romanesque de Saint-Lambert, Diderot écrivit l'histoire d'Olivier que Mme de Prunevaux adressa à Naigeon comme étant d'elle-même. La mystification ayant réussi, Diderot y ajouta à l'automne l'histoire de Félix. L'ensemble, remanié sur les conseils de Grimm, fut publié dans la *Correspondance littéraire* du 15 décembre 1770. En 1773, Gessner ayant demandé à Diderot quelques pages pour accompagner la traduction en français des *Nouvelles Idylles,* Diderot lui donna *Les Deux Amis de Bourbonne* et *L'Entretien d'un père avec ses enfants,* écrit à la même époque, lors d'un voyage à Langres qui suivit immédiatement le séjour à Bourbonne. Les deux œuvres parurent en 1773 dans les *Contes moraux et Nouvelles Idylles* de M. M. D... et Gessner (Zurich). Selon Goethe, le thème des *Deux Amis* aurait inspiré *Les Brigands* de Schiller.

2. La milice se recrutait pour renforcer l'armée régulière ou les troupes urbaines par tirage au sort d'un billet blanc ou noir parmi les célibataires âgés de seize ans aptes au service et non exemptés. Elle « ne pesa jamais que sur les petites gens et surtout sur les petites gens des campagnes » (Gébelin, *Histoire des milices provinciales, 1688-1791*, Paris, Hachette, 1882).

3. C'est la jeune Mme de Prunevaux qui est censée raconter l'histoire à Naigeon qui l'appelait « petite sœur ».

4. 26 juillet 1757. La victoire du maréchal d'Estrées sur le duc de Cumberland fut essentiellement due aux milices.

5. « Bourbonne, alors chef-lieu de subdélégation, était frontière de la Champagne, de la Lorraine et de la Franche-Comté et il s'y faisait beaucoup de contrebande » (Brière). Les contrebandiers avaient la faveur du peuple parce qu'ils bravaient les fermiers généraux très impopulaires. Ceux-ci obtinrent contre eux à partir de 1733 la création de juridictions d'exception (Reims, 1740) aux débats secrets et aux sentences exécutoires dans les vingt-quatre heures. Mandrin, torturé et mis à mort en 1755, est resté légendaire. La « populace » qui assistait aux exécutions venait frquemment en aide au condamné.

6. Voir n. 1.

7. L'histoire de Testalunga est reprise presque littéralement du *Voyage en Sicile* de Riedesel traduit en français en 1773. Le conte devait s'arrêter là ; c'est sur les instances de Naigeon que Diderot dut le continuer au nom de Mme de Prunevaux.

8. Fondé de pouvoir de l'intendant.

9. Chaumont.

10. Le curé Papin, personnage imaginaire, semble bien avoir l'étroitesse d'esprit et la sécheresse de cœur que Diderot reproche à son frère l'abbé avec qui il est brouillé depuis plusieurs années. Une tentative de réconciliation a échoué quelques mois avant la rédaction de ce texte.

11. Cette page de « poétique » pose à propos du conte le problème des rapports entre réalité et fiction en des termes qui sont en retrait sur la pratique même de l'auteur dont la recherche est beaucoup plus complexe dans *Ceci n'est pas un conte* et, à l'échelle du roman, dans *Jacques le Fataliste* (Voir Dieckmann H., « The presentation of reality in Diderot's tales », *Diderot studies III*, 1961).

12. Jacques Vergier (1655-1720) imita, assez mal, les *Contes* de La Fontaine. Hamilton (1646-1720) a laissé des poésies dans le goût de Voiture et des *Contes* qui sont d'ingénieux pastiches des *Mille et Une Nuits*.

13. Cf. le début du *Salon de 1767*.

14. Artiste de la Comédie italienne. Voir *Paradoxe sur le Comédien* (*Œuvres esthétiques,* éd. Vernière, Cl. Garnier, 1965, p. 351, 367, 368).

15. « Et (Homère) crée de telles fictions, combine sans cesse le faux et le vrai, si bien qu'il n'y a aucun désaccord entre le début et le milieu, le milieu et la fin ».

16. Ouvrage d'Helvétius, condamné en 1759 et réédité à Londres en 1771.

CECI N'EST PAS UN CONTE

1. Composé vraisemblablement en 1772, ce conte parut en partie dans la *Correspondance littéraire* en avril 1773 et fut publié intégralement en 1798 par Naigeon. Il constitue avec *Mme de la Carlière* et le *Supplément au Voyage de Bougainville* un triptyque comme l'indique la convergence des thèmes autour des rapports qui peuvent exister entre la morale et la sexualité. Les dialogues qui encadrenr chacun de ces textes contribuent à rendre sensible cette unité.

2. L'émigration provisoire vers les Antilles, en particulier Saint-Domingue, était dans la première moitié du XVIIIe siècle un moyen fréquemment employé de faire une fortune rapide. En 1726, Saint-Domingue avait 130.000 habitants dont 100.000 esclaves et la ville du Cap, 4.000 habitants.

3. Dans la partie française de Haïti (ouest de l'île, le reste étant espagnol) « l'abondance des terres vierges et de la main-d'œuvre noire, bases d'une agriculture extensive et gaspilleuse, permet de produire meilleur marché que dans les îles anglaises et de réaliser de très gros profits », (M. Denis, N. Blayau, *Le XVIIIe siècle*, Paris, A. Colin, 1970, p. 13).

4. Maurepas fut secrétaire d'État à la Maison du Roi puis à la Marine entre 1725 et 1749. Il avait eu à ce titre à s'occuper de Saint-Domingue et forma en 1747 le projet d'une « maison française » à Pétersbourg.

5. Nord : nom donné au XVIIIe siècle à la Russie.

6. Alors que Mme Reymer et Tanié sont des personnages vraisemblables mais certainement imaginaires, la réalité de Mlle de la Chaux fait problème. Naigeon affirme que Diderot l'a connue, mais tout ce que l'on sait d'elle semble en dernière analyse remonter à ce témoignage et aux allusions de *Ceci n'est pas un conte* (voir Laurence L. Bongie, « Diderot's femme savante », *Studies on Voltaire*, vol. CLXVI, 1977), Gardeil, lui, a bien existé.

7. Antoine de Ricouart, comte d'Hérouville (1713-1782), auteur d'un *Traité des Légions* (1757) paru sous le nom du maréchal de Saxe. Son mariage fit scandale.

8. Jean-Étienne Montucla (1725-1799), avocat et mathématicien, publia en 1758 les deux premiers volumes de son *Histoire des Mathématiques*.

9. Après les perquisitions qui suivirent *La Promenade du Sceptique*, Diderot vint habiter rue de la Vieille-Estrapade.

10. Diderot cite à plusieurs reprises dans *Le Neveu de Rameau* et dans sa *Correspondance* la Deschamps comme type de femme capable de dissiper des fortunes.

11. Auteur de divers ouvrages de médecine et d'une traduction du roman de Longus, *Les Amours pastorales de Daphnis et Chloé* (1757). Diderot le cite avec quelque ironie dans ses *Éléments de Physiologie*.

12. Voir *Bijoux indiscrets*, n. 8.

13. Laurence L. Bongie (voir n. 6) n'a retrouvé aucune trace de cette édition.

14. En 1751. L'addition s'intitule *Lettre à Mademoiselle* *** et les précisions qu'elle donne sur la dédicataire ne correspondent que très approximativement aux détails biographiques donnés ici.

15. C'est aussi l'avis de Voltaire d'après *Candide* et plusieurs de ses lettres; la législation sur la propriété littéraire et les droits d'auteur n'existera qu'à partir de 1791.

16. Gardeil est mort en 1808, âgé de 82 ans. Il exerçait à Montpellier et publia en 1801 une *Traduction des œuvres médicales d'Hippocrate*.

17. La fin du conte et en particulier cette apostrophe à l'auditeur-lecteur soulignent le fait que la leçon à tirer est moins simple que la morale apparente. Les conclusions « ouvertes » caractérisent les œuvres de cette période de la vie de Diderot, de même que les recherches, dont ce texte est avec *Jacques le Fataliste* un des meilleurs exemples, sur les modalités de l'énonciation dans une œuvre de fiction.

MADAME DE LA CARLIÈRE

1. Ce conte a été composé en 1772 comme *Ceci n'est pas un conte* et le *Supplément au Voyage de Bougainville* (voir *Ceci...*, n. 1). Il a été publié par Naigeon sous le titre « Sur l'inconséquence du jugement public de nos actions particulières ». La composition de *Madame de la Carlière* est étroitement contemporaine du mariage d'Angélique le 9 septembre 1772. Le 13 septembre, Diderot écrit à sa fille une longue et émouvante lettre où il lui donne des conseils pour l'organisation de sa nouvelle vie et où transparaissent l'inquiétude qu'elle ne trouve pas le bonheur dans le mariage et le chagrin qu'il éprouve à se séparer d'elle.

2. Le Parlement de Paris comprenait la Grand'chambre, la Chambre des enquêtes, la Chambre des requêtes et la Tournelle, chambre criminelle où les conseillers des trois autres chambres siégeaient à tour de rôle.

3. Opérations : le terme désigne au XVIIIe siècle les diverses activités bancaires (F. Brunot, *Histoire de la langue française*).

4. Mot fréquent chez Molière au sens de « décrier à grand bruit ».

5. D'après J. Proust *(Quatre Contes)*, cette allusion concerne sans doute Pison qui fut empereur à Rome pendant cinq jours en 69 entre deux revirements de la faveur populaire (Tacite, *Histoires*, I, 14-48).

6. Voir *Neveu de Rameau*, n. 131.

7. Dans le *Supplément au Voyage de Bougainville*.

TABLE DES MATIÈRES

ACHEVÉ D'IMPRIMER
PAR L'IMPRIMERIE
TARDY QUERCY S.A.
A BOURGES
LE 31 AOÛT 1981

Numéro d'éditeur : 3109
Numéro d'imprimeur : 10259
Dépôt légal : 3e trim. 1981

Printed in France

ISBN 2-7050-0195-6